KB236213

스펄전설교전집
누가복음 II

스펄전설교전집
누가복음 II

역자 + 고성대

크리스찬
다이제스트

국립중앙도서관 출판시도서목록(CIP)

스펄전 설교전집. 23, 누가복음 II / [저자: Charles Haddon Spurgeon] ; 역자: 고성대. -- 고양 : 크리스챤다이제스트, 2013

    p. ;   cm

원표제: Treasury of the bible
원저자명: Charles Haddon Spurgeon
영어 원작을 한국어로 번역
ISBN 978-89-447-2223-3 94230 : ₩35000
ISBN 978-89-447-2200-4(세트) 94230

누가 복음[--福音]
설교집[說敎集]

235.2-KDC5
252-DDC21   CIP2013000886

차례

■　　누　　가　　복　　음　　Ⅱ

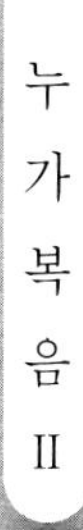

누 가 복 음 II

누 가 복 음

제
49
장
—

겨자씨

주일학교 교사들을 위한 설교

—

"그러므로 예수께서 이르시되 하나님의 나라가 무엇과 같을
까 내가 무엇으로 비교할까 마치 사람이 자기 채소밭에 갖
다 심은 겨자씨 한 알 같으니 자라 나무가 되어 공중의 새들
이 그 가지에 깃들였느니라." — 눅 13:18-19

저는 이 위대한 짧은 비유를 다 설명하려고 하지는 않겠습니다. 다른 기회
에 이 비유를 충분하게 강론할 수 있기를 바랍니다. 이 비유는 살아 있는 씨앗 되
시는 우리 주님 자신을 가리키는 말씀으로 이해할 수 있습니다. 여러분은 주님
의 교회가 주님으로부터 싹이 나서 자라는 나무라는 것을 알고 있습니다. 또 그
나무가 크게 자라서 가지들이 퍼져 땅을 덮기까지 한다는 것을 알 것입니다. 사
람들에게 멸시를 받고 배척을 당하셨고, 죽임을 당하시고 장사되셨으며, 사람들
에게 숨겨지신 그 한 사람 예수 그리스도로부터 어느 누구도 그 수를 다 헤아릴
수 없는 허다한 무리들이 일어났음을 저는 말씀드립니다. 강가에서 자라는 나무
들처럼 크게 퍼지고 번성하여, 은혜로운 피난처와 영적인 양식을 제공했습니다.
제가 이 비유를 위대한 짧은 비유라고 말했습니다. 정말 그렇습니다. 이 비유는
지극히 작은 범위 안에 교훈의 큰 세계를 담고 있습니다. 이 비유는 그 자체로 겨
자씨 한 알 같습니다. 그러나 그 의미는 큰 나무와 같이 큽니다.

매년 이때 주일학교 선생님들이 함께 모여서 자기들의 일에 하나님께서 은

혜를 내려 주시기를 특별히 기도합니다. 목회자들은, 자신을 부인하고 숨기는 이 주일학교 선생님들을 격려하는 말을 해 달라는 청을 받습니다. 저는 이 요청에 기꺼이 응하려 합니다. 그러므로 제 강론은 이 비유를 온전히 설명하려는 것이라기보다는, 어린 아이들을 가르치는 그 놀라운 일에 주님을 두려워하면서 자신들을 드리고 있는 자들을 격려하기 위해서 적용하는 방식으로 강론하려고 합니다. 정말 이보다 중요한 일은 없습니다. 이러한 봉사를 간과하는 것은 큰 실수입니다. 우리의 친구들이 사랑의 수고를 하는 일에 격려하기를 기뻐합니다.

이 비유는 복음을 가르치는 사람들의 사역에 빛을 던져주고 있습니다. 첫째로, 매우 단순한 일에 주목해야 합니다. "사람이 자기 채소밭에 갖다 심은 겨자씨 한 알." 둘째로, 거기서 무엇이 나오는가를 관찰해야 합니다. "자라 나무가 되어 공중에 새들이 그 나뭇가지에 깃들었느니라."

1. 매우 단순한 일

먼저 "이 일이 매우 단순한 일임을 주목해야 합니다." 복음을 가르치는 일은 겨자씨 한 알을 밭에 뿌리는 것과 같은 일입니다.

무엇보다 먼저 이름 없는 사람이 행한 일을 주목해 보십시오. "사람이 자기 채소밭에 갖다 심은 겨자씨 한 알 같으니." 자, 그 사람이 겨자씨를 집었습니다. 다시 말하면 겨자씨를 망태에서 집어내었습니다. 그 겨자씨는 한 알뿐이었습니다. 매우 하찮은 씨앗 알갱이 하나일 뿐이었습니다. 그러나 그 씨앗이 씨앗 망태 속에 그냥 있도록 내버려 두지 않았습니다. 그것을 꺼내 쥐고 바르게 사용하였습니다. 겨자씨 한 알갱이는 너무 작아서 모든 사람들이 다 보도록 자랑할 수 없습니다. 손에 겨자씨를 가지고 있는 사람만이 알고 있습니다. 그저 겨자씨 한 알에 불과한 것입니다. 그러나 그 사람은 겨자씨 하나를 자기가 분명하게 다루어야 할 대상으로 마음에 두고 있습니다. 그는 나가서 넓은 밭에 겨자씨를 뿌리는 것이 아니라, "자기 채소밭에 겨자씨 한 알"을 뿌리고 있었습니다.

주일학교 선생님이 무엇을 가르쳐야 하는지 아는 것은 참으로 좋은 일입니다. 주일학교 선생님이 겨자씨 한 알을 두 손가락으로 쥐고 있는 것처럼 복음의 진리를 뚜렷하게 유념하고 있는 것은 좋은 일입니다. 그 점을 유념하십시오. 주일학교 선생님이 진리를 분명하게 알고 확실하게 인식하지 않는 한 진리의 가르침을 받는 아이들에게 별 도움이 되지 않습니다. 그 진리는 매우 단순한 진리일 수 있습니다. 그러나 만일 사람이 그것을 받고 이해하며 붙잡고 사랑한다면, 그것으로 무엇인가를 할 것입니다. 사랑하는 여러분, 무엇보다 우리는 복음을 붙잡아야 합니다. 또 그것을 믿어야 합니다. 또 그것을 맛보아야 하고, 무엇보다 자랑해야 합니다. 왜냐하면 진리는 사랑을 받는 것만큼 살아 있기 때문입니다. 진리를 잘 붙잡은 손만 진리를 뿌리기에 합당한 손입니다.

더구나, 이 짧은 비유 속에 나오는 이 사람은 채소밭을 갖고 있었습니다. "마치 사람이 자기 채소밭에 갖다 심은 겨자씨 같으니." 어떤 그리스도인들은 그런 채소밭을 갖고 있지 않습니다. 다시 말하면, 자기가 개인적으로 봉사해야 할 영역이 전혀 없다는 말입니다. 그런 이들은 그리스도인들의 전체 집단에는 속하여 있습니다. 또한 그들은 전체 집단이 나가서 세계를 경작하기를 갈망합니다. 그러나 개인적으로 특별한 일을 하려 들지는 않습니다. 선교사가 보내온 말을 들으면 마음이 뜨거워지고 좋아합니다. 또 모든 민족들이 구원받기를 간절히 바라는 마음도 있습니다. 그러나 온 세계를 위한 보편적이고 이론적인 열심의 결과는 별로 큰 효력을 나타내지 못합니다. 사람들이 채소밭을 갖고 있지 않으면 농업기술도 필요 없습니다. 각 사람이 선교의 사명을 느끼지 않으면 선교 활동을 전혀 하지 않을 것입니다. 첫 사람인 아담이 경작할 밭을 가지고 있었듯이 그리스도 안에 있는 모든 신자는 마땅히 그와 같은 의무를 가지고 있습니다. 주일학교에 출석하는 어린이들은 수백만 명이 됩니다. 우리는 그로 인하여 하나님께 감사합니다. 그러나 여러분 자신의 주일학교 성경 공부반을 가지고 있습니까? 모든 교회가 그리스도를 위해서 일한다! 참으로 영광스러운 이론입니다. 그러나 여러분 자신이 여러분의 주님을 위해서 일하고 있습니까? 각 신자가 자기 경작지를 가지고 있어 진리의 씨앗을 심을 때가 온다면, 그건 정말 위대한 시대일 것입니다. 그리스도인 각자가 자기의 장미 정원을 가꾼다면 바로 그 때야말로 광야와 사막도 장미꽃처럼 피어날 것입니다. 이 이름 모를 사람이 자기 채소밭 이외에 어디에다 그 겨자씨를 뿌렸겠습니까? 그 채소밭은 그 사람 가까이 있었고, 그 사람에게 사랑스러웠고, 그래서 그리로 간 것입니다. 여러분의 자녀들을 가르치십시오. 또한 여러분의 이웃들에게 말하십시오. 하나님께서 특별히 여러분에게 맡기신 자들의 회심을 위해서 애쓰십시오.

채소밭도 가지고 있었고, 씨앗도 가지고 있었기 때문에 그 사람은 씨앗을 뿌렸습니다. 자, 이 점은 단순하지만, 아주 중요한 교훈의 요점을 제공하고 있습니다. 자, 여러분은 성냥갑만한 작은 상자 속에 여러 개의 씨앗을 가지고 있다고 합시다. 자, 그것들이 거기 있습니다. 그것들을 잘 살펴보십시오. 만일 씨앗이 들어 있는 상자를 그대로 열두 달 동안 가만히 두고 있으면 씨앗들은 여전히 같은 상태에 있을 것입니다. 마른 상자 속에 씨앗들을 7년 동안 보관해 보십시오. 결국 아무 일도 일어나지 않을 것입니다. 진리를 우리가 그냥 갖고만 있어서는 안 됩니다. 진리를 반포하고 또한 변호해야 합니다. 옛 속담에 "진리는 힘이 있어서 승리할 것이다"라고 말하였습니다. 그 속담은 어느 의미에서는 진리입니다. 그러나 그 진리도 소금처럼 활용이 되어야 합니다. 만일 그것을 가만두고 입으로 소리내어 말하지 않는다면 그 진리는 승리하지 못할 것입니다. 심지어 그 진리는 싸우지도 않을 것입니다. 그러면 언제 그 위대한 진리가 이기겠습니까? 용감한 사람이 그 진리를 계속해서 선포할 때입니다. 무서운 줄 모르는 심령을 가진 자들이 처음에는 사람들이 몰라주는 일을 했습니다. 그런데 그들이 그것을 간절하게 자주 열심히 말하니 결국 그 일이 주목을 받게 되었습니다. 그 사람들은 계속 그 일을 해 나가므로 결국 그 진리가 철저하게 승리한 것입니다. 진리는 힘이 있고, 이겼습니다. 그러나 진리에 생명을 부여할 사람들이 없으면 진리는 결코 승리를 거둘 수 없습니다. 복음도 가르치지 않는다면 그 자체로 결코 승리하지 못할 것입니다. 만일 진리를 한편에 밀쳐 두고 침묵 속에 묻어 둔다면 진리는 자라지 않을 것입니다. 암흑시대의 복음이 수도사들의 도서관에 소장된 오래된 책들 속에 잠들어 있다가 결국 루터와 그를 따르는 개혁자들이 그것을 끄집어 내어 사람들의 마음속에 뿌렸습니다. 그 방식을 주목하십시오.

이 사람은 자기 채소밭에 그 씨앗을 뿌리기만 합니다. 그는 그 씨앗을 황금 잎으로 감싸지도 않고, 거기에 다른 장식을 하지도 않았습니다. 다만 땅에다 심었습니다. 씨앗이 맨땅과 접촉하게 되었습니다. 오! 주일학교 선생님들이여, 복음을 훌륭하게 보이려고 애를 쓸 필요가 없습니다. 여러분의 훌륭한 말로 복음을 빛나게 하거나 정교한 설명을 하려고 들 필요가 없습니다. 복음의 씨앗은 있는 그대로 어린 사람들의 마음속에 집어넣어 주어야 합니다. 주 예수 그리스도에 관한 진리를 어린 아이들의 생각 속에 넣기만 하십시오. 그 어린 아이들이 진리에 관한 여러분의 말을 알게 하지 말고 진리 자체가 말하는 것을 알게 하십시오. 복음을 가져다가 우리의 낡은 의복을 걸어 놓는 건조대로 사용하는 것은 악한 일입니다. 복음은 인간적인 사상, 세련된 사변들, 시 나부랭이, 멋있는 가공적인 이야기들을 가득 실은 배가 아닙니다. 결코 아닙니다. 복음은 하나님의 사상입니다. 복음은 그 자체로 영원히 필요한 메시지입니다. 복음 자체가 자랄 것입니다. 진리, 특별히 중요한 교리를 붙잡으십시오. 특별히 사람이 타락하였고, 그리스도께서 우리의 구주시라는 위대한 진리를 붙잡으십시오. 그리고 그것을 항상 마음의 중심에 두도록 하십시오. 누구든지 그리스도를 믿는 자마다 영생을 얻는다는 위대한 교리를 분명하게 가르치십시오. 주 예수님께서는 나무 위에서 자기 몸으로 우리 죄를 담당하사 우리를 위해 고난을 받으셨습니다. 의로운 자가 불의한 자를 대신하여 고난 받으셨다는 사실을 분명하게 가르치십시오. 저는 이 진리가 마음에 들어가도록 하라고 말씀드립니다. 그러면 거기에서 무엇이 나오는지 보십시오. 진리 자체를 뿌리십시오. 진리에 대한 여러분의 생각을 뿌리거나, 진리를 각색하여 뿌리려고 하지 말고 진리 자체를 뿌리십시오. 진리가 마음과 접촉하도록 해야 합니다. 진리는 씨앗이고, 인간의 마음은 그 진리가 자랄 토양이기 때문입니다.

　나의 이런 설명은 매우 평이하고 평범한 것입니다. 그럼에도 불구하고 모든 것이 앞에서 설명한 그 작용에 달려 있습니다. 최근의 설교에서, 기쁜 소식과 속죄제사에 대한 명백하고 분명한 진술들을 제외하고 거의 모든 것이 다루어졌습니다. 사람들은 교회가 무엇을 할 수 있느냐에 대해서 말했었고, 복음이 또한 무엇을 할 수 있느냐에 대해서도 이야기하였습니다. 복음의 증거들에 관해서나, 복음에 대한 여러 의문들, 등에 대해서도 사람들은 말하였습니다. 그런데 사람들이 복음은 언제 우리에게 줄 것입니까? 형제 여러분, 우리는 요점을 다루어야 하고 복음을 가르쳐야 합니다. 왜냐하면 복음은 항상 살아 있는 썩지 아니할 씨이기 때문입니다. 겨자씨에 관해서 연설을 하는 것은 쉬운 일입니다. 어린 아이들에게 겨자로 만든 음식의 맛을 설명하는 것도 쉽죠. 겨자씨가 어떻게 자라고 그것이 어떤 유의 나무가 되는지 설명하기는 쉽습니다. 또는 새들이 그 가지 사이에서 깃들이며 노래하는 것을 말해 주기도 쉽습니다. 그러나 그것만으로는 겨자씨를 심고 있는 것이 아닙니다. 복음의 감화에 대해서, 또는 기독교 윤리에 대해서, 그리스도의 사랑을 고양시키는 능력 등에 대해서 말하는 것은 매우 훌륭한 일입니다. 그러나 우리가 원하는 것은 복음 자체입니다. 복음이 큰 영향력을 행사하는 것입니다. 그러니 씨앗을 심으십시오. 어린 아이들에게 십자가의 교리를 말해 주십시오. 예수님께서 채찍에 맞으심으로 우리가 나음을 입었고, 그를 믿음으로 우리가 의롭다 함을 얻는다는 사실을 말해 주십시오. 복음에 관해서 말하는 것이 필요한 것이 아니라, 복음 자체를 말하는 것이 필요합니다. 우리는 계속해서 살아 계신 하나님의 살아 역사하는 말씀을 사람들의 마음에 끊임없이 접촉시켜야 합니다. 오! 이 일을 성령께서 도와주시기를 바라나이다. 성령께서 우리를 도우실 것입니다. 왜냐하면 성령께서는 예수님을 영화롭게 하는 것을 기뻐하시기 때문입니다.

이 비유에서 묘사되는 것은 하찮은 일입니다. 사람이 작은 씨앗을 가져다가 자기 채소밭에 심었다는 것이 무슨 대수로운 일입니까? 여러 어린이들에게 둘러싸여 앉아서 성경을 열어 예수 그리스도께서 죄인을 구원하시러 이 세상에 어떻게 오셨는지 대한 진부한 이야기를 들려주는 것, 그것이야말로 매우 일상적인 일입니다. 어떤 바리새인도 어린 아이들을 가르치려 할 때 그것을 떠벌리고 싶어하지 않을 것입니다. 오히려 성전에서 어린 아이들을 가리키면서 비웃는 표정으로, "이 사람들이 말하는 것을 너희가 듣느냐?"고 말하기를 더 좋아할 것입니다. 정말 이 일은 사소한 일입니다. 그러나 겨자씨와 채소밭을 가진 그 사람에게 있어서 씨를 뿌리는 일은 정말 중요한 일입니다. 겨자씨는 흙 속에 들어가기 전에는 결코 자라지 않을 것입니다. 채소밭 주인이 겨자씨를 심지 않으면 겨자씨 한 알갱이도 얻을 수 없습니다. 사랑하는 주일학교 선생님들이여, 여러분이 행하는 하찮아 보이는 그 일에 진력내지 말아야 합니다. 아무도 그 중요성을 다 측량할 수 없습니다. 소년 소녀들에게 하나님의 아들, 사셨고, 사랑하셨고, 죽으사 경건치 않은 자들을 구원하신 그분에 대해서 말해 주십시오. 그 능하신 구주를 즉시 믿어 당장에 구원받으라고 강권하십시오. 거듭남에 대해서 말해 주시고, 사람들이 영원히 성령에 의해서 새롭게 되는 방식을 설명해 주십시오. 성령의 거룩한 역사 없이는 어느 누구도 하늘나라에 들어갈 수 없습니다. 여러분이 겨자씨가 자라게 하고 싶다면 겨자씨를 심는 것 이외에는 다른 방도가 없습니다. 은혜의 복음을 가르치십시오. 여러분이 어린 아이들의 마음속에서 은혜가 자라는 것을 보고 싶다면 은혜의 복음 외에 다른 것을 뿌려서는 안 됩니다.

둘째로, 우리는 그 사람이 심은 것이 무엇인가를 생각해야 합니다. 우리는 그가 심었다는 것을 알았습니다. 무엇을 심었습니까? 그것은 한 알갱이였습니다. 매우 작은 알갱이였습니다. 너무나 작아서 유대인들은 "겨자씨처럼 작다"는 말을 늘 하곤 하였습니다. 그래서 구주께서는 겨자씨를 가장 작은 것으로 말씀하십니다. 물론 절대적인 기준으로 볼 때 그렇지 않을 수도 있지만, 일반적인 관찰의 입장에서 보면 거의 그러합니다. 우리 주님께서 식물학을 가르치고 계시는 것이 아니라, 사람들이 누구나 알 수 있는 비유를 가르치고 말씀하고 계셨던 것입니다. 그렇습니다. 복음은 매우 간단해 보입니다. 믿으라 그리하면 살리라 하는 것이니 말입니다. 죄인을 대신하여 죽으신 예수님을 믿으라! 이스라엘 사람들이 광야에서 장대에 매달린 놋뱀을 바라본 것처럼 십자가에 못 박히신 예수를 바라보라! 복음은 정말로 단순합니다. 사실 복음은 너무나 평이해 보여서 상류층에 속하는 사람들은 그 단순성에 진력을 내고, 좀 더 이해하기 어려운 무엇인가를 찾으려 합니다. 지금 사람들은 성경이 "적당하게 혼합된 것"이라는 소리를 듣고 싶어하는 흑인과 같습니다. 아니면 그들은 "우리 목사님이 진리를 전하는 것을 들어야 한다"고 말하는 자들과 같습니다. 씨를 뿌리는 일은 현대인들에게 너무나 평범한 일입니다. 그들은 새로운 방식들을 요청합니다. 그러나 사랑하는 여러분, 헛된 고안품들을 잡으려고 달리지 말아야 합니다. 우리가 해야 할 일은 어린 아이들의 심령 속에 하나님의 말씀을 뿌리는 것입니다. 모든 사람에게 단순한 진리, 예수 그리스도께서 죄인을 구원하시러 세상에 오셨으니 누구든지 그를 믿는 자마다 멸망하지 않고 영생을 얻을 것이라는 그 단순한 진리를 모든 사람에게 가르치는 것이 저와 여러분이 할 일입니다. 우리는 사람들 가운데서나, 어린 아이들 가운데서 이 외에 다른 어느 것도 알지 않습니다. 이 한 가지 씨앗, 비록 작아 보이고 너무 연약해 보이는 이 한 가지 씨앗을 계속 뿌려야 합니다. 사람들은 비웃으며 말합니다. "그런 복음을 설교한 도덕적 결과가 어떠할 수 있는가? 도덕에 관해서, 사회 경제나 학문에 대해서 강론하는 것이 분명히 더 낫지 않는가?" 만일 그들이 그러한 방식을 통해서 어떠한 선을 행할 수 있다면 우리는 막을 생각이 없습니다. 그러나 우리는 복음을 전함으로 그런 일을 백 배도 더 해낼 수 있다고 생각합니다. 왜냐하면 복음은 모든 믿는 자에게 구원을 주시는 하나님의 능력이 되기 때문입니다. 자, 복음은 모든 선행을 반대하지 않습니다. 복음은 모든 선한 일을 행하도록 힘을 주는 능력입니다. 그리스도의 단순한 복음으로 거듭난 심령은 순전하고 정직하고 선한 평판에 속한 것은 무엇이든지 다 장려합니다. 그러나 도덕에 관한 수필을 통해서 회심이 나타나지 않습니다. 그리스도로 말미암은 구원의 가르침을 통해서 회심이 나타나는 것입니다. 사람들을 깨끗하게 하고 살려내는 일은 정치나 학문을 통해서가 아니라, 항상 살아 있고 언제나 존재하는 주님의 말씀으로 말미암아 이루어집니다. 일어나는 젊은 세대에게 가장 큰 축복이 되기 위해서 우리는 그들의 마음속에 주 예수님을 믿는 믿음을 심으려고 애써야 합니다. 오! 이 일에 하나님의 능력이 함께 하시기를 바랍니다!

그러나 그 씨앗은 매우 작기는 하지만 살아 있는 것입니다. 겨자씨와, 그 겨자씨만한 밀랍 덩어리 사이에는 큰 차이가 있습니다. 씨앗 속에는 생명이 숨쉬고 있습니다. 어떤 생명인지 우리는 말할 수 없습니다. 현미경으로 들여다보아도 알아낼 수가 없습니다. 그것은 하나의 신비입니다. 그러나 생명은 씨앗에 있어서 진수입니다. 복음은 그 속에 무엇인가를 가지고 있는데, 철학적인 탐구자가 그것을 조금 눈치 챌 수 있을지는 몰라도, 쉽게 발견할 수 없는 것입니다. 소크라테스나 플라톤의 금언을 생각해 봅시다. 어떤 족속과 민족이 철학자의 금언을 통해서 야만인에서 문화인으로 변한 적이 있느냐고 물어 보십시오. 한 철학자의 교훈이 한 사람에게 영향을 상당히 미쳐서 어떤 다른 방향으로 그 사람을 돌릴 수도 있습니다. 그러나 공자나 소크라테스의 말을 지킴으로써 사람의 전체 성품이 변한 적이 있었습니까? 결코 없다고 생각합니다. 인간의 가르침은 열매가 없습니다. 그러나 복음이 단순하고 진부한 것처럼 보이면서도 그 속에는 하나님의 생명이 들어 있으며, 그 생명이 모든 자유를 가져옵니다. 인간은 결코 하나님이 하시는 일을 흉내 낼 수 없습니다. 인간적인 것은 생명의 표를 가지고 있지 못합니다. 인간의 지혜에 속하는 모든 말을 하는 것보다 하나님의 말씀 다섯 마디를 설교하는 것이 더 낫습니다. 사람들의 말이 더 지혜롭게 보이고 더 매력을 주는 것처럼 보일 수도 있습니다. 그러나 그 안에는 하늘에 속한 생명이 없습니다. 하나님의 말씀이 아무리 단순해 보인다 할지라도 그 속에는 하나님의 전능하심이 함께 내재해 있으며, 그 말은 하나님의 입술에서 나온 것입니다.

그러니 사실을 말하자면 한 씨앗은 매우 포괄적인 것입니다. 그 겨자씨 속에서 무엇이 발견됩니까? 그 속에서 나오는 모든 것이 그 속에 들어 있습니다. 그러기 마련입니다. 모든 가지, 잎사귀, 꽃잎, 줄기가 그 씨앗 속에 진수로 다 들어 있습니다. 모든 것이 씨앗 속에 들어 있습니다. 그 모든 것이 나타날 필요가 있는 것입니다. 그 속에 모든 것이 들어 있습니다. 그와 같이 단순한 복음 안에 얼마나 많은 것이 응축되어 있는지요? 그것을 살펴보십시오. 그 진리에는 거듭남, 회개, 믿음, 거룩, 열심, 헌신, 완전함에 이르게 하는 모든 것이 다 들어 있습니다. 복음 안에는 하늘이 감추어져 있다고 할 수 있습니다. 둥지 안에 있는 어린 새처럼 영광이 은혜 안에 거합니다. 우리는 언뜻 그 모든 결과를 한눈에 볼 수는 없습니다. 씨가 심기어 자라기까지 모든 것을 다 볼 수 없습니다. 그러나 그 모든 것이 그 속에 들어 있습니다. 젊은 선생님이여, 그것을 믿습니까? 그대들은 하나님의 은혜의 복음을 들을 때 무엇을 붙잡은 것인지 깨달았습니까? 그것은 정말 하늘 아래에서 가장 놀라운 일입니다. 여러분이 복음을 믿습니까? 복음의 좁아 보이는 울타리 속에 영원하고 무한하고 완벽하고 신적인 모든 것이 다 들어 있다는 사실을 압니까? 베들레헴의 아기 속에 영원하신 하나님이 계셨던 것처럼, "믿으라 그러면 살리라"는 단순한 가르침 속에 사람들을 위한 영원한 복락의 요소와 하나님을 위한 한없는 영광이 들어 있습니다. 그것은 매우 포괄적인 것입니다. 그 작은 씨, 하나님의 그 복음은 그러합니다.

자, 이제 그 이유 때문에 그 복음이 그처럼 놀라운 것입니다. 곧 복음은 신적인 창조물입니다. 화학자들을 다 불러 모아서 있는 모든 용기(容器)와 모든 불을 다 동원하여 보라 하십시오. 그리고 지금 살아 있는 위대한 화학자들을 심사위원으로 뽑아서 여러분이 하고 싶은 대로 분석헤 보거나 다른 일을 하도록 해 보십시오. 학식 있는 선생들이여, 여러분은 우리에게 겨자씨를 만들어 주시겠습니까? 여러분은 겨자씨를 가지고 해부해 보고 분석해 볼 수는 있고 또한 겨자씨의 성분을 확인해 볼 수는 있습니다. 참 좋은 일이죠. 자, 여러분의 일이 잘 시작되었죠? 자, 이제는 겨자씨 한 알을 만들어 보세요. 한 달 간의 시간을 드리겠습니다. 그거 아주 간단한 일이죠. 겨자씨의 모든 요소가 있지 않습니까? 우리에게 살아 있는 겨자씨 한 알갱이를 만들어 주십시오. 우리는 1톤 무게의 겨자씨를 만들어 내라고 요구하지 않습니다. 겨자씨 한 알갱이만 있으면 됩니다. 위대한 과학자들이여, 그처럼 작은 것을 만들지 못했습니까? 자, 이렇게 해서 한 달이 지나갔습니다. 우리는 당신들에게 겨자씨 한 알만 만들라고 요구했는데 그것이 어디 있습니까? 한 달 내에도 만들지 못했습니까? 당신들은 무엇을 했습니까? 7년을 더 드릴까요? 그렇습니다. 당신들이 이 나라에서 동원할 수 있는 모든 정교한 기술들을 다 동원해 보십시오. 그리고 여러분이 알고 있는 재료들을 다 모아 보십시오. 그리고 세상에 있는 온 석탄 덩어리들을 재료로 사용해서 한 번 일해 보세요. 여러분 주위의 하늘이 온통 연기로 가득하고, 여러분이 실험실에서 쓰고 버린 물들이 강물을 이루어 흘러넘칩니다. 그러나 겨자씨는 어디 있습니까? 자,

이것이 지혜로운 사람을 당황하게 합니다. 그들은 살아 있는 것을 만들지 못합니다. 어느 누구도 복음을 만들 수 없습니다. 새 복음 교과서를 만들 수 없습니다. 이 시대의 사상가들조차 우리가 이미 가지고 있는 네 복음서와 자기들이 꿈꾸는 그리스도의 또 다른 생명을 서로 조화시킬 수 없었습니다.

좀 더 이야기해 보겠습니다. 그들은 이미 알고 있는 사실들과 일치가 될 새로운 사건을 만들어 낼 수 없었습니다. 오늘날 많은 소설가들이 가상의 이야기들을 궁리해서 만들 수 있습니다. 그들이 제오 복음서를 쓰게 두십시오. 베드로 복음이나 안드레 복음을 말하게 두십시오. 제오 복음서를 한 번 받아봅시다! 그들은 그 일을 시작조차 하지 못합니다. 누가 새로운 시편을 쓸 것이며, 쓰겠다는 약속이라도 할 수 있겠습니까? 영리한 과학자들이라면 당장에 다음과 같이 말하여 지혜로운 태도를 보일 것입니다. "아닙니다. 우리는 겨자씨 한 알도 만들 수 없습니다." 지혜로운 사상가들은 마찬가지로 자기들이 또 다른 복음을 만들 수 없다는 것을 인정할 것입니다. 학식 있는 사람들이 19세기를 위해서 새로운 복음을 만들려고 매우 애를 쓰고 있습니다. 그러나 여러분 선생님들은 옛 복음과 함께 진행하는 것이 훨씬 낫습니다. 진보된 사람들도 그들의 이론 속에 생명을 불어넣을 수 없습니다. 살아 있는 말씀은 하나님의 손가락입니다. 겨자씨의 작은 알갱이를 하나님께서는 만드시는 것입니다. 그렇지 않으면 결코 그러한 씨가 생겨나지 않습니다. 하나님께서 복음의 생명을 불어넣지 않으면 마음속에서 복음이 능력을 발하지 않습니다. 주일학교 선생들의 복음, "믿으라 그리하면 살리라"는 복음을 사람들이 아무리 멸시한다 할지라도 그 속에는 하나님께서 주시는 생명이 있습니다. 여러분은 그 복음을 보충할 또 다른 복음을 만들 수가 없습니다. 왜냐하면 여러분의 고안물에 생명을 불어넣을 수가 없기 때문입니다. 그러니 여러분이 맡은 어린 아이들에게 살아 있는 그 진리를 계속 사용하십시오. 다른 그 어떤 것도 그 속에 하나님의 생명을 가지고 있지 않기 때문입니다.

씨를 뿌리는 것이 참으로 작은 일이었다는 것을 여러분이 알았으면 합니다. 우리가 씨 뿌리는 일이 씨 뿌리는 사람에게 무슨 일이었는가라는 질문에 답을 해보면 알게 될 것입니다. 씨 뿌리는 것은 매우 자연스러운 행동이었습니다. 그는 씨를 심었습니다. 우리가 스스로 믿는 바를 다른 사람들에게 가르쳐야 하는 것은 매우 자연스러운 일입니다. 저는 어떤 신자라고 하는 사람들이 어떻게 자신을 그리스도인이라고 부르면서 믿음을 다른 사람들에게 한 번도 전하지 않을 수 있는지 이해할 수 없습니다. 우리 교회의 젊은 사람들이 주위의 다른 사람들을 끌어 모으고 자기들이 사랑하는 예수님에 대해서 말하는 것은 채소밭의 주인이 준비된 자기 밭에 씨앗을 심는 것처럼 자연스러운 일입니다.

　　겨자씨를 심는 일은 비용이 매우 저렴하게 드는 행위입니다. 겨자씨 한 알만 있으면 됩니다. 겨자씨의 가치를 표현하는데 작은 동전 하나도 들일 필요가 없습니다. 그 사람이 얼마나 많은 겨자씨를 가지고 있는지는 모르겠습니다. 분명히 그 겨자씨는 귀한 것이 아닙니다. 그는 자기에게 있는 겨자씨 한 알갱이를 채소밭에 심었습니다. 그러한 일로 인해서 그의 재정이 바닥나지 않았습니다. 이것은 주일학교에서 행하는 중요한 일들 중의 하나입니다. 그 일이 교회에 큰 비용을 부담시켜 사람들과 돈을 고갈시키지 않습니다. 그 일이 아무리 많이 진행된다 할지라도 우리 시온의 자원을 줄어들게 하지 않습니다. 그 일은 은혜롭게, 고요하게, 흥분하지 않고, 생명을 희생시키지 않고 진행됩니다. 그러나 그 일은 얼마나 놀라운 복락의 생명입니까?

　　또한 그 일은 작은 믿음의 행위였습니다. 씨를 심는 일은 항상 믿음의 행위입니다. 왜냐하면 그 일은 한동안 씨를 내주고 되돌러 받는 것이 하나도 없기 때문입니다. 농부는 가장 좋은 알곡만 골라서 밭에 던집니다. 그 뿌린 씨앗으로 밀가루를 만들어 빵을 만들어 먹을 수도 있습니다. 그러나 그는 그것을 던집니다. 다만 그의 믿음이 사람들에게 미치광이라는 판단을 받는 데서 그를 건져 줍니다. 그는 그것이 50배로 되돌아올 것을 기대합니다. 만일 여러분이 추수하는 것을 본 적이 없다면 좋은 곡식을 흙 아래다 묻는 사람이 미쳤다고 생각할 것입니다. 여러분이 회심하는 사람들을 본 적이 없다면 소년 소녀들에게 나무에 못 박히신 사람에 대한 이야기를 끊임없이 가르치는 것이 무모해 보일 수 있습니다. 우리는 설교하고 가르치는 것을 믿음의 일로 행합니다. 그 일이 목적을 달성하게 되는 것은 믿음의 행위를 통해서만임을 기억해야 합니다. 추수의 원칙은 "네 믿음대로 될지어다"입니다. 사랑하는 선생님들이여, 복음을 믿으십시오. 복음을, 여러분이 복음을 말할 때 여러분이 하고 있는 일을 믿으십시오. 보잘것없는 것으로 보이는 원인들로부터 큰 결과가 나온다는 것을 믿으십시오. 믿음으로 구원의 겨자씨를 계속 뿌리십시오. 열매가 거기서 나올 것이라는 믿음과 기대를 가지고서 말입니다.

　　그 일은 심는 자에게 아무런 영예를 가져다주지 못하는 행위였습니다. 구주께서는 그 사람이 겨자씨 한 알을 가지고 심을 수 있다는 사실을 기록에 올려놓으셨습니다. 그러나 수많은 사람들이 한 마디 말도 없이 반평생 동안 겨자씨 심는 일을 계속해 왔었습니다. 친구여, 그대가 진리를 가르쳐 왔어도 그대의 영예에 대해서 말하는 자는 아무도 없었습니다. 사랑하는 선생님이여, 계속 뿌리십시오. 여러분의 부지런함에 대해서 아무도 봐 주는 사람이 없고, 여러분의 충성에 대해서 칭찬하는 사람이 하나도 없다 할지라도 계속 그 일을 하십시오. 어린 아이의 마음 밭에 보배로운 진리의 씨를 심으십시오. 여러분이 감히 소망하는 것보다 더 많은 것이 거기서 나올 것입니다.

제가 볼 때에 우리 주님께서 이 비유에서 겨자씨를 선택하신 것은 그 씨로부터 가능한 가장 큰 결과가 나오기 때문이 아닙니다. 참나무나 서양 삼나무는 겨자나무보다 훨씬 더 크게 자라기 때문입니다. 우리 주님께서 겨자씨를 택하신 것은 겨자씨의 크기에 비하여 볼 때 가장 큰 결과를 내기 때문입니다. 자, 이 유추를 잘 따라오십시오. 저기 있는 학교에 가서 보십시오! 어떤 열심 있는 젊은 사람이 한 소년을 가르치고 있습니다. 그 소년은 거리에서 마구잡이로 뛰어다니는 자들 중 하나입니다. 거리 구석구석마다 그런 자들이 우글거립니다. 그런데 그 앞에 어린 터키 아이 열둘이 있습니다. 아니면 거리에 있는 아랍 어린이들에게 말한다고 합시다. 그 젊은 선생이 그들에게 복음을 가르치고 있습니다. 그건 아주 사소한 일이죠? 정말 그렇습니다. 그러나 거기서 어떠한 결과가 나올까요? 이 작은 데서 얼마나 기쁨에 찬 많은 것이 자라날 수 있을까 생각해 보십시오. 그 젊은 사람이 무엇을 가르치고 있습니까? 하나의 초보적인 진리를 가르치고 있습니다. 그러나 조롱하지 마십시오. 그것은 진리입니다. 그것은 말하자면 진리의 알파벳이죠. 신학적으로 깊이 들어가지도 않았습니다. 그는 다만 "예수님께서 죄인을 구원하시러 세상에 오셨단다. 사랑하는 아이야, 예수님을 믿어라 그리하면 살 것이다." 그렇게만 말했습니다. 나사렛에서 무슨 선한 것이 나올 수 있습니까? 그 선생은 아주 볼품없는 방식으로 그 유일한 진리를 가르치고 있습니다. 적어도 그 선생님은 유일한 진리라고 생각합니다. 그 선생에게 한번 물어 보십시오. 그가 그 일을 행할 때 자신의 가르침에 대해서 뭐라고 생각하느냐고 말입니다. 그러면 대답할 것입니다. "저는 제대로 가르치고 있다고 느끼지는 못해요." 그렇습니다. 그 젊은 사람의 가르침은 한숨 쉴 만한 것입니다. 자신의 판단으로도 정말 형편없고 연약하기 때문입니다. 그러나 그가 심는 진리 속에 생명이 있습니다. 영원한 결과가 거기서 따라올 것입니다. 제가 이 설교의 두 번째 부분에서 바로 그 결과에 대해서 말씀드리려 합니다. 선하신 성령께서 저를 도우사 제 사랑하는 친구들을 격려하는 말을 하게 하시기를 바랍니다. 그들은 그리스도를 본받아 어린 아이들을 가르치는 일에 자신들을 헌신한 자들입니다.

2. 거기서 나오는 결과

둘째로, 우리는 "그 씨에서 무엇이 나왔는가?"를 물어야 합니다.

먼저, 씨가 자랐습니다. 그것은 심는 자가 거기에서 나올 것으로 기대하였던 것이었습니다. 그는 흙 속에 씨를 심었습니다. 씨가 자랄 것을 소망하면서 말입니다. 거기서 싹이 터서 자랄 것이라는 희망을 갖지 않으면서 씨를 심었다고 생각한다면 이치에 맞지 않는 일입니다. 사랑하는 주일학교 선생님들이여, 여러분은 말씀이 살아서 자랄 것이라는 믿음을 가지고, 그런 소망 속에서 항상 씨를 심습니까? 그렇지 않다면 여러분은 성공할 가망이 없습니다. 진리가 뿌리를 내리기를 기대하시고, 또 가지가 퍼지고 크게 자랄 것을 기대하십시오. 간절하게 하나님의 진리를 가르치십시오. 그리고 진리 안에 있는 생명이 놀라운 진리의 능력을 드러낼 것임을 기대하십시오.

그러나 심는 자가 성장을 기대했다 할지라도 그 사람 자신이 씨를 자라게 하는 것은 아닙니다. 씨를 땅에 심어 놓은 다음에 물을 줄 수는 있고, 하나님께 그 위에 햇볕을 비추어 주십사 하고 기도할 수는 있습니다. 그러나 그가 직접 자라게는 하지 못합니다. 씨를 만드신 분이 그 씨를 자라게 하십니다. 성장은 처음 생명이 있게 하신 그 전능자의 행동이 지속되는 것입니다. 씨 속에 생명을 넣으시는 분은 하나님이십니다. 또 그 씨에서 생명이 발아하도록 하시는 분도 하나님이십니다. 이것은 여러분이 기대하는 일이지만, 여러분의 능력을 훨씬 초월하는 일입니다.

씨가 자란다는 것은 매우 놀라운 일입니다. 우리가 매일 씨를 보지 못할지라도, 씨가 자라는 일이야말로 모든 마술가들이 행하는 일보다 더 놀랄 일입니다. 자라는 씨는 하나님께서 계속 이적을 행하고 계신 결과입니다. 런던 근교의 땅들이 온통 시장 바닥이었던 것을 여러분은 압니다. 그런데 몇 달 후에 그곳을 지나 보니 거기에 거리가 나 있고, 큰 광장이 나 있습니다. 그리고 교회가 있고 많은 사람들이 거기에 살고 있습니다. 그러면 여러분 자신에게 이렇게 말하겠죠? "이 집들이 몇 개월 만에 여기서 이렇게 일어나다니! 참 놀랍군!" 그러나 쟁기로 간 밭이 1m 높이의 옥수수로 완전히 덮이게 되는 것처럼 놀라운 일은 아닙니다. 마차를 사용해서 재료를 갖다 부은 것도 아니고 연장을 사용해서 추수한 것도 아닌데 이 모든 것이 이루어졌습니다. 시끄러운 종을 울려댄 것도 아니었습니다. 사람이 손을 대지 않았는데도 불구하고 그 모든 일이 이루어졌습니다. 정말 은혜가 성장한다는 것은 기이한 일입니다. 여러분, 그것이 더 증가되고 깊어지고 강해지는 방식을 주목하십시오. 은혜 안에서 자라는 것은 하나님의 사랑의 기이한 일입니다. 사람이 복음으로 말미암아 회개하고, 예수님을 믿게 되고, 전적으로 변하고, 하늘에 소망을 가지고, 하나님의 자녀가 되는 권세를 갖게 된다는 것 ― 이 모든 일이야말로 기이한 일들입니다. 그런데도 그러한 일들이 우리 눈앞에서 진행되고 있습니다. 그런데도 우리는 마땅히 해야 할 대로 그러한 일을 보고 감탄하지 않습니다. 우리처럼 타락한 사람 속에서 거룩함이 자란다는 것은 천사들도 감탄할 일입니다. 모든 지성적인 존재들 전체가 기뻐할 일입니다.

씨를 뿌리는 자에게 있어서 이 성장은 매우 기쁜 일이었습니다. 은혜의 씨앗이 자녀들 속에서 자라나는 것을 보는 것이 얼마나 유쾌합니까? 여러분이 어린 소년일 때 유채 씨앗을 심고 그 다음 날 그것이 얼마나 자라는가 보기 위해서 땅을 둘러보았죠? 작은 노란 싹이 나오는 것을 보면서 얼마나 기뻐하였습니까? 그런 다음에 푸른 한 잎이 나오든지 두 떡잎이 나옵니다! 참된 주일학교 선생님들에게도 역시 그와 같은 일이 일어납니다. 주일학교 선생님은 주일학교 학생들의 성장을 보고 싶어 견딜 수 없어합니다. 그것을 얻기 위해서 아주 열심으로 구합니다. 그가 기대했던 것이 드디어 자리를 잡고 나타나기 시작합습니다. 그것이 그에게 정말 기쁜 일입니다. 다른 사람들에게는 어떻게 여겨질지라도 말입니다. 그런 일에 공감하지 않는 사람은 소리칠 것입니다. "오! 나는 어린 아이의 정서에 대해서 아무것도 생각하지 않고 있어요. 그것은 그저 지나가는 인상일 뿐입니다. 어린 아이는 금방 그것을 잊을 거예요." 그러나 주일학교 선생님은 그렇게 생각하지 않습니다. 냉철한 비평가는 말합니다. "나는 어린 아이들이 슬퍼하는 것을 크게 생각하지 않아요. 어린 아이들의 눈물은 아주 가벼운 것이예요." 그러나 주일학교 선생님은 이러한 눈물 속에서 죄에 대한 진정한 슬픔, 주님을 향한 간절한 추구를 보기를 소망하는 마음이 가득합니다. 의심하는 사람은 이렇게 말합니다. "어린 아이가 내 마음을 예수님께 드린다고 말하는 것은 아무것도 아닙니다. 청소년들은 자기들이 믿는다고 금방 생각합니다. 아이들은 그처럼 아주 쉽게 이끌립니다." 그들은 어린 아이들을 사랑하지 않으며, 그들을 후원하고 싶은 마음이 없기 때문에 그렇게 말하는 것입니다. 만일 여러분이 어린 아이들에게 동정심을 가지고 있으면, 소망스러운 모든 조짐이 나타날 때마다 기뻐합니다. 또 신성한 생명이 그들 속에서 드러나는 모습을 볼 때마다 참으로 기뻐합니다. 만일 여러분이 화초를 기르는 사람이라면 채소밭이나 그러한 것들에 전혀 관심이 없는 사람보다 식물이 자라는 것에 대해서 더 많은 것을 생각하게 될 것입니다. 본문이 말하는 바를 생각해 보십시오. "그것이 자라." 오! 오늘 아침 여러분 모두에게서 다음과 같은 기도가 나오기를 바랍니다. "주여, 복음이 떨어지는 곳마다 자라나게 하옵소서. 복음을 설교자가 뿌리든지 교사가 심든지, 복음이 노인들 속에 떨어지든지, 젊은이들 속에 떨어지든지, 주여 복음이 자라게 하소서." 형제 여러분! 복음이 자라도록 열심히 기도하십시오. 여러분이 그것을 자라게 할 수 없습니다. 그러나 하나님께서 그것에 복을 주셔서 하나님께 영광과 찬송을 돌릴 수 있게 해 달라고 설득할 수 있습니다.

　　다음으로, 일단 그것이 자라기 시작하였더니 급기야 나무가 되었습니다. 누가는 말합니다. "자란 나무가 되어." 그 자체로 큰 나무였습니다. 겨자씨 크기에 비교하여 정말 큰 나무였습니다. 그 성장은 정말 엄청났습니다. 놀라운 일이 벌어진 것입니다. 한 나무가 된 것이 아니라, 그것이 겨자씨였는데 "큰 나무"가 되었다는 말입니다. 여러분은 이 비유의 요점을 아시겠습니까? 저는 이미 그 요점을 여러분들에게 말씀 드렸습니다. 들으십시오! 그것은 단지 한 마디 말이었습니다. "애야, 예수님을 바라봐." 그 말씀 한 마디로 영혼이 구원받았습니다. 죄가 용서받았고 존재 전체가 변화되었습니다. 하늘의 새로운 상속자가 태어난 것입니다. 여러분은 성장을 하고 있습니까? 말씀이 구원을 일으킵니다. 겨자씨 한 알이 큰 나무가 됩니다. 작은 가르침이 영생의 열매를 맺습니다. 그것만이 아닙니다. 많은 기도와 눈물을 뿌리며 주일학교 선생님은 가르치는 소녀를 집으로 데리고 가서 그녀와 함께 그리스도를 만날 수 있게 해 달라고 간청하였습니다. 그 소녀는 예수 그리스도께서 지배해 주시도록 자신의 마음을 그리스도께 맡길 수 있게 되었습니다. 거룩하고, 하늘에 속한 생명이 그 간청을 통해서 왔습니다. 보십시오! 그녀는 사려 깊은 소녀가 되고, 더 나아가 사랑스러운 아내, 은혜로운 어머니, 이스라엘의 유모가 됩니다. 가난한 사람들의 속에서 도르가와 같은 사람이 되고, 사무엘의 어머니 한나와 같은 사람이 됩니다. 작은 원인으로부터 그처럼 큰 결과가 나오다니! 주일학교 선생님들은 눈물을 쏟고 말씀을 전합니다. 그런 것들이 인쇄에는 나타날 수가 없습니다. 왜냐하면 그들의 마음은 너무도 상하였고 어린 아이와 같았기 때문입니다. 그러나 그들이 하나님의 손 안에서 한 생명을 정말 아름답고 정숙하며 우아하게 빚으시는 도구가 되었습니다.

한 소년이 거리의 방랑아처럼 아주 거칠어지고 있었습니다. 한 주일학교 선생님이 옆에 가서 무릎을 꿇고, 팔로 그 소년의 목을 끌어안았습니다. 그는 소년을 위해서 하나님께 간구했습니다. 또한 그 소년에게 하나님을 믿으라고 권했습니다. 그 소년이 회심하였습니다. 그는 어린 청년으로서 일터에서 작업실의 모범이 되었습니다. 그리고 아버지가 되어 가정을 이끄는 인도자가 되었습니다. 그는 하나님의 사람으로서 모든 사람들에게 빛을 비추었습니다. 의의 설교자로서 그는 모든 일에서 구주되신 하나님의 교리를 높였습니다. 제가 쉽게 묘사할 수 있는 것보다 훨씬 더 많은 것이 있습니다. 그러나 제가 할 수 있는 만큼 여러분도 그것을 잘 해낼 수 있습니다. 바라는 모든 것이 겸손한 그리스도인이 젊은 이와 주고받는 간단한 대화에서 나올 수가 있습니다. 겨자씨가 큰 나무가 됩니다. 거룩한 권면의 몇 마디 말이 고상한 생명을 산출할 수 있습니다.

그러나 그것이 전부입니까? 사랑하는 여러분, 우리 교훈은 영혼들을 파멸한 사람들의 깊고 깜깜한 거처에 빠지지 않게 지킬 수 있습니다. 만일 어떤 한 영혼을 그냥 내버려 두면 어리석은 데서 악한 데로 금방 떨어지고, 악함에서 완고함으로, 완고함에서 멸망하기로 굳게 결심하는 데에 신속히 떨어질 수가 있습니다. 그러나 사랑에서 우러나온 교훈을 받으면 모든 것이 변합니다. 사자가 물고 있는 어린 양을 낚아채듯이 죄의 권세로부터 구출 받은 어린 사람은 이제 더 이상 악의 희생물이 아닙니다. 거룩하고 하늘에 속한 것들을 추구하는 사람들이 됩니다. 지옥은 그 먹이를 상실하였습니다. 저기를 보십시오. 하늘의 넓은 문이 그 보배로운 영혼을 받아들였습니다. "새 예루살렘 문들을 통해서 몰려가는" 수많은 사람들이 바로 여기 주일학교를 통해서 인도함을 받은 사람들입니다. 한때 어리석었지만 지금은 흰옷을 입고, 어린 양의 피로 그 죄를 씻었습니다. 그들의 찬미하는 노랫소리를 들어 보십시오. 여러분은 그 놀라운 노랫소리를 계속 듣게 될 수 있습니다. 왜냐하면 그 놀라운 노랫소리가 결코 끝나지 않을 것이기 때문입니다. 이 모든 일이 어떤 주일 오후에 주일학교를 마치고 예수님의 십자가에 관해서 두려워하는 형제에게 잠깐 동안 해 주었던 그 가르침을 통해서 일어난 것입니다. 아니면 이 모든 것이 공공연히 말할 수는 없었지만, 신체적으로 성숙하고 있으며 자칫하면 슬프게도 곁길로 가기 쉬운 어린 소녀에게 경고할 수 있었던 점잖은 한 자매로부터 나온 일일 수도 있습니다. 한 영혼이 하늘 가는 길로 들어서느냐, 아니면 지옥 가는 길로 들어서느냐 하는 것이 연약하나 충성스러운 주일학교 선생님의 경미한 노력 여하에 달려 있다는 것이 정말 놀라운 일입니다! 여러분은 겨자씨가 큰 나무로 성장될 때까지 그것이 어떻게 자라는지를 봅니다.

이 큰 나무는 피난처가 되었습니다. "공중의 새들이 그 가지에 깃들였느니라." 동방에서 겨자씨는 정말 크게 자랍니다. 가장 보편적인 종류는 2m, 또는 3m 높이까지 자랄 수 있습니다. 그러나 숲에 있는 나무들과 거의 같은 크기로 자라는 종류도 있습니다. 우리 주님께서는 아마 여기서 이 후자를 두고 말씀하고 계셨을 것입니다. 삼림보호 구역에서 자라는 큰 나무들일 것입니다. 팔레스타인의 여기저기서 자랐던 겨자나무는 참으로 놀라울 정도로 큽니다. 나무가 자라면 그 나무에 새들이 날아옵니다. 여기서 우리는 예기치 않은 영향력을 발견합니다. 그것을 생각해 보십시오. 그 사람은 좀처럼 손으로 집기도 어려운 작은 겨자씨 하나를 심었습니다. 그 겨자씨 하나를 가져다가 채소밭에 심었을 때 그곳에 새들을 끌어들일 것이라고 생각했을까요? 하지 않았습니다. 여러분이 한 어린 아이에게 예수 그리스도로 말미암은 구원의 길을 가르치고 있을 때 여러분이 무엇을 행하고 있는지 다 알지 못합니다. 한 영혼을 그리스도께 인도하려고 노력할 때 여러분의 행동이 일천 개의 갈고리를 가지고 있을 수 있습니다. 그래서 그러한 갈고리들이 헤아릴 수 없는 많은 것들을 끌어올 수 있습니다. 거룩한 가르침은 우물물을 여는 것입니다. 그러면 그 샘이 그곳에 가져올 효과를 다 아는 사람은 아무도 없습니다. 겨자씨 하나를 심는 것과 공중의 새들과는 아무런 연결 고리가 없는 것처럼 보입니다. 그러나 날개를 달며 공중을 배회하던 새들이 금방 행복한 연결고리를 만들었습니다. 소년을 가르치는 것과 뉴기니의 미개 지역에서 식인종을 개화시키는 것 사이에는 아무런 연관이 없어 보일 수 있습니다. 그러나 저는 매우 가능성 있는 연결 고리를 볼 수 있습니다. 여러분이 그 작은 아이를 가르침으로 말미암아 중앙 아프리카의 여러 부족들의 운명을 바꿀 수도 있습니다. 존 파운즈(John Pounds)가 어떤 소년에게 뜨거운 감자 하나를 주면서 와서 성경을 배우자고 유도했습니다. 존 파운즈가 그 일을 할 때 런던에 있는 모든 빈민학교들에 대한 생각을 전혀 하지 않았을 것이라고 확신합니다. 그러나 되어가는 일 전체를 보면, 거기에는 분명한 원인과 결과의 끈이 존재합니다. 뜨거운 감자 하나가 빈민학교 연합회의 문장(紋章)이 될 수 있습니다. 네이스미스(Nasmyth)란 사람이 런던의 빈민가에 있는 집을 방문하며 돌아다닐 때 그는 자기의 행동이 런던 시 선교회를 창설하고, 시골 마을 선교회 모두를 창설하는 하나의 기초가 되리라고는 꿈에도 생각하지 않았을 것입니다. 아무도 그의 시작이 어떤 결말을 가져오는지 말해 줄 수 없습니다. 그의 씨 뿌림이 어떤 성장을 가져올지 말할 수 없습니다. 그러니 작은 방면에서 선한 일을 계속 행하십시오. 그러면 어느 날 큰 결과들을 보고 놀라게 될 것입니다. 여러분은 바로 앞에 있는 그 일을 하십시오. 그 일을 잘 하십시오. 그 일을 주님께 하듯이 하십시오. 그 결과는 주님의 한없는 사랑의 분량에 맡기시고, 결국 백배의 수확을 할 것을 소망하십시오.

저는 그 겨자나무에 얼마나 많은 공중의 새들이 날아와서 둥지를 틀었는지는 모르겠습니다. 하루에 얼마나 많은 새들이 날아오고, 일 년에 얼마나 많은 새들이 거기에 깃들였는지, 또한 거기서 둥지를 틀었는지, 또한 거기서 자기들이 그렇게 좋아하는 먹이를 얼마나 많이 주워 먹었는지 저는 모릅니다. 한 사람이 회심할 때 그 한 사람으로 말미암아 얼마나 많은 사람들이 복을 받을는지 아무도 말할 수 없습니다. 이 시대는 소설이 인기 있는 시대입니다. 비종교적인 이야기든 종교적인 이야기든지 간에 우리 문학이 꾸며진 이야기들로 점철되어 있습니다. 간접적이든 직접적이든 어떤 한 경건한 남자나 여자가 자기가 받은 은택에 관하여서 얼마나 놀라운 이야기를 글로 쓸 수 있습니까? 여러분이 그 주제에 대한 감격적인 이야기를 썼을 때, 그것은 분명 더 나은 것에 불을 붙이는 역할을 할 것이라고 저는 확신합니다. 이 개인이 대중 전체에 걸쳐서 그 은택을 뿌릴 수가 있습니다. 세계를 복으로 두를 수 있는 것입니다.

그런데 내가 여기서 듣고 있는 것이 무엇입니까? 겨자나무 — 그것은 매우 놀라운 나무입니다. 그러나 나는 그것을 보고만 있는 것이 아닙니다. 나는 듣고 있습니다. 놀라운 음악 소리를 말입니다. 새들이 지저귀는 그 놀라운 청아한 소리들! 이른 아침입니다. 아직 해가 뜨지 않았습니다. 그런데도 노랫소리로 시끌

벅적합니다. 그것이 음악을 산출하는 방식입니까? 내가 겨자씨를 심고 노래를 거두겠습니까? 좋은 풍금을 사거나 바이올린을 구입해야 한다고 생각했었습니다. 바람을 통해서나 또는 현을 울리는 것을 통해서 음악이 나온다고 생각했습니다. 그러나 여기에 전혀 새로운 계획이 있습니다. 느부갓네살은 퉁소와 비파와 수금과, 타악기의 일종인 덜시머와 모든 종류의 음악 악기를 가지고 있었습니다. 그러나 그 소리를 다 합해도 새들의 멜로디를 따라갈 수가 없습니다. 이제 나는 겨자씨를 심을 것입니다. 그리고 하나님의 방식으로 음악을 얻을 것입니다. 친구여, 여러분이 어린 아이들에게 예수 그리스도의 복음을 가르칠 때에 하늘의 음악을 심고 있는 것입니다. 여러분이 피로 값 주고 산 사죄의 소식을 전할 때마다 즐거운 목소리로 영광의 합창대를 채우고 있는 것입니다. 이 합창대는 영원하신 이름을 가지신 이에게 밤낮 감사의 선율을 노래할 것입니다. 그러니 그러한 결과를 얻으려 한다면 계속 진행해 나가십시오. 심지어 하늘의 높은 하모니가 한 빈민학교의 단순한 가르침에 달려 있다면, 거룩한 이 섬김을 멈추지 말아야 합니다.

제가 이제 그만큼 말씀드렸으니, 세 가지 실천적인 관찰을 언급하면서 설교를 끝맺도록 하겠습니다. 우리가 복음과 같은 그런 놀라운 것을 맡게 되었다니 정말 영예로운 일이 아닙니까? 그것이 그렇게 많은 것을 함축하고 있어서 바르게 사용되기만 하면 그처럼 많은 것을 산출할 것이라면, 그러한 좋은 소식을 전파하는 것이 얼마나 복되고 행복한 일입니까! 저는 오늘 아침 일어나니 습기가 많고 비가 내리는 것을 보았습니다. 그리고 뼈가 쑤시는 느낌이 들었습니다. 앞으로 주일이 네 번만 더 지나면 좋겠다고 생각했습니다. 그때가 되면 더 밝은 햇살 속에서 약간의 휴식을 취할 정도로 자유로워질 것입니다. 마음이 지치고 심령이 피곤할 때 이 사실을 생각하면서 기운을 냈습니다. 즉, 내가 참으로 복된 일을 하고 있다는 것을 생각한 것입니다. 내가 얼마나 영광스러운 복음을 설교하는가? 다른 사람들에게 증거해야 할 이처럼 좋은 소식을 가지고 있다니, 나는 참으로 행복한 사람임에 틀림없다. 저는 제 자신에 대해서 "정말 그러하다"고 말하였습니다. 자, 지금 사랑하는 선생님들이여, 다음 주일, 침상에서 일어나 "한 주간 어렵게 수고해서 피곤하구나. 내가 주일학교 어린 아이를 가르치는 일은 하루 쉬었으면 좋겠구나" 하고 말할 때, 여러분 자신에게 이렇게 대답하시기 바랍니다. "그러나 내가 어린 아이들에게 예수 그리스도에 관해서 말해야 하다니 정말 나는 행복한 사람이다. 만일 아이들에게 건축법이나 조각하는 법을 가르쳐야 한다면, 그 일에 진력날 것이다. 그러나 내가 사랑하는 예수님에 관해서 말하는 것은 정말 언제나 즐거운 일이다."

우리는 이 악한 시대에 좋은 씨앗을 뿌리기 위해서 용기를 냅시다. 만일 우리가 다른 곳에서 복음이 번성하는 것을 보지 못한다 할지라도 절망하지 말아야 합니다. 세상에서 더 많은 겨자씨가 없고, 겨자씨 한 알만 가지고 있다 할지라도, 우리는 그것을 심기 위해서 더 많은 열심을 내야 합니다. 만일 겨자씨 한 알이라도 심어 자라게 되면 상당한 분량을 산출할 수 있을 것입니다. 그처럼 오늘날 복음이 그렇게 많이 전파되고 있지 못합니다. 그동안 교회가 복음을 포기했습니다. 설교자들 중 대단히 많은 사람들이 살아 계신 진리(예수)를 빼놓고 다른 것을 설교하고 있습니다. 정말 그것은 헛될 뿐입니다. 그러나 저와 여러분이 어느 때보다도 복음을 가르쳐야 하는 강력한 이유가 바로 그것입니다. 저는 자주 자신에 대해 이런 생각을 했습니다. '다른 사람들이 사회주의를 가르치고, 강의를 하고, 바이올린 악단을 모집해서 회중을 끌어 모으려 할 수 있다. 그러나 나는 복음을 전할 것이다. 내가 할 수 있다면 그 어느 때보다 더 복음을 설교할 것이다. 그 중요한 한 가지 요점을 굳게 붙잡을 것이다. 다른 형제들이 이런저런 이야기에 관심을 가지고 전할 수 있지만 나는 계속 십자가에 못 박히신 그리스도만을 전할 것이다.' 오늘의 사건들을 바라보고 있는, 능력이 대단한 사람들에게 저는 말하겠습니다. "한 가련한 어리석은 사람으로 하여금 계속 복음을 설교할 수 있도록 허락해 달라." 사랑하는 교사 여러분, 그리스도를 위해서 어리석은 자가 되십시오. 복음을 항상 견지하십시오. 두려워하지 마십시오. 복음에는 생명이 있습니다. 그리고 그 생명이 자랄 것입니다. 복음을 가지고 나가서 심으십시오. 그런 다음에 자라게 내버려 두십시오. 저는 가끔 우리가 자신을 빛내기 위해 설교와 연설을 너무 많이 준비하는 것이 아닌가 염려가 됩니다. 그러하다면, 우리는 감자들을 자라게 하려고 노력하는 사람들과 같습니다. 그는 결코 어떤 감자도 자라게 하지 못했습니다. 그리고 그는 많이 놀랐습니다. 그는 말합니다. "왜냐하면 나는 여러 시간 동안 주의 깊게 감자를 삶았어요." 그와 같이 복음에서 모든 생명을 뽑아내고 그 자리에다가 자신의 것을 잔뜩 집어넣는 것이 아주 가능한 일입니다. 그리스도께서는 그 일에 결코 복을 주시지 않을 것입니다.

끝으로, 우리는 그 일을 해야 합니다. 만일 그렇게 작은 알갱이에서 그렇게 많은 결과가 나올 것이면 우리는 그 일을 직접 해야 합니다. 지금 사람들은 자기 투자금의 10%를 원합니다. 정말 엄청난 수의 어리석은 사람들이 막대한 배당금을 준다고 약속하는 어떤 이권 단체, 또는 금융 기관이나, 주식회사에 쉽게 사로잡히고 있습니다. 저는 여러분을 확실한 투자에 초청함으로써 지혜롭게 만들고 싶습니다. 겨자씨 한 알을 심으십시오. 그러면 나무가 거기서 자랍니다. 그리스도에 대해서 말하십시오. 그러면 한 영혼이 구원받습니다. 그렇게 구원받은 영혼이 여러 세대의 사람들에게 복을 줄 것입니다. 또 하나님께는 영원토록 기쁨이 될 것입니다. 그와 같은 투자가 있습니까? 우리는 그 일을 계속합시다. 만일 우리의 간단한 말에 따라서 영원이 결정된다면 있는 힘을 다해서 말해야 합니다. 생명, 죽음, 지옥, 알려지지 않은 세상들이 예수 그리스도의 복음을 간절하게 가르치는 교사들의 입술에 달려 있습니다. 그러니 우리가 숨 쉬고 있는 동안 그리스도의 복음을 말하는 것을 멈추지 맙시다. 주 하나님께서 여러분에게 복을 주시기를 바랍니다. 아멘.

제
50
장

—

오소서 모든 것이
준비되었나이다

—

**"잔치할 시각에 그 청하였던 자들에게 종을 보내어 이르되
오소서 모든 것이 준비되었나이다 하매"** — 눅 14:17

이 초청의 말씀은 무엇보다 먼저 유대인들을 향한 것이었습니다. 그러나 제가 볼 때 이 초청의 말씀은 우리들에게도 그대로 적용됩니다. 주님께서 지상에 계실 때에 비하여 우리가 사는 시대는 아주 늦은 시대입니다. 그러므로 만찬의 시간이 분명히 임박하여 있습니다. 그림자가 길게 드리우고 있고 현 세대의 태양이 석양을 향하여 아주 가까이 나아가고 있습니다. 주님께서 처음 당신의 종들을 보내어 이 만찬에 오라고 사람들을 부르신 이후 거의 1900여 년이 지났으니 그만큼 세대의 길이가 짧아진 것입니다. 어린 양의 혼인 만찬을 위하여 정해진 때가 신속하게 다가오고 있습니다. 그러므로 그 어느 때보다도 초청받은 손님들에게 주어진 메시지를 전달하는 데 더욱 간절한 열심을 내는 것이 우리에게 합당합니다.

우리 주님께서 지상에 계실 때에 이미 모든 것이 다 준비되었다고 하셨으면, 지금 우리는 그 말씀을 더 크게 강조하여 외쳐야 할 것입니다. 주님께서 이 비유를 말씀하실 때는 아직 성령께서 보혜사로 오시지 아니하셨지만 지금은 오순절 성령의 역사가 있고 난 다음의 세대입니다. 그리고 하나님의 성령께서 우

리와 함께 계셔서 말씀의 능력을 부어 주시고, 우리가 진리를 따라서 양식을 먹을 때 우리 영혼에 복을 주고 계십니다. 그러니 지금은 모든 것이 다 준비되어 있다는 것을 아주 강조해야 합니다. 이제 만찬이 손님들을 기다리고 있는 셈입니다. 저는 여러분이 핑계대기 시작하는 일을 제발 하지 않기를 바랍니다. 우리가 오라고 명할 때 우리를 따라올 각오를 하시고, 우리를 따라서 함께 가기를 각오하고, 적어도 모든 신성한 사랑의 강권하는 힘으로 들어오라고 강권할 때 그 강권에 복종할 준비가 되어 있어야 합니다. 우리는 여러분이 "오소서 모든 것이 준비되었나이다"라는 말씀에 따라 인도함을 받는 한, 3단계의 가중적 설득 형식을 모두 사용하는 것을 마다하지 않을 것입니다.

분명히 본문에는 두 가지 요점이 나타나 있습니다. 서로 긴밀한 연관을 가지는 요점입니다. 하나는 명백한 초청의 말씀입니다. "오소서"라는 말입니다. 그 다음에 강력한 논증의 말씀입니다. "모든 것이 다 준비되었나이다." 이 주장은 하나님의 준비하심 속에서 우러나온 것이고, 왕궁에 차려진 우아한 잔칫상의 완벽함에서 우러나온 것입니다. "내 황소와 살진 짐승들을 잡아 준비하였으니 잔치에 오라"는 말씀입니다. 하나님 편에서 모든 것을 준비하셨다는 것을 근거로 삼아서 사람들이 그 은혜에 참여하여야 한다는 논리가 성립되는 것입니다. 오늘 이 시간 그 점을 살펴볼 것입니다. 긍휼의 잔치가 다 준비되었다는 것은 사람들이 즉시로 그 잔치에 참여해야 할 이유가 된다는 점을 주목해 보고자 합니다.

1. 항상 모든 것을 다 준비하시는 하나님의 관례

우리는 먼저 첫 번째 진술을 전제해 놓음으로써 우리의 묵상을 시작하려 합니다. 그 진술은 우리의 강론에 첫 번째 대지를 이룰 것입니다. 다시 말하면 "모든 것을 준비하시는 것이 하나님의 관례"라는 점입니다. 하나님께서는 그의 손님들이나 그의 피조물들을 위해서 항상 그런 식으로 준비하십니다. 어떤 일에서도 하나님은 미처 준비하지 못하시는 경우가 없습니다. 손님들이 잔치에 참여하고 있는데 아직도 상을 다 차리지 못하고 그때서야 음식들을 상에다 올려놓는 것과 같은 일은 없는 것입니다. 주님께서는 항상 미리 생각하시는 위대한 사상가이십니다. 작은 세세한 점들까지도 모두 아주 질서정연하게 준비하십니다. "모든 것이 다 준비되었다."

창조 사역에 있어서도 그러했습니다. 지면에 올라와 있는 풀잎 하나도 그것을 위한 토양과 환경이 완전히 준비된 가운데 창조하신 것입니다. 친절한 해가 땅 위를 비추는 법을 배우기 전에는 풀잎 하나도 창조하지 아니하셨습니다. 태양이 없는 채소를 생각해 보십시오. 아니면 낮과 밤이 바뀌지 않는 경우에 채소가 어떻게 자라겠습니까. 그러나 공기가 빛으로 충만하고, 궁창이 구름을 떠받치고, 마른 땅이 바다로부터 나와 구분되고, 그럼으로써 모든 것이 준비되었을 때 풀과 채소와 나무가 났던 것입니다. 하나님께서는 생명 있는 어느 피조물이라도, 또는 공중에 나는 어떤 새라도, 또는 바다에서 헤엄치는 물고기 한 마리, 아니면 다른 땅에서 움직이는 들짐승 한 마리까지도 그 서식지를 완전히 마련해 놓기 전에는 창조하지 아니하셨고, 그것들에게 필요한 양식을 아직 미처 준비하지 아니하신 채 창조하신 적이 없었습니다. 가축이 먹을 푸른 초장을 먼저 창조하신 다음에야 가축들을 창조하셨습니다. 나무에 깃들일 수 있을 때에 새들을 창조하셨고, 땅에 기는 벌레들까지도 그 먹이를 준비하기까지는 창조하지 아니하셨습니다. 어떤 피조물도 먹을 양식이 자라고 있는 동안에 굶주린 상태에서 기다리는 것과 같은 그런 일은 하나도 없었습니다. 모든 것들이 준비되었습니다. 먼저 채소를 위한 준비가 있었고, 그 다음에 동물적 생명을 위한 준비가 있었습니다. 하나님께서 마지막으로 당신의 피조물 가운데 가장 고상하게 창조하셨던 아담의 경우에도 모든 것을 준비하신 후에 창조하신 것입니다. 흐르는 강둑 너머에다가 낙원을 건설하셨고, 각종 모든 나무를 낙원에 심으셨으며, 동산에 아담이 먹기에 좋은 과일들이 미리 익어 있었고, 꽃들은 활짝 피어 아담의 기쁨을 북돋고 있었습니다. 아담은 아직 준비되지 아니한 집으로 인도함을 받지 않았습니다. 오히려 그는 아버지 하나님께서 그의 거처로 유쾌하고 알맞게 만든 집으로 들어갔습니다. 처음 만든 세계는 아주 잘 갖춰져 있었습니다. 세상을 다스리게 되어 있는 그 사람이 바로 그러한 세상에 놓인 것입니다. 주님께서는 지금도 이렇게 말씀하고 계시는 것 같습니다. "모든 것이 다 준비되었도다 너 힘 있는 채소여 나올지어다." 그런 다음에 "모든 것이 준비되었도다 너 물에서 뛰노는 물고기여, 들사슴들이여 올지어다!' 그리고 나서 "모든 것이 준비되었도다. 내 형상을 따라 지음을 받은 너 사람이여 일어설지어다!'

그 후 하나님께서 사람들을 다루시는 방식을 통해서도 똑같은 진리가 여러 모양으로 나타났습니다. 방주를 먼저 짓게 하시고, 그런 다음에 방주에 각종 피조물들이 들어가게 했고, 그 피조물들이 먹을 양식도 함께 들어보내도록 하셨습니다. 이제 그들이 방주를 타고 감당해야 할 이상한 항해를 위해서 말입니다. 그런 다음 주 하나님께서 노아에게 말씀하셨습니다. "너와 네 온 집은 방주로 들어가라." 그 말씀은 택함받은 여덟 식구가 방주로 들어가기에 충분한 "모든 준비가 다 되었다"는 주님의 음성이었습니다. 더 이상 지체할 필요가 없었습니다. 모든 준비가 다 되었습니다. 그래서 하나님께서는 그들을 방주 안으로 들어가게 하시고 방주 문을 닫으셨던 것입니다. 그 모든 것이 오직 유일하신 지혜의 하나님께서 정확하고 틀림없이 완전하게 이루신 것입니다. 바로 그날 필요한 모든 것이 다 준비되었던 것입니다.

　　신비적인 하나님의 경륜에 또 다른 사건을 주목해 보십시오. 이스라엘이 애굽에 내려가는 것 같은 사건 말입니다. 하나님께서 야곱과 그 후손이 한 땅에서 나그네 되게 하실 뜻을 정하셨습니다. 그러나 하나님께서 그 모든 문제를 얼마나 지혜롭게 준비하셨습니까. 그들에 앞서서 한 사람 요셉을 보내셨습니다. 요셉이 애굽 땅에서도 권세를 가진 자리를 차지하게 되었고, 그것을 통해서 기근 중에도 이스라엘 사람들을 먹이게 하셨습니다. 앞선 몇 년 동안 요셉은 좋은 시절을 맞아 7년 간의 대풍의 기간 동안 곡식을 쌓아 놓게 하셨습니다. 그래서 7년 기근 동안에 그들로 배불리 먹게 하였던 것입니다. 고센 땅도 요셉의 마음대로 그들 이스라엘 사람들에게 주게 되었던 것입니다. 그래서 이스라엘의 양 떼와 소 떼들이 그 비옥한 땅에서 거할 수 있었던 것입니다. 하나님께서 당신의 이스라엘 백성들을 애굽으로 보내실 때에 이미 모든 것이 다 준비가 되어 있었습니다. 그리고 모든 것이 다 갖추어진 다음에 강한 손과 편 팔로 그들을 거기서 이끌어 내십니다.

　　이스라엘 열두 지파들이 가나안 땅으로 들어가는 문제에서도 그러하였습니다. 하나님께서 그들을 약속의 땅에 인도하여 들이시면서 모든 것을 다 준비해 놓지 아니하신 채 그냥 들이지 아니하셨습니다. 적당한 때가 되기까지 그들을 기다리도록 하셨습니다. 여호와 하나님께서 "아모리 족속들의 불의가 아직 차지 아니하였다"고 말씀하셨던 것입니다. 그 땅의 거민들이 하나님의 자비의 한계를 넘어서서 결국 사형 판결을 받기까지는 이스라엘 사람들이 무대에 나타나서 그들의 사형을 집행하고 그 땅을 물려받는 위치에 서지 못하게 하셨던 것입니다. 열두 지파들이 요단 강에 이르렀을 때 하나님께서 그들을 위해서 모든 것을 준비하셨습니다. 왜냐하면 그들 앞에 말벌을 보내사 그 백성들을 쫓아내셨고, 온역을 통해서 그 백성들을 죽이셨기 때문입니다. 정탐꾼들은 말하였습니다. "그 땅은 그 거민을 삼키는 땅이요." 주 하나님께서 그들 앞서 가서서 그들이 싸워야 할 전투를 먼저 싸우심으로써, 그들을 위한 처소를 마련하셨습니다. 그래서 그들이 가나안 땅에 들어갈 때는 짓지 아니한 집에 거하게 되었고, 자기들이 심지 아니한 감람나무의 열매를 모으게 되었던 것입니다. 그들은 젖과 꿀이 흐르는 땅, 참으로 경작하기에 훌륭한 땅으로 들어갔습니다. 어려운 고역을 감당해야 하는 사막을 그들에게 주신 것이 아닙니다. 이스라엘 사람들은 주님의 동산과 같은 땅에 이르게 된 것입니다. 그래서 그들은 그 열매를 즉시 누리게 되었던 것입니다. 그들이 요단을 건너자마자 금방 그 땅의 묵은 곡식을 먹었습니다. 그래서 "모든 것이 준비되었다"는 말씀은 주 하나님께서 복 주시기로 작정한 사람들에게 선포하려고 성경 안에서 마련해 놓으신 선포의 말씀임을 발견하게 되는 것입니다.

위대한 복음에서 모든 것이 다 준비되었다는 사실은 무엇보다 먼저 사람들이 오기 전에 하나님의 생각이 먼저 간다는 것을 우리에게 가르쳐 줍니다. "오라, 모든 것이 다 준비되었도다." "만일 너희가 오면 모든 것이 준비될 것이다"라고 말씀하지 아니하시고 "모든 것이 준비되었으니 오라"고 말씀하십니다. 은혜가 먼저입니다. 사람은 고작해야 그 은혜의 발자취를 따라가는 것일 뿐입니다. 우리가 하나님을 생각하기 오래 전에 하나님께서 먼저 우리를 생각하셨습니다. 우리가 존재하기도 전에, 아니 시간의 세계가 시작되기도 전에 영원하신 하나님의 가슴속에는 당신의 자비의 식탁에 참여할 자들에 대한 사랑스러운 생각들이 있었습니다. 하나님께서 예부터 그 고귀한 마음속에서 모든 것을 계획하셨고 질서를 세우셨습니다. 하나님께서는 모든 양식들과 거기에 참여할 모든 손님들을 미리 아셨고 정하셨습니다. 모든 것들이 그 영원하신 하나님의 언약과 목적 속에서 정해져 있었습니다. 땅이 생기기 전에 말입니다. 오! 죄인이여, 그대가 하나님의 사랑보다 앞서 나갈 수 있다고 생각하지 말지어다. 그대가 시작하기 전에 먼저 하나님의 사랑은 그 경주의 끝에 도달해 있다. 그대가 시작도 하기 전에 하나님께서는 이미 경주를 마치셨다. 하나님의 생각은 우리의 생각보다 앞섭니다. 그의 행동도 마찬가지입니다. 왜냐하면 하나님께서는 "모든 것이 계획되었고 정해졌다"라고 말하지 아니하고 "모든 것이 다 준비되었다"고 말씀하시기 때문입니다. 위대하신 희생 제물이신 예수님께서 죽임을 당하셨고, 우리를 씻는 샘이 피로 가득 채워졌습니다. 성령께서 오셨고, 우리가 가르침 받은 말씀이 우리 손에 있고, 거룩한 성경의 지면을 비출 등불이 성령으로 말미암아 우리에게 약속되어 있습니다. 약속된 것들은 우리를 격려하여 그리스도께 오라고 촉구하게 마련입니다. 그러나 이미 주어진 것들은 거부할 수 없는 매력을 지니기 마련입니다. 우리가 긍휼을 구하기 위해서 울부짖기 전에 거룩하신 성 삼위께서는 모든 것을 이미 마치셨습니다. 이 사실을 생각할 때 우리는 주님께 가까이 나아갈 때 소망을 품을 수 있고 또 열심히 주님께 나가게 될 것입니다. 죄인이여, 올지어다. 당장 올지어다. 이 사실은 틀림없이 그대에게 용기를 줄 것입니다. 하나님께서 그대의 구원을 위해서 하셔야 할 모든 것이 이미 다 이루어졌도다. 그대가 하나님에 대한 생각을 시작하거나 하나님의 거처를 향해서 한 발짝 발길을 돌리기 전에 그 모든 것이 다 이루어졌기 때문이다. 모든 것이 다 준비되었도다. 죄인이여 오라!

이는 또한 오는 자들이 얼마나 크게 환영받을 것인지를 입증해 줍니다. 이런 경우를 생각해 봅시다. 여러분이 어떤 친구에게 초청을 받아 그 집에 당도하였는데 문이 굳게 잠겨 있습니다. 그래서 여러 차례 문을 두드려도 대답이 없습니다. 집에 아무도 없기 때문입니다. 그러면 여러분 측에서 실수를 한 것이 아닌가 하고 의아하게 생각할 것입니다. 아니면 그 초청이 진지한 것이 아니었다고 의심하게 될 것입니다. 또한 이런 경우를 생각해 봅시다. 여러분을 초청한 그 사람이 문까지 나와서 여러분을 영접하여 들이기는 했지만 굉장히 당황하는 모습을 취하고 있습니다. 왜냐하면 준비된 음식이 하나도 없기 때문입니다. 여러분을 밤에 평안히 쉬도록 할 만한 조치를 전혀 하지 않았습니다. 그런 경우 여러분은 지혜로운 사람답게 그 상황을 간파하고 신속하게 다른 곳으로 갈 것입니다. 환영을 하였으면, 그 초청받은 사람을 위해서 필요한 것들이 준비되었어야 하기 때문입니다. 그러나 오! 불쌍한 영혼이여, 그대가 하나님께 오기만 하면 이미 그대가 즐거워할 모든 것이 다 준비되어 있습니다.

> "그대를 위해 잔칫상이 배설되어 있고 잔칫상에는
> 하나님의 풍부하고 고상한 음식으로 쌓여 있네."

또한 그대를 위해서 편안하고 조용한 자리가 준비되어 있습니다. 모든 것이다 준비되어 있습니다. 여호와 하나님께서 그대를 얼마나 극진히 환영하시며 그 초청은 얼마나 순전한지 모릅니다. 그대가 와서 하나님을 뵙고 잔치에 참여하기를 얼마나 간절하게 소원하시는지요. 이렇게 해서 우리가 첫 번째 요점에 대해서 이만큼 생각하도록 하겠습니다. 정말 주 하나님께서는 당신의 손님들을 위해서 모든 것을 다 갖추시는 것이 관례입니다.

2. 성도가 추론해야 하는 논증

우리가 생각할 두 번째 진술은, "하나님께서 이렇게 준비하심이야말로 성도가 계속적으로 하나님께 와서 필요할 때마다 돕는 은혜를 얻어야 할 논리적 이유가 된다"는 점입니다. 오! 하나님의 자녀들이여, 나는 구주께서 여러분의 유익을 위해 적용하라고 마련해 주신 이 비유의 말씀을 즉각 사용하는 일을 뒤로 미루려고 합니다. 사랑하는 여러분, 여러분도 아시다시피 주 예수 그리스도께서는 당신의 백성들더러 당신에게 와서 풍성함을 맛보라고 초청하실 때마다 모든 것이 다 준비되어 있다는 것을 알고 있습니다. 주님께서 밤새 고기를 잡느라고 지쳐 버린 제자들에게 나타나셔서 "와서 조반을 먹으라"고 말씀하실 때 그 디베랴 바닷가에 아름다운 정경이 펼쳐졌던 것입니다. 그들은 아주 시장하여 있었습니다. 그러나 해변으로 그 큰 고기들을 다 끌어올리느라고 분주하였습니다. 기억하십시오. 그들이 그 고기들을 다 끌어올린 다음에 와서 보니 주님께서 하신 초청의 말씀이 결코 헛것이 아님을 발견하였습니다. 성경은 이렇게 기록합니다. "숯불이 있는데 그 위에 생선이 놓였고 떡도 있더라"(요 21:9). 어떻게 숯불이 거기 있었으며, 생선과 떡이 있었는지에 대해서 복음서 기자는 말하지 않고 있습니다. 그러나 우리 주님께서 그들에게 따스한 대접을 하실 수 없으셨다면 식사에 참여하라고 제자들에게 말씀하지 않으셨을 것입니다. 숯불이 있었고, 그 위에 생선과 떡이 있었습니다. 그러니 여러분의 주(主)시요 창조주이신 하나님께서 당신의 복되신 성령을 통해서 가까이 오라고 요청하실 때마다, 모든 것이 즉각적으로 누리도록 준비되어 있다고 확신할 수 있습니다. 머뭇거리거나 지체할 필요가 없습니다. 지체 없이 그 하나님께 나아가십시오. 저는 여러분에게 경고하고 싶습니다. "그러나 주님, 저는 제가 준비되어 있다고 느끼지 않아요." 물론 그렇지요. 그러나 자신을 뒤로 빼기 위해서 그러한 논증을 사용해서는 안 됩니다. 문제되는 주요한 요점은 하나님의 준비하심이지 여러분의 준비함이 아닙니

다. 모든 것이 다 준비되었으니 여러분이 마음에 느낌이 오든지 오지 않든지 와
야 합니다.

　　저는 어떤 그리스도인들이 이렇게 말하는 것을 들었습니다. "저는 기도할
만한 마음의 상태가 아닌 것 같아요." 나의 형제여, 그러한 느낌이 들 때까지 기
도하십시오. 어떤 사람은 "저는 오늘 예배당에 올라갈 생각이 없어요. 아주 마음
이 비참하고 낙심이 됩니다." 자, 여러분이 위안을 얻기 위해서라도 그만큼 더
예배당에 올라갈 때가 아닙니까? 또 어떤 사람은 이렇게 말합니다. "아직 제가
무거운 마음을 가지고 있으니 저더러 찬송을 부르라고 하지 마세요." 아! 하나님
의 물결이 그대를 높이 띄우는 바다의 깊음 속에서 스스로 노래를 부르라고 말
하고 싶습니다. 다윗은 자주 그러한 일을 경험했습니다. 기쁨 속에서 찬미를 시
작하고 나니 점점 갈수록 그 심령이 힘을 얻어 결국은 시편이 끝나기 전에 마음
이 기쁨의 환희 속에 들어가게 되었던 것입니다. 주님께는 모든 것이 다 준비되
어 있습니다. 그러니 여러분이 준비되어 있든 있지 않든 간에 주님께로 나아가
십시오.

　　이 진리가 여러분에게 영향력을 행사해야 힐 때가 언제인지 주목해 보십시
오. 모든 것이 준비되어 있으니 하나님의 약속의 보고로 나와야 합니다. 여러분이
영적 궁핍에 처해 있습니까? 와서 하나님께서 여러분을 위해 예비하신 것을 취
하십시오. 왜냐하면 모든 것들이 다 여러분의 것이고, 영원한 언덕 위에 쌓여 있
는 모든 복락들이 하나님의 모든 백성들에게 속한 것이기 때문입니다. 여러분에
게 힘이 필요합니까? "사람이 어떠하면 그의 힘도 그러하니라"(삿 8:21) 말씀하
셨습니다. 이미 그것이 준비되어 있으니 그것을 취하십시오. 여러분에게 위로가
필요합니까? 모든 것이 여러분을 위로하기 위해서 준비되었다는 것을 모르십니
까. 하나님께서 거짓말을 하실 수 없으며 모든 것이 이미 여러분 앞에 준비되어
있다는 이 두 가지 변치 못할 사실이 여러분을 위로하기 위해 주어진 것을 알지
못하십니까? 그러니 오셔서 여러분의 위로를 취하십시오. 아! 하나님께서 약속
하신 모든 것이 그 약속을 믿는 모든 사람에게 속해 있다는 사실을 기억하십시
오. 그러므로 언제나 올 수 있습니다. 여러분의 궁핍이 얼마나 크고 깊다 할지라
도 말입니다. 만일 여러분이 믿음만 가지고 있다면 특별한 궁핍을 위해 특별 공
급이 있다는 것을 알게 될 것입니다. 모든 것이 준비되어 있으니 거룩한 확신을
가지고 오십시오. 먹기에 충분히 익은 것을 취하십시오. 여러분을 위해서 익은

것을 말입니다.

다음으로, 기도로 은혜의 보좌로 나아가십시오. 모든 것이 이미 준비되어 있기 때문입니다. 시은좌(施恩座)는 그리스도의 보배 피로 뿌려졌습니다. 성소의 휘장이 둘로 갈라졌습니다. 그 사이로 여호와의 영광의 그룹들이 지극히 온화한 광채를 비춥니다. 그러니 하늘 은혜의 보좌 앞에 우리 담대히 나아갑시다. 간청하는 자에게 주려고 모든 것이 다 준비되어 있기 때문입니다. 그리로 나아갈 때 어떤 것이든지 가지고 나아갈 필요가 없습니다. 성령께서 여러분에게 주시려고 말로 할 수 없는 탄식으로 기다리고 계시니 만큼 다른 어떤 준비를 할 필요가 전혀 없습니다. 올지어다. 하나님의 자녀여, 그대의 무분별함과 냉담함에도 불구하고, 그대가 아직 준비가 덜 되어 있기 때문에 불만스러운 요소를 스스로 가지고 있다 할지라도 은혜의 보좌는 준비되어 있습니다. 그러니 그 보좌로 가까이 나아가 그대가 필요로 하는 은혜를 받으십시오.

만일 지금 그리스도와의 교제를 강하게 소원한다면, 그리스도께서 항상 그 백성들과 교제할 채비가 되어 있다는 것은 얼마나 복된 사실입니까. 주님께서 "내가 문 밖에 서서 두드리노니"라고 말씀하셨습니다. 우리는 생각하기를 우리가 문 밖에서 두드린다고 생각합니다. 그러나 그럴 경우가 거의 없습니다. 주님의 백성에 관한 더 위대한 진리는, 주님께서 우리와 교제하자고 요구하시며, 우리가 문을 열면 들어가 함께 먹고 그들이 주님과 또 함께 더불어 먹으리라고 말씀하십니다. 주님께서는 백성들에게 문을 열라고만 말씀하십니다. 설령 아직 잔치가 준비되어 있지 않다 할지라도 주님께서 잔치를 배설하실 것입니다. 주님은 모든 것을 이미 갖고 계시기 때문입니다. 구주께서 "손님들이 앉을 방이 어디냐?"라고 말씀하십니다. "잔치가 어디냐?"라고 말씀하지 않으십니다. 만일 그대의 마음이 손님의 방이라면 그 방에 잔치를 배설하실 것이고, 거기서 주님께서는 그대와 함께 먹고 그대는 주님과 함께 먹을 것입니다. 성경에 따르면, 그리스도께서 누구의 문을 두드리셨습니까? 라오디게아 교회의 문을 두드리셨습니다. 주님께서 그 교회에 대해 말씀하셨습니다. "네가 차지도 아니하고 뜨겁지도 아니하도다 네가 차든지 뜨겁든지 하기를 원하노라 네가 이같이 미지근하여 뜨겁지도 아니하고 차지도 아니하니 내 입에서 너를 토하여 버리리라"(계 3:15-16). 그러므로 오늘 아침 라오디게아 교회의 신자와 같은 불쌍한 영혼들이여, 주님을 향하여 나아가고 싶은 고무적인 생각들이 일어난다면 분발하여 일어나십시오.

모든 것이 준비되어 있습니다. 그렇지 않다면 여러분은 그대의 영혼이 아미나답의 병거들처럼 되리라는 것을 알 것입니다. 주님께서는 우리를 정말 진심으로 맞을 준비가 되어 있습니다. 이 점은 우리로 하여금 예수님의 팔에 뛰어가 안기도록 얼마나 달콤하게 강권하는지요.

저는 이 생각이 매일 우리가 감당하는 의무들에 관하여 떠올라야 한다고 생각합니다. 아침에 우리가 일어나지만 우리 앞에 무엇이 놓여 있는가를 정확히 알지 못합니다. 왜냐하면 하나님의 섭리는 끊임없이 새로운 모습으로 나타나기 때문입니다. 그러나 저는 아침에 이런 생각을 하기를 좋아합니다. 곧 오늘 내가 걸어야 할 길을 위해서 모든 것이 준비되어 있으며, 내 사역을 통해서 하나님을 섬기기 위해 나아가면 어떤 들을 귀를 준비하시어 그 귀에 은혜로운 말씀을 떨어뜨리게 하실 것이라고 말입니다. 그리고 복된 씨앗을 효과적으로 뿌린 마음의 밭고랑을 만나게 하실 것이라고 생각하기를 좋아합니다. 전능한 바퀴를 달고 있는 모든 섭리가 살아 계신 하나님의 종과 함께 항상 일하고 있음을 주목하십시오. 그러니 나의 형제여, 열심과 확신을 가지고 나아가십시오. 그러면 그대의 모든 발자취마다 그대를 위해 준비되어 있다는 것을 발견할 것입니다. 그대의 주께서 유쾌함의 집으로 그대가 갈 길을 이미 깔아 놓으셨고 준비해 놓으셨습니다. 그 유쾌함의 집들(여기서는 이 세상의 은혜의 방편이 주어지는 예배 처소를 가리키는 듯함 — 역주)에서 기다리되, 수정 도시로 갈 때까지 기다려야 합니다. 그 성스러운 거룩한 자취들 속에서 하나님의 복되신 이름에 영광을 돌려야 할 것입니다.

우리가 하나님 앞에서 쓸모 있는 삶을 산다면 모든 것이 우리를 위해서 준비되어 있습니다. 그렇습니다. 일상생활의 봉사를 넘어서서 더 고귀한 거룩함에 이르기를 열망하는 충동을 느낀다면, 또한 은혜 안에서 자라고 그리스도 예수 안에 있는 사람의 장성한 분량에 이르고 싶다면, 우리를 위해서 모든 것이 준비되어 있습니다. 어떤 그리스도인도 주께서 채워 주시려 준비하지 아니하신 거룩함을 추구하는 야심을 가질 수 없습니다. 주님을 닮기를 원하는 그대여, 주님의 은혜의 능력을 보여줄 자기희생을 나타낼 소원을 가지고 있는 그대여, 성령께서 그대를 도우시려 기다리고 계십니다. 그대를 위해서 모든 것이 합력할 것입니다. 왜냐하면 모든 것이 이미 준비되어 있기 때문입니다. 그러므로 두려움 없이 오십시오.

어느 날인가 여러분과 제가 매우 늙게 될 날이 있을 것입니다. 그렇지 않으면 우리에게 질병이 찾아와서 우리는 병상에 누워 주님의 오실 날을 손꼽아 기다릴지도 모릅니다. 그때에 갑작스럽게 주님에게서 한 사신이 나타날 것입니다. 우리에게 주님의 말씀을 가져올 사신 말입니다. "모든 것이 준비되었으니 와서 잔치에 참여하라." 지상에서 우리의 눈을 감고 하늘에서 눈을 뜨고 이렇게 달콤하게 말씀하시는 분이 마련하신 것을 보게 될 것입니다. 곧 "가서 너희를 위하여 거처를 예비하면 내가 다시 와서 너희를 내게로 영접하여 나 있는 곳에 너희도 있게 하리라"(요 14:2-3). 그날은 우리가 "모든 것이 준비되었으니 너희 선행으로 지은 집, 네 농장, 네 장사하는 것들, 네 품에 누워 있는 아내와도 작별하라. 왜냐하면 어린 양의 혼인 잔치에 이르렀으니 네가 거기 함께 있어야 한다. 그러므로 일어나라 나의 사랑 나의 어여쁜 자여 함께 가자. 겨울이 지나고 새가 노래할 때가 이르렀도다. 모든 것이 준비되었으니 그대여 함께 가자!'라는 부르심을 듣는 기쁨의 순간이 될 것입니다. 저는 여기서 더 머물고 싶은 느낌을 갖습니다. 그러나 저는 다음 세계로 넘어가기 위해서 바로 그 시점에서 물러나야 합니다.

3. 죄인들이 즉시 와야 할 강력한 이유

"하나님께서 자비로 잔치를 완벽하게 준비하셨다는 사실은 죄인들에게 즉시 와야 할 강력한 이유를 주기 위함입니다." 저는 지금 죄인에게 말하고 있는 것입니다.

영혼이여, 그대는 영원한 생명을 소원하고 있습니까? 그대의 심령 속에 그대를 만족하게 하고 영원토록 살게 만드는 것들을 향한 굶주림과 갈증이 있습니까? 그러면 구주의 종이 주님의 재촉하시는 말씀을 할 때에 잘 들으십시오. "오소서, '모든 것이' 준비가 되었나이다." 약간만 준비된 것이 아니라 모든 것이 준비되어 있습니다. 이 지상과 하늘 사이에는 주 예수 그리스도, 그분의 인격과 그분의 사역 속에서 마련된 것 이외에 어느 것도 그에게 필요한 것이 없습니다. 모든 것이 준비되었습니다. 그대의 죽음을 위해서 생명이 준비되었고, 그대의 죄를 위해서 용서가 준비되었고, 그대의 더러움을 위해서 씻음이 준비되었고, 그대의 벌거벗음을 위해서 옷 입음이 준비되었으며, 슬픔을 위해서 기쁨이 준비되었고, 연약을 위해서 능력이 준비되었습니다. 그대가 어떠한 궁핍에 처한다 할지라도 모든 것을 채우고도 남을 만큼 충분한 것이 그리스도의 한없는 성품과 사역 속에서 쌓여져 있습니다. 그러니 "제게 이것저것이 있어서 갈 수 없어요"라

고 말해서는 안 됩니다. 그대가 잔치를 준비하렵니까? 그대가 어느 것을 마련하
겠습니까? 그대가 소금이나 물 같은 많은 것을 공급하는 식료품업자입니까? 그
대는 그대의 진정한 상태를 알지 못하고 있습니다. 그렇지 않다면 그러한 일을
꿈도 꾸지 못했을 것입니다. 위대한 집을 지키는 주인께서 친히 잔치를 준비하
셨습니다. 그러니 그대는 준비할 것이 하나도 없고 그 잔치에 참여만 하면 되는
것입니다. 만일 그대가 부족하면 와서 부족한 것을 채우면 됩니다. 그대의 궁핍
이 크면 클수록 그대가 필요로 하는 모든 것을 즉시 공급받을 수 있는 곳으로 나
아가야 할 이유가 더 커지는 것입니다. 만일 그대가 너무 궁핍하여 어떤 선한 것
도 가지고 있지 못하다 해도 모든 것이 다 준비되어 있습니다. 하나님께서 모든
것을 다 준비하셨는데 무엇을 더 준비하려고 합니까? 그대가 이 땅의 모든 하나
님의 것에 대하여 무엇인가를 보탤 생각을 가지고 있다면 정말 터무니없는 일입
니다. 위대한 임금께서 차리신 잔치와 맞먹는 무엇인가를 해 보겠다는 주제넘은
생각입니다. 그 위대하신 임금은 그 일을 참아내지 못하실 것입니다. 저는 그 말
을 되풀이할 수밖에 없습니다. 지옥문과 천국문 사이에서 여러분에게 꼭 필요한
모든 것이 예수 그리스도 구주 안에서 다 예비되었고 마련되었습니다. 여러분이
믿는다면 은혜가 여러분을 천국문으로 인도할 것이고, 그렇지 않다면 여러분은
여전히 지옥문으로 향하여 가고 있게 될 것입니다.

　　모든 것이 준비되어 있습니다. 그 말을 명심하십시오. 소와 가축들을 잡았습
니다. 또한 모든 것들을 요리하여 먹기에 좋게 마련하여 놓으셨습니다. 그래서
잔치에 참여하여 그 진미의 향내를 맡으며 먹기만 하면 되는 것입니다. 임금님
께서 잔치를 위해서 많은 소들을 잡으라고 도살자들에게 명령을 내리십니다. 그
러나 그 정도만 가지고는 잔치가 다 준비된 것이 아닙니다. 도살자의 도끼에 맞
고 짐승들이 넘어집니다. 짐승들의 가죽을 벗기고 불 위에 짐승들을 걸어 놓습
니다. 그래서 무엇인가가 행해집니다. 그러나 그것으로 다 준비가 된 것은 아닙
니다. 짐승들의 뼈의 관절들을 뜨거운 물에 넣고 삶습니다. 그래서 필요한 모든
요건이 갖추어지고 그 잔치를 위해서 그 모든 것들이 배설됩니다. 그때서야 모
든 것이 다 완성이 되는 것입니다. 자, 그런 경우지요. 바로 이 순간이 잔치가 가
장 완벽하게 준비된 것입니다. 바로 이보다 더 좋고 더 훌륭한 잔치는 있을 수도
없고 또 사실 존재한 적도 없었습니다. 모든 것이 준비되어 있습니다. 여러분이
필요로 하는 모든 것들이 정확하게 다 갖추어진 조건이 된 것입니다. 여러분 영

혼의 위안과 기쁨을 위해서 최선의 조건을 갖춘 상태입니다. 모든 것이 다 준비되어 있습니다. 더 이상 가미하거나 부드럽게 맛을 맞출 필요가 없습니다. 영원한 사랑이 만들 수 있는 최선의 상태로 모든 것이 준비된 것입니다.

그러나, '지금'이란 말을 주목하십시오. "모든 것이 지금 준비되었도다." (우리말 개역 성경에는 그 말이 나타나지 않지만 원어에는 '지금'이란 말이 들어 있다 — 역주) 바로 지금 이 순간이란 말입니다. 여러분도 알다시피 주방에서 잔치를 준비하는 부인네들은 손님들이 너무 늦게 올까 봐 걱정할 때가 있습니다. 손님들이 너무 일찍 오면 미안하고, 너무 늦게 오면 준비한 음식이 망가지기 때문입니다. 모든 것이 지금 준비되었는데 손님들이 지체한다면 음식을 준비하는 부인들은 얼마나 안달하고 걱정인지요. 그냥 불 위에 음식을 놓아 둔 상태라면 아직 "지금 준비가" 되지 않은 것처럼 보이죠. 그러나 이미 다 준비가 된 음식을 불 위에 계속 올려놓으면 그 음식은 망가지게 됩니다. 그래서 음식을 잘 만드는 사람들은 바로 그 점을 강조합니다. 모든 것이 지금 준비되었으니 즉시 오라는 것입니다. 주님께서 7년만 기다리면 모든 것이 다 준비될 것이라고 말씀하지 아니하십니다. 그 정도의 시간이 지났을 때는 여러분이 더 이상 설득할 필요성이 없는 상태에 있도록 하나님께서 은혜를 주시기를 바랍니다. 이미 그 잔치를 맛본 자가 되어 있음으로써 말입니다. 그러나 주님께서는 모든 것이 지금, 지금 바로 준비되어 있다고 말씀하십니다. 바로 지금 여러분의 마음이 너무나 무겁고 생각이 너무 경솔하며 심령이 방황하고 있는 바로 이때, 모든 것이 준비되어 있습니다. 여러분이 그전에는 그러한 것들을 전혀 생각해 보지도 않았었으나 오늘 아침 우연히 자신의 구원에 대해서 어떤 깊은 생각이나 동기 없이 이 예배에 참석하게 되었을지도 모릅니다. 그럼에도 불구하고 그 모든 것이 지금 준비되어 있습니다. 비록 여러분의 죄가 하늘의 별같이 많고, 여러분의 영혼이 다가올 진노를 무섭게 내다보면서 두려워 떨고 있다 할지라도 "모든 것이 지금 준비되어 있습니다." 여러분이 그리스도의 모든 요청을 지금까지 다 거절하였고 또 여러분에게 보내진 모든 초청장들을 다 거부했다 할지라도, 이제 그 잔치에 참여하십시오.

그리고 만일 그 잔치가 지금 준비되었다면, 여러분이 잔치에 와야 한다는 그 논증도 지금 나오는 것입니다. 여전히 모든 것이 다 준비되어 있으니 말입니다. 성령께서 사람들과 씨름하시면서 사람들에게 머물러 계십니다. 또 "누구든지 들어오도록" 문이 여전히 열려 있습니다. 그리고 생명과 건강과 이성이 여러분에게 여전히 주어져 있습니다. 여러분보고 오라는 목회자의 음성이 여전히 들리고 있습니다. 그러니 지금 즉시 오십시오. 모든 것이 준비되어 있습니다. 오십시오! 모든 것이 준비된 이 마당에서 지체하는 것은 정말 이유 없는 악행입니다.

　　오라고 명령받은 자들을 위해서 모든 것이 준비되었다는 것을 주목하십시오. 그들은 오지 않았습니다. 그들보고 오라고 청하였을 때 그들을 조롱하고 있었던 것이 아닙니다. 모든 것이 준비되었다는 사실은 그 초청이 진지한 것이었음을 증명합니다. 물론 그들은 초청을 거절하였습니다만 어떤 이들은 우리가 믿기에 확실히 올 것이라고 생각된 사람들, 또는 어느 정도라도 왔던 사람들에게만 초청의 말씀을 말해야 한다고 가르치는 사람들이 있습니다. 말하자면 그들은 목회자를 그저 불필요의 존재로 만들고 있는 것입니다. 어째서 목회자가 이미 오기 시작한 사람들에게 오라고 초청할 필요가 있습니까? 모든 인류에게 오라고 초청하는 것이 우리의 의무요 특권이라고 믿습니다. 물론 오지 않을 자도 있습니다. 그들이 오지 않을 것을 알지라도 초청의 범주에서 그들을 제외시키지 말이야 합니다. 왜냐면 모두 한결같이 핑계를 대기 시작하는 사람들에게도 혼인 잔치에 오라고 청하도록 그 종을 보냈기 때문입니다. 그들은 초청을 받았고, 진지한 초청을 받았습니다. 모든 것이 준비되어 있다고 말입니다. 물론 그들은 오지 않았습니다. 오! 이 설교를 듣는 사랑하는 여러분이여, 만일 여러분이 그리스도께 오지 않는다면 망하게 되어 있습니다. 그러나 나는 초청을 받은 일이 없다고 결코 말할 수 없을 것입니다. 여러분을 위해서 준비된 것이 없다고 말하지도 못할 것입니다. 잔치에 필요한 모든 것이 배설되어 있습니다. 여러분에게 진지하고 정직하게 그 잔치에 오라고 청하였습니다. 하나님께서 은혜를 주시어 여러분이 오되, 지금 즉시 오기를 원합니다.

4. 초청에 응하느냐 응하지 않느냐에 대해 많은 것을 말하는 본문

　　자, 이제부터는 네 번째이며 마지막 요점을 다루도록 하겠습니다. 그리스도의 은혜를 구하는 어떤 영혼들에게 이 말씀이 위로가 되도록 하나님께서 복을 주시기를 바랍니다. "이 본문 말씀은 죄인이 그 초청에 기꺼이 응하느냐 아니면 응할 자세를 갖지 않고 머뭇거리느냐에 대해서 대단히 많은 말을 하고 있습니다." 죄인이 와야 하는 것은 모든 것이 갖추어져 있기 때문입니다. 그렇다면 "나는 갈 준비가 되어 있지 않아요"라고 말하는 것은 나태한 것입니다. 모든 것이 준비되어 있다는 사실은 사람들에게 기꺼이 와서 하나님께서 마련하신 그 복락을 받을 자세를 가질 것을 요구합니다. 그건 너무나 명백하지요. 다른 어떤 것이 필요하지 않습니다. 사람들이 올 마음만 있다면 올 수 있고, 올 것입니다. 주님께서 사람의 의지를 건드려 그리스도를 향한 소원을 가지게 된 경우에, 마음이 진실로 의에 대해 주리고 목마르게 된 경우에, 필요한 모든 것이 준비된 것입니다. 그리스도께서 요구하시는 유일하고 마땅한 자세는, 무엇보다 먼저 여러분이 그분을 필요로 한다는 것을 느끼는 것입니다(그분이 여러분에게 그 느낌을 주십니다). 또한 둘째로, 그분을 필요로 한다고 느끼는 심경으로 그리스도께 기꺼이 나아가는 자세를 갖는 것입니다. 기꺼이 나아가기만 하면 되는 것입니다. 주 예수 그리스도를 믿을 의향, 자신의 영혼을 기꺼이 주님께 맡기려는 자세, 그분을 있는 그대로 영접할 마음, 그것이면 되는 것입니다. 그분이 바로 여러분이 필요로 하는 구주라는 것을 느끼기 때문에 그렇게 영접할 자세가 되어 있기만 하면 되는 것입니다. 다른 준비는 필요 없습니다. 가련하고 눈멀고 쓸모없고 절뚝거리는 자들의 경우에 그 잔치에 오는 것 외에 아무것도 할 수 없습니다. 본문은 "너희가 준비되어 있으니 오라"고 말하지 않습니다. 그런 식으로 말하면 복음은 율법으로 바꾸는 것입니다. 오히려 본문은, "모든 것이 준비되었고, 복음이 준비되었다. 그러므로 너희는 오라"고 말하고 있습니다. 여러분의 준비에 대해서 말하자면 정말 필요로 하는 가능한 모든 준비는 성령께서 여러분에게 주시는 그 준비입니다. 다시 말하면 예수님께 올 기꺼운 마음의 자세입니다.

청함받은 자들이 청함에 응하지 않으려는 자세는 그들의 가진 것들과 그들의 능력에서 나왔던 것임을 주목하십시오. 어떤 사람은 밭을 샀기 때문에 오지 못하겠다고 했습니다. 사탄이 영혼과 구주 사이에 던져 놓은 큰 무더기를 보십시오! 사탄은 죄인과 죄인의 주님 사이에 세상적인 소유물과 선한 행실들을 가지고 거대한 흙 성벽을 세워 놓았습니다. 어떤 신사는 너무 많은 밭을 가지고 있어 그리스도께 나올 수가 없습니다. 그들은 세상에 대해서 너무 많이 생각하기 때문에 그리스도를 생각할 겨를이 없습니다. 많은 사람들은 곡식이 자라고 있는 선한 행위의 밭을 너무 많이 가지고 있습니다. 그것을 자랑하지요. 그런 것들을 보고 그들은 자신이 아주 중요한 인물이라고 생각하게 되는 것입니다. 많은 사람은 이미 너무 많은 것을 가지고 있기 때문에 모든 것을 위해서 그리스도께 올 수는 없다는 것입니다. 또 어떤 사람들은 할 일이 너무 많아서 그리스도께 올 수 없다고 합니다. 그 일을 잘하려니까 말입니다. 어떤 사람은 다섯 겨리의 황소를 샀습니다. 그래서 그것들을 시험해 보려 합니다. 또 힘센 사람은 밭을 갈기에 매우 능합니다. 그가 오지 않았던 것은 너무 많은 능력을 가지고 있기 때문이었습니다. 수천의 사람들이 자기들이 가지고 있는 것이나 자기들이 행할 수 있는 것 때문에 은혜로부터 멀리 떨어져 있습니다. 아무것도 없는 빈 상태가 충만함보다 잔치에 오기에 더 좋은 준비가 되는 것입니다. 궁핍과 무능이 영혼을 그리스도께 인도하는 데 도움을 주는 일이 얼마나 흔합니까! 사람이 스스로 부유하다고 생각할 때에는 구주께 나오지 않을 것입니다. 자기가 어떠한 때라도 회개하고 믿을 수 있다고 꿈을 꾸거나, 원하는 일은 무엇이든지 스스로 할 수 있다는 망상을 가질 때는, 그리스도를 믿는 단순한 믿음을 통해서 그리스도께 나오기가 쉽지 않습니다. 여러분 중 많은 사람들을 그리스도께 나오지 못하게 하는 것은 여러분이 가지고 있지 않은 것이 아니라, 여러분이 소유한 바로 그것입니다. 죄악적 자아는 하나의 마귀입니다. 그러나 의로운 자아는 일곱 마귀입니다. 자신이 죄인이라고 느끼는 사람은 잠시 동안 죄책감으로 그리스도를 떠나 있을 수 있습니다. 그러나 자기 의를 자랑하는 사람은 그리스도께 결코 오지 않을 것입니다. 주님께서 그 사람에게서 교만을 빼앗아갈 때까지 값없이 베풀어 주시는 은혜의 잔치를 거부할 것입니다. 능력과 명예와 부를 소유하는 것이 구속주께 나아가는 길을 막습니다.

　　그러나 반면에 개인적인 조건이 그리스도께 나오기 부적당한 요소가 되는 것은 아닙니다. 왜냐하면 손님으로 온 자들의 슬픈 상태가 잔치에 참여하지 못하게 방해하지 않았기 때문입니다. 어떤 사람은 가난했습니다. 또 어떤 사람은 곤고했고 더러운 옷을 입었습니다. 또 그들 자신을 복되게 할 만한 돈 한 푼이 없었습니다. 그들의 옷은 너덜거렸습니다. 아마 그보다 더 나빴을지 모릅니다. 아주 더럽고, 존경할 만한 사람들 가까이 있기가 합당치 못했습니다. 주님의 식탁에 참여할 만한 어떤 신용이 전혀 없어 보였습니다. 그러나 그들을 그리로 데려온 사람들이 그들의 호주머니를 뒤지거나, 그들의 외투를 자세히 살펴보지 않았습니다. 오히려 그들을 연회장 안으로 몰아들였습니다. 그들은 가난했습니다. 그러나 그 잔치의 주인께서는 가난한 자들을 데리고 오라고 사자들에게 명하였습니다. 그들의 궁핍이 잔치에 올 준비를 하는 데 방해를 하지 않았습니다. 오! 가난한 영혼이여, 정말 그대가 문자 그대로 물질적으로 가난하든지 아니면 영적으로 가난하든지, 어떤 유의 가난도 하나님의 은혜를 받기에 부적합하게 만들 수 없습니다.

> "여기서는 가난하면 가난할수록
> 곤고하면 곤고할수록 더 환영을 받네."

만일 그대가 한 푼도 없이 그 잔치에 참여했다고 합시다. 지금 가진 것이 하나도 없습니다. 빈털터리가 되었습니다. 빚에 파묻혀 있습니다. 정말 자기를 위해서 아무것도 내놓을 수 없습니다. 영구히 감옥에서 있어야 할 판이라고 생각합니다. 그럼에도 불구하고 여러분은 올 수 있습니다. 그 모든 궁핍에도 불구하고 말입니다.

또 다른 유의 사람들은 불구가 되어 있는 자도 있습니다. 그래서 외적으로 볼 때에 올 것 같지 않은 사람들이었습니다. 한 팔은 잘려 나가고, 한 눈이 빠진 장애를 가진 사람들도 있었습니다. 또한 어떤 사람은 콧등이 날아가 버리고, 어떤 사람은 한 다리가 없었습니다. 그들은 온갖 형태의 불구의 모습을 보이고 있었습니다. 때로 우리는 자기의 상처를 보이며 어떻게 불구가 되었는지를 설명하는 거지를 쳐다보느니 차라리 얼굴을 돌리고 그 거지에게 무엇인가를 주는 것이 낫다고 느낍니다. 그러나 그들의 모습이 아무리 흉측하게 보인다 할지라도 결코 문제가되지 않습니다. 그들도 다 잔치에 인도함을 받았습니다. 그 잔치에 들어온 사람 치고 어느 한 사람도 추한 모습 때문에 거절당하지 아니하였습니다. 그같이 불쌍한 영혼이여, 사탄이 아무리 그대를 찢고 그대의 지체 중 어느 부분을 망가지게 했고, 또한 사탄이 어떠한 상태로 끌어들여서 이처럼 부끄럽기 한량없는 삶을 영위해 왔던지 간에, 그 잔치에 참여하는데 있어서는 결코 부적합하지 않습니다. 있는 그대로 주님의 은혜의 식탁에 올 수 있습니다. 예수님께서 성품을 다루시면 도덕적으로 흉측한 모습이 금방 개선이 됩니다. 죄로 말미암아 아무리 그대가 서글픈 손상을 입었다 할지라도 그대로 주님께 나아오십시오.

또 거기에 온 자들 속에는 다리를 저는 자들이 있었습니다. 다시 말하면 한 다리를 잃거나, 다리를 못 쓰는 사람들이 있었습니다. 목발이 아니면 도저히 걸을 수도 없는 사람들이었습니다. 그럼에도 불구하고 그 이유 때문에 환영받지 못하지는 않았습니다. 믿기가 어렵다 할지라도 그것이 예수 그리스도께서 여러분에게 부여하시려고 준비해 놓으신 그 장엄한 사면을 받지 않아야 할 이유가 전혀 되지 못합니다. 의심과 미심쩍은 생각을 가지고 다리를 저는 것과 같은 모습을 가지고 있는 자라도 그 잔치에 참여하여, "주여, 제가 믿나이다 믿음 없음을 도와주소서"라고 말하십시오.

또 어떤 이들은 맹인들이었습니다. 그들이 잔치에 오라는 청을 받았을 때 그리로 가는 길을 알 수 없었습니다. 그러나 그러한 경우에는 그 잔치의 주인이 자기 사신에게 그런 자들을 오라고만 하지 말고 그들을 데리고 오라고 분부하셨습니다. 그래서 눈먼 사람이라도 인도함을 받기만 하면 올 수 있는 것입니다. 필요한 것은 다만 바른 방향으로 손에 이끌려 올 마음의 자세만을 가지는 것이었습니다. 원하는 만큼 복음을 충분히 이해하지 못할 수도 있습니다. 그래서 혼동이 되고 이해하기 어려워 곤란을 겪을 수도 있습니다. 그런 경우에 해당하는 분들은 예수님의 손에 붙잡힘을 받고 인도하심을 받으려고 하십시오. 이해할 수 없는 것을 믿을 마음을 가지고, 여러분 자신의 총명으로 측정해 낼 수 없는 것을 확고하게 붙잡을 마음의 용기를 가지십시오. 눈먼 자들이 아무리 무식하고 교육을 받지 못했다 할지리도 바로 그 사실 때문에 그 잔치에 들어오지 못하게 하는 일은 없을 것입니다.

그 다음 거기에 온 자들 중에는 큰 길에서 있던 자들도 끼여 있었습니다. 아마 그들은 거지들이었을 것입니다. 또 산울타리 가에 있던 자들도 와 있습니다. 아마 그들은 숨어 사는 자들이었고 남의 것을 훔치는 도둑들이었을 것입니다. 그럼에도 불구하고 그들도 오라는 청을 받았습니다. 비록 그들이 큰 길거리에서 구걸이나 하고 몰래 숨어 도둑질이나 했던 사람들이라 하더라도 그것이 그 잔치에 참여하여 환영을 받는 걸 방해하지 못했습니다. 밖에 버림을 받고 영적으로 집시 노릇을 했고 아무 돌보는 이가 없었다 할지라도, 그것이 문제가 되지 않습니다. 모든 것이 다 준비되어 있으니 오기만 하면 되는 것입니다. 더러운 옷을 그대로 입고, 저는 모습 그대로, 모든 상처가 난 그대로, 모든 더러움과 혐오스러움을 가진 그대로 오기만 하면 되는 것입니다. 모든 것이 다 준비되어 있으니 인도하는 대로 그 잔치에 들어오고, 아니면 들어오라는 강권함을 받고 끌려서 들어오면 되었습니다.

끝으로, 이 사람들 중 누구든지 거기에 들어오기에 부적합해 보인 것이 있었는데, 바로 그것이 그들에게 도움이 되었습니다. 우리가 부적합하다고 여기는 바로 그것이 흔히 우리에게 가장 적합하게 되는 경우가 있다는 건 하나의 위대한 진리입니다. 저는 여러분이 이 가난하고 눈멀고 다리를 저는 사람들을 주목해 보기 바랍니다. 청함받은 그들 중 어떤 이들은 밭을 샀기 때문에, 또는 다섯 겨리 황소를 샀기 때문에 오지 않았습니다. 그러나 사자가 더러운 옷을 입고 있는 불쌍한 사람에게 가서, "잔치에 오라"고 말하였을 때, 그 가난한 사람이 나는 밭을 샀어요, 또는 황소를 샀어요 식으로 말하지 아니하였을 것임이 틀림없습니다. 왜냐하면 그렇게 할 수도 없었고, 어떤 물건을 살 돈이 한 푼도 없었기 때문입니다. 그래서 그 가난한 사람은 그러한 유혹으로부터 깨끗이 떠나 있었습니다. 사람이 그리스도께 오라는 청을 받았는데도 "나는 그를 원치 않아요. 내 자신의 의(義)를 가지고 있습니다"라고 말할 때에, 그는 그리스도께 오지 않고 다른 데로 가 버릴 것입니다. 그러나 주 예수 그리스도께서 제게 따라오시면서 그런 말씀을 하시면 저는 결코 그런 식으로 유혹을 받지 않을 것입니다. 왜냐하면 제 자신의 의가 하나도 없으며, 의를 가지려고 애를 써도 하나의 의도 이룩하지 못하였기 때문입니다. 여기에 자기들의 더러운 넝마 같은 옷을 다 주워 모은다 할지라도 의의 옷을 만들어 입을 수 없는 사람들이 계신 줄 저는 알고 있습니다. 그것이 예수 그리스도를 영접하는데 큰 도움이 됩니다. 영혼의 궁핍을 의식한 나머지 자기들이 소유한 것 때문에 그리스도를 멀리 떠나 있지 않는다는 것은 정말 얼마나 복된 일인지요.

또 어떤 이들은 아내와 결혼하였기 때문에 오지 못하였습니다. 여기 이 잔치에 참여한 다리를 절고 사지 중 하나가 없는 사람들은 상처가 너무 심해서 도무지 아내를 얻을 수가 없었을 것이라고 생각합니다. 이들 중 아무도 장가들 수 없었을 것입니다. 그러니 그들은 결혼한 아내 때문에 오지 못한다는 유혹을 전혀 갖고 있지 않습니다. 어느 누구의 눈에도 아름답게 느껴질 만한 것이 전혀 없을 정도로 손상을 입었고, 그래서 그들은 그런 식의 유혹은 받지 않습니다. 그러나 그들은 어린 양의 복된 혼인 잔치에 참여하여 그리스도와 영적인 혼인 생활을 하게 되었습니다. 그것이 무한히 더 좋습니다. 그처럼 영혼들의 지상적인 기쁨과 위안은 상실하면서도, 그 상실로 말미암아 최상의 것을 얻습니다. 다시 말하면, 그로 인해서 그리스도와 친밀하게 되려는 기꺼운 마음을 가지고 더 높은 위안과 더 높은 기쁨을 얻습니다. 합당하지 않게 보이는 여러 장애 요소가 오히려 그리스도의 잔치에 참여하는 데는 적합한 것으로 판명된 것입니다.

또 어떤 사람은 이러한 핑계를 대었습니다. "나는 소 다섯 겨리를 샀으매 시험하러 가니 청컨대 나를 양해하도록 하라." 그러나 불구인 사람은 그렇게 할 수 없었습니다. 그리스도의 사자가 다리를 저는 그 사람의 어깨를 두드리며 "오라" 하였을 때 그 사람은 "오늘밤 내 새로운 협력자들과 같이 밭을 갈아야 한다"라고 말할 수 없었습니다. 그 사람은 다리를 하나 잃었기 때문에 밧줄을 하나 잡을 수도 없었습니다. 그래서 그런 핑계를 댈 수 없었던 것입니다. 맹인은 "나는 밭을 샀으니 나는 불가불 나가 보아야겠다"고 말할 수 없었습니다. 그는 안목의 모든 정욕에서 자유함을 얻었습니다. 그래서 그는 그 잔치에 인도함을 받고자 하는 더 기꺼운 자세를 가진 것입니다. 영혼이 자신의 죄악됨과 곤고함과 상실된 상태를 느낄 때, 자신은 그리스도께 나아가기 합당치 못하다고 생각합니다. 그러나 이것이 그리스도께 나아가는 데 도움을 줍니다. 왜냐하면 그리스도 외에는 다른 어떤 것을 바라보지 못하기 때문입니다. 그래서 핑계를 없애버리고 은혜로 말미암아 주어지는 구원을 받을 자유로운 마음을 가지게 됩니다.

그러나 큰길가에 있었던 사람들은 어떠하였습니까? 제가 볼 때, 그들은 이미 실에 나와 있있습니다. 적이도 그들 집에서 나와 있었던 것입니다. 그들이 집이 있었다면 말입니다. 그들은 나와서 구걸하고 있었습니다. 그렇다면 잔치 음식에 초대를 받으면 그것을 기꺼운 마음으로 받아들일 더 좋은 위치에 있었던 것입니다. 그들은 사실 그러한 잔치를 만나면 얼마나 좋을까 노래를 부르고 있었던 참이었습니다. 자기 의의 집에서 나온 사람, 그 사람이 아무리 큰 죄인이라 하더라도, 그는 더 은총을 입을 위치에 있는 것이고, 스스로 의를 가지고 있다고 뽐내는 사람보다 그리스도께 나오기가 훨씬 더 쉽습니다.

산울타리 가에 은둔하고 있는 사람들에 대해서는 어떠합니까. 그들은 자기 집을 가지고 있지 못했습니다. 그래서 하나님의 집에 와서 그 집을 채우기에 더 좋은 위치에 있었습니다. 오두막이라도 머리 둘 곳이 있으면 산울타리 가로 가서 자려는 사람은 없을 것입니다. 그러나 오! 불쌍한 영혼이여, 그대가 그처럼 곤고한 입장에 처하여 어떤 산울타리 밑이라도 가서 숨을 기꺼운 자세를 가지고 있고, 심판을 내다보면서 두려워하는 마음 이외에는 그 어느 것도 생각하지 못하게 되고, 자신을 하나님 앞에 버림을 받은 무법자로 스스로 생각하고 가인처럼 떠돌아다니며 방황하는 자로 전락해 버려서 모든 선을 상실하였다고 스스로 생각한다 합시다. 그리스도께 나와야 할 장본인은 다름 아니고 바로 당신인 셈입니다. 그때에 바로 그대의 칩거한 산울타리에서 나오십시오. 저는 바로 그런 사람을 찾고 있습니다. 자신이 몰래 멀리 숨어 있다고 생각하지만 하나님의 성령께서는 그런 사람을 찾아내셔서 인도하실 것입니다. 저는 오늘 이 아침에 그런 여러분을 인도하여 하나님의 사랑을 먹도록 하실 것을 확신합니다. 예수 그리스도를 믿으십시오. 그것이 전부입니다. 여러분 있는 그대로, 여러분의 모든 부적합함과 준비되지 아니한 그 모든 것을 그대로 가지고 예수를 믿으십시오. 하나님께서 여러분을 위해서 이미 준비하신 것을 취하십시오. 여러분을 씻는 보배로운 피, 여러분의 수치를 덮는 의의 두루마기, 여러분의 몫이 된 그 영원한 기쁨을 취하십시오. 예수 그리스도 안에 있는 하나님의 은혜를 받으십시오. 오! 그것을 지금 받으십시오. 하나님께서 여러분에게 그러한 은혜를 허락하시기를 예수 그리스도의 이름으로 구합니다. 아멘.

제
51
장

—

악한 핑계는 가만히 있는 것보다 더 악하다

—

"다 일치하게 사양하여 한 사람은 이르되 나는
밭을 샀으매 아무래도 나가 보아야 하겠으니
청컨대 나를 양해하도록 하라 하고"— 눅 14:18

그리스도의 복음이 예비한 것들은 만찬에 족히 비유될 수 있습니다. 말하자면 세상의 밤이 오려는 시기에 마련된 만찬과 같다는 말입니다. "이 마지막 때에" 큰 잔치(큰 만찬)라는 묘사는 그 잔치에 배설된 것들의 크기를 생각해 본다면 적합한 표현입니다. 하나님께서 예수 그리스도의 인격 속에서 사람들을 향하여 베푸신 사랑과 긍휼은 얼마나 컸습니까. 하나님께서 당신의 성령을 통해서 보여 주신 그 능력과 은혜로운 역사는 얼마나 많습니까. 잔치에 마련된 것의 풍성함과 달콤함을 생각한다면 그것은 대단한 잔치입니다. 큰 잔치의 만찬은 위대하신 임금님다운 잔치입니다. 예수님의 살은 우리의 영적인 양식이요, 예수님의 피는 우리에게 있어서 최고의 포도주입니다. 우리 영혼은 영원한 언약의 자비로 만족함을 얻었습니다. 언약의 자비는 거의 모두가 참으로 놀라운 잔치처럼 합당하게 차려졌습니다. "짐승을 잡으며 포도주로 혼합하여 상을 갖추고, 그 차려진 포도주에서는 찌꺼기가 완전히 제거되어 정제되었으며, 그 뼈에 붙은 살진 것들이 충만하게 차려진 잔치"입니다. 더구나 잔치에 초대된 손님의 수를 생각하면 그 잔치는 엄청나게 큰 것입니다. "너희는 온 천하에 다니며 만민에게 복음을 전파하라"(막 16:15). 복음은 아담에게서 난 모든 남자와 여자에게 다 오라고 부르는 것입니다. 하나님의 목회 사역자들의 말씀을 통해서 말입니다.

> "이 부르심에서 제외되는 사람은 아무도 없으나
> 스스로 그 부르심을 거절하는 자들은 제외당하네.
> 학식 있는 자나 세련된 자나
> 무식한 자나 거친 자 모두가 오면 환영받네."

이와 같이 광범위하게 초청장을 보내는 왕은 없습니다. 그러나 지혜는 "길 가의 높은 곳과 네거리에 서며 성문 곁과 문어귀와 여러 출입하는 문에서 불러 이르되 사람들아 내가 너희를 부르며 내가 인자들에게 소리를 높이노라"(잠 8:2-4)고 외칩니다.

집주인이 그처럼 엄청난 저녁 만찬을 차려 놓고 돈 없이 값없이 와서 만찬을 먹으라고 해도 그 이웃들이 다 같이 한결같은 자세로 핑계를 대려고 한다는 것이 이상한 일이 아닙니까? 감옥이나 비참한 곳으로 오라고 하지 않았습니다. 그런데도 어째서 그러한 부르심에 복종할 마음을 선뜻 가지지 않게 되었나요? 그 부르심을 이러한 적대감으로 대하는 이유가 어디에 있나요? 우리는 선한 사람들은 의견이 달라 티격태격 하는데, 어떻게 악한 사람들이 함께 그처럼 잘 뭉칠 수 있는가라고 묻습니다. 후하기 이를 데 없는 친구를 존경하여 그가 베푼 식탁에 앉아 그의 풍성한 대접을 받을 사람이 한 사람도 없습니까? 한 사람도 없습니다. 진실로 여기 계신 형제들이여, 우리는 여기서 인간의 보편적 타락의 모습을 봅니다. 모든 사람들이 이같이 악해서 하나님의 자비를 거절합니다. 복음이 전파되기 전에는 그 악한 사람이 어떻게 악한지 아무도 모릅니다. 복음은 마음의 검은 빛을 확연히 드러내게 하는 배경 흰색과 같이 작용합니다. 그래서 인간의 성품은 죄의 극악성이 도달할 수 있는 최고의 높이까지 이릅니다. 무한하신 사랑의 주님을 향하여 독기 어린 침을 뱉었으니 진실로 사람은 자신이 뱀에게서 나왔다는 것을 드러냅니다. 복음은 수많은 사람들에게 전파됩니다. 그런데 모두가 핑계를 댑니까? 이 비유가 그것을 보여주고, 사실도 또 그것을 증거합니다. 뭐라구요! 자유 의지로 그리스도를 향하여 기울어질 사람이 하나도 없다구요?

천성이 예수님께 올 정도로 선한 사람이 하나도 없습니까? 본문에 없다고 말하고 있습니다. "다 일치하게 사양하여 …". 조상 아담이 우리의 총명을 얼마나 철저하게 망가뜨렸습니까! 사랑의 잔치에 참여하는 것을 거부하다니, 우리도 얼마나 패역하고 얼마나 바보스럽습니까. 우리는 전적으로 무익합니다. 하나님을 따라 구할 사람이 하나도 없습니다. 핑계 댄 사람들과 다른 사람들이 있었음을 생각하게 합니다. 정말 그러합니다. 그러나 이 사람들은 큰 길에서나 산울타리 가에 있던 사람들이고, 도시 길거리에서 배회하던 사람들이었습니다. 그래서 복음을 듣지 않은 사람들은 복음을 배척했다는 죄는 짓지 아니하였음에도 불구하고 악한 행실로 하나님께로부터 멀리 떨어져 있는 사람들입니다. 그들은 이스라엘 나라 밖의 사람들이었습니다. 그래서 그 두 성품의 사람들을 가지고 온 인류를 대표하자고 하더라도 모두가 하나님의 원수들로 밝혀집니다. 큰 길거리에 있는 사람들은 "강권하여" 데려갈 필요가 있었습니다. 그들은 그 선한 사람의 식탁에서 잔치를 받기를 꺼리는 천성을 가지고 있었습니다. 그처럼 모든 유의 사람들이 복음에 대해서 다 반감을 가지고 있습니다. 모든 사람들이 죄를 짓는 일에 아주 잘 준비되어 있습니다. 죄 가운데서 닐방하면서도 만족해할 각오가 되어 있습니다. 그러나 그리스도께 오는 것, 큰 속죄를 받아들이는 것, 예수님을 신뢰하는 것, 이것은 그들이 관심을 두지 않는 일입니다. 복음을 들을 때에 그들은 "다 일치하여" 사양하기 시작하였습니다.

오늘 아침 이 예배당에 몇 년 동안 복음을 들어 왔으면서도 아직까지 핑계만 대고 그 은혜로운 메시지를 진실로 받아들이지 않는 사람들이 많이 있을까 두렵습니다. 저는 그러한 사람들을 매우 단순하고, 매우 애정 어리고, 매우 간절한 마음을 가지고 대하려고 합니다. 다시 말하면, 그들이 오늘 아침에 이제까지 대던 모든 핑계의 자세를 완전히 버리게 되기를 간절히 바라는 것입니다. 오! 그들이 그토록 오랫동안 거부하였던 잔치에 참여하여서 예수 그리스도 안에서 하나님의 긍휼을 즐거워할 수 있기를 바랍니다.

어째서 그들이 핑계를 대었습니까? 우리는 무엇보다 먼저 그들의 행실에 대한 이유를 설명해 보려고 하겠습니다. 둘째로는, 그들이 어떠한 핑계를 대고 있는지 알아보겠습니다. 셋째로는, 핑계를 댈 정도로 그들이 얼마나 어리석은지 살펴보겠습니다. 여기서는 그들을 정면으로 대응해 보겠습니다.

1. 사실에 대한 설명

우리는 사람들이 하나님의 말씀을 받기보다는 핑계를 대려고 항상 벼르고 있다는 슬픈 사실을 설명해 보려고 합니다.

가장 먼저 사람들이 그 잔치를 받아들일 마음이 전혀 없었다는 사실을 통해서 그 점을 설명해 보겠습니다. 그들이 사실을 있는 그대로 솔직히 말할 수 있었다면 이렇게 말했을 것입니다. "우리는 가고 싶지 않다. 또한 갈 의향도 없다." 만일 사람의 마음이 그처럼 기만적이지 않았다면 핑계를 대지 않고 오히려 숨김없이 드러내 놓고 이렇게 말하였을 것입니다. "이 사람이 우리에게 왕 노릇 하지 못하게 할 것이요. 우리는 자신의 죄악성을 느끼지 못합니다. 그러므로 용서를 구하지 않을 것입니다. 우리 자신의 행실로 구원을 이룰 수 있다고 믿어요. 그렇지 않다 할지라도 운에 맡겨 버릴 겁니다. 운명이 우리에게 좋지 않은 방향으로 나아간다면, 대단히 많은 사람들이 그와 같은 경우가 되겠지요. 우리는 모든 것을 잃을 각오가 되어 있어요. 우리는 구원 같은 것은 원치 않아요. 오히려 육신적인 즐거움을 만끽하기로 했어요. 우리 종교는 너무나도 자기희생을 강요해요. 마음의 소욕과 정반대가 되요. 그래서 우리는 그것을 싫어해요." 바로 그들의 사상의 근저 속에 이러한 의식이 들어 있는 것입니다. 이 설교를 듣고 있는 여러분이여, 여러분 중에 어떤 이들은 자주 죄에 대한 인상을 받았고 부분적으로 죄를 깨닫고 미워하기도 하였습니다. 그러나 핑계를 가지고 그리스도께 나오는 일을 미루고 미루어 왔습니다. 여러분의 마음 중심에서부터 하나님께 대한 적대감이 있다고 저는 엄숙하게 여러분에게 확증하는 바입니다. 이러한 제 말을 참아주시기 바랍니다. 여러분의 핑계는 매우 가련해 보입니다. 그러나 겉으로 보기에는 아주 훌륭해 보입니다. 자신의 영혼에 정직하다면 대번에 이렇게 말했을 것입니다. "나는 그리스도를 사랑하지 않아요. 나는 그리스도의 구원을 원하지 않아요." 자, 여러분이 자꾸만 그리스도를 믿는 것을 미루는 것, 여러분의 거짓된 약속들, 여러분의 핑계들은 다 무가치한 것입니다. 눈을 반쯤 감고 보더라도 그것들의 진상을 꿰뚫어 볼 수 있습니다. 그것들은 정말 속이 훤히 들여다보입니다. 여러분은 하나님께 대해 원수들입니다. 하나님과 화해하지 않고 있으며 그러한 위치에 있는 것을 만족하게 여깁니다. 이렇게 진실을 말씀드리면 불쾌할 수도 있습니다. 그러나 사실이 그러한데 어쩝니까? 하나님께서 이것을 느끼도록 여러분을 도우시기를 바라며, 그로 인하여 하나님 앞에서 자신을 낮추기를 바랍니다.

　그런데 그 선한 사람의 잔치에 오고 싶은 생각이 없는데도 어째서 그렇게 말하지 않았습니까? 그들이 그를 미워하고 그가 마련한 잔치를 멸시하는 속마음을 가지고 있었다면, 대번에 "아니요"라고 말할 정도로 충분히 정직하지 못한 것이 슬프지 않습니까? 그렇습니다. 그들은 분명히 정직하지 못했습니다. 그 한 가지 이유는 자기의 양심과 타협하고 싶었기 때문일 수 있습니다. 그들은 가야 한다고 느끼기는 했습니다. 잔치를 마련하신 분은 사람들에게 정중함을 요구할 만한 분이었습니다. 그들이 그분에 대해서 감사하는 마음이 없더라도 정중하게 대해야 마땅한 분이었습니다. 그래서 그들은 가야 한다고 느끼기는 했습니다. 그럼에도 불구하고 가고 싶지는 않아서 핑계로 타협점을 찾으려고 한 것입니다. 양심은 죄 가운데 살고 있는 사람들에게 매우 불친절한 이웃입니다. 다윗에 대하여 말하기를, "다윗의 마음이 그를 쳤다"고 되어 있습니다. 그것은 마음이 줄 수 있는 매우 어려운 매였습니다. 사람들은 그 매를 피하기 위해서 핑계의 방패를 높이 쳐듭니다. 양심을 완전히 쫓아낼 수는 없습니다. 양심은 여호와의 촛불이기 때문입니다. 그래서 그 촛불을 핑세라는 말(곡식 등을 되는 용기〈斗〉의 종류 ― 역주) 아래 두는 것입니다. 도둑은 집을 지키는 개를 두려워합니다. 그래서 개를 잠잠하게 하려고 포도주에 적신 빵 조각을 던져 줍니다. 그 빵 조각은 핑계로 이루어져 있습니다. 존 번연은 우리에게 이렇게 말해 줍니다. 인간 영혼의 거울이 악마에게 포위되어 있을 때 기록자 양심 씨는 모든 거민들로 두려워하게 할 만큼 큰 소리로 외치곤 하였습니다. 그러니까 그 거민들이 기록자 그 양심 씨를 매우 어두운 곳에 가두어 놓고 소리를 지르지 못하게 하려고 입에 재갈을 물려 놓으려 하였습니다. 그러나 그 모든 일 때문에 양심의 발작이 일어나는 때에는 고을 전체가 매우 불안해하였습니다. 저는 양심이 여러분 중 어떤 이들에게 말하는 것이 무엇인지 알고 있습니다. 양심은 이렇게 말하지요. "어떻게 하나님께 속한 일들을 미룰 수 있는가? 어떻게 다가올 세상을 하찮게 여길 수 있는가? 어떻게 죽지 않을 것처럼 살아갈 수 있는가? 주 예수 그리스도께 관심을 두지 않은 채 죽음을 맞으려면 그때 어쩌려는가?" 이래서 양심으로 잠잠하게 하기 위해서 여러분은 핑계를 댑니다. 그러면서 계속 잔치에 오기를 거부하는 자세를 유지시키는 것입니다.

　관습을 만족시키기 위해서 이러한 핑계를 댈 수도 있습니다. 그리스도 앞으로 즉시 뛰어나가는 것이 현 세대의 관습은 아닙니다. 저나 여러분이 알고 있는 사람들 중에 표면적으로 우리의 믿음을 강하게 반대하는 사람은 많지 않습니다. 여러분의 아버지가 하나님을 두려워하고 어머니는 큰 경건의 여인입니다. 친구들이 하나님의 집에 가서 하나님께 속한 일들을 체험적으로 말합니다. 그러니 그런 사람들을 보고, "나는 결코 그리스도인이 되지 않을 것이오. 나는 하나님의 방식을 싫어해요. 나는 주권적 은혜의 계획을 택하지 않겠어요" 하고 말하고 싶지 않습니다. 그러므로 여러분을 잘 아는 사람들의 감정을 건드리지 않기 위해서 핑계를 대는 것입니다. 또 친한 친구들을 서글프게 하고 싶지도 않습니다. 자신의 영혼이 느끼는 바를 있는 그대로 말한다면 노년에 들어선 어머니를 죽게 만들 수도 있고, 아버지의 마음을 부서지게 할 수도 있다는 두려움을 갖고 있습니다. 그래서 핑계를 대어 위안 어린 소망을 가지게 하려는 것이죠. 사실은 여러분이 핑계를 대고 있지만 전혀 소망이 없는 데도 말입니다. 제 자신의 입장에서 보면 여러분이 아예 솔직하게 마음에 있는 바를 그대로 토로했으면 좋겠습니다. "나는 그리스도의 원수입니다. 나는 그리스도의 복음을 믿지 않습니다. 나는 그를 섬기지 않을 것입니다"라고 말입니다. 이렇게 말하면 매우 나쁘게 들릴 수 있죠. 그러나 그렇게 말하면 적어도 여러분 속에 어떤 진지함이 있다는 것을 보여 주는 것이 될 것입니다. 그래서 우리가, 당신이 믿지 않으나 그리스도의 뜻에 자신을 굽힐 수도 있다는 소망을 가질 수 있는 것입니다. 핑계 대는 것은 저주스러운 일들입니다. 아무런 핑계도 대지 않고 가만히 있을 때 여러분에게 소망이 있을 것입니다.

　　죄에 대한 각성을 가졌기 때문에 그러한 핑계를 댈 수도 있습니다. 가끔 죄에 대한 의식이 불현듯이 여러분에게 찾아들어서 그리스도의 면전에서 감히 반대할 수 없는 느낌을 가져서 그렇게 말할 수도 있죠. 예배를 마치고 집으로 돌아가면서 울기도 하였습니다. 여러분의 작은 골방은 여러분이 기도를 하지 않고는 살 수 없었다는 것을 증거합니다. 장례식에 참석했다가 집으로 돌아오는 길에 매우 엄숙한 마음을 갖기도 하였습니다. 그때는 예수님의 명령에 틀림없이 굴복하겠다는 생각을 하기도 했습니다. 아파서 한 주간 동안 혼자 2층 방에서 있을 때에, 결심도 하고 서약도 하였습니다. 그러나 큰 결심이 녹아 버리고 말았습니다. 여러분의 눈에서 눈물이 흐르기 시작할 때는 거의 그리스도인이 되지 않았나 싶었습니다. 한 번 기도도 드렸습니다. 그러나 아! 악한 친구가 다음 날 아침에 찾아와서 여러분을 시험합니다. 옛 속담대로입니다. "개가 그 토하였던 것에 돌아가고 돼지가 씻었다가 더러운 구덩이에 도로 누웠다 하는 말이 그들에게 응하였도다"(벧후 2:22). 아! 제가 얼마나 많이 죄를 깨닫고, 또 얼마나 많이 두려워 떨었던가요. 그럼에도 불구하고 벨릭스가 바울에게 한 말과 같이 말한 적이 얼마나 많았던지요. "지금은 가라 내가 틈이 있으면 너를 부르리라"(행 24:25). 그러나 그리스도를 대적하는 노골적인 감정으로 이러한 죄의 각성을 소멸할 수는 없었습니다. 그는 너무나 많이 알았고, 그렇게 하기에는 너무나 많은 것을 느꼈습니다. 그래서 내 영혼과 내 양심 사이에 휴전협정을 맺으려고 애를 썼습니다.

사탄은 항상 핑계 대는 일에 사람들을 도우려고 준비하고 있습니다. 정말 이 일은 끝도 없이 계속되는 거래입니다. 분명 그 일은 매우 일찍 시작되었습니다. 왜냐하면 첫 조상들이 범죄한 이후에 그들이 했던 초기의 일들 가운데 하나는 무화과 잎을 엮어 치마를 만들어 자기들의 벌거벗은 수치를 가리도록 한 것이었기 때문입니다. 성경 전체를 읽어 보면, 핑계 대는 일이 모든 세대, 모든 계층의 사람들 속에서 한 관례가 되었었다는 것을 발견할 것입니다. 주권적인 은혜로 말미암아 마지막 구원이 이루어질 때까시, 사람들은 아마 하나님의 성전에서 헛된 핑계들을 계속 세워 놓고 있을 것입니다. 만일 총을 쏠 것이면, 사탄은 계속해서 탄약을 공급해 줄 것입니다. 진리가 여러분 가까이 온다 싶으면 여러분 스스로가 핑계 댈 구실이 없을 때라도 여러분 대신 사탄은 핑곗거리를 만들 것입니다. 여러분과 하나님의 말씀의 총알 사이에 재빨리 들어서서 그 말씀의 총알로 여러분이 상처받지 않도록 막아 줄 것입니다. 만일 설교자의 칼이 여러분에게 너무 예리하고 여러분의 양심으로 피를 흘리게 한다면, 악한 자는 그 상처를 싸맬 사탄적인 붕대를 가져올 것입니다.

사람의 본성적인 자기 의가 변명을 만들도록 부추깁니다. 우리 자신의 척도에 따르면 우리가 세상에서 가장 선한 사람들입니다. 자신을 재판하여 선언한다 해도 평결은 항상 "죄 없음"일 것입니다. 다른 사람의 눈에 보기에는 대단히 충격적인 죄인임에도 불구하고 우리 눈에는 가벼워 보입니다. 다른 사람의 눈에는 가증스러워 보이는 것이 우리 자신에게는 거의 격려할 만한 것이 됩니다. 그래서 너무나 편벽되게 자신의 입장을 편들어 판단해 줍니다. 죄인은 자신이 그리스도를 믿지 않는 것을 옳게 생각할 수는 없고, 빛을 받은 양심이 달려 나가 예수님의 상처에 손을 대기를 거부하는 동안에도 매우 안전하다고 말하지는 못하나 금방 핑계를 대면서 "나는 부유하고, 점점 더 선한 일을 하고 있다"고 말하려 합니다. "나는 벌거벗고 가련하고 곤고한 사람이로다"라고 울부짖을 필요를 전혀 느끼지 못하도록 하기 위해 핑계를 대야 하는 것입니다. 죄악적인 자아를 이기기가 얼마나 힘이 드는지요. 그러나 자기를 의롭다고 생각하는 그 자아는 그 둘 가운데 가장 무서운 원수입니다. 우리가 사람들로 하여금 자신들이 죄인임을 깨닫고 탄원하도록 만들 수 있을 때, 하나님께서는 그 사람들에게 죄 사면을 선언하십니다. 그러나 사람들이 여전히 자기들의 정상을 참작해 달라고 핑계 대는 한, 그들을 위한 소망이 거의 없습니다. 오! 위대하신 하나님이시여, 우리의 구주시여, 여기 이 자리에 있는 모든 죄인에게서 그 핑계들을 잡아 뜯어 내시옵소서. 그리고 각 죄인마다 그 의식 속에서 하나님의 심판대 앞에 자신이 죄인임을 알게 하소서. 그리하여 "하나님이시여, 죄인인 저를 불쌍히 여기소서"라고 울부짖게 하시고, 예수 그리스도의 피로 말미암아 죄 용서를 얻게 하소서. 오! 경건하지 않은 자들이여, 그대들이 계속 핑계를 대고, 또 대고, 또 구실을 대어 계속 지옥의 밑바닥에 떨어지기까지 핑계를 대지 않도록 조심하십시오. 이것을 아십시오. 그때가 되면 다시는 스스로 핑계 댈 수 없게 될 것을 아십시오.

2. 핑계의 종류들

우리는 이제 이 핑계들이 무엇인지 열거해 봅시다. 많은 사람들은 그 큰 만찬 잔치에 오지 않을 것입니다. 비유에 나온 사람들이 대는 것과 같은 근거에서 그리스도인이 되지 않을 것입니다. 다시 말하면, 그들은 너무나 바쁩니다. 그들의 가족은 많습니다. 그 작은 입들에 밥을 넣어 주기 위해서 돈을 벌려면 모든 시간을 다 들여야 할 판입니다. 그들은 또한 매우 큰 사업을 하고 있습니다. 많은 직원들을 고용하고 있으며, 아침부터 저녁까지 일에 매달려야 합니다. 만일 그 일을 돌아보지 않으면 일들이 망가질 판입니다. 그렇지 않으면, 또 할 일이 전혀 없다 하더라도 유쾌한 일들이 많습니다. 그래서 그러한 것들을 누리려면 많은 시간이 필요합니다. 아침시간 동안에 그들을 재미있게 하는 쾌락주의자들이 찾아옵니다. 그래서 많은 시간을 허비해 버립니다. 또 다른 사람들의 문에 극장 입장권을 떨어뜨려 주는 일로 나머지 시간을 보냅니다. 그래서 죽음과 영원과 같은 불쾌한 일들에 관해서 생각할 기회가 전혀 없습니다. 이 핑계에 대처할 만한 말이 없습니다. 왜냐하면 누구나 다 그것이 큰 거짓말이라는 걸 알기 때문입니다.

먹을 시간이 없어서 굶어 죽는 사람은 한 사람도 없습니다. 자, 만일 하나님께서 우리 육신을 보존하도록 시간을 주셨다면, 우리 영혼을 먹이기 위해서는 더 많은 시간을 주셨습니다. 저는 거리에 있는 제 친구들이 헐벗은 것을 보지 못합니다. 그러나 그들 중 어떤 이들은 그들의 머리에 꽂는 리본이나 핀 같은 것 때문에 많은 시간을 다 허비해 버립니다. 자, 분명히 몸에 의복을 걸치는 시간을 가지고 있다면, 의의 예복을 입히고 영혼을 아름답게 꾸미기 위해서 주어진 시간들도 분명히 있습니다. 만일 여러분이 시간이 없다면, 그것은 하나님께서 주셨는데도 불구하고 잘못 허비해 버린 것입니다. 하나님께서 여러분에게 청지기로서 시간을 주십니다. 만일 여러분의 상전이신 주님께 "제가 시간이 없어요"라고 말씀드리면 주님께서는 "내가 네게 시간을 맡겼다. 그런데도 네 자신을 위해서 그 시간을 써 버리고 하나님의 것을 도둑질했지"라고 대답하실 것입니다. 조금 일찍 일어나고, 식탁에 앉아 있는 시간을 줄여 보십시오. 그 둘 중 하나만 선택하여 하더라도 충분한 시간을 가질 것입니다. 여러분에게 분명히 시간이 있습니다. 시간이 없다고 하는 것은 새빨간 거짓말입니다. 훤히 들여다보이는 소리를 하고 있는 것입니다. 오 영혼이여! 거룩한 사람들이 기도를 위한 시간을 얻고, 마르틴 루터 같은 사람이 매우 바쁠 때에 "나는 적어도 하루에 3시간씩 기도해야 한다. 그렇지 않으면 내 일을 해 나갈 수 없다"고 말하곤 하였는데, 주님을 구할 시간이 없다고 말하면 안 되는 것입니다. 그 외에, 그것은 사실 시간 문제가 아닙니다. 구원은 순간적으로 이루어질 수 있기 때문입니다. 십자가에 못 박히신 분을 한 번 바라봄으로써도 생명을 얻을 수 있습니다. 바로 이 순간 여러분을 위해서 생명의 시간이 주어진 것입니다. 바로 지금 이 시간과, 예배가 끝나게 될 시간 사이에는 여러분이 영원한 생명을 붙잡고 예수 그리스도를 영접하여 영혼이 구원을 받기에 충분한 시간이 있는 것입니다. 그러니 그러한 핑계는 결코 타당하지 못합니다.

그렇게 말하면 얼른 다른 핑계를 대지요. 그들은 너무 선합니다. 제가 값없이 베풀어 주시는 하나님의 은혜와 온전하신 그리스도를 설교하니까 어떤 분이 이런 말을 하였습니다. "그 설교는 극장에 있는 군중들을 위해서는 아주 좋은 설교입니다. 또 무식한 사람들이나 저차원적으로 사는 사람들을 위해서는 아주 좋은 설교입니다. 그러나 우리는 그러한 구원이 필요치 않는 존경스러운 사람들입니다. 주정뱅이나 불경스런 욕을 하는 사람도 아닌 이들에게 값없이 베풀어 주시는 구원을 받으라고 제안한다면 정말 얼마나 우스꽝스러운 일일까요. 그 설교는 막달라 마리아 같은 사람들이나 도둑들이나 그와 같은 자들을 위해서는 매우 선한 것이었습니다. 그러나 우리를 위해서는 그렇지 않습니다." 아닙니다. 그렇게 말하는 이들은 자신은 구원받기에는 너무 선한 사람이라고 스스로 생각하고 있는 것입니다. 그런 사람들에게는 은사가 필요 없습니다. 스스로 온전하니까요. 자신의 식탁에 충분히 먹을 것이 있으니 이 복음 잔치에 나올 필요가 없다는 것입니다. 그러나 잘 생각해 보십시오. 그런 식의 생각이 전적으로 그릇된 것인지 아닌지 잘 생각해 보십시오. 도대체 어떤 면에서 자신이 다른 이들보다 더 선하다고 주장하는 것입니까? 겉으로 드러난 죄에 빠지지는 않았다 할지라도 악을 향한 종용이 마음속에서 자주 일어나지 않습니까? 그대들의 혀는 항상 옳고 진실한 것만을 말합니까? 그대들이 저지른 죄를 기억할 수 없다 할지라도, 마땅히 행해야 할 일을 하지 않은 죄는 어떻게 된 것입니까? 주린 자를 먹였습니까? 벌거벗은 자에게 옷을 주었습니까? 무식한 자를 가르쳐 주었습니까? 마음과 목숨과 힘을 다하여 하나님을 사랑하였습니까? 하나님께서 요구하시는 모든 것을 해 드렸습니까? 아마 그렇다고 대답은 할 수 없을 것입니다. 구원을 받기 위해 하나님께서 요구하시는 완전한, 성결한 종교는 완전하게 만든 도자기와 같은 것입니다. 만일 그 도자기에 작은 실금이 나 있거나 어떤 오점이 하나 보이면 그 도자기는 쓸모 없게 됩니다. 만일 여러분이 "아! 이거 그렇게 많이 부서진 것이 아닌데. 우리는 그렇게 심각하게 다치지는 않았어"라고 말할지 모릅니다. 그러나 하나님께서 그것이 완전해야 한다고 요구하십니다. 그 손상된 부분이 아무리 미세하다 할지라도 여러분 자신의 선행을 발판으로 하늘에 갈 수는 없는 것입니다. 다시 말하면, 여러분은 영원토록 밖에 버리워 던져집니다. "그러므로 율법의 행위로 그의 앞에 의롭다 하심을 얻을 육체가 없나니"(롬 3:20)라는 말씀을 주목하십시오. "무릇 율법 행위에 속한 자들은 저주 아래에 있나니 기록된 바 누구든지 율법 책에 기록된 대로 모든 일을 항상 행하지 아니하는 자는 저주 아래에 있는 자라 하였음이라"(갈 3:10). 하나님께서 거짓된 평계에서 여러분을 구원하시기를 바랍니다.

다른 부류의 사람들은 또 이렇게 말합니다. "우리는 구원받기에 너무 악한 사람들입니다. 복음은 '주 예수 그리스도를 믿으라 그리하면 살리라'라고 외치지만 그것이 나를 향한 것일 수 없습니다. 나는 너무나 큰 죄를 범한 사람입니다. 어릴 적부터 나는 악에 빠졌고 그 이후 계속 더 악하게 살아왔습니다. 오! 목사님, 저는 하나님 면전에 대고 하나님을 저주했었습니다. 빛과 지식을 거슬러 범죄했고 어머니의 기도와 눈물을 무시하고 범죄했습니다. 나는 하나님의 말씀을 악하게 말하였습니다. 하나님의 아들 예수 그리스도의 이름 자체를 비웃었습니다. 나는 너무나 악하여 구원을 받지 못합니다.” 자 여기에도 또 다른 악한 핑계가 존재합니다. 죄인이여, 그대는 알았습니다. 만일 그대가 복음을 들었다면 그대의 핑계가 진실이 아니라는 것을 알았다는 말입니다. 여러분이 아무리 악한 사람이라도 자신의 비열함 때문에 그리스도에게 배척받을 사람은 하나도 없는 것입니다. “그러므로 내가 너희에게 이르노니 사람에 대한 모든 죄와 모독은 사하심을 얻되”(마 12:31). 복음의 초청장은 어떤 특별한 죄를 지은 사람에게는 전달되지 않는 그런 것이 아닙니다. 정반대로 가장 악한 죄를 지은 죄인들에게 먼저 전해지는 것 같습니다. 구주께서 뭐라고 말씀해 주셨습니까? “예루살렘에서 시작하라”고 하셨습니다. 그러나 주여, 거기 사는 사람들이 주님을 못 박지 않았습니까? “예루살렘에서 시작하라.” 그러나 주여, 예루살렘에 있는 자들이 주님의 피를 흘렸고 주님을 모독하고 비웃었고 주님의 기도를 조롱하지 않았습니까? “예루살렘에서 시작하라.” 가장 악한 자에게 먼저 복음의 초청을 전하라는 것입니다. 전쟁터에 있는 군의관이 가장 크게 부상당한 군인에게 먼저 달려가듯이 말입니다. 손가락을 잃어버린 사람이 생겼습니다. 그때 그 사람을 잠시 봐 주지요. 그러나 그만 다리가 절단당한 사람이 생기게 되었습니다. 그는 피를 많이 흘리고 있습니다. 그 피를 멈추게 하지 않으면 생명이 달아날 판입니다. 그 군의관은 그 사람을 가장 먼저 돌봅니다.

오! 큰 죄인이여, 자신이 정말 악명 높은 죄인이라고 느끼는 자들이여, 저는 그들에게 간청합니다. 그것 때문에 그리스도에게 나오지 못한다고 핑계대서는 안 된다고 말입니다. 오히려 그것을 당장에 그리스도께 나오는 이유로 삼으십시오. 더러우면 더러울수록, 더 많이 씻을 필요가 있는 것입니다. 병이 깊으면 깊을수록 의사가 더 돌보아야 합니다. 굶주림이 더 클수록 식탁에서 더 대접을 받습니다. 있는 그대로 예수님께 나오십시오. 죄인의 모습 그대로 말입니다. “너희의 죄가 주홍 같을지라도 눈과 같이 희어질 것이요 진홍 같이 붉을지라도 양털 같이 희게 되리라”(사 1:18). 우리가 상상할 수 있든, 상상할 수 없든 간에 어떠한 죄의 형태도 사람이 구원을 받는 데 어떤 면에서든 장애가 될 수 없습니다. 주 예수 그리스도를 믿기만 하면 말입니다.

또 다른 핑계는 어떠합니까? "목사님, 저는 오늘 아침 제 영혼을 다해서 그리스도를 믿고 싶어요. 그러나 그리스도를 믿기에 적당한 상태에 있다는 느낌이 들지 않아요. 그리스도께 오기 위한 적당한 예비 단계로 여겨지는 죄 의식이 없어요." 아! 설교를 듣는 사랑하는 여러분이여, 그 핑계가 매우 좋아 보입니다. 그러나 그 핑계 속에는 진리가 전혀 들어 있지 않습니다. 여러분이 그리스도를 믿기 전에 적합성이 전혀 필요하지 않습니다. 여러분의 현재 조건이 어떠하든지, 여러분 영혼으로 예수 그리스도를 믿는다면 그 순간에 구원을 받는 것입니다. 여러분의 죄가 용서될 것이고, 금방 여러분은 하나님의 자녀가 됩니다. 그 사랑하시는 자 안에서 여러분이 양자로 받아들여지는 것입니다. 성경에 그리스도께 나아가기 위해 적합한 자격에 대해서 읽어 본 일이 있습니까? 예수님께서 회복시킨 그 죽은 자가 다시 살아나기에 적합하였다고 생각합니까? 아! 마르다는 자기 오빠에 대해서 "주여 지금은 냄새가 나나이다 죽은 지 나흘이 되었나이다"라고 아뢰었습니다. 자, 나사로가 다시 살아나는데 어떤 적합성이 있었습니까? 그런데도 예수님께서는 "나사로야 나오너라!"고 말씀하셨습니다. 복음이 "어떤 상태에 있어서 믿는 자는 구원을 받을 것이다"라고 말합니까? 결코 아닙니다. "믿고 세례를 받는 자는 구원을 받으리라"고 말합니다. 제가 여러분에게 어떻게 설교하라고 명령을 받았습니까? 제가 "누구든지 느끼는 사람이 있으면 그 사람이 와야 합니다"고 말해야겠습니까? 아닙니다. "누구든지 와서 생명수를 값없이 마시라"고 말해야 합니다. 여러분이 그리스도를 모실 의향을 가지고 있습니까? 그러면 그대로 그리스도를 모실 수 있습니다. 왜냐하면 그리스도께서는 궁핍한 모든 죄인에게 값없이 제공되신 구주십니다. 마치 거리에 있는 샘에서 나오는 물은 그 샘 곁을 지나가는 목마른 자는 누구든지 값없이 마시게 되어 있듯이 말입니다. 여러분의 마음이 화강암처럼 굳어 있다 할지라도 주님께서는 그 마음을 부드럽게 하실 수 있습니다.

그러니 예수님을 믿으십시오. 그리스도를 믿으십시오. 비록 양심이 잠들고 있다 할지라도, 모든 정신적인 기능들이 왜곡되어 있다 할지라도 그를 믿으십시오. 여러분을 거룩하게 만드시는 일을 그리스도께서 하시는 것이지 여러분 자신이 하지 못합니다. 그분이 그 모든 일을 하실 줄 믿으십시오. 그분이 자기 백성을 그들의 죄에서 구원하시기 때문에 '예수'라고 불리어지는 것입니다. 예수께서 여러분의 부패를 이기시고 여러분의 악한 성질을 죽이시고 여러분의 뜻을 복종시키시고, 여러분의 마음을 부드럽게 하시고, 양심을 밝혀 주시고, 사랑의 불꽃을 일으키실 줄 믿으시기 바랍니다. 그 모든 것을 주님께서 하실 줄 믿으시기 바랍니다. 오! "저는 의사를 부르기에는 너무 병이 깊어서 좀 더 낫고, 좀 나았다 싶은 느낌이 들면 의사를 오라고 하지요"라고 말할 정도로 어리석게 되지 마십시오. "나는 너무 검은 사람이어요. 내가 더 깨끗해졌다고 느끼면 그때 가서 씻지요"라고 말하지 마십시오. 오히려 검기 때문에 씻어야 합니다. 더러운 것밖에는 없기 때문에 씻어야 합니다. 전혀 건강하지 못하기 때문에 위대한 의사를 불러오도록, 사람을 보내야 합니다. 상한 것과 맞은 것과 터진 흔적뿐이기 때문에, 믿음으로 자기의 치료 문제를 온전히 그분에게 맡겨야 합니다.

　또 다른 핑계가 있습니다. "오! 목사님, 저는 진정으로 그리스도를 믿고 싶어요. 그러나 오늘 아침 바로 이 시점에서 나를 구원하신다는 것이 진리라고 믿기에는 너무나 선해 보이네요. 지난 밤에 제가 어디에 있었는지 목사님은 모를 거예요. 또 어제 제가 무슨 짓을 했는지도 모르지요. 제가 누구인지 목사님은 말할 수 없습니다. 내가 얼마나 나쁜시도 모르지요. 그러면서 목사님은 예수 그리스도를 믿으면 구원을 받을 것이라고 제게 말합니다. 목사님, 그것은 진리로 믿기에는 너무나 헤픈 말씀이네요. 그러한 것은 상상할 수 없습니다." 나의 사랑하는 친구여, 그대의 되로 하나님의 곡식을 가늠하려고 합니까? 그대에게 그것이 그처럼 놀랍고 기이하게 보이니까, 하나님께도 정말 어렵고 기이한 일이 되어야 합니까? 하나님의 생각이 그대의 생각보다 높되, 하늘이 땅에서 높음같이 높다면 어떻게 하시겠습니까? 성경에서 그렇게 말씀하지 않습니까? 저는 여러분의 동료를 용서하는 것이 여러분에게 어려운 일이라는 것을 압니다. 그러나 나의 아버지, 나의 하나님께서는 여러분을 기꺼이 용서하실 수 있습니다.

> "그처럼 무서운 범죄를 용서해 주시고
> 그처럼 더러운 벌레 같은 죄인을 아껴 두시고
> 그것이 바로 당신의 위대한 사면권이니
> 아무도 그 영예(榮譽) 나누지 못하네."

　정말 하나님께서는 하나님답게 **창조하십니다.** 하나님께서는 몇 마리의 작은 벌레만 만드시거나 여기 저기 별을 몇 개 만드는 그런 분이 아니십니다. 이 위대한 세계를 하나님께서 지으셨습니다. 당신의 손으로 궁창에 별들의 세계를 뿌려 놓으셨습니다. 그러니 주께서 용서하시려 할 때, 작은 죄를 용서하시거나 하찮아 보이는 것을 눈감아 버리는 정도의 것이 아닙니다. 죄의 덩어리 전체를 한순간에 씻어 내시며 모든 죄와 훼방을 순간적으로 당신 뒤로 던져 버리십니다. 하나님께서 하나님다우신 분임을 믿으시기를 바랍니다. 여러분과 같은 분이 아닙니다. 여러분이 꿈꾸는 것보다 훨씬 더 큰 일을 하실 수 있습니다. 그를 믿으십시오. 지금 믿으십시오. 아무리 그 일이 엄청나다 할지라도 정말 그것이 진실임을 발견하게 될 것입니다. 아무리 그것이 위대하게 보여도 정말 그것이 여러분 자신의 것이 될 것입니다.

또 어떤 분은 이렇게 말하고 있는 것을 알고 있습니다. "그리스도께 나아가기에는 너무 이른 것 같아요. 먼저 세상을 조금 더 살펴봐야 되겠어요. 저는 15세나 16세도 되지 않았거든요. 아직 저에게는 많은 시간이 남아 있어요." 무덤에 가보신 적이 있습니까? 15, 16세도 채 안 되었는데 거기 무덤에 묻혀 있는 것을 보지 못했습니까? 아! 그 나이에 그들은 마지막 계산을 하나님 앞에서 해야 했습니다. 너무 이르다고요! 행복하기에 너무 이른 나이입니까? 만일 신앙이 여러분을 비참하게 만든다면 그 신앙을 갖지 않기 위해 끝까지 버티라고 충고하고 싶습니다. 그러나 그리스도 안에 있는 것은 그만큼 행복한 것이기에 아무리 일찍 그리스도 안에 있더라도 너무 지나치다고 할 수 없습니다. 저는 많은 이의 죽음의 병상 옆에 앉아 있어 봤습니다. 그리고 많은 후회하는 소리를 들어 보았습니다. 그러나 그리스도인이 너무 일찍 회심하였다고 후회하는 것을 들어 본 적은 없습니다. 저는 많은 젊은 회심자들을 교회의 권역으로 받아들였습니다. 그러나 그들 중 어느 한 사람도 그렇게 일찍 은혜로 말미암아 부르심 받은 것이 잘못이라고 말하지 않았습니다. 예를 들어서 내가 어떤 사람에게 죽을 죄를 지었는데 그 상대방 사람이 나한테 와서 용서해 준다고 할 때, "아이고 그것은 너무나 일찍 용서해 주시네요"라고 생각하지 않을 것입니다. 하나님의 진노가 여러분 위에 머물러 있습니다. 그 진노에서 피하여 달아나는 것이 어떻게 너무 이를 수 있다는 말입니까? 여러분은 매일 시험을 받고 있습니다. 매일 죄를 더 짓고 있습니다. 새로운 마음과 바른 심령을 가지기에 너무 이를 수 있다는 말입니까?

또 어떤 사람들은 정반대의 방향에서 줄을 서 이렇게 탄원합니다. "슬프게도, 너무 늦었어요." 마귀는 시계를 뒤로 돌려놓고는 너무 이르다고 말합니다. 또 그렇게 해도 아무 소용이 없으면 마귀는 와서 "시간이 다 지났으니 은혜의 날이 끝났다. 긍휼의 문이 닫혀져서 너는 결코 들어갈 수 없다"고 말합니다. 우리는 즉시 이에 대처해야 합니다. 사람이 아직 무덤에 들어가지 않은 상태라면 예수님을 믿기에 너무 늦은 시간은 있을 수 없습니다. 생명의 등불이 계속 타고 있는 동안에는 아무리 비열한 죄인이라도 회개하고 돌아오면 그리스도께서 자기를 기꺼이 영접하시는 것을 경험하게 될 것입니다. 백 년 전에 회심한 사람들이 있었습니다. 한 세기 전에 예수 그리스도의 자녀가 된 사람들의 기록을 가지고 있습니까? 여러분은 몇 살입니까? 여러분이 노랗게 물든 단풍처럼 80세에 들어서 있습니까? 아! 여러분이 많은 죄를 지었군요. 그러나 80년 간의 죄라도 한순간에 씻겨질 정도로 은혜의 승리는 엄청난 것입니다! 저는 말씀드립니다. 여러분이 므두셀라처럼 오래 살았고, 살아오는 그 기간 동안 해마다 여러분이 80년 동안 저지른 죄를 다 지었다 할지라도, 예수 그리스도의 은혜는 그 모든 것을 씻어 내기에 충분합니다. 여러분의 죄는 산처럼 드높을 수 있습니다. 그리스도의 사랑은 노아의 홍수처럼 그 산보다 20피트빗이나 더 높이 올라갈 수 있습니다. 그래서 모든 죄의 산꼭대기를 다 덮을 것입니다. 너무 이르지도 않고, 너무 늦지도 않습니다. 이러한 구실들이 모두 많은 사람을 기만하기는 하지만 아무런 가치가 없는 것입니다.

또 다른 사람들은 이렇게 말하겠지요. "예, 저는 예수님을 믿고 싶습니다. 그러나 내가 하나님의 선택한 백성인지 아닌지 모르겠어요. 목사님 그 선택 교리가 저를 괴롭히고 혼란스럽게 하네요. 저는 제가 선택받은 사람인지 안다면 그리스도를 믿을 거여요." 참 기가 막힙니다. 만일 하나님께서 여러분에게 하나님의 비밀을 보여주시면 하나님의 뜻을 행할 것이고, 전능자께서 여러분의 조건에 맞추신다면, 여러분이 전능자가 명하는 대로 한다는 말이지요! 만일 주님께서 여러분을 당신의 골방으로 데리고 들어가 그 모든 보화를 다 보여주신다면 그분의 식탁 위의 잔치에 참석한다는 말이지요. 그러나 하나님은 결코 그러한 일을 하지 않으십니다. 선택에 대해서 이런 식으로 이야기하는 건 얼마나 어리석습니까? 선택의 교리는 위대하고 값진 교리입니다. 그러나 그리스도를 믿지 않기 위해서 타당한 이유로 그 교리를 들고 나올 수는 없는 것입니다.

예를 들어, 여러분이 오늘 아파서 의사가 왕진 왔습니다. 의사가 와서는 "자

여기 약이 있어요. 이 약을 복용하면 분명히 나을 것이라고 저는 장담합니다." 그러니까 여러분이 이렇게 말했다고 합시다. "의사 선생님, 이 약을 즉시 들고 싶어요. 그러나 제가 이 나이에 낫기로 예정되어 있는지 모르겠어요. 살기로 예정 되어 있다면요 저는 이 약을 먹을 거여요. 그러나 먼저 그것을 알아야겠어요." 그 의사는 이렇게 말할 것입니다. "아, 당신에게 말합니다. 이 약을 먹지 않으면 반드시 죽게 될 예정을 받은 것이라고요." 저도 여러분에게 그렇게 말하겠습니다. 만일 여러분이 주 예수 그리스도를 믿지 않으면 저주를 받을 것입니다. 여러분이 누구라도 말입니다. 그러나 여러분이 그 저주 받는 일을 예정의 탓으로 돌릴 수는 없을 것입니다. 그것은 여러분 자신이 꾸며 낸 거짓말입니다. 자, 예를 들어서 어떤 사람이 배 갑판 위에 있다가 바닷물로 빠져 버렸습니다. 그 사람에게 밧줄이 던져졌습니다. 그런데 그 빠진 사람이 "나는 그 밧줄을 붙잡고 싶어요. 그러나 내가 익사하기로 예정되었는지 안 되었는지 알지 못하면 밧줄을 잡지 않을 거예요"라고 말했다고 합시다. 정말 어리석은 사람입니다! 그는 입에 있는 거짓말과 함께 바다 밑바닥으로 가라앉게 될 것입니다. 우리는 "오늘 저녁 식탁에 앉고 싶어요. 그러나 나는 먹지 않을 거예요. 내가 오늘 저녁을 먹도록 예정되었는지 알지 못하기 때문이에요"라고 말하지 않습니다. 보통 일에는 그렇게 어리석게 말하는 사람은 없습니다. 그런데 어째서 신앙의 일에는 그렇게 어리석어지는지요? 사람들이 핑계를 대기 위해서 완강하게 굴 때 하나님의 신비를 자기 얼굴을 가리는 베일로 삼으려고 안달합니다. 오! 사랑하는 친구들이여, 그대들이 알아야 할 것입니다. 하나님의 택한 백성들이 있다 할지라도, 하나님께서 그대들에게 그리스도를 믿으라고 명하실 때는, 하나님께 택한 백성이 있든 없든 간에 그것이 하나님의 명령에 순종하지 않아도 될 구실이 될 수는 없습니다. "주 예수를 믿으라 그리하면 구원을 얻으리라." 저는 이 모든 구실들을 다 섭렵해 볼 수는 없을 것입니다. 그래서 두 가지만 더 살펴보겠습니다.

어떤 사람이 말합니다. "좋습니다. 내가 예수 그리스도를 믿게 된다 할지라도 금방 예전과 같이 악하게 될 것입니다. 한동안은 조금 선해질 수도 있지요. 그러나 금방 다시 돌아가고야 말 겁니다. 그러니 그리스도를 믿는 것이 무슨 소용이 있겠습니까?' 사랑하는 친구여, 그대가 예수님을 믿으면 예수님께서 그대를 구원하실 것이라고 예수 그리스도께서 말씀하십니다. 그런데 여러분이 그리스도를 믿을지라도 그리스도께서 여러분을 구원하지 않으실 것이라고 그대는 말합니다.

자, 그러한 이야기지요. 예수 그리스도께서는 자신을 믿으면 죄에서 믿는 자를 구원해 주실 것이라고 약속하십니다. 그런데 그대는 오히려 이렇게 말하고 있습니다. "아니요, 저는 다시 죄를 지을 것이고 전처럼 악하게 될 것입니다." 자, 내가 어느 것을 믿어야겠습니까? 그대의 핑계를 믿어야겠습니까, 아니면 그리스도의 약속을 믿어야겠습니까? 그리스도의 약속을 믿어야 하는 것이 확실하지 않겠습니까! "그러나 저는 한 번 해 보려고 노력했었지요"라고 어떤 사람은 말하겠지요. 정말 여러분이 해 보려고 했겠지요. 그러나 그리스도는 해 보신 적이 없습니다. 만일 그리스도께서 해 보셨더라도 반드시 성공하셨을 것이기 때문입니다. 그러나 "저는 한때 오랜 동안 붙잡고 있었습니다." 저는 여러분이 그렇게 했을 것이라고 생각합니다. 여러분이 붙잡았지요. 그리스도께서 여러분을 붙잡으셨으면 결코 그냥 놓게 내버려 두지 아니하셨을 것입니다. 여러분 자신이 그리스도를 붙잡으면 그 그리스도를 붙잡은 손을 놓칠 수가 있습니다. 그러나 예수님께서 여러분을 붙잡으실 때에는 이렇게 말하십니다. "내가 그들에게 영생을 주노니 영원히 멸망하지 아니할 것이요 또 그들을 내 손에서 빼앗을 자가 없느니라"(요 10:28). 만일 그리스노를 그게 신뢰했더라면, 그리스도께서 여러분을 예전처럼 되게 내버려 두지 아니하셨을 것입니다.

또 어떤 이는 이렇게 말합니다. "아 그런데요 그리스도를 신뢰할 수 없습니다. 나는 그를 믿을 수 없어요." 도대체 형제는 라틴어를 하는 것입니까? "아니요, 저는 라틴말을 할 줄 몰라요." 그런데 정말 라틴말을 하고 있군요. 그 말을 영어로 옮겨 볼까요. 그 말은 "나는 그리스도를 믿지 않겠다"는 말입니다. "믿을 수 없다"고 말할 때 "믿지 않겠다"는 뜻으로 말하고 있는 것이지요. 목회자가 "여러분은 할 수 없습니다"라고 말하면 "여러분은 하지 않을 것입니다"는 뜻으로 늘 이해하시기 바랍니다. 목회자는 여러분이 어떤 천성적인 재능을 가지고 있다는 뜻으로 말하는 것이 아니라, 죄를 사랑함으로 야기된 도덕적 무능력을 갖고 있다고 말하고 있는 것입니다. 다시 말하면 고의적으로 무능합니다. "내가 할 수 없다"는 말은 라틴어입니다. 그러나 그 말을 영어로 옮기면 "나는 하지 않겠다"는 뜻입니다. 예를 들어서, 어떤 사람이 한 번 그의 종에게 마을에 내려가서 어떤 물건을 사 오라고 시켰습니다. 그런데 그 종이 물건을 사 오지 않고 그냥 돌아왔습니다. "아니, 이 사람아 왜 거기에 가지 않았었나?" "제가 어떤 곳에 갔는데요. 거기에 강을 만나게 되었어요. 그런데 주인님, 그 강은 매우 깊었어요. 저는 수영할 수도 없고 배도 가지지 않았어요. 그래서 거기에 당도할 수 없었어요.” 언뜻 보기에 아주 훌륭한 핑계 같지요. 그러나 그 말은 아주 나쁜 핑계임이 드러났습니다. 그 주인이 말했습니다. “거기에 나룻배가 없던가?” “아 주인님, 있던데요.” “그 나룻배를 노 젓는 사람에게 건너 달라고 요구하지 않았나?” “안 했지요.” 그러니 핑계는 하나의 꾸며 낸 것이었습니다! 우리 구원에 관해서 우리가 정말 할 수 없는 일이 너무나 많습니다. 당연히 그렇지요. 그러나 거기에 나룻배가 있습니다! 모든 것을 할 수 있으신 성령님이 계십니다. 여러분들은 이런 말씀을 기억하실 것입니다. “너희가 악한 자라도 좋은 것으로 자식에게 줄 줄 알거든 하물며 하늘에 계신 너희 아버지께서 구하는 자에게 좋은 것으로 주시지 않겠느냐”(마 7:11). 여러분 스스로 새로운 마음을 만들 수는 없습니다. 그러나 진지하고 진실하게 새 마음을 달라고 구하지 않았지요? 그리스도를 구하였습니까? “그렇습니다. 저는 진지하게 그리스도를 구했는데 그리스도께서 저를 구원하고 싶어하지 않았습니다”라고 말한다면, 핑계대고 있는 것입니다. 그러나 사실 그런 식으로 말할 수 있는 영혼은 하나도 없었습니다. 그리스도를 구하고 망한 죄인은 이제까지 하나도 없었습니다. 앞으로도 없을 것입니다. 만일 그대의 진지한 소원이 그리스도 예수 안에 있는 구원을 추구한다면, 땅과 하늘은 없어질지라도 그리스도께서는 결단코 여러분을 밖으로 내쫓지 아니하실 것입니다. “내게 오는 자를 내가 결단코 내쫓지 아니하리라”고 말씀하시는 주님의 말씀이 어엿이 존재하는 한 말입니다.

그런데도 여러분은 이렇게 말합니다. “아직도 저는 그리스도를 믿을 수 없어요.” 자, 저는 여기 계신 여러분과 다투고 있습니다. 모든 각성 받은 죄인과 다투고 있는 것입니다. “할 수 없다”는 말을 제 방식으로 번역하여 하지 않겠다라는 뜻으로 이해하는 것을 여러분이 찬동한다면 저도 여러분과 다투지 않겠습니다. 그러나 그 말의 보편적인 용법대로 고집을 한다면 여러분과 다투겠습니다. 저를 정직한 사람으로 믿어 준다면, 그 방식을 따라서 “목사님, 저는 당신의 말을 믿을 수 없어요”라고 말하는 것이 정확하겠지요? 자, 만일 저를 거짓말쟁이라고 생각한다면 여러분이 나를 믿을 수 없다는 걸 잘 이해할 수 있을 것입니다. 그러나 여러분, 제가 거짓을 말할 수 없는 사람임을 당연히 알면서도 제가 말하는 것을 믿지 않는다면, 여러분이 거짓말쟁이입니다. 자, 그리스도께서 거짓말을 하실 수 없는 분임을 여러분이 믿고 있습니다. 여러분은 그리스도의 성품을 모르는 자들과 같지 않습니다. 그러므로 그리스도가 진실하지 않은 것을 행하실 수 없는 분임을 알고 있습니다. 그런데도 그를 믿을 수 없다고 말하고 있습니다. 예수 그리스도께서 진리 외에 그 어느 것도 말씀하실 수 없음을 알고도, 그리스도께서 말씀하시는 바는 믿는 것이 어느 사람에게도 어려운 일일 수가 없습니다.

만일 여러분이 성령께서 주신 충분한 빛을 받고 그리스도께서 진리이심을 알았다면, 같은 원천으로부터 그리스도께서 말씀하시는 바를 믿을 충분한 힘을 가지고 있는 것입니다. 저는 그렇게 믿습니다. 저는 그것이 하나님의 선물이라고 확신합니다. 그러나 저는 여러분에게 간청합니다. 여러분이 확실하게 가지고 있는 그 능력을 행사하라고 말입니다. 여러분이 그리스도를 믿을 수 없다고 그리스도께 말씀드리십시오! 마지막 심판 보좌에 주님이 앉아 계시는데 그 면전에 대고 그 말을 할 것입니까? 불꽃 같은 눈으로 여러분을 꿰뚫어보고 계시는데도 그렇게 감히 말할 것입니까? "가장 거룩하신 그리스도시여, 저는 아직도 당신을 믿을 수 없나이다! 가장 진실하신 구주시여 나는 당신을 믿을 수 없었나이다! 나는 당신을 의심했고 의아하게 생각했었나이다!" "어떤 점에서 나를 의심했느냐? 내가 네게 의심할 만한 무슨 이유를 준 적이 있느냐? 무엇 때문에 나를 거짓말쟁이로 생각했지? 어떤 면에서 내가 내 약속을 어기더냐? 아니면 내가 진리에서 벗어난 적이 있었더냐?" "하나님의 아들을 믿는 자는 자기 안에 증거가 있고 하나님을 믿지 아니하는 자는 하나님을 거짓말하는 자로 만드나니 이는 하나님께서 그 아들에 대하여 증언하신 증거를 믿지 아니하였음이라"(요일 5:10). 오! 이 점을 생각하고 다시는 그런 핑계를 대지 마십시오. "내가 믿을 수 없나이다"라고 말하는 대신 "내가 하나님을 거짓말쟁이로 만들 수 없나이다. 그러므로 내가 믿어야 합니다. 하나님은 거짓말쟁이가 아님을 저는 알고 있기 때문입니다. 그러므로 하나님의 아들 예수 그리스도를 저는 믿어야 합니다"라고 말하십시오.

이렇게 하여 사람들이 예수님을 믿지 않는 데 대한 구실로 들이대는 핑계 몇 가지를 열거해 보았습니다. 아마 오늘 저녁이 다가오기 전에 또 다른 핑곗거리를 만들지도 모릅니다. 구원받지 않기로 작정한 사람들이라면 말입니다. 여러분의 의지를 달콤하게 강권하여 그리스도께 복종하게 하실 수 있는 분은 하나님의 능하신 성령뿐입니다. 그래서 저는 세 번째 요점에 대해서는 한두 마디만 하려고 합니다.

3. 어리석기 한량없는 핑계

"핑계 대는 것이 그처럼 어리석다"는 사실을 알아야 합니다. 왜냐하면 첫째로 여러분이 지금 누구를 상대하고 있는가를 기억해 보시면 알 것입니다. 그 핑계 대는 사람들은 속일 수 있는 사람 앞에서 핑계를 대고 있는 것이 아닙니다. 마음을 감찰하시는 하나님 앞에서 대고 있는 것입니다. 이 설교를 듣고 있는 여러분이여, 저는 여러분에게 매우 엄숙하게 말하며 이 요점을 결론으로 적용하려고 합니다. 하나님께서 이 모든 것을 꿰뚫어 보신다는 것을 여러분은 다 알고 계십니다. 그런데 어째서 얇은 베일로 가리려 하는 것입니까? 자, 자신의 어리석음을 지금 고백하십시오. "주여, 제가 당신께 원수였나이다. 주여, 당신의 아들 예수 그리스도에 대해 반감을 가졌었나이다. 그러므로 이제까지 그러한 핑계들을 구실로 제시했었나이다. 저를 용서하소서. 제가 얼마나 어리석은 자였는지요. 더 이상 그렇게 하지 못하게 하소서."

여러분이 지금 가볍게 다루고 있는 것이 무엇인지 다시 한 번 기억하십시오. 여러분 자신의 영혼, 결코 죽을 수 없는 영혼의 문제를 여러분은 그렇게 하찮게 여기고 있습니다. 이러한 구실을 계속 대고 있으면 천국을 사소한 문젯거리로 취급하게 되어 결단코 천국을 보지 못할 것입니다. 죄인이여 계속 그런 식으로 진행한다면 한없이, 영구히 여러분의 몫이 될 지옥의 문제를 그렇게 하찮게 여기고 있는 것입니다. 자, 지옥 불을 가지고 장난칠 수 있습니까? 오! 하늘을 조롱할 수 있습니까? 예수님의 피를 비웃을 수 있습니까? 여러분이 두 의견 사이에서 머뭇거리고 있을 때 바로 그러한 일을 하고 있는 것입니다. 여러분이 어리석은 광대놀이를 해야 한다면, 이보다 더 가벼운 것을 찾아보십시오. 선생들이여, 만일 그대들이 유희거리를 찾는다고 한다면, 이 외에 다른 것을 찾아보십시오. 구원을 받으십시오! 하늘의 음악을 들어보십시오! 만일 구원을 받지 못한다면 지옥의 신음 소리를 들어 보십시오. 이 둘 중 어느 것도 여러분이 가지고 놀 소재가 아닙니다. 여러분이 지금 이 예배당에 앉아 있으니 기도하십시오. 이 예배당을 떠나기 전에 하나님께서 여러분이 그렇게 말하도록 도와주시기를 기도합니다. "주 하나님이시여, 저는 주 예수님 안에 있는 사랑을 받기보다 너절한 핑계를 대 왔습니다. 하늘과 지옥을 하찮은 소재거리로 여겼습니다. 주 하나님이시여, 더 이상 그렇게 못하게 하시고, 오늘부터 주님을 사랑하고 신뢰하게 하소서."

자, 이러한 핑계들이 순간 달리 보일 것이라는 사실을 기억하십시오. 여러분은 틀림없이 죽을 것인데, 죽을 때가 되면 그러한 핑계를 어떻게 대겠습니까? 죽음이 여러분을 사로잡을 때, 강한 사람도 넘어질 때, 사람들이 여러분의 불덩이 같은 이마에서 죽음을 알리는 땀방울을 씻어낼 때, 죽음의 밤을 알리는 연막이 여러분의 안구에 덮여 올 때, 그때에도 이러한 핑계들을 생각해 내겠습니까? 여러분은 자신에 대해 매우 분노할 것입니다. 여러분이 그토록 자신의 영혼의 문제에 대해서 소홀히 하며 농담처럼 했던 것 때문에 말입니다. 심판대에 섰을 때에 그러한 핑계들이 무슨 유익이 있겠습니까? 나팔 소리가 울려 퍼지고 죽은 자들이 일어나고, 여러분도 심판 받기 위해서 그 무서운 사람들과 함께 서게 될 때가 옵니다. 책들이 퍼지고 그리스도께서 여러분 각자의 운명을 선포하십니다. "떠날지어다 너희 저주받은 자들아 영원한 불 속으로 들어갈지어다." 여러분이 대는 핑계들이 그때 무슨 위로가 되겠습니까? 그때 가서 "주여, 그때는 너무 일렀어요. 주여, 그때는 너무 늦었구요. 예수님을 믿기에는 너무 큰 죄인이 되었었어요. 아니면 저는 구주가 필요 없었어요"라고 말할 수 있겠습니까? 아닙니다. 나팔 소리가 울려 퍼지고 하늘이 눈부시게 보이고, 태양이 빛을 잃고 달이 피처럼 되고, 별들이 부화과 나뭇잎치럼 떨어지게 될 때, 여러분이 한 일은 핑계 대는 것밖에 없다는 것을 발견할 것입니다. 그때 여러분은 죄 때문에 울고 슬퍼할 것입니다. 그때 여러분은 지옥에 던져지게 될 것인데, 그때 여러분의 핑계가 무슨 소용이 있겠습니까? 여러분의 머리 위에 하나의 거대한 아치 모양의 현판에 불로 쓴 글씨가 보일 것입니다. "너희는 너희 할 도리들을 알았었다. 그러나 그걸 하지 않았다. 너희는 복음을 들었었지만 핑계 대었다."

　　부활의 나팔 소리가 무시무시한 천둥소리를 내며 다음과 같은 말로 여러분에게 이를 것입니다. "내가 너를 불렀으나 너희가 거절하였기 때문에, 내가 내 손을 폈으나 아무도 돌아보는 자가 없었기 때문에 … 나도 너희의 참화를 비웃을 것이다. 너희의 두려움이 임할 때에 내가 조롱할 것이고, 너희의 두려움이 메뚜기같이 밀려오고, 너희의 멸망이 회리바람처럼 오고, 재난과 고뇌가 너희에게 임할 때에 내가 너를 조롱할 것이다." 오! 주 하나님께서 핑계 대는 여러분에게 긍휼을 베푸시기를 바랍니다. 그래서 여러분을 인도하사 지금 예수님을 바라보게 하시기를 원합니다. 저는 지금이라고 말하고 있습니다. 왜냐하면 성경이 "지금은 은혜 받을 만한 때요 구원의 날이로다"(고후 6:2)라고 말하고 있기 때문입니다. 여러분의 핑계를 종식시키는 오직 한 가지 방법은 기도를 하거나 결심을 하는 것이 아니라, 그리스도를 바라보는 것입니다. 저기 저 십자가에서 피 흘리시고 못 박히신 주님이 계십니다. 그분이 의로운 자로서 불의한 자들을 대신하여 죽으시어 우리를 하나님께 인도하십니다. 그분이 거기서 고난을 받으시는 것은 죄 용서받게 하시기 위함입니다. 그분을 바라보십시오. 그분을 믿으십시오. 그러면 그분이 여러분을 구원할 것입니다. 이 설교를 듣고 있는 여러분이여, 저는 지금 하나님의 이름으로 여러분에게 초청의 말씀을 전합니다. 이 명령을 여러분에게 전달합니다. 여러분의 영혼을 주님께 맡기십시오. 죄를 위해서 고난을 받으신 하나님의 아들에게 말입니다. 그러나 여러분이 이 점을 명심하십시오. 제가 여러분을 무덤 이편에서 만나지 못할 수도 있습니다.

그러나 하나님의 큰 날에 내가 여러분을 만났는데, 여러분이 그리스도를 믿지 않고 받아들이지 않았다면, 여러분의 피에 대해서 나는 깨끗합니다. 여러분이 지옥에 처하게 될 운명이 제게 떨어질 수 없습니다. 여러분은 복음을 들었습니다. 있는 그대로 예수 그리스도를 믿으라는 말씀을 들었습니다. 그리스도께 나오는 자를 한 사람도 빠짐없이 그리스도께서 다 구원하실 것이라는 확증의 말씀을 들었습니다. 오라는 명을 여러분은 받았습니다. 그런데도 만일 여러분이 오지 않았다면 여러분 자신의 영혼에 대한 책임은 여러분 자신에게 있는 것입니다. 그러나 하나님의 성령께서 이러한 것들을 가지고 여러분의 영혼에 적용을 해 주시기 바랍니다. 하나님의 성령께서 여러분의 영혼 속에서 불과 같이, 망치와 같이 임하시기를 원합니다. 불은 녹이고, 망치는 뚜드려 부수는 것처럼 여러분의 심령에 성령께서 역사하시기를 바랍니다. 그래서 오늘 부서진 마음을 가지고 그리스도를 여러분의 구주로 받아들일 수 있기를 바랍니다. 지금 이후 영원토록 말입니다. 아멘.

제
52
장

—

"강권하여 데려다가
내 집을 채우라"

—

**"주인이 종에게 이르되 길과 산울타리 가로 나가서
사람을 강권하여 데려다가 내 집을 채우라."— 눅 14:23**

오늘 아침 저는 어서 나가 이 명령을 받들어 길거리에서나 산울타리 가에서 지금 지체하는 사람들을 강권하여 데려와야 한다는 황급한 느낌이 듭니다. 그래서 저는 서론을 위해서 잠시 기다릴 수 없고 당장 내 일을 시작해야겠다는 생각입니다.

그러니, 예수님 안에 있는 진리에 대해서 외인들인 여러분이여, 제가 여러분에게 전해야 하는 메시지를 잘 청종하시기 바랍니다. 조상 아담 안에서 타락한 자들이여, 또한 매일같이 짓는 자신의 죄와 부단한 불의로 스스로 타락한 자들이여, 지금까지 그대들은 지존자의 노를 격발하였습니다. 여러분이 죄를 지은 것이 분명한 만큼 하나님께서 여러분을 징벌하시는 것도 확실합니다. 여전히 그러한 입장을 견지한다면 말입니다. 왜냐하면 주 하나님께서는 공의의 하나님이시고, 결코 죄 있는 자들을 아끼지 아니하실 것이기 때문입니다. 그러나 하나님께서 그 무한하신 긍휼로 죄 많고 아무 공로 없는 사람에게 긍휼을 베푸실 수 있는 길을 계획하셨다는 것을 여러분은 오랫동안 들어오지 않으셨습니까? 사실 하나님께서 그 방도를 만들지 아니하셨어도 그분의 영예로운 이름의 영광에는 아무런 손상이 없었습니다. 복음을 그처럼 들어 온 여러분에게 말씀드립니다. 오! 사람들의 아들들이여, 내 음성이 여러분에게 미치거든 잘 들으십시오! 예수 그리스도, 하나님의 본체이신 그분이 하늘로부터 내려오셔서 죄 있는 육신의 모양이 되셨습니다. 성령으로 잉태되시어 동정녀에게서 나셨습니다. 또한 그분은 이 세상에서 모범적인 성결의 삶을 영위하셨고, 가장 깊은 고난의 삶을 사셨습니다. 그러시다가 결국 우리 죄를 위해서 죽으시기 위해서 자신을 내어 주셨습니다. "의인으로서 불의한 자를 대신하셨으니 이는 우리를 하나님 앞으로 인도하려 하심이라"(벧전 3:18). 자, 그처럼 구원의 계획이 여러분에게 단순하게 선언되었습니다. "누구든지 주 예수를 믿으면 구원을 얻으리라." "미쁘다 모든 사람이 받을 만한 이 말이여 그리스도 예수께서 죄인을 구원하시려고 세상에 임하셨다 하였도다 죄인 중에 내가 괴수니라"(딤전 1:15). "아버지께서 내게 주시는 자는 다 내게로 올 것이요 내게 오는 자는 내가 결코 내쫓지 아니하리라"(요 6:37). "그러므로 자기를 힘입어 하나님께 나아가는 자들을 온전히 구원하실 수 있으니 이는 그가 항상 살아 계셔서 그들을 위하여 간구하심이라"(히 7:25).

하나님께서 여러분에게 요구하시는 것은 다만 ─ 또한 하나님께서 여러분에게 그것을 주시기도 합니다 ─ 하나님의 피 흘리며 죽으신 아들을 바라보고 그분의 손에 여러분의 영혼을 맡기는 것입니다. 그분의 이름만이 사망과 지옥에서 여러분을 건지실 수 있습니다. 이 복음의 선포가 사람들에게 만장일치로 갈채를 받지 않는다는 것이 정말 기이한 일이 아닙니까? 누구나 이 복음, "누구든지 믿는 자는 영생을 얻으리라"는 말씀이 선포되자마자 모든 사람이 다 한결같이 "자기의 죄와 불의를 다 버리고" 주 예수 그리스도를 붙잡으며, 그의 십자가를 바라보게 될 것이라고 생각할 만합니다. 그런데 슬프게도, 우리의 본성이 얼마나 절망적으로 악해 있는지, 우리의 성품이 얼마나 극악하게 부패해 있는지, 이 메시지를 멸시할 뿐만 아니라 복음 잔치에 오라는 초청장을 거절합니다. 오늘도 여러분 중 많은 사람들이 악한 행실로 하나님께 원수로 살아가고 있으며, 오늘 여러분에게 그리스도를 전파하시는 하나님을 원수로 여기고 있습니다. 그의 아들을 많은 사람들의 대속물로 그 목숨을 주셨음에도 불구하고 하나님을 원수시하는 것입니다. 그렇다는 것을 말해야 한다는 것이 정말 이상한 노릇입니다. 그럼에도 불구하고 그것은 사실입니다. 그래서 본문의 명령이 필요하였던 것입니다. "강권하여 데려오라."

이미 믿는 하나님의 자녀들이여, 오늘 아침 여러분에게는 할 말이 그렇게 많지 않습니다. 저는 즉시 제 할 일을 하겠습니다. 복음 잔치에 오지 않을 사람들을 따라가면서 말하겠습니다. 그들은 저 후미진 곳이나 산울타리 가에 있는 사람들입니다. 하나님께서 저와 함께 하시기를 바랍니다. 지금 제가 감당해야 할 임무는 "강권하여 데려오라"는 이 명령의 말씀을 이행하는 것입니다.

첫째로, 그러한 자들을 찾아내야 하겠습니다. 둘째로, 그런 자들을 찾아내어 강권하여 데리고 들어가야 하겠습니다.

1. 그러한 자들을 찾아내기

먼저 "저는 그러한 자들을 찾아내야겠습니다." 만일 본문 앞에 있는 구절들을 읽었다면 이 명령이 확장된 형태로 주어진 것을 발견할 것입니다. "빨리 시내의 거리와 골목으로 나가서 가난한 자들과 병신들과 맹인들과 저는 자들을 데려오라." "그 후 길로 나가라"고 하시며 거리에서 방황하는 자들을 데려 오라 하십니다. 그런 다음에 "산울타리 가로 가라"고 하셨습니다. 머리 둘 곳을 찾지 못하는 사람들을 데려오라는 것입니다. 그 사람들은 쉴 곳을 찾기 위해서 산울타리 아래 누워 있는 사람입니다. 그 사람들을 데리고 오되, "강권하여 데려오라"는 것입니다. 그렇습니다. 저는 오늘 아침 가난한 자들을 만나야 합니다. 그런 자들을 데리고 들어와야 합니다. 그런 자들은 환경에 있어서 가난합니다. 그러나 하나님 나라에 들어오는 데에는 그것이 장애가 되지 않습니다. 하나님께서는 넝마 같은 옷을 입고 다니든지, 떡이 없어 궁핍한 사람을 은혜에서 제외시키지 아니하셨기 때문입니다. 사실 구분하는 일이 있다면 여러분 자신이 그러한 구분을 하고 있는 것이지요. 여러분 자신의 유익을 위해서 말입니다. "구원의 말씀을 너희에게 보낸다"(행 13:26). "가난한 자들에게 복음이 전파된다 하라"(눅 7:22). 그러나 특별히 저는 영적으로 가난한 사람들에게 말씀드려야겠습니다. 그런 이들은 믿음을 갖고 있지 않고, 덕도 없고, 선행도 없고, 은혜도 전혀 갖고 있지 못합니다. 이 궁핍이 훨씬 더 불행한 것은, 소망을 전혀 갖고 있지 못하기 때문입니다. 아! 나의 주님께서 그런 여러분들에게 오라는 은혜의 초청장을 보내셨습니다. 당신의 사랑의 혼인 잔치에 오면 환영하시겠다는 것입니다. "너희 모든 목마른 자들아 물로 나아오라 돈 없는 자도 오라"(사 55:1). 나아오십시오. 저는 여러분을 붙잡아야 되겠습니다. 여러분이 지극히 더럽고 넝마 같은 옷 외에 아무것도 입고 있지 않고 있으며, 또한 여러분의 의가 더러운 누더기와 같다 할지라도, 저는 여러분을 부여잡고, 먼저 여러분을 초청하고, 그 다음에는 강권하여 데리고 들어가야겠습니다.

자, 저는 다시 여러분을 봅니다. 여러분은 가난할 뿐 아니라 절뚝거리고 있습니다. 하나님의 도움 없이도 자신의 구원을 이룰 수 있다고 생각할 때가 있었습니다. 그때에 여러분은 스스로 선행을 할 수 있고 어떤 의식(儀式)들에 참여하여 스스로 하늘 가는 길을 개척할 수 있다고 생각했습니다. 그러나 지금 여러분은 절고 있습니다. 율법의 칼이 여러분의 손발을 잘라 놓았습니다. 그래서 더 이상 일을 할 수가 없게 되었습니다. 그래서 여러분은 깊은 슬픔으로 이렇게 말합니다.

"내 손이 가장 훌륭하게 해낸 것도
 당신의 보좌 앞에서는 감히 내밀지 못하나이다."

여러분은 율법에 순종하는 모든 힘을 상실하였습니다. 선을 행하고 싶더라도 악이 함께 있는 것을 느낍니다. 여러분은 절뚝거리고 있습니다. 절망에 빠져 자신을 구원하려는 모든 시도를 다 포기하였습니다. 이제 불구가 되었고 팔이 다 달아났기 때문입니다. 그러나 그보다 더 불행한 것이 있습니다. 하늘 가는 길을 스스로 닦을 수 없으면 믿음으로 하늘 가는 길을 열 수 있을 것입니다. 그러나 지금 손뿐만 아니라 발도 불구가 되어 있습니다. 자신이 스스로 믿을 수 없고, 회개할 수도 없고, 복음의 여러 조건들에도 순종할 수 없다는 느낌이 있습니다. 하나님을 기쁘시게 해 드리는 것을 어떤 방면에서도 행할 수 있는 능력이 전혀 없다는 것을 느낍니다. 사실 그래서 이렇게 울부짖고 있습니다.

"오, 내가 믿을 수만 있다면
 모든 것은 쉬워질 텐데
 내가 정말 주님을 믿을 수만 있다면
 주님께로부터 나의 도움이 올 것임에 틀림없는데."

나는 그러한 분들에게도 보냄을 받았습니다. 그러한 이들 앞에 피에 얼룩진 십자가 깃발을 높이 쳐들 책임이 제게 있습니다. 저는 그러한 분들에게 이 복음을 전파합니다. "누구든지 주의 이름을 부르는 자는 구원을 받으리라"(롬 10:13). 또한 그러한 이들에게 저는 이렇게 외쳐야 합니다. "원하는 자는 값없이 생명수를 받으라"(계 22:17).

또 다른 부류의 사람들이 있습니다. 머뭇거리는 사람들입니다. 그런 이들은 두 의견 사이에서 머뭇거리고 있습니다. 때로 진지한 방향으로 생각을 기울이다가도 어떤 때에는 세상적인 환락이 부르면 곁길로 빠져 가버립니다. 믿음에서 그런 이들이 이룩한 진보라는 것은 등불 정도밖에 되지 못합니다. 심히 약합니다. 그 힘이 너무 약해서 앞으로 나가기에 너무 고생스럽습니다. 아! 절뚝거리면서 천천히 걷는 형제여, 여러분에게도 이 구원의 말씀이 보내졌습니다. 비록 여러분이 그 두 사이에 머뭇거린다 할지라도 구주께서는 저를 보내서 이 메시지를 전파하게 하셨습니다. "너희가 어느 때까지 둘 사이에서 머뭇머뭇 하려느냐 여호와가 만일 하나님이면 그를 따르고 바알이 만일 하나님이면 그를 따를지니라"(왕상 18:21). 그대의 가는 길을 숙고해 보고, 집을 잘 정돈하라. 왜냐하면 그대는 죽고 살지 못할 것이기 때문이다. 내기 이 일을 행하리니 오! 이스라엘아 너희 하나님을 만날 준비를 하라! 더 이상 머뭇거리지 말라. 하나님과 그의 진리를 위해서 결단을 내리라.

그러나 아직도 또 다른 부류의 사람들이 있습니다. 맹인들입니다. 그렇습니다. 자신을 볼 수 없는 사람들, 악으로 가득 찼는데도 불구하고 스스로 선하다고 생각하는 사람들, 쓴 것을 달다 하고 단 것을 쓰다 하며, 빛을 어둠이라 하고, 어둠을 빛이라 하는 자들, 그런 자들에게도 저는 보냄을 받았습니다. 자신의 타락한 상태를 볼 수 없는 눈먼 영혼들이여, 그대들은 죄가 그처럼 악하다는 것을 믿지 않으려고 합니다. 여러분은 하나님께서 의로우시고 공의로우신 분이라고 생각하기를 싫어합니다. 그런 여러분에게도 제가 보냄을 받았습니다. 구주를 알아볼 수 없는 사람들, 구주 안에 정말 사모할 아름다움이 있음을 알지 못하는 사람들, 덕이 얼마나 탁월하다는 것을 모르는 사람들, 신앙의 영광이 있음을 모르고, 하나님을 섬기는 데 행복이 있음도 알지 못하고, 하나님의 자녀가 되는 기쁨이 무엇인지 전혀 알 수 없는 사람들, 바로 그러한 여러분에게도 제가 보냄을 받았습니다. 제가 이 본문을 택하였을진대 누구에게 보냄을 받지 아니하였겠습니까? 본문은 이보다 더 나아가기 때문입니다. 본문은 어떤 특별한 묘사를 하고 있어

각 개인의 경우가 다 해당되게 할 뿐 아니라, 보편적으로 다 싸잡아 표현하고 있습니다. "길과 산울타리 가로 나가서 사람을 강권하여 데려다가 내 집을 채우라." 여기서 우리는 모든 계층과 모든 조건의 사람을 다 데리고 들어와야 함을 발견합니다. 길가에서 말을 몰고 가는 사람, 자기 일에 분주한 여자, 여행자들을 노략질하려고 준비하고 있는 도둑들 — 그 모든 사람이 길가에 있습니다. 그들도 강권하여 데리고 들어가야 합니다. 저 산울타리 가에 가 보면 피난할 움막을 짓고 그 속에 있는 가난한 영혼들이 있습니다. 그들도 다 몰아가야 합니다. 그들은 곤고한 머리를 둘 곳을 찾고 있는 자들입니다. 그러한 사람들에게도 오늘 아침 우리가 보냄을 받은 것입니다. 그러니 이 말씀은 보편적인 명령입니다. "강권하여 데려오라."

자, 저는 우리가 보냄 받은 사람들의 성격을 묘사하고 나서 잠시 멈추고 우리 앞에 있는 수고의 일감이 얼마나 큰지를 살펴보겠습니다. 멜란히톤은 이렇게 잘 말하였습니다. "옛 아담은 젊은 멜란히톤에 비해 너무 힘이 세었어요." 작은 어린 아이가 삼손을 강권하여 데리고 가려면 굉장한 힘이 들듯이, 죄인을 그리스도의 십자가로 인도하려고 할 때 그와 같이 힘이 드는 것입니다. 그런데도 불구하고 구주께서는 제게 심부름을 시키십니다. 아니, 저는 인간의 부패와 화강암 같은 냉담함이라는 큰 산이 앞에 있는 것을 봅니다. 그러나 저는 믿음으로 부르짖습니다. "큰 산아 네가 무엇이냐 네가 스룹바벨 앞에서 평지가 되리라"(슥 4:7). 내 구주께서 그들을 강권하여 데려오라고 하십니까? 그렇다면 죄인이 삼손과 같고 제가 어린 아이 같더라도, 실 한 줄로 그를 인도할 것입니다. 하나님께서 그 일을 하라고 말씀하시고, 저도 믿음으로 그 일을 시도한다면, 그 일은 이루어질 것입니다. 만일 신음하고 투쟁하고 우는 심령과 함께 오늘 죄인들을 강권하여 그리스도께 데리고 오려고 애를 쓴다면, 하나님의 성령의 달콤한 역사가 모든 말씀과 함께 갈 것이고, 그래서 정말 몇 사람이 강권함을 받아 그리스도 안으로 들어올 것입니다.

2. 내가 강권하여 데리고 들어가야 할 사람들

자, 이제 일을 시작하겠습니다. 즉시 시작하겠습니다. 회심하지 아니한 자들, 하나님과 화목하지 않고 거듭나지 아니한 사람들, "바로 그러한 사람들을 제가 강권하여 들여야 합니다." 무엇보다도 먼저 죄의 길가에 있는 사람들에게 가서 말을 걸어야겠습니다. 그래서 제가 받은 사명을 감당해야겠습니다. 오늘 아침 하늘의 임금께서 은혜로운 초청의 말씀을 그분들에게 보냅니다. "주 여호와의 말씀이니라 죽을 자가 죽는 것도 내가 기뻐하지 아니하노니 너희는 스스로 돌이키고 살지니라"(겔 18:32). "여호와께서 말씀하시되 오라 우리가 서로 변론하자 너희의 죄가 주홍 같을지라도 눈과 같이 희어질 것이요 진홍 같이 붉을지라도 양털 같이 희게 되리라"(사 1:18). 사랑하는 형제여, 그러한 기쁜 소식을 여러분에게 전해야 한다는 걸 생각하니, 참으로 마음이 기쁩니다. 그러나 제 영혼이 무거운 것은 솔직히 말해야겠습니다. 왜냐하면 그것이 기쁜 소식임을 여러분이 생각하지 못하기 때문입니다. 그 소식으로부터 시선을 돌리고 그 복된 소식을 마땅히 가치 있게 여기지 않습니다. 임금께서 여러분을 위하여 행하신 일을 여러분에게 말할 테니 참아 들으십시오. 그는 여러분의 죄책을 아십니다. 또한 여러분이 스스로 자신을 망하게 할 것을 미리 내다보셨습니다. 하나님의 공의가 여러분의 피를 요구하게 될 것도 아셨습니다. 이 난제에서 여러분이 피하도록 하고, 하나님의 공의가 정당하게 시행되고, 그러면서도 여러분이 구원받을 수 있기 위하여 예수 그리스도께서 죽으셨습니다. 그러니 딱 한순간만 이 그림을 얼른 쳐다보시기 바랍니다. 겟세마네 동산에서 무릎을 꿇고 있는 사람이 피에 섞인 땀방울을 흘리고 있습니다. 자, 그 다음을 보십시오. 비참하게 고난당하는 자가 기둥에 매여 무서운 채찍을 맞고 있습니다. 결국 그 어깨의 뼈가 피바다 가운데 있는 흰 섬처럼 드러나 있습니다. 이제 세 번째 정경을 살펴보십시오. 바로 그 사람이 십자가에서 달려 있습니다. 손을 벌리고 발은 못에 단단히 박혀 있고, 죽어 가면서, 신음 소리를 내며, 피를 흘리고 있습니다. 그 정경 속에서 "다 이루었다"라는 음성이 들립니다. 자 나사렛 예수 그리스도께서 이 모든 일을 행하신 것입니다. 하나님께서 일관되게 공의를 지키면서 죄를 용서하기 위해서 그렇게 하신 것입니다. 오늘 아침 여러분에게 증거되는 메시지는 이것입니다. "주 예수를 믿으라 그리하면 너와 네 집이 구원을 받으리라"(행 16:31). 그것이 바로 주님을 믿는 것입니다. 자신의 행위와 방식을 버리고 오로지 그분에게만 마음을 두십시오. 그분은 죄인들을 위해서 자신을 드리셨습니다.

형제들이여, 저는 메시지를 증거하였는데 여러분은 그 메시지에 대해서 뭐라고 하겠습니까? 돌아서시겠습니까? 그것이 자신에게는 아무것도 아니라고 말하는군요. 그것을 청종할 수 없다는 것이고, 차츰차츰 내 말을 들을 터이니 지금은 요구하지 말라고, 그래서 오늘은 자기 길을 가야겠고 농장에나 장사하는 일로 나가 보아야겠다는 것입니다. 형제들이여 멈추십시오. 주님께서는 제게 그냥 여러분에게 말하고 네 일을 하라는 식의 명령을 내리신 것이 아닙니다. 저는 여러분을 강권하여 데려오라는 명령을 받았습니다. 더 나아가기 전에 여러분에게 주목시키고 싶은 것이 하나 있습니다. 말씀드릴 것이 하나 있다는 말입니다. 하나님께서 오늘 아침 그 일에 대한 나의 증인이십니다. 저는 여러분에게 간절한 마음을 가지고 있습니다. 제발 하나님의 명령에 순응하시기 바랍니다. 여러분이 자신의 구원을 멸시할 수도 있습니다. 그러나 이 하나님의 명령은 무시하지 마십시오. 여러분이 들은 것을 털어내고 망각할 수 있습니다. 그러나 제가 이것을 여러분에게 말씀드리기 앞서 많은 탄식이 있었다는 사실을 기억해 주셨으면 합니다. 불쌍한 형제들이여, 제 속에 있는 영혼이 여러분을 향하여 간절히 말하고 있습니다. 사셨고 한때 죽으셨고, 다시 영원히 사시는 분이 저를 통해 여러분에게 간청하고 있습니다. 저더러 여러분에게 전하라고 명한 그 주님의 메시지를 잘 숙고하십시오.

　　그러나 여러분이 그 메시지를 일축해 버립니까? 그것을 여전히 거절합니까? 저는 일단 제 어조를 바꿔야겠습니다. 저는 여러분에게 그저 단순히 메시지만 증거하며 간절하게 여러분을 초청하고 진지한 심령으로 여러분을 달래고 있지만 않을 것입니다. 죄인이여, 하나님의 이름으로 나는 그대에게 명하노니 회개하고 믿으십시오. 내 권위가 어디서 나왔느냐고 물을 것입니다. 나는 하늘의 사신입니다. 나에게 주어진 신임장들 중 어떤 것들은 비밀스럽고, 어떤 것들은 제 자신의 마음속에 있습니다. 또 나머지 다른 것들은 오늘 제 목회 사역의 인침 속에서 여러분 앞에 공개되었습니다. 하나님께서 제 목회 권역 아래 많은 영혼을 맡겨 주셔서 바로 이 예배당에 서 있는 것입니다. 영원하신 하나님께서 이 복음을 증거할 사명을 제게 주셔서 여러분에게 주 예수 그리스도를 믿으라고 명하는 것입니다. 제 자신의 권위에 입각하여 명하는 것이 아니라 제게 사명을 주신 분의 권위에 입각해서 명하는 바입니다. 그분은 말씀하셨습니다. "너희는 온 천하에 다니며 만민에게 복음을 전파하라"(막 16:15). 그런 다음에 엄숙한 단서를 덧붙이셨습니다. "믿고 세례를 받는 사람은 구원을 얻을 것이요 믿지 않는 사람은 정죄를 받으리라." 제가 증거하는 메시지를 거부한다면 이것을 기억하십시오. "모세의 법을 폐한 자도 두세 증인으로 말미암아 불쌍히 여김을 받지 못하고 죽었거든 하물며 하나님의 아들을 짓밟고 자기를 거룩하게 한 언약의 피를 부정한 것으로 여기고 은혜의 성령을 욕되게 하는 자가 당연히 받을 형벌은 얼마나 더 무겁겠느냐 너희는 생각하라"(히 10:28-29). 사신은 다루는 사람 아래서 서 있어서는 안 됩니다. 왜냐하면 우리는 더 높은 데 서 있기 때문입니다. 목회자가 자기가 앉아야 할 바른 자리를 차지해야 한다면, 하나님의 전능하심으로 띠를 두르고 하나님의 거룩한 기름 부음으로 충만함을 입고, 사람들에게 명해야 합니다. 모든 권위로 그들을 강권하여 데리고 들어가야 합니다. "너는 말씀을 전파하라 때를 얻든지 못 얻든지 항상 힘쓰라 범사에 오래 참음과 가르침으로 경책하며 경계하며 권하라"(딤후 4:2).

　　그런데도 고개를 돌리어 명령을 받지 않겠다고 말하겠습니까? 그런다면 저는 다시 한 번 어조를 바꾸겠습니다. 그 방식이 효력을 얻지 못한다면 다른 모든 방도를 다 간구할 것입니다. 내 형제여, 저는 여러분에게 단순한 어투로 말합니다. 그리고 여러분을 권하여 그리스도께 빨리 나아가라고 말합니다. 오! 나의 형제여, 그리스도께서 얼마나 사랑스러우신 분인지 아십니까? 그분에 대해서 아는 바를 진정으로 여러분에게 말씀드리고 있는 것입니다. 저도 한때 그분을 멸시했었습니다. 그분이 제 마음의 문을 두드렸을 때 문을 열어드리지 않았습니다. 그분이 수도 없이 저를 찾아오셨습니다. 아침마다, 밤마다 말입니다. 그분은 제 양심을 통해서 저를 제어하시고, 성령으로 말미암아 제게 말씀하셨습니다. 결국 율법의 뇌성벽력이 제 양심 속에서 들렸을 때 그리스도께서는 잔인하시고 불친절하시다고 생각했었습니다. 제가 그리스도께 대하여 그처럼 악하게 생각하였다니 정말이지 저는 자신을 도저히 용서할 수 없습니다. 그러나 제가 그분에게 갔을 때에 그분은 얼마나 사랑스럽게 저를 영접하셨던지요! 저는 그분이 저를 때릴 줄 알았습니다. 그러나 그분의 손은 분노에 차 주먹이 불끈 쥐어져 있는 손이 아니었습니다. 오히려 긍휼로 넓게 열려져 있었습니다. 그분이 진노의 번갯불 같은 섬광으로 저를 뚫어 보실 것이라고 확신했었습니다. 그러나 그러기는커녕 그분의 눈에는 눈물이 가득하였습니다. 그분은 내 목을 안고 입을 맞추셨습니다. 제 넝마 조각을 벗기고 당신의 의(義)로 입혀 주셨습니다. 그리고 제 영혼으로 하여금 기뻐 크게 소리치며 노래 부르게 하셨습니다. 제 마음의 집, 그리고 주님 교회의 집안에서는 음악과 춤이 어우러졌습니다. 잃었던 아들, 당신의 아들을 찾았다고 말입니다. 죽었던 아들이 살아났다고 말입니다.

저는 여러분에게 권합니다. 예수 그리스도를 바라보십시오. 그리고 빛을 받으십시오. 죄인이여, 여러분은 결코 후회하지 않을 것입니다. 저는 여러분이 결코 그것을 후회하지 않으리라는 것을 장담하며 제 주님을 위해서 보증인이 되렵니다. 여러분이 이전의 정죄의 상태로 돌아가고 싶어 견딜 수 없는 마음을 결코 갖지 않을 것입니다. 애굽에서 나와 약속된 땅으로 들어갈 것이고, 그 땅이 젖과 꿀이 흐른다는 것을 발견할 것입니다. 여러분은 그리스도인의 삶의 시련이 무겁다는 것을 알게 될 것입니다. 그러나 그 시련들을 가볍게 만드는 은혜가 있음을 발견하게 될 것입니다. 하나님의 자녀가 되는 기쁨과 즐거움에 대해서 오늘 제가 거짓말을 하고 있다면, 앞으로 올 날들 속에서 여러분은 그 일에 대해 책임을 제게 물을 것입니다. 여러분이 주님의 선하심을 맛보고 안다면, 저는 결코 두려워하지 않을 것입니다. 그렇게 되면 주님이 선하신 정도가 아니라, 인간의 입술로서는 도저히 묘사할 수 없을 정도로 선하시다는 것을 발견할 것입니다.

저는 여러분에게 어떤 논증을 사용할는지 모르겠습니다. 저는 여러분의 유익에 호소합니다. 불쌍한 친구들이여, 여러분이 하늘의 하나님의 원수로 있는 것보다 그분께 화평하는 것이 훨씬 더 낫지 않습니까? 하나님을 대적함으로 무엇을 얻고 있습니까? 하나님의 원수가 되는 것이 더 행복합니까? 대답해 보십시오. 쾌락을 추구하는 자여! 그 잔에서 어떤 즐거움을 얻었습니까? 자기 의를 자랑하는 사람이여, 한번 대답해 보십시오. 자기 행위를 의지하고 서 있는 동안 안식을 얻었습니까? 자기 의를 세우려고 하는 자여, 양심이 말하는 대로 솔직하게 털어 놓으십시오. 자기 의를 세우는 것이 행복한 길임을 발견하였습니까? 아! 친구여, "너희가 어찌하여 양식이 아닌 것을 위하여 은을 달아 주며 배부르게 하지 못할 것을 위하여 수고하느냐 내게 듣고 들을지어다 그리하면 너희가 좋은 것을 먹을 것이며 너희 자신들이 기름진 것으로 즐거움을 얻으리라"(사 55:2). 저는 거룩하고 엄숙한 모든 것, 중요하고 영원한 모든 것으로 말미암아 여러분 자신의 생명을 위해서 달아나라고 권면하는 바입니다. 뒤돌아보지 말고, 들판에 머무르지 말고, 계속 나아가십시오. 예수 그리스도의 피에 진정한 유익이 있다는 것을 발견하기까지 말입니다. 그 피가 우리를 모든 죄에서 깨끗하게 합니다.

아직도 여러분이 냉담한 자세를 가지고 있습니까? 묻는 사람이 자기를 그 잔치에 인도해 달라고 제게 요청해야 하지 않겠습니까? 불구인 형제가 제 어깨에 손을 얹으면서 자기를 그 잔치에 참여하도록 도와 달라고 요청해야 하지 않을까요? 가난한 사람이 자기도 함께 가게 해 달라고 말해야 하지 않을까요? 저는 좀 더 강한 말을 사용해야겠습니다. 여러분을 강권하여 그 잔치에 데리고 들어가기 위해서 다른 충격적인 말을 해야 할까요? 죄인들이여, 이 아침에 저는 한 가지 결심을 하고 있습니다. 만일 여러분이 구원받지 않은 상태라면 결코 핑계대지 마십시오. 머리가 희끗한 노인으로부터 어린 시절을 지나고 있는 사람에 이르기까지, 여러분 모두가 오늘 그리스도를 붙잡지 않는다면 여러분의 피가 여러분의 머리로 돌아갈 것입니다. 자기 동료를 인도할 힘을 가지고 있는 사람이 있다면 (사람이 성령의 도움을 받을 때에 그 일을 할 수 있는 것처럼), 그 힘을 오늘 아침에 써야 할 것입니다. 하나님께서 저를 도와주시기를 원합니다. 오십시오. 저는 여러분의 거절하는 소리를 듣고 물러서지 않을 것입니다. 제 권면에 실패한다면 다른 것을 활용하렵니다. 형제여, 저는 여러분에게 "간청합니다." 제발 멈추어 서서 생각하라고 간청하는 바입니다. 오늘 아침 여러분이 무엇을 거절하고 있는지 아십니까? 여러분은 오직 유일한 구주이신 그리스도를 거절하고 있습니다. "능히 다른 터를 닦아 둘 자가 없으니 이 터는 곧 예수 그리스도라"(고전 3:11). "다른 이로써는 구원을 받을 수 없나니 천하 사람 중에 구원을 받을 만한 다른 이름을 우리에게 주신 일이 없음이라 하였더라"(행 4:12).

　　형제들이여, 여러분이 그렇게 한다는 사실을 저는 참을 수 없습니다. 여러분이 잊고 있는 것이 무엇인지 알기 때문입니다. 구주를 정말 필요로 하는 날이 오고 있습니다. 머지않아 여러분의 그 수고롭고 곤고한 날들이 다 끝날 것이고, 여러분의 힘이 쇠잔해지기 시작할 것입니다. 여러분의 심장의 고동이 점점 약해지고, 여러분의 힘이 떠날 때가 옵니다. 그리고 험상궂은 괴물인 사망이 여러분 각자에게 들이닥치게 됩니다. 구주 없이 요단 물이 넘치는 때에 어떻게 하시렵니까? 죽음의 병상들은 예수 그리스도가 없이는 돌 같은 것에 불과합니다. 어떤 방식으로든지 죽는 일은 정말 무서운 일입니다. 가장 선한 소망을 가지고 있으며, 아주 당당한 믿음을 가지고 있는 자도 죽음이 헤프게 웃어넘길 일이 아니라는 사실을 발견합니다. 눈에 보이는 세계에서 눈에 보이지 않는 세계로 넘어가고, 죽음의 세계에서 죽지 않는 세계로 넘어가고, 시간 세계에서 영원 세계로 넘어가는 것은 참으로 무시무시한 일입니다. 여러분을 하늘 항구로 데려다 주는 천사들의 달콤한 날개 없이 죽음의 철문을 통과한다는 것은 정말 어렵다는 것을 알게 될 것입니다. 그리스도 없이 죽는 일은 정말 고통스러운 일이 될 것입니다.

저는 여러분에 대해서 생각하지 않을 수 없습니다. 여러분이 그리스도를 거절하고 있는 것은 마치 자살하는 것이나 마찬가지입니다. 여러분이 지금 오늘 아침 그 일을 하고 있는 것을 보고 있습니다. 제 자신이 여러분의 침대 곁에 서서 여러분의 울부짖음을 듣고 있다고 상상해 봅니다. 그리고 여러분이 소망 없이 죽어가고 있는 것을 제가 뻔히 알고 그렇게 서 있습니다. 만일 그런 경우를 저는 참을 수 없습니다.

자, 이런 일도 상상해 봅시다. 여러분의 관 곁에 내가 지금 서 있고, 여러분의 회색으로 굳어진 얼굴을 들여다보면서 "이 사람은 그리스도를 멸시했고 위대한 구원을 등한히 여겼다"라고 말할 것을 생각합니다. 만일 제가 여러분에게 불신실하였다고 생각한다면 그때 얼마나 비통한 눈물을 흘려야 할까요. 황급히 감아지는 그 눈들이 마치 저에 대하여 다음과 같이 꾸짖으며 말하는 것처럼 보이겠지요. "목사님, 내가 당신의 교회당에 참석했어요. 그러나 당신은 나에게 열심이 없었어요. 당신이 나를 웃기고, 설교는 했지만 당신은 나에게 간청하지 않았어요. 당신은 바울이 다음과 같이 말한 것이 무슨 뜻인지 알지 못했어요. '그러므로 우리가 그리스도를 대신하여 사신이 되어 하나님이 우리를 통하여 너희를 권면하시는 것 같이 그리스도를 대신하여 간청하노니 너희는 하나님과 화목하라'"(고후 5:20).

저는 이 메시지가 여러분의 마음에 들어가도록 다른 이유를 말씀드리며 간청하렵니다. 제가 하나님의 심판대 앞에 서 있다고 상상해 봅니다. 주님께서 살아 계시니 심판 날이 반드시 옵니다. 여러분은 그것을 믿습니까? 불신자가 아니면, 양심이 성경을 의심하지 못하게 할 것입니다. 여러분이 아무리 그렇지 않은 것처럼 꾸민다 할지라도 성경을 의심할 수는 없습니다. 하나님께서 의로 세상을 심판하시는 날이 반드시 있음을 여러분은 느끼고 있습니다. 수많은 군중들 속에서 여러분이 서 있는 모습을 상상합니다. 하나님의 눈이 여러분을 지목할 것입니다. 여러분에게는 하나님께서 다른 것을 쳐다보고 계신 것처럼 보이겠지만, 사실 여러분을 지목하고 계시는 것입니다. 하나님께서 여러분을 오라고 부르십니다. 하나님께서 여러분의 죄악이 적혀진 책들을 읽으시고 소리치십니다. "너희 저주받을 자들아 영원한 지옥 불 속으로 들어가라!" 이 설교를 듣고 있는 여러분이여, 여러분이 그러한 입장에 처해 있는 것을 상상하는 것조차 할 수 없습니다. 제 설교를 듣는 분들 가운데 어느 분이라도 그처럼 저주를 받는 자가 있다는 걸 생각만 해도 제 머리털이 다 일어서는 것처럼 느껴집니다. 여러분 자신이 그러한 입장에 있다고 상상해 보시렵니까? 말씀이 발해집니다. "너희 저주받을 자들아 떠나가라." 여러분을 향하여 입을 벌리고 있는 무저갱이 보이십니까? 여러분에 앞서 그 영원한 고통의 호수에 빠져 들어간 자들의 신음 소리와 탄식 소리가 들립니까? 저는 그 장면을 상상하는 대신 영감 받은 선지자의 말로 여러분을 권면하렵니다. 그리고 저는 말합니다. "우리 중에 누가 그 삼키는 소멸하는 불 속에 거하려는가? 우리 중에 누가 그 영원히 타는 불못에 함께 거하려는가?" 오! 나의 형제들이여, 저는 여러분이 믿음을 그런 식으로 하찮게 여기는 것을 가만히 둘 수 없습니다. 죽음 뒤에 무엇이 올 것인지 알기 때문입니다. 어떤 사람이 독이 든 잔을 마시려고 하는 것을 보고서도 그 잔을 빼앗아 던지지 않는다면, 저는 정말 인간성이 없는 사람이 될 것입니다. 런던 브리지에서 강물 속으로 뛰어들려는 사람을 본다면 어떻게 해야겠습니까. 그렇게 하는 사람을 말리는 일을 제가 전혀 하지 않았다면 어떻게 되겠습니까? 모든 사랑과 자비와 간절함으로 여러분에게 "영생을 붙잡으라"고 간청하지 않았거나, "썩을 양식을 위하여 일하지 말고 영생하도록 있는 양식을 위하여 하라 이 양식은 인자가 너희에게 주리니 인자는 아버지 하나님께서 인치신 자니라"(요 6:27)고 간절하게 권면하지 않았다면, 정말 저는 마귀보다 더 악한 사람입니다.

어떤 극단적 칼빈주의자(hyper-Calvinist)는 제가 그런 식으로 말하면 제게 잘못이 있다고 말하겠지요. 저는 그렇게밖에 말할 수 없습니다. 반드시 그렇게 해야 합니다. 제가 마지막 날 저의 재판장 앞에 서야 하니, 여러분을 구원받게 하려고 많은 눈물을 흘리며 간청하고, 주 예수 그리스도를 바라보고 그의 영광스러운 구원을 받으라고 간절히 말하지 않는다면 제 목회 사역의 충분한 증거를 내놓지 못하게 될 것입니다. 그렇게 말해도 믿지 않겠습니까? 아무리 간청을 해도 여러분은 끄덕하지 않고, 둔한 귀를 다른 데로 돌리겠습니까? 그러면 다시 저는 어조를 바꾸겠습니다. 죄인이여, 사람이 친구에게 탄원하듯이 여러분에게 탄원하였습니다. 말하자면 제 평생 동안 오늘 아침처럼 여러분의 생명에 관하여 더 진지하게 말한 적이 없었습니다. 저는 제 자신의 영혼에 대해서 간절함을 느꼈습니다. 그러나 오늘 아침 제 회중의 영혼들에 관하여도 그에 못지않게 진지함을 느끼고 있습니다. 그러므로 만일 이러한 간청하는 말을 외면한다면 다른 수단을 사용해야 하겠습니다. 저는 여러분을 위협해야겠습니다. 여러분이 다음과 같은 경고들을 항상 듣지는 않을 것입니다. 한 날이 오고 있습니다. 모든 복음을 전하는 목사들의 목소리가 조용하게 되는 날이 오고 있습니다. 적어도 여러분에게 있어서 말입니다. 왜냐하면 여러분의 귀가 죽음 가운데서 차가워질 것이기 때문입니다. 그 목사들의 목소리가 더 이상 위협적인 목소리가 아닐 것입니다. 그날은 그 위협적 경고가 성취되는 날일 것입니다. 약속도 없고, 용서와 긍휼을 선포하는 일도 없을 것입니다. 평화를 말하는 피도 없을 것입니다. 여러분은 이 제 안식일이 영원히 비참한 밤에 삼켜져 버린 땅에 도달할 것입니다. 그 땅에서는 복음을 설교하는 일이 금해집니다. 왜냐하면 그러한 설교가 소용이 없기 때문입니다. 그러니 저는 여러분에게 요구합니다. 지금 여러분의 양심을 향해서 말하는 이 목소리를 청종하라고 말입니다. 만일 그렇지 않으면 하나님께서 진노로 여러분에게 말씀하실 것입니다. 하나님께서 아주 불쾌하게 여기시며 말씀하실 것입니다. "내가 불렀으나 너희는 거절하였다. 내가 내 손을 폈으나 아무도 돌아보는 자가 없었다. 그러므로 내가 너희의 재앙의 날에 비웃을 것이며 너희의 두려움이 임할 때에 웃을 것이다." 죄인이여, 다시 한 번 저는 여러분에게 위협적으로 말씀드립니다. 이러한 경고의 음성을 듣는 시간도 매우 짧을 수 있음을 기억하십시오. 여러분의 인생이 길 것이라고 상상하지만 그것이 아주 짧을지 어떻게 압니까? 여러분이 얼마나 연약해질 것인지 생각해 보았습니까? 시체가 해부학자의 손에서 여러 조각으로 잘려지는 것을 본 적이 있습니까? 여러분은 인간 체질과 같은 그 기이한 것을 보았습니까?

> "천 가닥의 줄로 이루어진 하프여 이상하도다
> 그렇게 오랫동안 네 아름다운 음절을 유지하다니."

그러나 그 줄 가운데 하나만 꼬여도, 한 입의 음식물이 잘못된 경로를 통해 장으로 내려가도 죽을 수 있습니다. 하나님께서 원하시면, 미미하기 짝이 없는 우연이라도 여러분에게 죽음을 신속히 가져올 수 있습니다. 강한 사람들도 지극히 작고 미미한 사건을 통해서 죽었습니다.

여러분도 그럴 수 있습니다. 예배당이나 하나님의 집에서도 죽어 넘어지는 경우가 있었습니다. 거리에서 넘어진 사람들의 이야기를 얼마나 자주 듣습니까. 갑작스럽게 발작하여 시간이 멈추고 영원의 세계로 넘어간 것입니다. 여러분의 심장은 아주 건강하다고 확신합니까? 피 순환이 아주 원활하게 되고 있습니까? 그것을 확신합니까? 그렇다면 그것이 얼마나 오랫동안 그런 상태를 유지할까요? 오! 여기에 게신 여러분 중에 다음 성탄절을 맞이하지 못할 분도 있을지 모릅니다. "네 집을 정돈하라 네가 죽고 살지 못할 것이니 말이다"는 명령이 이미 떨어져 있는지도 모릅니다. 여기 모인 많은 회중 가운데서 1년 안에 죽을 사람들이 얼마나 많을지는 저는 정확히 말할 수 없습니다. 그러나 확실한 것은 우리 모두가 이 똑같은 모습으로 함께 만나지는 않을 것이라는 사실입니다. 이 큰 무리들 속에서 어떤 이들, 한두 사람은 새해가 시작되기 전에 세상을 떠날 것입니다. 나의 사랑하는 형제여, 저는 여러분에게 상기시켜 드립니다. 구원의 문이 닫히든지 아니면 궁휼의 문이 서 있는 곳에서 벗어나 있든지 둘 중 하나일 수 있습니다. 그러니 위협적인 경고의 말씀을 무겁게 듣도록 하십시오. 제가 이유 없이 여러분을 놀리거나 위협하는 것이 아닙니다. 사실은 형제의 위협적인 경고를 통해서 여러분이 하나님께서 복음의 잔치를 배설하신 곳으로 달려 나가기를 소망하는 것입니다. 자, 제가 절망적으로 여기서 끝내야겠습니까? 제가 할 수 있는 모든 일을 나 강구해 보았습니끼? 이닙니다. 다시 여러분에게 다그치겠습니다. 그것이 무엇인지 말해 보십시오. 그리스도로부터 여러분을 떼어내고 있는 것이 무엇인지 말해 보란 말입니다. 어떤 분은 이렇게 말합니다. "오! 목사님 제 자신이 죄책감을 느껴요. 그것 때문이에요." 내 형제여, 그럴 수가 없습니다. 그럴 리가 없습니다. "그러나 목사님, 저는 죄인 중에 괴수예요." 친구여, 그대는 그렇지 않습니다. 죄인 중에 괴수는 죽었고 오래 전에 하늘나라로 갔습니다. 그의 이름은 다소 사람 사울이었습니다. 그 후 사도 바울로 불리어졌지요. 그는 죄인 중에 괴수였습니다. 그는 진실을 말하였습니다. 그러나 여러분은 여전히 "아닙니다. 저는 너무 비열해요"라고 말합니다. 죄인 중에 괴수보다 더 비열할 수는 없습니다. 적어도 첫 번째는 아닙니다. 여러분이 살아 있는 사람들 가운데 가장 악한 사람이라고 가정해 봅시다. 그런다 할지라도 여러분은 두 번째 괴수입니다. 사도 바울이 첫 번째 괴수였기 때문입니다. 그러나 여러분이 가장 악한 자라고 단정한다 할지라도, 바로 그것이 그리스도께 나와야 할 이유가 되지 않습니까? 사람의 병이 깊으면 깊을수록 의사에게나 병원에 가야 할 더 큰 이유가 되는 것이지요. 가난하면 가난할수록, 다른 사람의 자선을 더 받아들여야 합니다. 자, 그리스도께서는 여러분의 어떤 공로를 원하지 아니하십니다. 그는 값없이 주십니다. 여러분이 악하면 악할수록 더 환영을 받습니다.

　　그러나 질문 하나를 더 던져 보겠습니다. 그리스도에게서 떠나 있음으로써 더 나아질 것이라고 생각합니까? 그렇다면 구원의 길에 대해서 아직도 조금밖에는 알고 있지 못한 것입니다. 선생이여, 그대가 멈칫거리면 멈칫거릴수록 그 기간만큼 더 악해질 것입니다. 여러분의 소망은 더 약화될 것이고, 절망은 더 강해질 것입니다. 사탄이 여러분을 붙잡아 두기 위해서 박아 놓은 못이 더 단단히 박혀지게 되는 것입니다. 그러면 그전보다 더 소망이 적어집니다. 그러니 제발 오십시오. 지체함으로 얻는 것은 하나도 없습니다. 오히려 지체함으로 모든 것을 상실할 수 있습니다. 또 어떤 사람은 부르짖습니다. "그러나 저는 믿을 수 없다고 느껴요." 아닙니다. 나의 친구여, 그대가 먼저 자신이 믿는다는 것을 바라보게 되면 결코 믿지 못할 것입니다. 내가 여러분을 믿음으로 초대하기 위해서 온 것이 아니라, 그리스도께 초대하기 위해서 왔습니다. 그러면 여러분은 "차이가 무엇이냐?"라고 물으시겠지요. 바로 이것입니다. 여러분이 무엇보다 먼저 "나는 어떤 것을 믿기 원해요"라고 하면 결코 믿지 않습니다. 그러나 가장 먼저 "내가 믿어야 할 것이 무엇인가?"라고 질문을 던져야 합니다. 그러면 그 탐구의 결과로 믿음이 오는 것입니다. 우리가 첫 번째 해야 할 일은 믿음과 상관하는 것이 아니라 그리스도와 상관하는 것입니다. 제가 여러분에게 간청하노니, 골고다 언덕으로 오셔서 십자가를 바라보십시오. 하나님의 아들을 주목하십시오. 하늘과 땅을 지으신 그분이 여러분의 죄를 위해서 죽고 계십니다. 그분을 바라보십시오. 그분 안에 구원할 능력이 없습니까? 동정심이 충만한 그의 얼굴을 주목하십시오. 그의 마음속에 구원하실 기꺼운 의향을 입증하는 사랑이 없습니까? 죄인이여, 그리스도를 보는 것이 믿음을 도와줄 것입니다. 그러니 무엇보다 먼저 믿지 마시고, 그리스도께로 가십시오. 그렇지 않으면 그대의 믿음은 가치 없는 것이 됩니다. 믿음 없이 먼저 그리스도께 가십시오. 가서 그분에게 자신을 맡기고 그 다음에 헤엄을 치든지 가라앉든지 하십시오.

　　그러면 어떤 이는 이렇게 부르짖겠지요. "오 목사님! 제가 얼마나 자주 초청을 받았는지 목사님은 모를 거예요. 제가 또한 얼마나 오랫동안 주님을 거절했는지 모르시겠지요." 저는 모릅니다. 또한 알고 싶지도 않습니다. 제가 알고자 하는 것은 내 구주께서 나를 보내어 여러분을 강권하여 데리고 들어오라는 것입니다. 그러니 지금 함께 가십시다. 여러분은 복음의 초청을 천 번 거절하였을 수도 있습니다. 그러니 이제 천한 번째는 거절하지 마십시오. 여러분이 하나님의 집에 올라갔었는데 복음을 듣고는 오히려 마음이 굳어졌을 뿐입니다. 그러나 저는 여러분의 눈 속에서 눈물을 봅니다. 나의 형제여, 이제는 이 아침에 설교를 듣고 마음을 완고하게 하지 마십시오. 오! 살아 계신 하나님의 성령께서 오서서 한 번도 녹아지지 않았던 마음을 녹아지게 하시고 그를 강권하여 데리고 들어가게 하소서! 저는 다음과 같은 나태한 핑계를 대도록 여러분을 가만두지 않겠습니다. 만일 여러분이 그리스도를 무시하면서 그렇게 오랫동안 살아왔다면, 이제는 그리스도를 무시하지 않아야 할 이유들이 그만큼 많은 것입니다. 그러나 여러분이 지금은 편리한 때가 아니라고 속삭이겠지요? 그러면 제가 여러분에게 무얼 말해야겠습니까? 언제 편리한 때가 옵니까? 지옥에 가 있을 때가 편리한 때일까요? 그때가 편리한 때입니까? 죽음의 병상에 누워 있을 때가 편리한 때입니까? 여러분의 목젖을 죽음이 치받아 누를 때가 편리한 때입니까? 땀방울이 이마에 송글송글 나 있을 때가 편리할 때입니까, 아니면 죽음의 병상에서 마지막 운명하기 직전에 식은땀이 흐르는 그때가 편리한 때입니까? 고통이 여러분을 짓누르며 무덤 가까이 가 있을 때입니까? 아닙니다. 선생이여, 바로 오늘 이 아침이 편리한 때입니다. 하나님께서 그렇게 만드시옵소서. 기억하십시오. 저는 내일 그리스도께 나오라고 여러분에게 요청할 권한이 하나도 없습니다. 구주께서 다음 화요일에 당신께 나오라는 초청장을 보내신 적이 없습니다. 그 초청장은, "오늘 너희가 그의 음성을 듣거든 격노하시게 하던 것 같이 너희 마음을 완고하게 하지 말라"(히 3:15)고 되어 있습니다. 성령께서 '오늘'이라고 말씀하십니다. "오라 이제 우리가 서로 변론하자"(사 1:18, 우리말 개역개정 성경에선 '이제'라는 말이 나오지 않음 – 역주). 어째서 그 일을 미룹니까? 이것이 여러분이 듣게 될 마지막 경고가 될 수 있습니다. 그것을 미루면 다시는 예배당에서 울지 못할 수도 있습니다. 여러분에게 증거되는 간절한 강론을 전혀 듣지 못할 수도 있습니다. 제가 지금 여러분에게 탄원하듯이 탄원하는 사람을 앞으로는 한 사람도 만나지 못하게 될 수도 있습니다. 여러분이 이 예배당에서 나가게 되면 하나님께서 "그가 우상에게 던진 바 되어 혼자 있게 하라"고 말씀하실 수도 있습니다. 하나님께서 여러분의 목의 고삐를 놓으실 수도 있습니다. 그러면 여러분의 길은 아주 명확합니다. 분명한 저주와 신속한 파멸이 여러분에게 임할 것입니다.

자, 다시 그렇게 말씀드려도 여러분에게 허사가 됩니까? 여러분이 지금 그리스도께 나오지 않으시렵니까? 그러면 내가 무엇을 더 할 수 있습니까? 한 번 더 호소를 하며 노력해 볼 것입니다. 제가 여러분을 위해서 울도록 허락받을 수 있습니다. 여러분을 위해서 기도하도록 허락을 받을 수도 있습니다. 여러분은 말씀의 증거를 비웃을 것입니다. 또 설교자를 조소할 것입니다. 원하는 대로 설교자를 공상가로 몰아붙일 수도 있습니다. 설교자는 여러분에게 책임을 전가시키거나, 대재판장이신 분에게 여러분을 결코 송사하지 않을 것입니다. 그에 관한 한 여러분의 죄는 범하기도 전에 이미 용서되었습니다. 그러나 여러분은 기억해야 할 것입니다. 여러분이 오늘 아침 거절하고 있는 이 메시지는 여러분을 사랑하는 자로부터 온 메시지요, 여러분을 사랑하는 자의 입술을 통해서 여러분에게 주어졌다는 것을 말입니다. 자기 영혼의 문제를 마귀와 함께 가지고 놀 수도 있으며, 결코 중요하지 아니한 것처럼 취급할 수도 있습니다. 그러나 적어도 여러분의 영혼에 관해서 진지한 심정을 가지고 있는 사람이 있으며, 여러분 앞에 나서기 전에 여러분에게 설교할 능력을 달라고 하나님과 씨름한 사람이 있다는 것을 기억하십시오. 그 사람이 자리를 떠날 때는 이 아침에 누가 자기 설교를 들었는지 결코 잊지 않을 것입니다. 다시 한 번 말씀드립니다. 말씀이 우리에게 아무런 효력을 발생하지 못할 때 눈물을 흘릴 수 있습니다. 왜냐하면 복음을 증거하는 목사가 사람들을 강권하여 그리스도께로 인도할 때 바로 말씀과 눈물을 무기로 삼기 때문입니다. 여러분은 하나님께서 목회 사역에 부르신 그 사람이 자기 회중에 대해서 얼마나 염려스런 생각을 가지고 있는지 상상할 수 없을 것입니다. 특별히 그 회중들 가운데 어떤 사람들에 대해서 사역자는 크게 걱정합니다.

　　오래 전에 이 예배당의 예배에 참석했던 한 젊은이에 대해서 들은 적이 있습니다. 그의 아버지의 소망은 그가 그리스도께 인도함을 받는 것이었습니다. 그러나 그는 불신앙에 익숙해졌습니다. 그리고 그가 해야 할 일을 소홀히 하고 매일 죄인의 길에서 살아갔습니다. 저는 그의 아버지가 창백한 얼굴을 하고 있는 것을 보았습니다. 어째서 그러한 걱정스런 모습을 하고 있느냐고 물어보지 않았습니다. 왜냐하면 그렇게 하면 고통이 더 가중되고 상처를 건드리는 것이 되겠다고 느꼈기 때문입니다. 사람이 늙어서 슬픔을 가지고 무덤에 갈 수 있다는 두려움을 간혹 가집니다. 젊은 사람들이여, 여러분은 자신을 위해서 기도를 하고 있지 않습니다. 그러나 여러분의 어머니는 여러분을 위해서 씨름하고 있습니다. 여러분은 자신의 영혼에 대해서 생각하지 않을 것입니다. 그러나 여러분들의 아버지는 항상 여러분 때문에 걱정합니다. 한번은 제가 기도회에 참석했었습니다. 거기에서 하나님의 자녀들이 기도하는 소리를 들었습니다. 그들이 각자 자신의 영혼 구원을 구하고 있었다면 그처럼 진지하고 그처럼 깊은 고뇌에 빠져 기도하지는 않았을 것입니다. 우리가 여러분의 구원을 위해서 하늘과 땅을 움직일 각오를 하고 있는데도, 여러분은 자신들에 대해서는 아무런 생각도 하지 않고 영원한 것들에 대해 어떤 관심도 기울이지 않는 것이 이상한 일이 아닙니까?

자, 이제 잠깐 동안 여기 있는 어떤 분에게 시선을 돌리겠습니다. 제가 실수하는지는 몰라도, 신앙 고백을 하지만 그 믿음이 거짓된 사람들이 여기에 있습니다. 그러면서도 그들은 교회의 지체들이 되어 있습니다. 제 판단이 그릇되었다면 차라리 행복하겠습니다. 믿음에 따라서 살지 않고, 믿음을 업신여깁니다. 하나님의 집에 참석하지 않는 습관을 버리지 못하고 살아갈 수 있습니다. 그보다 더 악한 죄는 짓지 않는다 할지라도 말입니다. 저는 지금 여러분의 구주이신 하나님의 교훈을 존귀하게 여기지 않는 사람들에게 묻습니다. 여러분이 저를 목회자로 부르면서노 제 영혼이 여러분 때문에 두려워 떨 수 없고 은밀한 골방에서 여러분을 위해서 울지 않을 수 있다고 상상합니까? 다시 말씀드립니다. 여러분이 믿는다고 고백하는 기독교의 예복들을 얼마나 더럽히고 있는가에 대해서 별 신경을 쓰지 않을 수 있습니다. 그러나 시온의 백성들이라고 고백하는 자들의 불의 때문에 울부짖고 신음하는 하나님의 숨은 사람들에게는 그 문제가 커다란 관심거리입니다.

목사가 울고 기도하는 것 이외에 다른 무엇이 더 남았겠습니까? 그렇습니다. 다른 것은 하나밖에 없습니다. 하나님께서 당신의 종들에게 거듭나게 하는 능력을 주지 아니하셨습니다. 그러나 그것과 유사한 것을 주셨습니다. 어떤 사람이 자기 이웃을 거듭나게 하는 것은 불가능합니다. 그러나 사람이 어떻게 하나님께로 말미암아 거듭납니까? 사도는 복음으로 인해서 자기가 옥에 갇힘으로써 낳은 자가 있다고 말하지 않습니까? 자, 목회자는 하나님께서 자기에게 주신 능력을 가지고 있습니다. 그래서 목회자는 하나님을 향하여 태어난 자들의 아버지와 어머니가 된다고 생각할 수 있습니다. 왜냐하면 사도는 사람들에게 그리스도의 형상이 새겨지기까지 그 영혼들을 위해서 해산의 수고를 하였다고 말하기 때문입니다. 그 다음에 우리가 할 수 있는 일이 무엇입니까? 성령께 호소할 수 있습니다. 저는 복음을 설교했습니다. 그것을 간절하게 설교했다는 것을 저는 압니다. 저는 저의 구주께 당신 자신의 약속을 영예롭게 해 주십사고 졸라댑니다. 주님께서는 당신의 약속이 헛되게 내게로 돌아오지 않을 것이라고 말씀하셨습니다. 그 약속이 제 손에 있는 것이 아니라 그분의 손에 있습니다. 저는 여러분을 강권할 수 없습니다. 그러나 마음의 열쇠를 가지신 하나님의 성령께서는 강권하실 수 있습니다. 여러분은 요한계시록에서 "내가 문 밖에 서서 두드리노니"라는 말씀을 들어 보지 않았습니까. 바로 그 앞에서 문을 두드리시는 분을 다윗의 열쇠를 가지신 이라고 묘사하고 있습니다. 그러나 문을 두드리는 것이 소용이 없다면 열쇠를 가지고 계신 그분이 열고 들어가실 수 있습니다. 자, 간절한 목회자의 문 두드림이 오늘 아침 여러분에게 아무 소용이 없다 할지라도, 성령으로 말미암아 마음에 들어가는 은밀한 통로가 여전히 남아 있습니다. 그래서 여러분이 강권함을 받게 될 것입니다.

제 의무는 내가 그 일을 해야만 하듯이 여러분에 대하여 수고를 하는 것이라고 생각합니다. 이제는 그것을 나의 구주의 손에 맡깁니다. 우리가 해산의 수고를 하더라도 여전히 영적인 자녀를 탄생시키지 못하는 것이 주님의 뜻일 수 있습니다. 그 문제는 주님께 달려 있습니다. 그분은 마음의 주인이십니다. 날이 이르면 다음과 같은 사실이 선포될 것입니다. 여러분 중에 어떤 분들이 오늘 아침 설교를 통해서 주권적인 은혜로 말미암아 강권함을 받아 모든 것을 이기시는 예수님의 즐거운 포로가 되었고, 그분께 머리를 숙였다는 사실 말입니다. 아멘.

제
53
장

—

앉아서 비용을 계산하라

—

"너희 중의 누가 망대를 세우고자 할진대 자기의 가진 것이
준공하기까지에 족할는지 먼저 앉아 그 비용을 계산하지 아
니하겠느냐 그렇게 아니하여 그 기초만 쌓고 능히 이루지
못하면 보는 자가 다 비웃어 이르되 이 사람이 공사를 시작
하고 능히 이루지 못하였다 하리라." — 눅 14:28-30

　　이 구절은 누가복음에만 있습니다. 누가는 우리 주님께서 이 말씀을 하실
때 허다한 무리가 좇았다고 말합니다. 무리들이 우리 주님을 버릴 때 주님께서
낙담하지 않으셨으며, 주님의 사역이 사람들의 인기를 얻게 되었을 때도 우쭐대
지 않으셨다는 것을 주목해야 합니다. 그는 몰려든 그 허다한 무리들의 흥분 속
에서도 조용하시며 지혜로우셨습니다. 이 대목이 그 사실을 입증하는 충분한 증
거입니다. 이때에 우리 주님께서는, 명목상 주님을 따라다니며 제자라 하는 허
다한 무리들을 멀지 않아 키질하실 것을 내다보면서 말씀하셨습니다. 쭉정이는
날아가고 귀한 알곡만 남게 될 것을 바라보신 것입니다. 본문에 기록된 강론은
기드온과 함께 싸움에 나서겠다고 나온 사람들은 대단히 많으나 결점들을 가진
대군을 축소시키는 과정을 연상하게 합니다. 여호와께서는 그렇게 기드온을 따
라나선 수많은 사람들에 대하여 말씀하셨습니다. "백성들이 나를 위해서 너무
많다"고 하셨습니다. 두려워 떠는 사람들은 돌아가라고 말씀하신 후에 남은 수
천 명을 강가로 내모셨습니다. 그런 다음에 물을 마시게 하셨습니다. 어떤 독특

한 방식으로 물을 움켜 마시는 사람들만을 하나님을 위해서 구별시키셨습니다. 그 독특한 방식은 그들의 열심과 신속성과 민첩한 기지와 능력과 체험을 시사하는 것이었습니다. 우리 주님께서는 당신을 따르는 자들을 시험하사 세상을 정복하기에 합당한 남은 자들만을 두셨습니다. 주님께서는 보배로운 보물을 전하기 위해서 그릇들을 선별하실 뜻을 가지고 계셨던 것입니다. 은혜로 말미암아 주님이 쓰시기에 합당한 그릇들을 남겨 놓으시고 나머지는 떠나보내실 수 있었습니다.

우리 주 예수님은 지극히 지혜로우신 분이라서 당신께 돌아온 사람들의 수에 의지해서 자만심을 갖지 않으셨습니다. 양보다는 질을 주목하셨습니다. 회개한 한 죄인을 기뻐하셨지만, 단순히 입으로만 회개했노라고 하는 만 명의 죄인들을 결코 기뻐하지 아니하실 분이었습니다. 주님의 마음은 진실한 것을 갈망하셨습니다. 주님은 가짜를 혐오하셨습니다. 본질을 추구하여 갈증을 느끼셨고, 그림자에 대해서는 전혀 만족하지 않으셨습니다. 주님께서는 손에 키를 들고 타작마당을 정결하게 하셨습니다. 주님의 도끼가 열매 없는 나무를 찍어 버리려고 나무뿌리에 놓여 있었습니다. 주님께서는 살아 있는 한, 교회가 가능한 한 모든 불순물이 제거되어 밭에 뿌려진 좋은 알곡과 같기를 진정으로 바라셨습니다. 그래서 바로 본문에 기록된 경우를 보면 주님께서는 당신의 지도력에 사람들이 끌려오도록 하시기보다는 사람들을 내쫓고 계시다고 생각할 만합니다. 그러나 사실 주님은 그러한 유의 일을 하지는 않으셨습니다. 진정으로 인정받을 사람들은 진리의 인정을 받아야 함과, 가장 진실한 사랑은 항상 정직하다는 것과, 최선의 제자는 아무 생각 없이 서둘러 위대한 선생님의 학급에 가입한 사람일 수 없다는 것을 아셨습니다. 가장 좋은 제자는 위대한 선생이신 주님께 배운다는 것이 자기가 기대한 것과 같지 않으며 그 선생이 주려고 준비한 지식을 얻기 위해 탄식하며 따라오는 자임을 아셨습니다.

더구나, 우리 주님께서는 때로 우리가 다음과 같은 사실을 잊을 수 있다는 것을 아셨습니다. 세상에서 경건한 일꾼에게 일어나는 일 중에서 다음과 같은 때에 밀려드는 낙망처럼 마음을 부서뜨리는 것이 없다는 사실입니다. 곧 "주여, 주께서 가시는 곳이면 어디든지 따르겠나이다"라고 해 놓고는 파멸로 돌아가 버리고, "호산나!"라고 뜨거운 열기로 소리치던 자들이 잔인하고 냉혹한 부르짖음으로 "그를 십자가에 못 박으라! 못 박으라!"고 돌변할 때에 찾아오는 낙망 말입니다. 마음을 반밖에 쏟지 않는 지체들로 교회의 순도가 크게 희석되는 것만큼 교회에 더 해로운 것이 없습니다. 진실하지 못한 신앙 고백을 하도록 허용하는 것만큼 그 사람에게 위태로운 것은 없습니다. 그러므로 구주께서는 그러한 점을 매우 유념할 필요가 있을 때에 아주 강하게 주지시키셨던 것입니다. 어느 누구보다도 미처 이해하지 못한 채 주님을 따라서는 안 된다는 것입니다. 주님의 제자가 된다는 것이 무엇을 의미하는지를 온전히 알고 있어야 한다는 것입니다. 그래야 후에 가서 "우리가 잘못 왔어. 우리가 속아서 실망스러운 일을 하게 되었어"라는 말을 하지 않게 되는 것입니다. 하사관을 모집할 때 포스터 그림에 나오는 하사관이 군 복무의 모든 영광을 나타내는 현란한 색깔로 차려 입고 서 있습니다. 지원자를 얻기 위해서 그러한 그림을 그려 넣는 것입니다. 우리의 구원의 대장이신 주님께서는 그와는 달리 당신을 따르려는 자들이 당신 무리와 함께 하기 전에 고려해야 할 모든 것들을 다 참작하게 하실 것입니다.

오늘 아침 우리가 택한 본문은 시의적절할 수 있습니다. 또한 본문의 경고는 우리 주님께서 그 말씀을 처음 하시던 때와 같이 필요하고 유익할 수 있습니다. 왜냐하면 지금 대단히 많은 무리들이 주님을 좇고 있기 때문입니다. 부흥운동이 일어나서 참으로 많은 대중들을 휘저었습니다. 제자들로 나선 사람들 중에는 주님께서 친히 부르신 자들이 많습니다. 하나님을 찬미하리로다! 그 한 사람 한 사람에 대해서 우리는 정말 마음 깊이 하나님께 감사를 드립니다. 그러나 그 수많은 제자로 나선 사람들 중에는(언제 그렇지 않았을 때가 있었던가?) 전혀 하나님께 부르심 받지 않은 자들이 있습니다. 그들은 다른 사람들을 따라하고 싶은 본능적인 충동에 의해서 움직인 사람들입니다. 그저 지나가 버리는 것에 불과한 감정에 격동된 사람들이기도 합니다. 물론 지금은 그 감정이 아주 깊지요. 그러나 그것은 결국 지나가 버리고 마는 것입니다. 그래서 주님께서 그렇게 하신 것처럼 우리도 주님의 말씀으로 사람들에게 경고할 필요가 있는 것입니다. "무릇 내게 오는 자가 자기 부모와 처자와 형제와 자매와 더욱이 자기 목숨까지 미워하지 아니하면 능히 내 제자가 되지 못하고 누구든지 자기 십자가를 지고 나를 따르지 않는 자도 능히 내 제자가 되지 못하리라 너희 중의 누가 망대를 세우고자 할진대 자기의 가진 것이 준공하기까지에 족할는지 먼저 앉아 그 비용을 계산하지 아니하겠느냐 그렇게 아니하여 그 기초만 쌓고 능히 이루지 못하면 보는 자가 다 비웃어 이르되 이 사람이 공사를 시작하고 능히 이루지 못하였다 하리라"(눅 14:26-30).

우리의 기억을 돕기 위해서 우리가 생각할 요점을 세 가지 부분으로 나누어 보겠습니다. 첫째는, 이러한 방식의 제목이 붙여질 것입니다. 참된 신앙은 비용이 든다는 점입니다. 둘째는, 이러한 모토를 가지게 될 것입니다. 지혜는 우리가 어떤 일에 돌입하기 전에 그 비용을 계산해야 한다고 말한다는 점입니다. 그 세 번째는, 이러한 기념비적인 표현을 써야 할 것입니다. 대가를 지불할 가치가 있다면 그것이 얼마를 요구하든지 지불해야 한다는 점입니다.

1. 참된 종교는 비용이 든다

첫째, 본문을 통해서 "참된 신앙은 비용이 든다"는 것이 명백하게 드러납니다. 물론 이 말을 듣고 우리는 혼동해서는 안 됩니다. 하나님의 은혜의 선물들은 우리에게 아무런 대가를 요구하지 않습니다. 또한 구원은 돈이나 공로나 어떤 소원이나 참회를 통해서 구매될 수 있는 것이 아닙니다. "사람이 그의 온 가산을 다 주고 사랑과 바꾸려 할지라도 오히려 멸시를 받으리라"(아 8:7). 복음의 모토는, "돈 없이 값없이"라는 것입니다. 우리가 "그리스도 예수 안에 있는 속량으로 말미암아 하나님의 은혜로 값없이 의롭다 하심을 얻은 자"(롬 3:24) 되었습니다. 그러한 모든 요점에도 불구하고 사람이 그리스도인이 되려면 무엇인가 대가를 지불해야 합니다. 잠시 생각해 보십시오. 길가에서 구걸하며 앉아 있던 한 맹인의 경우를 생각해 봅시다. 그는 눈이 열리기를 구합니다. 그것이 그에게 어떠한 대가를 요구합니까? 아닙니다. 구주께서는 그 사람의 치료의 대가로 세상에 있는 모든 황금을 다 가져다 준다 할지라도 받지 않으실 것입니다. 구주께서는 그 사람의 눈을 값없이 보게 하여 주실 것입니다. 그러나 그 사람이 보게 되었을 때에 그것이 맹인이었던 사람에게 무엇인가를 요구하게 될 것입니다. 그 사람이 시력을 회복한 다음에는 그 시력을 회복한 사람으로서 감당해야 할 도리를 하라는 요청을 받게 될 것입니다. 눈을 떠서 보게 된 이후는 길가에 앉아서 구걸하는 일을 더 이상 해서는 안 될 것입니다. 여전히 그러한 일을 하려고 한다면 예전의 맹인 상태에서 받았던 동정심을 전혀 받지 못하게 될 것입니다. 이제 그 눈이 떠졌으니 그 눈을 사용해서 자기가 먹을 양식을 벌어야 할 것입니다. 그 일은 그로 하여금 어떤 대가를 지불하게 할 것입니다. 왜냐하면 그는 이제 전에는 전혀 알지 못했던 밤의 어둠을 의식하게 될 것이기 때문입니다! 그전에는 서글픈 정경을 바라볼 수 없었습니다. 그래서 그러한 정경에 대한 근심 어린 생각을 가질 필요가 없었습니다. 왜냐하면 눈으로 보지 못한 것을 마음으로 슬퍼하지 않기 때문입니다. 사람은 어떤 기능이 활동을 하게 되면 반드시 그에 따른 비용을 지불해야 합니다. 지식이 더하거나 그 지식을 얻는 방편을 더 가지게 되면 그만큼 슬픔과 의무도 더해지는 것입니다.

또 다른 경우를 생각해 봅시다. 어떤 한 불쌍한 사람이 갑자기 왕자가 되었습니다. 그래서 그는 그 전의 모든 행실을 다 포기해야만 합니다. 또한 그 일은 그로 하여금 새로운 의무와 염려로 들어가게 만드는 것입니다. 어떤 사람이 순례자로서 하늘가는 길을 시작하였습니다. 그 사람이 좁은 문으로 들어가려면 어떤 것을 지불해야 합니까? 저는 그러한 것을 생각하지는 않습니다. 값없는 은혜는 그로 하여금 거룩한 길로 가도록 허락합니다. 그러나 사람이 하늘 가는 길로 들어섰을 때 그것은 그에게 무엇인가를 요구합니다. 좁은 문을 두드리는 데는 열심이 필요합니다. "고통의 언덕"을 오르려면 땀을 흘려야 합니다. 안일의 그늘 속에서 상실했던 두루마리를 되찾으려면 눈물이 필요합니다. "겸손의 골짜기"로 내려가는 데는 크게 조심할 것이 요구됩니다. '아볼루온'과 싸울 때 든든히 서 있기 위해서는 피 흘리며 저항해야 합니다. "사망의 음침한 골짜기"를 통과해야 할 때는 많은 두려움이 있습니다. '허영'의 도시에 이르러 믿음 씨답게 목숨을 걸고 증거하라는 소명을 받을 때는 목숨도 내놓을 각오를 해야 합니다. 참된 신앙은 하나님의 선물입니다. 그 선물을 사기 위해서 우리가 할 수 있는 일이란 아무것도 없습니다. 그러면서도 만일 우리가 그 선물을 받으면 그로부터 확실히 결과가 따라오게 될 것입니다. 그래서 우리는 그 결과를 감당해 낼 수 있을는지 숙고해 보아야 하는 것입니다.

우리 주님께서 그것을 망대를 짓는 것에 비유하셨으니 그 비용이 클 것임에 틀림없다고 확신해도 좋습니다. 여기서 '망대'를 표현하기 위해서 사용한 단어는 큰 건물 위에 올려놓는 탑이나 빌라나, 또는 시골의 저택을 뜻하는 것으로도 사용되는 경우가 많습니다. 주님께서 백성들에게 "너희 중에 누가 망대를 세우고자 할진대 자기의 가진 것이 준공하기까지에 족할는지 먼저 앉아 그 비용을 예산하지 아니하겠느냐?"라고 말씀하십니다. 그 망대를 세우는 것은 비용이 드는 일입니다. 필립 도드리지(Doddridge)가 이 부분에서 주님은 잠시 쓰는 망대를 말씀하시는 것이라고 해석한 것은 잘못입니다. 주님께서 "지혜로운 사람은 앉아서 비용을 예산한다"고 말씀하신 것을 보면 그 액수가 상당할 것임에 틀림 없습니다. 주님께서는 단순하게 자기 머리로 얼른 계산하시어 "그런 식의 망대를 세우려면 수백 파운드가 들겠다"는 식으로 말씀하신 것이 아닙니다. 주님께서 말씀하신 그 망대를 세우는 작업은 정교한 건축 일이었고, 정말 복잡한 공정이었습니다. 그러므로 장사하는 사람이 책상에 앉아서 감당해야 할 비용을 사려 깊게 숙고하듯이 앉아서 계산해야 한다는 것입니다. 그 망대를 세우고자 하는 사람은 건축가와 석수를 불러 상의하며, 외벽을 위한 비용은 얼마나 들까 계산하고, 지붕의 비용, 내부 장식의 비용, 그 밖의 그 망대를 세우기 위해서 필요한 모든 비용들을 계산합니다. 그는 대충 어림짐작하지 않습니다. 사람들이 자기가 가진 금의 가치를 계산하듯이 비용을 계산합니다. 그러니 그 문제는 그에게 아주 중대한 문제입니다. 참된 종교도 그러합니다. 참된 종교는 결코 사소한 것이 아니라 가장 중요한 일입니다. 영원한 문제들이 걸려 있는 것을 그저 아무렇게나 대충 생각하고 머리만 내밀고 돌진하는 모험을 감당하기만 하면 충분하다고 생각하는 사람이 있다면, 그는 정말 지혜자의 정반대의 사람입니다.

참된 경건은 심판 날에 견딜 성품을 구축하는 것입니다. 그 일은 믿음과 사랑과 새롭게 된 마음속에 주추를 깊이 놓는 일로부터 시작합니다. 그 일은 인내가 필요하고 주밀해야 할 일입니다. 또 어떤 경우 자주 고통스럽게, 좋은 덕의 재료들을 가지런히 쌓아 나가는 일을 통해서 진행이 되며, 더 나아가 부지런히 "믿음에 덕(담력)을, 덕에 지식을, 지식에 절제를, 절제에 인내를, 인내에 경건을, 경건에 형제 우애를, 형제 우애에 사랑을"(벧후 1:5-7) 더하는 일을 통해서 진행되어 나갑니다. 우리는 평생 "지극히 거룩한 믿음으로 자신을 세우는" 일을 해야 합니다. 여러분은 그리스도인의 성품이 영광스러운 궁정과 걸맞아야 한다는 것을 알지 못합니까?

그러나 그에 필요한 비용을 적게 생각하지 못하게 하기 위해서 우리 주님은 그것을 전쟁에 비유하십니다. 전투에 참여한 군대의 수를 말씀하시면서, 그 전쟁이 의미 없는 작은 두 부족 간의 사소한 전쟁의 정도가 전혀 아님을 보여주십니다. 주님께서는 그것을 아군 1만으로 적군 2만의 대적을 감당해야 하는 싸움에 비유하십니다. 자, 전투란 항상 굉장한 비용이 드는 일입니다. 그에 필요한 여러 물자와 후방 지원을 위한 비용은 고사하고서라도 사람의 목숨과 피를 들여야 하는 일입니다. 그 일을 위해서는 집에서 일하던 강한 팔을 포기해야 하고, 그러면서도 비참한 패배와 포로 잡힘과 황폐한 모험의 비용을 무릅써야 하는 것입니다. 그래서 주님께서는 신앙 문제를 그 외면적인 차원에서 볼 때는 은혜로운 사람과 바깥 세상의 남아 있는 악들 사이의 전투에 비유하신 것입니다. 예수님의 제자는 거인 원수와 대적해야 합니다. 자기 속에도 싸우기에 결코 만만치 아니한 세력이 있습니다. 그 세력의 차이가 굉장합니다. 적 2만을 아군 1만으로 막아내야 한다니요. 그렇습니다. 구주께서는 후자의 경우에서 앉아서 헤아려야 한다는 것입니다. 임금은 아군보다 더 큰 원수를 대적하여 싸우려 할 때 아군의 참모들과 상의하며, 지혜로운 원로들에게 물어야 하고 그들의 경험을 통해서 모략을 얻어야 하며 좋은 충고를 구해야 합니다. 이럴 경우 그 싸움에서 이길 수 있는지 없는지를 서로 따져 보아야 합니다. 우리 영혼의 문제도 그런 식으로 생각해야 합니다. 신앙 문제는 대가를 요구하는 일입니다. 프랑스 사람이 "가벼운 마음"으로 그 문제를 접근하자는 식으로 말하는데, 그렇지 않습니다. 그 가벼운 마음은 프랑스의 값비싼 대가를 치르게 합니다. 그렇듯이 우리가 그런 마음에 빠져 들면 우리 자신이 희생당해야 합니다.

　우리는 이 문제를 다른 몇 가지 경우들을 생각하며 유추해 볼 수 있었습니다. 곧 참된 신앙은 지속적인 문제라는 사실로부터 먼저 유추해 낼 수 있었습니다. 그런 문제는 평생 지속되어야 합니다. 거짓된 신앙은 왔다 가 버립니다. 참된 거듭남은 결코 반복되지 아니하고, 이제 거듭난 생명은 끝도 없는 생명의 시작에 불과합니다. 그 생명은 이제 시간과 영원 속에서 끝을 모릅니다. 그처럼 영구적으로 지속되어야 하는 것은 무엇이든지 간에 다 그 나름의 대가가 있기 마련입니다. 만일 여러분이 생각하는 대로 유리에다가 값싸게 색을 칠해 놓고 아름답게 꾸민다면 태양이 곧 그 아름다움을 다 제거시켜 버릴 것입니다. 만일 유리에다가 몇 세기 동안 바래지 않는 색을 남기고 싶다면, 그 모든 공정의 한 단계 한 단계를 값지게 처리해야 할 것입니다. 수고와 그만큼 큰 주도면밀함이 요구되는 것입니다. 참된 신앙에 있어서도 마찬가지입니다. 원한다면 값싸게 그 종교를 얻을 수 있습니다. 그러나 겉으로 보기에 아주 진실된 것처럼 보일 수도 있지요. 잠시 동안 그것이 여러분에게 위안도 주고 존귀하다는 느낌도 가져다 줄 것입니다. 그래서 진정한 어떤 글을 통해서 그러한 위안과 칭찬도 얻을 수 있습니다. 그러나 그 일은 지속되지 못할 것입니다. 금방 그 색깔이 바래지고 언뜻 보기에 아름답고 탁월해 보이는 것이 금방 사라져 버릴 것입니다. 사랑하는 친구

여리분, 여러분은 죽기까지 여러분을 지탱시켜 줄 경건을 원합니다(저는 여러분이 그렇게 원함을 확신합니다). 그렇다면 그 일이 여러분에게 어떠한 대가를 요구하기 마련입니다. 그 점을 확실히 아십시오.

또한 참된 종교는 긴장과 갈등을 참아 내야 할 것입니다. 참된 종교는 분명히 반대를 당하기 때문입니다. 반대 없이 망대는 지어지지 않을 것입니다. 그 일은 예루살렘 성벽을 세우던 일과 같을 것입니다. 산발랏과 도비야가 성벽 세우는 것을 방해할 것이 틀림없습니다. 참된 신앙은 어려움을 감내할 수 있어야 합니다. 그런 일을 해낼 수 없는 것이라면 그것은 아무 유익이 없는 것입니다. 옛 톨레도(Toledo, 스페인의 톨레도를 가리키는데 그 지역에서 나는 검(劍)이 질이 좋기로 유명하였다 — 역주)의 칼날은 전사(戰士)에게 처음에는 많은 비용을 요구했습니다. 그러나 일단 그 칼을 확보하기만 하면 전쟁의 날에 그 칼이 관절과 골수를 찔러 쪼갠다는 것을 전사는 알았습니다. 그래서 그 칼을 쥔 전사는 두려움 없이 치열한 전투장에 달려 들어갔습니다. 그 칼의 위력과 예리한 날을 따라갈 것이 없다는 것을 믿고서 말입니다. 그 전사가 더 값싼 칼을 얻을 수 없었습니까? 충분히 쉽게 그러한 칼을 얻을 수도 있었을 것입니다. 적은 액수를 주어 그런 칼을 살 수 있었습니다. 그러나 그런 칼을 가지고 원수의 투구를 치는 순간 그의 두개골을 쪼개기는커녕 그 전사의 손에서 그 칼이 탁 부러지고 말았습니다. 결국 그 칼은 그의 생명을 요구하였습니다. 정말 많은 사람들이 그러한 값싼 종교를 잡고 있습니다. 그 속에는 자기 부인(否認)도 없으며, 세상을 버리는 일도, 육신적 즐거움을 포기하는 일도 없습니다. 그래서 그런 사람들은 세상과 똑같습니다. 그들의 신앙은 그들에게 아무것도 요구하지 않습니다. 결국 그들이 그러한 종교를 통해서 무엇인가를 얻어 보려 하지만 낭패를 당합니다. 그러한 신앙은 싸움의 날에 잘못 만들어진 칼과 같이 부러져 버리고 결국 그들로 하여금 속수무책으로 만듭니다. 오! 만일 여러분이 갈등을 견뎌 낼 것을 원한다면 그에 따른 대가를 지불해야 합니다. 예수 그리스도께서는 자기의 말씀을 듣는 사람들이 자기 제자들을 기다리고 있는 시금석을 견뎌 낼 수 없을 것임을 아셨습니다. 그들은 예수 그리스도께서 십자가에 못 박혀 죽으실 것을 알지 못했습니다. 그래서 당시에는 예수님이 인기가 있었습니다. 예수님이 이스라엘의 임금이 될 것을 바라고 있었습니다. 그러나 구주께서는 유대인의 왕이 사형 집형대 위에 매달리게 되는 어두운 날이 올 것을 아셨습니다. 그때에는 그의 제자들, 참된 제자들까지도 잠시 그를 버리고 도망할 것입니다. 그러므로 주님께서는 그들에게 이렇게 말씀하시고 계셨던 것입니다. "너희는 십자가를 질 각오를 해야 한다. 너희는 모독을 당하고 수치와 능욕을 받게 되는 중에서도 나를 따를 준비가 되어 있어야 한다. 그리고 만일 이를 위해 준비하지 않으면 너희가 내 제자가 된다는 것은 실수하는 것이다." 그들의 경우에 있어서 주님의 제자로서 감당해야 할 시금석을 견뎌 내지 못했습니다. 이 사람들은 시련의 때가 왔을 때 설 자리가 전혀 없었습니다.

사랑하는 친구 여러분, 기억하십시오. 제가 이 점을 크게 강조하는 이유가 있습니다. 우리는 마지막 날 위대한 재판장의 감찰하시는 눈 앞에서 견뎌 낼 신앙을 원합니다. 세상에는 잠시 동안만 견뎌 내는 것들이 있습니다. 그러나 만일 그러한 것들을 자세히 주목해 보고 살펴보면, 또한 현미경으로 검증해 본다면, 바람에 나는 겨와 같은 것임이 드러나고야 말 것입니다. 아니, 아무리 현미경으로 자세히 들여다보고 검증한다 할지라도 그것은 여호와의 감찰하시는 눈에 비교할 만한 것이 전혀 되지 못합니다. 여호와 하나님께서는 우리를 꿰뚫어 읽으실 것입니다. 오! 하나님의 불꽃 같은 눈이 살피게 될 그날에 멋져 보이는 신앙 고백자들이 얼마나 당황하게 될까요. 마지막 그 엄청난 날에 하나님의 감찰하시는 눈 앞에 위선적인 그리스도인의 멋져 보이는 모습은 열풍 아래 풀이 시드는 것보다 더 빨리 말라 버리고 말 것입니다. 하나님께서는 사람들이 기독교 국가라고 부르는 나라를 감찰하실 것입니다. 그것이 다 하나님 앞에서 완전히 사라져 버리지는 않는다 할지라도 거의 사라지게 될 것입니다. 왜냐하면 "인자의 올 때에 믿는 자를 보겠느냐?"라고 말씀하셨기 때문입니다. 그때에 "청함을 받은 자는 많되 택함을 입은 자는 적으니라"(마 22:14)라는 말씀이 명백하게 드러나지 않을까요? "좁은 문으로 들어가기를 힘쓰라"(눅 13:24)는 그리스도의 음성이 우리 모두에게 들립니다. "왜냐하면 많은 사람들이 들어가기를 구하여도 들어가지를 못할 것이기" 때문입니다. 만일 우리의 신앙을 저울에 단다면, 근수가 많이 모자랄 것입니다. 그러니 우리가 자신의 신앙을 잘 살펴보는 것이 좋고, 그 신앙이 고된 시련을 거쳐야 한다면, 진실하고 참되고 값비싼 것이어야 함을 아는 것이 좋습니다.

그러면 그 대가란 무엇입니까? 이 망대를 짓기 위한 비용이나, 이 전쟁을 치러야 하는 비용은 무엇입니까? 우리 주님께서 대답을 하셨습니다. 주님께서 지정하신 것과 같은 시금석을 고안해 낼 엄두를 저는 결코 내지 않을 것입니다. 저는 다만 주님의 음성을 메아리처럼 전달하는 것뿐이지 그 이상은 아닙니다. 주님께서 무어라고 말씀하십니까? 첫째로, 여러분이 그리스도의 사람들이고 그리스도의 구원을 얻었다면 이 세상의 다른 모든 사람보다 주님을 더 사랑해야 합니다. "무릇 내게 오는 자가 자기 부모와 처자와 형제와 자매와 더욱이 자기 목숨까지 미워하지 아니하면 능히 내 제자가 되지 못하고"(눅 14:26)라고 하신 말씀이 그 뜻이 아닙니까? "아버지와 어머니!" 사랑스러운 이름들입니다. 어머니나 아버지라는 말은 말하면서도 아무런 감정 없이 할 수 있을 정도로 죽은 영혼을 가진 사람이 있습니까? 특별히 "어머니"라는 말을 하면서 말입니다. 형제자매 여러분, 이 명칭은 우리에게 사랑스럽고 친숙한 명칭입니다. 우리의 존재를 부르르 떨며 감격하게 만드는 명칭입니다. 그러나 예수 그리스도보다 아버지나 어머니를 덜 사랑해야 합니다. 주님께서 자기의 가장 사랑하는 아내마저도 주님보다 더 사랑해서는 안 된다고 말씀하십니다. 주님께서는 여기서 또 다른 체계의 마음의 현(絃)을 건드리고 계십니다. "아내"라는 말은 사랑스러운 말이고 우리 존재의 반려이며, 우리의 슬픔을 위로하며, 우리의 눈에 즐거움입니다. "아내!" 그러나 아내도, 우리의 가장 좋은 자리를 차지해서는 안 됩니다. 아내도 예수님의 발 아래 앉아야 합니다. 그렇지 않다면 아내도 우상이 되는 것입니다. 예수님께서 그 아내를 더 사랑하는 것을 참아보지 못하실 것입니다. "자녀들", 품 안에 안긴 어린 아이들, 무릎 위로 기어오르면서 아빠 엄마를 부르는 소리는 음악의 선율처럼 들립니다. 그래해도 그 어린 아이들이 최고의 사랑의 대상이 되어서는 안 된다는 말입니다. 우리와 구주 사이에 어린 아이를 끼지 말게 해야 합니다. 어린 아이들을 즐겁게 하고 그들의 세상적인 유익을 증진시켜 주기 위해서 우리 주님을 슬프게 하는 것은 있을 수 없습니다. 많은 어린이들이 아버지의 상전입니다. 또 딸들이 어머니의 여주인인 경우들이 많습니다. 그러나 그러한 일이 악하다면 당장에 끊어야 합니다. 죄가 우리로 하여금 악을 행하도록 유혹한다면 우리가 그들을 미워하는 것처럼 다뤄야 합니다. 그렇습니다. 그들 속에 있는 악은 그리스도를 위해서 미워해야 합니다. 만일 여러분이 그리스도의 제자라면 주님을 가장 우선에 모셔야 하며, 그 다음 어머니, 아버지, 아내, 자녀, 형제, 자매가 그 적당한 질서를 따라 배열되어야 합니다.

많은 신앙 고백자들이 이러한 각오가 돼 있지 않은 것을 볼 때 두렵습니다. 그들은 가족들이 허락해 주면 그리스도인들이 될 것입니다. 그러나 그들의 신앙은 그들의 자매나 아버지나 어머니나 아내의 말에 달려 있습니다. 다른 사람들이 지원을 해주면 세상적인 즐거움을 대적하여 이겨낼 것입니다. 그러나 친척들이 관점을 반대하는 것이나 그들과 다르게 튀는 모습을 드러내는 것을 견딜 수 없어합니다. "아버지가 그것을 원합니다. 그러니 그것을 그릇되었다고 말할 엄두가 나지 않아요." "어머니께서 그렇게 너무 협소한 시각을 가지고 달리지 말라고 말씀하십니다. 그래서 제 양심은 그것이 잘못되었다고 말하지만 그렇게 할 수밖에 없습니다." 그렇지 않으면 이렇게도 말하지요. "내 딸들이 잘 하고 있으니, 딸들을 즐겁게 해주어야 합니다. 내 아들들이 즐거움을 누리도록 해야 합니다. 그러므로 죄에 대해서 눈감아 줄 수밖에 없습니다." 나의 사랑하는 형제들이여, 만일 여러분이 그리스도의 제자라면 그렇게 하지 말아야 합니다. 그 모든 이들을 옆으로 일단 제쳐놓아야 합니다. 예수님보다 더 사랑하는 자가 있다면 예수님을 버리게 되는 셈입니다. 주님께서 시편을 통해서 이렇게 말씀하지 아니하셨습니까? "딸이여 듣고 보고 귀를 기울일지어다 네 백성과 네 아버지의 집을 잊어버릴지어다 그리하면 왕이 네 아름다움을 사모하실지라 그는 네 주인이시니 너는 그를 경배할지어다"(시 45:10-11). 의를 행하기 위해 결심함으로써 친척들에게 사랑을 가장 잘 나타낼 수 있습니다. 왜냐하면 그렇게 함으로써 그들의 영혼을 얻을 수 있는 가능성이 더 많이 있기 때문입니다. 그들을 너무 사랑하여 그들 속에 있는 악을 용납하여서는 안 됩니다. 그들을 너무 진실하게 사랑한 나머지 그들 속에 있는, 여러분을 해롭게 하거나 그들을 망하게 하는 것을 미워해야 합니다. 여러분은 가장 사랑스러운 끈으로 여러분에게 묶여져 있는 자들로부터 고난을 받을 준비를 해야 합니다. 죄는 어떠한 경로를 통해서 오든지 간에 용납하지 말아야 합니다. 우리는 죄가 되는 것에 항복하지 말아야 합니다. 우리의 결심을 어떤 면에서도 굽히지 말아야 할 것입니다. 우리가 사랑하는 것이든 미워하는 것이든 그리스도를 따르는 관점에서 결정해야 합니다.

　그 다음에 생각해야 하는 항목이 또 있습니다. 그것은 바로 우리 "자신을 미워하는" 문제입니다. 어떤 이들은 자신을 미워하기보다 아버지나 자기 아내를 미워하는 것이 더 쉬울 수 있습니다. 그러나 우리는 자신을 미워해야 합니다. 그것은 바로 이러한 문제지요. 내 자신의 즐거움이나 소득이나 자신의 평판이나 심지어 자신의 목숨까지라도 그리스도의 영광을 위하는 것과 충돌을 일으킬 때에, 자신을 아주 작게 여겨야 합니다. 그리스도의 길을 내 자신이 막고 서 있으면 내 자신을 미워해야 합니다. 저는 어머니나 아버지나 형제나 자매나 내 자신마저도, 주 예수 그리스도와 그의 거룩하신 뜻을 대적하는 위치에 있으면 원수처럼 보아야 합니다. 나는 내 자신을 위한 선한 소원을 가지고 자신을 사랑하듯이 그들을 사랑하고 그들의 선한 유익을 늘 소원해야 합니다. 그러나 죄를 짓거나 주 예수 그리스도의 영광을 강탈하면서까지 그들이나 내 자신의 유익을 바라지 말아야 합니다. 내 자신 속에 예수님을 반대하는 어떤 것이 있다면 그것과 관계를 끊어야 합니다. 나는 정과 욕심과 함께 육체를 죽여야 합니다. 구주를 근심하게 할 모든 것과 그러한 성향을 가진 내 자신의 모든 것을 부인해야 합니다. 그렇지 않으면 내가 주님께 온전히 순종하는 일에 방해를 받게 됩니다.

그 다음으로 구주께서는 우리 십자가를 지고 주님을 따라야 할 것을 말씀하셨습니다. "누구든지 자기 십자가를 지고 나를 따르지 않는 자도 능히 내 제자가 되지 못하리라"(눅 14:27). 때로 그 십자가가 우리의 믿음을 반박하는 자들 앞에서 믿음을 고백하는 형태로 오기도 합니다. 소심한 마음은 이렇게 말합니다. "아! 그렇게 한다면 친구들 모두가 나를 싫어할 거야." 여러분의 십자가를 지십시오! 그것이 참된 주님의 제자로서 지불해야 할 비용의 일부입니다. "만일 네 믿음을 공개적으로 표현한다면 아마 집에서 견디기 힘들 것이다." 그러나 여러분의 십자가를 지십시오! 형제들이여, 그렇게 하지 않으면 그리스도의 제자가 될 수 없습니다. 또 어떤 이는 "그렇습니다. 그러나 그렇게 하려면 제 일상의 삶을 바꿔야 할 것입니다." 형제여 바꾸십시오. 그렇지 않으면 주님의 제자가 될 수 없습니다. 또 어떤 이는 말합니다. 그러나 "장차 제 반려로 생각해 온 사랑스러운 사람이 있습니다. 만일 내가 세상의 길을 버리면 그가 나를 버리고 갈 거예요." 그렇습니다. 그가 그대를 떠남으로써 아무리 큰 손실을 본다 할지라도 가게 내버려 두십시오. 만일 그렇게 하지 않으면 그리스도를 따르거나 그리스도와 하나 되는 일은 불가능합니다. 여러분이 예수님을 따르느냐, 아니면 영원토록 멸망을 받느냐는 기로에 서 있기 때문입니다. 그러한 말들이 얼마나 우리를 시험합니까? 그러한 말들이 오늘날 얼마나 많은 거짓된 신앙 고백자들의 위선을 드러냅니까! 그들이 세상에서 구별되었습니까? 그렇지 않습니다. 그들은 물결에 떠다니는 죽은 고기처럼 실패하고 있습니다. 그들이 어떤 십자가를 졌습니까? 너무 과격하다, 너무 청교도적이라는 말로 그들을 욕하는 자가 있습니까? 결코 없습니다. 그들의 종교는 세상이 칭찬하는 종교요, 따라서 그리스도께서 혐오하는 종교이기 때문입니다. 만일 어떤 사람이 세상을 사랑하면 아버지의 사랑이 그 속에 있지 않습니다. 경건하지 않은 자들의 미소를 좋아하는 자는 하나님의 찌푸리신 얼굴을 보아야 합니다.

그러나 이보다 더 큰 값을 치러야 하는 다른 항목을 주님이 요구하십니다. 그것은 제자들이 자기 십자가를 지고 **주님을 따라야** 한다는 것입니다. 말하자면 주님께서 행하신 것처럼 행해야 한다는 것입니다. 그리스도를 우리의 본으로 삼을 준비가 되어 있지 않거나, 주님처럼 사는 것을 최고의 목표로 삼고 주님께서 행하신 대로 행하기 위해 자신을 포기할 준비가 되어 있지 않다면, 우리는 그의 제자들일 수 없습니다.

마지막으로, 우리는 모든 면에서 예수님께 즉시 복종해야 합니다. "이와 같이 너희 중의 누구든지 자기의 모든 소유를 버리지 아니하면 능히 내 제자가 되지 못하리라"(눅 14:33)고 하신 말씀을 청종하십시오. 핍박이 일어날 수 있으며, 모든 것을 실제적으로 포기해야 할 수도 있습니다. 그것을 각오해야 합니다. 모든 것을 포기해야 하지 않을 수도 있습니다. 그러나 주님께 대한 복종은 마음에 있어서 진실된 것이어서, 행동과 행실에 있어서 항상 마음이 함께 따라가는 것이어야 합니다. "나의 주여! 나는 오늘 내 몸과 영혼과 힘과 모든 나의 재능과 소유와 나의 집과 나의 자녀와 내가 가진 모든 것을 주께 드리나이다. 이후부터 나는 그 모든 것들을 당신의 뜻대로, 당신 아래 있는 청지기답게 관리하겠습니다. 그것들은 당신의 것입니다. 내 것은 하나도 없고 모든 것을 당신께 바쳤나이다"라고 말하지 않으면, 그리스도께 자신을 온전히 드렸다고 할 수 없습니다. 이보다 못한 비용을 드리는 사람은 그리스도의 제자일 수 없습니다. 만일 여러분이 아직도 자신의 주인이고 어떤 작은 부분도 여전히 자신이 소유하고 있다면 그리스도가 여러분의 상전일 수 없습니다. 모든 작은 부분과 티끌 하나까지도 다 주님의 것이어야 합니다. 여러분의 목숨마저도 말입니다. 그렇지 않으면 주님의 제자가 될 수 없습니다.

이것은 매우 엄격한 말입니다. 그러나 저는 다시 한 번 그 말이 제 자신에게서 나온 것이 아님을 상기시켜 드리렵니다. 제가 그 말씀을 강론하는 데 실수를 했다면 정말 안 된 일을 한 것입니다. 그러나 그 말씀을 강론하면서 너무 엄격하게 했다는 면에서는 실수하지 않았다고 확신합니다. 내가 너무 관대하게 말했을지도 모른다는 솔직한 심정을 가지고 있습니다. 본문의 말씀은 문제를 근본적으로 다룹니다. 그리고 마지막 부분까지 다루고 있습니다. 자, 여러분, 비용을 계산하십시오! 만일 여러분 중 어느 누구도 아무런 비용이 들지 않는 신앙을 추구했다면 그것을 내려놓고 거기서 달아나십시오. 그것은 여러분에게 저주와 파멸이 될 것이기 때문입니다.

이러한 대가를 지불하지 않은 채 천국을 얻은 사람이 있습니까? 아무도 없습니다. 이러한 희생 없이 그리스도인이 될 수 있습니까? 만일 그러한 생각을 가지고 믿음 생활을 한다면 여러분은 가짜 믿음을 가지고 있는 것이고 위선자이며, 가룟 유다의 형제들일 수 있습니다. 그러나 참된 그리스도인일 수는 없습니다. 이런 대가를 피할 수 없습니다. 그 대가를 조금이라도 깎아 내릴 수 없습니다. 하나님께서 그 요구에 복종하실 수 있도록 여러분에게 은혜를 베풀어 주시기를 바랍니다.

2. 비용을 계산해야 한다고 말하는 지혜

이제 두 번째 대지는 "우리가 비용을 계산해야 함을 암시하는 지혜"입니다. 여러분은 자신이 그리스도인인 것 같다는 느낌을 가지고 있습니다. 사랑하는 친구들이여, 여러분의 손을 내밀어 보십시오. 여러분이 그러한 모습을 하고 있는 것을 보니 기쁩니다. 그러나 제가 여러분의 손을 잡고 그리스도를 향하여 열심히 여러분을 끌고 갑니다. 그러면서 여러분의 얼굴을 바라보며 이렇게 말합니다. "당신은 자신이 원하는 것이 무엇인지 아십니까? 당신이 무엇을 소망하고 있다고 확신하나요? 도움을 요청하며 울부짖는 병상에 누워 있는 사람들이 있습니다. 그러나 그들이 회복되어 퇴원하여 세상과의 전투를 해야 할 때 '다시 그 병상으로 돌아갔으면 좋겠다'라고 말할 때가 올 수 있습니다." 저는 여러분 중 어느 누구도 "내가 교회에 등록을 하였지만 그것은 실수였다. 그 문제를 신중하게 생각하지 못했었다. 내가 지금 그 일로 인해 교회에 들어와 있다. 참 안된 것이다. 내가 있어서는 안 될 곳에 와 있기 때문이다"라고 말할 때가 오지 않기를 바랍니다. 여러분이 정직하고, 만일 그것이 사실이라면, 신앙 고백 한 것을 포기해야 합니다. 은혜를 전혀 갖고 있지 못하다면, 나는 여러분이 사실상의 거짓말을 계속해서 하지 않을 만큼의 일반적인 정직함을 보이기를 바랍니다. 만일 그러한 일이 발생한다면 저는 서글퍼지겠지요. 그러므로 오늘 아침 저는 여러분에게 간청합니다. 비용을 계산하십시오. 비용을 계산하지 않으면 자신의 결심을 이행할 수 없게 됩니다. 이 일은 큰 건축이요, 큰 싸움이기 때문입니다. 구원받기 위해서 며칠 동안 일정 분량의 정서를 유지하기만 하면 된다는 생각을 하는 것만큼 큰 실수를 하는 것은 없습니다. 그런 사람의 믿음은 결심하라고 요청하는 그 시간에만 존재할 뿐입니다. 제가 만약 그러한 교리를 설교했다면 여러분의 영혼을 기만하고 있었던 것입니다. 믿음과 회개는 한두 주간의 일이 아닙니다. 평생의 일입니다. 그리스도인이 지상에 있는 한 계속 회개해야 합니다.

　　믿음은 "내가 예수 그리스도를 믿습니다. 그러므로 나는 구원 받았습니다" 라고 말하는 것이 아닙니다. 믿음은 매일 받아야 하는 은혜요, 평생 신뢰하는 문제입니다. 그리스도인은 영원한 영광 속에서 승리를 맛보기 시작할 때까지 계속 믿고 회개해야 합니다. 더구나 믿음은 신자의 삶에 거룩하게 하는 결과를 끊임없이 내놓는 것입니다. 그렇지 않으면 바른 믿음을 가졌다고 말할 수 없습니다. 예수 그리스도를 믿는 자는 구원을 받습니다. 그러나 그것이 일시적인 믿음에 불과한 것이라면 그러한 구원은 일시적인 것에 불과합니다. 죄를 진실로 회개하는 사람은 새롭게 된 사람입니다. 그러나 만일 죄에 대한 회개가 잠시뿐이고 금방 사라져 버린다면, 회개를 통해서 나타나는 것처럼 보였던 생명도 금방 사라져 버릴 것입니다. 거짓되고 덧없는 신앙에 만족하지 말아야 합니다. 여러분이 세우기 시작한 망대는, 여러분이 하늘로 취함을 받을 때에야 그 마지막 꼭대기 돌을 놓게 되는 그런 망대입니다. 여러분은 지금 칼을 종려나무로 대신하는 화평의 때가 될 때까지는 결코 끝나지 않을 전쟁을 시작하고 있는 것입니다.

　　이 큰 사업에 있어서 실패하는 것은 엄청나게 무서운 패배를 불러올 것입니다. 주님께서 뭐라고 말씀하셨습니까? 시작하고 이루지 못하면 조롱을 받게 될 것이라고 말씀하십니다. 그 조롱의 형태가 어떠한지 주목하시기 바랍니다. "그렇게 아니하여 그 기초만 쌓고 능히 이루지 못하면 보는 자가 다 비웃어 이르되 이 사람이 공사를 시작하고 능히 이루지 못하였다 하리라"(눅 14:29-30). 우리 주님께서 그 어리석은 건축자에게 "네가 그 건축을 시작하였지만 이루지 못하였다" 고 말한 것으로 표현하지 않고, 그 건축자의 이야기를 3인칭인 '이 사람'으로 표현하였습니다. 마음을 반밖에 쏟지 않는 그리스도인, 마음을 반밖에 쏟지 않는 종교적인 사람들은 큰 길거리에서 면박을 당하며 조롱을 받지 않을 수 있습니다. 그러나 대개 그들의 등 뒤에서 조소하는 소리가 들리게 되어 있습니다. 거짓된 신앙 고백자들은 보편적으로 멸시를 받습니다. 세상 사람들은 비웃으면서 말합니다. "아! 이 사람들, 교회에 다니는 괜찮은 종류의 사람들이군!" 세상은 세상적인 교회를 아주 깔보는 투로 바라봅니다. 제 자신의 입장에서 보면 그러한 조롱이 그러한 것을 받을 만한 사람들에게 부어진다는 것을 그렇게 크게 안됐다고 생각하지는 않습니다. 그리스도의 제자인 척하는 것만으로는 현세에서나 영원 세계에서 다같이 조롱을 받게 됩니다. 거짓된 신앙 고백자의 운명이 그러할 것입니다.

여러분, 만일 여러분이 그리스도인이 되려 한다면, 철두철미하게 바른 그리스도인이 되려고 결심하십시오. 사람들이 여러분의 면전에 대고 칭찬은 하지 않을 것이지만 그러한 결의에 찬 모습을 볼 때 존중할 것이고, 여러분을 미워하는 자들마저도 여러분의 가치를 알 것입니다. 그러나 만일 여러분이 반은 세상 중심, 반은 그리스도인의 모습을 띠고 있어 철두철미하지 못하다면, 세상 사람들은 여러분의 면전에서는 그렇게 하지 않을지 모르지만, 뒤에서는 경멸합니다. 그들은 여러분을 지나치면서 조소할 것이고, 여러분보다 솔직한 세상적인 마음을 가진 사람들을 더 존중할 것입니다. 왜냐하면 그는 있는 그대로 말을 하고 어떤 다른 사람인 양 위선을 보이지 않기 때문입니다. 그러나 여러분의 경우에는 망대를 짓기 시작하였으나 마치지 못하여 조롱을 받는 것입니다. 반은 세상이요 반은 그리스도인의 모습을 띤 사람은 정말 얼마나 곤고한 사람입니까! 우리는 때로 변덕스런 사람들이 큰 건물들을 짓기 시작해 놓고는 그냥 버려 두는 경우를 자주 발견합니다. 이곳 사람들은 그런 사람들을 보고 "스미스의 어리석음", "브라운의 어리석음", "로빈슨의 어리석음", 이러한 식으로 부릅니다. 이러한 것들은 덧없이 조롱을 받게 하는 것들일 뿐입니다. 그러나 외면적으로는 그리스도인이 되기 시작하고 나서 중간에 그리스도인의 신분을 깨어 버리는 사람은 지옥에서도 구원받지 못한 다른 사람들에게 지목을 받으며 조롱을 받을 것입니다. 주정뱅이가 "당신? 당신도 여기에 왔어? 진지함에 대해서 그렇게 웅변적이던 당신, 뇌물을 주는 사람을 그렇게 꾸짖을 자세가 되어 있었던 당신도 여기에 왔어?" 또 다른 사람은 이렇게 소리칠 것입니다. "아! 당신은 우리 거리 아래에 살았던 사람이다. 당신이 나보다 뭐가 더 잘났어?" 자, 뻔뻔하게 하나님을 모독하던 사람들이 양심의 가책을 전혀 느끼지 않으면서 이렇게 소리칠 것입니다. "당신도 우리 중 하나같이 되었어? 교회에 다니던 당신이 지옥에 왔다? 당신이 이렇게 지옥에 올 것이면서 성찬식 포도주의 맛을 보았다? 그런 당신은 어디서 혀를 서

늘하게 할 물 한 방울을 요구할 것인가? 그처럼 잘 삼키던 성찬식의 떡, 그것이 그대의 외식적인 목젖에 붙어 있지 않은가? 하나님과 사람 앞에서 거짓말을 하던 그대가 우리와 똑같이 버림을 받은 것은 정말 정당해.” 오! 만일 여러분이 구원을 받지 않아야 한다면 외식자로서보다 다른 어떤 자로서 그렇게 되십시오. 만일 여러분이 멸망한다면 교회를 다니면서 멸망하지 말고 교회 밖에 있으면서 멸망하십시오. 영광의 주를 모독하지 마십시오! 방자하게 주님의 은혜를 모방함으로써 구주의 탁월성을 흉내 내는 것보다 더 악한 행동은 없다고 생각합니다. 주님의 성결을 익살스럽게 만들고 주님의 완전하심을 깎아 내리는 것만큼 주님의 거룩한 덕의 위험을 손상시키는 것이 무엇이 있겠습니까?

3. 천국 종교는 대가를 지불할 가치가 있다

마지막 대지는 이것입니다. “그 대가가 어떠한 것이라 할지라도 참된 종교는 그 대가를 지불할 참된 가치가 있다”는 것입니다. 우리는 자신이 죽어 가고 있다는 것을 알면서도 자기를 고칠 약이 저기 있다는 것을 아는 페스트 걸린 사람과 같습니다. “의사 선생님, 당신은 내게 있어서 약 한 방울 값이 다이아몬드와 같은 높은 가격을 요구하고 있습니다. 그 가치는 최상품 진주보다 더 큰 값입니다. 그러나 그것은 문제가 되지 않습니다. 나는 그 약을 먹어야겠습니다. 먹지 못한다면 나는 죽은 사람입니다. 죽으면 내가 금을 가지고 있다는 것이 무슨 유익이 되겠습니까?’ 여기 있는 우리 모두가 그리스도를 모시느냐, 영원히 망하느냐의 기로에 놓여 있습니다. 우리의 오른팔을 잘라 내고 우리의 오른 눈을 뽑을지라도 지옥 불에 들어가지 않는 것이 훨씬 더 낫습니다.

형제들이여, 참된 신앙이 가지고 있는 현재 복락들이 어떠한 값을 지불한다 할지라도 그만큼 가치가 있다는 것을 주목하십시오. 나와 친밀한 것을 끊어 버려야 한다면 어떻게 되겠습니까? 예수님, 주님은 제게 남편이나 아내나 자녀보다 귀합니다. 내 품에 안겨 있는 아내가 나를 원수로 볼지라도 주님은 제 마음에 계셔야 하고, 라헬이나 리브가보다 더 귀하신 분이어야 합니다. 그렇습니다. 아버지가 “그리스도를 따른다면 다시는 내 집에 오지 말라”고 말할 정도가 된다면, 그렇게 하시도록 내버려 두십시오. 왜냐하면 아버지나 어머니가 나를 버릴지라도 주께서는 나를 취하실 것이기 때문입니다. 손실을 입는 즉시로 즉각적인 기쁨이 보상으로 따라올 것입니다. 그렇습니다. 의심할 여지 없이 여러분은 주 예수 그리스도를 아는 지식의 고상함 때문에 모든 것을 해로 여길지라도 여전히 이익을 보는 사람입니다.

다시, 죽음의 순간에 참된 경건을 통해서 얻게 되는 위로를 무엇과 바꾸겠습니까? 죽음의 병상에 누워 있으면서 "나는 이제 예수님을 위해서 내 가정에서 내쫓겼다"고 말할지라도 전혀 고통을 느끼지 않을 것입니다. "내가 그리스도를 위해서 조롱을 받았다"는 것을 기억하면서도 결코 슬프지 않을 것입니다. "내가 너무 지나치게 바른 믿음을 가지려고 한다거나 너무 청교도적이라는 소리를 듣는다"고 말할지라도 고통스럽지 않을 것입니다. 결코 그렇지 않을 것입니다. 그러한 것들이 죽을 때 베개 속에 가시와 같이 작용하지 않을 것입니다. 오, 결코 아닙니다! 우리는 거기서 예수님의 십자가의 한 부분을 담당한다는 것이 얼마나 달콤한 일인지 알게 될 것입니다. 그리스도의 십자가의 한 조각은 사형 날에 받는 왕의 사면장처럼 가치가 있을 것입니다. 더구나 나팔이 울리고 죽은 자들이 일어나는 최후의 심판에서 우리는 "그리스도를 위해서 내가 너무 많은 고생을 하였다"고 말하지 않을 것입니다. 우리는 그리스도의 선택한 백성의 무리에 들어 오른편에 있으면서, 뒤를 돌아다보며 예수님을 위해서 깨끗한 믿음을 지키기 위해서 이 세상에 있을 때에 사회나 여러 신분에 있어서 손해를 보았던 사실에 대하여 후회하지 않을 것입니다. 경멸받는 비국교도 비밀 집회에 참석하면서, 예수님을 사랑하여 이 세상의 가난한 자들 사이에서 함께 예배를 드리며 예수님의 복음에 충성을 다했던 것을 결코 슬퍼하지 않을 것입니다. 오, 아닙니다! 저는 장담합니다. 그날 자기 주님을 위해서 가장 혹독한 경험을 하였던 사람이 가장 빛나게 될 것이라고 말입니다. 세상이 감당하지 못했던 순교자의 무리, 만물의 찌끼처럼 여김을 받았던 그 사람들이 밝은 자들 가운데 두 배로 밝게 빛나게 될 것입니다. 주님의 제자마다 주님을 위해서 이 세상에서 포기할 수 있었던 모든 것의 백배를 받을 것입니다. 반면에 주님을 위해 순교한 자들은 가장 훌륭한 몫을 받을 것입니다.

더구나 저는 여러분에게 상기시켜 드립니다. 그리스도께서 여러분에게 포기하라고 요구하시는 것은 여러분에게 해로운 것에만 국한되는 것입니다. 만일 여러분이 아버지나 어머니를 미워해야 한다면, 그들의 그릇된 요청에 굴복하지 않거나 그들 때문에 그리스도를 버려야 되는 경우에만 해당되는 것입니다. 만일 여러분이 어떤 즐거움을 포기해야 한다면, 그것이 여러분에게 합당치 못한 즐거움이고, 독이 들어 있는 설탕과 같은 것이어서 진정한 달콤함이 아닌 경우이기 때문입니다. 그리스도께서 여러분에게 훨씬 더 큰 즐거움을 주실 것입니다.

더구나, 우리 구주께서는 우리 중 어느 누구에게도 당신이 친히 행하지 아니하신 일을 하라고 요구하시지 않는다는 사실을 기억해야 합니다. 그 생각이 저를 찌르며 각성시키듯이 여러분에게도 똑같은 효과를 나타내셨으면 좋겠습니다. 구주시여, 주께서 아버지를 포기하라 말씀하셨나요? 주께서 아버지를 떠나지 않으셨나요? 주님을 위해서라면 아버지의 집을 버리라고 명하셨지요? 주께서는 하늘의 영광스러운 처소를 버리지 않으셨나요? 능욕을 담당하라고 부르심을 받았다면 어떠하나요? 사람들은 주님을 바알세불이라고 불렀습니다. 제가 쫓겨난다면 어떻게 되나요? 그들이 주님도 쫓아냈습니다. 주님께서 당하신 채찍과 수치와 침 뱉음을 생각할 때 우리의 슬픔이 어떠합니까? 만일 주님을 위해 죽어야 한다면 우리는 주님께서 임박한 진노에서 우리를 구하기 위해서 옷을 다 벗긴 채 십자가에 어떻게 매달려 계셨는지 알고 있습니다. 오, 신자여! 그대는 주께서 어디로 인도하든지 따라갈 수 있습니까? 십자가의 군사들이여, 그대들은 그를 따라갈 수 있습니까? 그 길은 그대들의 사랑스러운 발을 위해서 충분히 부드러운 길인가, 아니면 그대들에게 너무나 거친 길인가? 무섭기 짝이 없는 공격이 가해지는 전투장의 중심에 주님이 서 계실 때에도 주님을 따르겠는가? 용감하게 주님을 따르겠는가? 아니면 평안의 장막을 연모하겠는가? 저기 저 움츠러들며 원수에게 투항하고 있는 겁쟁이들의 안락한 의자를 연모하는가? 오! 만일 여러분이 진실로 주님을 따르는 자라면, 저는 선한 모든 것을 통해서 여러분에게 외치라고 다그치는 바입니다. "주님께서 가시는 곳에 그의 종도 가게 하시어 주님께서 계신 곳에 그의 종도 있게 하옵소서. 이 세상에서 주님의 겸손을 우리의 것으로 삼아, 오는 세상에서 그 영광에 참여하는 자가 되게 하시옵소서."

이렇게 설교하는 것은 너무 강하다고 여러분은 말합니다. 그러나 구주께서 제가 말씀드린 그 모든 것을 의중에 두고 말씀하신 것입니다. 주님의 말씀은 하나의 시금석과 같습니다. 그러나 그것을 잘 기억하면 우리에게 위로를 줄 수 있는 진리가 있습니다. 여러분이 망대를 세울 수 없다는 것은 진리입니다. 여호수아는 당대에 백성들에게 말하였습니다. "너희는 여호와를 섬길 수 없느니라." 만일 여러분이 비용을 계산하였다면 이때쯤 해서는 여러분 스스로 그 전쟁을 치러낼 수 없다는 것을 알 것입니다. 1만의 병사로 쳐들어오는 2만을 맞설 수 없습니다. 그러나 그 일은 반드시 해내야 합니다. 불가피한 필연성이 뒤에서 밀어붙이고 있습니다. 앞에 어떠한 것이 있더라도 우리는 물러설 수 없습니다. 롯의 아내를 기억하십시오. 그러니 우리는 어떻게 해야겠습니까? 주님께서 하신 말씀에 귀를 기울이십시오. "사람으로는 할 수 없으나 하나님으로서는 다 하실 수 있느니라"(마 19:26). 여러분은 주님을 따르고 싶습니까? 그러면 하나님의 성령께서 여러분을 도우실 것입니다. 세상과 육체를 버리고도 전혀 아까운 생각을 하지 않고, 자신의 정욕을 대적하여 싸우면 어린 양의 피로써 그 정욕을 이길 것입니다. 망대가 세워지면 그곳에 주께서 거하실 것입니다. 단순한 믿음을 가지고 예수님께 자신을 맡기십시오. 주님의 능력 안에 거하십시오. 매일 주님의 능력을 믿으십시오. 그러면 주님께서 여러분을 내내 안전하게 지켜 주실 것입니다.

여러분은 이 대목 바로 뒤에 오는 구절을 기억합니까? 저는 제 설교에 그런 일들이 따를지 모르겠습니다. 예수님께서 시내 산꼭대기에서 천둥치듯이 말씀하셨고 그의 쓰시는 말들이 거칠어 보임에도 불구하고 다음과 같은 구절을 만나게 되니 정말 놀랍습니다. "모든 세리와 죄인들이 말씀을 들으러 가까이 나아오니"(눅 15:1). 마치 그들은 자신들에게 "이 사람은 우리에게 진리를 말하고 있으니 우리가 그의 말을 들을 것이다"라고 말하는 것 같습니다. 그런 다음에 주님께서는 값없이 베풀어 주시는 보배로운 은혜의 진리를 말씀하시기 시작하셨습니다. 마치 농부가 밭을 갈아 뒤집어엎은 다음에 행동하는 것 같은 모습을 띠셨습니다. 주님께서는 밭고랑의 흙덩이가 깨어져 부드럽게 된 다음에야 황금 씨앗을 뿌립니다. 그렇지 않고는 결코 뿌리지 않으십니다. 오! 그리스도를 모실 사람은 와서 그분을 모시십시오! 구원을 받을 자들은 그분의 주권적인 은혜의 선물로 구원을 받으십시오. 그러나 그 은혜의 선물을 잘못 이해하면서 받지는 마십시오. 그 선물이 무엇을 뜻하는지를 이해하십시오. 구원은 지옥에서만 구원하는 것이 아닙니다. 죄로부터 구원입니다. 구원은 단순히 사람의 영원한 고통에서 건져내는 것만이 아닙니다. 이 세상의 헛되고 악한 길에서 구속하는 것입니다. 그것은 나눌 수 있는 일이 아닙니다. 위에서부터 통으로 짠, 호지 아니한 겉옷과 같습니다. 의롭다 하심을 얻을 것이면 거룩하게 하심도 가져야 합니다. 만일 여러분이 죄 용서를 받으면 거룩함도 지녀야 합니다. 그리스도와 하나가 되었다면 죄인들로부터 구별되어야 합니다. 만일 위에 있는 황금 길을 걷고 싶으면 지상에서 성결의 길을 걸어야 합니다. 하나님께서 성령을 주셔서 여러분이 그렇게 할 수 있게 하시기를 원합니다. 그래서 하나님의 이름을 영원토록 찬미하게 되기를 바랍니다. 아멘.

제
54
장

—

싸우기 전에 생각하라

—

"또 어떤 임금이 다른 임금과 싸우러 갈 때에 먼저 앉아 일
만 명으로써 저 이만 명을 거느리고 오는 자를 대적할 수 있
을까 헤아리지 아니하겠느냐 만일 못할 터이면 그가 아직
멀리 있을 때에 사신을 보내어 화친을 청할지니라."
– 눅 14:31-32

분별 있는 사람은 누구나 자기 능력에 따라 자기 목적을 조정하려고 노력합
니다. 능히 끝낼 수 없는 집을 짓기 시작해서는 안 됩니다. 충분히 이길 승산이
없는 싸움은 시작하지도 말아야 합니다. 그리스도의 종교는 세상에서 가장 합리
적인 것입니다. 예수 그리스도께서는 비용을 계산하지 않고 맹목적으로 당신을
따르는 그 어떤 제자도 원치 아니하십니다. 항상 우리는 사람들로 앉아서 숙고
하도록 만들 수 있을 때 그 일이 행복하다고 평가합니다. 여러분 거의 모두는 머
릿속이 다른 생각들로 가득 차 있습니다. 세상에 너무나 사로잡혀 있습니다. 또
는 일상적인 업무로 이리저리로 생각을 돌리고 있습니다. 그래서 여러분으로 하
여금 앉아서 영원에 비추어서 일들을 차분하게 생각하도록 만들 수 없습니다.
또 마땅한 바대로 그러한 것들을 신중하게 생각하도록 유도하기가 어렵습니다.
그러나 주님께서 친히 여러분에게 자신의 영적인 문제에 관해서 분별 있는 사람
이라면 누구나 자기 일에서 끊임없이 행하는 일을 주님에 대해서 하라고 요구하
시는 것은 이치에 합당한 일입니다. 어떤 무역하는 사람이 재고 조사를 전혀 하

지 않는다면 그 사람은 형편없는 무역업자입니다. 일정한 기간마다 수치 사항을 점검하는 일이 결코 없다면 머지않아 파산에 들어가기가 쉽습니다. 그리스도께서는 때로 여러분이 앉아서 자신이 어디에 있으며 어떠한 사람인가를 스스로 생각하게 하실 것입니다. 또한 믿을 만한 계산을 도출할 수 있는 산술법을 통해서 여러분이 할 수 있는 것이 무엇이며 할 수 없는 것이 무엇인지, 그래서 이치적으로 감당할 수 있는 것이 무엇이며, 없는 것이 무엇인지, 자신의 마땅한 위치가 어디며, 그래서 결코 있어서는 안 되는 곳이 어디인지를 종합해 보도록 할 것입니다.

저는 특별히 이 저녁에 여기 모인 회중 가운데 회심하지 아니한 사람들을 향하여, 하나님을 믿게 될 때 치러야 하는 싸움에 대해서 몇 가지를 생각하도록 촉구하렵니다. 그들이 그 싸움에 대해서 조금만 생각한다면 사신을 보내어 화평을 청하게 될 것을 바라면서 말입니다. 제가 그 점에 대해서 말하면, 어떤 분은 당장에 자기들이 하나님과 즉시 화평할 것이고, 사탄과 전쟁을 벌인다는 개념으로 돌진할 사람들이 나타날 것입니다. 그러나 저는 그들을 잠시 앉혀 놓고 그와 같은 전쟁에서 승리할 비율이 어느 정도인지 평가하게 만들고 싶습니다. 또한 자신의 힘으로 그 흑암의 임금과 맞서 싸울 수 있을지 알게 하고 싶습니다.

1. 하나님의 친구가 아닌 자들

먼저, "여기에 하나님의 친구가 아닌 자들이 있습니다." 이 경우에 하나님과 함께 하지 않는 자는 하나님을 대적하는 자입니다.

만일 하나님을 우러러 보면서 "나의 아버지"라고 말할 수 없으며, 하나님을 향할 때 마음이 고동치는 것을 느낄 수 없다면, 그것은 자신이 하나님의 원수라는 사실입니다. 그런 사람은 자신이 소원하는 것을 얻을 수만 있다면 하나님이 계시지 않아도 좋겠다고 생각합니다. 자신이 소원하는 것을 자기 마음대로 가질 수만 있다면 하나님에 대한 생각들로 다시 마음 쓰지 않을 셈입니다. 여러분은 자기가 원하는 대로 살고 싶다고 말합니다. 여러분은 어떻게 살고 싶은 지 압니다. 그것은 하나님이 원하시는 것과는 다를 것입니다. 자, 하나님과 지금 적대 관계에 처해 있다면 잠시 이것을 생각해 보십시오. 여러분이 그 싸움에서 승산이 있습니까? 하루라도 하나님을 이길 것 같습니까? 여러분은 하나님의 율법과 투쟁하는 싸움에 돌입하였습니다. 율법을 지킬 뜻이 전혀 없습니다. 주님의 날에 관해서 전혀 관심이 없습니다. 여러분은 이런 식으로 하나님과 싸우고 있는 것입니다. 그 싸움에서 성공할 것 같습니까? 여러분이 이길 기회가 한 번이라도 있겠습니까? 있다면 계속 그렇게 가는 것도 좋을지 모릅니다. 만일 여러분이 그분을 이길 수 있고, 그 전투에서 승리를 거두어 죄악의 깃발이 개선을 알리며 펄럭이는 것을 볼 수 있다면, 사람이여, 한 번 해 보십시오. 하늘의 통치를 받는 것보다는 지옥에서 왕 노릇 하는 것을 더 좋아했던 사탄은 한 번쯤 하나님을 대적하겠다는 야심을 가질 것입니다. 그러나 사람인 여러분에게 어떤 소망이 있습니까? 저는 여러분 앞에 몇 가지 요점을 말씀드리겠습니다. 그것을 통해서 여러분이 하나님과 대적할 때는 벌써 상대가 되지 않으며, 그래서 대적한다는 생각 자체를 당장에 포기하도록 유도할 것입니다.

먼저 하나님의 거대한 능력을 생각해 보십시오! 하나님이 하실 수 없는 것이 뭐가 있습니까? 우리나라에서는 하나님의 능력을 비교적 조금밖에는 보지 못합니다. 폭풍 속에서 뇌성벽력이 칠 때가 있습니다. 다시 말하면, 하나님께서 하늘을 번개의 번쩍임으로 장식하실 때 우리는 위를 쳐다보면서 놀랍니다. 그러나 가서 깊은 바다에서 일해 보십시오. 대작하는 광풍 앞에서 여러분의 작은 배를 띄워 보십시오. 배를 구성하고 있는 모든 견고한 나무 버팀목들이 한낱 판자 조각처럼 우지끈 부러질 것 같고, 건장한 돛대가 갑판 위로 넘어지고 부러져나가 산산조각이 나는 모습을 생각해 보십시오. 하나님께서 그 큰 깊은 바다를 휘젓고 하늘을 내려오게 하고 땅을 위로 드는 것처럼 하여 광풍 속에 모든 것이 뒤죽박죽이 되도록 하실 때 어떻겠는지 생각해 보십시오. 그 다음에는 알프스 산으로 가서 뇌성벽력과 함께 우박이 쏟아지는 소리를 들어 보십시오. 소름끼치는 절벽을 내려다보거나 깊고 푸른 갈라진 틈의 우묵한 것을 바라볼 때 놀라 어쩔 줄 모르며 어안이 벙벙해질 것입니다. 떨어지는 폭포들을 보십시오. 얼어버린 바다를 보십시오. 빙하들을 바라보십시오. 그 빙하들이 산기슭까지 내려오다가 박혀 있는 것들을 보십시오. 거친 바람이 그곳에 와서 모여 크게 소용돌이치는 모습을 잠시 멈추어 바라보십시오. 높은 산은 높은 산에게 말할 것이고, 그 흰 봉우리들은 태풍의 날개들이 그 위를 덮고 있는 동안에 절을 하는 것처럼 보일 것입니다! 자연이 요란한 소리를 내며 변화를 일으키는 것만 보더라도 하나님의 능력에 대해 배울 수 있습니다. 울프 박사(Dr. Woolfe)가 아침에 일찍 일어나 알레포에서 나가서 고개를 돌려 보니 알레포가 더 이상 그 자리에 없는 것을 보았을 때 여러분이 그의 곁에 서 있을 수 있었다면, 알레포가 지진에 의해 한순간에 삼켜져 버린 것을 보고, 하나님께서 어떤 일을 하실 수 있는지 다시 한 번 보았을 것입니다. 그러나 여러분 모두가 너무나 잘 아는 것을 이렇게 다시 되새길 필요가 있는 것은 무엇 때문입니까?

하나님께서 깊음을 풀어놓으시고 큰 깊음 가운데 있는 샘들을 명하여 터지라 하시니 온 세계가 물로 덮였다는 것을 우리는 성경을 통해서 알게 되는데, 이 책이 하나님의 그 장엄한 행위를 어떻게 기록하고 있는지 생각해 보십시오. 또한 하나님께서 홍해에서 무슨 일을 하셨는지를 생각해 보십시오. 순간적으로 깊은 바다가 위로 향하여 섰습니다. 백성들이 그 바다를 통과하는 동안 말입니다. 그리고 얼마 후에 큰물이 열심히 손뼉을 치며 적들을 깊은 가운데 수장시켜 다시는 일어나지 못하게 하였습니다. 바산 왕 옥, 아모리 왕 시혼, 그리고 산헤립과 그 능한 자들을 회상해 보십시오. 그리고 하나님께서 그러한 사람들에게 어떤 일을 하셨는지 주목하십시오! 하나님의 방패를 향하여 돌진한 사람치고 상처받지 않은 사람이 누구입니까? 하나님께서 무슨 쇠를 부수지 못하셨습니까? 어떤 창을 꺾지 못하셨습니까? 수백 명의 사람들이 하나님을 대적하여 왔으나 그 콧김에 나가 떨어졌고 바람 앞에 겨처럼 까불려 나갔습니다. 바다야, 으르렁거려 보아라. 그러나 바위는 여전히 서 있으며 파도의 흰 물보라를 일으킵니다. 하나님의 원수가 격노하며 열심을 낼 때 그것처럼 만드십니다. 하늘에 앉아 계신 분이 비웃으십니다. 주님께서는 그들로 혼미케 하십니다. 당신 손을 대지 않고도 그들을 산산조각 냅니다. 한 번 바라보시는 것을 통해서 말입니다. 죄인이여, 그대가 맞서 싸우고 있는 분이 누구인가를 거듭 생각할지어다. 그대가 하나님의 팔 같은 팔을 가지고 있는가? 그대가 하나님처럼 뇌성을 발할 수 있는가? 그대가 발로 산을 뭉개 버리고 요동케 할 수 있는가? 바다를 향하여 "네 깊음까지 요동할지어다"라고 명할 수 있는가? 아니면 바람더러 일어나라고 명하거나, 광풍에게 대작하라 명할 수 있는가? 할 수 없다면 그 전투를 잘 생각해 보시라! 더 이상 애쓰지 말고 침상으로 조용히 돌아가서 마음으로 생각하며 하나님과 화평할 궁리를 하라. 하나님과 싸운들 이길 승산은 전혀 없도다.

오! 패역한 사람이여, 그대가 전능하신 분과 겨루어야 할 뿐 아니라 항상 자신을 둘러싸고 있는 능력과 싸워야 한다는 것을 생각하라. 여러분이 오늘 밤 현재 있는 위치도 다 하나님의 능력에 둘려 있다는 것을 생각하십시오. 여러분의 사업이 번창하고 있습니까? 그러나 그 번창의 흐름이, 여러분이 알지 못하는 방식으로 급회전될 수 있습니다. 하나님께서 이전에는 매우 사치스럽게 옷 입혀 주시는 것처럼 보였던 자들이라도 완전히 벌거벗길 수 있는 수천 가지 방법을 가지고 계십니다. 여러분이 아내에게 완전히 반하여 행복하다 할지라도, 그 아내가 여러분의 눈 앞에서 쓰러질 수도 있습니다. 또는 완전히 쇠약해져서 거동을 할 수 없게 될 수도 있고, 악화된 건강이 급속하게 나빠져서 단번에 그녀가 여러분을 떠나갈 수도 있습니다. 그러면 여러분의 기쁨은 어디에 있습니까? 여러분의 가정을 늘 단란하게 만드는 재잘거리는 아이들, 하나님께서 그들의 영혼을 부르시면 한순간이라도 그들을 붙잡을 수 있습니까? 하나님께서 "너희 사람들의 자녀들아 돌아오너라"고 말씀하시면, 여러분의 간절한 기도나 의사의 의술이나 여러분의 애타는 사랑, 그 모든 것이 무슨 소용이 있겠습니까? 여러분은 오로지 관과 수의를 사야 하고, 사랑하는 어린 아이를 보는 자리에서 땅에 묻어야 합니다. 하나님께서 원하시면 모든 것을 쓸어 가실 수 있습니다. 그래서 여러분을 무일푼으로, 자녀 없는 자로, 과부로, 세상에서 어떤 위로도 받을 수 없는 자로 만들어 버리실 수 있는 것입니다. 저는 저를 찌를 수많은 방법들을 가지고 계신 그분과 다투고 싶지 않습니다. 저는 그처럼 많은 부분에서 상처받기 쉽습니다. 하나님께서는 나를 신속하게 찌르는 방식을 전부 알고 있습니다. 그러므로 저는 그분을 원수로 삼기보다는 친구로 삼겠습니다. 뒷문 열쇠, 앞문 열쇠, 철문 열쇠를 다 가지고 계신 그분, 원하시기만 하면 나의 요새 전체를 허물어뜨릴 수 있는 폭풍을 보낼 수 있는 분과 싸우지 않는 것이 낫습니다.

다시, 여러분이 개인적으로 얼마나 그분의 손안에 들어 있는가를 생각해 보십시오! 여러분은 스스로 강하다고 말합니다. 어느 사람과도 하루의 일을 해낼 수 있다고 말합니다. 여러분보다 더 신속하게 짐을 나를 수 있는 사람이 극소수에 불과할 것이라고 장담을 합니다. 그러나 여러분의 모든 관절을 그분이 마비시키고자 한다면 1초면 충분합니다. 여러분의 모든 기능들이 깨끗합니다. 글씨를 깨끗하게 쓸 수도 있고, 여러분보다 복잡한 계산을 더 신속하게 해낼 수 있는 사람이 없습니다. 또한 어떤 비밀을 여러분보다 빨리 찾아낼 사람도 없습니다. 그러나 여러분이나 저를 침을 흘리며 더듬거리는 미친 사람으로 만들고자 하시면 초침이 째깍 하는 사이면 충분합니다. 두뇌에 신비롭게 한 번 손을 대시면 두뇌는 얼어붙어, 더 이상 그 안에 지성의 빛이 존재하지 못하게 하실 수 있는 것입니다. 또한 그 정반대로 무섭게 한 번 숨을 내쉬시면 불꽃을 맹렬하게 일으켜 느브갓네살의 풀무불처럼 타오르게 할 수 있습니다. 그런데 영혼이 그 풀무불 속에서 순교할 줄 알았지만 그 불 가운데서 결국 살아났습니다. 이것을 생각해 보십시오. 여기서 아주 가까운 곳에 베드람 정신 병원이 있습니다. 하나님의 섭리가 정말 지혜롭고 재치가 뛰어나며 지극히 유능해 보였던 자들에게 한순간에 어떤 일을 해낼 수 있는지에 대한 무서운 증거를 거기에서 볼 수 있습니다. 여러분은 어떤 방향으로 가더라도 머지않아 어떤 병원 문 앞에 이르게 될 것입니다. 그러면 거기서 하나님께서 원하시기만 하면 사람의 몸이 매우 낮아져서 먼지로 금방 돌아가게 하시는 것을 발견할 것입니다. 오, 죄인이여! 그러한 하나님과 친구가 되기는 할지언정 하나님을 원수로 삼지는 말 것입니다. 저는 정말 그분의 통제 안에서 힘없는 사람입니다. 벌레가 내 손 안에 있다면 내가 원하면 언제라도 그것을 으깨어 버릴 수 있습니다. 그 벌레가 지능을 가지고 있다면 나를 성나게 만들지 않을 것입니다. 또는 그 벌레는 내게 질병을 일으키려고 하지 않을 것입니다. 만일 그 벌레가 할 수만 있다면 내 마음 가까운 곳에 자기의 보금자리를 가지려고 할 것입니다. 원하면 언제라도 으깨어 버릴 수 있는 능력을 가진 내가 그 능력으로 자기를 보호해 주도록 그렇게 제 마음에 들게 할 것입니다. 또한 제가 어떤 기질을 가지고 있더라도 그를 보호하고 방어하기 위한 지혜로 그것을 사용하도록 제 마음에 들게 하려고 애를 쓸 것입니다.

만군의 여호와의 **전능하신 팔**을 기억하는 것이 좋습니다. 또한 여러분은 그 명령에 순종할 준비가 되어 있는 하나님의 피조물들 가운데 살고 있음을 기억하십시오. 이스라엘 사람들이 광야에서 길을 가고 있을 때 하나님께서는 그들을 많은 대적들과 헤아릴 수 없는 위험으로부터 보호해 주셨습니다. 정말 그러한 대적들과 위험들이 주위에서 으르렁거렸고, 할 수만 있으면 그들을 멸하려고 벼르고 있었습니다. 하나님께서 한번은 불뱀이 이스라엘 진영을 공격하도록 허락하셨습니다. 그때 그 진영이 즉시 얼마나 무서운 죽음과 공포로 떨었습니까! 그들은 그때 알았어야 했습니다. 명령에 순종하기 위하여 대기하고 있는 많은 야생 동물군(群)이 하나님께 있는데 그 하나님과 마찰을 일으키는 것은 정말 사소한 일이 아니었음을 알았어야 했습니다. 애굽의 여러 재앙들 속에 그 점이 얼마나 분명하게 나타났습니까? 개구리, 메뚜기, 이, 우박, 역병, 죽음이 홍수처럼 그 불행한 운명에 처한 땅에 넘쳐났었습니다. 하나님께서 당신의 손가락을 쳐들어 명령을 발하시니 그러한 일이 일어났던 것입니다. 하나님은 여전히 당신이 지으신 피조물의 세력을 이용하실 수도 있습니다. 자기들의 항로를 지나는 별들이 시스라를 거슬러 대적하였습니다. 하나님께서 명령하기만 하면 모든 것들이 합하여 선뿐만 아니라 악을 이루게 하실 수 있습니다. 헤롯이 하나님과 다투었을 때 충이 먹어 죽었습니다. 하나님께서는 당신의 명령을 행하시는 종들의 군대를 수없이 가지고 계십니다. 그 종들은 그분의 음성에 늘 귀를 기울이고 있습니다. 여러분은 잠시 기다려서 그러한 하나님의 종들을 맞을 방도를 생각하시는 것이 좋습니다. 여러분의 친구가 수도 없이 많습니까? 하나님의 군대와 같은 군대를 소집할 수 있습니까? 하나님의 군대 같은 대군을 가지고 계십니까? 하늘을 생각해 보십시오. 하나님께서는 저기 하늘에 허다한 별들을 다 정렬시켜 놓고 모두의 이름을 하나하나 부르십니다. 왜냐하면 하나님께서는 능력이 위대하시고 결코 모자람이 없으시기 때문입니다. 여러분은 지혜로우십시오. 하나님과 피로 말미암는 언약을 맺으십시오. 하나님을 이겨내려고 애를 씀으로써 분명히 패배할 짓을 하느라고 돌진하지 마십시오.

더 나아가 하나님의 지혜의 범위가 어떠한 것인지 기억하십시오. 하나님의 미련함이 여러분의 최고의 지식보다 더 큽니다. 오합지졸의 군대보다 훌륭한 장군 한 사람이 더 가치가 있는 것입니다. 스톤월 잭슨(Stonewall Jackson) 장군이 살해되었을 때 그의 원수들과 그의 친구들은 다같이 느꼈습니다. 장군의 죽음은 군사 일만 명을 잃어버린 것보다 더 큰 의미를 가진다고 말입니다. 아이언 듀크(Iron Duke) 공이 살았을 때에 우리 군대에 말할 수 없는 힘이 되었었습니다. 자, 하늘의 군대를 이끌고 계신 하나님의 그 능란하고 무한한 지혜를 주목하십시오. 모든 빛과 지식이 하나님의 것입니다. 하나님은 태고의 모든 날들을 다 관장하셨습니다. 그의 경험은 영원까지 거슬러 올라갑니다. 여러분은 지나간 어제에 불과하다는 사실을 알아야 합니다. 그분이 세우신 계획은 상상을 뛰어넘습니다. 그러나 그분은 여러분이 취하는 길을 아십니다. 그분은 여러분의 생각보다 훨씬 높으시며, 여러분이 가진 안목을 훨씬 지나치시는 분입니다. 그러나 하나님께서는 여러분을 꿰뚫어 보십니다. 여러분이 자신을 아는 것보다 하나님이 여러분을 더 잘 아십니다. 여러분의 지혜를 하나님의 지혜와 겨루기 위해 저울에 달아 보는 어리석음을 보이지 마십시오. 하나님을 이겨냄으로써 하나님을 무색하게 만들겠다는 기대감으로 들떠서 미련해지지 마십시오. 불길 속으로 달려드는 불쌍한 나방이여, 너는 선한 사람들의 동정심과 악한 사람들의 조소 속에서 소멸될 것이다.

그러나 저는 여러분에게 상기시켜 드리고 싶은 또 한 가지의 문제를 가지고 있습니다. 하나님을 대적하는 여러분, 여러분이 양심을 가지고 있다는 사실입니다. 여러분은 아직까지 양심을 제거하지 않았습니다. 주님이 주신 촛불을 들고 도둑질을 한다는 말이 있습니다. 그것이 사실입니다. 아직도 양심은 빛을 발하고 있습니다. 그것이 꺼지지 않습니다. 그 양심을 자신의 친구로 삼지 않으면 하나님께서는 그 양심으로 하여금 여러분에게 무서운 역병이 되게 하시는 방식을 알고 계십니다. 양심을 주신 것은 그것으로 갑옷을 해 입으라고 주신 것입니다. 그 갑옷을 입고 있으면 의의 싸움에 임할 수 있습니다. 그러나 만일 양심을 여러분의 원수로 여긴다면, 그 양심은 혹독하게 찔러대며 상처 내는 방식으로 칼을 쓰는 일이 잦습니다. 여러분은 양심을 가지고 있습니다. 하나님을 대적하는 사람이 양심을 가지고 있는 것은 정말 볼썽사나운 모습입니다. 만일 내가 하나님의 원수라면, 지존자의 거룩한 성품과 의로운 율법에 주목하도록 촉구하는 감시자를 전혀 갖지 않는 것이 낫습니다. 그런 경우 도덕적으로 지각할 수 있는 모든 부분을 잘라 내버리는 것이 좋을 것입니다. 그러나 여러분은 양심을 가지고 있습니다. 여러분 중 거의 모든 사람들이 다 죄책감에 대해서는 살아 있습니다. 수치감을 느끼지요. 그러므로 죄를 지을 때 다른 사람들처럼 바른 양심을 가지고는 죄를 지을 수가 없습니다. 양심 씨가 여러분 안에 있으니 그 양심 씨를 주저앉혀 버리려는 계획을 하고 있다면, 오히려 양심은 그 소리를 더 크게 발하고 있음을 알게 될 때를 만나게 될 것입니다. 그 소리는 공포스럽게 하는 요소가 있어서, 무서워 잠들지 못하게 하며, 정상적인 관례에 따라 일상 업무를 해 나가기가 어렵게 만듭니다. 하나님을 정말 신실하게 섬기는 사람들도 어떤 그릇된 일에 대한 양심의 참소를 받게 되면 그 양심이 가장 좋은 친구이기는 하지만 매우 유쾌한 동반자는 아님을 경험합니다. 다윗의 마음이 그를 쳤다는 것을 우리들은 말씀을 통해서 듣고 있습니다. 내 마음이 나를 치는 것보다 다른 어느 누가 나를 치는 것이 나을 성싶습니다. 왜냐하면 내 마음의 양심은 참으로 무서운 공격을 가하며 두들겨 패는 것입니다. "양심에 화인 맞은" 상태에 이르기까지는 그러한 일이 있을 것입니다. 침상에서 편히 쉬지도 못하고 어느 곳에서든지 평안과 만족을 얻지 못할 때가 올까 봐 더 두렵습니다. 그러므로 제가 마음속에서 하나님을 친구로 모시고 있다면, 하나님과 겨루어 싸우고 싶지 않을 것입니다. 하나님께서 제 마음에 계속 계시니 말입니다. 오! 여러분은 하나님과 화평하기를 원합니다. "그러므로 선한 것이 여러분에게 찾아올 것입니다."

또 다른 요점이 있는데 그 문제에 대해서는 길게 논의하지 않겠습니다. 그 문제는 이것입니다. 자신이 죽어야 한다는 사실을 기억하십시오. 그러므로 하나님과 대적하고 있는 것은 불쌍한 일입니다. 어떤 사람은 그것을 미루면서 "나는 아직 죽지 않을 것이다" 하고 말할지 모릅니다. 그러나 알지 못합니다. 여러분이 어떻게 그렇게 말할 수 있습니까? 내일 죽을 수도 있습니다. 그러나 앞으로 20, 30년 더 산다고 생각해 보십시다. 그러면 그것이 무엇입니까? 저는 아직 30대입니다. 그럼에도 불구하고 제가 지금 느끼는 대로 시간을 그렇게 짧게 생각한 적이 없었음을 고백합니다. 우리가 어렸을 때에는 12달이 어쩌면 그렇게 길게 느껴졌는지요. 20대에 이르니 1년이 꽤 길어 보였습니다. 그러나 지금은 1년이 날아갑니다. 지금 제 친구 중에 머리가 희어지고 있는 사람이 있는데, 50, 60, 70년이 한갓 지나가는 꿈이요, 손가락을 구부렸다 펴는 정도로 금방 지나가 버린다고 말할 것입니다. 그렇습니다. 짧은 인생을 살다가 죽어야 합니다. 사랑하는 친구여, 하나님과 싸우다가 죽는다는 것은 얼마나 끔찍한 일입니까? 만일 여러분이 지금 처한 처지에서 그러한 싸움을 싸울 수 있다면, 그러한 투쟁을 하라고 권면하지 않을 것입니다. 오히려 그 싸움이 갑작스럽게 중지되기 마련이고, 마지막 숨을 넘겨야 할 때가 있으면, 이마에 운명의 땀방울이 솟아야 할 때가 있으니 죽는 순간에 하늘의 하나님과 전쟁을 벌이고 있기보다는 더 나은 일을 하기 원하십시오. 하나님을 친구로 삼는 사람들마저 죽음이 매우 유쾌한 일은 아니라는 것을 압니다. 그러면 지존자와 항상 함께 다투면서 모든 매를 얻어맞게 될 자들은 그 죽음이 어떠하겠습니까? 항상 끊임없이 하나님을 원수로 삼고 있으니 말입니다.

또 미래의 상태가 있다는 사실을 생각하십시오. 그래서 사람이 죽으면 다시 살아야 합니다. 내세에 대해서는 우리가 조금밖에 알지 못합니다. 저는 오늘 밤 그 문제에 관해서 많은 얘기를 하지 않겠습니다. 여러분은 몸 밖으로 내보내어질 것이고 순전히 아무것도 입지 않은 영으로 본 적이 없는 세계에 들어가게 될 것입니다. 자, 그때에 여러분과 동반하는 친구를 얻을까요? 아니면 혼자일까요? 그 곳이 어디일까요? 그 곳이 어떠한 곳과 같을까요? 하나님을 친구로 삼지 않고 영의 세계로 들어갈 작정을 해서는 결코 안 됩니다. 왜냐하면 그 알지 못하는 신비로운 나라에 들어가되, 그 나라에서 왕 노릇 하시는 임금님께 대하여 고질적으로 항상 싸움을 벌이는 원수 이외에 어떤 이도 붙잡을 것 없이 그 목적지에 들어가는 것은 정말 무시무시한 일이기 때문입니다. 제가 국경을 벗어나 한 번도 밟아보지 않은 나라로 들어가려 한다면, 적어도 제게는 여권이 있어야 합니다. 아니면 "나는 이 나라를 통치하는 임금의 친구입니다"고 말할 수 있어야 합니다. 그 나라의 임금이신 하나님의 원수로 거기에 들어간다는 것은 정말 가공스러운 일임에 틀림없습니다!

그 외에, 저는 여러분에게 말씀드립니다. 하나님과 싸워 이길 공산이 조금도 없습니다. 여러분의 모든 경험이 그런 일을 하지 말라고 말립니다. 이 세상의 상태나 내세의 상태에서 하나님과 싸워서 이긴 자가 아직까지 하나도 없었는데 여러분이 처음으로 이기는 자가 된다는 말입니까? 하나님과 다툰 모든 자는 이 한 가지 결론에 이르기 마련입니다. "그가 능력으로 나오시니 그 원수들이 불 앞에 섶 같고 불길 앞에 촛밀 같구나. 목소리를 높이시니 그들이 녹아 버렸네. 그가 그 원수들을 바라보시며 한번 불기운으로 부시니 영원히 말라 버렸네. 그들이 절망의 무저갱에서 신음하고 통곡하나니, 그 모습 비참하나 쓸모 없는 후회일세. 그들의 추수는 지나고, 여름은 끝났도다. 그들은 구원받지 못하였도다. 그들은 자기들에게 주어진 힘을 사용하여 자기들의 하나님을 대적하였고, 멸망의 영원한 곳에 자신들을 이끌어가 거기서 나올 소망이 영원히 없어졌네." 오! 여러분은 사신을 보내어 화친을 구하십시오!

이렇게 말하면 어떤 이들은 이런 식으로 대꾸할 것입니다. "우리도 싸움을 포기하고 싶습니다. 그런데 하나님과 화평하자면 어떻게 해야 합니까?" 저는 묻습니다. 여러분을 위해서 하나님께 나갈 사신이 있습니까? 그것이 첫 번째 요점입니다. 여러분은 하나님을 그의 면전에서 직접 뵐 수 없습니다. 예수 그리스도께서는 하나님과 사람 사이의 사신(중보자)이십니다. 여러분은 자신의 염려를 그분에게 맡길 수 있습니까? 맡기고 싶습니까? 그러하다면 여러분의 문제는 아주 신속하게 처리가 될 것입니다. 하나님은 그리스도의 어떤 요구도 거절하지 않으실 것입니다. 그리스도께서는 아버지께 무엇이든지 구하실 권한을 가지고 계십니다. 아버지께서는 항상 그리스도를 기뻐하십니다. 그리스도께서 무엇을 소원하시든지 그것을 허락하시기를 즐거워하십니다. 그 구주께서는 여러분의 일을 탄원하실 기꺼운 자세를 가지고 계십니다. 항상 은혜롭게 기다리고 계십니다. 저는 바로 그리스도의 사랑과 긍휼의 좋은 소식을 여러분에게 말하기 위해 보냄을 받았습니다. 또한 저는 그리스도께 등을 돌리는 모든 사람들을 기다리고 있는 확실한 무서운 멸망을 경고하기 위해서 보내심을 받았습니다. 제가 보내심을 받은 또 다른 목적은, 모든 죄의 병에 걸린 패역한 여러분에게 있는 모습 그대로 즉시 그분의 긍휼의 발등상에 엎드리라고 명하기 위함이었습니다. 저는 하나님의 명예를 걸고 보증할 수 있습니다(이 목적을 위한 그리스도의 사신으로서). 만일 여러분이 그렇게 그리스도께 나온다면 그분은 결단코 여러분을 내쫓지 아니하실 것입니다. 그것을 장담합니다. 화친의 조약은 아주 간단합니다. 그 조약은 여기 있습니다. 반역을 중단하라는 것입니다. 여러분이 죄를 품고 있는 한 하나님과 여러분 사이에는 화평이 있을 수 없습니다. 그것들을 포기하십시오. 그리고 모든 죄를 다 버릴 각오를 가지십시오. 한 가지의 죄라도 마음에 품고 반역을 꾀하면 그것이 하나님과의 화친 계약을 맺는 것을 방해할 것이기 때문입니다.

죄인이여, 여러분이 뭐라고 말합니까? 죄를 버리기가 어렵다고요? 그 조건이 여러분에게 이치에 합당하게 보이지 않는다고요? 사람이여, 칼을 가지고 나와서 모든 불의의 목젖을 끊어 버릴지어다. 정죄를 받으면서까지 섬길 만한 가치가 있는 죄는 전혀 없습니다. 작은 방탕, 방종이 영원토록 지옥 불에서 고통을 당해도 행할 만한 가치가 있는 일입니까? 한두 시간 아찔한 즐거움을 위해서, 물 한 방울의 서늘함도 허락되지 않는 영원한 불 속의 고통을 당해도 무방하다는 말입니까? 제발 이치에 합당한 사람이 되십시오. 사소한 것으로 자기 영혼을 팔아넘기지 마십시오. 영원을 볼모 잡고 순간적인 단순한 허구적 상상을 즐기지 마십시오. 죄인이여, 하나님께서 그대에게 은혜를 주시어 그러한 조건을 불만족스럽게 여기지 말고 자신의 원수와 허망한 우상과 신들을 즉시 내던져 버리게 하시기를 원합니다. 그런 다음 그리스도를 붙잡게 하시기를 원합니다. 오직 그리스도만을 붙잡으십시오. 그분을 여러분의 사신으로 세우십시오. 더 이상 싸우지 마시고 화친을 청하십시오. 오늘 밤 하나님의 사랑하는 아들이신 예수 그리스도의 피로 말미암아 그러한 일이 이루어지기를 원합니다.

그 다음에 자신의 임금 되신 하나님의 진노를 받기에 합당한 자라는 사실을 고백하시기 바랍니다. 머리를 숙이고, 사형 집행자가 자기를 끌고 가기에 합당한 자라고 느끼듯이 자신의 목을 줄로 감으십시오. 그리고 하나님께 용서를 구하는 기도를 드리십시오. "하나님이시여, 죄인인 저에게 긍휼을 베푸소서!" 그런 다음 기름 부음을 받은 그리스도의 옷자락을 부여잡으십시오. 그분은 저기 피 묻은 나무 위에서 하나님의 원수들의 죄를 속하신 분입니다. 하나님의 원수들이 하나님의 친구들이 되도록 하기 위해 그런 일을 하신 것입니다. 하나님께서는 여러분에게 자기 죄를 고백하라고 요구하십니다. 여러분이 하나님 앞에 자신을 낮추면 하나님은 존귀함을 입으실 것입니다. 여러분의 죄가 하나님의 영광을 가리었습니다. 그러나 회개함으로써 하나님께서 영광을 받으실 것입니다. 하나님은 여러분을 쫓아내며 무저갱 구덩이에 던져 넣으신다 하더라도 결코 불의하지 않습니다. 누구든지 죄를 고백하는 자는 용서를 받을 것이라고 하나님께서 말씀하셨습니다. 그러므로 세리처럼 가슴을 치면서 "하나님이여, 죄인된 저를 불쌍히 여기소서"라고 아뢰십시오. 자신이 지옥에 가기에 합당한 자임을 고백하고, 하늘의 은혜를 구하십시오. 그러면 그 탄원이 결코 헛되지 않을 것입니다. 하나님의 공의를 높이며, 주 예수 그리스도를 통한 하나님의 긍휼에 호소하시기 바랍니다. 하나님께서 여러분에게 그 같은 것을 기대하시는 것은 지나친 일이 아닙니다. 여러분이 복종하지 않아서 하나님께서 여러분을 부서뜨리신다면 뭐라고 말할 수 있겠습니까? 여러분이 무릎을 꿇고 머리를 숙이기를 거절하면, 하나님께서 분노하심으로 여러분을 밟으실 것입니다. 그 무서운 불쾌하심으로 여러분을 짓이기실 것입니다. 그러실 때 여러분이 어떻게 하겠습니까? 그러므로 지금, 아직도 긍휼의 때인 바로 지금 그의 얼굴을 구하십시오. 통곡과 "간구로 주님께 아뢰어야 합니다. 그리하면 주님께서 여러분을 긍휼히 여기실 것입니다. 우리 하나님께 나아가십시오. 그분은 풍성하게 용서하시는 분이시기 때문입니다."

2. 많은 사람들이 돌입하기를 원하는 두 번째 싸움

우리는 이제 "제가 믿기로 많은 사람들이 돌입하여 들어가기를 원하는 두 번째 싸움"이라는 주제를 생각해 보겠습니다.

자신의 상태를 어느 정도 아는 사람이 일어나서 이렇게 말할 수 있습니다. "저는 더 이상 하나님의 원수가 되지 않을 것입니다. 저는 하나님의 친구가 될 것입니다." 무릎을 꿇고 마음으로 "오! 하나님, 당신의 아들의 죽음으로 말미암아 저를 당신과 화목하게 하소서. 저는 모든 무기를 버리나이다. 제 죄를 버리나이다. 긍휼을 베풀어 주옵소서. 예수님의 이름으로 저에게 긍휼을 베풀어 주소서.” 그런데 그 영혼은 또 이렇게 말해 나갑니다. “그러나 만일 제가 하나님의 친구라면 사탄의 원수가 된다는 말인데, 이날로부터 저는 승리를 얻고 죄로부터 자유함을 얻기까지 사탄과 투쟁을 하겠다고 서약하는 바입니다.” 사랑하는 친구여, 잠시 멈추어 보세요. 그대는 악한 자와 화친하기를 원하지 않습니다. 그러나 자신이 어떠한 것을 목표로 해야 하는지를 숙고하기 바랍니다. 그대의 귀에 속삭여 주는 몇 가지 사항이 있습니다. 하나는 죄가 달콤하다는 것입니다. 죄의 잔에는 번쩍거리는 아름다운 거품이 일어납니다. 죄는 어떤 종류의 또는 어떤 기간의 즐거움을 가지고 있습니다. 죄가 가지고 있는 달콤함은 보기 드문 것입니다. 그러나 그것은 잠시 동안 속이는 것입니다. 세상은 행운을 약속합니다. 세상이 주는 허울 좋은 것은 번쩍여 보입니다. 그것이 겉만 번지르르하고 금박으로 입힌 것에 불과하지만 금처럼 매우 번쩍거립니다. 죄가 그렇게 매력적으로 보일 때 죄에 항거할 수 있습니까? 다음 번에도 그 잔이 그대에게 주어질 것입니다. 그대는 그 잔의 향취를 알죠. 그것은 풍요한데 그것을 사양할 수 있나요? 죄의 잔을 입술에 대지 않고 물리칠 수 있습니까? 아! 사람이여, 그대는 이 예배당에 앉아서 유혹을 멀리하고 옳은 일 하겠다고 결심하는 지금이 시련의 때와는 사뭇 다르다는 것을 발견할 것입니다.

다시 여러분이 기억해야 할 것은 친구들의 유혹이 있을 수 있다는 것입니다. 친구들의 유혹은 매우 강할 것입니다. 지금 당장에는 죄를 포기할 수 있습니다. 그러나 장차 어떤 사람이 여러분을 시험할는지 모릅니다. 전에 여러분을 잘 시험하던 그녀가 그러한 유혹을 한다면 어떻게 하겠습니까! 아니면 그 사람이 여러분을 유혹한다면 어떻게 하겠습니까! 그 사람이라고 말해야 한다니! 그 사람! ‘그 사람’이라는 말만 들어도 옛날 일이 생각납니다. 그 사람이 말한다면, 그 사람이 혼자 말할 수 있고 그 사람이 보는 방식대로만 그가 본다면, 여러분이 그때 그러한 사람을 저항하여 든든히 설 수 있습니까? 그 호리는 목소리, 유혹하는 눈! 사람들이 사랑이라는 구실 때문에 저주를 당하는 일이 얼마나 흔합니까! 오! 자신들과 다른 사람들에 대한 **참된** 사랑을 조금이라도 가지기만 하였다면 그렇게 지옥의 왕자에게 빌붙어 살지 않았을 것입니다. 그러나 정말 안타깝게도, 그 잔이 아주 달콤하게 보이는 동안, 그 잔을 내밀고 있는 손이 보입니다. 사탄이, 여러분께서 높이 평가하고 마음으로 진정 사랑하는 어떤 사람을 이용하여 시험할 때는 사탄과 싸우기가 그렇게 쉽지 않습니다. 솔로몬의 경우를 기억하십시오. 그의 지혜는 기이하였습니다. 그러나 아내들을 통해 유혹을 받았습니다. 미끼에 빠져 들어 악한 자의 손에 들어갔던 것입니다. 시험하는 자가 여러분이 가장 사랑하는 친구 중 한 사람의 모습을 띠고 나타날 때 "사탄아 내 뒤로 물러가라"라고 말할 수 있어야 합니다. 구주께서 그와 같은 심령으로 대처하셨습니다. 마귀는 교활한 존재입니다. 만일 포학한 힘으로 밀어붙일 수 없다면 그 자물통을 열 열쇠를 얻으려고 애를 쓸 것입니다. 그리고 우리의 가장 친밀한 사랑과 애정을 방편으로 하여 우리 마음속에 들어올 것입니다. 여러분은 그와 싸우는 것이 결코 쉽지 않은 일임을 발견할 것입니다.

　또한 다시 기억해야 될 것은 사람에게는 습관이 있다는 것입니다. 여러분은 죄를 모두 한꺼번에 즉시 포기하고 사탄과 싸우겠다고 말합니다. 그렇게 말하지 마십시오. 구스 사람이 피부를 바꿀 수 있으며, 표범이 그 반점을 바꿀 수 있습니까? 그렇다면 악에 익숙한 사람이 선을 행하는 법을 배울 수 있을 것입니다. 여러분이 어떠한 죄를 짓고 나서 다시는 그러한 죄를 그 정도로 짓지 않았다면 그렇게 어렵지 않습니다. 그러나 하루하루 매년 죄 가운데로 더 빠져 들어간 사람은 거기서 돌아 나오기가 쉽지 않습니다. 인간 본성이 죄로 치달아 가는 대신 덕을 향하여 거꾸로 흘러가기를 바라는 것은 나이아가라 폭포가 아래로 떨어지는 대신 위로 올라가게 만들 희망을 가지는 것이나 마찬가지입니다. 여러분은 자신이 누구인가를 알지 못합니다. 습관은 화인(火印)과 같습니다. 일단 그의 습관에 빠져 버린 사람이 그것을 떼어 내려고 안간힘을 써 보지만, 그 무서운 사슬의 고리를 끊어 버리는 것보다 자기 살점을 떼어 내는 것이 더 빠를 것입니다. 자신의 길이 잘못된 줄 알고 그 길에서 돌이키려고 애를 쓰면서도 하나님께 도움을 구하지 않는 사람들이 있습니다. 잠시 그들은 외면적으로 보면 약간의 진보를 한 것처럼 보였습니다. 그러나 그것은 썰물 때에 파도가 물러나는 것에 불과합니다. 그때 악한 행습이 그전보다 세차게 되돌아와서 더 깊게 흙으로 덮어 버립니다. 우리 주님께서 더러운 귀신에 대해서 비유한 것을 읽어보십시오. 더러운 귀신이 마른 곳을 찾아 이리저리 다녔습니다. 그러나 쉴 곳을 찾지 못하자 "내가 나왔던 곳으로 다시 돌아가자"고 말하였습니다. 다시 돌아와 보니 청소가 되었고 잘 정돈된 것을 보았습니다. 그래서 다른 일곱 귀신들을 불러와 그곳을 차지하여 그 사람이 그전보다 악하게 되었습니다. 그러므로 그 사람의 나중 형편이 처음보다 나빠졌습니다. 자신들을 구원하려고 애를 쓰면서도 믿음으로 하나님을 바라보며 도움을 구하지 않는 사람들의 경우는 그러합니다. 사탄은 여러분을 이겨낼 것입니다. 여러분은 거미줄에 걸린 파리와 같을 것입니다. 그 파리가 버둥거리면 버둥거릴수록 그 거미줄이 그를 더 휘감게 됩니다. 여러분은 악한 자의 덫으로부터 구원할 능력이 전혀 없음을 알고 도움을 달라고 울부짖어야 합니다. 그 악한 자는 여러분의 손과 발을 단단히 죄어 매었습니다. 그러므로 여러분은 그 악한 자의 줄을 끊지 못할 것이고, 그가 여러분을 결박한 것을 풀어 헤치지 못할 것입니다. 여러분은 삼손처럼 보통 사람보다 일곱 배가 더 많은 힘을 갖고 있는 것이 아닙니다. 그러므로 여러분은 분명히 스스로의 힘만을 의지하면 지게 되어 있습니다.

다시, 죄를 포기하겠다고 여러분이 생각하고 있는데, 조롱받는 것은 매우 불쾌한 일임을 기억해야 합니다. 여러분을 손가락질하면서 그들은 말합니다. "아! 네가 성도가 되기 위해서 마음을 먹었다고, 어디 한 번 보자." 그들은 그런 말을 하면서 날카롭고 예리하고 기분 나쁜 방식으로 조롱합니다. 그러한 조롱을 주위에 모여든 모든 사람들이 듣도록 짧은 경구에 담아서 기분 나쁘게 말합니다. 더구나 여러분의 약점이나 어떤 연약한 모습을 보이면 그것을 가지고 성도다운 사람이 되려는 여러분의 시도를 무산시켜 여러분 스스로 약하게 마음먹도록 합니다. 그들은 서로 수군거리고 여러분을 보면 비죽거리고 웃습니다. 그러한 일을 참아 낼 수 있나요? 주일에 여기에 와서 무엇을 하겠다고 말하는 것은 좋은 일입니다. 그러나 월요일에 그것을 실행하는 일은 별개의 문제입니다. 정말 조소 어린 눈초리를 받는 것은 지각 있는 사람에게는 매우 놀라운 일이 결코 아닙니다. 늘 그러려니 하지요. 그리고 아침에 일어나 보면 새들이 재잘거리는 것처럼 사람들이 비웃는 소리를 듣게 될 것이라는 걸 기대할 정도가 될 것입니다. 그러나 처음에는 매우 예리한 시험거리입니다. "잔인한 조롱"의 시험거리죠. 사탄과 싸우려고 했던 많은 사람들이 뒤로 물러간 것은 그걸 견디지 못했기 때문입니다. 유대인들이 포로에서 돌아와 예루살렘 성전을 재건하고 있을 때, 그들의 열심과 헌신을 가장 신랄하게 시험하는 시금석은 그들의 원수들의 웃음이었습니다. 원수들이 와서 그들의 하는 일을 보고는 "이 연약한 유대인들이 무엇을 하는 거야? 그들이 쌓는 성벽은 여우가 올라갈지라도 무너지겠다"고 말하였습니다. 그 원수들이 던지는 말은 칼보다 더 예리하였습니다. 그래서 그들은 조소자의 조롱을 예리하게 느꼈던 것입니다. 지각 있는 심령에게는 예전이나 지금이나 그러한 것이 마찬가지 고통입니다.

　　그러나 그런 일에 주눅들지 말아야 합니다. 천국은 정말 살 만한(buying) 가치가 있는 곳입니다. 속이고 속는 세상으로부터 들려오는 그 찌르는 말들과 악의에 찬 언사들로 가득 쌓인 인생을 던져 살 만한 가치가 있습니다. 그리스도께서 이 시련을 어떻게 견뎌야 하는지 친히 보여주시지 않았습니까? 십자가 위에서 달려 죽어 가실 때 그 주위에 원수들이 모여 으르렁거렸습니다. 원수들이 주님을 비웃으면서 말하였습니다. "그가 다른 사람은 구원하였으되 자신을 구원할 수 없도다." 그들은 머리를 흔들며 주님의 위엄과 불운을 다같이 조롱하였습니다. "네가 그리스도이거든 십자가에서 내려와 우리로 너를 믿게 하라." 이러한 말들은 주님의 입술에 갖다 댄 해융에 적신 신 포도주 맛보다 주님의 심령에 더 쓰게 느껴졌을 것이 틀림없습니다. 그리스도와 같이 사탄과 싸우려고 하면 여전히 이 점에 있어서도 그리스도와 똑같은 대우를 받아야 합니다. 그러니 비용을 계산하십시오. 그리스도의 잔을 마시고 그리스도가 받은 세례를 받을 수 있습니까?

　　저는 한 단계 더 나아가 말씀드리겠습니다. 비록 여러분은 하늘을 향하여 대단한 열심을 내고 있습니다. 소득은 매우 아름답고 매우 유쾌한 것입니다. 누가 돈 버는 일을 싫어하겠습니까? 신앙적으로 살면서도 동시에 부자가 될 수 있다면 참으로 좋겠다고 생각하는 사람이 여러분 중에 있을 것입니다. 오! 그렇습니다. 그들이 같이 간다면 얼마나 좋겠습니까. 돌을 한 번 던져 두 마리 새를 잡을 수만 있다면 좋겠죠. 존 번연의 「천로역정」에 나오는 사심(私心) 씨는 말했습니다. "자, 사람이 종교적이 됨으로써 돈을 많이 가진 선한 아내를 얻을 수 있고, 종교적이 됨으로써 좋은 가게도 얻고 많은 고객들도 확보할 수 있다면, 그 종교는 아주 좋은 것이요." 좋은 아내를 얻는 것은 좋은 일입니다. 고객들을 확보하는 것도 또 다른 면에서 좋은 일입니다. 그래서 그는 말합니다. "그 모든 것이 합해지면 좋단 말이야." 그러나 사심 씨를 아는 사람은 그가 아주 오래된 건달이라는 사실을 알고 있습니다. 그가 그 점을 아무리 얌전하게 표현한다 할지라도 말입니다. 저는 그런 사람을 알고 있습니다. 그는 이 교회의 한 지체입니다. 정말 안된 일이죠. 저는 한 번도 그러한 사람이 없는 교회를 본 적이 없습니다. 저는 그 사람을 변화시켜 보려고 애를 썼습니다. 그러나 권속 중에 또 다른 사람이 남게 됩니다. 그런 사람을 아무리 많이 쫓아낸다 할지라도 그런 유에 속한 사람은 더욱더 많아질 것이 틀림없습니다. 그러나 때로 사심 씨를 따돌리지 못하고 그에게 꼼짝못하게 붙들릴 수가 있습니다. 주일에 가게를 닫으면 사업이 망할 텐데 그때는 어떠하겠습니까? 그래도 그것을 견디어 내겠습니까? 지금이나 아주 굉장하게 경건한 모습을 보일 때에는 항상 그렇게 해 보려고 애를 씁니다. 그러나 그것이 그 사람에게는 아무런 소득이 되지 못한다는 것을 발견합니다. 그래서 주일에 다시 한 번 가게를 열게 됩니다. 주일에 장사하는 이들은 이런 것을 발견합니다. 율법적으로 이 예배당에 참석하기 위해서 한동안 가게 문을 닫을 때에는 그 결심이 약간 뜨겁고 강력하지요. 그러나 금방 이렇게 말합니다. "아, 사람들도 살아야 한다." 그렇습니다. 그리고 사람들은 죽게 마련입니다. 하나님의 율법을 어기면서 살려고 애쓴다면 사람들은 반드시 저주받게 되어 있습니다. 믿음을 갖게 되는 것이 아무런 소득을 가져다주지 않는다는 것을 기억하십시오. 어떤 사람들은 그 점에 있어서 공상적인 생각을 하고 있습니다.

어느 사람이 이런 말을 합니다. "나는 양심을 지킬 수 없어요. 양심을 지키는 것이 내게는 너무 많은 비용이 들기 때문이에요." 아! 그러나 주님이 하신 말씀을 명심하십시오. "사람이 만일 온 천하를 얻고도 제 목숨을 잃으면 무엇이 유익하리요 사람이 무엇을 주고 제 목숨과 바꾸겠느냐"(마 16:26). "십 원을 쓸 때는 지혜롭고 만원을 쓸 때는 어리석은" 일이 있습니다. "세상적으로는 지혜로우면서 영원한 면에서는 어리석게 되는" 일과 같은 것이 있습니다. 그러니 이것을 생각하십시오. 시련이 황금의 모양을 띠고 여러분에게 다가올 것입니다. 이 세상의 신이 여러분 앞에 제시하는 그 번쩍거리는 미끼에 걸리지 않게 자신을 보호하기가 어려울 것입니다.

제가 이러한 말을 하고 있는 것은 여러분에게 이처럼 무서운 무기들을 가지고 있는 마귀와 대적하여 싸울 수 있는지 계산하게 하려 함입니다. 만일 제가 신병들을 모집하는 하사관이라면 그렇게 해서는 안 됩니다. 신병을 모집하는 하사관이 시골 소년의 손에 돈을 조금 쥐어줍니다. 그러면 그 소년은 오만가지 얘기를 할 수 있습니다. 그러면 그 용감무쌍한 군인은 말합니다. "아! 신경 쓰지마. 누구나 알다시피 이것은 영광뿐이지. 내가 이 리본들을 네 모자에 매달아 줄 거야. 앞으로 영광의 긴 훈장들을 받을 거야. 네 모든 날이 영광스러울 거야. 영원토록 영광스럽지. 또 네가 장군이 되어 죽는다면 웨스트민스터 사원에 묻히게 되고, 사람들이 너를 기념하여 '사울의 죽음의 행진'이라는 연극을 공연하겠지.

모두 그런 일들뿐이야." 자, 십자가의 깃발 아래 지원(志願)하는 사람들을 그런 식으로 속이려고 해서는 결코 안 됩니다. 물론 십자가 깃발 아래 지원하는 것을 반대하고 싶지 않습니다. 제가 여러분에게 바라는 것은 비용을 계산하라는 것입니다. 망대를 짓기 시작했다가 끝마치지 못하는 사람처럼 되지 않기 위해서입니다. 참으로 많은 사람들이 그와 같은 불행을 당합니다. 여러분이 사탄에게 선전 포고를 한다면 충고하는 바입니다. 그 싸움을 계속하여 끝내 승리를 얻을 수 있을 것인지 확인하라고 말입니다.

어떤 사람은 말하겠죠. "아! 구원받기 힘들군." 어느 누구도 구원받기가 쉽다고 생각하지 않기를 바랍니다. 베드로가 뭐라고 합니까? "의인이 겨우 구원을 받으면 경건하지 아니한 자와 죄인은 어디에 서리요"(벧전 4:18). 여러분은 "구원받기 어렵다"고 말합니다. 누가 구원받기가 어렵지 않다고 하였습니까? 그러나 사람이 하나님께서 지정하신 계획에 따라 대접받고 싶은 마음이 있다면 구원받는 것은 어려운 일이 아닙니다. 만일 그리스도께서 그 일을 담당하시면, 그 일은 이루어집니다. 사탄과 전쟁을 하려면 여러분에게 충고하려는 바는 그 싸움이 여러분에게는 너무 큰 싸움임을 기억하고 자기 힘으로 그 일을 시도하지 말라는 것입니다. 이 점을 명심하십시오. 사탄은 무엇보다 먼저 여러분에게 구주가 전혀 필요하지 않다고 믿게 만들려 할 것입니다. 만일 여러분이 그 점을 확신하지 못하고 죄 때문에 불안해하면 여러분 자신이 스스로 구원할 수 있다는 암시를 던집니다. 사탄은 여러분의 문 앞에 가까이 흐르고 있는 다메섹의 아바나와 바르발 강을 말합니다. "바로 자기 집에 있는 냇물로 씻으면 깨끗하여질 것이다. 있는 곳에 머물러 스스로 해결하라." 그러나 만일 영혼을 유린하는 그 자의 말을 청종하면 여러분은 구원을 받지 못하고 영원토록 버림을 받습니다. 맹인으로 난 자가 비늘이 덮인 자기 눈을 수술하여 보게 할 수 있습니까? 기어다니는 사람이 자기의 앉은뱅이의 상태에서 일어나 달려 자기 발의 연약함을 벗어날 수 있습니까? 죽은 사람이 자기 혈맥 속에 생명을 다시 한 번 일으켜 얼굴이 불그레하게 살아가도록 만들 수 있습니까? 죽은 자가 또한 자기 영혼을 보이지 않는 세계의 그늘로부터 돌아오게 하여 부패해 가는 옛 거처를 다시 차지하게 할 수 있습니까? 그래서 그가 힘 있는 소멸자의 표지에게 사라지라 명하고, 죽음이 정복했던 흔적이 하나도 남지 않게 하여 돌아온 거민으로 하여금 그 궁정이 냉혹한 약탈자에게 점령당했었다는 것을 알지 못하도록 할 수 있습니까? 대답은 모두 "아니요"입니다. 전능하신 이의 손가락이 눈을 만져야 보게 되는 것입니다. 전능자의 팔이 마비된 자를 일으키고 불능자에게 힘과 능력을 베푸셔야 합니다. 정말 너무나도 분명하게, 생명을 안전하게 지키려 한다면, 하나님의 음성만이 죽은 자를 살게 할 수 있습니다. 이 점을 우리는 분명하게 이해해야 합니다. 여러분 스스로는 죄의 요소에서 벗어날 정도로 죄를 성공적으로 이겨내는 것은 절대로 불가능하다는 것을 기억하십시오. 여러분이 죄책을 제거한다니 말이나 됩니까? 암이 여러분의 혈액 속에 있습니다. 그것을 밖으로 제거할 수가 없습니다. 악한 행실이 행해지면 "그 죄를 지은 영혼도 죽을 것이다"라고 기록되어 있습니다. 오! 그러니 즉시 여러분의 임박한 진노에서 구원하실 수 있는 유일하신 분께 도움을 요청하십시오.

연약한 자여, 하나님께는 어려운 것이 하나도 없다는 것을 기억하십시오. 그러므로 여러분에게 도움을 주시는 전능자에게 도움을 구하십시오. 여러분을 포위하고 있는 죄와 싸울 수 없다는 것은 사실입니다. 여러분의 정욕, 온갖 부패, 그러한 것들은 여러분이 이기기에는 너무 힘이 강합니다. 아무리 좋은 의도를 가지고 대한다 할지라도 여러분이 감당하기에는 너무도 힘이 셉니다. 그러나 강한 자가 계십니다. 그분의 손이 찔린 바 되었었는데, 그분은 사탄을 내쫓고 모든 죄인을 섬길 만반의 준비를 갖추고 계십니다. "구원하기에 능하신 분"이 계십니다. 그분은 구원하러 오셔서 여러분 자신은 할 수 없는 것을 여러분을 대신해서 하실 수 있습니다. 오! 오늘 밤 그리스도를 영접하십시오. 그리하여 "예수여, 나를 구원하소서. 그 싸움은 제게 너무 힘이 부친 싸움입니다. 저는 제 죄를 쫓아낼 수 없습니다. 하늘 가는 길을 위해 싸울 수 없습니다. 오셔서 저를 도우소서. 주 예수님이시여, 제 자신을 당신의 손에 맡깁니다. 저를 당신의 피로 씻으시고, 당신의 성령으로 충만하게 하소서. 당신의 위대한 구원으로 구원하시고, 마지막 날 당신이 있는 곳에 저도 함께 있게 하소서"라고 즉시 울부짖기를 바랍니다.

그러면 어떤 사람은 이렇게 말합니다. "아무도 자신을 구원할 수 없군요." 그러나 그 경우는 자기 흑인 종에게 편지를 부치고 오라고 보낸 상전과 매우 흡사합니다. 그 흑인이 다른 종들과 같이 게을렀고, 그대로 편지를 가지고 돌아왔습니다. "아니 왜 그 편지를 부치지 않았느냐?" "할 수 없었어요." "할 수 없었다니?" "할 수 없었어요, 주인님" "어째서 할 수 없었단 말이야?" "깊은 강, 매우 깊은 강을 저는 건널 수 없었어요." "깊은 강?" "그래요." "거기 나룻배 선원이 없더냐?” “주인님은 모르세요. 있더라도 그가 저편에 있었어요.” “그럼 네가 저편을 향하여 ‘어이’ 하고 부르지 않았어?” “그러지 않았는데요. 주인님.” “이 못된 놈 같으니라고. 그것이 무슨 문제야. 그건 핑계가 되지 않아. 네가 강을 직접 건널 수는 없었지만 너를 건네 줄 사람은 있었어. 너는 그를 향하여 소리치지 않았어.” 자, 그 경우가 바로 여러분의 경우와 같습니다. 여러분은 “나는 자신을 구원할 수 없어요”라고 말합니다. 매우 옳습니다. 그러나 구원하실 수 있는 분이 계십니다. 여러분은 그분에게 결코 부르짖지 않았습니다. 만일 여러분이 “오, 구주여, 오서서 나를 구원하소서”라고 그에게 부르짖는다면, 여러분의 심령은 그분 안에 안주하고, 여러분의 죄의 강물이 아무리 깊더라도, 그 강을 안전하게 건너는 법을 주님은 아십니다. 그래서 여러분을 저편 언덕에 데려다 주실 수 있습니다. 여러분 각자에게 그와 같은 일이 있기를 바랍니다. 사람에게는 불가능하지만 하나님에게는 가능합니다. 지존자의 축복이 오늘 밤 우리에게 임하기를 예수님의 이름으로 기도합니다. 아멘.

제
55
장

—

잃어버린 양의 비유

—

"너희 중에 어떤 사람이 양 백 마리가 있는데 그 중의 하나
를 잃으면 아흔아홉 마리를 들에 두고 그 잃은 것을 찾아내
기까지 찾아다니지 아니하겠느냐 또 찾아낸즉 즐거워 어깨
에 메고 집에 와서 그 벗과 이웃을 불러 모으고 말하되 나와
함께 즐기자 나의 잃은 양을 찾아내었노라 하리라 내가 너
희에게 이르노니 이와 같이 죄인 한 사람이 회개하면 하늘
에서는 회개할 것 없는 의인 아흔아홉으로 말미암아 기뻐하
는 것보다 더하리라." — 눅 15:4-7

우리 주 예수 그리스도께서는 이 땅에 계실 적에 계속 잃어버린 양들을 찾
아다니셨습니다. 주님께서는 잃어버린 사람들을 찾고 계셨습니다. 주님께서 그
들 중에 내려가셨고, 아주 확실하게 망한 사람들 가운데 들어가신 것은 바로 그
이유 때문이었습니다. 곧 그들을 찾기 위해서였고, 주님은 그들에 대해 큰 수고
를 많이 하셨습니다. 또한 군중들이 자기를 가까이 하여 말씀을 듣도록 친절한
배려를 하셨습니다. 저는 감히 말씀드립니다. 그 회중들은 정말 이상한 모습을
하고 있었고 어중이떠중이들이 모여 있는 모임이었습니다. 주님께서 그러한 자
들 중에 자리를 잡으셨습니다. 바리새인들이 그 회중을 보면서 비꼬며 말한 것
이 무리가 아니었습니다. "그가 우리 사회의 쓰레기 같은 이들을 모으고 있다.
그들은 하나님의 자유로운 백성들과는 무관한 자들을 위해서 세금을 걷는 비열

한 무리들이고, 마을에서도 내놓은 타락한 여인들이다. 그런데 이 잡동사니 같은 이들에게 말을 하고 있다. 그러한 자들을 자기와 특별한 관계가 있는 것으로 여기며 대하고 있다. 그는 세리장인 삭개오의 집, 세리인 레위의 집에 가서 이 낮은 자들이 자기를 위해서 배설한 잔치에 참여하여 함께 먹지 않았는가?' 우리는 바리새인들이 생각한 것을 모두 다 말할 수는 없습니다. 그러한 시도를 하는 것이 덕이 되지 못할 수 있기 때문입니다. 그러나 그들은 주님께 대해 공적으로 할 수 있는 한 가장 악하게 생각하였습니다. 주님 주위에 있던 무리들 때문에 말입니다. 그래서 주님께서는 이 비유를 통해서 당신 자신의 정당성을 변호하고 계시는 것입니다. 주님께서는 생각할 수 있는 것에 대해서 많은 관심을 가지셨기 때문이 아니라 주님께 대해 악하게 말할 정당성이 전혀 없음을 알게 하시려 함이었습니다. 주님께서는 잃은 자들을 찾고 계신다고 하셨습니다. 그리고 당신이 찾고 계신 이들 말고 다른 누가 주님을 찾은 적이 있느냐고 물으십니다. 의사가 병자를 보고 숨어야겠는가? 목자가 잃은 양을 보고 피해야겠는가? 세리들과 죄인들이 당신의 말씀을 듣기 좋게 그들 가까이 계신 바로 거기가 주님께서 계셔야 할 바른 자리가 아닌가?

　　우리 주님은 소위 사람들에게 자증적인 논증이라는 것으로 자신을 변증하셨던 것입니다. "너희 중에 어떤 사람이 양 백 마리가 있는데 그 중의 하나를 잃으면 아흔아홉 마리를 들에 두고 그 잃은 것을 찾아내기까지 찾아다니지 아니하겠느냐?" 일상생활에서 그대로 적용되는 논증같이 사람들에게 강력한 설득력을 갖는 것이 없습니다. 구주께서 바로 그 논증을 하신 것입니다. 그 말을 듣는 이들은 자기들의 잘못에 대해 인정하지 못한다 하여도 침묵을 지킬 수밖에 없었습니다. 그것은 정말 특이한 논증이었습니다. 왜냐하면 그들의 경우에 있어서 오직 한 마리의 잃은 양을 찾을 것이기 때문입니다. 그러나 주님의 경우에 있어서는 갈멜이나 샤론에서 먹이던 양 떼들 모두보다 무한히 더 존귀하게 여기는 한 마리의 양이 있었습니다. 주님께서 구원하시려 하는 것은 바로 사람의 영혼이었기 때문입니다. 그 논증 속에는 특이한 설득력을 가진 요점이 있었던 것입니다. 그 논증의 배경에는 모든 정직한 이들의 마음에 강하게 부딪치는 비상한 힘이 있었습니다. 그 논증은 이러한 식으로 풀어서 말할 수 있는 것이었습니다. "만일 너희 각자가 잃은 양 한 마리를 찾아 나선다고 하자. 찾기까지 그 양의 자취를 추적하겠지. 그런데 내가 잃은 영혼들을 찾아 나설 때에는 그들을 구출하기까지 그들이 배회한 모든 자취를 따라 얼마나 열심히 찾겠느냐?" 양을 찾아 나서는 것은 우리 주님께서 주목하도록 의도한 비유의 한 부분입니다. 목자는 자신의 즐거움을 위해서라면 전혀 따라갈 생각조차도 하지 않을 길을 찾아 나서는 것입니다. 그가 가는 길은 자기 목적을 위해 선택한 것이 아닙니다. 오히려 방황하는 양들을 위해서 선택하는 길입니다. 목자는 산 언덕을 넘고 골짜기를 내려가고, 어떤 때에는 사막으로 들어가기도 하고 울창한 숲을 들어가 보기도 하는 것입니다. 양이 그 길로 들어갔다는 단순한 이유 때문입니다. 목자는 그 잃은 양을 찾기까지 추적합니다. 우리 주 예수 그리스도께서는 미각과 즐거움의 문제에 있어서라면 죄인들과 세리들 속에서 그러한 즐거움과 미각을 찾지 못하셨을 것입니다. 아니 유죄한 우리 인류 어느 누구에게서도 그러한 즐거움을 찾지 못하였을 것입니다.

만일 주님께서 당신 자신의 안일과 위안만을 생각하셨다면 순전하고 거룩한 천사들과 위에 계신 아버지 하나님과만 교통하는 자리에 계셨어야 하셨습니다. 그러나 주님께서는 당신 자신을 생각하지 않으시고, 잃어버린 자들에게 마음이 가 있었습니다. 그래서 주님께서 잃은 양들이 있는 곳에 가셨던 것입니다. "인자가 온 것은 잃어버린 자를 찾아 구원하려 함이니라"(눅 19:10). 여러분이 이 비유를 더 주밀하게 주목하면 할수록 우리 주님의 대답이 완벽하였다는 것을 발견할 것입니다. 우리는 오늘 아침에 그것이 바리새인들에게만 주신 답변이라고 생각할 필요는 없습니다. 우리는 우리 자신들을 가르치시기 위해서 주신 말씀으로 살펴볼 수 있는 것입니다. 이 비유의 말씀은 그 방면에서 생각하더라도 완벽한 것이기 때문입니다. 우리가 이 비유를 상고할 때에 선하신 지혜의 성령께서 가르쳐 주시기를 원합니다.

1. 생각할 주제

먼저, 저는 이 요점, "생각할 한 가지의 주제"에 대해서 주목하려고 합니다. 자기 양을 잃은 사람에게 "생각할 한 가지 주제"가 무엇인지 생각해 보려고 합니다. 이 점은 우리로 하여금 선한 목자 되신 우리 주 예수 그리스도께서, 죄 가운데 빠져 방황함으로 거룩과 행복을 상실한 사람을 보실 때 가지신 한 가지 생각이 어떠한 것인지 생각하게 만듭니다.

백 마리를 먹이는 목자가 작은 양 떼들을 둘러보니 99마리밖에 없었습니다.

그는 다시 양 떼들을 세어 봅니다. 한 마리의 양이 길을 잃은 것을 알아차립니다. 그 양은 발에 검은 점이 있고 얼굴은 흰 양일 수 있습니다. 목자는 그 양에 대해서 모든 것을 알고 있습니다. "주께서 자기의 사람들을 아시고." 목자는 방황하는 양의 모습을 잘 알고 있습니다. 이제 그는 들판의 초장에서 꼴을 뜯고 있는 99마리에 대한 생각은 거의 없고 오직 잃어버린 한 마리의 양에 대한 생각만이 가득합니다. 이 한 가지의 생각만이 그를 사로잡습니다. "한 마리의 양이 길을 잃었구나!" 이 사실이 갈수록 그의 마음을 더욱더 흔들어 댑니다. "한 마리의 양이 길을 잃었어." 이 생각이 그의 모든 기능을 사로잡습니다. 그는 먹을 수 없습니다. 해가 지므로 돌아갈 수도 없습니다. 그 한 마리의 양이 길을 잃고 헤매고 있는 한 쉴 수 없습니다.

선한 목자의 그 자비한 마음에는 잃은 양 한 마리만이 계속 맴돌아 괴롭습니다. 그 양은 한 마리의 양일뿐입니다. 자기를 보호해 줄 목자를 떠났으니 방어력이 전혀 없는 상태에 있는 것입니다. 만일 이리가 와서 그 양을 늑탈해 가거나 사자나 곰이 와서 그 양의 냄새를 맡고 추적해 가서 잡는다면 한순간에 산산이 찢겨질 판입니다. 그래서 목자는 속으로 이렇게 묻습니다. "내 양이 어떻게 될 것인가? 아마 사자가 한순간에 그 양을 덮칠 수 있다. 그렇다면 그 양은 속수무책인데!" 양은 싸울 준비가 되어 있지 않습니다. 맞서 싸운다 해도 원수의 민첩함을 당해내지 못합니다. 그러한 생각을 하니 양의 주인인 목자는 갈수록 더 슬퍼집니다. "내가 양을 잃었다. 양이 참으로 잔인한 죽음의 큰 위험 속에 처한 거야."

양은 모든 짐승들 중에서 가장 지각이 없는 둔한 존재입니다. 만일 우리가 개를 잃었다면 개는 다시 집을 찾아옵니다. 말도 자기 구유로 돌아올 수 있습니다. 그러나 양은 배회하다가 더 깊은 미로 속으로 들어갑니다. 양은 안전한 장소로 되돌아올 생각을 전혀 하지 못할 만큼 미련합니다. 들판이 한없이 넓고, 평원 또한 한없이 길게 연결되어 있습니다. 이 사실이 그 사람의 마음속에 여전히 맴돌고 있습니다. "양이 길을 잃고 돌아오지 못하는 것은 미련하기 때문이다. 이 시간 어디쯤 헤매고 있을까? 지치고 곤하여 기진해 있을 수 있다. 푸른 초장에서 멀리 떠나 있을 수 있다. 거친 바위틈 사이, 또는 건조한 모래 사이에서 굶주려 죽어 가고 있을 수도 있다."

양은 **속수무책**입니다. 양은 스스로 먹을 꼴을 찾아 나서는 존재가 아닙니다.

낙타는 멀리서도 물 냄새를 맡습니다. 대머리독수리는 아주 멀리 떨어져 있는 데서도 먹을 것을 찾아냅니다. 그러나 양은 자기 스스로를 위한 양식을 확보할 능력이 전혀 없습니다. 또 길 잃은 양이야말로 모든 곤고한 피조물들 가운데 가장 불쌍한 존재입니다. 어느 사람이 목자에게 다가가서 "선한 선생이여, 애로 사항이 무엇입니까? 크게 고민하고 있는 것 같아요"라고 말하였다면, 양치는 목자는 대답하였을 것입니다. "근심하는 것이 당연하지요. 양 한 마리를 잃었어요." "보니까 당신에게 양 99마리가 있는데요." "양 한 마리를 잃은 것이 아무것도 아니라는 말입니까? 당신은 전혀 목자가 아니군요. 그렇지 않으면 그렇게 하찮게 생각하지 않으실 테지요. 그래서 제가 안전하게 있는 99마리는 잊고 오직 길을 잃은 한 마리만을 생각하고 있는 것처럼 보일 겁니다."

위대하신 목자께서 자기 양 떼 중에서 잃어버린 양들에게 그렇게 마음을 쓰시는 것은 무엇 때문입니까? 무엇이 그분으로 하여금 "그중에 하나를 잃으면"이라는 가정만 하여도 그 마음이 격동되는 것입니까?

먼저, 그 잃어버린 양이 당신의 소유이기 때문입니다. 이 비유는 삯꾼 목자에 대해서 말하는 것이라기보다는 양의 주인인 목자에 대해서 말하고 있는 것입니다. "너희 중에 어느 사람이 양 일백 마리가 있는데 그중에 하나를 잃으면 …." 예수님께서는 다른 곳에서는 삯을 주고 고용한 목자에 대해서 말씀하셨습니다. 양은 그 자신의 소유가 아닙니다. 그러니 이리가 올 때에 양을 두고 달아나 버립니다. 양들을 위해서 자기 목숨을 내놓는 목자는 바로 양의 주인 된 목자입니다. 이 사람은 그냥 한 마리의 양이나 그냥 길을 잃고 있는 양을 생각하고 있는 것이 아닙니다. 이 사람이 관심을 두고 있는 것은 자기 소유의 양 가운데서 길을 잃고 있는 양입니다. 이 비유는 상실한 인간들 전체를 생각하면서 말씀하신 것이 아닙니다. 여러분이 그렇게 생각하는 것이 좋으면 이 비유를 그런 식으로 활용해도 좋습니다. 그러나 이 비유는 가장 먼저 그리스도 자신의 양들을 위해서 쓴 것입니다. 잃어버린 돈에 관한 두 번째 비유도 마찬가지입니다. 세 번째 비유에서는 어떤 이름 모를 젊은 방탕아에 대해서 일반적으로 관심을 두고 있는 것이 아니고 아버지의 아들에 관한 것입니다. 예수님의 양이 있습니다. 그들 중에 어떤 사람들이 길을 잃고 있습니다. 그러합니다. 그들은 모두 한때 동일한 조건에 있었습니다. "우리는 다 양 같아서 그릇 행하여 각기 제 길로 갔거늘 …"(사 53:6). 이 비유는 예수님께서 당신의 보배로운 피로써 구속(救贖)하셨으나 아직 회심하지 않고 있는 자들을 가리키고 있습니다. 주님께서는 그들을 찾아 구원하려고 애를 쓰셨습니다. 이들은 주님께서 인도하여 들이셔야 할 다른 양들입니다(요 10:16). "주 여호와께서 이같이 말씀하셨느니라 나 곧 내가 내 양을 찾고 찾되 목자가 양 가운데에 있는 날에 양이 흩어졌으면 그 떼를 찾는 것 같이 내가 내 양을 찾아서 흐리고 캄캄한 날에 그 흩어진 모든 곳에서 그것들을 건져 낼지라"(겔 34:11-12).

　　그리스도의 양들이 그 사실을 알기 오래 전부터 그들은 그리스도께 속해 있는 자들이었습니다. 그들이 배회하고 있을 때에도 그러하였습니다. 그들이 주님의 은혜의 유효한 역사로 말미암아 양 우리(fold)로 인도하여 들이심을 받을 때에 자기들이 예부터 언약 안에 있었다는 것을 명백하게 알게 되는 것입니다. 그리스도의 양들은 먼저 창세 전에 택하심을 받았기 때문에 주님의 것이었습니다. "너희가 나를 택한 것이 아니요 내가 너희를 택하여 세웠나니"(요 15:16). 또 그 양들이 주님의 것임은 아버지께서 그들을 주님께 주셨기 때문입니다. 요한복음 17장의 주님의 위대한 기도 속에서 그 사실을 얼마나 강조하고 있는지요. "그들은 아버지의 것이었는데 내게 주셨으며"(6절), "아버지여 내게 주신 자도 나 있는 곳에 나와 함께 있어 아버지께서 창세 전부터 나를 사랑하시므로 내게 주신 나의 영광을 그들로 보게 하시기를 원하옵나이다"(24절). 우리가 주님의 양 떼인 것은 주님께서 우리를 사셨기 때문입니다. "내가 양들을 위해서 내 목숨을 버리노라"고 하셨습니다. 주님께서 속전(贖錢)을 지불하신 것은 지금으로부터 19세기 전의 일입니다. 그때 우리를 당신의 소유로 사셨습니다. 우리는 앞으로 주님의 소유가 될 것입니다. 이미 그 지불된 속전의 효력이 결코 헛되지 않을 것이기 때문입니다. 또한 구주께서는 당신의 손에서 당신이 우리를 위해서 지불하신 속전의 표를 보십니다. 또한 주님께서는 당신의 옆구리에서 당신의 택한 백성들을 위해서 살아 계신 하나님 앞에서 심장의 피를 쏟으심으로 효력있게 구속하신 표를 확인하십니다.

　　이러한 주님의 마음에 "내 양 한 마리가 길을 잃고 있다"고 하는 생각이 스치고 지나가면서 그를 압박하게 되는 것입니다. 이 비유에서 "그 중에 하나를 잃으면"이라고 하는 가정은 정말 긴장하게 만드는 가정입니다. 정말 그러합니다. 무어라고요? 주님께서 사랑하신 자를 잃어버리시다니, 정말 그러한 일이 어찌 있을 수 있나요? 주님의 양이 잠시 길을 잃고 있을 수 있습니다. 그러나 주님께서는 그 양을 영원히 잃어버린 채 계시지 않으실 것입니다. 그런 일을 참으실 수 없습니다. 뭐라고요! 주님의 아버지께서 주님의 것으로 주신 자 한 사람을 잃어버리다니요? 자기 목숨을 주고 산 사람을 잃어버리다니요? 주님께서는 그러한 것을 생각조차 하실 수 없었습니다. "그중에 하나를 잃으면." 이 말 자체가 그분의 영혼에 불이 나게 하였습니다. 그러한 일을 참을 수 없는 분이십니다. 여러분은 주님께서 당신의 택한 백성 한 사람을 얼마나 극진히 보배롭게 여기는지 알아야 합니다. 그 백성을 구속하기 위해서 자기 목숨을 버리고 사신 분입니다. 여러분은 주님께서 당신의 백성 한 사람, 한 사람을 얼마나 극진하게 사랑하시는지 알아야 합니다. 새롭게 열정이 나서 사랑하게 된다거나, 아니면 사랑이 식어져 버린다거나 하는 일은 없습니다. 주님께서는 당신의 사람들을 사랑하셨습니다. 그리고 영원히 그들을 사랑하실 것입니다. 영원부터 그 사랑은 변함없이 지속되어 왔습니다. 그리고 앞으로 영원무궁히 지속이 될 것입니다. 주님은 변함이 없으시기 때문입니다. 주님께서 그렇게 사랑하시는 이들 중 한 사람인들 잃겠습니까? 그러한 일은 생각조차 할 수 없습니다! 주님께서는 구속의 언약으로 말미암아 택한 백성들을 당신의 소유로 삼으셨습니다. 아버지께서 택한 백성들을 아들에게 주신 언약이 바로 구속의 언약입니다. 그래서 당신의 양 가운데 하나가 길을 잃고 헤매고 있다는 사실만 생각하면 그의 영혼은 크게 달아오르는 것입니다.

둘째로, 주님께서 그 사실을 생각하게 될 때 온통 마음이 거기로 쏠리는 또 다른 이유가 있습니다. 그것은 그 잃은 양에 대한 그의 큰 연민입니다. 한 영혼이 방황하고 있다는 것은 예수님을 크게 슬프시게 합니다. 주님께서는 한 영혼이 멸망한다는 생각을 참지 못하시는 것입니다. 그의 마음의 자비와 사랑은 너무나 커서 당신의 양 떼 중 한 사람이라도 위험에 처하여 있다고 생각하게 되면 참으실 수 없는 것입니다. 주님께서는 당신이 피 흘려 사신 한 영혼이 아직도 사탄과 죄의 세력 하에 있는 동안에는 쉴 수가 없으신 것입니다. 그래서 위대하신 목자께서는 자기 양 떼를 밤이고 낮이고 잊으실 수 없습니다. 주님께서는 당신의 양들을 구원하셔야 합니다. 그 일이 완성되기 전에는 항상 마음이 괴로우십니다.

주님께서는 방황하는 각 사람의 마음에 깊은 동정심을 가지십니다. 주님께서는 죄가 가져온 슬픔, 때에 따라서 범과로 말미암아 오는 깊은 오염과 무서운 상처가 어떠한 것인지를 아십니다. 그 죄에서 나오는 쓰디쓴 마음과 상한 심령의 고통을 아십니다. 구주께서는 잃어버린 양 한 마리에 대해서 그렇게 큰 동정심을 가지고 계십니다. 주님께서는 상실된 상태에 있다는 것 자체에 있는 비참함이 어떠한 것인지 아십니다. 부모님과 아들딸이 다 집에 있더라도 어린 자식이 집에 오지 않고 실종된 상태에 있다면 가족마다 그 아이를 생각하고 고통에 시달리게 되는 것입니다. 아버지는 경찰서에 가서 신고를 하고, 또 집집마다 찾으러 다닙니다. 그 자식을 찾지 못하면 마음이 부서질 지경입니다. 어머니 마음의 깊은 고통과 비통한 심경은 이루 말할 수 없습니다. 어머니는 사랑하는 자식을 찾았다는 소식을 받기 전까지는 정신이 혼미하여 기절할 지경입니다. 예수님께서 사랑하시는 자에 대해서 느끼는 것이 어떠한지를 그런 식으로 생각하면 당신은 이해하기 시작하셨을 것입니다. 주님 손바닥에 그 이름이 새겨지고, 미리 아심의 거울 속에서 늘 비치던 사람, 십자가에서 피를 흘리시며 당신의 목숨을 버리실 때 떠올리던 그 사람, 그 사랑하시는 사람을 찾기까지 주님께서는 심령에 안식을 취하실 수 없습니다. 주님께서는 하나님다운 긍휼하심을 가지고 계십니다. 그것은 부모들이나 형제들의 긍휼과 연민 모두를 능히 초월하는 것입니다. 무한하신 마음의 연민은 사랑의 대양과 함께 흘러넘치게 되는 것입니다. 이 한 가지 생각이 주님의 동정심을 움직입니다. "그중에 하나를 잃으면 …."

더구나 이 비유에 나오는 그 사람은 양과 세 번째의 관계를 가지고 있었습니다. 그 관계는 그로 하여금 양 한 마리를 잃으면 어떻게 되느냐는 생각에 사로잡히게 만든 것입니다. 그는 그 양의 목자였습니다. 그 잃어버린 양이 자기의 양이었습니다. 바로 그 이유 때문에 그는 그러한 심경을 가지게 되는 것입니다. 그는 자신에게 말합니다. "만일 양 떼 중에 하나를 잃게 되면 목자의 일을 잘 못한 것이 될 것이다." 자기 양 떼에 속한 양 한 마리를 잃는 것은 그에게 참으로 불명예스러운 일이 됩니다! 그러한 일이 일어났다면 그의 힘이 모자라거나 아니면 그의 의지가 약하거나 조심성이 부족하였기 때문일 것입니다.

그러나 대(大)목자장이신 주님께는 그러한 요점이 하나도 해당되지 않습니다. 우리 주님 예수 그리스도께서는 당신께 속한 백성들 중에 한 사람이라도 잃어버리실 수 있다는 것을 상상할 수도 없습니다. 왜냐하면 주님께서는 그 모든 자들을 보전하신다고 장담하고 계시기 때문입니다. "내가 그들과 함께 있을 때에 내게 주신 아버지의 이름으로 그들을 보전하고 지키었나이다 그 중의 하나도 멸망하지 않고 다만 멸망의 자식뿐이오니 이는 성경을 응하게 함이니이다"(요

17:12). 마귀는 아버지께서 예수님께 주신 자들 중에서 한 사람이라도 멸망할 자가 있다고 말하지 못할 것입니다. 주님의 사랑의 역사(役事)는 미세한 정도에서도 실패할 수 없는 것입니다. 주님의 죽으심이 헛되다니요! 아닙니다. 정말 조금도 그러한 일은 있을 수 없습니다! 만일 하나님의 아들이 헛되이 살았다는 것이 가능하였다면 헛되이 죽는 것도 가능하였다는 말이 되는 것입니다! 그러한 일은 있을 수 없는 것입니다. 주님은 고난과 죽으심을 통해서 이루려고 하신 목적을 성취하실 것입니다. 왜냐하면 주님께서는 영원하시고 무한하시고 전능하신 분이기 때문입니다. 누가 주님의 손을 붙잡아 맬 것이며, 누가 주님의 계획을 무산시킬 수 있다는 말입니까? 주님께서는 그러한 방해를 결코 허락하지 않으실 것입니다. "만일 그중에 하나를 잃으면"이라는 대목이 있습니다. 그 결과를 상상하여 보십시오. 사람들이 얼마나 조소할 것입니까! 그 목자되신 주님을 사탄이 얼마나 비웃을까요! "그가 그중에 하나를 잃었다"는 소문이 지옥에 울려 퍼지게 되겠지요. 가장 미약한 신자를 잃었다고 가정해 보십시오. 그러면 그들은 울부짖을 것입니다. "그가 강한 자들만 지킬 수 있었구나. 스스로를 지킬 수 있는 자들만 말이다." 만일 정반대로 강한 자 하나를 잃었다고 가정해 봅시다. 그러면 지옥에 있는 자들은 외칠 것입니다. "그가 그들 중 가장 강한 자도 지킬 수 없었구나. 그가 망하는 것을 그냥 보고 있을 수밖에 없었어." 이것은 좋은 주장입니다. 모세가 하나님께 탄원한 것같이 하는 그 주장 말입니다. "애굽 사람들이 무어라고 할 것입니까?" 이 작은 자 중에 하나를 잃는 것이 하늘에 계신 너희 아버지의 뜻이 아니니라. 그리스도의 양들 중에서 하나라도 영원히 멸망하게 되는 일이 있다면 그것은 그리스도의 영광을 위해서도 좋지 않은 일입니다.

여러분은 주님의 마음이 불타게 된 이유를 알았을 것입니다. 먼저 그 양이 자기의 양이기 때문이며, 다음으로는 주님께서는 동정심이 충만한 분이시고, 그 다음에, 양 떼들의 목자로 일하시는 것이 주님의 직무이기 때문입니다.

양이 목자에 대해서 생각하고 있지 않고 목자 생각을 조금도 하지 않고 있는 경우에도 그러합니다. 여러분 중에 어떤 이들은 주 예수님에 대해서 전혀 생각을 하지 않고 있을 수도 있습니다. 주님을 찾아 나설 생각도 없고 그러한 의지도 없을 수 있습니다. 참으로 미련한 일입니다. 오! 그러한 태도가 너무나 안되었습니다. 위에 계신 위대하신 주님의 마음은 오늘도 여러분을 위해서 불타고 있고, 여러분이 위험에 처하여 있어서 안식하지 못하고 계시니 말입니다. 이러한 목자가 있음을 알지도 못하면 여러분은 앞으로 더 큰 곤경에 처하게 될 것입니다. 여러분은 영혼을 잃을 것입니다. 죄와 더불어 즐거움을 누리고 결국 파멸에 이를 것이기 때문입니다. 아! 나여, 너는 얼마나 멀리까지 방황하였던가! 만일 여러분을 생각하는 전능한 목자께서 계시지 않다면 여러분의 경우가 얼마나 소망 없는 것이 되겠습니까.

2. 목자가 찾는 오직 한 가지 대상

자, 이제 우리는 두 번째 요점에 이르러, 목자가 "찾는 오직 한 가지 대상"이 무엇인지 주목해 봅시다. 목자의 마음에는 그 잃은 양 한 마리만 있습니다. 그는 즉시로 양을 찾기 위해서 나서지 않을 수 없습니다. 목자는 들에 99마리의 양을 두고 잃은 한 마리의 양을 찾기까지 찾으러 나갑니다.

여기서는 그것이 분명하게 찾는 일임을 주목해야 합니다. 목자가 양을 찾아갑니다. 다른 것을 찾는 것이 아니고 오직 양만을 찾습니다. 목자는 마음에 오직 특정한 한 양만 두고 있습니다. 목자 그리스도께서는 자기가 만나는 어떤 양이든지 찾기 위해서 들로 달려 나갔다고 상상해 봅시다. 많은 양들이 이리저리 배회하고 있었습니다. 목자가 구분 없이 그저 닥치는 대로 처음 만나는 양을 잡으면 그것으로 만족해하시거나, 아니면 그저 자기를 졸졸 따라다니는 양을 붙잡는 것으로 만족해한다고 상상해 봅시다. 자, 비유에서 그러한 정황을 묘사하고 있지 않습니다. 목자가 찾는 양은 자기 양입니다. 그는 분명하게 자기 양을 찾기 위해서 나간 것입니다. 잃어버린 자기 양을 찾기 위해서 길을 나선 것입니다. 자기가 잘 아는 양, 자기만 잘 알 뿐 아니라 목자의 친구들이나 이웃도 잘 아는 그의 양을 찾으려 하는 것입니다. 왜냐하면 주님께서는 마치 자기가 찾아 구원하시려는 것이 어떤 양인지 그들이 알고 있는 것같이 말씀하고 계시기 때문입니다. 예수님께서는 자기의 구속하신 모든 백성들을 이같이 다 아십시다. 주님께서는 그러한 영혼들만을 찾으시는 것입니다. 저는 주님의 이름으로 설교하면서 긍휼의 메시지를 가지고 개인들에게 보냄받은 것을 생각하면 기쁩니다. 저는 그저 아무에게나 활을 쏘려고 시위를 당기는 사람이 아닙니다. 하나님의 손이 활을 당기는 제 손 위에 있을 때 주님께서는 분명한 목적을 가지고 계시기에 한 화살도 과녁을 빗나가게 하시지 않는 것입니다. 말씀이 마음의 중심에 들어박히는 것입니다. 예수님께서는 사람들을 다루실 때에 아무렇게나 모험적으로 한 번 해 보시지 않습니다. 주님께서는 의지를 복종시키시고 마음을 정복하십니다. 그리고 그 백성들로 하여금 권능의 날에 자원하는 마음으로 나오게 하십니다. 주님께서는 개인들을 부르시면 그들이 옵니다. 주님께서 "마리아야" 하고 말씀하시면 "랍오니여!" 하고 반응합니다. 저는 이 비유에 나오는 사람이 분명히 지목한 한 마리의 양을 찾고 있음을 압니다. 목자가 그 양을 찾기까지는 안식하지 못하였습니다. 그러하듯이 주 예수님께서는 사랑으로 일하실 때 무작정 확실한 목적도 없이 일하신 적이 없습니다. 주님께서 맹인이 더듬는 것과 같은 식으로 구원을 시행하는 분이 아닙니다. 오히려 주님께서는 자기 양 가운데 배회하고 있는 양 하나를 주목하여 찾아 구원하시는 것입니다. 예수님께서는 자신이 하시려는 일에 대해 분명한 목적을 가지고 계십니다. 주님께서는 아버지의 영광을 위해서 그 일을 성취하시려고 합니다.

이 사람이 찾는 일에 온 마음을 쏟고 있다는 것을 주목하십시오. 그는 자기의 잃은 양 한 마리밖에 생각하지 않습니다. 99마리의 양은 안전한 곳에 두었습니다. 그들을 두고 떠났습니다. 들에다 99마리의 양을 남겨 두었다는 말씀을 읽을 때에 그곳이 좀 거친 들이 아니냐는 생각이 얼른 들어옵니다. 그러나 그러한 곳이 아닙니다. 그곳은 넓은 초원 또는 큰 목초지를 말하는 것입니다. 그들 99마리는 안전한 곳, 곧 먹이가 충분하게 주어지는 곳에 두었다는 말입니다. 그래서 그들을 남겨 두고 떠날 수 있었습니다. 한동안 그는 잃은 양을 찾아 구원하여야 한다는 생각에 사로잡히게 됩니다. 그래서 그는 초원에다 99마리의 양을 남겨 두는 것입니다. "목자시여, 그 길은 매우 험한 데요!" 목자는 그 길이 어떠한지 알지 못하는 사람 같습니다. 그의 마음은 오직 잃은 양에게만 가 있습니다. "목자여, 거기로 가려면 가파른 산기슭을 지나야 하는데요."

그러나 그런 수고에 대해서 마음 쓰지 않습니다. 그의 흥분이 그로 야생 염소의 발같이 험한 산길을 거뜬히 달리게 합니다. 그는 다른 때 같으면 실족하여 넘어졌을 길도 안전하게 지나갑니다. 자기 양을 찾으러 두리번거립니다. 그는 험한 산의 형세나 구렁 같은 것은 전혀 눈여겨보지 않는 것 같습니다. "목자여, 정말 이 길은 잘못하다가는 저기 무서운 계곡으로 미끄러지게 하는 길이로다!" 그러나 그 길이 그에게는 전혀 무섭지 않습니다. 그에게 오직 한 가지 두려운 것은 자기의 잃은 양이 죽는 것입니다. 그 한 가지의 두려움이 그를 사로잡습니다. 다른 것은 전혀 무섭지 않습니다. 그는 위험 속으로 뛰어듭니다. 그러나 그를 지탱해 주는 강한 추진력으로 그 위험한 지역을 단번에 벗어납니다. 주 예수 그리스도께서 이 순간에도 자기의 잃어버린 영혼 하나를 구출하기 위해서 그 마음을 온통 기울이고 계시다는 것을 생각하면 정말 대단합니다.

그 찾음은 또한 **적극적인 찾음**입니다. 그가 잃은 양을 찾되 찾기까지 찾는 것을 보십시오. 그 일을 직접 나서서 하고 있습니다. 그는 자기 종 하나에게 "서둘러 잃은 양을 찾아 집으로 데리고 오너라"고 하지 않았습니다. 그가 직접 찾아나섰습니다. 만일 죄에서 은혜로 인도함받는 영혼이 있다면 그것은 우리 사역자들의 일만으로 이루어진 것이 아닙니다. 오히려 주님께서 친히 하신 일입니다. 주님께서 당신의 양을 찾아 나서심으로 된 일입니다. 지금도 주님께서 친히 죄인들을 추적하여 찾고 계시다는 것을 생각하면 정말 영광스럽습니다. 비록 그들이 절망적인 어리석음으로 주님을 떠나 달아났을지라도 주님께서는 여전히 그들을 쫓고 계십니다. 하나님의 아들, 사람들을 영원토록 사랑하시는 분에게 그들 죄인들이 추적을 당하고 있습니다. 그들을 만나 찾기까지 주님은 추적하십니다.

그 다음으로 그 찾음은 **끝까지 찾는 것**임을 잊지 말아야 합니다. "찾기까지 찾아" 그는 그 일을 이루기 전까지는 멈추지 않습니다. 여러분과 저는 한 영혼을 찾아야 합니다. 얼마나 오랫동안 찾아야 합니까? 그 영혼을 찾기까지 찾아야 합니다. 주님께서 우리에게 그러한 본을 보이신 것입니다. 이 비유는 주님께서 그 잃은 양을 찾지 못하시는 것에 대해서는 아무 말도 하지 않습니다. 주님께서 실패하실 가능성이 있다는 것을 전혀 비추지 않습니다. 주님께 속한 양 중에서 찾지 못하신 양이 있다는 것은 상상도 하지 않아야 합니다. 오! 형제 여러분, 저와 여러분이 찾지 못한 이들은 많이 있습니다. 그러나 예수님께서 당신의 양을 찾아 나서실 때에는 주님 자신의 기술로 그 일을 하십니다. 주님께서는 그 일을 분명하게 행하시고 효과적으로 행하시어 결국 그들을 다 인도하여 들이시는 것입니다. 저는 그리스도께서 실패하신다는 것은 상상도 할 수 없습니다. 그 찾음은 주님께서 친히 찾으시는 것입니다. 또한 계속적으로 인내하면서 끝까지 찾으시는 찾음입니다. 또한 그 찾으심은 **찾기에 성공하는 찾음**입니다. 우리는 이로 인하여 주님의 이름을 찬미하여야 합니다.

목자가 잃은 양을 찾을 때 어떻게 하였는지에 대해서 말하는 부분 중에 사람들이 눈여겨보지 않기 쉬운 작은 부분이 있습니다. 그 목자는 찾은 양을 다시 우리에 들인 것 같지 않습니다. 제가 의미하는 바는 그러한 일이 있었다는 기록이 없다는 말입니다. 그 사실을 주목하도록 기록하여 놓지는 않았습니다. 물론 결국에는 양 우리에 넣기는 하였을 것입니다. 그러나 그 양을 다른 양들과 바로 함께 있게 하지 않고, 한동안 목자와 함께 있게 하였을 것입니다. 목자가 집에 와서 한 말을 들어 보세요. "나와 함께 즐기자 나의 잃은 양을 찾아내었노라." 마치 예수님께서는 많은 영혼들을 구원하시어 교회로 인도하여 들이기보다는 당신 옆에 있게 하시는 것 같습니다. 물론 구원받은 이들은 양 떼 안에 있습니다. 가장 큰 기쁨은 양이 목자와 함께 있는 것입니다. 이는 그리스도께서 자기 백성을 구원하시기 위해서 자기를 얼마나 철저하게 내어 놓으셨는지를 보여줍니다. 그리스도께서는 구속받은 자기 백성을 향하여 전적으로 마음을 기울이십니다. 주님에게는 장애물이 없으시며, 절반만 헌신된 마음과 같은 것은 전혀 없습니다. 우리는 어떤 목적을 향하여 나아가면서도 우리의 기능들 중에 얼마를 따로 떼어 둡니다. 그러나 주님께서는 영혼들을 찾아 구원하시는 일에 있어서 당신의 모든 힘을 다 쏟으십니다.

각 죄인이 찾으실 때에 그리스도께서는 당신 전체를 다 동원하십니다. 주님은 자기의 양을 찾으실 때 마치 복 주실 영혼이 그 하나만 있는 것같이 자신을 온전히 드리시는 것입니다. 주님께서 당신의 양 떼에 속한 각 양을 찾으시는데 있어서 당신의 신성과 인성 모두를 다 동원하시는 것을 생각하면 제 마음이 얼마나 감격스러운지요!

3. 사랑의 짐

이제 우리는 세 번째 요점을 주목하기 위해서 두 번째 요점은 이 정도로 해둡시다. 우리는 이제까지 생각의 주제, 찾음의 대상에 대해서 살펴보았습니다. 이제 우리는 "사랑의 짐"에 대해서 생각하여 보기로 합시다. 찾는 일이 종결이 되자 구원하시는 분이 이러한 모습을 취합니다. "찾은즉 즐거워 어깨에 메고 집에 와서"라고 하였습니다. 얼마나 아름다운 모습입니까! 이 비유는 구원의 전 과정을 얼마나 아름답게 묘사하고 있는지요! 옛 저자들 중에 어떤 이들은 이 비유를 이렇게 지적하기를 좋아하였습니다. 주님께서 성육신하심으로 잃은 양을 찾으러 오셨고, 그의 공생애에서는 계속 잃은 양을 찾으셨고, 죽으심으로는 잃은 양을 자기 어깨에 메셨으며, 부활하심에서는 집으로 돌아오는 길목에 계셨고, 승천을 통해서는 찾은 양을 집으로 데려와서 즐거워하셨다고 말입니다. 우리 주님의 생애는 정말 영혼을 구원하시는 과정이었습니다. 자기 백성들을 위해서 목숨을 버리는 작업이었습니다. 이 비유에서 여러분은 구원의 전체 과정을 추적할 수 있습니다.

그러나 이제 여러분은 목자가 양을 찾아 어깨에 메고 있는 모습을 봅니다. 그 행동은 높이 드는 행위입니다. 타락한 자를 그가 방황하던 그 땅에서 일으켜 세우는 일입니다. 그것은 마치 양을 있는 모습 그대로 번쩍 드는 것과 같은 행동이었습니다. 아무 책망의 말도 없이 말입니다. 지체하거나 주저함도 없이 찔레나 등걸에 다치지 않게 하면서 안전한 장소에 옮겨 놓는 행동입니다. 여러분은 주님께서 무서운 구덩이에서 여러분을 들어올리실 때를 기억하지 않으십니까? 주님께서 위로부터 보내심을 받아 여러분을 높이 들고 여러분의 힘이 되어 주실 때를 기억하십니까? 저는 그날을 결코 잊지 못할 것입니다. 위대하신 목자장께서 저를 들어 새 생명 가운데로 넣어 주시던 그때 정말 너무나 놀랍게 높이 쳐들어 주셨습니다! 주님께서는 이스라엘에 대해서 "내가 너희를 독수리의 날개로 업었다"고 하셨습니다. 그러나 말씀이 성육신 되신 이의 어깨에 메임을 당하는 것은 정말 더욱더 사랑스러운 상징입니다.

어깨에 메는 행위는 자기 것으로 삼는 행위였습니다. 주님께서는 이렇게 말씀하시는 것 같았습니다. "너는 내 양이다. 그러므로 내가 너를 어깨에 메노라." 주님께서는 당신의 주장을 나타내실 때 그렇게 많은 말씀을 하지 않으셨습니다. 다만 신속한 행동을 통해서 당신이 말씀하고자 하시는 바를 선포하십니다. 사람은 자기 양이 아닌 것을 메지 않습니다. 자기 양이 아닌 데도 그렇게 한다면 도둑일 뿐입니다. 그 양의 소유주인 목자만이 그렇게 할 수 있습니다. 주님께서는 양의 네 다리를 다 잡고 계십니다. 양이 떨어지지 않게 하려고 하십니다. 그래서 자기 어깨에 메신 것입니다. 지금 그 양은 주님 자신의 양이기 때문입니다. 목자는 이렇게 말하는 것 같습니다. "내가 집을 떠나 멀리까지 왔다. 나는 이 메마른 황야에 와 있다. 그러나 이제 내가 내 양을 찾았도다. 내가 다시는 그 양을 놓치지 않으리라." 여기 주님께서 친히 하신 말씀이 있습니다. "내가 그들에게 영생을 주노니 영원히 멸망하지 아니할 것이요 또 그들을 내 손에서 빼앗을 자가 없느니라"(요 10:28). 예수님의 전능하신 손이 찾은 양을 꼭 붙들고 계십니다. 예수님의 어깨는 그 양을 안전하게 집까지 메고 갈 수 있습니다. 정말 그 양은 행복합니다. 그 양은 정말 적극적이고 경험적으로 선한 목자의 것이기 때문입니다. 그 양은 항상 아버지의 영원한 뜻 가운데서 주님의 양이었습니다. 예수님께서 여러분에게 "너는 내 것이다"라는 말을 하셨을 때를 기억하십니까? 그때 여러분이 주님을 인정하고 찬미하기 시작하였다는 것을 저는 알고 있습니다.

> "나는 나를 가장 사랑하시는 이의 것,
> 그분은 나의 것일세."

그 행위를 다른 각도에서 살펴보면 더욱더 겸비한 행위임을 알게 될 것입니다. 그 행위는 양을 섬기는 행위입니다. 양은 가장 높은 자리에 있습니다. 양의 무게가 다 목자의 어깨에 올려 있습니다. 양이 목자 등에 탄 것입니다. 목자는 양이란 짐을 지고 있습니다. 양은 쉬고 목자는 수고합니다. 우리 주님께서는 오래전에 "내가 섬기는 자로 너희 중에 있노라"고 말씀하셨습니다. "오히려 자기를 비워 종의 형체를 가지사 사람들과 같이 되셨고 사람의 모양으로 나타나사 자기를 낮추시고 죽기까지 복종하셨으니 곧 십자가에 죽으심이라"(빌 2:7-8). 주님께서는 십자가에서 우리의 죄를 지셨습니다. 더한 것은 우리 자신을 지셨다는 것입니다. 주님의 이름을 찬미하리로다. "여호와께서는 우리 모두의 죄악을 그에게 담당시키셨도다"(사 53:6). 하나님께서는 우리를 그에게 짐 지우셨습니다. 주님께서 우리를 지고 가시는 것입니다. 그 놀라운 성경의 말씀을 기억하십시오. "그의 사랑과 그의 자비로 그들을 구원하시고 옛적 모든 날에 그들을 드시며 안으셨으나"(사 63:9). 하나님의 아들이 사람의 아들들을 섬기는 자가 되셨습니다! 더할 수 없이 감격스러운 사실입니다. 하늘과 땅을 만드신 이가 죄인들의 죄를 담당하기 위해서 당신의 어깨를 구부리신 것입니다.

그 행위는 또한 안식을 주는 행위였습니다. 마치 더 이상 걸어갈 수 없어 기진하여 있는 양들에게 정말 필요한 일이었습니다. 불쌍한 죄인이 목자의 어깨에 자신을 맡기고 안전하게 등에 업혀서 꼼짝못하고 메어져 가는 것은 정말 안식을 느끼게 하는 것입니다. 여러분이나 저나 우리가 예수 그리스도의 신성과 영원한 능력에 메어져 가고 있다는 사실을 아는 것은 정말 놀라운 안식을 주지 않습니까! "여호와의 사랑을 입은 자는 그 곁에 안전히 살리로다 여호와께서 그를 날이 마치도록 보호하시고 그를 자기 어깨 사이에 있게 하시리로다"(신 33:12). 그리스도께서는 오늘날 우리를 지고 가십니다. 우리는 힘을 쓸 필요가 없습니다. 우리의 연약함이 우리가 진행하여 가는 것을 전혀 방해하지 않습니다. 주님께서 우리를 지고 가시기 때문입니다. 주님께서 "내가 너희를 창조했으니 너희를 짊어질 것이요 내가 너희를 나르고 데려가리라" 하신 말씀을 기억하지 못합니까? 우리는 패망하기까지 실족하여 넘어지지 않을 것입니다. 목자의 발이 모든 길에 있는 장애를 능히 넘어가실 것입니다. 그 무엇도 우리를 두렵게 하지 못하게 하실 것입니다. 주님께서는 우리를 짊어지고 능히 집에까지 가실 수 있는 분이시기 때문입니다. 신명기에 있는 저 달콤한 말씀을 아시지요. "광야에서도 너희가 당하였거니와 사람이 자기의 아들을 안는 것 같이 너희의 하나님 여호와께서 너희가 걸어온 길에서 너희를 안으사 이곳까지 이르게 하셨느니라"(신 1:31). 믿음의 안식은 정말 복된 것입니다. 자신을 온전히 끝까지 책임지고 능히 감당하실 이의 어깨에 맡기는 것은 정말 믿음직스럽고 아름다운 것입니다! 우리는 주님을 찬미하고 높여야 할 것입니다.

　목자께서는 온 힘을 다해 자기의 짐을 지십니다. 주님께서는 어깨에 자기의 양 된 백성들을 지고 가시는 것입니다. 주님께서는 당신의 백성들 외에 다른 것을 지고 가시지 않습니다. 주님께서 자기의 택하신 백성들을 구원하시기 위해 당신의 전능하신 능력을 쓰십니다. 주님께서는 먼저 피 값으로 구속하셨고, 당신의 모든 능력은 그들을 여전히 구속하십니다. "만군의 여호와가 이르노라 나는 내가 정한 날에 그들을 나의 특별한 소유로 삼을 것이요"(말 3:17). 오! 우리의 다함이 없으신 구주의 영광스러운 은혜여, 주님께서는 당신 자신을 우리 구원을 위해서 드리셨고, 바로 그 목적을 위해서 당신이 가지신 모든 것, 당신의 존재 모두를 바로 그 목적에 드리셨도다!

4. 기쁨의 한 원천

　우리는 한 요점을 더 주목하여 보고 마치려 합니다. "기쁨의 한 원천"입니다. 이 사람, 자기의 양을 잃었던 목자는 기쁨이 충만하였습니다. 그의 양이 그의 기쁨의 유일한 원천입니다. 주님의 양들은 주님의 생각 전부를 다 빼앗습니다. 주님께서 양들을 위해서 당신이 가지신 모든 기능들을 다 동원하시어, 모든 생각을 양들에게만 집중시킵니다. 그래서 주님께서는 그 양으로부터 모든 기쁨을 얻으시는 것입니다.

　저는 여러분에게 우리가 여기서 만나는 기쁨에 대한 말씀을 주목해 보라고 말씀드립니다. "그가 찾은즉 즐거워 어깨에 메고 집에 와서." 목자에게 물어 보십시오. "목자여, 그렇게 하는 것이 그대에게 무거운 짐이 아닌가?" 목자는 기쁨으로 대답합니다. "나는 내 어깨에 양을 메는 것이 즐거움이로다." 어머니는 잃어버린 자식을 찾게 되었을 때에 "이 일은 정말 내게 힘이 부치는 짐이다"고 말하지 않습니다. 오히려, 어머니는 자식을 품안에 안으시는 것입니다. 어머니는 그 아이가 얼마나 무거운지에 대해서 생각하지도 않습니다. 어머니에게 자식은 정말 사랑스러운 짐입니다. 그녀는 다시 한 번 아이를 안고 즐거워합니다. "찾은즉 즐거워 어깨에 메고 집에 와서." "그는 그 앞에 있는 기쁨을 위하여 십자가를 참으사 부끄러움을 개의치 아니하시더니 하나님 보좌 우편에 앉으셨느니라"(히 12:2). 우리의 짐을 지셨을 때에 주님께서는 커다란 슬픔을 짊어지신 것입니다. 그러나 주님께서 그렇게 하심으로써 우리가 처한 파멸한 상태에서 회복되리라는 것을 생각하실 때에 마음에 더 큰 기쁨이 섬광같이 비춰었습니다. 주님께서는 스스로에게 이같이 말씀하십니다. "내가 어깨에 그들을 메었도다. 아무도 그들을 상할 수 없고, 그들을 떼내어 망하게 할 수 없도다. 나는 그들의 죄를 지고 있다. 그들이 다시는 정죄를 받지 않게 될 것이다. 그들의 죄책에 대한 형벌이 내게 지워져 있어서 그들에게 그 책임이 돌아가지 않을 것이다. 나는 그들을 위해서 유효하고 효력 있는 구속자이다. 나는 그들을 짊어지고 있다. 그들이 아버지의 공의로운 분노를 지지 않게 하기 위해서이다." 그들을 향한 사랑 때문에 주님은 공의의 채찍이 당신께 내리쳐질 때마다 기쁘게 여기셨습니다. 주님께서 그들을 향하신 사랑 때문에 못 박힌 손과 발의 아픔이 기쁨이 되었고, 주님의 심장이 아버지께서 외면하셔서 터져 버렸는 데도 그것을 즐거움으로 여기셨습니다. "엘리 엘리 라마 사박다니"라고 외치며 당신의 깊은 마음의 고통을 토하여 내셨습니다. 그러한 때에도 주님의 폐 속에서는 기쁨의 진주가 있었음이 나타납니다. 승리의 어떤 외침도 그 슬픔의 울부짖음에 필적할 수 없습니다. 주님께서 창세 전부터 사랑하여 택하신 백성들의 죄를 위해서 아버지께 버림받는 것마저 기쁨으로 참아 내셨기 때문입니다.

오! 여러분은 아주 미세한 정도라도 그것을 이해할 수 없습니다. 지상에서 그와 비슷한 예를 한 번 찾아보십시오. 어떤 가정의 아들이 집에서 멀리 떠나 있는 중에 병이 들어 아픕니다. 그는 열이 나서 누워 있습니다. 집으로 전보를 보내었습니다. 그 어머니는 가서 자식을 치료해 주어야 한다고 말합니다. 자기의 아들이 누워 있는 곳이 사랑스러운 곳입니다. 그 순간은 자식이 누워 있는 그곳이 지상에서 가장 사랑스러운 곳이 되는 것입니다. 그녀는 가정의 위로를 떠나서 낯선 자들 중에 머물기를 좋아합니다. 자식에 대한 애정 때문입니다. 어머니는 자신을 희생하는 데서 큰 기쁨을 느낍니다. 그녀는 자식의 병상에서 물러나 있는 것을 싫어합니다. 어머니는 자기의 직무를 벗어나지 않으려 합니다. 어머니는 밤낮 병상을 지키고 있습니다. 정말 지쳐서 잠에 곯아떨어질 때가 아니면 말입니다. 여러분은 그 어머니를 영국에다 가두어 둘 수 없습니다. 만일 그렇게 하였더라면 그녀는 정말 너무나 기진해졌을 것입니다. 그녀에게는 사랑하는 자식을 섬길 수 있는 곳에 있는 것이 엄숙하고 크고 깊은 즐거움이었습니다. 영혼이여, 그대는 구주 예수님께서 그대를 구원하시는 일을 통해서 얼마나 큰 기쁨을 얻고 계시는지 기억하라. 주님께서는 영원 전부터 아버지와 함께 계셨습니다. 영원히 복되고 무한히 영광스럽게 하나님으로서, 모든 것을 다스리는 분으로서 말입니다. 그러나 한없는 사랑 때문에 이리로 오시지 않을 수 없었습니다. 그래서 친히 인성을 취하시어 우리 대신 고난을 받으시고 우리를 인도하사 거룩한 하나님께로 네러가신 깃입니다. "찾은즉 즐거위 어깨에 메고 …" 그날에 목자는 한 가지의 기쁨만 알았습니다. 목자는 자기의 양을 찾았습니다. 어깨에 그 양을 메어 무거웠지만 그것이 마음을 밝게 하였습니다. 그렇게 함으로써 자기가 염려하는 대상이 의심할 여지 없이 안전하다는 것을 알았기 때문입니다.

자, 목자는 찾은 양을 집으로 메고 갑니다. 그의 기쁨이 너무 커서 영혼에 흘러넘칠 것 같습니다. 비유의 말씀은 다시 집에 와서 어떤 기쁨을 얻었는지에 대해 전혀 말하지 않습니다. 또한 친구들과 이웃들의 인사를 받음으로 말미암아 기쁨을 느꼈는지에 대해서도 말하지 않습니다. 아니, 오직 하나 잃은 양을 찾았다는 기쁨이 다른 모든 기쁨을 삼켜 버렸습니다. 그래서 가정과 우정의 빛이 그에게 희미하게만 보였습니다. 그는 친구들과 이웃들에게 사람을 보내어 자기 행복을 함께 나누고자 합니다. 그는 외칩니다. "나와 함께 즐기자 나의 잃은 양을 찾았노라 하리라." 죄인 하나가 회개하면 하늘에 있는 모든 존재들이 그 일에 관해서 기념할 날로 알고 기뻐하는 것입니다. 오! 형제들이여, 그리스도의 마음에는 당신이 구원하신 자들을 향해서 하늘 전체를 기쁨의 강물로 흘러넘치게 하기에 충분한 기쁨이 있습니다. 낙원의 거리들은 구주의 기쁨의 천상적인 강물이 무릎까지 차오르게 될 것입니다. 그 주님의 기쁨의 강물은 주님의 영혼에서 흘러나오는 것이고, 천사들과 영화롭게 된 영들이 그 힘찬 강물 속에서 목욕을 합니다. 우리도 그렇게 합시다. 우리가 이웃이 아니라면 친구들입니다. 주님께서는 오늘날 우리더러 와서 마음을 빈 그릇처럼 가져오라고 하십니다. 주님께서 당신의 기쁨으로 우리 마음의 그릇들을 채우고 우리 기쁨이 충만하게 하기 위해서 말입니다. 구원받은 우리들은 주님의 기쁨을 맛보아야 합니다. 제가 이 본문에 대해서 생각하려고 했을 때 주님께서 그의 양 된 자 각각을 인도하는 일에 대해 주님과 함께 기뻐하였습니다. 인도 받는 각각의 양이 하늘을 기쁨으로 충만하게 만듭니다. 오! 구속 받은 자들을 모두 데리고 들어오는 것을 보는 즐거움이여! 예수님께서 만일 양 떼 중에 하나만 잃었더라도 예수님은 전혀 기쁨을 몰랐을 것입니다. 만일 그러한 경우였다면 모든 기쁨이 다 사그라졌을 것입니다. 만일 긍휼의 목적이 어떤 한 경우에서도 좌절이 되었었다면 그것은 위대하신 구주가 무섭게 패배한 것이 되어버렸을 것입니다. 그러나 주님의 목적은 모든 경우에서 다 성취될 것입니다. 주님께서 당신 "영혼의 산고를 보시고 만족해하실 것입니다." 주님께서는 넘어지거나 좌절하지 않으실 것입니다. 주님께서는 아버지의 뜻을 이행할 것입니다. 주님께서는 자기 수난에 대한 충분한 상급을 받으실 것입니다. 우리 오늘 이 아침에 주님과 함께 즐거워하고 기뻐하십시다!

그러나 본문은 우리에게 길을 잃지 않은 99마리보다 한 마리의 잃은 양으로 인하여 더 기뻐하게 될 것이라고 말하고 있습니다. 회개할 것이 필요 없는 의로운 사람이 누구입니까? 그러한 자들은 전혀 있을 수 없습니다. 그럼에도 불구하고 비유는 정확할 수 있습니다. 우리 모두 그러한 사람이고 회개를 전혀 필요로 하지 않는 사람이라면, 한 죄인이 회개함으로 그리스도의 마음에 드리는 기쁨만큼 주님을 기쁘게 하지 못할 것입니다. 그러나 오래 전에 회개한 저와 여러분의 경우를 생각하여 봅시다. 우리는 어떤 의미에서 지금은 회개를 필요로 하지 않습니다. 이미 의롭다 하심을 받은 자들이기 때문입니다. 우리는 때가 되어 죄인이 처음으로 하나님께 돌아오게 될 때에 하나님의 마음에 드리는 만큼의 기쁨을 주지 못합니다. 그렇다고 해서 사람이 방황하고 다니는 것이 좋다거나, 방황하지 않고 자신을 지키는 것이 나쁘다는 이야기가 아닙니다. 그것이 어떤 경우인지 아실 것입니다. 예를 들어서 한 가정에 일곱 자녀들이 있습니다. 그런데 여섯 자녀는 다 건강합니다. 그러나 사랑하는 한 아이가 심각한 병에 걸렸습니다. 그래서 거의 사경을 헤매는 데까지 갔습니다. 그런데 그 아이가 회복하였습니다.

생명을 건진 것입니다. 그때에 모든 건강한 아이보다 그 아이가 그 가정에 더 많은 기쁨을 주는 것이 이상한 일이라고 여기십니까? 전혀 병에 걸린 적이 없는 모든 자식들보다 그 아이에 대해서 더 큰 기쁨을 표현하게 될 것입니다. 이 말은 병에 걸리는 것이 좋은 일이라는 것이 아닙니다. 그런 생각은 아예 하지 말아야 합니다. 우리는 병에서 회복되는 아이에 대한 기쁨을 말하고 있는 것뿐입니다. 또 다른 경우를 예로 들어 봅시다. 집의 한 자식이 먼 나라에 가 있습니다. 그리고 다른 아들은 집에 있습니다. 그런 경우 부모는 둘 다 사랑합니다. 그러나 나가 있는 아이가 집에 없는 동안에 부모의 생각은 그 아이에 대한 것으로 가득하게 됩니다. 그렇게 하는 것이 이상한 일입니까? 집에 있는 가족들이 날마다 우리에게 기쁨을 줍니다. 그러나 기쁨의 물줄기는 자식이 집에 없으면 댐을 이루어 쌓이게 되는 것입니다. 그가 집에 돌아올 때에는 한꺼번에 쏟아져 내리는 것입니다. 그때 우리는 "대단한 날, 거룩한 날들"을 맞이하게 되는 것입니다. 밤에는 "횃불을 밝히는 일"이 있을 것입니다.

　　방황하던 자가 회개하고 회심하게 되면 기쁨을 가져오는 특별한 경우들이 있는 것입니다. 그전에는 슬픔이 있었습니다. 그리고 그와 대조적으로 회심하게 되면 그에 비례하여 기쁨이 커지는 것입니다. 목자는 잃은 양들에 대한 연민으로 너무 마음이 아팠기 때문에 찾은즉 그 기쁨은 필연적으로 터지게 되어 있습니다. 그는 조마조마하면서 무서운 날들을 얼마나 보냈는지요! 정말 그것은 사람을 죽이는 일입니다. 마치 초가 녹아내리는 것처럼 영혼을 사그라뜨리는 일과 같은 것입니다. 양이 어디 있을까? 어디 가면 찾을 수 있을까? 마음을 찌르는 생각이 끊임없이 일어납니다. 이렇게 헤매면서 찾던 지루하고 곤고하던 시간들이 계속 마음에 고통스럽게 다가와 사람을 기진맥진하게 만듭니다. 결국에는 양이 어디 있나 하는 의문스런 생각들이 변하여 이제는 양을 찾지 못할지도 모른다는 생각이 떠오르는 때를 만나게 되는 것입니다. 그렇게 맘을 졸이던 시간이 끝나면 자연스럽게 기쁨의 달콤한 해방감이 터져 나오게 되는 것이지요. 더구나 회개하는 자에 대한 여러분의 기쁨이 이기주의적인 생각에서 나온 것이 아니어서, 하나님의 은혜로 여러 해 동안 보호를 받게 된 여러분은 하나님께서 회개하는 죄인에 대해 더 큰 기쁨을 갖는 것에 대해서 하등의 시기심이 나지 않는 것입니다. 오히려 여러분은 자신에 대해서 이렇게 말할 것입니다. "참 좋은 일이야. 나는 기뻐하는 무리 중에 속한 자다." 여러분이 처음 예수님께 왔을 때에 여러분에 대해서 선한 사람들이 크게 기뻐한 것을 기억할 것입니다. 여러분은 새로 오는 사람들을 환영하는 일에 마음껏 그들과 하나가 되어야 합니다. 여러분은 탕자의 형과 같이 해서는 안 됩니다. 내 아버지의 기쁨을 함께 하지 않겠다고 하지 말아야 합니다. 그러한 자세를 조금도 보이지 않아야 합니다. 오히려 여러분은 춤을 추며 노래하면서 마음껏 기뻐해야 합니다. 지옥에서 구원받는 영혼들을 보는 것을 정말 여러분은 하늘 기쁨이라고 생각해야 합니다. 한때 지옥의 어두운 문에 앉아 있었으나 이제 하늘 문에 가까이 인도 받은 불쌍한 자들을 만나면 정말 갑작스럽게 기쁨의 홍수가 밀려오는 것을 저는 경험합니다! 여러분은 그렇지 않습니까?

제가 여러분에게 남기고 싶은 한 가지 요점은, 은혜로운 우리 주님께서 당신의 구속받은 자들에게 자신을 얼마나 온전히 드리셨느냐 하는 것입니다. 주님의 마음의 모든 생각, 주님의 능력의 모든 행사가 얼마나 완전하고 철저하게, 주리고 죄 많고 파멸한 영혼들에게로 쏟아지는지요? 주님께서는 당신의 모든 것을 허비하여 당신이 내쫓으셨던 자들을 되찾으시려 하십니다. 주님을 믿는 불쌍한 영혼들은 자기를 위해서 온 힘을 기울이시는 주님을 모시고 있는 것입니다. 주님의 이름을 찬미합시다! 자, 이제 주님을 향한 사랑을 쏟아 내십시다. 주님께서 당신의 온 마음과 몸을 드려 우리를 구속하셨습니다. 그를 사랑합시다. 주님께서 우리를 사랑하신 분량만큼 사랑하십시다. 우리도 주께서 하신 것처럼 행합시다. 마음과 목숨을 다해서 주님을 사랑하십시다. 마치 우리가 십자가에 못 박히신 예수님 외에는 아무것도 보지 않고 알지 않고 사랑하지 않는 것 같이 생각합시다. 우리가 주님의 마음을 채움에 따라서 주님께서도 우리 마음을 가득 채우시는 것입니다!

오! 오늘 여기 있는 불쌍한 죄인이여, 선한 목자께 자신을 온전하게 드리지 않으시겠습니까? 주님께서 가까이 계시니 그대로 서 있지 않겠습니까? 주님의 능하신 은혜에 복종하지 않으시렵니까? 죄와 사망 가운데서 구원받는 길이 주님께로 나아오는 것임을 아십시다. 오직 그분에게로만 나오는 것임을 말입니다. 숨 쉬듯이 주님께 기도하십시오. "주여, 오소서. 당신의 구원을 기다리나이다! 나를 구원하소서 내가 당신을 믿나이다." 만일 여러분이 그렇게 기도한다면 여러분은 그리스도의 양이라는 표를 가지게 되는 것입니다. 주님께서 이같이 말씀하셨기 때문입니다. "내 양은 내 음성을 들으며 나는 그들을 알며 그들은 나를 따르느니라"(요 10:27). 그분에게 오십시오. 그분이 여러분에게 오시니 말입니다. 주님께서 여러분을 보시니, 주님을 바라보십시오. 아멘.

제
56
장

—

잃어버린 은전

—

"어떤 여자가 열 드라크마가 있는데 하나를 잃으면 등불을 켜고 집을 쓸며 찾아내기까지 부지런히 찾지 아니하겠느냐 또 찾아낸즉 벗과 이웃을 불러 모으고 말하되 나와 함께 즐기자 잃은 드라크마를 찾아내었노라 하리라 내가 너희에게 이르노니 이와 같이 죄인 한 사람이 회개하면 하나님의 사자들 앞에 기쁨이 되느니라." — 눅 15:8-10

이 누가복음 15장은 은혜와 진리가 충만합니다. 이 장에 연달아 수록된 비유들은 같은 교리를 다른 여러 은유를 통해서 반복적으로 말씀하신 내용으로 보아 왔습니다. 그렇다면, 이 누가복음 15장이 가르치는 진리는 너무나 중요하여 아무리 자주 거듭 듣는다 하더라도 지나치지 않습니다. 더구나 우리는 이 누가복음 15장에서 가르치는 그 교리를 자주 잊는 경향이 있습니다. 그러니 그것을 거듭 되풀이해서 우리 마음에 각인시키는 것이 좋습니다. 여기서 가르치는 진리는 이것입니다. — 긍휼은 비참에 처한 사람에게 손을 내밀고, 은혜는 죄인들인 사람들을 그대로 받으며, 고로 없고 무가치하고 아무 쓸모 없는 사람을 다룬다는 것입니다. 또한 자신들을 의롭다고 여기는 사람들은 하나님의 긍휼을 받지 못하나, 자신을 불의하고 죄 많아 아무런 자격 없는 사람들로 여기는 이들이 하나님의 무한하신 긍휼을 받는 장본인들입니다. 바로 그 진리를 보여주고 있습니다. 다른 말로 해서 구원은 공로로 되는 것이 아니라 은혜로 말미암는다는 것입니다. 이 진리는 정말 중요하다고 말씀드립니다. 왜냐하면 이 진리는 회개하는 사람으로 하여금 아버지께 돌아올 용기를 주기 때문입니다. 그러나 이 진리를 망각하기가 아주 쉽습니다. 은혜로 구원받은 사람들까지도 자주 이 탕자의 비유 가운데 나오는 형과 같은 정신에 빠지고, 마치 자기들의 구원이 율법의 행위로 말미암은 것처럼 말하곤 합니다.

그러나 사랑하는 여러분, 이 누가복음 15장에 기록된 세 비유는 한 진리를 거듭 반복적으로 되풀이하는 것이 아닙니다. 물론 세 비유가 다같이 동일한 주요 진리를 선포합니다. 그러나 각 비유마다 그 나름의 특이한 국면을 보여줍니다. 세 비유는 복음 교리라는 광범한 피라미드의 세 측면을 보여줍니다. 그러나 그 각 측면마다 구분되는 내용이 새겨져 있습니다. 이 세 비유들이 가진 유사성 에서 뿐만 아니라 유사성을 가진 교훈 속에도 차이와 점증적 확대와, 차별성이 드러나 있습니다. 우리는 세 비유의 삼위일체 속에서 본질적 진리는 하나이면서 도 그 내용 묘사에 있어서는 차이가 있음을 발견하기 위해서 주의 깊게 본문을 읽을 필요가 있습니다. 각 비유마다 서로 다른 비유들을 필요로 합니다. 그 비유 들 각자가 그 본질적인 한 교리를 따로따로 전달할 수도 있었습니다. 그러나 세 비유가 서로 조합하여 그 나타내고자 하는 교리를 훨씬 더 완전하게 해석해 주 고 있습니다.

잠시 동안 잃은 양을 찾는 목자를 묘사하는 첫 번째 비유를 주목해 봅시다. 이 비유는 누구를 가리킬까요? 이스라엘의 목자가 누구입니까? 누가 유리하는 양을 모으나요? 그 양들을 구원하기 위해 자기 목숨을 버리신, 항상 영광스럽고 복되신 대목자장 되신 이가 아니면 누구이겠습니까? 우리는 이 첫 번째 비유에 서 예수 그리스도의 일을 분명하게 봅니다. 두 번째 비유는 정확하게 두 번째 자 리에 놓여 있습니다. 이 비유는 성령의 역사를 나타내고 있음이 분명합니다. 특 히 구원을 받지 못한 상태에 있으나 보배로운 사람들의 영혼을 위해서 교회를 통해 일하시는 성령의 역사를 나타내고 있습니다. 교회는 잃어버린 돈을 찾기 위해 자기 집을 쓰는 여인입니다. 성령께서는 교회 안에서 사랑의 목적을 이루 십니다. 자, 성령의 역사가 그리스도의 역사를 뒤따릅니다. 여기서와 같이 우리 는 먼저 목자가 잃은 양을 찾는 모습을 보고, 그 다음에 잃어버린 돈을 찾는 여인 에 대한 본문을 만납니다. 그와 같이 위대하신 목자께서 영혼을 구속하시고, 그 런 다음에 성령께서 회복하십니다. 그런 식으로 해석하면 비유마다 미세한 부분까지 제대로 이해된다는 것을 알게 될 것입니다. 목자는, 고의적으로 목자를 떠나 방황하는 한 마리의 양을 찾습니다. 그리하여 죄의 요소가 그 비유에서 나타납니다. 돈을 잃어버린 경우는 그와 같은 생각을 보여주지 않습니다. 또 그러한 것을 연상할 필요도 없습니다. 그 비유는 첫 번째 비유와 같이 죄의 용서를 다루고 있지 않기 때문입니다. 한편에서는 양을 바보스럽다고 하지만 전적으로 지각이 없거나 죽어 있는 것은 아닙니다. 그러나 돈은 전혀 의식이 없으며 힘이 없습니다. 그러므로 성령께서 사람을 다루기 시작할 때의 사람을 정확하게 표시하고 있습니다. 성령께서 사람을 처음으로 다루실 때, 사람은 허물과 죄로 죽어 있습니다.

세 번째 비유는 분명히 하나님 아버지의 풍성한 사랑을 나타내는데, 특히 당신께 돌아오는 잃어버린 자녀를 받으시는 사랑을 나타내십니다. 세 번째 비유는 첫 번째 비유와 두 번째 비유의 도움을 받지 않고는 오해하기 십상입니다. 우리는 가끔 다음과 같은 주장을 하는 사람들을 만납니다. ─ 탕자가 돌아오자마자 아버지께서 영접하신다. 그 탕자를 찾고 구원하시는 구주에 대해서는 일언반구도 없다. 그러나 단 하나의 비유를 통해서 모든 진리를 한꺼번에 다 가르칠 수 있습니까? 첫 번째 비유가 잃은 양을 찾는 목자에 대해서 말하지 않습니까? 어째서 앞에서 말한 것을 되풀이할 필요가 있습니까? 어떤 이들은 탕자가 자유의지로 돌아왔다고 말합니다. 왜냐하면 그의 마음에 작용하는 어떤 초월적인 능력이 작용했다는 암시가 전혀 보이지 않기 때문이라는 것이죠. 마치 그 자신이 즉흥적으로 "내가 일어나 아버지께로 가리라"고 말한 것처럼 보인다는 것입니다. 그에 대한 우리의 대답은 이러합니다. 성령의 역사가 두 번째 비유를 통해 분명하게 묘사되었기 때문에 세 번째 비유에서는 그 성령의 역사를 다시 거론할 필요가 없었다는 것입니다. 만일 여러분이 이 세 비유의 그림을 한 연장선상에 놓고 보면, 그 세 비유들이 구원의 포괄적인 과정을 나타내고 있음을 알게 될 것입니다. 비유마다 복되신 성 삼위 하나님의 각 위 중 어느 한 위를 가리키고 있습니다. 목자는 많은 수고와 자기희생을 치르면서 분별없이 방황하는 양들을 찾습니다. 여자는 지각이 없는 잃어버린 돈을 부지런히 수색합니다. 아버지께서는 돌아오는 탕자를 맞으십니다. 하나님께서 함께 묶어 놓은 것을 사람이 감히 나누지 말아야 합니다. 생명의 문제를 스케치하는 이 세 비유는 하나입니다. 세 개의 전체에서 한 진리가 가르쳐지고 있습니다. 그러면서도 각 비유는 다른 비유와 구별됩니다. 그 자체만으로 또 가르쳐 주는 내용이 있습니다.

우리가 이 비유에서 성령의 생각을 발견하려고 노력하는 동안 하나님께 대해서 배우게 하여 주시옵소서. 우리가 믿기로 이 비유는 교회 안에서, 교회를 통해서 일하시는 성령의 역사를 나타냅니다. 교회는 항상 여인으로 묘사됩니다. 그리스도의 정결한 신부로, 혹은 부끄러워할 줄 모르는 바벨론의 매춘부로 묘사되기도 합니다. 착한 여인이 집안을 쓸어 정결하게 하나, 악한 여인은 악한 누룩을 가져다 가루 속에 몰래 넣어 그 모든 것이 발효되게 하는 것과 같습니다. 교회는 그리스도께 대해서는 아내요, 사람에 대해서는 어머니입니다. 그러므로 교회를 여인으로 상징하는 것은 정말 잘 어울립니다. 이 비유에 나오는 여자는 집을 직접 관리하고 있었습니다. 그녀의 남편은 멀리 집을 떠나 있었고, 그 여자가 가정의 재물을 책임지고 있었습니다. 주 예수께서 떠나 아버지께 가신 이후 교회의 상태가 마치 그와 같습니다.

우리는 본문의 각 부분을 세밀하게 관찰하기 위해서 사람을 세 상태로 나누어 주목해 봅시다. ― "구원 받지 못한 상태에 있는 사람", "복음의 추적을 당하는 사람", "구원을 받은 사람."

1. 본문은 하나님의 긍휼의 대상인 사람을 '잃어버린' 자로 취급하고 있습니다

먼저, 보화가 먼지 속에서 잃어버림을 당했음을 기억하시기 바랍니다. 그 여자는 은전을 잃었습니다. 그것을 찾기 위해서 집안을 쓸었습니다. 그 말은 은전이 먼지가 쌓여 있는 곳에 떨어졌다는 말이죠. 그래서 흙이 묻어 있을 수 있고, 더럽고 지저분한 곳에 감추어져 있을 수 있습니다. 아담에게서 난 사람은 이처럼 잃어버린 은전과 같습니다. 상실되고 타락하고 존귀함을 잃어버리고, 어떤 사람은 묻혀 있고, 어떤 사람은 어리석음 가운데 있고, 어떤 사람은 먼지 속에 있습니다. 만일 우리가 많은 돈을 떨어뜨렸다면 그것들이 여러 곳으로 흩어져 들어갔을 것입니다. 그 중 어느 하나는 진흙탕 속에 떨어질 수도 있고, 그 속에 잃어버린 채 있을 것입니다. 또 어떤 것은 카펫 위나, 옷 위나, 깨끗하게 잘 닦여진 마루 위에 떨어질 수도 있습니다. 그래서 거기에서 잃어버린 상태로 있겠죠. 만일 여러분이 돈을 잃어버렸다면, 그것이 농 위에 떨어져 있든지 그곳에 버려져 있을 것입니다. 그처럼 모든 사람들이 다같이 버려져 있습니다. 그러나 그들이 외면적으로 동일한 상태에 다 떨어져 있는 것은 아닙니다. 어떤 사람은 어린 시절의 환경이나 교육의 영향을 받아서 아주 잔인하고 짐승 같은 악행에 빠져든 적이 없습니다. 그는 입으로 하나님을 모독하는 말을 해 본 적도 없습니다. 그러나 그 모든 것에도 불구하고 잃어버린 자일 수 있습니다. 또 어떤 사람은 크게 요동하는 과격한 위치에 떨어져 있을 수 있습니다. 그 사람은 방종과 쾌락에 익숙하고, 모든 악행에 익숙해 있습니다. 그는 잃어버린 자이고, 겉으로 보기에도 잃어버린 자입니다. 그러나 더 예의바른 죄인도 역시 잃어버린 자입니다.

오늘 아침 여기 이 예배당에 오신 사람들 가운데는(우리가 진행해 나감에 따라서 진리를 항상 적용하기를 원합니다) 지극히 타락한 모습을 보이며 잃어버린 상태에 있을 수 있습니다. 저는 그러한 분들이 우리가 살펴보는 이 비유를 통해 소망을 품고 배울 수 있도록 하나님께서 은혜를 베푸시기를 바랍니다. 또한 하나님의 교회와 하나님의 성령께서 그들을 찾아, 그들도 구원받은 자의 부류에 들게 되기를 기도합니다. 아니면 여기에는 그런 더러운 장소에 떨어진 적이 없는 자들이 많이 있습니다. 저는 그러한 자들도 여전히 잃어버린 자들임을 사랑하는 마음으로 상기시켜드리고 싶습니다. 그들도 가장 비열한 자들 중에 처해 있는 자들과 똑같이 성령의 찾으심을 필요로 합니다. 도덕적인 사람들을 구원하기 위해서는, 부도덕한 사람들을 구원하는 경우와 똑같이 하나님의 은혜가 필요합니다. 만일 여러분이 구원받지 못한 상태에 있다면, 존경을 받는 가운데 멸망을 당하든, 몰골 흉한 무리 속에서 저주를 받든 별 차이가 없음을 기억하십시오. 만일 여러분이 한 가지만 부족하다 할지라도 그 부족한 것이 치명적인 경우라면 그 한 가지가 부족한 것이 여러분에게 아무런 위로가 되지 못합니다. 만일 배에 구멍이 나서 바닥에 가라앉는다면, 구멍이 하나밖에 나지 않았다는 것이 여러분에게 아무런 위로가 되지 못합니다. 질병 하나가 사람을 죽일 수 있습니다. 몸의 다른 곳은 멀쩡할 수 있습니다. 그러나 한 기관만 건전하였다면 오래 살 수 있었을 텐데 라고 생각한 것이 그에게 아무런 위로가 되지 못합니다. 이 설교를 듣는 여러분이여, 만일 여러분이 불신앙의 악한 마음을 빼놓고는 어떠한 죄를 저지른 적이 없고, 외면적인 생활이 사랑스럽고 정말 호감이 가는 것이라 할지라도, 여러분 속에 치명적인 한 가지 죄가 있다면, 여러분에게 좋은 다른 모든 것이 아무런 위로가 되지 못합니다. 여러분은 본성적으로 잃어버린 자입니다. 여러분이 누구라 할지라도 은혜로 찾아야 합니다.

이 비유에서는 잃어버린 자가 자신이 잃어버린 자라는 사실을 전적으로 모르고 있었습니다. 은전은 살아 있는 것이 아닙니다. 그러므로 자신이 잃어버린 존재이 거나 찾는 대상인 것을 전혀 의식하지 못합니다. 잃어버린 동전은 마룻장이나 먼지 위에 있는 것으로 아주 만족해 있습니다. 또한 다른 돈들과 함께 지갑 속에 있는 것으로 만족하듯이 합니다. 자기가 잃어버려졌다는 사실을 전혀 알지 못합 니다. 알 수도 없죠. 영적으로 죄 가운데 죽어 있는 죄인도 역시 그러합니다. 그 는 자기 자신의 상태를 의식하지 못합니다. 우리가 그에게 자기 상태의 위태로 움과 가공스러움을 이해하게 만들 수도 없습니다. 자신이 잃어버린 상태에 있다 는 것을 느낄 때 이미 그 사람 속에는 은혜가 작용하기 시작한 것입니다. 죄인이 자기가 잃어버린 상태에 있음을 알게 되면 더 이상 자기 상태에 만족하지 않게 되고, 긍휼을 구하며 부르짖기 시작합니다. 그것은 바로 찾으시는 성령의 역사 가 그 사람 속에서 시작되었다는 증거입니다. 회심하지 않은 죄인도 자신이 잃 어버린 상태라고 진술하는 것이 성경적임을 알기 때문에 그렇게 고백할 것입니 다. 그러므로 하나님의 말씀에 부응하여 그것이 사실이라고 인정합니다. 그러나 그깃이 진정 무엇을 의미하는가에 대한 개념은 전혀 가지고 있지 못합니다. 만 일 그러한 경우가 아니라면 거만한 의분으로 그것을 부인할 것입니다. 아니면 자기가 떨어져 나온 것으로 되돌아갈 수 있기 위해서 기도하기 위해 분발할 것 입니다. 그래서 그리스도의 보배로운 소유로 헤아림을 받기를 원할 것입니다. 이 설교를 듣고 있는 여러분이여, 우리의 모든 설교에 하나님의 성령께서 그처 럼 필요하고, 영혼을 구원하는 다른 모든 일에도 성령께서 그같이 필요합니다. 우리는 무감각한 영혼들을 다루어야 하기 때문입니다. 불이 난 집 창문에 비상 사다리를 놓는 사람은 자기들의 위험을 알고 있는 사람들을 쉽게 구원할 수 있 습니다. 그런 사람들은 앞으로 뛰어나와 소방관을 돕거나, 아니면 적어도 자기 들을 구원해 내는 일을 하고 있는 그 소방관에게 복종을 할 것입니다. 그러나 만 일 사람이 어리석어서 화염을 재미있게 생각하고 있거나, 아주 대단한 조명이 비춰지고 있다고 엉뚱하게 생각하며 위험에 대해서는 아무것도 알지 못하고, 다 만 "그 번쩍임의 황홀함에 넋을 잃고 있다면," 정말 그 사람을 구출하는 것은 어 려운 일이 될 것입니다. 죄인에게도 마찬가지입니다. 그들이 알고 있다고 고백 은 하면서도 죄가 치욕이라는 사실은 알지 못하고, 하나님과 원수 된다는 것은 이미 정죄를 받은 것이며, 죄 가운데 살아가는 것은 살았으나 죽은 것임을 진정으로 알지 못합니다. 잃어버린 그 돈이 아무런 감각이 없다는 것은 하나님의 은혜로 깨우침을 받지 않은 영혼들의 전적 냉담을 잘 그려 주고 있습니다.

은전은 잃어버린 바 되었으나 잊혀지지 않았습니다. 여자는 자기가 본래 은전 열 개를 가지고 있음을 알았습니다. 왜냐하면 조심스럽게 그것을 헤아려 보았기 때문입니다. 또한 그 열 개의 은전이 그녀가 저축한 것 전부였습니다. 그런데 아홉 개만 발견하였습니다. 그녀는 하나가 더 있어야 한다는 것을 알고 있었고, 그 손에 반드시 함께 있어야 된다는 것도 알고 있었습니다. 이것이 바로 주님의 잃어버린 자들을 위한 우리의 소망입니다. 그들이 잃어버린 자들이지만 여전히 잊혀진 존재들은 아닙니다. 구주의 마음은 그들을 기억하며 그들을 위해서 기도합니다. 오! 영혼이여, 예수께서 여러분을 구속하기 위해서 참으신 그 고통을 기억하시고, 창세 전부터 여러분에게 쏟으신 아버지의 사랑을 회상하십시다. 영원 전에 아버지께서는 여러분을 그 사랑하는 아들의 손에 맡기셨습니다. 여러분이 그분에게 속해 있다면 예수님께서는 여러분을 보고 나의 것이라고 말씀하심을 저는 믿습니다. 구주를 위해서 여러분을 찾으시는 성령께 여러분은 망각되지 않았습니다. 이것은 바로 목사의 소망이기도 합니다. 주님께서 기억하시고 결코 잊지 아니하실 사람들이 있다는 것, 그것은 정말 목회자의 소망입니다. 사람들이 주님을 잊고 있을지라도 주님은 결단코 그들을 잊지 않습니다. 주님께 외인들, 멀리 떨어져 무지하여 분별력이 없고 죽어 있음에도 불구하고, 그들에 대해 하늘에 있는 영원한 마음은 사랑으로 고동칩니다. 지상에서 역사하는 성령의 마음이 그들을 향하고 있습니다. 예전에 하나님의 백성으로 헤아림을 입고 그 가운데 있던 이 사람들이 하나님의 기억 속에 여전히 생생합니다. 비록 지금은 잃어버린 상태에 있지만 그들은 여전히 간절히 기억함을 받습니다. 어떤 의미에서 여기에 계신 모든 죄인에게 그 점이 해당됩니다. 여러분은 잃어버린 자들입니다. 그러나 여러분을 하나님께서 기억하고 계심을 확실히 믿습니다. 왜냐하면 오늘 저는 예수님의 복음을 여러분에게 전파하라고 보내심을 받았기 때문입니다. 하나님께서는 여러분에 대해 사랑의 생각들을 가지고 계십니다. 여러분더러 그분께 돌아와서 살라고 명하십니다. 저는 여러분에게 간청합니다. 이 구원의 말씀을 존중하라고 말입니다.

다음으로, 은전은 잃어버린 상태에 있었지만 여전히 주인의 소유로 주장되고 있었습니다. 그 여자가 그 돈을 보고 "내 잃은 드라크마를 찾았노라" 말하였기 때문입니다. 그녀가 그것을 잃어버리기는 했지만 그것에 대한 소유권을 상실한 것은 아닙니다. 그녀의 손에서 빠져나가 마룻바닥에 떨어졌다 하더라도 다른 사람의 것이 되지 않습니다. 그리스도께서 위하여 죽으신 자는, 그리스도께서 특별하게 구속하신 자들은 죄 가운데 죽어 있을지라도 사탄의 소유가 아닙니다. 그들은 마귀의 불법적인 지배 아래 들어갈 수도 있습니다. 그 괴물은 그 보좌에서 언젠가 쫓겨날 것입니다. 그리스도께서 그들을 예로부터 아버지께 속한 자들로 받아 주셨습니다. 보배 피로 그들을 사셨습니다. 그들을 소유하게 될 것입니다. 그리스도께서는 무리하게 침입한 자들을 쫓아내시고, 당신의 소유를 주장하시는 것입니다. 그래서 주님께서는 "사망과 언약한 너희의 언약은 무효화되었으니, 지옥과 합의한 너희의 합의는 효력을 지속할 수 없을 것이다"라고 말씀하십니다. 너희가 아무것도 아닌 것을 위해서 너희 자신들을 팔았다. 그리고 너희는 돈 없이 구속함을 받을 것이다. 예수님께서 당신의 백성들을 당신의 것으로 주장하시므로 아무도 그 손에서 그들을 빼앗아 가지 못할 것입니다. 예수님께서 자기 백성들을 자기 소유로 주장하시며 방어하시고 다른 침입자들을 막으실 것입니다.

더 나아가, 잃어버린 돈이 기억함을 받고 주인의 소유로 주장함을 받을 뿐만 아니라 귀한 것으로 여겨졌다는 사실을 기억하십시오. 이 세 비유에서 잃어버린 자들의 가치는 항상 일관성 있게 강조됩니다. 처음 언뜻 보면 그 점이 분명하게 드러나지 않습니다. 한 마리의 양이 돈 한 개보다 귀하다고 생각할 수 있기 때문입니다. 그러나 목자가 백 마리의 양 중에서 한 마리만 잃어버렸는데, 이 여자는 열 드라크마 중에서 하나를 잃어버렸습니다. 아버지는 두 아들 중에서 하나를 잃어버렸습니다. 자, 여기서는 그 자체의 가치를 말하는 것이 아닙니다. 무한하신 하나님과 비교하면 절대적인 가치로 볼 때 사람의 영혼은 별로 대단한 것이 아닙니다. 그러나 하나님께서 사랑하시니 그 영혼이 하나님께 대단한 가치를 지니게 됩니다. 그 여인에게 있어서 드라크마 하나는 그녀가 가진 열 개 중 하나입니다. 그녀의 평가에 있어서는 대단히 가치 있는 것입니다. 사랑의 주님께는 잃어버린 영혼이 매우 귀합니다. 그 영혼이 가진 본질적인 가치 때문이 아니라 하나님께서 높이 평가하시는 상대적인 가치 때문입니다. 성령께서는 영혼들을 귀하게 여기십니다. 그러므로 교회는 영혼을 귀하게 여겨야 합니다. 교회들은 때로 자신에게 "우리는 회심한 사람이 많지 않다. 또 교인도 많지 않다. 많은 사람들이 청함을 받았지만 택함 받은 사람은 적다"고 말합니다. 교회가 회심한 자들을 헤아려 보더라도 얼마 되지 않습니다. 몇 명밖에는 모이지 않습니다. 그러나 교회에서 한 영혼은 그만큼 귀한 것입니다. 그들이 오늘날 그리스도의 보고에 속한 자들이고, 위대한 임금님이신 그리스도의 형상이 새겨져 있으며, 하나님의 보배로운 순전한 은혜로 만들어졌기 때문입니다. 오! 사랑하는 친구여, 여러분 스스로를 별로 가치 없게 생각합니다. 자기가 죄 지었다는 것을 의식하기 때문입니다. 그러나 교회는 여러분을 작게 평가하지 않습니다. 성령께서 여러분을 멸시하지 않습니다. 성령께서는 여러분에게 높은 가격을 매기십니다. 그의 백성들은 그런 존재입니다. 우리는 여러분의 영혼을 귀하게 여깁니다. 우리는 다만 여러분의 영혼을 어떻게 구원했는지 알고 싶을 뿐입니다. 우리가 여러분을 찾고 다시 한 번 위대하신 주인의 손으로 인도할 수 있다면 어떠한 대가나 수고도 마다하지 않을 것입니다.

드라크마 하나를 잃어버렸습니다. 그러나 그것을 완전히 절망적으로 잃어버린 것은 아니었습니다. 여인은 그것을 다시 찾을 소망을 가졌습니다. 그래서 절망하지 아니하고 즉시 일을 착수했습니다. 절망적으로 잃어버린 영혼들을 생각하는 것은 끔찍한 일입니다. 그들의 상태는 지난 주간 신문에서 오려 놓은 한 기사를 연상케 합니다. ― "커즌스(S. Cousins) 선장이 모는 소형 어선 그림즈비의 비토호가 토요일 밤 도거 뱅크(Dogger Bank)에서 돌아와 정박했다. 선장은 보고하기를, 지난 수요일 스펀(Spurn)에서 300km 떨어진 곳에서 바람이 불어 가는 쪽에서 한 작은 범선이 조난당한 것 같은 모습을 목격했었다고 한다. 그러나 그 배로 가까이 다가가 보니 그 배는 대형 구명선이었다. 구명선은 6미터 길이의 배로 그 구명선을 지탱하고 있는 코르크 부표에 의지해서 물 위에 떠 있기는 했지만 물이 가득 담겨 있었다. 그 구명선에는 그 배의 이름이 하나도 쓰여져 있지 않았다. 아마 그 구명선은 어떤 큰 배나 기선에 속해 있었던 것이 분명하였다. 안팎이 희게 칠해져 있었고 구명선의 가장자리는 갈색의 띠로 둘러져 있었다. 구명선을 검사해 보니 세 선원의 시체가 세로로 뉘어져 있었고, 또 한 사람의 선원이 뱃머리에 걸쳐 있었고 그 머리는 노걸이에 걸려 매달려 있었다. 복장이나 외모로 보아서 외국 사람인 것처럼 보였다. 그러나 그 시체들은 끔찍할 정도로 '부패되어' 있었으며 살점이 다 떨어져 분해될 정도였다. 죽은 지 수 주간이 지나간 것이 분명하였다. 물먹은 판자들이 큼직한 화물들과 함께 떠다니고 있었다. 그 끔찍한 광경에 비토 호의 선원들이 얼마나 놀랬던지 더 이상 낚시를 드리워 고기잡이를 할 수 없게 되었다. 그래서 그 어선은 고기를 조금밖에 잡지 못했음에도 불구하고 예정보다 일찍 항구로 돌아온 것이다."

바다의 이 끔찍한 광경 앞에서 그 사람들이 병이 날 정도로 메스꺼워했다는 것이 이상합니까? 죽음을 담고 있는 보트가 여기저기 떠다니고 있는 것을 상상만 해도 전율이 솟습니다. 그것을 불쌍히 여겨서 따라갈 필요가 없으며, 그러한 배에서 무슨 유익을 얻을 수 있습니까? 그것을 사랑하여 쫓아갈 필요가 없습니다. 그 배의 어떠한 움직임도 그 속에 있는 죽은 사람을 구원해 낼 수 없습니다. 제 영혼은 한 정경을 상상해 봅니다. 영혼들이 완전히 파멸하여 영원의 물결 위에 떠다니고 아무런 소망이나 도움도 없는 모습을 그려 봅니다. 안타깝습니다! 정말 안타깝습니다! 우리 인류 수억의 사람들이 지금 바로 그러한 상태에 있습니다. 그들에게 두 번째 사망이 지나갔습니다. 우리 모두는 그들을 구원할 능력이 없습니다. 그들에게는 복음마저도 아무런 소망을 줄 수가 없습니다. 우리의 기쁨은 오늘 잃어버린 상태에 있지만 아직 완전히 파멸당하지 않은 자들을 다룬다는 사실입니다. 그들은 죄 가운데 죽어 있습니다. 그러나 그들을 살게 할 수 있는, 살리는 능력이 있습니다. 생명의 바다를 항해하는 선원이여, 풍랑 이는 바다에서 사람들을 낚는 어부여, 여러분이 만나는 난파당한 자들은 여러분의 동정의 노력으로 접촉할 수 있는 사람들입니다. 그들을 저 냉혹한 깊음 속에서 구출할 수 있습니다. 여러분의 사명은 결코 소망 없는 것이 아닙니다. 저는 오늘 이 자리에 있는 경건하지 않은 사람에 대해서 기뻐합니다. 그것은 그들이 아직은 지옥의 고통 속에 처하여 있지는 않기 때문입니다. 그들은 아직 타는 혀의 고통을 당하면서도 물 한 방울의 은혜를 받지 못한 채 불 속에서 있는 자들 중에 속하여 있지 않습니다. 저는 기독교회를 향하여 축하의 박수를 보냅니다. 교회가 다시 주울 수 없는 곳에 교회의 드라크마가 떨어진 것이 아니기 때문입니다. 우리 주위에 떨어져 있는 자들은 소망이 완전히 끝나 버린 자들이 아닙니다. 비록 그들이 런던의 가장 악한 소굴에 거하고 있지만, 도둑과 창기들이지만, 긍휼이 뻗치는 한계 밖에 있지는 않습니다. 오! 하나님의 교회여, 긍휼의 가능성이 아직도 남아 있도다! 그러니 영혼을 구하는 여러분이여, 허리를 동이고, 하나님의 은혜로 결심하여 소망의 매 시간을 잘 활용하겠다고 결심하시기 바랍니다.

주목할 만한 또 한 가지 요점이 있습니다. 그 은전은 잃어버렸지만 **집 안에서**

잃어버렸다는 점입니다. 그녀는 그 사실을 알고 있습니다. 만일 길거리에서 은전을 잃어버렸다면 다시 찾을 가능성은 희박합니다. 다른 사람이 그것을 주워 갈 수도 있었기 때문입니다. 만일 강물에 잃어버렸거나 바다에 은전을 빠뜨렸다면 그 은전은 영원히 잃어버린 것이라고 결론짓는 것이 좋습니다. 그러나 분명히 그녀는 집에서 은전을 잃어버렸다는 것을 알았습니다. 여기 잃어버린 자들 중에서 여전히 집에 있다는 것이 위로가 아닙니까? 그들은 여전히 은혜의 방편 안에 있습니다. 교회의 역사가 이루어져 나가는 범위 안에 있으며, 여주인이 거처하는 집 안에 있다는 것입니다. 다시 말해서, 성령께서 일하시는 곳에 있다는 말입니다. 여러분이 이교도들 가운데서 잃어버림을 당하였거나, 로마 교회나 이슬람교의 미신에 빠져 잃어버림을 당하지 않았다는 것을 생각하고 감사해야 합니다. 여러분은 복음이 진실되고 분명하게 전파되는 곳에서 잃어버림을 당하였습니다. 여러분에게 사랑으로 말하는 곳에서 잃어버림을 당하였습니다. 누구든지 그리스도를 믿는 자는 정죄 받지 않으리라는 그런 놀라운 말씀이 들리는 곳에서 말입니다. 잃어버린 자들이여, 여러분은 교회가 여러분을 찾는 곳에서 잃어버림을 당하였습니다. 성령께서 여러분을 찾으시려고 일하시는 곳에서 잃어버림을 당하였습니다.

이것이 바로 잃어버린 드라크마로 묘사된 잃어버린 영혼의 상태입니다.

2. 찾아야 하는 사람들

둘째로, 우리는 그 영혼이 다른 상태에 처해 있는 것을 주목합시다. 우리는 그 영혼을 "찾아야 할" 영혼으로 보아야 합니다.

그 드라크마는 누가 찾았습니까? 드라크마의 주인이 직접 찾았습니다. 자, 주목하십시오. 돈을 잃어버린 그녀가 촛불을 켜 들고 집안을 쓸고 자기가 그것을 발견하기까지 부지런히 찾았다는 사실입니다. 그처럼 형제들이여, 그 여인은 성령을 상징한다고 말씀드린 바 있습니다. 또는 성령께서 구하시는 교회를 상징할 수 있습니다. 자, 성령께서 그 영혼을 찾아 나서기까지 그 영혼은 결코 발견되지 못합니다. 성령께서는 영혼을 발견하는 위대하신 분이기 때문입니다. 성령께서 빛을 비춰 주시는 능력으로 임하시기까지는 마음이 어둠 속에서 계속 거할 것입니다. 성령께서 주인이시고, 성령께서 그 마음을 소유하시고, 성령께서만이 효과적으로 그 영혼을 찾으실 수 있습니다. 영혼의 주인이신 하나님께서만 그 영혼을 찾으실 수 있습니다. 그러나 하나님께서는 당신의 교회를 통해서 영혼을 찾으십니다. 그 영혼들이 교회에도 속해 있기 때문입니다. 그 영혼들은 택하신 어머니인 교회의 아들딸입니다. 바로 그 이유 때문에 교회가 복음을 들고 직접 그 영혼들을 찾아 나섭니다. 교회는 자기 일을 다른 사람에게 대신 시켜서는 안 됩니다. 그 여인은 집안을 쓸기 위해서 종을 채용하지 않았습니다. 그는 자신이 직접 집을 쓸었던 것입니다. 그녀의 눈은 종의 눈보다 나았습니다. 왜냐하면 종의 눈은 다른 사람의 보물 찾는 것에 불과하기 때문에 결국 그것을 보지 못할 것입니다. 그러나 여주인은 자기 보물을 찾는 것이니, 눈에 띄는 곳에 있기만 하면 확실히 찾아낼 것입니다. 하나님의 교회가 "교인들을 찾는 것이 우리의 일이다. 그런데 우리는 목사에게나 도시 선교사에게나 성경교사에게 맡기면 안 되고, 교회가 모두 죄인들의 영혼을 찾아 나서야 한다"라고 엄숙하게 느끼게 될 때, 영혼들이 찾아지고 구원받을 것입니다. 저는 그렇게 믿습니다. 교회가 이 잃어버린 영혼들이 자기에게 속해 있다고 인식할 때, 영혼들을 찾기에 적합한 상태에 들어가게 될 것입니다. 하나님의 교회마다 죄인들을 구원하는 일을 적극적으로 할 때는 참으로 복된 때입니다. 교회가 거룩한 의무들을 사제라고 하는 사람들에게 위임시켜 버리는 모험을 감행하였거나, 어떤 특별한 사람들, 곧 종교인이라고 하는 사람들을 따로 세웠을 때 기독교국에 저주가 되었던 것입니다. 소위 말하는 그 종교인들은 긍휼과 구제의 일을 하고 복음 전도의 일을 위해서 따로 구분한 사람들입니다. 그러나 그리스도께 속한 우리는 각자 다 자신의 몫을 담당해야 합니다. 우리는 그 몫을 결코 빼앗겨서는 안 되는 특권으로 생각해야 합니다. 개인적으로 하나님을 섬기고 개인적으로 집안을 쓸어 잃어버린 영적 보배들을 찾아 나서는 일을 정말 놀라운 특권으로 여겨야 합니다. 교회가 내주하시는 하나님의 성령의 능력을 힘입어 잃어버린 영혼들을 찾아야 합니다.

　찾는 일이 여자에게 있어서 가장 중요한 관심사가 되었음을 주목하십시오. 그녀가 해야 할 일이 달리 무엇이 있었는지는 모릅니다. 그러나 그녀는 모든 것을 일단 내려놓고 잃어버린 드라크마를 찾는 데 온 힘을 기울였습니다. 물론 아침 식사를 위해서 곡식을 갈아야 했을 것입니다. 어쨌든 갈지 않았다면, 갈지 않은 대로 일을 두었을 것입니다. 또 수선해야 할 겉옷이 있거나, 물을 길어 올 일도 있고, 불을 지펴야 하는 일도, 또 이웃들과 또한 친구들과 어울려 대화를 하는 일도 있었을 것입니다. 그러나 그 여주인은 다른 모든 것을 일단 접어두고 잃어버린 드라크마를 찾았습니다. 그리고 그것을 즉시 찾아야 했습니다. 그처럼 하나님의 교회에서 제일 큰 관심사는 멸망해 가는 사람들의 영혼을 찾는 일입니다. 영혼들을 예수님께 인도하고, 그리스도 안에서 큰 구원을 받도록 인도하는 것, 그것이야말로 교회가 감당해야 하는 가장 큰 관심사이고 또한 큰 소원이어야 합니다. 물론 교회에서 해야 하는 다른 일도 있습니다. 교회에 현재 출석하는 사람들을 교육해야 합니다. 또 다른 분야에서 할 일도 있습니다. 그러나 무엇보다 먼저 영혼을 찾는 일을 해야 합니다. 그 여자는 분명히 말했습니다. "내 돈을 잃어버렸구나. 그 돈을 먼저 찾아야겠구나." 그 여자에게 있어서 그 은전을 잃어버린 것은 너무나 심각한 일이라서, 손에 무엇을 수선하려고 들고 있음에도 일이 손에 잡히지 않았습니다. 또 다른 집안일을 돌봐야 하는 것이 있다 하더라도 돈을 잃어버린 상황에서 그것은 별로 관심이 가지 않는 문제였을 것입니다. 그녀는 잃어버린 은전에 대해서만 생각을 하고 있었기 때문입니다. 만일 그녀의 친구가 와서 이야기 좀 하자고 하더라도, 그녀는 자신에게 이렇게 말했을 것입니다. "아이고, 저 친구, 갔으면 좋겠네. 잃어버린 은전을 찾고 싶단 말이야." 저는 하나님의 교회가 불쌍한 죄인들을 너무 사랑한 나머지 영혼을 구원하는 일을 방해하는 것은 무엇이든지 참지 못하겠다고 느끼기를 바랍니다. 우리는 교회로서 언제나 여러 가지 교회 정책이나 재정과 같은 사소한 일거리들이 많이 있습니다. 그것은 우리가 여전히 세상에 있기 때문입니다. 그러나 모든 교회가 영혼을 구원하는 일에 비할 때 다른 모든 일은 뒤로 미루어야 한다는 걸 알았으면 좋겠습니다. 영혼을 구원하는 일을 가장 우선순위에 두어야 합니다. 사람들을 교육해야 합니다. 물론 그렇게 해야 합니다. 시민들에게 유익을 가져다줄 수 있는 모든 것에 우리는 관심을 갖고 있습니다. 왜냐하면 우리도 그리스도인일 뿐만 아니라 같은 시민이기 때문입니다. 그러나 무엇보다 중요한 일은 영혼을 구하고 그들을 예수님께로 인도하고, 하늘의 형상을 지니고 있는 사람들을 찾아 내는 것입니다. 그들이 현재 아무리 잃어버리고 타락한 상태에 있다 하더라도 말입니다. 우리는 이 일에 전념해야 합니다. 이것이 신자들에게 가장 중요하고, 최고의 관심사입니다. 교회가 존재하는 목적이 바로 이 일을 위해서입니다. 만일 교회가 이것을 무시하게 되면 가장 큰 목적을 상실하는 셈입니다.

자, 여자가 그렇게 자기 마음을 잃어버린 드라크마를 찾는 데 기울이고 있는 지금, 그 일을 해내기에 가장 정확하고 적당한 방편을 쓰고 있다는 것을 주목하십시오. 무엇보다 먼저 촛불을 켰습니다. 교회 안에서 성령께서 그와 같은 일을 하십니다. 동양의 집들에서는 그렇게 할 필요가 있었습니다. 만일 여러분이 어떤 돈을 잃어버리고 그것을 찾기 원하면 어느 때든지 촛불을 켜야 합니다. 우리 주님의 시대에는 유리 안에 넣은 등불이 사용되지 않았습니다. 집집마다 벽에 창문을 내기는 했지만 아주 작고 그 숫자도 적었습니다. 그래서 밤은 매우 어두웠습니다. 오늘날까지 동양의 집들은 다 매우 어둡습니다. 그래서 은전과 같이 작은 것이 떨어지게 되면 대낮에도 촛불을 켜고 찾아야 합니다. 교회가 이 지상에서 활동하는 영역은 정신적 무지와 도덕적 흑암으로 어두워 있습니다. 그래서 영혼을 찾아 내기 위해서는 영혼을 밝혀 주는 빛이 있어야 합니다. 성령께서 복음의 빛을 사용하십니다. 성령께서 사람들로 하여금 죄를 깨닫게 하고, 의에 대해서, 임박한 심판에 대해서 깨닫게 하십니다. 그 여자는 촛불을 켰습니다. 그와 같이 성령께서도 당신이 사용하시는 어떤 택한 사람들을 밝혀 세상의 빛으로 삼으십니다. 성령께서 원하시는 자가 누구이든지 그를 부르고, 사람들을 비추는 등불로 삼으십니다. 그러한 사람은 저처럼 그 소명을 감당하면서 불태워져야 합니다. 그는 빛을 주는 역할을 하면서 다들어가게 되어 있습니다. 간절한 열심, 수고하는 자기희생이 그를 점점 먹어 들어갈 것입니다. 그래서 하나님의 교회마다 기름 부음을 받은 사람들을 사용하고 있습니다. 그들은, 속이고 부패한 세대 속에서 빛으로 작용하여 잃어버린 영혼들을 찾는데 쓰일 것입니다.

그녀는 촛불을 들고 있는 것만으로 만족하지 못했습니다. 빗자루를 들고 집 안을 쓸었습니다. 만일 집 안에 있는 것인데도 그것을 찾지 못하였다면, 그는 빗자루를 가지고 먼지 속까지 샅샅이 쓸어 내려 하였던 것입니다. 오! 그리스도의 교회가 성령께 감동을 받을 때 자기를 깨끗이 하고 또 자기 모든 일을 정결하게 합니다! 교회는 이렇게 말합니다. "아마, 우리 지체 중 어떤 자들은 언행이 일치하지 않습니다. 그래서 사람들이 죄 가운데 굳어집니다. 이러한 사람들을 제거해야 합니다. 신앙의 품격이 낮습니다. 이것이 영혼들을 구원하는 데 방해가 되니 신앙의 품격을 높여야 합니다. 진리를 진술하고 선포하는 우리 방식이 사람들의 주의를 별로 끌지 못할 경우에는 그 방식을 고쳐야 합니다. 가장 좋은 방식을 사용해야죠. 온 집 안을 사실 쓸어야 합니다." 저는 기도회 때 죄를 고백함으로써 부지런히 집안을 쓰는 것을 보는 것이 좋습니다. 엄격한 강론을 통해서 집안을 쓰는 것을 저는 좋아합니다. 누구나 자신을 고치려고 애를 쓰고 개인적인 경건을 부흥시켜 하나님께 더 가까이 나아가려고 할 때 이러한 일이 일어나는 것이죠. 이것이야말로 교회가 감추어진 자들을 찾아 낼 수 있는 여러 방편 가운데 하나입니다. 이 밖에도 교회 주위에 있는 모든 이웃(교회가 활동하는 영역은 집이기 때문입니다)이 샅샅이 뒤져 보고, 털어 보고, 뒤집어 보고 해야 할 대상입니다. 다시 말하면 "쓸어야 하는" 대상입니다. 진정 영혼을 구원하는 일에 열심을 보이는 교회는 궁핍의 어둔 그늘 속으로 들어가서 방탕한 생활의 잘못들을 헤쳐 놓도록 애써야 할 것입니다. 교회는 자신의 위아래를 다 찾아보아야 합니다. 어떤 방도로든지 교회가 소중히 여기는 보배로운 일을 망치는데서 벗어날 수 있기 위해서 말입니다.

아주 적합한 방편들인 빗자루와 촛불을 들고 은전을 찾아 나선 그녀는 적지 않은 소동을 동반하였을 것임을 주의 깊게 주목해야 합니다. 그녀가 집을 쓸었습니다. 먼지가 뽀얗게 일어났습니다. 만일 어떤 이웃 사람이 그 집에 있었더라면 그에게도 먼지가 날아갔을 것입니다. 집 안을 쓸 때 잠시 동안 혼동과 불안을 야기하는 일은 피할 수 없습니다. 때로 신앙에 대해서 너무 지나치게 군다는 비평과 불만을 듣는 그리스도인들이 있습니다. 그런 불만이 있다는 것은 무엇인가가 행해지고 있다는 것을 보여주는 것입니다. 뭔가 어떤 소문이 불원간 찾아올 것입니다. 잃어버린 은전에 대해서 아무 관심을 기울이지 않은 사람들은 먼지만 보고 괴로워할 것입니다. 먼지가 그들의 목젖으로 들어갈 것입니다. 그래서 기침을 할 것입니다. 그러나 그 선한 여인은 그런 일에 신경 쓰지 않고 계속 쓸었습니다. 먼지가 더러 일어나겠죠. 만일 다른 사람이 있었더라면 이렇게 말했을 것입니다. "아! 나는 신앙적인 광분 상태를 인정할 수 없어요. 나는 조용하고 질서 있게 행하는 것이 좋습니다." 이 여인의 이웃이 그 여자의 집에 놀러왔다면 아마 질색을 하면서 소리쳤을 것입니다. "아니, 이 여자야, 왜 편히 앉아 있을 의자가 하나도 없어. 돈 찾는데 정신이 팔려서 내 말에 대꾸도 안 하네. 아! 이 사람아, 초를 그렇게 허비하면 어떻게 되나. 완전히 정신이 나갔구만." 그 말을 들은 그 선한 여인은 이렇게 대답할 것입니다. "난 잃어버린 내 드라크마를 찾아야 해. 그것을 찾기 위해서는 좀 먼지를 둘러쓰지. 내가 찾고 있는 동안 우리 집에 머물고 싶으면 아마 당신도 먼지를 둘러쓸 거야." 열심 있는 교회는 영혼을 찾아 나서는 동안 어느 정도의 흥분을 경험할 것임에 틀림없습니다. 그러면 매우 비판적이고 무엇인가 세심한 주의를 기울이는 사람은 우리에게 허물이 있다는 것을 발견할 것입니다. 그러나 그런 일에 신경 쓰지 마십시오. 계속 빗자루로 쓸며 찾으십시오. 그들이 그런 말을 하더라도 내버려 두십시오. 만일 여러분이 돈을 발견하게 된다면 먼지 좀 둘러쓰는 게 무슨 그리 대수입니까. 만일 영혼이 구원받는다면 통상적인 것을 벗어났다든지, 좀 특이한 일이 일어났다고 할지라도 저울 위에 있는 작은 먼지에 불과합니다. 만일 사람들이 그리스도께 인도함을 받았다면 트집 잡는 사람들이 무슨 말을 하더라도 신경 쓰지 마십시오. 계속 쓸고 또 쓰십시오. 비록 사람들이 "세상을 둘러엎는 자들이 이리로 오고 있어"라고 소리치더라도 말입니다. 비록 소요가 일어나고 심지어 핍박이 온다고 할지라도, 그 궁극적인 효과가 불멸하는 영혼의 구원으로 나타난다면 좋은 보상을 받은 셈입니다.

　　그러니 잃어버린 드라크마를 찾는 일이 아주 상당한 시간 몰두하는 방식으로 진행되었습니다. 잠시 동안 잃어버린 은전 외에는 아무것도 생각하지 않았습니다. 자, 여기 초가 있습니다. 그 착한 여인은 촛불로 책을 읽지도 않고 옷을 수선하지도 않습니다. 오직 그 촛불로 돈을 찾는 데 사용합니다. 촛불을 온통 돈 찾는 데 쓰고 있습니다. 여기 빗자루가 있습니다. 이 빗자루로 해야 할 다른 일이 있었겠죠. 그러나 지금은 잃어버린 은전을 찾는 이외에 다른 어떤 일에도 사용되지 않습니다. 그 착한 여인에게 두 눈이 있습니다. 그러나 그 두 눈도 잃어버린 돈을 찾는 데만 쓰이고 있습니다. 집 안이나 집 밖에 있는 어느 다른 것에도 관심을 두지 않습니다. 그녀는 오직 잃어버린 돈에만 관심이 있습니다. 그것을 찾아야 합니다. 빗자루, 그녀의 힘, 시력, 생각의 기능들, 몸의 관절들, 그 모든 것들이 잃어버린 보화를 찾는 데 동원되고 있습니다. 성령께서 교회 안에서 역사하실 때도 그러하십니다. 촛불과 같은 설교자는 그 빛을 발합니다. 그것은 죄인을 찾아 그로 하여금 자기의 잃어버린 상태를 발견하도록 하려는 목적으로 빛을 발하는 것입니다. 율법의 빗자루나 복음의 빛이나 다 죄인을 위해서 주어진 것입니다. 성령의 모든 지혜가 죄인을 찾는데 동원됩니다. 교회의 살아 있는 모든 재능과 자원과 힘을 다 동원합니다. 어떤 방도로든지 죄인을 구원할 수 있다면 말입니다. 그러한 아름다운 전경을 매일 보았으면 좋겠습니다. 하나님의 성령께서 그분의 교회 안에서 정말 임재하실 때 영혼을 찾는 열심이 얼마나 놀랍게 일어나는지요.

　　다른 한 가지만 더 생각해 봅시다. 이 여자는 잃어버린 은전을 끊임없이 찾았습니다. "그 은전을 발견할 때까지" 말입니다. 하나님의 교회의 일원으로서 저와 여러분은 방황하는 영혼들을 찾되 찾을 때까지 찾아야 합니다. 그들이 우리를 낙담하게 한다고 말합니다. 물론 잃어버린 은전이 그것을 찾는 여인을 낙담하게 하기도 하였을 것입니다. 우리는 사람들이 믿음으로 기울어지지 않는 모습을 보고 불만을 토로합니다. 잃어버린 돈이 그 돈을 찾는 주부에게 어떤 도움이라도 주었습니까? 어떤 보조적인 역할을 했느냐 말입니다. 그녀가 열심히 이것을 찾고 있습니다. 그녀만 그 일을 했습니다. 그리고 여러분을 통해서 성령께서 죄인의 구원을 주도하십니다. 죄인이 성령을 도우리라고 기대하지 않으시고 직접 이 일을 성령께서 행하십니다. 왜냐하면 죄인은 구원받는 것을 싫어하기 때문입니다. 어느 날, 여러분이 영적인 유익을 주기를 간절히 바랐던 사람에게 거절을 당했다면 어떻게 하시겠습니까? 다시 가십시오! 어디서 복음으로 초대하는 말을 전하니 여러분을 비웃었습니까? 다시 초대하십시오! 여러분이 열심히 복음을 전한다고 해서 조롱하던가요. 다시 열심히 그 일을 하십시오! 우리의 복음 전도의 노력을 그 자리에서 걷어차 버리는 사람들이라고 해서 구원받을 가능성이 없다고 생각하지 말아야 합니다. 복음 전도를 과격한 방식으로 대응하는 것은 현재는 진리에 복종하고 싶은 생각이 없지만 진리의 능력을 마음으로 인지하고 있다는 것을 보여주는 표지일 경우가 많습니다. 그러니 여러분이 찾는 영혼을 발견하기까지 참고 인내하며 그 일을 계속 하십시오. 주일학교에서 그토록 많은 노력을 기울인 여러분은 여전히 촛불을 밝혀 어린 아이들의 심령을 비추어야 하며, 집 안을 쓸어야 합니다. 그래서 여러분이 추구하는 것을 얻기까지 그 일을 해야 합니다. 어린 아이들을 그리스도께 인도하기까지 포기하지 마십시오. 장년 성경 공부반에서 일하는 분들은 젊은 남녀를 가르치고 있는데, 그들을 위해서 개인적으로 기도하는 것을 쉬지 마시고, 개인적으로 권면하는 것을 쉬지 마십시오. 그 젊은 사람들의 마음이 예수님께 속하기까지 그 일을 계속해야 합니다. 거리에서 복음을 전하거나, 집을 찾아다니면서 복음을 전하는 사람, 또는 전도 책자를 들고 집집마다 방문하는 모든 이들에게 저는 도전적으로 말씀드립니다. 여러분이 무슨 방도를 사용하고 있든지 죄인들이 예수님의 손에 안착하기까지 죄인들을 추적하는 일을 포기하지 마십시오. 우리는 그들로 반드시 구원받게 해야 합니다! 그 여자는 자기 집에 있는 모든 것을 다 뒤집어 보는 강한 인내를 보였습니다. 그리고 잃어버린 보화를 찾는 일 이외에 다른 것들을 일단 뒤로 미루어 두었습니다. 그와 같이 우리도 우리 속에서 일하시는 하나님의 성령께서 우리가 지금까지 지켜 왔던 원칙과 인습과 형식과 곤란을 다 둘러엎으시기를 기원합니다. 어떤 방도로든 몇 사람을 구원하고, 임금님의 형상을 지니고 있고 따라서 임금님의 마음에 가까이 있는 사람들을 먼지 속에서라도 찾아낼 수 있다면, 그렇게 하시기 바랍니다.

3. 찾은 은전

시간이 빨리 지나갔군요. 정말 너무 빨리 지나갔습니다. 그래서 저는 세 번째 요점을 말씀드리고 설교를 마쳐야 하겠습니다. "찾은 은전"에 대한 것입니다.

찾았습니다! 무엇보다도 이것이 그 여자의 최종적인 **목표**였습니다. 그녀는 그 은전을 발견하기까지 결코 멈추지 않았습니다. 성령의 계획도 그와 같습니다. 성령께서는 죄인이 소망스러운 마음의 상태로 들어가는 것만을 원하지 않습니다. 죄인이 실제로 구원받기를 원하십니다. 이것이 바로 교회의 지대한 관심사입니다. 사람들이 설교를 잘 듣게 되었다든지 전통적인 신앙 고백자들이 되었다는 것에 만족하지 않습니다. 사람들이 진실로 변화되어 새롭게 되고 거듭나게 되는 것을 바라야 합니다.

그 여자가 잃어버린 돈을 직접 찾았습니다. 그 일은 우연히 일어난 것이 아닙니다. 또는 이웃이 가운데 끼어들어서 그것을 찾아주지 않았습니다. 하나님의 성령께서 친히 죄인들을 찾으시고, 대개는 하나님의 교회가 죄인들을 회복시키는 도구가 됩니다. 사랑하는 형제들이여, 몇 년 전에 눈에 보이는 교회를 향하여 모종의 중상모략이 행해졌습니다. 열심은 있으나 잘못된 사람들에 의해서 그런 일이 자행된 것입니다. 그들은 잘 조직된 노력을 통해서 일하는 시대는 이제 끝났다고 생각하였습니다. 그래서 눈에 보이는 가시적인 교회 밖에 있는 비정규적인 기관들을 통해서 모든 일을 해야 한다는 것입니다. 어떤 유력한 사람들이 공식 교회를 향하여 신랄한 비판을 퍼부었습니다. 그들은 정규적인 목회 사역을 떠나서 일을 하였습니다. 어떤 경우에는 그 정규적인 목회 사역에 대적하는 고집을 보이며 일을 하기도 하였습니다. 그래서 교회를 개선하겠다는 목표뿐만 아니라 존재하는 교회 자체를 무너뜨리겠다는 목표를 세우기도 하였습니다. 이런 노력을 유심히 지켜본 사람에게 그들이 어떻게 되었느냐고 물었습니다. 물론 저는 그 사람들을 정죄하지도 않았고 그럴 생각이 없습니다. 그러나 오늘 저는 그들이 행해나간 일의 추이들을 생각해 보면서 감히 이렇게 말하고자 합니다. 그들은 정규적인 교회의 사역 이상을 넘어가지 못했고, 결코 앞으로도 넘어가지 못할 것이라고 말입니다. 수많은 사람들이 일어나는 것 같았습니다. 그러나 그들이 자랑하는 결신자들은 어디에 있습니까? 그렇게 대단한 세력을 자랑하며 과시하던 자들이 어떻게 되었습니까? 하나님의 교회와 관련하여 일했던 사람들은 영구적인 가치가 있는 일을 이룩하였습니다. 그러나 그러한 교회의 정규적인 사역을 벗어나서 자기들끼리 별도로 기관을 형성하여 일했던 사람들은 여론의 눈 앞에서 대단한 기세를 자랑하였고 신문 지면의 한 구석을 영적 자랑으로 채우기는 하였지만, 지금은 거의 다 사라져 버렸거나 아주 없어졌습니다. 자유롭게 자기들의 계획들을 시도하여 일하던 이 사람들의 얻었다고 하는 승리는 지금 어디 있습니까? 그에 대한 대답은 전혀 없습니다. 우리는 옛 훈련 방식으로 돌아가야 합니다. 하나님은 여전히 교회에 복 주실 뜻을 가지고 계십니다. 하나님께서 사람들의 영혼에 복을 주시되 교회를 통해서 주십니다. 저는 어느 사람이든지 복음을 전파하는 것을 보면 기쁩니다. 그리스도가 전파된다면 저는 기뻐하고 기뻐할 것입니다. 구주의 말씀을 기억하십시오. "금하지 말라 … 우리를 반대하지 않는 자는 우리를 위하는 자니라"(막 9:39-40). 여전히 수많은 사람의 회심이 교회를 통해서 일어나고 일어날 것입니다. 교회의 정규적인 조직된 노력을 통해서 일어나는 것입니다. 촛불을 켜고 집 안을 쓸었던 그 여인은 자기에게 속해 있던 잃어버린 은전을 되찾을 것처럼, 교회도 여전히 그러할 것입니다.

자, 그 여자가 그 은전을 되찾았을 때 어떻게 했는지 주목하십시오. 그녀가 즐거워하였다는 것입니다. 그녀가 그 잃어버린 은전을 찾기 위해서 쏟은 수고가 큰 만큼 그것을 찾아 얻었을 때 기쁨도 그만큼 컸습니다. 죄인들이 회심하는 것을 볼 때 하나님의 교회가 얼마나 기쁨이 넘칩니까! 우리는 정말 기쁨에 찬 주일들을 맞이합니다. 우리가 유쾌한 마음으로 저 아래 성경 강의실에서 여러 사람을 만나게 될 때 말입니다. 영혼들이 파멸자의 길에서 돌아섰다는 이야기를 들을 때 말입니다. 그리고 저 뒤에 있는 교회 부속실에서 여러분의 목회자들과 장로들이 천국에서 느낄 수 있는 그러한 기쁨을 체험합니다. 죄의 노예로 있던 영혼들이 해방되어서, 예수님께서 주시는 완전한 자유에 이르렀다는 소식을 들을 때 말입니다. 교회가 기뻐합니다.

다음에, 그녀는 벗과 이웃을 불러 자기의 기쁨을 나눕니다. 우리가 친구들과 이웃들을 충분히 존중하지 못하고 있지 않나 걱정이 됩니다. 그들을 찾아서 우리의 기쁨에 초대해야 할 것을 잊어버리지 않았나 생각이 듭니다. 그들은 누구입니까? 여기서는 천사들이라고 저는 생각합니다. 하늘에 있는 천사들뿐만 아니라 이 땅에서 그것을 지켜보는 천사들까지 다 포함합니다. 목자가 양을 메고 집으로 올 때 "내가 너희에게 이르노니 이와 같이 죄인 한 사람이 회개하면 하늘에서는 회개할 것 없는 의인 아흔아홉으로 말미암아 기뻐하는 것보다 더하리라"(눅 15:7)고 말씀하셨습니다. 그러나 여기서는 하늘이나 내세에 대해서는 언급되지 않고 있습니다. 다만 "하나님의 사자들 앞에 기쁨이 되느니라"고 하면서 현재 존재하는 기쁨에 대해서 말합니다. 교회는 지상에 있습니다. 성령께서도 지상에 일하고 계십니다. 영혼이 구원을 받을 때 천사들이 내려다봅니다. 믿음의 사람들을 둘러 지켜보면서 말입니다. 또 우리의 친구들과 이웃들도 그렇게 하며 우리와 함께 즐거워하는 것입니다. 천사들이 우리의 회중 가운데 와 있다는 것을 모르십니까? 이 때문에 사도는 우리에게 회중 가운데 여자들은 머리에 무엇인가를 써야 한다고 말하고 있는 것입니다. "그러므로 여자는 천사들로 말미암아 권세 아래에 있는 표를 그 머리 위에 둘지니라"(고전 11:10)고 말하고 있습니다. 성도들이 있는 곳에는 천사들도 있습니다. 그래서 우리의 규례들을 바라보며 우리의 기쁨을 함께 즐거워하는 것입니다. 우리가 회심하는 사람들의 모습을 볼 때 그 천사들에게도 함께 기뻐하자고 명할 수 있습니다. 그리고 그들은 우리와 함께 하나님을 찬미할 것입니다. 기쁨은 거기에서 끝나지 않습니다. 천사들이 인자 위에 오르락내리락하고 있으니, 그들은 곧 그 소식을 하늘에 있는 만인에게 전달할 것입니다. 그리고 하늘 전체가 회개하는 죄인 하나로 인하여 기뻐할 것입니다.

　　이 기쁨은 현재적인 기쁨입니다. 그 기쁨은 집에 있고 교회에 있습니다. 그 기쁨이 지상에 있는 주위 이웃들의 기쁨이 되었습니다. 다른 모든 기쁨이 바로 이 기쁨에 삼킨 바 된 것 같습니다. 잃은 드라크마를 찾기 위해서 다른 모든 일을 접어두었으니 그 보배로운 것을 발견했을 때는 다른 모든 기쁨은 일단 접어둔 상태에 있었습니다. 하나님의 교회는 이러한 기쁨을 천 배로 느낍니다. 성도들의 이 기쁨은 하늘로 올라갑니다. 영광을 얻기 위해 원숙해지는 교회 성도들의 기쁨, 죄와 싸워 이긴 성도들의 기쁨, 은혜 안에서 성장하고 약속을 받은 성도들의 기쁨이 또한 그러합니다. 그러나 아론의 지팡이가 다른 모든 지팡이를 삼켜 버렸듯이 다른 모든 기쁨들을 삼켜 버린 교회 안의 제일 되는 기쁨은 잃어버린 영혼이 회개하여 돌아온 데 대한 기쁨입니다. 정말 쓸고 찾은 후에 잃어버린 영혼을 얻게 되었으니 말입니다.

회심하지 않은 사람에 대한 실제적인 교훈이 바로 이것입니다. 사랑하는 여러분, 여러분에게 주어진 가치가 얼마나 놀라운지 주목하십시오. 여러분은 아무도 여러분을 돌보지 않는다고 생각하고 있을 것입니다. 하늘과 땅이 여러분에게 관심을 가지고 있습니다! "나는 아무것도 아니고 버려진 사람이고 전혀 쓸모가 없어요"라고 말합니다. 아닙니다. 여러분은 복되신 성령님께 쓸모 없지 않으며, 하나님의 교회에 쓸모 없지 않습니다. 하나님의 교회가 여러분을 갈망하고 있습니다.

자, 다시 보십시오. 만일 여러분이 그리스도께 온다 해도 그렇게 환영받지 못할 것이라는 여러분의 의심이 참으로 잘못되었다는 사실을 기억하십시오. 환영합니다. 어서 오십시오! 교회가 여러분을 찾고 있습니다. 하나님의 성령께서 여러분을 찾고 있습니다. 환영받지 못한다고 말씀하지 마십시오. 환영 이상의 것을 받게 될 것입니다. 오! 그리스도께서 얼마나 기뻐하시고, 성령과 교회가 여러분을 얼마나 기쁘게 영접합니까! 아! 그러나 자신은 긍휼을 받기에 합당한 일을 아무것도 못했다고 걱정하고 있죠. 그런 말 하지 마십시오. 잃어버린 은전이 무슨 일을 했습니까? 또 무슨 일을 할 수 있었습니까? 그것은 잃어버렸고 무능하였습니다. 그것을 찾은 자들이 행한 것이죠. 여러분을 찾으시는 분이 여러분을 위해 모든 것을 행할 것입니다. 오! 불쌍한 영혼이여, 그리스도께서 오라 명하시니 지금 오십시오! 만일 그의 성령께서 여러분을 이끄시면 그에게 복종하십시오! 하나님이 이런 약속을 주셨습니다. "여호와께서 말씀하시되 오라 우리가 서로 변론하자 너희의 죄가 주홍 같을지라도 눈과 같이 희어질 것이요 진홍 같이 붉을지라도 양털 같이 희게 되리라"(사 1:18). 이 약속을 받아들이십시오. 예수님을 믿으십시오. 하나님께서 예수님의 이름으로 여러분에게 복을 주시고 구원하시기를 원합니다. 아멘.

제
57
장

—

두 세계의 공감

—

**"죄인 한 사람이 회개하면 하나님의 천사들 앞에
기쁨이 되느니라."— 눅 15:10, KJV**

인간의 마음은 기쁨이든 슬픔이든 그것을 다 품고 있을 만큼 크지 않습니다. 여러분은 지금까지 그 마음이 완전히 슬픔으로 가득한 사람에 대해 들어보지 못했습니다. 왜냐하면 마음은 완전히 슬픔으로 가득해지자마자, 곧 밖으로 흘러넘치기 때문입니다. 슬픈 영혼이 맨 처음에 하는 행동은 그 슬픔을 즉시 다른 사람들에게 말하는 것입니다. 그 이유는 우리의 마음이 그 슬픔을 다 담고 있을 정도로 충분하게 크지 않기 때문입니다. 그래서 우리가 느끼는 슬픔의 일부분이라도 받아줄 수 있는 또 다른 마음이 우리에게는 필요합니다. 우리의 기쁨도 이와 마찬가지입니다. 마음이 기쁨으로 가득할 때, 그 마음의 기쁨은 항상 어떤 다른 곳으로 나아가려고 하고, 마음은 그것을 허락합니다. 마치 장터에 있는 샘물처럼 말입니다. 샘에 물이 가득해질 때마다, 샘물은 즉시 시내로 흘러들어가게 됩니다. 따라서 흐르던 샘물이 멈추기라도 하면, 여러분은 샘에 물이 아직 충분히 차지 않았다는 사실을 확신할 수 있습니다. 마음에 가득 차 있어야 비로소 그 마음은 흘러넘칩니다. 사랑하는 성도 여러분, 여러분도 이 사실을 알고 있습니다. 여러분은 이 사실을 참된 사실로 입증하기도 했습니다. 여러분의 영혼이 기쁨으로 충만했을 때, 여러분은 먼저 여러분의 친지나 친구들을 불러서 그들에게 여러분이 기뻐하는 이유에 대해 나누었습니다. 마치 그릇들의 가장자리까지 기름이 가득해지자 이웃에게 가서 빈 그릇을 빌려왔던 그 여인처럼 말입니다(엘리사와 과부의 기름 그릇[왕상 4:1-7] - 역주). 왜냐하면 여러분은 여러분의 친지와 친구들이 여러분의 기쁨에 참여하기를 요구했기 때문입니다. 게다가 그 모든 이웃들의 마음이 기쁨으로 가득해지자, 여러분의 기쁨은 이들만이 기뻐하는 것으로는 충분하지 않다고 느껴서, 온 세상 사람들을 불러 여러분의 기쁨에 동참하게 하고 싶기 때문입니다. 여러분은 깊이를 알 수 없을 정도로 깊은 대양(大洋)에게도 여러분의 기쁨을 마시도록 명령했습니다. 여러분은 나무들에게도 여러분의 기쁨에 대해 말하면서 손뼉을 치라고 명령했습니다. 여러분은 산과 언덕들에게도 노래하라고 부추겼습니다. 하늘의 별들도 여러분을 내려다보고 있는 것 같아서, 여러분은 그 별들에게도 여러분을 위해 노래하라고 명령했습니다. 이렇게 해서 여러분의 마음에 있는 그 음악으로 인해 온 세상이 음악으로 가득하게 되었습니다. 그러니 결국 인간은 이 세상의 위대한 음악가가 아니고 무엇이겠습니까? 온 우주는 거대한 파이프가 꽂힌 파이프 오르간이고 말입니다. 공간, 시간, 영원 등은 이 거대한 오르간의 도풍관(導風管, throat, 파이프 오르간의 바람통 [wind chest]에 보내질 압축공기가 통과하는 기관 - 역주)과 같다고 할 수 있겠지요. 거기에 작은 피조물인 인간은 자기 손가락을 건반 위에 얹고서, 우레 같은 화음으로 온 우주를 일깨워, 모든 창조물이 함께 어우러져 가장 강력한 찬양의 갈채를 쏟아내게 합니다. 여러분은 인간이 우주에 있는 하나님의 대제사장이라는 사실을 알지 못합니까? 만물은 희생 제물에 불과할 따름입니다. 인간은 제사장으로서 그의 마음으로 불을 가져오고 그의 손으로 나무를 가져오며, 그의 입으로는 좌우에 날선 헌신의 검을 가지고 옵니다. 인간은 이것들을 가지고서 만물을 하나님께 봉헌합니다.

사랑하는 성도 여러분, 그러나 저는 가끔 우리의 찬양이 거기에 한참 미치지 못한다는 생각이 들 때가 있습니다. 이 생각은 의심할 바 없이 분명한 사실입니다. 우리는 본토로부터 떨어져나간 어떤 외딴 섬에 살고 있는 것 같을 때가 있습니다. 아름다운 행성처럼 보이는 세계이지만, 사실 이 세계는 죽을 수밖에 없는 운명을 지닌 배로서는 도저히 항해할 수 없는 창공의 바다를 떠다니고 있습니다. 우리는 때로 이런 생각도 해봅니다. 우리의 찬양은 분명히 이 가련하고 좁은 세계의 해변에 국한되어 있어서, 우리가 천국의 종에 달린 줄들을 잡아당겨 그 종을 울리는 것도 불가능하고, 또 우리가 아무리 손을 뻗어보아도, 천사들의 하프에 매여 있는 줄들을 탈 수 있을 정도까지 절대로 손을 뻗을 수 없다고 말입니다. 우리는 우리 자신에게 하늘과 땅 사이에는 연결된 것이 아무것도 없다고 말하기도 하였습니다. 거대한 검은 벽이 우리를 가로막고, 항해할 수 없는 해협이 우리를 저지하기 때문에, 우리의 기도는 하늘에 이를 수도 없고, 우리의 찬양은 하늘에 영향을 끼칠 수도 없다고 말입니다. 오늘 우리는 본문 말씀을 통해서 우리가 얼마나 실수하고 있는지를 배우려고 합니다. 우리가 아무리 하늘과 그 큰 우주로부터 차단되어 있는 것처럼 보인다 해도, 결국 거대하게 통합된 제국을 다스리시는 하나님의 섭리로 인해, 이 땅에서 행하는 모든 것들은 하늘에서도 알려지게 되고, 이 땅에서 부르는 우리의 모든 찬양은 하늘에서도 울려 퍼지게 됩니다. 어떤 의미에서는 이 땅에서 흘리는 눈물도 천국에서 다시 흘리게 되며, 인간의 슬픔도 가장 높으신 분의 보좌 앞에서 다시 느끼게 되는 것이 사실입니다.

　오늘 본문은 우리에게 "죄인 한 사람이 회개하면 하나님 앞에 기쁨이 되느니라"라고 말씀합니다. 이 말씀은 제가 영원이라는 강을 건널 수 있는 다리를 보여주는 것 같습니다. 말하자면 이 말씀은 여기 이 세상에서 일어난 일들에 대한 정보를 다른 세상에 있는 영들에게 전달해 주는 어떤 자기선(磁氣線)을 보여주고 있습니다. 또한 이 말씀은 이 낮은 세상과, 하나님께서 거하시며 지극히 복된 땅인 하늘 너머의 세상 사이에 실제적이고도 놀라운 어떤 연결이 있다는 사실을 가르쳐 주고 있습니다.

　우리는 오늘 아침에 이 주제에 대해 몇 말씀 나누고자 합니다. 제가 전할 말씀의 첫 번째 제목은 위에 있는 세상과 아래에 있는 세상 사이의 공감입니다. 두 번째는 천사들의 판단입니다. 천사들은 죄인들이 회개하는 것을 기뻐합니다. 천사들이 그렇게 기뻐하는 근거가 무엇인지 살펴보려고 합니다. 세 번째는 **성도들을 위한 교훈**입니다. 하늘에 있는 천사들이 회개한 죄인들에 대해 기뻐한다면, 우리 또한 그렇게 해야 합니다.

1. 두 세계 사이의 공감

　먼저 오늘의 본문은 두 세계의 공감을 우리에게 가르쳐 주고 있습니다. 사랑하는 성도 여러분, 여러분은 절대 하늘과 단절되어 있다고 생각하지 마십시오. 왜냐하면 사다리가 있기 때문입니다. 그 사다리의 한쪽 끝은 전능하신 분의 보좌 발치에 고정되어 있고, 또 다른 한쪽 끝은 인간이 마주할 수 있는 비참함의 가장 낮은 위치에 고정되어 있습니다! 여러분과 아버지 사이에는 큰 구렁텅이가 놓여(눅 16:26) 있어서, 그분의 긍휼하심이 우리에게 이를 수 없고, 우리의 기도와 믿음으로는 결코 그것을 넘어갈 수 없다고 절대로 생각하지 마십시오. 오, 사랑하는 성도 여러분, 영원한 대륙으로부터 단절되어 폭풍우에 휩싸인 섬에 여러분이 살고 있다고 절대 생각하지 마십시오. 여러분에게 간청합니다. 분명히 멀리 떨어진 대륙과 섬을 잇는 다리가 있습니다. 두 발로 걸어 여행할 수 있는 길이 그 위에 있습니다. 이 사실을 믿으십시오. 이 세상은 서로 나뉘어 있지 않습니다. 왜냐하면 모든 창조물은 한 몸이기 때문입니다. 오, 사랑하는 성도 여러분, 여러분도 알고 있을 것입니다. 여러분은 이 세상을 접할 때, 발로만 세상을 접하는 것으로 생각할 수도 있습니다. 하지만 두 발로 시작해서 머리끝까지 수많은 신경 조직과 혈관들이 모두 연합하여 한 몸을 이루어 세상과 접하고 있는 것입니다. 하늘에서 박동하고 있는 거대한 심장과 동일한 심장이 이 땅에서도 박동하고 있습니다. 하늘에 갈채를 보내시는 영원한 아버지의 사랑은 이 땅도 기쁘게 하십니다. 하늘의 영광과 땅의 영광이 서로 다르다 해도, 그 두 영광은 겉모습만 다를 뿐, 결국은 동일합니다. 이 사실을 확신하십시오.

오! 사랑하는 성도 여러분, 잘 들으십시오. 여러분은 결코 어느 낯선 땅에 있는 이방인이 아니라는 사실을 곧 알게 될 것입니다. 여러분은 가나안의 낙원에서 여전히 행복하게 살고 있는 아버지와 형제들로부터 단절된 채, 애굽 땅에서 집 없이 살고 있던 요셉 같은 사람이 아닙니다. 여러분은 절대 그런 사람이 아닙니다. 여러분의 아버지는 여러분을 여전히 사랑하고 계십니다. 여러분과 그분 사이에는 연결된 무언가가 있습니다. 유한한 피조물과 무한한 창조주 사이에는 비록 엄청난 거리적 차이가 있다고 해도, 이 두 존재를 연결하는 어떤 것이 있다는 사실을 이상하게 생각하지 마십시오! 여러분이 눈물을 흘릴 때, 여러분의 아버지께서 보지 않으신다고 생각하지 마십시오. 왜냐하면 "아버지가 자식을 긍휼히 여김 같이 여호와께서는 자기를 경외하는 자를 긍휼히 여기시나니"(시 103:13)라고 말씀하셨기 때문입니다. 여러분의 한숨 소리는 여호와의 마음을 움직일 수 있습니다. 여러분의 속삭임은 그분의 귀를 기울이게 할 수 있습니다. 여러분의 기도는 그분의 손길이 머무르게 할 수 있습니다. 여러분의 믿음은 그분의 팔을 움직이게 할 수 있습니다. 오! 하나님께서는 높은 곳에 앉아서 영원한 잠에 빠져 있기 때문에 여러분에게 전혀 신경조차 쓰지 않는다고 생각하지 마십시오. "여인이 어찌 그 젖 먹는 자식을 잊겠으며 자기 태에서 난 아들을 긍휼히 여기지 않겠느냐 그들은 혹시 잊을지라도 나는 너를 잊지 아니할 것이라"(사 49:15)고 말씀하시기 때문입니다. 아버지의 손에는 여러분의 이름이 새겨져 있습니다. 그리고 그분의 가슴에는 여러분의 인격이 기록되어 있습니다. 그분께서는 이 세상이 만들어지기 전부터, 바다의 물 밑(시 18:15)들이 움푹 파이기 전부터, 거대한 산들이 흰 구름 속에서 머리를 들기 전부터 여러분을 생각하셨습니다. 그렇게 그분은 여러분을 생각하셨습니다. 그분은 지금도 여러분을 생각하고 계십니다. "나 여호와는 포도원지기가 됨이여 때때로 물을 주며 밤낮으로 간수하여 아무든지 이를 해치지 못하게 하리로다"(사 27:3)는 말씀처럼 말입니다. 여호와의 눈은 모든 곳을 두루 감찰하사(대하 16:9) 자신을 경외하는 모든 자를 위해 자신의 강한 힘을 보여주십니다. 여러분은 그분에게서 단절되지 않았습니다. 여러분은 그분 안에서 살고 움직이며 존재합니다(행 17:28, KJV). "그분은 참으로 고난 중에 즉시 만날 도움"(시 46:1, KJV)이십니다.

오, 불멸의 상속자들이어, 다시 말씀드립니다. 여러분은 하나님과 연결되어 있을 뿐만 아니라, 하늘에 계신 또 다른 분과도 연결되어 있습니다. 이분과의 연결은 다소 낯설기는 하지만 친밀하게 연결되어 있습니다. 보좌의 중앙에 앉아 계신 분으로서, 여러분과 피로 맺어진 여러분의 형제이신 그분입니다. 그분은 그분의 아버지와 영원히 동일하신 분으로서, 때가 차매 마리아의 아들로 잠시 동안 어린 아이가 되셨던 하나님의 아들이십니다. 그렇습니다. 그분은 과거에도 여러분의 뼈 중의 뼈요, 살 중의 살(창 2:23)이셨고, 지금도 그러하십니다. 그분께서 하늘에 계시는 한, 여러분은 하늘 세상으로부터 단절되었다고 생각하지 마십시오. 왜냐하면 그분은 여러분의 머리이시며, 그분께서 친히 여러분을 그분의 몸과 그분의 살과 그분의 뼈들에 속한 지체들이라(엡 5:30, KJV)고 선포하셨기 때문입니다. 오, 사랑하는 성도 여러분, 예수님께서 여러분에게 다음과 같이 말씀하시는 한, 여러분은 절대로 하늘과 분리된 것이 아닙니다.

> "나는 너의 한숨과 신음을
>   나의 가슴으로 느낀다.
>   내 뼈와 살인 네가

내 곁에 아주 가까이 있기 때문이다.
네가 겪은 모든 고난들,
네 머리가 느끼는 고통들,
이 모든 것들은 가장 필요한 것들이고,
어느 것 하나 헛된 것이 없다."

오, 불쌍한 데도 위로조차 받지 못한 채 애통하는 자들이여, 그리스도께서 여러분을 매 시간 기억하고 계십니다. 여러분의 한숨이 그분의 한숨입니다. 여러분의 신음소리가 그분의 신음소리입니다. 여러분의 기도가 그분의 기도입니다.

"그분은 모든 지체들이 겪은 것을
그분의 기준에서 새롭게 느끼신다."

여러분이 십자가에 못 박혔을 때, 그분도 십자가에 못 박히신 것이며, 여러분이 죽었을 때, 그분도 죽으신 것입니다. 여러분은 그분 안에서 살고, 그분은 여러분 안에서 살고 계십니다. 왜냐하면 그분이 살아나셨기 때문이며, 여러분도 살아날 것이기 때문입니다. 다시 말해 여러분은 그분 안에서 일어날 것이며, 그분과 함께 하늘 처소에 앉게 될 것입니다. 오, 그리스도께서 여러분과 어느 정도로 가까울까요? 세상에 그 어떤 남편도 자기 아내와 이 정도로 가까울 수 없고, 그 어떤 머리도 자기 지체들과 이 정도로 가깝지 않으며, 그 어떤 영혼도 자기 육신과 이 정도로 가깝지 않았습니다. 여러분과 그리스도는 이 정도로 가깝기 때문에, 하늘과 땅이 나누어져 있다고 절대 생각하지 마십시오. 하늘과 땅의 세계는 서로 일가친척의 관계에 지나지 않습니다. 두 대의 배들이 서로 가까이 정박해 있고, 죽음이라는 하나의 짧은 널빤지를 통해 여러분은 이 배에서 저 배로 건너갈 수 있을 정도입니다. 전체가 침울하고 새까만 이쪽 배는 온갖 먼지가 날리는 오늘의 해안 무역을 끝마치고서 슬픔의 음침함으로 가득 차 있습니다. 그런데 저기 있는 저쪽 배는 배 전체가 황금색이고 채색된 깃발을 펄럭이며, 온 세상을 누비고 항해할 때 바닷새의 솜털처럼 희고 천사의 날개처럼 아름답습니다. 사랑하는 성도 여러분, 여러분에게 말씀드립니다. 하늘의 배가 이 땅의 배와 함께 나란히 정박해 있습니다. 이 땅의 배가 아무리 흔들리고, 폭풍우의 격렬한 풍랑으로 아무리 기울어져도, 눈에 보이지는 않지만 황금 배인 하늘의 배는 땅의 배 옆에서 결코 분리되거나 떨어지지 않고 항해하고 있습니다. 이 배는 시간이 되면 여러분이 음울하고 어두운 배에서 뛰쳐나와, 영원히 항해할 지극히 행복한 배의 황금 갑판 위로 발을 내디딜 수 있도록 항상 준비하고 있습니다.

그러나 오, 하나님의 사람들이여, 이 외에도 현재와 미래를 연결해 주고 또 시간을 영원과 연결해 주는 다른 황금 줄이 있습니다. 그러므로 결국 신자에게 있어서 시간과 영원은 절대로 분리되지 않는 몸이 붙어 태어난 샴쌍둥이 (Siamese twins) 같은 것이 아니고 도대체 무엇이겠습니까? 이 땅은 하늘 아래에 있고, 다음 세상은 하늘 위에 있을 뿐입니다. 이 둘은 같은 집입니다. 한 방은 아래에 있고, 다른 방은 위에 있습니다. 하지만 동일한 지붕이 두 방을 덮고 있으며, 동일한 이슬이 각 방에 떨어집니다. 사랑하는 성도 여러분, 기억하십시오. 여러분이 예수님을 사랑하기만 한다면, 온전하게 된 의로운 자들의 영혼들은 결코 여러분과 제게서 멀리 떨어져 있지 않습니다. 이 사실을 기억하십시오. 강을 통과한 그 사람들이 여전히 우리들과 교통하고 있습니다. 그래서 우리가 다음과 같은 노래를 부르지 않습니까?

> "이 땅에 있는 성도들과 죽은 모든 성도들이
> 　한 가지로 교통하나니,
> 　모두 살아 계신 머리 되신 그리스도 안에 참여하여
> 　그분의 은혜에 동참한다."

우리는 승리한 교회와 전투하는 교회를 위해 오직 머리 되신 그분만을 모시고 있습니다.

> "살아 계신 하나님의 한 군대로서,
> 　우리는 그분의 명령에 복종한다.
> 　한 무리는 그 강을 건넜고,
> 　한 무리는 지금 건너고 있다."

사도는 위에 있는 성도들을 구름 같은 증인들(히 12:1, KJV)로 말하지 않았습니까? 사도는 아브라함, 이삭, 야곱, 기드온과 바락, 입다에 대해 언급하신 후, "이러므로 우리에게 구름 같이 둘러싼 허다한 증인들이 있으니 모든 무거운 것 … 을 벗어 버리고"(히 12:1)라고 말하지 않았습니까? 보십시오. 우리는 지금 들판을 달리고 있습니다. 그리고 영광스럽게 된 자들은 지금 우리를 내려다보고 있습니다. 젊은 남자 성도 여러분, 여러분 어머니의 눈길이 여러분을 향하고 있습니다. 젊은 여자 성도 여러분, 여러분 아버지의 두 눈이 여러분을 내려다보고 있습니다. 제가 믿어 의심치 않는 사실은 이미 오래 전에 영광스럽게 된 경건한 제 할머니의 눈길이 계속해서 제게 머물러 있다는 것입니다. 분명한 사실은 이들이 하늘에서 종종 우리에 대해 이야기한다는 것입니다. 제 생각에 이들은 가끔씩 이 불쌍한 땅을 방문하기도 하는 것 같습니다. 확실한 것은 그렇다고 해서 이들이 천국을 절대로 벗어난 것은 아닙니다. 왜냐하면 그들에게는 모든 곳이 천국이기 때문입니다. 그들에게는 이 세상도 하나님 계신 천국의 한 모퉁이요, 낙원의 그늘진 한쪽 휴식처일 뿐입니다.

이들이 우리와 정말 멀리 떨어져 있다는 생각이 들 때도, 살아 계신 하나님의 성도들은 우리와 정말 가까이에 있다고 저는 믿어 의심치 않습니다. 어쨌든 그들은 여전히 우리를 기억하고서 여전히 우리를 바라보고 있습니다. 왜냐하면 그들은 우리가 없이는 그들이 결코 완전해질 수 없다는 진리를 늘 마음속에 간직하고 있기 때문입니다. 우리가 함께 동참하기 전까지 그들만으로는 완전한 교회가 될 수 없습니다. 그래서 그들은 우리가 나타나기를 갈망하고 있습니다.

이제, 다시 오늘의 본문으로 돌아와서 좀 더 자세히 살펴보겠습니다. 본문 말씀을 통해 우리는 천사들이 우리와 교통하고 있다는 사실을 확신하게 됩니다. 밝은 영들이여, 하나님의 장자들이여, 당신들은 저를 생각하고 있습니까? 오, 크고도 강한 힘을 지닌 그룹(cherubim)이여, 번개처럼 날쌘 날개를 가지고 불타오르는 스랍이여, 당신들은 우리를 생각하고 있습니까? 여러분의 모습은 거대합니다. 우리의 시인은 천사의 지팡이는 몇몇 큰 군함의 돛대가 될 수도 있다고 말합니다(존 밀턴의 「실낙원」 제1권 293-294행 — 역주). 틀림없이 그 시인이 한 말은 옳은 말입니다. 이와 같은 하나님의 천사들은 하나님의 명령을 행하고 그 말씀에 귀 기울이는 힘 있고 강한 피조물들입니다. 그런데 이런 천사들이 우리를 주목하고 있는 것이 사실입니까? 이에 대해 성경이 대답하게 하십시오. "모든 천사들은 섬기는 영으로서 구원 받을 상속자들을 위하여 섬기라고 보내심이 아니냐?"(히 1:14), "여호와의 천사가 주를 경외하는 자를 둘러 진 치고 그들을 건지시는도다"(시 34:7), "그가 너를 위하여 그의 천사들을 명령하사 네 모든 길에서 너를 지키게 하심이라. 그들이 그들의 손으로 너를 붙들어 발이 돌에 부딪히지 아니하게 하리로다"(시 91:11-12). 그렇습니다. 가장 빛나는 천사들도 거룩한 성도들을 섬기는 존재에 불과합니다. 이들은 우리의 하인이며, 우리의 시종입니다. 이들은 우리에게 시중들며 우리를 지키는 호위 군대들입니다. 우리의 눈이 열리기만 한다면, 그들의 불 말과 불 병거가 우리 주위를 둘러싸고 있음을 보게 될 것입니다. 그래서 우리는 기쁜 마음으로 "우리와 함께 한 자가 그들과 함께 한 자보다 많으니라"(왕하 6:16)고 말하게 될 것입니다.

오늘의 본문은 우리에게 죄인이 회개하면 하나님의 천사들이 기뻐한다는 사실을 말하고 있습니다. 어떻게 천사들이 기뻐한다는 것입니까? 천사들은 항상 그들이 할 수 있는 한 최대로 행복해하고 있는데, 그들이 어떻게 더 행복해질 수 있다는 것인가요? 본문은 천사들이 좀 더 행복해진다고 말하지 않습니다. 아마도 그들이 자신들의 행복을 좀 더 많이 드러낸다는 말일 것입니다. 기독교인이라고 한다면 마땅히 안식일을 지켜야 합니다. 그런데 매일을 안식일로 지킬 수도 있습니다. 하지만 일주일 가운데 첫째 날을 자신이 지킬 안식일로 정함으로써 그는 안식일 준수를 좀 더 분명하게 할 수 있을 것입니다. 그렇게 해야, 세상 사람들은 그가 안식하는 것을 보게 되기 때문입니다. "마음이 즐거운 자는 항상 잔치하느니라" (잠 15:15)는 말씀도 있으나, 마음이 즐거운 자도 어떤 특별한 날들에는 더 크게 잔치를 벌이기도 합니다. 영화롭게 된 자들의 눈에는 매일이 안식일입니다. 하지만 그 날들 중에도 "그 안식일이 큰 날이므로" (요 19:31)라고 말할 수 있는 날이 있습니다. 천사들도 보통 때보다 더 크게 찬양하는 날들이 있습니다. 그들은 항상 하프를 능숙하게 연주하며 하나님을 찬양합니다. 그러다가 때로는 무리지어 함께 모여 우주 끝까지 훨훨 날아갔다가 다시 자신들의 본분으로 돌아오기도 합니다. 약속되어 정해진 어떤 날들에는 하나님의 보좌를 중심으로 무리 지어 둥글게 둘러서서 전쟁을 위해서가 아니라 음악을 위해 한 줄로 서서, "우리를 사랑하사 우리를 위해 자신을 … 드리신" (엡 5:2, KJV) 하나님의 아들에게 찬양을 올려드립니다. 그러면 여러분은 제게 이러한 일들이 일어나는 때는 언제인지 묻습니다. 여러분에게 말씀드리겠습니다. 모든 기독교인의 생일이 바로 천국에서 소네트(Sonnet, '작은 노래'라는 어원을 지닌, 유럽의 14행 정형 시이다 - 역주)를 부르는 날입니다. 낙원에는 그리스도의 장엄미사(Christ's high mass)가 행해지는 성탄절(Christmas)도 있습니다. 그리스도는 말구유에 태어나셨기 때문에 영광 받으시는 것이 아니라, 상한 마음(시 34:18, KJV) 가운데서 태어나셨기 때문에 영광 받으시는 것입니다. 천국에는 여러 날들이 있습니다. 그 중에서 좋은 날들도 있습니다. 찬양이 흘러넘치는 소네트의 날과 빨간 글씨로 표시된 기억할 만한 날들 말입니다. 이런 날들은 목자가 잃어버린 양을 찾아 자기 어깨에 메고(눅 15:5) 집으로 돌아오는 날이며, 교회가 잃어버린 돈을 찾기 위해 자기 집을 쓸며 찾아내어 찾아낸즉 벗과 이웃을 불러 모으고(눅 15:8-9) 이루 말할 수 없는 기쁨과 회개한 죄인 한 사람에 대한 충만한 영광으로 즐거워하는 날입니다.

이렇게 해서 저는 하늘과 땅 사이에는 우리 가운데 어떤 사람들이 생각하는 것보다 더 큰 관련이 있다는 사실을 여러분에게 보여드렸다고 믿습니다. 그러므로 이제부터는 푸른 하늘을 쳐다 볼 때, 우리가 하늘로부터 그렇게 멀리 떨어져 있다고 생각하는 사람들이 아무도 없었으면 좋겠습니다. 하늘은 우리에게서 아주 조금 떨어져 있을 뿐입니다. 그날이 오면, 불 말과 불 병거 없이도 우리는 곧장 그리로 가게 될 것입니다. 발람은 하늘을 매우 멀리 있는 땅(사 33:17, KJV)이라고 불렀습니다. 발람보다 우리가 더 잘 알고 있습니다. 하늘은 아주 가까운 땅입니다. 이제 지금

"믿음으로 우리는
 앞서 간 자들의 손을 잡고,
 영원한 해변에 있는
 피 뿌림 받은 무리들과 인사를 나누네."

모두 환호하며 맞이하십시오. 빛나는 영혼들이여! 이제 제 눈에는 당신들이 보입니다. 모두 환호하며 맞이하십시오. 천사들이여! 모두 환호하며 맞이하십시오. 구원받은 형제들이여! 몇 시간만 더 지나면, 아니 몇 날만 더 지나면, 아니 몇 달만 더 지나면, 우리도 당신들의 그 행복한 대열에 동참하게 될 것입니다. 그때까지 당신들의 기쁨에 찬 교제와 그 다정한 동정심은 항상 우리에게 위로와 위

안이 될 것입니다. 우리는 인생의 모진 비바람들을 모두 뚫고 나아가서, 마침내 당신들과 함께 영원한 평화의 항구에 닻을 내리게 될 것입니다.

2. 천사들이 찬양하게 된 근거

그런데 천사들은 죄인들이 회개할 때마다 찬양을 한다고 합니다. 천사들이 찬양하게 된 판단의 근거는 무엇인지, 혹시 천사들이 실수한 것은 아닌지를 살펴보려고 합니다. 왜 천사들은 회개한 죄인들을 보고 찬양하는 것일까요?

첫째, 천사들은 창조의 날들을 기억하고 있기 때문에 찬양을 하였으리라 생각합니다. 여러분도 알다시피, 하나님께서 이 세상을 만드시고, 하늘의 들보들을 빛 받침대에 고정하셨을 때, 새벽별들은 함께 찬양하였고, 하나님의 아들들은 기뻐 소리쳤습니다. 전능하신 분의 큰 모루에서 불꽃이 튀는 것처럼 별들이 널리 날아다니는 것을 보자 천사들은 찬양하기 시작했습니다. 이 작은 땅에 새로운 생물들이 하나씩 만들어질 때마다 천사들은 새롭게 찬양을 하였습니다. 천사들이 빛을 처음 보았을 때, 그들은 손뼉을 치며 이렇게 말했습니다. "여호와는 위대하시도다. 그가 '빛이 있으라' 하시니 빛이 있었고"(창 1:3)라고 말입니다. 그리고 그들이 해와 달과 별들을 보았을 때, 그들은 다시 손뼉을 치며 이렇게 말했습니다. "큰 빛들을 지으신 이에게 감사하라 그 인자하심이 영원함이로다. 해로 낮을 주관하게 하신 이에게 감사하라 그 인자하심이 영원함이로다"(시 136:7-8)라고 말입니다. 그러고 나서 그분께서 만드신 모든 것에 대해 그들은 언제나 다음과 같은 달콤한 노래를 불렀습니다. "창조주여, 당신이 영광 받으옵소서. 그 인자하심이 영원함이로다"라고 말입니다. 자, 죄인들이 다시 돌아오는 것을 천사들이 보았을 때, 그들은 창조를 한 번 더 보게 됩니다. 왜냐하면 회개는 새로운 창조이기 때문입니다. 하나님께서 한 사람의 마음에 새로운 마음과 올바른 영을 주시기 전까지는 어느 누구도 회개할 수 없습니다. 하나님께서 세상을 만드신 날 이후로, 하나님께서 새로운 마음을 만드신 것 말고는, 하나님이 그 어떤 다른 것을 만드는 것을 천사들은 전혀 본 적이 없는 것으로 알고 있습니다. 만약 하나님께서 어떤 다른 것을 만드는 것을 좋아하셨다면, 창조의 날 이후로도 아마 세상을 새롭게 만드셨을 것입니다. 그러나 창조의 첫날 이후로 천사들이 본 새로운 창조의 유일한 예는 아마도 가엾은 회개한 죄인의 가슴속에 새로운 마음과 올바른 영을 창조하신 일일 것입니다. 그래서 그 천사들은 찬양합니다. 창조를 한 번 더 보았기 때문입니다.

천사들은 또한 하나님의 사역이 탁월하고도 새롭게 빛나는 것을 보았기 때문에 찬양한다는 점을 저는 믿어 의심치 않습니다. 하나님께서 태초에 세상을 만드셨을 때, 하나님은 그 만드신 것에 대해 "심히 좋았더라"(창 1:31)고 말씀하셨습니다. 그러나 지금은 그분께서 그렇게 말씀하실 수 없습니다. 하나님께서 그렇게 말씀하실 수 없는 사람들이 여러분 가운데 많이 있습니다. 그분은 아마도 이와 정반대로 말씀하실 수밖에 없을 것입니다. "아니, 심히 좋지 않다. 뱀의 꼬리가 너의 아름다움을 빼앗아 버렸고 한때 인간성 안에 거하던 도덕적 탁월함도 사라져 버렸기 때문이다"라고 말입니다. 그러나 성령님께서 아름다운 능력으로 사람을 회개시키고 다시 믿음으로 인도하실 때, 하나님은 그 사람을 다시 바라보시면서 "심히 좋았더라"고 말씀하십니다. 왜냐하면 성령님께서 하시는 일이 선하고 거룩하고 귀하신 그분 자신을 닮게 하는 것이기 때문입니다. 그래서 하나님께서는 자신이 두 번째로 만든 피조물에 대해 다시 미소를 지으면서 한 번 더 "심히 좋았더라"고 말씀하십니다. 그러면 천사들은 다시 그분의 이름을 찬양하기 시작합니다. 그분의 사역은 항상 선하고 아름다움으로 가득 차 있기 때문입니다.

그런데 사랑하는 성도 여러분, 천사들은 그 불쌍한 죄인이 무엇을 피해 도망쳐 나왔는지를 알기 때문에, 그 회개한 죄인들에 대해 노래를 부르는 것입니다. 여러분과 저는 지옥의 모든 깊이를 절대로 상상하지 못합니다. 음침한 어둠의 장막이 우리를 가로막고 있기 때문에, 우리는 잃어버린 영혼들이 있는 그 음울한 소굴의 공포를 다 알 수 없습니다. 그나마 다행스러운 것은, 수천 개의 폭풍우들도 저주받은 한 영혼의 울부짖음에 비교하면 한 소녀가 속삭이는 작은 소리에 지나지 않음에도 불구하고, 그 저주받은 자들의 울부짖는 소리들이 우리를 놀라게 하지 못한다는 것입니다. 감해질 줄 모르는 고통 가운데서 영원히 거하는 그 영혼들의 괴로움을 우리가 안다는 것은 불가능한 일입니다. 잠시라도 그 무시무시한 고통의 전당 안을 들여다보는 것이 허용된다면, 그 광경을 본 두 눈은 그 어둠으로 인해 앞을 못 보는 눈동자가 되어버릴 것입니다. 지옥은 무서운 곳입니다. 지옥에 대해 우리가 말은 할 수 있어도, 눈으로 볼 수도 없고, 귀로 들을 수도 없습니다. 하나님께서 자기를 미워하는 자들을 위해 마련해 두신 공포는 인간의 마음으로는 도저히 생각조차 할 수 없습니다. 그러나 천사들은 여러분과 제가 상상할 수 있는 것보다 더 많은 것을 알고 있습니다. 천사들은 지옥을 알고 있습니다. 천사들은 지옥을 느끼지는 못하지만, 사탄과 자기 천사들이 하나님을 대적하며 반역한 그 날을 기억하고 있습니다. 천사들은 하늘에 있는 별들의 삼분의 일이 그들의 군주이신 주님을 반역했던 그 날을 기억하고 있습니다. 그들은 여호와의 붉은 오른손이 어떻게 천둥 가운데서 예수님을 감쌌는지를 잊지 않았습니다. 그들은 루시퍼(Lucifer, '빛을 가진 자'[lucem ferre]라는 어원을 지니며, 사 14:3-20에 대한 특정한 해석을 배경으로 '마귀' 혹은 '사탄'을 지칭하는 영어권의 호칭이 되었다 – 역주)와 그의 무리들이 가장 높은 곳에서 가장 낮고 깊은 곳으로 내던져졌던 하늘 전쟁 때에 있었던 그 불화를 또한 잊지 않고 있습니다. 천사들은 날아가는 원수를 쫓아가다가, 그들이 나팔 소리와 함께 음울한 절망의 늪으로 어떻게 떨어졌는지를 잊지 않고 있습니다. 그리고 큰 뱀이 사슬에 결박된 그곳에 가까이 갔을 때 본 도벳(Tophet, 어린 아이를 몰록에게 제물로 바쳤던 힌놈의 골짜기[왕하 23:10]에 해당되는 장소로 '지옥'과 동의어이다 – 역주)이 어떠했는지도 천사들은 기억하고 있습니다. 그곳은 옛날부터 마련되어 있었습니다. 그곳에는 불과 많은 나무들이 더미로 쌓아올려져 있습니다. 천사들이 다시 날아서 되돌아왔을 때, 그들은 자기들의 모든 혀가 루시퍼를 싸워 이긴 그분을 마땅히 찬양해야 함에도 불구하고 어찌해서 침묵할 수밖에 없었는지를 기억하고 있습니다. 천사들은 그룹을 치시고 그 원수를 영원한 절망이라는 희망 없는 줄로 묶어서 내쫓으신 한 분 하나님에 대한 엄숙한 경외심을 갖고 있었기 때문입니다. 천사들은 지옥이 어떤 곳인지를 알고 있었습니다. 왜냐하면 천사들은 지옥의 입 안을 들여다보았고, 그 안에서 단단히 결박된 그들의 형제들을 보았기 때문입니다. 그래서 천사들은 구원받은 죄인들을 보면 기뻐하는 것입니다. 죽지 않는 벌레(막 9:44)의 먹잇감이 하나 줄어들었고, 사자의 입에서 도망친 영혼이 하나 더 늘어났기 때문입니다.

　　그러나 이보다 더 좋은 이유가 있습니다. 천사들은 천국의 기쁨이 어떠한지를 알고 있기 때문에, 죄인 한 사람이 회개하는 것을 기뻐하는 것입니다. 우리는 진주 문과 황금 길과 흰 옷과 황금 비파와 시들지 않는 영원한 꽃으로 만든 면류관과 그 외의 모든 것들에 대해 이야기합니다. 그러나 만약 천사들이 천국에 대해 우리에게 말할 수 있다면, 천사는 미소를 지으며 이렇게 말할 것입니다. "이 모든 아름다운 것들은 단지 어린 아이들의 이야기에 지나지 않습니다. 여러분은 어린 아이들과 같아서 영원한 복락의 위대함을 이해할 수 없습니다. 그래서 하나님께서는 여러분에게 어린이용 글자판(hornbook, 옛날 영국의 어린이용 학습 도구이다 - 역주)과 알파벳을 주셨습니다. 이것으로 여러분은 천국이 어떤지에 대해 대략 첫 글자만 배우게 됩니다. 천국이 정확히 어떠한지에 대해서 여러분은 모르고 있습니다. 오, 죽을 운명의 인간들이여, 여러분의 눈으로는 천국의 그 장엄한 모습을 절대로 볼 수 없고, 여러분의 귀로는 절대로 그 천국의 멜로디에 빠질 수 없습니다. 여러분의 마음으로는 천국의 그 비할 데 없는 기쁨에 절대로 도취될 수 없습니다." 여러분은 말하고 생각하고 추측하고 꿈꿀 수는 있습니다. 그러나 여러분은 그의 자녀들을 위해 예비해 두신 그 무한한 천국을 결코 측량할 수는 없습니다. 그래서 천사들은 한 영혼이 구원받고 한 죄인이 회개하는 것을 볼 때, 기뻐 손뼉을 치게 되는 것입니다. 왜냐하면 천국에 있는 그 복된 모든 집들이 회개하여 구원받은 자들의 것이며, 영원한 행복의 그 달콤한 모든 곳들이 회개한 모든 죄인들의 재산이라는 것을 천사들은 알고 있기 때문입니다.

제가 다른 주제에 대해 잠시 생각해 볼 동안, 여러분은 오늘의 본문을 다시 한 번 읽어보면 좋겠습니다. "죄인 한 사람이 회개하면 하나님의 천사들 앞에 기쁨이 되느니라." 자, 천사들은 왜 죄인이 죽어서 천국에 올 때까지 그 기쁨을 유보하지 않는 것일까요? 왜 천사들은 죄인이 회개했을 때 바로 그 죄인에 대해 기뻐하는 것입니까? 나의 친구인 아르미니우스주의자들이여, 저는 당신네들이 천국에 직접 가 봐야, 이 문제가 제대로 해결될 것이라 생각합니다. 당신네들의 이론에 따른다면, 천사들은 이 죄인들에 대해서 아주 잘못한 것이 틀림없습니다. 왜냐하면 천사들이 너무 성급하게 기뻐하였기 때문입니다. 아르미니우스주의 교리에 따르면 사람은 회개를 하고서도 버림받을 수 있다고 합니다. 회개하고 믿게 되는 은혜를 받고서도 은혜에서 떨어져 버림받을 수 있다는 말입니다. 자, 천사들이여, 너무 서둘러 기뻐하지 마십시오. 만약 아르미니우스주의 교리가 사실이라면, 아마도 천사 당신들은 이 문제에 대해서 언젠가는 반드시 회개해야 할 것입니다. 저는 천사 당신들에게 충고하고자 합니다. 미래의 더 큰 기쁨을 위해서 당신들의 노래를 아껴두십시오. 왜냐하면 천사 당신들이 오늘 노래한 그 사람으로 인해, 어쩌면 내일 울어야 할지도 모르기 때문입니다. 그러나 저는 아르미니우스(Jacobus Arminius, 1560-1609)가 절대로 천국에서 자신의 교리를 가르치지 않을 것이라고 확신합니다. 그가 천국에 있을지 없을지 저는 잘 모릅니다. 저는 그가 천국에 있기를 소망합니다. 하지만 만약 그가 천국에 있다면, 그는 더 이상 아르미니우스주의자가 아닐 것입니다. 그러나 만약 그가 천국에서도 자신의 교리를 가르친다면, 그는 천국에서 쫓겨날 것입니다. 천사들이 기뻐한 이유는 죄인이 회개했을 때 그 사람은 절대적으로 구원받는다는 것을 천사들이 알았기 때문입니다. 만약 그렇지 않다면, 천사들은 너무 성급하게 기뻐한 것이 되어, 언젠가 장래에 자신이 기뻐했던 것을 취소해야 할 일이 일어날 것입니다. 그러나 천사들은 그리스도께서 "내가 그들에게 영생을 주노니 영원히 멸망하지 아니할 것이요 또 그들을 내 손에서 빼앗을 자가 없느니라"(요 10:28)라고 말씀하셨을 때, 이 말씀이 뜻하는 바를 알고 있었습니다. 그래서 그들은 회개한 죄인들에 대해 기뻐한 것입니다. 그들이 구원받았다는 사실을 천사들은 알았기 때문입니다.

이 주제에 대한 말씀을 마치기 전에, 제가 언급해야 할 사실이 하나 더 있습니다. 그것은 바로 천사들이 "죄인 한 사람이 회개하면 하나님의 천사들 앞에 기쁨이 되느니라"고 한 것입니다. 자, 오늘 저녁에 있을 적어도 48명이 넘는 회개한 죄인들에게 교제의 오른손을 내미는 것은 저의 행복한 특권이 될 것입니다. 그리고 오늘 밤에는 우리 교회에도 큰 기쁨과 즐거움이 될 것입니다. 왜냐하면 이들 48명이 자신의 믿음을 고백하고서 침례를 받았기 때문입니다. 하물며 천사들은 이 48명의 사람들을 얼마나 사랑스럽게 보겠습니까? 천사들은 회개한 한 사람에 대해서도 기뻐하기 때문입니다. 한 여인이 있습니다. 그 여인은 지붕 틈 사이로 별들이 보이는 다락방에 있습니다. 그 방 안에는 초라한 침대가 있고, 한 조각의 덮을 것만 있을 뿐입니다. 그녀는 그곳에 누워서 죽음을 맞이하려고 합니다! 가련한 피조물이여! 수많은 밤을 자신의 쾌락을 위해 거리를 쏘다녔지만, 이제는 즐거움도 끝이 나고, 악마 같은 더러운 질병이 그녀의 심장을 집어삼키고 있습니다! 그녀는 급속히 죽어가고 있으며, 아무도 그녀의 영혼을 돌보아 주지 않고 있습니다! 그러다가 그 방 안에서 그녀는 자신의 얼굴을 벽 쪽으로 향하고는 이렇게 울부짖습니다. "오, 막달라 마리아를 구원하신 당신이여, 나를 구원하소서, 주님, 제가 회개하옵니다. 저에게 자비를 베풀어 주옵소서. 당신께 간절히 간구하나이다"라고 말입니다. 그때 길거리에서 종들이 울렸을까요? 나팔 소리가 들렸을까요? 아! 아닙니다. 아니면 사람들이 기뻐하기라도 했을까요? 또는 큰 회중들 속에서 감사의 소리라도 있었습니까? 아닙니다. 아무도 그녀의 울부짖음을 듣지 못했습니다. 그녀는 아무도 보지 않는 곳에서 죽었기 때문입니다. 그러나 잠깐만요! 그녀의 침상 곁에 누군가가 서 있습니다. 그는 그녀의 눈물을 주목하고 있습니다. 그는 하늘에서 내려와 이 길 잃은 양을 돌보아주고 이 양을 되돌아오게 한 천사였습니다. 그 여인이 기도를 읊조리자마자, 천사는 날갯짓을 합니다. 그러자 별과 같은 한 영혼이 진주 문으로 날아가는 것이 보입니다. 천국의 문지기들이 문에 모여들어 이렇게 외칩니다. "오, 불의 아들이여, 도대체 무슨 소식입니까?" 그러자 그는 "이제 됐습니다"라고 말합니다. "이제 되었다니 도대체 그게 무슨 말입니까?" "그녀가 회개를 했지 뭡니까?" "뭐라고요! 예전에 죄인의 괴수였던 그녀가 그리스도께로 돌아왔단 말입니까?" "그렇소." 바로 그 때 온 거리에 이들이 말한 내용이 울려 퍼졌고, 천국의 종소리는 결혼식을 알리는 종소리처럼 울려 퍼졌습니다. 죄인의 괴수였던 자가 막달라 마리아처럼 구원받아 살아 계신 하나님께로 돌아왔기 때문입니다.

천사는 또 다른 곳에도 있었습니다. 누더기 옷을 입은 불쌍하고 무시당하던 한 어린 소년이 날마다 길거리를 배회하고 있었습니다. 범죄에 길들여진 소년은 교수대를 향해 자신의 길을 닦고 있던 셈이었습니다. 그러던 어느 날 아침 그는 어느 초라한 방을 지나가게 되었습니다. 그곳은 몇몇 남자와 여자들이 함께 모여 앉아 남루한 옷을 입은 가난한 아이들을 가르치던 방이었습니다. 소년은 발걸음을 멈추고 안으로 들어갔습니다. 마치 길거리의 사나운 베두인(사막에 거하며 유목을 하는 아랍 원주민의 한 부류이다 — 역주) 족 같은 사람이 방 안으로 들어간 것입니다. 방 안에 있던 사람들은 소년에게 말을 걸었고, 소년은 예전에 전혀 들어보지 못했던 영혼에 대해, 영원에 대해서 들을 수 있었습니다. 그들은 예수님에 대해 전했고, 이 불쌍하고도 친구 하나 없는 사내에게 큰 기쁨의 좋은 소식을 말해주었던 것입니다. 그는 다음 안식일에 그곳을 갔고, 그 다음 안식일에도 갔습니다. 그러나 소년의 사나운 습성은 몸에 너무나 깊이 박혀있어서 절대로 끊을 수 없었고, 마침내 사건이 일어나고 말았습니다. 그의 선생님이 하루는 "예수 그리스도는 죄인들을 영접해 주신다"는 말을 하자, 그 어린 소년은 뛰어나갔습니다. 집으로 간 것은 아니었습니다. 왜냐하면 집에는 술 취한 아버지와 방탕한 어머니가 있어서, 두 사람이 함께 지옥 같은 난동을 부리는 것이었기 때문에, 지금 소년이 하고자 하는 대로 했다가는 조롱만 받을 것이었기 때문입니다. 소년은 달려서 마른 잎들이 우거진 곳이나, 아니면 인적이 드문 황량한 구석 아래로 들어갔습니다. 거기서 누더기 옷을 입은 그 불쌍한 소년은 자기의 작은 무릎을 꿇고서 울부짖었습니다. "주님, 저를 구원해주세요. 그러지 않으시면, 저는 멸망할 수밖에 없어요." 어린 아랍 소년은 무릎을 꿇고서 그렇게 간구했습니다. 그 어린 도둑이 구원을 받았던 것입니다! 그는 이렇게 말했습니다.

> "내 영혼의 사랑 예수님,
>
> 　당신의 품으로 달려가게 하소서."

　이제 또 한 명의 영광의 상속자가 하나님에게 태어났다는 이 기쁜 소식을 지닌 한 영혼이 그 칙칙한 나뭇잎과 버려진 헛간에서 하늘 높이 올라가고 있습니다. 저는 이런 광경을 많이 묘사할 수 있습니다. 여러분 각자도 자신의 모습을 한번 그려보겠습니까? 여러분은 주님께서 여러분을 만나주신 예전의 그때를 기억하고 있습니다. 아! 그러나 여러분은 여러분이 주님을 만난 일로 하늘에서 소동이 일어났다고는 전혀 생각하지 못했을 것입니다. 만약 영국 여왕이 모든 군병들에게 출동 명령을 내린다 해도, 하늘의 천사들은 죄인이 회개하는 광경을 주시하는 일을 중단하시 않을 것입니다. 설령 이 땅의 모든 군주들이 모든 갑옷을 입고 보석을 달고 면류관을 쓰고 기장을 달고 병거와 마병들을 이끌고서 온 거리에서 시가행진을 한다고 해도, 또한 고대 군주들이 무덤에서 화려한 모습으로 다시 일어난다 해도, 또한 바벨론과 두로와 그리스의 모든 용사들이 함께 모여 위대한 행렬을 한다고 해도, 천사들은 자신들의 일을 중단하고 그 가련하고 천박한 것들에 미소를 보내지 않을 것입니다. 도리어 사악한 자들 가운데 가장 사악한 자이며, 불쌍한 자들 가운데서 가장 불쌍한 자이며, 가장 미천하고 세상 사람들에게 알려지지도 않은 바로 여러분에게 미소를 보낼 것입니다. 그리고 천사들은 여러분 위를 날아다니며 여러분에게 집중할 것입니다. 그러다가 하늘과 땅에 다음과 같은 노래가 울려 퍼지게 될 것입니다. "할렐루야, 오늘날 한 아기가 하나님에게 태어났다."

3. 성도들에게 주는 교훈

　이제 저는 성도들에 대한 교훈으로 말씀을 맺고자 합니다. 사랑하는 성도 여러분, 저는 여러분이 다음과 같은 사실을 배우는 것이 어렵지 않으리라 생각합니다. 즉, 하늘의 천사들은 회개한 죄인들에 대해 기뻐한다는 사실 말입니다. 하나님의 성도들이여, 여러분과 제가 하늘의 천사들을 기쁘게 하는 바로 그 일에 함께 하지 않으렵니까? 저는 지금도 교회가 충분히 기뻐할 만하다고는 생각하지 않습니다. 우리 모두는 너무 많이 불평하며 신음하고 있을 뿐입니다. 우리 가운데 충분히 기뻐할 만한 사람은 거의 찾아보기 어렵습니다. 우리가 많은 수의 사람들을 교회로 인도했을 때, 사람들은 이런 일에 대해 큰 은혜를 베푸는 일이라고 말들 합니다. 하지만 이런 큰 은혜에 대해 정말로 감사하고 있습니까? 죄인들이 회개한 것에 대해 가장 감사할 수 있는 사람이 누구인지 말씀드리겠습니다. 이들은 스스로 회개를 하였거나 자신이 큰 죄인이었던 사람들입니다. 자신이 속박으로부터 구원을 받은 사람들은 최근에야 비로소 사슬을 끊고 나오는 다른 사람들을 볼 때, 정말 기뻐서 스스럼없이 작은 북과 하프와 파이프를 들고는, 은혜로 말미암아 해방된 다른 죄인들로 인해 시편을 부르며 하나님을 찬양합니다. 그러나 이 사람들보다 더 크게 기뻐하는 또 다른 사람들도 있습니다. 이들은 회개한 자들의 부모와 친척들입니다. 여러분은 죄인이 회개하는 것을 보았을 때, 하나님께 감사를 드렸습니다. 하지만 어머니들이여, 어머니 된 여러분은 자기 아들이 회개하는 것을 볼 때 하나님께 가장 큰 감사를 드리지 않았습니까? 오! 그 거룩한 눈물들, 그 눈물은 단순한 눈물이 아닙니다. 그것은 하나님의 다이아몬드이며, 자기 아들이 예수님에 대한 신앙을 고백했을 때 흘리는 눈물은 어머니의 기쁨의 눈물입니다. 오! 자기 남편이 오랫동안 짐승처럼 술 취한 채로 살다가 마침내 사람이 되고 그리스도인이 된 것을 본 아내는 얼마나 기쁜 얼굴을 하겠습니까! 오! 오랫동안 아들을 괴롭히고 박해하던 자기 아버지가 회개하는 것을 본 젊은 아들의 얼굴은 또 얼마나 기쁜 표정이겠습니까?

저는 이번 주에 어떤 젊은 목회자를 대신하여 설교를 하게 되었습니다. 저는 문득 그 젊은 목회자의 인품이 어떠한지 알고 싶어졌습니다. 그래서 저는 아주 냉정한 표정으로 그 목회자의 회중인 어떤 귀부인에게 그에 대해 이야기를 하였습니다. 얼마 지나지 않아서 그 여인은 목회자가 베푼 호의에 대해 마음에서 우러나오는 감사를 하기 시작했습니다. 그녀는 "목사님은 우리 목사님에 대해 그렇게 말씀하시면 안 됩니다. 목사님께서 그렇게 말씀하실 수는 있겠지만, 목사님은 우리 목사님을 모르시기 때문에 그렇게 말씀하시는 것입니다." 그래서 제가 말했습니다. "오, 저는 그 젊은 목회자를 부인이 알기 전부터 알고 있었습니다. 그는 그렇게 대단한 사람이 못됩니다. 그렇지 않습니까?" 그러자 귀부인은

"글쎄요. 그래도 저는 그분에 대해 좋게 말해야 합니다. 우리 목사님은 지금까지 제 종들과 가족에게 고마운 분이셨기 때문이지요"라고 말했습니다. 저는 거리로 나갔고, 거기 서 있는 몇몇 남녀들을 보았습니다. 저는 그들에게 "나는 여러분의 목회자를 내쫓아야겠습니다"라고 말했습니다. 그랬더니 그들은 "만약 당신이 그렇게 한다면, 우리는 세상 끝까지 당신을 추적할 것입니다"라고 말했습니다. 열대여섯 명의 증언들을 확보한 후에, 저는 "만약 여러분의 목회자가 여러분처럼 우호적인 증인들을 갖는다면, 그는 계속해서 목회할 수 있을 것입니다. 주님께서 그의 입을 열게 하셨으니, 마귀가 절대로 그 입을 닫게 하지 못할 것입니다"라고 말했습니다. 우리가 원하는 사람이 바로 이런 증인들입니다. 우리에게는 자기 가족이 하나님께 회개했기 때문에 천사들과 함께 노래할 수 있는 그런 사람들이 있어야 합니다. 저는 여러분 모두에게 이러한 증인들이 있기를 기대합니다. 그리고 만약 여러분 가운데 오늘 스스로 그리스도에게 나온 이가 있다면, 그리스도께서 기꺼이 여러분을 맞아주실 것입니다. 여러분은 노래하며 이 자리를 나가게 될 것이며, 천사들은 여러분과 함께 노래할 것입니다. 땅에서도 기쁨, 하늘에서도 기쁨이 있을 것입니다. 지극히 높은 곳에서는 하나님께 영광이요 땅에서는 평화(눅 2:14)가 임할 것입니다. 하나님께서 예수님을 통해 여러분 한 사람 한 사람을 모두 축복해 주시기를 기원합니다.

제
58
장

—

탕자의 최고 단계

—

"이에 스스로 돌이켜" — 눅 15:17

죄인의 생애에는 각기 다른 단계들이 있습니다. 이 여러 단계들의 특징은 탕자의 체험에서 잘 드러나 있습니다. 첫째는, 그 젊은이가 자기 아버지로부터 독립을 요구하는 단계입니다. 젊은 아들은 "아버지여 재산 중에서 내게 돌아올 분깃을 내게 주소서"(눅 15:12)라고 말했습니다. 우리는 그런 마음의 상태가 어떤 것인지를 잘 알고 있습니다. 그런데 아! 안타까운 것은 이런 상태가 아주 일반적이라는 점입니다. 아직까지는 공개적인 방탕은 없습니다. 하나님을 대적하는 뚜렷한 반항도 없습니다. 종교적인 예배에도 참석하고 아버지 하나님을 경외하기도 합니다. 그러나 젊은이는 마음에 자유를 상상하며 갈망합니다. 그는 모든 속박으로부터 벗어나기를 원합니다. 친구들은 그가 아직까지 어머니의 치마폭에 싸여 있다고 핀잔을 주기도 합니다. 그 자신도 아직까지 즐겨보지 못한 어떤 낯선 즐거움이 있을 것이라 생각합니다. 그래서 사람을 지혜롭게 할 만한 나무이며 먹음직스럽기도 하고 보기에도 좋은 그 나무의 열매를 맛본 인류의 어머니 하와의 호기심이 이 젊은이의 마음에 들어왔습니다. 그래서 그는 손을 내밀어 선악을 알게 하는 나무의 열매를 따서 먹기를 원했습니다. 그는 자신의 물질을 방탕한 생활을 하면서 탕진하려고 하지는 않았지만, 그 물질을 자기가 원하는 대로 써볼 수 있는 기회를 갖고는 싶었습니다. 그는 탕자가 될 의도는 없었습니다. 오히려 그는 자신의 판단으로 옳은 것을 선택하는 명예를 가지고 싶었습니다. 어쨌든 이제 그도 어른이 되었으니 말입니다. 그는 얼굴이 붉어질 정도로 자신에 대한 명예심으로 가득했습니다. 그래서 이제는 자신이 가진 의지의 자유를 발휘해 보면서, 자신이 실제로 자신의 주인이 되어보고 싶다고 느꼈습니다. 도대체 누가 자신의 주인인지를 진정으로 그는 물었습니다. 지금 제가 말하는 이런 마음 상태와 똑같은 사람들이 아마 여기에도 있을 것입니다. 만약 있다면, 여러분이 하나님으로부터 더 멀어지기 전에 하나님의 은혜가 여러분을 붙잡아주시기를 기원합니다! 만약 여러분이 하나님의 통제로부터 벗어나서 그분으로부터 분리되고, 여러분을 만드신 그분에 대한 관심보다 어떤 다른 것에 관심을 두고 싶다고 느낀다면, 여러분은 틀림없이 위험한 상태이고 반드시 치명적인 상태가 될 것이 분명합니다! 그러므로 지금, 지금이라도 여러분은 탕자가 그의 아버지에게로 돌아온 것처럼, 여러분 생애의 이 초기 단계에서 스스로 돌이켜 하나님 안에 있는 기쁨과 사랑으로 돌아오기를 기원합니다!

　　하지만 이 비유 속에 나오는 젊은이는 곧장 다음 단계로 들어가 버렸습니다. 그는 재산 중에서 자신의 몫을 받았습니다. 그는 자기 아버지가 돌아가셨을 때 받을 모든 재산을 현금으로 바꾸었습니다. 자기 수중에 그 돈이 있었고, 그 돈은 바로 자기 것이었습니다. 따라서 그는 그 돈을 자기가 원하는 대로 사용할 수 있었습니다. 그는 자기 아버지와는 전혀 다른 어떤 성취감을 맛보고 싶어했고, 또 자기 아버지에 대해서는 자기가 독립했다는 감정에 푹 빠져 있었기 때문에, 곧장 멀리 떠난다면 자신이 계획한 바를 좀 더 자유롭게 행할 수 있으리라 생각했습니다. 아버지 곁에서는 어디를 가든지 자신에 대한 점검이 있었습니다. 그는 자기 가정의 이러한 간섭이 자신의 날개를 어떤 방식으로든 펼치지 못하게 한다고 느꼈습니다. 만약 그가 먼 나라에 갈 수만 있다면, 그는 거기서 자신을 계발할 기회를 가지게 될 것이며, 이 모든 변화가 자신에게 도움이 되어 자신은 이 변화의 즐거움을 누리게 될 것이라 생각했습니다. 그래서 그는 자신이 가진 모든 것을 싸 가지고 먼 나라로 갔습니다. 제가 지금 말하는 이 단계에 이미 도달한 사람들도 아마 여기에 있을 것입니다. 이제 허랑방탕한 광란이 전적으로 시작됩니다. 환락이 시작된 것입니다. "짧은 인생, 즐기기에도 짧다"(a short life and a merry one)라고 생각하는 사람은 긴 영원과 끔찍한 인생을 잊은 사람입니다. 이제 잔이 가득 채워집니다. 술잔 속에 채워진 붉은 포도주에 거품이 일고 있습니다. 술은 아직까지 뱀처럼 여러분을 물지도 않았고, 독사인 살무사처럼 여러분을 쏘지도 않았습니다. 그러나 이제 곧 그렇게 할 것입니다. 바로 지금 여러분이 맛보고 있는 것은 치명적인 달콤함이며, 독배의 흥분이 여러분을 속이고 있는 것입니다. 여러분은 서둘러 즐기고 있습니다. 죄는 위험한 기쁨입니다. 죄는 그 위험 때문에 더욱더 사랑받고 있습니다. 무서운 위험이 있는 곳에는 대담한 심장을 가진 자만이 느끼는 강렬한 쾌락이 종종 있습니다. 아마도 여러분은 낮 시간은 어리석음으로 탕진하고 밤 시간은 광란으로 탕진하는 그런 위험한 무리들 가운데 있는 한 사람일지 모릅니다.

머지않아 그 탕자에게 뿐만 아니라 죄인에게도 세 번째 단계가 찾아옵니다. 이 세 번째 단계는 그가 "다 탕진한 후"(눅 15:14, KJV)에 찾아옵니다. 아무리 많은 돈을 가지고 있다 해도 결국에는 다 탕진하기 마련입니다. 한없이 많은 금을 가지고 있는 사람도 한없이 건강하지는 않습니다. 죄를 지으면서 건강이 상하지 않는다 해도, 하고 싶은 욕망이 사라지거나 싫증이 찾아옵니다. 솔로몬이 쾌락을 추구했을 때 경험한 바대로 말입니다. 결국 더 이상 꿈이 남아 있지 않게 되고, 오직 벌의 침만 남을 뿐입니다. 결국 술잔 안에 달콤함은 사라지고, 오직 술취함 뒤에 따라오는 헛소리만 남을 뿐입니다. 결국 뼈까지 다 발라내 먹은 고기에는 아무 유익도 남아 있지 않습니다. 뼈는 아무 맛도 없을 뿐더러 이만 상할 뿐입니다. 이제 그 사람은 그렇게 끔찍한 잔치에 더 이상 앉아 있고 싶지도 않습니다. 그는 탕자가 자기의 모든 것을 다 탕진했을 때 도달한 바로 그 단계에 이른 것입니다. 오, 어떤 사람들은 자기의 모든 인품을 탕진하기도 하고, 자기의 건강과 힘을 탕진하기도 하고, 자기의 모든 소망을 탕진하기도 하고, 자기의 정직함을 탕진하기도 하고, 소유할 만한 가치 있는 모든 것을 탕진해 버리기도 합니다! 그들은 모든 것을 탕진했습니다. 이것이 그 죄인의 생애에 있어서 또 다른 단계입니다. 이 단계에서는 절망과 더 깊은 죄악으로 인도되기가 더 쉽습니다. 그리고 때로는 자신을 만드신 분의 법정에서 자신의 피에 대해 소명해야 하는 현행범이 되고 마는, 극악한 죄를 짓게 하는 단계도 바로 이 단계입니다.

이 단계에 들어선다는 것은 끔찍한 것입니다. 왜냐하면 이 단계의 뒤편에는 무서운 위험이 뒤따르고 있기 때문입니다. 이 단계에는 영혼을 안주하게 하는 무언가를 얻으려고 애쓰는 지루한 수고가 있고, 돼지를 먹이는 지경까지 내려가는 몰락이 있고, 돼지들이 먹는 쥐엄나무 열매를 먹고자 하는 의지가 있고, 또한 그렇게 할 수밖에 없는 무능함 등이 있습니다. 많은 사람들은 만족함이 없는 이런 갈망을 느꼈습니다. 그러나 제 입장에서는 이 '방탕자의 여로'(the rake's progress, 존 번연이 쓴 '천로역정'[天路歷程]의 원제목인 '순례자의 여로'[The Pilgrim's Progress]와 대조하여 쓴 표현이다 — 역주)가 이 지점에 도달했을 때가 기쁩니다. 왜냐하면 이 단계는 종종 하나님의 은혜로 탕자가 집으로 돌아가는 길이 되기 때문입니다. 이 길은 둘러가는 길이기도 하지만, 그에게는 이 길이 집으로 가는 길입니다. 사람들이 모든 것을 탕진하고 자신의 무모함 때문에 가난이 따라오고 자신이 저지른 악 때문에 질병이 찾아왔을 때, 바로 그때 전능하신 은혜가 등장합니다. 그래서 죄인의 생애에 또 다른 단계가 시작됩니다. 하나님께서 저를 도우시는 대로, 저는 지금 이 단계에 대해서 말하고자 합니다. 탕자가 "이에 스스로 돌이켜" 행한 이 지점이 탕자가 도달한 바로 이 단계입니다.

1. 죄인은 자신을 잃은 사람입니다.

첫 번째로, 죄인은 자신을 잃은 사람입니다. 죄악 가운데 살 동안, 그는 제정신을 잃고 있습니다. 그는 자신을 잃은 사람입니다. 저는 확신을 가지고 말할 수 있습니다. 죄악보다 사람을 더욱 미치게 하는 것은 없다고 말입니다. 이 문제를 깊이 연구하는 사람들 중에는 광기와 죄에 대한 경향성이 서로 상관관계가 있으며, 큰 죄는 책임감의 전적인 상실에도 어느 정도 서로 영향을 미친다는 사실을 논쟁의 주제로 삼는 사람도 있습니다. 저는 지금 이 문제에 대해 논의하려는 것은 아닙니다. 다만 모든 죄인은 도덕적으로 제정신이 아니기에 자신을 책임질 수 없는 사람이며, 따라서 죄인의 이런 제정신이 아닌 상태는 단순히 정신병적인 차원에서 제정신이 아닌 것보다 더욱 나쁜 상태라는 사실을 말하고자 하는 것입니다.

무엇보다도 그의 판단은 완전히 고장 나 있기 때문에, 제정신이 아닌 것입니다. 그는 지극히 중요한 문제에 있어서 치명적인 실수를 범했습니다. 그는 죽어야 할 운명인 인생의 짧은 시간을 자신의 모든 생각을 쏟아 부을 만한 가치가 있는 것으로 여겼습니다. 그래서 그는 영원을 뒷전으로 돌렸습니다. 그는 피조물이 창조주를 대적하여 원수가 되거나, 피조물이 창조주에 대해 무관심하고도 행복해지는 것이 가능하다고 생각했습니다. 그는 무엇이 옳은지에 대해 하나님의 법이 선언하는 것보다 자신이 더 잘 알고 있다고 착각했습니다. 하나님께서 자기 아들의 생명을 버리면서까지 우리에게 주신 영원한 복음은 자신의 주목을 끌기에 충분한 가치가 없는 것으로 몽상하고서, 그 복음을 무시하며 지나쳤습니다. 그는 배의 키라 할 수 있는 판단력을 떼어내 버리고는, 무서우리만큼 신중하게 암초를 향해 전진하고 있습니다. 마치 온 힘을 다해 영원한 좌초가 가능한 가장 안전한 곳이 어딘지를 알기 원하는 사람처럼 말입니다. 이렇듯 그의 판단력은 고장났습니다.

더 나아가, 그의 행동은 미친 사람의 행동입니다. 무엇보다도 이 탕자는 아버지에 대한 관심에서 멀어졌습니다. 그가 그런 생각을 한 것을 보면 그는 미친 것이 분명합니다. 만약 제가 나를 만드신 그분에 대한 관심이 멀어지는데도 내 목숨이 살아 유지되기를 원한다면, 또 시간의 피조물인 제가 만약 하나님의 뜻에 반대되는 내 뜻을 가지고도 살아서 형통하기를 원한다면, 저는 바보임에 틀림없을 것입니다! 그러한 것들을 원하다니 제가 미친 것이 분명합니다. 왜냐하면 스스로 전능하신 하나님의 선하심에 순종하는 사람은 분명히 행복한 길에 들어서지만, 전능하신 하나님의 은혜를 거역하는 사람은 가시채를 뒷발질(행 26:14)하면 틀림없이 자기만 다치고 상처 입게 된다는 사실을 믿어야 하는 최고의 이유와 일치하기 때문입니다. 그러나 이 죄인은 이런 사실을 알지 못했습니다. 그가 제정신이 아닌 이유가 바로 여기에 있습니다.

이제 다음으로, 그 젊은이는 자기 집을 멀리 떠났습니다. 그의 집은 세상에 있는 집들 중에서 가장 좋은 집인데도 그 집을 떠났습니다. 우리는 그의 집이 가장 좋은 집이라는 사실을 이야기 서두에 나오는 아버지의 온유하고도 관대한 모습과 모든 종들이 그 주인에게 전적으로 공감하는 놀라운 태도에서 짐작할 수 있습니다. 그 집은 필요한 모든 것이 다 갖춰진 좋고 행복한 집이었습니다. 하지만 그는 그 집을 떠났습니다. 그는 어디로 가야 할지도 모른 채, 그저 자신에게는 조금의 관심도 없이 자신의 지갑을 다 탕진하게 하고서는 굶어죽지 않을 만큼의 빵 한 조각 살 동전도 주지 않은 그런 낯선 사람들 사이로 떠났던 것입니다. 이와 같은 행동을 하다니, 탕자는 틀림없이 미친 것이 분명합니다. 우리 중에도 모든 세대를 지나면서 성도들의 거처가 되어 온 그분을 떠나, 기쁨과 평화의 가정인 하나님 교회의 따뜻함과 안락함을 버리는 사람이 있다면, 그 사람은 분명히 미친 사람입니다. 이와 같이 행동하는 사람은 어떤 사람이든지 자신의 최고 유익에 반하여 행동하는 사람입니다. 이 사람은 수치와 슬픔의 길을 선택하고 있습니다. 그는 모든 참된 기쁨을 버리고 있습니다. 그는 분명히 미친 사람입니다.

이 젊은이가 제정신이 아니라는 사실을 여러분도 알 수 있습니다. 왜냐하면 그가 먼 나라에 갔을 때, 그는 자기 돈을 방탕하게 탕진했기 때문입니다. 그는 그 돈을 현명하게 계획하여 쓰지 않았습니다. 그는 양식 아닌 것을 위해 돈을 탕진하며 또 배부르게 하지 못할 것을 위해 수고(사 55:2)하였습니다. 이것이 바로 죄인들이 하는 행동입니다. 만약 그가 독선적인 사람이었다면, 그는 자신이 만든 쓸데없는 재료로 옷을 짜려고 하였을 것입니다. 또 만약 그가 죄악에 탐닉하며 주색에 빠진 사람이었다면, 그 죄악 가운데서 기쁨을 찾겠다는 바람은 또 얼마나 헛된 일이었겠습니까! 만약 제가 하수구에서 천사를 만날 것을 기대한다면, 혹은 하늘의 빛을 어두운 동굴에서 기대한다면 어떻게 되겠습니까? 이것은 기대할 수 없는 일입니다. 이런 일들은 그런 곳에서 일어나지 않습니다. 그런 환락과 주색과 방탕한 행동들 가운데서 제가 제 마음의 기쁨을 이성적으로 찾을 수 있겠습니까? 만약 제가 그렇게 생각한다면, 저는 틀림없이 미친 사람일 것입니다. 오, 사람들은 자주 자신들이 이성적이라고 잘못 생각하고 있지만, 여하튼 사람들이 이성적이라면, 다시 말해 그들이 이성적인 존재들이라면, 그들은 이러한 죄악들이 얼마나 이성적인지 아닌지를 보게 될 것입니다! 이 세상에서 가장 이성적인 일은 자신의 참된 계획을 세워 인생을 탕진하지 않는 것입니다. 인생은 마치 해변에 있는 조약돌처럼 아무렇게나 던져 버려도 괜찮은 그런 것이 아닙니다.

더 나아가 그 탕자는 바보이면서 또한 미친 사람이었습니다. 왜냐하면 모든 것을 다 탕진하였기 때문입니다. 그는 가난으로 향하는 길을 가면서도 도중에 멈추지 않았습니다. 오히려 그는 자신이 가진 모든 것을 탕진할 때까지 계속 그 길을 갔습니다. 죄악의 길을 출발한 사람에게는 제한이 없습니다. 하나님의 은혜로 말미암아 그 길에서 물러날 수 있는 사람만이 그 길을 중단할 수 있습니다. 술 취하게 하는 잔을 뒤집어 놓는 것에서부터 죄악은 중단됩니다. 전날에 어떤 사람이 제게 이렇게 말하였습니다. "저는 술을 많이 마실 수도 있고, 아니면 전혀 안 마실 수도 있습니다. 하지만 저는 술을 조금 마실 능력은 없습니다. 왜냐하면 일단 술을 마시기 시작하면, 저는 제 자신을 중단할 수가 없어서, 가는 데까지 가 버리기 때문이죠." 죄악의 경우도 이와 마찬가지입니다. 하나님의 은혜로 말미암아 여러분은 죄악을 근절할 수 있습니다. 그러나 여러분이 한번 죄를 짓기 시작하면, 오, 죄는 죄의 꼬리를 물고 이어지게 됩니다! 한 가지 죄는 또 다른 죄를 유인하는 미끼이거나 자석과 같습니다. 죄는 계속해서 다른 죄들을 끌어당깁니다. 사람이 한 번 이 미끄러운 길에 미끄러져 내려가기 시작한다면, 그가 얼마나 빨리 얼마나 멀리 미끄러질지 아무도 알 수 없습니다. 이와 마찬가지로, 탕자는 완전히 무모하게 모든 것을 탕진해 버렸습니다. 오, 제가 알고 있는 몇몇 젊은 죄인들의 무모함이란 대단합니다! 그리고 오, 저주를 받기로 작심한 듯이 보이는 몇몇 나이든 죄인들의 무모함 역시 대단합니다. 그들에게는 남은 인생이 얼마 없지만, 그들은 그 인생의 마지막 조각들을 치명적으로 연장해가면서 인생을 허비하고 있습니다!

사랑하는 성도 여러분, 탕자가 모든 것을 탕진했을 때가 바로, 자신이 미쳤음을 잘 입증한 때였습니다. 그 때는 그가 자기 아버지 집으로 가야 할 시간이었습니다. 그러나 틀림없이 그 때는 그런 생각이 그에게 떠오르지 않았습니다. "가서 그 나라 백성 중 한 사람에게 붙여 사니"(눅 15:15). 그는 자신이 행복해질 수 있는 곳에서 자신을 단절시킨 그 외딴 곳의 매력에 여전히 압도되어 있었습니다. 이것은 이 뜰을 자주 다니는 여러분 중 몇몇 사람의 광기를 보여주는 가장 최악의 증거이기도 합니다. 비록 여러분이 위대하신 하나님과 그의 무한한 자비하심에 대해, 그리고 그분과 그분의 은혜가 얼마나 여러분에게 필요한지를 알고 있다 해도, 여러분은 여전히 여러분에게 필요한 것을 어떤 다른 곳에서 얻으려고 하면서 그분에게로 돌아가지 않고 있습니다.

저는 이 점에 대해 더 많은 것들을 말씀드릴 시간이 없습니다. 그러나 저는 다른 죄인들과 마찬가지로 탕자는 미친 사람의 습성을 가지고 있었다는 점을 여러분에게 전해야겠습니다. 저는 가끔 이성이 멈춘 사람들을 대해야 할 때가 있습니다. 저는 그런 사람들을 대하면서, 그들 가운데 대다수는 완전히 제정신을 가지고 있으며, 심지어는 한 가지 점만 제외하고는 지혜롭고 현명하기조차 하다는 사실을 알게 되었습니다. 죄인의 경우도 이와 마찬가지입니다. 그는 유명한 정치가입니다. 그가 말하는 것을 한번 들어보십시오. 그는 놀랄 만한 사업가입니다. 그가 돈의 흐름을 얼마나 예리하게 살피고 있는지를 보십시오. 그는 단 한 가지를 제외한 모든 점에서 아주 현명합니다. 그는 그 한 가지에 대해서만 미쳤습니다. 그는 그 한 가지 일에서만 치명적인 정신병자입니다. 바로 그 자신의 영혼이 달린 일이기 때문입니다.

미친 사람은 자신이 미쳤다는 사실을 자기 주위에 있는 사람들에게 종종 숨깁니다. 죄인이 자기 죄를 숨기는 것과 마찬가지입니다. 여러분은 이 사람과 도덕에 관해서 이야기를 나눌 수도 있으며, 그와 아주 친해질 수도 있습니다. 하지만 여러분이 그 사람을 제대로 알게 되어서, 그에게 "네게 아직도 한 가지 부족한 것이 있으니"(막 10:21)라고 말하게 되기까지는 많은 시간이 걸릴 것입니다. 이렇게 갑작스럽게 그의 약점을 건드리게 되면서, 그 사람의 광기가 멀리 사라지고 완전히 달라진 모습으로 그 사람이 여러분 앞에 서 있기도 합니다. 그 사람은 다른 면에서 충분히 올바른 사람이 되었습니다. 그러나 그의 영혼에 관해서만은 이성이 떠나 있는 상태입니다.

　　미친 사람들은 자기들이 치료받기 전까지는 자신이 미쳤다는 사실을 알지 못합니다. 그들은 자기 혼자만 현명하고, 다른 사람들은 모두 바보라고 생각합니다. 여기에 그들이 죄인들과 닮은 또 다른 점이 있습니다. 죄인들도 역시 자기들 이외의 모든 사람들이 잘못되었다고 생각하기 때문입니다. 죄인들이 자기의 경건한 아내를 "바보"라고 욕하는 것을 한번 들어보십시오. 그들은 은혜로운 자기 딸에게 얼마나 심한 말을 하고 있는지 모릅니다! 그들은 복음의 사역자들에게도 욕을 피부으며 하나님의 성경책을 갈기갈기 찢으려고 합니다! 불쌍하고 미친 영혼들, 그들은 자기들만 빼고 모든 사람들이 다 미쳤다고 생각합니다! 우리는 하나님께서 그들을 그들의 망상으로부터 구원하시어 올바른 정신으로 옷을 입고서 예수님의 발 아래에 앉아 있도록 눈물로 기도하고 있습니다.

　　때로는 죄인들이 미친 것처럼 보이기도 하고 또 그렇게 알려지기도 합니다. 왜냐하면 죄인들은 마치 미친 사람들이 하는 것처럼 자신이 가장 좋아하는 친구들에게서 등을 돌리기 때문입니다. 그들이 가장 좋아했을 사람들도 그들은 자신의 가장 나쁜 적으로 간주합니다. 그들은 인간의 가장 좋은 친구인 하나님도 이렇게 멸시하였고, 죄인들의 친구(눅 7:34)인 그리스도 또한 이렇게 거부하였습니다. 죄인들은 가장 열심 있는 그리스도인들을 가끔씩 무슨 수를 써서라도 피하고 또 박해하기도 합니다.

　　또한 미친 사람들은 때때로 헛소리를 하기도 합니다. 그 때 여러분은 그들이 얼마나 끔찍한 것들을 말하는지 알게 됩니다. 죄인들이 발작을 일으켰을 때에도 이와 같습니다. 저는 그들이 하는 행동과 하는 말에 대해서 감히 말할 수 없습니다. 때로 그들은 스스로 갑자기 그런 일들을 그만 두고는 자신들이 너무 했다고 생각하고서 수치심을 느끼기도 합니다. 죄인들이 하는 행동들이 이렇습니다. 그들은 자기 자신을 잃은 사람들입니다. 탕자도 이와 마찬가지였습니다.

저는 이런 슬픈 사실에 대해 더 이상 살펴보지 않겠습니다. 왜냐하면 제가 다루는 주제 가운데 다음에 나오는 밝은 부분에 대해서 말씀드리고 싶기 때문입니다.

2. 죄인이 스스로 돌이키는 것은 복된 일입니다.

두 번째로, 죄인이 스스로 돌이키는 이런 일은 복된 일입니다. "이에 스스로 돌이켜." 이것은 죄인 속에 역사하시는 은혜의 첫 번째 징조입니다. 탕자에게도 이것은 소망의 첫 번째 징조였습니다.

때로는 이런 변화가 갑자기 일어납니다. 저는 이번 주에 이런 변화가 일어난 사람을 만나 아주 기뻤습니다. 그 변화는 요즘의 유행과는 맞지 않는 회심의 변화였습니다. 저는 그런 변화를 좋아합니다. 약 세 달 전에 오랫동안 예배당에 나오지 않던 한 사람이 이 건물 안으로 들어왔습니다. 그는 욕하고 술 마시고 온갖 악한 일을 행하고 경솔하고, 경건하지도 않았습니다. 그런데 그에게는 가끔씩 자기를 위해 기도해 주던 어머니가 있었고, 또 제가 알기로 이 밤에도 여기에 나와 있는 그의 형제가 한 명 있었습니다. 그를 위한 이들의 기도는 끊이지 아니하였습니다. 그 사람은 예배를 드리기 위해 이곳에 오지 않았습니다. 단지 그의 형이 수년 동안 들어왔던 설교자를 보기 위해 여기에 왔을 뿐입니다. 그런데 그가 이곳에 들어서자마자, 자신은 이런 곳에 어울리지 않는 사람이라는 느낌이 들었습니다. 그래서 그는 맨꼭대기에 있는 회중석으로 올라가 가능한 한 뒷자리에 서 있었습니다. 몇몇 친구들이 그에게 앉으라고 손짓했지만, 그는 그럴 수 없다고 느꼈습니다. 그래서 그는 등으로 벽을 기댄 채 서 있었습니다. 다른 친구들도 그에게 앉을 것을 권했지만, 그는 그렇게 할 수 없었습니다. 그는 그렇게 할 권리가 없다고 생각했습니다. 그 때 설교자가 설교할 본문 말씀을 읽었습니다. "세리는 멀리 서서 감히 눈을 들어 하늘을 쳐다보지도 못하고 다만 가슴을 치며 이르되 하나님이여 불쌍히 여기소서 나는 죄인이로소이다 하였느니라"(눅 18:13, 이 설교자는 스펄전 자신이며, 이 설교는 스펄전이 1887년 2월 20일에 '이 땅의 가장 악한 자를 위한 설교'[A Sermon for the Worst Man on Earth]라는 제목으로 행한 설교이다 — 역주). 이 말씀이 그 사람에게는 이렇게 들렸습니다. "예배당에서 가장 먼 곳에 서 있는 너는 너의 죄가 너무나 크다는 것을 알고 있기 때문에 차마 앉지도 못하는구나. 너는 하나님께서 이 아침에 나에게 보내신 사람이다. 하나님께서 너에게 명하신다. 그리스도에게 나아와 긍휼하심을 받아라.” 그 때 사랑의 기적이 일어났습니다. 그 때 그에게 “이에 스스로 돌이키는” 변화가 일어났던 것입니다. 그 사람은 곧 교회 앞에 나아와 자신의 신앙을 고백하게 된 것입니다. 그 이야기를 들었을 때, 저는 정말 기뻤습니다. 그의 경우는 그를 아는 모든 사람이 볼 수 있는 그런 변화였기 때문입니다. 과거에 그는 악한 모든 것만 행하였지만, 이제 그 마음은 은혜로운 모든 것만 갈구하는 열망으로 가득하게 되었습니다. 지금도 그런 변화가 가끔씩 일어납니다. 이런 변화가 이 밤에도 다시 일어나지 말라는 법이 어디 있습니까? 어떤 남자 성도 혹은 어떤 여자 성도가 이 밤에 스스로 돌이키지 말라는 법이 또 어디 있습니까? 이것이 바로 탕자가 집으로 가는 길입니다. 먼저는 여러분 스스로 돌이키는 것이고, 그 다음에는 여러분의 하나님에게로 돌이키는 것입니다. “이에 스스로 돌이켜.”

　　이에 반해, 때때로 이런 변화는 아주 점진적으로 일어납니다. 이 점에 대해서는 곰곰이 생각해 볼 필요가 없을 것 같습니다. 서서히 자신의 눈을 뜨게 된 사람들이 많으니 말입니다. 그들은 처음에는 사람을 나무 같은 것들이 걸어가는 것(막 8:24)으로 봅니다. 그러다 나중에는 모든 만물을 밝히 보게 됩니다. 그들이 스스로 돌이켜 구세주에게 돌아오기만 한다면, 그들이 어떻게 돌아오든지 저는 전혀 개의치 않습니다. 어떤 회심은 갑작스럽게 일어나기도 하고, 또 어떤 회심은 점진적으로 일어나기도 합니다. 그러나 이 모든 경우에 있어서 이 회심이 성령님의 사역이기만 하다면, 그 사람이 스스로 돌이키는 것은 좋은 일입니다.

　　이제는 이 변화가 어떻게 일어나는지를 생각해 봅시다. 만약 여러분이 탕자의 경우에 있어서 스스로 돌이키게 된 외적 환경에 대해 제게 묻는다면, 저는 그가 스스로 돌이키게 되기까지는 많은 것들이 필요했다고 말할 것입니다. “설마 그럴 리가 있겠습니까! 탕자는 모든 것을 탕진했을 때 스스로 돌이킬 수밖에 없었고, 그가 주리기 시작했을 때 스스로 돌이킨 것이 분명합니다”라고 어떤 사람은 말합니다. 아닙니다. 탕자가 스스로 돌이켜 그의 아버지에게 돌아가기까지는 많은 것들이 필요했습니다. 죄인들이 스스로 돌이켜 그의 하나님에게 돌아가기까지는 많은 것들이 필요합니다. 여러분 가운데 어떤 경우는 구원받기까지 많은 매를 맞아야 될 사람도 있습니다. 저는 사고로 거의 압사되어 죽을 뻔했던 한 사람의 얘기를 들은 적이 있습니다. “내가 거의 죽을 뻔하지 않았다면, 아마 나는 아예 죽었을 것입니다." 많은 죄인들의 경우도 이와 마찬가지입니다. 지금까지는 자신이 가진 모든 것을 잃지 않았다고 해도, 언젠가는 자신이 가진 모든 것을 잃게 될 것입니다. 여하튼 강한 바람과 험악하고 사나운 상황에서도 어떤 사람들은 평화의 항구로 인도됩니다.

탕자가 겪은 최고 단계의 경우는 이런 것이었습니다. 그는 아주 주렸으며, 큰 슬픔 가운데 홀로 있었습니다. 만약 우리가 사람들을 홀로 있게 할 수 있다면, 그것은 대단한 일입니다. 그 불쌍한 사람의 옆에는 아무도 없었으며, 돼지들이 쥐엄 열매를 우적우적 씹어대는 소리와 꿀꿀거리는 소리 외에는 아무 소리도 들리지 않았습니다. 아, 홀로 된다는 것! 우리가 이 큰 도시에서 홀로 되는 기회가 더 많았으면 좋겠다고 저는 생각합니다. 아마도 홀로 되는 것에 대한 가장 큰 두려움은 런던 거리를 걸을 때 실감하게 될 것입니다. 죄인이 때로는 홀로 있어 보는 것은 좋은 일입니다. 탕자에게는 자기와 함께 술 마실 사람이 아무도 없었습니다. 자기와 놀아줄 사람도 없었습니다. 그것을 바라기에는 그는 너무 멀리 가 있었습니다. 이제는 맥주 한 잔을 마시기 위해 맡길 만한 누더기 옷도 없었습니다. 그래서 그는 예전의 자기 친구들이 하나도 없는 그런 곳에 혼자 가만히 앉아 있어야만 했습니다. 친구들은 탕자로부터 무언가를 얻을 수 있을 때만 그를 따라다닐 뿐이었습니다. 탕자가 그들을 잘 대접해 줄 동안만, 그 친구들은 그를 잘 대해 주었습니다. 하지만 탕자가 모든 것을 탕진했을 때, "주는 자가 없는지라"(눅 15:16)는 말씀대로였습니다. 그는 친구도 없이 내팽개쳐졌고, 비참한 상황에서도 위로받지 못했으며, 배고픔도 해결할 수 없었습니다. 그는 허리띠를 더 졸라매어 허리를 꽉 죄었습니다. 조금만 더 허리띠를 졸라맸다가는 자기 몸이 상반신과 하반신으로 두 동강 나 버릴 것 같다는 생각이 들기도 했습니다. 그는 거의 피골이 상접한 해골이 되어 버렸습니다. 그는 너무나 야위어서 금방이라도 쓰러져 죽을 것만 같았습니다. 그 때 비로소 그는 스스로 돌이켰습니다.

탕자의 경우에 이런 변화가 왜 일어났는지 여러분은 아십니까? 저는 그런 변화의 진정한 이유는 그의 아버지가 그동안 그 탕자를 위해 은밀하게 일하고 있었기 때문이라고 믿고 있습니다. 탕자의 처지에 대해 그의 아버지가 알고 있었다고 저는 확신합니다. 그렇게 확신하는 이유는 그의 형이 동생의 처지를 알고 있었기 때문입니다. 만약 형이 그 소식을 들어 알고 있었다면, 아버지도 알고 있었을 것입니다. 형이 아버지에게 말씀드렸을 수도 있으니까요. 설령 형이 그렇게 하지 않았다 해도, 아버지는 그 큰 사랑으로 탕자의 소식을 큰 아들보다 더 잘 들을 수 있는 귀를 가지고 있었을 것입니다. 이것에 대해서 이 비유가 우리에게 직접 말해 주는 것은 아닙니다. 사실 그 어떤 비유도 우리에게 모든 것을 다 가르쳐 주지는 않습니다. 그래도 다음과 같은 사실만은 분명합니다. 즉, 그 아버지는 전능한 분이시기에 이 젊은이 마음의 중심을 은밀하게 어루만지셨으며, 굶주림과 궁핍이라는 이 기이한 수술로 그를 대하시어 마침내 그 탕자가 스스로 돌이키도록 하셨다는 사실입니다.

　　아마도 여기 있는 어떤 사람은 이렇게 말할 수도 있을 것입니다. "목사님, 저는 이 모든 과정을 거치지 않고 제 스스로 돌이킬 수 있었으면 좋겠습니다." 좋습니다. 만약 여러분이 진심으로 이것을 원한다면, 여러분은 이미 스스로 돌이킨 것입니다. 스스로 돌이켰는지의 여부를 확인하기 위해 저는 다음과 같이 제안해 보겠습니다. 먼저 여러분은 진지하게 생각하셔야 합니다. 여러분이 누구인지, 여러분이 지금 어디에 있는지, 여러분이 무엇이 되려고 하는지에 대해 진지하게 생각하십시오. 생각할 시간을 가지십시오. 그리고 순서대로 침착하게 신중한 태도로 생각하십시오. 만약 여러분이 이렇게 할 수 있다면, 여러분의 생각을 종이에 적어 놓으십시오. 어떤 사람들에게는 자신의 상태에 대한 설명을 종이에 적어 두는 것이 놀랄 정도로 도움이 되기도 합니다. 제가 성도들에게 회개를 촉구했을 때, 이렇게 한 성도들이 많을 것으로 저는 믿고 있습니다. 즉, 어느 날 밤에 구세주를 발견한 많은 성도들은 집에 가서 종이에 다음과 같이 써 놓았습니다. "예수 믿는 신자로 구원받음" 혹은 "나는 하나님의 아들을 믿지 않기 때문에 정죄 받음"이라고 말입니다. "정죄 받음"이라고 쓰려고 한 사람들은 그 문장을 끝까지 쓰지 못했습니다. 왜냐하면 이 문장을 쓰기 위해 자기 마음을 살피며 그분을 찾던 바로 그 때 그리스도를 발견했기 때문입니다. 아마 여러분은 회계장부를 기록하고 있을 것입니다. 그렇지 않습니까? 만약 여러분이 사업을 한다면, 그래서 여러분의 채권자들을 속이지 않으려고 한다면, 여러분은 틀림없이 회계 장부를 쓸 것이라고 저는 확신합니다. 여러분은 사업일지도 쓸 것입니다. 그렇다면 이제부터 여러분의 영혼에 관한 기록도 하십시오. 진실로 다음과 같은 문제들을 직시하십시오. 즉, 내세, 아주 갑작스럽게 다가올 죽음, 위대한 영원, 심판석 등의 문제들 말입니다. 이런 것들에 대해 생각하십시오. 이런 문제들 앞에서 여러분의 눈을 감지 마십시오. 사랑하는 성도 여러분, 저는 여러분을 위해 기도합니다. 바보짓을 그만 하십시오! 만약 여러분이 바보짓을 해야 한다면, 여러분의 영혼이나 영원한 운명 같은 것을 가지고 장난치기보다는 이보다 좀 더 가벼운 것들을 가지고 장난치십시오. 홀로 잠시 동안만이라도 입을 다무십시오. 이 문제를 침착하게 살펴보십시오. 순서대로 열거해 놓고, 이에 대해 계획을 세우십시오. 여러분이 지금 어디로 가고 있는지를 보십시오. 구원의 도리와 십자가의 이야기, 하나님의 사랑, 구원하기 위한 그리스도의 준비 등을 곰곰이 생각하십시오. 이런 과정이 계속되는 동안 여러분은 마음이 녹아내리는 것을 느끼게 될 것이며, 그래서 여러분은 죄인을 자유하게 하는 귀중한 보혈을 믿고 있는 여러분의 영혼을 곧 발견하게 되리라 저는 생각합니다.

3. 죄인은 자기 아버지에게로 돌아갔습니다.

말씀드리고 싶은 내용들이 많이 있지만, 시간이 많이 지나가 버렸습니다. 따라서 마지막 요점에 대해 몇 말씀 드리는 것으로 제 설교를 마치고자 합니다. 마지막 말씀은 이것입니다. "그가 스스로 돌이키고 난 이후에 그는 그의 아버지에게로 돌아갔습니다."

죄인이 스스로 돌이켰을 때, 그는 곧 그의 하나님에게로 돌아갑니다. 이 불쌍한 탕자는 스스로 돌이킨 이후에 곧 "내가 일어나 아버지께 가서"(눅 15:18)라고 말했습니다. 무엇이 그를 그의 아버지에게로 돌아가게 하였습니까? 저는 이 질문에 대해 아주 간략히 대답해 보겠습니다.

첫째, 그의 기억이 그를 일깨워 주었습니다. 그는 자기 아버지 집을 회상했습니다. 그는 과거와 자신의 방탕한 삶을 기억했습니다. 과거에 일어났던 모든 것을 잊으려고 애쓰지 마십시오. 탕진해 버린 과거의 그 끔찍한 회상들이 여러분을 새로운 삶으로 인도하는 수단들이 되기도 합니다. 기억이 제 역할을 다하도록 하십시오.

둘째, 그의 불행이 그를 기운 차리도록 하였습니다. 그가 느낀 굶주림과 누더기를 입은 그의 모습, 돼지와 함께 지낼 정도의 몰락 등, 이 모든 고통들로 인해 그는 자기 아버지에게로 돌아가게 되었습니다. 오, 사랑하는 성도 여러분, 여러분이 직면하고 있는 궁핍, 여러분의 갈망, 여러분의 불행, 이 모든 것들이 여러분을 여러분의 하나님께로 인도하도록 하십시오!

셋째, 그의 두려움이 그를 다시 돌아가도록 채찍질하였습니다. 그는 "나는 여기서 주려 죽는구나"(눅 15:17)라고 말했습니다. 그는 아직까지 죽지 않았습니다. 하지만 그는 곧 그렇게 되지 않을까 무서워했습니다. 그는 진짜 죽을까봐 두려워하였습니다. 왜냐하면 그는 너무나 무기력했기 때문입니다. 오, 사랑하는 성도 여러분, 만약 여러분이 자기가 지은 죄악 가운데 죽는다면, 여러분은 어떻게 될지를 한번 살펴보십시오! 무한히 비참하기만 한 끝없는 미래 외에 무엇이 여러분을 기다리고 있겠습니까? 죄악은 여러분을 영원까지 따라갈 것이며, 거기서도 죄악은 여러분에게 더해질 것입니다. 여러분이 계속해서 죄를 짓듯이, 여러분의 슬픔도 계속해서 커져만 갈 것입니다. 여러분의 죄악과 함께, 더욱더 깊은 몰락과 더욱더 무시무시해지는 형벌이 다가오는 세상까지 수반될 것입니다. 그러므로 두려움이 그 불쌍한 탕자를 집으로 인도해 준 것처럼, 여러분의 두려움이 여러분을 집으로 인도하게 하십시오.

넷째, 그의 소망이 그를 이끌었습니다. 소망이라는 이 부드러운 줄은 무거운 채찍만큼이나 강력했습니다. "내 아버지 집에는 넘칠 만큼의 충분한 빵이 있다. 내가 배불리 먹을 수 있는데, 내가 주려 죽을 필요는 없다." 오, 이제 여러분이 어떤 사람이 될 것인지 생각하십시오! 불쌍한 죄인 여러분, 하나님께서 무엇을 하실 수 있으며, 바로 이 밤에 여러분을 위해 무엇이 예비되어 있고 어떤 일을 하실지 생각해 보십시오! 하나님께서는 여러분을 가장 행복한 사람으로 만들 수 있는 능력을 가지고 계십니다! 그 얼마나 평화롭고 그 얼마나 복된 일인지 모릅니다! 여러분의 소망이 여러분을 그분께로 인도하게 하십시오.

다섯째, 그의 결심이 그를 움직이게 했습니다. 그는 "내가 일어나 아버지께 가서"(눅 15:18)라고 말했습니다. 이전까지의 모든 것이 그를 이끌거나 잡아당겼습니다. 이제 그는 집으로 돌아가기로 결심합니다. 그는 자기의 더러움 가운데 앉아 있던 그 땅으로부터 일어났습니다. 그러고 나서는 "나는 할 것이다"(눅 15:18, KJV)라고 말했습니다. 이제 그는 사람이 되었습니다. 그는 제대로 된 사람이 되었으며, 인간됨이 다시 그에게 돌아왔습니다. 그래서 그는 "나는 할 것이다. 나는 할 것이다"라고 말했던 것입니다.

마지막으로, 그에게는 자기 아버지에게로 돌아가는 실제적인 행동이 있었습니다. 그러나 그의 행동으로 그가 집으로 가게 된 것이 아니었습니다. 아닙니다. 제가 제대로 말씀드리겠습니다. 본문에 보면 "아버지께로 가니라"(눅 15:20)라고 기록되어있지만, 이 말씀의 배후에는 그의 아버지가 그에게로 갔다고 하는 좀 더 고상한 진리가 숨어 있습니다. 그러므로 여러분이 돌아가려고 움직이고, 그 결심이 행동이 되어, 여러분이 일어나 하나님께로 갈 때, 구원은 여러분이 예상하기 훨씬 전부터 이미 여러분의 것이 됩니다. 왜냐하면 일단 여러분이 그 길에서 얼굴을 돌리기만 하면, 아직도 거리가 먼 데(눅 15:20) 여러분의 아버지는 바람보다 더 빨리 오시어 여러분을 맞아주시고 여러분의 목을 안고 화해의 입을 맞추어 주시기 때문입니다. 여러분이 주 예수 그리스도를 오직 믿기만 한다면, 이것이 여러분의 몫이 될 것입니다.

설교 가운데 나를 위한 것은 없다고 말할지도 모르는 성도들에게 말씀드립니다. 여러분은 불평하는 형과 같은 무리가 되지 마십시오. 오히려 이와는 반대로 집에 돌아가서 이 설교 말씀을 축복해 달라고 하나님께 기도하십시오. 여러분은 "그러나 오늘 밤 저는 살진 송아지(눅 15:27)를 갖지 못했습니다"라고 말합니다. "오, 그러나 어린 동생을 위해 그것을 잡았다면, 그것은 여러분을 위해서도 잡은 것입니다!' 또 여러분은 "나는 오늘 밤 풍악과 춤추는 소리(눅 15:25)도 듣지 못했습니다"라고 말합니다. 좋습니다. 이 풍악과 춤추는 소리는 돌아온 탕자뿐만 아니라, 이 밤에 이미 그리스도를 믿고 있던 다른 영혼들을 위해서도 한 것입니다. 저는 그런 줄로 압니다. 하나님께서는 우리가 아무런 소용도 없이 설교하게 하지는 않으십니다. 하나님께서는 우리에게 삯을 주시고 상을 주실 것입니다. 그러므로 주님께서 이미 행하신 일과 또한 앞으로 행하실 모든 일들에 대해 우리 함께 즐거워합시다. 사랑하는 성도 여러분, 여러분 모두를 예외 없이 하나님께서 그리스도를 통하여 축복해 주시기를 기원합니다! 아멘.

제
59
장

—

"양식이 풍족한"

—

"이에 스스로 돌이켜 이르되 내 아버지에게는
양식이 풍족한 품꾼이 얼마나 많은가
나는 여기서 주려 죽는구나." — 눅 15:17

　　"이에 스스로 돌이켜." 이 표현은 깊이 졸도했다가 깨어나는 사람에게 쓸 수 있는 말입니다. 그는 자기가 어떤 상태에 있는지 전혀 모르고 있었고, 그 상태에서 빠져나올 힘을 다 잃어버렸던 것입니다. 그런데 그 사람이 다시 깨어나고 있습니다. 의식을 되찾고 움직이기 시작하였습니다. 죽은 자를 살리실 음성이 그 사람을 깨운 것입니다. 그가 죄악적으로 꿈꾸었던 여러 환상들이 다 사라져 버렸습니다. 어리석으나 매혹적인 꿈들이 다 지나가 버렸습니다. 그가 깨어난 것입니다. 혹은 이 말은 정신 이상 상태에서 회복하고 있는 사람에게도 쓸 수 있습니다. 탕자는 미치광이 짓을 하였습니다. 왜냐하면 죄는 최악의 광기이기 때문입니다. 탕자는 제정신을 잃어버렸었습니다. 그래서 단 것을 쓴 것으로, 쓴 것을 단 것으로 생각했고, 어둠과 빛을 반대로 생각했습니다. 그는 자신을 해하였습니다. 우리 주님께서 지상에 계실 때 귀신들린 사람들이 돌로 자기를 쳐서 상처를 내고 칼로 자기를 베어 몸을 해한 것처럼 그는 자기 영혼을 해하였습니다. 미친 사람은 자신이 미쳤다는 사실을 알지 못합니다. 그러나 정신을 되찾으면 자기가 처해 있었던 곤고한 상태가 어떠한 것인가를 알고 괴로워합니다. 이성을 찾고 건전한 판단력을 회복하자 그 탕자는 제정신을 차리게 된 것입니다.

그 표현이 옛 마법의 이야기 중에서도 잘 발견됩니다. 예를 들어서, 어떤 사람이 마법을 거는 사람의 주문에서 풀려나게 되면 "정신을 차리고" 벗어난다는 이야기입니다. 키르케(Circe)라는 마법사의 전설에 대한 이야기가 있습니다. 그 여자 마법사는 사람들을 돼지로 변하게 할 수 있는 마법이 능한 여자로 나옵니다. 주님의 이 비유 가운데 나오는 젊은 사람이 그와 같은 방식으로 타락하게 된 것이 분명합니다. 그는 사람임에도 불구하고 짐승의 수준으로 낮아졌습니다. 사람이 자기와 같은 유의 인생에게 사랑을 느끼고 옳은 것을 존중하고 자신의 참된 유익에 관해서 관심을 가지는 것이야말로 사람의 특성입니다. 그런데 이 젊은이는 그러한 모든 고유한 인간의 속성들을 상실하였고 그래서 죽어 가는 짐승처럼 되어버렸습니다. 그러나 시인 호메로스가 오디세우스에 대해서, 그가 여자 마법사에게 자기 동료들을 원래 형태로 회복시키라고 몰아세웠다고 노래하듯이, 이 비유에 나오는 탕자도 사람으로 되돌아왔고 자기 육감적 쾌락으로부터 벗어나서 자기 부모와 출신 성분에 더욱더 부합한 행실을 걷기 시작했습니다. 오늘 여기 이 자리에 지금도 깊이 졸도해 있는 사람들이 있을 것입니다. 오! 하늘의 하나님이시여, 그들을 깨우소서! 여기에 도덕적으로 미쳐 있는 사람들도 있을 것입니다. 주님께서 그들을 회복시키시고, 하늘의 의사께서 그의 차가운 손을 그 사람들의 열나는 이마에 얹으시며 "내가 원하노니 온전하게 되어라"고 말씀하소서. 아마 또한 이 자리에는 동물적 본성으로 자신을 몰아가는 사람들이 있을 것입니다. 마귀의 일을 멸하시는 주님께서 그들을 사탄의 세력에서 건져내고, 그들에게 하나님의 자녀가 되는 권세를 주시옵소서. 주님께 모든 영광을 돌립시다!

탕자가 제정신을 차렸을 때 두 가지 생각이 떠올랐던 것 같습니다. 다음의 두 가지 사실이 그에게 명백하게 생각났다는 말입니다. 한 가지는 자기 아버지의 집에는 풍성함이 있다는 것이고, 또 한 가지는 자신이 굶주리고 있다는 사실입니다. 여기 계시는 분들 가운데 아직 구원받지 못한 분들이 있다면, 영적으로 비슷한 이 두 가지 사실이 그런 분들의 심령을 완전히 장악하기를 바랍니다. 왜냐하면 이 두 가지 사실이야말로 정말 가장 중요하고 긴박한 진실이기 때문입니다. 이 두 가지 사실은 꿈꾸고 있는 사람의 공상이 아니고, 미치광이의 헛소리가 아니며, 황홀경에 빠져 있는 사람의 상상이 아닙니다. 아버지의 집에는 모든 좋은 것이 풍성하다는 것이 정말 확실한 사실입니다. 그리고 죄인들이 바로 그것들을 필요로 한다는 것도 확실합니다. 다른 어디에서도 은혜를 찾을 수 없고 용서를 얻을 수 없습니다. 그러나 아버지께는 긍휼이 풍성하십니다. 어느 누구도 이 영광스러운 진리를 논박하려는 무모함을 보여서는 안 됩니다. 하나님 없는 죄인이 망하고 있다는 것도 마찬가지로 진리입니다. 그는 지금 죽어 가고 있습니다. 그리고 영원히 멸망할 것입니다. 그의 속에 가치 있는 모든 것이 완전히 다 파멸될 것이고, 그 자신도 아무것도 없는 폐허로 남겨질 것입니다. 비참과 고뇌의 올빼미와 해오라기가 폐허가 된 그의 본성에 영원히 따라다닐 것입니다. 만일 우리가 회심하지 않은 사람들에게 이 두 가지 요점을 생각하도록 만들 수만 있다면 우리는 참으로 소망스러운 회중을 얻게 될 것입니다.

안타깝습니다! 회심하지 못한 사람들은 하나님께만 자비가 있다는 사실을 잊고서, 다른 곳에서 그것을 발견할 수 있다는 공상에 빠져 있습니다. 그래서 자신들이 죽은 상태에 있다는 겸비하게 만드는 사실을 슬그머니 잊어버리려 하고, 아마 뒤쪽에 탈출구가 있을 것이라고 생각합니다. 즉 어쨌든 자기들이 성경이 선언하는 만큼 악하지는 않다고 상상합니다. 또 지금은 자기들에게 상황이 아무리 좋지 않을지라도 마지막에는 잘될 것이라고 생각합니다. 안타깝습니다! 나의 형제여, 증거가 너무나 확실하고 그 중요성이 너무나 확연한 진리에 대해서 고집스럽게 눈을 감아 버리는 자들에 대해서 우리가 어떻게 해야 할까요? 믿음으로 하나님의 보좌에 나아갈 길을 알고 있는 여러분에게 간청하는 바입니다. 하나님께서 회심하지 아니한 마음을 사로잡으시고 그 거듭나지 못한 모든 영혼에게 두 강력한 족쇄를 채워 주십사고 기도하시기 바랍니다. 그 두 가지 강력한 족쇄란 하나님께 풍성한 은혜가 있다는 것과, 그들 자신으로는 전적인 궁핍의 상태에 있을 수밖에 없다는 사실입니다. 그 족쇄로 그들을 묶으시고 예수님 앞으로 인도하옵소서. 그러면 그 포로된 자들이 하나님의 자녀의 자유를 금방 얻게 될 것입니다.

저는 오늘 아침 가장 주요한 첫 번째 요점에 대해서만 생각하려고 합니다. 제가 볼 때 그 요점이 모든 생각을 주도하는 중추적 요점입니다. 그 요점에 대한 생각이 탕자의 마음속에 있었습니다. 그것이 그 마음속에 있어서 그는 "내가 일어나 내 아버지 집으로 가리라"고 말하지 않을 수 없었던 것입니다. 자기가 굶어 죽어 가고 있다는 생각이 집으로 돌아가게 만든 것이 아닙니다. 문득 자기 아버지를 생각하게 되고 그것이 그의 깊은 생각 속에서 주요한 샘 근원이 되었습니다. 그것이 그를 집으로 돌아가게 만든 것입니다. "내 아버지에게는 양식이 풍족한 품꾼이 얼마나 많은가!" 아버지의 집에 있는 그 풍성함, 그 흘러넘치는 풍성함을 생각하게 되었고, 그 생각이 그로 하여금 집으로 돌아가도록 등을 떠민 것입니다. 아버지께 풍성한 긍휼이 있다는 사실을 충분히 믿게 될 때 허다히 많은 영혼이 하나님을 찾게 되었습니다. 오늘 아침 제 소원은 여기 계신 모든 죄인에게 그리스도 예수님 안에 있는 하나님의 흘러넘치는 풍성한 은혜를 제시하는 것입니다. 그럼으로써 주 하나님께서 당신의 아들 된 자들을 찾아내시고, 하나님의 아들들이 이 말씀을 부여잡고, 아버지의 집에 양식이 풍성하다는 사실을 들을 때 "내가 일어나 아버지께 가리라"는 말을 할 수 있기를 바라는 바입니다.

1. 모든 좋은 것에 넘치도록 풍성한 아버지의 집

먼저 우리는 잠시 동안 "아버지의 집에는 모든 좋은 것들이 넘치도록 많다"는 사실을 생각해 봅시다. 깨어난 죄인이여, 그대는 오늘 이 아침에 무엇을 필요로 하는가? 그대가 필요로 하는 모든 것을 하나님께서는 넘치도록 충분하게 공급하실 수 있도다! "양식이 풍족한 품꾼이 얼마나 많은가." 우리는 이 점을 깨어난 죄인에게 증거합시다. 첫째로, 아버지 자신을 생각해 보라고 말씀드리는 바입니다. 아버지를 바르게 생각하는 사람은 누구든지 대번에 아버지 하나님의 자비하심에 제한이 있을 수 없고, 그 은혜의 가능성에 어떤 한계도 지을 수 없다는 것을 대번에 눈치 챌 것입니다. 지극히 높으신 하나님 아버지의 성품과 본질은 어떠합니까? 어느 사람이 "하나님은 과격하십니까? 아니면 자애로우십니까?" 하고 묻는다고 합시다. 성경은 우리에게, 하나님은 사랑하고 계신다고 말하는 것이 아니라 하나님은 사랑이시라고 확증함으로써 그 질문에 답합니다. 하나님 자신이 사랑이십니다. 하나님의 본질 자체가 사랑입니다. 사랑이 하나님 안에 있는 것이 아니라 하나님께서 친히 사랑입니다. 그렇게 말하는 것만큼 하나님의 사랑이 무한하다는 것을 함축적이고 적극적으로 말할 수 있는 방식이 있겠습니까? 여러분은 하나님 자신을 측량할 수 없습니다. 그 생각을 아무리 확장시켜 본다 할지라도 하나님의 장엄한 속성들을 다 파악할 수 없습니다. 하나님의 사랑의 넓이와 깊이와 높이 등 그 모든 차원을 다 말할 수 없습니다. 그 사랑의 충만함을 마음으로 다 그려볼 수 없습니다. 그러나 이 한 가지만은 아시기 바랍니다. 하늘이 땅보다 높음 같이 여러분의 길보다 하나님의 길이 높다는 것을 기억하십시오. 하나님의 생각은 여러분의 생각보다 높습니다. 하늘이 땅에서 높음같이 말입니다(사 55:9). 하나님의 자비하심은 영원토록 이어집니다. 하나님께서는 불의를 용서하시고, 은혜로 보전하시는 당신의 기업된 남은 자들의 범과를 눈감아 주십니다. 하나님께서는 당신의 노를 영원토록 품지 아니하십니다. 왜냐하면 하나님께서는 자비를 기뻐하시기 때문입니다. "여호와는 긍휼이 많으시고 은혜로우시며 노하기를 더디 하시고 인자하심이 풍부하시도다"(시 103:8). "주의 인자하심이 하늘보다 높으시며 주의 진실은 궁창에까지 이르나이다"(시 108:4). "주는 가장 자비하시고 긍휼히 여기시는 이시니라"(약 5:11).

　　만일 하나님의 사랑만으로는 여러분이 구원을 받기에 충분하지 않은 것처럼 보인다면 이 사실을 기억해야 합니다. 죄인이 돌아갈 하나님 아버지께는 은혜뿐만 아니라 지혜도 그만큼 있다는 사실을 말입니다. 여러분의 사정이 매우 어렵습니까? 여러분을 지으신 분이 해결하실 수 있습니다. 여러분의 질병이 이상하고 복잡합니까? 귀를 지으신 이가 귀머거리를 고칠 수 없습니까? 눈을 지으신 이가 맹인의 눈을 열어 밝히 보게 할 수 없습니까? 여러분에게 일어난 그 어떠한 일도 하나님께서는 능히 해결하실 수 있습니다. 그 어떠한 것에도 막히지 아니하는 지혜가 여러분의 모든 복잡하고 얽힌 것들을 풀어내기에 족합니다. 아버지 하나님께는 능력이 모자란 일이 있을 수 없습니다. 땅을 지으시고 하늘을 휘장처럼 치신 하나님은 그 능력과 힘에 어떠한 한계와 제한도 없으시다는 것을 알지 못합니까? 만일 여러분이 깊은 구렁에 빠져 있어 그 구렁에서 여러분을 들어올리기 위해서 전능한 능력을 필요로 한다면, 그 전능하신 분께서는 언제든지 여러분을 건지실 의향을 갖고 계십니다. 여러분이 힘을 달라고 그 강하신 분에게 부르짖기만 하면 말입니다. 여러분이 창조주께서 세상을 창조하시던 그 모든 힘과, 우주의 기둥들을 세워 놓으시던 그 모든 능력을 여러분이 필요로 한다고 할지라도, 예수 그리스도 안에 있는 하나님의 자비를 믿음으로 구한다면 여러분의 유익을 위하여 그 모든 능력과 힘을 다 베푸실 것입니다. 그렇게 하기만 하면 하나님의 능력 가운데 있는 그 어느 것도 여러분을 대적하지 않을 것이고, 그 하나님의 지혜 중 그 어느 부분도 여러분을 전복시키려 들지 않을 것입니다. 다만 사랑이 모든 일 가운데서 왕 노릇 할 것이고, 하나님의 모든 속성은 여러분의 구원에 이바지할 것입니다.

　　오! 죄를 생각할 때는 죄인이 어떻게 구원을 받는지 이해할 수가 없습니다.

그러나 하나님을 생각하고 그분의 마음을 들여다보면 하나님께서 얼마나 기꺼이 용서하실 수 있는지 이해하게 됩니다. 어떤 이가, "하나님의 마음을 들여다보다니요. 우리가 어떻게 그런 일을 할 수가 있습니까?"라고 물을지 모릅니다. 하나님께서 자신의 마음을 우리에게 열어 보여주지 아니하셨습니까? 하나님께서 어디서 그 마음을 열어 보여주셨냐고 의문을 제기합니까? 저는 대답합니다. 저기 골고다 언덕 십자가 위에서입니다. 하나님의 품에는 어떤 분이 계셨습니까? 그의 사랑하시는 독생자가 아니면 누구시겠습니까? 그런데 그분이 그 독생자를 십자가에 못 박으셨습니다. 왜냐하면 제가 그렇게 말해도 되는지 모르지만 자신의 아들보다 죄인들을 더 사랑하셨기 때문입니다. 하나님께서는 자신의 아들을 아끼지 않으셨고 죄인을 아끼십니다. 하나님께서는 자신의 아들에게 그 진노를 퍼부으셨고, 죄인을 위해서 대속 제물로 삼으셨습니다. 그리하여 하나님의 진노를 받기에 합당한 죄인들에게 풍성한 사랑을 베푸신 겁니다. 오! 영혼이여, 만일 그대가 잃어버린 상태에 있다 할지라도, 아버지께서는 은혜나 지혜나 능력이 모자라 그대를 구원하지 못하는 일은 있을 수 없습니다. 만일 그대가 멸망한다면 하나님께서 움직이실 뜻이 없거나 구원하실 수 있는 능력이 없어서가 아닙니다. 만일 그대가 나동그라져 있다면, 그것은 영원하신 아버지께서 용서해 달라는 그대의 울부짖음을 듣기를 거절하시거나, 하나님을 믿는 그대의 믿음을 돌아보지 아니하셨기 때문이 아닙니다. 만일 그대의 영혼이 잃어버린 상태에 있다면 그 책임은 그대 자신에게 있는 것입니다. 만일 그대가 굶어 죽고 있다면 그대가 잘못해서 그런 지경에 처해 있는 것입니다. 왜냐하면 아버지의 집에는 "풍족한 양식"이 있기 때문입니다.

그러나 이제 우리 앞에 그 요점을 더욱 선명하게 보여주는 두 번째 문제를 생각해 보십시다. 하나님의 아들에 대해서 생각해 보자는 말입니다. 하나님의 아들은 진실로 죄인들을 위한 생명의 참 떡이십니다. 죄인이여, 나는 바로 그대 죄인에게 다시 말하고 싶습니다. 그대는 구주가 필요합니다. 하나님께서 제공하신 구주께서 계시다는 것을 알게 될 때 그대는 용기를 얻을 수 있습니다. 왜냐하면 하나님께서 우리를 위해 구주를 내어주시는 일에 있어 조금도 실수를 하지 않으실 것이 틀림없기 때문입니다. 그러나 구주가 누구신지 생각해 보십시오. 그분은 바로 하나님이십니다. 우리의 구속을 위해서 하늘로부터 오신 예수님은 천사가 아니었습니다. 만일 예수께서 천사에 불과하였다면 우리는 무거운 우리의 죄 짐을 그에게 지워 드리기를 두려워했을 것입니다. 그분은 단순한 사람이 아니셨습니다. 만일 그분이 단순한 사람에 불과하셨다면 한 사람을 위한 대속 제물로 고난을 받으신 것밖에는 되지 않습니다. 그러나 그분은 태초부터 하나님 아버지와 함께 계신 하나님이셨습니다. 자, 그러한 분이 우리를 대속하기 위해서 오신 것이 아닙니까? 만일 그것이 사실이라면 그분의 능력에 대해서 조금도 의심할 필요가 없지 않습니까? 나는 오늘 고백합니다. 만일 제 죄가 실제로 지은 것보다 만 배나 더 많았다 하더라도, 아니 여기에 모인 모든 회중들의 죄 전부를 다 합한 것만큼의 악행을 저질렀다 하더라도, 저는 그 모든 죄 짐을 예수님께 맡길 수 있었을 것입니다. 그분이 하나님께 속한 그리스도이심을 아는 이 순간, 그렇게 하였을 것입니다. 그분은 전능하신 하나님이십니다. 상처 난 그분의 손으로 우리의 죄 짐을 쉽게 제거하십니다. 그분은 우리의 죄를 다 씻으시고, 그 죄들을 바다 깊은 곳에 던지십니다.

하나님의 아들 예수 그리스도께서 행하신 일을 생각해 봅시다. 하나님이셨고 그처럼 영원토록 복되신 분이 하늘 보좌와 하늘의 충성스러운 신하들을 떠나서 저 낮은 구유에 내려오셨습니다. 그 구유에 누우셨습니다. 그의 모친이 강보로 그를 감쌌습니다. 그분이 그 모친의 젖을 먹습니다. 무한하신 분이 갓난아이로 강보에 싸여 있습니다. 눈에 보이지 아니하시는 분이 육체로 나타나셨고, 전능하신 분이 연약하게 되신 것입니다. 우리를 위해서 말입니다. 오! 그 말로 할 수 없는 겸비함의 낮은 자세여! 만일 구속주 하나님께서 우리를 구원하기 위해서 이 일을 행하셨다면, 가장 비열한 죄인을 그분이 구원하지 못한다는 것이 말이 됩니까? 자기 백성을 구속하시기 위해서 하늘에서 지상에 내려오신 그분에게 너무 어려워 구원하지 못할 것이 있을 수 있겠습니까?

이 말을 듣고 놀라서 멈춰 서지 말고 앞으로 계속 나아갑시다. 만유를 주관하시는 하나님이시요 영원토록 찬미 받으시는 분이 사람의 아들들 가운데서 삼십년 조금 넘는 삶을 사셨습니다. 그분이 인간의 연약함을 취하시고 스스로 우리의 질병을 짊어지셨습니다. 우리의 슬픔을 함께 나누시며, 그 발이 피곤하기까지 팔레스타인의 땅을 밟았습니다. 그의 몸은 자주 주리고 목마르고 수고하여 쇠약해졌습니다. 무릎을 꿇고 밤새워 기도하셨습니다. 그의 눈은 울어 충혈되었습니다(왜냐하면 예수께서 자주 우셨기 때문입니다). 우리와 한결같이 시험을 받으셨습니다. 여러분은 그 점을 알 것입니다. 정말 말로 다 표현할 수 없는 정경입니다! 성육신하신 하나님께서 죄인들 가운데 거하시며, 당신을 거스르는 죄인들의 악행을 참아내셨습니다! 자, 그 낮아지심 속에서 얼마나 놀라운 영광의 광채가 뿜어져 나옵니까! 그 영광이야말로 그를 믿지 않을 수 없게 만드는 것입니다. 오! 바다 위를 걸으신 주님이시여, 당신은 죽은 자를 살리셨습니다. 진정 죄를 용서하시는 당신의 권능을 의심하는 것은 합당하지 못한 일입니다. 주님께서 어떤 사람에게 침상을 들고 걸어가라 명하실 때 죄를 용서하실 권한이 있음을 보여주지 아니하셨습니까? "네 죄 사함을 받았느니라 하는 말과 일어나 걸어가라 하는 말이 어느 것이 쉽겠느냐?"(마 9:5). 분명히 말해서 주님께서는 당신으로 말미암아 하나님께 나오는 자들을 하나도 빠짐없이 다 구원하실 수 있습니다. 주님께서는 지상에서 연약함 가운데 계실 때에도 죄를 용서하실 수 있었습니다. 당신의 영광 가운데 계신 이 마당에서는 더욱더 죄를 용서하실 수 있음이 분명합니다. 주님께서는 이제 높은 보좌 위에 올리셔서 임금과 구주로서 회개와 사죄를 베푸십니다.

그러나 아! 예수 그리스도 안에는 "양식이 풍족하다"는 사실을 가장 확실하게 증거하는 표지는 십자가입니다. 잠시 제 안내를 받으며 그분을 따라 겟세마네 동산으로 가 봅시다. 그분의 고뇌 어린 기도를 들을 때 땅에 떨어진 땀방울이 핏방울같이 되고 있는 것을 보십시오. 헤롯과 빌라도 앞에서 매를 맞으신 그분을 생각해 보십시오. 예루살렘의 비아 **돌로로사**(via dolorosa :그리스도께서 십자가를 지고 골고다까지 걸어가신 그 길을 가리켜 말함 −역주)를 따라가 보십시오. 그분이 십자가에 못 박히어 높이 들리고 피를 흘리며 죽어 가시는 모습을 여러분은 차마 볼 수 있습니까? 그러나 그것은 껍질에 불과합니다. 그 고난의 내밀한 알맹이는 이루 다 말로 표현할 수 없을 정도였습니다. 누가 그 어떠한 상상력을 동원한다 할지라도 주님의 고난을 속속들이 파악할 수 없습니다. 영원하신 하나님께서 그리스도에게 죄를 짊어지우셨습니다. 그리고 죄를 지신 그분에게 진노를 퍼부으셨습니다. "여호와께서 그에게 상함을 받게 하시기를 원하사 질고를 당하게 하셨은즉"(사 53:10). 자, 십자가에서 죽으신 그분이 바로 하나님의 독생자이셨습니다. 그러한 구주의 죽으심의 공력에 한계가 있다고 생각할 수 있겠습니까? 예수님의 피의 공력을 제한하는 것이 자기들 신학 체계에 필요하다고 생각하는 자들이 있음을 저는 알고 있습니다. 만일 제 신학 체계가 그러한 제한을 필요로 했다면 저는 그러한 신학 체계를 던져 바람에 날려 버렸을 것입니다. 저는 그런 생각이 감히 제 마음속에 자리를 잡도록 내버려 둘 수 없습니다. 정말 그것이야말로 하나님을 모독하는 가장 극악한 죄가 아닌가 생각합니다. 그리스도께서 완성하신 그 일에서 저는 자비의 대양을 발견합니다. 깊이를 재는 다림줄을 아무리 내려뜨려도 그 밑바닥에 이를 수 없고, 아무리 둘러보아도 그 해변이 보이지 않는 그러한 대양 말입니다. 그리스도의 피에는 충분한 효력이 있음에 틀림없습니다. 하나님께서 이 온 세상뿐만 아니라, 구주의 율법을 지금 세계보다 만 배나 더 범한 세상이라도 구원하실 의도를 가지셨다면, 그리스도의 피 속에는 그 모든 세상을 구원하기에 충분한 효력이 있음에 틀림없습니다. 그리스도의 피의 효력이 무한하다는 사실을 인정하기만 하면 한계 따위는 전혀 문제가 될 수 없습니다. 하나님을 속죄 제물로 삼고 있다면 그 제물의 가치를 한계 짓는다고 생각하는 것 자체가 합당하지 못한 것입니다. 하나님의 희생 제물에 한계나 측량의 척도를 들이대는 것은 전혀 합당하지 못한 조처입니다. 하나님의 목적의 의도에 따라 무한한 효력을 지닌 제물을 적용하는 일이 결정됩니다. 그 하나님의 의도를 생각할 때 그 무한한 효력을 지닌 제물이 적용되는데 한계가 있을 수 없습니다. 예수 그리스도의 속죄 안에는 "풍성한 양식"이 있습니다. 바울이 디모데에게 써 보낸 말과 같습니다. "우리 소망을 살아 계신 하나님께 둠이니 곧 모든 사람 특히 믿는 자들의 구주시라"(딤전 4:10).

　　이제 저는 여러분에게 엄숙하면서도 즐거운 또 다른 요점을 생각해 보자고 말씀드립니다. 성령에 관한 요점이 바로 그것입니다. 삼위일체의 교리를 믿고 그 하나님을 사랑하는 것이 신학의 열쇠입니다. 우리는 성부 하나님, 성자 하나님에 대해서 말했습니다. 이제 성령 하나님께 대하여 말하고자 합니다. 우리는 성령께 너무 경의를 표하고 있지 않습니다. 성령께서는 스스로 낮추어 지상에 강림하여 우리 마음속에 거하십니다. 우리의 모든 악행에도 불구하고 성령께서는 당신의 백성들 안에 여전히 거하십니다. 자, 죄인이여! 그대에게는 새 생명과 거룩함이 필요하도다. 왜냐하면 바로 그 두 가지가 여러분을 하늘에 가기에 합당한 자로 만드는데 필요한 것이기 때문입니다. 이 점을 위해서 하나님께서 공급하신 은혜가 있습니까? 성령께서는 은혜 언약 안에서 주어지고 공급되십니다. 분명히 성령 안에는 "풍성함과 풍족함"이 있습니다. 성령께서 하실 수 없는 것이 무엇입니까? 성령님은 하나님이시니 당신의 능력으로 못하실 일이 없습니다. 성령께서 이미 무슨 일을 하셨는지 살펴보십시오. 성령께서는 창조 시에 혼돈의 수면 위에 운행하셨습니다. 그리고 그 혼돈을 질서있게 만드셨습니다. 창조의 모든 아름다움이 숨을 불어내사 지으시는 그분의 손길 아래서 나타났습니다. 우리 자신도 엘리후처럼 고백해야 합니다. "하나님의 영이 나를 지으셨고 전능자의 기운이 나를 살리시느니라"(욥 33:4). 오순절 날 성령께서 행하신 위대한 일을 생각해 보십시오. 학식이 없던 사람들이 그전에 한 음절도 알지 못하던 방언으로 말하였습니다. 그 사람들에게 불의 혀같이 갈라지는 것이 임하여 그들 속에 있게 되었습니다. 그래서 그들의 마음이 열심과 용기로 불타올랐습니다. 물론 그들은 이전에 그러한 일에 대해서 외인들이었습니다. 다소 사람 사울과 같은 이에게 임하신 성령의 역사를 생각해 보십시오. 성령을 받기 전의 그 박해자는 피에 굶주려 있었습니다. 그는 마치 이리와 같았습니다. 다메섹에 있는 하나님의 성도들을 삼키려고 하였습니다. 그럼에도 불구하고 순식간에 그 사람이 "주여 뉘시오니까?"라고 물으며, 다시 "주여 내가 무엇을 하리이까?"라고 묻는 말을 듣게 됩니다. 그의 마음이 변했습니다. 하나님의 성령께서 그 마음을 새롭게 지으신 것입니다. 한순간에 돌 같았던 마음이 밀랍처럼 녹았습니다.

우리 중 많은 사람들이 하나님의 성령께서 무엇을 하실 수 있는지를 보여 주는 살아 있는 기념비로 서 있습니다. 우리는 자신의 경험을 통해서 확신 있게 이같이 말할 수 있습니다. 즉 성령께서 극복하실 수 없는 내면적 악이 전혀 없으며, 그 어떤 육신의 탐욕적인 소욕도 제압하신다는 것입니다. 또한 정서적으로 완고한 상태에 있는 그 어느 경우도 다 녹여 내실 수 있는 분이 성령이십니다. 주 하나님께서 너무 어려워 하실 수 없는 일이 있습니까? 주 하나님의 성령께서 하시는 일에 제한을 받으시겠습니까? 성령께서 겸비하게 자신을 낮추사 인간의 회심을 일으키시는데 그 어떤 죄인도 자비를 받는데서 벗어나는 일이란 있을 수 없습니다. 오! 죄인이여, 만일 그대가 망한다면, 성령께 능력이 모자라거나, 예수 그리스도의 피가 효력이 부족하거나, 아버지 하나님의 사랑이 모자라서가 아님을 기억해야 합니다. 그것은 그대가 예수님을 믿지 않기 때문입니다. 고의적으로 하나님을 향한 패역을 버리지 않고, 그대 앞에 놓여 있는 풍성한 생명의 떡을 배척하였기 때문입니다.

하나님께서 당신의 자비를 아주 풍성하게 공급하셨음을 더욱더 확실하게 보여줄 또 다른 몇 가지 요점들을 잠깐 언급하고 지나가겠습니다. 하나님께서는 모든 세대를 통해서 여러 선지자들을 연달아 보내셨다는 사실을 주목해 보십시오. 이 선지자들의 뒤를 이어 사도들이 나타났습니다. 또 그 뒤에 순교자들이 나타났고 또 여러 신앙 고백자들이 나타났습니다. 목회자들과 복음 전도자들과 교사들이 그 뒤를 이었습니다. 이들은 모두 정규적인 노선을 따라 주님께 사명을 받은 자들이었습니다. 그들이 전해야 했던 메시지는 무엇이었습니까? 그들은 모두가 위대하신 구원자 그리스도를 가리켰습니다. 모세와 모든 선지자들이 다 그리스도에 대해서 말하였고, 하나님께 진정으로 보내심을 받은 사신들이 다 그렇게 하였습니다. 자, 하나님께서 사소한 일을 위해서 그 모든 일을 하셨다고 생각하십니까? 하나님께서 그렇게 빈약하게 차려진 식탁에 참여하라고 그 모든 종들을 보냈겠습니까? 아니 충분하지도 못한 음식을 차려 놓고 이 사람 저 사람에게 오라고 그처럼 오랫동안 초청장을 발부했겠습니까? 오, 그럴 수 없지요! 하나님께서는 조롱을 받으시는 분이 아닙니다. 뿐만 아니라 가난하고 불쌍한 영혼들을 조롱하는 분도 아닙니다. 하나님의 자비의 창고는 정말로 위급한 경우에 처해 있는 모든 사람들에게 충분합니다.

> "사랑과 자비의 강물이 여기에서 만나
> 부요한 대양에 합류하고
> 그 안에 구원이 풍성히 흐르되,
> 젖과 포도주가 넘치듯이 흐른다.
>
> 위대하신 하나님이시여,
> 당신의 사랑의 보화는 영원히 다함이 없나이다
> 우리의 무능한 비참이 아무리 깊고 크다 할지라도
> 우리의 죄가 아무리 한없다 할지라도 그러하니이다."

다시, 하나님께서 복음에 당신의 영예를 걸기를 기뻐하셨다는 사실을 회상하십시다. 사람들은 자기 이름을 남기기를 좋아합니다. 하나님께서도 그분의 영광을 위하여 열심을 내시는 분이십니다. 자, 하나님께서 그분의 이름을 위하여 무엇을 택하기를 기뻐하셨습니까? 사람들의 회심과 구원이 아닙니까? 찔레 대신 아름다운 도금양 나무가 올라오고, 가시나무 대신 무화과나무가 올라올 때, 그것은 주님께 영예가 될 것이고, 영원한 표증이 될 것입니다. 하나님께서 작은 구주를 통해서 몇 사람의 작은 죄인들을 구원함으로써 명예를 얻으실 것이라고 생각하십니까? 아! 하나님의 위대한 이름은 지옥처럼 검게 얼룩진 것을 닦아내고, 가장 어리석은 존재였던 죄인들을 용서하심으로 말미암아 드러납니다. 이 자리에 하나님을 크게 영화롭게 할 만한 기괴한 반역자가 있습니까? 다시 말하면, 그를 구원하시면 천사들도 놀라고 마귀도 더 이상 입을 닫지 못할 정도로 깜짝 놀라는 일이 될 정도로 기괴한 반역자가 있습니까? 저는 있을 것이라고 생각합니다. 오! 지극히 비굴한 자리에 떨어져서 가증하고 흑암이 깊은 곳에 빠져 저주받기에 가장 합당한 사람이 있다면 이 목소리를 들을 때 앞으로 나와서 하나님의 자비하심이 그대의 죄에 대해서도 부족함이 있는지 증언해 보라고 말씀드리는 바입니다. 그대 골리앗 같은 죄인이여, 이리로 나오십시오. 그리하면 하나님께서 그대에게서 하나님께 대한 적대감을 없애 버리고 그대를 하나님의 친구로 삼으실 수 있다는 사실을 발견할 것입니다. 그만큼 더 여러분은 하나님을 사랑하고 경외하는 더 훌륭한 종이 될 것입니다. 왜냐하면 많이 용서받은 사람이 크게 사랑할 것이기 때문입니다. 하나님의 자비하심은 그처럼 위대하여 "죄가 더한 곳에 은혜가 더욱 넘칩니다"(롬 5:20).

죄인이여, 예수 그리스도께서 작은 일을 하기 위해, 빈약한 자비의 창고를 열어 보여주기 위해 하늘에서 내려오셨다고 생각하십니까? 골고다에 오르사 십자가에 못 박혀 죽으시고 무덤에 내려가신 그 모든 일을 하신 것이 보통의 일을 이루기 위해서였다고 생각합니까? 협소하고 제한된 구원을 공급하기 위해서 그런 일을 하셨다고 생각하느냐 말입니다. 불신앙적인 생각을 가진 죄인의 마음은 그리스도의 구속을 그런 식으로 생각합니다. 그러나 결코 그렇지 않습니다. 우리는 헤라클레스의 사역에 대해서 말합니다. 그러나 지옥의 사자를 멸하신 그리스도의 사역에 비추어 보면 그러한 일들은 어린 아이의 놀음에 지나지 않았습니다. 그리스도께서는 사람의 죄라는 무서운 아우게이아스 왕의 외양간(희랍 신화에 보면, 30년간 한 번도 청소를 안 한 그 왕의 외양간을 헤라클레스가 강물을 끌어들여 하루에 다 치움 – 역주)에 강물을 끌어들여 정화시키고 깨끗하게 하셨으며, 그 위에 수많은 이적들을 행하셨습니다. 그리스도께서 성취하신 일이 결국 너무 작아서 자신을 구원하기에 충분하지 못하다고 상상할 만큼 그리스도를 평가 절하하는 일을 계속하렵니까? 지금까지 지극히 부정직하고, 아주 사악하고, 술에 절어 살았고 지극히 신성 모독적인 말을 해온 사람을 끌어낼 권한이 제게 있다면 – 다시 말하면 가장 세속적이고 육욕적이며 마귀적인 사람을 불러낼 권한이 제게 있다면 ―
저는 방금 제기한 도전을 다시 한 번 그 사람에게 제기하고 싶습니다. 그 사람을
향하여, 예수님께 가까이 나와서 그리스도의 속죄하는 피로 가득 찬 그 샘이 그
를 희게 씻을 수 없는지 확인해 보라고 도전하는 바입니다. 지금 즉시 나와서 사
랑하시는 구속주의 발 앞에 엎드려 보라고 말하는 바입니다. 그래서 "내가 너를
구원할 수 없구나. 너는 내 능력보다 더 많은 죄를 범하였다"고 주님께서 말씀하
시는지 시험해 보라고 도전하는 바입니다. 결코 그런 일은 있을 수 없을 것입니
다. 왜냐하면 하나님께서는 그분을 믿는 사람 중 구원하시지 못할 자가 한 명도
없기 때문입니다. 그분은 구주이시되, 위대하신 구주이십니다. 그리스도께서 가
장 큰 범죄자에게 그 장엄한 은혜를 베푸심으로써 영예를 받으실 것입니다. 주
님께는 '풍족한' 용서가 있습니다.

저는 이제 이 점에 대한 이야기를 마쳐야겠습니다. 그러나 이야기를 마치기
전에 "양식이 풍족하다"는 사실이 복음의 모토(motto)가 되어야 한다는 그 점을
부연하지 않을 수 없다고 생각합니다. 저는 제한된 구속을 믿습니다. 그리스도
께서 자기 양을 위해서 목숨을 버리신 것을 믿습니다. 그러나 이미 말씀드린 바
와 같이 그 구속이 제한된 가치가 있다고 믿는 것은 아닙니다. 어떻게 제가 요한
의 다음과 같은 말씀을 달리 읽을 수 있겠습니까? "그는 우리 죄를 위한 화목 제
물이니 우리만 위할 뿐 아니요 온 세상의 죄를 위하심이라"(요일 2:2). 분명 하나
님께서 택한 백성들을 위해서 구속의 은혜가 주어졌습니다. 그러나 구속의 가치
는 '풍족'하여 그보다 훨씬 더 큽니다. 저는 하나님께서 당신의 택하신 자들을 모
두 구원하시는 선택적인 사랑을 믿습니다. "풍족한 양식"을 주신 것입니다. 저는
"풍족하고 남음이 있는" 한없는 자애로움을 믿습니다. 우리가 어떤 일을 이루려
하면 그에 필요한 만큼의 힘을 쏟아야 합니다. 우리는 필요한 만큼만 힘을 쏟습
니다. 경제적이어야 하며 우리의 제한된 힘을 소진시키지 말아야 하기 때문입니
다. 심지어 사랑하는 마음으로 가난한 사람에게 준다 할지라도 절대적으로 필요
한 만큼만 주는 것입니다. 그러나 하나님께서는 그 허다한 무리를 먹이실 때 왕
답게 넉넉하게 떡을 나누어 주십니다. 오늘날 살수차(撒水車)는 혜택을 받은 거
리를 오르락내리락 하고 있습니다. 그러나 하늘의 구름이 선한 사람의 밭에 은
총을 베풀 때에는 거기에만 내리지 않고 온 나라 전체를 흠뻑 적시는 것입니다.
필요 없이 보이는 바다에까지 비를 쏟아 내리는 것입니다. 하나님께는 진정한

의미에서 허비가 있을 수 없습니다. 그러나 동시에 하나님께는 인색함도 있을 수 없습니다. "양식이 풍족하다." 자비의 집 문 위에 그 말이 쓰여 있습니다. 그래서 모든 굶주린 자가 용기를 가지고 그 문으로 들어가 먹도록 한 것입니다.

2. 아버지의 집에서 가장 낮은 자도 풍족한 양식을 누렸다

우리는 이제 두 번째 항목으로 나아가 보겠습니다. 그 문제에 대해서는 간단하게 살펴보려 합니다. 본문에 의하면, 그 아버지의 집에는 양식이 풍족할 뿐만 아니라 "그 아버지의 집에서 가장 낮은 위치에 있는 사람도 그 풍족한 양식을 누렸습니다."

우리는 어떤 비유도 모든 점을 오늘날과 완전히 일치시킬 수는 없습니다. 그러므로 여기 이 비유에서 '품꾼'이 오늘날 정확히 무엇에 대해서 쓰일 수 있는 말인지 알아낼 수는 없습니다. 그러나 제가 이해하기로 그 탕자는 이러한 뜻으로 말한 것입니다. 아버지께서 쓰시는 가장 비천한 하인마저도 먹을 양식이 있을 뿐 아니라 "그 양식을 풍족하게" 먹을 수 있다는 것입니다. 자, 그러면 우리가 그 대목을 어떻게 번역해야겠습니까? 하나님께서 지으신 가장 비천한 피조물, 곧 하나님께 범죄하지 않은 피조물이 참으로 풍족한 것을 공급받으며 넘치는 행복을 누리고 있다는 식으로 그 대목을 옮겨 놓아야 할 것입니다. 가장 비천한 짐승들의 몸의 조직 속에도 즐거움을 누리게 하는 기관들이 있는 것입니다. 여름 날 햇볕이 내리쬐는데도 불구하고 그 속에서 갖가지 생물들이 춤을 추고 있는 것을 보십시오. 참새들이 떼로 몰려 날아다니면서 즐거움을 만끽하는 소리를 들어 보십시오. 새나 벌레들까지도 돌보시는 하나님께서 사람을 돌보시리라는 것은 너무도 확실합니다. 날파리들이 울부짖는 소리를 들으시는 하나님께서 돌이켜 회개하는 사람의 소리를 듣지 못하시겠습니까? 하나님께서 이 벌레들에게 행복을 주십니다. 그런데 하나님께서 나를 곤고한 자로 만들기로 작정하셨겠습니까? 분명 손을 펴시고 모든 살아 있는 생물들에게 필요한 것을 공급하시는 분이 그 얼굴을 구하는 사람의 필요를 위해서 손을 펴시고 필요한 것을 공급하실 것이 틀림없습니다.

그러나 저는 이러한 가장 비천한 피조물들을 그 아버지의 집에 있는 품꾼으로 생각하지 않습니다. 그러면 사람들 중에서 누구를 생각해야 할까요? 저는 그 요점을 이렇게 말하고 싶습니다. 가장 악한 죄인이라도 그리스도께 나오면 은혜를 받되, '풍족한' 은혜를 받으며, 주 하나님의 집에 거하는 성도들 중에 가장 작은 자라도 '풍족하고 남음이 있는 사랑'을 얻게 된다고 말입니다. 자, 죄인의 괴수를 생각해 보십시오. 주 하나님께서 그런 사람들이 돌아오게 될 때 그를 얼마나 후대하시는지 살펴보십시오. 아직 회심하지 아니하는 자들 중에서 정말 악해 보이는 어떤 자들이 있다고 합시다. 회심하지 아니한 다른 사람들보다 외면적으로 훨씬 더 부도덕한 사람의 경우를 살펴보자는 것입니다. 그런데 도덕적으로 착해 보이는 사람들은 회심하지 않았지만 부도덕한 그 사람들이 회심하게 되었습니다. 그들이 회심하게 될 때 그들은 무어라고 증거합니까? 그리스도의 피가 그들을 씻기에 효력 있다고 말하지요? 오! 그렇습니다. 그들의 죄를 씻기만 하는 것이 아닙니다. 그 이상입니다. 왜냐하면 그리스도의 보혈은 그들에게 본래 없었던 아름다움을 그들에게 입혀 주기 때문입니다. 그들은 한때 벌거벗은 상태에 있었습니다. 예수님께서 그들을 옷 입혀 주실 수 없었습니까? 예수님께서 당신의 의로 충분히 그 사람들을 덮어 주시지 않았습니까? 정말 그렇습니다! 참으로 아름다운 장식을 덧붙여 주신 것입니다. 그들은 그저 단순한 의복을 받은 것이 아니라 왕이 주는 예복을 받은 것입니다. 여러분은 이렇게 넉넉하게 대우를 받는 것을 보았는데, 그 점을 볼 때 여러분도 그리스도께로 오고 싶은 마음이 들게 하지 않습니까? 우리 중에 어떤 사람들은 지금 지적하고 있는 그 요점을 다른 사람들에게만 필요한 것으로 여겨서는 안 됩니다. 왜냐하면 우리는 우리 자신에 대해서 그렇게 말할 수 있기 때문입니다. 우리는 아직 회심하지 않은 여러분만큼 죄가 가득한 채로 예수님께 왔었습니다. 그리고 우리 자신이야말로 완전히 망하고 파멸된 사람이라는 것을 느꼈었습니다. 그러나 오! 그 예수님의 자애로우심이여, 저는 그 점에 대해서 여러분에게 말씀드리자마자 눈물이 납니다. 하나님의 손에서 긍휼을 받기 위해 나온 그 순간에 하나님께서 제게 베푸신 무한하신 긍휼을 생각하면 제 영혼은 감사함으로 녹아 버립니다. 오! 어째서 여러분은 아직도 예수님께 오지 않고 있습니까? 예수님의 성령께서 여러분을 친절하게 이끄시기를 바랍니다! 저는 풍족한 양식, 풍족한 자비하심, 풍족한 죄 용서하심이 있다는 것을 입증하여 드렸습니다. 저 불쌍한 죄인이여, 어서 오십시오. 그대를 위한 자리가 충분히 있습니다.

　자, 죄인 중 괴수가 그러한 증거를 한다면 성도 중에 아직도 확신하지 못하고 희미한 상태에 있는 가장 연약한 자도 그러한 말을 할 수 있는 것입니다. 여기 하나님을 믿되 믿음이 연약한 사람이 있을 수 있습니다. 그 사람은 교회에 거의 알려져 있지 않습니다. 때로 그가 하나님의 자녀인지 의문을 제기하는 사람도 있습니다. 그 사람은 아마 하나님께 속할 수만 있다면 품꾼의 하나로 있기를 진정 원할 것입니다. 저는 그런 분에게 묻고자 합니다. "주님께서 여러분을 어떻게 대우하셨기에 그렇게 하고 있는가?"라고 말입니다. 그 사람이 무엇이라고 대답할까요? 물론 많은 환난과 의심과 두려움이 있을 수 있습니다. 그러나 주님께 어떤 불만이라도 가지고 있습니까? 주께서 매일 은혜를 베풀어 주시기를 바라며 기다렸을 때 주님이 그것을 거절하셨습니까? 고통 가운데 지낼 때 위로해 주기를 거절하시던가요? 곤고함에 빠져 들었을 때 주님께서 건져 주시기를 싫어하시던가요? 주님께서 친히 물으십니다. "내가 이스라엘에게 광야가 되었었느냐"(렘 2:31). 만일 주님께서 잘못한 것이 있으면 그 잘못된 것을 증거해 보십시오, 그대 하나님의 백성들이여. 오! 하늘이여 귀를 기울이라. 땅이여 들으라. 하나님을 섬긴 사람 가운데서 하나님이 정말 인색하다는 것을 알아낸 자가 있다면 말하도록 하라. 하나님의 보좌 앞에 있는 천사들, 구속받아 이 지상에 있는 사람들 중에, 하나님께서 자신을 부당하게 대우하였거나 불의하게 행하신 일이 있다고 말할 수 있는 자가 있으면, 목소리를 높여서 말해 보라! 그러나 그런 사람은 한 명도 없습니다. 마귀마저도 하나님과 그의 종 욥에 대해서 말할 때에 "욥이 까닭 없이 하나님을 섬기나이까?"라고 말하였던 것입니다. 물론 욥이 까닭 없이 하나님을 섬기지 않았습니다. 하나님께서 그 종들에게 아무것도 주지 아니하고 섬기라 하지 않으실 것입니다. 하나님께서는 종들에게 품삯을 넘치도록 풍성하게 주실 것입니다. 그래서 모든 하나님의 종들은 하나님의 식탁에는 "양식이 풍족하고 남음이 있다"고 증거할 것입니다. 자, 이런 사람들이 하나님의 집에서 풍성한 것을 누리고 있습니다. 그들은 한때 큰 죄인이었습니다. 그러나 지금 그들은 매우 좋은 성도가 되어 있습니다. 죄인이여, 그 사실이 그대로 하여금 "일어나 내 아버지께 가리라"고 말하게 용기를 주지 않습니까? 아버지의 품꾼들은 "양식이 풍족하기" 때문입니다.

3. "양식이 풍족한" 허다한 품꾼들

이제 우리는 세 번째 요점을 살펴봅시다. 본문은 "양식이 풍족한 품꾼이 허다하다"는 사실을 지적하고 있습니다. 탕자는 "내 아버지에게는 양식이 풍족한 품꾼이 얼마나 많은가"라고 말하면서 그 "얼마나 많은가"에 강조점을 두고 있습니다. 그는 그 품꾼이 대단히 많다는 사실을 생각하면서 그 품꾼들을 헤아려 보았습니다. 가축을 먹이는 품꾼들, 낙타를 데리고 밖에 나가는 품꾼들, 양들을 지키는 품꾼들, 곡식을 가꾸는 품꾼들, 집에서 시중드는 품꾼들, 그 모든 품꾼들을 다 생각하였습니다. 그 모든 품꾼들을 마음으로 헤아려 보았습니다. 정말로 그의 아버지는 그 나라에서 큰 자였고, 많은 품꾼들을 부리고 있었습니다. 탕자는 그 품꾼들 모두가 "양식이 풍족한" 자들이었음을 알았습니다. 그래서 그는 자신에게 이렇게 말한 것입니다. "내가 어째서 굶어 죽어야 한단 말인가? 아니, 정말 굶어 죽을 사람은 나뿐이구나. 너무나 배가 고프긴 하지만 채워야 할 배가 내 하나밖에 없지만, 오, 내 아버지께선 수백 사람의 배를 채우고 계시네. 아니, 매일 수천 명의 배를 채우고 계시네. 그런데 어째서 나는 굶어 죽어야 한단 말인가?" 자, 정신을 차린 죄인이여, 오늘 아침 이 탕자의 느낌과 같이 여러분이 자신의 죄와 비참을 생각하며 이미 하나님께 은혜를 받은 허다한 무리를 생각해 보십시오. 하늘에 수를 헤아릴 수 없는 허다한 무리가 있는 것을 생각하십시오. 오늘 그대가 인도를 받아 그 하늘에 들어가면, 바로 지금 하나님의 보좌 앞에 있는 그 허다한 무리를 세는 것보다 차라리 하늘의 별들이나 바다의 모래알을 세는 것이 더 쉽다는 것을 발견할 것입니다.

그들은 동서남북으로부터 와서 아브라함과 이삭과 야곱과 함께 앉아 있습니다. 그런다 할지라도 그대를 위한 방이 충분히 마련되어 있습니다. 이미 하늘에 간 허다한 무리들 말고 아직도 지상에 남아 있는 수많은 믿음의 사람들을 생각해 보십시오. 그들은 하나님께 사랑을 받고 택함을 받은 사람들입니다. 지상에 있는 사람들은 수백만이 넘어 헤아릴 수 없습니다. 저는 지금보다도 더 허다하고 허다한 무리들이 구주를 알고 기뻐할 더 밝은 날이 오고 있다는 사실을 믿습니다. 아버지의 사랑은 몇 사람만을 위한 것이 아니라 지극히 큰 무리를 위한 것입니다. 사람이 능히 셀 수 없는 허다한 무리를 하늘에서 만날 것입니다. 자, 사람은 매우 많은 수를 셀 수 있습니다. 뉴턴처럼 계산하면 큰 수를 셀 수 있습니다. 그러나 하나님만이 그분의 구속받은 허다한 무리의 정확한 수를 말씀하실 수 있습니다. 자, 죄인이여! 어쨌든 그대는 큰 죄인에 불과합니다. 수백만을 포용하신 하나님의 자비하심은 그대를 위해서도 충분한 여유를 가지고 있습니다. 큰 고래들과 수를 헤아릴 수 없는 미물들을 담고 있는 바다가 있습니다. 그런데 그 바다를 보고 "내가 그 바닷물에 가서 해수욕을 즐기면 둑이 넘쳐흐를 것이다"고 말하는 것입니까? 빛으로 우주를 충만하게 밝히는 태양을 보고, "태양더러 내 어둠을 밝히라고 하면 그 태양 빛을 내가 소진시키는 거야"라고 말할 수 있습니까? 결코 그럴 수 없습니다. 정말 정신이 온전하다면 그런 생각을 도저히 용납할 수 없지요. 제정신을 차리면 아무리 궁핍이 극에 달했다 할지라도 아버지의 은혜의 풍성함을 기억하고 소망을 품을 것입니다.

오늘 아침 하나님께서 이 메시지를 받도록 하신 여러분에게 꼭 맞는 말씀을 몇 마디 덧붙여야 하겠습니다. 복음을 오랫동안 들어왔기에 이론적으로 복음을 잘 알면서도 마음에 역사하는 복음의 능력에 대해서 전혀 느껴 본 적이 없는 이가 여기 있을 것입니다. 저는 그런 사람이 어떠한 위치에 있으며, 어떠한 상태에 있는지를 상기시켜 드리고자 합니다. 여러분은 지금 멸망해 가고 있는 것입니다. 주 하나님께서 살아 계시니, 여러분과 죽음 사이에는 한 발짝의 간격밖에 없습니다. 아니 숨을 한 번 들이마셨다 내쉬는 그 순간의 간격만이 존재하는 것입니다. 죄인이여, 만일 이 순간에 그대의 심장이 고동을 멈춘다고 생각해 보십시오. 정말 다시 시계의 초침이 재깍거리면서 움직이기 전에 심장을 대번에 멈추게 할 수 있는 요인들은 천 가지도 넘습니다. 그러면 즉시로 그대는 하나님의 진노의 화염 속으로 떨어지게 될 것입니다. 여러분은 그런 위험천만한 곳에서 계속 버틸 수 있겠습니까? 만일 여러분이 가느다란 실 하나에 의지하여 바위에 매달려 있다고 합시다. 그 실은 금방 끊어질 참입니다. 만일 그 바위에서 떨어지면 밑으로 떨어져 머리가 박살이 날 판입니다. 그런 경우라면 어떻게 잠을 잘 수 있겠습니까? 경계를 조금도 늦추지 않아야 할 것입니다. 임박한 진노에서 피하기까지 정신을 차릴 충분한 지각과 충분한 기지와 충분한 은혜가 여러분에게 있기를 바랍니다.

어쨌든 여러분이 망해 가고 있다면, 풍성함을 눈앞에 두고 망해 가고 있는 셈입니다. 식탁이 풍성히 차려져 있는데도 굶어 죽어가고 있는 것이나 마찬가지입니다. 더욱 기가 막힌 것은, 그 식탁에 앉아 있으면서도 여전히 굶어 죽고 있는 자들이 있다는 것입니다. 잔치에 참여해 있으면서도 계속 먹지 않고 굶고 있다면 그 사람은 얼마나 서글픈 고집을 부리고 있는 것입니까? 다른 사람들은 좋은 것으로 만족을 누리고 있는데도 말입니다!

그러나 저는 여러분이 "예수님께 나아갈 아무런 자격이 없어서 걱정이에요"라고 말할 것이라고 생각합니다. 여러분에게 이 점을 묻고 싶습니다. 여러분이 주님께 요청했더니 주님께서 거절하여서 그런 말을 했다면 몰라도, 그런 거절을 당하지 아니한 채 왜 그런 말을 하는 것입니까? 그리스도께 나아가 보려고 애썼습니까? 그리스도께서 여러분을 거절하시던가요? 여러분이 주님께 쫓겨나지도 않았는데 어찌하여 주님께서 자기를 물리치실 것이라고 악한 상상을 하는 것입니까? 저는 그것을 '악하다'고 말합니다. 왜냐하면 십자가에서 마음을 열어 보여주신 그리스도께서 회개하는 죄인을 물리치실 수 있다고 상상하는 것은 그분을 노엽게 하는 행위이기 때문입니다. 여러분은, "나는 긍휼을 받는 자들 중에 들지 않았어"라고 말할 권리가 있는 것입니까? 정말 누가 여러분에게 그렇게 말했습니까? 여러분이 하늘에 올라가 하나님의 선택한 백성들의 명단에 들어 있는 비밀문서를 읽어 보았습니까? 주님께서 여러분에게 낯선 표정을 지으시면서 "가라, 이 멸망할 자야. 나는 네게 긍휼을 베풀지 않겠다"라고 말씀하시던가요? 하나님께서 그렇게 말씀하셨다고 할지라도 저는 여러분의 말을 믿지 않습니다. 바로 이 거룩한 책에 하나님께서 말씀하신 것이 기록되어 있습니다. 분명한 증거의 말씀이 이 책에 있습니다. 이 책을 읽어보면, 겸손하게 하나님을 찾는 사람을 하나님이 쫓아내고 은혜를 주시지 않았다는 말을 할 수 없는 것입니다. 여러분이 그러한 말을 꾸며 내어 스스로 저주를 자취할 이유가 있습니까? 하나님의 말씀에서 보나 다른 일반적인 경우를 보더라도 여러분을 격려하여 그리스도께 오도록 하는 것이 많습니다. 그리스도께서는 한 죄인도 물리치신 적이 없습니다. 그리스도께서 죄인들을 구원하시러 죽으셨는데, 죄인들이 구원받기를 원할 때 그들을 물리치시겠습니까?

　또 어떤 분은 이렇게 말합니다. "그리스도께 나아가기가 두렵습니다." 그 말이 지혜로운 말입니까? 회심했던 한 불쌍한 해군에 대한 이야기를 들은 적이 있습니다. 그 사람은 조금밖에 교육을 받지 못했습니다. 그러나 우리 주 예수 그리스도의 은혜는 알고 있는 사람이었습니다. 그런데 그 사람이 죽어 가면서 매우 용기 있고 기쁨에 차서 어서 세상을 떠나기를 바랐습니다. 그 아내가 남편에게 말했습니다. "아니, 여보, 심판대 앞에 서는 것이 두렵지 않아요?" 남편은 말하였습니다. "여보, 내가 나를 위해 죽으신 분 앞에 서는데 무엇 때문에 두렵단 말이요?" 오! 어째서 여러분은 죄인들을 위해서 죽으신 그리스도를 무서워하는 것입니까? 그분을 무서워한다는 생각 자체를 버려야 합니다. 그분이 죄인들을 위해서 피를 흘리셨다는 사실을 생각하고서 말입니다. 여러분은 그리스도께서 죽으셨다는 바로 그 사실 때문에 그리스도께서 여러분을 영접하실 것을 충분히 믿을 수가 있는 것입니다. 그 외에, 성경에서 우리는 주님의 이 말씀을 봅니다. "내게 오는 자는 내가 결단코 내쫓지 아니하리라." 어떠한 이유로도, 어떠한 방식으로도, 어떠한 경우에도, 어떤 구실을 들어서도, 어떤 동기로도 주님께 오는 자를 결코 내쫓지 아니하실 것이라고 말씀하신 것입니다. 원문에는 "내가 그를 내쫓지 아니할 것이다"고 되어 있습니다. "내게 오는 자를 결단코 내쫓지 아니할 것이다." 여러분은 말하기를, 나 같은 자를 용서하신다는 것이 너무나 큰 진리라서 믿기 힘들다고 할지 모릅니다. 여러분이 작은 되를 가지고 하나님의 곳간에 들어 있는 곡식을 재보려는 어리석음을 더 이상 범하지 마십시오. 용서의 은혜가 여러분이 받기에 너무 좋은 것처럼 보이기 때문에 하나님께서 여러분 같은 사람에게 그 선을 베푸시기가 어려울 것이라고 상상하다니요. 그 좋은 소식의 위대함 때문에 그 소식이 진리라고 믿도록 하십시오. 그렇게 하는 것이 하나님의 복음에 합당한 것입니다.

> "하나님처럼 용서하시는 분이 누구시며
> 그처럼 부유하고 값없이 은혜를 베풀어 주시는 분이 누구리요?"

복음은 하나님께서 위대하신 구주를 통해 큰 죄들을 용서하신다고 확언하는데, 하나님이 그처럼 크신 분이시므로 복음이 진리로 보이는 것입니다.

여기 이 시점에서 이 모든 것이 각 죄인에게 어떤 결과를 가져오겠습니까? 이 좋은 소식은 절망으로 말미암아 거의 잠들어 버린 자들을 깨울 것입니다. 예를 들면, 배에 구멍이 나서 그리로 물이 들어와 배가 점점 가라앉고 있기 때문에 선원들이 배 안에 있는 물을 계속 밖으로 퍼냈습니다. 선장은 배가 틀림없이 파선할 것이라고 확신했습니다. 사람들은 그러한 불행한 결론에 이르게 되면 침체되어 일하려 들지 않습니다. 배는 온통 구멍이 뚫려 있고 뗏목을 만들 수 없어서 선원들은 절망한 채로 앉아 있습니다. 그런데 선장이 선원들에게 좋은 소식을 가지고 옵니다. 선장이 말합니다. "배가 뜰 것이다. 바람은 점점 잦아지고 있고, 펌프가 작동하여 배 안에 있는 물이 줄어들고 있다. 그래서 결국 물이 들어오는 구멍을 막을 수 있다." 그런 말을 듣고 선원들은 다시 용기를 내어 수고할 것입니다. 왜냐하면 소망이 있기 때문입니다! 영혼이여, 소망이 있습니다! 정말 소망이 있습니다! 소망이 있도다. 창기와 도둑과 주정뱅이에게 소망이 있도다.

사탄은 "소망이 없다"고 말합니다. "너는 소망이 없으니 네 소굴로 되돌아가라"고 말합니다. 그러나 타락한 사람이 죄의 시궁창에 빠져서 거의 목까지 잠기게 되었다 할지라도, 아니 사망의 문에까지 갔다 할지라도, 살아 있다면 소망이 있는 것입니다. 전혀 소망 없는 영혼도 구주께는 소망이 있습니다.

이 생각은 우리를 일깨울 뿐만 아니라 죄인들의 생각들을 높이기도 합니다. 몇 년 전에 더블린에 비를 들고 횡단보도를 늘 쓸곤 했던 청소부 한 사람이 있었습니다. 그의 생각은 어떻게 해서든지 횡단보도를 깨끗이 유지하고 몇 푼의 돈을 받는 것에 온통 미치고 있었습니다. 어느 날 변호사 한 사람이 그 어깨에 손을 얹으며 이렇게 말했습니다. "착한 양반, 당신이 1년에 일만 파운드의 행운을 상속받게 된 것을 아십니까?" "아니 무슨 말씀이십니까?" "제가 방금 정보를 입수했어요. 당신이 바로 그 사람임에 틀림없습니다." 그 청소부는 재빨리 걸음을 재촉하느라고 빗자루를 가져가는 것을 까먹었습니다. 여러분은 이 말을 듣고 놀라시나요? 갑자기 일 년에 일만 파운드를 소유하게 되었다하면 빗자루 따위를 잊어버리지 않을 사람이 누가 있겠습니까? 그처럼 이 세상 쾌락만 생각해 왔던 불쌍한 죄인들이 자기들에게도 소망이 있다는 소리를 들을 때에, 또 천국을 가질 수 있게 되었다는 소리를 들을 때, 사람을 속이는 죄의 쾌락을 잊어버리고 더 고귀하고 좋은 것을 따라가게 되기를 기도하는 바입니다.

그 소식은 그 사람의 생각을 정결하게 씻어 주지 않을까요? 탕자가 "내가 일어나 아버지께 가리라"고 말했을 때 바로 그 순간 어느 정도 개혁이 일어난 것입니다. 자, 여러분도 그렇게 말합니까? 자, 그 사람은 돼지 움막을 떠났습니다. 물론 포도주 잔을 버렸습니다. 그리고 창기들을 떠났습니다. 창기들을 옆에 끼고 가지 않았습니다. 손에 포도주 잔을 들고 가지 않았습니다. "내가 창기를 데리고 술잔을 들고 아버지께로 가야지"라고 말하지 않았습니다. 그럴 수가 없죠. 그 모든 것들을 놓아두었겠죠. 그는 가져갈 좋은 것이 전혀 없지만 계속 자기의 죄를 지으면서 그리스도께 나오려고는 하지 않았습니다. 저는 이 요점을 말씀드리고 설교를 마치려고 합니다. 그것이 일종의 '단서'와 같이 작용하고, 무료로 주어지는 복음의 광범위한 초청을 돋보이는데 부합한 말일 것이기 때문입니다. 여러분 중에 어느 누가 복음을 가지고서도 해악을 끼치거나, 감히 십자가로 자기 영혼의 교수대로 삼을까 저는 두렵습니다. 만일 하나님께서 그렇게 자비로우시다면 가서 더 죄를 짓자는 식으로 말할까 봐 두렵습니다. 값없이 은혜가 주어지니 계속해서 그 은혜를 더 넘치게 하기 위해 죄를 짓자는 식으로 나갈까 두렵습니다. 만일 여러분이 그렇게 한다면 저는 여러분에게 이 점을 엄숙하게 상기시켜 드립니다. 그런 사람에게 전파될 은혜는 전혀 없다는 것입니다. "그런 자가 받을 저주는 너무나 정당합니다." 이 말은 영감 어린 말입니다. 그런 사람에게 적용될 수 있는 말은 그 말밖에 없다고 생각합니다. 구주를 바라는 궁핍하고 범죄한 모든 영혼은 오늘 주 예수님을 믿으라는 말씀을 듣습니다. 다시 말하면, 희생 제물이 되어 나를 대속해 주신 그리스도를 믿으라는 것입니다. 여러분의 죄를 짊어지고 도말하신 그분을 믿으십시오. 그분이 여러분의 영혼을 구원하실 것입니다. 그것을 믿으십시오. 그리스도를 전적으로 믿으십시오. 그러면 바로 이 순간에 용서를 받습니다. 바로 이 순간에 구원을 받고, 믿음으로 말미암아 의롭다 함을 받되, 우리 주 예수 그리스도로 말미암아 하나님과 더불어 화평을 누린다는 사실로 인하여 지금 기뻐할 수 있습니다. 오! 오십시오. 어서 오십시오. 지금 구속주의 피로 나오십시오. 성령께서 그들더러 나오라고 초청하십니다. 그래서 자비의 집인 교회를 채우라고 말씀하십니다. 아멘! 아멘!

제
60
장
—

전환점

—

"이에 일어나서 아버지께로 돌아가니라." — 눅 15:20

이 문장은 탕자의 생애에 있어서 진정한 전환점을 표현하고 있습니다. 많은 다른 요소들이 합하여 그 전환점에 이르게 하였습니다. 그가 그 전환점에 이르기 전에 그 안에는 매우 소망스러운 것들이 많이 있었는데, 그러나 이제 이 시점에 이르게 된 것입니다. 만일 이 시점에 이르지 못하였다면 그는 내내 탕자로 남아 있었을 것입니다. 그래서 그 탕자는 결코 아들의 신분을 회복하지 못하였을 것이고, 그의 인생도 우리에게 위로의 교훈을 주기보다는 주의해야 할 경고의 사례로 남아 있었을 것입니다. "이에 일어나서 아버지께로 돌아가니라." 지금 제가 지극히 연약한 가운데서 말하고 있기 때문에 길게 말할 처지가 아닙니다. 목소리를 낼 수 있는 동안, 저는 말씀드리려는 요점으로 직행하려 합니다. 주님께서 성령으로 말미암아 제 말하는 모든 단어마다 쓸모 있게 되고 능력 있게 하시기를 기도합니다.

1. 행동이 있었다

우리는 이 탕자의 처사에 "행동이 있었다"는 것에 먼저 주목하려 합니다. — 이에 일어나 아버지께로 돌아가니라. 그는 이미 깊은 생각에 잠겨 있었습니다. 그는 정신을 차리고 이제 아버지께로 돌아가야겠다고 맘을 먹고 아버지께로 돌아갔습니다. 그는 과거를 생각하고 헤아려 보았으며, 세상의 모든 쾌락이 헛되다는 것을 알았습니다. 자기 상태를 아버지의 처지에 비추어 살펴보았습니다. 그리고 자기가 계속 먼 나라에서 머물러 있게 될 때에 자기의 전망이 어떠할지에 대해서도 생각하였습니다. 그리고 자기가 무엇을 해야 마땅한지에 대해서도 생각하였습니다. 또한 그런 길을 가면 만날 결과가 어떠한 것일지에 대해서도 짐작해 보았습니다. 그러나 이제 그는 막연한 생각의 단계를 넘어서 움직이고 실행하는 사실의 단계로 넘어갔습니다. 사랑하는 청중 여러분, 여러분이 이같이 행하려면 얼마나 오랜 시간이 걸리겠습니까? 여러분이 생각을 바르고 깊게 하면 좋겠습니다. 여러분이 자신의 길을 숙고하고, 자기 상태를 깊이 생각하며, 장래에 대해서 진지하게 전망해 봄으로써 이 중요한 점을 깨닫기를 바랍니다. 깊이 생각하지 않는 바람에 많은 이들이 영원을 향해 가다가 망하고 맙니다. 경솔한 사람들이 깊이 생각하지 않음으로 말미암아 육체의 안일의 깊은 구덩이에 떨어져 망합니다. 그러나 여러분 중에 어떤 이들은 충분히 "오랜 기간 깊이 생각하였습니다." 지금은 좀 더 실천적인 단계로 넘어가 있어야 하는 때입니다. 이미 행동으로 옮겼으면 더 좋았을 경우가 많습니다. 하나님과 화목하는 문제에서는 처음에 화목할 생각이 들었으면 바로 행동에 옮기는 것이 제일 좋기 때문입니다. 사람의 생명이 실낱같이 가녀리게 남아 있고 지옥이 그 앞에 입을 벌리고 있다면, 그 사람이 행할 길은 분명합니다. 두 번 다시 생각하는 것은 정말 불필요한 일입니다. 위험에서 피하고 하나님을 부여잡는 첫 번째 즉각적인 행동이야말로 정말 따라야 할 지혜로운 처사입니다. 제 설교를 듣고 있는 여러분 중에 어떤 이들은 지금까지 생각해 왔고 아직도 계속 생각을 하고 있습니다. 그래서 결국 자신이 멸망에 빠지면 어떻게 하나 하고 두려워하게 되는 지점에까지 가 있습니다. 하나님의 은혜로 말미암아 생각만 하고 있는 데서 믿는 데로 나아가기를 기도합니다. 아니면 더 이상 생각하는 것들이 죽지 않고 계속 괴롭히는 벌레와 같이 될 것입니다.

탕자 역시 뉘우침에서 벗어나 그 이상의 자리로 나아갔습니다. 그는 자기가 아버지의 집을 떠난 것을 정말 깊이 슬퍼하였습니다. 또 허랑방탕한 사실을 생각하고 슬퍼했습니다. 양식이 풍족한 아버지의 아들이 낯선 땅에서 돼지를 치는 자로 전락하고 만 것을 슬퍼하였습니다. 그러나 이제 그는 후회하는 자리에서 회개로 나아갔습니다. 슬퍼하는 상태에서 벗어나기 위해 스스로 분발하였습니다. 우리가 죄 가운데 계속 거하면서 뉘우치면 무슨 소용이 있습니까? 여러분의 슬픔의 홍수가 행동의 수레바퀴를 돌릴 수 있다면 있는 힘을 다해서 그 슬픔의 수문을 열어 놓아야 합니다. 그러나 눈물을 저장하여도 결국 게으른 감상주의에만 빠져 있는 데서 벗어나지 못하면 무슨 소용이 있습니까? 사람이 여전히 잘못된 행실 속에 머물러 있다면 그것을 후회한다고 말하는 것이 무슨 소용이 있습니까? 우리는 죄인들이 자기 죄를 뉘우치고 죄로 인하여 처해 있는 처지를 생각하고 애통하고 있을 때에 기뻐합니다. 그러나 만일 그 이상으로 나아가지를 못하면 그러한 후회는 그들이 영원한 양심의 가책을 받도록 준비시키는 것에 지나지 않습니다. 만일 탕자가 낙담에 빠져 행동을 하지 못하게 되었고 그 슬픔으로 인한 깊은 시름 때문에 둔감해져 있어서 꼼짝도 하지 못하고 있다면 그는 틀림없이 죽고 말았을 것입니다. 아버지의 집에서 멀리 떨어져 있는 상태에서 말입니다. 많은 이들이 자기 죄에 대한 슬픔 때문에 불신앙을 아무렇지도 않게 생각하고 하나님의 사랑을 고집스럽게 단념하는 처지에 빠져 들어갑니다. 그러나 탕자는 지혜로웠습니다. 그는 낙담에 빠져 버리지 않도록 정신을 차리며, 굳게 결심하고 "이제 일어나 아버지께 돌아가니라." 오! 슬픔에 빠진 여러분은 언제나 지혜가 생겨서 탕자와 같이 행동하겠습니까? 생각하고 슬퍼하는 마음의 상태에서 언제 실제로 복음에 순종하는 자리로 나아가겠습니까?

　탕자는 또한 단순한 결심을 넘어서서 나아갔습니다. 여기 "내가 일어나리라"고 하는 달콤한 대목이 그것입니다. 그러나 "이에 그가 일어나"라고 한 대목이 훨씬 낫습니다. 활짝 핀 꽃과 같이 결심은 좋습니다. 그러나 행동은 더욱 좋습니다. 그것이 열매이기 때문입니다. 우리는 여러분으로부터 "내가 하나님께 돌아가겠나이다"라는 소리를 들으면 정말 기쁩니다. 그러나 하늘에 있는 거룩한 천사들은 결심 자체만 보고는 기뻐하지 않습니다. 그들은 실제로 돌아서는 죄인을 위해서만 음악을 연주합니다. 여러분 중에 많은 이들은 비유에 나오는 바 "내가 가겠나이다" 하고는 가지 않은 아들과 같습니다. 여러분은 결심하자마자 잊어버리는 모양입니다. 진지한 설교를 들을 때나, 가족 중에 어떤 이가 죽게 되거나, 이웃의 장례 행렬이 지나가는 것을 보거나, 양심의 가책을 느끼거나, 병들 때마다 마음을 고치겠다고 결심합니다. 그러나 여러분이 하겠다고 하는 약속은 결코 지켜진 적이 없습니다. 회개가 말로 끝나 버린 것입니다. 여러분의 선(善)은 마치 아침 이슬 같을 뿐입니다. 이슬은 이른 아침에 풀잎에 대롱대롱 맺혀 있다가 햇살의 열기가 초원에 쏟아지면 다 말라 버리고 맙니다. 여러분은 친구들을 조롱하고 자기 영혼을 아주 하찮게 생각합니다. 이 예배당에서는 자주 "나는 골방에 가서 무릎을 꿇겠다"고 결심을 합니다. 그러나 집으로 가는 길에 그런 생각을 다 망각해 버리고 마는 것입니다. 죄가 비틀거리다가 다시 보좌에 올라앉아 왕 노릇 하기 시작하는 모습입니다. 이제 정말 오래 끌어오지 않았습니까? 하나님께 거짓말을 그 정도 했으면 족하지 않습니까? 여러분이 상식적인 사람이라면 결심하는 일은 이제 그만 넘어가고 여러분 영혼의 엄숙한 일을 시작해야 하지 않겠습니까? 여러분이 마치 가라앉는 배에 있다고 상상해 보세요. 그리고 곁에 구명보트가 있다고 생각해 봅시다. 그러나 그 보트에 타야겠다고 결심만 가지고는 그 가라앉는 배에서 뛰어나오지 못할 것입니다. 만일 살기 위해서 그 배에서 뛰어내리지 않으면 익사하게 될 것입니다.

"이에 일어나서 아버지께로 돌아가니라." 이제 탕자의 이런 행동이 즉시 나타났다는 사실에 주목합니다. 정말 더 이상 지체하지 않고 행동하였습니다. 그는 그 나라의 사람에게 돌아가서 "내 품삯을 올려 줄 것인가요? 만일 올려 주지 않으면 떠나겠어요"라고 말하지 않았습니다. 그러한 식으로 지체하였다면 그는 아마 그 비참한 처지에서 구원받지 못하였을 것입니다. 그는 자기 옛 주인을 전혀 안중에 두지 않았습니다. 도망침으로 고용계약을 취소하였습니다. 여기 이 예배당에 있는 죄인들이 죽음과 맺은 동맹 관계를 끊어버려야 합니다. 지옥과의 언약을 파기해야 합니다. 자기 목숨을 구하기 위해서 예수님께로 도망침으로써 말입니다. 예수님께서는 그렇게 도망쳐 온 모든 이들을 받아 주십니다. 우리는 죄와 사탄을 섬기는 일을 그만 두기 위해서 절차나 무슨 법적인 조처가 필요 없습니다. 그러한 일을 결정하기 위해서 한 달씩 생각할 필요가 없습니다. 이 문제에 있어서는 즉각적인 행동이 가장 확실한 지혜입니다. 롯은 소돔 왕에게 상의하러 나아간 적이 없습니다. 자기가 왕의 지배를 벗어나게 해 달라고 간청하기 위해서 왕에게 나아간 적도 없습니다. 또한 자기 집을 신속하게 떠날 일에 대해서 보고하느라 관내의 관리를 찾아간 적도 없습니다. 도리어 천사의 손에 이끌려서 그와 권속들이 도성을 피하여 도망하였습니다. 그러나 한 사람만은 도망치지 않았습니다. 그의 아내는 뒤를 돌아다보았고, 돌아봄으로 생명을 잃고 말았습니다! 소금 기둥은 우리 생명을 위해서 달아나라는 명을 받을 때에 지체하는 것이 얼마나 나쁜가를 경고하는 웅변적인 실례입니다. 죄인이여, 소금 기둥이 되고 싶습니까? 두 사이에서 머뭇거리다가 하나님의 진노로 결국 회개하지 못하고 멸망하는 죄인으로 떨어지고 마는 자리에 들겠습니까? 공의가 그대를 칠 때 여러분은 자비를 하찮게 여기는 것입니까? 정말 올라오라. 사람이여, 네 은혜의 날이 계속되는 동안에 사랑의 품으로 신속히 뛰어들라.

본문은 탕자가 스스로 일어났다는 것을 함축합니다. 그는 있는 힘을 다해서 분발하였습니다. "이에 (그가) 일어나"라고 하였습니다. '일어난다'는 단어는 그가 그때까지 게으름의 침상이나 뻔뻔함의 소파에서 자고 있었다는 것을 암시합니다. 들릴라의 무릎을 베고 자는 삼손처럼 그는 돼지같이 먹기만 하고 활동은 하지 않고 늘어져 있었습니다. 그러나 이제 그는 태만의 자리에서 깜짝 놀라 깨어 허리띠를 띠고, 자기를 얽어매었던 마법을 털고 일어났습니다. 그리고 있는 힘을 다해 정신을 차리고 아버지께 돌아가는 데로 총력을 기울입니다.

사람들이 잠을 자다가 깨어서 흐리멍텅한 상태에서 구원을 받는 것이 아닙니다. "천국은 침노를 당하나니 침노하는 자는 빼앗느니라"(마 11:12). 은혜는 우리를 둔하게 하지 않고 일깨웁니다. 선생들이여, 영원한 진노에서 피하려고 온갖 애를 써 보는 것은 정말 가치 있는 일입니다. 또한 여러분 존재의 모든 기능과 모든 힘과 모든 정서와 열정을 다 동원하고, 자신에게 "나는 망할 수 없다. 결코 망하지 않으련다. 나는 예수 그리스도로 말미암아 긍휼을 얻을 각오가 되어 있다"고 말하는 것은 정말 가치 있는 일입니다. 오! 죄인들이여, 정말 그러한 것이 가치 있습니다. 여러분은 너무 나태하고 너무 게으르고 무관심하여 그냥 일을 방치하고 있습니다. 죄가 요술을 부려 여러분을 그러한 사람이 되게 하였고, 무감각하게 만든 것입니다. 그리고 "팔을 모으고 좀 더 자자"고 말하게 만든 것입니다. 그래서 여러분의 저주는 잠들지 않는데도, 여러분은 계속 잠들어 있는 것입니다. 하나님은 여러분이 깨어나기를 원하십니다. 여러분을 깨우는 것은 제 목소리의 힘이 아닙니다. 주님께서 친히 여러분을 깨우시는 것입니다. 사람이 그보다 더 위험천만한 자리에 있을 수가 없기 때문입니다. 호흡이 끊어지고 피가 멈추면 여러분이 영원히 망하게 될 터인데, 그냥 그렇게 하고 있으면 어떻게 되는 것입니까? 여러분의 목숨은 거미줄보다 더 가늡니다. 거기에 여러분의 모든 영원한 운명이 달려 있다니 정말 위험하기 그지없습니다. 오! 언제나 진정한 행동에 돌입하겠습니까? 얼마나 오래 지나야 예수님을 믿겠습니까? 지옥의 언저리에서 얼마나 오랫동안 놀이를 하고 있으렵니까? 살아 계신 하나님을 얼마나 오래 더 격동시키렵니까?

2. 하나님과 실제로 접촉하는 영혼

둘째로, "하나님과 실제로 접촉하는 영혼"이 여기에 있습니다. — 이에 일어나서 아버지께로 돌아가니라. 만일 그가 자기 아버지께로 돌아가지 않았다면 '일어나는' 것이 무슨 소용이 있었겠습니까? 이것이 죄인이 마땅히 해야 할 일입니다. 성령께서 죄인으로 하여금 하게 하시는 일이 바로 그것입니다. 곧 자기의 하나님께로 직행하게 하시는 것입니다. 그러나 안타까운 것이 있습니다. 사람들이 자기의 구원에 대해서 염려하기 시작할 때 정곡을 찌르지 못하고 주변만 맴돕니다. 친구에게 가서 말하거나, 아니면 사람을 속이는 사제에게 가서 상의하며 도움을 요청하기까지 합니다. 그들은 성인에게 가든지, 동정녀에게 가서 도움을 베풀어 달라고 요청합니다. 그들이 자기들을 위해서 중보를 서 달라는 식으로 구합니다. 중보자는 오직 예수 그리스도뿐인 데도 말입니다. 그리스도를 통해서만 하나님께로 대번에 나아가게 되는데도 그러한 일을 하고 있습니다. 또한 외양적인 여러 형식과 의식(儀式)에 호소합니다. 아니면 성경이나 기도나 회개나 어떤 설교를 듣는 것 정도로 모든 것을 다 했다고 생각합니다. 사실 하나님 말고 다른 모든 것은 그 자체로 아무것도 해 주지 못하는 것입니다. 그런데 이 탕자는 더 잘했습니다. 그는 아버지께로 돌아갔습니다. 오! 죄인이여, 여러분이 그와 같이 행하는 날, 그날은 정말 위대한 날이 될 것입니다. 그리스도 예수님 안에서 곧바로 하나님께 나아가십시오. 천주교 사제가 "이리 오세요"라고 말합니다. 그러나 그러한 소리를 지나쳐 버리십시오. 아버지 하나님께 가십시오. 만일 하늘의 천사라도 주님께 가는 것을 지연시킨다면 물리쳐야 합니다. 어떤 의식(儀式)을 먼저 치러야 합니까? 탕자는 그렇게 하지 않았습니다. 그는 일어났고, 즉시 자기 아버지께로 돌아갔습니다. 죄인이여, 그대는 하나님께 나아가야 합니다. 예수님은 하나님께 나아가는 길입니다. 그러니 그분께 가십시오. 가서 여러분이 행한 악한 일과 죄를 자백하시고 자신을 온전히 그분께 맡기십시오. "아버지여, 내가 죄를 지었나이다. 예수님의 이름으로 저를 용서하소서"라고 울부짖으며 기도하십시오.

그런데 정말 안타까운 일입니다! 자기 영혼의 구원을 염려하는 많은 이들이 다른 이들에게 가지 않고 자신만 처다보고 있습니다. "나는 회개하고 싶어. 궁핍을 느끼기 원해. 겸손해지고 싶어"라고 말하며 울고 있습니다. 이 사람아, 일어나시라! 그대 자신을 보아 무엇이 나오겠는가? 자신을 바라보는 일을 더 이상 하지 말고 오직 아버지께로 돌아가시라. "오, 하지만 나는 소망이 별로 없어요. 내 믿음은 매우 약해요. 저는 두려움에 차 있습니다." 여러분의 소망이나 두려움 등이 아버지 하나님에게서 멀리 떨어져 있을 때 무슨 가치가 있다는 말입니까? 여러분의 구원은 자신 안에 있는 것이 아니라 여러분을 향하신 주 하나님의 선한 뜻에 있습니다. 여러분은 모든 의심과 소망을 온전히 떠나 하나님께 나아가 그 품에 안기기 전에는 평안을 결코 누리지 못할 것입니다. 또 이런 말을 하면 어떤 이는 이렇게 말하겠지요? "오! 그러나 나는 죄를 지으려는 성향을 극복하고 싶어요. 내 강한 유혹을 이기고 싶어요." 저는 여러분이 그러한 것을 원한다는 것을 알고 있습니다. 하나님 아버지께서 주시는 의복 없이 자신이 만든 가장 좋은 옷을 입고 싶은 것이지요. 자신이 산 새 신발을 신고 싶은 것이지요. 주 하나님의 손에서 주어지는 모든 것을 받지 않으면서도 거지 행색을 하고 싶지 않은 것이지요? 그러나 그 교만을 포기해야 합니다. 하나님께로만 가야 합니다. 그렇지 않으면 영원히 망하게 됩니다. 자신을 잊어야 합니다. 아니면 자신을 정말 철저하게 악하고 하나님의 아들이라 일컬음을 받을 자격이 없다는 것을 느낄 정도로만 자신을 염두에 두고 있어야 합니다. 정말 아무리 퍼내어도 물이 들어와 가라앉기만 하는 배와 같이 자신을 포기해야 합니다. 오직 은혜의 구명선에 어서 올라타야 합니다. 여러분의 하나님 아버지를 생각하십시오. 하나님과 그 사랑하시는 아들, 사람들의 오직 유일한 중보자시요 구속주만을 생각하십시오. 거기에 여러분의 소망이 있습니다. 자신으로부터 벗어나서 여러분의 아버지의 손을 잡기 위해서 날래게 뛰어나가는 것에 바로 소망이 있습니다.

　　저는 여러분이 이렇게 말하는 소리를 듣고 있습니다. "그래요. 저는 계속 은혜의 방편에 머물 것입니다. 그러면 거기서 나의 하나님을 만날 것이라고 생각합니다." 저는 여러분에게 말합니다. 만일 여러분이 그러한 일만 하고 있고 하나님께 나아가는 일은 하지 않고 있다면 은혜의 방편이 여러분에게 저주의 방편이 되는 것입니다. 어떤 이가, "저는 연못에서 기다리기 원해요"라고 말합니다. 그러나 저는 엄숙하게 경고하는 바입니다. 만일 그러한 자리에서 계속 누워 있다면 거기서 죽을 것이라고 말입니다. 예수님께서 그러한 자리에서 누워 있으라고 명하시지 않고, 도리어 "네 침상을 들고 걸어가라" 하셨기 때문입니다. "주 예수 그리스도를 믿으라 그리하면 구원을 얻으리라"고 하셨습니다. 여러분은 아버지께로 돌아가야 합니다. 베데스다 연못으로 가거나 다른 규례들이나 은혜의 방편으로 나아가지 말고 오직 하나님 아버지께로 나아가야 합니다. 또 어떤 이는, "하지만 나는 기도할 참이에요" 합니다. 무엇을 위하여 기도한다는 말입니까? 여러분이 하나님의 말씀을 듣고 있지 않으면서 하나님께서 여러분의 기도를 들어주실 것이라고 기대하는 것입니까? 여러분이 가장 잘 기도드릴 수 있을 때에는 하나님 아버지의 품에 기대고 있을 때입니다. 그러나 불순종하고 복종하지 않는 불신자의 마음으로 드리는 기도는 도리어 하나님을 조롱하는 것이 되는 것입니다. 기도가 만일 하나님께 바로 직접 나아가는 것의 대체물이 된다면 그 기도 자체가 여러분에게 파멸입니다. 탕자가 돼지 움막에 앉아서 "내가 여기서 기도하리라" 하였다고 상상해 보십시오. 그리하였다면 정말 그에게 무슨 소용이 있었겠습니까? 그가 거기서 앉아서 울고 있었다 해도 거기에서 오는 유익이 무엇이란 말입니까? 기도와 우는 것도 아버지께 왔을 때에야 선한 것입니다. 그러나 아버지께 나오는 대신으로 하는 기도나 우는 것은 전혀 가치가 없습니다.

죄인이여, 하나님만을 상대하십시오. 어서 서둘러 하나님께로 가십시오. 자신이나 자신의 행한 일이나 다른 이들이 여러분을 위해서 해 줄 수 있는 것들을 더 이상 상관하지 마십시오. 구원을 위한 전환점은 "이에 일어나 아버지께 돌아가니라" 한 것입니다. 진지하고 살아 있으며, 자신의 가련하고 죄 있는 모습을 제대로 보는 영혼은 하나님께 접촉하여야 합니다. 또한 하나님께서 계시고 자기의 말을 들어주실 수 있다는 것을 인식하고, 자기 영혼이 예수 그리스도를 통해서 하나님께 직접 나아갈 수 있다는 것을 알아야 합니다. 하나님께서는 오직 그리스도 안에 있음으로써만 접촉하실 수 있는 분이시기 때문입니다. 그러므로 하나님께 가십시오. 그분께 가서 우리가 나쁘니 우리를 고쳐 주십사고 간청하십시오. 하나님과 화해하고 싶다고 아뢰십시오. 우리가 하나님께 죄를 지은 것이 정말 부끄러운 일이라고 아뢰십시오. 그런 다음에 하나님의 아들 그리스도를 믿으십시오. 그러면 구원을 받습니다. 오! 영혼이여, 하나님께 나아가십시오. 상한 심령으로 기도드리는 것이라서 그 기도에 실수가 있다고 하더라도 문제가 되지 않습니다. 탕자가 "나를 품꾼의 하나로 써 주소서"라고 기도한 것 같이 기도에 실수가 있었다 할지라도 문제가 되지 않은 것같이 말입니다. 정말 하나님께 나아가기만 하면 기도의 언어가 어떠하든지 크게 문제되지 않습니다. 예수님께서 말씀하셨습니다. "내게 오는 자는 내가 결코 내쫓지 아니하리라." 예수님께서는 당신 자신으로 말미암아 하나님께 나아오는 자들을 위해서 중보의 기도를 드리기 위해서 항상 살아 계십니다.

이것이 위대한 프로테스탄트의 교리입니다. 로마 가톨릭의 교리는 여러분에게 뒷문으로 돌아서 들어오라고 말합입니다. 주님의 여러 종들이 여러분을 대신해서 문을 두드려야 하고, 그렇게 해도 여러분에게 문이 열리지 않을 수 있다고 말합니다. 그러나 옛 프로테스탄트의 장엄한 교리는, 여러분 자신이 직접 하나님께 나아가라는 것입니다. 예수 그리스도 외에는 어떤 중보자도 없다고 가르칩니다. 공로나 선행이 없어도 있는 그대로 오시라. 와서 예수님을 믿으면 죄 사함을 얻게 될 것입니다 — 그것이 바로 프로테스탄트의 참된 교리입니다.

이렇게 하여 두 번째 요점에 대해서 말했습니다. 그 요점은 실제적인 행동이었습니다. 하나님과 접촉하는 실제적인 행동입니다.

3. 전적인 자기 포기

자, 이제 세 번째로 생각하여 볼 요점은, "그 행동 속에는 자기 전체를 온전하게 포기히는 것"이 들어 있습니다. 탕자는 교만하게 자신이 독립적일 수 있다거나 자기 뜻대로 모든 것을 할 수 있다거나 하는 일을 더 이상 하지 않았습니다. 전에는 자기의 분깃을 달라고 아버지께 요구하였습니다. 그리고 자기 원하는 대로 그 모든 것을 써 버릴 결심을 하였었습니다. 그러나 이제 그는 자기가 품꾼의 하나로 부림을 받을 각오가 되어 있었습니다. 스스로 자신을 통제할 수 있게 되었고, 하나님께로부터 멀리 떨어져서 곤비해 있었습니다. 자기 고집은 언제나 그러한 비참을 낳기 마련입니다. 그는 어린 아이 같은 자리에 서기를 갈망하고 있습니다. 즉 아버지를 의지하고 사랑으로 순종하는 사람이 되고자 하였던 것입니다. 그의 모든 행실 중에서 가장 악한 것은 아버지를 멀리 떠나는 것이었습니다. 이제 그는 그 사실을 알았습니다. 아버지께 겸손하게 돌아감으로써 멀리 떨어진 거리를 없애려는 중요한 생각을 하고 있습니다. 그때 그는 자기의 모든 불행이 이제 끝날 것을 느꼈습니다. 그는 자유를 만끽하려고 하였고, 스스로 독립해서 자랑스럽게 살아 보려고도 했고, 자기 하고 싶은 대로 생각하고 말도 하고 싶었던 때가 있었습니다. 그러나 이제는 애정어린 통제를 받고 지혜로운 안내를 따라서 살기를 갈망합니다. 죄인이여, 여러분은 이러한 각오가 되어 있습니까? 되어 있다면 오십시오. 환영합니다. 아버지 되신 하나님께서 여러분을 품에 안기를 바라십니다!

그는 자기 스스로 의롭다 함을 얻으려는 시도를 포기하였습니다. 그가 "내가 죄를 얻었나이다"하고 말하는 것을 보면 그렇습니다. 전 같으면 이렇게 말하였을 것입니다. "나는 내 것을 마음대로 할 권한이 있습니다. 내가 내 돈을 쓰는데 누가 간섭할 수 있다는 말입니까? 내가 젊은 혈기를 부리고 있다고 추궁하는데, 젊은이마다 다 이렇게 하고 있음을 모르시나요? 그 외에 다른 일을 하지 않으면 나는 좋은 사람 축에 드는 것입니다. 아무도 저를 보고 욕심꾸러기라고 하지 않을 것입니다. 저는 위선자가 전혀 아닙니다. 저기 점잔 빼는 감리교도들을 보세요. 그들은 얼마나 사람들을 속이고 있나요! 그러나 제게는 그러한 것이 전혀 없어요. 장담할 수 있어요. 저는 세상에서 솔직한 사람입니다. 결국 내 형보다 마음씨가 훨씬 더 낫지요. 형이 아주 훌륭한 척하고 있지만 말입니다."그러나 탕자는 더 이상 자랑하지 않습니다. 자기를 칭찬하는 말이 그 입술에서 하나도 나오지 않습니다. 오직 애통하며 자백하고 있습니다. "내가 하늘과 아버지께 죄를 얻었사옵니다." 죄인이여, 그대가 만일 구원받고 싶으면 높은 자리에서 내려와서 자신의 불의를 인정해야 합니다. 자신이 악한 일을 한 것을 자백하고 자기 죄를 설명하려 들지 마세요. 자신의 경우를 실상보다 더 선하게 말하든지 변명하려 들지 마세요. 겸손하게 자신이 죄인임을 인정하고 예수님의 손에 자신을 맡기십시오. 죄짓는 것과, 죄를 짓지 않았다고 하는 것 중에 어느 것이 더 나쁩니까? 인생이여, 자기에게 허물이 있다고 인정하십시오. 만일 하늘 아버지께서 긍휼을 베풀어 주시지 않으시면 나는 부득불 지옥에 갈 수밖에 없음을 그분께 아뢰십시오. 그리고 자신의 행실만 가지고 본다면 지금이라도 당장 지옥에 던져지기에 합당한 자라는 것을 하늘의 아버지께 아뢰십시오.

가능하다면 여러분이 스스로 악하다고 생각하는 것보다 훨씬 더 자신이 악하다는 것을 인정해야 합니다. 제가 이렇게 말씀드리는 것은 여러분이 그러한 일을 할 수 없다는 것을 알기 때문입니다. 사람이 병원에 있을 때에는 실제보다 더 건강한 척하는 것이 전혀 도움이 되지 않습니다. 병원에서는 그러한 식으로 건강한 체하는 환자에게는 더 이상 의료적인 관심을 기울이지 않을 것이기 때문입니다. 환자의 경우가 심하다고 여길수록 의사는 그 사람에게 더 특별한 관심을 가질 것입니다. 오! 죄인이여, 하나님 앞에서 그대의 병이 얼마나 깊은지를 아뢰십시오. 자신을 썩게 하는 죄의 부패성에 대해서 아뢰며, 부패의 깊은 궤양이 얼마나 무서운 상태에 있는지 아뢰십시오. 그리고 "주여! 나를 불쌍히 여기소서"

라고 부르짖으십시오. 이것이 지혜로운 처사입니다. 교만하고 자기 의를 내세우는 태도는 완전히 버려야 합니다. 그리고 자신의 행실로는 받기에 합당하지 못한 주님의 긍휼에 호소하시기 바랍니다. 그러면 잘될 것입니다.

　　탕자가 자신을 철저하게 굴복시키되 아버지가 자기를 지극히 사랑하므로 그만큼 자기 죄가 컸다는 것을 인정할 정도로 굴복하였습니다. 그래서 저는 "아버지여, … 내가 죄를 얻었사옵나이다"라고 할 때에 그가 그러한 뜻으로 말한 것으로 여기고 있습니다. 아버지여라고 한 뒤에 내가 죄를 얻었사오니라는 말이 바로 뒤따라 나오고 있다는 사실이 그 점을 강조합니다. "선하신 하나님이시여, 저는 당신의 선한 율법을 어겼습니다. 사랑과 인애와 자비가 풍성하신 하나님이시여! 저는 악하게, 정말 합당하지 못하게 행하여 하나님께 죄를 범하였나이다. 하나님께서는 저를 매우 사랑하시는 아버지셨습니다. 그리고 저는 하나님께 대해서 정말 아주 파렴치하고 수치심을 모르는 배반자였고, 까닭 없이 패역을 행한 자였습니다. 저는 이렇게 많은 눈물을 흘리며 솔직하고 겸손하게 고백합니다. 아! 하나님께서 제게 폭군적으로 행하셨다면 거기서 제가 행한 악한 일에 대한 핑계나 구실을 찾아내려고 하였겠지요. 그러나 하나님은 제게 선한 아버지셨습니다. 그러니 제가 아버지께 죄를 범한 것이 더 악한 일이 되는 것입니다." 이런 고백을 아버지의 품을 향하여 쏟아 붓는 것을 듣는 일은 정말 달콤한 일입니다.

　　회개하는 아들은 자기가 전에 아버지께 요구하고 주장할 권리가 있다고 하던 모든 생각을 다 버리고, "저는 아버지의 아들이라 일컬음에 합당하지 못한 사람입니다"라고 말합니다. 그는 "내가 죄를 얻었사오나 여전히 아직도 아버지의 자녀입니다"라고 말할 수도 있었습니다. 우리 중 정말 많은 아들들은 하나님께 그렇게 말씀드리는 것이 정당한 논리라고 생각할 것입니다. 그러나 회개하는 아들은 그렇게 하지 않았습니다. 그런 식으로 말하지 않았습니다. 그러기에는 그가 너무 겸손해졌습니다. 그래서 그는 "저는 아버지의 아들이라 일컬음을 감당하지 못하겠나이다"라고 인정하였습니다. 하나님께서 죄인인 자신에게 전혀 긍휼을 베풀지 않으시고 영원히 내쫓는다 할지라도 하나님께는 전혀 잘못이 없음을 인정할 때에야 비로소 진실로 마음이 낮아진 것이 됩니다.

　　　　"갑작스러운 하나님의 보응이 내 호흡을 멈춘다 해도
　　　　저는 죽어 가면서도 주께서 의로우시다고 선언해야 하고

내 영혼을 지옥에 보낸다 해도
주의 의의 법은 여전히 공정한 것이라고 선언해야 하나이다.”

그 영혼은 정말 따지는 마음을 멈추고 선고에 복종하게 만드는 평안을 곧 만나게 될 것입니다. 오! 죄인이여, 저는 그대들에게 강권합니다. 그대들이 정말 진정한 안식을 발견하기를 원하면 십자가 밑에 엎드리십시오. 하나님께서 그대들과 같은 자들을 거기 십자가 밑에서 만나 주십니다. 거기 십자가 밑에서 주님께 아뢰십시오. “주여, 제가 여기 있나이다. 주께서 원하시는 대로 행하시옵소서. 저는 한 마디의 핑계나 항변을 하지 않겠나이다. 저는 온갖 죄와 비참한 것 투성이입니다. 그러나 저를 불쌍히 여기시옵소서! 저는 아무런 권리도 없고 주장할 것도 없나이다. 저는 주님을 거슬러 패역함으로 말미암아 피조물로서의 권한들을 다 박탈당하였나이다. 저는 길 잃은 자요 주의 공의의 심판대 앞에서 전적으로 아무것도 내 놓을 것이 없는 자입니다. 주님의 자비하심을 따라서 제 범과를 씻으소서!”

다시 한 번, 아버지께 자신을 온전하게 복종시키고 어떤 조건이나 단서도 아버지 앞에 내놓지 않은 것을 여기서 봅니다. 그는 받아주시기를 간청합니다. 종의 자리도 자기에게는 과분할 뿐입니다. 부엌에서 허드렛일을 하는 하인의 자리에 있게 해 주서도 만족할 판입니다. 용서만 해 주신다면, 그는 잠시도 죄에 대해 조금도 핑계를 대지 않고, 잠시도 자랑할 수 있는 자기의 의를 제시하지 않습니다. 그는 모든 것을 포기합니다. 아버지께서 기뻐하시는 일이라면 어느 것이나 할 각오가 되어 있고, 아버지께서 원하지 않으시면 아무것도 하지 않을 생각입니다. 아버지께서 그저 가속 중에 하나로 받아주시기만 하면 그것으로 만족할 일입니다. 지금 그의 손에는 패역의 도구가 전혀 들려 있지 않습니다. 아버지의 다스림에 대적하려는 은밀한 생각이 마음에서 조금도 어른거리지 않습니다. 그는 완전하게 복종하였습니다. 아버지의 발 앞에 엎드려 있습니다. 우리 주님께서는 아직까지 당신의 발 앞에 엎드린 영혼을 짓밟으신 적이 없습니다. 앞으로도 결코 없을 것입니다. 주님께서는 자세를 낮추어 굽어보시며 “일어나라 내 아들아, 일어나라 내가 너를 용서하노라. 가서 다시는 죄짓지 말라. 내가 너를 영원한 사랑으로 사랑하였다.” 자, 우리 주님께로 돌아갑시다. 주님께서 우리를 찢으셨으니 이제 우리를 낮게 하실 것입니다. 주님께서 치셨으니 이제 우리를 싸매실 것입니다. 주님께서는 상한 갈대를 꺾지 않으실 것이고 꺼져 가는 심지도 끄지 않으실 것입니다.

4. 믿음의 행위

네 번째로 우리가 주목해야 할 것은 "그 행동에는 어느 정도 자기 아버지에 대한 믿음"이 있었습니다. 어느 정도라고 말하는 것은 많은 믿음은 아니고 약간의 믿음이 있었다는 뜻입니다. 작은 믿음도 영혼을 구원합니다. 아버지의 능력에 대한 믿음이 있었습니다. 그는 "내 아버지의 집에는 양식이 풍족한 품꾼이 얼마나 많은가"라고 말하였습니다. 죄인이여, 그대는 하나님께서 그대를 구원하실 수 있다는 것을 믿어야 합니다. 주 예수 그리스도로 말미암아 하나님께서 그대 영혼의 궁핍을 채우실 수 있음을 믿지 않으렵니까? "주여! 만일 주께서 원하시면 저를 깨끗하게 하실 수 있나이다"라고 말하는 정도까지 나아갈 수는 없습니까? 탕자는 아버지께서 자기를 기꺼이 용서하실 것이라는 믿음은 어느 정도 가지고 있었습니다. 왜냐하면 그가 그러한 소망이 전혀 없었다면 결단코 아버지께 돌아가지 않았을 것이기 때문입니다. 만일 아버지께서 진혀 자기를 반갑게 맞이하지 않으실 것이라고 확고하게 생각하였다면 그는 결코 아버지께 돌아가지 않았을 것입니다. 죄인이여, 하나님께서 자비하시다는 것을 믿으십시오. 하나님은 정말 자비로우십니다. 하나님께서는 죄인의 죽는 것을 원하지 않고 오히려 죄인이 그분께 돌아와서 살기를 원하신다는 것을 주 예수 그리스도로 말미암아 믿으십시오. 하나님께서 사시는 것이 확실하듯이 이것은 진리입니다. 하나님에 대한 거짓말을 믿지 마십시오. 주님께서는 구두쇠거나 과격하지 않으시고, 큰 범과도 용서하시기를 즐거워하십니다. 탕자는 아버지가 자기에게 기꺼이 복 주실 마음을 가지고 계시다는 것을 확실하게 느꼈던 것입니다. 그래서 그는 "나는 아버지의 아들이라 일컬음 받기에 합당하지 못한 자니이다. 그러나 적어도 나를 품꾼의 하나로 써 주소서"라고 말하였던 것입니다. 이 일에서도 그는 아버지가 너무나 선하시기에 자기가 아버지의 품꾼의 하나로 있는 것도 대단한 일임을 인정하였던 것입니다.

아! 불쌍한 죄인이여, 그대는 하나님께서 자신의 공의를 만족시키는 한에서 그대에게 긍휼을 베푸실 것임을 믿지 않습니까? 만일 그대가 그것을 믿으면 그대에게 전할 좋은 소식이 있습니다. 그것은 하나님의 아들 예수 그리스도께서 그러한 속죄를 제공하셨다는 것입니다. 하나님께서 의로우시면서 또한 주님을 믿는 자를 의롭다 하실 수 있는 속죄 제물을 제공하셨습니다. 오! 영혼이여, 속죄를 믿을지어다! 하나님의 아들의 희생 제물로 말미암은 속죄는 정말로 무한히 값진 것입니다. 그대를 위해서 그 안에 충분한 효력이 있다는 것을 믿어야 합니다. 달려가 그 속죄를 붙잡고 그리스도의 십자가를 굳게 부여잡는 것이 안전입니다. 그렇게 함으로써만 하나님을 영화롭게 할 것입니다. 그것만이 그대가 하나님을 영화롭게 할 수 있는 유일한 길입니다. 그대는 하나님께서 그대 같은 사람도 구원하실 수 있다는 것을 믿음으로써 하나님을 영화롭게 할 수 있습니다. 가장 진실한 믿음은 자신의 무가치함을 확실히 알면서도 하나님의 긍휼을 믿는 믿음입니다. 비유에 나오는 이 회개하는 아들은 자신이 아버지의 아들이라 일컬음 받기에 합당하지 않은 자라고 인정하면서도 아버지를 "나의 아버지"라고 부르면서 아버지께 나아갔습니다. 믿음은 죄가 검다는 것을 알면서도 하나님께서 그런 영혼을 눈같이 희게 하실 수 있다고 믿습니다. "나는 작은 죄인이라서 하나님께서 나를 용서하실 수 있다"고 말하는 것은 믿음이 아닙니다. 믿음은 "나는 정말 큰 죄인이고 저주받고 정죄 받은 죄인이다. 그 모든 것에도 불구하고 하나님의 무한하신 자비는 나를 용서하실 수 있고, 그리스도의 피는 나를 정결하게 하실 수 있다"고 부르짖습니다. 여러분의 느낌과 양심의 가책에도 불구하고 하나님을 믿으십시오. 여러분 안에 있는 모든 것이 "하나님께서는 너를 구원하실 수 없다. 하나님께서는 너를 구원하지 않으실 것이다"고 말한다 할지라도 하나님을 믿으십시오.

죄인이여, 하나님을 믿으라. 죄가 산같이 높이 쌓여 있다고 하더라도 말입니다. 존 번연이 한 것같이 말입니다. 존 번연은 자기 죄와 그에 대한 하나님의 형벌이 너무나 두려운 나머지 하나님의 품으로 달려갈 엄두를 내지 못하였습니다. 그럼에도 불구하고 이렇게 말하였습니다. "비록 하나님께서 손에 칼을 빼들고 계시지만 나는 하나님을 피하여 등지고 달아나는 것보다 그 칼끝을 향하여 달려갈 것이다." 여러분도 그같이 하십시오. 불쌍한 죄인이여, 그대의 하나님을 믿으십시오. 다른 어떤 것을 믿지 말고 오직 하나님을 믿으십시오. 그러면 복락을 얻게 될 것입니다. 그것은 하나님께 발휘되는 믿음의 놀라운 능력입니다. 믿음은 하나님의 공의를 묶어 두고 하나님의 은혜를 받아내고야 맙니다. 이 믿음의 효력에 대해 다음의 작은 이야기를 들려드리는 것이 좋은 예증이 될 것 같습니다. 얼마 전에 우리 집 정원 아래로 내려가다가 꽃밭에서 뒹굴며 놀고 있는 개 한 마리를 보았습니다. 그 개가 정원을 망칠 수 있다는 것을 알았고, 또한 저희 집 개도 아니었습니다. 그래서 개에게 막대기를 던지며 저리 가라고 명령하였습니다. 그런데 개가 저를 이겨냈습니다. 내가 개에게 거칠게 말한 것이 부끄럽게 되었습니다. 제가 막대기를 집어들자 그 개는 꼬리를 유쾌하게 흔들어 댔습니다. 개에게 막대기를 던지자 제가 던진 막대기를 물어 가지고 제 발 앞에다 가져다 놓았습니다. 여러분, 제가 그 개를 때리거나 개를 쫓아 버릴 수 있었다고 생각하세요? 아닙니다. 저는 그 개를 토닥거리면서 칭찬해 주었습니다. 그 개가 사람을 이긴 것입니다. 만일 불쌍한 죄인 된 여러분이 개와 같이 자기 있는 그대로 하나님께 나아올 정도로 하나님을 신뢰하기만 한다면, 하나님께서는 여러분을 거절하며 내쫓으실 마음이 전혀 생기지 않을 것입니다. 단순한 믿음에는 하나님조차도 이길 전능함이 있습니다. 오직 예수님 안에서 자신을 계시하신 하나님을 그대로 믿으십시오. 그러면 여러분은 구원을 받을 것입니다.

5. 그 모습 그대로

　　저는 이제 이 요점을 더 길게 다룰 힘도 시간도 없습니다. 그래서 저는 다섯 번째의 요점으로 나아갑니다. 그것은 "하나님과 접촉하는 이 행위는 죄인의 있는 그 모습 그대로 이행된다"는 것입니다. 저는 탕자의 모습이 얼마나 불쌍해 보였을지 잘 모르겠습니다. 그러나 쥐엄 열매를 먹음으로써 외모가 결코 더 멋있어지지는 않았을 것이라고 말하지 않을 수 없습니다. 저는 그가 나무에 올라가 쥐엄 열매를 따는 일 때문에 그의 옷이 아주 아름다웠을 것이라고 생각할 수 없습니다. 그럼에도 그는 있는 그 모습 그대로 왔습니다. 분명하게 말하여 그는 몸과 옷을 깨끗하게 하기 위해서 한 시간만이라도 소비할 수가 있었습니다. 그러나 그는 그렇게 하지 않았습니다. "내가 일어나리라"고 결심하였습니다. 그리고 말을 하자마자 실행하였습니다! 그는 일어나 자기 아버지를 향해서 갔습니다. 죄인이 더 선해지기 위해서 하나님을 떠나 있다면, 바로 그 시간만큼 죄를 더하고 있는 것입니다. 모든 죄를 일으키는 근본적인 죄는 하나님을 떠나 있는 것이고, 그가 그러한 자리에 더 머물수록 더 많은 죄를 짓게 됩니다. 하나님을 떠나서 선해지려고 애를 쓰는 것은 마치 도둑이 자기가 훔친 물건들을 가지런히 정돈하려고 애를 쓰는 것이나 마찬가지입니다. 그가 할 일은 즉시로 훔친 물건을 되돌려

주는 것뿐입니다. 사람들을 하나님에게서 떠나게 만드는 그 교만은, 사람이 여전히 하나님께 돌아가기를 거부하면서 스스로 개선할 수 있다고 생각하는 자만심에서 볼 수 있습니다. 그들의 잘못의 핵심은, 그들이 하나님으로부터 멀리 떠나 있다는 것입니다. 그들이 무엇을 하든 간에 하나님으로부터 여전히 멀리 떨어져 있다면, 그 어떤 것도 효력이 없습니다. 저는 전체 문제의 핵심이 바로 하나님으로부터 멀리 떨어져 있다는 데 있다고 말씀드리는 바입니다. 그러니 문제 해결을 위한 첫 출발은 바로 일어나 떠나온 하나님께로 돌아가는 데 있는 것입니다.

탕자가 있는 모습 그대로 집으로 가지 않으면 안 되었던 것은 자기가 할 수 있는 일이 하나도 없었기 때문입니다. 그는 겉옷을 수선하고 기울 새 헝겊을 살 돈도 없을 정도로까지 곤궁하게 되었습니다. 몸을 씻을 비누를 사기에는 더욱더 어려웠습니다. 사람이 하나님께 마치 거지 신세로서 나아가지 않을 수 없을 정도로 영적으로 낮아지게 되었으면 그때가 정말 하나님의 긍휼하심을 받을 때입니다. 파산하여 한 푼도 지불할 능력이 없거나, 하나님께 회개할 능력도 없고, 하나님께서 은혜를 주시지 않으면 믿지도 못할 정도로 파산하여 주님께서 간섭하지 않으시면 자기는 영원히 망할 것이라고 느끼게 될 때야말로 하나님의 긍휼하심을 얻을 때입니다. 무엇이 되었든지 얻기 위해 하나님께 나아가는 것이 우리의 지혜입니다.

더구나, 탕자는 아버지께 돌아가는 것 이외에 어떤 것도 필요한 것이 없었습니다. 잘못을 저지른 자녀가 돌아올 때는 얼굴이 눈물로 얼룩이 많이 지면 질수록 더 좋습니다. 거지가 자선을 구할 때에 그의 옷이 해어져 있을수록 더 좋습니다. 남루한 옷과 지독한 상처, 그것이 곧 거지의 제복이 아닙니까? 저는 한번은 맨발로 온 사람에게 구두 한 켤레를 준 적이 있었습니다. 그런데 그가 그 구두를 신고 나갔는데 제가 보지 못할 곳만큼 가서는 구두를 벗고 다시 맨발로 가려고 하는 것을 목격하였습니다. 구두가 아주 좋은 가죽으로 된 것인데, 저렇게 맨발로 있으려고 하는 것은 무엇 때문일까 하고 궁금해하였습니다. 그런데 가만히 보니 "오래되고 기운 신발"로 갈아 신으려고 그러는 것이었습니다. 그 신발이 그의 사업에 맞았던 것이지요. 죄인이 넝마와 같은 옷을 걸치고 와서 자기에게 무엇이 있는 것같이 늘어놓는 것은 정말 좋지 않습니다. 죄인은 가장 불행한 처지에서 하나님의 자비하심을 구하는 자의 자세를 견지하는 것이 가장 좋은 것입니다. 그러니 죄인들이여, 꾸물거리며 지체할 필요가 없습니다. 있는 모습 그대로 오십시오. "그러나 우리가 성령을 기다려야 하지 않나요?" 아! 사랑하는 여러분, 일어나 아버지께로 가는 사람이 성령을 받게 됩니다. 우리로 하나님께로 돌아오게 움직이시는 분이 성령이시고, 우리로 기다리라고 명하는 것은 바로 육체의 영이나 마귀입니다.

　　죄인들이여, 지금 아버지께 나아가지 않겠습니까? 여러분 중에 어떤 이들은 회중석에 앉아 있습니다. 여러분은 지금 어디에 있습니까? 저는 여러분을 찾아낼 수 없습니다. 내 구주께서는 여러분을 찾아내실 수 있고, 주님께서 이 설교를 여러분을 위해서 작성하도록 하셨습니다. "그러나 집에 가서 기도하고 결정하고 싶어요"라고 말하는 이들이 있을 것입니다. 있는 그 곳에서 기도하세요. "그러나 저는 큰 소리로 기도하지 못합니다." 하고 싶은 대로 소리를 지르세요. 막지 않을 것입니다. "그러나 저는 그러고 싶지는 않은데요." 그러면 하지 마세요. 하나님께서는 소리 없이 기도해도 들으십니다. 때로 저는 사람들이 "구원받기 위해서 내가 어떻게 해야 하나요?"라고 울부짖는 소리를 듣는 것이 좋습니다. 그러나 사람들이 여러분의 소리를 듣지 못하더라도 주님께서는 죄인의 울부짖는 소리를 들으실 수 있습니다. 자, 잠시 그 자리에 앉으셔서 "나의 하나님, 저는 당신께로 가야 합니다. 당신은 예수 그리스도 안에 계십니다. 그 안에서 당신께서는 이미 저를 맞이하기 위해서 큰길로 나오셨습니다. 제 혼은 당신을 원합니다. 저를 받으시고 당신께서 원하시는 사람으로 만들어 주세요. 저를 용서하시고 받아 주세요"라고 아뢰십시오. 사람이 그러한 식으로 울부짖을 때에, 삶의 전환점이 생기게 됩니다. 거기가 어디든지, 상점이든 나무를 켜는 곳이든 교회이든, 아니면 어떤 천막 속에서든 간에 장소가 문제 되지 않습니다. 요점은 여기에 있습니다 ― 그리스도 안에서 하나님께 이르는 것입니다. 곧 모든 것을 포기하고 믿음으로 하나님의 긍휼하심을 의지하는 것입니다.

6. 가장 큰 변화를 보이는 행동

　마지막 요점으로 말씀 드릴 것은, "행동은 사람 속에서 일어날 수 있는 가장 큰 변화를 보여주는 것"이라는 점입니다. 탕자는 그 행동 후로 새 사람이 되었습니다. 창기들과 술친구들과는 이제 결별하였습니다! 그는 아버지께로 갔습니다. 그리고 아버지에게 속한 사람들과 그 전의 탕자의 부류들과는 합치되지 못할 것입니다. 사람이 하나님께 돌아온다는 것은 악의 소굴과 방탕의 식탁을 떠난다는 것을 의미합니다. 여러분이 어떤 그리스도인이라 하는 이가 부정하게 살고 있다는 것을 듣게 될 때마다 그가 하나님 가까이서 살아오지 않았다고 결론 내릴 수 있습니다. 그가 하나님 가까이 사는 것에 대해서 대단히 많은 이야기를 할 수 있었습니다. 그러나 하나님과 부정(不貞)은 결코 하나가 될 수 없는 것입니다. 만일 하나님과 사귐이 있다고 하면 열매 없는 어둠의 일과 교제하지 않게 될 것입니다.

자, 여기서 회개하는 아들은 스스로 일어서기 위해 타락시키는 모든 일들과 관계를 끊어버렸습니다. 더 이상 그는 돼지 먹이는 일을 하지 않을 것이고, 사제들이나 성례를 의지하여 자신을 돼지처럼 만들지 않을 것입니다. 그는 다시는 사제에게 가서 고해(告解)하는 일을 하지 않고, 자기 어머니를 연옥(煉獄)에서 건지기 위해 돈을 내지 않을 것입니다. 그는 이제 더 이상 그런 일을 하는 바보가 아닙니다. 그는 자기 노력으로 하나님께 가지 않았고, 자기 대신 하나님께 갈 수도사(修道士)를 원하지도 않을 것입니다. 그러한 굴레에서 벗어나게 되었습니다. 더 이상 돼지 먹이는 일을 하지 않습니다. 더 이상 자기를 위한 미신에 빠지지 않습니다! 이제 그는 말합니다. "이제 나는 담대하게 시은좌(施恩座)로 나아간다. 내가 로마 교회 사제들과 무슨 상관이 있는가?"

모든 방면에서 그에게 변화가 일어난 것입니다. 이제 그는 아버지에게 나아갔고, 그의 교만을 완전히 부수어졌습니다. 그는 더 이상 자기 것이라고 주장하던 것을 자랑하지 않습니다. 오직 그의 자랑은 아버지께서 자기를 대가 없이 용서하여 주신 사랑입니다. 그는 결코 자기가 가지고 있는 것을 떠벌리지 않습니다. 자기가 가진 것은 하나도 없고 다 아버지께서 주신 것이라고 말합니다. 비록 그가 마음대로 돈을 쓰며 탕진하던 때보다 형편이 훨씬 더 나아졌지만 주제넘지 않고 어린 아이같이 순전한 심정을 가지고 있습니다. 그는 자기 하나님의 풍성하심에 의지하여 특별한 대우를 받는 사람이 되었습니다. 만왕의 왕의 식탁에서 왕이 먹는 진수성찬을 누리게 되었습니다. 그는 그 집의 품꾼의 하나로 있었어도 만족할 참이었습니다. 하물며 자녀가 되었으니 그 만족감이야 얼마나 더했겠습니까! 그는 아버지를 새로운 사랑으로 사랑합니다. 그는 아버지의 이름을 언급할 때면 늘 이렇게 말할 것입니다. "아버지께서 나를 용서하셨다. 대가 없이 나를 용서하였다. 모든 것을 용서하셨다. '가장 좋은 옷을 내어다 입히고 손에 가락지를 끼우고 발에 신을 신기라'고 하셨다." 그는 아버지께 돌아온 날부터 아버지의 집에서 떠나 있는 때가 없었고, 그것을 가장 큰 복락 중의 하나로 여겼습니다. 은혜 언약 속에 기록된 복락을 누리게 되었다는 것입니다. "내가 그들에게 복을 주기 위하여 그들을 떠나지 아니하리라 하는 영원한 언약을 그들에게 세우고 나를 경외함을 그들의 마음에 두어 나를 떠나지 않게 하고"(렘 32:40).

오늘 아침 저는 하나님께서 긍휼하심으로 많은 죄인들을 당신께로 불러오실 뜻을 가지고 계시다고 믿습니다. 저는 흔히 주님께서 저의 말을 주장하시되 제 앞에 있는 청중들의 상태에 따라서 주장하시는 방식을 발견하고 깜짝 놀라곤 합니다. 지난 주일에 어떤 먼 나라에서 온 외국인 신사의 젊은 아들이 여기에 왔었습니다. 그는 기독교 진리에 대해서 상당히 깊은 인상을 받은 사람이었습니다. 그의 아버지는 동방의 고대 종교를 추종하는 사람이었습니다. 이 젊은 신사는 자기가 그리스도인이 되면 자기 아버지가 분노하실 것이라는 것을 어렵지 않게 느낄 수 있었습니다. 지난 주일 증거 된 메시지가 그 사람에게 얼마나 긴밀하게 임하였을까 판단하여 보십시오. 지난 주일 설교의 본문은 "네 아버지께서 혹 엄하게 네게 대답하면 누가 그것을 내게 알리겠느냐"(삼상 20:10)이었습니다. 그는 이 메시지를 인하여 감사하다고 제게 말하였습니다. 핍박이 일어난다 해도 그 시련을 참아 낼 것이라고 말하였습니다. 저는 지금 여러분 중 어떤 이들에게 분명하게 말하고 있다는 느낌이 듭니다. 저는 그것을 알고 있습니다. "제가 있는 모습 그대로 하나님께 나아갈 수 있나요? 그리스도로 말미암아 자신을 포기하였는데 하나님께서 저를 용서하실까요?'라고 말하고 있는 분들이 여기 있습니다.

사랑하는 형제자매 여러분, 여러분이 어디에 있든지 간에 하나님께 나아가십시오. 그렇게 하는 것이 여러분이 할 수 있는 최선의 방책입니다. 그 일을 시도해 보십시오. 그리고 천사들이 하늘의 종을 울리게 하지 않는다 해도 하나님께서는 그 사람을 지난 주간의 모습과 다르게 바꾸어 놓으셨습니다. 지난 주간에 하나님께서 불쌍한 죄인들을 받으셨고, 지금도 받으시리라는 것을 저는 압니다. 여러분에 대해서 제가 가장 두려워하는 일이 있습니다. 그것은 "내가 가서 그 일에 대해서 생각해 보지요"라고 말하는 것입니다. 그것을 생각하지 마십시오. 그것을 하십시오. 이 일에 대해서 더 이상 생각하는 것은 필요 없습니다. 그 일을 하는 것이 필요합니다. 하나님께 나아가도록 하십시오. 피조물이 그 지으신 자와 화평하는 것이 자연스러운 일이 아닙니까? 그것이 양심에 부합한 일이지 않습니까?

여러분 속에 "그리스도 예수 안에서 하나님께 나아가라"고 외치는 것이 없습니까?

불쌍한 탕자의 경우에는 기근이 그에게 "집으로 가라"고 말하였습니다. 떡이 먹고 싶었습니다. 고기도 먹고 싶었습니다. 그러나 그는 주려 있었습니다. 굶주림의 고통이 일어날 때마다 "집으로 가라. 집으로 가라"는 소리를 들었습니다. 그가 그 나라의 시민인 옛 친구에게 가서 도움을 요청하니, 샐쭉한 표정을 지으면서 "왜 네 집으로 가지 않나?"고 말하였습니다. 죄인들에게는 그의 옛 친구들이 "우리는 너를 원하지 않는다. 너는 너무 비참하고 너무나 우울하구나. 어째서 집으로 가지 않느냐?"고 말하는 것 같을 때가 있습니다. 그들은 그를 돼지 치는 데로 보냈습니다. 돼지들이 꿀꿀거리면서 "왜 집으로 가지 않지?"라고 말하는 것 같았습니다. 쥐엄 열매를 펴서 돼지들에게 주어 먹이려 하자 돼지들이 떼로 몰려들며 "집으로 가라"고 합니다. 그는 자기의 더러운 옷을 보았습니다. 그랬더니 그 옷들이 입을 벌리고 "집으로 가라"고 외쳤습니다. 그의 굶주린 배와 그의 초췌함이 "집으로 가라"고 외쳤습니다. 그때 그는 아버지의 얼굴을 생각하였습니다. 그 얼굴이 자기에게 얼마나 자비로웠던가! 그 얼굴도 "집으로 오라"고 하는 것 같았습니다. 그는 양식이 풍족한 아버지 집의 일꾼들을 생각하였습니다. 그 떡 부스러기 하나하나가 "집으로 오라"고 하는 것 같았습니다. 그는 품꾼들이 저녁에 식탁에 둘러앉아서 실컷 배불리 먹는 모습을 연상하였습니다. 품꾼 모두가 하나같이 광야 너머에 있는 자기를 보면서 "집으로 오라! 네 아버지께서 우리를 이렇게 잘 먹이신다. 집으로 오라!"고 말하는 것 같았습니다. 모든 것이 "집으로 오라!"고 말하였습니다. 오직 마귀만이 "돌아가지 마라. 그런 생각 다 쫓아 버려! 굴복하기보다는 차라리 굶는 것이 낫고, 그러다가 차라리 죽어라!"고 속삭입니다. 그러나 그때 처음으로 마귀에게서 돌아섰습니다. 그는 정신을 차리고 "아니다. 나는 일어나 아버지께 가리라"고 하였습니다.

오! 여러분도 이렇게 하시기 바랍니다. 죄인이여, 하찮은 자존심 때문에 저주를 받는 편을 택하는 것이 무슨 소용이 있다는 말입니까? 항복하세요! 자신의 교만을 버리세요! 만일 우리를 사랑하시고 우리를 위해서 당신의 사랑하시는 아들 안에서 자신을 내어 주신 아버지 하나님을 기억한다면 항복하는 것이 그리 어렵지 않을 것입니다. 그러한 친구에게는 복종하는 것이 즐거운 일임을 알게 될 것입니다. 머리를 그분의 품에 기대고 뺨으로 그분의 따스함을 느끼게 될 때 즉시로 죄 때문에 우는 것이 달콤하다는 것을 알게 될 것입니다. 여러분의 악행을 고백하는 것은 달콤하고, "내가 네 허물을 빽빽한 구름 같이, 네 죄를 안개 같이 없이하였으니 너는 내게로 돌아오라 내가 너를 구속하였음이니라"(사 44:22)는 말씀을 들으면 더욱 달콤해질 것입니다. "너희의 죄가 주홍 같을지라도 눈과 같이 희어질 것이요 진홍 같이 붉을지라도 양털 같이 희게 되리라"(사 1:18). 전능하신 하나님께서 오늘 아침 수백 명의 사람들이, 돌아온 탕자의 경우와 같게 하시기를 원합니다. 하나님께서 그 일에 대한 모든 영광을 받으실 것입니다. 따라서 제 마음은 매우 기쁠 것입니다. 제 속에는 탕자의 형의 심정이 전혀 없기 때문입니다. 오직 여러분이 내 주님을 인정하고 우리 함께 성찬식에 참여하여 그의 사랑을 즐거워하게 될 때에 여러분과 점점 더 함께 누릴 기쁨은 최고의 기쁨이 될 것입니다. 하나님께서 주님의 이름으로 여러분에게 복을 주시기 원합니다. 아멘.

제
61
장

—

방탕한 아들에 대한
아낌없는 사랑

—

"이에 일어나서 아버지께로 돌아가니라
아직도 거리가 먼데 아버지가 그를 보고 측은히 여겨
달려가 목을 안고 입을 맞추니." — 눅 15:20

여러분이 개정역(Revised Version)의 난하주(欄下註)를 유념해서 살펴보면 거기 본문 읽기가 "그리고 많이 입 맞추었다"(and kissed him much)로 되어 있음을 발견할 것입니다. 그 난하주의 본문 읽기는 헬라어를 매우 잘 번역한 것입니다. 헬라어 원어는 "간절히 입 맞추었다" 또는 "열렬하게 입 맞추었다" 또는 "자주 입 맞추었다"는 뜻입니다. 저는 이 본문의 읽기를 아주 분명하게 표현하고 싶습니다. 그래서 개정역의 난하주의 본문 읽기를 채용하고 싶습니다. "많이 입맞추었다." 저는 그 본문 읽기를 제 설교의 본문으로 삼고자 합니다. 설교의 주제는 돌아오는 죄인을 향해 하나님께서 베푸시는 넘치는 사랑에 관한 것입니다.

첫 번째로 우리가 생각한 단어는 개정역의 난하주에 나오는 'and(그리고)'라는 말인데, 이 단어는 앞에서 지나간 모든 것과 우리를 연결시켜 줍니다. 이 비유의 말씀은 우리가 아주 잘 알고 있습니다. 그러면서도 신성한 의미로 가득 차 있어서 언제나 우리에게 새로운 어떤 교훈을 줍니다. 그런 입맞춤에 대해서 몇 가지 주요한 점들을 생각해 봅시다. 아들의 측면에서 본다면 대단한 무엇인가가 있었습니다. 그리고 아버지의 측면으로 본다면 훨씬 더 대단한 것이 있었지요. 탕자는 아버지로부터 이런 사랑의 입맞춤을 받기 전에 먼 나라에서 "내가 일어나 아버지께로 가리라"고 말하였습니다. 그러나 그는 그러한 결심 이상의 것을 행하였습니다. 그렇지 않다면 아버지가 그의 볼에 입 맞추는 일은 결코 없었을 것입니다. 그는 결심을 행동으로 옮겼습니다. "그가 일어나 아버지께로 가니라." 결심만 잔뜩 하는 것은 별 가치가 없습니다. 실천으로 옮긴 단 하나의 행위가 결심 전체만큼의 가치가 있습니다. 집으로 돌아가겠다는 결심은 좋습니다. 그러나 방황하던 그 청년이 복에 가까이 다가가는 것은 그가 선한 결심을 실제로 이행하고자 첫 발걸음을 옮기는 바로 그때입니다. 여기 있는 어느 분이 오랫동안 "회개해야지, 하나님께 돌아가야지"라고 말해 왔다면, 이제 결심은 그만두고 실천으로 나아가십시오. 자비하신 하나님께서 그런 여러분들을 인도하여 회개하게 하시고, 또 그리스도를 믿게 하시기를 바랍니다!

아버지에게 사랑의 입맞춤을 받기 전에 이 젊은 아들은 아버지께로 돌아가는 길에 있었습니다. 그러나 아버지가 그 길을 달려 나오지 않았다면 아들은 아버지께 이르지 못하였을 깃입니다. 여러분이 하나님께 되로 드리면 하나님은 여러분에게 말로 갚으실 것입니다. 하나님을 향하여 조금만 나아가면, "아직도 거리가 먼 데도" 하나님께서 여러분을 맞으러 달려 나오실 것입니다. 탕자가 아버지를 알아보았는지 모르겠습니다. 그러나 그의 아버지는 아들을 알아보았습니다. 자비의 눈이 회개의 눈보다 더 민첩합니다. 우리 믿음의 눈조차 하나님의 사랑의 눈에 비교하면 희미한 것에 불과하지요. 하나님께서는 죄인이 하나님을 보기 오래 전부터 그 죄인을 보고 계십니다.

탕자가 그 길을 빠른 걸음으로 왔다고 저는 생각하지 않습니다. 오히려 그는 아주 천천히 걸어왔을 것입니다.

> "무거운 마음으로 눈을 내리깔고서
> 많이 흐느끼고 한숨을 쉬면서 왔을 것입니다."

탕자는 아버지 집으로 돌아가야겠다고 결심하였습니다. 그러나 마음속으로는 여전히 두려움이 있었습니다. 그런데 성경은 아버지가 달려왔다고 말합니다. 회개의 걸음은 느리고 더디나, 용서의 발걸음은 민첩합니다. 우리가 겨우 절뚝거리며 가지만 하나님은 달려오실 수 있습니다. 우리가 주님을 향하여 절뚝거리면 간다면 그는 우리에게 달려오실 것입니다. 아버지는 아들에게 급히 입 맞추었습니다. 이 이야기는 실제로 그랬다는 것을 우리가 알 수 있는 방식으로 진술되어 있습니다. 이야기를 표현하는 말 자체에 서두르는 느낌이 있습니다. 그의 아버지는 "달려가 목을 안고 입을 맞추었습니다." 아주 열심히 입 맞추었습니다. 아버지는 한순간도 지체하지 않았습니다. 아버지가 숨이 차서 헐떡이기는 했지만 사랑이 헐떡이지는 않았기 때문입니다. "그가 아들의 목을 안고 많이 입 맞추었습니다." 아들은 죄를 고백할 준비를 하고 서 있었습니다. 그러므로 그의 아버지는 더욱더 열심히 아들에게 입 맞추었습니다. 여러분이 자신의 죄를 자백할 마음을 가지면 가질수록 그만큼 더 하나님께서는 여러분을 기꺼이 용서하실 것입니다. 여러분이 마음에서 죄를 씻는다면, 하나님께서는 죄에 대한 기록을 깨끗이 씻어낼 것입니다. 여러분이 하나님 앞에 솔직히 자백하고 겸손하게 고백하는 죄를 하나님께서 닦아 내실 것입니다. 기꺼이 입을 열어 죄를 고백하려고 하였던 아들은 아버지께서 기꺼이 그 입술에 입을 맞추려 한다는 것을 알았습니다.

자, 차이점에 주목하기 바랍니다. 감히 아버지를 포옹할 엄두도 내지 못하고 서 있는 아들이 있습니다. 그럼에도 불구하고 아버지는 아들의 목을 안지 않고는 그를 쳐다볼 수가 없었습니다. 회개하는 죄인을 향해서 하나님께서 몸을 굽히시는 것은 정말 위대한 일입니다. 하나님은 영광의 보좌에서 자세를 굽히고 회개하는 죄인의 목을 안으시는 것 같습니다. 하나님께서 죄인의 목을 안으신다! 정말 놀라운 광경입니다! 여러분은 그것을 상상할 수 있습니까? 상상할 수 없을 것이라고 생각합니다. 그러나 여러분이 상상할 수는 없다 할지라도 그 점을 깨달을 수는 있을 것으로 생각합니다. 하나님께서 팔로 우리 목을 안고 우리 뺨에 입 맞추되 많이 입 맞추실 때, 우리는 하나님의 몸을 굽히신 사랑에 대해서 설교자들이나 책들이 말해 줄 수 있는 것보다 더 많이 알게 될 것입니다.

아버지가 자기 아들을 "보았습니다." 이 "보았다"라는 말에는 정말 엄청난 것이 들어 있습니다. 그가 누구인지 아버지는 알았습니다. 그가 어디서 오는지도 알았습니다. 돼지를 치는 사람의 복장을 하고 있는 것도 보았습니다. 그의 손발에 붙은 오물을 보았고, 그의 넝마 조각 같은 옷도 보았습니다. 자신의 죄를 뉘우치며 회개하는 그의 얼굴 표정도 보았습니다. 그가 전에는 어떠한 사람이었고, 또 얼마 전에는 어떠한 형편에 있었는지를 알았습니다. 또한 이제 어떤 사람이 될 것인지에 대해서도 알았습니다. "아버지가 저를 보고." 하나님께서는 사람들을 저와 여러분이 이해할 수 없는 방식으로 보십니다. 하나님께서는 한눈에 우리를 꿰뚫어 보십니다. 마치 유리 속을 바라보시는 것처럼 말입니다. 우리의 모든 과거와 현재와 미래를 다 보십니다.

"아직도 거리가 먼데 아버지가 그를 보고." 아버지가 돌아오는 아들을 바라볼 때 차가운 눈빛이 아니었습니다. 그 눈에서 사랑이 확 타올랐습니다. 아버지가 아들을 보자마자 "측은히 여겼습니다." 다시 말하면, 아들의 불행을 슬퍼하였다는 말입니다. 아들에 대한 아버지의 마음속에는 노여움이 조금도 없었습니다. 그렇게 불쌍한 처지에까지 떨어진 아들에 대해 연민의 마음 외에 어느 것도 없었습니다. 물론 그렇게 된 것은 아들 자신의 잘못 때문이었다는 것은 사실입니다. 그러나 아버지의 마음에는 그 생각이 떠오르지 않았습니다. 지금 아들이 처해 있는 상태, 그의 궁핍, 그의 처참한 모습, 굶주려 야윈 얼굴, 그것이 아버지의 마음에 깊이 사무쳤던 것입니다. 하나님께서는 사람들의 비참과 불행을 보시고 불쌍히 여기십니다. 사람들은 그 고통을 스스로 자초했을 수 있습니다. 그리고 사실 사람들은 정말로 그렇게 하였습니다. 그럼에도 불구하고 하나님께서 사람들을 불쌍히 여기십니다. "여호와의 인자와 긍휼이 무궁하시므로 우리가 진멸되지 아니함이니이다"(애 3:22).

우리는 아버지가 "달려갔다"는 것을 본문에서 읽습니다. 하나님의 긍휼히 여기심은 민첩한 행동으로 옮겨집니다. 하나님은 분을 내기를 더디하시지만 복을 주시기는 신속합니다. 회개하는 탕자들에게 그분의 사랑을 어떻게 베풀지 오래 생각하시지 않습니다. 이미 그 일은 영원한 언약 속에서 오래 전에 끝난 일입니다. 탕자들이 그분께 돌아오는 길을 마련할 필요가 없습니다. 그 길은 이미 골고다에서 완성되었습니다. 하나님께서는 회개하는 모든 불쌍한 영혼들을 돕기 위해 신속히 오셔서 큰 자비를 베푸십니다.

> "하나님께서는 그룹과 천사들을
> 아주 당당하게 타시고
> 강한 바람 날개로
> 온 세계를 날아다니시도다."

하나님이 오실 때는 입 맞추기 위해서 오시는 것입니다. 주석가 존 트랩 (John Trapp)은 말합니다. 아버지가 그의 방탕한 아들을 발로 걷어찼다는 대목을 성경에서 읽는다 할지라도 우리는 별로 놀라지 않았을 것이라고 말입니다. 하지만 이 비유에서 아버지가 하나님을 나타내는 상징적인 존재로 등장하고 있는 것을 알았을 때, 우리는 정말로 놀랐어야 합니다. 그 아들은 무정한 사람들이 그에게 보였을지 모르는 거친 대우를 받을 만한 사람이었습니다. 만일 이 이야기가 이기적인 인간 아버지에 관한 이야기였다면 이렇게 기록되었을 수도 있습니다. "아들이 가까이 오자 아버지가 그를 향하여 달려가서 발로 걷어찼다." 세상에는 용서할 수 없을 것처럼 보이는 아버지들이 있습니다. 만일 그 아버지가 아들을 발로 찼다 할지라도 그 아들은 마땅히 받아야 할 것을 받은 셈이 될 것입니다. 그러나 성경에 기록된 것은 모든 시대에, 모든 죄인을 위해서 진리로 서 있습니다. "아버지가 달려가 목을 안고 입을 맞추니." 정말 아들에게 열심히 많이 입 맞추었습니다.

많이 입 맞추는 것은 무엇을 의미합니까? 죄인들이 하나님께 나오게 될 때 하나님께서는 사랑스럽게 그 죄인들을 영접하시며, 뜨거운 마음으로 환영하신다는 것을 뜻합니다. 만일 여러분 중에 어떤 분이라도 제가 말하고 있는 동안 하나님께 나오면서, 그리스도의 큰 희생의 제사 때문에 하나님의 자비하심을 받을 것이라고 기대한다면, 여기 이 비유에 나오는 아버지의 행동을 여러분이 그대로 받을 것입니다. 이 많은 사람들에게 그것이 진리이었듯이 말입니다. "그가 많이 입 맞추었다."

1. 많은 사랑

먼저 많이 입 맞추었다는 것은 "많은 사랑"을 뜻합니다. 진심으로 느낀 "많은 사랑"을 뜻한다는 말입니다. 하나님께서는 그 무한하신 마음에 느끼지도 않는 사랑을 표현하시는 그런 분이 아니시기 때문입니다. 하나님께서는 가룟 유다와 같은 입맞춤을 하지 않으실 것이고, 당신이 포용하는 자들을 배반하지 않으십니다. 하나님은 외식이 없고, 사랑하지 않는 자들에게 결코 입 맞추지 아니하실 것입니다. 오! 하나님께서 죄인들을 어떻게 사랑하시는지요! 회개하고 하나님께 오는 사람은 하나님께서 얼마나 자신을 사랑하시는지 깨닫게 될 것입니다. 여러분을 향한 하나님의 사랑은 측량할 길이 없습니다. 창세 전부터 여러분을 사랑하셨고, 영원토록 여러분을 사랑하실 것입니다. 오! 긍휼을 바라고 온전히 하나님을 의지하는 죄인들에게 베푸시는 하나님의 사랑은 가히 측량할 수 없습니다!

　　아버지가 이렇게 많이 입 맞추었다는 것은 많은 사랑이 나타났다는 것을 의미합니다. 하나님의 백성들이 자기들을 향하신 하나님의 사랑의 위대함을 언제나 알고 있지는 않습니다. 그러나 우리에게 주신 성령으로 말미암아 우리 마음속에서 하나님의 사랑이 흘러넘칠 때가 종종 있습니다. 우리 중 어떤 사람들은 때로 그것이 너무나도 놀라운 행복이기 때문에 정말 자기가 살아서 이런 것을 누리고 있는 것인지 의심이 갈 정도의 체험을 하기도 합니다! 하나님의 사랑은 어떤 경우에 너무나 놀랍게 체험된 나머지, 우리가 도저히 더 견딜 수 없어서 그 즐거움을 그만 부어 주시라고 해야 할 때도 있었습니다. 만일 그 영광이 조금 가리어지지 않았다면 넘치는 희열과 행복을 감당하지 못하고 그만 죽고 말았을 것입니다. 사랑하는 여러분, 하나님은 그분의 백성들의 마음을 열어 그의 은혜를 나타내 보이시는 놀라운 방식들이 있습니다. 하나님은 사랑을 때에 따라 한 방울씩 떨어뜨리시는 분이 아니라 크고 도도한 물결로 부어 주실 수 있습니다. 귀용 부인(Madame Guyon)은 앞에 있는 모든 것을 몰고서 영혼을 휩쓸고 지나가는 사랑의 급류에 대해서 말하곤 했습니다. 그 물결은 그 앞에 있는 모든 것을 다 쓸어갑니다. 이 비유에 나오는 불쌍한 탕자는 아버지께서 그토록 많은 사랑을 자기에게 나타내는 것을 보았습니다. 그래서 그는 도도한 급류와 같은 아버지의 사랑을 노래할 수도 있었을 것입니다. 바로 그것이 하나님께서 구원하시는 자들을 영접하는 방식입니다. 은혜를 조금 주시는 것이 아니라 흘러넘치는 사랑을 나타내시는 것입니다.

　　이렇게 아버지가 아들에게 많이 입 맞춘 것은 더 나아가 "많은 사랑"을 지각했다는 뜻입니다. 아버지가 많이 입 맞추었을 때에 그 가련한 탕자는 전에 같으면 전혀 몰랐을 아버지의 사랑을 알게 되었습니다. 그는 아버지의 사랑에 대하여 의심을 조금도 갖지 않게 되었습니다. 아버지의 사랑을 분명히 알게 된 것입니다. 사실 죄인이 처음 예수님을 믿을 때, 이 "많은" 사랑을 얻는 경우가 매우 흔합니다. 하나님께서 사랑을 죄인에게 나타내시는 것입니다. 그래서 죄인이 그 사랑을 지각하고 처음부터 그 사랑을 누립니다. 하나님께서 가장 좋은 포도주를 마지막에야 내놓으시는 분이 아님을 알아야 합니다. 하나님은 우리가 식탁에 앉자마자 가장 풍성한 진수성찬을 내놓으십니다. 제가 처음 예수님을 믿었을 때 느꼈던 기쁨을 지금도 기억합니다. 그때를 되돌아보면, 아니 그때를 기억하면 어제 일처럼 새롭습니다. 오! 죽을 인생이 그토록 오랫동안 짐을 지고 완전한 절망 가운데 있었는데도 불구하고 이렇게까지 행복해질 수 있는지 도저히 믿겨지지가 않았습니다! 저는 십자가에 달리신 예수님만 바라보자 나를 짓누르던 짐이 즉시로 사라졌습니다. 그 무게 때문에 신음하고 울부짖던 내 마음은 뛰며 춤추며 기쁨으로 노래하였습니다. 저는 그리스도 안에서 제가 원하는 모든 것을 발견하였습니다. 즉시로 저는 하나님의 사랑 안에서 안식하였습니다. 만일 여러분이 그리스도로 말미암아 하나님께로 돌아오기만 한다면 그와 같은 일이 여러분에게도 그대로 이루어질 수 있습니다. 바로 이 탕자에게 일어난 일이 여러분에게도 일어날 것입니다. "아직도 거리가 먼데 아버지가 그를 보고 측은히 여겨 달려가 목을 안고 입을 맞추니" — 많은 사랑으로 그 아들에게 입 맞추었습니다.

2. 많은 용서

이렇게 많은 입맞춤은 "많은 용서"를 뜻하는 것입니다. 탕자는 고백할 죄가 많았습니다. 그러나 그 죄를 상세하게 아뢰기 전에 아버지는 그를 용서하였습니다. 저는 용서받은 뒤에도 죄를 고백하는 것을 좋아합니다. 어떤 사람은 우리가 죄를 용서받으면 결코 다시는 죄를 자백하는 일이 없을 것이라고 생각합니다. 그렇지 않습니다. 사랑하는 여러분, 우리는 죄책이 무엇인지 정말로 알기 때문에 참으로 죄를 자백하는 것입니다! 그런 다음 우리는 구슬프게 노래합니다.

> "나의 구주시여, 내 죄악들이 주님께 지워지다니
> 그 얼마나 슬픔에 찬 일인가요!
> 주님의 온유하심과 인내하심 때문에
> 그 죄로 인해 받는 슬픔이 열 배나 더합니다
> 제 죄들이 용서받았음을 알고 있으나
> 아직도 그 죄들이 제게는
> 모든 슬픔과 모든 고뇌로 남아 있으니
> 내 주님께서 그 죄들을 지셨나이다."

　　그리스도께서 당신의 피로써 내 죄를 씻으셨다는 것을 생각하면 내 죄의 악함을 더 예리하게 느끼고, 하나님 앞에서 그 죄의 악함을 더 겸손하게 자백하게 됩니다. 이 탕자의 모습은 하나님께 돌아온 자들의 체험을 정말 기이하게 그려 주고 있습니다. 그의 아버지가 용서의 입맞춤으로 그를 맞았습니다. 그럼에도 불구하고 그 젊은 사람은 "아버지, 내가 하늘과 아버지께 죄를 지었사오니 지금부터는 아버지의 아들이라 일컬음을 감당하지 못하겠나이다"라고 말하였습니다. 그러니 그리스도 안에서 자신의 죄가 다 사함 받았다는 것을 알지라도 자신의 죄를 하나님께 아뢰는 것을 망설이지 마십시오.

　　이러한 관점에서 그 입맞춤은 무엇보다 먼저 이런 뜻이었습니다. "네 죄가 다 사라졌으니 그에 대해 다시는 언급하지 아니하리라. 내 아들아, 내 품에 안기어라! 네가 나를 참으로 슬프게 했고 화나게 하였다. 그러나 나는 빽빽한 구름 같은 네 죄과를 도말하였고, 구름 같은 네 죄를 씻었다."

　　아버지가 그 아들을 바라보며 많이 입을 맞추고, 어쩌면 다음과 같은 뜻으로 또 한 번 입을 맞추었을 것입니다. "이제 더 이상 아픔은 남아 있지 않다. 나는 너를 용서했을 뿐만 아니라 너의 죄를 다 잊었다. 그 모든 것이 사라졌다. 깨끗이 사라졌다. 네가 지은 죄로 다시는 송사하지 않을 것이다. 다시는 너를 덜 사랑하는 그런 일도 없을 것이다. 네가 무가치하고 믿을 만한 사람이 결코 아니라는 식으로 너를 대우하지 않겠다." 아마 그때 또 한 번 입을 맞추었을 것입니다. 왜냐하면 그의 아버지가 그를 용서하셨고, "그리고 그 아들에게 많이 입 맞추어" 죄가 온전히 사해졌다는 것을 보여주고자 했기 때문입니다.

　　저기 탕자가 아버지의 선하심에 압도당하여 서 있습니다. 이젠 그는 자기 옛 생활을 기억하고 있습니다. 그가 자신을 돌아보면서 "나는 여전히 오래된 누더기 같은 옷을 입고 있고, 방금 전까지 돼지 치는 일을 하다가 금방 왔다"고 생각했습니다. 저는 아버지가 아들에게 또 한 번 입을 맞추면서 이런 뜻을 말하고자 했을 것으로 생각할 수 있습니다. 곧 "내 아들아, 나는 과거를 회상하지 않는다. 너를 보니 너무나 기뻐서 네게 있는 더러움과 넝마 같은 옷도 보이지 않는구나. 나는 네가 다시 나와 함께 있게 된 것이 너무나 기뻐서 시궁창에서 다이아몬드를 주운 것같이, 잃어버렸던 다이아몬드를 다시 찾은 것처럼 너는 나에게 그처럼 귀한 존재다." 하나님께서 그분에게 돌아오는 자들을 바로 그와 같이 은혜롭고 영광스러운 방식으로 대우하십니다. 하나님께서는 그분께 돌아오는 사람들의 죄를 온전히 씻어 버리고 다시는 기억하지 아니하실 것입니다. 하나님께서는 하나님답게 용서하십니다. 그래서 우리는 하나님의 말로 다할 수 없는 자비하심을 경배하고 찬미하여 이같이 노래할 수 있습니다.

> "어찌할 바를 모르는 기이함 가운데 떨리는 기쁨으로
> 우리는 우리 하나님의 용서를 받네
> 가장 깊고 진한 죄악도
> 예수님의 피로써 다 사함 받았네
> 하나님과 같이 용서하시는 이가 누구이며
> 누가 그처럼 대가 없는 풍성한 은혜를 주시겠는가?"

어떤 사람은 "나에게도 그와 같은 놀라운 변화가 일어날 수 있을까요?"라고 말합니다. 하나님께 기꺼이 돌아오고자 하는 사람은 모두 하나님의 은혜로 말미암아 그러한 일을 경험할 수 있습니다. 저는 지금이라도 그와 같은 일이 일어나게 해 주십사고 하나님께 기도하는 바입니다. 그래서 여러분이 하나님의 능력으로 말미암아 하나님의 말씀을 통해서 그 점을 확신하게 되기를 바랍니다. 그리스도께서 여러분의 구속을 위해서 흘리신 보배 피를 바라보면서 "나도 이제 그것을 알아요. 하나님께서 나의 모든 죄를 어떻게 다 없애 버리시는지 알아요. 죄가 생기면 또 그것을 다 하나님께서 없애 주시는 것을 알아요. 죄 때문에 부끄러운 생각이 들면 다시 하나님께서 나에게 입 맞추어 주시죠. 내 악한 행실을 기억하고서 낯이 붉어지게 될 때 다시 하나님께서는 입을 맞추시고 제가 온전히 값없이 죄 사함을 받았다는 것을 확신시켜 주시지요"라고 말할 수 있게 되기를 원합니다. 그처럼 탕자의 아버지가 여러 차례 입 맞춘 것은 그 방황하던 아들로 하여금 그의 죄가 온전히 다 씻겨졌다는 것을 확신하게 하기 위한 것입니다. 그 많은 입맞춤은 많은 사랑과 많은 용서를 나타내었습니다.

3. 온전한 회복

이렇게 연거푸 입을 맞추시는 것은 "온전한 회복"을 뜻하였습니다. 탕자는 아버지에게 "나를 품꾼의 하나로 써 주소서" 하고 말하려고 하였습니다. 그는 먼 나라에서 그렇게 아버지께 간청드리겠다고 결심했었습니다. 그러나 아버지는

입맞춤으로써 그 말을 막아 버렸습니다. 바로 그 입맞춤을 통해서 아들이 아들 자격을 얻었다는 것을 보여준 것입니다. 아버지는 그 곤고한 방황자에게 그 입맞춤을 통해서 "너는 내 아들이라"고 말하였던 것입니다. 자기 아들에게만 베풀 수 있는 그러한 입맞춤을 주었던 것입니다. 여기 있는 분들 중 얼마나 많은 분들이 그러한 입맞춤을 어느 다른 사람에게 준 적이 있는지 궁금합니다. 저기 앉아 계시는 분은 탕자가 받았던 입맞춤에 대해서 무엇인가 알고 있는 것 같습니다. 저 아버지의 딸이 집을 나가 버렸습니다. 그러나 그 딸은 죄 가운데 몇 년을 지나고서 곤고하고 지친 상태로 돌아와서 집에서 죽으려 하였습니다. 아버지는 그 딸을 받아들였습니다. 딸이 회개하는 것을 알고 딸을 기쁨으로 맞아들인 것입니다. 아! 사랑하는 친구여, 그와 같은 입맞춤에 대해서 여러분은 무엇인가를 알고 있지요! 저 착한 부인이여, 그대의 자식이 도망쳤었습니다. 부인께서도 이 입맞춤에 관해서 무엇인가를 이해할 수 있지요. 그 아들이 부인을 버리고 도망쳤을 때, 몇 년 동안 아들에 대한 소식을 듣지 못했었습니다. 그리고 그 아들은 그동안 매우 악한 생활을 하였습니다. 아들에 대한 소식을 들었을 때 마음이 무너져 내리는 것 같았습니다. 아들이 돌아왔을 때 정말 아들의 모습을 알아보기가 힘들었습니다. 아들을 데리고 들어왔던 그때 일을 기억하지요? 그 자식이 항상 품에 안아 보던 어린 소년이었으면 좋겠다고 느꼈습니다. 그러나 지금은 성인으로 장성하였고, 큰 죄인이 되어버렸습니다. 그럼에도 불구하고 부인께서는 아들에게 입 맞추었지요. 아들에게 너무나 반갑게 자주 입을 맞추었기 때문에 아마 아들도 그 일을 결코 잊지 못할 것입니다. 또 부인께서도 그 일을 결코 잊지 못할 것입니다. 부인께서는 아버지가 "내 자식아, 너는 내 아들이다. 네가 행한 모든 것에도 불구하고 너는 내게 속해 있어. 아무리 네가 사악함과 어리석음 속에서 배회하고 다녔다 할지라도 나는 너를 내 아들로 인정한다. 너는 내 뼈 중의 뼈요, 살 중의 살이다"라고 말하는 것 같은 그 흘러넘치는 반가운 심정을 이해할 수 있을 것입니다.

　　이 비유를 통해서 그리스도께서는 여러분 불쌍한 죄인들로 하여금 하나님께서 여러분을 어떻게 대하시는지를 알게 하시고 싶었던 것입니다. 만일 여러분이 예수 그리스도로 말미암아 자신의 죄를 하나님께 고백한다면 하나님께서 여러분을 받아주실 것을 그리스도께서는 이 비유를 통해서 알리신 것입니다. 하나님께서는 정말 여러분을 반갑게 맞으실 것입니다. 왜냐하면 여러분이 돌아오는 그날을 위해서 모든 것이 준비되어 있기 때문입니다.

> "그대를 위하여 잔칫상이 차려지고
> 풍성한 진수성찬이 가득 차려진 것을 보라
> 죄를 자백하는 자식을
> 아버지께서 품으로 안으시나니
> 집을 떠나 다시는 배회하지 말고
> 오너라, 죄인아, 너를 환영하노라."

아버지께서 그의 아들을 받으시되 많은 입맞춤으로 받으셨습니다. 그래서 그 아들이 간청한 것이 응답되었다는 사실을 입증한 것입니다. 실로 그의 아버지는 그 간청하는 말을 듣기 전에 벌써 응답을 하였던 것입니다. 아들은 "아버지, 내가 죄를 지었습니다"라고 말하려고 하였습니다. 그러면서 용서를 구하려 했습니다. 그러나 아버지는 긍휼 어린 심정으로 용서를 인치는 표시로 입 맞춤을 하였습니다. 간청을 하기도 전에 말입니다. 예수 그리스도로 말미암아 하나님께로 돌아오고 있는 죄인이여, 그대에게도 그와 같은 일이 일어날 것입니다! 여러분께 기도할 것을 허락하신 것입니다. 또 하나님께서 여러분의 기도를 들으실 것입니다. 불쌍하고 절망 어린 죄인이여, 자신의 기도가 하늘 문전에서 박대를 받았던 것처럼 느끼는 죄인이여, 들을지어다! 지금 아버지의 품으로 나아오라. 그리하면 아버지께서 그대의 기도를 들으실 것이다. 몇 날이 못 되어 그대가 드렸던 기도에 대한 응답들을 받음으로써 자신이 하나님의 사랑에 완전하게 회복되었다는 것을 입증 받는 가장 분명한 증거들을 얻게 될 것이다. 그로 인하여 그대를 향한 주님의 위로하심에 크게 놀라게 될 것이다.

이보다 더 나아가서 여러분의 특권들이 다 회복된 것을 발견하게 될 것입니다. 길을 잃었던 이 젊은 사람이 돌아와 자녀들 가운데 있었던 것처럼 말입니다. 아버지로부터 많은 입맞춤을 받고 아버지의 집에 있는 그 아들의 모습을 보십시오. 그는 아들이 입는 의복을 입고 있습니다. 또 그 가문의 상속자라는 것을 나타내는 반지가 그 손가락에 끼워져 있습니다. 또 그 가정에 속한 것을 나타내는 신발이 그 발에 신겨져 있습니다. 더 이상 그는 돼지가 먹는 음식을 먹지 않고 자녀의 떡을 먹게 되었습니다. 하나님께 돌아오면 그와 같은 일이 여러분에게도 일어납니다. 비록 여러분이 참으로 어리석고 비열하고, 겉으로 보기보다도 더 더러운 존재일 수 있습니다. 이제까지 돼지와 함께 살았기 때문에 여러분에게서 아주 고약한 냄새가 나서 다른 사람들이 코를 돌릴 수도 있습니다. 그럼에도 불구하고 여러분의 아버지께서는 먼 나라에서 있을 때 여러분이 어떠했음을 보여 주는 그 표증들에 주목하지 않습니다. 정말 그 먼 나라에 있을 때는 온갖 끔찍한 더러운 것이 여러분에게 덮여 있었습니다. 자, 이 아버지가 자기 아들을 대하는 것을 보십시오. 아버지는 아들에게 입 맞춥니다. 다시 입 맞춥니다. 그는 아들을 알아보고, 또 그를 자기 자녀로 인정하며, 그에게 뜨거운 부성애를 느끼고 있습니다. 그래서 계속 입을 맞춥니다. 아들에게 많이 입맞춤으로써 아들이 온전히 회복되었다는 것을 알게 하는 것입니다.

이 거듭되는 입맞춤 속에서 그러한 세 가지 요점을 우리는 보았습니다. 곧 많은 사랑, 많은 용서, 온전한 회복을 본 것입니다.

4. 지극히 큰 기쁨

그러나 이 많은 입맞춤은 그보다 더 많은 것을 의미하였습니다. 그 많은 입맞춤은 아버지의 "지극히 큰 기쁨"을 드러내었습니다. 아버지의 마음은 기쁨이 흘러 넘쳤습니다. 기쁨을 주체할 수 없었습니다. 아들을 다시 보고 또 다시 봄으로 기쁨을 드러내고 있었음이 분명하다고 생각합니다. 죽었었으나 이제 다시 살아 돌아왔고, 잃었었으나 이제 다시 찾은 아들을 향해 아버지가 나타낸 행동을 말씀드리겠습니다. 그 정경을 한번 묘사해 보겠습니다. 아버지가 아들에게 입 맞추었습니다. 아버지가 아들에게 앉으라고 하였습니다. 그런 다음에 앞에 가서 아들을 쳐다보았습니다. 아들을 쳐다보는 것이 너무나 행복하여 "아이구, 또 입 맞추어야겠네"라고 말합니다. 그리고 잠시 떨어져 몇 발자국을 걷습니다. 그러나 금방 돌아와서 "오, 또 입 맞추어야지!"라고 말합니다. 아버지는 아들에게 또 입 맞춥니다. 왜냐하면 그는 너무나 행복하기 때문입니다. 그의 심장은 빠르게 고동칩니다. 정말 기뻐 어쩔 줄 모릅니다. 그 노인은 음악이 울리게 하고 싶었습니다. 그 노인은 춤추고 싶습니다. 그러나 야윈 자식을 거듭 쳐다보는 것만으로도 만족하였습니다. 오! 하나님께서 죄인을 쳐다보시고, 또 쳐다보시고, 계속 쳐다보시면서 보실 때마다 기뻐 어쩔 줄을 모르신다고 저는 믿습니다. 죄인이 진정으로 회개하며 자기 아버지 집으로 돌아올 때 말입니다.

이 거듭되는 입맞춤은 **거듭되는 복**을 의미하였습니다. 아들을 감싸 안고 입맞출 때마다 계속해서 "너에게 복 주마. 내 자식아 너를 축복하노라"고 말하였던 것입니다. 아버지는 아들이 돌아옴으로 자기에게 복을 가져다주었다고 느꼈습니다. 그래서 그는 아들에게 새로운 축복을 빌었습니다. 오, 죄인이여! 만일 여러분이 하나님께서 여러분을 어떻게 환영하시는지 알고, 또 어떻게 여러분을 쳐다보시며, 복을 주시는지 알기만 한다면 대번에 회개하고 그의 팔에 안기고 그의 품에 기댈 것이며, 그의 사랑 안에서 정말 행복을 느낄 것입니다.

많은 입맞춤은 또한 **거듭되는 즐거움**을 뜻하였습니다. 죄인이 하나님을 기쁘시게 할 수 있다니 정말 기이한 일입니다. 하나님께서는 행복하신 하나님이십니다. 하나님은 모든 행복의 원천이십니다. 우리가 그 하나님의 복됨에 무엇을 첨가할 수 있겠습니까? 그럼에도 불구하고, 사람의 예를 따라서 말하자면, 하나님의 가장 큰 기쁨은 고집 센 에브라임과 같은 사람들이 탄식하며 일어나 자기들의 본향인 하나님께로 돌아오는 것을 아시고 그들을 꼭 껴안으시는 데서 나타납니다. 하나님께서 지금이라도 그러한 광경을 목격하시길 바랍니다. 죄인들이 그분께 돌아오는 것을 인하여 기뻐하시는 일이 있기를 원합니다. 그렇습니다. 하나님께서 우리와 함께 계시니 그와 같은 일이 일어날 수 있다고 우리는 믿습니다. 성령의 은혜로운 역사 때문에 그 일이 일어날 것이라고 믿는 바입니다. 분명히 선지자를 통해서 주신 말씀의 가르침이 그것입니다. "너의 하나님 여호와가 너의 가운데에 계시니 그는 구원을 베푸실 전능자이시라 그가 너로 말미암아 기쁨을 이기지 못하시며 너를 잠잠히 사랑하시며 너로 말미암아 즐거이 부르며 기뻐하시리라 하리라"(습 3:17). 영원하신 하나님께서 즐거이 노래 부르신다는 것을 생각해 보십시오. 또한 그것이 방황하던 죄인이 당신께 돌아오는 일 때문이라는 것을 기억하십시오. 또한 하나님께서는 탕자의 돌아옴을 기뻐하시고, 하늘 전체가 하나님의 기쁨에 참여합니다.

5. 흘러넘치는 위로

제가 말씀드릴 주제는 아직 다 끝나지 않았습니다. 우리가 그 입맞춤에서 다섯 가지 요점을 보았는데, 그 입맞춤에는 "흘러넘치는 위로"가 들어 있었음을 또한 지적해야 합니다. 이 불쌍한 젊은이는 허기지고 기진하고 곤고한 상태에서 매우 먼 거리를 걸어 왔습니다. 이제 그 마음은 힘이 다 빠진 상태에 있습니다.

굶주림 때문에 힘이 다 빠진 것입니다. 자기 죄가 어떠하다는 것을 알았기 때문에 아버지의 얼굴을 대면할 용기가 나지 않았습니다. 그래서 아버지는 그 아들에게 "아이야, 오너라 좌절하지 말라 내가 너를 사랑한다"고 말하는 것과 같은 뜻으로 입을 맞추었던 것입니다.

"오! 아버지, 제 과거가, 제 과거가!" 하며 신음할 수도 있었습니다. 자기의 방탕한 시절을 생각하고서 말입니다. 그러나 그 말을 꺼내기가 무섭게 아버지의 입맞춤을 받았는데, 그 입맞춤은 "과거를 신경 쓰지 말라. 나는 그 모든 것을 다 잊었다"고 말하는 것과 같았습니다. 주께서 구원하시는 사람들을 그렇게 대하십니다. 구원하시는 자들의 옛 과거를 속죄의 피 아래 묻으십니다.

주님께서는 그의 종 예레미야를 통해서 말씀하셨습니다. "여호와의 말씀이니라 그 날 그 때에는 이스라엘의 죄악을 찾을지라도 없겠고 유다의 죄를 찾을지라도 찾아내지 못하리니 이는 내가 남긴 자를 용서할 것임이라"(렘 50:20).

그러나 그런 다음 그 젊은 사람은 자기의 더러운 옷을 내려다보면서, "아버지, 지금 현재 제 상태는 참으로 끔찍합니다!"라고 말하였습니다. 그에 대해 아버지는 또 한 번의 입맞춤을 통해서 이렇게 대답하였을 것입니다. "현재의 일은 걱정하지 말아라. 아들아, 나는 네 있는 그대로 받기를 만족한다. 내가 너를 사랑한다." 자, "사랑하시는 자 안에서 영접함을 받는" 자들에 대한 하나님의 말씀이 그것입니다. 그들의 모든 수치스러움에도 불구하고 그들이 그리스도 안에서는 깨끗하고 점이 없습니다. 하나님께서는 그들 각자에 대해서 말씀하십니다. "그리스도 안에서 너는 나 보기에 보배롭고 존귀한 자였도다. 내가 너를 사랑하였도다. 그러므로 네 스스로 아무리 무가치하다 할지라도 내 사랑하는 아들을 통해서 내 집으로 오너라. 내가 너를 환영하노라"고 말씀하셨습니다.

그러나 아들이 또 이렇게 말했을 수도 있습니다. "오! 그러나 장래는 어떻게 하지요! 만일 제가 다시 집을 떠나 방황하게 된다면 아버지는 어떻게 생각하시겠어요?" 그래서 또 한 번 거룩한 입맞춤으로 아버지는 이렇게 표현했을 것입니다. "나는 그 장래까지 준비할 것이다. 나는 너를 위해서 우리 집을 아주 밝게 만들어 다시는 집을 떠나고 싶은 마음이 없게 할 거야." 그러나 하나님께서는 당신께 돌아오는 사람을 위해서 더 많은 일을 하십니다. 하나님께서는 당신의 사랑의 표증으로 우리를 둘러 감싸실 뿐만 아니라 우리에 관해서 이렇게 말씀하십니다. "그들은 내 백성이 되겠고 나는 그들의 하나님이 될 것이며 내가 그들에게 한 마음과 한 길을 주어 자기들과 자기 후손의 복을 위하여 항상 나를 경외하게 하고 내가 그들에게 복을 주기 위하여 그들을 떠나지 아니하리라 하는 영원한 언약을 그들에게 세우고 나를 경외함을 그들의 마음에 두어 나를 떠나지 않게 하고"(렘 32:38-40). 더구나 돌아오는 각 사람을 향해서는 이렇게 말씀하십니다. "또 새 영을 너희 속에 두고 새 마음을 너희에게 주되 너희 육신에서 굳은 마음을 제거하고 부드러운 마음을 줄 것이며 또 내 영을 너희 속에 두어 너희로 내 율례를 행하게 하리니 너희가 내 규례를 지켜 행할지라"(겔 36:26-27).

아들을 괴롭게 하는 것이 무엇이었든지 간에 그 모든 것을 다 극복할 만하게 아버지는 아들에게 입 맞추었습니다. 같은 방식으로 우리 하나님께서는 당신과 화해한 아들들에게 찾아올 수 있는 의심과 당황함이 엿보일 때마다 그를 사랑하신다는 표증을 주십니다. 아마 제 설교를 듣고 있는 분 가운데 어느 분은 이렇게 말할 것입니다. "제 죄를 고백하며 하나님의 자비를 구한다 할지라도 여전히 저는 지독한 고통 속에 있을 것입니다. 왜냐하면 제 죄로 인하여 스스로 궁핍하게 되었기 때문입니다." 이에 대해 주님께서 말씀하십니다. "너를 입 맞추는 사랑이 여기 있다. 네가 먹을 떡과 마실 물을 분명하게 공급할 것이다." 또 다른 사람은 이렇게 말하겠죠. "그러나 죄로 말미암아 제가 질병을 불러들였어요." "그런 경우도 너를 위해서 안심시키는 입맞춤이 있다. 나는 여호와 라파, 곧 치료하는 주님이다. 너의 모든 불의를 용서하고 네 모든 질병을 고치는 주님이다." 또 다른 사람은 이렇게 말하겠죠. "그러나 저는 철저히 좌절한 상태에 있어요." 주님께서는 그런 사람에게 역시 입 맞추시면서 "내가 너를 높이 들고 너에게 필요한 모든 것을 공급할 것이다. 의의 길로 행하는 자들을 위해서 결단코 선한 것을 빼앗지 아니할 것이다." 이 성경책 속에 있는 모든 약속들이 모든 회개하는 죄인에게 해당하는 것입니다. 주 예수 그리스도, 하나님의 아들을 믿는 믿음으로 하나님께 돌아오는 그 사람들에게 말입니다.

탕자의 아버지는 아들에게 계속 입 맞추었습니다. 그래서 아들이 그 자리에서와 그 이후 생활하면서 행복을 느끼게 하였습니다. 불쌍한 영혼들이 그리스도께 나올 때에 정말 무서운 곤경에 처하여 있습니다. 어떤 사람들은 자기들이 어디에 있는지조차 모릅니다. 저는 너무 깊은 절망에 빠진 나머지 횡설수설 하는 사람들을 알고 있습니다. 그들은 무서운 의심에 빠져서 하나님에 대하여 악한 말을 하곤 합니다. 주 하나님께서는 그 모든 것에 대하여 다른 식으로 대답하지 아니하시고, 입 맞추고, 또 입 맞추십니다. 회개하는 죄인에게 주님의 변함없는 사랑을 거듭 확언하는 것만큼 죄인을 안심시켜 주는 것은 없습니다. 주 하나님께서는 지금까지 그러한 자를 많이 받아주셨고 "많이 입 맞추었습니다." 그래서 하나님께서 그러한 자를 끔찍한 구덩이에서 건져내어 반석 위에 견고하게 서게 하시고 바르게 나아가게 하시는 것입니다. 주님께서　제 설교를 듣고 있는 많은 사람들이 제가 말하고 있는 바가 무엇인지 이해할 수 있게 해 주시기를 구합니다!

6. 강한 확신

제가 여섯째 요지로 나아가는 것을 보고 옛 청교도들처럼 많은 소제목들을 붙이는구나 생각할지 모릅니다. 그러나 그럴 수밖에 없군요. 왜냐하면 아버지가 아들에게 입 맞춘 그 많은 입맞춤들이 많은 것을 의미하기 때문입니다. 사랑과 용서와 회복, 그리고 기쁨과 위로가 그 속에 들어 있었습니다. 또 역시 이 대목에서 다룰 "강한 확신"이 들어 있습니다.

아버지는 아들에게 많이 입 맞추고, 정말 그 입맞춤이 "정말로 현실인" 것을 확신하게 만들었습니다. 탕자는 아버지로부터 이렇게 많은 입맞춤의 세례를 받으면서 스스로에게 이렇게 말할 수 있었습니다. "이 모든 사랑이 정말로 사실임에 틀림없어. 얼마 전만 해도 돼지들의 꿀꿀거리는 소리를 들었었는데 지금은 내 아버지의 입 맞추는 소리 외에는 아무것도 들리는 것이 없구나." 그래서 그의 아버지는 또 입 맞추었습니다. 계속 입맞춤을 하는 것만큼 첫 입맞춤이 현실임을 확신시켜 주는 좋은 방법이 없었기 때문입니다. 두 번째 입맞춤에 대해 의심이 있었을지라도 아버지는 벌써 세 번째로 입을 맞추었습니다. 옛날에 꿈을 두 번 꾸었을 때는 그 해석을 확실한 것으로 여겼다면, 이렇게 아버지가 거듭해서 아들에게 입 맞추는 행동은 의심의 여지를 조금도 남기지 않을 것입니다. 아버지는 당신의 사랑의 표증을 새롭게 하시어 아들로 하여금 그 사랑이 사실임을 충분히 확신하게 하였습니다.

자, 아버지가 그렇게 행하신 것은 장차 그 문제에 대해 의문의 여지를 주지 않기 위해서였습니다. 우리 어떤 사람들은 회심하기 전에 너무나 낮은 위치에 처해 있었기 때문에 하나님께서 구원하실 때에 극히 큰 기쁨을 누립니다. 그래서 결단코 그걸 잊을 수 없게 되는 것입니다. 때로는 마귀가 제게 말합니다. "너는 하나님의 자녀가 아니야." 저는 오래 전에 그 마귀의 암시에 대답하는 일을 포기하였습니다. 왜냐하면 옛날부터 존재하던 마귀와 같은 교활한 거짓말쟁이와 따지는 것은 시간 낭비이기 때문입니다. 마귀는 나를 너무나 잘 알고 있습니다. 그러나 만일 제가 그 마귀의 말에 대꾸를 하자면 이렇게 할 것입니다. "아니, 내가 주님께 구원받았을 때를 기억한다! 나는 구주를 처음 보았던 그 지점을 평생 잊을 수 없다. 그 이후 내 기쁨은 계속 파도치는 대서양의 물결과 같이 힘 있는 복락의 거품을 일으키며 모든 것을 다 덮는다. 나는 그것을 잊을 수가 없다." 마귀는 그러한 주장에 대해서 대꾸할 수 없습니다. 마귀는 그러한 일은 일어나지 않았다고 저를 설득하여 믿게 만들 수는 없습니다. 하나님 아버지께서 많이 저에게 입맞추셨습니다. 저는 그것을 생생하게 기억하고 있습니다. 주님께서 그와 같은 분명한 구원, 그 밝고 찬란한 은혜를 우리가 회심할 때 주십니다. 그래서 그 이후 하나님 앞에서의 우리의 지위에 대해서 의심할 수 없게 만드십니다. 우리가 영원토록 구원받은 사람이라는 사실을 믿지 않을 수 없게 만드시는 것입니다.

아버지는 돌아온 이 불쌍한 탕자에게 생각할 수 있는 모든 의심을 물리칠 수 있는 확신을 주신 것입니다. 만일 첫 번째 입맞춤이 아버지와 아들만 있을 때 개인적으로 주어졌다면, 그 후에 아버지가 사람들 앞에서도 여전히 입 맞추었을 것이 틀림없습니다. 그래서 다른 사람들도 그 모습을 볼 수 있었습니다. 아버지는 가족들이 보는 앞에서 많이 입 맞추었습니다. 그래서 돌아온 탕자가 아버지의 아들인가에 대해서 의문의 여지를 갖지 못하게 한 것입니다. 형이 그 자리에 없었다는 것이 안된 일이죠. 그는 밭에 나가 있었습니다. 그는 자기 동생이 돌아오는 것을 영접하는 일보다 곡식에 관심이 더 많이 있었습니다. 오늘 현대에도 그러한 사람이 있습니다. 그 사람은 평일 저녁 집회에 나오지 않는 사람입니다. 그는 사업을 아주 열심히 하는 사람이어서 목요일 밤에는 사무실을 떠나지 않았습니다. 탕자가 바로 그 시간에 들어왔습니다. 그래서 형은 아버지가 동생을 영접하는 모습을 보지 못하였습니다. 그가 지금까지 살아 있었다면 아마 교회의 집회들에 나오지 않을 것입니다. 너무나 바쁘게 지낼 것입니다. 그렇듯이 회개하는 죄인을 영접하는 일에 관해서는 관심이 전혀 없을 것입니다. 그러나 아버지께서 자기의 사랑하는 아들을 되찾았을 때에 그 권속들 모두에게 그것을 알게 하려고 의도하였습니다. 그가 진실로 아버지의 아들이라는 것을 보여주려고 하였던 것입니다. 오! 여러분도 그 많은 입맞춤들을 하나님께로부터 받을 수 있기를 원합니다! 만일 그러한 입맞춤이 여러분에게 주어진다면(주어질 것입니다) 남은 생애 동안 구원받은 초기의 행복으로부터 나오는 강력한 확신을 누리게 될 것입니다.

7. 친밀한 교통

우리는 여기서 주님이 회개하는 죄인들과 초기에 자주 갖는 "친밀한 교통"을 보여주는 실례를 보게 된다는 것을 말씀드린 바가 있습니다. "아버지가 그를 보고 측은히 여겨 달려가 목을 안고 입을 맞추니."

자, 여러분도 알다시피 이 일은 가족의 교제에 앞서서 된 일입니다. 품꾼들이 식사를 준비하고 또 가정 내의 음악이나 어떤 춤이 있기 전에 아버지는 아들에게 입 맞추었습니다. 무엇보다 먼저 아들을 아버지가 마음으로 환영하지 않았다면 종들이 노래 부르는 게 무슨 즐거움이 있었겠습니까. 만일 그러한 경우라면 종들도 아버지가 그를 영접한 일을 대수롭지 않게 여겼을 것입니다. 우리에게도 마찬가지입니다. 우리는 먼저 하나님의 다른 백성들과의 연합에 대해서 생각하기 전에 먼저 하나님과 교제하는 일이 필요합니다. 내가 교회에 가입하기 전에 아버지께서 나에게 입 맞추시기를 원해야 합니다. 복회자가 교제의 오른손을 내밀기 전에, 하늘 아버지의 오른손이 나를 영접하기를 저는 원합니다. 제가 여기 이 지상에 있는 하나님의 백성들에게 인정을 받기 전에, 먼저 위에 계신 위대하신 아버지로부터 개별적인 인정을 받기를 원합니다. 탕자가 아버지께 돌아올 때처럼 하나님께 돌아오는 모든 사람들에게 그와 같은 복을 주십니다. 지금 여러분 중에 어떤 이들에게 그와 같은 일을 행하시기를 원합니다!

이 입맞춤은 또한 식탁 교제보다 우선하는 것입니다. 탕자가 뒤에 아버지의 식탁에 앉아서 풍성하게 차린 살진 송아지 고기를 먹게 됩니다. 그러나 그러기 전에 아버지가 아들에게 입 맞추었습니다. 먼저 사랑의 입맞춤이 없이 잔치 식탁에 편안히 참석하는 것은 거의 불가능하였을 것입니다. 우리가 초대받은 식탁 교제는 매우 달콤합니다. 주님의 성만찬의 규례 속에서 상징적으로 그리스도의 살을 먹고 피를 마시는 일은 정말 복된 일입니다. 그러나 저는 그 식탁 교제에 나아가기 전에 하나님과 사랑의 입맞춤으로 교제하기를 원합니다. "내게 입 맞추기를 원하니 네 사랑이 포도주보다 나음이로구나"(아 1:2). 이는 정말 직접적이고 황홀하며 달콤한 일입니다. 하나님께서는 여기에 계신 여러분 중 많은 이들에게 그러한 입맞춤을 주십니다! 여러분이 교회의 지체가 되거나 교회의 성찬에 참여하기 전에 아버지 하나님의 입맞춤을 많이 받기를 바랍니다.

이러한 많은 입맞춤은 또한 공적으로 함께 기뻐하는 것보다 먼저 왔었습니다. 친구들과 이웃들이 초청을 받아 그 잔치에 참여하게 되었습니다. 그러나 무엇보다 먼저, 아들이 아버지의 사랑 속에서 자리를 잡거나, 아니면 아버지의 사랑을 확신하지 못하였다면 그들 앞에서 아들의 입장이 얼마나 수치스러웠을까요. 그는 아마 다시 달아나고 싶은 충동을 느꼈을 것입니다. 그러나 아버지가 아들에게 많이 입 맞추었습니다. 그래서 아들은 미소 띤 얼굴로 옛 친구들의 호기심 어린 표정을 편안히 대할 수 있었습니다. 그래서 그 아들에 대해서 다른 사람들이 가졌던 좋지 못한 시선이 불식되었고, 아버지가 기뻐하는 표정을 역력하게 보였으므로 다른 사람들이 더 이상 아들에 대하여 잘못된 시각을 갖지 않게 되었습니다. 사람이 그리스도와 교통하고 있음을 아주 충분히 느끼지 못하였다면 그리스도를 고백하는 것이 어려운 일입니다. 그러나 우리가 하나님께서 주시는 그 환희 속에서 하늘로 올려지는 것 같은 참된 기쁨을 맛보게 되었을 때, 세상을 대하는 것뿐만 아니라 우리를 반대하였을 수도 있는 사람들의 동정을 얻기도 쉬워지는 것입니다. 어린 회심자들이 흔히 다른 사람들을 빛 가운데로 인도하곤 하는데 그 이유가 바로 거기에 있습니다. 주님께서 죄를 용서하시면서 베푸시는 그 많은 입맞춤이 그들에게는 어찌나 생생하고 신선한지 그들의 말에는 하나님의 사랑의 향내가 묻어납니다. 주님의 입맞춤을 받은 입술을 통해서 그 말이 나오니 말입니다. 그런데 안타깝게도, 사람이 처음 사랑을 잃어버리고 하늘 아버지로부터 받았던 그 많은 입맞춤을 망각하게 되다니요!

끝으로, 이 모든 일은 형과 만나기 전에 일어났습니다. 만일 탕자가 형이 어떻게 생각하고 말했는지를 알았었다면, 그가 달아나서 다시는 집에 돌아오지 않았다 해도 이상할 것이 없습니다. 탕자가 집에 가까이 왔을 때에, 자기 형이 말하는 것을 들었다고 합시다. 그러면 그는 다시 몰래 도망쳤을 겁니다. 그러나 그러한 일이 일어나기 전에 아버지가 탕자에게 많이 입 맞추었습니다. 오 가련한 죄인이여! 여러분이 이 예배당에 와서 구주를 만났다고 합시다. 그래서 어떤 그리스도인에게 가서 말을 하였는데, 그 그리스도인은 여러분에게 많은 것을 말하기를 꺼려 합니다. 그런 일이 있을 수 있습니다. 그 그리스도인이 여러분을 의심하는 것은 전혀 이상한 일이 아니라고 저는 생각합니다. 여러분 자신만으로는 남들이 대화상대로 삼을 만큼 특별히 훌륭한 그러한 점을 아직 갖고 있지 않기 때문입니다. 그러나 여러분의 하늘 아버지께서 여러분에게 많이 입 맞추셨다면 여러분의 형이 서운하게 군다 할지라도 별로 신경을 쓰지 않을 것입니다.

　　때로 저는 교회에 등록하고 싶어하는 사람으로부터 어떤 이야기를 듣습니다. "장로님들을 만나러 왔습니다. 그런데 그 장로님들 중 어떤 분이 제게 무례하게 했어요. 나는 결코 이 교회에 다시 오지 않겠습니다." 참으로 어리석은 소리이지요! 여러분 같은 이에게 약간 거칠게 대하는 것이 장로들의 의무가 아닙니까. 그래야 여러분이 스스로 속아서 자신의 참된 상태에 대해 오해를 하지 않는 것입니다. 우리는 친절하게 여러분을 그리스도께로 인도하고 싶습니다. 그런데 만일 여러분이 진실로 아직 하나님께 돌아온 것이 아니라는 생각이 든다면 우리가 믿음과 인내를 가지고 정직한 사람답게 그 사실을 말해야 하지 않을까요? 그러나 정말 여러분이 하나님께 나온 사람일 경우에는 여러분의 '형'이 잘못한 것이죠. 가서 아버지로부터 입맞춤을 받고 형이 뭐라고 하는지 대해서 신경 쓰지 마십시오. 자신이 받은 재산을 낭비한 잘못을 형이 깨우쳐 줄 수도 있습니다. 또한 여러분의 실상보다도 더 어둡게 여러분의 상태를 묘사할 수도 있습니다. 그러나 여러분의 하늘 아버지께서 입 맞추시면 그것이 형의 찌푸린 표정을 잊게 해 줄 것입니다. 여러분이 믿음의 권속들 속에서 아주 호감 어린 것만 발견하고 모든 이가 자기를 도울 기꺼운 자세를 갖고 있다고 생각한다면 크게 잘못 생각하고 있는 것입니다. 어린 그리스도인들이 흔히 놀라게 되는 때가 있습니다. 곧 그들이 다음과 같은 유의 사람들을 만나게 될 때이지요. 자기들이 가진 소망을 약화시키거나 아니면 자연스런 경계심을 가지고 대하려고 하거나, 아니면 영적 생명력이 부족하여 어린 그리스도인들을 마땅하게 대우하지 못하게 하는 그런 사람들이 있습니다. 그런 사람들은 아버지께서 많은 사랑을 베푸신 자들을 받기는 하나 냉정하게 받습니다. 자, 이런 경우를 만나게 된다고 할지라도 그렇게 어쩌다 만나는 형제들을 신경 쓰지 마십시오. 그러니 아버지로부터 또 다른 입맞춤을 경험하십시오. 여기 본문에서 "아버지가 그를 많이 입 맞추었다"고 기록된 이유는 형 때문이었을 것 같습니다. 그 형은 집에 가까이 와서 돌아온 동생을 아주 차갑게 대하였습니다. 또 분이 나서 잔치에 참여하는 것을 싫어하였습니다.

　　주여, 무서웠던 불쌍한 많은 영혼들에게 주님께 가고자 하는 의지를 주옵소서! 많은 죄인들을 주님의 복되신 발 아래로 인도하시고, 그들이 주님으로부터 멀리 떨어져 있다 할지라도 달려가서 그들을 만나시옵소서. 그들의 목을 안고, 사랑으로 많이 입 맞추시고, 하늘에 속한 즐거움으로 그들을 온전히 가득 채우소서. 예수 그리스도의 이름으로 비옵니다! 아멘.

제
62
장

—

주일학교 선생은 청지기

—

"주인이 그를 불러 이르되 내가 네게 대하여 들은
이 말이 어찌 됨이냐 네가 보던 일을 셈하라
청지기 직무를 계속하지 못하리라 하니." — 눅 16:2

우리는 살아오면서 모두가 전능하신 하나님께 대하여 청지기라는 말을 많이 들었습니다. 우리는 부자가 자기의 부를 이용하여 행한 일에 책임이 있다는 것을 우리 종교의 엄숙한 진리로 받아들이고 있습니다. 재능이 많은 사람은 그 재능을 가지고 얻은 이익에 대해서 하나님 앞에 계산해야 하며, 우리는 모두 우리에게 주어진 시간과 기회의 분량에 따라서 전능하신 하나님 앞에서 스스로 자신의 일에 대해 보고해야 한다는 사실을 역시 우리 믿음의 엄숙한 진리로 주장하고 있습니다. 그러나 사랑하는 형제자매 여러분, 우리의 책임은 다른 사람들의 것보다 더 깊고 큽니다(여기서는 주일학교 선생님들을 가리킴 —역주). 우리는 믿음을 고백하는 모든 사람들에게 주어진 일반적인 책임을 가지고 있습니다. 우리는 그 책임에 대하여 하나님께 보고해야 합니다.

그러나 그 외에 저와 여러분은 우리의 공적인 직무로 인하여 특별한 책임이 있습니다. 여러분의 학급에서 그리스도를 가르치는 선생의 역할을 감당하는 여러분이나, 큰 회중 앞에서 그리스도를 위해서 설교하는 다른 모든 사역자들이 다 그와 같은 특별한 책임을 가지고 있습니다. 우리 모든 신자가 하나님 앞에서 보편적으로 가지고 있는 책임도 사람이 이행하기에 참으로 무서운 것입니다. 하나님의 은혜가 아니고서는 하나님께서 주신 모든 것을 활용하여 결국 하나님으로부터 "착하고 충성된 종아 네가 잘 하였도다"라는 말을 듣는 것은 불가능합니다. 그것이 가능하다 할지라도, 우리에게 주어진 참으로 무거운 그 책임을 충분히 지탱해 나갈 가능성은 전혀 없는 것입니다. 죽을 운명을 같이 타고난 동료 인생들에게 하나님의 말씀을 증거하는 교사로서 책임을 감당하는 우리에게도 그와 같은 일이 주어진 것입니다. 우리의 목에 두 개의 멍에가 씌워져 있습니다. 주권적인 은혜로 말미암아 그 두 개의 멍에가 가볍고 쉽게 여겨질 수 있습니다. 그러나 그 은혜가 없으면 두 멍에는 우리의 어깨를 짓눌러 버리고 말 것입니다. 왜냐하면 두 멍에 자체만으로도 우리가 도저히 감당할 수 없는 참으로 무거운 것이기 때문입니다.

일반적인 보통의 책임도 솔로몬의 채찍과 같습니다. 그러나 공적인 위치로부터 파생되는 특별한 책임은 르호보암의 전갈과 같이 우리를 쏩니다. 르호보암은 자신의 작은 손가락이 아버지 솔로몬의 허리보다 더 굵을 것이라고 말했습니다. 그 책임을 맡은 사람들에게 아무런 경고를 하지 않는 파수꾼에게 화가 있을 것입니다. 이 진리를 가르치지 않은 목회자들에게 화가 있을 것입니다. 자기에게 맡겨진 주일학교 학생들에게 신실하지 못한 주일학교 교사들은 화가 있을 것입니다. 자, 우리는 서로 부추겨 매우 중요한 이 문제를 진지하게 생각해 봅시다. 제가 설교하는 동안 여러 주일학교 선생들은 저를 위해서 기도해 주시기 바랍니다. 그래서 오늘 모든 사람에게 유익이 될 수 있는 것들을 말할 수 있게 되기를 원합니다. 하나님께서 여러분의 기도에 응답하여 제가 여러분에게 전할 복된 말씀과 생각을 주시기를 구하면서 힘써 전하겠습니다.

무엇보다 먼저, 저는 여러분에게 우리가 청지기가 되었다는 의미에 대해서 말하겠습니다. 그런 다음에, 우리가 어떠한 유의 회계를 해야 하는가? 끝으로, 우리의 계산서를 하나님 앞에 제시해야 하는 그 종말의 날, 우리가 반드시 우리 일을 직고해야 할 그 종말의 날을 주목하기로 합시다.

1. 청지기, 그는 어떠한 사람인가?

청지기가 어떠한 사람인가에 대해서 먼저 생각해 봅시다. 첫째로, 청지기는 종입니다. 그 청지기는 종들 가운데서 가장 큰 자입니다. 그럼에도 불구하고 그는 종에 불과합니다. 아마 청지기가 농장을 관리하며 돌아보고 시골 농부처럼 어떤 목적과 의도를 가지고 일꾼을 부리는 사람일 수 있습니다. 그는 말을 타고 다니면서 상전의 영토를 둘러보고, 많은 사람들을 거느릴 수 있습니다. 그럼에도 불구하고 그는 종에 불과합니다. 그는 역시 권위 아래 있습니다. 그는 한 청지기에 불과한 것입니다. 아마 그는 어떤 신사의 집에서 청지기일 것입니다. 그 신사는 그 사람을 채용하여 자기 재산 전체를 돌보게 함으로 여러 가지 염려로부터 자유로워지려고 합니다. 그 청지기는 어떤 한도 내에서는 상전의 역할을 합니다. 그럼에도 불구하고 여전히 종에 지나지 않습니다. 왜냐하면 그를 다스리는 상전이 있기 때문입니다. 그가 원하는 대로 거만한 자세를 취한다 할지라도 사실은 자랑할 것이 별로 없는 것입니다. 그가 인생 중에서 차지하고 있는 그 계급은 여전히 노예의 계급에 불과하기 때문입니다.

목회자, 주일학교 선생은 종들의 반열 속에서도 특별한 위치에 서 있습니다. 그럼에도 불구하고 우리들 중 어느 누구도 스스로 상전이 될 수는 없습니다. 우리는 독자적으로 마음대로 할 수 있는 신사들이 아닙니다. 우리에게 맡겨진 학급은 우리 자신의 농장이 아닙니다. 우리 자신의 방식대로 다스릴 수도 있고 우리가 원하는 대로 내버려 둘 수 있는 그런 우리 자신의 농장이 아닙니다. 우리 자신의 농장이라면 어떤 수확을 거둘 수도 있고 전혀 아닐 수도 있습니다. 그저 우리 자신의 재량에 따라서 할 수 있죠. 그러나 우리는 그러한 농장주가 아닙니다. 청지기에 불과합니다. 하늘에 있는 우리 상전을 위해서 수고를 해야 하는 자들입니다. 목회자나 주일학교 선생이 세상에서 자기밖에 없는 것처럼 행동하고 자기가 하고 싶은 대로 모든 것을 할 수 있다는 식의 태도를 보이는 것이야말로 정말 이상한 일입니다. 정말 그것은 변태적인 것이 아닙니까? 그럼 사람이 상전의 재산을 허비하기만 하면서도 자기가 희생한다는 식으로 말하는 일이 어떻게 가능하겠습니까? 자기 시간이 아닌 시간을 쓰면서 그 시간에 대해서 자랑할 수 있겠습니까? 그 모든 것은 다 상전되신 주님의 것입니다. 목회자나 주일학교 선생은 종입니다. 그러므로 자기가 하고 싶은 대로 한다면 의무를 저버리고 있는 것에 불과합니다. 의무를 잘 감당하였다면 상을 받을 것이지만 말입니다. 그런 사람은 거만할 이유가 조금도 없으며, 그것을 다른 사람에게 부과하여 주장할 권한이 전혀 없습니다. 왜냐하면 다른 사람들 중에서 가진 그의 권세가 어떠하다 할지라도 그 사람도 종 이외에 아무것도 아니기 때문입니다. 우리 각자 나는 종에 불과하다는 사실을 늘 생각하려고 애를 써야 할 것입니다.

교장 선생님이 어느 교사를 어느 반에 임명하였다고 합시다. 그런데 그 여교사가 그 반을 싫어합니다. 그렇다 할지라도 그 여교사는 자기가 종이라는 사실을 회상할 것입니다. 그 여교사는 자기 집에 있는 하인들이 서로 말하기를 "나는 식기 닦는 일을 싫어해, 나는 식탁에서 시중만 들거야"라고 말하지 못하게 할 것입니다. 그 하인들은 종들에 불과합니다. 명령받은 것만을 해야 합니다. 만일 우리가 종들이라는 느낌을 가지고 있다면, 그리스도를 위해서 그런 일을 하기를 꺼려하지 않아야 합니다. 사람들이 지시를 따라서 무슨 일을 한다고 할지라도 그리스도를 위해서 주께 하듯이 해야 합니다. 우리 수하에 있는 종들이 밤에 우리를 찾아와서 우리가 자기들에게 "너희들 오늘 일을 참 잘했다"는 말을 해 주기를 기대할 것이라고 상상할 수 없습니다. 그들이 계속 칭찬을 들으며 일할 것을 기대한다고도 상상하지 말아야 합니다. 그들은 종들입니다. 품삯을 받았으면 그것이 바로 그들이 일한 것에 대한 대가요 칭찬입니다. 자기들이 그러한 대가를 받을 만한 자격이 있다고 생각할 수도 있습니다. 그렇지 않다면 우리는 그런 사람들을 종으로 계속 잡아둘 필요가 없습니다. 여러분이 예수님을 위해서 일을 할 때, 자신이 종이라는 사실을 기억하십시오. 어떤 사람들이 끊임없이 요구하는 격려를 항상 받을 것으로 기대하지 마십시오. 목회자로부터 격려를 받거나, 다른 교사들이나, 친구들로부터 격려를 받고 있다면 그것으로 감사해야 합니다. 그러나 사람들로부터 격려를 전혀 받지 못한다고 할지라도 계속 일을 해 나가야 합니다. 여러분은 종입니다. 상을 받는다면 그것은 은혜에 속한 일이지, 빚이 아닙니다. 상을 받았다면 자신에게 주어질 수 있는 가장 높은 찬사를 받는 셈일 것입니다. 주님의 갈채를 받는 것이고, 주님과 영원한 영광을 함께 누리는 것이 될 것입니다. 주님은 여러분의 주인입니다. 여러분이 섬기기를 바라는 주님이십니다.

그러나 청지기는 종에 불과하면서도 **영예로운 종**입니다. 집에 있는 다른 종들이 청지기 보고 "너는 종이다"라고 말하는 것이 아닙니다. 만일 그렇다면 청지기는 그걸 참아내지 못할 것입니다. 그는 자신이 종이라는 것을 알기도 하고 느끼기도 합니다. 청지기는 종으로서 일하고 행동하고 싶어합니다. 그러나 동시에 영예로운 종으로서 그렇게 하려고 합니다. 교사의 직분을 가지고 그리스도를 섬기는 자들은 영예로운 자들입니다. 두 사람 사이에 매우 볼썽사나운 토론이 벌어지는 것을 들은 적이 있습니다. 목회자가 주일학교 선생보다 높으냐 아니냐는 것이었습니다. 저는 그 토론을 들으면서 제자들이 자기들 중에 "누가 크냐"고 다툰 일이 생각났습니다. 우리가 옳게 느끼고 있다면 우리는 다 "나는 가장 작은 자다"고 느껴야 합니다. 물론 우리가 맡은 직분이 하나님께로부터 주어진 것이기 때문에 그것을 각자 다 높여야 합니다. 그러나 성경 어느 곳에서도 설교자의 직분이 교사의 직분보다 더 영예롭다고 믿게 할 만한 것을 발견하지 못합니다. 제가 볼 때는 모든 주일학교 교사는 자기 이름 앞에, 목회자 이름 앞에 'Reverend'('존경하는', 이 말을 목사 앞에 붙여주는 것이 상례임 — 역주)라고 붙이는 것과 같이 그 호칭을 붙일 권한을 갖고 있다고 저는 봅니다. 그렇지 않다 할지라도 자기에게 맡겨진 직무를 교사가 잘 감당한다면, 그는 분명 "Right honourable"(백작 이하의 귀족층인 고문관, 런던 시장 등에게 붙여진 경칭임 — 역주)임에 분명합니다. 그는 자기 회중들을 가르치고, 자기 반 사람들에게 설교합니다. 제가 더 많은 사람들에게 설교할 수도 있고 그렇지 못할 수도 있습니다. 그러면서도 주일학교 교사들은 더 작은 영역이기는 하지만 같은 일을 하고 있습니다. 저는 캐리(Carey)와 같은 관점을 가지고 있습니다. 그는 자기 아들 펠릭스가 선교사이기를 그만두고 대사가 되었을 때 아들에게 대해서 이렇게 말했습니다. "펠릭스는 철부지같이 대사로 떨어졌다"고 말하였습니다. 아들 펠릭스가 한때는 선교사로서 큰 사람이었는데 이제 비교적 무의미한 직무를 받아들이게 되었다는 뜻으로 말한 것입니다.

이는 주일학교 선생에 대해서 그렇게 말할 수 있다고 생각합니다. 만일 주일학교 선생이 큰 사업을 하게 되어서 그만 더 이상 일을 맡을 수 없게 되어 교사직을 그만 두게 되었다면 그는 부자 상인으로 내려앉은 것입니다. 주일학교 교사가 다른 할 일이 더 많아서 학생들을 가르치는 일을 포기한다면 그는 전보다 더 낮은 일을 하게 된 것입니다. 물론 한 가지 예외는 있죠. 주일학교 반 학생들을 위해서 자기 가족들과 함께 예배드리는 일을 그만둘 수밖에 없을 때는 물론 더 낮은 일로 미끄러져 내려간 것은 아닙니다. 그전과 동등한 위치에 서 있는 것입니다. 사람들의 영혼을 가르치고 사람들의 영혼을 불 속에서 꺼내려고 하듯이 간절한 심정으로 가르치는 사람들은 정말 영예로운 자들로 여겨야 합니다. 그들에게 사명을 주신 분 다음으로 그들은 영예로운 자들입니다. 기분 좋은 의미에서 그런 사람들은 사명을 주신 분과 동류가 되는 높은 차원으로 올려진 것입니다. 왜냐하면 그분은 그들을 형제와 친구로 부르시기 때문입니다. "이제부터는 너희를 종이라 하지 아니하리니 종은 주인이 하는 것을 알지 못함이라 너희를 친구라 하였노니 내가 내 아버지께 들은 것을 다 너희에게 알게 하였음이라"(요 15:15).

여기서 한 가지만 더 생각해 봅시다. 청지기는 또한 직위에 부여된 매우 큰 책임을 갖는 종입니다. 의로운 사람에게는 책임의식이 매우 무거워 보이기 마련입니다. 책임이 전혀 수반되지 않은 일을 한다는 것은 매우 사소한 문제입니다. 그래서 보통의 일에서도 책임이 전혀 수반되지 않는 노동은 많은 임금을 받지 못합니다. 그러나 책임이 크게 수반될수록 임금도 비례하여 올라가는 것입니다. 자, 주일학교 교사의 일은 세상에서 가장 책임 있는 일 가운데 하나입니다. 그 일은 때로 저로 하여금 하나님께서 여러분과 제게 얼마나 큰 일을 맡기셨는지를 생각하도록 만듭니다. 여러분은 탕자의 이야기를 기억하실 것입니다. 그 이야기는 죄 가운데서 오랫동안 방황한 후에 아버지께 돌아온 우리 각 사람에게서도 볼 수 있는 것입니다. 저는 그 신중한 아버지가 탕자가 집에 돌아왔을 때에 그를 영접하여 그를 품에 안으며 그에게 큰 부요를 허락하지만, 어떤 책임 있는 일을 그에게 맡기는 데는 매우 더딘 모습을 보였을 것이라고 때로 생각해 봅니다. 그 노신사는 그 다음 장날에 이렇게 말했을 것입니다. "얘야, 내가 너를 진심으로 사랑한다. 그러나 너는 한때 집을 떠나 도망쳤었다. 그리고 너의 가진 돈을 모조리 탕진하였다. 나는 네 형을 시장에 보내야겠다. 내 지갑을 너에게 맡길 수 없어. 나는 너를 사랑한다. 나는 너를 온전히 용서했다. 그렇지만 아직 너를 믿을 수는 없다." 하나님께서 우리에게 어째서 그렇게 말씀하지 않으시겠습니까? 그러나 하나님께서는 그렇게 하지 않으셨습니다. 불쌍한 탕자들을 당신의 품으로 받아들이실 때 하나님의 가장 존귀한 보배들을 우리에게 맡기십니다. 그 불멸의 영혼들을 말입니다. 하나님께서는 우리가 당신의 잃은 양을 찾는 도구가 되도록 하십니다. 또 모여 있는 그 어린 양들을 먹이도록 허락하십니다. 그 탕자를 가장 중요한 자리에 놓으시고 그를 또한 믿습니다.

그러니 형제자매 여러분, 하나님께서 그렇게 무가치한 사람들을 신뢰할 만큼 은혜로우신 분이니 그 하나님을 기만해야 할까요? 결코 아닙니다. 우리는 청지기로서 부지런히 수고하여 우리에게 맡겨진 그 재산의 한 부분 한 부분을 질서 있게 관리해야 합니다. 우리 상전 되신 주님께서 오실 때에 그렇게 하고 있어야 할 것입니다. 우리 계산서 어느 한 곳에서도 틀린 것이 발견되지 않아야 합니다. 주님께서는 당신의 보좌 앞에서 그 큰 날에 우리의 계산서를 정밀하게 감사하실 것입니다. 우리의 직무는 정말 매우 엄숙한 것입니다. 어떤 사람은 우리의 직무를 작게 생각합니다. 어떤 사람은 가볍게 생각합니다. 경솔한 젊은이들은 주일학교에 들어오도록 부추겨 그 직무를 맡긴다고 해도 착실해지지 않습니다. 그러한 사람들은 주일학교에 들여보내면 안 됩니다. 우리는 진지한 교사를 원합니다. 자기들이 하고 있는 일을 매우 무겁게 생각하고 있는 사람들을 원합니다. 자기가 하는 일이 죽고 사는 것이 달린 문제라는 것을 알고 일하는 사람들을 원하는 것입니다. 그것이 시간만 들이는 사소한 일이 아니라 천사도 수행할 수 없는 정말 엄숙한 일로 여기는 사람들을 우리는 필요로 합니다. 천사마저도 하나님의 성령의 풍성한 도움 없이는 행할 수 없는 엄숙한 일이 바로 주일학교 선생들이 하는 일입니다. 이렇게 해서 저는 '청지기'라는 말씀에 들어 있는 개념을 매우 단순하게 설명하려고 애썼습니다. 우리는 높이 존귀함을 입은 종들이요, 책임을 많이 져야 할 종들이요, 많은 것을 맡은 종들입니다.

2. 계산

자, "네 보던 일을 셈하라." 자, 우리는 청지기가 주인 앞에 계산해야 할 것이 무엇인지에 대해서 간단하게 살펴보기로 합시다.

먼저 하나님 앞에서 우리의 청지기 사무를 계산하게 될 때가 오면, 그 계산은 개인적으로 직접 하게 될 것임을 주목해야 합니다. 우리 각자가 다 하나님 앞에서 개인적으로 셈을 해야 합니다. 우리는 이 지상에 있는 동안에는 수많은 사람들 속에서 말합니다. 그러나 하나님 앞에 이를 때에는 개별적으로 말을 해야 합니다. 사람들이 우리 주일학교에 관해서 말하는 것을 듣습니다. 많은 사람들은 주일학교를 '그들의 학교'라고 부를 정도로 악하기도 합니다. 일 년에 통틀어서 주일학교를 한 번도 돌보지 않는 자들이 그런 식으로 부르죠. 또 "우리 학교가 번성하기를 희망합니다"라고 말하면서도 한 푼도 헌금을 하지 않고, 주일학교 선생들에게 용기를 주는 말 한 마디를 하지 않습니다. 또는 미소를 한 번도 보낸 적도 없고, 주일학교가 얼마나 많은 자녀들을 가르치고 있는지에 대해서 알지 못합니다. 그런데도 불구하고 주일학교를 '우리 학교'라고 부릅니다. 도둑들은 자기들에게 속한 것이 아니면서도 저것은 우리의 것이라고 부르기를 잘하죠! 그러나 우리도 어느 정도 같은 실수를 범합니다. 목회자로서 저는 가끔 그 "몸"인 교회의 행실에 관해서 말합니다. 또 '어떤 교단'이 그동안 행한 큰 일들이 어떤 것이었는지에 대해서 말합니다. 자, 우리가 하나님 앞에 이르게 될 때에는 교단 별로 판단 받는 것이 전혀 아님을 생각해야 합니다. 학교나 교회 안에서 한꺼번에 하나님 앞에 나아가는 것이 아니라, 각자 혼자서 하나님 앞에서 셈을 해야 합니다. 그러니 영아반을 맡고 있는 주일학교 교사는 그 사람 자신의 계산서를 가지고 나아가야 합니다. 바로 얼마 전에 당신은 주일학교의 다른 상급반에 허물이 있는 것을 발견하였습니다. 그리고 그냥 편하게 생각하라는 말을 들었고, 본인도 양심으로 그렇게 말하였죠. 그러나 마지막 날 하나님 앞에 서야 될 때는 그 선생이 상급반의 계산서를 가지고 나아가는 것이 아닙니다. 그 선생에게 맡겨진 영아반 계산서를 가지고 나아가야 합니다. 자매여, 그대는 칠, 팔 년 간 주일학교 선생으로 일해 왔습니다. 바로 그 계산서를 가지고 나아가야 합니다. 다른 반 선생의 계산서가 아닙니다. 최근의 6, 7명의 어린이들을 그리스도에게 인도했다고 당신이 자랑한 다른 반 선생의 계산서가 아닙니다. 그날에 그 다른 반에서 일어난 여섯 어린이의 전도의 열매가 여러분의 계산서에는 전혀 들어 있지 않을 것입니다. 연말의 총계를 보기 좋게 하기 위해서 총계 속에 그 일을 집어넣는 것과 같은 일은 없습니다. 오히려 수고가 끝나고 나서 자신의 이름이 있는 곳에는 큰 빈칸이 생길 것입니다. 또한 태만에 대한 지적이 까만 점으로 나타날 것입니다. 안에서 제대로 선생의 구실을 못하였거나 무분별하였거나, 부지런한 선생의 성공의 밝은 면을 전혀 갖고 있지 않는 일에 대하여 어두운 지적이 있게 될 것입니다. 한 무리를 지어 하나님 앞에서 서는 것이 아니라 한 사람씩 서게 될 것입니다. 정말 이 점이 주일학교 교사의 일을 참으로 두렵고 떨리는 것으로 만드는 것입니다. 결국 혼자서 하나님 앞에서 서야 할 것이기 때문입니다. 강단에 서 있기조차 힘든 사람들을 저는 알았습니다. 그렇게 많은 눈들이 강단에 서 있는 자신을 쳐다본다는 바로 그 사실이 너무나 무섭게 보였던 것입니다. 그러나 우리가 모든 것을 감찰하시는 하나님의 눈 앞에 서서 우리 마음의 모든 숨은 것들을 드러내야 할 때, 또한 우리가 지금 맡고 있는 직무를 감당하던 전체의 삶의 과정이 햇빛처럼 밝은 빛 앞에 드러나게 될 때가 올 것입니다. 그때에는 거듭 말씀드리지만 여러분의 계산서에 다른 사람들이 성공했다고 갈채를 보낸 일들이 전혀 계산되어 있지 않고, 다른 선생님의 열심으로 말미암아 우리의 수고에 보태진 어떠한 것도 계산되지 않은 채 하나님 앞에 서게 될 것입니다.

자, 청지기시여! 그대의 계산은 어떠한가요? 저기 있는 분이 아니라 여러분 자신의 계산을 말하는 것입니다. "주여! 주일학교 계산서를 가져왔습니다." "아니, 그것이 아니다. 네가 맡았던 반의 계산서를 제출하라." "예, 주님, 저는 지난 이십 년 간 얼마나 많은 사람이 회심하였는지를 보여주는 반의 계산서를 가지고 왔습니다." "아니, 아니다. 네가 그 반을 맡아 가르치는 동안 어떠했는지를 보여주는 계산서다." "예, 저는 그동안 그 학급에 대한 계산서를 가지고 왔습니다. 제가 어떤 반을 가르치고 있는 기간 동안 말입니다." "아니다. 그것이 아니다 네가 교사로 봉사했던 반의 계산서를 가지고 오라. 네가 어떻게 가르쳤고, 무엇을 가르쳤고, 어떻게 기도하였고, 얼마나 간절하게 일하였으며, 얼마나 열심히 연구하였으며, 그리스도를 위해서 네가 무엇을 하려고 애썼는지를 보여주는 계산서를 가져오라." 다른 분야에서 그 사람을 도왔던 다른 선생이 보태 준 것이 들어 있는 계산서가 아니라, 그 사람 혼자 하나님 앞에 자기 개인의 계산서를 가지고 나아가야 합니다. "네 보던 일을 셈하라."

그것을 이렇게 비추어 보십시오. 그 큰 날에 여러분 각자가 어떠한 계산서를 주님 앞에 제출할 것인지를 생각해 보십시오. 저는 잠시만 여러분의 기억력을 빌리고 싶습니다. 그날에 여러분의 계산서는 어떤 유의 것일까요? 저는 여기에 있는 아주 많은 사람들이 마음으로 이같이 겸손하게 말할 수가 있으리라 믿습니다. "저는 아주 조금밖에 일하지 못하였어요. 그러나 그 일을 아주 진지하게 기도하면서 했죠. 하나님께서 그리스도 예수로 말미암아 그 일을 받으시기를 바랍니다!" 그러나 또 다르게 말하는 사람들이 있을까 두렵습니다. 만일 그들이 자기 양심에 바르다면 "나는 정말 조금밖에 일하지 못했어요. 그리고 그 적은 일을 소홀하게 했습니다. 기도하지도 않고 했습니다. 성령의 도움 없이 그 일을 했습니다." 그래서 형제자매여, 저는 여러분들이 그 말을 한 다음에 이 말을 덧붙이기를 바랍니다. "오! 나의 하나님, 용서하소서, 이제부터라도 저를 도우사 하나님께서 맡기신 일에 부지런을 내게 하시옵소서. 제 심령에 열정을 주시고 간절함을 주셔서 주님을 열심히 섬기게 하옵소서." 하나님께서 이렇게 기도하는 여러분에게 복 주시기를 바랍니다. 결심만 하지 말고 더 훌륭한 기도를 드리십시오. 하나님이 거하시는 처소인 하늘에서 여러분의 기도가 응답되기 원합니다.

다시 이 점을 주목하십시오. 이 계산을 하나님 앞에 개인적으로 해야 할 뿐만 아니라 그 계산은 정확해야 합니다. 하나님 앞에 계산서를 제출할 때, 대충 큰 총액만 몇 가지로 나누어서 제출하지 않고 아주 자세한 세목으로 나누어서 제출할 것입니다. 여러분이 청지기직에 대한 셈을 하게 될 때 그와 같이 할 것입니다. 여러분이 많은 어린이들을 반에서 가르치고 있었습니다. 그러니 여러분은 이 아이에게, 저 아이에게, 또 저 아이에게 무슨 말을 했습니까? 성품이 온화하지 못한 아이를 위해서 얼마나 자주 기도했으며, 고집이 센 저 아이를 위해서는 얼마나 많이 기도했고, 성질이 급한 저 아이를 위해서는, 또한 성질이 온화한 저 아이를 위해서는, 또는 늘 마음이 편치 못해 언짢아하는 저 아이를 위해서는 얼마나 많이 기도하였으며, 고집 센 저 아이나 악한 습관이 있는 아이를 위해서는 얼마나 많이 기도하였는가? 거리에서 모든 악행을 다 배워서 다른 아이들에게까지도 감염을 시키는 것 같은 그 아이를 위해서는 얼마나 자주 기도하였는가? 또 이들 각자를 위해서는 무엇을 하였는가? 어린 아이 각자의 회심을 위해서 얼마나 수고하였는가? 그 계산서를 좀 더 세밀하게 만들기 위해서 이런 식으로 작성되어야 할 것입니다. 매주일 각 아이를 위해서는 무엇을 했는가? 어떤 아이가 나쁜 말 하는 것을 듣고 책망하였는가? 어떤 아이가 약한 아이를 억압하는 것을 보고 그 약한 아이를 힘센 아이의 손에서 보호하며 그 억압하는 아이를 책망하였으며, 두 아이가 서로 사랑하도록 가르쳤는가? 각 어린 아이의 어리석음을 주목하고 각 어린 아이의 기질을 이해하려고 애썼는가? 그래서 각자에게 합당한 말을 하거나 합당한 기도를 드렸는가? 각 어린 아이의 회심을 위해서 해산의 수고를 하였는가? 하나님께 기도하느라고 고뇌하였는가? 그들에게 권고하며 그리스도와 화해하도록 애썼는가? 저는 그 계산서가 이보다 훨씬 더 세밀해야 할 것이라고 믿습니다. 하나님께서 오시어 우리의 마음을 조사하고 우리의 일이나 방식들을 다 세밀히 관찰하실 것이니 말입니다. 그것을 설명하는 형편없는 제 방식이 제가 나타내려는 진리를 오히려 흐려 놓고야 마는군요. 그럼에도 불구하고 그 계산서는 정확하고 세밀해야 할 것입니다.

또한 주어진 모든 기회를 어떻게 사용했는지에 대한 계산이 들어 있어야 할 것입니다. 가르치도록 맡은 모든 어린 아이에 대해서 뿐만 아니라 어린이에게 선을 행할 모든 기회를 어떻게 사용하였는지에 대해서도 계산해야 할 것입니다. 어떤 어린이가 그 동생이 집에서 죽어서 누워 있었기 때문에 몹시 낙담하게 되었던 그 오후에 어떻게 하였는가? 또는 어떤 아이가 어머니를 사별함으로 어린 마음에 상처를 입었을 때 위로하려고 애를 썼는가? 주일학교 학급에서 일어난 일이 즐거운 일인지 아니면 그 반대의 일이든지 간에 모든 일을 고려해 보려고 애를 썼는가? 하나님께서 여러분에게 기회를 주셨습니다. 그리고 그 기회를 가지고 무엇을 했느냐고 물으실 것입니다. 우리 중 많은 이들은 송구스러운 계산서를 내놓을 것입니다. 왜냐하면 너무나 게으름을 많이 피워서 마땅히 해야 할 일을 다 하지 못했기 때문입니다. 그래서 선생들인 우리는 보편적으로 이런 고백을 하지 않을 수 없을 겁니다. "우리는 해서는 안 될 많은 일을 하였고, 또 마땅히 했어야 할 일들을 미진한 채 남겨 놓았나이다."

자, 그 다음에는 또 이 점을 기억하십시다. 그 계산은 우리가 행한 모든 것에 대하여 정확할 것입니다. 단지 주일학교 반을 어떻게 가르쳤는지에 대해서만 검증 받을 것이 아닙니다. 우리가 그 일에 대해서 특별한 은사들을 가졌을 수도 있습니다. 그래서 그 일을 잘 해낼 수도 있었을 것입니다. 그런 경우 "주일학교 반을 어떻게 가르쳤는가?"라고 물을 것입니다. 그뿐만 아니라 "가르칠 공과를 어떻게 연구했는가?"라고 물을 것입니다. 만일 시간이 전혀 없었다면 할 수 없는 일을 하라고 요구하지 않았을 것입니다. 만일 많은 여가가 있었다면 그 여가를 어떻게 보냈는가? 물으실 것입니다. 그대의 주일학교 반 어린 아이들을 위해서 그 여기를 보냈는가, 그대의 주인의 신을 위해서 보냈는가? 그 다음에 그대는 그대의 골방에서 무엇을 하였는가? 거기에서 냉랭하고 경솔하게 기도하였는가? 아이들을 잊고 있었는가? 아니면 그들을 마음으로 생각하였고 팔로 그들을 안고, 눈물로 울부짖으면서 그들을 그리스도께 맡겼는가?

아! 주일학교 선생들이여, 여러분의 골방이 어느 날 공개될 것입니다. 여러분의 비밀스러운 방의 내용물들이 만천하에 드러날 것입니다. 오! 여러분의 골방에 처져 있는 그 거미줄들이 여러분에게 불리한 증언을 할 것이고, 벽에서 나오는 광선이 여러분을 반대하여 소리칠 것입니다. 왜냐하면 그 골방에서 여러분의 음성이 들린 적이 없었기 때문입니다. 또 마룻장이 여러분을 치는 증거를 할 것입니다. 왜냐하면 여러분의 무릎을 전혀 느끼지 않았었기 때문입니다. 여러분이 이 혹독한 시험을 어떻게 견뎌내겠습니까? 불 같은 이 날을 어떻게 견디겠습니까? 그날에 하나님께서는 여러분의 주일학교 어린이들을 가르치는 일과 관련하여 여러분이 행한 모든 일, 여러분이 했어야 함에도 불구하고 하지 않은 모든 일에 대해서 여러분을 조사하실 것입니다. 그 계산은 개인적일 뿐만 아니라 정확하고 면밀함에 틀림없습니다. 저는 그 점을 더 길게 설명하기 위해서 멈추지는 않겠습니다. 여러분 자신의 양심과 판단력으로 집에 가서 더 자세히 생각할 수 있을 것입니다.

자, 다시 한 번 기억하십시오. 그 계산은 완벽해야 한다는 사실 말입니다. 어떤 것을 빼먹거나 다른 것을 보태는 것은 허락되지 않을 것입니다. 아마 여러분 가운데 어떤 분들은 내일부터 시작하지, 아니면 다음 주일부터 시작하지 하는 식으로 생각할 수 있고, 과거는 다 계산에서 빼 버리자는 식으로 생각할 수 있습니다. 그러나 아닙니다. 하나님께서 "네 청지기직의 사무를 셈하라"고 말씀하시면, 주일학교 교사들인 여러분은 교사가 된 그날부터 계산을 시작해야 할 것입니다. 오! 하나님이시여, 말씀을 가르친다는 사람들 가운데 자신들이 봉사한 수많은 세월을 망각 속에 묻었으면 좋겠다고 생각하는 사람들이 얼마나 많은지요! 우리 가운데 무릎을 꿇고 "주여, 제가 부지런하게 일했던 햇수만 계산하게 하옵소서. 게으름을 피우던 햇수는 빼 버릴 수 없나요?"라고 말하는 사람들이 없기를 바랍니다. 우리는 직분을 맡은 순간부터 시작해야 하며, 죽는 날까지 계산에 다 포함시켜야 합니다. 여러 교사들이 자기 반에 앉아서 학생들을 가르치던 그 첫 시간부터 시작해야 합니다. 그리고 삶이 끝나서 더 이상 그 직을 감당할 수 없을 때까지 다 계산에 넣어야 합니다. 이 점이 여러분 중 어떤 이들의 계산에 있어서 매우 엄숙한 국면을 가져다주지 않겠습니까? "내일은 더 잘할 거야"라고 늘 말하는 분들의 경우는 그러할 것입니다. "어제는 없는 것으로 할 수 없을까? 앞으로는 더 부지런하게 행할 거야." 앞으로 부지런히 일하면 지나간 세월 동안 잃어버린 기회들을 상쇄할 수 있지 않을까요? 아닙니다. 만일 여러분들이 오랫동안 방종했었고 많은 것을 흘려보냈다면 오늘 아무리 부지런하게 최선을 다해 열심을 낸다 할지라도 어제 상실한 부분을 메울 수는 없습니다.

어떤 이들은 많은 날수 동안 죄 가운데서 산 뒤에 그리스도를 위해서 그 후에 두 배로 더 열심히 일하였습니다. 그러나 그들은 항상 그날의 일은 그날에 했어야 했다고 느꼈습니다. 그래서 메뚜기가 먹어버린 그 연수들을 생각하고 애통해하였습니다. 그 연수는 다시 돌아오지 않습니다. 오! 주일학교 선생들이여 순간들이 날아가니 그 순간들을 포착해야 합니다. 날들이 흘러가고 있으니 그 날들을 붙잡아야 합니다. 첫 번째 부분의 좋지 아니한 계산을 마지막 부분의 빛나는 계산으로 상쇄할 수 있다는 생각을 하지 말아야 합니다. 그럴 수 없습니다. 매일, 매년 따로 생각해야 합니다. 손실 분을 만회할 수 있으면 만회해야 합니다.

그럼에도 불구하고 그 손실 부분은 계산서에 여전히 쓰여 있을 것입니다. 그래서 상전되신 주님께서 결국 "여기 어떻게 해서 손실이 나온 거야" 하고 물으실 것입니다. 주 예수 그리스도를 믿음으로 말미암아 주권적인 은혜 속에서 그 모든 것이 다 가려진다 할지라도, 그 부분을 지움으로 생긴 얼룩이 없었으면 더 좋았을 뻔하였다고 생각할 것입니다. 그리스도께서 여러분을 씻으셨으니 여러분은 스스로를 더럽게 만들고 싶어하지 않습니다. 그리스도께서 속죄하셨으니 죄를 범하고 싶은 생각이 없습니다. 형제자매 여러분, 그러니 주일학교 선생들이 마땅히 살아야 할 대로 생활하십시오. 여러분의 구원이 자신의 의무를 충실히 감당하는데 달려 있다고 생각하고 사십시오. 그럼에도 불구하고 여러분의 구원은 그것에 달려 있는 것은 물론 아닙니다. 영원하신 언약에 여러분이 직접 관계되어 있는 것에 달려 있습니다. 모든 것을 이기는 주 예수 그리스도의 피에 참여함으로써 이루어진다는 말씀입니다. 주 예수 그리스도는 이스라엘의 능력이요 구속자이십니다.

3. 좋은 기회와 그 일에 대한 계산을 반드시 제출해야 하는 때

밀씀드릴 수 있는 다른 여러 가시 요점이 있음에도 불구하고 여러분을 너무 지루하게 하지 않기 위해서, 여러분의 청지기직의 사무를 계산하기에 매우 좋은 때를 말씀드리려고 합니다. 그런 다음에 그 일에 대한 계산을 반드시 제출해야 하는 때도 함께 주목해 보기를 바랍니다.

"계산이 빨라야 친구 관계가 오래 간다"는 속담이 있습니다. 그 속담은 정말 일리가 있습니다. 양심적으로 계산을 빨리 하는 동안에 양심과 우정을 항상 유지할 수 있을 것입니다. 옛 청교도들은 매일 밤 죄를 솔직히 온전히 고백하는 것을 좋은 원칙으로 삼았습니다. 주간 중에 지은 죄를 토요일 밤까지나 주일 아침까지 가져가는 적이 없었습니다. 그날의 실수와 불완전함과 잘못된 것을 그날 생각해 내었습니다. 그렇게 함으로써 믿음의 승리를 얻는 방식을 배웠던 것입니다. 죄에서 자신을 깨끗하게 함으로써 순결을 유지할 수 있고 우리의 옷을 언제나 희게 유지할 수 있는 것입니다. 형제자매 여러분, 우리도 똑같이 그렇게 행합시다. 계산을 해야 할 경우에는 빨리 계산을 합시다. 매주일 저녁마다, 아니면 어떤 때를 정하여, 주일에 여러분이 행한 것을 빨리 계산하십시오. 제가 그렇게 하라고 하는 것은 자기가 잘한 일을 생각하면서 자기 의를 부추기라는 의미로 말씀 드리는 것이 아닙니다. 계산을 바르게 하면 자신을 높이 평가하는 일은 결코 하지 않을 것이기 때문입니다. 오히려 마땅히 했어야 할 일과 자신이 실제로 의무를 이행한 실태를 비교해 보면 애통해하지 않을 수 없을 것입니다. 주일을 지내고, 주일학교 반 학생들을 가르치기 위해서 하나님의 집에 두 번이나 간 후에, 가만히 앉아서 자신이 실패한 요점들이 무엇인가를 생각하도록 애를 써 보십시오. 아마 여러분은 자신이 너무 성급했다는 것을 알게 될 것입니다. 말을 듣지 않는 소년을 향해서 너무 날카롭게 말하였다는 자책감도 들게 될 것입니다. 또 너무 자만에 빠져 있었다는 자책감도 들게 될 것입니다. 마땅히 죄짓는 것을 보면서 책망했어야 했는데 그렇게 하지 못한 것이 생각날 것입니다. 그러한 자신의 실수를 발견하게 되면 벌써 절반이 치료된 셈이나 마찬가지입니다. 다음 주일이 되면 그 일을 바르게 하려고 노력할 수 있을 것입니다.

하나님께서 섭리 가운데 여러분의 길을 막으시는 때가 있는데, 그때야말로 여러분이 계산하기에 아주 적절한 때가 될 것입니다. 예를 들어서, 주일학교가 끝날 때마다 여러분의 반에 있었던 아이들에게 자신이 어떻게 했는가를 돌아볼 기회가 주어지는 것입니다. "아! 내가 벳시를 어떻게 대했지? 존은 어떻게 다룬 거야? 미리암이 앞으로 생활하는 데 도움이 되는 교훈을 주었는가? 그래서 유혹을 물리치며 순결을 지키고 금방 부닥치게 될 그 위험에서 자신을 지켜 의를 견지하도록 해 주었는가? 그 여자아이에게는 어떻게 가르쳤는가? 세상에 나가게 될 때 자기가 어떻게 하는 것이 옳은지를 알도록 가르쳤는가? 십자가 밑으로 그 소녀를 인도하기 위해 힘을 다해서 가르쳤는가? 여러분이 그 아이에 관해서 던져야 할 엄숙한 질문들이 많이 있습니다. 몇 년이 지난 다음에 장성한 그 학생들 가운데 누구를 만나게 되면, 여러분이 청지기직을 잘했는지 자신의 양심에 보고해야 하는 아주 적당한 때를 얻게 될 것입니다. 정말 그 사람이 주일학교 학생이었을 때 주일학교 선생님으로서 여러분이 정말 바람직하게 대했는지 그들을 봄으로써 알게 될 것입니다.

또는 주일학교 학생 하나가 죽으면 여러분이 계산서를 제출해야 하는 특별한 때를 맞는 것입니다. 아! 내가 가르친 주일학교 학생이 침상에서 죽어 갈 때 많은 생각들이 일어납니다. 그 어린이의 아버지와 어머니 말고는 그 아이에게 가장 큰 관심을 가지고 있는 사람이 바로 그 아이를 가르친 주일학교 선생일 것입니다. 그 주일학교 선생은 이렇게 회상할 것입니다. "내 손으로 물을 준 꽃이 저렇게 시들어 가는구나. 내가 가르친 저 한 불멸의 영혼이 영원의 현관을 넘어 들어가는구나. 오! 하나님 제가 저 죽어 가는 어린이에게 진리를 가르쳤습니까, 아니면 그를 속였습니까! 정말 그 어린 아이를 신실하게 대하였습니까? 예수 그리스도를 믿지 않으면 멸망한다는 것을 아이에게 가르쳤습니까? 누구든지 아담 안에서 다 타락하였고 그래서 스스로 멸망할 수밖에 없다는 사실을 분명하게 이야기하였습니까? 그리스도의 위대한 구속에 대해서 말해 주었습니까? 거듭남의 필요성과, 성령의 역사에 대해서 말했습니까? 아니면 성경에 나오는 어떤 역사적인 이야기들을 해줌으로 그를 즐겁게 하고, 몇 가지 도덕적인 조항들을 가르쳐 주고 율법 중 더 무거운 요점들은 감추어 버림으로써 그를 즐겁게 하려고 하지는 않았나요? 제발 저 죽어 가는 아이의 손을 붙잡고 그 마음을 하늘로 조용하게 고양시키고, '오 하나님, 이 어린 아이의 피에 대하여 깨끗함을 하나님은 아시나이다'라고 말할 수 있습니까?'

아! 이러한 생각 때문에 목사는 자주 찔립니다. 목회자가 담임하는 교회의 회중 가운데 어느 한 사람이 죽어 갈 때 역시 그런 생각이 나는 것입니다. 제가 담임하는 교회의 회중에 속한 어느 믿음 있는 사람이 죽어 가는 모습을 옆에서 지켜보면서 저는 두려운 많은 생각 때문에 고통을 당합니다. 내가 마땅히 해야 할 대로 열심을 내었는가? 내가 이 사람을 향하여 "당신의 목숨을 위해서 피해 달아나라 뒤를 돌아다보지 말고 이 평원에 더 이상 머물지 말고 산으로 도망쳐라"고 울부짖었는가? 그를 위해서 기도했으며 그를 위해서 울었는가? 그의 죄에 대해서 말해 주며, 단순하고 분명하고 담대하게 그에게 그리스도를 전파했는가? 마땅히 엄숙했어야 할 때 경박하게 굴지는 않았었는가? 실수로 어떤 것을 잘못 말하여 저 사람의 양심을 편안하게 잠들게 하여 영적 각성을 막았던 적은 없었던가? 지옥으로 내려가는 그의 길을 평탄케 하는 데 일익을 담당한 것은 아닌가? 지옥으로 향하는 그의 길에 여러 가지 장애물과 사슬을 설치해 놓아 그리로 가다가 돌아서 구주를 찾도록 하는 대신, 지옥으로 가는 길을 평탄케 하는 일은 하지 않았는가?

아! 구원이 모두 은혜에 속한다는 것을 우리는 알고 있습니다. 그러나 그 영혼들에게 부지런히 경고하지 않거나, 신실하게 설교하지 않았다면, 그 영혼들의 피에 대해서 우리가 결코 자유롭지 못하다는 사실을 누구나 반드시 인식해야 합니다. 그리스도께서 자기 영혼의 수고를 보시고 만족하실 것이라고 일러 주는 이 성경이, 목회자인 내가 그들에게 경고하지 않아서 그들이 망한다면 그들의 피에 대한 책임이 나에게 떨어진다고 말해 주고 있기 때문입니다.

그러나 주일학교 교사 여러분, 여러분이 반드시 셈을 해야 하는 때가 언제인가를 말씀드리겠습니다. 여러분이 원한다면 여러 기회들을 연기할 수도 있을 것입니다. 여러분이 좋아하는 대로 부주의하게 살아갈 수도 있습니다. 그러나 만일 여러분들 속에 조금이라도 합당한 마음을 가지고 있다면 병이 나서 주일학교 학생들을 가르치지 못하게 될 때 그 셈을 해야 할 것입니다. 만일 여러분의 양심이 그래도 가지고 있을 만한 가치가 있다면 ─ 어떤 사람들의 양심은 죽고 화인 맞아서 가치가 없습니다 ─ 또한 여러분의 양심이 깨인 양심이라면, 자신이 하는 일에서 물러나게 될 때에 자신이 그 일을 어떻게 했는지를 생각하기 시작할 것입니다.

여러분은 거룩한 사람 러더퍼드(Rutherford)의 편지들을 읽어 보았을 것입니다. 복음을 그렇게 달콤하면서도 하나님의 성령의 기름 부으심 가운데서 설교하는 사람이 있다면 바로 그 사람일 것이라고 생각합니다. 그럼에도 불구하고 그가 애버딘에서 갇혀 지내게 되어 정말 사랑하는 양 떼에게 나아갈 수 없게 되었을 때 그는 이렇게 말하기 시작하였습니다. "아! 주님께서 저를 내보내 다시 설교하도록 하신다면, 내가 이제까지 늘 해 왔듯이 그렇게 둔하고 나태하게 하지 않겠습니다. 항상 눈물을 흘리며 설교하여 하나님의 백성들이 위로를 받고 죄인들이 회심할 수 있게 하겠습니다." 아마 병들어 당신의 침상에 누워 있으면 주일학교에 나오는 제인이라는 어린이가 찾아와서 "선생님, 어서 낫기를 바래요"라고 말할 것입니다. 아니면 그 반의 윌리엄이나 토머스가 매주일 오후마다 찾아와 여러분에 대해서 물으면서 그 하인에게 자기들의 선생님을 사랑한다는 소식을 전해 달라고 할 것이며, 선생님이 다시 돌아와 가르치기를 바란다고 말할 것입니다. 바로 그때야말로 여러분이 셈을 해야 하는 때라고 확신합니다. 여러분은 이렇게 말하겠죠. "아, 내가 다시 돌아가 주일학교 학생들을 가르치게 되면 이제까지 했던 대로 가르치지는 않을 거야. 공과를 더 많이 연구하고 더 많이 기도할거야. 내가 늘 했던 대로 어린 아이들에게 성미 급하게 행하지는 않을 거야. 그리고 아이들이 내게 버릇없이 구는 것을 잘 참아 낼 거야. 아! 만일 주님께서 히스기야에게 하셨던 것처럼 십오 년 더 일할 수 있도록 허락하시고 더 많은 은혜를 주신다면 나는 사력을 다해서 더 잘할 것이야." 여러분이 병들게 되면 여러분의 계산서의 셈을 치르게 될 것임에 틀림이 없습니다.

  그러나 만일 여러분이 그때에 그 계산서를 셈하지 않는다면, 반드시 셈할 때가 언제인지 말씀드리겠습니다. 그때는 바로 여러분이 죽을 때입니다. 신실하지 못한 설교자가 죽음의 병상에 이르게 된다는 것은 얼마나 끔찍한 일입니까 (그러한 비참에서 저를 구원하옵소서!). 삶을 끝마치게 된 사람이 병상에 누워 있다는 것, 큰 기회들과 큰 회중이 있었는 데도 불구하고 다른 일에 분주하느라고 주 예수 그리스도의 완전하고 은혜로운 복음을 설교하기를 게을리했다면 그 것이야말로 엄청난 비극입니다! 제 자신이 죽음의 병상에 누워 있다고 생각해 봅시다. 그때 제 시야가 흐려져 방에 있는 여러 물건들이 희미하게 밖에 보이지 않을 것입니다. 그런데 어떤 사람들이 와서는 저를 쳐다보면서 말할 것입니다. "아! 목사님이 죽어 가고 있군요. 내가 교회당 맨 앞에서 당신의 설교를 들으려고 얼마나 여러 번 앉았는지요. 그런데 당신은 임박할 진노에서 피할 길을 내게 가르쳐 준 적이 없어요. 내가 이해하지 못하는 것에 대해서 말하곤 했죠. 복음의 단순한 것을 내게 설교한 적이 없어요. 나는 의심 가운데서 두려워 떨면서 죽었어요. 자, 당신은 죽어서 내가 있는 지옥으로 올 것이요. 당신이 신실하지 못해서 물려받은 지옥으로 말이요."

  우리가 나이가 많아 죽게 될 때에, 우리의 강단 주위에서 자랐던 세대들을 보면서 그 모든 이들에 대해서 생각할 것입니다. 우리가 애송이로서 처음 설교하기 시작한 때를 생각하게 될 것이고, 당시에 우리 주위에 몰려들었던 수많은 젊은 사람들을 생각하게 될 것입니다. 그런 다음에 어른들과, 이미 세상을 떠난 노인들을 생각하게 될 것입니다. 그 모든 이들이 스쳐 지나가면서 우리가 불신실한 데 대해 우리 양심을 가리키며 새로운 저주를 퍼부을 것입니다. 자기 동료들을 살해한 사람의 죽음의 병상, 전쟁으로 인류에게 피를 흘리게 했던 어떤 폭군의 죽음의 병상은 정말 끔찍할 것임에 틀림이 없습니다. 군인들과 그 죽은 군인들의 아내들과 무고하게 죽은 사람들이 그 폭군 앞에 일어나게 될 것입니다. 그가 일으킨 전쟁의 참화 속에서 폐허가 되었던 나라들 속에서 연기가 일어나 그 폭군의 눈에 들어가 붉게 만들 것입니다. 사람들의 피가 그의 양심에, 관을 덮은 커다란 빨간 보자기처럼 걸려 있게 될 것입니다. 피에 굶주린 살인자, 흉측스런 시종(侍從)이 그의 병상 주위에 붉은 커튼을 드리울 것입니다. 그러면서 그가 무서운 운명을 맞이할 수밖에 없는 그 마지막 순간에 가까이 다가가기 시작하면, 그때는 정말 끔찍한 시간일 것입니다. 그러나 영혼들을 죽인 일은 그보다 훨씬 더 끔찍하다는 것을 생각하십시오. 자녀들에게 떡을 주지 않고 독을 주거나, 좋은 음식을 구하는 자녀들에게 돌을 주는 일, 마땅히 그리스도 예수님 안에 있는 진리를 가르쳤어야 했는데도 그렇지 못하고 오류를 가르친 일, 간절하게 해야 함에도 불구하고 냉담하고 무심하게 그들에게 말한 일 — 이 모든 것은 정말 끔찍한 일입니다.

오! 여러분이 가르치는 어린이들이 신실하지 못한 여러분의 책임을 물으며 죽음의 병상에서 여러분을 저주하는 것 같다면 어떻게 되겠습니까. 그렇습니다. 여러분은 그때 자신의 계산서를 내놓아야 합니다. 여러분에게 말씀드립니다. 비록 여러분이 오직 소망을 예수께만 두어야 하고, 또 그 소망이 여러분의 삶과 죽음에 위로가 되어야 하지만, 죽을 때에 영혼들을 그리스도께 인도하는 일을 잘 해왔음을 기억하는 것은 정말 달콤한 일이 될 것입니다. 아! 바로 그 사실이 죽어 가는 선생의 볼에 생기를 줄 것입니다. 그 선생이 병들기 전에 배운 어린 소녀가 죽어 가는 자기 선생의 손에 입을 맞추며 말합니다. "선생님, 안녕히 가세요. 우리 하늘에서 만나요. 선생님께서 십자가에서 못 박히신 예수님의 이야기를 제게 하셨구요. 어느 주일날 오후 저를 데려다 주시면서 제 목을 안고 함께 무릎을 꿇고 저에게 복을 주십사고 하나님께 기도하셨잖아요. 오! 선생님, 그때에 저는 예수님을 믿게 되었어요."

주일학교 교사들이여, 그대들이 파리하게 죽어 가며 침상에 누워 있을 때에 그대들의 구주께서 침대 곁에서 계심을 알게 될 것입니다. 그 구주께서 그대들을 영원한 거처로 인도하여 들이실 것입니다. 그대들보다 먼저 간 어린 영혼들, 그대들을 방편으로 하여 죄악된 세상의 악함과 굴레에서 해방 받은 그 영들이 기다리고 있을 것입니다. 하늘에서 그러한 무리들을 만날 소망을 가진 교사는 정말 복이 있습니다. 그러한 생각이 자주 저를 고무시킵니다. 세상이 말하고 싶은 대로 말하도록 내버려 두십시오. 제가 죽게 될 때에 많은 심령들이 제가 복음을 설교한 사람이었다고 생각해 줄 것을 저는 알고 있습니다. 많은 주정뱅이들이 저를 통해서 예수님을 알았고 많은 창기들이 또한 그 사실들을 증거할 것입니다. 주일학교 교사에게도 역시 다음과 같은 생각이 일어날 것임에 틀림없습니다. "날개를 파닥거리며 지상의 낮은 골짜기에서 하늘로 올라갈 때에 그를 맞으러 밝고 빛나는 영이 내려오는 것을 보게 될 것이고" 성령께서 이렇게 말씀하시는 것을 듣게 될 것입니다.

"자매된 영이여, 들어와라."

눈을 뜨면, 자기를 통해서 회심의 복락을 받은 자의 입술로부터 노래가 흘러나오는 것을 보게 될 것입니다. 영적인 자녀들이 낙원의 문에 나와서 영접하는 이들은 복이 있습니다. 그들은 구주께서 맞아 주시는 환영 외에도 구주께서 그 사람의 영광의 면류관에 보석처럼 박히게 하신 자들의 환영도 받게 될 것입니다.

이에 결론적으로 말씀드립니다. 우리는 심판 날에 하나님 앞에 계산서를 제출해야 합니다. 죽음은 참으로 무섭게 만드는 것입니다. 오, 죽음이여, 그대가 전부라면 그대는 재앙 그 자체이며, 모든 것이 다 끝나 버리도다! 그러나 죽음 뒤에 심판이 있습니다. 이것이 경건하지 않은 사람들을 무섭게 쏘아대는 것입니다. 마지막 날이 오면 책들이 펼쳐집니다. 남자들과 여자들과 어린 아이들이 다 함께 모이게 됩니다. 많은 사람들이 와서 어떤 사람들은 우편에, 어떤 사람들은 좌편에 서게 됩니다. 그 사람들은 이미 선고를 받았습니다. 이제 여러분의 차례가 돌아옵니다. 주일학교 선생들이여! 그대들은 어떠한 계산서를 제출하시렵니까? 무엇보다 먼저, 그대들이 그리스도 안에 있습니까? 그대 스스로는 알지 못하는 것을 다른 자들에게 가르치지는 않았습니까? 여기 그러한 분들이 없습니까? 틀림없이 있을 것입니다. 정말 안타까운 일입니다. 우리 주일학교에는 그러한 사람들이 많습니다.

오! 친구여, 구주께서 책을 펴시고 "내 규례를 선포하기 위해서 네가 무엇을 하였느냐"라고 물으실 때에 뭐라고 대답하겠습니까? 구주를 쳐다보면서 "저는 주일학교에서 가르쳤어요. 주님께서 우리 거리에서 먹고 마시셨죠"라고 말하겠습니까? 만일 그런 식으로 말한다면 주님께서는 "참으로 내가 너희를 도무지 알지 못하니 저주받은 너희여 나를 떠나가라"(마 7:23)고 말씀하실 것입니다. 여러분의 주일학교에 관해서 말할 것이 무엇입니까? 결국 마지막 우리의 상태가 그리스도와 우리의 관계에 따라 결정될 것이지만, 여러분은 여러분의 행실이 증거가 되어 판단 받게 될 것입니다. 성경은 항상 우리 행실을 따라서 우리가 판단을 받는다고 말합니다. 그때에 책이 펴질 것이고, 여러분의 이름이 불리는 것을 듣게 될 것입니다. 그리고 간단한 선고가 내려지는 것도 들을 것입니다. "네가 작은 일에 충성하였으니 내가 네게 더 큰 것을 맡기리라 네 주인의 즐거움에 참여할지어다"(마 25:22)라는 말씀을 듣기 원합니다.

오! 하늘 위의 하늘이여, 몇몇의 적은 수의 어린이들을 가르치느라고 조금 수고한 것에 대한 보상이 그러합니까? 오! 구주시여, 먼지 알갱이 대신 금괴를 주시나이다. 우리의 보잘것없는 섬김에 대해서 면류관과 나라들을 상급으로 주십니다. 그러나 구주께서는 다른 사람들에게 시선을 돌리시면서 "내가 진실로 너희에게 이르노니 이 지극히 작은 자 하나에게 하지 아니한 것이 곧 내게 하지 아니한 것이니라 나를 떠나 마귀와 그 사자들을 위하여 예비된 영원한 불에 들어가라"(마 25:45). 이 두 선고 중 어느 선고가 "저와 여러분"에게 떨어질 것입니까? 오! 저는 하나님 앞에서 산 자와 죽은 자를 심판하시는 분, 지상을 향해서 병거를 몰고 신속히 오시는 그분의 위엄에 찬 법정의 엄숙함, 한 번 떨어지면 결코 다시 바뀌지 않을 선고 등에 비추어 자신을 판단해 보라고 촉구하는 바입니다. 그래야 그때 가서 판단 받지 않게 될 것입니다. 여러분의 양심과 하나님을 향하여 자신의 청지기직 사무를 계산하십시오. 자신의 죄를 고백하고, 하나님의 성령으로 말미암아 이 시간부터 도움 주시기를 간구하십시오. 그래서 여러분의 행사가 새로워지도록 하십시오. 그래서 그분의 얼굴 앞에서 구속주의 의로 옷 입고, 피로 씻음을 받은 자로 서십시오. 여러분 자신의 공로를 자랑할 것이 없다 할지라도 여러분이 그분 안에서 영접 받은 상태로 있음을 알게 될 것입니다. 그리고 수고에서 놓여 주 안에 있는 복된 자들에게 합류하게 될 때에도 여전히 여러분의 행위가 따라가게 될 것입니다. 아멘.

제

63

장

—

죽은 자 가운데서 난 설교자

—

“모세와 선지자들에게 듣지 아니하면

비록 죽은 자 가운데서 살아나는 자가 있을지라도

권함을 받지 아니하리라 하였다 하시니라.” — 눅 16:31

사람은 자신을 좀처럼 악하게 생각하려 들지를 않습니다. 사람들은 거의가 죄를 지어 놓고도 변명하는 데로 빠져 들어가기가 십상입니다. “만일 우리가 더 좋은 시대에 살았더라면 더 착한 사람이 되었을 것이다. 만일 우리가 더 행복한 조건 속에서 태어났다면 더 거룩해졌을 것이다. 만일 우리가 훨씬 더 탁월한 환경 속에 있었더라면 의로운 쪽으로 기울어질 수 있는 성향을 더 많이 가졌을 것이다.” 대다수의 사람들은 자기 죄의 원인을 찾을 때 바른 곳에서가 아니고 다른 곳에서 찾으려고 합니다. 자기들의 본성에서 죄의 원인을 찾지 않으려고 합니다. 자신의 부패한 마음에서 죄가 나온다는 사실을 인정하지 않을 것입니다. 다른 것에서 그 원인을 찾으려 합니다. 어떤 사람들은 자기들이 처한 특별한 입장에서 죄의 책임을 찾으려 합니다. “나는 가난하게 태어나지 않고 부자로 태어났더라면 부정직한 사람이 되지 않았을 것이다.” 또 어떤 사람들은 이렇게 말합니다. “부자가 아니라 중류층 가정에서 태어났더라면 그러한 유혹을 받지 않아서 지금과 같은 정욕과 교만에 빠지지는 않았을 것이다. 내가 처한 조건은 경건한 믿음을 가지는 것과는 정반대여서 그런 정욕에 빠져들지 않을 수 없었고, 그래서 마땅하게 바른 사람이 되지 못하고 이런 형편에 처하게 된 것이다.” 어떤 사람들은 사회 전체를 둘러보면서 거기서 자기의 허물에 대한 이유를 찾으려 합니다. 사회의 구조 전체가 잘못되어 있다는 것입니다. 정부가 하는 일, 국가에 관한 모든 것, 모든 시스템이 너무 형편없어 사람들이 선해질 수 없다고 주장합니다. 또한 그래서 사람들이 이러한 모양을 취하고 있다는 것입니다. 그래서 그런 이들은 혁명을 생각하고 모든 것을 완전히 뒤바꿔야 한다고 주장합니다. 그렇게 되면 자기들이 거룩해질 수 있다는 것입니다!

반면에 어떤 이들은 자기들의 교육에 문제가 있었다고 주장합니다. 자기 부모들에게 양육을 받지 않았더라면, 어릴 적에 부모들로부터 그런 교육을 받지 않았더라면, 지금 자기들의 모습은 전혀 달라졌을 것이라고 생각합니다. 그러니 부모들이 책임져야 한다는 것이죠. 그래서 그들은 죄를 아버지나 어머니의 문 앞에 가져다 놓습니다. 아니면 어떤 사람들은 자기들이 죄를 짓는 것은 자기들의 성향 때문이라고 말합니다. 그런 이들이 말하는 소리를 들어 보십시오. "내가 이러저러한 기질을 갖고 있었더라면 얼마나 착한 사람이 되었을까! 그러나 내 완고한 기질을 가지고는 착한 사람이 되는 것은 불가능해요. 목사님이 제게 말하는 것은 다 훌륭합니다. 그러나 사람들은 마음에 그와 다른 성향을 지니고 있고, 내게도 그런 성향이 있어서 결코 진지한 성품을 가질 수 없습니다." 그래서 자기의 기질에서 죄의 원인을 찾습니다. 또 어떤 사람들은 더 멀리까지 나아가서 자기들의 목사에게서 원인을 찾으려고 합니다. "목사님께서 일찍이 좀 더 성실하게 설교하였더라면 저는 더 훌륭한 사람이 되었을 것이에요. 만일 더 건전한 교리를 듣고 하나님의 말씀이 좀 더 충실히 전파되는 것을 들을 수 있는 특권을 누렸다면 저는 훨씬 더 선해졌을 것입니다." 또 어떤 사람들은 스스로 신앙인이라고 하는 사람들에게 그 책임을 전가시킵니다. "교회가 좀 더 일관성이 있었다면, 위선자들이나 형식주의자들이 없었다면 아마 우리는 개심하였을 것입니다!"

아! 선생들이여, 여러분들은 나쁜 말 등에다가 안장을 얹어놓고 있는 셈입니다. 성질 사나운 말 등에다가 짐을 얹어 놓고 있는 격입니다. 죄의 책임은 여러분의 마음에 있는 것이지 다른 곳에 있는 것이 아닙니다. 만일 여러분의 마음이 새로워진다면 더 선해질 것입니다. 그런 일이 있기 전에는 사회가 완전한 상태로 개선되거나 목사들이 천사들처럼 되거나 신앙인이라고 하는 사람들이 하늘의 천사들처럼 된다 할지라도 여러분은 결코 나아지지 않을 것입니다. 오히려 그런 경우에 죄에 대한 핑계를 댈 구실이 적어지고 여러분의 죄책은 두 배가 될 것입니다. 그래서 더 무서운 파멸에 처하게 될 것입니다. 그런데 사람들은 언제나 이 생각을 놓지 못하고 있습니다. 일들이 달라진다면 자기들도 달라질 것이라는 식의 논리 말입니다. 그러나 그들이 바른 위치에서 시작을 하려면 먼저 그들 자신 속에서 달라지는 일이 있어야 합니다.

사람의 마음속에 떠올랐던 다른 여러 핑계들 가운데는 본문에 소개된 것과 같은 일시적 생각이 흔히 일어나곤 합니다. 지옥에 있는 부자가 말했습니다. "만일 한 사람이 죽은 자 가운데서 살아나서, 다시 말해서 나사로가 하늘로부터 땅으로 내려가 설교하기만 한다면 마음이 완고한 내 형제들이 회개할 것입니다." 어떤 사람들은 이처럼 말하고 싶은 충동을 가집니다. "오래 전에 돌아가신 아버지, 어떤 숭앙할 만한 족장이 죽은 자 가운데서 살아나서 전도한다면 우리 모두가 하나님께 돌아갈 것이다." 그것 역시 죄의 책임을 그릇된 영역에서 찾으려 하는 또 다른 방식에 불과합니다. 우리는 오늘 아침 그와 같은 억측을 논박하며, 본문의 교리를 아주 단호하게 주장하려고 합니다. "이르되 모세와 선지자들에게 듣지 아니하면 비록 죽은 자 가운데서 살아나는 자가 있을지라도 권함을 받지 아니하리라 하였다 하시니라"(눅 16:31). 이제 우리는 이 주제를 검토해 나갑시다.

예를 들어, 다른 세계에서 온 전도자가 우리에게 설교한다고 합시다. 그러면 우리가 자연히 그가 하늘에서 왔다고 상상해야 마땅할 것입니다. 부자는 고통 중에 있는 자기나 자기 동료 중 한 사람을 지옥에서 나오게 하여 설교하도록 해 달라고 요구하지 않았습니다. 타락하여 말로 다 할 수 없는 악행에 자신들을 포기한 영들이 이 세상을 방문할 수 없었습니다. 방문한다 할지라도 그들은 진리를 소유할 수 없습니다. 또한 우리를 천국에 이르는 길로 인도하지 못합니다. 그들은 한 번도 그 길을 밟아 본 일이 없기 때문입니다. 절망의 심령들이 지상에 임하는 것은 정말 저주요, 모든 것을 말려 버리고 스스로 가 버리는 폭풍과 같은 것입니다. 그러한 일이 일어났는지, 또 일어날 수 없는지에 대해서 생각할 필요조차 없습니다. 다른 세계에서 설교자가 오는 일이 있다 할지라도 그러한 설교자는 하늘로부터 와야 합니다. 아브라함의 품에 있던 나사로가 와야 합니다. 나사로는 순결하고 완전하고 거룩한 존재가 되어 있습니다. 자, 잠깐 동안 그 영혼이 하늘로부터 지상에 내려왔다고 생각해 봅시다. 그래서 우리가 내일 갑작스럽게 어떤 놀라운 소식을 들었다고 합시다. 그 존경받을 영혼, 오래 전에 장사되었던 사람이 갑작스럽게 무덤을 깨치고, 관을 열고 나와서 생명의 말씀을 설교한다고 합시다. 오! 그의 설교를 듣기 위해서 얼마나 많은 사람들이 몰려갈까요! 그 사람의 설교를 듣기 위해서 운집한 수많은 회중들을 채우기에 넉넉할 만큼 세상에 넓은 곳이 어디 있겠습니까! 아마 여러분은 그 사람의 소리를 듣기 위해서 얼마나 빨리 달려 갈까요! 또한 그 사람의 초상화가 얼마나 많이 인쇄되어 반포될까요! 그 초상화는 무시무시한 수의(壽衣)에 감싸 있는 그를 묘사하거나, 아니면 하늘로부터 나타난 새로운 천사로 묘사될 것입니다.

오! 이 도시가 얼마나 그 일로 말미암아 소란을 떨까요! 이 도시뿐만이 아니라 전 세계의 나라들이 그렇게 할 것입니다! 먼 나라들이 그 소식을 금방 듣고 이리로 몰려올 것입니다. 그래서 배마다 가득 승객을 싣고 사람들을 이리로 운송하여 그 놀라운 설교자의 설교를 듣게 할 것입니다. 그 설교자는 알지 못하는 영역에서 다시 이 지상으로 돌아온 순례자입니다. 자, 여러분은 어떻게 그 사람의 설교를 듣겠습니까? 여러분은 아마 참으로 엄숙한 모습으로 땅에 속하지 않은 그 유령을 응시할 것입니다! 여러분은 그 사람이 하는 말 한 마디를 놓치지 않으려고 정신을 차리고 귀를 기울일 것입니다. 그가 하는 말이 아무리 작게 들린다 할지라도 그것을 붙잡아서는 온 세계에 배포할 것입니다. 죽었다가 다시 살아나신 그 사람의 말 한 마디 한 마디를 그렇게 할 것입니다. 우리는 그러한 일이 일어난다면 수를 헤아릴 수 없는 수많은 회심자들이 생겨날 것이라고 상상할 경향이 매우 높습니다. 왜냐하면 분명 그렇게 함으로 매력을 느낀 회중들이 엄청난 복락을 받게 될 것이기 때문입니다. 고집을 부리던 많은 죄인들이 회개함에 이르게 될 것입니다. 교수형에 처해질 수많은 사람들이 마음을 고치고 대단히 큰 선행을 하게 될 것입니다.

아! 그 생각을 멈추십시오. 그 아름다운 몽상의 첫 번째 부분, 곧 죽은 자 가운데서 살아나는 사람이 있다 할지라도 나머지 부분, 곧 회중들이 수도 없이 회심하게 되는 일은 일어나지 않을 것입니다. 만일 어떤 사람이 죽은 자 가운데서 다시 살아난다 할지라도 그의 설교를 통해서 회심하며 회개하는 죄인들의 수가 다른 사람들의 설교를 통해서 회심하는 수보다 결코 더 많지 않을 것입니다. 하나님께서 원하시면 바로 죽은 자 가운데서 다시 살아난 자의 설교를 복되게 하사 많은 사람들로 하여금 구원 받게 하실 수 있습니다. 그러나 죽은 자 가운데서 다시 살아나 수의를 그대로 입고 설교하든지, 아니면 영화로운 영으로 설교하든지 간에 그 설교 자체에는 오늘날 연약한 사람이 설교하는 경우보다 더 많은 능력을 갖지 못할 것입니다. "비록 죽은 자 가운데서 살아난 자가 있을지라도 권함을 받지 아니하리라"(눅 16:31).

　　그러나 많은 사람들은 어떤 성도가 다시 살아서 보고 들은 것을 증거할 수만 있다면 여러 가지로 이점(利點)이 있을 것이라고 생각합니다. 그들이 생각하는 이점들을 세 가지 측면에서만 나누어 생각해 보도록 하겠습니다. 첫 번째로, 어떤 이들은 그런 사람이 성경 진리를 증거할 때 힘이 있을 것이다라고 말합니다. 그는 이렇게 말합니다. "정말 복 받은 자들의 본향인 새 예루살렘 성의 진주 문에서 직접 이 땅에 내려오는 일이 있다면 계시록의 진실성에 관한 논란이 없게 될 것이다. 그 논쟁은 끝날 것이다." 두 번째로, 어떤 사람들은 그 사람이 모세와 선지자들이 말한 것보다 우리에게 더 많은 것을 말해 줄 수 있을 것이라고 생각합니다. 그 사람은 증거하는 면에서 이점이 있을 뿐만 아니라 그가 전할 수 있는 가르침에서도 이점이 있을 것이라고 생각하는 것입니다. 세 번째로, 어떤 이들은 그런 사람이 말하는 태도에서도 이점이 있을 것이라고 생각합니다. 그들은 이렇게 말합니다. "분명 그런 사람은 대단한 웅변력을 가지고 말할 것이다. 다른 세계의 엄숙한 현실을 전혀 보지 못했던 보통 설교자보다 훨씬 더 강력한 능력과 더 깊은 감정으로 웅변을 토해낼 수 있을 것이다." 자, 우리는 이 세 가지 사항을 하나하나 살펴보면서 그 요점을 정리해 나가도록 합시다.

1. 복음의 진실성을 확증하는데 있어서 이점이 있다는 주장에 대하여

　　어떤 사람이 죽은 자 가운데서 다시 살아나 설교할 수 있다면 "복음의 진리를 확증하는 데 유리할 것이라"고 생각들을 하고 있습니다. 복음을 믿지 않으며 조롱하는 불신앙이 더 이상 입을 벌리지 못하도록 증거하는 일이 있을 것이라고 생각합니다. 자, 우리가 그 점에 대해서 알아봅시다. 먼저, 우리는 그렇게 생각하지 않는다고 말씀드리는 바입니다. 오늘날 죽은 사람이 다시 살아나 예배당에 와서 설교를 한다 할지라도 아직 복음을 듣지 않고 이곳에 온 어느 사람에게도 복음을 확증해 주는 일은 결코 없을 것임을 우리는 압니다.

　　친구들이여, 죽은 자 가운데서 살아난 사람의 간증이 복음을 확증하는 데 어떤 가치를 지니고 있다면, 하나님께서 이전에 그 방식을 사용하지 않으셨을까요?

이것이 바로 제가 제기하는 반론입니다. 만일 그렇게 하는 것이 유익하였다면 하나님께서는 몇 사람을 죽은 자 가운데서 살아나게 하신 일이 분명코 있을 것입니다. 물론 성경에서는 예수 그리스도의 능력으로 죽었다가 살아난 몇 사람의 기적을 만나게 됩니다. 또 어떤 죽은 자들은 선지자들에 의해서 살아나기도 하였습니다. 그러나 여러분은 기억할 만한 이 사실, 곧 죽었다가 살아난 사람들 중 어느 누가 한 말이 성경에 한 마디도 기록되지 않았다는 사실에 주목해야 할 것입니다. 그들이 죽어 있는 동안에 무엇을 보았는지 우리에게 말해 준 적이 전혀 없다는 것입니다. 저는 그들의 영혼이 죽어 있는 기간 동안 잠들어 있었는지, 하늘에 있었는지 그 밖에 있었는지에 관해 토론할 생각이 없습니다. 그것은 도통 무익한 일일 것입니다. 아무 열매를 맺지 못할 무익한 쟁론을 부추기는 것밖에는 의미가 없습니다. 성경에 기록된 바, 죽었다가 살아난 사람이 죽어 있는 동안에 자기가 본 것에 관해 말했다는 기록이 전혀 없다는 것은 정말 기억할 만한 사실입니다.

오! 나흘 동안 무덤에 있었던 사람이라면 그가 얼마나 놀라운 비밀을 말할 수 있었을까요! 나사로의 자매들이 그 점에 관해서 질문하였을 것이라고 생각하지 않으십니까? 그 오라비더러 무엇을 보았느냐고 물었을 것이라는 생각이 들지 않습니까. 나사로가 불꽃 같은 하나님의 보좌 앞에 서서 몸으로 행한 일들에 대한 판단을 받았는지에 대해서, 또는 안식에 들어갔었는지에 대해서 물어보았을 것이라는 생각이 들지 않습니까? 그러나 그들이 어떻게 물었든지 간에, 그가 아무 대답도 하지 않았다는 것은 확실합니다. 왜냐하면 그가 어떤 대답을 했다면 우리는 지금쯤 그 대답을 알고 있을 것입니다. 왜냐하면 교회의 유전이 그 대답을 기록으로 확실하게 남겼을 것이기 때문입니다. 바울이 밤중이 될 때까지 길게 설교한 적이 있었는데 유두고라 하는 청년이 삼층 좌석에 앉았다가 졸아 떨어져 죽었습니다. 여러분도 그것을 기억하실 것입니다. 바울이 내려가서 기도하였고 유두고는 다시 생명을 얻게 되었습니다(행 20:9-12). 그러나 유두고가 일어나서 죽은 자 가운데서 일어난 후 선교의 일을 했습니까? 아닙니다. 그가 회중 가운데서 설교했다고 생각하는 사람은 한 사람도 없을 것입니다. 바울이 설교를 계속해 나갔고, 사람들은 앉아서 바울의 설교를 청종했습니다. 유두고가 무엇을 보았는지에 관해서 관심을 기울이는 사람이 한 사람도 없었습니다. 왜냐하면 유두고는 바울이 말한 것 외에 더 그들에게 말해 줄 것이 전혀 없었기 때문입니다.

하나님의 능력에 의해서 죽음의 그늘에서 다시 소생함을 받은 사람들이 수를 헤아릴 수 없이 많다 할지라도, 저는 이 주장을 단호하게 되풀이할 것입니다. 다시 말하면, 우리는 우리가 알지 못하는 어떤 비밀스러운 일을 결코 듣지 못했을 것이라고 말입니다. 그 살아난 모든 사람들이 어떤 비밀을 가진 적이 없단 말입니다. 자, 하나님께서 가장 잘 아십니다. 우리는 우리의 추측을 하나님의 결심과 비교하지 않을 것입니다. 만일 하나님께서 다시 살아난 사람으로 하여금 침묵하도록 결정하셨다면, 그것이 가장 좋기 때문에 그러한 줄 믿어야 합니다. 다시 살아난 사람들이 증거한다 할지라도 우리에게 별 가치가 없을 뿐만 아니라 도움도 주지 못할 것입니다. 그렇지 않다면 그들의 증언이 있었을 것입니다.

그러나 다시, 다음과 같은 생각이 우리의 마음을 대번에 찔러댈 것임을 저는 생각하고 있습니다. 만일 바로 오늘 이 시간 어떤 사람이 무덤에서 살아나 복음 진리를 확증하기 위해 이 예배당에 온다 할지라도 불신앙의 세상이 현재보다 믿음에 더 가까워지는 일은 결코 없을 것이라는 점입니다. 자, 저기 비평적인 불신앙 씨가 오고 있습니다. 그는 성경의 증거들을 부인합니다. 성경의 증거의 진실성을 그처럼 명백하게 입증하는 증거들이 있음에도 그것을 부인합니다. 그래서 우리는 그 사람이야말로 하나님을 모독하는 신성모독자나 영적 시각이 없는 자라고 믿지 않을 수 없습니다. 그가 행하는 것에 비추어 본다면 말입니다. 그래서 우리는 두 사이에서 스스로 선택하도록 그 사람을 내버려 둡니다. 그러나 그는 성경의 진리를 감히 부인합니다. 또 성경의 진리를 인정하기 위해서 일어난 이적들이 거짓되고 참되지 못하다고 생각할 것입니다. 죽은 자 가운데서 살아난 어떤 사람이 그런 사람을 설득하여 믿도록 할 것이라고 생각하십니까? 뭐라고요? 과학의 손으로 하나님의 모든 피조물 세계를 탐색해 보아도 하나님의 계시의 진실성만 입증되고, 묻힌 도성들이나 없어진 열방들의 전체 역사가 성경이 사실이었다는 것을 설교할 뿐이었습니다. 먼 동방의 나라를 샅샅이 탐색해 보면 성경의 예언들이 사실임을 드러내고 확증합니다. 그런데도 사람들이 아직도 확신하지 못하고 있습니다. 그런데 어떤 한 사람이 죽어 무덤에 장사지낸 바 되었다가 다시 살아나 말한다고 해서 그 사람이 성경의 진실성을 믿게 될 것이라고 여러분은 생각하십니까? 아닙니다. 저 비평적인 신성모독자는 불신자를 자기에게 묶어 둘 만반의 무장을 하고 있습니다. 자, 그가 하는 말을 잘 들어 보세요. "나는 당신이 한 번 죽었었다는 것을 확신할 수 없어요. 자, 당신은 죽은 자 가운데서 살아났다고 떠들어 대고 있습니다. 그러나 나는 당신을 믿지 않아요. 당신이 스스로 나는 죽었었노라고 했고, 당신 스스로 하늘에 갔었노라고 했어요. 이 양반아, 당신은 황홀경에 빠져 있었던 거야. 당신은 당신의 교구에 가서 죽었던 사람이라는 증거를 가져와요." 그 사람이 가서 자기가 죽었던 증거를 가져옵니다. "자, 당신이 무덤에 장사되었다는 것도 증거해야 합니다." 그 사람이 무덤에 장사되었다는 사실을 증거합니다. 전에 다니던 교회의 사찰이 그의 뼈를 추려 가지고 먼지로 만들어 공중에 뿌렸다는 것이 증명되었습니다. 그러면 불신앙자는 이렇게 말할 것입니다. "아, 그것 참 좋군요. 자, 이젠 당신이 장사되었다는 장본인이라는 사실을 입증해야 해요." 그러니까 죽었다가 살아난 자가 이렇게 말합니다. "아, 바로 납니다. 바로 내가 그 사람이라니까요. 나는 정직한 사람으로서 하늘에 갔었다가 이렇게 다시 돌아왔다는 것을 당신에게 말하고 있습니다." 그러면 그 불신자는 대꾸할 것입니다. "아 그래요. 그 논리는 맞지 않군요. 죽었다가 장사되었던 사람이 다시 생명을 얻게 되었다고 생각하는 것이 얼마나 우스꽝스러운 일인가요. 그래서 난 당신을 믿지 못하겠어요. 저는 당신의 면전에 대고 분명히 말씀 드립니다."

자, 믿지 않는 사람들이 죽었다가 살아난 사람에게 이런 식으로 대꾸할 것입니다. 그런 사람들은 많은 이적들을 부인하는 죄를 짓고 있을 뿐만 아니라 또 다른 죄책을 더할 것임에 틀림없습니다. 그러면서 하나님의 진리를 믿는 쪽으로 한 치도 더 가까이 나아가지 않을 것입니다. 그리고 어떤 먼 나라에서 이적이 행해지고 세상의 다른 지역에서 그 소문을 들으면, 불신앙의 세계 전체는 분명 이렇게 소리칠 것입니다. "유치하고 단순한 이야기들과 그러한 전설들이 다른 곳에서도 유포되었었다. 그러나 우리는 지각 있는 사람들이어서 그것들을 믿지 않는다." 교회 뜰에 있는 묘지 전체가 죽은 자를 내주어 거기 묻혀 있던 사람들이 살아나서 기독교의 진리를 부인하는 불신자들을 바라보고 있다 할지라도 세상의 불신자들은 믿지 않을 것입니다. 세상에 있는 모든 교회의 뜰에서 그러한 일이 일어난다 할지라도 불신자는 믿을 만한 충분한 증거가 없다고 말할 것이라고 저는 믿습니다. 불신앙은 여전히 그 이상의 무엇을 요구할 것입니다. 불신앙은 말거머리와 같이, "다고, 다고" 하면서 울부짖습니다. 불신자에게 어떤 한 요점을 입증하면 다른 요점을 또 입증하라고 졸라댑니다. 많은 증인들의 증거를 모아서 그 사람에게 햇빛만큼 분명하게 증거해 보십시오. 그럼에도 불구하고 그것을 믿지 않을 것입니다. 사실 속으로는 믿습니다. 그러면서도 믿는 척하지 않습니다. 자신을 속이고 불신앙에 머물러 있는 것입니다. 그래서 그러한 사람들로 하여금 진리를 확신하도록 하기 위해서 죽은 자가 살아난다 할지라도 별 소용이 없을 것이 분명합니다.

　　그러나 사랑하는 친구들이여, 불신자들 가운데 가장 많은 부류를 차지하는 계층은 생각을 전혀 하지 않는 사람들임을 잊지 말아야 합니다. 정말 이 땅에는 먹고 마시는 것 외에는 어떤 생각도 하지 않는 사람이 허다합니다. 적어도 그들은 밤에 가게 문을 내리고 아침이 되면 다시 가게 문을 올릴 정도는 생각합니다. 또 이자율이 올라가고 내려가는 것에 관해서는 약간은 알 정도로 생각합니다. 또한 어떤 상품이 팔릴 것인지, 땅 값이 어떤지에 대해서 알 정도로는 생각합니다. 그러나 그들의 뇌는 그런 것들만 생각하도록 만들어져 있는 것처럼 보입니다. 그저 빵이나 치즈에 관해서 생각하는 일밖에는 하지 못하게 되어 있는 것처럼 말입니다. 그들에게 신앙이란 매우 저급한 관심거리입니다. 그들은 성경이 매우 진실되다고 말하기는 합니다. 또 신앙을 가지는 것이 참 옳다고 말하기도 합니다. 그러나 그런 일로 마음을 쓰고 싶지 않습니다. 그들은 자기들이 그리스도인이라고 생각합니다. 어린 아이일 때 그리스도인으로 교회에 등록했다는 겁니다. 적어도 자기들은 그리스도인일 것이라고 생각합니다. 그러나 차분히 앉아서 신앙이 무엇인지 생각해 보지 않습니다. 그들은 때로 영국 국교회나 비국교도 교회당이나 또는 다른 예배당에 가기는 합니다. 그러나 그것이 그들에게 별 의미를 갖지 않습니다. 이 사역자와 저 사역자가 서로 다른 얘기를 할 수 있습니다. 그럼에도 불구하고 그런 일들에 관해서 그들은 관심이 없습니다. 둘 다 옳다고 말해 버립니다. 어느 한 목사가 거의 모든 교리에 있어서 다른 목사와 다르게 말할 수 있습니다. 그럼에도 불구하고 그 문제가 그들에게는 아무런 의미가 없습니다. 그저 좋은 게 좋다는 식으로 지나쳐 버리고 맙니다. "아마도 전능하신 하나님은 우리가 어디로 가든지 상관하지 않으실 것이다." 그들은 분별력을 전혀 사용하지 않습니다. 그들이 볼 때에는 생각하는 일이 너무 어려운 일이라서 생각하는 일 때문에 괴로워하고 싶어하지 않습니다.

　　자, 어떤 사람이 내일 아침에 죽은 자 가운데서 살아난다 할지라도 그 사람들은 결코 놀라지 않을 것입니다. 그들은 오며 가며 그를 힐끔 쳐다볼 것입니다. 그들은 오가면서 또 다른 호기심을 가지고 그 사람을 바라볼 것입니다. 살아 있는 해골 뼈, 또는 그 사람의 엄지손가락이 어떻게 생겼냐는 것에 관해서 관심을 가질 것입니다. 그들은 다시 살아난 그 사람에 관해서 많은 대화를 나누기는 할 것입니다. "죽었다가 살아난 사람이 있어." 어느 겨울 밤 그의 설교들 중 한 편을 읽을 수도 있습니다. 그러나 그의 증거가 가치 있는지 없는지에 관해서 결코 힘들여 생각하려고 하지 않을 것입니다. 그들은 어찌나 나무토막처럼 굳어 있는지 자극을 주어도 결코 반응하지 않습니다. 유령이 그런 이들의 집을 찾아가면 그들의 느낌은 고작 이런 것일 것입니다. 곧 그들은 무서워 깜짝 놀랄 것입니다. 그러나 유령이 한 말에 관해서는 전혀 신경을 쓰려고 하지 않을 것입니다. 그 영이 한 말이 그들의 돌같이 굳은 마음에 반응을 일으킬 수 없을 것입니다. 어떤 사람이 죽었다가 살아난다고 할지라도 대다수의 사람들은 결코 아무런 영향을 받지 않을 것입니다.

그 외에 나의 친구들이여, 사람들이 하나님의 증거를 믿지 않으면, 사람의 증거를 믿는다는 건 불가능합니다. 시내 산 꼭대기에서 들렸던 하나님의 음성, 율법책을 통해서 모세로 말미암아 들리는 그의 음성, 또한 구약의 선지자들을 통해서 들려오는 하나님의 음성, 특별히 복음으로 말미암아 영원한 빛이 비춰게 하신 당신 자신의 아들을 통해서 하신 말씀들, 그러한 것들을 통해서 확신에 이르지 못한다면, 세상의 그 어느 것도 그 자체의 힘으로 그 일을 이루어 낼 수 없습니다. 하나님께서 정말 말씀하시는데도 불구하고 사람이 하나님의 말씀에 주의를 기울이지 않는다면, 여러 차례 설교해도 아무런 관심을 두지 않을 게 뻔합니다. 그런 일이 있어도 놀라지 말아야 합니다. 죽은 자 가운데서 일어난 사람들이 하나님의 말씀보다 사람을 설득시키는 더 큰 능력을 가지고 있을 거라는 생각 자체를 하지 말아야 합니다. 만일 이 성경이 성령을 떠나서 여러분을 회심시키기에 충분하지 못하다면(정말 성령으로 하지 않으면 충분하지 못함), 이 세상에서 성령의 감화 없이 그 자체로 여러분을 회심하게 하기에 충분한 것은 있을 수 없습니다. 하나님께서 이 복된 성경 속에서 당신의 아들 예수님에 관하여 주신, 그 성경도 하나님의 손에 있지 않으면 그리스도를 믿는 믿음으로 사람들을 인도하기에 충분하지 못합니다. 그러할진대 하늘로부터 온 천사, 영광 중에 있었던 성도가 온다 할지라도, 아니 하나님께서 친히 지상에 강림하사 여러분에게 설교하신다 할지라도, 계속 구원받지 못한 상태에서 복을 받지 못한 채 지낼 것입니다. "모세와 선지자들에게 듣지 아니하면 비록 죽은 자 가운데서 살아나는 자가 있을지라도 권함을 받지 아니하리라 하였다 하시니라." 자, 바로 그것이 첫 번째 요점입니다.

2. 완전하게 된 의인의 영들이 온다면

그러나 이런 상상들을 합니다. "완전하게 된 의인의 영들" 중 하나가 지상에 내려와서 회의론자들의 마음에 정말 만족할 만한 증거를 하지 못한다 할지라도 천국에 관한 풍성한 정보는 줄 수 있을 것이다. 어떤 이들은 이렇게 말할 것입니다. "분명 나사로가 아브라함의 품에서 내려왔다면 우리 머리를 꼿꼿이 서게 할 만큼 오싹한 이야기를 들려주었을 것이다. 부자가 겪는 고통에 관해서 말할 때, 우리의 머리털이 주뼛거릴 것이다. 그가 복락의 문에서 바라보았다면, 계속 죽지 않고 꺼지지 않는 불 속에서 고통을 당하는 벌레에 관해서 우리에게 말할 수 있었을 것이다. 끔찍한 이야기들, 무섭고 공포스럽고 땀을 쥐게 하는 말들, 다시 말해 구원받지 못한 사람들의 장래 상태에 대해서 우리가 지금 알고 있는 것보다 더 많은 것을 알려주는 그런 말들을 했을지도 모른다."

또 눈을 반짝거리며 한 신자가 말합니다. "그리고 만일 그가 지상에 내려왔다면 성도의 영원한 안식에 관해서 우리에게 말해 줄 수 있었을 것이다. 또한 주 하나님을 영원한 등불로 삼고 황금 길이 깔리고 문이 진주로 되어 있는 그 영광스러운 도성에 대하여 더 상세히 말해 주었을 것이다. 오! 그가 그리스도의 품에서 이 땅에 왔다면 천국의 상태에 관해서 얼마나 아름답게 말했을까. 그는

> '영원한 시대가 흐르는 저 위에서
> 　충실한 즐거움이 사그러들지 않고,
> 　영혼에게 불멸의 잔치를 누리게 하는 곳에서 지냈던 사람입니다.'

분명히 그는 에스골 골짜기의 포도송이와 같은 것을 가지고 내려왔을 것이다. 그래서 하늘에 속한 비밀들 몇 가지를 우리에게 알려줄 수 있을 것이다. 그로 말미암아 우리 마음은 힘을 얻고 하늘로 향한 경주를 경주하도록 자극하였을 것이고, 용기를 북돋아 주었을 것이다."

멈추십시오. 멈추십시오. 그것은 하나의 몽상에 불과합니다. 의인의 영이 하늘로부터 내려온다 할지라도 우리에게 우리가 지금 알고 있는 것보다 더 유용

한 어떤 것을 말해 줄 수 없을 것입니다. 하늘로부터 온 영이라 할지라도 지옥의 고통에 대해서 우리가 지금 알고 있는 것보다 무엇을 더 알려줄 수 있겠습니까? 성경이 그에 대해 아주 분명하게 말하지 않습니까? 그리스도께서 친히 그 불 못의 모습을 무섭게 묘사하지 않으셨습니까? 사람들을 보고 우셨던 주님께서 두려운 말로 하나님께서 마지막 날에 "너희 저주받은 자들이여, 마귀와 그 사자들을 위해서 예비된 영원한 불 속에 들어갈지어다"라고 말씀하실 것이라고 일러 주지 않으셨습니까? 이보다 더 소름끼치게 하는 말씀이 필요합니까? "거기에서는 구더기도 죽지 않고 불도 꺼지지 아니하느니라"(막 9:48). 이보다 더 무서운 경고를 필요로 합니까. "우리 중에 누가 영원히 타는 불속에 거하게 될 것인가?" 하나님의 말씀보다 완전한 선포를 듣고 싶습니까? "대저 도벳은 이미 세워졌고 또 왕을 위하여 예비된 것이라 깊고 넓게 하였고 거기에 불과 많은 나무가 있은즉 여호와의 호흡이 유황 개천 같아서 이를 사르시리라"(사 30:33). 그 점에 대해서 성경이 말하는 것보다 더 많은 것을 원할 수 없습니다. 여러분은 그 말씀만 듣고서도 거기에서 피해 달아나려고 애쓸 것입니다. 여러분은 성경이 너무나 무섭고, 지옥과 저주에 관해서 너무 많은 것을 말해 주고 있다고 불평합니다.

선생들이여, 만일 그대들이 성경에서 너무 많은 것을 말해서 받아들이지 못하겠다고 생각한다면, 어째서 더 많은 것을 이야기해 줄 사람의 말을 들으려고 귀를 곤두세웁니까? 사실상 여러분은 더 많은 것을 알고 싶어하지 않습니다. 또 알고 싶어한다 할지라도 그것은 전연 소용 없는 일입니다. 우리 각자 가까이 나아가게 될 그 진노의 날, 심판에 관해 더 상세한 말을 들을 필요가 있습니까? "인자가 자기 영광으로 모든 천사와 함께 올 때에 자기 영광의 보좌에 앉으리니 모든 민족을 그 앞에 모으고 각각 구분하기를 목자가 양과 염소를 구분하는 것 같이 하여 양은 그 오른편에 염소는 왼편에 두리라"(마 25:31-33)는 말씀을 듣지 않습니까? 그 큰 재판을 위해 갖추어진 엄숙한 준비를 본 사람이 여기 있다고 생각해 보십시오. 그 사람은 보좌가 마련될 곳에 서서 우리보다 더 예리한 눈으로 장래를 내다보았던 사람입니다. 자, 그런 사람이 온다 할지라도 우리에게 무슨 유익이 있겠습니까? 성경이 지금 우리에게 말하는 것보다 더 많은 것을 말할 수 있을까요? 그러한 사람이 우리에게 더 유익을 끼쳐 줄까요? 아마 그는 우리보다 더 많은 것을 알지 못할 것입니다. 제가 확신하는 한 가지 요점은, 우리가 지금 심판의 규칙에 관해서 알고 있는 것보다 더 많은 것을 우리에게 말해 주지 못할 것이 틀림없다는 말입니다. 저 세상에서 돌아온 영이 사람들이 받는 심판에 대해 말해 줄까요? 어째서 사람들이 정죄를 받습니까? 어째서 사람들이 또한 구원을 받습니까? 저는 그 사람이 이렇게 말하는 것을 듣습니다. "사람들이 죄 때문에 정죄를 받습니다. 모세의 십계명을 읽어 보십시오. 그러면 사람들은 큰 십계명을 통해서 영원토록 하나님의 복락에서 잘려진다는 것을 발견하게 될 것입니다." 빛나는 영이여, 나도 그것을 전부터 알고 있었노라. 그대는 나에게 내가 지금 알고 있는 것보다 더 많은 것을 말해 주지 않는다! 그럼 그 사람은 이렇게 말합니다. "내가 말할 수 있는 것은 이것뿐입니다" 하고 그는 말할 것입니다. "내가 주릴 때에 너희가 먹을 것을 주지 아니하였고 목마를 때에 마시게 하지 아니하였고 나그네 되었을 때에 영접하지 아니하였고 헐벗었을 때에 옷 입히지 아니하였고 병들었을 때와 옥에 갇혔을 때에 돌보지 아니하였느니라 내가 진실로 너희에게 이르노니 이 지극히 작은 자 하나에게 하지 아니한 것이 곧 내게 하지 아니한 것이니라 나를 떠나 마귀와 그 사자들을 위하여 예비된 영원한 불에 들어가라." "영이여, 그것은 그리스도의 말씀이 아닌가?" 하고 제가 묻습니다. 그러자 "그렇습니다" 하고 그 영은 대답할 것입니다. 그러면 "나도 그것을 읽었습니다. 당신은 내게 더 많은 것을 말해 주지 못했어요"라고 말합니다.

　　만일 당신이 성경을 읽고서 옳은 것과 그릇된 것을 구분할 수 없다면, 어떤 영이 여러분에게 말해 준다 할지라도 선과 악의 차이를 분별할 수 없을 것입니다. 성경만 가지고도 지옥으로 가는 길과 천국으로 가는 길을 알게 되어 있는데 그것을 알지 못한다면, 그것에 대해 다른 방법을 통해서는 결코 알지 못할 것입니다. 성경만큼 분명하고 뚜렷한 계시의 말씀을 주는 책은 없습니다. 그보다 더 명백한 증거를 제시하는 책이 없다는 말입니다. 물론 성령의 작용이 없이는 성경의 증언들이 구원을 이루는데 불충분합니다. 그래서 또 다른 어떤 선언을 해 봤자 소용이 없을 것입니다. 구원은 전적으로 하나님께서 주시는 것이고 사람의 파멸은 순전히 그 자신의 잘못 때문입니다. 하늘로부터 온 영이라도 이 두 큰 진리에 대한 명백한 선언보다 무슨 더 많은 것을 우리에게 알려 줄 것입니까? "이스라엘아 네가 패망하였나니 이는 너를 도와 주는 나를 대적함이니라"(호 13:9).

　　사랑하는 여러분, 다시 엄숙하게 말씀드립니다. 성경은 너무나도 완전하고 완벽하여 내세에 관한 어떤 선언의 보충도 필요로 하지 않습니다. 내세에 관해서 여러분이 마땅히 알아야 하는 모든 것이 성경에 있습니다. 영(Young)이 말한 것처럼 말하면 잘못입니다.

> "내 소망과 두려움 놀라서 일어나
> 인생의 좁은 경계 너머로 내려다봅니다.
> 무엇을 보는가? 깊이를 헤아릴 수 없는 심연,
> 두려운 영원이 보입니다."

우리가 알 수 있는 것은 그것밖에 없다는 식으로 말하는 것은 옳지 않습니다. 하나님을 찬미해야 합니다. 성도는 깊이를 헤아릴 수 없는 심연을 내려다보는 사람이 아닙니다. 그는 "하나님이 계획하시고 지으실 터가 있는" 하늘의 성을 바라보는 사람입니다(히 11:10). 악한 자들마저도 바닥을 알지 못하는 그 심연을 차마 내려다보지 못합니다. 왜냐하면 악인들에게는 그 심연이 분명하게 계시되어 있기 때문입니다. 비록 "보는 눈이나 들을 귀"가 없다 할지라도 멸망당할 자들의 고통에 관해서 성경은 우리에게 충분히 설명해 주고 있습니다. 그래서 그 심연에 이르는 길이 무엇인지를 잘 분별할 수 있게 하셨습니다.

그러니 악인들이 죽음을 만나게 될 때 지옥을 생각하면서 무서워하는 것은 전혀 새로운 것이 아닙니다. 그들은 전에 지옥에 대해 들었고, 그 지옥이 그들에게 분명하게 계시되었기 때문입니다. 지옥에 관해서 더 많이 안다 할지라도 아무런 소용이 없을 것입니다. 게으른 호기심을 가진 사람들, 수다쟁이들, 그와 같은 자들은 더 많은 것들을 알려 주겠다고 덤비는 사람들을 만나면 크게 기뻐할 수 있겠죠. 아! 그 사람들이 하늘로부터 온 그 사람의 말을 잘 듣고 그 비밀을 다 알고 믿게 된다면 그런 설교자가 그들에게 얼마나 보배로운 존재이겠습니까! 오! 그 사람들이 그 하늘로부터 온 사람을 얼마나 사랑하겠으며, 그를 얼마나 기뻐할까요! 아마 그들을 이렇게 말할 것입니다. "이 사람은 다른 누구보다도 많은 것을 알고 있어요. 성경이 우리에게 말하는 것보다 더 많은 것을 알고 있어요. 또 상세한 부분까지 많이 알고 있어요. 그 사람이 그러한 것들을 설명하는 것을 듣는 것이 여간 놀랍지 않아요." 그러나 거기서 일이 끝나고 말 것입니다. 그것은 그저 호기심을 만족시키는 차원에서만 멈추고 말 것이기 때문입니다. 그 사람이 복을 가져다주는 일은 전혀 없을 것입니다. 내세의 상태에 대해서 더 많은 것을 안다는 것이 우리에게 복이 된다면 하나님께서 어째서 그러한 것을 우리에게 허락하지 아니할까요. 우리에게 더 이상 말해 줄 것이 있을 수 없습니다. 여러분이 내세에 관하여 성경에서 발견하는 것을 통해 확신하지 못하면, "비록 죽은 자 가운데서 살아나는 자가 있을지라도 권함을 받지 아니할" 것입니다.

3. 죽은 자 가운데서 살아나는 자가 있다면 그의 태도를 통해서 감동을 받으리라는 상상

어떤 사람은 이렇게 말합니다. "분명 그 문제를 통해서는 유익을 얻지 못하지만 그 사람의 태도를 통해서는 얻는 것이 있을 것이다. 오, 그러한 영이 하늘의 영역에서 내려왔다면 어떻게 설교를 할까! 그의 입술에서는 정말 하늘의 웅변이 쏟아져 나올 것이다! 그는 말을 아주 위엄 있게 전할 것이다! 또한 그의 말을 듣는 청중들을 얼마나 놀랍게 감동시킬까! 그는 얼마나 귀한 말을 쏟아 낼 것인가! 또한 그의 진술들은 우리 발끝에서부터 시작해서 온 몸에 감격적인 영향력을 끼치게 될 것이다. 그러한 설교자에게는 둔함이란 있을 수 없을 것이다. 그러한 설교자의 말을 듣는 것이 정말 지루하지 않을 것이다. 그런 설교자에게는 감동이 모지라는 일은 없을 것이다. 또한 열심도 대단하겠지. 매일 그러한 설교자의 설교를 듣는 것은 정말 즐겁고, 그의 놀라운 말에 진력나지 않을 것이야. 그러한 설교자의 설교는 지상에서 들어 본 적이 없을 것이다. 오, 만일 그가 오기만 한다면! 그래서 우리가 듣기만 한다면 얼마나 좋을까!" 멈추십시오. 그것 역시 몽상에 불과합니다. 아브라함의 품에 있던 나사로가 이 세상에 온다 할지라도 아직 죽지 않고 살아 있는 설교자처럼 훌륭한 설교자는 되지 못할 것임을 확신합니다. 다시 말하면, 죽지는 않았으나 제단의 핀 숯불로 그 입술이 정결하게 된 설교자보다 더 훌륭한 설교자는 되지 못할 것이라는 말입니다. 그런 사람이 더 나은 설교자가 되기는커녕 아주 좋은 설교자도 되지 못할 것이라고 저는 생각합니다. 저 세상에서 온 영이 모세와 선지자가 말했던 것보다 더 엄숙한 것을 여러분에게 말할 수 있다고 생각합니까? 여러 세대에 걸쳐서 여러분에게 주어진 말씀을 들어 아는 것보다 더 많은 것을 엄숙하게 말할 수 있겠습니까?

오! 선생들이여, 여러분 중 어떤 이들은 죽음처럼 엄숙했고 무덤처럼 심각했던 설교자의 설교를 들어 왔습니다. 여러분이 하나님의 말씀이 선포되는 것을 듣고는 한때 놀라움과 감동 어린 생각을 가진 적이 있었습니다. 저는 여러분의 그 기억을 깨우쳐 줄 수 있습니다. 그 때는 마치 설교하는 목사가 직접 활을 들어 여러분의 양심을 향하여 화살을 쏘고 있는 것 같은 모습이었습니다. 그래서 그 화살들이 여러분의 양심을 표적으로 하고 계속 쏘아지고 있는 것처럼 보였습니다. 몸둘 바를 알지 못했었죠. 너무 크게 놀랐고 공포심으로 타격을 받은 나머지 함께 무릎을 꿇고 눈물을 줄줄 흘리기까지 했습니다. 여러분은 그보다 무엇을 더 원한단 말입니까? 그때 하나님께서도 감동하신 그 능한 설교자의 엄숙한 설교 ─ 그 설교도 여러분을 구원하지 못했다면 성령의 감동을 떠나서 그 무엇이 여러분을 구원할 수 있겠습니까? 아! 여러분은 그보다 더 엄숙한 설교를 들었습니다. 한번은 어린 딸이 있었죠. 여러분의 어린 딸이 주일 학교를 다닌 적이 있었습니다. 그 어린 딸이 집에 와서 시름시름 앓다가 죽었습니다. 여러분은 그 어린 딸을 밤낮으로 지켜보았습니다. 열이 점점 오르는 것을 보았습니다. 그 딸이 죽겠다는 것을 알았습니다. 여러분의 어린 딸이 정말 엄숙한 설교를 했다는 것을 잊지 못할 것입니다. 세상을 떠나기 전에 어린 딸이 그 작은 손으로 지그시 손을 잡고 말했었죠. "아빠, 나는 하늘에 가요. 나중에 아빠도 하늘에 오시겠죠?" 그것이 바로 그대에게 엄숙한 설교가 되었습니다. 수의에 싸인 어린 딸의 시체보다 무엇이 더 많은 말을 해주겠습니까? 아직도 그대는 그것을 잊지 못하고 있습니다.

또는 그대들의 아버지가 병상에 누워 죽어 가고 있던 때를 기억하고 있을 것입니다. 그 아버지는 평생 하나님의 거룩한 사람으로 지냈고 주님을 잘 섬겼습니다. 당신은 형제 자매와 함께 병상에 둘러섰고, 아버지는 한 사람 한 사람을 불러 마지막 말을 했습니다. 여인이여, 그대는 아직 잊지 못할 것입니다. 그 이후 당신의 모든 죄와 사악함에도 불구하고, 아버지가 그대의 얼굴을 빤히 쳐다보시면서 "딸아, 그리스도를 멸시하고 그의 구원을 등한히 여기느니 차라리 나지 않은 게 나을 뻔하였다"고 말한 사실을 기억해야 합니다. 눈에 눈물을 거룩하게 머금고 그대를 쳐다보면서 했던 말을 잊지 못할 것입니다. "자녀들아, 내가 죽음으로, 영원을 걸고 너희에게 부탁한다. 너희가 자신의 영혼을 사랑하고 그리스도의 복음을 멸시하지 말라고 말이다. 어리석음을 버리고 하나님께 돌아와 그에 합당한 삶을 살아라." 그보다 더 좋은 설교자를 원한단 말입니까? 영원의 관문에서 자녀들에게 말하던 부모의 음성보다 더 엄숙한 목소리가 무엇이란 말입니까? 여러분은 아직도 엄숙한 정경(情景)의 감화로부터 완전히 벗어나지 못했습니다.

여러분은 이런저런 친구가 있습니다. 그는 죄 가운데서 살면서 거만하고 악한 자세로 하나님을 대적하였던 패역자였습니다. 친구가 죽어 가는 병상을 여러분은 기억할 것입니다. 그가 죽음에 가까이 이르게 되자 공포가 그를 사로잡았습니다. 지옥의 불꽃이 그를 삼키려고 날름거리기 시작했습니다. 이 세상을 떠나기 직전에 말입니다. 친구가 겁에 질려 소리치던 것을 아직도 기억하고 있을 것입니다. 여러분의 꿈속에서도 고뇌에 차서 손을 움켜쥐었던 모습, 무섭고 절망적인 얼굴로 겁에 질렸던 모습을 꿈에도 잊지 못할 것입니다. 친구의 영이 어둠의 영역으로 들어가 산 자의 땅에서 떠날 때 외치던 그 끔찍하고 무서운 소리를 아직도 여러분의 기억 속에서 씻어 내지 못했습니다. 그보다 더한 설교자를 여러분은 바라십니까? 여러분이 이 설교를 듣고도 아직 회개하지 않았습니까? 그렇다면 여러분이 그렇게 마음이 완고해 있으니, 죽은 자 가운데서 살아난 자가 여러분에게 권한다 할지라도 듣지 않을 것입니다.

　　아! 여러분은 또 이렇게 말합니다. 좀 더 감정이 깊은 설교자를 원한다고요. 선생들이여, 죽은 자 가운데서 살아나는 자가 있다 할지라도 여러분이 원하는 그 설교자는 아닐 것입니다. 하늘로부터 온 영이라 할지라도 감정을 가진 설교지일 수는 없습니다. 나사로가 아브라함의 품속에 있다가 정서를 가지고 여러분에게 설교한다는 것은 불가능할 것입니다. 물론 그 사람은 완전한 존재로서 최상으로 행복한 사람임에 틀림없습니다. 오늘 아침 최고로 행복한 그 영이 여러분에게 설교한다고 상상해 보십시오. 회개와 하나님의 진노에 관해서 말입니다. 여러분은 그 사람을 보지 못합니까? 그 사람의 이마에는 조그마하나 깊은 미소가 서려 있습니다. 하늘의 빛이 그 사람의 얼굴에서 번쩍입니다. 그 사람이 지옥의 고통에 대해서 말하고 있습니다. 그 지옥은 탄식과 신음의 장소였습니다. 그러나 그는 신음할 수가 없습니다. 그의 얼굴은 언제나 평온한 상태를 유지하고 있습니다. 그가 악인의 고통에 대해서 말한다고 합시다. 그렇게 말하면 눈물을 흘리면서 말해야 할 것입니다. 그러나 그는 울 수가 없습니다. 슬픔과 복락을 함께 경험할 수 없기 때문입니다. 그 사람이 얼굴에 미소를 머금고 무시무시한 것에 대해서 설교한다고 합시다. 그럼에도 불구하고 그의 이마는 여름 햇빛처럼 찬란합니다. 그런데 그의 입술은 겨울처럼 차가운 말을 하고 있습니다. 그의 눈에는 하늘이 있고, 그의 입에는 지옥이 있습니다. 여러분이 그러한 설교자를 만날 수는 없는 것입니다. 그런 설교자를 만나면 여러분을 조롱하는 것처럼 보일 것입니다. 감정을 가질 수 있는 설교를 하는 사람이라면 여러분 자신과 같은 사람이어야 합니다. 그리스도에 대해서 설교할 때는 듣는 사람들을 사랑하면서 미소 띠며 설교하고, 하나님의 진노를 선포할 때는 그 자신의 심령 속에서 공포와 두려움을 느끼면서 말하는 그런 설교자가 필요한 것입니다. 성령의 능력 다음으로 설교에 있어서 큰 능력은 설교자가 설교를 느끼는 데 있습니다. 우리가 말하는 바를 느끼지 못하면서 설교할 때는 결코 좋은 설교를 할 수 없습니다. "우리는 주의 두려우심을 알므로 사람들을 권면하거니와"(고후 5:11). 자, 하늘로부터 온 영화롭게 된 영혼은 그러한 것들을 느낄 수가 없습니다. 그런 것에 대해서 작은 감정만 보여줄 수 있을 뿐입니다. 실로 그는 하늘의 영광에 대해서는 잘 말할 수 있을 것입니다. 그가 저 위의 하늘의 기이함에 대해서 말할 때 그 얼굴은 얼마나 광채가 나고 빛이 나겠습니까! 그러나 "임박한 진노를 피하라." 울부짖게 될 때는 그 목소리가 여전히 영광에 대해서 말할 때처럼 달콤하게 밖에 들리지 않을 것입니다. 죽음과 심판에 대해서 말할 때도 역시 그렇습니다. 그러니 참 이상한 불협화음이 조성될 것이고, 그 소리는 그 처지에 어울리지 않는 것이 될 것입니다. 목소리를 자기가 말하는 주제에 아무리 맞추려 한다 할지라도 맞지 않을 것입니다. 그러한 설교자가 능력 있는 설교자일 수 없을 것입니다. 아무리 그가 죽은 자 가운데서 살아났다 할지라도 말입니다.

우리가 말할 수 있는 한 가지가 바로 있습니다. 그러한 설교자는, 여러분이 그동안 진리가 설교되는 것을 들은 것보다 더 감동적으로 여러분의 마음에 영향을 주는 설교를 하지 못할 것입니다. 나는 그동안 여러분이 강단의 설교를 아주 친밀하게 들어왔다고 말하지는 않겠습니다. 나는 때로 매우 개인적으로 설교하려고 애썼고, 회중 가운데 있는 어떤 분들을 지적하여 책망의 말을 하기를 피하지 않았습니다. 그래서 여러분은 나보고 들으라고 하는 소리라고 알아들었을 것입니다. 여러분 중에 누가 죄 가운데 빠져 지내는 것을 저는 차마 보지 못했다는 것을 여러분도 아실 것입니다. 저는 어떤 개인이라도 잘못을 하면 그 사람을 향하여 설교하는 것을 두려워하지 않는 그런 설교자가 되게 하신 하나님께 감사드립니다. 필요하다면 각 사람을 향하여 화살을 쏘고 싶습니다. 그럼에도 불구하고 제가 하고 싶은 대로 여러분 각각한테 설교할 수는 없습니다. 그래서 여러분 모두가 다 자기에게 설교하는데도 불구하고 자기 이웃에게 들으라고 하는 설교라고 생각할 수 있습니다.

그러나 여러분이 한번은 여러분 자신을 향해서 설교하는 설교자를 둔 적이 있었습니다. 어느날 여러분의 집에 부름 받은 한 설교자가 나타났습니다. 그 이름은 콜레라와 죽음이었습니다. 그는 정말 무시무시한 설교자였습니다. 그 설교자는 매우 엄하고 억센 말투로 다가와서는 여러분의 아내에게 손을 얹었습니다. 그리고 다른 한 손은 여러분에게 얹었습니다. 그래서 점점 몸이 차가와지고 거의 몸이 뻣뻣하게 되었습니다. 그때 그 설교자가 여러분에게 어떻게 설교하였는지 여러분은 기억할 것입니다. 여러분의 양심이 살아나도록 계속 울려댔습니다. 그냥 가만히 누워 있지 못하게 하였습니다. 그 설교자는 여러분의 죄와 불의에 대하여 큰소리로 울부짖었습니다. 지나간 과거의 모든 삶을 생각나게 하였습니다. 여러분의 지난 악한 행실을 되돌아보게 하였습니다. 어린 시절부터 지금까지 방황하였던 모든 삶의 흔적들을 바라보게 하였습니다. 그리고 그 설교자는 율법의 채찍을 가지고 여러분의 등에 밭고랑을 내기 시작했습니다. 그는 "임박한 진노"를 가지고 여러분을 놀라게 하였습니다. 여러분은 그때 여러분이 다니는 교회의 목사님을 불러오라고 사람을 보냈습니다. 그리고 목사님께 기도해 달라고 요청을 했습니다. 그리고 여러분 자신도 기도했습니다. 결국 그 설교자는 떠났습니다. 그 설교자는 열매 없는 심부름을 하고 간 셈입니다. 여러분에게 아무런 선(善)도 베풀지 못했습니다. 잠깐 놀라고 두려워 떨기는 했지만 아직도 여러분은 그날과 같이 구원 받지 못하고 회심하지 못한 상태에 있습니다.

그러니 선생들이여, 죽은 자 가운데서 한 사람이 살아나서 여러분에게 권한다 할지라도 여러분은 회심하지 않을 것입니다. 여러분은 바다에서 파선당했었고, 무덤가에까지 던져졌습니다. 사고로 거의 죽을 뻔했습니다. 이처럼 개인적인 설교를 듣고, 여러분의 귀에 양심 씨가 와서 계속해서 소리쳐대는 데도 불구하고 여전히 오늘까지 회심하지 않고 있습니다. 그러니 이 진리를 배우십시오. 세상에 있는 어떤 외적인 방편도 여러분을 하나님의 은혜의 발등상 앞으로 인도하여 그리스도인이 되게 할 수 없다는 것을 말입니다. 만일 모세와 선지자들도 여러분에게 먹히지 않는다면 말입니다. 지금 행할 수 있는 것이란 이것뿐입니다. 곧 하나님의 성령께서 여러분에게 복을 주시사 이 말씀을 듣게 하셔야 합니다. 그렇지 않으면 양심이 깨어나지 못하고, 이치로 아무리 따져서 말한다 할지라도 여러분은 깨어나지 않을 것입니다. 아무리 힘 있는 호소를 해도 여러분은 꿈쩍도 하지 않을 것입니다. 아무리 설득하여 말할지라도 그리스도를 믿지 않을 것입니다. 하나님의 성령이 아니고서는 그와 같은 일을 해낼 수가 없습니다.

오! 오늘 아침 여러분이 인도함을 받고 있다고 느끼십니까? 부드러운 손이 여러분을 인도하여 그리스도께 이르게 한다는 느낌을 가지고 있습니까? 어떤 복되신 음성이 "죄인이여, 예수께 오라. 거기에 바로 너의 소망이 있다"고 말하는 것 같습니까? 그렇다면 그 음성은 하나님의 성령의 음성입니다. 그러한 복락을 주신 성령께 찬미드리십시오! 성령께서 사람의 손길과 한 사람의 끈을 통해서 그대를 인도하고 계십니다. 그러나 오! 만일 여러분이 인도함을 받지 않고 그냥 내버려 둠을 당한다면 여러분은 틀림없이 죽을 것입니다. 믿음 안에 있는 형제 자매들이여, 그러한 죄인들을 위해 하나님께 기도를 올리십시다. 그 죄인들이 그리스도께 인도함을 받게 말입니다. 죄인들이 이끌림을 받아 모든 죄책과 짐을 가지고 그리스도를 쳐다봄으로 쉼을 얻고, 성령이 역사하시는 능력으로 말미암아 그리스도를 자기들의 "모든 것 가운데 있는 모든 것"으로 확신하고, 자신은 "아무것도 아니다"는 사실을 알게 하시기를 원합니다. 오! 하나님의 성령이시여, 이 말씀을 복되게 하시옵소서. 아멘.

제
64
장

—

믿음을 더하는 것이
평화 원리의 힘이다

—

"사도들이 주께 여짜오되
우리에게 믿음을 더하소서 하니" — 눅 17:5

지난 주일 아침에 행한 설교(1876년 10월 8일에 스펄전은 '선으로 악을 이기라'[롬 12:21 본문]는 제목으로 설교를 하였다. 이 설교에서 스펄전은 선으로 악을 이기는 것이 평화 원리라고 말하고 있다 — 역주)에서 저는 선으로 악을 이기라는 교리와 여러분이 끼친 모든 해악들은 그리스도로 말미암아 남김없이 전적으로 용서받는다는 교리를 여러분에게 확신 있게 설명하기 위해 열심히 노력하였습니다. 그런데 이 설교가 논란을 불러일으킨 것 같습니다. 그 설교가 여러분 가운데 아주 많은 사람들을 놀라게 하였으며, 일반 기독교인들이 과연 그러한 교훈을 실천할 수 있을지에 관하여 여러분 사이에서도 아주 많은 질문들이 제기되었다는 것을 저는 알고 있습니다. 그러나 저는 이런 모습에 대해 전혀 당황하지 않습니다. 왜냐하면 우리 주님께서도 이와 동일한 교리를 설교하셨을 때, 그의 제자들도 너무나 당황하였기 때문입니다. 그리하여 사도들은 놀라서 "주여 우리에게 믿음을 더하소서"라고 외쳤던 것입니다. 이 말씀에 있어서는 본문 말씀의 전후 문맥을 살펴보는 것이 가장 중요합니다. 그렇지 않으면 여러분은 이 말씀의 취지와 흐름을 보지 못할 것입니다. 사도들이 믿음을 더해 달라고 간구했던 것은 기적을 행하기 위한 것이 아니었습니다. 그들이 겪고 있는 현재의 시련이나 미래의 시련들을 견디기 위함도 아니었고, 그들이 믿음에서 주어지는 어떤 신비로운 것들을 받을 능력을 갖추기 위해서도 아니었습니다. 그들의 기도는 복음이 명하는 일반적인 일상의 의무, 즉 우리에게 악을 행한 자를 용서하기 등과 같은 그런 날마다의 의무와 관련된 것이었습니다. 왜냐하면 오늘 본문의 앞 절도 이런 취지에서 말씀하고 있기 때문입니다. "너희는 스스로 조심하라 만일 네 형제가 죄를 범하거든 경고하고 회개하거든 용서하라. 만일 하루에 일곱 번이라도 네게 죄를 짓고 일곱 번 네게 돌아와 내가 회개하노라 하거든 너는 용서하라 하시더라"(눅 17:3-4). 사도들은 이 말씀을 듣자마자 "우리에게 믿음을 더하소서"라고 외쳤습니다. 사랑하는 성도 여러분, 만약 제 주님께서 여러분을 위해 제정하신 기독교인의 의무, 즉 선으로 악을 갚으라는 이 의무의 높은 기준에 대해 여러분이 놀랐다면, 주님의 첫 번째 종들이 주님을 의지한 것과 동일하게 여러분도 주님을 의지해서 그 명령을 내리신 분에게 도움을 요청할 수밖에 없으리라 저는 믿어 의심치 않습니다. 우리가 그분의 길을 걸으려고 하는데 그분께서 우리를 도와주지 않으시겠습니까? 그분의 명령이 극도로 광범위하다고 우리가 느낄 때, 우리는 모든 거룩한 대화와 경건에 있어서 우리의 인도자 되시는 그분 외에 도대체 누구에게 도움을 요청할 수 있겠습니까? 그분께서는 여러분에게 의무만 부과하시고 그것을 수행하려는 여러분을 돕지 않는 그런 분이 아니십니다.

사도들이 예전에 이 가르침을 거역하여 범죄했다고 해서, 이 사도들은 자신들이 믿음이 없었다고 결론내리지 않았음을 자세히 살펴보십시오. 그 가르침은 자신들의 한계를 훨씬 넘어서 있는 것이기 때문에, 자신들은 전적으로 불신자들이라는 결론을 사도들은 내리지 않았습니다. 절망은 기독교인의 의무 이행에 아무런 도움이 되지 않습니다. 우리가 제자인지 아닌지를 의심하는 것은 우리 주님에게 순종하려는 우리에게 전혀 도움이 되지 않을 것입니다. 여러분 가운데 누가 기독교적 사랑의 가장 고귀한 모습이 부족하기 때문에 믿음의 가족 관계에서 끊어지려고 한다면, 저는 여러분에게 이렇게 권면하고 싶습니다. 여러분이 과연 믿음을 가지고 있는지 그 여부를 의심하는 대신, 여러분의 믿음을 더하여 달라는 간구를 다시 시작하라고 말입니다. 여러분의 과거의 불결함을 깨끗이 할 샘이 열려 있고, 여러분의 미래의 삶을 거룩하게 할 능력이 여기에 있습니다. 이 이중 문제의 해결을 위해 즉시 예수님께 문의하십시오. 예수님께서 여러분을 은혜롭게 대하실지의 여부는 절대로 의심하지 말고 말입니다.

　　제자들은 이 교훈을 완전히 불가능한 것으로 거절하지도 않았고, 또 그들이 처한 독특한 상황에 맞게 완화될 필요가 있다는 이유들을 변명으로 제시하지도 않았습니다. 제자들은 그 교훈이 인간 본성으로부터 기대하기에는 너무 과한 것이라고 불평하지도 않았고, 그런 명령은 유토피아에 거하는 사람들에게나 적합한 것으로 여기지도 않았습니다. 절대로 그렇게 생각하지 않았습니다. 그들은 자신들을 놀라게 한 그 교훈을 존중했으며, 자신들을 당황하게 한 그 미덕을 칭송하였습니다. 그들은 주 예수님을 충성되게 따르는 자들로서 그분께서 인도하는 길이라면 어떤 길이든 반드시 따라가야만 한다고 여겼습니다. 왜냐하면 그분은 불가능한 명령을 하기에는 매우 현명한 분이시고, 실천 불가능한 도덕법을 가르치기에는 매우 선한 분이시며, 죽어야 하는 인생이 어떤 방법으로도 달성할 수 없는 그런 기준을 정하기에는 매우 정직한 분이시라는 사실을 그들은 믿었기 때문입니다. 그들은 그분의 명령을 살펴보고 나서 뒤로 물러서기보다는, 그분에 대한 신뢰감을 느끼고서 어떤 희생을 치르더라도 그 명령에 순종해야겠다고 결심하였습니다. 그들의 결심은 그분의 명령을 행하는 것이었습니다. 그러나 그들은 자신들의 힘으로는 그 명령을 이행할 수 없다는 것을 깨닫고서 기도하기 시작했습니다. 그들의 기도는 믿음을 간구하는 기도였습니다. 그들은 오직 믿음만이 그러한 끈질긴 사랑의 기적을 만들 수 있다고 생각했습니다. 육과 혈로는 그것을 성취할 수 없었습니다. 단순한 결심으로도 그것을 성취할 수 없었습니다. 그러나 믿음은 틀림없이 그것을 성취할 수 있습니다. 하지만 믿음 그 자체에도 힘이 필요합니다. 힘이 없는 믿음은 그 시도조차 하지 못할 것입니다. 또한 일흔 번씩 일곱 번이라도 용서할 수 있는 그런 믿음은 하나님의 도움 없이 자신의 가슴속에서 자라게 할 수 있는 것이 아니라 틀림없이 초자연적인 믿음이라고 그들은 생각했습니다. 그래서 그들은 주님에게 “우리에게 믿음을 더하소서”라고 말했던 것입니다. 그분께서 기뻐하시는 의무들을 이행하기 위해서는 그분이 주시는 믿음이 그들에게 필요했습니다. 사랑하는 성도 여러분, 이와 같은 사도들의 모범을 닮으십시오. 여러분의 능력을 넘어서는 어떤 일을 여러분이 해야 한다고 느낄 때마다, 잠시 멈추어 서서 더 큰 힘을 얻기 위해 기도의 호흡을 하십시오. 만약 뛰어야 하는 거리가 너무 멀다면, 뒤로 물러서 숨을 가다듬고는 힘을 간구하십시오. 그러고 나서 분명히 이 일에 여러분을 붙잡아주실 그분의 이름으로 뛰어오르십시오. 그러면 여러분은 성공할 것입니다. 그분께서는 여러분이 쓰러져 죽을 정도로 비참하게 쇠약할 지경까지 이끌지는 않으십니다. 오히려 그분은 여러분이 자신을 약점을 많이 느끼게 해서 그분의 도움을 받기 위해 끈질기게 기도하도록 하여, 여러분이 기도하지 않았다면 저 너머 여러분의 시야 밖에 있었을 그 힘을 얻어서, 미덕의 높은 경지에까지 여러분을 이르게 하십니다. 우리 자신에는 거룩할 수 있는 능력이 없다는 것을 보게 될 때, 우리는 거룩함을 향해 더욱더 올라가고 싶어합니다. 기독교가 가르치는 용서와 무저항과, 악을 선으로 갚는 것 등의 고귀하고도 영광스러운 교훈에 처음에는 다소 어리둥절했던 사람들도, 이 모든 어려움에도 불구하고 아마 이 거룩한 예술을 훌륭하게 실천하는 자들이 될 것입니다. 만약 그들의 놀라움이 "주여, 우리에게 믿음을 더하소서"라는 기도로 인도된다면, 더욱더 그렇게 될 것입니다.

이제 이 아침에 우리는 이런 맥락에서 첫 번째로, 오늘 본문의 기도를 생각해 보겠습니다. 그리고 두 번째로, 이 기도가 용서의 의무와 어떤 관계가 있는지 살펴보겠습니다. 그 다음 세 번째로, 우리 주 예수님께서 이 기도에 어떻게 응답하셨는지를 주목해 보겠습니다. 오, 거룩한 성령님이시여, 우리가 이 모든 주제들을 묵상하는 동안 우리를 이 진리들로 인도하옵소서. 그리고 이후에 우리의 삶 가운데 그리스도의 마음이 드러나도록 우리를 도우소서.

1. 이 기도의 의미

첫 번째로, 기도 그 자체를 생각해 봅시다. 사도들이 이와 같이 기도하는 법을 어디서 배웠는지를 잠시 생각만 해도, 우리가 이 기도의 의미를 아는데 도움이 될 것입니다. 누가 그들에게 "주여, 우리에게 믿음을 더하소서"라고 기도하도록 제안하였습니까? 자, 보십시오. 믿음은 사람이 행하는 행동입니다. 사실 믿음은 하나님의 선물이지만, 믿음은 분명히 인간의 행동이기도 합니다. 하나님께서 우리를 위해 대신 믿어주지 않으십니다. 성령님께서도 우리를 대신해서 믿어주지 않으십니다. 인간 자신이 믿는 것입니다. 이 점에 있어서는 사도들도 아주 분명히 알고 있었을 것입니다. 그러나 사도들 역시 예수님께서는 믿음을 주실 수 있는 능력뿐만 아니라 믿음을 더하여 주실 수 있는 능력을 가지고 계신다는 사실을 그렇게 쉽게 배우지는 못했을 것입니다. 주님에게 우리의 믿음을 더하여 달라고 간구하는 것은 어쩌면 아주 당연한 일이기도 합니다. 하지만 사도들이 이와 같은 기도를 한 것은 자신의 기독교 이력 가운데서 아주 초창기는 아니었습니다. 사실 제 생각에, 사도들 전체가 하나가 되어 주님께 어떤 영적인 것을 간구한 것은 이것이 거의 유일한 사례이지 않을까 하며, 단 한 번밖에 없는 아주 독특한 사실로 여겨집니다. 사도들은 예전에 "주여, 우리에게도 기도하는 법을 가르쳐 주옵소서"(눅 11:1 참조)라고 말한 적이 있었습니다. 그러나 이런 말씀을 드려 죄송하지만, 그때 그들의 기도는 기도의 형식을 배우려는 것이었지, 기도의 영으로 충만해지기를 배우려는 것이 아니었습니다. 영적인 축복에 대해서는 우리 주님께서 그들에게 말씀하신 "지금까지는 너희가 내 이름으로 아무것도 구하지 아니하였으나"(요 16:24) 하신 말씀이 맞는 것 같습니다. 그런데 그런 그들이 기독교인의 용서에 관한 법이 암시하는 그 엄청난 폭과 높이를 깨달았을 때, 그들은 비로소 자신의 연약함을 인식하고서 그 사실에 압도되었습니다. 그러면서 그들은 그들을 위해 예비해 두신 힘이 어딘가에는 분명히 있지 않을까, 아니 그들의 주님에게는 틀림없이 있을 것이라는 강한 확신이 들었고, 그래서 "믿음을 더하소서"라고 기도하게 된 것입니다. 그들 자신의 개인적인 공허함을 인식함으로써 하나님이 충만하심을 확신하게 되고, 또한 그 충만함을 향해 나아가게 된 것은 비단 이번뿐만은 아니었습니다.

저는 그들에게 그렇게 기도할 것을 가르쳐 주신 분이 예수님이었다고 생각합니다. 그들은 마가복음 11장 22절에 기록되어 있는 말씀에서 그런 생각을 한 것이 틀림없습니다. 비록 여러분 앞에 있는 말씀과는 다른 말들로 표현되어 있지만 거의 똑같은 내용입니다. "예수께서 그들에게 대답하여 이르시되 하나님을 믿으라. 내가 진실로 너희에게 이르노니 누구든지 이 산더러 들리어 바다에 던져지라 하며 그 말하는 것이 이루어질 줄 믿고 마음에 의심하지 아니하면 그대로 되리라 그러므로 내가 너희에게 말하노니 무엇이든지 기도하고 구하는 것은 받은 줄로 믿으라 그리하면 너희에게 그대로 되리라 서서 기도할 때에 아무에게나 혐의가 있거든 용서하라 그리하여야 하늘에 계신 너희 아버지께서도 너희 허물을 사하여 주시리라 하시니라"(막 11:22-25). 마가복음 말씀에 따르면 우리 주님께서는 "하나님을 믿으라" 하신 말씀으로부터 용서에 관한 이 권고를 시작하셨습니다. 이 사실을 주목하십시오. 그 이후에 기적을 행하심으로, 다시 말해 특별히 기도에 대한 응답을 받는 기적을 행하심으로 믿음의 능력을 보이셨습니다. 그리고 이 모든 말씀의 마지막으로 허물을 용서하라는 명령을 하십니다.

"하나님을 믿으라" 하신 이 문장이 "우리에게 믿음을 더하소서"라고 제자들이 드린 기도의 모체(母體)가 아니겠습니까? "하나님을 믿으라" 하신 예수님의 말씀이 무슨 뜻인지 이제야 비로소 완전히 이해하게 된 제자들은 그분의 입에서 말씀이 나오자마자 주님께 이렇게 말했습니다. "우리에게 믿음을 더하소서. 우리는 그 귀한 은혜의 일부를 가지고 있다고 믿습니다. 하지만 그 은혜를 더욱더 더하여 주옵소서. 우리가 당신께 간구하나이다." 우리 주님께서는 자신의 가르침 속에서 계속하여 믿음의 실천과 함께 다른 사람들을 용서하는 것을 관련지으셨습니다. 제가 방금 언급한 성경구절과 오늘 본문 말씀 전후의 성경구절에서도, 여러분은 산을 옮기는 믿음이나 무화과나무를 뿌리째 뽑는 믿음에 관해 언급하시고 이 믿음을 다른 사람의 허물을 용서하는 것과 연결하시는 우리 주님을 보게 됩니다. 분명히 이런 일들로 인해 제자들이 그렇게 기도하였을 것입니다.

우리 주님께서는 다음과 같은 사실 또한 암시하셨습니다. 즉, 주님께서 제자들에게 가르쳐 주셨던 바와 같이, 믿음을 위한 이러한 기도는 반드시 기도에 대한 믿음을 가지고서 드려야 하며, 이와 마찬가지로 기도에 대한 이런 믿음 위에서, 기도는 항상 용서하는 정신과 반드시 관련되어야 한다고 주장하셨습니다. 실제로 우리가 항상 간구할 때마다 따라야 하는 기도 형태의 모범 기도를 그분께서는 우리에게 다음과 같이 가르쳐 주셨습니다. "우리가 우리에게 죄 지은 자를 사하여 준 것 같이 우리 죄를 사하여 주시옵고"(마 6:12), 또는 "우리가 우리에게 죄 지은 모든 사람을 용서하오니 우리 죄도 사하여 주시옵고"(눅 11:4)라고 말입니다. 다시 말해서, 그분은 우리가 받고자 하는 용서의 정도를 우리 스스로 정하도록 허락하셨습니다. 그리고 우리가 받고자 하는 그 용서의 정도는 다른 사람들을 용서해 주고자 우리가 작정한 꼭 그 만큼만 되도록 하셨습니다. 하나님께서는 우리가 다른 사람들을 용서해 주려는 그 비율만큼 우리를 용서해 주실 것입니다. 만약 여러분이 절대로 용서할 수 없는 어떤 허물이 있다면, 하나님께서도 그 용서할 수 없는 허물을 여러분에 대한 그분의 책에 기록해 놓으십니다. 제 생각에 여러분이 그 허물을 용서해 주지 않는 한, 여러분도 그 허물에 대해서 용서받지 못할 것입니다. 만약 여러분이 용서해 주는데 시간이 걸린다면, 즉 다른 사람들을 용서해 주는데 인색하다면, 여러분 또한 하나님께서 값없이 후하게 베푸시는 그 무한한 자비를 누리는데 시간이 걸릴 것입니다. 여러분이 본 바와 같이 우리 주님께서는 기도의 응답을 용서와 믿음, 이 두 가지와 관련지으셨습니다. 이와 마찬가지로 그분께서는 믿음이 더해지는 것을 용서를 실천하는 관점으로 제안하셨습니다. 용서할 수 없는 마음의 구조를 가진 사람은 누구도 기도 응답을 받을 수 없습니다. 하지만 믿음이 있는 사람은 항상 기도응답을 받습니다. 그러므로 믿음이 있는 사람은 늘 용서할 준비가 되어 있는 사람입니다. 믿음이 더해질수록 우리는 우리가 참아야 하는 화나는 일들에 더욱 관대해지게 됩니다.

　사도들은 이러한 기도를 주님으로부터 배웠을 뿐만 아니라, 제자들보다 훨씬 열등한 사람들에게서도 배웠습니다. 이 사람들은 열등한 사람들이지만 마음의 갈등에 대한 지식에 있어서는 제자들보다 더 뛰어난 사람들이었습니다. 제가 지금 말씀드리고 있는 부류는 귀신들린 아이의 아버지 같은 사람입니다. 예수님께서 그 사람에게 "할 수 있거든이 무슨 말이냐 믿는 자에게는 능히 하지 못할 일이 없느니라"(막 9:23)고 말씀하셨을 때, 그가 말한 대답은 그의 놀라운 기도였습니다. 그 가련한 남자는 이렇게 울부짖었습니다. "내가 믿나이다 나의 믿음 없는 것을 도와주소서"(막 9:24). 이것은 깊은 체험에서 우러나온 기도였습니다. 이 기도는 그가 자신의 영혼이 하고 있는 일에 대해 얼마나 잘 알고 있는지를 보여주고 있습니다. 그는 자기 마음에 불신앙이 있다는 것을 감지하였습니다. 하지만 자기 마음에는 믿음도 있다는 것을 알았습니다. 이 사람과는 달리 너무나 많은 기독교인들은 자기 마음에 불신앙이 있다는 것을 알게 되면, 바로 자기 마음에는 어떤 믿음도 있을 수 없다고 생각해 버립니다. 또는 자신이 어느 정도 믿음을 가지고 있으면, 자기 마음에는 어떠한 불신앙도 있을 수 없다고 착각하기도 합니다. 그런데 사실은 이 두 세력이 동시에 한 사람 안에 있어서 그의 영혼 안에서 서로 싸우고 있습니다. 제가 보기에 사도들은 그 시련당하는 아버지로부터 어떤 고귀한 교훈을 배운 것 같습니다. 그래서 이제 제자들은 그 귀신들린 아버지의 기도를 제자들 자신의 언어로 표현해서 자신들의 방식으로 사용하고 있는 것입니다. 제자들은 자신들의 망설이는 불신앙을 고백할 정도로 대단한 일을 하였습니다. 제자들이 "주여, 우리에게 믿음을 더하소서"라고 기도하면서도 그들은 자신들이 믿음을 가지고 있다는 사실을 인정하고 있었습니다. 이렇게 해서 제자들은 자신들이 마땅히 드려야 할 기도를 예수님의 가르침을 통해 그리고 고군분투(孤軍奮鬪)하고 있는 그 불쌍한 영혼의 모범을 통해 배우게 되었던 것입니다. 우리가 날마다 기도를 더 잘하는 법을 배운다면, 그것도 주님의 입술과 모든 사람들의 체험을 통해 배운다면, 아주 대단한 일입니다. 어떻게 기도해야 할지를 우리도 마땅히 배워야 하지만 주님의 종들 또한 지금도 배우고 있습니다. 성령님께서는 이러한 수단들을 사용하셔서 우리의 연약함을 도우시며, 우리가 하나님을 설득할 수 있는 방법을 우리에게 가르쳐 주십니다.

자, 이제 그 자체에 좀 더 가까이 접근해서 그 기도가 고백하고 있는 것이 무엇인지를 살펴봅시다. 그 기도는 제자들이 믿음을 가지고 있다는 사실을 고백하고 있습니다. 왜냐하면 제자들은 "주여, 우리에게 믿음을 더하소서"라고 말했기 때문입니다. 믿음을 간구하는 사람은 어떤 믿음이라도 가지고 있는 것이 틀림없습니다. 그렇지 않다면 그는 믿음을 전혀 구하지 않았을 것입니다. 사실 우리가 믿음을 가지고 있을 때 우리는 믿음을 간구할 수 있습니다. "나에게 믿음을 더하소서"라고 간구하는 사람은 자신이 이미 믿음을 가지고 있다는 사실을 인정하고, 자신이 가진 그 믿음에 더 많은 믿음이 더해지기를 간구하는 것입니다. 사도들의 경우가 바로 이런 경우였습니다. 선으로 악을 갚으라는 이 의무 앞에서 제자들은 비록 마음이 흔들렸지만, 그럼에도 불구하고 그리스도께서는 이 기도를 통해 자신들을 도울 수 있다고 믿었으며, 그리스도께서는 그들에게 필요한 믿음을 곧 주실 수 있는 분이라는 사실 또한 그들은 믿었습니다. 여러분이 어떤 축복을 간구할 때, 여러분은 이미 그 축복을 받았다는 사실을 항상 인정하는 태도로 기도하십시오. 비록 여러분이 좀 더 많은 믿음을 간구해야 한다고 느끼더라도, 여러분이 이미 가지고 있는 작은 믿음을 무시하지 마십시오. 제자들은 자신들이 믿음을 가지고 있기는 하지만 충분한 믿음을 갖고 있지는 못하다는 사실도 고백하였습니다. 사랑하는 성도 여러분, 우리 모두 이와 같은 고백을 해야 하지 않겠습니까? 여러분은 여러분 영혼의 구원을 위해서 예수 그리스도를 믿고 있습니다. 하지만 사랑하는 성도 여러분, 여러분은 여러분의 마음에 위로가 되는 그런 믿음을 가지고 있습니까? 여러분은 일상생활에서 오는 평범한 시련들을 견디기에 충분한 믿음을 가지고 있습니다. 하지만 사랑하는 성도 여러분, 여러분이 최근에 당한 그 강한 시험을 이길 만한 믿음은 가지고 있습니까? 만약 여러분이 이런 믿음이 없다면, 그렇다면 여기에 여러분을 위한 기도가 있습니다. "주여, 나에게 믿음을 더하소서." 분명한 사실은 우리 가운데 아주 많은 믿음을 가진 사람이나, 비상한 폭풍을 일으킬 만한 그런 믿음을 가진 사람은 아무도 없다는 것입니다. 우리에게는 남아도는 믿음도 없습니다. 하나님께서는 우리에게 주어진 인생의 날에 따라서 우리에게 항상 믿음을 주십니다. 그래서 그분께서 많은 시련을 주실 때는, 좀 더 많은 은혜와 믿음을 주기도 하십니다. 종종 우리가 심한 시험을 받을 때, 우리는 믿음의 학교에 있는 어린 아이에 불과하다고 느끼지 않을 수 없으며, 그래서 우리는 날마다 "주여, 우리에게 믿음을 더하소서"라고 기도해야 할 필요를 느끼게 됩니다.

그리고 사도들은 자신들이 자신의 믿음을 더하게 할 수 없다는 사실을 이 기도를 통해 고백하였습니다. 믿음은 누가 돌보아주거나 가꾸어주지 않아도 자라는, 쓰레기더미 위에서 자라는 그런 잡초가 아닙니다. 믿음은 하늘에서 자라나는 식물이기에 거룩한 돌봄과 물주기가 요구됩니다. 믿음의 주요 또 온전하게 하시는 이(히 12:2)인 그분이 그 믿음을 더하게 하실 수 있는 유일한 분이십니다. 그 누구도 성령 하나님을 떠나서는 자신의 첫 믿음을 가질 수 없듯이, 동일한 성령님의 거룩한 능력의 사역을 통하지 않고서는 그 누구도 더 많은 믿음을 가질 수 없습니다. 예수님에게 임한 그 성령님께서 우리에게도 기름을 부어 주서야만 합니다. 그렇지 않다면 믿음의 정도는 조금도 더 커지지 않을 것입니다. 그러므로 사랑하는 성도 여러분, "나에게 믿음을 더하소서"라고 하나님께 기도하십시오. 이렇게 하는 것이 "내가 믿음을 더하게 하겠다"라고 하면서 여러분 자신의 힘으로 해결하는 것보다 훨씬 더 현명한 행실이 될 것입니다. 왜냐하면 여러분이 믿음의 문제를 자신의 힘으로 해결하려고 하면서 여러분은 자신의 자존심을 닦달하다가 부패한 상태가 되어 아예 믿음이 더 적어질 수도 있기 때문입니다. 그렇게 자부심이 강한 결심을 한 후에, 여러분은 비통한 절망감에 빠질 수도 있습니다. 그러므로 "내가 믿음을 더 많게 해 보겠다"라고 말하지 말고, "내가 믿나이다 나의 믿음 없는 것을 도와주소서"(막 9:24)라고 기도하십시오. 여기에 여러분의 지혜가 있습니다.

이 기도는 또한 주 예수님께서 믿음을 더하게 할 수 있다는 사실을 고백하고 있습니다. 사랑하는 성도 여러분, 주 예수 그리스도께서는 성령님으로 말미암아 통상적인 수단들을 사용하여 여러분의 믿음을 더하게 하실 수 있습니다. 하나님은 능히 모든 은혜를 여러분에게 넘치게 하십니다(고후 9:8). 어떤 마술적인 방법을 통해서도 아니고 어떤 기적을 통해서가 아니라, 여러분이 가지고 있는 것들을 통해서도 주님은 작은 믿음(Little-faith) 씨를 담대(Greatheart) 씨로 만드실 수 있으며, 유약(Feeble-mind) 씨를 진리의 용사(Valiant-for-truth) 씨가 되게 하실 수 있습니다(모두 존 번연의 「천로역정」에 나오는 등장인물들의 이름이다 ─ 역주).
그분께서는 믿음의 열쇠를 가지고 각 방의 더 많은 문들을 여시어 방마다 그분
의 보화들로 채우실 수 있습니다. 그분은 여러분이 좀 더 충분히 믿을 수 있게 하
는 진리를 여러분에게 계시해 주거나, 혹은 이미 계시된 진리에 좀 더 밝은 빛을
비추어, 그 진리를 여러분의 마음에 좀 더 강력하게 적용하여 여러분의 믿음을
더하게 하실 수 있습니다. 사랑하는 성도 여러분, 여러분은 불신앙의 삶을 살아
가도록 정죄 받았다고 절대로 그렇게 생각하지 마십시오. 그렇게 생각할 필요가
전혀 없습니다. "나는 마른 팔과 같은 믿음을 가지고 있다. 그래서 그 믿음을 펼
칠 수 없다. 나는 약한 눈을 가지고 있다. 그래서 멀리 볼 수 없을 것이다"라고 자
리에 앉아서 말하는 사람이 여러분 가운데는 한 사람도 있어서는 안 됩니다. 절
대로 안 됩니다. 우리 하나님의 이름은 여호와 로피(Jehovah Rophi, 치료하시는 하
나님, 출 15:26 ─ 역주)이십니다. 그분은 우리의 이 모든 질병들을 치료해 주실 수
있습니다. 사랑하는 성도 여러분, 하나님은 여러분을 강하게 하실 수 있습니다.
그분께서는 연약한 자에게 힘을 주시고, 능력이 없는 자에게는 힘을 더하여 주
신다는 사실을 여러분은 알지 못합니까? 지금 거듭거듭 이 기도를 하십시오. "주
여, 우리에게 믿음을 더하소서." 그분께서는 작은 믿음이라도 우리에게 더하여
주실 수 있는 분이시며, 우리 가운데 가장 절망한 영혼이라도 믿음에 대한 전적
인 확신을 갖도록 인도해 주실 수 있는 분이시라는 충분한 자신감을 가지고 기
도하십시오. 주님께서 이 거룩한 시간에 여러분 안에 역사하시어 그분의 사랑과
신실하심을 여러분이 어린 아이처럼 확신하게 하시고, 여러분이 다시는 불신앙
의 희생물이 되지 않기를 기원합니다.

저는 이 기도를 누가 했는지를 여러분이 살펴보기를 원합니다. 복음서 기자들
이 자신들과 구분하여 그것도 무언가를 요구하는 "사도들"에 대해 말한 것은 그
렇게 흔한 일이 아닙니다. 1절에 보면 우리 주님께서는 제자들에게 말씀을 하셨
다고 되어 있습니다. "예수께서 제자들에게 이르시되"(눅 17:1). 그런데 믿음을
더하여 주기를 간구한 사람들은 사도들이었습니다. "사도들이 주께 여짜오되"
(눅 17:5). 도대체 이 일이 어떻게 된 것입니까? 기독교의 지도자들이었던 이 사
람들은 자신들이 스스로 무오(infallible, 無誤, 가톨릭은 1870년 제1회 바티칸 공의회에
서 교황은 모든 오류의 가능성으로부터 보호받는다는 '교황의 무오성'을 교리로 선포하였다 ─
역주)하다고 생각하지 않았다는 사실을 우리에게 보여주고 있지 않습니까? 베드

로의 계승자라는 사람이 "주여, 우리에게 믿음을 더하소서!"라고 말한다고 상상해 보십시오. 틀림없이 '그분의 거룩하신 분'(His Holiness, 통상적으로 사용되는 교황의 호칭 중 하나이다 ― 역주)은 그 어떠한 믿음도 더해지기를 원치 않습니다! 자신이 무오하다고 떠벌리는 그 사람은 불신앙의 사람이 될 수 없다고 말합니다. 오, 사랑하는 성도 여러분, 사도들은 그렇게 어리석고 사악하며 어처구니없는 주장에 대해 전혀 알지 못했습니다. 사도들 가운데 그 누구도 살아 있는 동안 스스로 '교회의 머리'(Head of the Church)나 '그리스도의 대리자'(Vicar of Christ)인 척하지 않았습니다(가톨릭 교회론에 따르면, 예수님은 '눈에 보이지 않는 머리'인 반면에, 교황은 '눈에 보이는 머리'이므로, '그리스도의 대리자'로도 불린다 ― 역주). 본문 말씀에 나타난 사도들은 다른 사도들만큼이나, 아니 그보다 더 재빠르게 믿음을 더하여 달라고 그들의 주님께 간구하였습니다. 왜냐하면 그들이야말로 필요성을 느낀 첫 사람들이었기 때문입니다. 그들은 주님께서 택하신 양무리였으며, 그들은 자신들의 잘못을 알고 고백한 첫 사람들이었습니다. 믿음을 가장 많이 가진 자가 제일 먼저 자신의 믿음이 부족하다는 것을 알고서 이에 대해 제일 먼저 슬퍼합니다. "우리에게 믿음을 더하소서"라고 말한 자들은 교회 안에서 믿음이 작은 자들이 결코 아니었습니다. 만약 믿음이 작은 자들이 그렇게 말했다면 그것은 당연한 말이었을 것입니다. 그런데 그렇게 말한 자들은 이스라엘의 선생들이었습니다. 그들은 그리스도로부터 제일 잘 배운 사람들이며, 그분의 기적을 보고 그분의 말씀을 전한 자들이었습니다. 바로 이 사람들이 "우리에게 믿음을 더하소서"라고 그들의 주님께 외친 사람들이었습니다. 여러분이 하나님께 더 가까이 가면 갈수록, 여러분의 영혼은 더욱더 믿음으로 가득차고, 여러분의 자만하려는 경향성은 더욱더 작아지게 될 것이며, 여러분의 믿음이 더해지기를 여러분은 더욱더 간절히 갈망하게 될 것입니다.

　사도들 전체가 이렇게 기도했다는 사실은 다소 주목할 만한 일입니다. 어떤 일에 있어서는 사도들이 의견일치를 보지 못할 때도 있었지만, 이 기도에 있어서만큼은 사도들이 만장일치였습니다. 그들 사이에는 분열이 있기도 했고, 누가 가장 큰 자(눅 22:24)인지에 대한 다툼도 있었습니다. 하지만 주님께 간구하는 이때만큼은 그들 모두 한마음이었습니다. 사도들 전체가 한마음으로 구한 이 간구는 우리가 지난 주일 아침에 들은 그 최고의 의무(선으로 악을 이기라 ― 역주) 앞에서 우리의 위대한 주님께 우리 모두가 분명히 드려야 할 기도입니다. 우리가 악에 대항하지 않고 선으로 악을 이기기 위해서라도, 오, 주님, 제발 우리에게 믿음을 더하여 주옵소서.

이 기도에 대해 제가 설명을 드리는 중에 그들이 믿음을 구한 이유를 한 번 더 주목하고자 합니다. 그들은 주님께 "우리에게 믿음을 더하소서"라고 말했습니다. 그러나 그보다는 "주여, 우리에게 온유함을 더하소서. 주여, 우리에게 기독교적 사랑을 더하소서"라고 말하는 것이 좀 더 적합하지 않았을까요? 그렇지 않습니다. 사도들은 이 성품들의 가장 깊은 곳까지 내려가서 모든 기독교적 은혜의 원천을 바라보았습니다. 그래서 그들은 믿음을 간구하였던 것입니다. 사랑하는 성도 여러분, 때때로 우리는 마땅히 해야 할 의무이지만 자연적인 능력으로는 결코 행할 수 없다는 것을 알게 됩니다. 자, 보십시오. 초자연적인 것을 다루는 것이 바로 믿음입니다. 그래서 우리는 "주여, 우리에게 믿음을 더하소서. 믿음은 당신이 우리에게 요구하시는 초자연적인 미덕이오니, 이 고귀하고도 어려운 의무를 우리가 감당하도록 초자연적인 힘을 다룰 수 있는 능력을 우리에게 기꺼이 주옵소서"라고 말합니다. 제가 알기로 여러분 가운데 어떤 사람들은 믿음은 기적을 행하기 위해 옛날 사람들에게나 주어진 것으로 생각하고 있습니다. 그래서 여러분은 삼손이 나귀 턱뼈로(삿 15:16) 블레셋 사람들을 죽였을 때의 삼손의 믿음이나, "맹렬한 불을 끄는"(히 11:34, KJV) 믿음이나, "사자들의 입을 막기도" 하는 믿음(히 11:33) 등을 칭송하기도 합니다. 맞습니다. 하지만 믿음은 이런 기적들 이외의 다른 것들을 위한 것이기도 합니다. 기독교인으로 하여금 거룩한 삶을 살도록 하는 믿음, 특별히 여러분이 악에게 지는 것이 아니라, 선으로 악을 이기게 하며, 여러분의 이웃을 일흔 번씩 일곱 번이라도 용서하는(마 18:22) 믿음은 예전에 해를 멈추게 하고(수 10:13) 바다를 가른 것(출 14:21) 못지 않은 위대한 믿음입니다. 어떤 사람들은 우리가 고아원이나 대학들을 운영할 기금을 얻는 기도 응답만을 오늘날의 믿음으로 생각하는 것 같기도 합니다. 물론 이런 일들도 고귀한 행동들이며, 이런 일들을 감당하는 믿음 또한 하나님께 큰 영광을 돌려드리기도 합니다. 하나님께서는 이와 같은 사역에 부름을 받은 그의 종들이 더 큰 성공을 하게도 합니다. 왜냐하면 다소 회의적인 이 세상에서 이러한 사역이야말로 하나님께서 기도를 들으신다는 확고한 증거이기 때문입니다. 그러나 여러분 대다수가 감당해야 할 업적은 기적이나 고아원의 유지가 아니라, 결국 일상생활에서 사랑을 실천하는 것입니다. 여러분은 여러분을 삼키려는 사자들의 입을 막을 필요가 없습니다. 하지만 여러분은 여러분이 격분했을 때 여러분의 입을 막아야 하는 어려운 임무를 지니고 있습니다. 여러분은 맹렬한 불을 끄는 일로 부르심을 받지 않았습니다. 하지만 여러분은 자신의 분노로 불타올라서는 안 됩니다. 여러분이 블레셋 사람들을 칠 필요는 없습니다. 하지만 여러분은 자신의 죄악들을 물리쳐야 합니다. 여러분은 어떤 벽도 무너뜨릴 필요가 없습니다. 하지만 여러분은 자신이 가진 편견의 벽을 무너뜨려야 합니다. 사랑하는 여자 성도 여러분, 여러분의 믿음은 응접실과 거실과 부엌과 방에서 기적으로 역사해야 합니다. 사업을 하는 남자 성도 여러분, 여러분의 믿음은 거래와 상점과 판매 객실에서 놀라운 일로 드러나야 합니다. 노동자 여러분, 여러분은 대장간이나 작업대나 들판이나 방앗간에서 이적을 행해야 합니다. 이런 곳들이 바로 여러분이 섬겨야 할 영역입니다. 그리고 여러분은 여기에서 사도들이 드린 기도인 "주여, 우리에게 믿음을 더하소서"라는 기도를 하나님께 드려야 합니다. 그래야 여러분은 가치 있고 의롭고 건전하고 그리스도인답게 살아갈 수 있습니다.

2. 이 기도와 용서하는 능력과의 관계

두 번째로, 저는 더해진 믿음이 다른 사람들을 용서하는 우리의 능력과 어떤 관계가 있는지를 보여드리고자 합니다. 이에 대한 저의 첫 번째 대답은 이러합니다. 비록 여러분이 그 관련 방식을 다 설명할 수는 없다 해도, 여러분은 믿음과 용서의 관계를 이미 알고 있다고 저는 생각합니다. 만약 제가 이 사람은 믿음이 강하다고 말할 수 있는 어떤 사람을 여러분 앞에 세운다면, 여러분은 분명히 이 사람은 다른 사람들의 허물을 잘 용서해 줄 사람이라고 느낄 것입니다. 비록 여러분이 믿음과 용서 사이의 관계를 잘 알지 못한다 해도, 여러분은 이 둘 사이에는 분명히 관계가 있다는 것을 잘 알고 있습니다. 자, 보십시오. 제가 여러분에게 아브라함에 대해 말씀드리겠습니다. 아브라함의 목자들과 롯의 목자들이 서로 다툴 때(창 13:7), 아브라함은 롯과 다투지 않았습니다. 그러나 두 사람이 서로 헤어져야만 했을 때, 아브라함은 조카 롯에게 그가 가고 싶어하는 곳을 선택하도록 해 주었습니다. 아브라함이 이처럼 점잖은 태도로 행동한 것은 자연스러운 것처럼 보입니다. 그 평온하고도 고요하며 믿음 있는 하나님의 사람! 만약 여러분이 아브라함의 위엄 있는 얼굴을 바라보기만 해도, 그는 영혼 속에 있는 그 큰 온유함과 고귀함으로 행동할 것이라고 여러분은 분명히 느낄 수 있을 것입니다. 자기 뼈들에 관해 명령(히 11:22, KJV)할 정도로 믿음이 충만했던 요셉은 그의 형들이 요셉 앞에 왔을 때, 자신이 누구인지를 형들에게 밝히고 그들을 위해 울고 그들을 용서해 주었습니다. 여러분도 느끼겠지만 이런 행동들은 여러분이 요셉에게서 기대할 수 있는 바로 그런 일입니다. 다시 말해, 요셉은 하나님을 믿는 너무나 진실한 신자라는 바로 이 사실로 인해, 비록 형제 같지도 않은 요셉의 형제들로부터 요셉이 수치스러운 대우를 받았음에도 불구하고, 요셉은 절대로 복수하려고 하지 않을 것을 여러분도 느끼게 되는 것입니다. 모세는 매우 유순하고 온유하였습니다. 그래서 여러분은 모세의 유순함을 모세의 믿음과 즉시 관련짓습니다. 다윗 또한 마찬가지입니다. 다윗이 잠자고 있는 사울 곁에 섰을 때 자기 동료가 "내가 창으로 그를 찔러서 단번에 땅에 꽂게 하소서"(삼상 26:8)라는 말을 듣고서도 그렇게 행하도록 허락하지 않고는 그 원수를 하나님의 손에 맡기는 모습을 보면서, 여러분은 속으로 이렇게 말합니다. '나는 다윗이 그렇게 행동하리라 예상했었어. 왜냐하면 다윗은 참으로 하나님을 믿는 사람이기 때문이야.' 비록 여러분이 믿음과 용서의 그 관계를 만족스럽게 밝혀내지는 못했다 해도, 여러분은 만약 어떤 사람이 그리스도를 믿는다고 고백했다면, 그 사람은 온유하고 용서하는 사람일 것으로 누구나 예상할 것이라는 사실을 이미 잘 알고 있습니다. 여러분의 생각은 옳습니다. 그리고 실제적으로 이 둘 사이에는 관련이 있습니다. 제가 확신을 갖고 말씀드립니다. 이제 우리는 직접적으로 이 관계를 살펴보겠습니다.

사도들이 "주여, 우리에게 믿음을 더하소서"라고 말했을 때, 그들이 이렇게 말한 의도는 "당신에 대한 우리의 확신을 더하소서"라는 의미였습니다. 이 말은 선으로 악을 이기라는 그 의무를 이행하기 위해서 대단히 실질적인 도움이 되는 것입니다. 먼저, 하나님께서 우리가 예수님을 믿도록 우리를 도와주셔야 우리는 그분께서 실천 불가능한 과제를 우리에게 맡기신다고 의심하지 않게 됩니다. 주님께서는 "선으로 악을 이기라"(롬 12:21)고 말씀하시고는, "일곱 번을 일흔 번까지라도"(마 18:22) 우리에게 용서할 것을 명령하셨습니다. 여러분은 "이 말씀은 어렵도다 누가 들을 수 있느냐?"(요 6:60)라고 말하고 싶지 않습니까? 이런 유순한 방식으로는 이 세상을 헤쳐 나갈 수 없을 것이라는 생각이 들지 않습니까? 우리는 스스로에게 다음과 같이 말합니다. 우리는 때로 우리의 주먹을 불끈 쥐어야 하고, 자주는 아니더라도 아주 강렬하게 분노할 수 있는 마음의 자세를 가져야 하는데, 만약 그렇게 하지 않고서는 우리가 거리의 진흙처럼 짓밟히기만 할 것이라고 말입니다. 이런 생각들이 바로 우리의 불신앙입니다. 우리는 은혜를 간구할 필요가 있습니다. 우리를 돕는 은혜로 말미암아 우리는 그리스도께서 말씀하신 그 용서의 길이야말로 결국 가장 최선의 길이고 가장 고귀한 길이며, 가장 진실된 인간다운 길이며, 가장 확실한 행복한 길이라는 사실을 믿게 될 것입니다.

사도들의 기도는 "주여, 우리를 도우시어 당신의 능력으로 말미암아 우리가 이 일을 행할 수 있다는 것을 믿게 하소서"라는 의미로도 읽을 수 있습니다. 우리는 주님의 도움 없이 우리 자신의 본성만으로 항상 용서하고 겸손하고 온유하고 사랑하는 마음을 지닐 수 없습니다. 그래서 주님께서도 이렇게 말씀하셨습니다. "나는 마음이 온유하고 겸손하니 너희 위에 내 멍에를 메고 내게 배우라. 그리하면 너희가 너희 영혼을 위한 안식을 찾으리니"(마 11:29, KJV). 그러므로 오 주님이시여, 우리에게 당신을 믿는 더 큰 믿음을 주옵소서. 그래야 당신께서는 우리를 낭신처럼 온유하고 겸손하게 히실 수 있다는 사실을 믿게 됩니다. 예수님은 사자와 같은 우리의 기질을 양과 같이 변화시키시고, 까마귀 같은 우리의 영혼을 비둘기같이 변화시키실 수 있다고 우리는 믿어야 합니다. 혹시라도 이 사실을 믿을 만큼의 충분한 믿음이 우리에게 없다면, 우리는 이를 위해 기도해야 합니다. 어떤 사람이 이런 의무는 불가능한 것이라고 믿거나 혹은 은혜를 받더라도 이런 의무는 감당할 수 없다고 판단한다면, 그렇다면 그 사람은 결코 이 의무를 감당하지 못할 것이라는 사실을 여러분은 알지 못합니까? 하지만 이 명령은 그분의 능력 안에 있다는 확신을 가지거나, 혹은 이 명령은 그분의 힘이 미치는 영역 안에서 그 능력에 순종함으로써 행해질 수 있다는 확신을 가진다면, 바로 그 때 그 사람은 이 싸움에서 이미 반은 이긴 것입니다. 거룩함이라는 높은 기준의 가능성을 믿을 때, 인간은 거룩함을 향한 자신의 길을 내딛고 있는 것입니다. 그러므로 저는 여러분에게 더 많은 믿음을 간구하기를 진지하게 권면합니다. 지속적인 용서라는 이 의무는 거룩한 은혜로 말미암아 감당할 수 있다는 그 가능성을 여러분이 믿었으면 좋겠습니다.

이제 다음으로, 만약 우리가 믿음의 기초가 무엇인지를 묻는다면, 믿음과 용서 사이의 아주 긴밀한 관계가 드러나지 않겠습니까? 잠시 제게 귀를 기울여 주시기 바랍니다. 믿음은 하나님께서 그리스도로 말미암아 우리를 용서해 주신다는 사실을 믿는 것입니다. 그렇다면 믿음을 가진 우리는 얼마나 많이 용서를 베풀어야 하는 것일까요? 일흔 번씩 일곱 번입니까? 사랑하는 성도 여러분, 하나님께서는 우리를 그보다 더 많이 용서해 주십니다. 주님은 우리를 하루에 일곱 번 용서해 주십니까? 우리가 하루에 일곱 번씩 그분을 격노케 하고서 회개한다고 해도, 그분께서는 용서해 주시겠습니까? 물론입니다. 그분은 용서해 주십니다. 이 사실은 있는 그대로 믿어야 합니다. 저는 이 사실을 믿습니다. 제가 아무리 자주 범죄한다고 해도, 하나님께서는 용서해 주십니다. 슬픈 일입니다만, 저는 너무나 쉽게 틈만 나면 죄를 범합니다. 그런데 하나님께서는 제가 쉽게 죄를 범하는 것보다 더 쉽게, 다시 말해 틈만 나면 저를 용서해 주십니다. 사랑하는 성도 여러분, 여러분은 하나님에 대해 올바르게 생각하고 있습니까? 만약 올바로 생각할 줄 안다면, 그분은 인자한 아버지이시며, 회개하는 자의 눈물을 기꺼이 닦아주시며, 죄 지은 자녀를 자기 품에 안으시고, 용서하는 사랑으로 입맞춤을 하는 분이시라는 사실을 여러분은 알고 있을 것입니다. 하나님의 긍휼하심이 우리 믿음의 바로 그 기초에 있습니다. 그리고 이 긍휼하심이 틀림없이 우리가 다른 사람들을 용서하도록 놀랍게 도울 것입니다. 오, 용서받은 자들이여, 여러분은 즉시 다음과 같은 사실을 알지 못합니까? 만약 주님께서 일만 달란트 빚진 여러분을 탕감해 주셨다면, 여러분은 여러분에게 일백 펜스 빚진 자에게 가서 그 형제의 멱살을 잡지 말아야 하며, 오히려 하나님께서 그리스도로 말미암아 여러분을 용서해 주셨기 때문에 그를 용서해 주어야 하는 것이 당연한 추론이지 않겠습니까?

또한, 믿음의 기쁨은 용서하는데 놀라운 도움이 된다는 사실에 대해서도 주목해 주십시오. 여러분은 여러분이 처음으로 회개했을 때를 기억하고 있습니까? 저는 제가 예수 그리스도를 믿게 된 그 첫 날을 생생하게 기억하고 있습니다. 여러분은 여러분의 영적 생일도 기억하지 못합니까? 그렇다면 여러분이 배우자와 나눴던 사랑이나, 여러분의 영적 생활에 있어서 행복했던 밀월(蜜月)을 회상해 보십시오. 그 때 여러분은 여러분의 원수들을 용서할 수 있었습니까? 왜 그런지 모르겠지만, 그 때 여러분은 여러분이 받은 상처들을 전혀 생각하지 못했습니다. 여러분은 주님 안에서 아주 기쁘고 행복했기 때문에, 어떤 다른 사람이 여러분을 화나게 하려고 해도, 도저히 그럴 수가 없었습니다. 설령 잠시 약간 화가 났었다 해도 곧장 여러분은 여러분의 안식처로 다시 돌아갔습니다. 여러분은 거룩한 기쁨으로 가득 차 있었기 때문에 말싸움을 할 수가 없었습니다. 사랑하는 성도 여러분, 여러분은 항상 이러한 사랑과 기쁨을 지녀야 하며, 혹시라도 여러분이 이것들을 잃어버렸다면, 여러분이 할 수 있는 최선은 다시 이 사랑과 기쁨을 찾는 것임을 여러분은 알지 못합니까! 그러므로 오늘 이렇게 기도하십시오. "주여, 나에게 믿음을 더하소서. 주의 구원의 즐거움을 내게 회복시켜 주옵소서"(시 51:12). 여러분이 타락한 곳으로부터 다시 돌아와서 온 마음을 다해 주님을 기뻐할 때, 여러분은 여러분의 가장 악랄한 원수라도 용서해 주는 것이 쉽다는 것을 알게 될 것입니다.

　　또한, 편안한 마음도 믿음으로 생기며, 믿음은 온유한 마음에 큰 도움이 된다는 사실도 아주 분명합니다. 믿음을 가진 사람은 편안한 상태에 이르며 고요한 마음을 갖게 됩니다. 그래서 이런 마음을 지닌 사람은 조금이라도 복수를 할 수 없게 됩니다. 그는 어떤 일이 벌어져도 그 모든 일들은 영원에서 보면 옳다는 것을 알고 있습니다. 그는 자신이 믿고 있는 분을 알고 있습니다. 그래서 순전한 마음으로 행하기 때문에, 쉽게 화내는 사람이 아닙니다. 여러분이 옳다는 것을 여러분 스스로 확신할 때, 여러분에게는 놀라운 일이 일어납니다. 즉, 여러분은 어떤 일에서건 인내할 수 있습니다. 배터시(battersea, 런던 남서부의 자치구 중 하나 ─ 역주)에 거주하는 훌륭한 조셉 휴스(Rev. Joseph Hughes[1769-1833], 침례교 목회자로 1804년에 영국성서공회를 창립하였다 ─ 역주) 목사님은 성서공회 설립자들 중 한 분이며, 성서공회를 위해 가장 열정적으로 사역하는 분이었습니다. 몹시 추운 어느 겨울날, 그는 마차를 타고 가던 중이었습니다. 그의 옆자리에는 신사로 자처하는 말 많은 한 사람이 앉아 있었습니다. 마차가 출발하자 그 사람은 종교에 대해서 일반적인 이야기들을 하다가, 특별히 성서공회를 비난하였습니다. 그는 욕설을 퍼부으며 계속해서, 그런 공회들은 게으른 간사들과 다른 직원들을 먹여 살리기 위해서 만들어졌다고 말했습니다. "그 인간들은 많은 월급을 받고서 온 나라를 여행하며 즐기고 있지요. 그러면서 자신들은 여행 경비로 돈 몇 푼 내지 않습니다. 제가 알기로 그들은 항상 최고급 여행 좌석만 타고 다니지요." 그러자 휴스 목사님은 조용하게 대답했습니다. "신사 나리, 혹시라도 그 간사들 중에 한 사람이 자기가 봉사한 대가로 돈 한 푼 받지도 않고, 또 공회 재정을 아끼기 위해 오늘처럼 이렇게 추운 날 마차 꼭대기에 앉아 가면서, 실내에 앉았더라면 더 들어갔을 여행 경비만큼 아끼려 한다는 사실을 당신이 알았다면, 당신은 뭐라고 말하겠습니까?" 그리고 나서 휴스 목사님은 이렇게 말했습니다. "자 보십시오. 신사 나리, 그 간사들 중에 한 사람이 지금 당신의 눈 앞에서 그렇게 하고 있습니다." 이제 여러분은 휴스 목사님이 어떻게 해서 그렇게 냉정을 유지하며 그 말 많은 사람이 계속해서 자기 멋대로 틀린 말들을 하도록 내버려 둘 수 있었는지 이해할 수 있을 것입니다. 휴스 목사님은 그 사람의 이야기를 단번에 묵살시킬 수 있는 대답을 알고 있었기 때문입니다. 이와 마찬가지로, 믿음은 영혼을 더할 나위 없이 편안하게 합니다. 그 사람의 마음은 절대로 쉬 흔들리지 않습니다. 그는 이 모든 것 배후에 현재의 괴로움을 보상해 줄 축복이 있다는 것을 알고 있기 때문입니다. 우리에게 능력이 있다는 사실을 인식하기만 해도 가냘프고 연약한 우리 주위를 감싸고 있는 유혹들은 우리에게서 사라집니다. 하나님께서 여러분의 믿음을 더하셔서 여러분의 마음이 주님 안에서 완전히 만족한 영역 내에 있게 하시고, 그분의 뜻을 인내하며 기다려서 악행자들로 인해 여러분의 마음이 더 이상 초조해지지 않기를 기원합니다.

그리고, 믿음이 강할 때에 믿음은 세상 사람들의 공격을 인내하도록 도울 것이라는 큰 기대를 갖게 합니다. 믿음은 이렇게 말합니다. "여기서 무슨 일이 일어난다 해도, 도대체 내게 무슨 상관이 있습니까? 나는 여행을 하고 있는 중이며, 저는 이제 곧 영광의 땅에 이르러, 거기서 영원히 주님과 함께 함으로써 내가 수고한 모든 것에 대한 상을 받게 될 것이기 때문입니다." 사람이 장래에 큰 기쁨을 예비해 두었을 때는, 현재의 다소 불편한 것들을 쉽게 참을 수 있습니다. 만약 여러분이 여행 중에 잠시 하룻밤만 여관에 머무른다면, 모든 것이 아주 불편하다 해도, 여러분은 이렇게 말합니다. "괜찮아, 내가 여기서 일주일을 살 것도 아닌데. 나는 내일 아침에 이곳을 떠날 거야. 이런 불편함은 아무런 문제도 되지 않아. 이 여행이 끝나면 돌아갈 달콤한 내 집이 기다려지네," 믿음도 이와 마찬가지입니다. 장래 받을 그 복된 기대로 인해 현재의 고난들은 아주 가볍게 됩니다. 그래서 믿음은 이 고난들을 초조함이나 분노 없이 견디게 합니다. 성령님께서 이와 같은 믿음이 여러분 가운데 역사하게 하시기를 기원합니다.

3. 이 기도에 대한 주님의 응답

그런데 제게 주어진 시간이 생각보다 빨리 지나가 버렸습니다. 그래서 저는 세 번째 대지까지만 말씀드리고 설교를 마쳐야겠습니다. 주 예수 그리스도께서는 믿음을 더하여 달라는 기도에 어떻게 응답하셨는지를 살펴보겠습니다. 그리스도께서는 두 가지로 응답하셨습니다.

　　첫째, 믿음은 어떤 일이라도 할 수 있다는 사실을 그들에게 확신시켜 주셨습니다. 주님은 이렇게 말씀하셨습니다. "너희에게 겨자씨 한 알만한 믿음이 있었더라면 이 뽕나무더러 뿌리가 뽑혀 바다에 심기어라 하였을 것이요 그것이 너희에게 순종하였으리라"(눅 17:6). 믿음은 무엇이든 행할 수 있다는 것을 말하기 위해 주님께서는 관용적으로 이해되던 표현을 사용하셨다고 저는 생각합니다. 여러분은 이렇게 말할 것입니다. "아, 제 안에는 나의 나쁜 기질이 깊이 뿌리박혀 있습니다. 뽕나무가 땅에 깊이 뿌리를 박고 있듯이, 악한 기질이 내 본성 아주 깊은 곳에 뿌리박혀 있습니다. 나는 체질적으로 신경질적인 사람입니다. 저는 태어날 때부터 다른 사람들을 용서하는 것이 어려웠습니다." 사랑하는 성도 여러분, 만약 여러분이 믿음을 가지고 있다면, 여러분은 그 뽕나무뿐만 아니라 더 나아가 여러분 속에 있는 유퍼스 나무(upas tree, 자바 지역에서 자라는 독성이 아주 강한 식물로, 그 주위 2-3㎞이내의 식생을 죽이는 나무다 — 역주)에게도 "뿌리까지 뽑혀라"라고 말할 수 있을 것입니다. 그러나 어떤 사람은 이렇게 말하기도 합니다. "만약 당신이 나와 같은 본성, 즉 나처럼 변덕스럽고 흥분 잘하며 신경질적인 기질을 가졌다면, 당신은 조용하고도 고요한 용서의 열매를 맺는 나무가 내 안에 심겨지리라 기대할 수 없을 것입니다."

　　이에 대해 우리 주님께서는 어떻게 말씀하십니까? "이 뽕나무더러 뿌리가 뽑혀 바다에 심기어라 하였을 것이요"라고 말씀하십니다. 그런데 나무가 심기기에는 이상한 장소이지 않습니까! 바다에 심기다니 말입니다! 실제로 이런 일은 불가능한 일입니다. 왜냐하면 그 나무가 심겨진 바다의 모든 파도들이 그 뿌리를 흔들어 뽑아버릴 것이기 때문입니다. 그 토대부터가 나무의 토대로 삼기에는 너무 부적절합니다. 바다의 물은 나무가 그 속에서 자라기에는 아주 유동적입니다. 우리 주님께서는 또 이렇게 말씀하십니다. "너희에게 겨자씨 한 알만한 믿음이 있었더라면 … 그것이 너희에게 순종하였으리라"고 말입니다. 여러분은 믿음으로 나무를 바다에 심을 수 있습니다. 여러분이 충분한 믿음을 가지고 있다면, 여러분은 하나님과 사람에게 사랑받는 이 영광스러운 열매 맺는 나무를 여러분의 연약한 본성 안에 심을 수 있습니다. 사랑하는 성도 여러분, 우리는 산이 옮겨지기를 원치 않습니다. 하지만 산을 움직여야 할 필요가 있다면 믿음으로 산이 움직일 것이라는 사실에 대해서 저는 의심하지 않습니다. 그러나 현재 산들은 그것이 존재할 수 있는 가장 최적의 자리에 있는데, 왜 우리가 그 산들을 옮겨야 합니까? 우리는 뽕나무를 옮겨 심을 때도 믿음으로 옮길 필요가 없습니다. 그 뽕나무들을 뽑아서 조심스럽게 옮겨 다른 곳에 심으려면 많은 일꾼들이 필요한데, 만약 우리가 이 일에 믿음을 사용한다면, 그 불쌍한 많은 일꾼들의 생계 수단이 사라지는 안타까운 일이 벌어지기 때문입니다. 그럼에도 불구하고 만약 믿음으로 행해져야 할 필요가 있다면, 분명히 믿음으로 그렇게 될 것이라는 사실을 저는 믿어 의심치 않습니다. 자, 보십시오. 도덕적이고 영적인 세계에도 믿음이 개입될 충분한 여지가 있습니다. 이 영역에서도 믿음이 기적을 일으킬 수 있습니다. 우리는 우리의 나쁜 기질에 대해서도 뿌리째 뽑히라고 말할 수 있습니다. 그리고 여러분이 말한 대로 그렇게 될 것입니다. 우리가 하나님에 대한 믿음만 가지고 있다면, 우리는 올바른 기질을 가질 수 있습니다. 다시 말해, 고요하고도 조용한 영혼이 우리 안에 심겨질 것입니다. 여러분은 이 사실을 믿고 있습니까? 만약 여러분이 이 사실을 믿지 못한다면, 그렇다면 여러분은 믿음이 없는 것이며 이 사실을 보지 못할 것입니다. 하지만 여러분이 믿는다면, 이것은 여러분에게 가능한 일입니다.

한 번 더 말씀드립니다. 그리스도께서는 이 기도에 어떻게 응답하셨습니까? 그리스도께서는 그들에게 겸손을 가르치심으로써 아주 훌륭한 방식으로 응답하셨다고 저는 생각합니다. 그리스도께서는 다음과 같은 취지로 그들에게 말씀하셨습니다. "너희들이 일흔 번씩 일곱 번 용서해 주었다면, 너희들은 아주 큰 일을 행한 것처럼 그렇게 생각한다. 너희들이 악을 악으로 갚지 않고 항상 온유하고 사랑스럽게 행하면, 너희들은 어떤 사람이 혹은 하나님까지도 너희에게 거의 빚을 진 것처럼 그렇게 생각한다." 여러분, 절대 그렇지 않습니다. 이후에 그리스도께서는 계속해서 그들에게 말씀하셨습니다. 종이 밭을 갈거나 양을 쳤다고 해서 종이 감사하다는 말을 들을 수 없다고 말입니다. 종이 자신이 해야 할 수고를 하고 있는데, 주인이 그에게 다가와서 마치 그 종이 어떤 아주 특별한 일을 한 것처럼 놀라움을 표하지 않습니다. 주인은 놀라 두 손을 들고서 "내 종이 밭을 아주 잘 갈고, 또한 소들을 아주 현명하게 잘 돌보고 있구나"라고 말하지 않습니다. 또한 주인은 그의 종에게 다가가 "나의 사랑하는 종아, 너는 귀한 종이로구나. 네가 없었다면 분명히 나는 어떻게 해야 할지 몰랐을 거야. 이제 와서 여기 앉아라. 이제부터 내가 너를 시중들겠다"라고 말하지 않습니다. 오, 절대 주인은 그렇게 하지 않습니다. 아무리 그 종이 일을 잘했다 해도, 종은 다른 사람의 일이 아닌 바로 자신이 해야 할 일을 했을 뿐입니다. 종은 자신이 해야 할 일을 했을 뿐이고, 주인은 이에 대해 그 종을 칭찬하거나 축하해야 한다고 생각하지 않습니다. 그리스도께서도 이와 똑같이 말씀하십니다. "이와 같이 너희도 명령 받은 것을 다 행한 후에 이르기를 우리는 무익한 종이라 우리가 하여야 할 일을 한 것뿐이라 할지니라"(눅 17:10). 우리에게 믿음을 더해 주는 이런 방식은 찬물을 어떤 사람의 등뼈에 부음으로써 그 사람을 강하게 하는 물 치료법(hydropath, 질병 치료나 통증완화의 목적으로 물을 사용하는 갖가지 치료기술이다 – 역주)을 생각나게 합니다. 종과 주인에 대한 이 비유는 우리의 참된 위치를 보여주고 있습니다. 그리고 우리의 봉사와 결부되는 가치가 얼마나 작은지도 잘 보여주고 있습니다. 이 말씀은 "오, 모든 사람들을 용서하는 것은 위대한 일이다. 내가 이 일을 행한다면, 나 또한 위대한 성인이 될거야"라고 생각하는 사람을 데려다가, "아니다. 설령 네가 그렇게 했다 해도, 너는 대단한 사람이 된 것이 아니다. 너는 네가 해야 할 의무를 행했을 뿐이다. 너는 세상에 두루 나가 나팔을 불면서 '나는 얼마나 대단한 순교자인가'라고 말할 이유가 없다. 너는 네가 해야 할 평범한 의무를 행했을 뿐이다"라고 말하면서 그 사람의 교만에 찬 물을 뿌리는 것입니다. 지금 저는 이 말씀으로 인해 제 믿음이 놀랍게 더 강해진 것 같습니다. 저는 제 영혼 안에서 다음과 같이 결심했습니다. 나의 주님이시며 선생님이신 당신께서 내게 행하라고 명하시는 어떤 일에 대해서도 "내가 능히 미치지 못하나이다"(시 139:6)라고 더 이상 말하지 않고, 이렇게 기도하겠습니다. "나의 주님, 내가 그 명령을 행하기까지, 내가 당신의 기준에 따라 살기까지 나에게 믿음을 더하소서. 당신의 은혜로 말미암아 설령 내가 그 명령을 행했다 해도, 당신께서 나를 위해 행하신 것을 생각하고, 내가 당신께 빚진 것을 생각하며, 내 안에 거하시는 당신의 복된 성령님의 능력을 생각하고, 당신께서 분명히 내게 주실 궁극적인 상(賞)의 그 풍성함을 생각하겠나이다. 그 상은 빚진 것이 아니라, 은혜로 말미암은 것이나이다. 내가 스랍처럼 열심을 가지고서 하늘의 성도들처럼 완벽하게 이 모든 일들을 행했다 해도, 이것은 너무나 작은 일일 것입니다. 나는 무익한 종이며, 이 일은 내가 해야 할 나의 의무일 뿐이라고 고백해야만 할 것입니다."

저는 이 설교가 지난 주일 설교의 속편(續篇)이 되어, 여러분이 지난 주일 설교를 실천 불가능한 것으로 여기지 않고 오늘 설교를 통해 힘을 얻으며, 나아가 여러분이 배운 것을 실천에 옮길 수 있도록 성령 하나님께 기도드립니다. 하나님께서 그리스도를 통해 여러분을 축복해 주시기를 기원합니다. 아멘.

제
65
장

—

그리스도를 위한 우리의 섬김은 결코 다함이 없다

—

"너희 중 누구에게 밭을 갈거나 양을 치거나 하는 종이 있어 밭에서 돌아오면 그더러 곧 와 앉아서 먹으라 말할 자가 있느냐 도리어 그더러 내 먹을 것을 준비하고 띠를 띠고 내가 먹고 마시는 동안에 수종들고 너는 그 후에 먹고 마시라 하지 않겠느냐 명한 대로 하였다고 종에게 감사하겠느냐 이와 같이 너희도 명령 받은 것을 다 행한 후에 이르기를 우리는 무익한 종이라 우리가 하여야 할 일을 한 것뿐이라 할지니라." — 눅 17:7-10

　　이 말씀은 일반 회중들에게 하신 말씀이 아닙니다. 여러분은 오늘 말씀이 속한 누가복음 17장이 "예수께서 제자들에게 이르시되"(눅 17:1)라는 말씀으로 시작되는 것을 볼 수 있습니다. 그들은 그리스도께서 하신 말씀이 너무나 무겁게 느꼈습니다. "사도들이 주께 여짜오되 우리에게 믿음을 더하소서 하니"(눅 17:5)라는 말씀에서도 알 수 있듯이, 제자들 가운데서도 아주 강한 믿음의 소유자들만이 그분의 가르침을 바르게 받을 수 있는 것처럼 보입니다. 바로 그 때, 그분께서는 이렇게 어려운 의무에 대해 설명하시고 또 하나의 독특한 길을 제시하셨습니다. 여러분은 다음의 사실에 주목하십시오. 즉, 그분은 지금 구원의 길을 세우고 있는 것이 아니라, 이미 구원받은 자들이 해야 할 섬김의 길을 제시하고 계신다는 사실입니다. 먼저 우리는 구원받아야 합니다. 그리고 그 이후에는 섬겨야 합니다. 구원을 얻기 위해 그리스도를 섬기기를 소망하는 것은 그릇된 생각이며, 교만한 우리 마음이 생각하는 망상입니다. 우리는 순수한 호의(好意) 차원인 그분의 은혜로 말미암아 구원을 받고, 그 이후에 우리의 위대한 동기가 되는 감사의 차원에서 그분을 섬기게 됩니다. 이것이 올바른 순서이며, 이 순서는 자기 의(自己義)와는 전혀 다른 것입니다. 그러므로 이 밤에 제가 드릴 말씀도 이미 제자가 된 이들에게 드리는 말씀입니다.

우리는 우리에게 요구되는 종의 모습을 보고서 뒤로 물러서서는 절대 안 됩니다. 우리가 우리 구세주의 종이 되도록 허락을 받았다는 것 자체가 우리의 최고 명예입니다. 그래서 우리가 실제로는 종도 아니면서 단지 이름뿐인 종이 되지 않으려면, 우리는 우리에게 요구되는 어떤 일에 대해서도 화를 내어서는 안 됩니다. 우리는 '종'이라는 단어가 가리키는 바를 가득 채워서 종이 어떤 사람인지를 세상에 보여주려고 해야 합니다. 평범한 갖가지 은(銀) 같은 말을 금(金) 같은 말로 바꾸는 것이 모든 기독교인의 의무입니다. 일반 사회에서 '남편'이나 '아버지'나 '아들'이 가리키는 바가 어떤 뜻이든 간에, 이 말들이 하나님의 교회에 들어오면, 그 단어들은 더 큰 어떤 의미를 지녀야만 합니다. 우리는 이 단어들의 의미를 채워야 합니다.

우리는 그 의미들을 가득 채워야 합니다. 우리는 현재 통용되는 그 의미 이상의 어떤 의미를 만들어야 합니다. 종이라는 단어도 이와 마찬가지입니다. 만약 우리가 그리스도의 종들이라면, 우리는 수학에서 말하듯이 n항까지(to the nth, 수학의 무한수열에서 구체적이지 않은 n번째항을 가리킨다 — 역주), 즉 가능한 최고의 수준에까지 이르는 종들이 되어야 합니다. 우리는 우리의 소명을 고양시키고 확장해야 합니다. 그래서 사람들이 종이 무엇인지를 알고 싶어 우리 주님이신 그리스도에게 물어본다면, 그리스도께서 우리를 가리키면서 "이들이 바로 내가 나의 사랑과 은혜로 낳은 종들이다. 돈으로는 이런 종을 살 수 없다. 그 어떤 품삯으로도 이들이 값없이 수종드는 이런 섬김을 얻을 수 없다"라고 말씀하실 그 정도의 종들이 되어야만 합니다.

여러분은 구원받았기에 종이 되었고, 또한 종이 되었기에 종이라는 단어가 의미하는 가능한 모든 의미 그대로의 종이 되고자 하는 강렬한 소망이 여러분에게 있다는 이 두 가지 사실을 여러분 마음에 간직하고서, 제가 우리 앞에 놓인 본문 말씀의 가르침들을 제시하는 동안, 여러분은 저를 잘 따라오기 바랍니다.

1. 우리는 그리스도의 종입니다.

첫 번째로 우리는 틀림없이 그리스도의 종들입니다. 둘로스(doulos)라는 헬라어 단어는 분명히 '노예'란 뜻입니다. 오늘 본문에서 둘로스가 '노예'로 번역되었다 해도, 우리는 예수 그리스도의 노예로 알려지기를 기꺼이 원합니다. 우리는 사도 바울처럼 노예의 낙인이 찍히는 것조차 거부하지 않습니다. 우리는 바울과 함께 감히 "이 후로는 누구든지 나를 괴롭게 하지 말라 내가 내 몸에 예수의 흔적을 지니고 있노라"(갈 6:17)라고 말하고 싶어합니다.

우리는 종입니다. 우리는 그리스도의 노예들입니다. 우리는 그렇게 되는 것을 기뻐합니다. 왜냐하면 죄의 속박으로부터 우리의 구원이 이 안에 있기 때문입니다. 그 어떤 사람도 진정으로 자신의 주인이 될 수 없습니다. 사람은 이 주인을 섬기든지 아니면 저 주인을 섬기든지 둘 중에 하나를 섬기기 마련입니다. 우리는 이렇게 의존적인 피조물이기 때문에 죄의 종이 되든지 아니면 의의 종이 되든지 해야만 합니다. 우리는 과거에 죄의 종들이었습니다. 우리는 "다른 이들과 같이 본질상 진노의 자녀"(엡 2:3)이었습니다. 우리는 우리 자신이 유전적 속박 가운데 태어난 것을 발견하였습니다. 또한 이 속박은 우리가 자유롭게 선택한 것입니다. 왜냐하면 낙인(烙印)을 찍는 인두가 우리 의지에 들어왔고, 우리 의지는 악한 격정과 부패한 욕망의 속박을 선택했기 때문입니다. 이렇든 저렇든 우리 각자의 형편은 다를지라도, 우리는 흑암권세의 종이나 노예가 되기로 결심하였습니다. 곧 지금 불순종의 아들들 가운데서 역사하는 영(엡 2:2) 말입니다. 그러나 지금 우리는 그리스도의 종이 되었기 때문에, 죄의 속박으로부터 해방되었습니다. 그분을 섬기는 것이 우리의 자유입니다. 흑암권세의 속박으로부터 우리가 해방되는 방법은 우리가 임마누엘(사 7:14)이시며 거룩함과 평강의 왕(사 9:6)이신 그분을 거룩하고도 복되게 섬기는 것입니다. 이 방법 외에 다른 방법은 없습니다. 그래서 우리는 그분의 종이 된 것을 기뻐합니다. 왜냐하면 그분의 종이 된다는 것은 옛 종살이로부터 해방, 즉 죄와 사탄을 섬기는 데서 해방되는 것을 의미하기 때문입니다.

우리가 그리스도의 종이 된다는 것은 **구속의 절대적인 결과**입니다. 우리는 값으로 산 것이 되었으니(고전 6:20), 우리는 우리 자신의 것이 아닌(고전 6:19) 것입니다. 골고다 언덕에 서서 우리의 구원과 영생이 흘러나오는 자줏빛 원천(源泉)을 놀라움으로 바라볼 때, 우리는 "한 사람이 모든 사람을 대신하여 죽었은즉 모든 사람이 죽은 것이라"(고후 5:14) 하신 말씀을 몸소 느낍니다. 예수 그리스도께서 거기서 우리를 그분의 귀한 보혈로 사셨으므로, 우리는 타인에게 양도될 수 없는 그분의 재산이며, 우리의 영과 혼과 몸(살전 5:23)이 그분에게 영원토록 속해 있습니다. 그러한 수치와 멸시의 상황 가운데서 그 값으로 그분께서 우리를 사셨으니, 우리는 그분의 것으로 영원무궁토록 속박되었습니다. 우리는 우리 자신의 것이 되기를 원치 않습니다. 그리스도께서 우리를 사신 것이 우리의 기쁨이며, 우리는 우리가 값을 매길 수 있는 것보다 더 한량없이 높은 가격으로 우리를 사신 그분에게 우리 자신을 기꺼이 내어놓습니다. 그러므로 우리의 섬김은 우리가 죄의 속박으로부터 해방되었다는 이 사실에 근거합니다. 이 사실 또한 우리가 그리스도의 보혈로 말미암아 구속받았다는 사실의 직접적인 결과입니다.

더 나아가 방금 여러분이 찬송하면서 제가 또 다른 한 가지를 깨닫도록 도와주었는데, 그것은 우리는 우리 자신의 서약으로 말미암아 그리스도의 것이 되었다는 사실입니다. 여러분은 여러분이 한 다음과 같은 선포를 기억할 것입니다.

> "다 이루어졌다! 그 위대한 거래.
> 나는 내 주님의 것이고, 그분은 나의 것."

여러분은 또 다른 결심을 여기에 추가하였습니다.

> "하늘 높은 곳에서 그 엄숙한 맹세 들리고,
> 갱신된 그 맹세 날마다 들리니,
> 인생의 마지막 순간에도 나는 머리를 숙이고,
> 죽음 가운데서도 그 사랑스러운 속박을 찬양하네."

만약 이 밤에 우리가 그리스도의 것이 아니라면, 우리는 우리 자신이 그리스도의 것이 되기까지 단 한 시도 안식할 수 없을 것입니다. 우리는 그분의 것이 되기를 원합니다. 우리는 완전히 그분의 것이 되기를 원합니다. 우리의 모든 생각이 그분께 사로잡히게 해 달라는 것이 우리의 기도제목입니다. 우리 영혼은 예수 그리스도 안에 있는 하나님의 뜻에 전적으로 순복함으로써 얻을 수 있는 완전한 자유를 갈망하고 있습니다. 사랑하는 성도 여러분, 그렇지 않습니까? 여러분은 하늘에 손을 들고서 서약하지 않았습니까? 그래서 이제는 취소할 수도 없는 것 아닙니까? 그리고 그보다 더한 것은, 취소하고 싶은 그 모든 바람이 이제는 여러분의 마음에서 중단되었다는 것 아닙니까? 만약 여러분이 나온 그 곳을 염두에 두고 있었다면, 여러분에게는 되돌아갈 기회가 아마 더 많았을 것입니다. 하지만 여러분은 그 너머의 어떤 것을 염원하고 있습니다. 여러분의 표어는 "앞으로, 위로, 집으로, 천국으로"(영국 신앙인인 존 에드워즈 트레자이즈[Mr. John Edwards Trezise]가 쓴 1834년 5월 13일자 일기 중에서 인용한 것으로, '존 에드워즈 트레자이즈 회고록'[Memoirs of Mr. John Edwards Trezise, 1837년] 144쪽에 나온다 — 역주)입니다. 여러분은 여러분이 나온 그 곳으로부터 벗어나기를 원합니다. 여러분은 그리스도에게 속해 있습니다. 이 밤에 여러분은 여러분이 그리스도에게 속해 있다는 기쁨을 누리게 될 것을 아주 놀라워하면서도, 스스로를 자책하고 있습니다. 여러분이 마음으로 즐겨 부르는 전체 찬송 중에서 다음과 같은 찬송보다 더 감미로운 찬송이 또 어디 있겠습니까?

> "나는 나의 사랑하는 이의 것이요,
>   나의 사랑하는 이는 내 것이라"(아 6:3, KJV).

여러분은 여러분의 가장 행복한 순간에 영혼의 고요함 가운데서 이러한 찬양을 하지 않습니까? 이러한 찬양을 한다면 여러분은 틀림없이 그리스도의 종입니다.

우리는 이러한 섬김을 하나님의 값없는 은혜로 말미암는 큰 은사로 여깁니다. 우리는 영원한 경륜을 되돌아봅니다. 창세 전에 예수 그리스도 안에서 우리를 택하사(엡 1:4) 그분의 귀한 아들을 우리에게 주신 아버지를 우리는 봅니다. 그분께서 나타나시는 날에 아버지 앞에 흠 없이 우리를 제시하시겠다고(유 1:24, KJV) 약속하신 우리 주 예수님도 우리는 봅니다. 지금 우리는 그리스도의 재산입니다. 하나님께서 이 일을 기뻐하셨기 때문에 그렇게 되었습니다. 이 사실을 우리가 느끼는 것이 바로 우리에게 큰 기쁨입니다. 하나님께서 이를 명하셨고, 이에 대한 계획을 세우셨습니다. 우리가 그리스도에게 속해 있다는 이 사실은 변함없는 은혜의 목적과 언약 가운데 있었습니다. 우리는 이 사실을 기뻐합니다. 부과된 속박이 아니라 주어진 은혜로서 말입니다. 오, 수년 전에 우리가 우리 자신에 대해 각성을 하고 그리스도에게 속하기를 바랐더라면, 우리는 무언가라도 바치려고 하지 않았겠습니까? 그런데 지금은 우리가 다른 분의 것이 아니라 그분의 것이며, 그분께서 끝날까지 우리를 지키실 것을 알기에, 우리가 그분의 것이라는 이 사실이 우리 영혼의 최고의 기쁨이 됩니다. 사랑하는 성도 여러분, 우리가 그리스도의 노예가 되기로 순복했다고 해서 우리 자신의 품위가 떨어졌다고 생각하는 사람이 혹시 있습니까? 우리는 그 속박이 가능한 한 더 죄어지기를 바라고 있습니다. 우리는 하나님의 뜻이라는 거룩한 영역을 뛰어넘어가고자 하는 그 어떤 의지나 바람이나 상상조차도 하지 않기를 원합니다. 우리는 전적으로 그분의 것이 되기를 원합니다. 이것이 우리의 명예이며, 우리의 면류관이며, 이것이야말로 하나님께서 우리에게 주시는 최고의 은사입니다.

더 나아가 그리스도를 섬기는 것 그 자체가 상이라는 사실도 우리는 알게 됩니다. 그분께서 나에게 미소를 지어주지 않으신다 해도 어떻습니까? 내가 그분을 섬기도록 그분께서 허락만 해주셔도, 저는 그렇게 섬길 수 있다는 그 사실을 그분께서 지어주시는 미소로 여길 것입니다. 그분께서 그분이 계시는 곳에서 나를 인도하시어 내가 그분께 영광 돌릴 수 있도록 허락만 해주셔도, 저는 그 허락을 나의 천국으로 삼고서 만족하겠습니다. 그리스도에게 영광 돌리며 온전히 하나님을 위해 헌신하며 살아간다면, 구속받은 피조물의 하나로서 이보다 더 큰 무슨 행복을 바랄 수 있겠습니까? 그분의 신발 끈을 풀거나 그분의 농장에 일꾼으로 일하거나, 아니면 오늘 본문에 나오는 말씀같이 밭을 갈거나 양을 친다 해도, 이 모든 일들이 그분을 위한 일이며 또 우리가 이 일들을 하도록 허락해 주시기만 한다면, 이것 자체로 우리에게는 충분한 상이 됩니다.

이 외에도 의인을 위해 예비해 놓으신 풍성한 상이 있습니다. 우리는 이 상을 찾을 수 있습니다. 우리는 모세가 얼마나 "상으로 보답해 주시는 일에 주목"(히 11:26, KJV)하였는지를 기억하고 있습니다. 우리는 어떤 사람에게 고용되지 않고서는 우리의 상을 기대할 수 없습니다. 하나님께서는 그의 백성들이 무보수로 일하도록 하지 않으실 것입니다. 비록 그 상이 빚진 것으로 주어지는 것이 아니라 은혜로 주어지는 것이라 해도, 의인들에게는 진정으로 상이 있습니다. 그리스도께서 그의 아버지의 영광으로(마 16:27) 오실 그 날에, 그분께서는 그의 성도들에게 그들에게 맞는 몇 가지 면류관을 상으로 주실 것입니다. 신실했던 사람들에게 그분은 그들의 신실함의 정도에 따라 상을 주실 것입니다. "네가 적은 일에 충성하였으매 내가 많은 것을 네게 맡기리니"(마 25:21)라는 말씀대로 말입니다. 우리는 우리가 세속적인 봉사가 아니라, 거룩한 섬김을 하고 있다는 것을 고귀한 명예로 생각합니다. 어떤 젊은이들은 '정부(政府)를 위해' 일하는 한 자리를 얼마나 열심히 갈망하는지 모릅니다. 이것이 정확히 제가 가진 바로 그 자리입니다. 즉, 하나님의 모든 자녀들은 거룩한 정부를 위해 일하는 한 자리를 가지고 있습니다. 우리는 이보다 더 좋은 어떤 자리를 원하지 않습니다.

　오, 거룩하게 된 성도 여러분, 우리가 여러분의 보좌들 가운데 가서 여러분의 발치에 눕는다 해도, 우리는 다른 선택을 하지 않을 것입니다. 왜냐하면 우리는 우리 주님의 얼굴을 보기 원하기 때문입니다. 그리스도의 부엌에서 설거지를 하는 것이 우리의 운명이라 해도, 우리는 그 일을 가장 명예로운 일로 여길 것이며, 우리는 그 일을 그분께 희듯 할 것입니다. 이처럼 그리스도를 위한 종 노릇은 우리에게 이루 말할 수 없는 자유입니다. 그리스도께서 우리를 속박하시기까지 우리는 결코 자유롭지 않습니다. 이 밤에 저는 여기에 서 있고, 그분은 제 마음을 묶으시며, 제 마음을 그분과 함께 단단히 동여 매셨습니다. 그분은 제 손을 묶으셨습니다. 그래서 이 손들이 그분을 섬길 수밖에 없습니다. 그분께서는 제 발을 묶으셨습니다. 그래서 이 발들은 그분의 명령에 따라 그 길을 달려갈 수밖에 없습니다. 그분께서는 또한 제 혀를 묶으셨습니다. 제 혀는 때로 엉뚱한 말을 하기도 하지만, 그래도 오직 전적으로 그분을 위한 말을 하기를 갈망합니다. 나의 주님, 제 눈과 제 눈꺼풀도 묶어 주옵소서. 나의 본성의 모든 것과 내 몸의 모든 신경조직과 근육들과 내 머리의 모든 머리카락까지도 묶어 주옵소서. 그래서 제가 절대적으로 당신에게 속박되어 온전히 당신의 것이 되게 하옵소서. 그래서 제가 "오 주여, 진실로 나는 주의 종이요, 주의 종 곧 주의 여종의 아들이니이다. 주께서 나의 결박을 푸셨나이다"(시 116:16)라고 외치게 하옵소서. 이 시편 기자의 고백처럼 그리스도로 말미암아 우리가 그분을 섬기는 절대적인 종이 되었다는 사실을 두 번씩이나 언급하지 않고서는, 우리는 우리의 결박을 결코 풀지 않았을 것입니다.

이것이 오늘 본문 말씀에 대한 저의 첫 번째 설명입니다. 이 안에는 많은 것들이 들어 있습니다. 우리는 틀림없이 그리스도의 종들입니다.

2. 우리의 섬김은 다함이 없습니다.

두 번째로, 우리의 섬김은 다함이 없습니다. "너희 중 누구에게 밭을 갈거나 양을 치거나 하는 종이 있어 밭에서 돌아오면 그더러 곧 와 앉아서 먹으라 말할 자가 있느냐?"라는 말씀을 가지고 살펴보겠습니다.

먼저 우리의 섬김은 길고도 고될 수 있다는 사실입니다. 우리는 다들 밭을 갈아보았을 것입니다. 여기 있는 여러분 중에 어떤 사람들은 아주 열심히 온 힘을 다해 밭을 가는 이도 있을 것입니다. 그들은 말하자면 굳은 땅을 부수는 것이 아니라, 쟁기를 부숴 버릴 정도로 열심히 밭을 가는 사람들입니다. 자주 있는 일이지만, 밭을 갈기 위해 거는 멍에에 익숙하지 않은 소들은 몰기가 아주 힘들기도 하고, 멍에에 익숙해진 어떤 소들은 드물지 않게 여러분을 걸어차기도 합니다. 여러분도 알다시피 밭을 가는 일은 노는 것이 아닙니다. 제가 분명히 말씀드리지만, 밭을 갈면서 누구도 놀며 하지 않습니다. 밭을 갈아본 사람은 이 일이 힘든 일인 줄 알고 있습니다. 어떤 사람들은 밭을 가는 일을 하면서 생계를 아주 잘 꾸려가기도 합니다. 하지만 만약 자신의 급료에 대해 불평하는 런던에 살고 있는 몇몇 신사들이 밭 가는 일을 하고서 그에 대한 보수를 받아본다면, 제가 장담하건데, 그들은 현재 런던에서 자기가 하고 있는 일이 훨씬 낫다고 생각할 것입니다. 하루 온 종일 밭을 가는 일은 사람이 하루 종일 할 수 있는 일 중에서 아주 힘든 일에 속합니다.

어쨌든, 우리 중에 어떤 사람들은 밭을 갈고 있을 수도 있습니다. 왜냐하면 주님께서 우리에게 고난을 주셨기 때문입니다. 주님께서 우리에게 시련을 주셨습니다. 주님께서 우리에게 걱정거리들을 주셨습니다. 그리고 우리에게는 돌봐야 할 양들도 있습니다. 제 경우에는 글자 그대로 제가 양을 쳐 보았다고는 말할 수 없을 것 같습니다. 하지만 여러분 같은 이들을 돌보는 것이 양 떼들을 치는 것보다 더 힘든 일이라는 것을 저는 알게 되었습니다. 제가 오래 전부터 알고 지내던 연세 많은 한 분이 계신데, 그분은 40세까지 목동 일을 하셨고, 현재 나이는 80세이십니다. 그분의 생애 중 후반기 40년은 목회자로 사셨습니다. 그분이 하루는 이렇게 말씀하셨습니다. "나는 두 개의 양 무리들을 쳐 보았습니다. 처음 사십 년간 저는 동물 양 떼를 쳤고, 다음 사십 년은 인간 양 떼를 쳐보았습니다. 그런데 이 둘째 무리들이 첫째 무리들보다 더 어리석은 양 떼들이었습니다." 저는 이 둘째 양 떼에 대해서는 장담할 수 있습니다. 물론 여러분 같은 모든 양들이 어리석은 것은 아닙니다. 왜냐하면 여러분 가운데는 돌보기 쉬운 양들도 있기 때문입니다. 하지만 그렇지 않은 양들도 있습니다.

저는 한 젊은 형제를 기억하고 있습니다. 그는 자신의 이로 뼈를 씹을 수 있는데도 불구하고, 제가 뼈를 몇 조각 주지 않았다고 말하면서 교회를 떠난 청년입니다. 그런데 지금 제가 아무리 생각해봐도, 제가 뼈를 발라내고서 살코기만을 그에게 준 것은 제가 할 수 있는 최선의 일이었습니다. 이 어리석은 청년은 자기가 소화해낼 수 있는 물렁뼈 몇 개를 원한 것이 아니라, 소화해내지도 못할 어떤 것들을 원했습니다. 저는 그에게 그가 소화하지도 못할 단단한 뼈들을 많이 줄 수도 있었습니다. 그런 것들은 저희 집에도 많이 있습니다. 하지만 저는 그 먹지 못할 뼈들은 제가 키우는 개들을 위해 남겨두고, 제가 돌봐야 하는 성도들을 위해서는 고기를 가져다주었습니다. 여러분은 모든 사람을 절대로 기쁘게 할 수 없습니다. 사람들 중에는 시편 107편에 기록된 그런 사람들도 있습니다. 제 생각에 다윗은 그들을 보고 바보라고 말했을 것 같지만, 저는 그렇게 말하지 않겠습니다. 다윗은 이들에게 대해 "그들의 영혼은 온갖 음식물을 몹시 싫어하매"(시 107:18, KJV)라고 말했습니다. 그런 자들에게는 먹일 음식이 없었습니다. 저는 그런 자들을 먹이기보다는 차라리 양들을 먹이겠습니다. 양들은 여러분이 주는 것들을 먹습니다. 그것이 일반적입니다. 하지만 사랑하는 성도 여러분, 우리 회중들 가운데는 하나님의 약속으로 배부르기를 두려워하고 심지어는 생명의 떡(요 6:48)조차 먹기를 두려워하는 자들이 있습니다. 그들은 하나님의 약속이나 생명의 떡, 이런 것들이 가치 없는 것들이라고 말합니다. 정말 그렇게 말합니다. 이런 무리를 먹이는 일, 다시 말해 이런 인간들을 먹이는 일은 세상에서 제일 쉬운 일이 아닙니다.

본문 말씀은 우리의 섬김은 그 형식이 변할 수 있다는 사실도 가르쳐 줍니다. 여러분 가운데 어떤 이들은 주일학교 사역을 하였습니다. 다른 이들은 빈민가 사역을 하였습니다. 또 어떤 이들은 길거리에 서서 그리스도를 전하기도 했습니다. 여러분은 하루 온 종일 밭을 갈고 양을 쳤습니다. 그러나 그것으로 여러분이 해야 할 일을 다 한 것은 아닙니다. 오, 절대 다 한 것이 아닙니다! 우리 주님께서 언급하신 그 사람은 하루 종일 들에 나가 일하다가 집에 돌아와서는 옷매무새를 단정히 하고 집안일을 거들었습니다. 왜냐하면 동양에서는 종이 들판에서 밭을 갈고 난 후에는 집에 돌아와 허리띠를 띠고 자기 주인의 식사를 준비하고 주인의 식탁에서 시중을 들어야 했기 때문입니다. 자, 보십시오. 사랑하는 성도 여러분, 하루 온 종일 일을 하고 난 후에는 여러분이 해야 할 일이 바뀌게 됩니다. 어쨌든 여러분은 계속해서 일을 해야 할 것입니다. 여러분이 감당해야 할 섬김이 아직 다 끝난 것이 아닙니다. 여러분이 사십 년간 그 일을 했습니까? 잘 했습니다. 사십 년은 참으로 긴 세월입니다. 하지만 아직은 여러분이 해야 할 일을 다 한 것이 아닙니다. 여러분이 해야 할 또 다른 어떤 일이 있습니다. 만약 여러분이 밖에 나가서 밭을 갈 수 없다면, 여러분은 부엌으로 내려가 주방 일을 해야 합니다. 그리고 만약 여러분이 양들을 칠 수 없다면, 여러분은 여러분의 주인이 먹을 음식을 위해 시중들어야 할 것입니다. 이것이 바로 여러분이 해야 할 일의 변화입니다. 여러분은 살아 있는 한 계속해서 일을 해야 합니다. 제가 말씀드리지만 저는 주일 아침만 되면 두렵습니다. 제가 더 이상 설교를 할 수 없게 되지 않을까 두렵습니다. 다시 말해, 제가 질병으로 드러눕게 되어 설교를 다시는 할 수 없게 되지 않을까 두려워한다는 뜻입니다. 제게 그런 일이 지금 일어나지 않았으면 좋겠습니다. 어떤 사람들은 제가 더 이상 설교하지 않고 곧 은퇴할 것이라고 말하기도 합니다. 저는 네 사람이 그들의 어깨에 저를 메고서 무덤으로 내려갈 그때 '은퇴'할 것입니다. 그 전까지 저는 하나님의 은혜로 결코 은퇴하지 않을 것입니다!(스펄전은 1889년에 본 설교를 하였고, 3년 후인 1891년 6월 7일에 마지막 설교를 하였으며, 그 이듬해인 1892년 1월 31일 지중해 휴양마을인 망통[Mentone]에서 임종하였다. 본 설교는 스펄전 사후 태버너클[Tabernacle] 교회의 후임이 된 그의 아들 톰[Thomas Spurgeon, 1856-1917]에 의해 1893년 11월 12일 주일에 읽혀지기도 하였다 - 역주). 우리의 육체에 호흡이 있는 한, 그리고 그리스도를 위해 한 마디라도 말할 수 있는 한, 우리는 분명히 우리의 섬김을 절대로 포기하지 않을 것입니다. 여러분 가운데 누구라도 주님의 사역에서 은퇴하는 것에 관해 절대로 말하지 말기를 저는 소망합니다. 여러분 가운데 젊은이들에게 말합니다. 혹시라도 은퇴에 관해 생각하고 있다면, 저는 여러분에게 다음과 같이 권면합니다. 요나가 주님의 일에서 '은퇴'했을 때, 그에게 어떤 일이 일어났는지를 기억해 보십시오. 요나를 위한 도구로 쓰인 고래들은 요나 때보다 지금 훨씬 더 희귀합니다! 여러분이 건강하고 힘이 있는 한, 여러분은 니느웨로 내려가서 주님의 사역을 부지런히 감당하는 것이 낫습니다. 섬김에 변화가 있을 수는 있어도, 섬김에서 은퇴란 있을 수 없습니다.

다음으로 그 종은 좀 더 주의가 요구되는 섬김을 하게 되었습니다. 종이 밭을 갈거나 양을 치는 일을 할 때는 손도 씻지 않은 채 대강 할 수 있었습니다. 하지만 지금은 자기 주인의 식탁에서 시중을 들어야 합니다. 그 종이 자신을 얼마나 말쑥하게 하고 자기 손과 발을 깨끗이 씻었을지 여러분은 보이지 않습니까? 만약 그 종의 옷이나 접시에 더러운 것이 묻어 있었다면, 그는 아마도 주인을 제대로 시중들지 못했을 것입니다. 그래서 그는 자기에게 있는 모든 재주를 다해 이 섬김을 감당했습니다. 그는 주인을 시중들면서 절대로 졸지 않았습니다. 주님께서 여러분을 그의 몸된 교회의 종으로 부르시어 그분 가까이에서 그분과 아주 친밀한 교제를 나누며 시중들게 하신다 해도, 그리고 그분께서 여러분에게 인간 영혼들을 위한 더 많은 일들뿐만 아니라 하나님의 교회를 위해서도 더 많은 일들을 그분의 마음에 원하시는 대로 많이 맡기시고 여러분을 좀 더 고귀한 섬김을 위해 부르신다 해도, 여러분은 여전히 종이라는 사실을 기억해야 합니다. 여러분은 예전보다 더욱더 주의하고 더욱더 종 된 자세로 일함으로써, 여러분이 여전히 종이라는 사실을 증명해 보여야 합니다.

사랑하는 성도 여러분, 우리의 섬김이 다함이 없다는 이 사실이 우리에게 다행이지 않습니까? 주님을 섬기는 우리의 일이 왜 끝이 나야 합니까? 우리 주님에 대한 우리의 의존은 절대로 끝나지 않습니다. 우리는 그분의 양초에 불을 붙이고, 그분의 사역을 감당해야 합니다. 매일 아침 식사와 날마다 대하는 음식들은 그분께서 우리에게 주시는 은사이며, 우리의 등에 걸친 옷들은 그분을 섬기는 종들이 입는 제복입니다. 그러므로 우리는 계속해서 그분을 섬겨야 하지 않겠습니까? 여러분이 그리스도 없이 행할 때, 그리스도 또한 여러분 없이 행하실 수 있습니다. 그러나 이런 일들이 "곧"(눅 17:7, KJV) 일어나지는 않을 것입니다. 여러분은 항상 그분께서 주시는 일상의 은혜에 의존하고 있습니다. 그러므로 여러분의 섬김이 아직 끝나지 않은 것에 대해 감사하십시오.

그리고 이 사실 또한 기억하십시오. 우리의 섬김이 끝나지 않았다는 것은 복된 일입니다. 왜냐하면 주님께서 여전히 그의 종들을 기뻐하신다는 사실을 오늘 본문 말씀은 보여주고 있기 때문입니다. 여러분과 제가 끊임없이 드릴 수 있는 한 편의 시가 된 기도가 있습니다.

"주님, 당신을 섬기지 못하게 저를 해고하지 마옵소서."
(린치[Lynch, Thomas Toke, 1818-1871], '주님, 당신을 섬기지 못하게 저를
해고하지 마옵소서' [Dismiss me not Thy service, Lord] 1절 — 역주).

만약 그분께서 우리를 해고하시면서 "가서 앉아 먹으라, 나는 너를 더 이상 원치 않는다. 네가 돌봐야 할 불쌍한 자녀들이 내게는 없다. 네가 칠 양들도 더 이상 내게는 없다. 네가 네 품에 안고서 돌볼 어린 양도 내 양 무리들 가운데는 없다"고 말씀하셨다고 상상해 보십시오. 이 말씀은 그분께서 예전에 하시던 것과는 달리, 더 이상 만족하게 하시는 사랑으로 우리를 사랑하지 않으시고, 우리를 그렇게 기뻐하지 않으신다는 사실을 보여주는 것입니다. 하지만 우리가 해야 할 일을 그분께서 우리에게 주시는 한, 우리는 그 일을 감사함으로 행할 것입니다. 왜냐하면 우리는 그분께서 여전히 우리를 기뻐하신다고 생각할 것이기 때문입니다. 그래서 우리를 기뻐하신다는 표시로 그분께서 우리가 그분을 위해 해야 할 어떤 일을 우리에게 주신 것으로 우리는 여기게 됩니다. 이것이 바로, 우리의 섬김이 아직 끝나지 않았다는 사실에 대한 저의 두 번째 요지입니다.

3. 우리는 대접 받기를 원하지 않습니다.

이제 세 번째로, 우리는 다음 말씀과 같은 대접을 받기 원하지 않습니다. "너희 중 누구에게 밭을 갈거나 양을 치거나 하는 종이 있어 밭에서 돌아오면 그더러 곧 와 앉아서 먹으라 말할 자가 있느냐?"

이 말씀은 종의 섬김이 끝났다는 것을 보여주고 있습니다. 그러나 우리는 우리 주님께서 우리를 그렇게 대우하지 않기를 원하고 있습니다. 제가 드리는 말씀은 이런 뜻입니다. 즉, 우리는 시련으로부터 벗어나기를 기대하지 않는다는 것입니다. 여러분도 그렇습니까? 우리는 극심한 시련을 겪었지만 놀랄 정도로 승리한 아브라함의 이야기를 읽다가 이런 말씀에 직면하게 됩니다. "이 일들 후에 하나님께서 아브라함을 시험(즉, 시련 혹은 시험)하시려고"(창 22:1, KJV). 그렇습니다. 여러분이 수년 동안 섬김을 다 한 후에, 또 여러분이 많은 영혼들을 그리스도께 인도하며 영광을 돌린 후에도, 여러분은 여전히 시련을 받게 될 것입니다. 그분께서 "와 앉아서 먹으라"고 결코 말하지 않으실 것입니다. 오히려 그분께서는 여러분에게 띠를 띠고 와서 그분을 섬기라고 명하실 것입니다.

　　그리고 사랑하는 성도 여러분, 우리는 이 땅에서 영광받기를 기대해서는 안 됩니다. 수년간 복음을 전한 후에, 사람들은 스스로에게 이렇게 말하려는 유혹을 받게 됩니다. "나는 이름을 얻었고, 사람들 가운데서 어떤 명성을 얻었다. 나는 이 명성을 소중히 여겨야 한다." 이것이 바로 사탄으로부터 오는 유혹입니다. 모든 것을 떨쳐 버리십시오. 여러분의 주님을 섬길 뿐, 여러분의 명예나 평판에 대해서는 전혀 신경 쓰지 마십시오. 왜냐하면 그분은 여러분에게 "와 앉아서 먹으라"고 말씀하지 않으셨기 때문입니다. 만약 그분께서 여러분을 부르셔서 그분의 진리를 변호하거나 선포하는 일로 그분을 섬기라고 명하신다면, 여러분은 그분께 수년간 수고한 여러분을 일반 사람들과는 달리 대우해 달라고 요구하지 마십시오.

　　그러므로 우리는 더 이상 할 수 있는 일이 아무것도 없다고 생각해서는 안 됩니다. 저는 오늘 밤 이곳에 와서 "아무리 생각해 봐도, 이제 나는 이 섬김을 포기해야겠어. 이 일을 포기해야겠어"라고 말하는 기독교인들에게 말씀드리는 것일지도 모릅니다. 절대로 그렇게 생각하지 마십시오. 제가 여러분을 위해 기도하겠습니다. 여러분의 귀한 생명이 다하는 날까지 그 일을 굳게 잡으십시오. 주님에 대한 여러분의 의무는 군인의 복무기간처럼 오년 동안만의 섬김이 아닙니다. 여러분은 평생토록 그분의 것입니다.

　　여러분은 평생토록 그분에게 속박되어 있으며, 여러분의 타고난 전 생애 동안, 아니 여러분의 영적인 전 생애 동안 여러분은 여러분의 주님이신 그분의 행복한 견습생들입니다. 여러분은 더 이상 할 수 있는 게 없다고 말하지 마십시오. 여러분이 할 수 있는 일이 아직도 많이 남아 있습니다. 어떤 일이든 난관을 뚫고서 다시 새롭게 시작해 보십시오. 그러면 여러분은 더 많은 것을 얻게 될 것이고 그분께서 그것들을 알아주실 것입니다. 여러분이 지금까지 한 번도 해 보지 않았던 것을 시도해 보십시오. 마치 별것 아니던 몇 개의 쇳조각이 불에 들어가 여러분이 결코 만들 수 없었던 어떤 새로운 도구가 거기서 만들어질 수 있는지 없는지를 살펴보십시오. 여러분의 주님을 더욱더 섬기는 일에 여러분 스스로 집중하십시오. 그리고 여러분이 할 일을 다 했다고 절대로 그렇게 생각하지 마십시오.

　　그리고 사랑하는 성도 여러분, 우리는 이 땅에서 우리의 상을 찾으려고 해서는 안 됩니다. 만약 여러분이 요단 강 이편에서 천국을 가지려고 한다면, 여러분은 크게 실수하는 것입니다. 천국은 이후에 있는 것입니다. 천국은 '곧' 있는 것이 아닙니다. 이 땅은 전쟁을 하는 장소입니다. 여러분의 칼을 뽑으십시오! 이 땅은 수고하는 들판입니다. 여러분의 쟁기를 손에 쥐십시오! 만약 여러분이 천국에 가서 주님을 위해 여전히 좀 더 일하고 싶다는 소망이 생긴다면, 여러분은 이 땅으로 다시 와서 주님을 섬기고 싶어할 것입니다. 저와 여러분이 천국에 갔을 때, 거짓 교리가 이 땅에 퍼지는 것을 우리가 알게 된다면, 우리는 이 땅으로 되돌아와서 그 원수들을 다시 대적하기를 갈망할 것입니다. 이러한 바람이 천국에서 허용된다면 말입니다. 우리는 많은 영혼들이 지식이 없어 망하는(호 4:6) 것을 보고 있기에, 우리 가운데 그 누구도 이 땅을 떠나고 싶어하지 않습니다. 구원의 길이 필요하며 우리에게서 그 도리를 듣고 싶어하는 자들이 있는 한, 우리는 우리의 일들을 기쁜 마음으로 계속해 나아갑시다. 사랑하는 성도 여러분, 우리에게 기회 있는 대로(갈 6:10) 하나님을 섬기도록 합시다.

> "온전하게 된 하늘에 있는 성도들과
>   거룩한 천사들도 할 수 없는
>   그 사역을."

지금은 우리가 복음을 전할 시간입니다. 지금은 여러분이 자녀들을 가르칠 시간입니다. 우리가 일단 영광 가운데 들어가게 되면, 우리는 칠층천(seven heavens, 유대교의 탈무드와 외경 등에 따르면, 우주는 일곱 개의 하늘로 이루어져 있다고 한다 – 역주) 어느 곳에서도 강단에 서서 복음을 전하지 않게 될 것입니다. 우리의 바람 역시 거의 이와 같습니다. 여러분에게는 지금 병든 자와 함께 기도하고, 무지한 자녀들을 가르칠 수 있는 기회가 있습니다! 일단 여러분이 다른 세상에 들어가게 되면, 여러분은 그런 기회를 갖지 못할 것입니다. 그러므로 여러분이 이 땅에 있는 동안 여러분이 가진 그 황금 같은 시간을 선용하십시오. 여러분의 섬김은 아직 끝나지 않았습니다. 그러므로 여러분의 섬김이 마치 끝난 것처럼 그렇게 대우받기를 원하지 마십시오. 사람들로부터 명예를 구하지 마십시오. 하나님으로부터도 명예를 구하지 마십시오. 그리스도의 귀한 목적을 위해, 더 이상의 비난과 고난과 수치를 면하기 위한 것이라면, 명예를 구하지 마십시오. 우리가 그분을 섬기면 섬길수록, 우리는 그분을 위해 모든 것을 바칠 결심을 더욱더

하게 됩니다. 처음으로 우리가 모든 것을 바치기 시작했을 때, 우리는 어떤 것은 남겨 두려는 생각을 하기도 했습니다. 하지만 지금 우리는 헌신의 강으로 너무 깊이 들어와 있어서 "헤엄칠 만한 물"(겔 47:5)을 발견하게 되었습니다. 그래서 우리는 진정으로 다음과 같이 말할 수 있습니다.

> "비록 내가 어떤 것을 남겨 두려 해도,
> 그렇게 하는 것이 본분이 아니기에,
> 나는 아주 큰 열심을 가지고 내 하나님을 사랑하고
> 그분에게 모든 것을 드리나이다."

여러분이 이 찬송을 부를 뿐만 아니라, 그 의미를 여러분이 이해하고, 그리스도를 위해 그것을 실천하기를 기원합니다!

4. 우리는 가장 먼저 주님을 모셔야 합니다.

이제 한 걸음 더 나아가고자 합니다. 우리는 항상 우리 주님을 맨 앞에 모셔야 합니다. 우리는 종들입니다. 그리고 우리가 해야 할 일은 아직 끝나지 않았습니다. 그 일이 다 끝났다 해도, 우리는 대우받기를 원하지 않습니다. 우리는 우리 마음대로 앉아 음식을 먹어서도 안 됩니다. 우리는 우리 주님께서 다음과 같이 하시는 말씀을 들어야 합니다. "내가 저녁 식사를 하도록 띠를 띠고서 준비하여라. 그리고 내가 다 먹고 마실 때까지 나를 시중들어라. 내가 다 먹고 마신 이후에 너는 먹고 마실 수 있다." 저는 이 요지들에 대해 아주 서둘러 몇 가지 말씀을 드리겠습니다.

첫째, 우리는 휴식보다 섬기는 것을 더 좋아해야 합니다. 섬김은 우리 주님에게 식사를 대접하는 것이고, 휴식은 우리 자신이 새 힘을 얻는 것입니다. 만약 우리가 이 두 가지 중에서 선택을 해야 한다면, 우리는 그분에게 가장 큰 영광을 돌릴 수 있는 것을 항상 선택해야 합니다. 그분의 영광을 위해 휴식이 필요하다면, 휴식하십시오. 하지만 죽기까지 계속해서 활동함으로써 그분을 더 잘 섬길 수 있다면, 섬기는 쪽을 택하십시오.

둘째, 우리는 우리 자신의 기쁨보다 그분의 기쁨을 앞세워야 합니다. 나는 내가 원하는 것을 원해서는 안 되고, 그분을 기쁘시게 하는 것을 원해야 합니다. 그분을 기쁘시게 할 기회를 갖는 것이 우리에게 항상 기쁨이 되어야 합니다. 복된 자들이 아브라함에게 호의를 베풀기 위해 방문하였을 때, 아브라함은 급히 가축 떼 있는 곳으로 달려가서 기름지고 좋은 송아지를 잡아(창 18:7) 찾아온 그들을 대접하지 않았습니까? 우리가 그리스도에게 음식을 대접하고 그분께서 다 먹고 마시기까지 시중들도록 허락받을 때, 그 때가 바로 우리에게 엄청난 명예가 주어지는 때가 아니겠습니까! 제가 무릎을 꿇고서 내 주님을 시중들면서 고귀한 명예를 갖게 되다니, 저는 도저히 상상도 못할 일입니다. 만약 그분께서 저희 집에 오시기만 한다면, 도대체 제가 그분을 위해 무엇을 못하겠습니까? 자주 말씀드린 바와 같이 우리의 인생 전체가 우리의 복된 왕이신 그리스도를 대접하는 삶이 되어야 합니다. 우리는 그분을 기쁘시게 하고, 인간 영혼들의 구원에 목말라 하시는 그분께 마실 것을 드려야 하며, 그분께서 좋아하시는 음식, 즉 그분의 백성들의 성결과 헌신을 받으시도록 우리는 항상 애를 써야 합니다. 그분의 기쁨을 우리의 기쁨보다 앞세워야 합니다.

셋째, 우리 자신보다 그분의 백성을 더 중시해야 합니다. 그분의 백성은 그분의 몸입니다. 그러므로 여러분 자신의 몸보다 그분의 몸에 대해 더 많이 생각해야 합니다. 불쌍한 성도들이 여러분의 마음에 더 가까이 있도록 하십시오. 어떤 사람에게서 그리스도의 모습을 보았다면, 그 사람을 사랑하십시오. 왜냐하면 여러분도 주님을 보고서 주님을 닮아가고 있기 때문입니다. 항상 그리스도의 백성을 여러분 자신보다 앞세우십시오.

넷째, 그분의 이름을 여러분 자신의 이름보다 앞세우십시오. 저는 여러분이 이 점에 대해서 곰곰이 생각해 보았으면 합니다. 우리 가운데는 우리 자신의 체면을 고상하게 유지하기 원하는 경향이 항상 있습니다. 그래서 만약 우리가 목회자라면 우리 자신의 이름을 높이려는 경향이 있습니다. 특별히 교단을 설립하면서 자기 이름을 보존하려는 데서 이런 유혹에 빠지게 됩니다. 휫필드(George Whitefield)는 그런 유혹에서 벗어난 사람이었습니다. 어떤 사람들이 그의 이름을 딴 한 새로운 교파를 세우기를 원할 때, 그는 "안 됩니다. 제 이름은 쇠하여야 하고, 그리스도의 이름이 영원토록 흥해야 합니다"라고 말했습니다. 저도 마찬가지로 말씀드립니다. 교파도 사라지게 하고, 제 이름도 없어지게 하고, 모든 것이 다 사라지게 하십시오. 오직 그리스도와 그분의 진리만이 유지되게 하십시오.

낟알 한 개 무게의 그리스도의 영광과 일 톤이나 되는 여러분 자신의 영광 사이에서 절대로 계산하지 마십시오. 여러분이 가진 모든 것은 이미 없어졌으며, 여러분 자신도 산 제물(롬 12:1)로서 여러분의 주님께 전적으로 드려진 바 되어 없어졌다고 항상 생각하십시오. 만약 여러분이 만물의 찌꺼기(고전 4:13)와 거름더미 위의 쓰레기처럼 되어서라도, 예수 그리스도께서 영광 받으시고 그분이 가지신 진리의 모든 부분들이 인간 마음속에서 드높여진다면, 그렇게 하십시오. 이것이 바로 오늘 본문 말씀의 의미입니다. 여러분은 아직 앉아 먹어서는 안 됩니다. 여러분은 띠를 띠고 여러분의 주님을 섬겨야 합니다. 진정으로 '곧' 여러분도 영광스럽게 먹고 마실 수 있게 될 것입니다. 오늘 본문과 동일한 복음서에 저를 종종 놀라게 하는 말씀이 있습니다. 즉, 주인이 띠를 띠고, 자신을 위해 띠를 띠고 섬긴 그 종들을 자리에 앉히고 나아와 수종들겠다(눅 12:37)고 하신 그리스도의 말씀이 바로 그것입니다. 여러분을 위해 예비된 최고의 상이 여러분으로 하여금 여러분이 살아 있는 한 가장 열심히 섬기도록 하는 든든한 버팀목이 분명히 되어줄 것입니다. 그리스도로 말미암아 하나님께서 여러분이 이렇게 섬길 수 있도록 도와주시기를 기원합니다!

5. 우리는 낮은 자리에 있어야 합니다.

이 말씀을 드리고 설교를 맺고자 합니다. 우리는 우리의 자리를 낮은 곳에 잡아야 합니다. 오늘 본문 말씀의 후반부를 읽어 보십시오. "그 종이 명령 받은 일들을 했으므로 그가 종에게 감사하겠느냐? 나는 아니라고 생각하노라"(눅 17:9, KJV). 저는 "그가 종에게 감사하겠느냐?" 하신 이 말씀을 읽을 때면 막 웃음이 나오려고 합니다. 주 예수 그리스도 그분께서 우리에게 명령하신 일을 우리가 모두 다 행했다고 해서, 그분께서 우리가 행한 어떤 일에 대해 여러분이나 저에게 감사해하신다고 상상이라도 해 보십시오! 우리가 해야 할 일을 모두 행했다 해도, 그분께서 우리가 한 일에 대해 우리에게 감사한다는 것은 아무리 생각해도 어색한 것 같습니다.

그리고 또 우리가 행하지 않은 것에 대해 그분께서 어떻게 우리에게 감사해하겠습니까? 다시 말해, 우리에게 명령하신 것들을 우리가 다 행하지도 않았는데, 어떻게 그분께서 우리에게 감사하겠냐는 것입니다. 우리는 그것들 중에서 많은 것을 행하지 않은 채로 방치하였으며, 우리가 행하지 말아야 하는 것들을 행하기도 하였습니다. 도대체 우리가 감사를 받을 자격이 있습니까? 저는 아니라고 생각합니다.

사랑하는 성도 여러분, 게다가 설령 그분께서 우리에게 명령하신 모든 일들을 우리가 다 행해서, 그리스도께서 감사를 하셨다 해도, 우리가 행한 일들은 그분께서 마땅히 받으셔야 할 섬김 가운데 지극히 작은 섬김일 것입니다. 우리는 기껏해야 무익한 종들일 뿐입니다. 그분께서 우리를 위해 행하신 것들을 생각하고, 생명을 다해 죽기까지 우리를 사랑하셨고 또한 우리를 영원히 그리고 무한히 사랑하신 그분을 위해 우리가 행한 그 작은 일들을 그분께서 행하신 일 옆에 두지도 마십시오. 그분께서 우리를 위해 행하신 일과 비교해 볼 때, 우리는 그분을 위해 도대체 무엇을 행했습니까? 우리의 섬김을 그리스도께서 하신 일과 비교한다는 것은 먼지 한 티끌을 막강한 힘을 지닌 태양과 비교하는 것과 같습니다. 그렇게 비교하는 것은 초라한 비교일 뿐입니다. 우리가 그리스도를 위해 행한 작은 일과 그리스도께서 우리를 위해 행하신 위대하고도 헤아릴 수 없는 섬김은 전혀 비교할 수 없습니다. 진실로 우리는 그분의 무익한 종들입니다.

그리고 또 사랑하는 성도 여러분, 우리가 무슨 일을 하든지 간에 우리가 행한 그 모든 일들은 그분께서 우리 안에서 행하신 것들입니다. 우리가 어떤 열매를 맺든지 간에, 그리스도께서는 우리에게 이렇게 말씀하실 수 있습니다. "네가 내게서 네 열매를 얻으리로다"(호 14:8, KJV). 어떤 덕이 있거나, 어떤 칭찬이 있거나, 어떤 사랑이 있거나, 어떤 믿음이 있거나, 어떤 열심이 있거나, 어떤 성결이 있거나 간에, 이 모든 것은 우리에게 주어진 것이 아닙니까? 우리가 많이 행하면 행할수록, 우리는 하나님께 더욱더 크게 빚진 자들이지 않습니까? 도대체 이런 것들이 그분에게 무슨 유익이 되겠습니까? 성숙한 과정 중에 있는 성도들은 스스로를 아무것도 아닌 자들로 생각합니다. 완전히 성숙한 성도들은 스스로를 아무것도 아닌 자보다 더 못한 자들로 생각합니다. 여러분은 얼마나 자신이 낮아졌는지 그 깊이에 따라서 여러분의 실제 무게를 가늠할 수 있습니다. 여러분은 천국 시장에서 여러분이 자신을 얼마나 낮게 평가하느냐에 따라 여러분의 참된 가치를 산정할 수 있습니다. 그러므로 주님께서 우리를 도우시어 그분의 뜻에 열심 있고 진지한 종들이 되기를 기원합니다! 오, 우리가 행하는 섬김에 대해서 교만한 생각은 털끝만큼이라도 절대로 하지 맙시다. 왜냐하면 우리가 아주 훌륭한 종들이라는 생각을 하자마자, 그분께서 우리에게 명하신 사역 중에서 어떤 일들은 우리가 하기 싫어한다는 것을 우리도 알기 때문입니다. 우리가 그런 섬김을 하기에는 너무 교만하게 될 것입니다. 자기 자리를 지키는 일에는 너무나 키가 크고 몸집이 좋은 종들이지만, 정작 자기 주인이 명하신 큰 일들은 하지 않으려는 하나님의 종들이 많이 있습니다. 특별히 태도가 좋지 않고 어리석은 몇몇 주의 백성들을 대하는데 있어서 혈과 육으로는 절대로 감당하지 못할 그런 일들이 많이 있습니다. 그러나 우리가 그리스도를 위한 참된 종이 되고자 한다면, 국 냄비를 설거지 하는 법이나 고된 일을 꾸준히 하는 법이나 하기 싫은 육체 노동을 하는 법을 배워야만 합니다. 또한 우리가 우리 주님을 닮고, 신자들 가운데서 가장 높은 자리를 차지하고자 한다면, 우리는 이런 종류의 섬김을 선택하고 이런 일들을 선호해야만 합니다. 여러분은 "이것은 힘든 일들이다"라고 말할 것입니다. 혈과 육으로 일할 때 이 일들은 힘든 일입니다. 하지만 주님께서 우리에게 그의 성령을 주시어, 우리가 혈과 육을 이기도록 하십니다.

여기 있는 여러분 가운데 혹시라도 "나는 그리스도의 종이 아닙니다. 그리고 나는 그리스도의 종이 되기를 원하지도 않습니다"라고 말하는 사람이 있습니까? 여러분이 일생토록 어두운 가운데서 그분을 섬겨야만 한다고 해도, 그분의 종이 되고자 여러분의 눈이라도 빼어(갈 4:15) 주고 싶어할 그 날이 올 것입니다. 저는 마귀의 애인이 되느니 차라리 주님의 개가 되고 싶습니다. 악인의 장막에서 가장 높은 자리를 차지하는 것보다 그리스도의 집에서 가장 낮은 자리를 차지하는 것이 더 좋습니다. 혹시라도 이 자리에 아직까지 회심하지 않은 사람이 있다면, 저는 그들에게 이렇게 말씀드릴 수 있을 것 같습니다. 그리스도로 인한 슬픔이 죄의 즐거움보다 더 좋습니다. 그리스도로 인한 검정이 여러분이 생각하는 가장 흰 것보다 더욱 흽니다. 그리스도의 종살이가 이 땅의 천국보다 더욱 천국 같습니다. 그리스도로 인해 매 맞음이 죄를 지은 입술의 입맞춤보다 더 좋습니다. 오, 여러분이 한 번이라도 보았다면, 예수님이 지니신 그 영광을 여러분이 한 번이라도 힐끗 볼 수만 있었다 해도, 여러분은 그분께 나아와 먼저 여러분을 구원해 달라고 간구한 다음, 여러분이 그분을 섬길 수 있도록 허락해 달라고 간구하였을 것입니다. 왜냐하면 전체 러시아의 황제가 되거나, 온 세계의 여왕이 되는 것보다 가장 비천한 능력으로 그리스도를 섬기는 것이 더 좋은 일이기 때문입니다!

하나님께서는 제가 그분의 피로 씻음 받아 영원히 그분을 섬길 수 있는 흰 예복을 입을 수 있는 자리를 제게 주셨습니다. 그러므로 그분은 이렇게 해 주신 것에 대해 세상 영원히(엡 3:21, KJV) 끝없는 찬양을 받으실 것입니다! 아멘.

제
66
장

—

오직 그만 믿으라! 오직 그만을!

—

"한 마을에 들어가시니 나병환자 열 명이 예수를 만나 멀리
서서 소리를 높여 이르되 예수 선생님이여 우리를 불쌍히
여기소서 하거늘 보시고 이르시되 가서 제사장들에게 너희
몸을 보이라 하셨더니 그들이 가다가 깨끗함을 받은지라."
— 눅 17:12-14

본문 속에는 여러 흥미 있는 요점들이 공정하게 제시되어 있습니다. 우리는
여기서 죄로 인한 풍성한 열매를 주목하게 됩니다. 왜냐하면 여기에 열 명의 나
병환자들이 한 무리를 이루고 있었고, 그 무리에 대하여 나타난 하나님의 능력
이 풍성하게 나타나기 때문입니다. 또한 그들이 다 깨끗함을 입었기 때문입니
다. 그와 같이 우리는 그리스도께서 먼저 오셔야 한다는 것과 의식(儀式)들은 그
뒤에 오는 것을 알게 됩니다. 주님께서 버림받은 자들에게 베푸신 긍휼과, 멀리
서 기도하는 아들도 알아보신다는 것과, 효력이 끝나지 않은 한에서 율법의 정
한 의식을 중하게 보시는 것 등이 교훈적으로 생각해 볼 거리를 제시하고 있습
니다. 그러나 저는 여기서 여러분으로 하여금 주목하게 하고 싶은 요점은 하나
입니다. 그 요점은 반복하여 강조하고 한결같이 되풀이하고 싶은 것입니다. 저
는 그 요점이 우리로 하여금 생각하게 하는 것을, 여기 영원한 구원을 얻고 싶어
오신 모든 이들의 마음에 철필로 새기듯이 새겨 주고 싶은 것입니다. 성령께서
그 요점을 살아 있는 모든 영혼들에게 새겨 주시기를 바랍니다.

구주께서는 여기 나오는 열 사람의 나병환자들에게 한 가지를 요구하고 계십니다. 그것은 주님께서 자신들에게 선한 일을 행하셨다는 조짐이 드러나기 전에 먼저 그들이 주님께 대한 믿음을 발휘하여 보이라는 것입니다. 그들이 자기의 어리석음이 피로써 씻겨졌다는 것을 느끼기 시작하고, 무서운 그 병이 가져오는 피부의 건조함이 깨끗한 살결로 바뀌기 시작하기 전에, 그들은 먼저 제사장이 살고 있는 집으로 가서 주님께서 말씀하신 대로 자기 몸을 보이고, 제사장이 나았다고 선언하는 말을 들어야 했습니다. 그들은 자기들을 고치시는 그리스도 예수님의 능력을 믿는 믿음을 보이되, 자신들이 깨끗하게 된 것을 보여줌으로써 드러내야 했습니다. 비록 그들이 여전히 전(前)과 같이 변함없는 상태에 있었다 할지라도 그러한 믿음을 보여주어야 했습니다. 그들은 제사장에게 조사받아야 하는 곳으로 먼저 가야 합니다. 예수님께서 자기들을 고치셨다, 또는 고치실 것이라는 믿음을 보여야 하였습니다. 아직은 어린 아이의 살과 같이 깨끗하여졌음을 보이는 내적인 증거가 하나도 없는 데도 말입니다. 제가 여러분으로 하여금 오늘 이 시간에 주목하도록 강조하는 요점이 바로 그것입니다. 곧 주 예수 그리스도께서는 죄인들에게 당신을 믿으라고 하시며, 자기들의 영혼을 주님께 맡기라고 하신다는 것입니다. 그들 속에서 예수님의 어떤 역사를 전혀 느끼지 못할 때도 말입니다. 이들이 나병환자들에 지나지 않았던 것같이, 여러분도 죄인에 불과한 상태에 있습니다. 그러한 상태 속에서도 여러분 모습 그대로 예수 그리스도에 대한 믿음을 나타내라는 말입니다. 이 사람들은 자기들의 병을 그대로 가지고 곧장 제사장에게 갔고, 마치 자기들이 이미 치료되었다고 느끼듯이 거기로 갔습니다. 그와 같이 죄와 정죄감을 영혼 속에서 무겁게 가지고 있는 모습 그대로 예수 그리스도를 믿어야 하는 것입니다. 이것이 바로 제가 이 시간 설교를 통하여 전하고자 하는 요점입니다. 이것이 바로 가장 중요한 요점입니다. 죄인들은 죄인들답게 영생을 위하여 예수님을 믿어야 합니다. 죄인들 각자에게 이러한 소리가 들립니다. "잠자는 자여, 죽은 자 가운데서 일어나라. 그리스도께서 네게 생명을 주실 것이다."

자, 이제 저는 이 설교를 통하여 회심하지 않는 이들이 그리스도를 믿을 증거를 제시하라고 하면서 불신앙으로 떼를 쓰는 것이 무엇인지 알아볼 것입니다. 사실 그들이 제시하라고 요구하는 논리는 전혀 앞뒤가 맞지 않는 것입니다. 그리고 두 번째로, 저는 그리스도를 믿어야 할 진정한 근거와 이유가 무엇인지를 말씀드리고자 합니다. 그리고 세 번째로는, 여기 본문에 등장하는 나병환자들의 경우와 유사하게 그리스도를 믿음으로 말미암아 발생되는 것이 무엇인지를 알아볼 것입니다.

1. 그리스도를 믿게 하려면 증거를 제시하라고 떼를 쓰는 이들의 부당성

먼저 저는 우리가 예수 그리스도를 믿어야 한다고 말씀드립니다. 죄라는 큰 질병에서 벗어나기 위하여 그를 믿어야 하는 것입니다. 비록 그리스도께서 우리에게 선한 일을 하셨다는 조짐이나 증거들이 우리 주위에서 전혀 보이지 않을지라도 그리스도를 믿어야 합니다. 우리는 우리의 영혼을 그리스도 예수님께 맡기기 전에는 우리 속에서 어떤 표징이나 어떤 증거들을 찾아서는 안 됩니다. 그런 식으로 생각을 끌고 나가는 것은 정말 멸망에 이르게 하는 오류입니다. 그리고 저는 그것이 얼마나 잘못되었는가를 밝히 보여 드리고자 합니다. "사람들이 보통 찾는 증거들이 무엇들인지"를 보여 드림으로써 그 일을 감당케 하려고 하는 바입니다.

가장 흔하게 '증거'라고 제시하는 것은 큰 죄에 대한 의식입니다. 그리고 하나님의 진노에 대한 무서운 두려움을 의식하고 그래서 철저한 절망에 빠지는 경험이 먼저 있어야 한다는 것입니다. 이상하게 들릴지 모르지만 우리는 이렇게 말하는 이들을 계속 만납니다. "내가 죄의식에 더 많이 시달렸다면 그를 믿을 수 있었을 것입니다. 만일, 더 깊은 절망에 빠지게 되었더라면 그를 믿을 수 있었을 것입니다. 그러나 나는 그렇게까지 침체되지는 않았어요. 나는 심령이 충분히 상하지 못했습니다. 제가 확신하기로 저는 충분히 낮춤을 받지 못하였어요. 그래서 나는 그리스도를 믿을 수 없습니다." 이상한 관념입니다. 마치 밤이 더 어두워지면 우리가 더 잘 볼 수 있다는 말이니, 이상하지 않습니까! 정말 이상야릇한 발상입니다. 죽음에 가까워지면 더 나은 생명의 소망을 가지게 될 것이라니 말입니다!

친구여, 그대는 지금 그리스도께 분명한 불순종의 행동으로 그러한 언사(言辭)를 하고 있는 것입니다. 왜냐하면 그리스도께서는 그대더러 그냥 믿으라고 말씀하고 계시기 때문입니다. 여러분의 느낌의 정도에 따라서나, 그대의 감정 여하에 따라서 그리스도를 믿으라고 하지 않습니다. 그저 단순하게 여러분이 병들어 있으니, 또한 그가 여러분을 치료하러 오셨으니 믿으라는 것입니다. 그리고 그리스도께서는 그대를 충분하게 고칠 수 있으시니 믿으라는 것입니다. 만일 여러분이 "주여, 저는 이러저러한 것을 느끼기 전에는 당신을 믿을 수 없습니다"라고 말한다면, 여러분은 사실상 이렇게 말하고 있는 셈입니다. "저는 제 자신의 감정을 믿을 수 있으나 하나님의 정하신 구주는 믿을 수 없어요." 이것이 바로 여러분 자신의 감정을 하나님으로 만드는 것이 아니면 무엇인가요? 여러분은 자신의 슬픔으로 구주를 삼으려 하고 있는 것입니다. 하나님의 사랑을 거부하는 여러분의 어두운 죄악적인 본성으로 말미암아 자신을 구원하겠다는 심사가 아니고 무엇입니까? 결국 여러분이 하나님을 믿기를 거부하고 있으니 불신앙이 어찌 여러분의 구원을 가져오는 것이 되겠습니까? 사악한 절망은 하나님께 거짓을 말하는데, 그 거짓된 절망이 믿어야 하는 대상이라니 정말 한심한 일입니다. 하나님께서 죄인들을 구원하도록 세상에 보내신 구주를 믿는 것이 아니라 여러분 마음의 절망감을 믿어야 한다? 참 새로운 복음이군요. 그 복음은 "예수의 능력을 부인하고 그의 사랑을 못 믿을 것으로 여기는 자는 구원을 받을 것이라"는 것이 아닙니까?

여러분은 예수님께서 그의 피로써 경건치 않은 자를 의롭다 하시고, 악인들의 죄를 그의 피로써 깨끗하게 하신다는 것을 알고 있습니다. 그것이 진리임에도 불구하고 여러분은 이렇게 말하고 있습니다. "나는 십자가에 못 박힌 이를 믿을 수가 없다. 나는 내 죄책이 용서 받을 수 없는 것임을 느끼지 않는 한 그의 충분한 속죄를 믿을 수 없고, 그래서 그가 나의 하나님이라는 것을 믿지 않는다." 저는 여러분이 어리석게도 자신의 마땅히 생각할 바라고 여기는 대로 느끼지 않기를 기도합니다. 절망의 감정은 주님을 모독하고 성령을 근심시키기 때문입니다. 분명히 말해서 그러한 감정은 여러분에게 유익하지 못합니다. 왜 그런지 말씀드리지요. 여러분은 자신의 절망감을 신(神)으로 삼고 있는 것이고, 여러분의 공포 속에서 그리스도를 찾으려 하고, 그리스도께서만 있어야 할 자리에 적그리스도를 세워 놓고 있는 것입니다.

사랑하는 친구들이여, 여러분이 공포를 느끼거나 놀란 적이 없고 어느 정도까지 마음이 상하지 않았을지라도 아무 의심 없이 마음을 다하여 그리스도를 믿지 않으렵니까? 저는 여러분이 오직 그리스도를 단번에 믿음으로 받아들이기를 바랍니다.

"그대의 죄 많은 영혼을 그분께 의탁하라.

> 구속하기에 능하신 그분을 찾아
> 그의 발 앞에 그대의 짐을 부리고
> 그대 의심과 염려 걱정 내던지고
> 믿음으로 하나님의 아들을 영접하고
> 그의 약속에 호소하고 그의 은혜를 신뢰하라.”

　바로 이것이 요점입니다. 여러분은 예수님을 믿을 수 있습니까? 바로 예수님께서 그렇게 하라고 명하시기 때문입니다. 그분을 믿는 것에 대하여 의문을 제기하는 것이 정말 얼마나 이상한 일입니까! 그리스도를 믿으려 하지 않고 자기 느낌을 신뢰하려고 하는 것은 얼마나 사악하고 모독적입니까! 이 열 명의 나병환자들은 제사장에게 가서 검증을 받으라고 예수님이 명하실 때에 자기들에게서 아무런 변화도 느끼지 못하였습니다. 그러나 그들은 제사장을 향하여 갔습니다. 그들이 갈 때에 온전하게 된 것입니다. 그리스도를 있는 그대로 믿으시기 바랍니다. 여러분이 이제까지 그리스도께 나아오기 위하여 필요한 준비처럼 생각해 온 그리한 감정들이나 느낌들이 전혀 없어도 예수 그리스도를 믿으십시오. 즉시 믿고 그를 따르십시오. 그러면 여러분이 믿음과 순종의 길로 많이 가기 전에 여러분을 온전하게 하실 것입니다. 오, 주 하나님이시여! 저의 이 설교를 듣는 이들과 이 설교가 책으로 출간되면 읽게 될 모든 이들이 당신의 아들을 즉시 믿게 하시기를 원하나이다.

　또 다른 많은 이들은 그리스도를 믿으려면 먼저 확 타오르는 기쁨 같은 것을 체험하여야 한다고 생각합니다. 어떤 사람은 이렇게 말합니다. “나는 한 그리스도인이 구주를 만났을 때에 너무나 행복하여 어떻게 할 줄 몰랐고, 한 목소리를 내는 찬양대처럼 노래하였다는 말을 들었습니다.”

> “오 복된 날, 복된 날
> 　예수께서 내 죄 씻은 날.”

　이 “행복한 날”을 노래한 사람들같이 저도 기쁨으로 충만할 수 있으면 좋겠습니다! 정말 그러합니다. 그러나 여러분은 그 기쁨을 가지고 무슨 나쁜 짓을 하려고 합니까? 여러분은 우리의 즐거움에서조차 악을 찾아내려고 합니까? 주님을 기뻐하는 일을 여러분의 불신앙을 키우는데 쓸 생각입니까? 그 얼마나 이상야릇한 왜곡입니까! 그리스도를 믿기 전에 먼저 행복해야 되는 것이 아니냐고요? 이상도 합니다. 얼마나 이치에 맞지 않는 이야기입니까! 제가 여러분에게 그러저러한 뿌리는 달콤한 열매를 맺으리라는 말씀을 드린다고 해서 뿌리를 내리기 전에 열매를 맺겠다고 말하겠습니까? 분명하게 말하지만, 그렇게 말하는 것은 논리에 맞지 않습니다. 우리는 있는 모습 그대로 예수님께 왔습니다. 우리 중 어느 사람은 아주 곤고한 자리에 있었습니다. 그때에도 우리는 있는 모습 그대로 그리스도께 왔습니다. 그랬더니 우리가 온전하게 되었습니다. 그 다음에 기쁨과 평화가 왔습니다. 이러한 기쁨을 얻기 위하여 그리스도께 왔던 것입니까? 그러한 기쁨을 얻기까지 기다리지 않았습니다. 그렇지 않다면 우리는 지금까지도 기다렸어야 했을 것입니다. 그러나 만일 우리가 그리스도께 나오기 전에 기쁨과 평안을 얻기 위하여 기다려야 한다면, 복음의 계획과 반대되는 일을 하고 있는 셈입니다. 복음은 사람들이 그리스도로부터 아주 희미한 은택을 느끼기도 전에 구주를 믿어야 한다는 것입니다. 오, 죄인이여 그게 상식이 아닌가요? 우리가 약으로 치료를 받을 때에 어떻게 합니까? 치료가 되기 전에 약을 먹지 않습니까? 시장기를 가시려면 먼저 양식을 먹어야 하지 않습니까? 보기 전에 먼저 눈을 떠야 하지 않습니까? 주님 예수께서 여러분을 위로하거나 치료하기 전에 먼저 주님이 여러분에게 명하시는 것을 해야 하지 않습니까? 여러분을 구원하시도록 그분을 신뢰하여야 하지 않겠습니까? 믿음보다 앞서 공포의 음울함이나 기쁨의 작열하는 빛을 찾으려 덤비지 않아야 합니다. 오히려 믿음이 그 모든 것보다 앞서야 합니다. 그리고 그러한 믿음은 단순하고, 오직 겸손하게 그리스도만을 의뢰하는 것입니다.

　우리는 자기들의 마음에 인상을 주는 성경 본문 말씀을 기대하는 이들이 또한 있음을 알고 있습니다. 어떤 특별한 성경 말씀이 마음에 남아 있으면서 계속 그 사람을 졸라대어 결국에는 그 말씀을 제거할 수 없게 되고, 그러한 일이 있은 후에 구원이 온다는 식의 미신이 자라왔습니다. 옛날에는 사람이 죽기 전에 새들이 창가에 온다는 미신이 있었습니다. 성경의 어느 말씀이 계속 밤낮으로 마음에 있어 괴로움을 끼치고 있어야 구원 받은 것을 안전하게 확신할 수 있다는 식의 미신은 더더욱 못 믿을 것입니다. 저는 그러한 식으로 구원에 관한 결론을 내리려고 여러분을 가르치지 않았기를 바랍니다. 저는 여러분을 그처럼 의심스런 토대 위에 선 믿음을 갖도록 돕는 일을 전혀 하지 않습니다. 하나님의 성령께서 종종 성경 말씀을 영혼에 능력 있게 적용하는 일을 하십니다. 그러나 그 사실이 우리가 서야 할 견고한 반석으로 제시된 적은 없습니다. 성경 어느 본문이 생생하게 기억나는 것이 구원의 확실한 표징이라는 식의 가정(假定)을 보증할 성구(聖句)가 있나요? 때로 하나님의 어떤 말씀이 크게 영혼을 위로하는 때는 종종 있습니다. 그러나 어째서 똑같은 것을 요구해야 합니까? 여러분은 "나는 하나님의 어떤 말씀이 인상 깊게 느껴지지 않고는 하나님의 말씀을 믿지 않을 것이다"라고 말할 어떤 정당성이 있습니까? "그러면, 하나님의 말씀이 거짓입니까?" 여러분은 "아닙니다. 진리입니다"라고 말합니다. 이 점을 기억해야 합니다. 만일 그것이 진리가 아니면, 여러분의 마음에 미치는 어떤 인상이 그것을 진리로 만들지 않을 것입니다. 진리라고 하면 어째서 그것을 믿지 않아야 합니까? 진리라고 하면 그것을 받아들이십시오. 만일 약속에 어떤 힘이 있으면, 하나님께 그 힘과 능력을 느끼게 하여 달라고 기도하십시오. 여러분은 그 약속의 힘과 능력을 느껴야 합니다. 만일 그렇게 하지 않는다면 죄가 여러분의 문 앞에 있는 것입니다. 성경의 독자로시 여러분은 성경의 어떤 말씀이 영혼을 뜨겁게 달아오르게 하기까지 기다려야 한다는 생각에 빠지지 않아야 합니다. 오히려 여러분은 주목하여 성경을 읽고, 주 하나님께서 여러분에게 말씀하시는 바를 믿어야 합니다. 여러분에게 상기시켜 드리고자 하는 또 하나의 요점은, 성경을 읽는 것 자체가 여러분을 구원하는 것이 아니라는 말입니다. 그리스도를 믿음으로 구원에 이르는 것입니다. 그리스도께서 친히 무엇을 말씀하셨나요? 당대의 성경을 읽는 이들에게 예수님께서 하신 말씀은 "너희가 성경에서 영생을 얻는 줄 생각하고 성경을 연구하거니와 이 성경이 곧 내게 대하여 증언하는 것이니라"(요 5:39)라고 말씀하셨습니다. 성경을 탐구하는 것이 참 좋은 일이기는 하지만, 그리스도께 나오지 않은 채 성경을 읽는 것은 아무런 의미가 없는 것입니다. 만일 여러분이 그리스도 없이 성경을 읽는다면 성경에서 자신을 정죄하는 것만 읽고 있는 것입니다. 만일 여러분이 그리스도와만 상대하고 그리스도를 신뢰하는 대신 그냥 성경 읽는 것 자체로 만족해 버리는 것은 성경마저도 걸림돌이 될 수 있는 것입니다. 여러분이 즉각적으로 해야 하는 일은 예수님을 신뢰하는 것입니다. 믿음이 없이 성경을 읽는 어떤 방식도 그 믿음 없음을 보상하지 못합니다. 성경의 어느 구절도 여러분의 마음에 와 닿는 것이 없다고 할지라도, 여러분이 꼭 붙잡고 있어야 하는 것은 "주 예수를 믿으라 그리하면 구원을 받으리라"는 진리입니다. 사랑하는 청중 여러분, 여러분이 즉시 평안을 받으려 하면, 그 진리를 붙잡아야 합니다. 저는 간절히 바랍니다. 이 설교가 끝나기 전에 여러분 중에 어떤 이들이 평안에 이르기를 바랍니다. 저는 여러분의 영혼을 하나님께 구한 바 있습니다. 저는 오늘 밤 저의 먹이로 그 영혼들을 구하였습니다. 그 영혼들은 다윗의 노략물들이 될 것입니다. 여러분은 은혜의 사슬에 묶여 예수께 끌려 갈 것입니다. 여러분 중에 누가 예수님을 신뢰할 것입니까? 여러분이 예수님을 믿는다면, 분명하게 말씀 드리건대, 그 사랑하시는 이름을 믿는 순간에 영원한 구원을 얻을 것입니다.

어떤 사람들이 그리스도를 믿기 위하여 애를 쓰는 또 다른 방식이 있습니다. 그것은 **구주를 믿기 전에 확실한 회심이 나타나기를 기대하는** 것입니다. 여러분, 그리스도께서 회심하지 않은 사람은 아무에게서도 구원을 이루시지 않았다는 것을 아시기 바랍니다. 우리가 완전하게 돌아서는 일이 있어야 합니다. 죄에서 거룩함으로 완전하게 돌아서는 일이 있어야 합니다. 그러나 그것은 바로 '구원'이지 구원을 위한 준비가 아닙니다. 회심은 그리스도의 치료하는 능력의 표징입니다. 그러나 여러분이 그리스도를 믿기 전에 그러한 회심을 가질 수는 없습니다. 바로 그것을 위하여 그리스도를 믿어야 합니다. 질병에 걸린 이가 탁월한 의사에게 가게 될 때, 그 의사에게 "의사 선생님, 제가 어떤 단계에 이르게 되었을 때에야 제 병의 문제를 선생님께 맡길 것입니다"라고 말할 것입니까? 의사는 말합니다. "아닙니다. 그 단계에 이르게 되었다면 치료가 된 셈이지요. 그러면 당신은 나를 필요로 하지 않겠지요." 그러한 이가 취할 수 있는 가장 지혜로운 처사는 있는 그대로의 모습을 가지고 의사에게 가는 것입니다. 그 의사가 정말 병을 온전하게 치료할 수 있다고 확신할 수 있다면, 자기는 아무것도 알지 못한다고 생각하고 의사의 손에 자신을 온전히 맡기는 것입니다. 그가 모든 것을 알아서 할 것이니 말입니다. 그저 자기는 병을 고치는 일에 아무런 방도가 없는 사람처럼 완전히 의사에게 자신을 맡기는 것입니다. 주 예수님께 대하여 바로 그와 같은 일을 하여야 합니다. 사람들의 영혼을 확실하게 고치시는 의사인 그분에게 말입니다.

가련한 영혼들이여, 어째서 그대들은 "나는 성자(聖者)가 아니니 구원 받을 수 없어요"라고 말하는 것입니까? 누가 여러분더러 성도(聖徒)라고 하던가요?

여러분을 성도로 만드는 일은 그리스도께서 하실 일입니다. "오, 그러나 저는 마땅히 해야 할 대로 회개하지 않았어요"라고 또 말하겠지요. 마땅히 해야 할 대로 회개하게 하실 이가 바로 그리스도이십니다. 회개하려면 그분께 나와야 합니다. "오, 그러나 내 마음이 깨어지지 않았어요." 여러분의 마음을 깨어지게 하시는 이는 그리스도이십니다. 여러분의 마음을 깨트려 부수는 것은 여러분 자신이 아닙니다. 자기의 마음이 깨어질 각오를 가지고 그리스도께 나오십시오. 여러분의 모습 그대로, 완고하고 돌 같고 지각 없는 마음을 가지고 나오십시오. 그의 구원하시는 능력에 모든 것을 맡기십시오. "나는 강한 소원도 가지고 있지 않은 것 같아요." 그리스도께서 친히 당신의 성령으로 말미암아 신령한 소원을 주십니다. 그분이 긍휼의 알파벳의 처음부터, 곧 A부터 시작하십니다. 그는 B, C, D의 문제는 여러분에게 하라고 요구하시지 않습니다. 그렇게 하면 여러분을 만나 주시겠다고 하시는 분이 아니십니다. 처음부터 그가 시작하십니다. 강도 만난 사람을 본 사마리아 사람은 그 강도 만난 사람이 있는 곳에 왔습니다. 예수께서 바로 그 일을 하십니다. 그분이 "자, 너 부상당한 사람아, 일어나서 내게 오라. 네게 기름과 포도주를 부으리라" 하십니까? 아닙니다. 예수님은 부상당한 사람이 아무런 힘도 없이 누워 있을 때에 오셔서 그 사람의 찢어진 옷을 벗기고 상처를 깨끗하게 치료하며 기름과 포도주를 부어 주시는 분이십니다. 그리고 그를 일으켜 세우시고 긍휼의 집으로 안고 가시는 분이십니다. 불쌍한 영혼이여! 내 구주는 반밖에 되지 않는 구주가 아니십니다. 온전한 구주이십니다. 만일 여러분이 죽음의 문 앞에 누워 있고 지옥문들이 옆에서 괴롭게 할 때, 구주께서는 마치 하늘 문 계단에 앉아 있는 사람을 구원하듯이 여러분을 구원하실 수 있습니다. 여러분이 있는 곳에서 여러분의 있는 모습 그대로 여러분을 구원하실 그리스도를 믿으시기 바랍니다. 그리하면 여러분은 구원을 받을 것입니다. 처음부터 회개를 구하지 마시고, 믿음의 결과로서의 회개를 기대하십시오.

　　우리는 매우 호기심이 많은 사람들을 알고 있습니다. 그들이 생각하고 있는 것을 말로 다 옮길 수 없습니다. 그들이 하는 생각이란, 구원을 받으려면 어떤 매우 독특한 기분을 체험하게 된다는 것입니다. 신비스럽게 느끼기만 한다면 그리스도를 믿을 수 있다는 것입니다. 사람들을 이해한다는 것은 정말 어려운 것입니다. 그러나 구원에 관하여 관심을 가지고 있는 이들과 대화를 나누고 있을 때에 저는 그들이 육체적인 어떤 감각까지도 기대한다는 것을 알게 되었습니다. 그들의 몸 속에 어떤 신비스런 느낌이 생기기를 바라고 있다는 것을 감지하게 되었던 것입니다. 저는 어떤 사람이 저에게 이렇게 말하는 것을 들은 적이 있습니다. "목사님, 저는 제가 구원을 받았음을 아주 확신해요. 이렇게 가뿐할 수가 없네요." 불쌍하기 짝이 없는 양반아, 가볍게 느끼든 무겁게 느끼든 그것이 구원과 무슨 관계가 있다는 말입니까! 구원의 문제와 기분이나 감각이 무슨 상관이 있습니까? 아마 여러분이 머리가 가벼워지거나, 아니면 마음이 이상한 흥분으로 들뜬 모양입니다. 그러나 그것은 대단한 난센스가 아닐 수 없습니다. 가뿐하게 느끼는 것이 저울에 달면 무거울 수 있습니다. 그리고 중량이 모자라는 것으로 나타날 수 있습니다. 그러한 기분이 위로를 줄 수도 있지만 그만큼 놀라게도 할 수 있습니다.

어떤 이는 이렇게 말합니다. "오, 그러나 나는 그렇게 독특하게 느낄 수가 없어요." 그러합니다. 지금 여기 베드람(Bedlam: 런던의 St. Mary of Bethlehem 정신병원 —역주)에 있는 이들 중 많은 이들이 그렇게 말할 수 있습니다. 그러나 여러분이 느끼는 것이 무슨 문제가 되는 것입니까? 여러분을 구원하는 것은 기분이 아닙니다. 예수님을 믿는 믿음이 여러분을 은혜의 복락으로 인도하여 줄 것입니다. 그러나 이상한 느낌은 먹는 것 때문에 일어나기도 하고, 날씨에 따라서 일어나기도 하고, 히스테리에 의해서나 다른 어떤 수백 가지 원인으로 발생하는 효과일 수 있습니다. 정치 문제로 토론하고 있을 때나, 다른 어떤 주제로 논쟁을 벌이고 있을 때에 종종 웅변적인 연사가 사람들을 완전히 기진할 정도까지 흥분시킨다는 것을 모르십니까? 흥분은 어떤 사람도 구원하지 못합니다. 소설을 읽거나 연극을 볼 때에 많은 이들이 감동을 받아서 눈물을 흘립니다. 그러나 그것이 구원에 무슨 유익을 끼칠 수 있습니까? 여러분이 심지어 종교적인 흥분에 휩싸일 수 있고, 그 흥분의 절반은 순전히 육체적일 수 있습니다. 그러나 그 속에 하나님의 은혜에 속한 것은 하나도 없습니다. 좀 더 지혜로운 길은 차분하게 앉아서 이렇게 말하는 것입니다. "여기에 하나님의 구원의 방식이 있다. 곧 십자가에 못 박히신 하나님의 아들 예수 그리스도로 말미암은 구원이다. 하나님께서 약속하시기를, 그분의 아들을 믿으면 나를 죄에서 구원할 것이고, 새로운 사람이 되게 하시며, 영적인 질병에서 벗어나게 하실 것이라고 하셨다. 나는 그를 믿겠다. 하나님의 증거가 참이라는 것을 확신하기 때문이다." 그렇게 단순하고 자발적인 믿음의 행위를 통해서 구원을 받는 것입니다. 여러분이 하나님을 믿을 힘이 있다는 것은 이미 치료가 시작이 되어 낫기 시작하였다는 것을 보여주는 증거입니다. 만일 여러분이 그를 믿으면, 예수님께서 여러분의 문제를 걸머지시고, 여러분을 구원하실 것입니다.

여러분이 믿을 수 있고 또 믿는다고 하는 사실 자체에 여러분을 마음의 소외로부터 구원할 본질적인 힘이 있습니다. 하나님을 믿는 이는 더 이상 하나님께 대하여 원수가 아닙니다. 우리가 믿는 사람들을 곧 사랑하게 되듯이 말입니다. 여러분도 알다시피, 이것은 독특한 기분이나 흥분을 요구하는 것이 아닙니다. 이것은 아주 분명하고 명료합니다. 어떤 이는 "그러나 우리가 거듭나야 하지 않나요?"라고 합니다. 그렇습니다. 정말 그렇습니다. 그래서 그리스도를 믿는 이는 거듭난 사람입니다. 비록 그 자신이 그 사실을 알지 못한다 할지라도 생명의 첫 번째 표징이 그의 영혼 속에 있는 것입니다. 영적 생명의 가장 확실한 첫 번째 증거는 예수 그리스도만을 믿는 것입니다. 가장 좋은 증거는 표징이나 표시나 증표나 내적인 기분이나 인상들이나 그러한 것들을 믿는 것이 아닙니다. 그러한 모든 것을 무시하고 오직 예수님만을 믿는 것입니다. 거기에 구원 받을 만한 변화의 진수가 있습니다. 거기에 자아(自我)로부터 예수 그리스도 안에 계신 주 하나님께로 나아가는 것의 진수가 있습니다.

어떤 선원이 좋은 닻을 가지고 있습니다. 그 닻은 해군에서 사용되었던 잘 건조된 닻들 중의 하나였습니다. 그는 그것을 자기의 배의 갑판에 놓습니다. 그러고 있을 때에는 그 닻의 목적과 전혀 상관이 없는 것입니다. 그래서 닻은 있지만 배가 표류하게 되는 것입니다. 그가 갑판 위에서 끌어내어 그 닻을 쳐다봅니다. 참으로 놀라운 닻입니다! 그러나 그 닻을 사용하지 않으면 배가 폭풍의 날에 견뎌내겠습니까? 그 닻이 마치 금덩이인 양 선원이 그것을 아낍니다. 바람이 휘몰아치고 파도가 일어납니다. 그러나 그는 갑판위에 있는 닻을 보고는 안전감을 느낍니다. 어리석습니다. 그렇게 닻을 쳐다보아서는 아무런 소용이 없습니다. 닻을 배 안에 두어서는 배를 정박시킬 수가 없는 것입니다. "내가 닻을 배의 측면에 걸어 놓는다고 생각해 봅시다." 거기에 두어도 아무 소용이 없습니다. 여러분은 닻을 어떻게 처리해야 합니까? 닻을 배 밖으로 집어던져야 합니다. 그리고 깊은 바다의 바닥까지 이르도록 계속 빠뜨려야 합니다. 그래서 닻이 어디에 있는지 보이지 않아야 됩니다! 그렇게 하면 닻이 제 역할을 시작할 것입니다.

자, 영혼들이여, 믿음의 닻을 밖으로 집어던지십시오. 여러분의 감정에다가 걸어 놓지 마세요. 여러분의 인상이나 여러분 중에 있는 어떤 것에다가 걸어 놓지 마십시오. 오직 그것을 무한한 사랑의 깊은 바닷속으로 깊이 빠뜨리십시오. 그리하여 예수님께 걸리게 하십시오. 여러분 밖에 소망이 있는 것이 분명합니다. 여러분 자신 안에 있는 것을 신뢰하는 한, 아니면 여러분 자신을 의지하는 한, 그것은 마치 배의 갑판 위에 있는 닻과 같습니다. 그렇게 하면 배의 무게만을 가중시킬 뿐 폭풍의 날에 아무런 도움을 줄 수 없습니다. 여기에 진리가 있는 것입니다. 하나님께서 여러분에게 그 진리를 받아들일 수 있는 은혜를 허락하시기를 바랍니다.

2. 예수 그리스도를 믿어야 할 이유

이제 두 번째 문제는 되도록 간단하게 다루려고 합니다. 저는 "예수 그리스도를 믿어야 할 이유가 무엇인지"에 대하여 말씀드리려고 합니다. 죄인으로서 내가 예수 그리스도께 자신을 맡길 정당한 근거가 무언가에 대하여 말씀드리고자 합니다.

여러분 자신 안에서 아무런 근거도 찾으려 하지 마시기 바랍니다. 찾을 필요가 없습니다. 우리가 예수님을 믿을 근거는 바로 여기에 있습니다. 먼저 하나님께서 당신의 아들 예수 그리스도에 관하여 친히 증거하심이 있습니다. 영원하신 아버지이신 하나님께서는 그리스도를 "우리를 위할 뿐만 아니라 온 세상의 죄를 위한 화목 제물"로 주셨습니다. 하나님 아버지께서는 사람들에게 이렇게 말씀하셨습니다. "나는 내 아들의 죽음과 의(義)로 말미암아 너를 정당하게 용서할 수 있다. 나를 믿으라 그리하면 내가 너를 구원하리라." 여러분은 이보다 무엇을 더 원하십니까? 믿지 않는 자는 하나님을 거짓말쟁이로 만들었습니다. 아들에 관한 하나님의 증거를 믿지 않았기 때문입니다. 그러합니다. 분명하게 말하여, 하나님께서 어떤 일을 선언하시면 증거가 더 이상 필요치 않습니다. "하나님은 참이시나 모든 사람은 거짓말쟁이로다." 거짓말을 하실 수 없으신 하나님의 음성보다 더 확고한 것이 있을 수 있습니까? 사랑하는 여러분, 저는 지금 여러분에게 다른 증거를 제시하지 않아야 할 것 같습니다. 하나님을 변증하려고 노력하는 것이 하나님을 모독하는 것같이 보입니다. 마치 하나님의 완전한 진리가 그것을 지지하는 나의 증언을 필요로 하는 것같이 느껴지기 때문입니다. 천사들은 하나님을 결코 의심하지 않습니다. 그 빛나고 영광스러운 존재들은 자기를 지으신

이를 결코 의심한 적이 없습니다. 먼지 구더기 같은 인생이여! 어떻게 먼지 구더기 같은 인생이 자기를 지으신 하나님을 의심할 수 있습니까? 정말 그렇게 되게 해서는 안 되지요. 그리고 하나님께서는 죄인들을 용서하실 뜻이 있고 그 아들을 믿는 모든 이들을 용서하시기 위하여 기다리신다고 친히 증거하시는데, 어째서 우리는 그러한 은혜로운 선언을 의심해야 합니까? 그대의 영혼이여, 나는 그대가 예수 그리스도를 구주로 믿기를 종용하노라. 더 이상 아무런 의문도 제기하지 말지어다. 그 문제를 속으로 확신하고 확증하도록 해야 합니다.

　　우리가 믿을 다음의 근거는 예수 그리스도 자신이십니다. 하나님 아버지께서 증거하신 것과 같이 주님은 땅 위에서 증거하셨습니다. 그리고 그의 증거는 참됩니다. 우리가 계속 믿을 것을 종용받는 그분은 누구이십니까? 그는 하나님이십니다. "바로 하나님의 본체이십니다." 우리가 어떻게 그분을 의심할 수 있습니까? 그는 완전하신 사람이십니다. 그는 우리를 위하여 완전한 인성(人性)을 취하셨습니다. 그런데 우리가 어떻게 그를 의심할 수 있습니까? 그는 지상에서 완벽한 삶을 영위하셨습니다. 그가 언제 거짓말을 하신 적이 있습니까? 누가 그분더러 거짓말을 하였다고 송사(訟事)할 수 있습니까? 그는 "의로우신 자로서 불의한 자들을 대신하여 죽으심으로 우리를 하나님께 인도하신" 분이십니다. 하나님께서는 당신의 사랑하는 아들을 희생 제물로 받으셨습니다. 아들의 신실성을 보여주는데 있어서 우리를 위하여 죽으신 것보다 더 확실한 증거가 무엇이겠습니까? 오, 두려워 떠는 자들이여, 어째서 그대들은 그렇게 합당하신 이 믿기를 거부합니까? 그대는 어떻게 골고다를 의심할 수 있습니까? 그대는 십자가를 멸시하렵니까? "나는 그리스도를 믿기 위하여 그의 인격과 그의 이루신 역사(役事) 이외의 다른 증거를 원한다"라고 말할 것입니까? 저는 이와 같은 것을 여기서 늘어놓으며 여러분더러 믿으라고 설득하고 있는 것이 부끄럽게 느껴집니다. 나의 주님이 언제 실수하셨는지 말해 주십시오. 오, 인간의 아들들이여! 그가 자기에게 온 죄인을 단 한 번이라도 거절하신 적이 있다면 말해 보십시오.

　　여러분은 그가 죽은 자 가운데서 일어나사 하늘로 올라가시고, 이제는 하나님의 우편에 앉아 계시다는 것을 알고 있습니다. 그리고 그가 곧 있으면 오실 것입니다. 그러한 분을 그저 그런 척만 하시는 이로 간주할 수 있습니까? 여러분은 그를 믿지 않을 수 있습니까? 감히 그를 못 믿겠다는 말입니까? 친히 그 안에 있는 이적과 표적들과 기사들 말고 다른 것들을 원하시렵니까? 만일 어떤 이가 죽은 자 가운데서 다시 살아난다면, 여러분은 믿지 않을 것입니다. 만일 여러분이 예수님을 믿지 않으면, 어떻게 되겠습니까! 그리스도께서 친히 죽은 자 가운데서 다시 살아난다면 말입니다. 그래도 믿지 않을 것입니까? 저는 여러분의 손을 붙잡고 여러분에게 이것을 증거하고자 합니다. 여러분은 나의 구주를 의심하여 여러분의 영혼을 그에게 맡길 수 없다는 이야기입니까? 그래서는 안 됩니다. 눈물로 간청하오니, 그를 악하게 대하지 마십시오. 오직 여러분의 영혼을 즉시 그에게 던지십시오. 여러분의 현재 모습 그대로 믿으십시오. 그러면 그가 여러분을 구원하실 것입니다. 그분은 자신의 말을 번복하지 않으실 것입니다. 여러분이 오직 죄 씻음 받기를 원하면 그분은 자신의 피로써 여러분의 죄책을 씻으실 것입니다.

다른 식으로 표현한다면, 여러분은 여러분이 믿어야 하는 이유를 알기 원합니다. 믿음을 가져야 할 정당한 근거는 하나님께서 믿으라고 명하신다는 사실에 있습니다. "믿고 세례를 받는 이는 구원을 받을 것이다. 오직 믿는 자는 정죄를 받지 않을 것이다." "주 예수 그리스도를 믿으라 그리하면 네가 구원을 받으리라." 우리는 이 명령을 우리 구주로부터 받았습니다. 우리가 이 복음을 하늘 아래 있는 모든 족속에게 전하라는 명을 받은 것입니다. 이 신적인 명령이 여러분을 위하여 충분한 근거가 되는 것입니다. 하나님께서 하라고 명하시면 "내가 해도 될까요?"라고 말할 필요가 없습니다. 아무도 율법을 지켜도 된다는 허락을 구할 필요가 없습니다. 명령은 허락을 내포하는 것입니다. 복음의 법이 하나님으로부터 직접 온 것인데, 즉시 복종하고 믿을 것밖에 또 무엇이 있겠습니까? 문이 열렸으니 들어가세요. 잔치가 배설되었으니 드십시오. 샘물이 가득 차 있으니 씻으세요.

더구나, 여러분과 모든 족속에게 약속이 주어졌습니다. "주 예수 그리스도를 믿으라 그리하면 구원을 받을 것이다." "그를 믿는 자는 정죄를 받지 않을 것이다." 여러분은 듣습니까? "그를 믿는 자는 영생을 가졌다." 그에게 영생이 있습니다. 지금 영생을 가지고 있는 것입니다. 이 약속들은 여러분을 위하여 부요하게 은혜로 주신 것들입니다. 여러분은 더 이상 무엇을 원하는 것입니까? 오, 저는 제가 더 말할 것이 있는지 알지 못합니다. 예수님께서 여러분에게 명하시고, 여러분을 초청하시는데, 어떻게 뒤로 뺄 수가 있습니까? 오, 복된 성령이시여! 사람들에게 이 진리를 명백히 깨우쳐 주시고 믿도록 인도하시옵소서.

저는 다음의 요점만 한 가지 더 부연하고자 합니다. 어쩌면 이 불쌍한 나병환자들이 예수님을 믿은 것은 그들이 주께서 깨끗하게 하신 다른 나병환자들에 대하여 들었기 때문입니다. 자, 여기 여러분 앞에 한 사람이 서 있습니다. 이곳에 있는 더 많은 이들을 대표하여 서 있습니다. 그가 바로 정한 시간에 와 있었다면 아마 일어나서는 다음과 같은 말을 할 것입니다. "저는 완전히 죄에 절어 있는 상태에서 주 예수님께 왔습니다. 저는 죄책이 있으며 파멸한 상태에 있고, 완고하고 무거운 심정으로 예수께 왔습니다. 저는 그를 바라보면서 그만이 나를 구원하실 것이라고 믿습니다. 그가 나의 성품을 변화시켰습니다. 그가 나의 죄를 씻었습니다. 그리고 나로 하여금 그를 사랑하게 하셨습니다. 또한 선하고 진실하고 관대한 모든 것을 그를 위하여 사랑하게 하셨습니다." 이것을 여러분에게 말씀드릴 사람은 저 혼자만이 아닙니다. 제가 말씀드린 바와 같이 이 시간 이 교회당 안에 있는 수천의 사람들이 자기들에게 베풀어진 하나님의 긍휼의 이적을 말할 것입니다. 그러므로 나의 주 예수 그리스도를 믿어야 합니다. 그리하면 같은 이적이 여러분에게 행해지는 것을 느끼게 될 것입니다. 친구 여러분, 어디에 있습니까? 자신의 선을 위하여 그렇게 많이 설득해 주기를 원하는 여러분은 어디에 있습니까? 만일 제가 주어 버릴 돈을 가지고 있다면 저는 어느 누구보고도 그것을 가지라고 설득할 이유가 없습니다. 동전을 짤랑짤랑 흔들어 대면 어떻게 할까요? 사람들이 얼마나 예민한 귀를 갖고 있습니까! 그들은 금빛이 번쩍거리는 데를 향하여 돌진하며 달려들 것입니다. 추운 겨울에 빵을 준다고 하거나 스프를 곁들여 준다고 해 보십시오. 그러면 불쌍한 가난한 이들이 그것을 얻기 위하여 몰려들 것입니다! 그러나 그것이 "예수님을 믿으십시오. 그리하면 여러분의 죄가 용서 받을 것이고, 여러분의 성품이 변화가 될 것입니다. 죄짓는 데서도 구원받고 순전하고 거룩하게 될 것입니다"라는 경우일 때는 어떠합니까? 그렇게 자주 불러도 오지 않는 이들은 대체 어떠한 사람들입니까? 사람들은 불러야 할 뿐만 아니라, 강제로 들어가게 해야 합니다.

> "사랑하는 구주여, 좀처럼 오려 하지 않고
> 빼는 마음을 가진 죄인들로 날래게 당신께로 나오게 하소서.
> 당신의 사랑이 나누어 주는 복락을 마시고,
> 영원히 죽지 않게 하소서."

3. 이러한 유의 믿음이 내는 열매

저는 이제 마지막 세 번째 요점을 말씀드리고 마치려 합니다. 그렇게 많은 시간이 걸리지 않을 것입니다. 그것은 "제가 지금까지 설교한 이 같은 믿음의 열매는 무엇인가?" 하는 것입니다. "오직 예수님을 믿기만 하라"는 이 교리 ― 이 교리를 따르면 결국 무엇에 이르게 됩니까? 어떤 표적이나 증거나 표증 없이 예수님을 믿는 것이 어떠한 결과와 효과를 낼 것입니까?

제가 말씀드리고자 하는 것은 이것입니다. 곧 그러한 믿음이 영혼 속에 존재한다는 사실 자체가 바로 이미 구원에 이르게 하는 변화가 있다는 증거입니다. 여러분은 이렇게 말할 것입니다. "오, 나는 그것을 알지 못해요. 내가 그리스도께 자신을 맡긴다고 새로운 사람이 되었다는 것을 어떻게 증거할 수 있습니까?" 잠시 생각해 보세요. 그것은 이미 일어난 구원의 변화의 증거일 것입니다. 그것은 여러분이 이미 예수님께 순종하는 사람이 되었다는 것을 보여줄 것입니다. 여러분의 거만한 의지가 그렇게 오래도록 투쟁한 문제에 대하여 순종하게 되었다는 증거를 보여줄 것입니다. 모든 사람은 단순하게 그리스도를 믿는 것을 본성적으로 반대합니다. 그런데 마침내 하나님의 긍휼을 베푸시는 방법에 순종하였다면, 그것은 자기의 의지를 굽히고 항복하였다는 실제적인 증거입니다. 하나님께 대한 반역을 멈추고 하나님과 평화의 관계를 수립했음을 보여주는 것입니다. 믿음은 순종입니다. 믿음은 전쟁이 무조건적인 항복으로 끝났다는 증거입니다. 옛적에는 그들이 "우리가 하나님의 일들을 하기 위하여 무엇을 할 것인가?"라고 말하였습니다. 그에 대한 예수님의 대답은 "하나님의 일은 이것이니 ― 네가 할 수 있는 가장 존귀한 일은 ― 그가 보내신 예수 그리스도를 믿는 것이다"라는 것입니다. 그러하니 어떤 의미에서 믿음은 전혀 일이라 할 수 없습니다. 그런데 다른 의미에서 믿음은 모든 일들 중에서 가장 큰 일이기도 합니다. 그 문제에 대하여 하나님과 여러분이 다투고 있습니다. 이것이 다툼의 중심적인 요점입니다. 여러분은 자신 속에 있는 어떤 것으로 말미암아 구원 받기를 원합니다. 그러나 하나님께서는 그리스도를 믿으면 그분이 친히 구원하실 것이라고 말씀하십니다. 자, 이제 여러분이 그리스도를 있는 그대로 믿는다면, 그것은 여러분이 하나님께 순종하게 되었음을 증거하는 것입니다. 그 순종은 여러분의 본성이 아주 깊은 데서 근본적으로 완전히 갱신되는 일이 분명하게 일어났을 정도의 순종입니다.

　그 사실은 또한 여러분이 겸손하다는 것을 증거하는 것일 것입니다. 사람들이 자신을 구원하기 위하여 무언가를 하고 싶게 만드는 것은 교만입니다. 놀라운 방식으로 자신들을 구원하기 위하여 무언가를 하여 다른 이들에게 자기들이 얼마나 놀랍게 구원 받았는지를 말하고 싶어합니다. 그것이 교만입니다. 불쌍하나 아무것도 선을 행할 능력이 없는 죄인으로서 있는 그대로 구원 받기를 원하게 될 때에 벌써 교만에서 구원받은 것입니다. 제가 여러분을 어르기 위하여 이런 말을 하는 것이 아닙니다. 여러분은 아무런 선도 행할 능력이 없는 곤고한 죄인입니다. 만일 여러분이 예수님을 믿되, 진정으로 그러한 성격을 지닌 사람이 해야 하듯이 믿으면, 그것이야말로 여러분이 겸손하다는 증거이고, 변화가 여러분의 심령 속에 일어났다는 것을 보여주는 선한 증거가 될 것입니다.

　또한, 여러분이 예수님을 믿는다는 것은 여러분이 하나님께 대하여 화해하였다는 것을 증거하는 가장 좋은 증표입니다. 여러분이 하나님과 대적하는 가장 악한 증거가 하나님의 구원의 방식을 좋아하지 않는 것이기 때문입니다. 여러분은 하나님을 어찌나 싫어하든지 여러분은 하나님이 내신 조건에서 천국을 소유하려고 하지 않습니다. 죄인으로서 하나님께 대하여 얼마나 적대적인지 하나님의 방식으로 구원을 받기보다는 차라리 지옥에 가는 길을 택할 정도입니다. 그것이 그러한 것입니다. 여러분이 그러한 적대감을 포기하고, "주여, 제가 온전하게 될 수 있는 한에서, 제가 당신을 사랑하는 한에서, 저는 어떻게 해서든지 구원받을 의향을 가지고 있습니다"라고 말하면, 그것은 여러분에게 큰 변화가 일어났다는 증거입니다. 여러분이 "주여, 나는 당신의 방식으로 구원을 받을 것입니다. 그러므로 당신이 명하신 대로 그리스도를 믿을 것입니다"라고 부르짖는다면, 그것은 가장 주요한 요점에 대하여 하나님과 여러분 사이에 화해가 이루어진 것을 뜻합니다. 이제 하나님과 여러분 사이에 전쟁이 끝났습니다. 이제 여러분의 생각은 오직 그리스도만을 믿는 것뿐이기 때문입니다. 하나님께서 그분의 영예를 그리스도의 손에 맡기셨습니다. 그리고 여러분은 여러분의 영혼을 그리스도의 손에 맡겼습니다. 그래서 여러분과 하나님은 함께 그리스도 예수님을 존귀하게 하는 데 동의한 것입니다. 여러분이 그리스도를 신뢰하는 순간에, 그 단순한 일의 큰 변화가 여러분과 하나님의 관계에, 그리고 하나님께 대한 여러분의 감정에 일어났다는 것이 논박할 수 없는 분명한 증거로 나타나는 것입니다.

　이제 머지않아서 여러분이 구원받은 사실을 알고서 기뻐하게 될 것을 생각하십시오. 많은 이가 구원 받았습니다. 그리고 한동안 그들은 은혜의 역사(役事)에 대하여 의문을 가질 수 있습니다. 그러나 때가 되면 그 복락을 분명하게 의식하게 될 것입니다. 사람이 이 나병환자들같이 예수님을 믿게 되고, 그 믿음에 따라서 행동하게 되면, 그것으로부터 언제나 선한 것이 나옵니다. 여기 본문에 나오는 열 사람들을 보십시오! 그들은 제사장을 향하여 가고 있습니다. 물론 그들이 아직은 자기들이 치료되었다는 것을 느끼지 못한 채 말입니다. 그들은 순전히 그리스도의 지시에 따라서 행동하고 있었을 뿐입니다. 그리고 그리스도께서는 그들을 어리석은 자들로 만들지 않으실 것입니다. 왜냐하면 예수님을 믿는 이들은 부끄럽게 되거나 당황하게 되지 않을 것이기 때문입니다. 그들은 치료받은 것을 의식하기 전에 먼저 자기들의 행보를 시작하여야 했습니다. 그리고 그들이 진행하여 가면서 그것을 느끼게 될 것입니다. 선한 것을 전혀 의식하지 못한 채 그리스도를 믿는 여러분도 오래지 않아서 마음에 그리스도의 복된 능력을 느끼게 될 것입니다.

저는 제 자신의 체험을 간단하게 말씀드려 예수님께 오는 자들을 도우려 합니다. 제가 그리스도께 나오고 있을 때에는 제가 그렇게 그리스도께 나아가고 있는지를 몰랐습니다. 그리고 그리스도를 바라보았을 때, 그렇게 바라보는 것이 옳은 것인지 아닌지 분간이 되지 않았습니다. 그러나 제가 결국 예수님께서 저를 치료하셨다는 것을 느끼게 되었을 때에는 제가 행한 것이 무엇이었는지 알게 되었습니다. 하나님께서 제게 베푸신 많은 복락이 주어져도 한동안은 그것을 받았는지 알지 못하고 지나치곤 한 적이 많았습니다. 저는 어떤 훌륭한 사람들이 가졌던 느낌을 읽은 적이 있었습니다. 그래서 저는 "저도 그런 것들을 느끼고 싶습니다"라고 말하였습니다. 잠시 후 제가 뒤돌아보니, 제가 궤도에 진입하여 움직이고 있음을 지각(知覺)하게 되었습니다. 그리고 동일한 체험을 겪고 있음도 알게 되었습니다. 많은 이들이 자기가 겸손한지를 알고 싶어합니다. 그것은 자기가 겸손하다고 생각하지 않기 때문이지만 사실 그는 겸손한 것입니다. 많은 이들이 "나는 부드러운 마음을 가지고 싶어요" 하면서 탄식하여 말합니다. 그러나 제가 확신하기로는, 그의 마음은 자기 마음의 완고함을 인하여 고통받고 있으니 부드러운 것입니다. 그는 주님 앞에서 마음이 예민하기를 갈망합니다. 그러나 그가 자신은 인식하지 못할지라도 부드러운 마음을 가지고 있음에 분명합니다. 부드러운 마음에 대한 그의 이상(理想)이 매우 높고, 풍성합니다. 그러므로 그는 그것이 모자라다는 의식으로 고통을 당하고 있는 것입니다.

오, 나의 사랑하는 친구여! 만일 그대가 어둠 속에서 예수님을 믿고 있다면, 어느 날엔가 빛으로 들어가게 될 것입니다. 만일 그대가 아직은 위로를 누리지 못하였어도 안전한 지대에 와 있는 것입니다. 만일 이곳과 하늘 사이의 모든 길을 다 살펴보아도 여러분이 구원 받았다는 의식을 전혀 갖지 못하고 있어도, 그리스도를 믿었다면 여러분은 구원 받았음에 분명하고, 또 받을 것입니다. 그리스도께서 그를 믿는 믿음을 헛되게 만드실 분이 아니기 때문입니다. 여러분이 예수님을 믿는다면 불원간에 그리스도의 사랑을 알게 될 것입니다. 가라앉게 될 때에 그것을 믿으십시오. 그러하면 헤엄을 치게 될 것입니다. 여러분 자신이 죽어 가고 있다고 느끼고 있을 때에 그리스도를 믿으세요. 그리하면 여러분은 살게 될 것입니다. 만일 여러분이 자신에게 역사하는 어떤 은혜의 작용을 전혀 느끼지 못하더라도, 그리스도를 믿으면, 금방 여러분 자신에게 미치는 역사가 있음을 발견하게 될 것입니다. 그게 무엇인지 확실하게 분간하지 못한다 할지라도 말입니다. 만일 여러분이 주님을 믿는다면 여러분은 이미 하나님의 능력의 포로가 된 것입니다. 전능하신 은혜가 아니고는 그 어느 것도 여러분으로 하여금 믿고 살게 하지 못할 것입니다. 믿음의 상태와 행위는 그 자체로 보면 단순한 것입니다. 그러나 우리로 하여금 그 단순성에 들어가게 하시기 위해 하나님께서 친히 우리를 새롭게 지으셔야 하는 것입니다.

이상의 모든 것을 종합해서 말하면, 그리스도께 나올 준비가 되어 있고, 어떤 이적이나 표적이나 증거 없이 그저 단순하게 오직 그만 믿으면, 여러분은 여러분을 살게 하고 끝까지 거룩함 속에서 보전하게 할 능력이 여러분 속에 있다는 이야기입니다. 오늘 아침에 저는 다윗이 하나님 안에서 자신을 격려하는 것에 대하여 말씀드린 바 있습니다. 시그락이 불타고 있고 아내들은 사라져 버렸으며, 그의 부하들이 그를 돌로 쳐 죽이려 할 때에, 그는 오직 하나님 앞에 엎드렸습니다. 이는 정말 높은 차원에 속한 것입니다. 그럼에도 죄인 속에서 믿음이 싹트기 시작하면 그 차원에 이르는 것입니다. 그것은 인생에서 가련한 죄인인 여러분을 위한 위대한 시작인 것입니다. 오직 그리스도만을 믿기 시작하고 "내가 내 속에 그 어떠한 것도 선한 것이 없고 내가 나를 위한 소망의 닻을 세울 수 없사오니 저는 오직 제 자신을 죄인의 구주이신 그리스도 예수님께 맡깁니다. 내가 물에 빠져 가라앉든지 헤엄을 치게 되든지 저는 이제 모릅니다. '죽으면 죽으리라'는 각오로 그리합니다"라고 말하게 되었다면 정말로 인생에서 큰 시작을 한 것입니다. 이는 정말 영광스러운 시작입니다. 성도다운 삶을 영위하였던 많은 이들에게 있어서 그렇게 오직 그리스도만을 믿는 것은 왕관을 쓰는 것과 같은 참으로 놀라운 영화였습니다. 그래서 여러분, 가련한 죄인은 그리스도 안에서 어린 아이지만 그 같은 믿음을 행사할 수 있습니다. 여러분은 흔히 장래의 삶 속에서 이런 믿음을 가져야 합니다. 그러니 여러분이 계속 견지해야 할 바로 그 믿음의 행보를 시작하는 것이 좋은 것입니다. 앞으로 여러분은 사업상, 가정 내에서 또는 여러 삶의 시련의 골짜기 속에서 여러분이 시작할 때 가졌던 바로 그 믿음을 행사하지 않으면 안 될 상태에 들어가게 될 것입니다. 그러므로 저는 여러분이 처음 믿는 자리에 있을 때에 그 교훈을 가르치려 하는 것입니다.

여러분은 이렇게 말해야 할 것입니다. "비록 내가 그 자체로 약하고 궁핍하고 내가 어떤 은혜의 공급을 받게 되는지 알지 못하지만, 까마귀나 참새도 먹이시는 하나님께서는 나도 먹이실 것입니다. 그러니 나는 벌거벗은 상태로 하나님께 자신을 맡기면 하나님께서 입혀 주실 것이고, 주린 상태 그대로 하나님께 자신을 맡기면 하나님께서 먹이실 것이고, 아니 생명 자체도 그에게 맡기면 죽음의 입들 사이에서도 나를 지키시어 살게 하실 것입니다." 이것이 바로 장엄한 믿음입니다. 여기에서 시작하여야 합니다. 만일 여러분이 그렇게 하지 않으면 반석 위에 집을 짓기 시작한 것이 아닙니다. 잘 시작하는 것은 전투의 반을 승리로 장식한 것이나 마찬가지입니다. 여러분은 결코 요동하지 않을 반석을 갖고 있음을 명심하시기 바랍니다. 삶이란 여러 가지의 시련을 만나기 마련입니다. 기초가 흔들려 넘어지게 되는 사람에게는 화가 있는 것입니다.

이것이 바로 함께 죽고 함께 살 장엄한 믿음입니다. 자, 장막이 걷히고 햇빛이 찬란하게 쏟아져 들어오게 되고, 친구들의 목소리가 작아지고, 귀도 둔하여지고, 시선도 흐려집니다. 그러나 내 영혼아, 너는 이제 눈에 보이지 않는 세계의 바다로 항해를 시작하려 한다. 그러니 이제 네가 무엇을 하겠는가? 너의 아버지 하나님의 품속에 자신을 맡기고 숨을 거두는 일밖에 무엇이 있겠는가! 오, 저의 설교를 듣고 있는 사랑하는 여러분! 만일 여러분이 맨 처음에 한 것같이 여러분 자신의 어떠함 때문에서가 아니고, 예수님의 어떠하심 때문에 믿는다면, 어떻게 죽을지도 알게 될 것입니다. 거기 서서 하나님의 보좌 앞에서 큰 셈을 하게 될 것을 내다보면서 운명(殞命)의 침대에 누워 있거나, 주님의 오심을 내다보면서 여러분이 자신 속을 들여다보거나, 지나간 여러분의 삶의 족적을 살펴보면서 거기서 자기의 의뢰할 바를 찾으려 하면, 두려움이 밀려올 것이고, 의심들이 일어나게 될 것입니다. 그러나 만일 여러분이 "나의 구주시여, 당신의 팔에 내 영혼을 맡기나이다. 내 벌거벗은 영혼을 당신의 찔리신 손에 다시 맡깁니다"라고 말한다면, 평안한 중에 마지막 호흡을 쉴 수 있습니다. 여러분은 믿는 이가 누구인지 알고, 그가 여러분이 맡기신 그것을 그 날까지 능히 지키실 줄 확신하기 때문입니다.

존 하얏트(John Hyatt)라는 사람이 운명을 기다리며 침대에서 누워 있는데, 친구 한 사람이 그에게 말했습니다. "이 사람 하얏트, 지금 그대 영혼을 예수님께 맡길 수 있는가?" 그랬더니 하얏트가 말했습니다. "이보게, 한 영혼을 그리스도께 맡기라는 말인가? 그것은 아무것도 아니네. 내가 백만의 영혼을 가지고 있다면 그 모든 것을 다 그분에게 맡길 수 있을 것이네. 그가 당신을 믿는 모든 이들을 능히 구원하실 수 있음을 아네."

여러분이 이 가련한 나병환자들이 한 것같이 시작하기를 바랍니다. 그저 예수님을 받아들이되 예수님의 하신 말씀대로 시작하시기 바랍니다. 여러분이 자기 속에 어떤 소망어린 변화가 일어났음을 의식하기 전에 그 말의 힘을 의지하고 여러분의 길을 가시기 바랍니다. 여러분이 죽음에 이르게 되었을 때에는 이런 모습으로 계속 영광을 바라고 나아갈 수 있습니다. 비록 아직 그 광명이 여러분을 변화시키지 않았어도 말입니다. 여러분은 영원한 면류관을 바라고 나아갈 수 있고, 비파 소리를 들을 것을 기대하고 나아갈 수 있습니다. 그리고 사랑하는 그분의 얼굴을 볼 것을 기대하며 나아갈 수 있습니다. 그리고 말로 다 할 수 없는 복락까지도 바라고 나아갈 수 있습니다. 비록 구름이 여러분을 둘러싸고 있다 할지라도 말입니다.

여러분이 진주 문에 들어가서 유리 바다를 건너기 전에도 여러분은 요동치 않는 믿음을 가지고 복이 넘치는 영광스런 광경을 목격할 것을 기대하고 나아갈 수 있습니다. 눈에 보이는 것이 소망이 아닙니다. 그러나 눈에 보이지 않는 그분을 보는 신앙, 아직은 보이지 않는 것들의 실상을 포착한 믿음은 정말 영광스러운 것입니다. 이 능력으로 저는 지금 하늘의 기쁨들을 내다보고 있습니다. 사랑하는 여러분, 여러분도 그같이 하십시오. "오, 더 큰 믿음을 주옵소서!" 비록 여러분이 모든 하늘의 영광을 아직은 보지 못하고 느끼지 못하더라도 모든 것을 아는 것은 정말 대단한 것입니다. 왜냐하면 여러분은 하늘의 주님을 알고 믿었기 때문입니다. 이제까지 여러분은 약속이 참됨을 알았습니다. 이제 여러분이 은혜로 인하여 그를 믿었듯이 영광을 위하여 주님을 믿으십시오. 그리하면 여러분은 머지않아 그의 가장 부요한 약속들이 확실하다는 것을 발견하게 될 것입니다.

여러분 모두, 각자가 다 하나님께서 구원하십니다. 바로 이 시간에도 그분의 사랑하시는 아들의 이름을 위하여 그와 같이 하시기를 바라나이다. 아멘.

제

67

장

—

찬양을 소홀히 함

—

"그 중의 한 사람이 자기가 나은 것을 보고 큰 소리로 하나님께 영광을 돌리며 돌아와 예수의 발 아래에 엎드리어 감사하니 그는 사마리아 사람이라 예수께서 대답하여 이르시되 열 사람이 다 깨끗함을 받지 아니하였느냐 그 아홉은 어디 있느냐 이 이방인 외에는 하나님께 영광을 돌리러 돌아온 자가 없느냐 하시고 그에게 이르시되 일어나 가라 네 믿음이 너를 구원하였느니라 하시더라." — 눅 17:15-19

여러분은 나병에 대한 묘사를 자주 들어 왔습니다. 그 병은 매우 무서운 것입니다. 육체가 당할 수 있는 불행 중에서 그보다 더 고통스러운 것은 없을 성싶습니다. 우리는 우리나라에 이 무서운 질병이 흔하게 발견되지 않음을 감사하되, 지금보다 더 감사해야 할 것입니다. 여러분은 인간의 육체에 찾아든 그 질병을 통해서 죄가 인간 영혼 속에서 어떠한 존재인지, 그 죄가 얼마나 무섭게 오염시키고, 파멸시키는지를 상징적으로 배울 수 있다는 말을 여러 번 들어 왔을 것입니다. 저는 그 서글픈 주제를 다루지는 않겠습니다. 그러나 여기 본문에서 구주와, 나병에 걸린 열 명의 사람들이 등장하고 있습니다! 정말 서러움에 찬 무리입니다! 우리 주님께서 바로 이 죄로 물든 세상 속에서 매일 어떠한 정경을 보고 계실까요! 죄인들이 열 명이 아니고, 단순히 수천 수백 명도 아니고, 전 세계를 죄인들이 덮고 있습니다. 그러므로 영혼이 병든 사람은 그 수를 헤아릴 수도 없이 온통 지상에 퍼져 살고 있습니다. 하나님의 아들이 이와 같은 나병에 오염된 지상에 발을 딛고 서 계셨다는 것은 엄청나게 자신을 낮춘 하나의 이적이었습니다.

그러나 우리는 여기서 열 명의 나병환자에게 나타난 우리 주 예수 그리스도의 승리를 거둔 은혜를 주목하게 됩니다. 어떤 사람이 나병환자 한 사람을 치료하였다면 그것은 그 사람에게 있어서 행운이요, 그 사람은 평생 자자한 명성을 듣고 살 것입니다. 그러나 우리 주님께서는 한꺼번에 열 명의 나병환자를 치료하셨습니다. 그처럼 예수님께서는 충만하신 은혜의 샘이십니다. 당신의 호의를 얼마나 값없이 베풀어 주셨던지, 그는 그 열 사람에게 너희 몸을 제사장들에게 보이라고 명하셨습니다. 그것은 그들이 치료가 되었기 때문입니다. 그들이 제사장에게 가는 도중에 자기들이 나은 것을 발견하였습니다. 우리 중 어느 누구도 그 나병환자들이 자신이 치료되었다는 사실을 깨달을 때 느낀 그 기쁨을 다 알 수 없을 것입니다. 그들의 피부가 어린 아이 살처럼 새롭게 되었다는 것은 그들에게 있어서는 탄생과도 같은 일이었습니다! 만일 그 열 명 전체가 돌아와 예수님의 발 앞에 엎드려 함께 시편을 노래하며 목소리를 높였다 해도 놀라운 일이 아니었을 것입니다. 그러나 서글픈 일은, 그들이 다 치료를 받았음에도 불구하고 그들 중 아홉은 정말 그렇게 차가울 수 없는 태도로 제사장들에게 갔고, 다시 돌아오지 않았습니다. 그 아홉 사람은 제사장에게로 간 뒤에는 이야기 속에서 전혀 등장하지 않습니다. 그들은 다같이 복을 얻었습니다. 그리고 그 아홉은 자기 길을 갔고, 그것이 그들의 끝이었습니다.

그 열 사람 중 한 사람, 곧 사마리아 사람만이 감사하기 위해서 돌아왔습니다. 불행은 낯선 사람도 동료로 만듭니다. 그래서 이스라엘에서 난 아홉 명의 나병환자는 한 사람의 버림 받은 사마리아 사람과 하나가 되었던 것입니다. 그런데 정말 말하기 이상하지만 갑작스런 하나님의 은총의 선물을 받고 감격하여 그 은혜를 베푸신 예수님께로 발길을 돌린 사람은 바로 그 사마리아 사람뿐이었습니다. 그 사람만이 예수님의 발 앞에 엎드려 하나님께 영광을 돌리기 시작했던 것입니다.

만일 여러분이 세상을 둘러보며 모든 족속들 가운데에서 찾아보아도 하나님의 은혜에 감사하는 아름다운 향내를 가진 사람들을 만나 보기는 힘들 것입니다. 사실 아침에 수풀 언저리에 맺혀 있는 이슬방울처럼 그러한 일은 흔해야 마땅합니다. 그러나 안타깝게도 하나님께 감사하는 것이 말라 있습니다! 그리스도 당대(當代)에는 그리스도께 감사하는 것이 정말 희귀할 정도로 없었습니다. 그리스도의 은혜를 찬미할 사람은 열에 한 명 정도였다고 저는 생각하였습니다. 그러나 조금 제 의견을 바꿔야겠습니다. 아홉에 하나 정도나 될 것이라고 말입니다. 이레 중 하루는 주님을 예배하기 위해서 드려지고 있습니다. 그러나 열 사람 중에 한 사람도 그의 은혜를 찬미하는 일에 참여하지 않고 있습니다. 오늘 우리가 설교의 주제로 삼은 것은 주 예수 그리스도께 대한 감사입니다.

1. 감사의 단순성

저는 이미 제가 언급했던 요점 곧 "감사의 단순성"으로부터 시작해야겠습니다. 여기서 주목할 것은 받은 은혜에 감사하며 찬미하는 사람보다 은혜를 받은 사람들이 훨씬 더 많다는 사실입니다. 아홉 사람도 치료를 받았습니다. 그러나 한 사람만이 하나님께 영광을 돌렸습니다. 아홉 사람도 나병으로부터 나음을 받았습니다. 그러나 한 사람만이 예수님의 발 앞에 엎드려 머리를 숙이고 감사하였습니다. 둔하기 짝이 없는 사람도 이같이 놀라운 은혜를 받으면 찬미했을 터인데, 주님께 감사한 사람이 열에 하나밖에 되지 않는다는 사실을 감안하면, 하나님의 보통 은총에 대하여는 우리가 무어라고 말할 것입니까?

우리가 그렇게 일반 은총이라고 부르는 것은 그것이 사람들에게 너무나도 일반적으로 주어지기 때문입니다. 그러나 그 하나님께서 베푸신 일반 은총 하나하나도 가치로 따질 수 없이 존귀한 것입니다. 목숨과 건강과 시력과 청력과 가정의 화목한 사랑, 그리고 친구 관계가 지속되는 것 ― 우리가 매일 받는 은혜의 목록을 다 열거할 수도 없습니다. 그런데도 이러한 은혜로 인하여 하나님을 찬미하는 사람은 열 사람 가운데 한 사람 정도입니까? 그저 "하나님 감사합니다"라고 차갑게 말하는 것이 고작입니다.

우리 중에 어떤 사람들은 이러한 은총으로 인하여 하나님께 찬미를 드리고 있습니다. 그러나 그 찬미는 얼마나 보잘것없는지요! 정말 아이작 와츠의 찬송시는 서글프게도 사실입니다.

"우리의 혀에서 호산나 소리가 시들해지고

우리의 신앙심은 희미해지네.”

우리는 주님을 그에 합당하게 열정적으로 찬미하지 않습니다. 우리는 자비를 대륙만큼이나 넓게 받으면서 찬미로 돌려드리는 것은 고작 섬 하나 정도뿐입니다. 주님께서는 매일 아침 우리에게 새로운 복을 주시고 매일 저녁 복을 새롭게 주시니, 그 신실하심이 큽니다. 그러나 우리는 몇 해를 보내면서도 찬미하는 일에 좀처럼 하루도 내지 못하고 있습니다. 하나님께서는 그렇게 선하신 데도 인간이 그렇게 은혜에 보답할 줄 모르는 것을 보면, 정말 서글픕니다! 은혜를 받은 족속은 “내 이름은 군대라”고 말할 수 있습니다. 그러나 하나님을 찬미하는 자들이 너무나 적어 어린 아이도 그 이름을 기록해 놓을 수 있습니다.

이보다 더 주목할 만한 것이 없습니다. 기도를 드리는 자의 수가 찬미를 드리는 자들의 수보다 훨씬 더 많다는 것입니다. 왜냐하면 열 명의 나병환자들 모두가 다 기도를 드렸기 때문입니다. 그들의 목소리는 너무나 가련하고 미약하여 그들이 깊은 병에 걸려 있음을 보여주었습니다. 그러나 그들은 기도로 목소리를 높였습니다. 그리고 함께 부르짖었습니다. “예수 선생님이시여, 우리를 불쌍히 여기소서!’ 그들은 모두 “주여, 우리를 불쌍히 여기소서! 그리스도여 우리를 긍휼히 여기소서!’라고 같은 기도문을 외웠습니다. 그러나 그들이 하나님을 찬미하고 광대하심을 선포하는 절정에 이르렀을 때, 그들 중 한 사람만이 그 곡조에 따라 노래했습니다. 누구나 기도한 사람들은 다 찬미를 할 것이라고 생각할 것입니다. 그러나 그렇지 않습니다. 폭풍이 일어날 때 배에 타고 있던 모든 선원이 기도했던 경우와 똑같습니다. 그러나 폭풍이 잦아지고 고요해질 때 하나님을 찬미하는 노래를 부르는 선원은 하나도 없는 셈이었습니다. 허다한 우리나라 국민들은 병들어 죽어 가고 있을 때 기도하였습니다. 그러나 백성들이 병에서 점점 놓이게 될 때 그들의 찬미는 병들어 죽어 버렸다는 말뿐이었습니다. 그 사람들의 문에 귀를 기울이던 긍휼의 천사는 사랑의 아가나 감사의 노래를 전혀 듣지 못했습니다. 찬미를 드리는 사람들보다 기도를 드리는 사람이 훨씬 더 많다는 것은 서글픈 사실입니다!

저는 그 점을 하나님의 백성들인 여러분에게 다르게 표현해 보겠습니다. 우리 중 모두는 찬미하기보다는 기도를 더 많이 합니다. 저는 기도를 충분히 하지 못할까봐 두려워합니다. 그러나 찬미! 그것은 어디에 있습니까? 우리의 가정 제단에서는 언제나 기도를 드립니다. 그러나 찬미는 드뭅니다. 우리는 골방에서 끊임 없이 기도합니다. 그러나 "그렇게 자주 찬미합니까?" 사실 기도는 찬미만큼 천상 (天上)적인 행사가 아닙니다. 기도는 잠시 있을 뿐이며 찬미는 영원한 것입니다. 그러므로 찬미를 가장 우선에 놓아야 합니다. 그렇지 않습니까? 천상에 있는 모 든 존재들이 하는 일이 무엇인가를 생각해 봅시다. 기도는 구걸하는 사람을 위 한 것입니다. 그러나 제가 생각하기로는 구제 받았을 때에 찬미를 드리지 않는 자는 불쌍한 거지입니다. 기도의 언덕에서는 마땅히 찬미가 뒤따라 나와야 합니 다. 하나님의 은혜로 말미암아 기도가 앞서지 못할 때에도 그리해야 합니다. 환 난을 당하거나 돈을 잃어버렸거나 가난하게 되었거나 어린 아이가 병들었거나, 어떤 형태로든 징계가 찾아온다면, 여러분은 기도하기 시작하죠? 저는 그것을 나무라지 않습니다. 그러나 기도만 하고 찬미가 전혀 없어서야 되겠습니까? 우 리의 삶이 소금만 많고, 달콤한 것은 그렇게 적으면 좋겠습니까? 복락의 반석에 서 우리 스스로 그렇게 자주 물을 들이키면서도 지존자(至尊者)에게 부어 드리 는 것은 그처럼 적어야겠습니까? 자, 우리는 찬미보다 기도를 더 많이 드린다는 것을 인정하면서 자신을 책(責)해야 할 것입니다!

　　같은 주제 아래서 저는 우리는 그리스도께 찬미를 드리는 것보다 의식을 따라가 는 일에만 더 신경을 쓴다는 것을 주목해야겠습니다. 예수님께서 "가서 제사장들 에게 너희 몸을 보이라"고 말씀하셨을 때에, 그들 열 사람 모두 그냥 가 버렸습 니다. 아무도 멈추어서 뒤를 돌아다보는 사람이 없었습니다. 물론 한 사람이 개 인적으로 다시 돌아와 구주를 만나 그의 이름을 높였습니다. 오늘날에도 교회에 와서 성경을 읽고 외적인 종교적 행사에 동참합니다. 그러나 하나님을 찬미하는 자는 얼마나 적으며, 그 발 앞에 엎드려 사례하는 일은 얼마나 적습니까? 우리에 게 베푸신 그 놀라운 은혜의 역사를 인하여 그분께 영혼을 쏟아 붓는 노래를 할 수 있다는 느낌을 갖는 일이 얼마나 적습니까! 외적으로 종교적 의식에 동참하 여 행하는 것은 정말 충분합니다. 늘 충분합니다. 그러나 내면적 문제, 즉 감사하 여 사랑의 마음을 쏟아 내는 일이야말로 얼마나 드문 일입니까!

　　한 사람이 주님께 감사하여 찬미할 동안 아홉 사람은 의식(儀式)을 지키는 일을 하였습니다. 우리는 한 번 더 자세히 생각해 봅시다. 찬미를 드리는 자들보다 믿는 자들이 더 많다는 것입니다. 그러나 한 사람만이 예수님께 와서 찬미하였습 니다. 그들의 믿음은 나병에 관한 것뿐이었습니다. 그들이 믿은 대로 되었습니다. 그 믿음은 그들의 나병에 관한 것이었지만 여전히 놀라운 믿음이었습니다. 예수님께서 "치료되었느니라"고 말씀하셨거나, 같은 의미의 언질(言質)을 하나도 하지 않으시고, 그저 "가서 제사장들에게 너희 몸을 보이라"고만 말씀하셨을 뿐인데도 불구하고 그 주님을 믿었다는 것은 놀라운 일입니다. 갈라진 피부와 그들 가슴속까지 파고들어 오는 죽음의 그림자를 가지고 예수님께서 자기들을 축복해 주실 의향을 가지고 계셨음이 틀림없다는 확신을 가지고 그들은 용감히 길을 떠났던 것입니다. 그것은 정말 감탄할 만한 믿음입니다. 그럼에도 불구하고 그렇게 믿었던 아홉 사람은 받은 긍휼로 인하여 그리스도께 감사하러 돌아오지 않았습니다. 믿음 가운데는 그들보다 더 나은 믿음을 가지고 있으면서 영적인 일에 관심을 보이고 있지만 아직도 실제적인 감사의 꽃을 피우지 못하는 믿음이 많지 않나 생각합니다. 아마 그 믿음은 국화처럼 뒤늦게 꽃을 피울 것입니다. 그러나 확실한 것은 앵초화나 나팔꽃, 또는 수선화처럼 봄에 꽃을 피우지는 못합니다. 그것은 찬미의 꽃망울이 거의 맺지 못하고 있는 믿음입니다. 때로 저는 갈멜 산 위의 엘리야처럼 기도로 하나님과 씨름을 해 놓고는 나사렛의 마리아처럼 주님의 이름을 찬미하지 못했다는 자책감에 빠지곤 합니다. 우리는 주님께로부터 받은 은혜에 합당하게 주님의 은혜를 큰소리로 외치지 않았습니다. 만일 감사하여 드리는 헌금을 더 정직하게 바친다면 하나님의 곳간(庫間)은 흘러 넘칠 것입니다. 선교 사업을 위해서 호소할 필요도 없을 것이고, 하나님의 백성들더러 자신을 부인하라고 얘기할 필요도 없을 것입니다. 우리 믿음에 부합한 찬미가 있기만 하다면 말입니다.

우리는 천국과 영원을 믿습니다. 그럼에도 불구하고 우리가 누리는 세상과 시간에 대해서 마땅히 해야 하는 대로 주님을 찬미하지 못합니다. 저는 그것도 참 믿음이라고 믿습니다. 그 믿음을 판단하는 것은 제 임무가 아닙니다. 그러나 그 믿음이 결과에 있어서는 문제가 있습니다. 이 나병환자들도 자기 병에 관한 것에는 참된 믿음을 가지고 있었습니다. 그러나 그들은 우리 주님의 신성(神性)이나, 영원한 생명을 믿지 않았습니다. 그와 같이 우리들 중에도 그리스도로부터 은혜를 받고, 자기들이 구원을 받았다는 것을 알면서도 그리스도께 찬양을 돌리지 않는 이들이 있습니다. 그들의 삶은 자기들의 나병이 사라졌는지 알아보기 위해 피부를 열심히 들여다보는 데만 몰두하고 있습니다. 그들의 종교 생활은 자기들이 정말 치료를 받았는지를 알아보기 위해서 자신들을 계속 탐사하는

데 바쳐집니다. 이것은 자기의 에너지를 형편없이 허비하는 방식입니다. 그러나 이 사람은 자기가 치료 받은 것을 알았습니다. 그 점에서는 조금도 의심이 없었습니다. 그 다음에 일어난 그의 영혼의 강력한 충동은 자기를 그렇게 영광스럽게 치료하신 의사가 서 계신 곳에 돌아가서 그의 발 앞에 꿇어 엎드려 큰 소리로 그에게 사례하며 하나님을 영화롭게 해야 한다는 것이었습니다. 저는 이 설교를 듣고 있으면서 아직도 의심하는 사람들이 다 이와 같이 행하기를 바랍니다!

저는 감사가 모자란다는 문제에 대하여 충분히 말하였습니다. 다시 다음의 요점들로 나아가 봅시다. 은혜를 받아 놓고 그 은혜에 대하여 찬미하는 사람들이 적다는 것입니다. 또 다른 요점은 찬미보다 기도가 더 많다는 것입니다. 그리고 사람들이 마음으로 하나님을 찬미하기보다는 의식 자체에 더 복종하고 있습니다. 은혜를 베푸신 자를 마땅히 찬미하기보다는 믿음으로 말미암아 은혜를 받는 데에만 더 관심이 가 있다는 점입니다.

2. 참된 감사의 성격들

저는 말할 것이 아주 많습니다. 그러나 그 문제를 말할 시간은 아주 적습니다. 이제 우리는 참된 감사의 성격들을 주목해 봅시다. 이 사람의 단순한 행동이 찬미의 성격을 보여줄 수도 있습니다. 물론 찬미가 누구에게서나 그와 똑같은 모양을 띠지 않을 수도 있습니다. 살아 있는 꽃들처럼 그리스도에 대한 사랑은 여러 가지 형태를 띱니다. 사람들이 만들어 놓은 조화(造花)는 모두 같은 모습을 띱니다. 그러나 살아 있는 찬미는 그 사람 나름의 개성에 의해서 특정지어집니다. 이 사람은 나병환자로 있을 때에는 그 열 사람 중의 하나였습니다. 그러나 하나님께 돌아와 찬미할 때는 혼자였습니다. 죄를 지을 때 무리지어 지을 수 있고, 지옥에 갈 때도 무리지어 갈 수 있습니다. 그러나 구원을 받을 때에는 혼자서 예수님께 나올 것입니다. 구원을 받았을 때는 여러분과 합세하여 다른 사람들도 하나님께 그 기쁨을 노래하겠지만, 다른 사람들이 당신의 구원을 인하여 함께 찬미하지 않을지라도 혼자서 감사의 노래를 즐겁게 불러야 할 것입니다. 이 사람은 다른 아홉 사람의 무리에서 나와 예수님께 왔습니다. 만일 그리스도께서 여러분을 구원하시고 여러분의 마음이 올바로 되어 있다면, 이렇게 말할 것입니다! "나는 그분을 찬미해야 하고 사랑해야 마땅하다." 여러분은 옛 동료 열 사람 중 그 아홉의 차가운 상태나, 여러분 가정의 세상 정신이나, 교회의 냉담성 때문에 찬미하는 것을 삼갈 필요가 없습니다. 예수님께 대한 사랑이 있으면 여러분은 말하게 될 것입니다. 하늘과 땅과 바다 등 모두가 침묵에 휩싸여 있다 할지라도 말입니다.

여러분의 마음은 경배하는 사랑으로 불타오릅니다. 그리고 여러분은 마치 하늘 아래서 마음에 그리스도에 대한 사랑을 품고 있는 사람이 자기 하나밖에 없는 것처럼 느낍니다. 그러므로 여러분은 이 신성한 불길을 키워야 합니다. 여러분은 마음의 그 욕구를 충족시켜야 하고, 그 열망을 표현해야 합니다. 불이 여러분 속에 있으면 반드시 밖으로 새나갈 수밖에 없습니다. 참된 찬송에는 개별적인 특성이 있으므로, 그리스도 안에 있는 형제들이여 오라! 우리 각자 자기 방식대로 하나님을 찬미하도록 합시다!

"달콤하고 복된 이 주제가
모든 마음과 모든 혀를 채워
외인들까지도 주님의 그 매력적인 이름을 사랑하고
함께 거룩한 노래를 부르게 하옵소서!"

이 사람의 감사의 두 번째 특성은 기민성(機敏性)입니다. 그는 그리스도께 즉시 돌아왔습니다. 왜냐하면 구주께서 그날 여러 시간 동안 그 촌에서만 계속 머물러 계시지 않으실 거라고 생각했기 때문입니다. 주님께서는 너무 바쁘셔서 한 지점에 오래 머물러 계실 수 없었습니다. 선을 행하기 위해서 여기저기 다니셔야 했습니다. 그래서 그 사람은 금방 돌아왔습니다. 여러분이 구원을 받을 때 은혜의 감사를 빨리 표현하면 표현할수록 더 좋습니다. 그러나 어떤 이들은 말했을 겁니다. "좀 더 생각하는 것이 좋겠다"고 말입니다. 그러나 그리스도에 대한 사랑의 마음이 충만한 사람은 그렇게 말하지 않습니다. 처음 생각이 떠오르자마자 옮기십시오. 그 다음 생각을 위해 멈추지 마십시오. 하늘의 거룩한 열정에 사로잡힌 나머지 처음보다 더 나은 생각이 떠오르지 않는 한 말입니다. 즉시 가서 구주께 찬미드리십시오. 여러분 중에 어떤 사람들은 장차 하나님을 위해 봉사할 참으로 거창한 계획들을 세웠습니다! 그러나 그에 따라오는 결과는 얼마나 적습니까! 내년에 궁전을 짓겠다고 계획하는 것보다 오늘 벽돌 한 장을 놓는 것이 더 좋습니다! 현재의 구원을 인해서 바로 현재 여러분의 주님을 찬미하십시오. 주님의 긍휼을 어찌 격리시켜 놓아야 하겠습니까? 여러분의 찬미가 꽃을 피우기 위해서 1세기가 걸리는 알로에(Aloe)처럼 되어서야 되겠습니까? 문에서 기다렸다가 밤이 되면 찬미를 하려는 것입니까? 만나는 매일 아침 내렸습니다. 그와 같이 여러분의 찬미도 그때마다 드려야 맞는 것입니다. 즉시 돌아온 그 사람은 두 번이나 사례하였습니다. 그러나 즉시 와서 찬미하지 않은 사람은 영원히 찬미하지 않습니다.

이 사람의 찬미의 다음의 성격은 **영성(靈性)**입니다. 그가 제사장에게로 가는 길을 멈추고 돌아왔다는 사실에서 우리는 그 사람에게 영성이 있음을 봅니다. 제사장에게 가는 것이 그의 의무였습니다. 주님께서 그렇게 하라고 명하셨기 때문입니다. 그러나 모든 일마다 마땅한 순서가 있는 것입니다. 어떤 의무들은 다른 의무들보다 더 큽니다. 그는 스스로 생각하였을 겁니다. '나는 제사장들에게 찾아가라는 명령을 받았다. 그러나 나는 치료되었다. 이 새로운 조건이야말로 내 의무들의 순서들을 바꾸어 놓는다. 내가 마땅히 먼저 해야 할 일은 돌아가서 사람들에게 증거하며, 그 모든 사람들이 보는 앞에서 하나님을 영화롭게 하고, 그리스도의 발 앞에 엎드리는 것이다.' 거룩한 법을 균형 있게 지키는 것이 잘하는 일입니다. 육신적인 마음을 가진 사람들은 의식법(儀式法)을 가장 우선에 둡니다. 그들에게 있어서 영적인 것은 그렇게 무겁게 보이지 않습니다. 그러나 사랑은 금방 알아차립니다. 실체가 그림자보다 강하다는 것을 말입니다. 그 크신 대제사장 앞에 엎드리는 것이 그보다 못한 제사장들 앞에 가는 것보다 더 큰 의무라는 것을 알아차린 것입니다. 그래서 치료받은 그 나병환자가 예수님께 먼저 온 것입니다. 그 사람 속에는 영적인 것이 의식적(儀式的)인 것보다 앞서 있었습니다. 그 사람은 자기의 주요한 의무는 그 무서운 질병에서 자기를 건져내신 신적인 분에게 개인적으로 경배를 드리는 것이라고 느꼈습니다. 우리도 먼저 예수님께로 갑시다. 심령으로 그분 앞에 머리를 조아립시다. 아! 그렇습니다. 우리도 예배당에 가서 정기적인 예배에 참석합시다. 그러나 만일 여러분이 주님을 사랑한다면, 그 외에 다른 것을 더 원할 것입니다. 바로 예수님을 뵙기를 갈망할 것입니다. 그리고 여러분이 예수님을 얼마나 사랑하는지 말씀드릴 것입니다. 그리고 여러분 스스로 무엇인가 하고 싶어 견딜 수 없을 것입니다. 그것을 통해서 하나님의 그리스도께 마음으로 감사하는 뜻을 나타내고 싶어할 것입니다.

참된 감사는 또한 **열렬함**으로 나타나기 마련입니다. 이 사람의 열렬함이 이 경우에 대번에 드러납니다. 그는 돌아와서 큰 소리로 하나님을 영화롭게 하였습니다. 그가 좀 더 조용한 소리로 나지막하게 찬미할 수는 없었습니까? 그렇습니다. 할 수 있었습니다. 하지만 금방 나병에서 놓임을 받고 미약한 목소리가 다시 힘을 얻게 되었는데 어떻게 찬미를 속삭이듯이 할 수 있겠습니까? 형제들이여, 여러분이 새롭게 구원 받았을 때 냉담하게 찬미한다는 것은 도저히 있을 수 없는 일임을 여러분도 아시지요? 이 사람은 큰 소리로 하나님께 영광을 돌렸습니다. 여러분도 다음과 같이 외치고 싶을 정도로 말입니다. "그것을 큰 소리로 외쳐 땅과 하늘이 다 들었으면 한다." 회심한 사람들 가운데 어떤 이들은 때로 매우 열광적입니다. 그래서 점점 더 지나치게 되기도 합니다. 그러나 그들을 꾸짖지는 마십시오. 어째서 그들을 받아 주지 않습니까? 그렇게 해도 여러분에게는 손해가 없을 것입니다. 우리는 모두 아주 적당한 규모가 있어 이제나저제나 우리 중에 지나친 사람을 하나 정도는 둘 정도로 여유가 있습니다. 오, 하나님께서 그러한 유(類)의 사람들을 더 많이 보내서서 교회를 일깨우시기를 바라며 우리도 역시 모두 마음과 목소리와 영혼과 있는 힘을 다하여 하나님을 찬미할 수 있기를 바랍니다. 할렐루야! 내 자신의 마음이 그 열기를 느낍니다.

다음으로, 참된 감사에는 **겸손**이 있습니다. 이 사람은 예수님의 발 앞에 엎드렸습니다. 그는 예수님의 발 앞에 엎드리기까지는 자신의 존재를 온전하게 느끼지 못했습니다. 그는 "주여 나는 아무것도 아닙니다"라고 말하는 것 같았습니다. 그래서 그는 그 앞에 엎드렸습니다. 그러나 그가 엎드려야 할 자리는 "주님 발 앞"이었습니다. 나는 다른 자리에서 당당하게 있는 것보다 주님 발 앞에서 아무것도 아닌 사람이 되고 싶습니다. 주님의 발 아래 엎드리는 것보다 명예로운 자리가 어디 있겠습니까! 아! 언제나 그 자리에서는 엎드려 있어야 합니다. 전적으로 그분만 사랑하고 자신은 죽도록 해야 합니다. 오! 마치 한 인물이 그대의 삶 전체를 덮고 있는 것처럼 그리스도께서 여러분 위에 서 계시도록 하십시오. 이제부터 영원까지 말입니다. 참된 감사는 주님 앞에 자신을 낮추어 엎드리는 것입니다.

여기에 더하여 참된 감사에는 예배가 들어 있습니다. 그는 예수님의 발 아래 엎드렸습니다. 하나님께 영광을 돌리며 예수님께 감사했습니다. 우리는 구주께 경배해야 합니다. 다른 사람들이 예수님께 대하여 어떻게 생각하든 상관하지 말고 우리는 손가락을 주님의 못 박힌 자국에 대보고 "나의 주, 나의 하나님!"이라고 말해야 할 것입니다. 살아 계신 하나님은 우리에게 있어서 예수 그리스도 안에 있는 하나님인 것입니다. 우리를 죄의 나병으로부터 건지심으로써 당신의 신성을 증거하신 그분을 끊임없이 찬송해야 할 것입니다. 오! 그분의 가장 높으신 위엄에 모든 경배를 드려야 할 것입니다!

제가 이 사람의 감사에 대해 주목하면서 한 가지 더 주목해야 할 것이 있습니다. 그것은 다른 사람들을 비판하는 일에는 침묵하고 있다는 것입니다. 구주께서 "아홉은 어디 있느냐"라고 말씀하셨을 때에 이 사람은 대답하지 않았다는 것에 저는 주목합니다. 구주께서는 "아홉은 어디 있느냐 이 이방인 외에는 하나님께 영광을 돌리러 온 자가 없느냐"고 말씀하셨습니다. 그러나 주님께 영광을 돌리는 그 이방인은 "오, 주님, 그들은 모두 제사장에게 갔어요. 그들이 주님을 찬미하러 돌아오지 않는 건 정말 이상한 일이에요"라고 말하지 않았습니다. 오, 형제들이여, 하나님의 은혜를 느끼게 될 때 우리의 마음은 마땅히 무엇을 해야 할까를 생각하는 것으로 충만해야 합니다! 만일 내가 찬미의 일을 계속해 나갈 수만 있다면 여러분 중에 감사하지 않는 어떤 사람들에 대하여 송사(訟事)할 마음을 전혀 갖지 않을 것입니다. 구주께서 말씀하십니다. "아홉은 어디 있느냐." 그러나 그 발 앞에 엎드려 있는 치료 받은, 주님의 은혜를 입고 감사가 충만한 그 사람은 그 무정한 아홉 사람을 비난하는 말을 하지 않았습니다. 그저 자기 자신이 주님께 감사할 일만을 생각하고 있었습니다.

3. 감사하는 심령의 복됨

저는 원칙대로 한다면 설교의 반도 못한 셈입니다. 그러나 끝나기로 한 시간을 어길 수는 없습니다. 그래서 저는 세 번째 요점에 대해서는 가급적으로 요약해서 말하지 않을 수 없습니다 함께 감사의 복됨에 대해서 생각해 봅시다. 이 사람은 아홉 사람보다 훨씬 더 복된 사람이었습니다. 그 아홉 사람도 치료를 받았지만 이 사람만큼 복되지는 못했습니다. 감사하는 사람의 심령 속에는 큰 복락이 깃들어 있습니다.

첫째로, 감사하는 것이 옳기 때문에 복이 있는 것입니다. 그리스도께서 마땅히 찬미를 받으셔야 하지 않겠습니까? 바로 이 사람은 자신이 할 수 있는 바를 했습니다. 자기가 올바르고 정당하게 할 수 있는 모든 일을 하고 있다고 느낄 때 양심도 평안하고, 심령에도 안식이 있는 것입니다. 비록 자기가 소원하는 분량에는 훨씬 미치지 못한다 할지라도 그렇게 하고 있으면 평안한 것입니다. 나의 사랑하는 형제들이여, 바로 이 순간에 주님을 찬미하시기 바랍니다.

> "어느 때 어느 장소에서나 우리 하늘 임금에게
> 영광의 찬미를 드리는 것은 합당하고 옳은 일일세
> 그 하늘 임금은 진리와 은혜의 하나님일세
> 우리 그 달콤한 선율에 맞추어 감사의 노래를 함께 부르세
> 거룩 거룩 거룩하신 주님
> 영원한 찬미를 당신께 돌리나이다."

다음으로, 이 감사하는 심령이 복된 이유는 그 감사가 그 사람 개인의 감사의 표현이기 때문입니다. 저는 은혜의 교리들을 사랑하며 하나님의 교회를 사랑합니다. 안식일과 여러 교리(敎理)들을 사랑합니다. 그러나 저는 예수님을 가장 사랑합니다. 개인적으로 제가 하나님을 영화롭게 하며, 그리스도께 감사할 수 있기 전에는 마음의 안식을 결코 누릴 수 없었습니다. 그리스도를 개인적으로 사랑하는 일에 빠지는 것이야말로 하늘로부터 나온 가장 달콤한 일들 중의 하나인 것입니다. 마음과 행실과 입을 통해서 정말 주님께 감사하는 마음을 가지는 것처럼 주님께 감사의 마음을 표현할 수 있는 방법이 없습니다.

감사에 들어 있는 또 다른 복락이 있습니다. 감사는 분명한 관점을 가지고 있다. 감사하는 눈은 훨씬 깊고 넓게 봅니다. 그 사람은 나병에서 나음을 받았을 때, 계속 하나님을 영화롭게 하며 예수님께 감사했습니다. 만일 그가 예수님께 감사하고 거기에서 멈추어 버렸다면, 그의 눈은 아직 열리지 않았다고 말할 것입니다. 그러나 그가 그리스도 안에서 하나님을 알았고, 그래서 그리스도께서 하신 일을 인하여 하나님께 영광을 돌림으로써, 영적 진리에 대한 깊은 통찰력을 드러내는 것입니다. 그는 복되신 주님의 신인(神人) 두 속성을 가지신 인격의 신비들을 발견하기 시작했습니다. 우리는 기도를 통해서 많은 것을 배웁니다. 루터는 "기도를 잘하였다면 연구를 잘한 것이다"라고 말하지 않았습니까? 저는 루터가 그렇게 아름답게 말한 것에다 한 가지를 덧붙여 말하렵니다. "찬미를 잘 드린 것은 더 잘 연구한 것이다." 찬미는 큰 선생입니다. 기도와 찬미는 배의 노와 같습니다. 사람은 그 노를 저어서 배를 그리스도를 아는 지식의 강물 속으로

더 깊이 들어갈 수 있습니다.

또 다른 복락은, 그 찬미가 그리스도께 열납된다는 것입니다. 주 예수님은 분명히 기뻐하셨습니다. 하지만 다른 아홉 사람이 다시 돌아오지 않은 것을 생각하신 주님은 근심하셨습니다. 그러나 이 한 사람이 돌아왔다는 사실을 생각하고 기뻐하셨습니다. "아홉은 어디 있느냐?"라고 질문하신 것은 사실 돌아온 그 한 사람에 대한 칭찬이었습니다. 그리스도를 기쁘게 해 드리는 것이 무엇이든지 간에 주밀하게 계발(啓發)해야 마땅합니다. 만일 찬미가 주님을 유쾌하게 해 드린다면 우리는 그분의 이름을 높여야 할 것입니다. 기도는 곡식의 밀짚과 같습니다. 그러나 찬미는 이삭입니다. 예수님께서는 잎사귀가 자라는 것을 보기 좋아하십니다. 그러나 찬미의 추수가 익을 때 황금색 열매를 띠는 것을 더 좋아하십니다.

다음으로, 감사가 복된 것은 감사는 가장 큰 복락으로 이어진다는 데 있습니다. 왜냐하면 구주께서는 다른 사람들에게 말씀하시지 않은 것을 이 사람에게는 말씀하셨기 때문입니다. "네 믿음이 너를 구원하였느니라." 만일 여러분이 더 높은 차원의 삶을 영위하시려면 하나님을 더 많이 찬미해야 합니다. 여러분 중 어떤 이들은 여전히 아주 낮은 상태에 머물러 있습니다. 이 사람처럼 말입니다. 그 사람은 사마리아 사람이었습니다. 그러나 그가 하나님을 찬미함으로써 이방인이라기보다는 노래 부르는 가수로 차원이 높아졌습니다. 가장 큰 죄인이 가장 크게 찬미하는 사람이 되는 진리를 저는 얼마나 자주 목도하는지요! 그리스도께로부터 가장 멀리 떠나 있었던 사람들이 구원 받게 되었을 때에는 가장 큰 소망과 정결함을 지닌 사람들이 되어, 자기들이 가장 많은 것을 소유하고 있고 자기들이 가장 좋은 분을 사랑한다고 느끼게 됩니다. 우리 각자가 그런 양심을 가지게 되기를 바랍니다. 우리가 가장 비열한 사람들 축에 본래 끼지 않았다고 할지라도 우리가 예수님을 가장 귀한 분으로 소유하였다고 느끼게 되기를 바랍니다. 그러므로 우리는 그를 가장 크게 높여 찬미해야 할 것입니다. 그럼으로써 우리는 그의 손에서 가장 풍성한 복락을 받을 것입니다.

제가 이 몇 가지를 말씀드렸으니 할 말을 다 한 셈입니다. 우리는 이 모든 것을 통해서 찬미를 높은 자리에 올려놓는 법을 배워야 합니다. 찬양 집회를 가집시다. 찬양을 게을리하는 것은 기도를 하지 않는 것만큼이나 큰 죄악이라고 생각합시다.

다음으로, 우리는 그리스도께 찬미를 드려야 합니다. 우리가 제사장들에게 가든지 가지 않든지 간에 "그분 예수님께" 갑시다. 우리 각자가 있는 힘을 다해서 찬미합시다. 우리 구주이신 예수님께 각자 개인적으로 찬미하는 것이 우리 인생의 목적이 되어야 합니다.

끝으로, 만일 우리가 예수님을 위해서 일을 하였는데, 다른 이들이 우리가 기대한 바대로 나아가지 못한다 하더라도, 그것 때문에 낙담하지 맙시다. 만일 다른 사람이 우리 주님을 찬미하지 않는다면 슬퍼해야겠죠. 그러나 절망하지 맙시다. 구주께서 "아홉은 어디 있느냐?"라고 말씀하셨습니다. 열 사람이 치료를 받았지만 한 사람만이 주님을 찬미하였습니다. 회심은 하였으면서도 교회 예배에는 참여하지 않는 자들이 많이 있습니다. 회심은 하였으면서도 세례는 받지 않고, 주의 성찬에도 참여하지 않는 이들도 많습니다. 많은 사람들이 복락을 얻었지만 그것을 인정할 만큼 충분한 사랑을 느끼지는 못합니다. 영혼을 구원하기 위해 부르심을 받아 일하는 우리들은 자기 믿음을 숨기는 겁 많은 심령들로 인해서 삯을 박탈당합니다. 저는 최근에 자기가 회심하였다는 것을 공언하는 사람들이 많다는 사실로 하나님께 감사합니다. 그러나 만일 다른 아홉이 그대로 온다면, 이 태버너클 교회와 같은 교회를 아홉은 더 세워야 합니다. 안타깝게도 많은 사람들이 믿음을 고백하고 나서는 돌아오지 않습니다! 아홉은 어디에 있습니까?

그러니 오두막 집회를 열며, 전도책자를 가지고 돌아다니는 여러분은 앞으로 여러분이 듣게 될 것보다 더 좋은 일들을 하고 있는 것입니다. 여러분은 아홉이 어디 있는지 알지 못합니다. 그러나 만일 여러분이 그 열 명 중 하나에게 복을 줄 수 있다면 그것으로 인해서 하나님께 감사할 이유가 있는 것입니다.

어떤 분은 이렇게 말합니다. "오, 저는 정말 조금밖에 성공하지 못했습니다. 한 사람밖에 구원하지 못했습니다!" 바로 그것이 여러분이 마땅히 받아야 할 것 이상인 것입니다. 일주일 동안 고기를 잡으러 가서 한 마리만 잡았다면, 그건 안 된 일입니다. 그러나 그 한 마리의 고기가 일등품 고기인 철갑상어라면, 그 질이야말로 양의 부족을 충분히 메울 수 있다고 생각해야 합니다. 한 영혼을 얻었다면 그것이야말로 놀라운 상급입니다. 한 영혼이 그리스도께 인도함을 받았다 — 여러분은 그 가치를 셈할 수 있습니까? 만일 한 사람이 구원을 받았다면, 여러분은 주님께 감사하며 계속 영광을 돌려야 할 것입니다. 비록 더 많은 회심자를 얻기를 원하였다 할지라도, 몇 사람이라도 구원을 받은 한 낙담하지 말아야 할 것입니다. 무엇보다도 회심했던 사람들 가운데 어떤 자들이 개인적으로 여러분에게 와서 감사하지 않는다 할지라도 화내지 말아야 합니다. 또 여러분과 함께 교회에 등록하여 교제하지 않는다 할지라도 말입니다. 영혼을 위해서 일하는 사람들이 그 수고에 대하여 감사함을 받지 못하는 것은 아주 일반적인 일입니다.

　한 사역자가 죄인들을 그리스도께 참으로 많이 인도하였습니다! 또 젊은 날에 양 떼들을 먹였습니다! 그러나 그 목사가 늙어 힘이 없게 되면 사람들은 그를 물러나게 하고 싶어합니다. 대신 그 자리에 더 깨끗하게 쓸어 줄 새로운 빗자루와 같은 사람을 세우려 합니다. "그 노인 양반, 불쌍하기도 하지. 이젠 아주 구식이 되었어!"라고 그들은 말합니다. 그래서 그들은 그를 물러나게 합니다. 집시(Gypsy)들이 늙은 말을 공동 목장에서 쫓아내고 먹든지 굶어 죽든지 별로 신경을 쓰지 않는 것과 같이 말입니다.

　여러분이 만일 어떤 사람이 와서 감사할 것을 기대한다면, "아무것도 기대하지 않는 자들은 복이 있나니 저희가 실망하지 않을 것이니라"는 축복 기도를 생각하라고 말씀드리고 싶습니다. 심지어 우리 구주께서도 아홉 사람에게서는 찬미를 받지 못하셨습니다. 그러므로 만일 여러분이 다른 사람들에게 복을 비는데 그들은 여러분에게 복을 빌지 않는다 하더라도 이상하게 여기지 말아야 합니다. 오, 저 가련한 영혼은 오늘 밤 그리스도께로 나오고 싶어하고, 저 나병환자는 죄의 병에서 고침을 받고 싶어합니다! 자기가 병 나은 것을 아는 사람은 나오도록 하십시오. 그리고 자기를 그처럼 은혜롭게 대해 주신 주님을 큰 소리로 찬미하도록 하십시오.

제
68
장

—

롯의 처를 기억하라

—

"롯의 처를 기억하라." — 눅 17:32

이처럼 경건하지 않은 세상에서 진리와 의에 대해 증거하는 것이 항상 하나님의 목적이었습니다. 하나님께서는 이 오래된 목적을 위해서 친히 한 가족을 선택해 구별하셨으며, 이들과 교제를 나누셨습니다. 아브라함이 바로 하나님께서 선택하신 사람이었습니다. 아브라함과 그의 가족들을 통해 그 증거가 보존되도록 하셨습니다. 이 선택된 가정은 그 선조들로부터 따로 부름 받아 구별되어 인도함을 받고 가나안 땅에서 유랑자들로 거주하게 되었습니다. 이 가족들은 성읍들 속에 들어가서 다른 종족들과는 섞이지 않은 채, 이들의 성품이 오염되거나 이들의 증거가 묵살당하지 않도록 구별된 종족으로서 장막 가운데 거하였습니다. 이 사람들이 따로 거하면서 전체 족속들 가운데 계수되지 않은 것은 바로 이러한 주님의 뜻이 있었던 것입니다. 아브라함은 부르심을 받았을 때에 순종하여 갈 바를 알지 못하고 나아갔습니다(히 11:8). 그의 구별된 삶은 자신의 믿음에 크게 영향을 끼치고 믿음을 강하게 하였습니다. 그래서 아브라함은 믿음을 통해 고요하고도 흔들리지 않는 확신을 갖게 되었습니다. 그리고 이 믿음은 아브라함으로 하여금 조용하고도 장엄하며 행복한 인생여정을 누리게 하였고, 아브라함은 오직 하나님만을 의지하면서 일반 사람들과 구별될 뿐만 아니라 전적으로 그 사람들 위에 있었습니다. 하나님의 부르심을 받아 역시 하란을 떠난 그의 조카 롯은 그의 족장인 아브라함과 함께 가나안과 애굽을 떠돌아다녔습니다. 롯은 고

귀한 영혼을 지닌 사람은 아니었지만, 그의 삼촌 아브라함의 강인한 마음에 크게 영향을 받았습니다. 분명히 롯은 신실한 사람이었습니다. 따라서 그가 의로운 롯(벧후 2:7)이라고 불리는 것은 정당합니다. 그러나 그는 지도자가 되기보다는 오히려 추종자가 되기에 더 적합한 인물이었습니다. 롯도 역시 장막에 거하였습니다. 아브라함과 롯 두 집안의 양과 소가 크게 번성하여 이들이 화목하게 함께 지낼 수 없게 되자, 롯 또한 자신이 독립적인 족장이 될 필요가 있다고 느꼈습니다. 롯은 이런 생각을 하기 전까지는 구별된 삶을 살았지만, 이 때부터는 롯의 성품 중 약한 면이 드러나게 되었습니다. 롯은 양을 먹일 목초지에 대한 선택권을 아브라함에게 양보하지 않았습니다. 연약한 본성을 지닌 모든 사람들과 마찬가지로 롯은 자신의 유익을 쫓아 이기적으로 생각하고는 물이 넉넉하고 풍성한 목초지가 있는 요단 평지의 여러 성읍들 방향으로 가기로 결심하였습니다. 이렇게 해서 롯은 평지 여러 성읍들 가까이에 거하게 되었습니다. 그런데 이곳은 죄악이 극도로 치달아 끔찍할 정도로 타락한 곳이었습니다. 우리는 "그 장막을 옮겨 소돔까지 이르렀더라"(창 13:12) 하신 말씀을 봅니다.

　롯은 정착민들 가까이에 사는 것이 편리하다는 것을 알게 되었습니다. 롯은 소돔에 대한 부르짖음이 크고(창 18:20) 멀리까지 널리 알려졌기에, 그 소돔 사람들이 어떠한지를 틀림없이 알고 있었음에도 불구하고, 그들과 친하게 지내기 시작했습니다. 이렇게 해서 롯은 그 구별된 길을 떠나기 시작했습니다. 잠시 후 그는 더 멀리 나아갔습니다. 왜냐하면 한 번 내디딘 발걸음은 또 다른 걸음을 내딛게 하기 때문입니다. 이제 그는 안락함을 사랑하는 자가 되었습니다. 그래서 그는 많은 불편함을 감수해야 하는 장막 생활을 포기하고 소돔 지역 주민들과 함께 살아갔습니다. 이런 변화는 개탄스러운 일일 뿐만 아니라 놀랄 만한 일이기도 합니다. 롯은 훌륭한 사람이 되기를 그만 둔 것이 아니라, 자기 하나님을 위한 신실한 증인이 되기를 그만 둔 것이었습니다. 그래서 아브라함도 그 날 이후로 롯을 완전히 포기한 것 같습니다. 왜냐하면 그 고귀한 족장인 아브라함이 "주 여호와여 무엇을 내게 주시려 하나이까 나는 자식이 없사오니 나의 상속자는 이 다메섹 사람 엘리에셀이니이다"(창 15:2)라고 말하면서, 자기의 상속자에 관해 주님께 물었음을 우리는 알고 있기 때문입니다. 이렇게 아브라함이 묻자 주님께서는 "그 사람이 네 상속자가 아니라"(창 15:4)고 말씀하셨습니다. 자, 보십시오. 만약 롯이 선택된 후손에 속한 사람으로 여겨졌다면, 이런 질문 자체가 필요 없었을 것입니다. 왜냐하면 롯은 자연적으로 아브라함의 상속자이기 때문입니다. 그러나 롯은 구별된 삶을 살지 않음으로써, 그런 지위도 잃었고 택함 받은 가문에게 상속되는 자기 몫도 내주게 되었습니다. 롯은 비록 소돔에 거하였지만, 거기서도 그리 행복하지는 않았습니다. 그렇다고 해서 그 백성의 사악함을 즐길 만큼 그렇게 타락한 사람이 된 것도 아니었습니다. 베드로는 사악한 자들의 더러운 행실에 고통당하는 의로운 롯을 건지셨다(벧후 2:7)고 전했기 때문입니다. 롯은 그곳에서 저항도 해보았지만 번번이 실패하기만 하였습니다. 롯을 닮은 자들이 하는 행태가 분명히 다 이와 같습니다. 만약 그가 소돔 사람들과 구별되었더라면, 순결함을 위한 롯의 증거는 한층 더 힘을 얻었을 것입니다. 왜냐하면 하나님께서 "너희는 그들 중에서 나와서 따로 있고"(고후 6:17)라고 말씀하신 바와 같이, 따로 구별된 삶을 사는 것이 바로 하나님께서 우리에게 요구하시는 저항이기 때문입니다.

롯은 사악한 사람들이 사는 세상 가운데서 그들과 함께 계속해서 살았습니다. 그래서 그는 영적으로 크게 타락하지 않을 수 없었습니다. 결국 왕들이 와서 그를 사로잡아(창 14:12) 가 버렸습니다. 그러자 아브라함이 개입하여 그를 위협하던 포로의 몸에서 구출하여 다시 돌아오게 되었습니다. 이것은 엄숙한 경고였습니다. 여러분은 롯도 다음과 같이 말했을 것이라고 추측할 것입니다. "나는 아브라함의 삶의 방식으로 되돌아가리라. 나는 다시 하나님과 함께 살리라. 하나님 없는 소돔의 성벽들은 하나님께서 그 주변의 불 성벽이 되어주시는 연약한 장막보다 훨씬 더 안전하지 못하다." 음란한 성읍 사람들의 행실에 고통 받던 롯은 거친 들판의 신선한 공기를 갈망할 수도 있었습니다. 하지만 그렇지 않았습니다. 롯은 다시 소돔으로 내려가 거기 정착하고서는 아브라함 장막의 주변에 모여 있던 그 거룩한 무리들을 잊어버렸습니다. 그럼에도 롯은 여전히 하나님의 사람이었으므로, 그런 사회에서 죽을 수는 없었습니다. "의로운 롯"(벧후 2:7)의 뼈가 더러운 소돔의 매장지에 묻힌다는 것을 그는 도저히 참을 수 없었습니다. 만약 하나님께서 어떤 한 사람을 구원하고자 하신다면, 하나님께서는 틀림없이 그 사람을 그런 세상에서 끄집어 내실 것입니다. 그는 경건하지 않은 세상의 핵심적인 사람으로 거기에 남아 있을 수 없습니다. 그는 하나님께서 선택하신 사람입니다. 왜냐하면 하나님께서 에덴 동산의 문에서 다음과 같은 말씀을 친히 원수에게 하셨기 때문입니다. "내가 너로 여자와 원수가 되게 하고 네 후손도 여자의 후손과 원수가 되게 하리니"(창 3:15). 하나님께서는 바로에게도 이렇게 말씀하지 않으셨습니까? "내가 내 백성과 네 백성 사이를 구별하리니"(출 8:23). 하나님께서는 롯이 계속해서 죄악과 사귀면서 그 악한 영에 이끌려 다니는 것보다는 차라리 소돔을 아예 모두 불태워 버리는 것이 더 낫다고 생각하셨습니다. 그래서 결국 롯은 소돔 밖으로 내몰렸습니다. 롯은 자기 목숨을 구하기 위해 달아나든지 아니면 당연히 불에 타 죽든지 양자택일해야 하는 궁지에 몰렸습니다. 만약 그가 아브라함이 거하던 거룩하고도 한적한 곳에 줄곧 머물렀다면, 그에게 더 좋았을 것입니다. 다시 말해, 롯이 아브라함과 함께 거했다면, 롯은 아브라함의 후손이라는 상속권도 잃지 않았을 것이고 소돔에 내린 유황불로 인해 그렇게 어두워지고 더러워진 구름 아래로 지나가지 않아도 되었을 것이며, 바울이 히브리서의 유명한 믿음장에서 말한 그 믿음의 영웅들 가운데서 자신의 자리를 잃지도 않았을 것입니다. 바울은 믿음의 영웅들에 대해서 이렇게 말하고 있습니다. "이 사람들은 다 믿음을 따라 죽었으며 약속을 받지 못하였으되 그것들을 멀리서 보고 환영하며 또 땅에서는 외국인과 나그네임을 증언하였으니"(히 11:13).

　　이쯤해서 저는 이 이야기를 멈춰야하겠습니다. 계속 했다가는 제가 오늘 본문 말씀을 잘못 읽고서, 자칫 "롯의 처를 기억하라"가 아니라 "롯을 기억하라"는 제목으로 설교하고 있다고 여러분이 생각할 것 같기 때문입니다. 사실 그렇게 생각해도 여러분에게는 유익이 될 것입니다. 왜냐하면 롯의 생애 가운데는 우리에게도 해당되는 많은 경고의 내용들이 들어 있기 때문입니다. 만약 그리스도인들이 스스로 세상에 맞춰 살아갈 정도로 어리석다 해도, 그리고 설령 세상에서 어느 정도 그리스도인의 성품을 유지한다 해도, 그리스도인들은 세상과의 사귐에서 아무것도 얻지 못할 것입니다. 도리어 경건하지 못한 행실로 고통을 받고 자신의 영혼에 큰 해를 입게 될 것입니다. 그들의 성품은 변질되고, 그들의 감정은 전체적으로 저속(低俗)해질 것이며, 그들 자신은 비참할 정도로 무기력해지고 불행해질 것입니다. 세상에 순응하는 것으로 여러분은 조만간에 틀림없이 나쁜 결말을 보게 될 것입니다. 세상에 순응하는 것은 순응하는 그 자신에게도 해로울 뿐만 아니라 그 가족들에게도 파멸을 초래합니다.

　　그런데 오늘 본문 말씀은 "롯의 처를 기억하라"고 말씀합니다. 그러므로 저는 그 남편에 대한 이야기는 그만하고, 그의 처에 대해 말씀드리고자 합니다. 여러분은 그의 처에게 주목해 주십시오. 이 경우에 있어서 롯의 처는 '롯의 죄악의 반쪽'입니다. 세상에서 분리되어야 할 시간이 이르렀지만, 롯의 처는 자신을 세상으로부터 떼어낼 수 없었습니다. 그녀는 항상 세상 안에 있었으며, 세상을 사랑했고, 세상을 즐겼습니다. 비록 은혜로운 남편과 연합해 살았지만, 결단의 시간이 왔을 때, 그녀는 자신의 본성을 드러내 보였습니다. 지체하지 말고 뒤도 돌아보지 말고 도망치라는 명령을 받았지만, 그 명령은 그녀에게 너무나 과중한 것이었습니다. 그녀는 뒤를 돌아보았습니다. 그녀의 이 행동은 자신의 모든 것을 걸고서라도 하나님의 명령을 무시하려는 의도가 그 마음에 자리 잡고 있었으며, 또한 정죄 받은 죄악 세상에 대해 우물쭈물하며 미련이 남은 사랑의 눈길이었음을 충분히 짐작케 하고도 남습니다. 바로 그 눈길로 인해 그녀는 멸망했습니다. 이것이 바로 오늘 우리 설교의 주제입니다. 세상을 사랑하는 것은 죽음입니다. 죄악에 집착하는 자들은 그들이 누구이든 상관 없이 틀림없이 멸망합니다.

오늘 본문 말씀의 문맥을 놓치지 마시고 눈여겨 보십시오. 그 문맥 안에서 보자면, 우리 주님께서는 우리에게 세상을 느슨한 손으로 붙잡고 있을 것을 명하고 계십니다. 언제라도 세상의 모든 것을 놓을 것처럼 말입니다. 세상을 떠나라는 명령을 받았을 때, 우리는 언제라도 손에 있는 아주 작은 것 하나라도 모두 내려놓고서 떠날 준비를 하고 있어야 합니다. "그 날에 만일 사람이 지붕 위에 있고 그의 세간이 그 집 안에 있으면 그것을 가지러 내려가지 말 것이요 밭에 있는 자도 그와 같이 뒤로 돌이키지 말 것이니라"(눅 17:31). 생명 그 자체도 귀한 것으로 여겨 붙잡고 있어서도 안 됩니다. 그분을 위해서라면 언제라도 생명을 내어놓을 준비를 하고 있어야 합니다. 왜냐하면 그분께서 "자기의 생명을 사랑하는 자는 잃어버릴 것이요 이 세상에서 자기의 생명을 미워하는 자는 영생하도록 보전하리라"(요 12:25)고 말씀하셨기 때문입니다. 세상과 구분되는 것, 다시 말해 세상에서 가지게 된 것들과 세상의 처세법과 세상의 동기들과 구분되는 것이 바로 그리스도의 제자의 표지입니다. 우리 주님께서는 그를 따르는 자들 가운데서 분리되었다는 이 감정을 유지시켜 주시기 위해 그들에게 "롯의 처를 기억하라"고 명하셨던 것입니다. 롯의 처는 우리 모두에게 하나의 경고가 됩니다. 왜냐하면 만약 우리도 그녀가 범한 죄를 똑같이 저지른다면, 하나님께서 우리를 그녀와 똑같이 대해 주실 것이기 때문입니다. "이미 있던 것이 후에 다시 있겠고"(전 1:9)라는 말씀대로 말입니다. 만약 우리의 마음이 세상에 밀착되어 있다면, 우리 또한 세상과 함께 멸망할 것입니다. 만약 우리의 바람과 기쁨이 세상의 방식을 바라보는 것이라면, 다시 말해 우리가 세상 안에서 위로를 받는다면, 주님께서 진노하시는 날에 세상과 함께 우리의 모든 것이 불에 타고 우리 자신도 불에 타 멸망하는 것을 우리가 볼 수밖에 없을 것입니다. 세상과 분리되는 것만이 우리가 피할 길입니다. 우리는 반드시 세상에서 도망쳐야 합니다. 그렇지 않으면 세상과 함께 멸망하게 될 것입니다. "너희는 떠날지어다 떠날지어다 거기서 나오고 부정한 것을 만지지 말지어다 그 가운데에서 나올지어다 여호와의 기구를 메는 자들이여 스스로 정결하게 할지어다"(사 52:11).

1. 그녀는 롯의 처였습니다.

"롯의 처를 기억하라." 우리가 먼저 생각해 볼 것은 그녀가 롯의 처였다는 사실을 기억하라는 점입니다. 그녀의 남편인 롯은 그 모든 허물에도 불구하고 의로운 사람이었습니다. 그녀는 바로 이 의로운 사람의 아내였습니다. 그녀는 사람이 할 수 있는 가장 친밀한 유대로 남편과 연합되어 있었습니다. 하지만 그녀는 멸망했습니다. 그녀는 거룩한 아브라함과 함께 장막에 거하면서 구별된 백성의 모든 특권에 참여한 사람 같았습니다. 하지만 그녀는 멸망했습니다. 신실한 자들의 아버지는 신실한 자들을 귀히 여기십니다. 그녀는 이 신실한 자들에게 속해서 귀히 여김을 받았습니다. 하지만 그녀는 이 모든 것에도 불구하고 자신의 죄악 가운데서 멸망했습니다. 이 경고의 메시지는 우리에게 대단히 충격적입니다. 왜냐하면 혈연관계가 은혜를 절대로 보장해 주지 않는다는 이 진리는 평범해 보이지만, 종종 반복해 강조할 필요가 있기 때문입니다. 여러분은 하나님의 가장 거룩한 사람의 아내이면서도 벨리알의 딸(삼상 1:16, KJV)이 될 수도 있습니다. 여러분은 왕의 여러 공주들 가운데 한 공주의 남편이면서도 정작 여러분 자신은 버림받은 사람일 수도 있습니다. 여러분은 한 선지자의 자녀이면서도 그 예언자가 섬기는 하나님의 저주가 여러분에게 임할 수도 있습니다. 여러분은 가장 은혜로운 가정의 아버지이면서도 이스라엘 나라 밖의 사람인 외인(엡 2:12)이 될 수도 있습니다. 개인적으로 여러분에게 영적인 생명이 결여되어 있다 해도, 그 어떤 세상적인 관계도 여러분에게 전혀 도움이 되지 못합니다. 하나님 나라에서는 우리의 자연적인 첫 출생이 우리에게 전혀 유익을 주지 못합니다. 왜냐하면 아무리 잘해봐야 육으로 난 것은 육(요 3:6)이고 죄에 치우쳐 분명히 멸망할 것이기 때문입니다. 우리는 중생해야 합니다. 왜냐하면 위로부터 성령께서 새롭게 태어나게 하시는 이것만이 우리를 언약으로 결속해 주기 때문입니다. 오, 경건한 부모를 가진 자녀인 여러분, 저는 여러분에게 권면합니다. 여러분이 어머니의 품을 떠나 지옥으로 내려가지 않도록 여러분 자신을 살피십시오. 오, 하늘의 총애를 입은 자들을 친척으로 두신 여러분, 저는 여러분에게 권면합니다. 여러분이 가진 모든 장점에도 불구하고 하늘이 보는 가운데서 죽지 않도록 여러분 자신을 살피십시오. 이런 문제에 있어서 롯의 처를 기억하십시오.

롯의 처는 결혼한 이후부터, 즉 롯의 처로서 롯과 함께 롯의 여정과 모험과 시련에 함께 동참하였다는 사실을 기억하십시오. 우리는 그녀가 언제 롯의 처가 되었는지 정확히 말할 수 없습니다. 하지만 우리는 롯이 하란을 떠난 후에 결혼을 하였을 것으로 그렇게 미루어 짐작하고 있습니다. 왜냐하면 아브라함이 하란을 떠날 때에 아브라함은 "그의 아내 사래와 조카 롯"(창 12:5)을 데리고 떠났다고 기록되어 있기 때문입니다. 우리는 롯의 처도 함께 데리고 떠났다는 기록을 볼 수 없습니다. 아브라함의 처에 대한 이름은 기록되어 있습니다. 그러나 롯의 처에 대한 이름은 어디에도 언급되어 있지 않습니다. 또 성경을 읽어보면, "아브람이 자기 아내와 자기의 모든 소유와 자기와 함께한 롯과 더불어 이집트에서 올라와 남쪽으로 들어갔는데"(창 13:1, KJV)라는 말씀과 함께 "아브람의 일행 롯도 양과 소와 장막이 있으므로"(창 13:4)라는 말씀도 있습니다. 성경 말씀 어디에도 롯이 처를 가졌다는 것에 관한 이야기는 전혀 없습니다. 롯의 처는 전혀 고려의 대상이 되지 않았던 게 틀림없습니다. 롯은 포로로 사로잡혔다가 후에 아브라함에 의해 구출되었을 때 결혼한 것이 분명합니다. 우리가 이렇게 생각한 모든 근거는 다음과 같은 말씀 때문입니다. "모든 재물을 찾아오며 또 자기 형제 롯과 그의 재물과 또 여인들과 사람들도 되찾아왔더라"(창 14:16, KJV). 우리는 롯의 처가 "여인들"(women, 우리말 개역개정에서는 '부녀'로 되어 있다 ― 역주)이라는 말 속에 포함되었을 것으로 추측합니다. 자, 보십시오. 성령님께서는 결코 선한 여인들을 경시하지 않으십니다. 그녀의 남편들과 관련해서 그런 여인들은 보통 명예롭게 언급됩니다. 이런 경향은 창세기라는 책에서 더욱 특별합니다. 사라와 리브가와 라헬 등은 각각 영예로운 기록들을 가지고 있지만, 롯의 처에 대해서는 전혀 이러한 언급이 없기 때문에 우리는 그녀가 언급할 만한 가치가 없는 사람으로 추론해 볼 수 있습니다. 유대교 전승에 따르면, 아마도 그녀는 소돔의 거주민으로서 과부였을 것이며, 성경에 언급되는 딸들 또한 전 남편에게서 얻은 딸 이라고 주장하기도 합니다. 왜냐하면 소돔이 멸망할 당시 롯에게는 결혼할 정도 의 나이가 된 딸들도 없었고, 또 아브라함과 분가하여 산 지도 그렇게 수년씩이 나 지난 때가 아닌 것으로 보이기 때문입니다. 실제로 그 당시 아주 이른 이주 초 기 시대에는 소돔의 여인들이 아브라함의 혈통과 일반적으로 결혼하였을 것이 고, 이것이 사실이라면 롯의 처도 소돔의 원주민이었을 것입니다. 왜냐하면 롯 이 소돔에서 이십 년 동안 살았을 가능성도 있기 때문입니다. 그러나 더욱 가능 성이 큰 것은 롯이 가나안이나 애굽에 있었을 때, 가나안 여인이나 애굽 여인과 결혼했을 수도 있다는 것입니다. 그렇다면 이 여인은 거룩한 가문에 들어올 만 한 가치가 전혀 없는 사람이기에 그 결혼이 기록되지 않았을 수도 있습니다. 여 러분도 알다시피, 택함 받고 구별된 가족은 자기 사람을 밧단아람으로 보내어 (창 28:6) 거기서 같은 가문의 어떤 딸을 맞이하게 하였고, 그리하여 그 순수한 혈통이 보존되고 이방 혈통과 전혀 관련되지 않도록 하였기 때문입니다. 이것이 바로 이삭을 위한 아브라함의 바람이었습니다. 그래서 그는 그의 종에게 이를 행하도록 명하면서 이렇게 말하였습니다. "내가 너에게 하늘의 하나님, 땅의 하 나님이신 여호와를 가리켜 맹세하게 하노니 너는 내가 거주하는 이 지방 가나안 족속의 딸 중에서 내 아들을 위하여 아내를 택하지 말고 내 고향 내 족속에게로 가서 내 아들 이삭을 위하여 아내를 택하라"(창 24:3-4). 이것은 또한 야곱을 위 한 이삭의 바람이기도 하였습니다. "이삭이 야곱을 불러 그에게 축복하고 또 당 부하여 이르되 너는 가나안 사람의 딸들 중에서 아내를 맞이하지 말고 일어나 밧단아람으로 가서 네 외조부 브두엘의 집에 이르러 거기서 네 외삼촌 라반의 딸 중에서 아내를 맞이하라"(창 28:1-2). 제가 보기에 롯은 이방여인과 결혼을 한 것 같습니다. 그래서 그녀의 이름이 성경에서 빠진 것 같습니다. 이것이 사실이 든 아니든 간에 롯이 소돔성에 포로가 되었을 때 그녀가 롯과 함께 있었던 것은 분명합니다. 무자비한 칼에 그 거주민들이 살해되는 것을 그녀는 보았으며, 그 녀의 남편과 함께 그녀 자신도 포로들 가운데 있었고, 그러다가 아브라함의 선 한 칼에 의해 구출되었습니다. 이처럼 그녀는 자기 남편의 시련과 구출에 함께 동참하였습니다. 하지만 그녀는 버림받았습니다. 결혼으로 맺어져 하나 된 사람 들 사이에서도 이와 같은 영원한 단절이 있다는 것은 슬프고도 슬픈 일일 것입 니다. 우리는 함께 살면서 함께 일하고 함께 고난 받고, 하나님의 섭리로 함께 구출 받고 우리의 자녀들이 자라나는 것을 함께 바라봅니다. 하지만 마지막에는 다시는 결코 만날 수 없도록 뿔뿔이 흩어지게 됩니다. 이것이 바로 우리가 감히 생각하기조차 싫어하는 전망입니다. 그리스도를 사랑하지 않는 여러분이여, 두려워 떠십시오. 왜냐하면 여러분의 연합이 끝이 날 것이기 때문입니다. 구세주께서 어떻게 말씀하셨습니까? "내가 너희에게 이르노니, 그 밤에 두 남자가 한 자리에 누워 있을 터인데 하나는 붙잡혀 가고 다른 하나는 남겨질 것이요, 두 여자가 함께 맷돌을 갈고 있을 터인데 하나는 붙잡혀 가고 다른 하나는 남겨질 것이며 두 남자가 들에 있을 터인데 하나는 붙잡혀 가고 다른 하나는 남겨지리라 하시니라"(눅 17:34-36, KJV). 그 결합이 얼마나 긴밀한지는 전혀 문제되지 않습니다. 불신자는 하나님의 살아 있는 자녀와 반드시 나눠질 것입니다. 만약 여러분이 세상에 집착하고서 여러분의 시선을 세상에서 돌이키지 않는다면, 여러분은 반드시 죄 가운데서 멸망할 것입니다. 설령 여러분이 하나님의 백성들과 함께 먹고 마시고, 그들과의 관계가 마치 남편과 아내처럼 혹은 부모와 자식처럼 그런 가까운 관계라 할지라도 여러분은 반드시 멸망할 것입니다. 바로 이런 사실로 인해, 롯의 처를 기억하라는 이 말씀은 하나님의 백성과 혈연관계로 맺어진 사람들에게 아주 엄숙한 말씀이 되는 것입니다.

롯의 처는 또한 그 남편의 특권에도 동참하였습니다. 그녀의 남편은 자신이 아브라함과 맺고 있는 관계를 잊지 않았습니다. 그리고 롯은 자기가 알고 있는 이 지식을 자기 처에게도 전하지 않을 수 없었습니다. 롯은 한 분이신 하나님을 경배하였으며, 롯의 처도 함께 참여하였습니다. 롯의 처는 하나님께서 그분의 구별된 백성들과 맺으신 은혜 언약을 알고 있었으며, 그녀는 자기 남편도 그 가족의 한 사람이라는 사실을 알고 있었습니다. 비록 그녀의 마음은 내키지 않았지만, 그녀는 외형적으로는 택함 받은 하나님의 백성들과 운명을 같이하였습니다. 그래서 그녀는 그들의 거룩한 찬양과 기도에도 참여하였습니다. 그녀는 하나님께서 그의 백성들에게 공급해 주시는 일용할 양식을 보았으며, 아브라함이 전능자의 그늘 아래에 거하는(시 91:1, KJV) 기쁨도 보았습니다. 그녀의 남편은 심지어 소돔처럼 그렇게 악한 곳에서도 구별됨을 유지하려고 자신이 할 수 있는 한 최선을 다하였습니다. 그녀는 남편이 행한 모든 실수와 함께 그 사람의 선함도 보았습니다. 소돔이 멸망할 수밖에 없었을 때, 천사들이 이 부부의 집으로 찾아오자, 그녀는 스스로 그들을 환대하는 일을 도왔습니다. 그녀의 남편뿐만 아니라 그녀도 도망가라는 자비로운 경고의 말씀을 들었으며, 그녀의 남편과 마찬가지로 그녀 또한 가까이 다가오는 진노를 피하라는 권면도 받았습니다. 이런 사정은 기독교인으로서 가질 수 있는 모든 종류의 특권들을 누리면서도 아직까지 구원받지 못한 대다수의 여러분에게도 마찬가지입니다. 여러분은 주님의 식탁(Lord's Table, 성찬식을 말한다 － 역주)에 참여해서 그분의 살과 피를 기념하면서 먹고 마십니다. 하지만 여전히 여러분은 구원받지 못한 채 머물러 있습니다. 여러분은 하나님 교회의 핵심인물로 비춰집니다. 어떤 특권이나 이득이 있으면 여러분은 그 일에 기필코 동참합니다. 어떤 교제가 있다 해도 여러분은 빠지지 않습니다. 어떤 기쁨이 있다 해도 여러분은 거절하지 않습니다. 여러분은 분명히 마지막 날에 이렇게 말할 것입니다. "주여, 주여, 우리는 주 앞에서 먹고 마셨으며 주는 또한 우리를 길거리에서 가르치셨나이다"(눅 13:26). 하지만 오, 그분께서 다음과 같이 말씀하시는 것을 여러분이 듣는다면 얼마나 비참한 일이겠습니까! "내가 너희를 도무지 알지 못하니 불법을 행하는 자들아 내게서 떠나가라"(마 7:23). 만약 여러분의 영혼이 죄악에 집착하고, 경건하지 않은 세상에 동경의 눈빛을 더진다면, 이런 일은 반드시 일어날 것입니다. 틀림없이 이런 일이 일어날 것입니다. 만약 이에 대한 증거를 여러분이 원하신다면, "롯의 처를 기억하라" 하신 말씀이 그 증거가 될 것입니다.

　롯의 처는 그 남편의 허물에도 동참하였습니다. 외형적으로 구별된 삶을 포기한 것은 롯의 입장에서도 크나큰 실수였습니다. 그러나 롯의 처도 그의 실수에 함께 하였습니다. 어쩌면 롯이 그런 실수를 한 것은 롯의 처 때문인지도 모릅니다. 제가 추측하기로 롯은 지금은 세상과 친하게 어울려 지내지만 영적으로는 하나님과 동행하기를 소망하는 어떤 사람들처럼 자신도 비록 세상을 신봉하는 자들과 섞여 살지만 세상을 넘어 영적으로 살 수 있으리라 그렇게 생각한 것 같습니다. 롯은 스스로 이렇게 말했습니다. "이 황량한 광야에서 홀로 딴 길을 간다는 것과 이러한 임시적인 장막에 거하는 것도 아주 불편한 일이다. 나는 좀 더 영구적으로 살고 싶고 내 주위에 있는 사람들과 평화로운 교제를 나누며 그렇게 섞여 어울려 살았으면 좋겠다"고 말입니다. 그는 하나님이 계획하시고 지으실 터가 있는 성(히 11:10)을 바라보는 것을 중단하고서, 이 땅의 시민권을 얻기 원했습니다. 롯의 처가 어떤 식으로든 롯에게 영향을 끼쳤을 것입니다. 저는 그 점에 대해서 전혀 이상하게 생각하지 않습니다. 롯은 자기 삼촌의 그늘 아래에 있을 때에는 유약한 마음의 소유자였습니다. 누군가 롯에 대해 '종교적으로 의지하는 사람'이라고 말했듯이 이런 의존적인 부분만 제외한다면 나름대로 롯은 충분히 올바른 사람이었습니다. 비록 혼자 서지는 못하였지만, 그래도 롯은 아브라함을 의존하고 있었습니다. 롯이 결혼한 후, 그의 처가 주도권을 쥐게 되면서 틀림없이 롯의 처가 롯의 삶의 방식을 인도했을 것입니다. 그녀는 그의 가족이 이처럼 일반 사람들과 분리되어 시대에 뒤처진 채 완고하고도 외곬으로 살아가야 한다는 것을 아주 안타까운 일로 생각하기 시작했습니다. 그녀는 머리를 쳐들고서는 이렇게 외쳤습니다. "정말 사람은 사회 사람들과 섞여 살아야 해요. 시대에 뒤떨어져서 궁상맞게 이렇게 계속 살아서는 안돼요. 여보, 이렇게 단절된 생활을 하느니 차라리 죽어 버리는 게 더 낫을 것 같아요." 삼촌인 아브라함과 헤어지면서 그녀의 남편이 그 엄격한 방식에서 떠날 기회를 얻게 되자, 그녀는 소돔의 길로 내려가고 싶다고 말했습니다. 왜냐하면 그곳은 여성들에게 자유롭고도 세련된 어떤 경험을 제공해 주는 멋진 곳이었기 때문입니다. 옛날 방식은 아브라함과 사라처럼 구식 부부들에게나 딱 어울리는 것이지, 롯과 롯의 처 같은 젊은 세대에게는 어울리지 않는 방식이었습니다. 그래서 이 젊은 부부는 작은 사회 속으로 들어가서 아직은 젊은 자기들에게 적절히 어울리는 스타일을 찾을 수밖에 없었습니다. 이 부부는 집시들처럼 항상 유랑생활을 하였어도 자신들이 입고 다녀야 한다고 배운 구식의 옷 스타일보다는 훨씬 더 잘 입고 다녔을 것이 당연합니다. 여러분도 알다시피 아브라함의 사람들은 패션에 대해서 전혀 연구하지 않았으며, 세련미와 고상함 등에 대해 전혀 생각이 없는 아주 천한 목동들이었습니다. 그래서 롯과 같은 나이에 있는 사람들에게는 한갓 양털 깎는 사람이나 가축상인 같은 사람들만 항상 상대한다는 것이 안타까운 일로 여겨졌을 것입니다. 만약 이들이 소돔으로 간다면 거기에는 멋진 파티와 춤과 온갖 좋은 것들만 있을 테니 말입니다. 물론 이들은 약간 바람기가 있었고 어느 정도 방탕하기도 하였습니다. 그래서 정숙한 자들이 보면 충격을 받을 연극을 하는 곳에 함께 가서는 노골적으로 음탕한 생활을 하는 연기자들 주위에 둘러서서 감탄하기도 하였습니다. 여러분도 알겠지만 그런 사람들은 분명히 최신 유행을 따르며 끊임없이 윙크를 하면서 눈웃음을 치는 자들입니다. 우리는 사람들이 모두 성인(聖人)이 되기를 기대할 수 없습니다. 그리고 물론 이 사람들도 모두 각기 자신의 장점들을 가지고 있습니다. 롯의 처는 이런 식으로 말하면서 자기 남편에게 자신의 사고방식을 주입시켰습니다. 사실 이 부부는 소돔이라는 사회의 가장 악한 곳으로 들어가려고 하지 않았습니다. 오히려 신중하게 선택해서 아주 조금만 그 사회에 들어가려고 했습니다. 그 사회에 들어가다가 어느 정도에서 멈추어야 할지를 자신들이 알 수 있을 것이라는 자신감을 분명히 가지고 있었습니다. 그래서 그들은 "소돔을 향해 장막을 쳤더라"(창 13:12, KJV)는 말씀과 같이, 소돔성과 멀리 떨어져 있지 않아서 소돔 성읍으로 쉽게 걸어갈 수 있는 그런 거리에 장막을 쳤습니다. 그곳은 혹시라도 아주 좋지 않은 일이 생긴다 해도 즉시 떠날 수 있어서 아무런 해도 받지 않을 곳이었습니다. 그러나 그들이 그 성읍의 해악을 제대로 알기까지, 그들은 그 성읍의 이웃들과 그들이 사는 방식을 좋아하였습니다. 그들이 소돔으로 가서 소돔이 어떠한 곳인지를 알고 또 그곳 사람들을 알아보는 것은 분명히 현명한 일이라고 그들은 말했습니다. 왜냐하면 자신들이 알지 못하는 것에 대해 정죄하는 것은 웃기는 일이라고 생각했기 때문입니다. 그래서 그들은 이주를 감행했으며 젊은이들에게 세상이 어떠한 것인지에 대한 몇몇 생각들을 말해주고자 하였습니다. 소돔 성읍의 삶은 너무나 달콤한 삶이었습니다. 소돔의 사유롭고도 안락한 삶의 방식은 즐길만한 것이었습니다. 물론 소돔 생활의 추잡한 부분들은 즐길만한 것이 못되었습니다. 롯은 이런 부분만은 참을 수가 없었습니다. 롯의 이런 태도에 대해 롯의 처도 때로는 마음이 편하지 않았습니다. 그러나 소돔 사람들이 지닌 관용적인 정신과 섬세하고도 자유로운 마음가짐, 쾌활하고도 예술적인 문화 등은 그녀의 마음에 쏙 드는 것들이어서, 자기 남편이 옛 장막을 떠나 양 떼들을 팔고 성읍의 서쪽 끝에서 한적하게 목축업을 하며 살게 되었을 때 그녀는 아주 기뻤습니다.

   처의 영향으로 인해 그 남편은 소돔으로 가게 되었고, 거기서 최고의 가족들을 소개받았으며, 그곳의 자유로운 생각들에 완전히 물든 그 딸들의 배우자도 구하게 되었을 것이라는 추측을 한다고 해서 제가 실수를 하는 것은 아니라고 생각합니다. 롯의 허물이 무엇이든 간에 어쨌든 롯의 처는 이 모든 허물에 함께 동참하였습니다. 그녀는 롯과 함께 요단 평지를 선택했으며, 롯과 함께 소돔을 향해 장막을 쳤으며, 롯과 함께 실제적으로 소돔에 정착했습니다. 사실 저는 롯의 처가 롯과 함께 소돔의 죄악들 가운데 가장 야비한 죄악들에 대해서 그들이 할 수 있는 한 최선의 저항을 해 주기를 내심 기대했었습니다. 하지만 롯의 처는 분명히 롯과 함께 구별된 삶이라는 그 완전하고도 엄격한 삶을 포기해 버렸습니다. 그러다가 마침내 그녀는 롯과 영원히 구별되어 버렸습니다. 사실 부부 두 사람 모두 하나님께 통탄할 만한 해악을 끼쳤음에도 불구하고, 롯은 그 실수로 인해 자기 영혼에 있는 하나님의 생명이 완전히 파괴되지는 않았기 때문입니다. 하지만 롯의 처의 경우에는 과거나 지금이나 한 번도 어떤 영적인 생명을 가져 본 적이 없었습니다. 그래서 소돔을 떠나라는 명령을 받았을 때, 그녀는 하나님께 분명히 불순종함으로써 소돔에 대한 그녀의 사랑을 보여주었으며, 그 파멸의 성읍을 향해 노골적으로 돌아섬으로써 그녀는 멸망했던 것입니다. 오, 여러분의 친구들이 그리스도인이어서 그리스도인이 된 여러분이여, 또한 자라난 환경이 기독교적 방식이어서 우연히 우리와 함께 교제하고 있는 여러분이여, 어지러운 세상을 향해 여러분의 마음이 지닌 은밀한 애착 그 자체를 아주 분명하게 보여 줄 그 때가 다가올 것입니다. 그리고 결정적인 순간에 여러분은 죄악을 향해 사랑의 눈길을 보낼 것입니다. 이로써 여러분은 하나님의 백성에 속하지 않은 것이 증명될 것입니다. 그 때에는 사도께서 하신 말씀과 똑같은 일들이 여러분에게 일어날 것입니다. "의의 도를 안 후에 받은 거룩한 명령을 저버리는 것보다 알지 못하는 것이 도리어 그들에게 나으니라"(벧후 2:21).

2. 그녀는 구원을 향한 길을 어느 정도 갔었습니다.

"롯의 처를 기억하라"는 말씀과 함께, 이제 두 번째로 그녀는 구원을 향한 길을 어느 정도 갔었다는 사실도 기억하십시오. 롯의 처는 자신에게 전해진 이 성의 멸망에 관한 메시지를 깨닫고서 아주 확실히 믿었습니다. 그녀는 자기 남편처럼 일찍 일어나 집을 떠날 준비를 하였습니다. 그녀는 거리로 뛰쳐나와 성문을 지나 자기 남편과 함께 넓은 평지에 이르렀습니다. 그녀는 남편이 하는 것을 따라서 남편과 함께 짧은 시간이나마 기꺼이 달렸습니다. 상당한 거리를 그렇게 달리다가 문득, 그녀는 지금 자신이 하고 있는 일과 자신이 두고 온 것들에 대해 생각하기 시작했습니다. 그러자 그녀의 걸음걸이가 늦어지고 우물쭈물하며 지체하였습니다. 자, 기억하십시오. 그녀는 안전을 향한 길을 어느 정도는 나섰지만 멸망하고 말았습니다. 이처럼 그리스도를 향한 길을 어느 정도는 가면서도 세상으로부터 조금 벗어나보기도 하는 사람들이 너무나 많습니다. 하지만 그들의 마음이 경건하지 않은 것들에 대해 여전히 머뭇거린다면, 그들은 지금까지 조금이라도 온 이 모든 것에도 불구하고, 멸망하게 될 것입니다. 그런데 여기에는 아주 진지하게 생각해 볼 것이 한 가지 있습니다. 즉, 천사들이 손으로 그녀의 손목을 잡아당겼다는 사실입니다. 천사들이 "일어나 떠나라"(창 19:14)고 하였을 때, 롯은 지체하였습니다. 그러자 그들이 롯의 손과 아내의 손을 잡아 인도(창 19:16)하였습니다. 이 말씀은 아주 분명한 말씀입니다. 천사가 손으로 그녀의 손목을 잡아 당겨서 안전한 곳으로 이끌었고, 그녀는 그 거룩한 강제력에 의해 조금 나아갔습니다. 하지만 그녀는 멸망했습니다. 여러분 가운데 어떤 사람들은 양심과 마음에 와 닿은 어떤 영적인 손길을 느꼈을 것입니다. 비록 여러분이 경건함을 저버리고 마음으로 공허한 것을 갈망하며 그 공허한 우상들에 대해 욕정을 가진다 해도, 여러분은 절대로 이 영적인 손길을 잊을 수 없으며, 이 손길을 무시한 것에 대한 책임이 항상 여러분을 따라다닐 것입니다.

이 여인은 실제로 소돔 밖으로 나왔습니다. 그리고 도피성인 소알에 거의 다다랐습니다. 그러나 그녀는 멸망했습니다. 그녀가 그 작은 도피성에 얼마나 가까이 이르렀는지는 잘 모릅니다. 하지만 그녀가 거의 그곳에 이른 것만은 분명합니다. 그러나 그녀는 멸망했습니다. 거의 구원받았지만, 완전히 구원받지는 못한 것입니다. 저는 이 문구를 거듭해서 말씀드리고자 합니다. 왜냐하면 이 문구는 이 시간 여기 있는 여러분 중의 어떤 사람들의 영적상태에 대해서도 잘 말해주고 있기 때문입니다. 만약 여러분이 여러분의 영적 상태에 대해 신경 쓰지 않는다면, 이 문구가 바로 여러분의 묘비에 적히게 될 것입니다. "거의 구원받았지만, 완전히 구원받지는 못했다." 가장 사악한 죄악으로부터 벗어나긴 하였지만, 진정으로 그리스도 안에 들어오지는 못했습니다. 외적인 행실로는 포기했을지 몰라도, 마음으로는 그 우상을 버리지 못했으며, 영혼으로도 그 죄악을 포기하지도 않았습니다. 오, 거의 구원받았지만, 완전히 구원받지는 못한 여러분이여, "롯의 처를 기억하라"는 말씀을 기억하십시오.

3. 그녀가 멸망한 원인은 자신의 죄악 때문이었습니다.

이제 기억해야할 세 번째 요지를 말씀드리겠습니다. 세 번째 요지는 이것입니다. 비록 그녀가 어느 정도 도망쳤음에도 불구하고, 실제로 그녀가 멸망한 원인은 바로 자신의 죄악 때문이었습니다. 이 사실을 기억하십시오. 그녀는 뒤를 돌아보며 지체하였습니다. 이것이 바로 그녀가 저지른 첫 번째 죄입니다. 창세기의 저자인 모세는 "롯의 아내는 그의 뒤에서 뒤를 돌아보았으므로"(창 19:26, KJV)라고 말씀합니다. 다시 말해, 그 선한 늙은이인 롯은 자기가 할 수 있는 온 힘을 다해 급히 서둘렀지만, 롯의 처는 롯과 함께 옆에서 달릴 수 있었음에도 뒤에서 지체하였습니다. 제 생각에 분명히 동일한 한 천사가 오른손과 왼손, 양 손으로 이들 부부 두 사람을 잡아 이끌었고, 또 다른 천사가 뒤에서 두 딸들을 잡아 이끌었을 것입니다. 이렇게까지 천사들이 도왔음에도 불구하고 결국 롯의 처는 발걸음을 늦추어서 뒤로 처지게 되었습니다. 이것이 바로 신앙을 고백하긴 하였지만 하나님께 진실하지 못한 대부분의 사람들이 짓는 첫 번째 죄입니다. 이런 사람들은 아주 천천히 기어가면서 예전에 짓던 죄악으로 빠져들기 시작합니다. 그들은 이전에 내던 열심의 반도 내지 않습니다. 그들은 뒤처집니다. 하루 한 번의 예배로도 충분하며, 성경 말씀을 거의 읽지 않아도 만족하며 살아갑니다. 그들은 기도하는 겉모습은 절대로 버리지 않습니다. 하지만 여전히 기도는 거의 하지 않습니다. 그들은 열정적인 신앙의 좋은 점을 보지 못합니다. 그들은 천국을 빼앗기 위해 힘으로 거룩한 폭력을 왜 행사해야 하는지 그 이유를 알지 못합니다. 그들은 지체하고 있습니다. 그들이 지체하고 있는 이유는 결국 세상이 그 마음의 주인이기 때문입니다. 그들은 감히 할 수만 있다면 다른 사람들과 마찬가지로 세속적으로 경건하지 않은 삶을 살고 싶어합니다. 그래서 그들은 자신의 발걸음을 늦춤으로써 자신의 참 모습을 드러내 보이는 것입니다.

그녀가 발걸음을 늦춘 다음에 한 행동은 천사를 통해 그녀가 전해들은 말을 믿지 않았던 것이었습니다. 그들이 소돔에서 도망친 것은 믿음의 행동이었다는 사실을 여러분은 기억해야 합니다. 천사는 "너는 네 뒤를 돌아보지말라"(창 19:17, KJV)고 말하였습니다. 그런데 소돔이 전혀 멸망하지 않는 것처럼 보였습니다. 왜냐하면 그 때는 화창한 아침이었기 때문입니다. 그들은 마치 불이 비같이 떨어지는 것을 본 것처럼 그렇게 아주 급히 도망치라는 명령을 받았지만, 그들은 불이 비같이 내리는(창 19:24) 것을 보지 못했습니다. 그들이 도망치는 것은 천사들이 한 말에 대해 믿음으로 행하는 것이었습니다. 믿음은 보고서도 드러날 수 있지만, 보지 않고서도 드러날 수 있습니다. 믿음은 그리스도를 바라보는 것이지, 뒤에 있는 것들을 바라보는 것이 아닙니다. 롯의 처는 해가 떠오르는 것을 보았습니다. 성경을 읽어보겠습니다. "롯이 소알에 들어갈 때에 해가 돋았더라"(창 19:23). 그녀는 밝게 빛나는 새벽과 이 새벽과 함께 빛나는 모든 것을 보았습니다. 그러자 마음에 이런 생각이 들었습니다. '결코 사실일 리가 없어.

성은 아직 멸망하지 않고 있어. 이 얼마나 사랑스러운 아침인가! 이처럼 화창하고 청명한 아침에 집과 재물과 친구들과 그 밖의 모든 것을 버려두고 달아나야 할 이유가 무엇인가? 그녀는 소돔이 멸망한다는 사실을 진정으로 믿지 않았습니다. 그녀의 마음속에는 참된 믿음이 없었습니다. 그래서 그녀는 자신의 안전을 위한 법에 불순종하고서 얼굴을 소돔을 향해 돌렸습니다. 그러나 여러분은 이 점을 주목하십시오. 그녀는 천사들을 자기 집으로 맞아들였으며, 자기 집 문을 둘러싼 사악한 무리들이 앞을 보지 못하게 된 것을 보았으며, 천사들이 전해준 위엄 있는 확신에 찬 말들을 들었으며, 자신의 손을 잡아 인도하기까지 천사들이 보여준 친절한 강제력도 느꼈다는 점 말입니다. 그녀는 하나님께서 말씀하셨다는 증거들을 많이 가지고 있었습니다. 그럼에도 그녀는 하나님께서 하신 진리의 말씀을 의심하였습니다. 바로 여기에 그녀가 범한 죄의 핵심이 있습니다. 경건한 자들과 함께 어울려 살면서 경건한 자들의 수에도 들어가고 이들의 예배에도 함께 참여하는 여러분 중의 어떤 이들도 이 모든 것에도 불구하고 자신의 불신앙으로 인해 구원에 미치지 못하게 된다면, 도대체 어떻게 되겠습니까! 이런 일은 절대로 일어날 수 없는 그런 일이 아닙니다. 왜냐하면 애굽에서 나온 많은 사람들 가운데 정작 가나안에 들어간 사람은 오직 두 사람뿐이었기 때문입니다. 그들도 불신앙 때문에 가나안에 들어갈 수 없었습니다. 그들의 주검들이 광야에 내팽개쳐졌습니다. 우리도 이와 마찬가지로 눈에 보이지 않는 그분을 믿지 않고 눈으로 보는 것(전 6:9)에 따라 행함으로써, 영원한 소망 밖에 우리의 주검을 버려두는 그런 일이 우리 가운데 누구에게도 일어나지 않기를 기원합니다.

　　그녀가 지체하고 의심까지 하면서 그 다음 순간에 취한 행동은 직접적인 반역이었습니다. 다시 말해 그녀는 자신의 머리를 돌렸습니다. 그녀는 뒤를 돌아보지 말라는 명령을 어기고는 감히 뒤를 돌아보았습니다. 반역은 어떤 큰 계명을 범하는 것을 통해서도 드러나지만, 아주 작은 계명으로 여겨지는 어떤 것을 범하는 것에서도 충분히 드러납니다. 태초에 우리 인간의 타락은 금지된 열매를 따 먹음으로써 생겨났습니다. 그리고 이 여인의 죽음도 바라봄으로써 비롯되었습니다! 아주 작은 것들에 유의하십시오. 바라봄으로써 생명을 얻습니다. 하지만 롯의 처의 경우는 바라봄으로써 사망을 얻게 된 경우입니다. 그녀는 바라보았습니다. 그런데 그녀는 왜 뒤를 바라보았습니까? 저는 다음과 같은 이유 때문이라 생각합니다. 즉, 그녀의 마음이 그 쪽을 향해 있었기 때문이라고 말입니다.

그녀는 소돔을 사랑했습니다. 그리고 구별된 삶을 싫어했습니다. 그녀는 자기 남편과 자녀들이 하나님의 백성이라는 그 독특한 지위로부터 떠나도록 하였습니다. 왜냐하면 택함 받은 소수의 사람들과 어울려 지내기보다는 타락한 무리들과 함께 어울리는 것을 더 좋아했기 때문입니다. 그녀는 오직 하나님 한 분과 더불어 동행할 수 있는 영혼을 가지지 못했습니다. 그녀는 사회와 죄악에 애착을 가지고 있었습니다. 비록 그녀는 자기 생명을 구하기 위해 달리고는 있었지만, 속으로는 자신의 가재도구와 소돔의 안락함 등을 생각하였습니다. 그래서 거기에 있고 싶어했기 때문에 지체하는 눈빛으로 뒤를 바라보았던 것입니다. 행여 시간이 허락되었더라면, 그녀의 눈길뿐만 아니라 몸 전체까지 뒤로 돌이키는 그런 일이 벌어졌을 것입니다. 그녀는 이미 지체하고 있었습니다. 그녀는 즉시 돌아가기를 원했을 것입니다. 바라본 단 한 번의 그 눈길이 그녀의 영혼이 지금 가고 있는 방향을 드러내 보여주었습니다. 외식하는 자들에게는 아주 작은 것이라도 자신의 영적 상태가 어떠한지를 드러낼 수 있습니다. 그래서 소돔 쪽을 바라보기 위해 목을 돌린 것과 같은 하나의 간단한 행동만으로도, 우리의 영혼이 내적으로 돌아선 것이 쉽게 드러날 수도 있습니다. 이것이 바로 그녀가 범한 죄였습니다.

자, 사랑하는 성도 여러분, 우리는 롯의 처를 기억하고서, 이 말씀이 우리 각자에게 주는 개인적인 교훈을 배우도록 합시다. 여기에 어려운 점이 있습니다. 우리는 영문 밖으로(히 13:13) 나아가야 합니다. 그렇지 않으면 우리는 완전히 실패하는 것입니다. 여러분은 하나님의 생명을 유지하면서 그리스도와 동행하며 세상과 구별된 삶을 살 수 있습니까? 여러분의 대다수는 그렇게 할 수 없을 것입니다. 여러분은 그러는 척은 할 수 있겠지만, 실제로는 그렇게 할 수 없습니다. 그 일은 여러분 능력 밖의 일입니다. 제가 우려하는 것은 이 땅에 있는 참된 그리스도인의 수가 우리가 생각하는 것보다 너무 적은 숫자이지 않을까 하는 것입니다. 우리는 스스로를 그리스도인으로 자처하는 수많은 무리들로 인해 방해받고 있습니다. 이들은 다른 사람들과 마찬가지로 아주 세상적인 사람들입니다. 그들이 받을 유업은 세상에 있고, 그들의 기쁨 또한 세상에 있으며, 그들의 언어도 세속적입니다. 한 마디로, 그들은 세상에 속한 사람들입니다. 그들은 세상에 속한 사람들이기 때문에, 세상도 세상에 속한 자들을 사랑합니다. 그러므로 그들과 세상 간에는 작은 분쟁거리가 하나도 없습니다. 통탄할 노릇입니다. 제가 우려하는 것은 교회가 그 자신에게 진실하지 못해서 세상이 교회를 사랑하기 시작하면 어떡하나 하는 것입니다. 세상은 교회에 대해 이렇게 말할 것입니다. "교회, 너희는 지금까지 우리와 함께 살아왔다. 우리가 하듯이 너희도 똑같이 행동하고 있구나. 이제 너희는 예전에 너희가 한 것처럼 그렇게 곤란한 저항들을 하지 않는구나. 그래서 우리도 우리가 너희 선조들에게 행하였듯이 그렇게 너희를 불에 태워죽일 필요가 없을 것 같구나. 이제 너희는 우리와 잘 지내는 친한 친구가 되었어. 그러니 이제부터 우리는 너희를 친절하게 대해 줄 거야."

우리는 오직 한 가지, 그리스도께서 사셨던 것처럼 그렇게 살아가야 합니다. 만약 우리가 이렇게 살아간다면, 세상의 개들이 우리 믿음의 조상들에게 했던 것처럼 우리에게도 으르렁거린다는 사실을 알게 될 것입니다. 제 설교를 듣고 있는 사랑하는 성도 여러분, 여러분은 구별된 삶을 살 수 있습니까? 만약 여러분이 구별된 삶을 살 수 있다면, 하나님께서 여러분을 도와주시고 그런 생활하는 여러분을 축복해 주실 것입니다. 만약 여러분이 그런 삶을 살 수 없다면, 다음의 사실들을 기억하십시오. 즉, 여러분이 소돔의 그 극악한 죄악에 빠지지는 않았다 해도, 소돔을 단순히 바라보는 것, 소돔을 갈망하고, 소돔에 가기를 원하는 것만으로도 여러분의 마음이 지금 어디에 있는지를 보여주며, 여러분의 마음이 기울어지는 그곳이 바로 여러분의 참된 마음이 있는 곳이라는 것을 말입니다. 여러분은 여러분의 마음이 어디를 향해 가고 있는지에 따라서 심판을 받게 될 것입니다. 만약 여러분의 마음이 산으로 도망(창 19:17)하고 있다면, 다시 말해 여러분이 그리스도를 구별되게 따르는 자들이 되기 위해 그리스도와 함께 서둘러 떠난다면, 여러분은 구원받게 될 것입니다. 그러나 만약 여러분의 마음이 여전히 죄와 악을 따라간다면, 여러분은 여러분이 순종하는 자의 종이 될 것이며, 여러분은 여러분이 섬기는 악한 주인으로부터 암담한 것을 여러분의 상으로 받게 될 것입니다.

4. 그녀의 운명은 끔찍했습니다.

롯의 처를 기억하면서 이제 우리는 네 번째이자 가장 장엄한 부분에 이르게 되었습니다. 다시 말해, "롯의 처를 기억하라"는 말씀을 통해 여러분은 그녀의 운명이 끔찍했다는 사실을 기억하십시오. 그녀는 소돔과 고모라의 거민들에게 임한 것과 똑같은 운명으로 멸망했다는 사실을 기억하십시오. 그러나 그 운명은 소알 성문에서 그녀에게 닥쳤습니다. 오, 만약 제가 저주를 받아야 한다면, 항상 경건하지 않은 무리들 가운데 한 사람이 되어 그 무리들과 함께 저주를 받게 하옵소서. 천국 문 바로 앞까지 올라가서 거기서 멸망하는 것은 가장 무서운 일일 것입니다! 하나님의 백성들과 함께 살면서 그들의 숫자에 함께 계수되어 그들과 혈연적인 유대까지 맺고 있다가 결국 멸망한다면, 그 얼마나 실로 끔찍한 일이겠습니까! 복음을 듣고 복음을 느끼기도 하고 복음으로 인해 어느 정도 삶의 변화도 있고 세상의 가장 더러운 부패로부터 벗어나 도덕적인 사람이 되어 사랑스럽고 훌륭한 사람이 되었다 해도 여전히 세상을 버리지 못하고 죄와 깨끗이 단절하지 못해서 멸망한다면, 이런 일은 생각만 해도 도저히 참을 수가 없을 것 같습니다. 네 성읍들("그 온 땅이 유황이 되며 소금이 되며 또 불에 타서 … 옛적에 여호와께서 진노와 격분으로 멸하신 소돔과 고모라와 아드마와 스보임의 무너짐과 같음을 보고"[신 29:23] − 역주)의 거민들에게 떨어진 그 동일한 유황과 불이 롯의 처에게도 덮쳤습니다. 그녀는 그 불 소나기의 가장자리에 있었습니다. 그리고 그 불이 떨어졌을 때, 그녀는 불로 소금이 되어 그녀가 서 있던 자리에서 소금 기둥으로 변해 버렸습니다. 이 얼마나 끔찍한 운명입니까! 긍휼하심을 받기 바로 직전에 공의로 말미암아 살해된 것입니다. 금방이라도 구원받을 것 같다가 영원한 진노의 희생물이 되어 버렸던 것입니다!

이런 일은 또한 그녀에게 갑자기 일어났습니다. 이 얼마나 그림처럼 생생한 장면입니까! 그녀는 도망치다가 갑자기 멈추어 섰고, 머리를 돌렸습니다! 그녀는 거의 본 것도 없었습니다! 자기 집을 찾을 수 있을 만큼 그렇게 충분히 긴 시간을 바라본 것도 아니었습니다! 그런데 보십시오. 그녀가 기둥으로 변해 버렸습니다! 불 소금이 그녀에게 떨어진 것입니다! 그녀는 다시는 움직일 수 없게 되어 버렸습니다! 그녀에게는 다시 출발하거나 돌아설 시간마저 사라져 버렸습니다. 조금 전에 목을 돌려 돌아본 그 모습 그대로 그녀는 그 길을 지나가는 모든 사람들에게 하나의 경고가 되어 소금 동상이 된 채로 서 있었던 것입니다. 어떤 여행가들이 상상하는 것처럼 롯의 처가 지금도 거기에 서 있을 거라 저는 생각하지 않습니다. 그 기둥은 그리스도 당시에도 거기에 있지 않았습니다. 만약 그 소금기둥이 거기에 있었더라면, 벵겔(Johann Albrecht Bengel, 1687-1752, 루터교의 경건주의 성직자로 헬라어 학자이며 헬라어 성경 편집자와 주석가로 유명하다 − 역주)이 아주 분명히 언급한 바와 같이, 우리 주님께서는 "롯의 처를 보라"고 말씀하셨을 것이기 때문입니다. 그런데 그 기둥은 거기에 없었기에 그리스도께서는 그녀를 "기억하라"고 말씀하셨던 것입니다(「벵겔 주석」에 나오는 누가복음 17:32에 대한 내용이다 - 역주). 그녀의 멸망은 어떤 경고나 생각해 볼 시간도 없이 아주 갑자기 운명처럼 다가왔습니다. 만약 지금 이 순간에 여러분 가운데 어떤 사람에게 갑자기 죽음이 임한다면 도대체 어떻게 되겠습니까? 지금도 여전히 세상을 사랑하는 외식하는 여러분이여, 지금 여러분이 죽어 쓰러지게 된다면 도대체 어떻게 되겠습니까? 경건하지 않은 자들 가운데서 이들의 쾌락을 빨아먹기 위해 뱀처럼 기어 다니는 외식하는 여러분이여, 어느 날 여러분이 극장에서 급사(急死)하게 될 것이라고 생각하십시오! 그리스도인인 척하면서 자주 댄스홀이나 드나드는 여러분이여, 여러분이 거기서 쓰러져 죽게 될 것이라고 생각하십시오! 이런 일들은 해 아래 새로운 일이 아닐 것입니다. 왜냐하면 하나님께서는 그분의 언약 아래로 나아오는 척 외식하는 자들을 가혹하게 대하시기 때문입니다. 그분은 자기 교회에 교인이면서도 그 마음에 하나님의 은혜를 가지지 못한 사람들에 대해 본성상 질투하십니다. 그런 자들은 평범한 사람들처럼 그렇게 죽지 않습니다. 종종 기이한 징벌이 그들에게 불시에 엄습합니다. 그래서 주님께서 자기 교회 주위를 위해 불로 둘러싼 성곽이(슥 2:5) 되심을 세상이 보게 될 것입니다. 이 불로 둘러싼 성곽은 그들이 죽을 위험을 무릅써도 결코 뚫을 수 없는 그런 성곽입니다. 아나니아와 삽비라는 교회로 들어왔지만, 교회에서 생명을 유지할 수 없었습니다. 베드로가 이들을 힐끗 쳐다보자 그들은 베드로 앞에서 엎드러져 혼이 떠났습니다(행 5:5). 주님께서는 이러한 심판으로 인해 외식하는 교회의 모든 교인들을 지금도 청소하고 계십니다. 이 모든 것을 주의해 살펴보는 모든 자들은 분명히 알게 될 것입니다. 왜냐하면 주님께서는 그분께 가까이 나아오는 자들을 거룩하게 하시기 때문입니다. 사도 바울은 "이런 까닭에 너희 가운데 약한 자와 병든 자가 많고 잠자는 자도 많도다"(고전 11:30, KJV)라고 말했습니다. 하나님의 징계는 하나님의 가시적인 교회 가운데서 지금도 계속되고 있기 때문입니다. 그분께서는 불 소나기가 떨어지기까지 세상을 그냥 내버려 두십니다. 그러나 그분의 백성이라고 신앙 고백한 자들에게 그분은 항상 질투하는 하나님이십니다. 저는 지금 단단한 것들을 말씀드리고 있습니다. 단단한 것들이야말로 이 타협하는 시대에 필요한 것들입니다. 성령님께서 도우셔서 이 비중 있는 사실들이 여러분 모두의 마음에 새겨지기를 기원합니다.

롯의 처가 멸망한 것이 시사하는 것들 가운데 아마도 가장 최악의 사실은 그녀가 죄악을 행하는 바로 그 순간에 멸망했다는 점일 것입니다. 그래서 그녀에게는 회개할 시간적 여유도 갖지 못했습니다. 그녀가 고개를 돌리는 그 순간 즉시 소금 기둥으로 변했습니다. 죄악을 행하는 바로 그 순간에 죽는다는 것, 다시 말해 범죄가 지속적으로 저질러지는 동안 하나님의 공의로 말미암아 버림받는다는 것은 아주 끔찍한 일입니다. 하지만 이런 일이 실제로 일어날 수 있습니다. 스스로 그리스도인인 척하는 자들은 "롯의 처를 기억하라"는 말씀을 생각하고 죄와 담판을 벌이십시오. 그리고 그분의 거룩한 이름과 뜻을 저버린 외식하는 자들을 하나님께서 얼마나 신속하게 심판하시는지도 기억하십시오.

저는 설교를 시작하면서 제가 만든 주제인 '롯을 기억하라'는 말씀으로 시작하였습니다. 이제 저는 그 주제로 다시 돌아가지 않을 수 없습니다. 비록 롯 자신은 의로운 롯(벧후 2:7)으로서 그 사악한 성읍의 운명에서 벗어났다 해도, 저는 롯의 처의 죽음을 어느 정도는 그 남편 탓으로 돌리지 않을 수 없습니다. 사람이 하나님과 동행하고 하나님을 본받을 때, 그 사람은 위대한 인물이 됩니다. 그런 사람이 바로 아브라함입니다. 어떤 사람이 거룩한 사람과 동행하고 그 거룩한 사람을 본받을 때, 그 사람은 훌륭한 인물이 될 수 있습니다. 하지만 그가 비록 훌륭한 사람이 되었어도 연약한 사람일 수 있습니다. 그런 사람이 바로 롯입니다. 그러나 어떤 사람이 연약한 인물인 롯과 함께 동행하면서 롯을 단순히 따라 하기만 할 때, 그 결과는 실패할 것이 분명합니다. 그런 사람이 바로 롯의 처입니다. 이것은 어린 아이들이 기초 공부할 때 사용하는 '따라 쓰는 공책'(boy's copy book, 알파벳이나 금언 등이 맨 윗줄에 적혀있고, 그 아래 줄에 학생들이 따라 쓰도록 줄이 그어진 공책이다 – 역주)과 같습니다. 만약 어떤 어린이가 맨 윗줄을 따라 한다면, 그 어린이는 아브라함 줄에 서게 될 것입니다. 하지만 그 다음 번에 맨 윗줄을 보지 않고 둘째 줄만을 따라 한다면, 그 첫째 줄과 비교해서는 아주 부족한 롯의 줄에 서게 됩니다. 혹여 그 다음 번에 셋째 줄을 베낄 때 롯의 줄을 따라 한다면, 그 결과는 아주 형편없게 될 것입니다. 다시 말해, 롯의 처와 같이 될 것입니다. 사랑하는 성도 여러분, 우리는 온전하신 아버지를 우리의 모범으로 삼고서 그분의 발걸음을 따라 살아야 합니다. 우리가 성령님의 능력으로 말미암아 그렇게 살아간다면 우리는 위엄 있고 고귀한 아브라함 같은 인품에까지 이르게 될 것입니다. 그러나 만약 여러분이 어떤 훌륭한 사람을 본받으려고 하면서 그 사람을 여러분의 표준으로 삼는다면, 여러분은 이류 그리스도인이 될 것입니다. 다시 말해, 롯처럼 연약한 사람이 되고 말 것입니다. 오, 혹시라도 여러분의 처나 자녀들이 여러분을 따라 한다면, 그로부터 비참한 일들이 틀림없이 생기게 될 것입니다! 롯은 좀 더 굳세고 좀 더 확고하고 좀 더 철저해야 할 필요가 있었습니다. 롯은 소돔으로 가는 것에 대해 별 신경을 쓰지 않았습니다. 만약 그가 자기 처에게 "부인, 그렇게 해서는 안 돼요. 우리는 택한 백성에 속한 자들이오. 하나님께서는 우리를 하란에서 불러내어 우리 조상들이 섬기던 우상을 떠나게 하신 것은 우리가 구별된 삶을 살도록 하기 위해서였소. 그러므로 나는 여기에 머무르겠소. 당신도 나와 함께 여기 머물러야만 하오"라고 말했다면, 롯의 처는 순종할 수밖에 없었을 것입니다. 설령 롯의 처가 이 말에 순종하지 않았다 해도, 롯은 자기 아내를 기쁘게 하기 위해 악을 행하지는 않았을 것입니다. 만약 롯이 그 성읍 사람들과 구별된 삶을 살기로 결심했었더라면, 그녀는 소돔의 여러 방식들을 배울 수 없었을 것이고, 비록 그녀가 세상에 자기 마음을 주고 있었다 해도 그렇게 분명하게 세상과 어울려 살 수도 없었을 것이며, 그녀의 딸들도 그렇게 도덕적으로 망나니가 되지는 않았을 것입니다.

저는 각 집안의 아버지와 남편들이 자기 가정에 솔선수범해야 하며, 부모는 자기 가정을 경건한 모습으로 꾸려나가야 한다고 믿고 있습니다. "오, 우리는 우리 가정을 다스릴 수가 없다"라고 말하지 마십시오. 여러분은 반드시 여러분의 가정을 다스려야만 합니다. 엘리 제사장은 이 점에서 실패했습니다. 그는 단호해지지 못한 채, 이렇게 소심하게 말했습니다. "내 아들아, 그렇게 하지 마라." 불쌍하지만 귀한 노종인 엘리는 자기 아들들을 책망해서 자녀와 마찰이 생기는 것을 원하지 않았습니다. 그러나 그의 이런 우유부단함 때문에 그는 도대체 어떤 대가를 치르게 되었습니까? 주님께서는 그의 가족을 치셨습니다. 왜냐하면 엘리가 자기 식구들에게 바르게 명하지 않았기 때문입니다. 만약 그리스도인들이 가족들을 떠나서 자기가 택한 어떤 곳으로 간다면, 자신이 주님과 불화하고 있다는 것을 곧 깨닫게 될 것입니다. 그리고 혹시라도 자녀들이나 아내가 결국 멸망하게 된다면, 비록 그 집안의 가장(家長)인 자신은 구원을 받더라도, 이런 일은 이 가장에게는 생각하기조차 끔찍한 일이 될 것입니다. 이들을 파멸로 이끈 것은 바로 가장인 자신의 나쁜 본보기 때문이었습니다. 롯의 처가 그렇게 된 것은 부분적으로는 롯의 행동 때문이었습니다. 만약 롯이 소돔으로 가지 않았더라면 그의 처도 소돔 가까이에서 멸망하지 않았을 것입니다. 여러분은 여러분으로 인해 다른 사람들이 길을 잃지 않도록 스스로 조심하십시오. 하나님을 가까이 하십시오. 그러면 여러분은 복된 자일 뿐만 아니라 다른 사람들에게도 복이 될 것입니다. 아브라함과 사라 사이에는 이런 식의 마찰이 없었습니다. 이삭과 리브가 사이에서도 없었습니다. 왜냐하면 이들은 하나님과 동행하였으며 이들의 영향력은 그 장막 안에서 느껴졌기 때문입니다. 하나님을 가까이 하며 살아가십시오. 그리고 여러분의 인생이 하나님께서 아브라함 족장에게 하신 명령, 즉 "너는 내 앞에서 행하여 완전하라"(창 17:1) 하신 말씀에 따라 살아가십시오. 그러면 여러분은 그분께서 여러분의 식구들을 축복해 주시며, 여러분의 자녀들이 여러분을 따르는 것을 보게 될 것입니다. 그러나 만약 여러분이 이렇게 주님 앞에서 행하지 않는다면, 여러분은 "롯의 처를 기억하라" 하신 말씀을 염두에 두어야만 할 것입니다. 예수님으로 말미암아 하나님께서 이 모든 말씀에 복을 더해 주시기를 기원합니다. 아멘.

제
69
장

—

믿음을 보겠느냐

—

**"그러나 인자가 올 때에 세상에서
믿음을 보겠느냐."** ─ 눅 18:8

하나님께서 자기 백성의 기도를 들으신다는 것은 절대적으로 확실합니다. 제단 밑에서 그리스도와 진리와 의의 정당성을 입증해 주시고 하나님의 대적들을 무너뜨려 주십사고 밤낮 영혼들이 하나님께 부르짖고 있습니다. 그 기도는 신속하게 응답될 것입니다. 지상에서 드려지는 간구가 부족하다 할지라도, 은혜의 택하심을 따라 남은 자들이 있고, 이들이 전능하신 하나님께, 팔을 뻗으시고 그의 말씀의 위엄을 나타내 주십사고 끈질기게 기도하고 있습니다. 물론 그러한 기도에 대해서도 지혜로우시고 은혜로우신 하나님의 뜻으로 말미암아 그 응답이 지연될 수도 있습니다. 그러나 그 기도는 절대적으로 확실히 응답됩니다. 하나님께서 밤낮 부르짖는 당신의 택하신 백성들의 송사를 듣고 그 소원을 들어 주시지 않겠습니까? 물론 그들의 송사를 오랫동안 손에 쥐고 계실 수 있지만, 틀림없이 하나님께서 들어주실 것입니다. 그 기도들은 하나님의 마음을 아시는 성령의 감동을 받아 드리는 기도들이기 때문입니다. 하나님과 그리스도의 영광을 위해서 드려지는 기도이고, 또한 우리 대제사장이신 예수 그리스도로 말미암아 드려지는 기도들이기 때문입니다. 오래 참으시는 하나님께서 그리스도의 강림과 심판을 잠시 뒤로 미루고 계십니다. 왜냐하면 주 하나님께서는 한 사람도 멸망하는 것을 원치 않으시기 때문입니다. 모든 사람들이 다 회개하기를 원하십니다. 그러나 하나님께서 오래 기다리고 계셨던 그 목적을 마냥 미루지는 않으실 것입니다. 주 예수께서 친히 이같이 확실히 말씀하십니다. "내가 너희에게 이르노니 속히 그 원한을 풀어 주시리라"(눅 18:8). 예수님께서 "내가 너희에게 이르노니"라고 말씀하실 때에는 그 어떤 의문도 남을 수 없습니다. 주님께서 오실 것입니다. 자신의 계산법에 따라서 속히 오실 것입니다. 주님의 계산법은 "하늘의 달력"을 따르는 것입니다. 천국의 상속자들은 그 계산법을 기쁘게 받아야 합니다. 지금이라도 우리가 천국의 시간에 맞추는 것이 합당한 일입니다.

형제 여러분, 여러분은 현재의 이 싸움의 최종적인 결과에 대해서 낙심하지 않도록 하십시오. "여호와께서 영원토록 통치하리로다. 할렐루야." 여호와께서 우상들을 폐하실 것입니다. 적그리스도들을 타도하실 것입니다. 적그리스도를 연자 맷돌처럼 바다에 던지실 것이고, 그는 바닷속에 가라앉고 더 이상 존재하지 않게 될 것입니다. 이방이 우리 주님의 소유가 될 것이고, 땅 전체가 모두 그분의 통치 하에 들어갈 것입니다. 모든 원수를 발로 밟으실 때까지 통치하실 것입니다. 현재의 투쟁이 앞으로 여러 세대에 걸쳐서 진행된다 할지라도 낙담하지 말아야 합니다. 그것이 여러분의 인내심에 비추어 볼 때 매우 긴 기간입니다. 그러나 하나님께는 매우 짧은 기간입니다. 그러니 구속의 역사를 담고 있는 이같이 방대한 책은 그것을 푸는데 대단히 오랜 시간이 필요할 것입니다. 우리와 같이 읽기에 더딘 사람의 입장에서 본다면 그 낱말 하나하나를 해석하는 것이 끝도 없는 일처럼 보일 것입니다. 그러나 우리는 결국 그 끝에 도달하게 될 것입니다. 그리고 시편처럼 그 끝이 할렐루야로 끝난다는 것을 발견할 것입니다.

여기서 물어야 할 질문은 하나님께서 무엇을 하실 것인가가 아니라, 사람들이 무엇을 할 것인가 입니다. 주의 성실하심은 하늘에 확실히 나타나 있습니다. 그러나 이 땅 위에 있는 신실함은 어떻게 됩니까? 하나님께서 우리에게 요구하시는 역할은 우리가 하나님의 말씀을 믿는 것입니다. 그렇게 함으로써 우리가 굳게 설 것이기 때문입니다. 아버지를 신뢰하는 것이 자녀의 본분입니다. 선생의 가르침을 받아들이는 것이 제자의 본분입니다. 안타깝게도, 현재 사람들이 그 점에 있어서 얼마나 미약합니까! 구주께서는 당신 주위 사람들의 믿음이 얼마나 연약한지를 아시고, 또한 그 이후의 세대들도 동일한 어리석음을 보일 것을 내다보시고 기억할 만한 이 질문을 던지셨습니다. "인자가 올 때에 세상에서 믿음을 보겠느냐?"(눅 18:8). 하나님은 미쁘십니다. 그러나 사람들이 믿음직스럽습니까? 하나님은 진리이십니다. 그러나 우리가 그 하나님을 믿습니까? 바로 이것이 요점입니다. 저는 오늘 아침 성령의 도우심을 따라 이 점에 대해 말씀드리려고 합니다.

1. 믿음을 찾으시는 분

먼저 저는 본문에 대하여 생각할 때, 여기서 언급된 분을 믿음을 찾으시는 분으로 생각하느냐 하는 것이 주목할 만한 점이라고 봅니다. "인자가 올 때에 세상에서 믿음을 보겠느냐 하시니라."

예수께서 오실 때에 값진 믿음이 있나 찾으실 것입니다. 예수님께서는 세상이 당신께 내어 놓을 수 있는 다른 어떤 것보다도 믿음을 더 귀한 것으로 여기십니다. 재림하시는 주님께서는 부자의 보화나 대인의 영예를 아무것도 아닌 것으로 보실 것입니다. 우리가 나타냈던 능력들을 찾지 않으실 것이고, 우리가 끼쳤던 영향력을 바라보지 않으실 것입니다. 우리의 믿음을 보실 것입니다. 사람들이 "세상에서" 주님을 "믿는" 것이 그리스도의 영광입니다. 그리스도께서는 바로 그 믿음을 존중하실 것입니다. 바로 이것이 주님께서 찾으시는 보석입니다. 하늘에 속한 상전이신 주님께서는 믿음을 극히 값진 진주처럼 여기실 것입니다. 믿음은 우리에게 뿐만 아니라 예수님께도 귀한 것입니다. 마지막 날에 면밀한 조사가 대대적으로 이루어질 것입니다. 그 조사는 다음의 본질적인 요점에 근거해서 시행될 것인데, 그것은 믿음이 있느냐, 없느냐 하는 것입니다. 믿는 자는 구원을 받고, 믿지 않는 자는 정죄를 받을 것입니다. 우리 집과 우리 마음에서 정말 믿음을 보증할 만한 것이 있는가 조사하실 것입니다. 여러분의 믿음은 어디 있습니까? 그리스도의 말씀과 피를 믿음으로써 그리스도를 영광스럽게 하였습니까? 하지 않았습니까? 하나님의 계시의 말씀을 믿고 하나님의 약속을 의지함으로 하나님을 영화롭게 하였는지, 그렇지 않았는지를 밝히실 것입니다. 우리 주님께서 다시 오실 때 믿음을 찾으실 것이라는 사실을 생각할 때 우리는 믿음을 매우 높이 평가하지 않을 수 없습니다. 믿음은 단순한 지적인 행위가 아닙니다. 믿음은 성령의 은혜로서, 하나님께는 영광을 돌리며 마음에는 순종을 일으키는 것입니다. 예수님께서 믿음을 찾으시는 것은 주님이 믿음의 바른 대상이시기 때문입니다. 예수께서 초림 때에 그 큰 목적을 이루실 때에도 믿음을 수단으로 써서 이루셨습니다. 이 설교를 듣고 있는 여러분이여, 우리 구주께서 지금도 믿음을 찾고 계심을 잠깐 생각해 봅시다. "그의 눈이 인생을 통촉하시고 그의 안목이 그들을 감찰하시도다"(시 11:4). 이것이 주님께서 우리 인간이라는 석영(石英) 속에서 찾으시는 금입니다. 이것이 주님께서 왕으로서 찾으시는 바로 그 대상입니다. "네가 주 예수 그리스도를 믿느냐?"

우리 주님이 오셔서 믿음을 찾으실 때 지극히 동정적인 성품을 따라서 그 일을 하실 것입니다. 우리가 읽은 본문 말씀에서 "하나님의 아들이 오실 때"라고 말하지 않으셨습니다. 인자(사람의 아들)가 올 때에 세상에서 믿음을 보겠느냐고 말하였습니다. 예수께서 정련하는 자처럼 앉아서 우리가 참된 믿음을 가졌는지를 확인하실 때 특별히 인자(人子)로서 하실 것입니다. 그는 또한 인자로서 하나님을 믿는 믿음을 나타내셨습니다. 히브리서에서는 그리스도께서 그의 형제들과 같이 되신 여러 요점들 가운데 한 가지가 언급되어 있습니다. 그것은 "내가 그를 의지하리라"(히 2:13)고 말씀하신 점입니다. 예수님의 생애는 믿음의 삶이었습니다. 버리심을 당할 때조차도 "나의 하나님, 나의 하나님"이라고 부르짖는 믿음이 있었습니다. 주님의 믿음은 우리의 믿음보다 훨씬 더 장엄한 것이었습니다. 크신 아버지를 믿는 믿음은 하나님을 거슬러 대항하는 모든 대적하는 세력과 싸워 이긴 믿음이었습니다. 주님은 사람들이 얼마나 격한 시험을 받는지도 아십니다. 그분도 친히 똑같은 시험을 당하셨기 때문입니다. 또한 주님께서는 궁핍한 것이 사람을 얼마나 시험에 빠지게 한다는 것을 알고 계십니다. 또한 "사람이 떡으로만 살 것이 아니요 하나님의 입으로부터 나오는 모든 말씀으로 말미암아 살리라"고 말할 수 있기 위해서는 얼마나 놀라운 믿음이 필요하신지 아십니다. 또한 예수님께서는 그 지위가 높이 올라갈 때 어떤 시험이 영혼에 찾아오시는지 아십니다. 예수님은 한번은 성전 꼭대기에 올라서게 되었는데, 그때 그 지옥의 사자가 속삭이는 소리를 들으셨습니다. "네가 만일 하나님의 아들이어든 뛰어내리라 기록되었으되 그가 너를 위하여 그의 사자들을 명하시리니 그들이 손으로 너를 받들어 발이 돌에 부딪치지 않게 하리로다"(마 4:6). 그는, 약속을 잘못 해석하거나 하나님의 교훈을 전부 잊어버리는 거짓된 확신과 대조하여 믿음이 무엇을 의미하는지를 알고 계십니다. 주님께서는 결코 판단을 그르치지 아니하실 것입니다. 구리를 금으로 알고 받지 않으실 것입니다. 또한 명예와 존귀를 주겠다고 유혹하는 자의 저의가 무엇인지 아십니다. "만일 내게 엎드려 경배하면 이 모든 것을 네게 주리라"(마 4:9). 또한 주님께서는 믿음이 어떻게 세상의 모든 영광을 용기 있고 단호하게 물리치는지를 알고 계십니다. "사탄아 물러가라 기록되었으되 주 너의 하나님께 경배하고 다만 그를 섬기라 하였느니라." 사랑하는 여러분, 예수님께서 인자로 오실 때 우리의 연약을 인정하실 것입니다. 우리가 당한 시련들을 기억하실 것입니다. 또한 우리 마음의 갈등을 아시고, 정직한 믿음이 우리에게 요구했던 슬픔이 무엇인지를 알 것입니다. 주님은 연단 받은 믿음, 곧 자신을 부인하는 믿음, 오래 참는 믿음의 참된 가치를 가장 잘 아실 수 있는 분입니다. 주님께서는 가식적인 사람들과 정말 믿는 사람들을 분별하실 것이고, 허망한 기만에 빠졌던 사람들과, 하나님의 말씀의 분명한 길들을 따랐던 사람들을 구별하실 것입니다.

　　더구나 저는 여러분에게 이 점을 주목하게 하고 싶습니다. 인자는 믿음을 가장 잘 찾아내실 수 있는 분이십니다. 주님께서 친히 창조하신 믿음 외에는 온 세상에 진정한 믿음은 한 톨도 없습니다. 형제 여러분, 여러분이 믿음을 가지고 있다면 주님께서 여러분을 이미 상대하신 것입니다. 그것은 바로 주님의 손이 여러분에게 닿았다는 표시입니다. 주님께서는 죄 가운데 죽은 여러분을 믿음으로 말미암아 건져내셨고, 여러분 마음의 본성적인 어둠에서 끄집어내신 것입니다. "네 믿음이 너를 구원하였느니라." 왜냐하면 그 믿음이야말로 내 마음의 방을 환하게 밝히는 초를 꽂아 놓는 촛대이기 때문입니다. 여러분의 하나님과 구주께서 이 믿음을 여러분 속에 넣으신 것입니다. 믿음이 모든 경우에 있어서 다 우리 주님의 선물이라면 주님은 그 믿음을 어디에 주셨는지 아십니다. 만일 그 믿음이 하나님의 역사라면, 하나님께서는 그 믿음을 어디에 일으켜 놓으셨는지 아십니다. 하나님께서는 자기 손으로 하신 일을 결코 잊지 아니하시기 때문입니다. 그 일들이 겨자씨 한 알과 같은 믿음에 불과하다 할지라도, 그 믿음이 세상의 가장 후미진 곳에 숨겨져 있다 하더라도 사랑하시는 예수님께서는 그 믿음을 찾아내십니다. 주님이야말로 믿음의 주요 온전하게 하시는 이이시므로 그 믿음에 깊은 관심을 가지고 계시기 때문입니다. 우리 주님께서는 또한 믿음을 지탱하시는 분이십니다. 믿음은 믿는 자가 의지하는 대상과 결코 떨어질 수 없기 때문입니다. 가장 큰 믿음을 가진 사람이라도 우리 주님께서 그를 끊임없이 붙잡아 주시어 믿음의 불꽃이 사그라지지 않도록 하지 않는 순간, 믿음은 대번에 떨어지게 되어 있습니다. 사랑하는 친구 여러분, 만일 여러분이 내면적 생명을 조금이라도 경험하였다면, 주님께서 먼저 여러분을 살게 하셨고, 또 여러분이 계속해서 살아 있도록 하셔야 한다는 것을 여러분은 압니다. 그렇지 않다면 여러분은 옛날 본성적인 죽음의 상태로 돌아갈 것을 여러분은 압니다. 믿음은 날마다 예수님의 식탁에서 양식을 공급받고 있기 때문에 예수님은 그 믿음이 어디에 있는지 알고 계십니다. 그러니 믿음을 찾으시는 분이 우리에게 계시다는 것은 정말 좋은 일입니다. 그분은 믿음을 창조하고 유지하셨기 때문에 조금도 실수 없이 그 믿음을 분별하실 것입니다.

그 밖에, **믿음은 항상 그리스도를 바라봅니다.** 그리스도를 바라보는 믿음이 아니라면 믿음은 전혀 가치가 없는 것입니다. 그리스도로 말미암아 하나님을 바라보아야 합니다. 모든 일에 대해서 그렇게 해야 합니다. 한편, 그리스도께서는 항상 믿음을 바라보십니다. 믿음의 눈마다 그리스도의 눈과 마주치게 되어 있습니다. 그리스도께서는 믿음을 기뻐하십니다. 주님을 믿으면 주님은 그것을 기뻐하십니다. 사람의 아들들이 와서 당신 안에 피하는 것을 기뻐하십니다. 그것을 자기 죽음에 대한 보상의 큰 부분으로 여기시는 것입니다. 만일 믿음이 그리스도를 바라보고, 그리스도께서는 믿음을 주목하신다면, 정녕 그리스도께서 오실 때 그 믿음을 찾아내고 말 것입니다. 바로 그 점이 본문 말씀을 매우 두드러지게 만듭니다. "인자가 올 때 세상에서 믿음을 보겠느냐?"(그가 세상에서 믿음을 찾겠느냐 — 역주).

인자는 이 문제에 대해 지혜롭고 관대한 판단을 내리실 것입니다. 어떤 형제들은 너무 엄하게 판단하는 바람에 믿음의 불꽃을 밟아 꺼트리곤 하였습니다. 그러나 우리의 은혜로운 주님께서는 결코 그렇게 하시지 않습니다. 주님은 꺼져 가는 심지도 끄지 아니하시고, 두려워 떠는 지극히 미약한 믿음이라도 멸시하지 아니하십니다. 질문을 그런 식으로 할 때 요점이 아주 강조되는 것입니다. 너무 가혹하게 판단하시지 않는 온유하고 너그러운 구주께서 오시는데 세상에서 믿음을 보지 못하시겠습니까? 그것은 참으로 서글프고 우리 마음을 겸비하게 하는 질문입니다! 매섭게 비평하는 일이 없고 사람의 성품을 좋게 해석하시는 분, 사람의 연약함을 충분히 고려하시는 분, 믿음의 어린 양을 품에 안으시고 연약한 자들을 부드럽게 인도하시는 분 — 그런데도 그런 분이 오셔서 친절한 마음으로 믿음을 찾으시는데, 그분은 세상에서 믿음을 찾으실 수 있을까요? 실로 모든 것을 아시는 주님께서 의심과 부인(否認)의 집단 속에서 작은 믿음조차도 좀처럼 찾기 힘들다면, 불신앙이 정말로 만연해 있는 것입니다! 아! 저 같은 자가 "인자가

올 때 세상에서 믿음을 보겠느냐?'라는 물음을 설명해야 하다니요!

　다시 한 번, 저는 **믿음**을 찾으시는 때에 관해서 깊이 상고함으로 말미암아 이 말씀을 아주 밝히 드러내고 싶습니다. "인자가 올 때 세상에서 믿음을 보겠느냐?" 형제 여러분, 시대는 갈수록 기독교가 진리라는 것을 더 입증해 나가고 있습니다. 이러한 과정이 절정에 이르게 되었을 때 믿음을 찾으시는 주님의 역사가 나타납니다. 현재 의심의 풍조에 관해서 무슨 말을 할지라도, 그 의심이 지극히 강한 것은 사실이지만, 의심할 이유는 갈수록 해마다 약해지고 있습니다. 동방에 있는 모든 나라마다 하나님의 말씀이 정확하다는 것을 새롭게 증거하고 있습니다. 불신자들의 의심에 대하여 돌들이 부르짖고 있습니다. 더구나 해가 갈수록 모든 성도들의 경험이 하나님의 신실하심을 증거하는 물결을 더욱 부풀게 하고 있습니다. 하나님을 섬기는 가운데 나이가 들어가는 여러분은 구주 하나님의 영원한 진리들이 옳다는 확신이 해마다 더 굳어진다는 것을 압니다. 오래 참으시는 하나님의 섭리가 얼마나 오래 지속될는지 저는 모릅니다. 그러나 확실하게 말해서 이 섭리가 오래 지속되면 될수록 그만큼 더 불신앙은 아주 악하게 될 것입니다. 하나님께서 여러 가지 섭리를 통해서 인간에게 지신을 계시하시면 하실수록 사람 편에서 하나님의 그 엄숙한 증거에 대해 거짓말하는 것이 그만큼 더 비열해집니다. 그러나 내 형제들이여, 모든 일들이 마무리지어질 때, 곧 하나님의 계시가 최종적으로 확정되었을 때, 그때에도 세상에 믿음을 찾아보기가 아주 힘들어서 주님께서 믿음이 있는지 찾아보시게 될 것입니다. 여러분은 갈수록 세상에 믿음이 더 많아질 것이라고 생각할지 모릅니다. 그래서 교회가 갈수록 더 순전해지고 더 밝은 빛을 보일 것이며, 우리 주님께서 오시는 날에는 사람들의 믿음이 매우 놀라울 정도가 될 것이라는 생각을 가지고 있을 수 있습니다. 그러나 우리 주님께서는 그렇게 말씀하지 않으십니다. 오히려 그 점에 대해서 의문을 품으십니다. 그래서 본문에서 그렇게 말씀하신 것입니다. 황금시대(golden age)가 밝아오는 때에 관해서마저 예수님께서는 "인자가 올 때에 세상에서 믿음을 보겠느냐?'라고 물으십니다.

　저는 여러분이 **믿음**을 찾는 영역의 범위에 주목하시기를 원합니다. 주님께서는 철학자들 중에서 믿음을 보겠느냐는 식으로 말씀하시지 않습니다. 철학자들이 언제 믿음을 가졌습니까? 주님께서 믿음을 찾기 위해 온 세상을 살펴보신다고 할 때, 안수 받은 목회자나 눈에 보이는 교회만을 가리키며 말씀하시는 것이 아닙니다. 더 광범하게 말씀하시는 것입니다. "세상에서 믿음을 보겠느냐?" 마치 주님께서는 왕좌로부터 오두막집에 이르기까지, 또한 학식 있는 자들과 무식한 자들 가운데서, 공인들과 아주 평범한 개인들 가운데서 찾으신다면, 결국 모든 사람들 중에서 믿음을 찾으시는 것이 될 것입니다. 남극에서 적도까지, 적도에서 북극까지 도대체 믿음이 있는지 찾으시겠다는 말씀입니다. 안타깝게도, 세상에 믿음이 그토록 없다니! 그 광대한 대륙들 속에서 믿음을 가진 자가 하나도 없다는 말인가? 바다의 그 수많은 섬들 속에서도 없다는 말인가? 깊은 바다 위에 떠 있는 수를 헤아릴 수 없는 배들 가운데서도 믿음 가진 자를 발견할 수 없을까요? 뭐라구요! 세상에서는 찾을 수 없다구요? 예수께서도 그 믿음을 찾지 못하신다고요?

지금까지 저는 할 수 있는 한 이 질문을 분명하게 드러내려고 애썼습니다. 그렇게 함으로써 이 질문이 여러분의 마음에 합당한 효력을 낼 수 있도록 하였습니다. 그 질문은 내 영혼의 방들에서 즐거운 소망과 유쾌한 상상을 걷어치우게 하는 조종처럼 울려 퍼집니다. 주여! 사람이 어떠한 존재입니까? 그처럼 여러 세대에 걸쳐서 긍휼을 베푸셨는데도 아담의 자손들 전체에서 믿음의 열매를 단 하나도 찾기 힘들다니요? 수많은 여름과 가을이 오갔는데도 세상에 추수할 믿음이 없을까요? 동풍에 빼빼 마른 곡식 알갱이 몇 알밖에 없는 그런 형국(形局)이란 말입니까?

2. 문맥 속의 분명한 가르침

우리는 생각의 흐름을 좀 바꿔 보기로 합시다. 본문에서 던지신 주님의 질문을 주목할 만한 것으로 소개했으니, 다음에는 이 질문이 들어 있는 비유와 관련해서 이 질문이 매우 교훈적이라는 점을 주목해 보십시다. 성경을 사용할 때 낱개의 고리들이 가득 담긴 상자처럼 대해서는 잘못입니다. 서로 연관된 진리의 사슬이 아니라 끊어져 있는 고리들처럼 다루어서는 안 된다는 말입니다. 어떤 사람들은 쟁기로 갈아 놓은 밭에서 까마귀가 벌레를 쪼아 먹듯이 성경에서 몇 문장을 집어냅니다. 만일 말씀들을 문맥에서 떼어 낸다면 그 말씀은 성령의 의도를 전혀 표현할 수 없습니다. 하나님에 의해서 쓰였든지, 사람에 의해서 쓰였든지 간에, 어떤 책도 여러 부분으로 조각냈을 때 완전히 절단나지 않는 책이란 없습니다. 공중 연설가들도 그런 일이 부당하다는 것을 잘 알고 있습니다. 성경은 그런 점에서 훨씬 더 많은 고통을 당하고 있습니다. 성경의 문맥은 우리로 방황하지 않도록 잡아 주고 참된 의미를 알도록 인도합니다. 만일 어떤 말씀을 문맥으로부터 떼어 내면 참된 의미와는 전혀 다른 뜻으로 해석할 수 있습니다. 이 구절이 불의한 재판관에게 끈질기게 호소하는 과부의 비유와 관련되어서 나온다는 점을 주의해서 보아야 합니다. 이 구절은 그 비유와 관련해서 해석해야 하기 때문입니다.

그러므로 이 구절은 무엇보다 먼저 이런 의미입니다. "인자가 올 때에 이 과부가 한 것과 같은 방식으로 끈질기게 기도하는 믿음을 세상에서 볼 수 있겠느냐?"라는 것입니다. 그렇게 하면 그 의미가 더 분명히 드러납니다. 세상에는 기도하는 사람들이 많습니다. 그러나 계속 기도하여 응답을 받아내야겠다는 확신을 가지고 있는 사람들이 있습니까? 우리 교회가 기도 모임을 많이 갖고, 기도 모임들이 기도하는 사람들에 의해서 지속되고 있음을 생각할 때 하나님께 감사합니다. 그러나 야곱처럼 씨름하는 사람들이 어디에 있습니까? 많은 교회들에 대해서 그 교회의 기도 모임들이 정말로 마땅히 그래야 하는 대로 운영되고 있다고 말할 수 없지 않을까 걱정입니다. 이는 많은 사람들이 기도 모임을 무시하며, "그냥 기도회에 불과해!"라고 말하기 때문입니다. 마치 기도회가 떡을 떼기 위해 모이는 모임 외에는 교회의 모든 집회의 면류관과 꽃이 아닌 것처럼 말하는 것입니다.

형제들이여, 저는 너무 엄격하게 판단하지는 않겠습니다. 그러나 효과적이고 끈질기며 응답을 받는 기도를 드리는 자들은 어디 있습니까? 여기에는 개인의 경건이나 가정에서의 경건을 소홀히 하지 않는 사람들이 많이 있다는 것을 알고 있습니다. 그들은 예수 그리스도의 교회가 흥왕하기를 끊임없이 기도합니다. 또한 사람들의 영혼 구원을 위해서도 기도합니다. 그러나 저는 그런 사람들에게마저도 이런 질문을 던져 보겠습니다. 인자께서 지금 여기 오신다면 우리 중에서 분명하고 열렬하며 저항할 수 없이 끈질긴 믿음으로 기도하는 사람들을 얼마나 많이 찾으실 수 있겠느냐 하는 것입니다. 옛날에 존 녹스(스코틀랜드 종교 개혁자)라는 사람이 있었습니다. 그가 드리는 기도는 원수들에게 있어서 아군의 모든 군대보다 무서운 것이었습니다. 왜냐하면 그는 믿음으로 탄원하였기 때문입니다. 그러나 바로 오늘과 같은 이 시점에서 어디서 존 녹스와 같은 사람을 만날 수 있겠습니까? 부흥운동이 일어나는 시대마다 기도에 능한 사람들이 있었습니다. 우리 시대에는 그런 사람들이 어디에 있습니까? 바싹 마른 들판에 비를 내리게 할 갈멜 산 꼭대기의 엘리야는 어디에 있습니까? 오순절 때와 같은 성령을 내려주시라고 기도드리는 교회가 어디에 있습니까? 저는 목회를 하고 있는 동역자들을 헐뜯을 생각은 없습니다. 또한 집사들과 장로들을 낮게 평가하고 싶지 않습니다. 그 밖에 주님의 뛰어난 종들을 무시하는 말을 하지 않겠습니다. 그러나 형제자매 여러분, 우리 모두를 포함해서 우리 가운데 이러한 위기에 필요한, 하늘을 이기는 기도가 무엇인지 아는 사람이 얼마나 적습니까! 우리 중에 하나님께 거듭거듭 나아가서 눈물로 울부짖고 또한 마음을 찢으며 시온의 영광과 경건하지 않는 자들의 구원을 위해서, 자기 목숨을 위해서 구하듯이 간구하는 사람들이 얼마나 적습니까! 만일 인자께서 오신다면, 우리 교회들에서 그러한 기도를 드리는 믿음을 많이 발견할 수 있을까요? 아, 제가 이러한 질문을 드려야 하다니요! 그러나 저는 부끄러움을 무릅쓰고 그 질문을 던집니다.

　그 끈질기게 호소하는 과부는 굳은 결심으로 기다렸고, 음울한 의심 때문에 기다리는 것을 포기하지 않았습니다. 과부는 지금까지 재판관이 자신의 탄원을 듣지 않았을지라도, 반드시 자기의 탄원을 들을 것이라는 확신을 가지고 있었습니다. 과부는 재판관이 들어줄 때까지 탄원하기로 마음먹었기 때문입니다. 기다리는 믿음은 참으로 드뭅니다. 사람들이 한동안은 믿을 수 있습니다. 그러나 긴 어둠의 기간을 끝까지 견디는 것은 또 다른 문제입니다. 어떤 군인들은 처음에는 아주 잘 달려갑니다. 그러나 대열을 잘 유지하지 못하고 시간이 지나가면서 빨리 달리지도 못합니다. 인자께서 오실 때에, 지체하시는 하나님을 믿고 오랜 시간이 걸리는 약속을 결코 지치지 않고 기다리며 탄원할 수 있는 사람들을 많이 찾을 수 있겠습니까? 부흥운동이 일어나서 사람마다 '호산나'라고 외칠 때에는, 열심 있는 사람들이 전면에 나타나는 것은 확실합니다. 그러나 군중들이 "그를 십자가에 못 박아라!"고 으르렁거리며 고함칠 때 그 앞에 있었던 사람들은 어디 있습니까? 베드로와 요한은 어디에 있었고, 나머지 제자들은 어디에 있습니까? 아무런 응답이 오지 않을 때도 계속 기도하는 법을 배우십시오. 기도가 하나님께 거절을 당하는 것처럼 보일 때에도 계속 기도로 나아가는 것을 배우십시오. 이것이 바로 믿음의 시금석입니다. 모든 사람이 믿을 때에 신자가 되는 것은 참으로 쉽습니다. 그러나 아무도 믿지 않을 때 신자가 된다는 것, 어느 누구도 지지하지 않는데도 불구하고 견고한 믿음을 혼자서 견지한다면 그것이야말로 진리를 위해 용맹스럽고 예수님께 충성을 다하는 사람이라는 표증이 되는 것입니다. 형제들이여, 믿음이 결국은 머리의 수를 헤아리는 문제입니까? 두세 사람밖에 없어도 그런 믿음의 위치에 서 있을 수 있겠습니까? 여러분은 맹렬한 파도에도 끄덕이지 않는 반석처럼 될 수 없습니까? 사람들 속에 세력을 떨치고 있는 불신앙의 큰 파도가 여러분에게 부딪혀도 여러분을 부서뜨릴 수 없고 그냥 물러갈 수 없는 것입니까? 만일 이러한 것들이 여러분들을 요동하게 한다면 여러분의 믿음은 어디에 있는 것입니까? 인자께서 오실 때에 사람들이 아닌 하나님의 증거를 믿고 든든히 서 있는 믿음을 세상에서 얼마나 많이 만날 수 있을까요?

과부는 재판관에게 탄원하는 일의 결과에 모든 것을 내걸었습니다. 그 여자는 곤경 속에서 제2의 방책을 가지고 있었던 것이 아니고 한 가지 방책밖에 없었습니다. 재판관이 자기의 탄원을 들어주어야 한다는 그 한 가지뿐이었습니다. 만일 재판관이 자기의 탄원을 들어주지 않는다면 자기가 가지고 있는 적은 소유마저 달아날 판이고 그녀의 자녀들도 굶어 죽을 판입니다. 재판관이 그녀의 말을 들어주어야 합니다. 그 문제에 관한 한 그녀는 다른 생각을 가질 수 없었습니다. 우리가 현재 원하는 바는 하나님을 믿는 사람, 복음을 믿고, 그리스도를 믿고, 다른 어떤 것에 전혀 개의치 않는 사람입니다. 하나님의 진실하심과 영원한 복음의 확실성을 위해서 자기의 평판과 자기의 소망과 생명까지도 내걸 사람을 우리는 필요로 하고 있습니다. 그런 사람들에게 하나님의 계시는 많은 진리 가운데 하나가 아닙니다. 하나님의 계시의 말씀만이 구원을 주는 유일한 진리입니다. 슬프게도, 오늘날 우리는 아주 다급하게 쫓기면 달아날 구멍을 여러 개 가지고 있는 여우들을 다뤄야 할 판입니다. 오! 십자가를 자랑하는 것 외에 모든 영광을 잊어버렸더라면 좋았을 것을! 저로서는, 오래된 복음이 미련한 것이라면 제 자신이 미련한 자가 된다 할지라도 결코 불만을 품지 않을 것입니다. 더 나아가 속죄하시는 그리스도의 희생의 피를 믿는 믿음이 구원을 가져오지 못한다면 망해도 좋습니다. 저는 그 문제 전체에 관해서 매우 확신하고 있습니다. 제가 이 세상에서 은혜의 교리를 믿는 마지막 신자로 혼자 남을지라도 그 교리들을 버릴 생각이 없습니다. 심지어 회심자를 얻기 위해서 어조를 누그러뜨려야겠다는 생각도 전혀 없습니다. 하나님의 진실하심에 제 모든 것을 겁니다. "사람은 다 거짓되되 오직 하나님은 참되시다 할지어다"(롬 3:4).

"인자가 올 때에 세상에서 믿음을 보겠느냐?" 주님이 우리에게서 그와 같은 믿음을 발견하시겠습니까? 우리는 예수님을 실제로, 사실로 믿고 있습니까? 우리의 믿음이 사실입니까? 아니면 꾸며낸 것입니까? 만일 우리 믿음에 진실성이 있다면 우리가 가지고 있는 믿음의 정도는 어떠합니까? "너희에게 겨자씨 한 알만한 믿음이 있었더라면 이 뽕나무더러 뿌리가 뽑혀 바다에 심기어라 하였을 것이요 그것이 너희에게 순종하였으리라"(눅 17:6). 이 말씀은 무엇을 의미하는 것입니까? 형제들이여, 정상 궤도에서 벗어나 있는 것이 아닙니까? 심지어 믿음이 무엇을 뜻하는지 알기라도 하는 것입니까? 저는 때로 우리가 정말로 믿고 있는지 의문을 갖기 시작합니다. 우리 믿음에 어떤 표증이 따라다닙니까? 믿음이 어떤 이적을 행할 수 있었는지, 또한 우리에게 불신앙이 없었더라면 주님께서 우리 가운데서 얼마나 놀라운 일을 행하셨을 것인지를 생각할 때, 우리의 심령이 겸비해지지 않습니까? 우리는 자신을 신뢰하는 족쇄를 깨끗이 끊어 버렸습니까? 영원하신 하나님을 분명하게 의지하고 깊은 바다로 들어간 적이 있습니까? 눈에 보이지 않는 것을 위해서 보이는 것을 버린 적이 있습니까? 여러분은 하나님의 순전한 약속에 매달리고 모든 약속을 넉넉히 성취할 수 있는 하나님의 전능하신 팔을 의지한 적이 있습니까? 오, 주여! 우리가 어디 있습니까? 이 의심의 광야에서 믿음의 오아시스를 어디에서 찾아야 하겠습니까? 우리가 어디서 아브라함을 만나겠습니까? 우리에게 끈질긴 기도의 능력을 가르치는 비유의 입장과 관련해서 질문을 던진다면, 그 질문은 교훈적이지 않겠습니까?

3. 그 형식 자체가 암시하는 것

그 다음에, 본문은 바로 그 형태를 고려할 때, 내게는 시사하는 바가 있습니다. 자, 이 본문은 이런 질문 형태로 제시됩니다. "인자가 올 때에 세상에서 믿음을 보겠느냐." 이 말씀은 우리에게 종말이 어떠할지에 대해서 독단적으로 생각하지 말라고 경고한다고 저는 생각합니다. 예수님께서 그것을 질문으로 표현하십니다. 세상에서 믿음을 보겠느냐? 만일 여러분이 "보지 못할 것입니다"라고 대답한다면, 저는 반대 입장에서 서서 긍정적인 면을 열심히 주장하고 싶어질 것입니다. 엘리야가 자기만 혼자 남았다고 대답한 것을 저는 기억합니다. 그러나 하나님께서는 자신을 위해서 바알에게 무릎을 꿇지 아니한 칠천 인을 남겨 두셨습니다. 그리스도를 알지 못하는 열국들이 그리스도께 달려올 것입니다. 만국의 왕들과 여왕들이 선물을 가지고 그리스도께 나아올 것입니다. 저는 감히 소망합니다. 인자께서 오실 때에 세상에서 믿음을 보게 될 것이라고 말입니다. 그러나 만일 여러분이 세상에서 정말 믿음을 보게 될 것이라는 식으로 강력하게 주장한다면, 저는 부정적인 입장을 취하여 믿음을 발견하지 못할 수도 있다는 것을 말하고 싶어질 것입니다. 우리 주님께서 전에 이 세상에 계셨을 때, 세상에서 정말 믿음을 거의 보지 못했습니다. 주님께서는 우리에게 분명히 말씀하셨습니다. 내가 다시 올 때에 사람들은 노아 시대 때와 같을 것이다. "홍수 전에 노아가 방주에 들어가던 날까지 사람들이 먹고 마시고 장가들고 시집가고 있으면서 홍수가 나서 그들을 다 멸하기까지 깨닫지 못하였으니 인자의 임함도 이와 같으리라"(마 24:38-39). 저는 그 두 입장 중 어느 쪽도 취하고 싶지 않습니다. 우리 주님께서 말씀하신 방식대로, 그것을 그냥 질문으로 놔두도록 하십시다.

이 질문은 우리에게 믿음의 문제에서 거룩한 두려움을 많이 가지도록 만듭니다. 만일 은혜로우신 주님께서 그 질문을 던지신다면 우리는 그 문제를 제기해야 합니다. 사람들은 우리가 만군의 여호와를 위하여 열심을 가지고 있다는 사실 때문에 우리 중 어떤 사람들은 옛날 구시대 인물이라고 말합니다. 우리가 신경질적이고 조바심을 가진 사람들이라고 평합니다. 우리가 두려워하는 것은 진보하는 시대를 만난 결과라고 말합니다. 그렇습니다. 저는 오십삼 세인데, 사람들은 제가 세월이 가면서 반(半) 천치가 될 것으로 생각합니다. 내가 그 사람들이 생각하는 대로 반 천치가 될지라도, 저는 이러한 일이 그들에게 일어날 것으로 생각하지 않습니다. 우리는 비관주의에 떨어집니다. 이것은 그들이 사용하는 단어입니다. 저는 그런 용어를 별로 알지 못합니다. 그러나 분명한 것은 구주께서는 신경질적인 사람이 아니셨습니다. 감히 어느 누구도 예수님을 보고 어리석은 염려를 하고 있다고 비난하지 못할 것입니다. 그럼에도 불구하고 주님께서는 "인자가 올 때에 세상에서 믿음을 보겠느냐?"라고 묻고 계십니다. 제가 관찰한 바로는 이 질문은 이 시간에 가장 소망스러운 사람에게도 도전을 줄 수 있는 질문입니다. 왜냐하면 믿음을 파괴하는 경향이 있는 많은 과정들이 현재 강력하게 작용하고 있기 때문입니다. 성경 비평이 아주 익숙하게 행해지고 있고, 이것은 성경을 공경하는 태도에 충격을 주고 있습니다. 그리고 성경의 기초 자체가, 스스로 그리스도인이라고 하는 사람들에게 공격을 받고 있습니다. 냉랭한 비평이 어린 아이같이 뜨거운 사랑의 확신을 대신하였습니다. 어떤 사람이 "지금 우리에게는 성소가 없는 성전이 있다"라고 했는데, 바르게 말한 것입니다. 이성이 지배하기 위해서 신비한 부분을 버리고 있습니다. 사람들은 선악을 아는 나무의 열매를 먹고서는 자신들을 신들로 여기고 있습니다. 계시된 진리의 말씀을 믿어야 하는 교리로 여기지 않고 논의해야 하는 명제로 여기고 있습니다. 예수님의 발 앞에 엎드린 사랑하는 여인이 그리스도의 뺨에 입을 맞추었던 배반자에게 자리를 내주어야 할 판입니다. 벨사살처럼 현대의 사상을 가진 사람들이 여호와 하나님의 성소의 그릇들을 가지고 술을 마시며 자기 신들을 높이고 있습니다. 어린 아이와 같은 믿음을 갖는다는 생각을 조롱하고 있습니다. 모든 것을 의심해 보고 하나님의 말씀의 권위를 아주 경멸할 수 있는 사람을 가장 정직한 사람으로 여기고 있습니다. 만일 이러한 일이 계속된다면 우리는 충분히 이렇게 말할 수 있을 것입니다. "인자가 오실 때에 세상에서 믿음을 보겠느냐?" 어떤 곳에서는 기독교의 강단이 불신앙의 가장 큰 원천이 되고 있습니다. 만일 이러한 경우라면 ― 저는 확신합니다 ― 교회가 어떻게 될지, 밖에 있는 세상에 어떤 모습으로 비쳐질지를 말입니다. 예수님께서 오실 때에 세상에서 믿음을 찾으실 수 있겠습니까?

믿음을 멸절시키기 위하여 진행되는 많은 과정들 외에, **믿음을 위축시키고 믿음의 성장을 저해하는 영향력들**이 있지 않습니까? 어디서 큰 믿음을 발견합니까? 강단에서 설교하고 가르치는 것을 그대로 전적인 믿음으로 받아들이는 곳이 어디에 있습니까? 다른 사람들을 질책하는 것이 우리에게 소용이 없습니다. 우리 자신들을 돌아보아야 합니다. 형제자매여, 우리 믿음은 어디에 있습니까? 오래 전에 조지 뮐러가 세상일들에 대해서 믿음으로 행했다는 것을 이야기했을 때, 그 일이 교회 안에서 정말 신기한 것으로 여겨졌습니다. 하나님을 믿는 믿음으로 어린 고아들을 먹이는 것을 경건한 일로 보았습니다. 그런데 이제 일상적인 일들에 대해서 하나님을 신뢰하지 않는 때가 되어 버려서 우리는 난처하게 되지 않았습니까? 아브라함은 매일의 생활에서 하나님과 동행하였습니다. 요즘은, 사업을 하면서 하나님과 동행하고, 집안의 작은 일 하나하나까지 하나님을 의지하면서 사는 사람을 만나면 사람들은 이상한 눈초리로 바라봅니다. 사람들은 그 사람의 마음속에 은혜가 있다고 생각하면서, 또한 그가 정신이 이상해졌거나 너무 외골수적으로 행동하는 것이 아닌가 하고 여깁니다. 그렇습니다. 우리는 믿음을 갖고 있다고 생각합니다. 그러나 생활의 냉혹한 현실에 부닥칠 때, 우리의 믿음은 어디에 있습니까?

　　형제들이여, 여러분은 어째서 그리도 세상 염려로 가득합니까? 만일 하나님을 믿는다면 어째서 그렇게 염려합니까? 그 불평과 그 염려는 어디서 나는 것입니까? 오! 내 구주시여, 주께서 오신다면 우리는 우리의 지독한 불신앙과 어리석은 생각과 주님을 사랑으로 믿지 못하는 태도에 대해 변명을 할 수 없을 것입니다. 우리는 마땅히 믿어야 할 대로 주님을 믿지 않습니다. 주님의 사랑스러운 신실하심에 그처럼 많은 빚을 진 사람들의 모습이 그러하다면, 주님께서 세상 어디에서 믿음을 찾으시겠습니까? 응답받기까지 기도에 몰입하며, 현재의 사소한 불행과 불안한 미래의 두려움을 극복하는 흔들리지 않는 믿음이 어디 있습니까?

　　이렇게 질문 형태로 하신 이 말씀이 우리 자신을 아주 면밀히 살피도록 요구한다고 생각하지 않습니까? 주님께서 오실 때에 우리를 자세히 조사하실 것인데, 그것처럼 그 질문이 우리 자신을 자세히 조사하도록 만들지 않습니까? 형제 여러분, 여러분은 그동안 자기 안에서 많은 것들을 찾아왔습니다. 저는 여러분에게 믿음을 보라고 부탁하는 바입니다. 사랑이 점점 식어지다니 어찌된 일입니까! 그 말을 들으니 안됐습니다. 그러나 결국, 그렇게 된 것은 여러분의 믿음에 추운 날씨가 이미 시작되었던 것이 틀림없습니다. 여러분은 예전과 디르게 적극적이지 못합니다. 정말 유감스러운 일입니다. 그러나 물이 얕게 흐르는 것은 샘이 예전에 그랬던 것과는 다르게 충만하게 물을 뿜어내지 않기 때문입니다. 여러분의 믿음이 약해가는 것입니다. 여러분의 영혼을 거룩한 진실들로 먹였더라면 좋았을 것입니다! 오, 여러분이 하나님의 임재와 능력의 확실함을 생생하게 의식하였더라면 좋았을 것입니다! 믿음이 강하면 모든 다른 은혜도 힘이 있습니다. 뿌리가 풍성한 영양을 섭취하면 가지도 번성하게 됩니다. 믿음이 건강한 상태에 있으면 영적인 사람의 나머지 모든 것들도 역시 힘이 있을 것입니다. 형제들이여, 여러분의 믿음을 잘 지키십시오. 제가 두려워하는 것은 이것입니다. 그처럼 더디 오시는 것처럼 보이는 주님께서 오실 때에 여러분이 너무 오래 기다렸다거나, 복음이 너무 느리게 확산되는 것에 대한 실망감 때문에 연약한 믿음을 보이지나 않을까 하는 것입니다. 많은 나라들이 계속 불신앙에 머물러 있습니다. 오, 주여, 언제까지 기다려야 합니까! 우리는 끝내기를 바랐던 것을 다 이루지 못했기 때문에 갈수록 점점 지치는 경향이 있습니다. 아니면 주님께서 오실 때에 슬픔으로 지쳐 잠든 우리의 모습을 보시지는 않을까 두렵습니다. 주님께서 겟세마네 동산에서 기도하실 때 세 번 제자들에게 나아갔으나 그들이 아주 노곤한 상태에 있었던 것을 보았을 때처럼 말입니다. 우리도 복음이 온 인류를 정복하지 못하는 것을 보고 너무 슬퍼한 나머지 깊은 시름에 빠지거나 깊이 낙담할 수 있습니다. 그래서 정작 신랑이 올 때에는 잠들어 있을 수 있습니다. 제가 가장 걱정하는 것은 구주 예수님께서 오실 때에 불법이 판을 침으로 많은 사람의 사랑이 식어 버릴 수 있다는 점입니다. 마음이 뜨거운 성도들은 서로를 따뜻하게 유지해 줍니다. 그러나 냉기도 전염이 됩니다. 죄가 넘칠 때 성도들이 죄에 대항하여 싸울 수 있습니다. 그럼에도 불구하고 죄가 성도들의 믿음을 식게 하는 경향이 있습니다. 만일 구주께서 우리의 상태가 미지근한 것을 보신다면 정말 비참한 일입니다. 그러니 주님께서 던지신 그 질문은 제 마음에 쓰디쓴 괴로움을 일으킵니다. 저는 그 질문이 여러분에게도 그와 같은 식으로 작용할 것이라고 믿습니다.

그 말씀은 질문입니다. 저는 그 질문에 대해 답변할 수 없습니다. 그러나 제 마음의 문을 활짝 열어 놓고 있습니다. 그래서 그 질문이 제 마음에 들어와서 저를 살피도록 하고 있습니다. 그 질문은 주님의 손에서 타작마당을 정결하게 하는 풍구(風具)와 같이 작용합니다. 그 질문은 모든 자기 확신을 날려 버리고, 저로 하여금 주의하여 보고 기도하게 합니다. 그래서 믿음을 포기하려는 유혹에 빠지지 않도록 합니다. 다른 사람들은 미끄러질지라도 우리는 견고히 서 있을 수 있도록 기도합니다. 그래서 주님께서 오실 때에 우리가 주님의 영접을 받을 수 있기를 원하는 것입니다.

4. 개인의 의무

저는 이제 이 요점을 마지막으로 생각하려 합니다. 본문 말씀은 개인의 의무에 관해서 매우 인상적인 교훈을 전합니다. "인자가 올 때에 세상에서 믿음을 보겠느냐?" 믿음이 다른 모든 곳에서 기숙할 곳을 찾지 못한다 할지라도 우리 마음에서 안식처를 얻도록 해야 합니다. 만일 우리가 주님을 믿지 못하고, 우리가 지금까지 했던 것보다 주님을 훨씬 더 많이 신뢰하지 못한다면, 우리는 주님의 지극히 무거운 노여움을 받아 마땅할 것입니다. 우리가 의심하는 것은 정말로 도리에 어긋나는 일입니다. 우리 중 어떤 사람들에게는 회심이 분명하고 격렬하며 독특한 사실이었습니다. 우리 성품 속에 일어난 변화는 너무나 명백하여 마귀도 우리의 회심을 의심하게 만들 수 없었습니다. 죄를 의식하면서 겪었던 우리의 비참함이 꾸며낸 심리가 아님을 알고 있습니다. 또한 우리가 예수 그리스도를 믿음으로 받은 평화도 전혀 꿈이 아닙니다. 그러면 의심은 어디서 오는 것입니까? 우리 중 어떤 사람은 회심한 이후에 기이한 방식으로 인도함을 받았습니다. 그래서 그 사람이 걸어간 걸음걸음을 보면, 주님께서 선하시며 진실하시다는 것이 나타났고, 아낌없이 주님을 의지해야 마땅하다는 것이 드러났습니다. 우리는 심한 병에 걸렸고, 고통과 고뇌와 우울함이 가득한 채 지냈습니다. 그럼에도 불구하고 우리는 지지를 받고 부양을 받으며 그 모든 것을 견뎌냈습니다. 큰 수고 속에서 우리는 강하게 되었고, 큰 일들을 감당하면서 지지를 받았습니다. 여러분 중 어떤 사람은 매우 가난하였습니다. 또 사업이 기울어지고 있었습니다. 또 위급한 일들이 자주 발생하였습니다. 그럼에도 불구하고 이 모든 것들이 하나님의 진실하심을 입증하였습니다. 이러한 모든 것들이 여러분으로 하여금 하나님을 신뢰하도록 더 부추기지 않았습니까? 또 어떤 이들은 사랑하는 가족과 사별하는 아픔을 겪기도 하였습니다. 위로의 버팀목이 하나하나 빠져 나간 셈입니다. 그러나 여러분이 하나님께 갔을 때 하나님은 여러분의 기도를 들어주셨고, 또 여러분의 아버지니 남편이나 친구보다 더 좋은 분이 되어 주셨습니다. 하나님의 자비는 영원히 지속된다는 것이 여러분의 일기장 속에 뚜렷이 나타나 있습니다. 지금까지 여러분은 자신에게 여러 차례 말했습니다. "이후로는 다시 의심하지 않을 것이다." 형제들이여, 하나님을 의심하는 일은 우리들에게 있어서 불가능한 일이 되어야 합니다. 하나님을 신뢰하는 것이 아주 자연스러운 일이 되어야 합니다. 그런데 사실은 그렇지 않으니 그것이 두렵습니다. 결국 이렇게 물을 많이 주었는데도 그처럼 작은 믿음으로 밖에는 자라지 않았다면 우리 주님께서 "인자가 올 때에 세상에서 믿음을 보겠느냐?"라고 말씀하신 것은 전혀 이상한 일이 아닐 것입니다.

우리 중 어떤 사람들은 죽음의 병상에 너무 친숙해 있습니다. 또 우리는 많은 사람들이 신성한 고요함 가운데서, 심지어 환희에 찬 승리의 심정을 가지고 임종을 맞는 것을 많이 보았습니다. 그래서 우리가 의심한다는 것은 이런 성도들을 기억할 때 불경한 일입니다. 우리가 의심한다는 것은 사랑으로 우리를 찾아오셔서 은총을 베푸신 주님을 배반한 행동일 것입니다. 우리는 가장 사랑하는 사람들을 의심할 수가 있습니다. 그것은 잔인한 경우가 될 것입니다. 그러나 우리는, 세상에는 자신을 나타내지 아니하시고 우리에게는 나타내신 바로 그분을 의심하느니, 차라리 우리가 가장 아끼는 사람들을 의심하는 편이 낫습니다. 저는 여기 계신 여러분 모두에게 말하고 있는 것이 아닙니다. 다만 주님께서 특별히 은혜를 베푸신 사람들, 자신의 비밀을 계시하시고 그 언약을 알리신 사람들에게 말하고 있는 것입니다. 이러한 자들이 주님의 미쁘심을 의심한다는 것은 악한 일입니다. 주님의 택한 백성이라고 하는 사람들이 주님을 믿지 않는다면 어떻게 하나님께서 그들을 택하셨다고 말할 수 있겠습니까? 여러분이 믿음을 버리는 것이 가능하다면 그것은 여러분이 주님을 다시 십자가에 못 박는 것과 같습니다. 주님을 사랑하는 친구들이 모인 집에서 주님이 이렇게 상처를 받아서는 안 됩니다. "오, 불신앙이여! 너는 내 마음에서 깃들일 생각을 아예 하지 말거라. 너 불신앙은 내 심령 속에서 끔찍이 싫어하는 반역자로 추방을 당할 것이다. 왜냐하면 내가 사랑하는 분은 진리이시고, 나는 그를 의지할 것이기 때문이로다."

저는 여러분이 이렇게 말할 것이라고 생각합니다. "우리는 믿음을 갖기로 결심합니다. 다른 아무도 주님을 믿지 않는다 할지라도 우리는 주님을 믿으라는 부르심을 받았습니다." 그러니 이 악한 세대에서 넘어지지 않도록 조심하십시오. 믿음을 지키려면 성경이 성령의 감동을 받은 책이고, 그래서 오류 없는 믿음의 규칙이라는 사실을 명심해야 합니다. 만일 이 기초를 포기하면 믿음이라는 이름을 붙일 만한 믿음을 나타내 보일 수 없습니다. 성경에 계시된 대로 하나님을 어린 아이 같은 심정으로 믿는 것이 계시를 의심하는 사람들에게는 불가능합니다. 정말 그 사실은 하늘에 떠 있는 햇빛처럼 분명한 사실입니다. 여러분은 하나님의 계시의 말씀을 틀림없는 것으로 받아들여야 합니다. 그러지 않는다면 그 말씀에 계시된 하나님을 의심 없이 믿을 수가 없습니다. 일단 영감된 말씀을 포기하면 기초가 흔들리는 것이고, 그 위에 무엇을 세우는 것은 쓸데없는 일이 될 것입니다. 계시의 말씀에 나오는 약속 자체를 의심스러운 것으로 생각한다면 그러한 약속들이 어떻게 믿음을 지탱해 주겠습니까? 하나님께서는 자신의 빛을 통해서만 알려지실 수 있는 분입니다. 그런데 그 빛을 신뢰하지 못한다면 우리가 어디에서 하나님을 알 수 있습니까?

다음으로, 성령께서 여러분을 대하시는 일에서 그 점을 명심하시기 바랍니다. 성령께서는 여러분의 심령을 새롭게 하셨습니다. 적어도 저는 이러한 질문을 던지고 싶습니다 — 성령께서 여러분의 심령을 새롭게 하셨습니까, 아닙니까? 여러분은 하나님의 역사에 의해서 죄로 말미암아 망한 상태로부터 회심했으며, 바로 그 역사로 말미암아 새로운 생명을 받았습니다. 여러분에게 그러한 일이 일어났습니까? 아니면 일어나지 않았습니까? 이 점에 대해서 확신하지 못한다면 여러분은 결코 믿음의 고지에 도달할 수 없습니다. 하나님께서 여러분의 영혼에 접촉하신 것이 틀림없음을 알아야 합니다. 그렇지 않다면 여러분이 어떻게 믿을 수 있겠습니까? 그 믿음 다음에, 여러분이 주 예수 그리스도의 피와 그 의로 말미암아 완전한 용서와 확실한 의롭다 하심을 받았다는 것을 알아야 합니다. 보배로운 피를 믿으십시오. 다른 어떤 것은 의심할지라도 골고다 십자가의 위대한 희생의 공력을 믿으셔야 합니다. 그 희생 제물을 기쁨으로 받으시고, 여러분의 온 믿음을 바로 그 점에 두도록 하십시오.

오, 형제들이여! 우리의 영원한 소망은 사변(思辨) 위에 세워질 수 없는 것입니다. 우리는 하나님의 계시의 말씀을 필요로 합니다. 우리는 개연성을 가지고 인생의 싸움을 싸울 수 없습니다. 우리는 그러한 투쟁을 하기 위해서는 확실한 사실들을 필요로 합니다. 만일 하나님께서 영구한 진리를 계시하지 아니하셨으면 우리는 이렇게 저렇게 생각하고 추측할 수 있겠습니다. 그러나 분명한 계시를 주셨다면, 우리는 그 계시를 믿어야 합니다. 그리고 더 이상 상상하거나 이야기를 꾸며내는 일을 멈추어야 합니다. 선생들이여, 여러분이 시변에 의존하려고 한다면 큰 위험을 무릅써야 합니다. 저는 여러분에게 간청합니다. 여러분의 영혼에 관해서는 그러한 모든 사변들을 제쳐놓으십시오. 저는 죽음의 차가운 기운이 엄습해 올 때, 저를 지탱해 줄 절대적인 확실성과 의심 없는 진실성을 원합니다. 성경에 기록된 대로의 하나님의 진리들, 성령으로 말미암아 마음에 적용되는 그 진리들이 예수님께서 찾으시는 믿음을 위한 확실한 기반입니다. 사람들이 그리스도의 하신 일을 의심 없는 사실로 받아들이지 않으면 더 이상 믿음은 존재하지 않습니다.

다시 말하지만, 만일 여러분이 굳센 믿음을 가지려면 기도의 효력에 대한 확신을 누그러뜨리지 마십시오. 이 점이 본문 말씀에서 핵심입니다. 과부는 재판장에게 끈질기게 졸라대는 것 외에 다른 어떤 무기도 사용하지 않았습니다. 그녀가 그 긴 과정에서 결국 자기가 이기리라는 사실을 도덕적으로 확신하지 않았다면 그렇게 계속해서 끈질기게 탄원할 수 없었을 것입니다. 형제 여러분, 하나님께서 여러분의 기도를 들으시고, 응답해 주실 것을 믿으십시오. 제 경우에 있어서, 기도가 하나님께 미치는 효력을 입증하기 위해서 어떤 논증도 필요하지 않습니다. 저는 지금까지 그 점을 시험해 왔고, 지금도 시험하고 있습니다. 기도가 더 이상 하나의 실험이 아니라는 것을 알기까지 말입니다. 습관적으로 밥을 먹는 사람은 자기가 밥으로 힘을 지탱한다는 사실을 알고 있습니다. 습관적으로 기도로 사는 사람은 하나님께서 자기 기도를 들어주심을 압니다. 그런 사람에게는 이런 진술을 입증하거나 증거를 대거나, 반대되는 증거를 대는 것이 아무 소용 없는 일이 될 것입니다. 어떤 사람이 나에게 하늘에 태양이 없다는 것을 아무리 설득하려고 할지라도 나는 그냥 웃어 버리고 말 것입니다. 어떤 사람이 내가 살아 있다는 것을 믿지 않는다고 말한다면, 저는 제가 살아 있는 것을 그 사람에게 어떻게 입증할 수 있을지 모르겠습니다. 그 사람이 틀렸다는 것을 논리로 따져서 이기는 것이 합당한 일이겠습니까? 어떤 사람이 "나는 기도를 믿지 않아요"라고 말할 때 저는 대답할 것입니다. "기도를 믿지 않는다면 당신만 손해예요." 하나님께서 기도를 응답해 주신다는 사실은 제게 있어서 살아 있는 생생하고 확실한 사실입니다. 저는 그 이상으로도, 그 이하로도 말할 수 없습니다. 기도를 믿지 않는다면 분명히 주님께서는 본문이 말하는 믿음을 여러분에게서 찾지 못하실 것입니다. 만일 여러분이 기도를 신앙심 깊은 사람의 마음을 기운나게 하는 경건의 훈련으로 간주하고, 하나님께 아무런 영향을 끼칠 수 없는 것으로 본다면, 또 모든 사람이 여러분과 같은 마음을 가지고 있다면, 인자가 오실 때에 세상에서 믿음을 발견하지 못할 것입니다. 믿음에 관해서 이야기하지 마십시오. 여러분은 그 문제에 대해 아무것도 알지 못합니다.

여러분이 믿는다면 철저하게 믿어야 합니다. 하나님을 믿는 거룩한 확신의 바닷속으로 뛰어들어야 합니다. 그러면 여러분이 헤엄치고 있는 바다가 어떤 것인지 알게 될 것입니다. 자기가 믿는 바를 정말 믿는 사람은 자기가 장차 보게 될 것을 알 것입니다. 사람이 하나님을 믿는 일에 있어서 아무리 믿어도 지나치는 법이 없습니다. 하늘의 고귀한 지적 존재들 가운데 어느 피조물도 지존자의 말씀을 대할 때 너무 쉽사리 믿는다고 비난을 받은 일이 없습니다. 그러니 우리는 절대적으로 그리고 분명하게 믿어야 합니다. 무한히 믿어야 하고, 무조건 믿어야 합니다. 하나님의 진리에 우리 모든 것을 걸읍시다. 또한 우리는 거룩하신 하나님과 동행하기를 갈망합시다. 그래서 하나님께서 기억하시는 사람들이 되도록 합시다. 믿음의 기도는 하늘을 이기기 때문에, 우리는 하나님께서 도무지 물리칠 수 없는 간구를 드리는 사람이 되도록 하는 은혜를 구하십시다. 오! 우리 교회에 하나님을 이긴 이스라엘이 많기를 바랍니다. 여기에는 믿음의 기도의 능력으로 은혜의 보좌를 온통 둘러싸기 위해 아침 일찍 일어나는 것이 무엇인지를 아는 사람들이 있습니다. 제가 이렇게 소중한 사람들에게 얼마나 많은 빚을 지고 있는지, 영원의 세계만이 밝혀줄 것입니다! 오, 주님 앞에서 죄인들을 밤낮으로 마음에 품고 중보 기도를 하는 사람들이 더 많기를 바랍니다. 그들의 구주처럼 주님께서 그분의 교회를 세우시기까지 결코 기도를 쉬지 않을 그러한 사람들이 더 많아지기를 바랍니다! 슬프게도, 그처럼 하나님을 이기는 기도가 얼마나 드문지 모릅니다! 제가 인용한 어떤 본문을 들어보지도 못한 분들이 여기에 계시지 않을까 저는 걱정입니다. 그 말씀을 들을 때에 움찔할 사람들도 틀림없이 있을 것입니다. "여호와께서 이같이 이르시되 너희가 내 손으로 한 일에 관하여 내게 명하라"(사 45:11, KJV). 어떤 사람은 이 말씀을 듣고는 "정말 그것이 성경 말씀일 수 있는가!" 하고 외칠 것입니다. 그러나 사실이 그러합니다. 이사야서 45장 11절의 말씀의 흠정역이나 개정역이 다 그렇게 번역하고 있습니다. 사람이 주님께 명할 수 있습니까? 그렇습니다. 믿는 사람들에 대해서 하나님은 그들의 요청에 따라 움직여 주십니다. 하나님께서는 그들에게 그분의 도움을 요청하라고 명하시고, 원하는 대로 그 도움을 사용하라고 하십니다. 우리가 그 차원에 이를 수 있으면 얼마나 좋겠습니까! 우리 가운데 그러한 믿음이 있습니까? 없다면, 우리 주 예수시여, 당신의 성령으로 말미암아 하나님의 영광을 위하여 우리 안에 그 믿음을 일으켜 주소서! 아멘.

제
70
장

—

지상에서 악한 자를 위한 설교

—

"세리는 멀리 서서 감히 눈을 들어 하늘을 쳐다보지도 못하
고 다만 가슴을 치며 이르되 하나님이여 불쌍히 여기소서
나는 죄인이로소이다 하였느니라." — 눅 18:13

바리새인이 기도하러 성전에 올라갔으면서도 기도하지 않은 것은 그의 실
수였습니다. 그가 한 모든 말에는 기도가 전혀 없습니다. 기도하러 성전에 올라
가서 정말 기도를 한 것이 세리의 탁월한 점이었습니다. 그가 한 말은 전부 기도
뿐이었습니다. "하나님이여 불쌍히 여기소서 나는 죄인이로소이다" 하고 시종
일관 순수하고 순전한 기도를 드립니다. 기도하러 성전에 올라갔으면서도 기도
의 핵심적인 부분을 망각한 것이 이 바리새인의 잘못이었습니다. 기도의 핵심적
인 부분이란 죄를 자백하는 것입니다. 그런데 바리새인은 자백할 죄가 하나도
없고, 길게 나열할 선행들이 많은 것처럼 말하였습니다. 세리의 경건에서 가장
탁월한 점은 자기 죄를 자백하였다는 데 있습니다. 그렇습니다. 그의 말은 온통
죄를 자백하는 것이었습니다. 처음부터 끝까지 자기 죄를 인정하고, 자비로우신
하나님께 은혜를 호소하는 것이었습니다. 세리의 기도는 기도의 의미를 충만히
담고 있다는 점에서 감탄할 만합니다. 어느 강해자는 세리의 기도를 "거룩한 전
보(電報)"라고 부릅니다. 정말 그 기도는 간결하면서도 응축되어 있고, 불필요한
말이 전혀 없습니다. 정말 기도라고 부를 만합니다. 저는 그 사람이 자기가 뜻하
는 바를 그보다 더 온전히, 그보다 더 간명하게 나타낼 수 없을 것이라고 확신합

니다. 헬라 원어에서는 영어 번역에서보다 더 간결합니다. 오! 사람들이 말은 적게 하면서도 뜻은 더 많이 담아서 기도하는 법을 배울 수 있으면 좋겠습니다! 이 간단한 기도에 참으로 중요한 사실들이 빼곡히 들어 있습니다! 하나님, 불쌍히 여김, 죄, 속죄와 용서가 다 들어 있습니다.

　그는 큰 문제들을 말하고, 하찮은 것들은 전혀 생각하지 않습니다. 그는 일주일에 두 번 금식한 것이나, 십일조를 드리는 것이나, 그러한 이차적인 문제들에 관해서는 생각하지 않았습니다. 그가 다룬 문제는 좀 더 높은 차원의 것입니다. 그는 떨리는 마음으로 자기를 사로잡고 있는 숭고한 문제들을 생각하며, 일관된 어조로 그 문제들에 대하여 이야기합니다. 그는 지극히 중요한 사실들을 다룹니다. 그는 자기의 생명, 곧 자기의 영혼을 위해서 간구하고 있습니다. 그의 영원한 이해관계에 있어서 이보다 더 중요한 주제들을 어디서 찾을 수 있겠습니까? 그는 그저 기도를 한번 해보고 있는 것이 아닙니다. 그는 지극히 진지하게 간구를 드리고 있는 것입니다.

　그의 간구는 하나님께 신속히 도달하였고, 그의 탄원은 하늘에 신속하게 다다랐습니다. 하나님께서 자비로 그를 온선히 의롭다고 하셨습니다. 그 기도가 주님을 얼마나 기쁘게 했는지, 주님은 그 기도를 들으시고 몸을 낮추서서 그의 초상화가가 되어 그의 모습을 스케치하셨습니다. 그 기도 자체가 은혜로우신 구주님을 얼마나 기쁘게 해 드렸던지 그 기도가 어떤 방식으로 드려졌는지를 주님이 말씀하고 계십니다. "세리는 멀리 서서 감히 눈을 들어 하늘을 쳐다보지도 못하고 다만 가슴을 치며 이르되." 전해 내려오는 이야기에 따르면, 이 복음서를 쓴 누가는 의사이기도 했지만 미술가적인 기질도 있었다고 합니다. 그래서 그는 주권적인 은혜로 말미암아 구원받은 사람들의 초상화들이 걸려 있는 국립 미술관에 이 그림을 걸어 놓는데 큰 관심을 보입니다. 여기서 우리는 자신을 '죄인'이라고 부르는 한 사람의 초상을 만나게 됩니다. 그럼에도 불구하고 그는 성도들에게 모범으로 내세울 수 있는 사람입니다. 저는 본문에서 하나님께서 이 사람을 스케치함으로, 그의 경건을 구체적인 모습으로 볼 수 있게 되어 기쁩니다. 그의 기도를 듣는 것이 또한 그처럼 기쁠 수가 없습니다. 여기서 우리는 그의 간구하는 정신을 들여다볼 수 있습니다. 오늘 아침 제 마음의 소원은 여기 이 예배당에 모인 많은 분들이 이 세리처럼 주님의 긍휼하심을 구하고, 그래서 집으로 돌아갈 때에는 의롭다 하심을 받고 돌아가기를 원합니다. 저는 아무에게도 이 세리가 말한 그 기도문 그대로 기도하라고 말하지 않습니다. 어느 누구도 그 기도의 표현 자체에 미신적인 가치를 부여하지 말아야 합니다. 슬프게도, 그동안 이 기도가 어리석고 경박하게 사용되었고, 또 거의 일종의 주문처럼 간주되기도 했습니다! 어떤 이들은 이렇게 말하였습니다. "우리는 원하는 대로 살 수 있다. 왜냐하면 우리가 죽어갈 때 '하나님이여 나를 불쌍히 여기소서'라고 말하기만 하면 모든 것이 만사형통이 되기 때문이다." 이것은 복음 진리를 악하게 오용하는 것입니다. 그렇습니다. 그런 태도는 복음을 거짓말로 만드는 것입니다. 만일 그런 식으로 복음의 은혜를 왜곡하면 여러분의 피가 여러분 머리로 돌아갈 것입니다. 여러분은 이 간단한 말도 내뱉을 여유를 전혀 갖지 못할 수 있습니다. 가진다 할지라도 그런 말이 여러분의 마음속에서 나오지 않아 죄 가운데서 죽어갈 수 있는 것입니다. 제발 이제, 하나님의 오래 참으심을 그런 식으로 오용하지 마십시오. 그러나 세리의 마음과 같은 자세로 우리가 기도를 하고, 세리의 정신을 가지고 세리의 말을 사용할 수만 있다면, 은혜로우신 하나님께 그 기도는 열납될 것이고, 우리는 의롭다 함을 얻고 집으로 돌아갈 것입니다. 그렇게 된다면, 오늘은 대단한 날이 될 것입니다. 왜냐하면 죄인들이 하나님과 화목하고 주 하나님의 무한하신 자비를 알게 되는 것을 천사들이 보고 기뻐할 것이기 때문입니다.

저는 본문을 강론함에 있어서 본문의 가장 깊은 정신을 밝히려고 노력할 것입니다. 성령께서 우리를 가르쳐 주셔서, 우리가 본문에서 네 가지 교훈을 배울 수 있기를 바랍니다.

1. 죄인이라는 사실 자체가 절망의 이유는 되지 못함

자, 우리가 알아볼 첫째 요점은, "죄인이라는 사실 자체가 절망할 이유는 전혀 아니라는 것입니다." 여러분 중 어느 누구도 "나는 죄인이라서 하나님께 나아갈 수 없다. 너무 큰 죄를 지어서 나에게 긍휼을 베풀어 주십사고 간구할 엄두가 나지 않는다." 그러한 생각들을 당장에 버리십시오. 이 본문과 성경의 다른 무수한 구절들이 절망하지 말라고 명합니다.

왜냐하면 첫째로, 죄인인 이 사람이 감히 주 하나님께 가까이 가고 있었기 때문입니다. 흠정역에 따르면, 그가 "하나님이시여 한(a) 죄인인 저를 불쌍히 여기시옵소서"라고 말한 것으로 되어 있습니다. 그러나 더 정확하게 번역하자면 개정역(RV)이 난하주에 표시한 대로 "대표적인 죄인"입니다. 자기가 특별히 대표적인

(the) 죄인임을 말하고 싶었던 것입니다. 저기 있는 바리새인은 그의 시대에 대표적인 성도였습니다. 그러나 성전에서 멀리 떨어져 서 있는 세리는 당시 대표적인 죄인이었습니다. 만일 세상에 다른 죄인이 없었다 해도 바로 자신은 죄인이라는 것입니다. 그리고 죄인들이 많은 세상에서는 자신이 대표적인 죄인이라는 것입니다. 죄인 중에 죄인이라는 것입니다. 그는 그 부끄러운 명칭을 자신에게 단호하게 적용합니다. 그는 정죄 받는 일에 가장 앞자리를 차지하고 있습니다. 그럼에도 불구하고 그는 "하나님이시여, 대표적인 죄인인 내게 긍휼을 베푸시옵소서"라고 부르짖고 있는 것입니다. 만일 여러분 자신을 한 죄인으로 여긴다 해도, 하나님께 나아갈 수 있습니다. 그러나 만일 여러분이 한 죄인일 뿐 아니라 대표적인 죄인이라고 생각하며 탄식할지라도, 다시 말하면 다른 모든 죄인들보다 더 큰 죄인이라 하더라도, 하나님의 긍휼을 받을 소망을 가질 수 있습니다. 가장 악하고, 가장 신성모독적이고, 죄인 중에서 가장 끔찍한 죄인이라 할지라도, 이 사람이 했던 것처럼 감히 긍휼의 하나님께 나아갈 수 있는 것입니다. 저는 그 행동이 무엄한 행동처럼 보인다는 것을 압니다. 그러므로 여러분은 믿음으로 그 일을 해야 합니다. 믿음의 걸음으로 하나님의 긍휼을 믿고 나아가야 합니다. 죄인으로서 여러분은 주님께 감히 나아갈 엄두를 못 낼 수 있습니다. 뻔뻔한 죄에 빠질 것이 무서워서 말입니다. 그러나 오직 하나님의 긍휼히 여기심만을 바라보면서 용감히 믿고 나아갈 수 있습니다. 하나님의 큰 긍휼을 믿으십시오. 그리고 여러분의 죄가 아무리 많다 할지라도 주 하나님께서 충분히 용서해 주심을 알게 될 것입니다. 죄가 여러분의 성품 전체를 더럽게 하였다 할지라도 주님께서는 그 모든 것을 다 씻어 내실 것입니다. 죄가 주홍같이 붉을지라도 예수님의 보배로운 피로 눈보다 더 희게 만들 것입니다.

    바리새인과 세리에 대한 이 이야기는 여러분에게 용기를 주기 위해서 말씀하신 것입니다. 자신을 대표적인 죄인으로 생각했던 이 사람이 용서를 받았다면, 같은 방식으로 용서를 구하는 여러분도 용서를 받을 것입니다. 한 죄인이 그처럼 재빨리 하나님의 긍휼의 은혜를 받아냈다면 어째서 여러분은 그렇지 않아야 합니까. 여러분이 직접 와서 구하십시오. 정말로 하나님의 긍휼은 영원하다는 것을 하나님께서 여러분의 경우에도 입증하시는지 확인해 보십시오.

    다음으로, 여러분은 자기 하나님을 찾았던 그 죄인을 살펴보는 가운데 격려를 받을 수 있을 뿐만 아니라, 또한 그가 찾은 하나님을 보는 가운데서 격려를 얻을 수 있다는 점을 기억하시기 바랍니다. 죄인이여, 하나님의 마음에는 큰 자비가 있습니다. 이 구절의 말씀이 성전에서 아름다운 합창처럼 울려 퍼진 적이 얼마나 많습니까!

"그의 자비하심은 영원토록 다함이 없고
    언제나 신실하고 확실하네."

자비하심은 살아 계신 여호와의 특별히 영광스러운 속성 중 하나입니다. 하나님께서는 "자비롭고 은혜로우신 주 하나님"이십니다. 또한 하나님께서는 "노하기를 더디하시며 긍휼이 풍성하신" 분이십니다. 이 점을 생각할 때 큰 용기를 얻지 않습니까? 자비를 베풀려면 죄인들이 필요합니다. 죄 있는 사람들에게가 아니면 주님께서 어떻게 그의 자비하심을 나타내실 수 있겠습니까? 선하심은 피조물들을 위한 것입니다. 그러나 자비하심은 죄인들을 위한 것입니다. 타락하지 아니한 피조물들을 위해서는 사랑이 있을 수 있으나, 자비하심은 존재할 수 없습니다. 천사들은 긍휼히 여기심을 받을 마땅한 대상들이 아닙니다. 천사들은 그것을 요구하지 않습니다. 그들은 범죄하지 않았기 때문입니다. 자비는 율법을 어긴 다음에 행사되는 것입니다. 그때까지는 하나님의 긍휼히 여기심이 발동되지 않았습니다. 하나님의 여러 속성들 속에서 그 모습을 가장 늦게 드러낸 것이 바로 이 자비하심입니다. 말하자면 그 속성은 베냐민입니다. 하나님의 속성 중에서 가장 사랑스러운 속성이지요. "주는 긍휼을 기뻐하시나이다." 하나님께서는 죄인에게만 긍휼을 베푸실 수 있습니다. 죄인인 여러분은 이 점을 들으십니까? 그 사실을 확실하게 붙잡아야 합니다! 하나님의 마음속에 한없는 긍휼이 있고, 죄 있는 사람들을 향해서만 그 긍휼이 발휘될 수 있다면, 여러분이야말로 그 긍휼을 받을 사람입니다. 여러분이 바로 죄를 범한 사람이기 때문입니다. 그러니 와서 오늘 그 긍휼을 의복처럼 입고 자신의 수치를 덮으시기 바랍니다. 하나님께서 긍휼을 베풀기를 기뻐하신다는 사실이야말로 죄인이 절망하지 않을 이유가 되는 것이 아닙니까?

더 나아가, 구원의 개념은 죄인들을 위한 소망을 함축하고 있습니다. 우리가 여러분에게 매일같이 전하는 구원은 죄인들을 위한 기쁜 소식입니다. 은혜로 말미암은 구원은 사람들이 죄를 지었음을 전제하는 것입니다. 구원은 의인의 상급을 뜻하는 것이 아니라 불의한 자를 깨끗하게 하는 것입니다. 구원은 타락하고 파멸되며 망한 사람들을 위한 것입니다. 구원이 가져오는 용서하시는 자비와 깨끗하게 하시는 은혜의 복들은 죄 있고 더러운 자들을 위해서 마련된 것임에 틀림 없습니다. "건강한 자에게는 의사가 쓸데없고." 의사는 병자를 보는 사람입니다. 구제는 가난한 사람들을 위한 것이고, 빵은 배고픈 사람을 위한 것이며, 용서는 죄 있는 사람들을 위한 것입니다. 오! 죄 있는 여러분들이여, 여러분은 바로 그 하나님의 자비하심을 구할 자들입니다! 하나님께서 그분의 아들을 세상에 보내사 죄인들을 구원하려 하실 때에 여러분도 그 하나님의 의중에 들어 있었습니다. 구원의 시초로부터 완성까지 위대하신 크신 하나님의 눈은 죄 있는 사람들을 바라보았지, 스스로 의를 갖추고 있는 자들을 바라본 것이 아닙니다. 예수님의 이름 자체가 자기 백성을 저희 죄에서 구원하실 것임을 뜻하고 있습니다.

저는 더 나아가서 이렇게 말씀드리고 싶습니다. 하나님의 구원이 위대한 구원인 만큼 그 구원은 큰 죄들을 해결하기 위해 주신 것임에 틀림없습니다. 오! 여러분, 그리스도께서 피를 흘리신 것이 몇 번 울면 씻어질 수 있는 작고 사소한 죄를 위한 것이었겠습니까? 하나님께서 사랑하시는 아들을 주신 것이 단순한 피상적 죄를 위하여 죽도록 하기 위함이었겠습니까? 죄가 작은 문제였다면 작은 희생 제사만으로도 그 죄를 능히 속할 수 있었을 것입니다. 하나님의 속죄가 그저 작은 범죄들을 위하여 이루어졌다고 생각하십니까? 예수님께서 작은 죄들을 위해서 죽고 큰 죄들은 그냥 남겨 두셨습니까? 아닙니다. 주 하나님께서는 우리의 죄가 참으로 크다는 것을 아셨습니다. 그 죄가 하늘만큼 높고 지옥만큼 깊으며, 무한히 넓다는 것을 아셨습니다. 그러므로 그만한 죄를 담당하실 그처럼 위대하신 구주를 보내신 것입니다. 하나님께서는 당신의 하나밖에 없는 아들을 무한한 희생 제물로 내어주어 측량할 수 없는 속죄를 이루신 것입니다. 주 예수님께서는 이루 다 형언할 수 없는 고통과 고뇌 어린 죽음으로써 우리가 다 알 수 없는 고난을 받으셨고, 그리하여 아무리 큰 죄인이라도 위대한 구원을 받도록 하셨습니다. 십자가에 달리신 예수님을 보십시오. 그리고 사람들이 온갖 죄와 하나님을 모독하는 모든 악한 범죄로부터 용서받을 것임을 배우십시오. 구원, 위대한 구원의 사실은 구원의 소식을 듣는 모든 사람의 마음에서 절망이라는 개념 자체를 몰아내기에 합당한 것입니다. 제게 있어서 구원은 그러합니다. 왜냐하면 저는 죽은 자이기 때문입니다. 저에게 있어서 구원은 정말 위대한 구원입니다. 저는 죄인 중에 괴수이기 때문입니다. 오, 오늘 제가 드리는 말씀을 귀담아 들으십시오! 이 말씀은 하나님의 사랑의 말씀이요, 은종처럼 울려 퍼집니다. 오! 이 설교를 듣고 있는 사랑하는 회중들이여, 저는 여러분을 위해서 슬퍼합니다. 그렇지만 또 저는 언제나 노래를 부르는 것처럼 기쁘게 느낍니다. 왜냐하면 저는 여러분 중에 가장 악한 자에게라도 구원을 선포하도록 주님으로부터 보내심을 받았기 때문입니다.

복음은 특별히, 틀림없이, 분명하게 죄인들을 향한 것입니다. 이 말씀을 들어보십시오. "미쁘다 모든 사람이 받을 만한 이 말이여 그리스도 예수께서 죄인을 구원하시려고 세상에 임하셨다 하였도다 죄인 중에 내가 괴수니라"(딤전 1:15). "내가 의인을 부르러 온 것이 아니요 죄인을 불러 회개시키러 왔노라"(눅 5:32). 복음은 분명하고 읽기 쉬운 글자로 수신자가 누구인지 정해진 편지와 같습니다. 그래서 그 편지의 수신자가 누구인지 보면, 거기에 '죄인에게'라고 쓰여 있는 것을 발견할 것입니다. 죄인들이여, 여러분에게 이 구원의 말씀을 전하는 것입니다. 여러분이 죄인이라면 여러분이야말로 복음을 받아야 할 장본인입니다. 제가 여기서 죄인이라고 할 때에 그냥 보통 의례적으로 말하는 죄인을 뜻하는 것이 아닙니다. 하나님과 사람에게 범죄한 아주 패역무도한 자를 가리켜 말하는 것입니다. 오, 죄인이여, 기뻐하며 신속하게 복음을 붙잡으십시오. 그리고 당장 하나님께 긍휼을 베풀어 주시라고 부르짖으십시오.

> "그분이 말로 할 수 없는 고뇌를 당하신 것
> 죄인들을 위한 것이었고
> 자신이 죄인임을 의심한다면
> 정말, 소망은 이제 사라지네.
>
> 그러니 기록된 대로
> 모두가 다 죄인이며, 죄 가운데 죽었음을 믿으며,
> 십자가에 못 박히신 분을 쳐다보면,
> 소망이 그대의 영혼 속에서 살아날 것일세."

만일 여러분이 그 점을 다시 생각한다면, 틀림없이 죄인들에게 소망이 있을 것입니다. 왜냐하면 복음의 중요한 명령들이 죄인들에게 가장 합당하기 때문입니다. 잠시 예를 들어 이 말씀을 들어보십시오. "그러므로 너희가 회개하고 돌이켜 너희 죄 없이 함을 받으라"(행 3:19). 죄인이 아니라면 누가 회개할 수 있겠습니까? 악한 행실을 따라서 살던 자들이 아니라면 누가 회개하여 돌이킬 필요가 있겠습니까? 다음으로, 본문 말씀은 선한 것이라고는 하나도 없는 자들을 위해서 주신 것임에 분명합니다. "악인은 그의 길을, 불의한 자는 그의 생각을 버리고 여호와께로 돌아오라 그리하면 그가 긍휼히 여기시리라 우리 하나님께로 돌아오라 그가 너그럽게 용서하시리라"(사 55:7). "회개하라"는 말 자체가 죄를 지은 사람들에게 이 말씀이 주어지는 것임을 시사합니다. 이 말씀을 들을 때 여러분은 하나님께 긍휼을 구하시기 바랍니다.

그 다음에, 여러분은 주 예수를 믿으라는 명령을 받습니다. 자, 믿음으로 말미암는 구원은 분명히 죄인들을 위한 것임에 틀림없습니다. 왜냐하면 죄가 없는 사람에게 생명의 길이란 그 선행을 계속 견지하는 것이기 때문입니다. 율법은 "이것을 행하라 그리하면 살리라"고 말합니다. 복음은 믿음으로 말미암는 구원을 말합니다. 왜냐하면 복음은 율법을 어기고 율법에 의해서 정죄당한 사람들에게 유일한 길이기 때문입니다. 구원이 믿음에 속한 것은 그것이 은혜로 말미암아 주어지기 때문입니다. 믿으라 그리하면 살리라! 믿으라 그리하면 살리라! 믿으라 그리하면 살리라! 이것이 바로 값없이 주어지는 은혜의 나팔의 지극히 기쁜 선율입니다. 여러분이 그 기쁨에 찬 소리를 듣고 안다면 참으로 복이 있는 것입니다! 오! 죄 있는 여러분이 특별히 여러분을 향하여 외치는 부르심을 들을 수 있다면 얼마나 좋을까요! 여러분은 죄의 시궁창에 완전히 빠져서 목만 내놓고 있는 셈입니다. 그러나 전능하신 하나님께서 여러분을 구원하기 위해서 손을 뻗치고 계십니다. "너희는 회개하고 복음을 믿으라."

만일 또 다른 논증이 필요하다면 — 그러한 논증을 더 원하지는 않겠지만 — 이렇게 말할 수 있습니다. 큰 죄인들이 구원받았도다. 온갖 죄인들이 오늘날 구원을 받고 있습니다. 우리 중 어떤 이들은 참으로 놀라운 일들을 보았습니다! 우리 교회 안에서 얼마나 놀라운 이적이 행해졌습니까! 어떤 사람이 평상시보다 큰 목소리로 기도회에서 기도를 드리는 것을 들은 적이 있습니다. 그 사람은 선원이었고, 그의 목소리는 포효하는 파도 소리처럼 높았습니다. 한 부인이 친구에게 "저 선장, 아무개가 아니야?" "그래, 그런데 왜?" "지난번에 저 선장이 불경스럽게 욕하는 소리를 듣고 오싹했었거든. 저 사람의 욕은 너무도 끔찍했어. 그런데 저 사람이 저렇게 변할 수 있어?" 또 다른 사람이 그를 바라보면서 말했습니다. "가서 물어 봐." 그래서 그 부인이 조심스럽게 말하였습니다. "제가 집 밖에 거리에서 욕하며 맹세하는 사람의 목소리를 들은 적이 있는데, 당신이 그 선장 아닙니까?" "그렇습니다. 제가 바로 그 사람입니다. 그러나 감사하게도 이제 저는 예전의 제가 아닙니다!" 오, 형제들이여! 그러한 이들이 우리 중에 있었습니다. 그러나 우리는 이제 씻김을 받았고 거룩함을 입었습니다! 놀라운 은혜의 일들은 하나님께 속한 것입니다. 저는 예배당에 한 번도 나오지 않았던 어떤 나이든 목자에 대한 이야기를 얼마 전에 읽은 적이 있었습니다. 그는 나이가 점점 들어 죽을 때가 가까워졌을 때, 호기심에 끌려 감리교회 예배당에 들어갔습니다. 그에게는 모든 것이 새로웠습니다. 마음이 완고한 늙은이였지만, 그가 설교를 듣는 동안 내내 눈물을 흘리는 모습이 보였습니다. 그는 소망의 빛을 발견한 것입니다. 하나님의 자비하심이 자기 같은 사람에게도 베풀어진다는 것을 알았습니다. 그는 즉시 영생을 붙잡았습니다. 그가 예배당에 모습을 보이자 사람들은 크게 놀랐습니다. 더 놀라운 것은 월요일 밤 기도회에 참석한 것입니다. 그렇습니다. 그 기도회에 참석해서 그가 어떤 기도를 드렸는가를 보면 더욱더 놀랄 것입니다. 그는 무릎을 꿇고 자기가 하나님의 긍휼하심을 받게 된 사실로 인하여 하나님께 찬미를 올렸습니다. 그 교회의 사람들은 "주님을 찬미하리로다"라고 소리쳤습니다. 그것이 이상합니까? 그리스도가 전파되는 곳마다 지극히 악한 사람들이 "옷을 입고 정신이 온전하여져서" 구주의 발 앞에 앉는 일이 있습니다. 이 설교를 듣는 여러분들에게 그 일이 일어나지 않아야 할 이유가 있습니까? 어쨌든 우리는 죄인이라고 해서 절망할 이유가 조금도 없다는 사실을 보여주는 충분한 증거가 있는 것입니다.

2. 죄인이라는 의식 자체가 긍휼을 얻을 자격을 주는 것은 아님

예, 저는 두 번째 요점으로 나아가 보겠습니다. "죄인이라는 것을 의식한다는 것 자체가 긍휼을 받을 만한 권리를 부여하는 것은 결코 아닙니다." 제가 이 자명한 진리를 언급하는 이유가 무엇일까 하고 여러분은 궁금해할 것입니다. 그러나 크게 잘못된 방향으로 나가는 보편적인 오류 때문에 그 문제를 언급해야겠습니다. 이 사람은 자기가 죄인이라는 의식을 아주 강하게 가지고 있었습니다.

그는 자신을 '대표적인 죄인'이라고 불렀기 때문입니다. 그러나 그는 죄의식을 자기가 긍휼을 받아야 할 어떤 이유로도 내세우지 않았습니다. 사람의 마음에는 마귀적인 재주가 있습니다. 그래서 할 수만 있으면 사람은 그 재주를 부려 복음이라도 속박의 굴레로 삼으려고 합니다. 고통과 비참함 가운데 있는 죄인들도 그리스도께 나올 수 있다고 설교하면, 어떤 사람은 이렇게 부르짖습니다. "나는 내 자신이 죄인이라는 것을 마땅히 느껴야 할 만큼 느끼지 못합니다. 목사님이 말하는 그런 확신이 없습니다. 그러니 저는 예수님께 나아갈 수 없어요." 이것은 우리의 의도를 무섭게 왜곡시키는 것입니다. 우리는 양심의 가책이나 의심, 낙담이 사람에게 긍휼을 요구할 권리를 부여하거나 은혜를 위해 필요한 예비적인 단계라는 식의 개념을 은근히 주입하려고 생각한 적이 전혀 없습니다. 그러므로 죄의식이 사람에게 은혜를 받을 권리를 결코 주지 않는다는 사실을 알기를 원합니다.

만일 깊은 죄의식이 사람들에게 긍휼을 받을 권리를 부여한다면, 그것은 이 비유가 의도하는 바를 완전히 뒤집는 것이 될 것입니다. 여러분은 결국 이 세리가 다른 옷차림을 한 바리새인이었다고 생각하는 것입니까? 그가 사실상 "내가 겸비하고 온유하니 하나님이시여 제게 긍휼을 베푸소서"라고 간구하고 있었다고 생각합니까? 그는 마음에 "주여 내가 바리새인이 아니고 내 악한 방식 때문에 깊이 낙심되어 있으니 제게 긍휼을 베푸소서"라는 식으로 생각하고 있었습니까? 그러한 경우라면 그의 마음속에 바리새인이 자리 잡고 있었다는 말이 될 것입니다. 만일 여러분이 어떤 느낌 때문에 자신을 의롭게 여긴다면, 그것은 마치 자신의 행위를 의로 삼는 것같이 참된 길에서 벗어나는 것입니다. 그것이 일이든 느낌이든, 어느 것이든지 간에 은혜를 받을 만한 권리로 알고 의지한다면, 바로 그것이 적그리스도적인 태도입니다. 공로를 안다고 해서 구원받을 수 없는 것과 똑같이 자신의 비참함을 안다고 해서 구원받을 수 있는 것이 아닙니다. 그 둘 중에 어느 것에도 구원의 효력은 없는 것입니다. 만일 여러분이 죄를 깨닫고 죄의식이 여러분을 구원해 줄 것으로 생각한다면, 그것은 마치 종교 의식으로 구원 얻을 것으로 생각하는 것과 마찬가지로 틀림없이 망할 것입니다. 세리는 하나님의 긍휼을 의뢰하였지, 양심의 가책을 의지한 것이 아닙니다. 여러분도 그렇게 해야 합니다.

깊은 죄의식이 긍휼을 요구할 권리를 부여한다고 상상하는 것은 큰 죄에 프리미엄을 붙이는 것과 같은 것입니다. 어떤 구도자들은 생각합니다. "나는 주정을 부린 적도 없고 불경스런 욕을 한 적도 없고 부정한 일을 저지른 적도 없다. 그런데 차라리 그랬으면 좋았겠다. 그랬으면 내가 죄인 중에 괴수라고 느끼고 예수님께 나아갔을 수도 있겠다." 그러한 흉악한 일을 결코 바라지 마십시오. 어떤 모양으로든, 어떤 방식으로든 죄 짓는 일에는 결코 선한 것이 없습니다. 만일 여러분이 흉악한 죄를 짓지 않도록 하나님의 보호를 받았다면 하나님께 감사해야 합니다. 죄가 더 크면 회개가 더 쉬우리라고 생각하지 마십시오. 그 정반대입니다. 무서운 범죄자가 되는 것이 유리한 점이 하나도 없다는 것을 믿으시기 바랍니다. 그만큼 했으면 충분히 죄를 지은 것입니다. 더 악해지는 것이 더 나은 것이 아닙니다. 만일 선한 일이 여러분에게 도움을 주지 못했다면 악한 일은 더더욱 그러할 것입니다. 지금까지 도덕적으로 살고 훌륭하게 살아온 여러분은 긍휼을 구하며 울부짖어야 합니다. 더 큰 죄가 여러분으로 하여금 더 손쉽게 회개하도록 도와줄 것이라는 어리석은 망상을 갖지 마십시오. 현재의 모습 그대로 나오십시오. 만일 여러분의 마음이 완고하다면, 그것이 여러분의 지극히 큰 죄들 가운데 하나라고 고백하십시오. 죄에 대한 더 깊은 의식을 가진다고 해서 그것이 여러분에게 하나님의 긍휼을 받을 자격을 결코 주지 않을 것입니다. 긍휼이 여러분에게 주는 것 외에 여러분이 긍휼을 요구할 어떤 권리도 얻을 수 없습니다. 여러분이 언제나 눈물을 흘리고 항상 슬퍼할 수 있지만, 그렇다고 해서 긍휼을 베푸실 자에게 긍휼을 베푸시는 하나님의 주권적인 은혜를 요구할 어떤 권한을 갖는 것이 아닙니다.

사랑하는 친구 여러분, 죄인들에게 죄의식을 가져야 하고 양심의 가책을 느껴야 한다고 설교하기 시작하면, 그러한 가르침은 죄인으로 하여금 그리스도 안에서 하나님을 의지하기보다는 자기 자신을 돌아보게 만든다는 점을 기억해야 합니다. 그 사람은 당장에 이렇게 말하기 시작할 것입니다. "내게 상한 마음이 있는가? 내가 죄에 대한 부담감을 느끼고 있는가?" 이것은 자신을 바라보는 또 다른 형태의 교훈에 불과한 것입니다. 하나님의 은혜를 구할 이유를 찾기 위해서 자신을 바라보는 일을 해서는 안 됩니다. 약은 병이 난 환부(患部)에 있는 것이 아니라 의사의 손에 들려 있는 것입니다. 죄의식은 권리가 아니라, 하늘 높은 곳에 올라가신 바로 그 복되신 구주께서 회개와 죄 사함을 주시기 위해서 베푸시는 하나의 선물입니다. 여러분으로 하여금 도움을 얻기 위해서 자신을 바라보도록 만드는 교훈은 어느 것이든지 주의해야 합니다. 여러분으로 하여금 그리스도만 바라보게 하는 교훈을 붙잡아야 합니다. 여러분이 알든지 모르든지 여러분은 파멸된 인간이요, 망한 죄인이요, 영원토록 지옥의 화염 속에 던져져야 마땅한 죄인입니다. 그러니 이 점을 인정하십시오. 그러나 죄의식 때문에 미치광이처럼 되기를 구하지 마십시오. 있는 그대로 예수님께 나오십시오. 자신의 비참함을 가지고 은혜 받을 준비를 하지 않도록 하십시오. 예수님을 바라보십시오. 오직 그분만 바라보십시오.

만일 우리가 어떤 죄의식이 하나님께 무엇을 주장할 권리를 주는 것처럼 생각하게 된다면, 우리는 구원을 믿음의 근거보다는 다른 것 위에 올려놓고 있는 셈입니다. 그런 것은 거짓된 근거임에 틀림없습니다. 구원의 근거는 이것입니다. ―"하나님이 세상을 이처럼 사랑하사 독생자를 주셨으니 이는 그를 믿는 자마다 멸망하지 않고 영생을 얻게 하려 하심이라." 주 예수 그리스도를 단순히 믿는 것이 구원의 길입니다. "내가 죄에 대한 공포스러운 의식을 가지고 절망에 빠져 있기 때문에 구원받을 것이라"고 말하는 것은 복음에 대해 합당하게 말하는 것이 아니라 불신앙의 교만에서 나오는 소리를 발하고 있는 것에 불과합니다. 복음은 주 예수 그리스도를 믿어야 한다고 말합니다. 복음은 자신에게서 벗어나 오직 그리스도만을 의지해야 한다고 말합니다. 여러분은 "내가 너무 죄가 많은 것 같아"라고 말합니까? 물론 여러분이 죄인임에 틀림없습니다. 그것을 느끼든 느끼지 못하든 말입니다. 여러분이 자기 죄에 대해서 어떤 생각을 갖고 있다 할지라도 그보다 훨씬 더 죄인입니다. 여러분이 죄인이니 그리스도께 나와야 하는 것이지, 여러분이 자신의 죄인됨을 살펴봄으로써 나올 준비를 하였기 때문에 나오는 것이 아닙니다. 자기 안에 있는 그 어느 것도 믿지 말아야 합니다. 자신의 궁핍에 대한 의식도 의지하지 말아야 합니다. 사람은 자신이 병들었다는 것을 오랫동안 알고 있다가 나중에 치료될 수도 있습니다. 죄에 대한 자각이라는 거울은 우리 얼굴에 있는 점들을 보여줍니다. 그러나 거울이 얼굴에 있는 그 점들을 씻어 낼 수는 없습니다. 빈 호주머니에 손을 집어넣는다고 해서 손이 가득 차는 것이 아닙니다. 호주머니가 얼마나 텅 비어 있는지 느낀다고 해서 여러분의 손이 가득 차는 것이 아닙니다. 친구 되신 예수님께서 그처럼 여러분에게 값없이 베푸시는 금을 손을 펴서 받는 것이 더 지혜로울 것입니다. "하나님이여, 죄인인 저를 불쌍히 여기소서"라고 말하는 것이 바른 일입니다. "내가 충분히 죄인 됨을 느끼고 그 점에 대해서 충분히 슬퍼하고 있으니 나에게 하나님께서 은혜를 베푸시옵소서”라고 말하는 것은 옳지 않습니다.

3. 죄인 됨을 아는 지식이 바른 행동으로 인도함

세 번째 요점은 이것입니다. “자기가 죄인 됨을 아는 지식이 그 사람으로 하여금 바른 행동을 하도록 만듭니다.” 사람이 성령님으로부터 자기가 죄인임을 배우게 되면, 일종의 새 생명의 본능에 의해서 옳은 일을 옳은 방식으로 행합니다. 이 세리는 성전에 자주 나오지를 못했습니다. 그래서 정통신앙적인 행동 방식을 배우지 못했습니다. 오늘날 우리는 예배당에서 어떻게 해야 하는지 쉽게 배울 수 있습니다. — 모자를 벗어 얼굴 앞으로 가져가 모자를 만든 회사의 이름과 주소가 나와 있는 모자 안쪽을 보고 내려놓습니다. 그리고 앉은 다음에 앞으로 허리를 굽히고 눈을 감습니다. 그 다음에 다른 회중들이 일어서면 함께 일어섭니다. 사람들은 기계가 움직이는 것처럼 그런 식으로 행동합니다. 사람들이 기도하는 모습을 취하고 있지만 그럼에도 불구하고 기도는 하지 않습니다. 예배를 드릴 때에도 주님 앞에 머리를 숙이지 않습니다. 이 세리는 대열에서 벗어나 있습니다. 그는 법규를 따라 행동하지 않습니다. 자기 방식대로 행동합니다. 먼저 앞으로 바싹 다가오지 않고 멀리 섭니다. 가장 존중을 받는 바리새인이 모습을 드러내는 곳에 갈 엄두를 내지 못합니다. 자기는 그럴 만한 가치가 없다고 느낍니다. 그는 하나님에게서 조금 떨어져 서 있습니다. 그래서 중보자, 대언자, 곧 자신과 지존하신 하나님의 보좌 사이에서 중보의 역할을 감당하시는 분을 위하여 공간을 열어 둡니다. 지혜로운 사람은 그처럼 멀리 떨어져 있습니다. 왜냐하면 이렇게 해서 예수님이라는 분에게 안전하게 더 가까이 갈 수 있기 때문입니다. 더구나 그는 감히 하늘을 우러러보지도 못합니다. 기도할 때 손을 올리는 것은 자연스러워 보입니다. 그러나 그는 눈을 높이 쳐들지는 않았습니다. 눈을 들어 우러러보는 것이 합당하지 않습니까? 그러나 ‘대표적인 죄인’으로서는 눈을 들어 보지 않는 것이 더 합당하였습니다. 그가 눈을 아래로 내려뜨리고 있는 것은 많은 것을 뜻하였습니다. 우리 주님께서는 그가 감히 우러러볼 수 없는 사람이라고 말한 것은 아닙니다. 그러나 그는 “정말 그렇게 우러러볼 엄두를 내지 못하였습니다.” 그는 위를 우러러볼 수 있었습니다. 왜냐하면 “하나님이여 나를 불쌍히 여기소서”라고 울부짖을 때에 마음으로는 우러러보았기 때문입니다. 그러나 그렇게 하지 않았습니다. 왜냐하면 자기와 같은 사람의 눈으로 거룩하신 하나님께서 거하시는 하늘을 응시하는 것은 주제넘어 보였기 때문입니다.

　　한동안 죄를 회개하는 세리는 자기 가슴을 쳐댔습니다. 원어는 그가 가슴을 한 번만 때렸다고 말하지 않습니다. 그는 거듭거듭 때렸습니다. 그것은 계속되는 행동이었습니다. 그는 마치 이렇게 말하는 것처럼 보였습니다. 오, 이 악한 마음이여! 그래서 가슴을 쳤던 것입니다. 거듭해서 그는 이 동양식의 몸짓을 통해서 깊은 슬픔을 표현하였습니다. 그는 자기 슬픔을 나타낼 다른 방식을 알지 못하였기 때문입니다. 그의 마음이 죄를 지었습니다. 그래서 가슴을 쳤습니다. 그의 눈이 그로 하여금 방황하게 만들었습니다. 그래서 눈을 내리깔아 땅을 내려다보았습니다. 하나님을 멀리 떠나 생활함으로써 죄를 범하였기 때문에, 그는 명백한 하나님의 면전으로부터 자신을 멀리 추방시켰던 것입니다. 모든 몸짓과 태도는 의미 있는 것입니다. 그러나 모든 것은 마음에서 즉시 우러나왔습니다. 그는 하나님의 집에서 어떻게 처신하고 행동해야 하는지에 대한 안내서를 전혀 갖고 있지 못했습니다. 자신의 진실함을 따라서 행동했을 뿐입니다. 만일 여러분이 회개하는 죄인으로서 어떻게 행동해야 하는지 알지 못한다면, 그냥 회개하는 사람이 되십시오. 가장 훌륭한 예배의 규칙은 상한 마음에 씌어져 있는 규칙들입니다. 저는 어느 한 목사에 대한 이야기를 들었습니다. 그 목사는 설교를 하면서 어울리지 않는 대목에서 소리를 쳐대었습니다. 후에 알고 보니 그의 원고의 여백에 "여기서 울라"고 써 놓았습니다. 그의 청중은 그의 인위적인 몸짓이 어떻게 해서 나오는지 이유를 알 수 없었습니다. 정말 그 태도는 이상한 효과를 내지 않을 수 없었습니다. 신앙에 있어서 인위적인 것은 무엇이든지 우스꽝스러운 결과를 낳든지, 아니면 그보다 더 심한 결과를 가져옵니다. 그러나 마음에 있는 은혜는 "의식(儀式)들 가운데서 최고의 의식"입니다. 마음이 바른 상태에서 기도하는 사람은 발이나 손이나 머리로도 많은 실수를 하지 않을 것입니다. 하나님께 나아가는 방식을 알기 위해서는 자신이 죄인임을 고백해야 합니다. 진리의 하나님 앞에서 진정으로 자기 자리를 잡아야 합니다. 하나님의 긍휼을 의지하십시오. 그래서 하나님을 여러분의 재판장과 주님으로 여러분의 마음에 바르게 모시십시오.

　　이 세리는 자기가 죄인이라는 무거운 압박감을 가지고 있음에도 불구하고 바르게 인도함을 받고 있었음을 주목해야 합니다. 왜냐하면 그는 하나님께 곧바로 나아갔기 때문입니다. 믿음이 없는 죄의식은 우리를 하나님으로부터 멀리 떠나게 만듭니다. 그러나 믿음을 겸비한 죄의식은 우리를 즉시 하나님께로 인도합니다. 그런 사람은 오직 하나님께로만 나아갑니다. 자기 허물을 사람에게 자백하거나, 사람으로부터 어떤 해결책을 찾으려는 것은 아무 소용이 없다는 사실을 그는 느낀 것입니다. 그래서 그는 성전의 제사장에게 호소하지 않았고, 성전의 하나님께 호소하였습니다. 그는 선하고 학식 있는 사람을 찾아가 말하려고 하지 않았습니다. 자기와 같은 자리에 있었던 그 바리새인에게 말하려 하지 않았습니다. 그가 조사하고자 하는 것은 자기 영혼의 비밀이었습니다. 그는 주님께 여쭈었습니다. 하나님께 직접 나아갔습니다. 하나님께서는 도움을 주실 수 있었습니다. 입을 열자마자 "죄인이로소이다. 나를 불쌍히 여기소서"라고 말하였습니다. 사랑하는 여러분, 바로 그렇게 해야 합니다. 여러분이 구원받기를 원한다면 말입니다. 여러분은 직접 그리스도 예수 안에서 하나님께 나아가야 합니다. 그 밖에 모든 것은 다 잊어버려야 합니다. 다시 아버지 집으로 돌아오는 탕자는 "내가 일어나 아버지께 가리라"고 말합니다. 하나님 외에는 어느 누구도 우리가 낮은 상태에서 나오도록 도울 수 없습니다. 하나님의 자비가 아니고서는 그 어떤 자비도 우리의 회심을 도울 수 없고, 자비의 하나님 외에 누구도 그 자비를 우리에게 줄 수 없습니다. 그러니 마음이 상한 죄인마다 자기가 죄를 범했던 그 하나님에게 나와야 합니다. 세리는 자기와 함께 예배를 드리는 자들을 둘러보지 않았습니다. 자신의 슬픔에 너무 깊이 젖어 있었습니다. 특별히 그가 바리새인을 전혀 언급하지 않았다는 것은 주목할 만한 일입니다. 그는 그처럼 거만하게 자기를 내려다보는 신앙 고백자의 교만과 외식과 완고함을 비난하지 않았습니다. 자기가 경멸을 받는다고 경멸하는 사람을 똑같이 대하는 일을 하지도 않았습니다. 사람들이 흔히 그러한 처신에 빠지기가 쉬운데 말입니다. 그는 아주 진실한 마음으로 오직 주님만을 상대하였습니다. 그것은 정말 잘한 일입니다. 성도 여러분, 여러분은 언제 그와 같은 일을 하겠습니까? 언제 여러분은 다른 사람을 비난하는 것을 멈추겠습니까? 언제 자신에 대해서 엄격한 태도를 취하고, 자기 행실을 비판적으로 보겠습니까?

세리가 하나님께 나올 때, 죄를 온전히 고백하면서 나왔습니다. "죄인이로소이다. 하나님이시여 나를 불쌍히 여기소서." 그의 눈과 손이 입술과 함께 자기의 불의를 인정하였습니다. 그의 기도는 회개의 눈물방울이 섞여 있었습니다. 전혀 꾸밈이 없고 자유로운 심정으로 하나님 앞에 자기 마음을 토해 내었습니다. 그의 기도는 탕자가 "아버지여 내가 죄를 지었나이다"라고 말할 때와 같은 샘 근원에서 나온 기도였습니다. 또 다윗이 "내가 주께만 범죄하여 주의 앞에 악을 행하였나이다"라고 울부짖을 때의 경우와 같은 샘에서 기도가 우러나온 것입니다. 가장 겸비한 마음 상태에서 우러나오는 기도가 가장 잘하는 기도입니다.

그 다음에, 그는 긍휼에만 호소하였습니다. 그것은 지혜로운 일이었습니다. 그가 얼마나 바르게 인도함을 받고 있었는지 보십시오. 만일 공의를 상대했다면 어떻게 되었겠습니까. 공의는 그를 정죄하고 부수기만 했을 것입니다. 공의는 날선 검처럼 제 마음을 찌르려고 위협합니다. 내가 어떻게 공의에 호소할 수 있습니까? 능력이나 지혜나, 크신 하나님의 다른 어떤 속성들에게 호소할 수 있겠습니까? 오직 긍휼만이 날개를 펼쳤습니다. "하나님이시여 불쌍히 여기시옵소서"라는 기도는 큰 죄를 지었던 여러분이 드릴 수 있는 유일한 기도입니다. 만일 여러분이 살면서 내내 구주를 능멸했었다면 여러분이 지금 할 수 있는 일은 하나님의 긍휼을 의지하는 것뿐입니다.

헬라 원어는 이 사람이 화목 제물을 염두에 두고 있다는 사실을 알려줍니다. 그가 속죄 교리를 온전히 이해했다는 뜻으로 말하는 것은 아닙니다. 그의 기도는 "하나님이여 대표적인 죄인인 저와 화해하여 주소서"라고 하는 것이었습니다. 그는 지금까지 아침과 저녁에 드리는 어린 양을 보아왔습니다. 속죄 제물에 대하여 들어왔습니다. 속죄나 보상이나 대속에 관한 모든 것을 다 알 수는 없었을지라도, 그가 아는 한에서는 그 방향으로 바라보고 있었습니다. "오! 하나님이시여, 제물을 받으시고 나를 용서하시고 나와 화목하소서." 만일 여러분이 자기 죄를 안다면 인간의 죄를 위해서 하나님께서 세워 놓으신 그 화목 제물을 의지하는 것이 지혜일 것입니다. 하나님의 성령께서 여러분에게 지금 예수님을 믿도록 강권하시기를 바랍니다! 새로운 해가 이미 흘러가고 있습니다. 벌써 2월이 사라져 가고 있습니다. 죄 많은 사람이여, 얼마나 많은 세월들이 흘러가야 무한히 은혜로우신 분께 와서 하나님의 긍휼을 구하려고 합니까? 크신 하나님이시여, 오늘이 당신의 능력을 베푸시는 날이 되게 하옵소서!

4. 평화의 방식

이제 저는 마지막 요지에 대해서 말씀드리고 설교를 끝마치려고 합니다.

"자기가 죄인이라는 것을 믿음으로 고백하는 것이 화평의 길"입니다. "하나님이
시여 죄인이로소이다 긍휼히 여기소서"라는 말은 기도였습니다. 그러면 그 응답
은 무엇이었습니까? "내가 너희에게 이르노니 이 사람이 의롭다 하심을 받고 그
의 집으로 내려갔느니라." 이 사람의 행동이 어떻게 진행되었는지에 대해 몇 마
디 하려고 합니다. 그는 한 죄인으로서, 정말 아무것도 가진 것 없이 그대로 하나
님께 나아갔습니다. "하나님이시여 불쌍히 여기시옵소서 나는 회개하는 죄인이
로소이다"라고 말하지 않았습니다. 그는 회개하는 죄인이었지만 그 회개를 하나
님 앞에 늘어놓지 않았습니다. 만일 여러분이 정말 회개하고 죄에 대해서 깊은
회한을 품고 있다면 그것을 어떤 근거라도 되는 것처럼 말하지 않아야 합니다.
그러면 자기 의를 주장한다는 비난을 받게 됩니다. 죄인으로 서 있는 그대로, 아
무것도 가지지 말고 나오십시오. 여러분의 상처를 그대로 보여주십시오. 하나님
앞에 자신의 영적인 궁핍을 내보이시고, 부요한 척하지 마십시오. 만일 여러분
자신에게 한 푼이라도 가지고 있다면, 그것을 버리십시오. 완전한 궁핍만이 파
산 상태에 빠진 여러분에게 탕감을 가져다 줄 것입니다. 만일 여러분이 자기 의
의 찬장 속에 무엇인가를 가지고 있는 것처럼 보인다면, 하늘로부터 오는 덕은
결코 여러분에게 주어지지 않을 것입니다. 여러분은 아무것도 아닌 존재가 되어
야 합니다. 하나님께서 여러분에게 모든 것 중의 모든 것이 되시려면 말입니다.
이 사람은 "하나님이시여 회개하는 저를 불쌍히 여기소서"라고 울부짖지 않고
"불쌍히 여기시옵소서 나는 죄인이로소이다"라고 외쳤습니다.

　　그는 "개심한 죄인인 저를 하나님이시여 불쌍히 여기시옵소서"라고 말하지
않았습니다. 물론 그가 마음을 돌이킨 것은 틀림없습니다. 악한 길을 버렸습니
다. 그러나 자기가 그렇게 고친 것을 하나님 앞에 늘어놓지 않았습니다. 그렇게
마음을 돌이킨 것이 여러분이 죄인이라는 사실을 없애지 못합니다. 그러므로 여
러분이 행실을 고친 것이 여러분의 죄를 없이한 것처럼 말해서는 안 됩니다. 여
러분이 앞으로 어떤 사람이 되겠다고 결심한다 할지라도, 그것이 여러분이 이제
까지 견지했던 옛 사람의 죄를 결코 속하지 못합니다. 그러므로 변화되고 개심
한 죄인으로서가 아니라 그냥 죄인으로서 나오십시오. 여러분이 씻음을 받았기
때문에 나오지 말고 씻음 받기 위해 나오십시오!

　　세리는 "하나님이시여 저를 불쌍히 여기시옵소서 저는 **기도하는** 죄인이로
소이다"라고 말하지 않았습니다. 물론 그는 기도하고 있었습니다. 그러나 기도

하고 있다는 것을 호소의 근거로 하나님께 제시하지 않았습니다. 왜냐하면 자신의 기도가 매우 미약한 것이라고 생각했기 때문입니다. 여러분의 기도를 하나님 앞에 탄원의 구실로 내세우지 마십시오. 그보다는 여러분의 죄를 하나님께 아뢰는 것이 옳을 것입니다. 여러분의 기도 속에 죄가 있다는 것을 하나님께서 아십니다. 아니 회개하는 여러분의 눈물 자체도 정결함을 받을 필요가 있습니다! 여러분의 간구 자체가 진지하다고 할지라도, 그것이 법대로 처형 받지 않아도 될 단 하나의 이유도 제시할 수 없는 정죄 받은 피조물의 탄식 외에 무엇이겠습니까? 자신은 정말 정죄받기에 마땅하다고 느끼고 인정해야 합니다. 그리고 하나님 앞에 죄인으로 나와야 합니다. 보잘것없는 장식을 떼어 버리십시오. 여러분의 "누더기와 같은 옷"을 버리라는 말입니다. 회개라는 잡초로 자신을 속이지 마십시오. 결심이라는 무화과나무로 자신을 가리지 마십시오. 오직 예수 그리스도 안에서 여러분의 죄 범한 상태 그대로 나오십시오. 그러면 영원한 자비하심이 여러분과 여러분의 죄 모두를 가리어 줄 것입니다.

　다음으로, 이 사람이 자비에 호소하는 것 외에는 그 어떤 것도 하지 않았다는 것을 주목하십시오. 그는 "나를 불쌍히 여기소서"라고 말하였습니다. 자신을 변명하면서 "주여, 나는 어쩔 수 없었어요. 주여, 나는 다른 세리보다 더 나쁘지는 않아요. 주여, 저는 공무원이었어요. 다른 모든 세리가 했던 것만큼만 했어요"라고 말하지 않았습니다. 정말 그렇게 하지 않았습니다. 그는 너무 정직하여 핑계를 늘어놓지 않았습니다. 그는 죄인입니다. 그는 그 점을 인정합니다. 만일 주님께서 그 입에서 나오는 그의 죄목을 가지고 정죄하시고 그를 지옥에 보낸다 할지라도 그는 어쩔 수가 없었습니다. 그의 죄는 너무나 명백하여 부인할 수가 없었습니다. 그는 자기의 목을 단두대 위에 놓고 겸비하게 "하나님이여 불쌍히 여기시옵소서 나는 죄인이로소이다"라고 아뢰었던 것입니다. 또한 이 세리는 앞으로 이러저러한 일을 잘 하겠다는 식의 약속을 가지고 전혀 흥정하지 않았습니다. 그는 "주여, 과거에 지은 죄를 불쌍히 여겨 주십시오. 그러면 내가 장래에는 더 선해질 것입니다"라고 말하지 않았습니다. 그런 식의 말을 전혀 하지 않았습니다. "하나님이시여 불쌍히 여기소서 나는 죄인이로소이다." 그 간청만 드렸습니다. 그러니 저는 여러분이 이렇게 외치기를 바랍니다. "오! 하나님이여, 나를 불쌍히 여기소서. 비록 제가 지금 정죄함을 받고 하나님의 공의에 의해서 절망적으로 저주받기에 합당한 사람이지만, 그럼에도 불구하고 저를 불쌍히 여기시고, 지금 불쌍히 여기소서." 바로 그것이 기도하는 방식입니다. 만일 여러분이 그런 식으로 기도한다면 하나님은 여러분의 기도를 들으실 것입니다. 그는 불쌍히 여겨 주시면 하나님께 어떤 것을 지불하겠다는 제안도 하지 않았습니다. 그는 어떤 형태의 지불도 제안하지 않았습니다. 그는 하나님께 자신의 눈물, 자기 부정, 교회에 대해서 관용함, 절제를 내놓지 않습니다. 다만 주님께 불쌍히 여기시고 긍휼히 여겨 달라고 간청할 뿐입니다. 그 큰 희생 제물을 인해서 간청할 뿐입니다. 오, 여러분 모두가 이런 식으로 즉시 기도하였으면 좋겠습니다!

자, 저는 이 사람이 이 기도를 통해서, 죄의 자백을 통해서 놀라울 정도로 주님의 받아들이심을 체험했다는 사실에 주목함으로써 여러분의 마음에 힘을 드리고 싶습니다. 그는 정죄받은 상태에서 성전에 올라갔었습니다. 그런데 이 사람이 "의롭다 하심을 받고 집에 내려갔습니다." 완전한 변화, 갑작스럽고 행복한 변화가 그에게 일어났습니다. 무거운 마음과 아래로 내려뜨렸던 눈이 기쁨과 소망 찬 표정으로 바뀌었습니다. 그는 두려워 떨면서 성전에 올라갔었지만 기뻐하면서 성전을 떠났습니다. 그의 아내는 분명 그의 차이를 알아차렸을 것입니다. 무슨 일이 그에게 일어났을까요? 자녀들이 또한 그 사실을 알아보기 시작했습니다. 불쌍한 아버지는 늘 혼자 앉아 있곤 했었고, 깊은 한숨을 내쉬곤 하였습니다. 그런데 갑작스럽게 그 아버지가 그처럼 행복합니다. 그는 심지어 시편의 마지막 부분에 나오는 다윗의 시들을 노래하기까지 하였습니다. 그 변화는 매우 주목할 만한 것이었습니다. 저녁 식사를 하기 전에 그는 말합니다. "얘들아, 우리가 이 식사를 들기 전에 하나님께 감사해야겠다." 그들은 둘러앉아서 사랑하는 아버지의 행복한 얼굴을 기이히 여겼습니다. 그가 이스라엘의 하나님을 찬미하는 모습을 보면서 말입니다. 그는 친구들에게 말합니다. "형제들아, 나는 위로를 받았어. 하나님께서 내게 긍휼을 베푸셨어. 나는 죄책감에 사로잡혀 성전에 올라갔었어. 그런데 의롭다 함을 받고 돌아왔어. 내 지은 모든 죄를 용서받았어. 하나님께서는 나를 위해서 화목 제물을 받으셨어."

그 행복한 증언으로 말미암아 어떤 결과가 나왔을까요! 이는 매우 갑작스러운 변화가 아닙니까? 그 변화는 순간적으로 일어났습니다. 영적 살리심의 과정은 시간이 걸리는 문제가 아닙니다. 단 일 초만에 일어날 수 있는 문제입니다. 물론 그 순간에 이르기까지는 오랜 과정이 있을 수 있고, 또 그것에서 나오는 여러 진행 과정이 길 수도 있습니다. 그러나 생명을 실제적으로 받는 것은 즉각적으로 일어나는 일임에 틀림없습니다. 모든 경우가 일 초 간에 일어나는 일이라고 말할 수는 없습니다. 그러나 사망에서 생명으로 옮겨지는 일은 즉각적으로 이루어짐에 틀림없습니다. 한순간 전에는 죽어 있었는데 다음 순간에는 그 사람이 살게 됩니다. 저는 이 점을 인정하지요. 생명이 처음에는 매우 미약할 것입니다. 그러나 생명이 전혀 없었을 때가 있었습니다. 다시 그 생명이 순간적으로 시작될 때가 있었습니다. 죽어 있을 때와 살아 있을 때의 중간 상태는 있을 수 없습니다. 그런데도 사람들은 변화가 일어난 때가 언제인지 알지 못할 수도 있습니다. 만일 여러분이 희망봉으로 돌아가려면 적도(赤道)라는 죽음의 강을 건너면서도 그것에 대해서는 아무것도 모를 수 있습니다. 그러면서도 그 적도를 건너가는 것입니다. 어떤 육지에 사는 사람은 생각했습니다. 적도를 건널 때에 그 바다 물결에 푸른 줄이 그어져 있을 것이라고 말입니다. 그러나 그 적도는 아무도 지각할 수 없는 것이었습니다. 물론 그 적도는 거기 있었습니다. 우리가 지구본에 돌아가면 그어져 있는 금띠를 보는 것처럼 적도는 실제로 존재합니다. 사랑하는 친구 여러분, 저는 여러분이 오늘 아침 이 선을 넘어가기 바랍니다. 오! 여러분이 이 예배당에서 나가면서 "영광, 영광, 할렐루야! 하나님께서 나를 불쌍히 여기셨도다"라고 노래 부를 수 있기를 바랍니다. 비록 오늘 아침 여러분이 자신의 생명을 유지할 것에 대해 조금도 의심하지 않을지라도, 예수 그리스도로 말미암아 하나님께 오면 여러분이 살아 있을 뿐 아니라 영원히 살 것이라는 것을 확신하고, 하나님을 찬미하면서 집으로 돌아가게 될 것입니다.

　　다시 한 번 말하지만, 이 사람은 우리 모두가 얻기를 바라는 그런 증거를 듣고서 집으로 돌아갔습니다. "그는 의롭다 함을 받았도다." 여러분은 여기에 이 말을 덧붙여 말할 것입니다. "그러나 그가 의롭다 함을 받았다는 것을 내가 어떻게 압니까?" 이 말씀을 들어보십시오. 우리 복되신 주님께서 "내가 너희에게 이르노니 이 사람이 의롭다 하심을 받고 집에 내려갔느니라." "내가 너희에게 이르노니." 우리 주님 예수께서는 그렇게 말씀하실 수 있습니다. 우리의 귀에 그렇게 말씀하고 계십니다. 예수님께서는 그 일을 하나님께도 아뢰고, 거룩한 천사들에게도 알리십니다. 또한 그 사람에게도 알리십니다. 마음으로부터 "하나님이시여 불쌍히 여기시옵소서 나는 죄인이로소이다"라고 소리지르며 울부짖던 그 사람이 의롭다 함을 받았습니다. 그 사람이 서서 자기의 죄를 고백하며 하나님의 불쌍히 여기심을 온전히 의지하였을 때 그의 짐을 벗었습니다. 그래서 그가 집으로 돌아갈 때는 의롭다 함을 받은 상태에서 돌아간 것입니다. 우리는 다 우리의 집으로 내려가고 있는 중입니다. 오! 우리가 의롭다 함을 받은 상태에서 내려갈 수 있으면 얼마나 좋겠습니까! 여러분은 집으로 가고 있습니다. 나는 여러분이 하나님과 함께 집으로 가기를 원합니다. 하나님이시야말로 영혼의 진정한 안식처이십니다. "의롭다 하심을 받고 자기 집으로 내려갔느니라." 어째서 여러분은 그렇게 하지 않아야 합니까? 제 설교를 듣고 있는 여러분이여, 여러분 중에는 아마 전에 우리 교회당에 나와 본 적이 없는 분들이 있을지 모릅니다. 또한 여러분은 주일 아침을 집에서 조간신문이나 보며 셔츠 차림으로 보냈던 신사 중에 하나였을지 모릅니다. 그런데 우연히 이 예배당에 오게 되었습니다. 하나님을 찬미하십시오! 저는 여러분이 집에 돌아가면서 "의롭다 함을 받은 상태"이기를 원합니다. 주님께서 그것을 허락하시기 원합니다! 어떤 사람들은 항상 이 예배당에 오곤 했었고, 이 예배당이 지어진 이후 자리를 차지하고 출석하였을 수도 있습니다. 그러면서도 긍휼을 전혀 얻지 못했을 수도 있습니다. 오, 그런 분들이 오늘 아침 긍휼을 얻기 원합니다! 우리 이 축복을 구하십시다. 저와 함께 예수님께 나아가십시다. 제가 그 길을 인도하겠습니다.

오늘 아침에 저와 같이 이렇게 말하십시다. "하나님이시여 저를 불쌍히 여기소서 저는 대표적인 죄인입니다." 큰 화목 제물을 의지하십시오. 주 예수 그리스도의 속죄의 피를 믿으십시오. 구주의 사랑을 의지하십시오. 그러면 여러분은 집으로 돌아갈 때 의롭다 함을 받고 갈 것입니다. 집이 가련한 오막살이입니까? 계단이 두세 개밖에 안 되는 어두컴컴한 방밖에는 없는 집입니까? 여러분은 정말로 가난하고, 오랫동안 일거리 없이 지냈습니까? 그러나 그런 것은 신경 쓰지 마십시오. 하나님은 모든 것을 아십니다. 하나님의 얼굴을 구하십시오. 만일 여러분이 오늘부터 예수님을 믿고 새 생활을 시작한다면 이 주일은 여러분에게 행복한 주일이 될 것입니다. 그래서 여러분은 기쁨과 평안과 행복을 누리게 될 것입니다. 만일 여러분이 크신 아버지로부터 긍휼을 구하고 얻는다면 말입니다. 저는 여러분이 짐을 뒤에 버려두고 집으로 터벅터벅 걸어가는데, 우리 하나님께 올려드릴 찬송을 생각하면서 돌아가는 것을 보는 것 같습니다. 그렇게 되기를 바랍니다. 아멘.

제
71
장

—

구원받기에는 너무나 선한

—

"내가 너희에게 이르노니 이에 저 바리새인이 아니고
이 사람이 의롭다 하심을 받고
그의 집으로 내려갔느니라." — 눅 18:14

바리새인보다 오히려 세리가 의롭다 하심을 받았습니다. 이들 두 사람 가운데 확연하게 선한 사람이 의롭다 하심을 받은 것이 아니라, 겉으로 보기에도 더 악한 사람이 의롭다 하심을 받았습니다. "저 바리새인이 아니고 이 사람이 의롭다 하심을 받고 그의 집으로 내려갔느니라." 사랑하는 성도 여러분, 우리 구세주께서 이 두 사람을 대조하며 말씀하신 이 온화한 방식을 주목하십시오. 그분께서는 "저 바리새인이 아니고 이 사람이 의롭다 하심을 받고"라고 말씀하십니다. 하지만 우리 모두는 이렇게도 부드럽고 너그러운 표현의 이면에 있는 슬프고도 엄숙한 진리, 즉 바리새인은 전적으로 의롭다 하심을 받지 못했다는 진리가 있음을 알고 있습니다. 제가 지금 여러분에게 말하고자 하는 것은 이와 관련된 사실입니다. 세리는 의롭다 하심을 받았지만, 바리새인은 의롭다 하심을 받지 못했습니다. 그런데도 우리 주님께서는 "저 바리새인이 아니고 이 사람이 의롭다 하심을 받고 그의 집으로 내려갔느니라"고만 말씀하셨습니다. 우리 쪽에서도 때로는 이처럼 가능한 한 아주 부드러운 방식으로 어떤 진리를 말하는 것이 참으로 지혜로운 일이 될 것입니다. 성경의 가르침은 온화하게 표현된다고 해서 그 영향력을 잃게 되는 가르침이 결코 아닙니다. 사실, 강력한 진리는 강하게 말하기보다는 오히려 삼가면서 말할 때 그 영향력이 더 커집니다. 우리 주 예수 그리스도께서도 언제 이 거룩한 대인(對人) 기술을 사용해야 하는지를 알고 계셨고, 지금 이 경우에 사용하셨습니다. 그러므로 저와 여러분도 적절한 기회가 생겼을 때 이런 대인 기술을 사용해 본다면 현명한 일이 될 것입니다.

더 나아가, 사랑하는 성도 여러분, 축복의 핵심이자 골수(骨髓)이며 그 참된 중심인 다음과 같은 사실에도 주목해 주십시오. 즉, 우리는 예배 가운데서 의롭다 하심을 받게 되기를 기대하고 있습니다. 하나님께서 받아 주시며, 의로운 자로 여겨 주시며, 올바른 일을 행하는 자로 그분께서 간주해 주시는 것, 이것이 바로 우리가 예배를 드리러 함께 나아올 때마다 우리가 마땅히 간구해야 할 것들입니다. 바로 이런 의미에서 그분의 자비를 간절히 간구하며 부르짖은 세리는 의롭다 하심을 받았습니다. 다시 말해, 하나님께서는 세리를 받아주셨고, 세리는 의롭게 된 자로 여겨졌습니다. 반면에 거기에 서서 과시하듯 자신의 뛰어난 미덕들을 떠벌린 바리새인은 의롭다 하심을 받지 못하였고, 하나님께서는 그를 받아 주시지도 않았으며, 의로운 자로 여기지도 않으셨고, 또 바르게 영과 진리로 예배(요 4:24)하는 자들에게 언제나 주시는 하나님의 그 어떤 은총도 그는 받지 못하였습니다.

바리새인이 모든 예배의 목적인 하나님께서 받아주심과 하나님이 보시기에 의롭다 하심 등을 얻지 못한 이유는, 의롭다 하심을 받기에는 스스로 자신이 너무나 선하다고 여겼기 때문이었습니다. 자신은 전적으로 너무나 의로운 사람이기 때문에 하나님의 은총과 긍휼하심이 필요하지 않다는 것이 그의 입장이었습니다. 저는 지금 자신이 구원받기에는 너무나 선하다고 생각하는 여러분 중의 어떤 이들에게 말하고자 합니다. 저는 항상 죄인들에게 말씀을 전하고 있으며, 그 수많은 죄인들이 복음의 그물에 걸려 구원받는 것을 보는 것이 지금까지 저의 큰 기쁨이었습니다. 저는 지금 흔히들 죄인이라고 말하는 그런 식이 아니면 자신이 죄인이라고 절대로 인정하지 않을 죄인들에게 말하고자 합니다. 그런 죄인들은 "맞습니다. 우리는 전적으로 죄인들입니다"라고 말은 합니다. 그리고 교회에 가서는 "주님, 불쌍한 죄인들인 우리에게 자비를 베풀어 주옵소서"라고도 말하지만, 그들은 내내 전혀 불쌍해 보이지도 않을 뿐 아니라, 자신들은 하나님이 보시기에 죄인들이며 이미 정죄 아래 있다는 사실을 실제로 자각하지도 않고 있습니다. 저는 특별히 이런 부류의 사람들에게 말씀을 드리고 싶습니다. 제가 그렇게 해야 한다는 것이 너무 슬픈 일입니다만, 정말 많은 사람들이 자신은 구원받기에는 너무나 선하며, 또한 의롭다 하심을 받기에도 항상 너무나 선하며, 천국에 가기에도 너무나 선하다고 그렇게 스스로를 평가하고 있습니다. 지금 이곳에도 그런 사람들이 있을 것입니다. 만약 그렇다면 제가 이들에게 그리스도의 이름으로 말하고자 하는 것을 성령 하나님께서 축복해 주시기를 기원합니다!

1. 지금도 이 바리새인 같은 사람들이 있습니다.

제가 먼저 말하고자 하는 바는 이 바리새인과 같은 사람들이 지금도 여전히 있다는 사실입니다. 이 세상에는 자신이 의롭다 하심을 받기에는 너무나 선하며, 구원받기에도 너무나 선하다고 혼자서 평가하는 사람들이 여전히 너무나 많이 있습니다. 이들은 자신을 다른 사람들과 비교하기 때문에 이런 상태에 이르게 되었습니다. 이 바리새인은 "하나님이여 나는 다른 사람들 곧 토색, 불의, 간음을 하는 자들과 같지 아니하고 이 세리와도 같지 아니함을 감사하나이다"(눅 18:11)라고 말했습니다. 그는 자신과 세리를 비교해 보고서 자신을 대단한 성인(聖人)으로 여겼습니다. 지금까지 세리가 얼마나 사악하게 토색하였는지를 생각하고는 그에 비해 자신을 아주 높게 평가하였습니다. 그는 지금까지 간음하며 산 어떤 자들과, 지금까지 불의하게 살아온 또 다른 자들을 기억하였습니다. 그러고는 이들과 자신을 비교하면서 자신이야말로 자신이 알고 있는 가장 최고의 평가를 받아야 할 사람이며 가장 존경받아야 할 사람으로 여겼습니다. 어느 누구도 감히 할 수 없는 이 일을 자신이 해내었으며, 이런 대단한 자신을 만드신 하나님께 마땅히 감사드려야 하고, 이런 감사를 지금 당장 자신에게 부과된 의무로 느꼈습니다. 탁월한 인간의 이런 모범적인 사례가 이 땅 위에서 사람들에게 헛되이 잊혀져서는 당연히 안 되겠지만, 많은 사람들은 그를 잊어버리고 자신의 탁월함을 알아주지도 않는 것 같았습니다. 어쨌든 이 세상에 전적으로 그와 같은 사람이 적어도 한 사람은 있다는 사실에 대해서 그는 스스로 하나님을 찬양하고자 하였습니다. 그는 자신을 다른 사람들과 비교하였기 때문에 자신을 아주 선한 사람으로 여겼던 것입니다.

제 설교를 듣고 있는 사랑하는 성도 여러분, 바리새인이 사용한 동일한 잣대로 볼 때, 여러분도 아주 선한 자들입니까? 여러분이 자신을 이와 유사한 기준으로 판단해 볼 때, 여러분도 최고로 탁월한 자들입니까? 만약 그렇다는 생각이

든다면, 여러분을 비교할 때 다른 방식으로 그 기준을 사용해 보기를 여러분에게 친절하게 요청합니다. 다시 말해서, 여러분보다 열등한 자라고 여겨지는 사람들과 여러분을 비교하지 말고, 여러분보다 뛰어난 자라고 인정할 수밖에 없는 사람들과 여러분을 비교해 보십시오. 여러분은 참으로 경건하고 열심 있고 거룩하며 헌신적인 사람들의 전기를 틀림없이 읽어 보았을 것입니다. 이들의 생애는 참으로 가치 있는 삶이었으며 모든 면에서 여러분보다 훨씬 뛰어난 삶이었습니다. 그래서 만약 여러분이 아래를 내려다보는 대신 위를 쳐다본다면, 제 생각에 여러분은 즉시 다음처럼 말하기 시작할 것입니다. "아! 나는 이들의 기준에 턱없이 부족하구나. 나는 이들을 전혀 닮지 않았어. 나는 이들이 살았던 것처럼 그렇게 조심하고 기도하며 깨어 나 자신을 부인하면서 헌신된 삶을 살지 않고 있구나"라고 말입니다. 이런 생각을 하면서 여러분은 조금도 자만하지 마십시오. 여러분은 이제부터 여러분이 자신에 대해 생각하는 것처럼 그렇게 선한 존재가 절대로 아니라는 사실을 생각하기 시작하십시오. 여러분이 잠시라도 이 사실에 대해 곰곰이 생각해 본다면, 이런 생각은 여러분에게 어떤 모양으로든 도움이 될 것입니다. 그러나 여러분은 이렇게 말합니다. "그래도 우리는 이들의 기준에 도달하리라고는 전혀 기대할 수 없습니다." 아! 아닙니다. 여러분도 그 기준에 도달할 것으로 기대할 수 있습니다. 그보다 훨씬 더 대단한 것을 기대할 수도 있습니다. 만약 여러분이 여러분의 행위로 의롭다 하심을 받고자 한다면, 여러분은 이들의 기준을 훨씬 넘어서야만 할 것입니다.

하지만 여러분이 자신에 대해 삼아야 할 참된 기준은 성자들의 가장 거룩한 기준도 아니고 순교자들과 신앙 고백자들의 가장 경건한 기준은 더더욱 아닙니다. 자신의 의로 구원받고자 하는 모든 사람들을 위한 기준은 하나님의 거룩한 율법입니다. 그 기준을 한번 들어보십시오. "네 마음을 다하며 목숨을 다하며 힘을 다하며 뜻을 다하여 주 너의 하나님을 사랑하고 또한 네 이웃을 네 자신 같이 사랑하라"(눅 10:27). 여러분은 이 기준에 얼마나 가까이 다가갔습니까? 여러분은 이 기준에 도달하지 못했을 것으로 저는 확신합니다. 하나님께서 여러분에게 요구하시는 것에 비교하면 여러분은 엄청나게 부족한 사람들입니다. 그런데도 여러분이 "나는 어떤 사람들보다 더 훌륭하다"라고 말한다면 그것이 무슨 소용이 있겠습니까? 여러분은 다른 사람들보다 분명히 나쁜 사람입니다. 여러분은 더욱더 나쁜 사람입니다. 여러분은 여러분이 마땅히 되어야 할 그 기준과 비교하면 끝없이 극악무도한 사람입니다. 혹시라도 여러분이 하나님의 완전한 율법으로 말미암아 의롭다 하심을 받으려고 한다면, 그 율법이 요구하는 대로 여러분은 그 모든 명령에 완전히 순종해야 합니다. 하지만 여러분은 결코 그렇게 순종할 수 없습니다. 오, 사랑하는 성도 여러분, 여러분은 지금 끔찍한 오류 가운데서 수고하고 있습니다. 여러분은 자신이 가진 판단 기준으로 볼 때 최고로 선할 뿐입니다. 여러분이 도달한 이런 판단 과정과 결론에 대해 사도 바울은 우리에게 이렇게 말합니다. "자기로써 자기를 헤아리고 자기로써 자기를 비교하니 지혜가 없도다"(고후 10:12). 하나님의 율법이라는 잣대로 여러분을 판단해 보십시오. 그러면 설령 여러분이 영예롭고 지혜롭고 지각 있는 사람이라 해도 즉시 아무것도 아닌 사람으로 움츠러들게 될 것입니다.

또 어떤 사람들은 하나님으로부터 의롭다 하심을 받기에는 자신이 너무나 선하다고 생각하기도 합니다. 그들이 이와 같은 망상에 사로잡힌 이유는 어떤 한 의무를 다른 의무보다 더 중시하기 때문입니다. 이 바리새인이 자랑하는 것을 한번 들어보십시오. "나는 이레에 두 번씩 금식하고"(눅 18:12). 주님 당시에 바리새인들은 제가 알기로 월요일과 목요일을 금식일로 정하고서 정기적으로 금식하였습니다. 오늘날의 바리새파들은 금요일을 금식일로 정해 지킨다는 말을 들은 적이 있습니다. 현대의 바리새인들은 일주일에 하루를 금식한다는 이야기가 사실인지는 제가 정확히 잘 모르겠습니다. 그러나 분명히 예수님 당시의 바리새인들은 일주일에 이틀을 금식하는 것을 가장 중요한 일로 여겼습니다. 그러고 나서 그들은 다음과 같은 자랑을 덧붙였습니다. "내 모든 소유의 십일조를 드리나이다"(눅 18:12, KJV). 하나님의 율법에서도 어떤 방식의 십일조를 요구합니다. 하지만 바리새인은 자신에게 요구되는 그 이상으로 십일조를 했다는 사실을 암시하고 있는 듯합니다. 왜냐하면 그는 자신의 수중에 들어온 모든 것에 대해 십일조를 드렸기 때문입니다. 그는 "박하와 회향과 근채의 십일조"(마 23:23)까지 드렸습니다. 그러나 그가 십일조로 드린 그 모든 것도 사실은 그렇게 대단한 것이 아니었습니다. 그가 버린 "율법의 더 중한 바 정의와 긍휼과 믿음"(마 23:23)과 비교하자면, 이 모든 것들은 전혀 아무것도 아니었기 때문입니다. 그런데도 그는 자신의 박하와 회향과 근채의 십일조 드리는 일을 아주 소중히 여겼습니다. 비록 그는 자신이 고른 항목들을 마치 진열창에 전시해 놓은 주요 상품이나 주력 상품처럼 자신이 얼마나 대단한 사람인지를 모든 사람이 보도록 전면에 내세우지는 않았다 해도, 그는 이런 것들을 자신의 명예로 생각하고 있었습니다. "나는 이레에 두 번씩 금식하고, 내 모든 소유의 십일조를 드리나이다." 그는 과부들의 집을 삼키고 겉치레로 길게 기도(마 23:14)하면서 가식과 위선을 행한 것에 대해서는 한 마디도 말하지 않았습니다. 그는 자신의 교만에 대해서, 자신의 이웃들을 경멸한 것에 대해서도 말하지 않았습니다. 오히려 그는 자기가 보기에 기도라고 생각되는 것들을 감히 말로 표현하였습니다. 자신의 잘못에 대해서는 한 마디도 말하지 않았습니다. 그는 그런 것들은 전혀 아랑곳도 하지 않고, 자신의 자랑거리들만 전면에 내세웠습니다. 그리고 나서는 자신을 엄청나게 선한 사람으로 여겼습니다.

자 보십시오. 우리는 예배 장소에 아주 정기적으로 참석하는 사람들을 알고 있습니다. 아마도 그들은 이렇게 물을 것입니다. "제가 한 일은 선한 일이 아닙니까?" 맞습니다. 그런 일은 아주 탁월한 일입니다. 하지만 여러분은 상점에서 저울의 눈금을 속이고, 여러분의 집이나 다른 곳에서 여러분이 거짓말을 하고, 혹은 여러분이 정숙하지 못한 삶을 살고 있지는 않습니까? 이에 대해서는 제가 더 이상 말하지 않겠습니다. 주일에 예배 모임에 가는 것 이외에도 생각해야 할 다른 것들이 많다는 말입니다. "오! 그래도 우리는 세례를 받았고 또 우리는 성찬식에 참여하기도 합니다." 맞습니다. 저도 여러분이 그렇게 하고 있다는 것을 알고 있습니다. 여러분이 주 예수 그리스도를 믿는 사람이며, 또한 참된 신자가 마땅히 살아야 하는 삶을 진정으로 살고자 한다면, 여러분이 그렇게 하는 것은 대단히 중요한 일입니다. 그러나 혹시라도 여러분이 어떤 종교적인 예식을 전면에 내세우고서 이보다 더 중요한 핵심적인 문제들을 빠뜨린다면, 그것은 잘못된 일일 것입니다.

다음으로 이렇게 말하는 사람들이 있다는 것도 여러분은 알 것입니다. "그런데 목사님, 저는 어린 아이일 때 세례를 받았습니다. 저는 주교님으로부터 견신례를 받았습니다. 저는 항상 교구 예배에 참석하고 있으며, 매번 헌금을 하고, 가족이 함께 기도시간도 가지며, 이외에도 많은 일들을 하였지만, 특히 제가 행한 많은 선한 일들에 대해서는 굳이 말씀드리고 싶지 않습니다." 모두 다 맞는 말씀입니다. 이것이 바로 그런 사람들이 생각하는 방식입니다. 그들은 어떤 종류의 의무들은 전면에 내세우면서, 다른 종류의 의무들은 무시합니다. 그들은 다른 의무들을 죽이고는 그 피로 붉게 물든 한 가지 의무만을 하나님께로 가지고 나아옵니다. 어떤 사람들은 사업을 하면서 거짓말을 하고 사기를 쳐서 얻은 것을 하나님께 드리기도 하며, 또 어떤 사람들은 가난한 자들의 뼈와 골수까지 짜내어 얻은 것을 하나님께 드리기도 합니다. 이런 일들이 너무나 흔하지 않습니까? 우리가 외형적으로 행해야 할 일련의 의무들을 택해 전면에 내세우고는 "우리는 최고로 선한 자들이다"라고 말했다고 해서, 하나님께서 우리 자신이나 우리가 드린 헌물들을 받으실 것이라고 절대로 기대해서는 안 됩니다. 이것이야말로 끔찍한 망상입니다. 사랑하는 성도 여러분, 만약 여러분이 이런 망상 가운데 있다면 하나님께서 여러분을 이런 망상으로부터 구해 주시기를 기원합니다! 바로 이 점에 대해 주 예수님께서 하신 엄숙한 말씀을 기억하십시오. "이것도 행하고 저것도 버리지 말아야 할지니라"(마 23:23).

　　어떤 사람들은 자신이 마땅히 감당해야 할 것보다 대체로 더 많이 행했다고 스스로 착각하기 때문에 자신에 대해 아주 선하다고 여깁니다. '충분히 선한'(Good-enoughs)이란 이름을 지닌 가족이 여기에 있고, '아주 선한'(Too-goods)이란 이름을 지닌 가족이 저기에 있습니다. 이들은 사촌지간이라고 저는 믿습니다. 분명히 이들은 아주 가까운 친척들입니다. 이 바리새인 또한 '아주 선한' 가족에 속해 있습니다. 이 바리새인이 "나는 이레에 두 번씩 금식하고"(눅 18:12)라고 말했다는 사실을 저는 이미 여러분에게 말했습니다. 자, 보십시오. 유대인들의 율법에 따르면, 유대인들은 일 년에 한 번씩만 금식하게 되어 있습니다. 그런데 이 바리새인의 경우에는 이레에 두 번씩이나 금식했으니 일 년에 백일 정도를 금식했던 것입니다. 유대인들은 또한 그 땅 소산의 십분의 일(레 27:30)만 내도록 되어 있었지만, 이 바리새인은 이보다 더 많이 드렸습니다. 그는 이렇게 말했습니다. "내 모든 소유의 십일조를 드립니다(눅 18:12, KJV). 저는 제가 이룬 업적의 대차대조표를 정확하게 맞추고 있습니다. 혹시라도 어느 부분에서 업적이 부족하다면, 저는 다른 부분에서 허용범위 이상으로 노력하였으며 제게 요구되는 그 이상의 일을 행하였습니다." 참으로 슬픈 일입니다! 어떤 일은 지나치게 행하고, 또 어떤 일은 보통 이하로 행하는 것이 바로 위선자들에게서 종종 볼 수 있는 특징입니다. 호세아 7장 8절에 기록된 놀라운 비유를 기억하십시오. "에브라임은 뒤집지 않은 전병이로다"(호 7:8, KJV). 전병을 뒤집지 않으면 어떻게 되겠습니까? 당연히 한 쪽은 너무 많이 익고 다른 한 쪽은 전혀 익지 않게 됩니다. 한 쪽 면은 불 위에서 검게 탈 것이고 다른 쪽은 굽기 시작할 때와 마찬가지로 반죽 덩

어리인 채로 그대로 있을 것입니다. 얼마나 많은 사람들이 항상 자신들의 구워진 면만 보고 있는지 모릅니다! 그들은 이렇게 소리칩니다. "오! 우리는 구워졌다. 아주 많이 구워졌다"고 말입니다. 맞습니다. 하지만 여러분의 다른 면도 한 번 보십시오. 하나님께서는 여러분이 보지 않은 그 면도 함께 보고 계십니다. 여러분의 그 쪽은 전혀 구워지지 않았습니다. 오, 우리는 참된 빛으로 우리 자신을 충분히 바라보고 우리의 모습 전체를 볼 수 있는 그런 지각이 있어야만 했습니다. 그랬다면 우리의 어리석은 자기 의(自己義)는 곧 사라졌을 것입니다!

저는 이렇게 아주 선하다는 사람들을 향해서 좀 더 말하고자 합니다. 비록 이 바리새인이 자신의 잣대로는 아주 선한 사람이었다 해도, 그는 의롭다 하심을 받을 수 없었습니다. 왜냐하면 그는 기도하지 않았기 때문입니다. 아마도 어떤 사람은 이렇게 물을 것입니다. "그가 기도하지 않았습니까?" 아닙니다. 그는 기도하러 성전에 올라가긴 했지만, 그가 기도한 것은 아니었습니다. 그가 말한 모든 말들 가운데서 기도로 아뢴 말은 한 마디도 없었습니다. 사랑하는 성도 여러분, 여러분은 어릴 때부터 매일 아침과 저녁으로 기도하기 위해 무릎을 꿇었을 것입니다. 하지만 기도는 해 본 적이 없었을지도 모릅니다. 왜냐하면 기도는 비탄에 잠긴 가난한 마음이 풍성한 하나님께 아뢰는 말이기 때문입니다. 다시 말해, 하나님으로부터 무언가를 얻기 위한 실제적인 간구가 바로 기도입니다. 그런데 여러분은 하나님으로부터 어떤 것을 얻을 필요가 있다는 것을 느끼지 못했고 그래서 그것을 간구하지도 않았습니다. 여러분은 지금까지 여러분의 마음으로 주님께 울부짖은 적이 한 번도 없었습니다. 여러분은 어떤 말들을 하긴 했습니다. 그러고서는 기도를 끝냈습니다. 여러분은 죽을 때까지 매일 기도를 하고 있다고 말할지도 모릅니다. 하지만 여러분은 전혀 기도를 한 적이 없을 수도 있습니다. 이 바리새인은 지금까지 기도를 전혀 하지 않았는데 어떻게 자신이 구원받기를 기대할 수 있겠습니까?

이제 다음으로, 그는 자기 이웃을 사랑하지 않았습니다. 만약 우리가 이웃들을 사랑하지 않는다면, 우리도 그분의 사랑을 받지 못할 것이라는 사실이 하나님의 법입니다. 만약 우리가 우리에게 잘못한 이를 용서하지 않는다면, 주님께서는 우리 또한 용서해 주지 않으실 것입니다. 이 바리새인은 자기 형제를 사랑하지 않았습니다. 그는 자신을 제외한 모든 다른 사람들을 도매금으로 생각했습니다. 그래서 그는 이렇게 말했습니다. "하나님이여 나는 다른 사람들 … 과 같지 아니함을 감사하나이다"(눅 18:11). 그는 다른 사람들 전체와 같지 아니함을 감사하였습니다. 그는 거기에 홀로 서 있었습니다. 그는 하나님께 감사를 드린 유일한 한 사람이었습니다. 그는 자기 이웃들을 사랑하지 않았습니다. 만약 그가 이웃들을 사랑했더라면, 그는 이웃들에 대해서 좋게 생각했을 것이며, 자기가 사귀기에 전혀 가치 없는 자들로 이웃들을 모두 한가지로 매도하지도 않았을 것이며, 이웃들보다 자신을 더 높이 생각하지도 않았을 것입니다. 이웃들 가운데서도 그는 특별히 세리를 사랑하지 않았습니다. 바리새인은 세리가 자기 주변에 그것도 그렇게 가까이에 서 있는 것을 보고서 몸서리쳤습니다. 그래서 그는 심지어 하나님의 집 안에서까지 자기 이웃인 죄인에 대해 경멸의 표현을 써가며 말하였습니다. 자기 이웃에 대해 동정심도 없고 사랑하지도 않는 그를 하나님께서는 어떻게 의롭다 하시고 집으로 내려 보낼 수가 있었겠습니까?

　　그리고 다음의 사실도 주목하십시오. 이 바리새인은 자비를 간구하지도 않았습니다. 그의 가식적인 기도를 다시 살펴보십시오. 그가 드린 기도에는 자비에 관한 것이 하나도 없습니다. 그는 이렇게 말했습니다. "하나님이여, 나는 … 감사하나이다." 그는 "나에게 자비를 베풀이 주옵소서. 나를 용서하옵소서. 당신을 대적한 나의 모든 허물들을 사해 주옵소서"라고 울부짖지 않았습니다. 간구나 탄원의 말은 한 마디도 없었습니다. 그는 결코 간구하지 않았습니다. 그런데 하나님께서는 어떻게 그런 자에게 무언가를 주실 수 있겠습니까? 의롭다 하심을 전혀 구하지도 않는 사람에게 하나님께서 의롭다 하심을 베풀어 주시겠습니까?

　　그가 행한 모든 잘못 가운데서 가장 치명적인 잘못은 아마도 그의 경건 행위 가운데서 대속에 대한 언급이 전혀 없었다는 점일 것입니다. 그는 이렇게 말했습니다. "하나님이여, 나는 다른 사람들과 … 같지 아니함을 감사하나이다"(눅 18:11). 바리새인의 기도에는 제단에서 희생 제물로 드려진 대속이 자기에게도 유효하게 해 달라는 간구가 없었습니다. 하지만 불쌍한 세리의 기도를 깊이 들여다보면, 거기에는 화목제물(롬 3:25)이나 은혜의 보좌(히 4:16) 등에 대한 암시가 있습니다. "하나님이여 불쌍히 여기소서 나는 죄인이로소이다"(눅 18:13)라는 회개의 부르짖음에는 위대한 화목 제물에 대한 생각이 감추어져 있습니다. 예수님의 피를 간구하지도 않고, 또 죄에 대한 그분의 위대한 희생에 대해서는 한 마디도 언급하지 않는 그런 자의 기도를 하나님께서 어떻게 들어주시겠습니까? 바리새인은 자신의 잣대로 볼 때 완전히 너무나 선한 사람이었습니다. 그래서 그는 의롭다 하심을 받지 못했습니다. 그런 사람들이 지금 이 자리에 있는지 없는지 저는 잘 모르겠습니다.

2. 이 바리새인들은 의롭다 하심을 받을 수 없습니다.

두 번째로는, 이 바리새인과 같은 사람들에 대해서 간략히 말하고자 합니다. 이들은 의롭다 하심을 받을 수 없습니다. 저는 다음과 같은 이유들로 제 주장을 뒷받침할 수 있습니다. 먼저, 만약 하나님께서 이들을 의롭다 하신다면, 이것은 하나님의 이름을 더럽히는 일일 것입니다. 왜냐하면 이들은 그분을 자기들에게 빚진 채무자의 자리에 앉도록 하기 때문입니다. 물론 이런 일은 있을 수가 없는 일입니다. 스스로 아주 선하다고 주장하는 이 사람들은 전적으로 다음과 같이 주장할 것입니다. 즉, 자신들은 어떤 일은 행하지 않았지만, 다른 일들은 행했기 때문에 하나님께서는 자신들을 받으시고 의롭다고 인정해 주실 것이라고 말입니다. 그리하여 결론적으로 말해서 하나님은 자신들이 행한 비범하고 탁월한 행동으로 인해 자기들에게 빚진 자가 됩니다. 그런데 사랑하는 성도 여러분, 과연 하나님은 여러분에게 정말로 빚진 채무자가 될 수 있을 것이라고 생각합니까? 감히 여러분은 창조주 앞에 서서 마치 여러분이 그분으로부터 칭찬받을 만한 어떤 공로가 있는 것처럼 그렇게 말할 수 있겠습니까? 아마도 여러분은 그렇게 많은 말들을 할 수 없을 것입니다. 그런데 현실적으로는 그렇게 많은 말들을 하는 사람들이 많이 있습니다. 그들은 선택 교리를 예로 들면서 그 교리에 반발합니다. 그들은 하나님께서 어떤 사람은 구원하고 또 어떤 사람은 구원하지 않는 것은 잘못이라고 말합니다. 왜냐하면 구원받지 못한 자들 또한 구원받은 자들만큼이나 그분에게 요구할 수 있기 때문이라는 것입니다. 이 주장은 맞는 말입니다. 왜냐하면 구원받은 자도 하나님께 전혀 요구할 것이 없고, 구원받지 못한 자도 전혀 하나님께 요구할 것이 없기 때문입니다. 하나님께서 자신의 주권적인 권리를 행사하시는 것에 대해 그들이 몹시 반대하는 것은 다음의 사실을 입증해 줍니다. 즉, 그들의 마음 깊은 곳을 살펴보면 그들은 하나님에 대해 어떤 요구를 할 수 있는 권리를 가지고 있다고 믿는다는 사실입니다. 그래서 하나님은 어떤 의미에서 이들에게 빚을 진 채무자가 됩니다. 그러나 사랑하는 성도 여러분, 여러분이 이와 같은 방식으로 말하거나 행동하는 한, 여러분은 결코 의롭다 하심을 받을 수 없습니다. 하나님은 값없이 천국 그 자체를 주실 것입니다. 그분은 자기 아들을 그분께서 주시는 값없는 은혜의 선물로 주실 것입니다. 혹시라도 여러분이 그분에 대해 어떤 것을 요구할 권리가 있다고 생각한다면, 그분은 여러분을 결코 상대하지 않으실 것입니다. 여러분은 그분에 대해 요구할 권리가 있습니까? 이미 오래 전에 지옥에 던져졌어야 마땅한 비참한 자들이여, 이런 여러분이 무한히 거룩하신 하나님 앞에 설 때에 여러분의 공로에 대해서 무엇을 말할 수 있겠습니까?

더 나아가 하나님께서는 다음과 같은 이유로 이런 자기 의를 내세우는 사람들을 의롭다 하실 수 없습니다. 즉, 만약 하나님께서 이런 자들을 의롭다 하신다면, 이것은 그리스도의 대속이 아무런 필요가 없었다라고 말하는 것과 같아지기 때문입니다. 만약 여러분이 여러분의 행위로 천국에 갈 수 있었다면, 왜 그리스도께서 죽으셨습니까? 만약 여러분이 금식이나 기도나 종교적인 의식 준수나 도덕 등을 통해 천국에 갈 수 있다면, 그리스도께서 달리신 저 십자가는 쓸 데 없는 것이거나 실수였을 것입니다. 결론적으로 만약 사람들이 자신을 구원할 만큼 충분히 선했다면, 그 어떤 구원계획도 필요 없었을 것이고, 피를 통한 대속도 전혀 필요치 않았을 것입니다. 그러나 우리는 그리스도께서 행하신 대속의 희생 없이는 구원도 있을 수가 없다는 것을 알고 있습니다. 그래서 하나님께서는 자기 의를 내세우는 자들을 의롭다 하실 수 없습니다. 혹시라도 이런 자들을 의롭다 하신다면, 이 것은 하나님 자신의 지혜와 그분의 사랑하는 독생자를 욕되게 하는 일이 될 것입니다. 선한 자들인 여러분이여, 구원받기에는 너무나 선한 여러분이여, 여러분이 가진 잣대로 너무 선하다는 뜻입니다. 여러분은 결코 의롭다 하심을 받을 수 없습니다.

한 번 더 말하겠습니다. 만약 하나님께서 이런 바리새인과 같은 자들을 의롭다 하신다면, 하나님은 천국으로 가는 두 길을 만드시든가 아니면 죄인들이 천국에 못 들어오게 막으셔야 합니다. 사랑하는 성도 여러분, 여러분도 알다시피 만약 천국으로 들어가는 문이 오직 선한 자들만을 위한 것이라면, 죄인들은 들어오지 못하게 막아야 합니다. 그렇지 않다면, 즉 죄인들도 들어올 수 있다면, 신사처럼 신분이 높은 자들을 위한 특별한 입구를 만들어 놓아야만 합니다. 다시 말해, 신사들은 자신의 공로가 기록된 입장권을 제시함으로써 자질 있는 사람들만 들어갈 수 있는 작은 개인 전용 문을 따로 만들어 놓아야만 한다는 것입니다. 그런데 행여 그런 문이 있다고 한다면, 우리는 성경을 고쳐야만 할 것입니다. 왜냐하면 이 복된 책은 우리에게 구원의 길은 오직 하나밖에 없다고 말하며, 또 주 예수 그리스도께서도 친히 자신이 바로 그 길이라고 말씀하고 있기 때문입니다. 성경은 오직 하나의 기초만 있다고 말씀하고 있습니다. "아무도 이미 놓은 기초 외에 능히 다른 기초를 놓을 수 없나니 이 기초는 곧 예수 그리스도시니라"(고전 3:11). 베드로 사도는 관리들과 이스라엘의 장로들(행 4:8)에게 말할 때, "이 예수는 너희 건축자들의 버린 돌로서 집 모퉁이의 머릿돌이 되었느니라 다른 이로써는 구원을 받을 수 없나니 천하 사람 중에 구원을 받을 만한 다른 이름을 우리에게 주신 일이 없음이라"(행 4:11-12)고 하였습니다. 만약 죄인들이 일부는 행위로 구원받고, 또 일부는 은혜로 구원받는다면, 내세울 만한 선행을 하지 못한 자들은 도대체 어떻게 되겠습니까? 그들은 잃어버린 자가 되겠습니까? 그렇지 않습니다. 내세울 것이 없는 그들이 구원받는다면, 그것은 오직 은혜로 말미암는 구원이어야만 합니다. 만약 그렇다면 사람을 구원하는 길에는 두 가지 길이 있어야만 할 것 같습니다. 즉, 어떤 사람들은 은혜로 말미암아 구원받습니다. 이런 죄인들을 위한 길이 하나 있어야 합니다. 또 다른 어떤 사람들은 은혜와 공로로 말미암아 구원받습니다. 이런 존경받는 이들을 위한 길이 또 하나 있어야 합니다. 이렇게 해서 우리는 천국에 이르는 두 개의 문을 가져야만 합니다. 그런데 왜 꼭 두 개의 문만 필요합니까? 스무 개의 문은 필요하지 않습니까? 이렇게 되면 결국, 우리는 이만 개의 서로 다른 천국에 이르는 길을 갖게 될 것입니다. 저는 예전에 「모든 사람은 자신만의 변호사를 가지고 있다」(*Every man's own lawyer*)라는 제목의 책을 본 적이 있습니다. 시간이 지나면 우리는 「모든 사람은 자신만의 구세주를 가지고 있다」(*Every man his own savior*)라는 제목의 책도 갖게 될지 모릅니다. 만약 구원의 길이 하나 이상이라면, 결국에는 이런 일도 실제 일어나기 마련입니다. 그러나 사실은 그렇지 않습니다. 또 그렇게 되어서도 안 될 것입니다. 하나님에게 나아오는 모두를 위한 구원의 길은 오직 하나, 예수 그리스도를 믿는 믿음뿐입니다. 만약 여러분이 이 좁은 길을 걷지 않는다면, 다시 말해 이 순례의 길을 따라 걷기에는 여러분이 너무 선하다면, 여러분은 자기 의라는 저주를 받아 스스로 멸망하게 될 것입니다. 진정으로 자기 의는 저주입니다. 왜냐하면 수많은 사람들이 자기 의로 인해 긍휼하심이라는 모든 소망으로부터 단절되었기 때문입니다. 이는 그들이 구원받기에는 너무나 선한 자들이라고 스스로 생각했기 때문입니다.

혹시라도 자기 의를 내세우는 자들이 구원받는다면, 제가 지금까지 인용한 성경 외에도 다른 성경 말씀들을 바꾸어야 할 것입니다. 우리 주 예수 그리스도 께서는 "건강한 자에게는 의사가 쓸 데 없고 병든 자에게라야 쓸 데 있느니라 나 는 의인을 부르러 온 것이 아니요 죄인을 부르러 왔노라"(막 2:17)고 말씀하셨습 니다. 여러분은 이 구절을 성경에서 삭제해야 합니다. 그리고 "경건하지 아니한 자를 의롭다 하시는 이"(롬 4:5)에 대한 말씀도 삭제해야 합니다. "허물의 사함을 받고 자신의 죄가 가려진 자는 복이 있도다"(시 32:1) 한 말씀도 더 이상 전해져 서는 안 될 것입니다. 오히려 우리는 다윗으로 하여금 이렇게 말하도록 해야 할 것입니다. "결코 전혀 죄 지은 적이 없고, 영생을 받을 만한 자신의 공로를 가진 자는 복이 있도다." 이런 법 아래에서는 가련한 다윗도 비참하게 제외될 것입니 다.

여러분은 성경뿐 아니라 교회도 바꾸어야 할 것입니다. 아마 저는 교회를 떠나야 할 것입니다. 제 형제자매들도 대부분 교회를 떠나야 할 것입니다. 왜냐 하면 우리는 교회에 남아 있는 여러분처럼 그렇게 선한 사람들과 함께 지낼 수 가 없기 때문입니다. 우리 모두는 죄인들이었습니다. 그런데 하나님께서 우리에 게 긍휼을 베푸셨습니다. 그분께서 우리를 많이 용서해 주셨기 때문에 우리는 그분을 많이 사랑하는 것입니다("그의 많은 죄가 사하여졌도다 이는 그의 사랑함이 많음 이라"눅 7:47] 참조 — 역주). 그러나 여러분처럼 자기 의를 내세우는 자들이 교회에 들어온다면 여러분은 우리와 사귀기를 결코 좋아하지 않을 것입니다. 왜냐하면 우리가 "하나님이어 불쌍히 여기소서 나는 죄인이로소이다"(눅 18:13)라고 하면 서 기도할 때에, 여러분은 우리에 대해 수치스럽게 여길 것이기 때문입니다. 하 지만 여러분은 다음과 같은 사실에 주목하십시오. 즉, 여러분을 기쁘게 하기 위 해 교회가 바뀌지는 않을 것입니다.

자기 의가 중시된다면, 우리가 가진 많은 수의 아주 훌륭한 찬송가들도 바 꾸어야 할 것입니다. 우리가 오늘 저녁에 부른 찬송가도 더 이상 부르지 못하게 될 것입니다. '만세 반석 열리니'(Rock of Ages, 토플레디[Augustus M. Toplady, 1740- 1778], 「21세기 찬송가」 494장 — 역주)와 같은 찬송도 찬송가에서 빠져야 합니다. 왜 냐하면 토플레디가 그 가사를 쓸 때 실수를 했다고 여길 것이기 때문입니다. '예 수, 내 영혼의 사랑'(Jesus, Lover of My Soul, 찰스 웨슬리[Charles Wesley]가 지은 찬송 가, 「21세기 찬송가」 388장 '비바람이 칠 때와' — 역주)과 같은 찬송가도 마찬가지로 빠 져야 할 것입니다. 만약 이런 체계가 올바른 것이라면, 다시 말해 선한 자들이 자신의 선함을 가지고서 그리스도에게 나아오고, 그들이 너무나 선하기 때문에 구원받게 된다면, 우리가 가진 전체 찬송가는 도대체 어떻게 되겠습니까? 그렇다면 모든 것들이 완전히 뒤바뀌게 될 것입니다. 하지만 이 점을 주목하십시오. 이런 완전한 뒤바뀜은 다른 방식으로 나타나게 된다는 점을 말입니다. 즉, 완전히 뒤바뀌게 될 것은 바로 여러분처럼 자기 의를 내세우는 자들이라는 것입니다. 만약 여러분이 계속해서 망상에 사로잡혀 거짓말을 믿는다면, 여러분은 이것으로 인해 고통 받게 될 것입니다. 저는 하나님의 긍휼하심 가운데서 하나님께 기도드리고 있습니다. 지금이라도 여러분을 참된 겸손으로 낮추어 주시고 여러분이 예수님의 발치에 엎드리게 해 달라고 말입니다. 혹시라도 여러분이 제가 기도한 대로 되지 않는다면, 주님께서 무오한 진리의 말씀대로 만물을 심판하시는 그 날에 여러분은 오시는 주님 앞에서 비천해질 것이며, 여러분이 착각하고 있는 의(義)는 그 때 마치 해가 떠오를 때의 서리처럼 녹아 사라지게 될 것이며, 여러분은 절망 가운데서 "내게 화로다! 내게 화로다!(시 120:5) 나는 나 자신이 선하고 탁월한 줄로 생각하였다. 하지만 지금 나는 버림받았다. 반면에 내가 경멸했던 죄인들은 그분의 놀라운 긍휼의 잔치에 영원토록 참여하고 있구나"라고 하면서 울부짖게 될 것입니다.

3. 이 바리새인들이 의롭다 하심을 받지 못하는 것은 아주 당연한 일입니다.

이제 저는 자신의 잣대로 보기에, 하나님의 은혜로 의롭다 하심을 받기에는 너무나 선해서 하나님의 은혜를 간구하지도 않는 자들에 대한 관찰을 종결하고자 합니다. 이들이 의롭다 하심을 받지 못하는 것은 아주 당연합니다. 이것이 왜 아주 당연한지 그 이유를 말하겠습니다. 먼저, 그들은 자신의 기준으로 평가하였기 때문입니다. 사람은 스스로를 평가할 수 있는 그런 대상이 되어서는 안 됩니다. 하나님께서 이런 바리새인을 예로 들어 말씀하신 것과 같이, 저도 이런 실례를 예전에 한번 경험한 적이 있습니다. 한 젊은 신사가 저를 찾아왔습니다. 아주 대단한 신사였습니다. 와서는 제게 대학교(College, 스펄전이 1857년 런던에 세운 학교로, 원래 이름은 '목회자 대학교'[The Pastors' College]이었으나, 그의 사후인 1923년에 현재의 건물로 이전하면서 '스펄전 대학교'[Spurgeon's College]로 개명되었다. 스펄전은 매주 월요일마다 여기서 강의하였다 – 역주)의 학생이 되기를 원한다고 말했습니다. 그는 말하기를, 자신은 앞으로 보여주게 될 비범한 천재적 자질을 갖춘 학생이 될 것이며, 자신과 같은 학생은 분명히 예전에 본 적이 없을 것이라고 했습니다. 물론 저는 놀랐으며 아주 만족하였습니다. 저는 그에게 어떤 식으로 자신의 천재적인 자질을 보여줄 수 있을지를 물어보았습니다. 그러자 그는 자신은 수년 동안 목회를 연구해 왔으며, 청산유수(靑山流水)처럼 말도 유창하게 할 수 있다고 했습니다. 그리고 면접관인 제가 원한다면, 제가 그에게 제시하는 어떤 주제라도 그 주제에 맞게 그 자리에서 당장 설교할 수도 있다고 말했습니다. 저는 그에게 "그럴 필요까지는 없습니다. 지금 당장 제가 당신의 설교를 들을 수는 없을 것 같습니다. 저를 만나기 위해 기다리는 사람들이 많으니까요"라고 말했습니다. 그는 계속해서 자신의 놀라운 업적들에 대해 제게 말하였습니다. 저는 그의 말을 중단시키고 "저는 당신의 지원을 정중히 거절합니다"라고 말했습니다. 그러자 그는 "도대체 이유가 무엇입니까?"라고 물었습니다. 저는 "글쎄요. 우리 대학교에는 당신과 같은 학생이 없습니다. 우리 학교에는 당신 같은 부류의 학생들이 없습니다." 그러자 그는 "그렇다면 잘되었네요. 이제 그런 학생을 얻게 될 때인 것 같은데요"라고 말했습니다. 그래서 저는 우리 학교에서 학생들을 기르칠 교수들은 아주 평범한 사람들이라고 말했습니다. 그 지원한 학생의 말에 따르면, 그는 학교에 들어올 때부터 교수들이 아는 것보다 훨씬 더 많이 알고 있다고 했기 때문이었습니다. 게다가 이 대학교의 학장(스펄전 자신을 가리킨다 — 역주) 역시 교수들보다 더욱더 평범한 사람이라고까지 그에게 말해 주었습니다. 그렇게 짧은 대화 가운데서 저는 그의 놀랄 만한 천재성으로 인해 적잖이 당황했기 때문에 저는 그의 입학 신청을 거절할 수밖에 없었습니다. 우리가 함께 교육이라는 한 배를 타기는 불가능했습니다. 왜냐하면 그는 이미 모든 것을 알고 있어서 더 이상 배울 게 없었기 때문입니다. 그러므로 그는 우리 학교의 학생이 될 필요도 없었던 것입니다.

　제가 그 신사의 입학을 거절한 것에 대해 그가 놀라는 반응을 보였을 것이라고 여러분은 상상할 것입니다. 제가 전적으로 그에게서 느낄 수 있었던 것은 그는 아주 놀랄 만큼 뛰어난 사람이었다는 점입니다. 그는 그런 자신의 모습을 자랑하였습니다. 저는 "나는 당신이 말하고자 하는 바를 하나부터 열까지 아주 속속들이 읽을 수 있어요. 당신이 얼마나 어리석은지도 다 알고 있지요"라고 그에게 말하고 싶었지만, 그렇게 말하지 않았습니다. 저는 그의 수준에 눈높이를 맞춰서 이렇게 말했습니다. "제가 당신을 우리 학교에 받아들이기에는 당신은 너무나 선한 사람이라"고 말했습니다. 그가 이런 대답을 듣는 것이 합당하다고 저는 믿습니다. 왜냐하면 솔로몬도 "미련한 자에게는 그의 어리석음을 따라 대답하라 두렵건대 그가 스스로 지혜롭게 여길까 하노라"(잠 26:5)라고 말했기 때문입니다. 오, 마지막 날에 하나님께서 자기 의를 내세우는 모든 어리석은 자들에게 그의 어리석음을 따라 얼마나 무섭고도 엄숙하게 대답하실지 모르겠습니다. "너희들은 저 세리와 같이 죄를 짓지 않았다고 말했다. 절대 그렇지 않다고 말했다. 그래서 너희들은 저 세리가 하는 것 같이 회개하지도 않았다. 그리스도께서 죄인을 구원하시려고 세상에 임하셨다(딤전 1:15). 하지만 너희들은 너희 자신의 판단을 따라 너희들은 죄인들 가운데 한 사람이 아니라고 한다. 그러므로 그리스도는 너희들을 구원하러 오지 않으셨다. 그리스도는 자신의 피를 흘려 더러운 자들을 씻어 주셨다. 하지만 너희들은 더러운 자들이 아니라고 말한다. 그러므로 너희들은 절대로 깨끗해지지 못할 것이며, 영원토록 지금 모습 그대로 있게 될 것이다." 하나님의 자비를 경멸하는 자들에게 임하는 재난을 하나님께서 얼마나 비웃으시는지, 그리고 그들에게 임할 두려움을 하나님께서는 얼마나 조롱하시는지를 자기 의를 내세우는 자들이 보도록 하는 것이 그들을 바로잡는 한 방법이 될 것입니다. 그들이 내세우는 모든 자기 의로 인해 그리스도와 그분의 보혈과 값없는 은혜와 복음 등이 조롱받고 비웃음을 받습니다. 그러므로 그들이 또 다른 유의 비웃음을 받게 될 그 때가 올 것입니다. 이것이 바로 그들이 받아야 할 당연한 일일 것입니다.

자기 의를 내세우는 자들이 의롭다 하심을 받지 못하는 것은 당연한 일입니다. 그들도 스스로 이에 대해 이상하게 생각할 수 없습니다. 왜냐하면 그들은 지금도 복음을 받아들이고 싶어하지 않는다는 것을 자신들도 알고 있기 때문입니다. 그들이 복음의 축복을 받지 못한 것에 대해 그들은 이상하게 생각할 수 없습니다. 왜냐하면 그들은 그런 용어조차 좋아하지 않기 때문입니다. 말하기 죄송하지만, 여러분 가운데는 지금도 자신의 죄를 고백하고 싶어하지 않는 사람들이 있습니다. 여러분은 그분의 자비하심으로 말미암아 구원받기를 원하지도 않고, 하나님께서 베푸시는 과분한 주권적인 은혜로 떨어져가는 무저갱에서 건져 주시기를 바라지도 않는다고 말합니다. 여러분은 하나님에 대해 요구할 수 있는 어떤 권리가 있기 때문에 이 구원의 문제에 있어서 어떤 식으로든 여러분이 반드시 관여해야만 한다고 생각하고 있습니다. 좋습니다. 그렇다면 여러분이 받기를 원하지 않던 것이 여러분에게서 거부된다고 하여 여러분이 의아하게 생각할 필요는 없지 않겠습니까? 자신의 두 눈을 감은 사람은 태양 빛이 더 이상 자신을 비추지 않는다고 하여 놀라서는 안 될 것입니다. 사람들이 듣고 싶어하지 않을 때 그 말 하던 음성이 중단되었다고 하여 이상하게 생각해서도 안 될 것입니다. 자신의 의를 신뢰하는 여러분이여, 하나님께서 여러분의 말을 액면 그대로 받아들이셔서, 그리스도의 피와 의를 받아들이기를 거부하는 여러분의 모습을 보시고, 하나님께서 의롭게 여러분이 여러분의 죄악 가운데서 멸망하게 내버려 두지 않으시도록, 여러분은 스스로 삼가십시오.

사람이 자기의 자존심 때문에 일종의 영원한 순교자가 된다는 것은 얼마나 끔찍한 광경이겠습니까! 지옥에 있는 마귀들까지도 이렇게 물을 것입니다. "왜 그 사람이 지옥에 왔나? 그는 불의한 사람이었나?" 아닙니다. "그는 토색하는 자였나?" 아닙니다. "그는 간음하는 자였나?" 아닙니다. "그렇다면, 왜 그는 이곳에 왔나?" 왜냐하면 그는 은혜로 천국에 오려고 하지 않았기 때문입니다. 그는 자신이 다른 사람들과 같지 않음을 하나님께 감사했던 사람입니다. 그러나 지금은 하나님께 그렇게 감사히지 않습니다. 왜냐하면 그가 멸시하던 그 많은 다른 사람들은 구원을 받았지만 정작 자신은 버림받았기 때문입니다. "그런데 그는 왜 지옥에 가는가?" 그는 자기의 자존심을 지키고 자신의 방식을 고집하면서 그리스도의 의로운 법에 자신의 고개를 숙이지 않은 바로 그 이유 때문입니다. 사람이 자기 나라를 위해 자기 생명을 바칠 때, 사람이 과학을 위해 자기 생명을 바칠 때, 그리고 무엇보다도 사람이 하나님과 진리를 위해 자기 목숨을 불에 내어줄 때, 저는 그 사람에게 경의를 표할 수 있습니다. 하지만 사람이 자기의 자존심을 위해 자기 영혼을 버릴 때, 천사들과 사람들은 영원한 경멸로 그를 크게 망신시킬 것입니다. 오, 사랑하는 성도 여러분, 저는 여러분을 위해 기도합니다. 혹시라도 교만이 여러분을 천국에 가지 못하게 한다면, 교만을 단념하고서 여러분 자신을 예수님의 발치에 내던지십시오! 아주 작은 구멍을 통해 포도원에 들어간 여우라는 옛 우화(이솝 우화에 나오는 '여우와 포도 이야기'이다 — 역주)가 우리에게 말해 주고 있습니다. 여우는 들어갈 때는 아주 홀쭉했지만, 너무나 많은 포도를 먹어서 들어올 때보다 두 배나 더 커져 버린 몸 때문에 다시는 밖으로 나올 수 없게 되어 버렸습니다. 그래서 그 여우는 포도원에서 잡혀 죽었습니다. 여우가 도망 치기에는 너무나 몸이 커져 버렸던 것입니다. 그 여우는 달리 해볼 일이 없습니다. 그냥 앉아서 예전의 몸으로 돌아가기까지 굶으며 안전하게 빠져 나갈 곳을 찾는 수밖에 없는 것입니다. 혹시라도 여러분이 자신의 의로 너무나 커져 버렸다면, 그래서 그리스도에게 순복하고 그분을 신뢰하고 순종하는 그 좁고 험한 길을 헤쳐 나올 수 없다면, 여러분은 반드시 자신을 축소하고 굶어서라도 그 길에 맞도록 줄여야 합니다. 저는 여러분을 위해 기도합니다. 여러분도 파산한 죄인, 빈 마음인 죄인, 정죄 받은 죄인이 되어 십자가에 달린 그리스도를 바로 바라보고 살아가게 될 때까지 여러분이 신속히 작아지도록 말입니다.

> "십자가에 달리신 그분을
> 보는 데 생명 있네,
> 바로 이 순간
> 당신을 위한 생명 있네."

만약 여러분이 보기만 한다면 거기서 생명을 얻게 될 것입니다. 그러나 만약 여러분이 오직 자신만을 바라보고서 생명을 얻고자 한다면, 여러분은 죄악 가운데서 멸망하게 될 것이며, 여러분의 피가 여러분의 머리로 돌아갈(행 18:6) 것입니다. 이와 관련된 모든 자들의 마음에 새겨지도록 예수 그리스도로 말미암아 하나님께서 이 말씀에 축복하옵소서! 아멘.

제
72
장

—

하나님의 나라를
어린 아이와 같이 받아들이기

—

"내가 진실로 너희에게 이르노니 누구든지 하나님의 나라를
어린 아이와 같이 받아들이지 않는 자는 결단코 거기 들어
가지 못하리라 하시니라." — 눅 18:17

　　우리 주님께서 어린 아이들을 축복해 주셨을 때는 예루살렘으로 마지막 여
행을 하시던 중이었습니다. 따라서 그분께서 어린 아이들에게 해 주신 축복은
작별의 축복이었습니다. 주님의 작별은 우리에게 다음의 말씀을 생각나게 합니
다. 즉, 주님께서 승천하시기 전 그의 제자들에게 하신 이별의 말씀 가운데, "내
어린 양을 먹이라"(요 21:15)는 온화한 부탁의 말씀 말입니다. "어린 양을 그 팔
로 모아 품에 안으시는"(사 40:11) 이스라엘의 큰 목자(히 13:20)에게 이러한 다
스리는 감정은 아주 강력했습니다. 따라서 그분이 이별 여행을 하시는 동안 어
린 아이들에게 은혜로운 축복을 베풀어 주시는 것은 합당한 사역이었습니다.
　　사랑하는 성도 여러분, 우리 주 예수 그리스도께서는 지금 이 자리에 인성
을 지닌 채로 우리 가운데 계시지는 않습니다. 하지만 우리는 그분께서 지금 어
디 계시는지 알고 있습니다. 그분은 하늘에서는 모든 능력을 입고 계시며, 땅에
서는 그 능력으로 자기 백성들을 축복해 주신다는 사실도 우리는 알고 있습니
다. 그러므로 우리는 오늘 그분께 가까이 나아가도록 합시다. 우리는 그분께서

사귐의 한 표현으로 우리를 어루만져 주시기를 간구하고, 우리를 도우시어 중보해 주시기를 요청합시다. 우리는 다른 사람들을 우리의 기도제목에 넣도록 합시다. 이들 가운데 우리의 어린 아이들도 넣읍시다. 진실로 모든 어린 아이들을 맨 앞에 넣도록 합시다. 어린 아이를 예수님 앞에 데리고 나온 팔레스타인 여인보다 우리는 예수님에 대해서 더 많은 것을 알고 있습니다. 이 여인들은 자신의 어린 아이들을 예수님께서 축복해 주시고, 또한 우리가 예수님을 받아들인 것과 똑같이, 이 어린 아이들이 예수님을 받아들이도록 그분 앞에 아이들을 데리고 왔습니다. 그러므로 우리는 이 여인들보다 더욱 열심을 냅시다. 예수님은 축복해 주려고 기다리고 계십니다. 그분의 성품은 변함이 없으며, 그분의 은혜는 고갈되지 않습니다. 그분은 여전히 죄인을 받아주시듯, 어린 아이들도 여전히 축복해 주십니다. 우리가 부모이든 선생이든 간에, 그분께서 우리의 어린 아이들을 받아 주시고 축복해 주셔서, 이 어린 아이들이 하나님의 나라에 들어갔다는 확신이 우리 가운데 있기까지는 우리 모두 절대로 안심하지 맙시다.

주님의 제자들은 어린 아이들이 주님께 나아오는 것을 막았을 뿐만 아니라 이들을 데리고 온 사람들을 꾸짖기까지 하였습니다. 우리의 구세주께서는 이런 모습을 보고서 기분이 대단히 나쁘셨습니다. 그래서 그분께서는 제자들을 불러 더욱 자세히 가르치셨습니다. 그때 그 제자들에게 알려주신 바가 다음과 같습니다. 즉, 어린 아이들을 훼방꾼으로 생각하지 말고 이 어린 아이들이야말로 그분에게 최고로 환영받는 자들로 여길 것이며, 어린 아이들을 침입자로 생각하지 말고 이들은 가까이 나아올 수 있는 충분한 권리를 가진 자들로서, 그분의 나라는 어린 아이들과 이 어린 아이와 같은 사람들로 이루어져 있다고 가르쳐 주셨습니다. 더구나 그분께서는 어린 아이들이 천국에 들어오는 것과 같은 방식으로 모든 사람이 천국에 들어올 수 있다고 선포하셨습니다. 그분은 "진실로"라는 자신만의 고유한 표현을 사용하시어 거룩한 확실성으로 말씀하셨습니다. 또한 "내가 너희에게 이르노니"라는 표현으로 자신의 인격적인 권위를 실어서 말씀하셨습니다. 본론에 앞선 이런 표현들은 다음과 같은 사실을 우리가 경건하게 주목하도록 하기 위한 의도에서 사용하신 것입니다. 즉, 어린 아이들이 하나님의 나라에 들어가도록 허락되는 것이 결코 특별하거나 이상한 일이 아니며, 어린 아이들이 복음을 받아들이듯이 그렇게 복음을 받아들이지 않는 자는 그 누구도 하나님의 나라에 들어올 수 없다는 사실 말입니다. 오늘 아침에 우리에게 주시는 주제가 바로 주님의 이 말씀입니다. 거룩하신 성령님께서 이 말씀을 우리에게 열어 주시고, 이 말씀이 우리의 마음에 새겨지기를 기원합니다.

저는 세 가지 사안에 대해서 말씀드리고자 합니다. 첫 번째, 주님께서 오늘 본문 말씀을 통해서 어린 아이들을 꾸짖은 제자들이 가졌던 은밀한 생각에 대해서, 두 번째, 본문에 나타난 우리 주님의 공개적인 선포에 대해서, 그리고 세 번째로, 이렇게 해서 그분께서 우리에게 주시는 격려에 대해서 살펴보겠습니다.

1. 제자들의 은밀한 생각

첫 번째로, 말로는 표현하지 않았지만, 행동으로 표현되었던 제자들의 은밀한 생각에 대해 말씀드리겠습니다.

첫째로, 제자들은 어린 아이들을 너무나 하찮은 존재라고 여겼기 때문에 주님의 시간이 이들로 인해 빼앗겨서는 안 된다고 생각한 것이 분명합니다. 만약 어떤 왕자가 예수님에게 오기를 원했다면, 베드로와 다른 제자들은 틀림없이 그를 소개하느라 부산을 떨었을 것입니다. 그러나 여러분도 알다시피 이들은 어린 아이들과 소년과 소녀들과 함께 온 가난한 여인에 지나지 않았습니다. 혹시 이 어린 아이들이 제자들과 같은 보통 사람이기라도 했다면, 제자들은 적어도 이들을 꾸짖고 쫓아버리지는 않았을 것입니다. 그런데 이들은 그저 일개 어린 아이들에 불과했습니다! 그것도 젖먹이들과 아주 어린 아이들이었습니다! 이런 어린 아이들이 위대한 스승에게 달려드는 것은 너무나도 바람직하지 않은 일이었습니다. 이 어린 지원자들에게 해당하는 단어로, 젖먹이로부터 열두 살까지에 해당하는 나이 대의 어린 아이들을 지칭하는 말(파이디온 — 역주)이 사용되었습니다. 이 어린 아이들이 달려드는 것 외에도 틀림없이 예수님에게는 신경 써야 할 것들이 충분히 많았을 것입니다. 그분에게는 생각해야 할 좀 더 고귀한 주제들이 있었고, 돌봐야 할 더욱 중요한 대상들이 있었습니다. 이 어린 아이들은 그 주제와 대상들에 비하면 아주 작은 존재였으며, 이 어린 아이들은 그분의 주목을 받기에는 턱없이 부족하였습니다. 제자들은 마음속으로 그렇게 생각했던 것입니다. 그러나 사랑하는 성도 여러분, 어린 아이들이 주님께 나아가는 것이 그렇게 하찮은 문제라면, 도대체 우리 가운데 누가 주님의 관심을 끌 것으로 기대할 수 있겠습니까? 그분께서 보시기에 어린 아이는 틀림없이 별 볼일 없는 존재일 것이라고 우리가 만약 생각한다면, 도대체 우리는 어떻게 되겠습니까? 그분께서는 매우 작은 것을 드시듯 섬들을 드시기 때문에(사 40:15, KJV), 땅에 거하는 자들은 메뚜기 같을 뿐입니다(사 40:22, KJV). 맞습니다. 우리 모두는 주님 앞에서 참으로 없는 것들(고전 1:28, KJV)이나 마찬가지입니다. 만약 우리가 겸손하다면 이렇게 외칠 것입니다. "사람이 무엇이기에 주께서 그를 깊이 생각하시나이까? 사람의 아들이 무엇이기에 주께서 그를 찾아오시나이까?"(시 8:4, KJV). 주님께서는 작고 하찮은 자들을 눈여겨보지 않으신다고 우리가 착각한다면, 우리는 다음과 같은 말씀에 대해서 어떻게 생각해야 합니까? "참새 두 마리가 한 앗사리온에 팔리지 않느냐 그러나 너희 아버지께서 허락하지 아니하시면 그 하나도 땅에 떨어지지 아니하리라"(마 10:29). 하나님께서는 참새에 대해서도 신경을 쓰십니다. 그런데 하물며 어린 아이들에 대해서 그분이 신경 쓰지 않으시겠습니까? 하찮다는 그 생각 자체를 즉시 버려야 합니다. "여호와께서는 높이 계셔도 낮은 자를 굽어 살피시는"(시 138:6) 분이십니다. 그런데 어린 아이들이 그토록 하찮은 자들입니까? 이 어린 아이들도 천국 백성이 아닙니까? 어린 아이들도 천국 백성이라고 여러분은 확신하지 않으십니까? 저는 하늘 인구 중 아주 상당한 부분을 어린 아이들이 차지하고 있다고 확신합니다. 수많은 유아들이 새 예루살렘 거리를 발로 밟고 다니고 있습니다. 주님께서는 유아들이 자범죄를 범하기 전에 이들을 어머니의 품에서 움켜쥐시고 인생의 수고로운 순례 길에서 건져 내셨습니다. 그래서 이들은 하늘에 계신 우리 아버지의 얼굴을 항상 뵈옵고(마 18:10) 있습니다. "하나님의 나라가 이런 자의 것"(눅 18:16)입니다. 그런데 여러분이 이들을 하찮은 자들이라고 말할 수 있겠습니까? 아이들은 택한 군대 가운데서도 가장 많은 수의 무리를 이루고 있습니다. 그런데 감히 이들을 무시할 수 있겠습니까? 저는 형세를 역전시켜서, 어른들이야말로 하찮은 존재들이라고 말하겠습니다. 그들 가운데 주님을 섬기는 남은 자들은 아주 극소수일 뿐입니다. 이런 이유 외에도 많은 아이들은 나중에 자라서 인류의 자산이 됩니다. 그러므로 우리는 어린 아이를 하찮은 존재로 생각해서는 안 됩니다. 어린 아이는 어른의 아버지입니다. 어린 아이에게는 큰 가능성과 재능들이 있습니다. 어린 아이의 인성은 아직 다 개발되지 않았지만, 곧 개발될 것입니다. 그러므로 어린 아이를 하찮게 여기는 자는 곧 어른을 망치는 것입니다. 소년의 마음을 유혹하는 자는 곧 어른의 영혼을 멸망시키는 것입니다. 젊은이의 귀에 주입된 작은 오류는 그 오류의 독이 서서히 퍼져나가 마침내 치명적인 부분을 건드릴 때, 곧 어른을 죽음에 이르게도 할 수 있는 것입니다. 어린 아이의 마음 밭에 뿌려진 잡초는 그 어린이가 자라나면서 함께 자라고 아이의 전성기에도 함께 무르익다가, 인생의 내리막길에서 지독하게 부패하여 썩을 뿐입니다. 반면에 어린 아이의 마음에 떨어진 진리는 그 마음에 열매를 맺어 어른이 되면 그 열매를 보게 될 것입니다. 선생님의 온화한 음성을 들으며 교실 안에 있는 저 어린 아이는 자라서 루터와 같은 인물이 되어 진리를 열렬히 선포함으로써 세상을 뒤흔들어 놓을 수도 있습니다. 우리 가운데 도대체 누가 그런 것을 알 수 있겠습니까? 어쨌든 소년은 그 마음에 진리를 품고 자라면서 주님께 영광 돌리고 주님을 경외할 것입니다. 그래서 그는 이 악한 시대에서도 경건한 씨앗을 생생하게 보존하는데 일조(一助)할 것입니다. 그러므로 그 누구도 어린 아이를 무시하거나 이들을 하찮은 존재로 여기지 말아야 합니다. 저는 이들에게 맨 앞자리를 내주어야 한다고 주장합니다. 비록 다른 사람들이 뒤에 앉게 된다 해도 어쨌든 어린 아이들은 연약하기 때문에 자리를 양보해 주기를 저는 부탁드립니다. 어린 아이들이야말로 이 세상의 미래입니다. 과거는 이미 지나가 버렸고, 우리는 그 과거를 바꿀 수도 없습니다. 현재도 우리가 바라보고 있는 동안 지나가 버릴 것입니다. 그러므로 우리의 소망은 미래에 달려 있습니다. 사랑하는 성도 여러분, 결론적으로 어린 아이들에게 자리를 양보해 주십시오. 이 소년 소녀들을 위해서 자리를 양보해 주시기 바랍니다.

　게다가 큰 어른들인 사도들은 이 어린 아이들의 마음이 너무나 경박(輕薄)하다고 생각하지 않았을까 저는 추측합니다. 어린 아이들은 장난과 유치한 놀이를 재미있어 합니다. 이들은 예수님의 팔에 안기는 것을 일종의 놀이 정도로 여길 수 있습니다. 그들에게는 이런 행위가 재미난 일일 것입니다. 그들은 그들의 몸짓이 얼마나 장엄한 것인지에 대해 아무런 생각이 없을 것입니다. 좋습니다! 당연합니다! 그런데 그것이 경박한 일입니까? 그로 인해 어린 아이들이 경박한 죄를 범했다고 말할 수 있겠습니까! 오, 사랑하는 성도 여러분, 여러분도 경박한 자들이지 않습니까! 만약 누가 더 경박한지 그 정도를 비교해 본다면, 어린 아이들과 다른 성인들 가운데서 어느 쪽이 더 경박하겠습니까? 남자들은 감각적인 쾌락을 즐기기 위해 살아가고, 여자들은 멋진 옷을 입고 사교모임에서 시간을 보내면서 살아갑니다. 이보다 더 큰 경박함이 어디에 또 있겠습니까? 아니, 더 나아가서, 단지 부를 위해서만 재물을 쌓아두는 것이야말로 비참한 경박함이 아니고 무엇이겠습니까? 어린 아이들의 놀이에는 속임수가 없습니다! 그러나 대다수의 어른들은 어린 아이들보다 더 큰 규모로 경박합니다. 이것이 어른과 아이들 간의 주된 차이점입니다. 어린 아이들은 하찮은 것들을 가지고 놀다가 그 장난감들을 쉽게 망가뜨리기도 합니다. 어린이들이 가지고 노는 장난감들은 어린 아이들이 가지고 놀다가 경우에 따라서는 망가질 수도 있도록 만들어진 것이지 않습니까? 어린 아이가 경박하게 노는 것은 어린이로서 당연한 일일 뿐입니다. 그러나 너무 슬픈 일이 있습니다. 저는 자기 영혼을 가지고, 그리고 천국과 지옥과 영원을 가지고 경박하게 장난치는 남녀들을 알고 있습니다. 그들은 하나님의 말씀을 가지고 경박하게 장난칩니다. 그들은 하나님의 아들을 가지고 경박하게 장난칩니다. 그들은 하나님 자신을 가지고 경박하게 장난치고 있습니다! 어린 아이들이 쓸데없는 짓을 한다고 절대로 그들을 나무라지 마십시오. 왜냐하면 종종 그들이 하는 하찮은 게임도 어른들이 추구하는 일종의 놀이만큼이나 어린 아이들에게는 유용하고 진지한 것들이기 때문입니다. 상원 의원들이 행하는 회의나 의회의 토론들 가운데 절반 이상은 이 어린 아이들의 놀이보다 훨씬 더 못한 것들입니다. 전쟁이라는 게임은 어린 소년들이 대단히 까불거리며 장난치는 것과는 비교도 할 수 없을 만큼 엄청나게 어리석은 짓입니다. 큰 아이들의 행동이 어린 아이들이 행하는 것보다 더 악하게 경박합니다. 온 세상이 어리석은 짓을 행하고 있는데 유독 어린 아이들만 경박하다고 절대로 경멸하지 마십시오.

사람들은 이렇게 말합니다. "맞습니다. 그런데 우리가 어린 아이들이 그리스도에게 나아오도록 허락하고 또 그분께서 어린 아이들을 축복해 주신다 해도, 그 어린 아이들은 이 모든 것을 곧 잊어버릴 것입니다. 그리스도의 모습이 아무리 사랑스럽고, 또 그분의 말씀이 아무리 신령하다 해도, 그들은 다시 장난을 치러 돌아갈 것이며, 잘 잊어버리는 그들의 특성상 이 모든 것들을 전혀 기억하지도 못할 것입니다." 우리가 직면하게 되는 이런 비난은 똑같이 다른 사람들에게도 적용됩니다. 어른들은 잘 잊지 않습니까? 대부분의 설교자들이 얼마나 잘 잊는 세대들에게 말씀을 전하고 있는지 모릅니다! 진정 이 세대야말로 이사야 선지자가 말한 세대와 똑같습니다. "반드시 훈계 위에 훈계가 있어야 하며 훈계 위에 훈계가 있어야 하고 줄 위에 줄이 있어야 하며 줄 위에 줄이 있어야 하되 여기에도 조금 저기에도 조금 있어야 하리니"(사 28:10, KJV). 이것은 슬픈 일입니다. 설교를 듣는 많은 사람들은 설교자가 자신이 감당해야 할 절망적인 사역으로 완전히 혹사될 때까지 전해지는 복음을 거듭거듭 들어야만 합니다. 왜냐하면 이들은 거울로 자기의 타고난 얼굴을 보고서도 밖에 나가서는 자기 얼굴이 어떻게 생겼는지를 잊어버리는 그런 사람들과 같기 때문입니다. 그들은 여전히 죄악 가운데 살고 있습니다. 하나님의 말씀이 그들 마음에 머물러 있지 않습니다. 망각!, 그 때문입니다. 잘 잊어버린다고 어린 아이들을 나무라지 마십시오. 그런 비난을 여러분이 받지 않도록 조심하십시오.

그런데 정말 어린 아이들이 잘 잊습니까? 제 생각에 우리가 나이 들어서도 가장 잘 기억하는 시간들은 우리가 아주 어렸을 때 일어난 일들인 것 같습니다. 어쨌든 저는 백발이 희끗한 분을 만나 악수를 나눈 적이 있습니다. 그는 현재 노년기와 어릴 때의 기억을 제외하고는 거의 모든 일들에 대한 기억이 없었지만, 가정에서 일어났던 작은 일들과 어머니의 무릎을 베고서 배운 찬송가와 아버지나 누이가 자신과 시간을 보내며 했던 말들은 기억하고 있었습니다. 어린 시절에 들은 음성들은 전 인생을 통해 울려 퍼집니다. 보통 제일 먼저 배운 것이 가장 늦게 잊힙니다. 우리 주님의 축복 소리를 들었던 어린 아이들은 그 음성을 결코 잊지 못할 것입니다. 그분의 얼굴은 이들의 마음속에 사진처럼 새겨질 것이며, 그분의 부드럽고 친절한 미소도 그들은 절대 잊지 못할 것입니다. 어린 아기를 데리고 오는 것을 보고 꾸짖은 것은 베드로와 야고보와 요한 그리고 여러분 모두 다 한 가지로 실수한 것입니다. 그러므로 여러분은 어린 아이들이 예수님에게 오는 것을 용납해야만 합니다.

또한 그들은 어린 아이들이 충분한 능력을 갖추지 못했다라고 생각했을 것입니다. 아니면 예수 그리스도께서 어린 아이들이 받아들일 수 있는 능력을 넘어서는 아주 놀라운 말씀을 하셨다고 생각할 수도 있습니다. 하지만 실로 이것이야말로 큰 착각입니다. 왜냐하면 어린 아이들은 우리 주님의 가르침을 쉽게 받아들일 수 있기 때문입니다. 그들은 다른 어떤 책보다도 신약을 통해서 글 읽는 것을 제일 먼저 배우게 됩니다. 예수님의 말씀은 어린 아이들도 이해하기 쉽고 이들에게도 맞춰져 있기 때문에, 어린 아이들이 그저 한번 읽어보기만 해도, 다른 사람들의 어떤 말보다 예수님의 말씀을 더 잘 받아들입니다. 어린 아이들은 어린이 시절의 예수님을 더 쉽게 이해합니다. 이런 일에 능력이 무슨 상관입니까? 도대체 무슨 자질이 부족하다는 것입니까? 믿을 만한 자질을 말하는 것입니까? 여러분에게 말합니다. 어린 아이들은 다 자란 어른들보다 더 많은 자질을 가지고 있습니다. 저는 지금 믿음의 영적인 부분에 대해서 말하고 있는 것이 아닙니다. 정신적인 능력과 관련해서는 어린 아이들의 마음에도 믿음을 받아들일 만한 자질이 어느 정도 있습니다. 어린 아이들이 가진 믿음의 능력은 미신까지 믿을 정도로 과도한 믿음도 아니며 허위로 왜곡되지도 않았으며, 사악한 불신앙으로 그 믿음이 불구가 되지도 않았습니다. 오직 성령님께서 그 능력을 거룩하게 지켜주시어 하나님을 믿는 풍성한 믿음이 생겨나게 하십니다.

그렇다면 도대체 어떤 측면에서 어린 아이들은 능력이 부족합니까? 그들은 회개하는 능력이 부족합니까? 분명히 말합니다. 전혀 그렇지 않습니다. 저는 어떤 소녀가 자신이 행한 잘못으로 인해 처절하게 우는 것을 똑똑히 보았습니다. 수많은 어린 아이들의 마음속에 있는 부드러운 양심으로 인해 자신의 허물을 깨달았을 때, 그 어린 아이들은 자신이 이루 말할 수 없을 정도로 비참한 상태에 처한 줄을 인식하게 됩니다. 우리가 예전에 어린 아이였을 때 우리의 마음을 마치 예리한 화살처럼 찌르던 그 양심의 가책 때문에 고민했던 기억을 여러분 중에도 기억하고 있는 사람이 있지 않습니까? 저 역시 예전 어린 시절에 죄 때문에 안절부절못하고 극심한 괴로움 속에서 주님을 찾았던 때를 지금도 생생히 기억하고 있습니다. 어린 아이들도 회개할 능력이 충분히 있습니다. 성령 하나님께서 그들 안에서도 회개의 역사를 행하십니다. 이것은 추측이 아닙니다. 왜냐하면 우리 자신이 그에 대한 살아 있는 증거들이기 때문입니다.

그렇다면 도대체 어린 아이들은 어떤 능력이 부족합니까? 어떤 사람은 "말하자면, 어린 아이들은 충분한 이해력을 갖고 있지 않다"라고 말합니다. 이해력이라고요? 무슨 이해력을 말하는 것입니까? 만약 예수님을 믿는 이 종교가 현대의 어떤 사상과 같은 것이라면, 다시 말해 이 종교가 소위 '교양 있는' 부류만이 이해할 수 있는 그런 고상한 허튼 소리에 불과하다면, 어린 아이들은 그런 것을 이해할 능력이 없을 것입니다. 그러나 이 종교가 진정으로 불쌍한 사람들을 위한 성경의 복음이라면, 이 복음 안에는 예수님의 양 떼 가운데서 가장 조그마한 어린 양도 전혀 물에 빠질 두려움 없이 건널 수 있는 얕은 물가가 있을 것입니다. 성경 안에는 여러분 같은 리워야단(leviathan, 욥 41:1)들도 뛰어들었다가는 그 밑바닥을 찾지도 못할 만큼 엄청난 신비들이 있는 것이 사실입니다. 그러나 이와 같은 심오한 것들이 구원에 필수적인 것은 아닙니다. 만약 이런 것들이 필수적이었다면, 우리 가운데 소수만이 구원을 받게 될 것입니다. 구원에 필수적인 것들은 지극히 간단해서, 그 어떤 어린 아이도 자신에게 평화를 가져다주는 것들을 이해하려다가 절망 가운데 주저앉을 필요가 없습니다. 십자가에 못 박히신 그리스도는 현인(賢人)들을 위한 수수께끼가 아니라, 평범한 사람들을 위한 평범한 진리입니다. 맞습니다. 그리스도는 어른을 위한 밥이기도 하지만, 유아를 위한 젖이기도 합니다(고전 3:2 참조).

　　어린 아이들은 하나님을 사랑할 수 없다고 여러분은 말하는 것인가요? 결국 이 부분이 기독교 교육에서 가장 중요한 부분 중의 하나입니다. 어린 아이들은 하나님을 사랑하는 그 단계까지 도달할 수 없다고 여러분은 착각한 것입니까? 아니겠지요. 여러분은 그렇게 말하지도 않았고, 감히 그런 생각조차 하지 않았습니다. 왜냐하면 하나님을 사랑하는 그 능력이 어린 아이들의 마음속에도 크게 존재하기 때문입니다. 하나님께서는 어린 아이들의 마음속에 있는 하나님을 사랑하는 큰 마음이 우리 속에도 그렇게 크게 있기를 원하고 계십니다!

　　사도들의 생각을 한두 마디로 요약해 보겠습니다. 사도들은 어린 아이들이 자신들과 같지 않기 때문에, 즉 성인 남녀들이 아니기 때문에, 그리스도에게 나아와서는 안 된다고 생각하였습니다. 어린 아이들은 예수님께서 축복해 주실 만큼 몸도 크지 않고 키도 크지 않고 충분히 자라지도 않았으며, 게다가 충분히 위대한 인물도 아니었습니다! 사도들은 이렇게 어중간하게 반만 생각하였습니다. 어린 아이는 어른과 다르기 때문에 절대로 주님께 나아와서는 안 된다고 사도들은 생각하였습니다. 복되신 구세주께서는 이런 생각의 판도를 완전히 뒤바꾸셨습니다. 주님께서는 "어린 아이가 어른처럼 되기 전까지는 내게 나아와서는 안 된다고 그렇게 말하지 마라. 도리어 너희들이 어린 아이처럼 되기 전까지는 내게 나올 수 없다는 사실을 알아라. 어린 아이가 너희와 같지 않다는 데서 어린 아이의 방식에 문제가 있는 것이 아니다. 문제는 바로 너희에게 있다. 너희가 어린 아이와 같지 않은 것이 바로 문제이다"라고 말씀하셨습니다. 어린 아이들이 위로 자라(grow up) 어른이 될 때까지 어린 아이들이 기다려야 할 필요가 있는 것이 아니라, 어른들이 반드시 아래로 자라(grow down, '낮아지다, 겸손해지다'라는 의미도 있다 — 역주) 어린 아이와 같이 되어야 할 필요가 있습니다. "누구든지 하나님의 나라를 어린 아이와 같이 받아들이지 않는 자는 결단코 거기 들어가지 못하리라." 우리 주님의 말씀은 그 제자들의 생각에 대한 완벽하고도 전적으로 충분한 대답입니다. 우리 각자도 이 말씀을 읽으면서 지혜를 얻을 수 있습니다. "나의 어린 아이가 나처럼 다 자란 후에 그리스도에게 나아가면 좋을 텐데"라고 우리는 말하지 맙시다. 오히려 우리가 다시 어린 아이가 되어 지금 우리가 알고 있는 많은 것들을 잊어버려서, 관습과 편견을 깨끗이 씻어내고, 어린 아이의 참신함과 단순함으로 열심히 다시 시작할 수 있기를 우리는 갈망합시다. 영적으로 어린 아이가 되기를 위해서 우리가 기도할 때, 성경은 우리의 이 기도에 인을 쳐 줍니다. 왜냐하면 성경에는 "사람이 거듭나지 아니하면 하나님의 나라를 볼 수 없느니라"(요 3:3)는 말씀과 함께 "너희가 돌이켜 어린 아이들과 같이 되지 아니하면 결단코 천국에 들어가지 못하리라"(마 18:3)는 말씀도 기록되어 있기 때문입니다. 이제 제자들의 그 은밀한 생각에 대해서는 이 정도로 말하고자 합니다.

지금 저는 이 아침에 여러분 가운데 혹시라도 이런 생각을 머리나 가슴에 가지고서 우물쭈물하는 사람들이 있지는 않을지 궁금합니다. 혹시 여러분은 이런 식으로 생각하고 있지는 않습니까? 설령 여러분이 그렇게 생각한다 해도 저는 놀라지 않을 것입니다. 이런 생각이 옛날처럼 그렇게 흔한 생각이 되지 않기만을 바랄 뿐입니다. 저는 어느 지역에 사는 나이든 사람들 가운데서 젊은이들의 경건에 대해 심하게 의심을 하는 사람들을 본 적이 있습니다. 그 나이 든 사람들은 어린 아이들을 교회에서 받아들인다는 생각만 해도 고개를 흔들었습니다. 심지어 어떤 사람은 어린 회심자들에 대해서도 "고작 소년 소녀들일 뿐이다"라고 감히 말하기도 하였습니다. 어리다는 이유로 이들에 대해 더 나쁜 사람인 것처럼 말했습니다. 많은 사람들은 어린 아이가 회심했다는 이야기를 들으면 아주 미심쩍어합니다. 그러다가 그 어린 아이가 영적으로 갑자기 죽기라도 하면, 그때서야 그 아이에 대한 모든 것을 믿습니다. 행여 그 어린 아이가 영적으로 살아 있다면, 그들은 자신의 도끼날을 날카롭게 갈아서 검사해 본답시고 그 어린 아이를 베어보려고 할 것입니다. 회심한 어린 아이는 모든 교리들을 분명하게 알아야 하며, 이상할 만큼 근엄한 모습을 보여야만 합니다. 장성한 모든 어른들이라고 해서 성경이 말하는 좀 더 고상한 교리들을 다 알고 있는 것은 아닙니다. 하지만 젊은 사람이 이런 것들을 알지 못하면, 그 사람은 회심자에서 제외되고 맙니다. 어떤 사람들은 어린 아이도 거룩한 은혜의 사람이 될 수 있다는 말에 그 아이에게서 거의 무한한 지혜를 기대합니다. 그리고 그 아이에게서 이런 증거가 나타나기 전까지는 그 아이가 믿음의 사람이 된 것을 믿을 수 없다고 말하기도 합니다. 이런 생각은 끔찍한 생각입니다. 그러나 이런 생각은 지금도 계속되고 있습니다. 믿음을 가진 한 어린 아이가 어린 아이처럼 행동한다면, 지난 시대의 몇몇 아버지들은 그 아이가 회심하지 못했다고 판단해 버립니다. 마치 그리스도에게 회심했다면 본래 나이보다 스무 살은 더 성숙해 보여야 하는 것처럼 말입니다. 물론 젊은 회심자들도 더 이상 심한 장난을 쳐서는 안 되며, 또 어릴 때 하던 것처럼 유치하게 말해서도 안 됩니다. 혹시라도 그렇게 한다면, 나이 든 사람들은 충격을 받게 될 것입니다. 아직까지는 어린 아이가 회심하자마자 즉시 늙은 사람처럼 변해야 한다는 것이 일반적인 통념이기 때문에 그렇습니다. 그런데 저는 성경에서 이런 통념을 뒷받침해 주는 말씀을 볼 수가 없었습니다. 왜냐하면 성경은 깊은 체험을 했다고 하는 나이 든 사람들의 판단에 대해 그리 많은 관심을 두지 않기 때문입니다. 그리고 회심자들이 교회의 거룩한 성도로 들어오기 위해서는 함께 여름과 겨울을 지나면서 제대로 알아보고 난 뒤에 판단하는 것도 좋다는 것이 일반적인 견해입니다. 자, 여러분 가운데 지금도 여전히 어린 아이의 회심에 대한 반감(反感)을 머릿속에 가지고 있는 사람이 있다면, 그 반감을 제거하도록 노력하십시오. 왜냐하면 그런 반감은 사람이 가질 수 있는 감정 중에서 가장 나쁜 감정이기 때문입니다. 혹시라도 지금 제 앞에 어린 아이와 어른, 이렇게 두 사람의 구도자(求道者, enquirer)가 서 있고 이들로부터 동일한 신앙 고백을 받는다면, 제게는 어른의 고백을 의심할 권리가 없는 것처럼, 어린 아이의 고백 또한 의심할 권리가 없을 것입니다. 사실 어디에서든 의심해야 한다면, 어린 아이와 관련해 의심하기보다는 오히려 어른에 대해서 의심해야 할 것입니다. 위선이라는 죄를 범할 가능성도 어른보다 어린 아이가 훨씬 적을 것이고, 자신의 말과 표현을 어디서 베껴왔을 가능성도 어른보다는 훨씬 적을 것입니다. 어쨌든 주님의 말씀으로부터 배우십시오. 여러분은 어린 아이를 여러분처럼 생각하거나 그렇게 대우하지 말고, 오히려 여러분 자신이 어린 아이와 같아지기까지 변해야 합니다.

2. 주님의 공개적인 선포

이제 우리는 두 번째 제목으로 넘어가겠습니다. 즉, 우리 주님의 공개적인 선포입니다. 주님께서 이 문제에 대해 자신의 생각을 설명하신 것을 살펴보겠습니다.

이 설명을 주의 깊게 살펴볼 때 우리는 다음의 사실을 알게 됩니다. 먼저, 복음이 하나님의 나라를 세운다는 사실을 주님께서는 제자들에게 말씀하고 계십니다. 지금까지 어떤 나라에 어린 아이들이 없는 그런 나라가 있었습니까? 만약 그런 나라가 있다 해도, 그런 나라가 어떻게 성장할 수 있겠습니까? 예수님께서는 어린 아이들이 하나님의 나라에 용납되어야 한다고 우리에게 말씀하십니다. 아니, 여기저기에 있는 어린 아이 몇 명이 그 나라에 용납되는 것이 아니라, "하나님의 나라가 이런 자의 것이니라"(눅 18:16)고까지 말씀하십니다. 저는 이 표현의 분명한 의미에서 벗어나고 싶지 않습니다. 그리고 이 의미는 하나님의 나라가 어린 아이들로만 이루어져 있음을 암시한 것이라고도 보고 싶지 않습니다. 주님께서 "하나님의 나라가 이런 자의 것이니라"(눅 18:16)고 말씀하신 것은 그 당시에 주님 앞에 있었던 아기와 어린 아이들과 같은 그런 아이들을 염두에 두신 것이 분명합니다. 모든 나라들에는 어린 아이들이 있습니다. 그리스도의 나라에도 어린 아이들이 있습니다. 존 뉴턴(John Newton, 1725-1807 영국의 성직자이자 찬송가 작사가로 노예선의 선장을 하다 회심하였다 — 역주)이 예전에 말하기를, 지금 하나님의 나라에 있는 대부분의 사람들은 어린 아이들이라고 했을 때 과연 그 말이 옳은 말인지 저는 확신이 없습니다. 하지만 이미 죽어 이 땅을 떠난 수많은 아기들이 지금은 천국 거리를 무리지어 가득 메우고 있다는 생각을 해볼 때, 이런 생각은 그 상상만으로도 복된 것 같습니다. 다시 말해, 오고 가는 세대의 자손 대대로 어른들이 불신과 반역으로 사라져 버렸지만, 그래도 수많은 어린 아이들이 그리스도의 죽음으로 말미암아 하나님의 은혜로 구원받아 하늘로 줄지어 올라가, 그 영원한 보좌 앞에서 영원토록 주님을 높이 찬양하고 있다니 말입니다. "하나님의 나라가 이런 자의 것"(눅 18:16)입니다. 이런 광경들이 하나님 나라의 분위기와 성격을 말해 줍니다. 하나님의 나라는 어른의 나라이기보다는 오히려 어린 아이들의 나라입니다.

다음으로, 우리 주님께서는 우리에게 하나님의 나라에 들어가는 방법은 받아들이는 것이라고 말씀하십니다. "누구든지 하나님의 나라를 어린 아이와 같이 받아들이지 않는 자는 결단코 거기 들어가지 못하리라"고 말입니다. 우리는 어떤 심오한 문제를 연구하고 그 문제의 해결책에 도달함으로써 하나님의 나라에 들어가는 것이 아닙니다. 다시 말해, 우리 자신에게서 어떤 것을 내어놓음으로써가 아니라, 우리에게 주어진 은밀한 어떤 것을 받아들임으로써 들어가는 것입니다. 하나님의 나라가 우리에게 들어옴으로써 우리는 하나님의 나라에 들어가게 됩니다. 우리가 하나님의 나라를 받아들임으로써, 하나님의 나라도 우리를 받아들이게 됩니다. 자, 혹시라도 하나님의 나라에 들어가는 것이 연구나 심오한 사상 등 인간의 지식에서 내어놓는 무언가에 의지하여 들어가는 것이라면, 하나님의 나라에 들어갈 수 있는 어린 아이는 거의 없을 것입니다. 하지만 하나님의 나라에 들어가는 것은 우리가 받아들이는 그 어떤 것에 의존하기 때문에, 어린 아이들도 하나님의 나라에 들어가게 됩니다. 죄를 지을 충분한 나이가 되어 믿음으로 구원을 받을 만한 나이가 된 어린 아이들은 복음을 듣고 그 복음을 받아들이는 믿음으로 말미암아 하나님의 나라에 들어가게 됩니다. 성령 하나님께서 이들을 도우시기에, 어린 아이들도 이렇게 할 수 있습니다. 이에 관해서는 의심의 여지가 없습니다. 왜냐하면 수많은 어린 아이들이 지금까지 그렇게 해왔기 때문입니다. 어린 아이들이 처음으로 그리스도에 대한 지식을 받아들일 수 있는 능력을 갖추게 되는 나이가 몇 살 정도인지에 대해서는 말할 수 없습니다. 그러나 그 나이는 일반 사람들이 생각하는 것보다는 한참 어린 나이입니다. 우리는 한참 어린 나이에 그리스도를 받아들이고 그분을 믿게 된 어린 아이가 제시하는 풍부한 증거들을 지금까지 보아왔고 또 알고 있습니다. 그들 가운데 어떤 어린 아이는 승리한 것처럼 의기양양하게 이 땅을 떠났으며, 또 어떤 어린 아이는 은혜롭게 지금까지 살고 있습니다. 또 어떤 어린 아이들은 지금 여기에 있는 어른들로, 교회의 훌륭한 성도들로 자라났습니다. 오, 사랑하는 성도 여러분, '교양 있고' 사려 깊은 사람으로 인정받기를 바라는 여러분, 교양과 사려 깊음을 토대로 여러분의 양심이라는 깊은 샘으로부터 어떤 복음을 끄집어 낼 수 있다고 착각하는 여러분은 결코 그러한 과정을 통해서 구원받을 수 없을 것입니다. 여러분을 구원하는 것은 여러분으로부터 나오는 것이 아니라, 여러분에게 들어가는 그 어떤 것입니다. 여러분이 고안해 내거나 발견한 것들은 여러분을 하나님의 나라로 들어가게 할 수 없을 것입니다. 여러분은 받아들이는 자들이 되어야만 합니다. 여러분은 예수님의 발치에 앉아서 그분께서 계시하는 모든 것들을 믿어야만 합니다. 여러분은 여러분의 교활한 질문들과 의심에 가득한 상상들을 조용히 누그러뜨려야 합니다. 그리고 여러분은 학생이 되어야 합니다. 왜냐하면 제자가 되는 것을 경멸하는 교만한 마음은 여러분을 하나님의 나라에 들어가지 못하도록 하기 때문입니다. 여러분은 그 교만한 마음을 십자가에 못 박아야만 합니다. 우리는 받아들임으로써 하나님의 나라에 들어갑니다. 그래서 어린 아이들이 들어갈 수 있는 것입니다.

오늘 본문이 말씀하고 있는 또 다른 사실은 다음과 같습니다. 만약 우리가 이 하나님의 나라를 받아들여서 그 나라로 들어가고자 한다면, 우리는 어린 아이가 받아들이듯이 그렇게 하나님의 나라를 받아들여야만 한다는 것입니다. 어린 아이들은 하나님의 나라를 어떻게 받아들이고 있습니까? 이에 대해서는 두 가지로 대답해야 합니다. 어린 아이들은 두 부류가 있기 때문입니다. 다시 말해, 실제적으로 죄를 지을 능력이 없는 갓난아기들이 있고, 또 죄를 지을 능력과 함께 믿을 수 있는 능력까지 이 두 가지 능력을 고루 갖춘 어린 아이들이 있습니다. 본문 말씀에는 이 두 부류의 어린 아이들 가운데 어느 한 쪽도 배제되지 않았다고 저는 생각합니다. 솔직히 말해서, 이 본문 속에는 두 부류의 어린 아이들이 다 포함되어 있기 때문입니다. 우리 앞에 있는 이 본문에는 어린 아이들(little children)이라고 되어 있지만, 우리 번역본(KJV)의 다른 복음서에는 아기들(infants)이라고 기록되어 있습니다(눅 18:15, KJV). 우리는 아기들(infants)이 하나님의 나라에 들어간다는 것을 알고 있습니다. 왜냐하면 유아기 때 죽은 우리 인류의 모든 아기들은 은혜의 선택 가운데 포함되어 있으며, 우리 주 예수님께서 이루신 구속의 사역에 참여하고 있다는 사실을 우리는 확신하기 때문입니다. 다른 사람들은 어떻게 생각하든지 간에, 하나님의 본성뿐만 아니라 하나님 말씀의 모든 정신과 취지에 비추어 볼 때, 우리는 유아 때 세상을 떠난 모든 아기들이 구원받는다는 사실을 믿게 됩니다. 자, 보십시오. 이 아기들이 어떻게 하나님의 나라를 받아들이게 되었는지가 중요합니다. 왜냐하면 그와 똑같은 방식으로 우리도 하나님의 나라를 받아들여야만 하기 때문입니다! 확실한 것은 어린 아이들이 하나님의 나라를 출생이나 혈통으로 받는 것은 아니라는 사실입니다. 왜냐하면 요한복음을 통해서 하나님의 자녀는 혈통으로나 육신의 뜻으로 난 것이 아니라(요 1:13)는 말씀을 우리가 분명히 듣고 있기 때문입니다. 지금은 모든 가계(家系)의 특권들이 폐지되었기에, 그 어떤 유아라 하더라도 경건한 아버지나 어머니에게서 태어났다는 이유로 천국에 들어가는 것도 아니며, 또 그의 조상들이 무신론자라거나 우상숭배자라는 이유로 천국에 들어가지 못하는 일도 없을 것입니다. 제가 엄숙하게 확신하는 바는 아기 때 죽은 어린 아이라면 이슬람교도든 교황주의자든 불교신자든 식인종이든 상관 없이 그리스도인의 자녀가 구원받는 것과 마찬가지로 분명히 구원받는다는 사실입니다. 혈통이나 출생에 의한 구원은 있을 수 없습니다. 왜냐하면 복음적인 경륜이 그것을 허용하지 않기 때문입니다. 우리가 확실히 믿는 대로 아기들이 구원받는다면, 그것은 한 마디로 하나님의 그 기쁘신 뜻 대로(엡 1:5) 틀림없이 구원받을 것입니다. 왜냐하면 그분께서 그 아기들을 자신의 것으로 삼으셨기 때문입니다.

　아기들은 그 어떤 종교적인 의식의 결과로 구원받는 것이 아닙니다. 오늘 본문에는 유아세례에 대한 언급이 없습니다. 혹시라도 그런 유아세례 규정이 있었더라면, 오늘 본문의 전후 문맥에서 그 규정이 드러나야 했을 것입니다. 이런 상황이 절호의 기회였을 테니 말입니다. 그러나 여기서는 그런 의식에 관한 단 한 마디의 말이나 암시도 발견되지 않습니다. 그러므로 저는 오늘 본문과 전혀 상관없는 문제에 대해 괜히 필요 없는 말을 하지는 않겠습니다. 분명한 것은 우리 주님께서 어린이를 어떤 예식의 대상으로 말씀하지 않고 계시다는 것입니다. 중국이나 일본에서 유아 때 죽은 어린 아이들은 영국이나 스코틀랜드에서 유아 때 죽은 어린 아이들과 똑같이 참된 구원을 받습니다. 중국이나 일본의 아기들이 (소위) 유아세례를 받지 않았다고 해서 그것이 그들에게 어떤 영향을 끼칠 수는 없습니다. 피부가 까무잡잡한 어머니가 낳은 아기들이나, 호텐토트 사람(Hottentot, 남아프리카 미개 인종 ― 역주)들이 크랄(kraal, 가축들이 사는 우리를 가리키는 아프리카 말이다 ― 역주)에서 낳은 아기들이나, 붉은 인디언의 위그왐(wigwam- 북미 인디언들이 사는 천막으로 된 오두막이다 ― 역주)에서 태어난 아기들이나 모두 한 가지로 구원받습니다. 그러므로 어린 아이들은 어떤 외적인 의식이나 성직자들의 신비로운 능력으로 구원받는 것이 아닙니다. 어린 아이들은 하나님께서 값없이 주시는 주권적인 은혜로 말미암아 하늘나라로 올라갑니다. 그렇다면 그들은 어떻게 구원을 받은 것입니까? 행함으로 구원받은 것입니까? 아닙니다. 왜냐하면 그들은 전혀 어떤 행위도 한 적이 없기 때문입니다. 그렇다면 그들은 자신의 타고난 순결함으로 구원받습니까? 아닙니다. 만약 그 순결함으로 말미암아 그들이 천국으로 갈 수 있었다면, 그들은 고통과 죽음으로부터도 충분히 구원받았어야 했습니다. 어떤 형태의 죄악이든지 간에 그들에게 죄가 없었다면, 어떻게 해서 그들은 고통을 받은 것입니까? 그들을 죽게 한 것은 전가된 죄였으며, 이 죄로 인해 우리는 그들이 가진 순결한 권리로 천국을 요구할 수 있었다는 사실을 믿을 수 없게 됩니다. 그들은 아담의 타락 때문에 죽었습니다. 그들이 타락한 부모로부터 태어나게 된 슬픈 결과입니다. 사랑스러운 어린 아이들이 고통 속에서 위를 쳐다보며 호소하는 표정을 눈여겨 보십시오. 그들은 마치 왜 자신이 그토록 극심한 고통을 겪어야만 하는지를 간절히 묻고 싶어하는 듯합니다. 우리는 그들을 도와줄 수 없기 때문에, 우리는 더 깊은 슬픔으로 이들을 바라보면서, 타락과 슬픔에 있어서는 온 인류가 신비롭게 하나라는 사실을 되새기게 됩니다. 죽어가는 어린 아이의 고통은 아담이 타락했다는 증거이며, 그 결과에 어린 아이도 참여하고 있다는 증거이기도 합니다. 하지만 그 사랑스러운 아기들은 다시 살아납니다. 예수님께서 죽으셨다가 다시 일어나셨기 때문입니다. 그 어린 아이들은 그분 안에 있습니다. 이 생명과 관련되어 그들은 자신들이 범하지 않은 죄때문에 멸망합니다. 하지만 이들은 자신이 관여하지 않았던 의로 말미암아, 다시 말해 그들을 구속해 주신 바로 예수 그리스도의 의로 말미암아 또한 영원히 살게 됩니다. 우리는 이 문제에 대해 잘 알지는 못합니다. 그러나 이 어린 아이들이 천국에 들어가기 전에 중생을 경험할 것으로 저는 추측할 뿐입니다. 왜냐하면 육으로 난 것은 육이요(요 3:6), 영적인 세계에 들어가기 위해서는 이들도 성령으로 태어나야 하기 때문입니다. 하지만 이들에게 무슨 일이 일어났든 간에, 이들은 어떤 지적인 능력이나 의지나 공로의 능력으로 하나님의 나라에 들어간 것이 아니라, 그들이 어떤 것을 행했거나 혹은 그들이 어떤 것을 느낀 것과는 전혀 상관 없는 값없는 은혜의 차원에서 하나님의 나라에 들어간 것이 분명합니다. 오, 사랑하는 성도 여러분, 여러분도 이와 같은 방식으로 하나님의 나라에 들어가야 합니다. 여러분의 공로나 어떤 다른 능력이 아니라, 전적으로 값없는 은혜로 말미암아 하나님의 나라에 들어가야 합니다. 여러분이 전혀 경건한 삶을 살지 않았다 해도, 혹은 단 하나의 덕도 행하지 않았다 해도, 여러분은 은혜로 말미암아 전적으로 천국에 들어가게 될 것입니다.

어느 날 저녁에 이 교회에 속한 한 존경받는 성도가 죽음을 바로 앞에 두고 있을 때, 저는 그에게 이렇게 말했습니다. "사랑하는 성도여, 당신은 그리스도 예수의 좋은 병사(딤후 2:3)였습니다." 그러자 그 성도는 "목사님은 그렇게 말씀하시지만, 저는 제가 행한 모든 것이 아무것도 아니라고 생각합니다. 저는 지금 오직 그리스도만 바라보고 있습니다"라고 말했습니다. 바로 그것입니다. 그것이 바로 구원의 기반입니다. 방금 하늘 문을 통과한 저 사랑스러운 아기가 구원 받는 데는 어떤 다른 이유가 있을 수 없습니다. 그 아기 또한 타락한 인류에게서 태어났기에 하나님의 은혜 외에는 다른 이유가 없습니다. 그 아기를 구원한 하나님의 은혜가 여러분과 저도 틀림없이 구원해 주실 것입니다. 저는 그 아기의 구세주 외에는 의지할 다른 분이 없습니다. 머리 되신 그리스도께서 그 어린 자들을 알고 계신 것처럼, 그 테두리 안에서 저 또한 알고 계시리라는 믿음 외에는 다른 소망이 없습니다.

이제 우리는 또 다른 부류의 어린 아이들에 대해 생각해 보아야 합니다. 이 어린 아이들은 유아기를 지나서 실제로 죄를 지을 능력과 함께 그리스도를 알고 회심할 능력까지 지닌 어린 아이들입니다. 이들 중 대다수는 믿음으로 하나님의 나라에 들어갑니다. 자, 보십시오. 이 어린 아이들이 하나님의 나라를 받아들이는 것과 똑같이 우리도 그 하나님의 나라를 받아들여야 합니다. 그렇다면 이 어린 아이들은 하나님의 나라를 어떻게 받아들이고 있을까요? 첫째로 **겸손으로** 받아들인다고 이미 말씀드렸습니다. 어린 아이는 편견이 없을 정도로 충분히 겸손합니다. 한 어린 아이를 데리고 와서 그 아이에게 구세주이신 예수 그리스도에 대해 이야기해 주십시오. 우리가 전하는 십자가 이야기를 하나님께서 축복해 주신다면, 이 어린 아이는 그 이야기를 믿고서 그 어떤 잘못된 견해나 논쟁점을 제기하지 않고 그것을 받아들일 것입니다. 그리스도는 그저 인간일 뿐이라는 생각을 가지고 너무나 많은 사람들이 복음을 들으러 나아옵니다. 그런 사람은 그 마음에서 그런 편견을 제거할 수 없습니다. 그래서 그는 주님이신 예수 그리스도를 받아들이지 못합니다. 또 어떤 사람들은 자기가 읽고 들은 불신앙적이고 이단적이며 불경한 모든 것들을 떠올리면서 말씀을 들으러 나오기도 합니다. 그런 사람은 이 모든 것들이 머릿속에서 제거되지 않고서야 어떻게 말씀으로부터 유익을 얻을 수 있겠습니까? 또 어떤 사람들은 교만한 자기 의와 바리새적인 성직 지상주의와 어떤 형식이나 예식을 고집하는 마음이 가득한 채로 나아옵니다. 만약 우리가 그 영혼에서 이런 잡동사니들을 끄집어 낼 수만 있다면 어떤 소망이 있을지도 모르겠습니다. 자신은 이런 것들을 자랑으로 여기지만, 사실 이 모든 것들은 방해물일 뿐입니다. 반면에 사랑스러운 어린 아이들은 예수 그리스도 안에 있는 하나님의 사랑에 대한 이야기를 들으면서도, 자기가 들은 것을 망치는 이런 편견들은 결코 갖고 있지 않습니다. 어린 아이들은 그런 악들이 인간이 만들어 낸 것이라는 사실조차 모르고 있습니다. 그는 자신의 무지함으로 축복을 받습니다. 그는 이제 곧 충분히 악을 발견하게 될 것입니다. 그러나 현재로서는 겸손하게 말씀을 받아들이면서 이렇게 기도합니다.

> "유순하고 부드러우며 온화하신 예수님,
> 어린 아이인 저를 보옵소서.
> 저의 단순함을 불쌍히 여기시어,
> 나로 하여금 당신께 나아가도록 하옵소서."

　자, 보십시오. 이런 선입견으로부터 벗어나는 것이 우리에게 시급히 필요합니다. 저쪽에 앉아 설교를 듣고 있는 높은 교양과 학식을 갖춘 성도들이여, 여러분은 마치 아무것도 알고 있는 게 없는 것처럼, 여러분이 믿어야 할 것들을 예수님께서 써 주셔야 하고, 여러분은 예수님께서 써 주실 빈 공책을 가지고 새롭게 다시(de novo) 시작하는 마음으로 예수님께 나아와야만 합니다. 여러분의 어린 소년이나 소녀들이 믿는 것처럼 그렇게 똑같이 여러분도 믿어야 합니다. 목동이든 현자든 철학자든 농부든 모두에게 오직 한 길만 있을 뿐입니다. 어린 아이들은 겸손하게 그리스도를 받아들입니다. 왜냐하면 그들은 공로나 업적 등은 꿈도 꾸지 못하기 때문입니다. 저는 지금까지 그리스도에게 나아오면서 자기 의에 관한 문제로 다투는 어린 아이를 만나본 기억이 없습니다. 어린 아이는 이렇게 말할 수 없습니다. "주님, 저는 지금까지 수년 동안 지속적으로 교회 예배와 모임에 참석했습니다. 저는 반세기 동안 정기적으로 성례식에 참석했습니다." 또한 어린 아이는 바리새인처럼 이렇게 말할 수도 없습니다. "나는 일주일에 두 번 금식하고 내 모든 소유의 십일조를 드리나이다"(눅 18:12). 반면에 어린 아이가 주 예수님을 믿을 때 그의 마음은 항상 자랑하지 않는 깨끗한 마음이며, 그의 영혼은 다음과 같은 찬양을 하고 있습니다.

> "제 손에는 귀한 것이 하나도 없습니다.
> 그저 당신의 십자가만을 붙듭니다."

　멋있게 잘 차려 입은 사랑하는 성도 여러분, 이것이 바로 여러분이 예수님에게 나아올 때 반드시 가져야 하는 태도입니다. 여러분은 교만이라는 공작 깃털로 장식한 모자와 자기 의라는 아주 멋진 장신구들을 벗어 버려야 합니다. 그렇지 않으면 여러분이 들어가기에는 천국 문이 너무 낮고 또 너무 좁다는 것을 발견하게 될 것입니다.

　어린 아이는 지식이라는 교만으로부터 자유롭습니다. 또한 어린 아이는 십자가 앞에 쌓아올릴 만한 '교양'이나 연구결과도 전혀 없습니다. 어떤 사람들은 너무나 많은 것들을 알고 있기 때문에 예수님께 나아오려고 하지 않습니다. 그들은 자신의 자만으로 인해 스스로 멸망할 것입니다. 그들은 읽고 생각하며 연구하였기 때문에, 영감 받은 사도들과 예언자들보다도 더 잘 알고 있습니다. 이렇게 대단한 성도 여러분, 그러나 여러분은 작아져야만 합니다. 여러분이 구원 받고자 한다면, 비평가의 의자로부터 내려와서 학생의 의자에 앉아야 합니다. 구원의 진리는 마음속으로 들어가는 것이지, 내면에서 성장하는 것이 아닙니다. 예수님께서 말씀하신 바를 단순히 믿음으로써 그 구원의 진리가 마음에 들어가게 된 어린 아이들의 경우처럼, 그 진리가 여러분에게 들어가야만 합니다. 그렇지 않다면, 여러분은 버림받은 자가 될 것입니다. 여러분이 하나님의 나라에 들어가는 길도 어린 아이들을 용납했던 그 문이지, 이 외에 다른 길은 절대로 없습니다.

　어린 아이에 관한 두 번째 핵심은 어린 아이들이 일반적으로 가르치기 쉽다는 것입니다. 여러분은 주일학교에서 주님이 어린 아이들에게 은혜를 베푸실 때 문제점들을 제기하는 어린 아이들은 보지 못했을 것입니다. 어린 아이들은 하늘로부터 온 복음이 어떻게 이성과 일치하는지, 그리고 성경 말씀이 이 시대정신과 어떻게 조화를 이루는지에 대해서 절대로 캐묻지 않습니다. 그렇지 않던가요? 어린 아이들은 절대로 이런 것을 캐묻지 않습니다. 어린 아이들 앞에 하늘의 빵이 있다면, 아이들은 그 빵을 먹습니다. 어떻게 해서 밀이 빵으로 변했는지를 다 알지 못한다 해도 말입니다. 바로 이런 자세로 우리는 하나님의 나라를 받아들여야만 합니다. 다시 말해, 우리는 여러 문제점들을 해결하고자 하는 모든 희망을 버려야 합니다. 그리고는 하나님의 권위를 믿어야 합니다. 이런 믿음이야말로 더할 나위 없는 참된 믿음입니다. 어린 아이들은 복음에 대한 어떤 개정안을 제안하지도 않은 채 그냥 복음을 받아들입니다. 어떤 사람들은 이렇게 말합니다. "당신이 제시하는 복음 가운데 여기 이 부분을 수정하고 또 저 부분만 정정한다면, 저는 당신의 복음을 좋아할 것 같습니다." 오늘날에는 옛 진리를 믿는 우리의 믿음을 항상 혼란케 하는 무리들이 도처에 있습니다. 그러나 복음을 받아들이는 어린 아이들은 이러한 음모들에 대해서 전혀 알지 못합니다. 어린 아이들은 하나님의 말씀 가운데서 복음을 보았기 때문에, 아이들은 그 하나님 말씀에서 복음을 취합니다. 이와 같은 방식으로 우리도 하나님의 나라를 받아들여야만 합니다. 어린 아이들은 또한 놀랄 정도로 사실인 것처럼 생생하게 복음을 받아들입니다. 여러분이 복음을 믿는 어린 아이들에게 하나님께서 말씀으로 약속하신 것들을 말해 줄 때, 그 아이들은 얼마나 생생하게 듣는지 모릅니다. 작은 두 눈을 뜨고 그 말씀을 전적으로 믿으면서 축복을 간구할 채비를 하고는 복음을 받아들일 뿐 아니라 그 복음에 따라서 행동합니다. 어린 아이에게 있어 복음의 문제는 의심의 여지 없이 확실한 사실입니다. 스스로 그리스도인이라고 자처하면서도 어린 아이들이 하나님의 말씀을 있는 그대로 믿는 방식에 대해 비웃는 사람들을 본 적이 있습니다. 하지만 우리도 이와 같은 방식으로 하나님의 말씀을 믿어야만 합니다. 우리가 그렇게 믿기 전까지는 하나님의 말씀이 주는 기쁨 속으로 결코 들어가지 못할 것입니다. 어린 아이들이 지닌 단순하고도 정직하며 진심어린 마음으로, 우리는 복음이 말하고 있는 것이 하나님의 말씀이 뜻하는 바이며, 그 말씀을 실제적인 것이며 진리로 믿어야만 합니다. 그래야 비로소 우리는 복음의 골수와 기름진 것(시 63:5)을 알게 될 것입니다.

그리고 또 어린 아이는 복음을 세상적이지 않은 방식으로 받아들입니다. 어린 아이는 내일까지 고액의 청구서를 어떻게 충당할까, 또는 어떻게 자신의 일용할 양식을 공급할지에 대해서 전혀 생각하지 않습니다. 그는 자신이 배운 것 외에는 전혀 조금도 생각하지 않습니다. 자신의 모든 마음을 예수님께서 가르쳐 주신 것에 집중한다는 것은 대단한 일입니다. 사실 그렇게 해야지만 우리는 확실히 배울 수 있습니다. 어린 아이들이 참으로 행복해하는 모습을 보는 것은 아름다운 일입니다. 가난한 집안의 아이라 해도 어린 왕자만큼이나 행복해합니다. 접시 몇 개만 가지고도 마치 다이아몬드나 루비를 가지고 노는 것처럼 아주 재미있게 놀기도 합니다. 어린 아이들은 대단한 것들에 대한 야망이 없습니다. 소년 소녀들이 고위직에게만 수여되는 훈장들에 신경을 쓰겠습니까? 어린 아이들은 자기의 몫에 만족하지, 왕위나 왕국을 탐하지도 않습니다. 그들에게 파이를 만들 수 있는 찰흙을 충분히 줘 보십시오. 그러면 봄날에 새들이 지저귀는 것처럼 기뻐할 것이며 영국 은행을 독점한 것처럼 백만장자가 된 것보다 훨씬 더 만족할 것입니다. 이런 측면에서 어린 아이들은 우리보다 유리한 점을 가지고 있습니다. 왜냐하면 어린 아이들이 하나님의 나라를 받아들일 때, 그들의 마음은 세상적인 생각이나 재물에 대한 염려들로 이미 가득 차 있지 않기 때문입니다.

오늘 본문 말씀을 주의해 보면 알겠지만, 우리 구세주께서는 이 사건을 근심하며 떠난 부자 청년(눅 18:23)의 사건 바로 앞에 두셨습니다. 다시 말해, 구세주께서는 자신의 소유로 인해 하나님의 나라를 잃은 사람과, 가진 것은 아무것도 없고 생각해야 할 것도 아무것도 없는 사람이지만 하나님의 나라를 받아들인 어린 아이를 대조해서 우리 앞에 제시하고 계십니다. 오, 아직 구원받지 못한 여러분이여, 여러분에게 권면합니다. 잠시 여러분이 하고 있는 일들을 제발 내려놓고 온 마음을 그리스도를 구하는 일에 전념하십시오. 그분을 찾는 것이 여러분에게 제일 필요한 일입니다. 오, 여러분이 하고 있는 세상 관심사들을 잠시 잊고 골방에 들어가 다음과 같이 부르짖으십시오. "위대하신 하나님, 제가 당신을 찾기까지 저는 당신 외에 다른 아무것도 찾지 않을 것입니다. 제게는 그리스도가 아니면 죽음뿐이나이다. 주님, 저는 제게 있는 모든 다른 것들을 버리고, 죄 씻음을 받아 당신의 나라에 들어가기까지 당신을 기다리기로 결심했나이다."

자 보십시오. 제 귀에 누군가 이렇게 불평하는 소리가 들리는 듯합니다. "만약 이것이 사실이라면, 개인적인 판단력이 무슨 소용이 있습니까?"라고 말입니다. 여러분이 행사할 수 있는 판단 중에서 최고의 판단은 여러분이 예수님의 발치에 앉아 조용히 살펴보기로 결심하는 것입니다. 여러분은 아직까지 스스로 교황이나 설교자나 인간적인 스승을 따르기를 포기하지 않았습니다. 예수님은 하나님이시기에 여러분이 어린 아이처럼 그분의 발치에 앉아서 그분의 무오한 말씀을 여러분의 길잡이로 받아들일 때, 여러분은 아주 안전하다고 느끼게 될 것입니다.

그런데 또 어떤 사람은 이렇게 말합니다. "그렇다면 우리가 학식과 지식을 얻는 것이 도대체 무슨 소용이 있느냐"고 말입니다. 여러분이 얻는 학식과 지식의 소용 여부는 다음 사실에서 드러납니다. 즉, 여러분 중에서 제대로 배운 사람들은 그리스도를 거부하지 않습니다. 하지만 어설프게 배운 자들은 수박 겉핥기 방식으로 학식을 배워서 그것을 자랑합니다. 정직한 마음을 가지고 깊은 학식을 지닌 자들은 항상 그의 하나님 앞에서 어린 아이가 되는 것이야말로 아름다운 일이라고 느낍니다. 세상에서 가장 거대한 마음이 바로 가장 어린 아이 같은 마음입니다. 여러분이 할 수 있는 한 많이 배우십시오. 그리고 여러분의 마음이 원하는 대로 마음껏 연구하십시오. 그러나 하나님께서 여러분의 학식을 성결하게 해 주신다면, 그 성결하게 된 여러분의 학식으로 인해 여러분은 좀 더 어린 아이처럼 될 것입니다. 그래서 여러분은 예수님에 대해 훨씬 더 쉽게 배우게 될 것입니다.

"그렇다면, 경험은 무슨 소용이 있습니까?"라고 물을 것입니다. 경험도 다음처럼 가장 훌륭하게 사용하십시오. 제가 경험으로부터 배운 작은 것이 있다면, 그것은 나는 내 자신을 전적으로 신뢰할 수 없다는 사실이었습니다. 다시 말해, 나는 내 주님을 떠나서는 선한 생각을 할 수도 없을 뿐 아니라 바른 행동을 할 수 없다는 사실 말입니다. 제 경험은 제게 나의 주님의 입으로부터 나오는 것 이외에는 아무것도 확실한 것이 없다는 것과 누구든지 많은 경험을 하면 할수록 더욱더 이런 생각을 하게 될 것이라는 사실마저 가르쳐 주었습니다.

어떤 사람은 "그래도, 분명히 우리는 능력과 업적을 쌓아서 결국에는 어른이 되어야 하지 않겠습니까?"라고 말할 것입니다. 저도 그 말을 지당한 것으로 여깁니다. 하지만 지식에 있어서 여러분이 어른이 되었다 해도, 여러분은 여전히 가르침을 받는 사람이 되어 어린 아이와 같은 자가 되어야만 할 것입니다. 왜냐하면 하나님의 나라에서는 큰 사람이 되면 될수록, 그 사람은 더욱더 어린 아이와 같이 될 것이기 때문입니다. 그렇습니다. 우리 가운데 가장 위대하신 분, 하늘이 땅에서 높음같이(시 103:11) 우리 위에 높이 앉아 계신 그분이 바로 "그 거룩한 아이 예수님"(행 4:30, KJV)이라 불리는 분이십니다. 그분 주위에 무리지은 어린 아이들 가운데 그분께서 앉으셔서 차례차례 그 아이들을 가슴에 안으시는 모습을 볼 때, 그분은 놀라우리 만큼 아주 편안해하신다는 것을 우리는 느낄 수 있습니다. 그분은 아주 거룩하지만 온화하시며, 사랑스러운 어른이지만 어린 아이 같은 분이십니다. 사랑하는 분이면서 동시에 사랑받기도 하는 분이십니다. 우리도 그런 사람이 되고자 노력해 봅시다. 여러분은 천성적으로 솔직하면서 사랑스러운 어린 아이 같은 사람을 정말 좋아하지 않습니까? 온갖 염려로부터 해방되어 어린 아이처럼 단순하게 인생을 살아가기를 정말 바라지 않습니까? 향상된 능력은 바로 이런 것에 사용됩니다. 이렇게 한다면 여러분은 어린 아이 같이 될 능력이 더욱더 많아지고, 하나님으로부터 진리를 받아들일 수 있는 능력도 더 많아질 것입니다. 왜냐하면 여러분은 자신의 무지와 공허함을 더 많이 인식할 수 있기 때문입니다. 스스로 철저히 공허한 존재라고 느끼며, 어린 아이처럼 기꺼이 배우고자 하는 사람이 가장 훌륭하게 하나님의 나라를 받아들이는 사람입니다.

3. 우리에게 주시는 주님의 격려

저도 모르는 사이에 제게 주어진 시간이 다 지나가 버렸습니다. 그래서 마지막 대지에 대해서는 몇 가지만 말하겠습니다. 오늘 본문에 나타난 우리 주님의 위대한 격려에 대해서 언급하겠습니다. 상세히 설명하지는 못할 것 같습니다. 여러분 스스로 이에 대해 하나씩 생각해 보기를 부탁합니다.

먼저, 모든 부모와 교사들에게 말합니다. 우리의 어린 아이들이 그리스도에게 인도되었다는 확신 가운데 기뻐합시다. 그리고 비록 그 수가 적더라도 이 어린 아이들을 인도하기 위해 열심히 노력합시다. 이들이 우리가 하는 기도에 대해 아는 게 전혀 없다고 해도, 제 바람은 우리가 이들을 위해 기도하는 것입니다. 이들이 예수님의 품 안에 안전하게 안긴 것을 볼 수 있을 때까지 우리가 계속해서 이들을 위해 기도하기를 소망합니다.

다음으로, 이 말씀은 어린 아이들에게 얼마나 큰 격려가 되는지 모릅니다. 어린 아이들이 교회에 예배를 드리러 나오고 할 때 제 마음은 항상 기쁩니다. 저는 그들이 들은 것을 더 많이 이해했으면 합니다. 아니, 저는 그 어린 아이들이 그렇게 되리라 확신합니다. 왜냐하면 저는 그들의 밝게 빛나는 얼굴들을 보기 때문입니다. 사랑하는 어린이 여러분, 예수님에게 나아오십시오. 여러분이 다 자랄 때까지 기다리지 마십시오. 주님을 일찍 찾으십시오. "일찍 나를 찾는 자들이 나를 만나리라"(잠 8:17, KJV)고 그분께서 약속하셨습니다.

그리고 또 이 말씀은 어린 아이 같은 모든 자들에게 얼마나 큰 격려가 되는지 모릅니다. 여러분은 스스로 많이 알지 못한다고 생각합니다. 또한 여러분은 하나님의 말씀이 지닌 그 숭고한 진리들을 파악할 능력이 부족한 것에 대해 슬퍼합니다. 여러분은 구원받을 수만 있다면, 여러분 자신은 어떤 것 아니 아무것도 아닌 존재가 되어도 괜찮다고 생각합니다. 어린 아이들을 받아 주셨다는 이 사실이 이런 생각을 하는 여러분에게도 분명히 격려가 될 것입니다. 이 말씀은 예수님께서 여러분도 받아 주실 것이라는 믿음을 주기 때문입니다.

이제 이 모든 것의 마지막으로, 이 말씀은 우리 모든 인류에게 달콤한 위로가 된다고 생각합니다. 물론 우리 인류 전체에 대해서는 우리가 애통할 이유가 더 많지만 말입니다. 어쨌든 결국 구원받은 아기들과 "하나님의 나라가 이런 자의 것이니라"(눅 18:16)는 주님의 말씀까지 생각해 볼 때, 모든 백성들과 족속과 방언들(계 11:9) 가운데서 그 누구도 이루 헤아릴 수 없을 만큼 많은 자들이 하나님의 나라를 소유하게 되기를 우리는 소망할 것입니다. 이들을 두고서 그리스도께서 자기 영혼의 수고한 것을(사 53:11) 보실 것입니다. 수백 만의 아기 영혼들이 하늘의 가족을 이루고 있습니다. 비록 여러분이 아기들을 잃었다 해도, 아기들이 여러분에게 다시 돌아오지는 못한다 해도, 여러분이 이들에게 갈 수 있다는 사실을 기억할 때 여러분은 기뻐하게 될 것입니다.

제
73
장

—

영혼의 위기

—

"그들이 나사렛 예수께서 지나가신다 하니" — 눅 18:37

그날 그러한 소식이 전해졌습니다. 그 소식은 큰 소리로 전해졌음에 틀림없습니다. 우리 주님께서 팔레스타인과 그 변경을 통과하게 될 때마다 그 소식은 거듭해시 되풀이되었을 것입니다 — "나사렛 예수께서 지나가신다." 그 소문이 도성이나 마을에 미치면 그 거민들은 얼마나 황급히 서둘렀을까요! 그를 보고 싶고, 그의 명성이 모든 지역에 떠들썩하자 그 장본인을 보려는 호기심이 얼마나 컸겠습니까! 수많은 무리들이 되도록 가까이서 그를 보기 위하여 애를 썼을 것입니다. 그리고 어떤 사람들은 직접 가보기도 하고, 자기들의 병자들이나 아픈 친구들을 데리고 가고 싶어하는 간절한 마음을 가졌음에 틀림없을 것입니다. 그래서 그들로 하여금 치료를 받고 건강을 되찾게 하려고 안달이었습니다! "자, 예수님께서 지나가신다"는 말에는 사람들로 하여금 다른 모든 일을 뒤로 미루게 하는 힘이 충분히 있었을 것이라고 생각합니다. 그들의 농사일이나 또는 장사하는 일이나 여러 가지 노동이나, 아니면 그들의 즐거움을 위하여 시간을 드리려고 했던 모든 것을 뒤로 미루었을 것입니다. 그래서 예수님의 얼굴을 보고 예수님의 음성을 들음으로써 자기들의 눈과 귀를 만족시키려고 하였을 것입니다. 그보다 더 간절히 바란 것은 그분으로부터 고마운 구원을 얻어내고, 선을 행하러 여기저기 돌아다니는 그분으로부터 실질적인 어떤 유익을 얻으려 했을 것입니다. 그러나 사랑하는 형제들이여, 저는 여러분이 이 감격적인 말씀이 담고 있는 영적인 의미를 포착하기 바랍니다. 만일 여러분이 이 말씀을 바르게 이해하였다면 일어나서 여러분의 그 나태한 자세들을 떨쳐 버릴 것입니다. 그분이 계신 곳을 향하여 열심히 나아갈 것이고, 그분의 교훈을 간절히 배우고 싶은 마음을 가지게 될 것입니다. 어쨌든 제가 확신하기로는 여러분의 마음을 온전히 드리고, 열정을 다해서 구원을, 그것도 그분으로 말미암아 당장에 구원을 얻고 싶은 강렬한 소원이 마음속에서 일어나게 될 것입니다. 분명히 여러분은 그분을 집에 영접하고 싶어할 것이고, 여러분의 마음에 모셔들이고 싶어할 것입니다. 그리고 마음에 놀라움과 사랑과 찬미함이 가득한 채 그분의 발 앞에 앉고자 하는 마음이 일 것입니다. 그 말씀이 의미하는 바를 바르게 이해하였다면 말입니다. 그럼에도 불구하고 구주를 만나기 위해서 온 수많은 무리들과 가족들 틈에 있으면서도 자신에 대해서는 아무런 관심을 가지지 않는 사람들이 너무나 많습니다. 마치 자신의 죄가 전혀 중요하지 않은 것처럼, 마치 자신의 영혼이 일촉즉발의 위기에 처하여 있지 않은 것처럼 말입니다.

오! 여기에 있는 어떤 분들은 지금 구원을 받아야 하는 아주 절호의 기회를 맞고 있습니다. 얼마 있으면 저 다른 세계로 가야 하는 분들이기 때문입니다. 어떤 때는 저 복도 쪽에, 어떤 때는 저 2층의 좌석에, 어떤 때는 저 다른 좌석에 앉아서 계속 말씀을 청종했던 두 사람이 있었습니다. 남편과 아내인 그 두 사람이 오늘 아침 일찍 집에 불이 나서 그 연기에 질식하여 숨졌습니다. 이 지붕 아래 함께 우리와 예배를 드리던 바로 그분이 말입니다. 그 두 분이 오늘 밤 우리에게 설교자가 되리라고는 저는 조금도 생각지 않았습니다. 그러나 그 두 분이 오늘밤 설교하고 있는 셈입니다. 그들을 우리에게서 떠나게 만든 갑작스럽고 신비로운 참화가 "삶의 불확실성"을 깨우쳐 주고, "떠날 준비"를 해야 한다는 것을 우리에게 생생하게 보여줍니다. 그래서 우리는 안타까운 마음과 동정심을 금할 수 없습니다. 그들이 여기 계시지 않다는 것이 그들이 비운 좌석을 차지하고 있는 사람들에게 큰 소리로 말하고 있습니다. 그들에게 떠날 준비가 되어 있는지 묻고 있는 것입니다. 아니 여기에 앉아 있는 모든 분들에게 말하고 있습니다. 자기 영혼에 관심이 없는 분들의 마음에 질문을 던지고 있습니다. 죽음의 화살이 알지 못하는 사이에 날아와 자신에게 박힐 때, 그대는 어떤 방식으로 이 세상을 떠나려는지 묻고 있습니다. 정말 미미한 사고가 치명적인 일을 불러올 수도 있고, 가벼운 질병이 갑작스런 죽음의 선봉일 수 있습니다. 여러분은 지금까지 들어 왔으나 받아들이지 아니한 복음을 되돌아볼 때 양심의 가책을 느끼지 않습니까? 그동안 여러분은 그리스도의 피 뿌림에 대해서 들어 왔습니다. 그러나 여러분의 양심에 그 피 뿌림을 결코 적용한 적이 없었습니다. 구주께서 여러분 곁을 지나가시면서 은혜를 베푸시려고 하는 데도 불구하고 냉담한 자세로 그냥 구주를 보내 버리고, 그의 제자가 되지 않은 것을 생각하고 양심의 가책을 느끼지 않습니까? 아! 그러한 질문을 받으면 희미한 미소를 띠고 그냥 고개를 돌릴 수도 있습니다. 그러나 머지않아서 은근히 몸을 떨면서 그 질문들을 되새겨 보게 될 것입니다.

자, 여기 정말 구원받고 싶은 분이 있습니까? 저는 그들의 간절하고 진지한 눈초리를 주목해야겠습니다. 저는 하나님께 기도합니다. 제가 하는 말이 그런 사람들의 양심을 두드리고 그 마음을 감동시킬 수 있기를 기도합니다. 만일 그들이 자기들이 어떤 심판을 받을지 알기 원하면 이 말씀이 그들의 심령에서 역사하기를 원합니다. 바로 그러한 빛 가운데서 그들은 그리스도를 뵙고 구원을 받을 수 있기를 원합니다.

본문은 사람들이 많이 다니는 길가에 앉아서 구걸하던 맹인에 대한 간단한 이야기로부터 취한 것입니다. 긍휼을 간절히 바라며 구원받기를 정말 뜨겁게 열망하는 여러분의 모습을 제대로 그려 주고 있지 않습니까? 그 사람이 육신적인 상태에서 맹인이었듯이, 여러분은 영적으로 눈멀고 가난한 사람들이 아닙니까? 저는 여러분이 즉시 스스로 눈멀었다고 고백할 것을 확신합니다. 여러분의 총명의 눈이 희미해져 있습니다. 우리 마음이 어둠에 싸여 있습니다. 여러분은 보고 싶은 것을 볼 수가 없습니다. 심지어 자신의 죄를 보지도 못하여, 통회하는 마음으로 죄를 회개하지 못합니다. 주 예수 그리스도의 보혈의 능력을 본 적이 없습니다. 예배하는 자로서 정결함을 받고 자신의 모든 죄가 사해졌다는 충만한 확신이 들 정도로 믿은 적이 없습니다. 눈이 멀어 있는 때에는 여러분이 바디매오와 똑같이 불쌍한 처지에 있다고 제가 말한다 할지라도, 여러분은 그 말을 듣고 진지하게 생각하거나 결코 당황하지 않습니다. 바디매오의 궁핍은 돈이 없는 궁핍이었습니다. 그러나 여러분의 궁핍은 영혼의 궁핍입니다. 여러분은 아무 공로도, 능력도 없고, 자신을 위해서 영적 양식을 얻는 수단을 가질 가능성도 없습니다. 여러분은, 길가는 사람들에게 하나님의 이름으로 자비를 구했던 지극히 불쌍한 그 거지처럼 영적으로 가난한 상태에 있습니다. 그런데 여러분은 오늘 밤 그 거지가 있었던 위치에 서 있다고 할 수 있습니다. 왜냐하면 그 거지는 예수님께서 지나가시는 곳에 앉아 있었기 때문입니다. 여러분도 지금까지 하나님의 긍휼하심이 자주 나타났던 곳에 왔습니다. 성도들과 죄인들이 떼로 몰려오고, 예수께서 친히 지나가시는 바로 그 자리에 나와 앉아 있는 것입니다. 주님의 이름을 찬송합시다! 만일 오늘 밤 여러분이 주님께서 여기 계신 것을 알고 그분께 부르짖는다면, 그분이 멈추어 서서 여러분의 맹인 된 눈을 여시고, 생명의 빛과 영원한 구원의 기쁨을 주신다면 어찌되겠습니까? 만일 여러분이 집에 가서 가족들과 친구들에게 "오늘 밤 내가 전에 느끼지 못했던 것을 경험했어. 나는 구주를 만났어. 나는 죄 사함을 받았어. 나는 그리스도 예수 안에서 새로운 피조물이야"라고 말한다면 어찌되겠습니까? 여러분은 하늘에서 천사들로 하여금 새로이 할렐루야를 부르게 만들고, 땅에서는 하나님의 이름을 영화롭게 할 것입니다. 또한 여러분과 여러분의 친구들은 그처럼 믿음을 생생하게 발휘하고, 그처럼 놀라운 은혜의 참여자가 될 것입니다.

1. 소망의 날

자, 이것이 사실일 수 있다는 것을 끝까지 생각하면서 한두 가지를 아주 분명하게 말씀드리고 싶습니다. 첫 번째로 예수님께서 그 맹인 곁을 지나가실 때에, 그날은 그 사람에게 "소망의 날"이었습니다.

그 맹인은 자기가 볼 수 있다는 생각을 아예 포기해 버렸었습니다. 눈이 빛에 대하여 완전히 닫혀 버린 지 오래였기 때문입니다. 예수님께서 지나가시자, 경우가 달라졌습니다. 예수님은 어떤 이적이든지 베푸실 수가 있으셨습니다. 사람을 대하시는 그 능력에 한계가 없었습니다. 그러므로 주님께서 맹인의 눈을 뜨게 하시지 못할 이유가 어디 있겠습니까? 구원을 걱정하는 친구 여러분! 여러분은 구원받을 수 없다고 느껴 왔을지 모릅니다. 물론 구원이 여러분 자신에게 매달려 있다면, 여러분이 감당하는 그 어떤 의무나, 또는 여러분이 수행하는 어떤 섬김으로도 하늘에 들어갈 만한 충분한 공로를 쌓지 못할 것입니다. 지상에서 여러분의 죄를 용서받는 은혜는 그런 것들을 통해서는 확보하지 못할 것입니다. 그러나 만일 예수 그리스도께서 잃어버린 자들을 구하기 위해서 세상에 오셨다면, 문제는 완전히 달라지는 것입니다. 예수님은 아무리 큰 죄인도 확실히 용서하실 수 있습니다. 예수님께서는 아주 극악무도한 자라도 깊은 구렁에서 건져 올리실 수가 있습니다. 그 날은 정말 그 맹인에게 소망의 시간이었습니다. 만일 예수님께서 지금 지나가신다면 이 시간이 바로 여러분에게 소망의 시간이 되는 것입니다.

그러나 그가 지나가십니까? 저는 그렇다고 대답하는 바입니다. 우리 주님의 행실에서 이 점을 볼 수 있는 면이 여러 가지로 있습니다. 어떤 의미에서 예수님께서는 여러분이 선악을 분별하기 시작한 이후로 계속 여러분 곁을 지나가셨을 수도 있습니다. 또 여러분 중에 어떤 분들은 복음을 들으면서 양육을 받았을 것입니다. 어쨌든 기독교에 속한 사실들과 진리들을 모른 채 지낸 시간이 없었다는 것을 기억할 수도 있습니다. 자, 그 모든 시간 동안 예수 그리스도께서 천천히 여러분 곁을 지나가고 계셨습니다. 주님을 불러 긍휼을 베풀어 달라고 할 마음만 있었더라면 충분히 그럴 만한 시간적인 여유를 여러분에게 주셨습니다. 그런데 주의하십시오. 그 지나가심이 금방 끝날 수도 있습니다. 생명의 촛불이 꺼져 버릴 수도 있습니다. 복음이 귓가에 쟁쟁하게 울려 퍼지는 동안에는 아직 여러분에게 소망의 날입니다. 사탄이나 여러분 자신의 절망 어린 마음 때문에 정반대 방향으로 마음을 돌리지 않기를 바랍니다.

더욱 특별하게, 복음이 능력 있게 설교되는 때는 바로 그리스도께서 지나가시는 때입니다. 만일 오늘 밤 복음이 여러분에게 미쳐 여러분의 마음을 장악하고 녹일 정도가 되었다면, 그래서 복음을 통해서 하나님이 여러분을 지배하신다는 것이 여러분에게 느껴진다면, 예수님께서 지나가신다는 분명한 증거가 될 것입니다. 아니면 복음이 여러분에게 감동을 주지는 못하지만, 여러분과 같은 좌석에 앉아 있는 다른 사람들 속에서 영향력을 나타내고 그들이 구원을 받는다면, 그것을 두고 어떻게 하나님의 나라가 여러분에게 가까이 있다고 말할 수 없겠습니까? 하나님의 나라가 여러분 옆을 지나가는데도 불구하고 아무런 복을 얻지 못할 수도 있습니다. 여러분이 믿음으로 하나님 나라를 구하지 않았기 때문입니다. 그럼에도 불구하고 여러분은 그 일에 대해서 피할 수 없는 책임을 지게 될 것입니다. 예수님께서 다른 맹인들 곁을 지나가셨으면 그들도 눈을 뜨기를 구할 것이고, 영적 시력을 회복하였을 것입니다. 그런데도 여러분은 그냥 맹인으로 남아 있습니다. 예수님께서 여러분을 치료하실 수 없어서가 아니라 여러분이 예수님에게서 치료받기를 원치 않았고, 계속해서 예수님을 믿지 않고 있었기 때문입니다.

저는 속으로 바로 오늘 밤에 주님께서 특별히 이 회중 가운데 계신다는 느낌을 가지고 있습니다. 때로 설교자는 사람들을 위해서 해산의 수고를 하고 싶은 간절한 느낌을 가지게 됩니다. 사람들 속에서 그리스도의 형상이 이루어지기까지 말입니다. 그러면 설교자는 마치 자신이 그들처럼 위험에 처해 있고 구원을 얻기 위해 싸우는 것처럼 영혼들을 구하고자 하는 간절한 열망과 씨름을 하게 됩니다. 그것은 장차 임할 복을 나타내는 미미한 전조가 결코 아닙니다. 설교자는 또한 자기 설교를 듣고 있는 회심한 많은 사람들 속에도 같은 소원이 있다는 것을 발견합니다. 그들이 간절한 심령으로 하나님께 죄인을 인도해 주시기를 기도한다는 것을 설교자가 압니다. 그리고 그 기도의 분위기가 설교자에게는 예수님께서 자신을 나타내시는 시간과 장소를 보여주는 표시가 됩니다. 왜냐하면 그리스도께서는 당신의 백성들이 기도하는 곳에 분명히 나타나시기 때문입니다. 그러니 이 설교를 듣는 사랑하는 여러분, 저는 하늘의 신령한 은혜를 받을 소망스러운 조짐이 여기 있다고 여러분에게 말씀드립니다. 정말 이 시간은 소망스러운 시간입니다. 만일 여러분이 지금까지 구원받지 못한 채 살아왔다면, 바로 지금 여러분이 구원 받을 시간이 왔다고 강력히 말씀드립니다. 비록 여러분이 지금까지 구원 받기를 원하고, 또 원하고 원하였으나 헛되었다 할지라도, 지금 여러분에게 은혜를 베풀, 정한 때가 왔음이 틀림없습니다. 주여! 그렇게 되기를 간절히 원하나이다. 많은 사람들에게 그와 같은 은혜를 베푸사 우리가 당신의 은혜를 찬미하게 하소서.

2. 행동의 시간

두 번째로, 그 시간이 그 불쌍한 맹인에겐 소망의 때였듯이, 그때는 또한 특별히 "행동의 시간"이었습니다.

구원을 간절히 소망하는 여러분은 이 말씀에 귀를 기울이셔야 합니다. 사람은 자기 행위로 구원받을 수 없습니다. 구원은 그리스도 안에 있습니다. 그럼에도 불구하고 그리스도를 간절히 찾아 구하지 않고서는 어느 사람도 구원받지 못합니다. 이 맹인은 스스로 눈을 뜰 수 없었습니다. 그가 어떤 일을 했다 할지라도 그것이 시력을 되찾는 데 하등의 도움이 되지 못했습니다. 그럼에도 불구하고 그가 눈을 뜨기 위해서는 예수님께 구해야만 했습니다. 자, 이런 일에는 그에게 간절한 마음을 불러일으키기에 충분한 것이 있었습니다. 그리고 모든 인격적 기능을 다 동원하고, 있는 힘을 다 발휘하도록 만들기에 충분한 것이 있었습니다. 무엇보다 분명한 것은 처방을 발견하거나 그 처방을 적용하는데 있어 그가 발휘할 수 있는 기술이 전혀 없었다는 것입니다. 또한 그에게 어떠한 영예를 가져다 주는 것도, 그에게 어떤 보상을 받을 만한 권리를 주는 것도 전혀 없었습니다.

그럼에도 불구하고 이 사람은 구원을 받고자 한다면 우리가 어떠한 사람이 되어야 하는지를 보여주는 그림입니다. 그는 주의 깊게 들었습니다. 그는 볼 수 없었습니다. 그러나 귀는 가지고 있었습니다. 그래서 발자국 소리를 포착할 수 있었습니다. 여리고로 통하는 길목을 따라서 군중들이 움직이는 부산한 소리가 특이하게 들렸습니다. 그 발자국 소리는 보통 들었던 소리가 아니었습니다. 사람들의 음성도 그냥 보통 때의 목소리가 아니었습니다. 또 보통 지나가는 사람들이 흥얼거리는 그런 노랫소리와 같은 것도 아니었습니다. 그는 가만히 들었습니다. 귀를 완전히 기울여서 들었습니다. 사랑하는 청중 여러분! 복음이 전파될 때마다, 그냥 보통 여러분이 들을 수 있는 이야기를 대하는 것처럼 들어서는 안 됩니다. 오! 그것을 하나님의 말씀으로 들어야 합니다. 정말 숨을 죽이고 심오한 경외심을 가지고 들어야 합니다. 갈라진 땅이 소나기를 맞을 때 그 소낙비를 흡수하듯이 말씀을 들이마셔야 합니다. 한 마디도 놓치지 않을 마음으로 들어야 합니다. 그 말씀이 여러분에게 복이 되게끔 들어야 합니다. 저는 그렇게 순종하는 사람들이야말로 복을 얻기에 가장 합당한 사람들이라고 믿습니다. 그러므로 우리가 주님의 집에 와서 복음 설교를 들을 때, 생각이 흐트러지고 마음에 이것저것을 떠올려서는 안 됩니다. 제자들이 서로 하는 이야기 때문에 주님의 발자국 소리를 듣지 못할까봐, 아주 주의해서 들어야 합니다.

그러나 이 사람은 그렇게 분별력 있게 들은 다음에 그것이 무엇을 의미하는지 진지하게 조사하였습니다. 오! 제 설교를 듣는 사람들도 "그것이 무슨 뜻이냐?" 하고 묻기 시작하면 얼마나 좋겠습니까? 저는 할 수 있는 한, 말을 평이하게 하려고 노력하고 있다고 말씀드리고 싶습니다. 저는 아주 쓰고 싶었고 또 쓸 수 있었던 화려한 수사의 아름다운 꽃다발을 모두 시궁창에다 던져 버렸습니다. 왜냐하면 그러한 수사학적인 표현들이 어떤 불쌍한 죄인의 길을 막고, 진리를 아주 평이하게 이해하지 못하게 만들 수 있기 때문입니다. 아! 그러나 여전히 우리가 할 수 있는 대로 그런 식으로 말을 할지라도, 육신적인 상태에 머물러 있는 사람은 하나님께 속한 것들을 이해할 수 없습니다. 사람들이 이같은 것을 묻기 시작하면 그것은 복된 표지입니다. "이것이 도대체 무슨 말인가? 이 복음의 취지는 무엇인가? 그 사람이 죄와 죄의 각성에 대해서 말할 때 어떤 뜻으로 말하고 있는가? 그리스도와 그의 보혈에 대해서 말하고 있는데 무슨 뜻으로 하는 것인가? 도대체 이것이 무엇이란 말이야?" 설교를 듣고 있는 성도 여러분! 여러분 중에 어떤 사람들은 성경을 대충대충 읽습니다. 그렇게 하시지 말고, 성경을 읽을 때 멈추어 서서 생각하기를 바랍니다. 경험이 많은 그리스도인들에게 "이 본문이 무엇을 뜻하는가?"라고 묻기를 바랍니다. 그래서 설교에 여러분을 당황하게 만드는 것이 있다면 경건하고 교육을 받은 그리스도인에게 찾아가서 "선생님, 이것이 의미하는 바를 설명해 주시겠습니까?" 하고 부탁하기를 바랍니다. 만일 여러분이 구원의 길에 대해서 그런 식으로 문의한다면 저는 여러분에게 큰 희망을 걸겠습니다. 여러분은 그러한 질문을 던질 만한 가치가 있다고 생각하지 않습니까? 선생님들이여, 어떤 사람이 길을 잃으면 계속 잘못된 길을 가기보다는 만나는 사람에게 계속 물어보는 것이 나을 것입니다. 옛 순례자들에게 안내를 받지 않아서 하늘 가는 길을 잃어버린 채 그냥 가만히 있겠습니까? 여러분에게 부탁합니다. 제발 배우십시오. 그러면 머지않아 하나님께서 여러분을 가르치실 것입니다. 사람으로 하여금 자신의 무지를 의식하게 만들고 가르침을 받고 싶어하는 마음을 갖게 하실 때마다, 하나님의 성령께서는 분명히 그 사람을 조만간 가르치실 것이 틀림없습니다.

　　이 사람이 그러한 질문을 던졌고, 나사렛 예수께서 지나가신다는 대답을 들었을 때, 그가 다음에 취한 행동이 무엇인지를 주목하십시오. 그는 기도하기 시작했습니다. 그가 소리 질렀다고 본문은 말하고 있습니다. 그의 소리 지름은 하나의 기도였습니다. 그의 기도는 소원을 경건하고 힘 있게 밖으로 표현하는 형식을 취하고 있었습니다. "다윗의 자손이여! 나를 불쌍히 여기소서." 그것은 짧은 기도였습니다. 그는 기도서를 원하지 않았습니다. 맹인이었기 때문에 기도서를 가지고 있다 할지라도 전혀 사용하지 못했을 것입니다. 감사하게도 우리에게 필요한 것이 기도서가 아니라는 것입니다. 우리는 이 맹인과 같은 기도를 필요로 하는 것입니다. 우리는 그 맹인이 볼 수 있는 사람들과 똑같이 용의주도한 자세로 드렸던 그런 기도가 필요한 것입니다. 그 기도는 정말 얼마나 포괄적인 것입니까. ― "나를 불쌍히 여기소서! 나를 불쌍히 여기소서!" 기도가 효력을 발휘하도록 만든 것은 그 기도의 말이 아니라 참된 소원과 기도를 믿는 확신이었습니다.

"다윗의 자손이여, 나를 불쌍히 여기소서!"

자, 이 설교를 듣고 있는 사랑하는 여러분! 여러분은 구원받고 싶다고 제게 말씀하십니다. 또 구원을 받지 못하면 어쩌나 하고 걱정하고 있지요. 그러면 여러분은 기도하고 있습니까? 여러분이 긍휼을 구해야 마땅한 자리에 있다는 것을 생각하지 않는다면 어떻게 긍휼을 기대할 수 있겠습니까? 여러분이 구하지 않는데도 하나님께서 여러분에게 긍휼을 주시리라고 생각하십니까? 때로 하나님께서는 그렇게도 하시지요. 그러나 은혜의 통상적인 법칙, 아니 가장 타당한 법칙은 하나님의 발 앞에 겸손하게 엎드려 긍휼을 간청하는 것입니다. 여러분은 그 일을 하지 않았지요? 어째서입니까? 지옥의 문제가 그렇게 하찮은 문제라서, 거기서 빠져 나오기 위한 기도를 할 필요가 없는 것입니까? 하늘이 하찮은 목적지라서 천국을 얻기 위해 기도하지 않는 것입니까? 오! 선생들이여, 하늘의 긍휼을 구하는 사람들에게 주신다면, 전능하신 그분에게 간청하지 않겠습니까? 긍휼을 얻기 위해서 구속주에게 경의를 표하지 않겠습니까? 정말 여러분은 얼마나 죽어야 마땅한 죄인입니까! 여러분이 마땅히 주님께 간청을 드려야 함에도 불구하고 간청하지도 않고, 주님을 만날 수 있을 동안에도 주님을 구하지 않고, 도리어 주님을 구하기를 일부러 거절하고 있다면, 그게 무슨 말입니까! 여러분은 정말 죄 가운데서 죽어야 마땅한 죄인입니다! 그러나 그런 일이 일어나서는 안 됩니다. 저는 여러분을 볼 때 여러분이 하나님의 주장과 여러분 자신의 유익을 그처럼 무시할 것이라고 그렇게 생각할 수 없습니다. 아니, 여러분은 기도할 것이고, 저도 여러분이 기도할 것이라고 믿습니다. 또 온 마음을 다해서 하나님께 부르짖을 것이라고 믿어 의심치 않습니다. 어떤 사람이 진실로 긍휼을 얻기 위해 부르짖고, 계속 그러한 자세로 마음을 다하여 구하지 않았는데도 불구하고 조만간 긍휼이 임하는 일이란 있을 수 없습니다. 지옥에서는 기도하는 영혼이 전혀 없습니다. 긍휼을 간구하는 자들을 하나님은 결코 정죄하지 않습니다. 만일 여러분이 그리스도의 십자가 앞으로 담대히 나아가서 "저는 복락을 얻기까지 이 십자가를 놓지 않겠습니다. 영혼의 소원을 성취하기까지는 멈추지 않겠습니다"라고 말한다면, 여러분은 구하는 긍휼을 곧 받게 될 것입니다. 오! 하나님께서 여러분의 마음을 움직이시어 그렇게 기도하게 하시기를 바랍니다.

이 사람이 기도할 때 곁에서 이렇게 말하는 자들이 있었습니다. "시끄럽다. 잠잠하라! 네가 설교를 방해하고 있다. 연사의 은방울 같은 목소리를 들을 수가 없다. 거리에서 기어다니는 너 같은 거지가 시끄럽게 하여 훌륭한 사람들을 방해하는 것은 합당치 못하다. 그러니 조용해라!' 그러나 그의 마음은 어찌나 강하게 움직이던지 말을 하지 않고 가만히 있을 수가 없었습니다. 그래서 오히려 더 큰 소리로, 갈수록 더 힘 있는 어조로 "다윗의 자손이여, 나를 불쌍히 여기소서! 나를 불쌍히 여기소서!"라는 기도의 말을 되뇌었습니다. 자, 만일 여러분이 구원을 소원하고 기도하기 시작했다면, 사탄은 "그거 소용없어. 그러니 가만히 있어!"라고 말할 것입니다. 육체의 사람들은 "왜 이렇게 야단법석이야? 아직도 시간이 많이 있는데"라고 말할 것입니다. '지연'(「천로역정」 중의 등장인물 ─ 역주) 씨가 와서 "나이가 먹으면 주님을 구하기 시작할 충분한 시간이 있을 거야"라고 말할 것입니다. 그리고 천 가지 어려운 난제들이 한꺼번에 여러분의 마음에 떠오를 것입니다. 그러나 오! 영혼이여, 그대는 진실로 구원을 향하여 마음을 기울이라. 하나님께서 그대를 그렇게 간절하게 만드셨으니 그대는 그때 이렇게 말하라. "물러서라! 나는 너희들의 말을 듣고 가만히 잠잠히 있을 수가 없다. 나는 긍휼을 얻어야겠다. 내게 필요한 것은 긍휼이다. 나는 바로 그 긍휼을 얻어야겠어. 그렇지 않으면 나는 영원히 망하게 된다. 나는 도저히 그것을 견딜 수 없다. 그래서 나는 더 큰 소리로 그것을 구해야 된다." 저는 원합니다 ─ 아! 그것은 제 능으로 되는 것이 아니지만 말입니다 ─ 여전히 여러분을 설득시켜 끈질긴 기도를 할 수 있게 하였으면 좋겠습니다. 성령께서 여러분을 인도하여 기도하게 하시기를 원합니다.

제가 그리스도를 찾고 있을 때 제가 드렸던 기도를 자주 회상합니다. 저는 몇 개월 동안 기도했습니다. 그리고 제가 주님을 찾고 있었던 방에 있으면, 때로 평안의 답을 얻을 때까지는 은혜의 보좌에서 물러날 수 없을 것처럼 느꼈습니다. 그러나 저는 오래 기다리고 난 다음에야 답을 얻었습니다. 결국 평안이 제게 왔습니다. 오! 정말 그것은 기다릴 가치가 있는 것입니다! 어떤 사람이 20년 동안 긍휼을 구해야만 했다면, 그리고 마침내 은혜의 홀이 내밀어졌다면, 정말 그 긍휼의 은혜는 지극히 근심어린 심정으로 20년 동안 흘린 눈물과 신음을 충분히 보상하고도 남을 것입니다. 그러니 여러분의 골방에 들어가십시오. 골방에 들어갈 수 없다면, 톱질구덩이(큰 톱을 위아래로 켤 때 두 사람 중 하나가 들어가는 아래쪽 구덩이 ─ 역주)에 들어가십시오. 아니면 건초 곳간으로 들어가십시오. 그곳이 어디든지 상관이 없습니다. 그리고 하나님 앞에 마음을 토해 내십시오. 주님께서 "네

많은 죄가 사함 받았느니라”고 말씀하시기까지 일어나지 마십시오.

　　이 사람이 그렇게 간청한 후에, 예수님께서 머물러 서서 그를 부르셨다는 것은 주목할 만한 일입니다. 저는 바로 이 문제에 여러분이 주의를 기울이도록 해야겠습니다. 예수님께서 그 맹인을 부르시자마자 그에게 미친 효과는 깜짝 놀랄 만한 것이었습니다. 길가에서 절망적으로 앉아 있던 그 사람을 생각해 보십시오. 그런데 예수님께서 그 사람더러 오라고 명하십니다. 그는 일어납니다. 순간적으로 그는 그토록 보배롭게 여겼던 겉옷을 집어던집니다. 그 겉옷은 추운 밤에 자신을 따뜻하게 감싸 주었던 것입니다. 비록 해지고 더러운 겉옷이기는 했지만 그에게는 그렇게 값어치가 있었습니다. 그러나 그 모든 것을 집어던졌습니다. 계속 걸치고 있으면 그 때문에 조금이라도 둔하게 될까봐 그것을 벗어 던졌습니다. 아! 불쌍한 영혼이 그리스도를 얻기 위해서는 무엇이든지 던질 수 있다고 느낀다면 정말 그것은 큰 자비입니다. 진실로 구주를 구하는 죄인이 이렇게 말했습니다. “오! 내가 즐거워하던 것 가운데 긍휼을 얻는데 방해가 되는 죄가 있으면 좀 알려 주십시오. 그 죄를 버리겠습니다. 죄인 줄 알지 못하고 행했던 어떤 습관이 있거나, 내게 즐거움을 주었던 것이더라도 하나님이 보시기에 합당치 못한 것이면 저는 그것을 끊어 버리겠습니다. 오! 만일 제가 가난해야 한다면, 심지어 병들어야 한다 할지라도 주님의 긍휼을 얻을 수 있다면, 내 건강도 내 부함도 다 버리겠습니다.”

　　　　“내가 가장 아꼈던 우상을,
　　　　　그것이 무엇이라 할지라도
　　　　　그 우상을 버리도록 저를 도와주소서.
　　　　　오직 주님만 경배하리이다.”

　　예수님을 구하는 여러분들에게 저는 도전적으로 말씀드립니다. 여러분과 그리스도 사이에 어느 것도 서 있지 못하게 하십시오. 여러분은 구원을 얻어야 합니다. 구원을 얻지 않고 다른 무엇을 하는 것은 무가치합니다. 여러분을 더디게 만드는 것은 무엇이든지 던져 버리십시오. 여러분의 천상 경주를 방해하는 것은 모두 던져 버리십시오. 모든 무거운 것과 여러분을 넘어지게 하는 모든 죄를 던져 버리고 당장 예수님께로 달려가십시오. 오늘 밤 있는 힘을 다해 속력을 내어 예수님께 달려가십시오. 복락을 얻기까지 만족해하지 마십시오.

다시 한 번 더 말씀드립니다. 이 사람이 예수님께 왔을 때 예수님께서는 "내가 네게 무엇을 하여 주기를 원하느냐?"라고 말씀하셨습니다. 그 사람은 솔직하고 영리한 대답을 하였습니다. "주여! 보기를 원하나이다." 자, 여러분이 오늘 밤 기도를 할 때, 여러분 중에 누구도 그저 일반적인 기도를 드리지 않도록 하십시오. 주님 앞에 아주 분명한 말로 기도드리십시오. 예를 들면, 저는 여러분의 고백과 간구를 이런 취지로 말씀드릴 수 있다고 생각합니다. — "주여, 제가 여기 있나이다. 저는 이제까지 주님을 생각하지 않고 살아왔습니다. 저는 이 예배당에 와서 계속 말씀을 들었습니다. 때로 저는 깊은 인상을 받아 눈물을 흘리기도 했습니다. 그러나 주여! 그것이 제게 아무런 결과도 가져오지 못했습니다. 그 수많은 설교를 듣고도 저는 구원을 받지 못한 상태에 있었습니다. 저는 복음을 듣고도 마음이 완고해진 죄인이 될까봐 두렵습니다. 주여! 제가 설교자를 정면으로 바라보고 앉아 있는데 설교자가 저렇게 저를 지적하면서 말하고 증거하고 있습니다. 제가 구원 받지 못한 상태로 있는 동안에 다른 사람들은 구원을 받았는데, 어떻게 제 마음은 맷돌 아래짝처럼 완고하게 되어버린 것입니까. 그렇지 않아야 하는 데도 말입니다. 그럼에도 불구하고 주는 구원하실 수 있습니다. 그럴지라도 제게 긍휼을 베풀어 주소서! 이 돌 같은 마음을 녹여 주시고, 이 완고한 마음을 깨뜨려 주시옵소서. 이 얼음 덩어리를 조각내어 주소서! 주여, 저를 방해하는 것이 무엇인지 저는 압니다. 마음에 품은 죄가 있습니다. 악한 동무가 있습니다. 육체의 정욕이 있습니다. 오! 하나님, 그 모든 것을 포기할 수 있도록 제게 힘을 주시옵소서! 저를 도우사 오른손을 잘라 내고, 오른눈을 뽑아내게 하소서! 오, 제가 망할 수는 없기 때문입니다. 정말 망할 수 없나이다. 오는 세상에서 하나님의 진노를 견뎌낼 수 없습니다. 그러므로 그 진노에서 피하여 예수님 안에서 피난처를 찾고 싶습니다!'

아니면 어쩌면 여러분의 경우가 전혀 다른 경우일 수 있을 것입니다. 하나님께 간구할 때 여러분은 이렇게 말해야 할 수도 있습니다. "주여! 저는 안식일을 지킨 적이 없습니다. 그 모든 거룩한 날들을 죄악적인 즐거움 속에서 지내왔습니다. 주님께 관심을 둔 적이 전혀 없습니다. 물론 저는 지금과 같이 이 예배당 문턱을 다른 수많은 사람과 함께 들락거렸습니다. 저기 저 복도에서도 서 있었습니다. 주여! 당신의 말씀이 저를 발견해 냈나이다. 전에는 그와 같이 느낀 적이 없습니다. 주님과 화해하고 싶은 간절한 마음입니다." 오! 여러분의 하늘 아버지께서 그러한 기도 소리를 들었을 때 얼마나 기뻐하셨을지 여러분은 모를 것입니다. 우리 주님께서 말씀하신 비유 속에서 나오는 아버지가 탕자의 목을 안고 입을 맞추고 기뻐한 것처럼, 하늘에 계신 우리 아버지께서도 달려와 여러분의 죄 많은 목을 안고 여러분을 용서하며 입 맞추시고 자녀로 받아들이실 것입니다. 여러분, 바로 여러분 같은 사람도 구원을 받을 것입니다. 하나님께 영광을 돌리십시오. 달려가십시오. 구하십시오. 문을 두드리십시오. 그렇게 애쓰십시오. 그런 사람들에게 긍휼이 임할 것입니다.

그러나 아직도 한 가지 다른 요점을 말씀드리지 않을 수 없습니다. 이 맹인에게 구원을 가져온 진정한 요점은 그의 **믿음**이었습니다. 그리스도께서 "네 믿음이 너를 구원하였다"고 말씀하시는 것을 보면 그렇습니다. 자, 모든 요점 가운데 가장 위대한 요점이 바로 그것입니다 — 믿음! 믿음입니다. 믿음 없는 행위는 무가치한 것입니다. 믿음은 구원을 받는 큰 은혜입니다. 정말 믿음은 진정한 생명의 싹입니다. 여러분은 "믿음이 무엇이냐?"고 묻습니다. 걱정스러워하면서 묻는 여러분이여! 믿음이 무엇인지를 알려면, 믿음을 표현하는 다른 말이 신뢰라는 것을 이해하면 됩니다 — 바로 그것이 믿음입니다. 구원 받을 만한 믿음은 하나님의 아들 예수 그리스도께서 죄를 위한 속죄 제물로 드리셨다는 것을 믿는 믿음이고, 그러한 굳은 확신을 가진 후에 여러분의 구원을 위한 속죄제물을 단순히 신뢰하는 것입니다. 오늘 밤 예수 그리스도를 믿을 수 있습니까? 오! 성령께서 여러분이 믿도록 은혜를 주시기를 원합니다. 정신을 차린 죄인에게 그러한 질문을 던지면, 저는 항상 이런 대답이 나와야 한다고 생각합니다. "내가 그를 신뢰할 수 있나요? 아, 설마! 그런데 그렇게 거룩한 구주께서 자신의 죽음을 그런 제물로 드리셨다니, 정말로 그분을 신뢰할 수 있습니다." 여기에 못이 하나 있는데, 사람의 무게를 견딜 수 있는 못입니다. 여기에 다리가 하나 있는데, 지극히 무거운 죄인들 수천 만이 안전하게 건너갈 수 있는 다리입니다. 죄인이여! 오십시오. 여러분이 무엇을 말합니까? 예수님을 믿기로 결심합니까? 그렇다면 여러분의 믿음이 여러분을 구원한 것입니다. 그에 대한 확신을 얻기까지 가서 기도로 씨름하십시오.

3. 위기의 시간

시간이 날아가고 있습니다. 저는 지체해서는 안 됩니다. 그래서 또 다른 요점에 대해서 엄숙한 한 마디의 말씀을 드려야겠습니다. 예수님께서 지나가실 때, 앞에서 말했듯이, 그때가 맹인에게는 소망의 시간이었습니다. 그가 분발할 시간이었습니다. 이제 셋째로, 그때가 "위기의 시간"이었다는 것에 주목할 필요가 있습니다.

자, 삶이 지속되는 동안 예수님께서 지나가신다는 것을 앞에서 보지 않았습니까? 어떤 의미에서 정말 그렇습니다. 그러나 제가 믿는 바가 또 있습니다. 많은 경우에 사람들이 긍휼의 시간을 넘겨 버리고 죽는다는 것입니다. 간절한 복음의 권고를 들어온 사람이 있었습니다. 그가 권고를 들을 때에 설교자가 자기 마음의 깊은 곳을 찌르며 말하고 있다고 느꼈습니다. 속으로 '그것은 참으로 중요한 문제다'라는 생각을 했지요. 그가 계속 설교를 들으면서 그 문제의 중요성이 점점 더 부각되는 것 같았습니다. 그는 눈물을 흘리기 시작했고, 그날 밤에 집에 가서 주님을 찾을 것이라고 결심했습니다. 그런데 집으로 가는 도중에 친구를 만났습니다. 친구가 "같이 가자" 하고 말하면서 어떤 선술집으로 그를 데리고 가려고 하였습니다. 순간 마음속에서 반감이 들었습니다. 그는 조용히 섰고, 그 영혼 속에서 신중한 생각이 계속 일어나는 것을 느꼈습니다. "자, 어디로 갈 것인가? 이 유쾌한 친구와 함께 갈 것인가, 아니면 내가 결심했던 그 간절한 기도를 드릴 것인가?" 그는 잠시 머뭇거렸습니다. 더 나은 자아가, 아니 그의 속에 계신 성령께서 이기셨습니다. 그 밤에 그는 무릎을 꿇었고, 하나님의 빛이 그 영혼 속에 들어왔습니다. 그리고 그는 그리스도인이 되었습니다.

바로 그 경우에 정확히 같은 경험을 한 다른 사람이 있었습니다. 그 사람에게 여전히 같은 시험이 왔습니다. 그러나 그는 시험에 지고 말았습니다. 그 후로 그는 그런 문제로 다시 씨름하는 고통을 당한 적은 없었습니다. 그는 다시 설교를 들었습니다. 그러나 그때 설교를 들었을 때와 같은 느낌을 갖지 못했습니다. 그에게 설교가 이제는 흥미가 없어졌습니다. 얼마가 지난 후에는 은혜의 방편인 예배에 빠지기도 했습니다. 그리고 이제 그는 하나님을 모독하는 자가 되었습니다. 전에는 구원에 아주 가까운 곳에 서 있었는데도 말입니다. 아마도 마지막 경우의 사람에게 다시는 은혜의 날이 돌아오지 않을 것입니다. 그는 이제 은혜의 방편이 미치지 못하는 곳으로 가 버렸습니다. 왜냐하면 그는 예배당에 결코 오지 않고, 그런 유의 일에 대해 하등의 관심을 기울이지 않기 때문입니다. 이제 믿음의 문제는 그에게 조롱거리가 되었습니다. 그에게 설교하거나 전도하는 자들은 조롱거리가 되었습니다.

　　이 두 사람에게는 인생의 전환점이 있었던 것입니다. 한 사람의 경우는 은혜를 택했고, 또 한 사람의 경우는 육체의 길을 택했습니다. 십중팔구 한 사람은 하늘을 향하여 갈 것이고, 다른 사람은 안타깝게도 지옥을 향하여 갈 것입니다. 오늘과 같은 밤이 지금 왔을 수도 있습니다. 어디에 앉아 있는지는 몰라도 그 젊은이가 오늘 밤 여기에 있다는 것을 저는 알고 있습니다. 예배가 끝난 다음에 그 젊은이는 어떤 종류의 약속을 지켜야 합니다. 만일 시골에 있는 그의 경건한 어머니가 그것을 알 수만 있다면, 어머니의 머리털이 공포심으로 쭈뼛거리게 될 것입니다. 그녀의 아들이 지옥에 가게 되었다는 것을 생각하면 말입니다. 살아 계신 하나님의 이름으로 그 젊은이에게 명령합니다. 죄를 포기하십시오. 그렇지 않으면 오늘 밤 자신의 파멸을 굳히게 될 것입니다. 이 예배당에 한 여인이 앉아 있습니다. 주님께서 그녀의 마음의 뜻을 이루도록 허락하시면, 오늘 밤 그리스도를 구하고 그리스도를 만나게 될 것입니다. 그러나 그녀와 지금 씨름하고 있는 시험이 그녀를 이긴다면, 그리고 결국 이 밤을 무익한 잡담으로 보낸다면, 그녀의 양심은 화인 맞게 될 것입니다. 그래서 이 시간부터는 복음의 빛줄기가 그녀에게 올 수 없을 것입니다. 오! 하나님께서 여러분이 자신의 입장을 바로 이해하고 결정하도록 인도하시기를 원합니다. 하나님께서 여러분을 도와서 완고하고 악한 의지를 여러분 마음속에서 역사하시는 성령의 복되신 역사에 복종시키기를 원합니다. 오늘 이 시간이 많은 사람들에게는 위기의 시간이라고 저는 확신합니다.

4. 금방 지나가는 시간

　　끝으로, 예수님께서 지나가시는 그 시간은 "금방 지나가 버릴" 것입니다.

　　여러분은 "나사렛 예수께서 지나가신다"는 말을 주목하십니까? 그는 멈추어 선 것이 아닙니다. 지나가고 계십니다. 문을 지나가시려고 여리고 성벽을 향해서 가고 계셨습니다. 맹인이여, 바로 지금 주님께서 지나가고 계십니다. 지금이 아니면 다시 그런 길을 막지 못할 것입니다. 주님께서 여러분이 있는 곳에 올라오셨습니다. 지금 그분에게 부르짖으십시오! 그분이 여러분을 지나가고 계십니다. 그러니 그분을 불러 외치십시오. 그대 사람이여! 주님께서 멀리 가고 계실 수도 있습니다. 그러나 주님께서 여러분의 기도 소리를 들으실 수 있습니다. 지금 그분에게 부르짖으십시오! 아! 그분이 앞을 지나가셨습니다. 그런데 그 사람이 소리를 치지 않았다고 해 보십시다. 그러면 그의 눈을 뜨게 할 사람이 다시는 오지 않습니다. 다윗의 아들 예수께서 다시는 그에게 오지 않으실 것입니다. 지나가셨고, 그분을 향하여 복을 요청한 적도 구한 적도 없기 때문입니다. 여러분이 젊을 때 예수님께서 지나가셨을 수도 있습니다. 저는 하나님께 간구합니다. 여러분이 주님께 "나를 불쌍히 여기소서"라고 말하게 해 주시기를 기도합니다. 여러분은 중년에 이르러서 주님이 찾아오시기까지 기다리셨습니다. 그런데도 여러분은 구하지 않았습니다. 정말 안타깝습니다. 정말 안타까운 일이지요! 자, 어느새 머리칼이 희끗희끗해지고 있는데, 불신앙으로 반세기를 살아와서 마음이 굳어졌습니다. 여러분은 신앙 없이 산 세월이 60년을 채우고 있습니다. 그러나 주님께서 아직도 여러분의 기도에 귀를 기울이시고 계십니다. 그분은 지금 여러분이 드리는 기도를 들으실 것입니다. 제가 여러분에게 간절히 말하노니 제발 그분에게 부르짖으십시오. 모든 참된 간구의 창시자이신 성령께서 여러분이 지금 부르짖게 하시기를 바랍니다. 그래서 "네 믿음이 너를 구원하였으니 평안히 가라"는 답을 얻기까지 멈추지 않고 계속 소리 지르게 하시기를 원합니다.

자, 제 말을 듣고 있는 여기에 계신 어떤 분들은 이렇게 생각할 수도 있지요. 이 설교는 너무 유치한 어린애 장난처럼 보이고, 이 엄숙한 일에 대한 우리의 말이 너무 쉽다는 식으로 말입니다. 저는 오늘 밤 하나님 앞에 항의합니다. 그 일이 정말 너무나 어렵게 느껴진다고 말입니다. 복음을 설교한다는 것이 쉽고 기쁘지 않다는 것은 아닙니다. 그러나 저는 여러분 중 어떤 사람들의 영혼에 대해서 간절한 마음을 가지고 있습니다. 여러분이 여기에 이처럼 떼로 몰려 있는 이유가 무엇인지 저는 알지 못합니다. 예배당 안에 들어와 있는 만큼의 수가 밖에 있으면서 어떻게 해서든지 들어오려고 하는 것을 아는데, 왜 그러는지 모르겠습니다. 저는 여러분을 여기로 이끌려 어떤 일도 하지 않습니다. 다만 제 구주의 복음을 있는 그대로 말씀드릴 뿐입니다. 사실, 주님께서 여러분의 마음을 부추겨 제가 열심히 선포하고 있는 복음을 들을 수 있는 자리로 이끌어 들이신다면, 여러분에 대해서 저는 모종의 책임을 느낍니다. 그 책임에 대해서 여러분이 평가한다는 것은 불가능한 일이지요. 만일 여러분이 심판 날에 "우리가 그 집에 떼로 몰려갔어요. 우리가 그 사람의 말을 들었지요. 그러나 그가 우리에게 진리를 말해 주지 않았습니다. 또 진리를 말해도 너무나 작게 말해서 별 의미가 없다고 생각하게 만들었고, 그래서 우리가 생각에서 진리를 지워 버렸지요"라고 말하게 된다면, 어떻게 되겠습니까? 제가 여러 가지로 설득만 잘했으면, 그리스도께 인도함을 받을 수 있었는데, 그것이 모자라서 망했다고 그렇게 말한다면 어떻게 되겠습니까? "주 예수 그리스도를 믿으라. 그리하면 구원을 받으리라." 이것이 메시지입니다. 그러나 만일 여러분이 이 메시지를 거부한다면, 무거운 압박이 제 심령을 누를 것입니다. 그것은 마치 연자 맷돌이 나를 부수는 것같을 것입니다 ─ 여러분이 구원받지 못하고 망하게 될 것을 생각하면 말입니다. 자, 구원을 받지 못하다니, 그것이 무슨 말입니까? 하나님의 면전에서 쫓겨남을 당해 지옥에 던져지고, 영원토록 거기에서 하나님의 공의가 내릴 수 있는 모든 고통, 하나님의 전능한 구원의 손길이 미칠 수 없는 고통을 당한다는 것을 의미합니다. 여러분, 제가 잠깐 동안 그저 머리가 좀 아프다거나 이가 아파도 그 고통을 참아 내기가 여간 힘들지 않습니다. 1세기 동안 그러한 고통을 당한다고 생각해 보십시오. 어떻겠습니까? 자, 여러분! 그것이 어떠한 고통일지 정말 상상할 수도 없지요! 그런데 이보다 더 악한 고통을 수천 배로 더, 아니 영원토록, 영원토록 당한다면 어찌 되겠습니까?

　마음에 좌절을 당하고, 낙심을 하며, 위로를 전혀 받지 못하는 것 ─ 그것이 사람들을 얼마나 황폐하게 만듭니까? 그래서 그런 사람들이 칼로 자신의 목숨을 끊거나, 극단적인 정신 상태에서 독약을 마시거나 하지요. 그들이 받는 고뇌와 좌절감 때문에 삶을 더 지탱할 수 없어서 그럴 수 있습니다. 그러나 사람들이 이 세상에서 겪는 그 모든 고통, 모든 파멸, 버림받음은 장차 올 세상에서 당하는 화(禍)와 정신적인 고뇌와 비교할 때 아무것도 아닙니다. 오! 망하고 버림받고 저주받은 심령의 고통이여, 하나님께서는 진노의 발로 그들을 짓밟으실 것입니다. 다시는 그들이 더 이상 일어나지 못하게 하실 것입니다! 여러분은 죽자마자 즉각적으로 그러한 고통을 받게 될 것이고, 지옥의 비참한 몫을 받게 될 것입니다 ─ "내가 복음을 들었지만, 그 복음을 주목하지 않았구나. 그리스도께서 내 앞에 계셨지만 알아보지 못했구나. 주님의 이름으로 믿으라는 권고를 받았고, 구원을 위해서 속히 그분에게 달려가라는 권고를 받았지만 나는 머뭇거렸고, 의심하면서 방황했고, 불만을 토로했고, 결국 그를 부인했었다. 무엇 때문에 그렇게 했단 말인가? 조금 술을 마시고, 조금 춤을 추고, 나를 항복시키고 약간의 즐거움을 준 작은 죄, 세상적인 이익, 비천한 악함, 순전한 부주의와 유쾌함 — 그것이 무엇이란 말인가! 결국 나를 망하게 하는 것밖에는 되지 못했구나!" 저주받은 죄인이여! 그 사람은 자기의 영혼을 상실했습니다. 그러나 세상도 얻지 못했습니다. 그는 다만 잠시 잠깐 천박한 즐거움만 얻었던 것입니다. 한 시간 동안 불쌍한 소득을 얻고 영원토록 버림을 받게 된 것입니다! 여러분에게 그와 같은 일이 일어나지 않기를 바랍니다 — 젊은이든 나이 든 사람이든 각 사람에게 결코 그런 일이 일어나서는 안 됩니다. 하나님께서 여기 있는 모든 분들에게 당신의 아들을 인해서 긍휼을 베풀어 주시기를 바랍니다. 아멘.

"어느 시점, 어느 장소에서
사람들의 운명을 결정짓는 것이 올는지 모른다
영광에 이를지 절망에 이를지 모른다.

우리 눈에 보이지 않는 한 경계선이 있는데
그 경계선은 모든 길과 만나는 경계선이다.
하나님의 인내하심과 진노 사이에 감추어진 선.

그 경계선을 지나가면 죽는데
마치 몰래 죽듯이 죽는다
그 경계선은 기쁨에 찬 눈빛을 사그라지지 못하게 하고
건강의 붉은 빛을 창백하게 하지 못한다.

양심은 여전히 편안할 수 있고
심령들은 즐거움과 기쁨에 처할 수 있다
현재 즐거워하는 것이 즐거움을 줄 수 있고,
염려를 멀리 떠나보낼 수 있다.

그러나 하나님께서는 그 이마에
지울 수 없는 표시를 찍어 놓으셨다.
사람이 볼 수 없는 표시를.

아직도 사람은 눈멀고 어둠에 있어서 보지 못한다.

그럼에도 망하고 있는 사람의 길은
에덴처럼 꽃이 만발하여 있을 수 있다.
사람은 자기가 망한다는 것을 알지도 못했고,
지금도 모르고, 앞으로도 모르고, 느끼지 못할 것이다.

그는 모든 것이 좋다고,
모든 두려움이 잠잠해졌다고 알고 생각한다.
그는 살고, 죽고, 지옥에서 깨어날 것이다.
그는 망했을 뿐만 아니라 저주받았다.

오! 당신의 신비로운 목적지는 어디입니까?
그 목적지에 의해서 우리의 길이 엇갈립니다.
하나님께서 보증하신 그 목적지를
벗어나 가는 사람이 망하는 곳은 어딘가요?

우리가 언제까지나 계속 죄를 지어야 할까요?
얼마나 오랫동안 하나님께서 참아야 합니까?
어디에 가야 소망이 끝이 납니까?
절망의 경계는 어디서부터 시작이 됩니까?

하늘부터 들려오는 대답을 들어라
'하나님으로부터 떠나 있는 너희어
오늘날 너희를 부르실 때 회개하라!
너희 마음을 완악하게 하지 말라.'"

제
74
장

—

효과적 소명

—

"예수께서 그 곳에 이르사 쳐다 보시고 이르시되
삭개오야 속히 내려오라 내가
오늘 네 집에 유하여야 하겠다 하시니" — 눅 19:5

여러분이 영원한 복음의 가르침을 잘 배웠다고 확신하지만, 어린 회심자들과 계속 대화를 하면서 깨닫는 것은, 우리가 이미 가르친 내용을 계속 가르쳐야 하며, 거룩한 종교에 기초한 이 가르침이 반복하여 주장되고 증명되는 것이 절대적으로 필요한 것임을 깨닫습니다. 여러분은 여러 해 전에 효과적 소명이라는 위대한 교리를 배웠습니다. 그러므로 오늘 아침 매우 간단한 나의 설교는 하나님을 두려워하는 어린 신자들을 위한 것이므로, 어린 신자들은 성령으로 말미암아 하나님을 아는 위대한 출발점이 되는 효과적 소명을 잘 이해할 수 있을 것입니다. 나는 효과적 소명의 교리에 대한 좋은 예로 삭개오를 들어 설명하려고 합니다. 여러분은 이 이야기를 기억할 것입니다. 삭개오는 호기심에 차서 경이로운 인간, 예수 그리스도를 만나려고 했습니다. 예수님은 하늘 위에서 이 땅에 내려오셔서, 인간의 마음을 크게 흥분시키고 계십니다. 종종 우리는 호기심을 비난하여 말하기를, 이런 동기로 하나님의 집에 오는 것은 죄라고 합니다. 나는 이런 위험스러운 주장을 결코 믿지 않습니다. 이런 동기는 확실히 덕스러운 것은 아니지만 죄는 아닙니다. 도리어 호기심은 은혜의 협력자 중 가장 유력한 것임이 종종 입증되어 왔습니다.

삭개오는 이런 동기에서 시작했지만, 그리스도를 보기를 간절히 원했습니다. 그러나 그 길에는 두 가지 장애가 있었습니다. 첫째, 무리가 너무 많았으므로 그는 구세주께 가까이 갈 수 없었습니다. 둘째, 그는 키가 너무 작아서 사람들의 머리 너머로 주님을 볼 수 없었습니다. 그는 어떻게 했습니까? 그는 소년들처럼 행동했습니다. 예나 지금이나 소년들은 조금도 다를 바가 없습니다. 그는 예수님이 지나가실 때 그분을 보기 위해 나무로 올라갔던 것입니다. 삭개오는 비록 나이가 많았지만, 나무 위에 올라가 아이들 틈에 앉았습니다. 소년들은 자기 아버지가 무서워하는, 이 늙은 엄격한 세리가 너무 무서워서, 그를 밀쳐 내거나 그에게 어떤 불편도 끼치지 않았습니다.

나뭇가지 위에 앉아 있는 삭개오를 보십시오. 삭개오는 혹시나 예수님을 알아보지 못할까 근심스런 표정으로 소년들 틈에서 내려다보고 있었습니다. 구세주이신 예수님은 남과 구별되는 특징을 아무것도 지니지 않으셨기 때문입니다. 주님 앞에는 은 홀을 가지고 행렬하는 사람들도 없었고, 주님은 손에 금 홀을 쥐지도 아니하셨으며, 제사장의 옷을 입지도 아니하셨고, 도리어 주변 사람들과 똑같은 옷을 입으셨습니다. 예수님은 평범한 농부의 옷처럼 머리에서 발끝까지 통으로 짠 겉옷을 걸치셨습니다. 그래서 삭개오는 주님을 거의 알아볼 수 없었습니다. 그러나 삭개오가 주님을 알아보기 전에 그리스도께서 그를 보시고, 나무 아래에 서서 우러러보시며 말씀하시기를, "삭개오야 속히 내려오라 내가 오늘 네 집에 유하여야 하겠다"고 하셨습니다. 삭개오는 내려왔으며, 그리스도는 그의 집에 가셨고, 삭개오는 그리스도의 친구가 되어 하늘나라에 들어갔습니다.

1. 효과적 소명은 매우 은혜로운 진리입니다.

여러분은 삭개오가 구원받지 못할 성격을 지녔다는 사실을 알기 때문에, 삭개오의 이야기를 상상할 수 있습니다. 삭개오는 나쁜 도시 여리고에 살았습니다. 그 도시는 저주받았고, 아무도 여리고에서는 구원받을 자가 나오리라고 상상할 수 없었을 것입니다. 사람들은 여리고 가까운 곳에서 강도를 만납니다. 우리는 삭개오가 강도라고 믿지는 않지만, 그곳에는 세리이면서 동시에 강도가 될 수 있는 자들이 있었습니다. 우리는 그와 같은 시대에 여리고로부터 회개를 기대할 수 있는 것처럼, 지금 세인트 자일스나 런던의 극빈 지역이나 가장 추하고 나쁜 소굴에서도 회개를 기대할 수 있습니다.

아! 나의 형제들이여, 여러분이 어디서 왔는지는 문제가 되지 않습니다. 여러분은 가장 더러운 거리에서 왔을지 모릅니다. 아, 런던에 있는 가장 악하고 캄캄한 범죄 소굴에서 왔을지도 모릅니다. 그러나 효과적인 은혜가 여러분을 부른다면 — 이것이 효과적 소명입니다 — 여기에는 장소의 차별도 필요 없습니다. 또한 삭개오는 아주 나쁜 무리에 속했고, 아마 재산을 모으기 위해 백성들을 속였을 것입니다. 정말 그리스도께서 그의 집에 오셨을 때, 사람들은 주님께서 죄인의 손님이 되어서 방문하신다고 수군거렸을 것입니다.

그러나 나의 형제들이여, 은혜에는 아무 차별도 없습니다. 사람들을 구별해서 존경하지도 않습니다. 그러나 하나님 자신이 원하는 자를 부르십니다. 그래서 하나님은 사악한 도시에서 가장 악한 직업을 가진 가장 악한 이 세리를 부르셨습니다. 게다가 삭개오는 부자였기 때문에, 구원받을 만한 가치가 조금도 없는 사람이었습니다. 그러나 주님은 부자와 가난한 자 모두를 환영하십니다. 누구도 환경 때문에 절망에 빠질 필요는 없습니다. 하나님은 세상적으로 훌륭하고 권력 있는 자들을 많이 부르시는 것이 아니라, 세상에서는 가난하지만 믿음에 부요한 이들을 택하십니다. 그러나 이 점에서도 은혜는 아무 차별이 없습니다. 부자 삭개오는 나무 위에서 소명을 받았습니다. 그는 내려온 후 구원을 받았습니다. 나는 이 순간이야말로 인간을 내려다보시는 하나님의 겸손을 나타내는 가장 멋진 순간이라 생각했습니다. 그러나 그리스도께서 삭개오를 우러러보실 때, 그 순간 더 큰 겸손이 있었습니다. 하나님께서 자기 피조물을 내려다보시는 것은 은혜지만, 그리스도께서 자신을 낮추시어 피조물 중 한 사람을 우러러보신 것은 더 큰 은혜입니다.

아! 많은 사람이 자기 자신의 선행의 나무로 올라가서 거룩한 행위의 나뭇가지에 앉아 있습니다. 그들은 불쌍한 피조물의 자유 의지를 믿기도 하고, 세상 격언을 들으며 쉬고 있습니다. 그럼에도 불구하고 그리스도는 거만한 죄인을 우러러보시며 내려오라고 부르십니다. 그리스도는 "내려오라 내가 오늘 네 집에 유하여야 하겠다"고 말씀하십니다. 삭개오가 마음이 겸손하여 길가에 앉아 있었다 해도 우리는 그리스도의 자비에 감탄할 것입니다. 그러나 여기서 삭개오는 높이 올라갔고, 도리어 그리스도께서 그를 우러러보시며 내려오라고 명령하셨습니다.

2. 효과적 소명은 개인적 소명입니다.

나무 위에는 삭개오뿐만 아니라 많은 소년들이 있었습니다. 그러나 소명을 받은 사람은 틀림없이 삭개오였습니다. "삭개오야 속히 내려오라." 성경 안에는 또 다른 소명에 대해 언급하고 있습니다. 특히 "청함을 받은 자는 많으나 택함을 입은 자는 적으니라"고 기록되어 있습니다. 사도가 이 구절을 통해 말하고자 하는 것은, "부르신 그들을 또한 의롭다 하시고"라고 했던 효과적 소명이 아닙니다. 이 구절은, 우리를 그리스도인이 되게 하는 개인적 특별 소명이 뒤따르지 않는 한, 많은 사람 아니 모든 사람이 거절하는 일반적 소명을 말합니다. 여러분은 개인적 소명이 자신들을 구세주께 인도한다는 사실을 입증할 수 있을 것입니다. 여러분으로 하여금 확실히 예정된 사람이라고 느끼게 하는 몇몇 설교가 있습니다. 아마 본문은 "주여 나를 보시옵소서"가 되겠고, 목사님은 '나를'이란 단어를 특히 강조해서 설교할 것입니다. 그래서 여러분은 하나님의 눈이 여러분을 향한다고 느낄 것입니다. 설교가 끝나기도 전에, 여러분은 하나님께서 책을 펴서 책망하고 계심을 보고 있다고 생각하며, 여러분의 마음은 "나 여호와가 말하노라 사람이 내게 보이지 아니하려고 누가 자기를 은밀한 곳에 숨길 수 있겠느냐?'라고 속삭입니다. 여러분이 창문에 앉아 있거나 복도 한 쪽 구석에 서 있었을지라도 여러분은 이 설교가 다른 사람이 아닌 자신들을 위한 것이라고 확실히 믿습니다. 하나님은 자기 백성을 떼지어 부르지 아니하시고, 개인적으로 부르십니다. "예수께서 마리아야 하시거늘 마리아가 돌이켜 랍오니 하니 이는 선생님이라는 말이라." 예수님은 베드로와 요한이 호수에서 고기 잡는 것을 보시고 그들에게 이르시기를 "나를 따라오라"고 하셨습니다. 예수님은 마태가 세관 책상에 앉아 있을 때, 그를 불러 "일어나 나를 따르라"고 하셨습니다. 그때, 마태는 예수님을 따랐습니다. 성령님께서 사람들을 감화시키실 때, 하나님의 화살은 사람의 심장을 뚫고 지나갑니다. 화살은 머리를 스치거나 갑옷을 약간 상하게 하는 것이 아니라, 갑옷을 뚫고 영혼의 뼛속으로 들어갑니다.

사랑하는 친구들이여, 그대들은 이와 같은 개인적인 소명을 느껴 보셨습니까? 여러분은 "일어나라 주께서 그대를 부르셨느니라"는 음성을 언제 들으셨는지 기억하십니까? 여러분은 "나의 주시며 나의 하나님이시니이다"라고 부르던 때를 돌이켜 볼 수 있습니까? 그때, 여러분은 성령께서 여러분과 싸우신 것을 알았으며, "주님, 당신께서 나를 부르심을 아오니 당신께 나아갑니다"라고 말했습니다. 나는 한없이 여러분 모두를 부를 수 있으나, 하나님께서 한 사람을 부르신다면, 내가 많은 사람을 일반적으로 부르는 것보다 하나님께서 한 사람을 개인적으로 부르시는 것이 더 효과적일 것입니다.

3. 급한 소명입니다.

"삭개오야 속히 내려오라." 평범한 목사님이 죄인을 부른다면, 그는 "내일요"라고 대답합니다. 죄인은 설교를 듣고 "천천히 하나님께 돌아갈 거예요"라고 말합니다. 그의 뺨에 흐르는 눈물은 없어질 것입니다. 선한 것도 사라지고, 도리어 아침 안개처럼 유혹의 태양에 의해 사라질 것입니다. 죄인은 말합니다. "나는 지금부터 변화된 사람이 될 것을 굳게 맹세합니다. 조금만 더 내가 좋아하는 죄를 즐긴 후 욕망을 버리고 하나님께 가기로 결심할 것입니다." 아! 이것은 목사님의 부르심일 뿐 아무 소용이 없었습니다. 사람들은 지옥의 길이 선한 의도로 포장되었다고 말합니다. 이와 같은 선한 의도는 일반적 소명에서 생겨납니다. 멸망으로 향하는 길은 나뭇가지처럼 사방으로 뻗어 있고, 사람들은 그 가지 위에 앉아 있습니다. 그들은 종종 나뭇가지를 휘어지게는 하지만, 스스로 내려오지 못하기 때문입니다. 환자의 문 앞에 깔린 짚단은 휠체어가 좀 더 소리 없이 굴러가도록 할 뿐입니다. 이처럼 자기의 길을 회개의 다짐으로 표면만 포장하는 사람이 있습니다. 이 사람은 더 쉽게, 그리고 소리 없이 멸망으로 향합니다.

그러나 하나님의 부르심은 내일을 위한 부르심이 아닙니다. "오늘 너희가 그의 음성을 듣거든 너희 마음을 완고하게 하지 말라 거기서 너희 열조가 나를 시험하여 내가 노하였노라." 항상 하나님의 은혜는 급히 임하므로, 하나님께 이끌려 왔다면 하나님을 따라가야지, 지체한다고 말하지 마십시오.

'내일'이라는 단어는 달력에 씌어 있지 않습니다. '내일' ― 이것은 사탄의 달력이며, 어디서도 볼 수 없습니다. '내일' ― 이것은 바위에 부딪쳐 난파당한 선원의 뼈로 하얗게 된 바위와 같습니다. '내일' ―이것은 해변 위에서 희미하게 빛나는 약탈자의 불빛 같아서, 불쌍한 배들을 유혹합니다. '내일' ―이것은 무지개 밑에 놓아두었다고 거짓말한 바보의 컵 같아서, 아무도 발견할 자가 없습니다. '내일' ― 이것은 바다 위에 표류하는 로크 로몬드 섬 같아서, 아무도 본 적이 없습니다. '내일' ― 그것은 꿈입니다. '내일' ― 이것은 유혹입니다. 내일, 아, 내일, 여러분은 고통받는 지옥을 볼 것입니다. 시계 저 너머에서 '오늘'이라고 말합니다. 여러분의 맥박은 '오늘'이라고 속삭입니다. 나는 나의 가슴이 '오늘'이라고 고동치며 말하는 것을 듣습니다.

　모든 것이 '오늘'이라고 소리치고, 성령께서도 연합하셔서 "오늘날 주의 음성을 듣거든 마음을 완고하게 하지 말라"고 말씀하십니다. 죄인들이여, 지금 구세주를 보고 싶지 않습니까? 지금 기도하고 있습니까? "지금이 아니면 안 돼! 나는 지금 구원받아야 해"라고 말하고 있습니까? 그렇다면, 나는 그리스도를 위하여 효과적 소명이 있기를 기도합니다. 그때 주님은 효과적 소명을 사용하셔서 "삭개오야 속히 내려오라"고 말씀하십니다.

4. 겸손하게 하는 소명입니다.

　"삭개오야 속히 내려오라." 목사님들은 여러 차례 회개하도록 부릅니다. 그러나 이 부르심은 그들을 교만하게 만들었고, 그들이 자기 자신들을 높여 존경하도록 만들었으며, "나는 내가 하고 싶을 때 하나님께 돌아갈 수 있어. 나는 성령의 역사 없이도 그렇게 할 수 있지"라고 말하도록 만들었습니다. 그들은 올라오라는 부름을 받았을 뿐 내려오라는 부름은 받지 않았습니다. 하나님은 항상 죄인을 불쌍히 여기십니다. 하나님께서 나를 언제 내려오라고 말씀하셨다고 생각합니까? 내가 디딘 첫 발은 나의 선행으로부터 곧장 내려가는 것이었습니다. 오! 얼마나 큰 추락이었던가!

　그 다음, 나는 나의 자만 위에 서 있었습니다. 그래서 그리스도께서는 "내려오라! 내가 너의 선행으로부터 너를 끌어내렸으니, 지금 너의 자만에서 널 끌어내리리라"고 말씀하셨습니다. 나는 또 다른 추락을 맛보았습니다. 나는 밑바닥에 이른 것을 확실히 느꼈지만, 그리스도는 "내려오라"고 또 말씀하셨습니다. 주님은 내가 아직도 구원받을 만하다고 느끼는 상태까지 떨어지도록, 나를 내려오게 하셨습니다. "내려오라, 더 내려오라." 나는 나의 희망의 모든 가지가 절망 상태로 떨어질 때까지 내려왔습니다. 그리고 나서 나는 말했습니다. "나는 더 이상 아무것도 할 수 없습니다. 나는 파멸입니다." 물이 내 머리를 둘러싸고, 나는 빛을 못 보게 되었으며, 내 자신이 이스라엘 나라에서 온 낯선 사람 같다는 생각이 들었습니다. "아직 더 내려오라. 너는 너무 교만해서 구원을 받을 수 없느니라." 그때 나는 더 내려와, 나의 부패와 사악함 그리고 더러움을 보았습니다. 하나님께서 "내려오라"고 말씀하실 때, 하나님은 구원을 베푸시려고 하십니다. 자, 교만한 죄인들이여, 여러분이 교만한들 무슨 소용이 있으며, 나무 꼭대기에 스스로 서 있은들 무슨 소용이 있습니까? 그리스도는 여러분을 내려오도록 하실 것입니다. 오, 여러분은 험한 바위 위에 있는 독수리와 함께 살고 있습니다. 여러분은 그 높은 곳에서 내려올 것입니다. 여러분은 은혜로 말미암아 떨어지거나, 아니면 심판 날과 함께 떨어질 것입니다. 주님은 힘 있는 자를 내치시고, 겸손하고 온유한 자를 높이십니다.

5. 사랑이 넘치는 소명입니다.

"오늘 내가 네 집에 유하여야 하겠다." 여러분은 수많은 사람의 얼굴이 얼마나 변했는지 확실히 생각할 수 있지 않습니까? 이 사람들은, 그리스도가 사람들 중 가장 거룩하고 훌륭한 분이므로 그를 왕으로 삼으려 했습니다. 그러나 주님은 "내가 오늘 네 집에 유하여야 하겠다"고 말씀하십니다. 삭개오의 집 안에 살던 불쌍한 유대인이 한 명 있었습니다. 그가 양탄자 위에 앉아 있으면 사람들은 재판관 앞에 불려 온 때처럼 자기들이 시골 마을에 산다고 말합니다. 그러면, 그는 그 집이 어떤 종류의 집일까 생각해 내고는 자기가 그 집에서 세금을 얼마를 걷었는지 기억해 냅니다. 이와 같은 생각이, 마치 옛날에 놓쳐 버린 파리가 거미줄에 다시 걸려 든 것같이 일어났습니다. 여기 또 한 사람이 있었는데, 그는 자기의 모든 재산을 거의 압류당했습니다. 그는 이 집에 들어가면서 마치 사자 소굴에 들어가는 것 같은 생각이 들었습니다.

사람들은 말합니다. "이 거룩한 사람이 이와 같은 소굴로 들어가다니! 그곳에서 우리와 같은 불쌍하고 가엾은 사람들이 도둑맞고 학대받았는데! 그리스도께서 나무 위에 앉아 있는 자에게 말씀하실 정도로 나쁘신가! 그의 집에 들어가시겠다고 생각하다니!" 모든 사람들은 주님께서 "죄인의 손님"이 되어 방문하시는 것을 보고 수군거렸습니다. 물론, 나는 주님의 제자 중 몇 사람의 생각을 알고 있습니다. 그들은 이 일을 경솔하다고 생각했습니다. 이런 행동이 주님의 인격에 손상을 입히며, 주님께서 그 사람들의 기분을 상하게 할 것이라고 생각했습니다. 제자들은 주님께서 니고데모처럼 밤에 이 사람을 보러 가서서 아무도 보지 않을 때 그의 말을 들으셨어야 한다고 생각했습니다. 그러나 공공연히 이와 같은 사람을 아는 척하는 것은 주님이 범할 수 있었던 가장 경솔한 행동이었습니다. 그런데 그리스도는 왜 그렇게 하셨습니까? 왜냐하면 주님은 삭개오에게 사랑이 넘치는 소명을 행하시기 위해서였습니다. "내가 너의 집 문지방에 서 있지 않을 것이며, 또 너의 집 창을 들여다보지 않을 것이다. 도리어 너의 집에 들어갈 것이다. 바로, 과부의 외침이 너의 귀에 들렸지만 네가 그 울부짖음을 외면한 그 집에 내가 들어갈 것이다. 나는 너의 응접실에 들어갈 것인데, 그곳에서는 고아의 울음이 결코 너의 동정을 사지 않았지. 나는 네가 굶주린 사자처럼 먹이를 먹던 그곳에 들어갈 것이다. 나는 네가 네 집을 어둡게 하여 불명예스럽게 만든 그곳에 들어갈 것이다. 나는 네가 압제한 자의 입술에서 나온 온갖 울부짖음이 하늘에 닿은 그곳으로 들어갈 것이다. 나는 네 집에 들어가 너를 축복하리라." 오! 얼마나 큰 사랑이 이곳에 있는지요! 불쌍한 죄인이여, 나의 주님은 사랑이 지극하신 주님이십니다. 주님은 여러분의 집에 들어가실 것입니다. 여러분은 어떤 종류의 집을 가지고 있습니까? 그 집은 여러분이 저주와 거짓말로 더럽힌 집이며, 술 취함으로 불행하게 만들었고, 부정함으로 더럽혔고, 또한 여러분이 피하고 싶어하는 악한 일을 들여온 집입니다. 그리스도는 "내가 네 집에 들어가리라"고 말씀하십니다.

　　나는 옛날에 죄의 소굴이었던 집을 알고 있습니다. 그리스도는 매일 아침 그곳에 오십니다. 옛날에는 다투고 싸웠던 부부가 지금은 서로 무릎을 꿇고 함께 기도합니다. 그리스도는 저녁 식사 때 그곳에 오십니다. 그때 노동자는 식사를 하기 위해 집에 돌아옵니다. 설교를 듣고 있는 여러분 중 한 시간 동안 식사하기 위해 올 사람은 거의 없겠지만, 그들은 한 마디 기도와 성경 읽기는 해야 합니다. 그리스도는 그들에게 오십니다. 온 벽이 음탕한 노래 가사와 추잡한 그림으로 도배되었던 집이 지금은 한 쪽 벽에 그리스도인의 달력이 걸려 있고, 옷장 위에는 성경책이 놓여 있습니다. 비록 그들은 단칸방에 살고 있지만, 하나님께서 그 집에 들어온 천사에게 "너는 그 집에서 무엇을 보았느냐"고 물으시면 그는 다음과 같이 대답할 것입니다. "좋은 가구를 보았습니다. 그곳에는 성경책이 놓여 있기 때문입니다. 여기저기 종교 서적이 있었고, 추잡한 그림은 뜯겨져 불에 태워졌습니다. 지금 찬장 속에는 아무 카드도 없습니다. 그리스도께서 그 집에 들어오셨습니다." 오! 하나님을 우리 식구로 모시다니 정말 복된 일입니다! 우리 하나님은 한 식구이십니다. 그는 자기 백성과 함께 살기 위해 오셨습니다. 하나님은 야곱의 장막을 사랑하십니다. 불쌍하고 초라한 죄인들이여, 여러분은 런던에서 가장 추잡한 소굴에 살고 있지만, 예수님은 이와 같은 사람이 여기 있다면

"삭개오야 속히 내려오라 내가 오늘 네 집에 유하여야 하겠다"고 말씀하십니다.

6. 사랑 많은 소명일 뿐 아니라 거하시는 소명입니다.

"오늘 내가 네 집에 유하여야 하겠다." 일반적 소명은 "오늘 내가 네 집에 한 쪽 문으로 들어가서 다른 문으로 나오겠다"고 말합니다. 모든 사람에게 전해진 복음의 일반적 소명은 사람들에게 얼마 동안만 작용하는 부르심이므로 곧 모든 것이 끝나지만, 구원의 부르심은 거하는 소명입니다. 그리스도는 "삭개오야 속히 내려오라 내가 잠깐만 방문하리라"고 말씀하시지 않습니다. 도리어 "내가 네 집에 유하여야 하겠다. 너와 함께 앉아서 먹고 마시기 위해 왔노라. 나는 너와 함께 식사하러 왔으니 내가 오늘 네 집에 유하여야 하겠다"고 말씀하십니다.

어떤 사람은 말합니다. "아! 목사님, 내가 얼마나 여러 차례 감명을 받았는지 말할 수 없습니다. 종종 나는 여러 차례 신중한 확신을 가졌습니다. 그러면서, 나는 정말 구원받았구나 생각했지만 모든 것이 사라졌습니다. 사람이 깨어나면 꿈꾼 모든 것이 사라지듯 나에게도 이와 같았습니다."

아! 그러나 불쌍한 영혼이여, 절망하지 마십시오. 여러분은 오늘 회개를 명하시는 전능하신 분의 은혜로운 열심을 마음에 느끼지 않습니까? 그렇다면 그것이 거하는 소명일 것입니다. 예수님께서 여러분의 영혼에 역사하신다면, 그는 여러분의 마음에 오셔서 거하실 것입니다. 그리고 자신을 위해 여러분을 영원히 거룩하게 하실 것입니다. 예수님은 말씀하십니다. "내가 네게 와서 너와 함께 영원히 거하리라. 내가 가서 이렇게 이르리라.

> '여기 나의 거할 안식처를 만들고
> 더 이상 아무도 오고 가지 못하리라.
> 낯선 사람도, 손님도 없으며
> 오직 이 집의 주인이 되리라.'"

그러면 여러분은 이렇게 말할 것입니다. "오, 이것이 바로 내가 원하던 것입니다. 나는 끝까지 지속될, 거하는 소명을 원합니다. 나는 없어지는 종교를 원하지 않으며, 퇴색되지 않는 종교를 원합니다." 물론, 이것은 그리스도께서 주시는 소명의 일종입니다. 예수님의 목자들은 이것을 줄 수 없지만, 그리스도는 권능으로 말씀하십니다. "삭개오야 속히 내려오라 내가 오늘 네 집에 유하여야 하겠다."

**7. 그러나 잊을 수 없는 한 가지 사실이 더 있습니다.
그것은 바로 필연적 소명입니다.**

다시 한 번 본문을 읽어 봅시다. "삭개오야 속히 내려오라 내가 오늘 네 집에 유하여야 하겠다." 이것은 예수님께서 하실 수도 있고 안 하실 수도 있는 일이 아닙니다. 도리어 이것은 필연적인 소명입니다. 더 이상 비로 세상을 멸망시키지 않으리라는 하나님의 언약 성취처럼 죄인의 구원은 하나님에게 필연의 문제입니다. 나뭇가지에 찔려 피 흘리는 하나님의 모든 자녀를 구원한다는 것은 세 가지 이유에서 필연적입니다. 첫째, 하나님의 뜻이며, 둘째, 그리스도께서 값 주고 사신 것이며, 셋째, 하나님의 약속이므로 필연적입니다. 하나님의 자녀가 구원받을 것은 필연적입니다.

어떤 목사들은 "~하여야 하겠다"는 말에 강조를 두는 것이 잘못이라고 말하면서, 특히 "사마리아를 통과하여야 하겠는지라"는 성경 구절을 지적합니다. 그들은 말합니다. "예수님께서 사마리아를 통과하여야만 하신 이유는 그가 갈 수 있는 다른 길이 없었기 때문이었으므로 억지로 그 길을 가야 했습니다." 그러나 그 당시, 다른 길도 있었을 것입니다. 하나님의 섭리에 따라 예수님은 사마리아를 통과하셔야 했으며, 사마리아는 예수님이 택하신 노정에 놓여 있었을 것입니다. 그러므로 우리는 의견을 달리합니다. "사마리아를 통과하여야 하겠는지라." 하나님의 섭리에 따라 사람들은 그 길로 직접 통하는 사마리아를 건설했고, 은혜로 인해 구세주는 부득이 그 방향으로 가야 했습니다.

"삭개오야 내려오라. 내가 네 집에 유할지도 모른다"가 아니라 "내가 유하여야 하겠다"입니다. 구세주는 강한 필연성을 느끼셨습니다. 사람이 죽으려고 할 때만큼 필요한 필연성이나, 낮에는 태양이, 밤에는 달이 빛을 우리에게 비추는 것과 같은 엄연한 필연성처럼, 피로 사신 하나님의 모든 자녀가 구원받기 위해서는 절대적인 필연성이 요구됩니다. "내가 오늘 네 집에 유하여야 하겠다." 오! 주님께서 오셔야만 하셨고, 또 오시려 하셔서, 이곳에 오셨을 때 주님께서 그 불쌍한 죄인과 함께 계시다니!

후일 우리는 다음과 같이 묻습니다. "내가 주님을 완전히 들어오시도록 할까요? 문에 웬 낯선 사람이 서 있습니다. 주님은 지금 문을 두드리고 계시며, 전에도 문을 두드리셨습니다. 내가 주님을 들어오시도록 할까요?' 그러나 주님은 지금 "내가 네 집에 유하여야 하겠다"고 말씀하십니다. 문을 두드리시지도 않고, 도리어 문을 산산조각이 나게 부수시다니! 주님은 걸어 들어오셨습니다. "나는 들어가야만 하겠다. 나는 들어가고 싶다. 나는 들어갈 것이다. 네가 너의 악과 불신앙을 아무리 주장해도 나는 아랑곳하지 않고 반드시 들어가야만 하므로 들어갈 것이다. 나는 네 집에 유하여야 하겠다."

어떤 사람은 말할 것입니다. "아! 나는 여러분처럼 하나님께서 여전히 나를 믿게 하시며 완전히 그리스도인이 되게 하시리라고는 믿지 않습니다." 아! 그러나 주님께서 "내가 오늘 네 집에 유하여야 하겠다"고 원하신다면, 여러분은 아무런 반항도 할 수 없을 것입니다.

여러분 중 어떤 사람은 그럴 듯한 감리교 신자가 되는 것을 경멸합니다. 그래서 그들은 "뭐라고요, 목사님! 언젠가는 내가 신자가 되리라고 생각하십니까?"라고 말합니다. 나의 친구여, 물론 나는 그렇게 생각하지 않습니다. 나는 확실히 그렇지 않다고 알고 있습니다. 하나님께서 "내가 하여야 하겠다"고 말씀하신다면 아무도 이것을 대항하여 설 자가 없습니다. 주님께서 "~하여야 하겠다"고 말씀하도록 하십시오. 그러면 반드시 됩니다.

나는 한 일화를 들어 이것을 입증하려 합니다. "어떤 아버지가 자기 아들을 대학에 보내려고 하였습니다. 그러나 그는 아들에게 미칠 영향을 알았을 때 사랑하는 자녀의 영원한 영적 건강에 대해 심각하게 걱정했습니다. 그가 자녀에게 애써 가르쳐 준 기독교 신앙 원리가 무례하게 공격당할 것을 두려워하였지만, 아버지는 살아 있고 능력 있는 성경 말씀의 능력을 믿었으므로, 자기 아들에게 알리지 않고, 겉장이 멋있는 성경 한 권을 구입해서 아들의 가방 밑에 넣어 주었습니다. 그 젊은이는 대학 생활에 들어갔습니다. 그는 종교 교육의 속박에서 벗어나, 사색에서 의심으로, 의심에서 종교의 실재를 부정하는 데까지 이르렀습니다. 그는 자신이 아버지보다 더 지혜로워졌다고 생각했습니다. 어느 날, 그는 자기 가방을 뒤지다가 크게 놀라며 분개했습니다. 그는 그곳에 놓여 있는 거룩한 물건을 발견했습니다. 그는 그것을 꺼내 어떻게 처분할까 방법을 생각한 후, 그것을 면도할 때 면도칼을 닦는 휴지로 사용하리라고 결심했습니다. 그래서 그는 면도하러 갈 때마다 거룩한 책을 한 장 두 장 찢어서 거의 반 권을 사용했습니다.

그러나 그가 거룩한 책에 이처럼 모욕을 저지르는 동안 그의 눈은 종종 본문과 마주쳤고 본문은 가시 돋친 화살처럼 그의 심장에 와 닿았습니다. 마침내 그는 설교 한 편을 듣게 되었습니다. 그 설교는 그의 성격을 깨닫게 하였으며, 그가 하나님의 진노에 이르고 있음을 알게 했습니다. 그의 마음은 영광스런 책을 마지막으로 찢는 순간 그 장에서 감명을 받았습니다. 세상일이 자기 뜻대로 되었고, 세상일이 필요했지만, 그는 과거에 자신이 행한 것을 그만두기 위해서 기꺼이 모든 것을 버리기로 했습니다. 마침내 그는 십자가 밑에서 용서를 찾았습니다. 찢어 버린 거룩한 책 종이가 그의 영혼에까지 높이 쌓였습니다. 찢어진 종이들이 하나님의 은혜를 그에게 보여주었기 때문입니다. 하나님의 은혜는 죄인의 괴수에게 족한 것입니다."

나는 하나님께 버림받아 거리를 방황하며 신을 모독하면서 공기를 오염시키는 사람은 한 명도 없다고 생각합니다. 또, 아무리 어린 아이지만 하나님의 은혜를 받지 못해서 사탄처럼 악한 사람이 되어 버린, 버림받은 피조물은 하나도 없습니다. 하나님께서 "내가 오늘 네 집에 유하여야 하겠다"고 말씀하시면, 하나님은 반드시 행하십니다.

나의 설교를 듣는 사랑하는 성도 여러분, 여러분은 여러분의 마음속에 속삭이는 어떤 것이 있어서 오랫동안 복음을 거부하였지만, 오늘 여러분은 더 이상 그럴 수 없다고 느끼지 않습니까? 강한 손이 여러분을 잡고 있다고 느끼지 않습니까? 여러분은 다음과 같은 소리를 듣지 못했습니까? "죄인아, 내가 네 집에 유하여야 하겠다. 너는 나를 자주 학대하고, 나를 비웃고, 은혜의 얼굴에 침을 뱉고, 나를 욕하지만, 그러나 죄인아, 나는 네 집에 유하여야 하겠다. 어제 너는 전도자의 면전에서 문을 꽝 닫고, 전도지를 불태우고, 목사를 비웃고, 하나님의 집을 저주하고, 주일을 범하였다. 그러나 죄인아, 나는 네 집에 유하여야 하겠고, 나는 이것을 행하리라." 그러면 여러분은 말할 것입니다.

"뭐라고요, 주님! 저의 집에 거하시다니요! 이 집은 온통 악으로 뒤덮였답니다. 나의 집에 거하다니요! 나를 대항하여 소리치는 울음 외에는 의자도 책상도 없습니다. 나의 집에 거하다니요! 들보와 대들보와 마루가 일제히 일어나 당신께 말하기를, 나는 당신의 옷자락에 입 맞출 자격도 없다고 할 것입니다. 주님! 저의 집에 거하시다니요!" 주님께서 이렇게 말씀하십니다. "그럼, 나는 반드시 해야 한다. 그것에는 강한 필연성이 있다. 능력 많은 사랑이 나를 사로잡으니, 네가 나를 원하든 아니 원하든 나는 너를 기쁘게 해주기로 결정했다. 그러므로 너는 내가 들어가도록 해야 한다."

불쌍하게 떨고 있는 여러분, 이 사실에 놀라지 않습니까? 여러분은 은혜 시대가 이미 지나갔고, 여러분을 멸망시키는 종소리가 죽음의 징조를 알린다고 생각하였으니 이 사실을 듣고 놀라지 않습니까? 오! 그리스도는 여러분이 그에게 나아오기를 바랄 뿐 아니라 여러분의 식탁에 초대받으시니 여러분은 이 사실에 놀라지 않을 수 있습니까? 여러분이 주님을 거절할 때, "내가 들어가야 하겠으니 들어갈 것이다"고 더 친절하게 말씀하시니 여러분은 이 사실에 놀라지 않을 수 있습니까? 오직, 죄인 한 사람을 따라다니시며, 죄인 한 사람을 보고 우시며, 그 죄인을 구원하고자 원하시는 그리스도를 생각하십시오! 이것이 바로 예수님께서 자신이 택한 자들에게 행하시는 일입니다.

그 죄인은 예수님으로부터 멀리 달아나지만, 값없이 주는 은혜는 그를 찾아가서 "죄인이여, 그리스도께 나오라"고 말합니다. 우리의 마음이 닫혀 있어도 그리스도는 손으로 문을 여십니다. 우리가 일어나지 않고 그분을 냉정하게 거절해도 그분은 "내가 들어가야 하겠으니 들어갈 것이다"고 말씀하십니다. 주님은 자신의 눈물로 우리를 이기실 때까지 우리를 보고 우십니다. 그분은 자기의 울부짖음이 승리를 얻을 때까지 우시면서 우리를 따라다니십니다. 마침내 자신이 정한 시간, 주님은 우리 마음에 들어오셔서 거기 거하십니다. "내가 네 집에 유하여야 하겠다"고 예수님은 말씀하셨습니다.

8. 마지막으로, 효과적 소명입니다.
왜냐하면 우리는 이 소명이 맺은 열매를 보기 때문입니다.

삭개오의 집 문이 열렸습니다. 식탁이 준비되어 있고 삭개오의 마음은 관대해졌습니다. 그의 손은 깨끗이 씻겨졌고, 양심의 짐은 풀렸으며, 그의 영혼에는 기쁨이 넘쳤습니다. 삭개오는 "주여 보시옵소서. 내 소유의 절반을 가난한 자들에게 주겠습니다. 감히 말하지만, 내 소유의 절반은 훔친 것입니다. 지금 그것을 돌려주려고 합니다"고 말합니다. "만일 누구의 것을 속여 빼앗은 일이 있으면 네 갑절이나 갚겠나이다." 그는 자기 소유 중 얼마를 버렸습니다.

아! 삭개오, 당신은 오늘 아침 일어날 때보다 오늘 밤 더 가난하게 되어 잠자리에 들게 될 것입니다. 그러나 당신은 또한 더 큰 부자가 되었습니다. 당신이 처음 돌무화과나무에 올라갔을 때 당신의 가난한 모습은 이 세상에서 가장 가난한 자와 비교할 수 없을 정도였습니다. 그러나 하늘나라의 보화를 가진 더 큰 부자가 되었습니다.

죄인들이여, 우리는 하나님께서 여러분을 부르시는지 부르시지 않는지 다음 사실로 알 수 있습니다. 곧, 하나님께서 부르신다면 그것은 효과적 소명이 될 것이며, 그것은 여러분이 듣고 나서 금방 잊어버리는 소명이 아니라 좋은 결과를 가져오는 소명입니다. 하나님께서 오늘 아침 여러분을 부르셨다면, 술잔은 없어지고 여러분의 기도 소리는 하늘로 올라갈 것입니다. 오늘 아침 하나님께서 여러분을 부르셨다면, 오늘 가게 문을 여는 사람은 없을 것이며, 여러분 모두는 다음과 같은 공고를 붙일 것입니다. "이 집은 주일에 문을 닫고, 앞으로는 이 날에 문을 열지 않습니다."

내일, 이런저런 세상의 즐거움이 있을 것입니다. 그러나 하나님께서 여러분을 부르셨다면 여러분은 그곳에 가지 않을 것입니다. 여기 도둑이 있을지 모르지만, 여러분이 어떤 사람의 물건을 도둑질했는데 하나님이 부르신다면, 여러분은 훔친 것을 돌려주어야 하지 않겠습니까? 여러분은 가지고 있는 모든 것을 포기하고 전심으로 하나님을 따라갈 것입니다. 어떤 사람이 자기 잘못을 고치지 않는다면, 우리는 그가 회개한 사람이라고 믿지 않습니다. 특히 그리스도께서 자기 양심의 주인이 되시며, 주님의 계명이 자기 기쁨이 됨을 그가 알지 못한다면, 그를 회개한 사람이라고 믿을 수 없습니다.

"삭개오야 속히 내려오라 내가 네 집에 유하여야 하겠다." 삭개오는 급히 내려와 주님을 기쁘게 영접했습니다. "삭개오가 서서 주께 여짜오되 주여 보시옵소서 내 소유의 절반을 가난한 자들에게 주겠사오며 만일 누구의 것을 속여 빼앗은 일이 있으면 네 갑절이나 갚겠나이다 예수께서 이르시되 오늘 구원이 이 집에 이르렀으니 이 사람도 아브라함의 자손임이로다 인자가 온 것은 잃어버린 자를 찾아 구원하려 함이니라."

여기 한두 가지 교훈이 있습니다. 한 가지 교훈은 교만한 자를 향한 것입니다. 교만한 심령들아, 내려오라, 내려오라, 내려오라! 은혜가 골짜기 속으로 달려가지, 산꼭대기로 올라가지 않도다. 거만한 영혼아, 내려오라! 내려오라! 거만한 도시인이여, 그대가 땅 아래 있지만 주님께서 높이시네! 또 하나의 교훈은, 절망에 빠진 불쌍한 여러분의 영혼을 향한 것입니다. 오늘 하나님의 집에서 여러분을 보니 기뽑니다. 이것이야말로 정말 멋진 기적입니다. 나는 여러분이 무엇을 위해 왔는지 개의치 않습니다. 여러분은 아마 이곳에서 이상한 사람이 설교한다고 들었을 것입니다. 신경 쓰지 마십시오! 여러분은 모두 그 사람처럼 정말 이상할 것입니다. 이상한 사람에게 이상한 사람이 모여드는 것은 당연한 일입니다.

지금 여기 많은 사람이 있습니다. 비유법을 들어 말하자면, 나는 여러분을 높이 쌓인 잿더미에 비유하고 싶습니다. 이 잿더미 속에는 핀이 몇 개 섞여 있습니다. 지금 나의 설교에 하늘의 은혜가 임한다면, 그 설교는 자석과 같은 역할을 할 것입니다. 곧 자석은 재를 끌어당기지 못하므로 재는 있는 곳에 그대로 있을 것입니다. 그러나 자석은 핀을 끌어당깁니다. 나는 그곳에서 삭개오와 같은 사람을 만났습니다. 그곳에는 마리아와 같은 사람, 요한과 같은 사람, 사라와 같은 사람, 또는 윌리엄과 같은 사람, 또는 토머스와 같은 사람이 있었습니다. 그들은 잿더미에 있는 핀과 같으며, 내가 전하는 고마우신 하나님의 복음은 큰 힘을 가진 자석과 같아서, 잿더미 속에 있는 그들을 끌어당깁니다. 그들이 그곳에 왔습니다. 그들이 그곳에 왔다니까요. 무엇 때문입니까? 복음과 그들의 마음 사이에 자력이 작용했기 때문입니다.

아! 불쌍한 죄인이여, 예수님께로 오십시오. 예수님의 사랑을 믿으십시오! 예수님의 은혜를 믿으십시오! 여러분이 오고 싶은 욕망을 가지고 잿더미를 지나 그리스도에게로 끌려오고 있다면, 그것은 그리스도께서 여러분을 부르시고 계시기 때문입니다. 오! 자신이 죄인이라고 알고 있는 어른들과 자녀들이여, 아니 어린 자녀들이여(하나님께서는 여러분 중 얼마를 나의 책임의 몫으로 주셨기 때문입니다), 여러분은 자신들이 죄인임을 느낍니까? 그렇다면, 예수님을 믿고 구원을 받으십시오! 여러분 중 많은 사람이 호기심을 가지고 여기 왔습니다. 오! 그러므로 여러분은 주님을 만나서 구원을 받을 것입니다. 나는 여러분이 지옥 불에 떨어지지 않도록 여러분을 위해 고민합니다.

오! 그리스도께서 여러분에게 말씀하실 때 귀를 기울여 들어보십시오! 오늘 아침, 그리스도께서 "내려오라"고 말씀하십니다. 하나님 앞으로 돌아와 자신들을 낮추십시오. 주님께 나아가서, 주님을 거슬러 범했던 악행을 회개하십시오. 주께 돌아와서, 여러분이 주의 전적인 은혜가 없어서 타락하여 버림받은 사람임을 하나님께 고하십시오. 그리고 주님을 바라보십시오. 주님께서 먼저 여러분을 보셨을 때 안식을 준비하셨기 때문입니다. 여러분은 다음과 같이 말할 것입니다. "오 목사님! 저는 구원받는 것을 정말 기뻐하지만, 주님께서 그것을 기뻐하지 않을까 두려워요." 그만 말하십시오! 그만! 더 이상 말하지 마십시오! 여러분의 이 말은 전적으로 하나님에 대한 모독은 아니지만, 어느 정도 하나님에 대한 모독이라고 말할 수 있습니다. 그리스도께서 먼저 여러분을 보시기 전에, 여러분은 그분을 볼 수 없습니다. 여러분이 구원받기를 기뻐한다면, 주님께서 여러분에게 기뻐하는 마음을 주신 것입니다. 주 예수 그리스도를 믿으십시오. 그리고 세례를 받으십시오. 그러면 여러분은 구원을 받을 것입니다. 나는 성령님께서 여러분을 부르고 계신다고 믿습니다. 거기 서 있는 젊은이여, 창문 안에 있는 젊은이여, 속히 내려오시오! 여기 의자에 앉아 있는 노인들이여, 내려오십시오. 저쪽 복도에 있는 상인들이여, 서두르십시오. 그리스도를 알지 못하는 부인과 젊은이여, 오, 주님께서 당신들을 보시기를 원하십니다. 할머니들이여, 은혜로운 부르심을 들으소서. 소년이여, 그리스도께서 여러분을 보고 계십니다. 나는 그분께서 여러분을 보고 계신다고 믿습니다. 주님은 여러분에게 "속히 내려오라. 내가 오늘 네 집에 유하여야 하겠다"라고 말씀하고 계십니다.

제
75
장

—

죄인의 구세주

—

"그들이 그것을 보고 모두 수군거리며 이르되,
그가 죄인인 사람의 손님이 되려고
들어갔도다 하더라." — 눅 19:7, KJV

세리들, 즉 세금 징수원들은 유대인들 사이에서 아주 극심한 반감을 불러일으키는 대상이었습니다. 유대 민족은 로마의 압제 아래에서 항상 불안정한 상태였습니다. 왜냐하면 혈통에 대한 이스라엘 민족의 자부심은 그들이 자유롭게 태어나서 지금까지 한 번도 어떤 다른 사람들에게 속박되지 않았던 것을 자랑하던 것에 있었기 때문입니다. 더구나 그들은 자신들을 승리로 이끌어줄 어떤 메시아가 나타날 것이라는 위대한 미래에 대한 소망도 가지고 있었습니다. 그래서 로마의 압제는 그들의 어깨를 극도로 짓눌렀으며, 외세에게 세금을 납부하는 것은 극심한 불평거리였습니다. 하나님의 백성이 이교도 세력들에게 공물을 바쳐도 되는가 하는 문제는 지속적인 논쟁의 쟁점이었으며, 사람들은 세금을 거두는 징수원들에 대해서 모진 적개심을 가지고 있었습니다. 사람들은 조세 징수원들을 집단적으로 혐오하였으며, 자신의 동족 중 하나가 이 역겨운 일을 돕기만 해도 사람들은 그를 극도로 경멸하였습니다. 그런 일을 하는 자들에 대해서는 그 자신이 이스라엘과 맺은 관계를 포기하고서 압제자의 죄악에 동참하는 것쯤으로 여겼습니다. 일반적으로 이런 공물 징수원이 되는 자들은 유대인들 중에서도 가장 천한 계층의 사람들이었습니다. 종종 사회로부터 추방된 자들이나 사회의 희생양이 된 자들이 이런 혐오스러운 일들을 했습니다. 하지만 아주 드물게는 삭개오처럼 재물과 지위를 겸비한 자들도 있었습니다. 그러나 그 또한 그 직책에 동반되는 경멸들을 분명히 받아야만 했었습니다. 아마도 삭개오는 개인들을 상대하는 그런 실제적인 세금 징수원은 아니었을 것입니다. 그는 그 지역의 조세청을 담당하는 감독자였을 것입니다. 왜냐하면 "그는 세리들 중의 우두머리요 또 부자더라"(눅 19:2, KJV)고 기록되어 있기 때문입니다. 아마 그는 다른 사람들보다 훨씬 더 심한 비난을 받았을 것입니다. 왜냐하면 그는 더 높은 지위를 차지하고 있으면서 한 개인의 위치보다 더 큰 규모로 불미스러운 일들을 행하고 있었기 때문입니다.

유대 사회는 세리들을 도덕적인 나병환자로 여겨 무시하였으며, 다른 사람들에게 그 병이 옮기지 않도록 그들 주위로 방어벽을 둘러쳤습니다. 존경받는 자들은 이들의 영적 상태를 살펴보기는 했으나 절대 이들과 교제는 하지 않았습니다. 삭개오도 마찬가지였습니다. 비록 가진 재물은 많았다 해도, 그는 동족들로부터 천민으로 여겨졌습니다. 그는 철저히 정직하고 올바른 사람이었을지도 모릅니다. 그러나 모든 세리들에 대해 편견을 이미 가지고 있던 사람들에게 이러한 그의 모습은 전혀 대단한 것으로 여겨지지도 않았습니다. 바리새인들은 그를 길거리에서 아는 척해서는 안 될 사람, 그의 집에는 누구도 들어가서는 안 될 사람, 혹시라도 무례히 회당이나 성전에 들어왔다 해도 피해야 할 사람, 이 세상에서 그를 없애는 것은 가하지 않기 때문에 그저 이 세상에 있도록 묵인된 사람으로, 한 마디로 이 사회의 쓰레기 같은 사람으로 여겼습니다. 그런데 우리 주님께서는 아주 처음부터 변경을 허락하지 않는 이 엄중한 규칙을 산산조각 내버렸습니다. 그분은 전통적이며 그 시대에 유행하는 이 모든 신분 규칙들을 무시해 버렸습니다. 그분께서는 세리들도 다른 사람들과 마찬가지로 동일한 감정을 가진 자라고 말씀하시면서 그들과 대화하셨고 그들의 집에 가셨습니다. 그리하여 그분께서 세리들을 경멸하는 모습을 보여주시길 바랐던 사람들은 그분에 대해서 통상적으로 이렇게까지 말했습니다. "세리와 죄인의 친구로다"(눅 7:34). 세리들과 친구가 될 수 있는 사람은 세리만큼이나 악한 사람, 다시 말해 사람으로서 더 이상 악해질 수 없는 그런 악한 사람으로 여겨졌습니다. 왜냐하면 유대인들이 세리와 죄인을 언급할 때도, 세리와 죄인 가운데 결정적으로 두 죄인 중 세리가 더 악한 것을 염두에 두고서, 항상 세리를 앞서 말했기 때문입니다. "세리와 죄인의 친구"(눅 7:34)라는 이 호칭 속에 얼마나 많은 경멸이 응축되어 있는지 모릅니다! 우리 주님께서는 이런 비웃음 때문에 자신이 가고자 하는 길에서 한 치도 벗어나지 않으셨습니다. 오히려 그분은 공개적으로 드러난 죄인들이며, 자타가 공인하는 의심의 여지 없이 가장 악한 죄를 지은 죄인들과 계속해서 친구가 되어 주셨습니다. 그분께서는 수가 성 우물가(요 4:5)에서 부정한 여인과 대화를 하는 것으로 사역을 시작하셨다가 십자가에 달리신 동안 강도에게 용서를 베푸는 것으로(눅 23:43 참조) 사역을 마치셨습니다. 물론 다섯 명의 남편을 두었으나 여전히 부정하게 살아가던 사마리아 여인을 부르신 일부터 시작해서 자신의 죄 때문에 십자가에서 죽어가던 강도에 이르기까지, 그 사이에도 계속해서 그분은 죄인들을 영접하였으며 그들과 함께 먹었습니다. 그분은 잃어버린 자를 찾아 구원하러(눅 19:10) 오셨습니다.

죄인의 구세주를 멸시하던 그 옛날의 경멸은 지금도 이 세상에서 자기 의를 내세우는 자들 가운데 여전히 계속되고 있습니다. 물론 과거와는 다른 모습을 가지고 다른 목소리로 말하긴 하지만, 우리 가운데 여전히 계속되고 있으며, 이 런저런 방식으로 그 옛날의 비난은 지금도 반복되고 있습니다. 말하자면 이런 비난들입니다. 기독교는 죄인들에게 너무 관대해서 본성적으로 온화하고 덕이 있는 사람들을 낙담하게 하는 경향이 있으며, 악한 자들과 명망 없는 자들을 너무 우호적으로 보고 있다고 말합니다. 그들은 또 비난하기를, 기독교는 항상 공로 없는 용서를 말하고 인간의 선을 가볍게 말하기 때문에 사회의 적이자 도덕의 원수라고 간주하는 사람들도 있습니다. 이러한 중상모략에 대해서는 한 마디로 뒤집어엎을 수 있습니다. 보통 이렇게 말하는 자들은 지금까지 그 자신도 어떤 도덕이나 미덕을 거의 보여주지 못하고 있기 때문입니다.

사랑하는 성도 여러분, 예수님은 죄인이었던 한 사람의 집에 손님으로 가셨다고 오늘 본문에 나와 있습니다. 첫 번째로, 우리는 그런 비난 속에 들어 있는 진리를 인정할 것입니다. 두 번째, 우리는 그런 비난이 은밀하게 의도하는 바를 반대할 것입니다. 세 번째, 그런 반대의 주체가 된 사실을 우리는 기뻐할 것입니다.

1. 우리는 그런 비난 속에 들어 있는 진리를 인정할 것입니다.

첫 번째로, 우리는 그런 비난 속에 들어 있는 진리를 인정할 것입니다. 우리는 조금의 망설임도 없이 아주 기쁜 마음으로 그렇게 할 것입니다. 예수님께서는 죄인인 사람의 손님이 되려고 가셨습니다. 이번 한 번만 가신 것이 아니었습니다. 그분께서는 필요하다고 생각하실 때마다 자주 그렇게 하셨습니다. 그분은 길 잃은 양들에 대한 열정이 있었습니다. 그래서 평판이 좋지 않은 계층들에 대해 놀랄 만한 애정을 가지고 계셨습니다. "모든 세리와 죄인들이 말씀을 들으러 가까이 나아오니"(눅 15:1)라는 말씀이 기록된 이유도 여기에 있습니다. 그분의 사역은 목자 없는 양(막 6:34) 같은 자들을 겨냥한 것이었으며, 그들 가운데서 그분의 사역은 성공하였습니다. 왜냐하면 "세리들과 창녀들이 … 하나님의 나라에 들어가리라"(마 21:31)는 말씀을 우리가 읽을 수 있기 때문입니다. 예수님은 과거에도 죄인의 친구였으며 현재도 죄인의 친구라는 이 분명한 진리를 우리는 단 한순간도 부인하지 않을 것입니다. 지금은 이 땅 위에서 그리스도를 대신하고 있는 복음이 죄인들과 가장 친밀한 관계를 맺고 있으며, 실제적으로도 복음은 이들의 구원만을 생각하고 있으며, 죄인들 가운데서도 가장 큰 승리를 하고 있다는 사실을 우리는 아주 전적으로 기꺼이 인정하고 있습니다.

그리스도의 목적과 복음의 의도는 죄인들을 구원하는 것이라는 사실부터 살펴보겠습니다. 만약 이 세상에 죄가 없는 사람이 있다면, 그 사람은 구세주와 아무런 상관이 없는 사람입니다. 만약 지금까지 한 번도 하나님의 율법을 범한 적 없이 어려서부터 그분의 명령들을 지키고 스스로 탁월하여 공로를 내세울 만한 사람이 있다면, 예수 그리스도께서는 그러한 사람을 불러서 회개시키러 이 땅에 오신 것이 아닙니다. 왜 그렇습니까? "건강한 자에게는 의사가 쓸 데 없고 병든 자에게라야 쓸 데 있느니라"(마 9:12)는 말씀 때문입니다. 그리스도께서는 죄에 병들고 궁핍한 자들에게 필요한 사역을 제공하려고 오셨습니다! 잃어버린 자들이 아닌 자들을 위한 구세주! 종살이를 하고 있지 않은 자들을 위한 해방자! 부자들을 위한 구제! 건강한 자들을 위한 치료약! 순결한 자들을 위한 용서! 이런 것들은 모두 필요 없는 것들입니다! 의사는 병든 자를 진찰하기 위해 마을로 올 것이라고 한 치의 주저함도 없이 말합니다. 혹시라도 환자가 아닌 다른 사람을 보기 위해 그가 의사 자격으로 온다는 것은 웃기는 일이 될 것입니다. 이와 마찬가지로 예수님은 죄 지은 죄인들을 찾아오십니다. 복음의 약속들은 죄인들에게 하신 것입니다. 죄인이 아니라면 도대체 누구에게 그 풍성한 용서가 필요하겠습니까? 복음의 초대도 죄인들을 대상으로 한 것입니다. 더러워진 자들이 아니라면 도대체 누가 씻어 달라고 간청하겠습니까? 복음의 축복들은 범죄하여 정죄 아래 있는 자들을 위해 의도된 것입니다. 이런 자들이 아니라면 도대체 누가 죄용서와 의롭다 하심을 귀한 것으로 여기겠습니까? 저는 개인적으로 죄짓지 않은 자들을 위한 복음은 알지 못합니다. 저는 지금까지 한 번도 율법을 범해 본 적이 없는 자들을 위해 계획된 신약의 약속들도 알지 못합니다. 다만 저는 죄와 자책(自責)하는 자들을 향한 자비의 눈길과 그들을 향한 마음이 계속 이어지는 복음서의 놀라운 페이지들을 알고 있을 뿐입니다. 영원한 파수꾼께서 인생이라는 광활한 대양을 둘러보고 계십니다. 안전한 가운데 뽐내며 항해하는 배들을 찾기 위한 것이 아니라, 거의 난파하게 된 자들을 찾기 위해서 말입니다. "그분께서 사람들을 살피시거늘 만일 누가 이르되, 내가 죄를 짓고 옳은 것을 굽게 하였는데 그것이 내게 유익하지 아니하였나이다 하면 그분께서 그의 혼을 건져 내사 구덩이로 내려가지 않게 하시리니 그의 생명이 빛을 보리라"(욥 33:27-28, KJV). 우리 주님께서는 건강한 자보다는 병든 자를 보고서 더욱 마음이 움직이셨습니다. 그리고 열병과 나병과 마비된 자들 가운데서 가장 큰 이적들을 행하셨습니다. 이것이 복음의 목적이자 복음의 대상입니다. 말하자면 불의한 자를 구원하는 것입니다. 복음의 하나님은 "경건하지 아니한 자를 의롭다 하시는"(롬 4:5) 하나님이십니다. "우리가 아직 연약할 때에 기약대로 그리스도께서 경건하지 않은 자를 위하여 죽으셨도다"(롬 5:6), "우리가 아직 죄인 되었을 때에 그리스도께서 우리를 위하여 죽으심으로 하나님께서 우리에 대한 자기의 사랑을 확증하셨느니라"(롬 5:8)는 말씀대로 말입니다.

복음의 눈은 이처럼 죄인들을 향해 고정되어 있기 때문에, 우리 주님께서는 실제적으로 죄인들과 교제하기 위해서 죄인들을 부르신다는 사실에 주목해야 합니다. 삭개오가 먼저 예수님에게 나아갔던 것이 아니었습니다. 오히려 삭개오가 아직 죄인이었을 때 예수님께서 그를 쫓아가서 "내가 오늘 네 집에 유하여야 하겠다"(눅 19:5)고 말씀하셨습니다. 복음도 이와 마찬가지로 성령의 능력으로 말미암아 계속해서 죄인들을 부르고 있습니다. 술꾼들, 강도들, 창녀들, 불경한 자들, 경솔한 자들, 기도하지 않는 자들에게 나아오라고 부르고 있습니다. 죄를 인식하는 자들이 믿음과 용서로 인도를 받습니다. 노골적으로 죄를 범한 죄인들뿐만 아니라, 은밀한 죄와 마음으로 지은 죄와 생각으로 지은 죄와 마음속 깊은 영혼을 더럽히는 죄를 범한 죄인들까지도 회개하여 구원받습니다. 세상에는 자신의 사악한 행위로 인해 자기 마음에 원수가 되고 자기 마음에서 소외된 자들이 있습니다. 예수 그리스도께서는 말씀을 전하는 목회자들로 하여금 이들을 세상에서 불러내어 교회로 인도하게 하십니다. 성령 하나님께서는 죄 없는 자들을 구원의 효력이 있도록 부르지 않으십니다. 오히려 성령님께서는 죄인들을 불러 회개(눅 5:32)하게 하십니다. 성령 하나님은 살아 있는 자들, 즉 자신의 본성적인 선함으로 살아가고 있는 자들을 살리지 않으십니다. 오히려 허물과 죄로 죽었던(엡 2:1) 자들을 살리십니다. 하나님의 영원한 사랑 역시 자신이 뛰어나다고 착각하는 자들과 자신의 의(義)라는 외투로 자신을 감싸고 있는 자들에게는 베풀어지지 않습니다. 오히려 주님을 거역하며 지존자의 뜻을 멸시(시 107:11)하였기 때문에, 사망의 그늘에 앉아 곤고하며 쇠사슬에 매임(시 107:10)당한 자들에게 베풀어집니다. 이 강력한 사랑의 대상으로 확정된 자들이 바로 이런 자들이며, 이런 자들에게 주권적인 은혜가 능력을 발휘합니다. 로물루스(Romulus, 로마 건국의 전설적인 영웅이다 ─ 역주)가 로마에 백성들을 살게 한 것과 똑같이, 시온을 세운 위대한 건립자 역시 시온에 거할 거민들을 찾으셨습니다. 그 유명한 로마의 건국자에 대해서는 이런 말들이 있습니다. 로물루스는 성벽을 쌓고는 자기의 도시를 다른 모든 성에 있는 인간쓰레기들이 '피난처'로 사용하게 함으로써, 그 인간말짜들이 자기 땅에 살도록 하였다고 합니다(로마의 건국 신화에 따르면, 로물루스는 자기의 도시를 키우기 위해 로마를 '피난처'라 선언하고 망명자, 도피자, 탈주노에, 범죄자 등 누구나 자신의 백성으로 환영하고 받아들였다 ─ 역주). 하나님의 도성인 오, 시온아, 너에 대해서는 영광스러운 것들을 말할 수 있겠지만, 너의 모든 거민들은 예수님께서 자신들을 씻어 주시고 다시 새롭게 해 주시기 전까지는 자신들은 죄인이었고 더러운 자들이었다고 고백하고 있구나. 오늘날 다윗의 자손 예수님께서 그분의 깃발 아래로 빚진 모든 자와 불만이 있던 모든 자(삼상 22:2, KJV)들을 모으십니다. 그분께서는 이러한 자들을 십자가의 영웅들로 만드십니다. 저도 다윗 자손의 깃발 아래로 모이기 원하는 자들을 그분의 교회인 아둘람 굴(삼상 22:1)로 간절히 초대하고 싶습니다.

　　더구나 우리가 이런 비난에 대해 생각할 때 우리는 또 다른 고백을 하게 될 것입니다. 즉, 인간의 몸을 입으신 예수 그리스도께서는 죄인인 사람의 손님이 되려고 기꺼이 나아오신다는 것입니다. 왜냐하면 그분께서는 죄인들과 함께 어떤 의식을 거행하려는 것이 아니라, 죄인들과 함께 하면 즉시 그분의 마음이 편해지기 때문입니다. 만약에 어떤 바리새인이 삭개오의 집에 가서, 자기가 하고 싶은 대로 다 하도록 한다면, 아마도 그 바리새인은 다음과 같이 말했을 것입니다. "좋습니다. 나는 모든 체면을 버리고 삭개오 당신의 그 불경스러운 처소에 들어가 보려고 하오. 그러나 나는 먼저 씻어야 하오. 물론 이후에도 씻어야 하고 말이오. 당연히 당신도 씻어야 하오. 특히 당신의 집은 정결하게 해야 하오. 집에 흰 회칠을 하고 집 안을 북북 문질러 닦고, 향품을 뿌려야 하오. 그러고 나서 당신은 방의 한 쪽 구석에 앉아 있어야 하오. 그러면 비로소 나는 당신이 앉아 있는 방문 가까이에 다가가겠소. 방문을 통해 방으로 들어가는 신선한 공기가 죄인인 당신이 내뿜는 악취를 아마도 제거해 줄 것이기 때문이오. 나는 너무나 초월적으로 거룩하고 또 극도로 예민하기 때문에 당신 같은 거룩하지 않은 자들과는 접촉할 수 없소." 그러나 주 예수 그리스도께서는 삭개오에게 새끼손가락 하나라도 씻으라는 말씀을 하지 않으셨습니다. 그분께서는 "속히 내려오라 내가 오늘 네 집에 유하여야 하겠다"(눅 19:5)고 말씀하셨을 뿐입니다. 하지만 삭개오의 몸은 온통 나무의 푸른 이파리들로 뒤덮여 있었습니다. 그는 주님을 모시기에 아주 좋은 상태가 아니었습니다. 이보다 더 취약한 것은 그에게는 여전히 죄가 있었다는 점이었습니다. 그러나 예수 그리스도께서는 삭개오가 몸에서 먼지 하나라도 털어내기 전에 "속히 내려오라 내가 오늘 네 집에 유하여야 하겠다"고 말씀하셨던 것입니다. 이렇게 해서 예수님께서는 그의 집으로 가셨고, 그분은 삭개오와 함께 머무르셨습니다. 아무런 의식과 준비도 전혀 없이 그렇게 하셨습니다. 그렇습니다. 주 예수님께서는 지옥처럼 어두컴컴한 자를 만나서서, 5분 내에 그를 희게 씻어 주시고, 그와 함께 식탁에 앉아 즉시 함께 빵을 드신다는 사실을 저는 알고 있었습니다. 그분께서는 가장 사악한 원수들도 만나서서, 거의 눈 깜빡할 사이에 그 죄인들을 자기의 동료와 친구로 삼으신다는 것도 저는 알고 있었습니다. 한 비유(눅 15장 탕자의 비유 — 역주)에 나오는 아버지도 돌아온 자기 아들을 즉시 받아들이지 않았습니까? 아버지가 아들의 입을 맞추기까지 아버지는 한 몇 분 정도 시간을 기다렸습니까? 아버지가 아들을 품에 껴안기 전에 그 탕자는 자기 얼굴을 몇 번이나 씻었습니까? 비록 탕자가 돼지를 먹였다 해도, 아버지는 그 아들에게 손을 씻으라고 결코 말하지 않았습니다. 즉시 그 자리에서 아들의 목을 껴안고 입을 맞추었습니다. 우리 주 예수님은 죄인들을 불쌍히 여길 뿐만 아니라, 죄인들을 사랑으로 대하시어, 죄인들이 사는 집의 지붕 아래로 다가오셔서 그들의 집에 구원을 베풀어 주십니다. 사실 우리는 죄인들을 향한 그런 비난들에 예민합니다. 하지만 우리 주님께서는 그 교만한 자들의 비난에 별 신경을 쓰지 않으십니다. 그리고 “어찌하여 너희 선생은 세리와 죄인들과 함께 잡수시느냐?”(마 9:11)는 질문이 계속 제기되는 것에 대해서도 별 신경을 쓰지 않으십니다. 우리는 이런 주님의 모습을 기뻐합니다.

　　우리 주님은 여기서 그치지 않으십니다. 그분은 죄인들에게 어떤 의식을 요구하지도 않으셨을 뿐 아니라, 어디를 보더라도 거룩한 섬김에는 적합하다고 할 수 없는 그 죄인들을 아주 짧은 시간 안에 그 섬김에 사용하고 계십니다. 즉, 이 죄인들을 그분의 가장 거룩한 사역에 사용하고 계신다는 말입니다. 그분께서 어떻게 삭개오를 자기의 군사로 삼으셨는지 눈여겨보십시오. “내가 오늘 네 집에 유하여야 하겠다”는 이 말씀은 너무 도가 지나치다는 생각이 들지 않습니까? 이 말을 우리가 듣는다면, 우리는 주님에게 다음과 같이 신중하게 제안하지 않겠습니까? “선하신 선생님, 삭개오를 받아들이시되 은밀한 제자로 받아들이십시오. 절대로 공개적으로 그런 자와 관계를 맺지 마십시오. 그런 자와 함께 식탁에 앉아서 그런 자가 선생님의 시중을 들게 하는 것은 그런 사람들에게는 너무 과분한 영광된 일입니다”라고 말입니다. 사랑하는 성도 여러분, 저는 분명하게 말합니다. 초대교회의 그리스도인들이 다소의 사울로 하여금 설교를 하도록 허락한다는 것은 거의 불가능한 일로 여겨졌을 것입니다. 사울이 예전에 박해했던 그 믿음을 이제는 반대로 전한다는 이야기를 들었을 때, 성도들은 사울의 사도성에 대해 거의 믿을 수가 없었습니다. 바로 전까지만 해도 성도들을 죽음으로 내몰면서 자기 손을 피로 붉게 물들였던 사람인데, 그 자가 성도들 앞에 서서 말씀을 전하는 사도가 되다니, 도대체 어떻게 이런 일이 있을 수 있겠습니까! 우리 모두는 어느 정도 이와 같은 율법적인 경직성을 가지고 있습니다. 그리고 어떤 죄인이 회심을 하자마자 바로 그가 은혜의 사자가 되도록 허락해 줄 정도의 마음의 준비는 거의 되어 있지 않습니다. 복음은 교회 문에 있다고 하는 연옥(영혼이 정화되는 곳이다 — 역주)이나 교회 강대상 앞에서 행하는 격리(쿼런틴[quarantine], 고대교회에서 회개에 대한 보속[補贖]으로 행해진 40일간의 금식 행위로서, 이 기간 동안은 성도들과 격리된다 — 역주)에 대해서는 전혀 아는 것이 없습니다. 복음의 참 뜻은 이런 것입니다. 즉, 어떤 사람이 진정으로 그리스도를 받아들인 것으로 보이면, 그는 우리와 교제하도록 받아들여지며, 그는 거룩한 사역에 고용될 수 있다는 것입니다. 예수님은 죄인이었던 그 사람이 자기의 군사가 되는 것을 허락하셨습니다. 그분께서는 죄인이었던 한 여인이 자기 머리에 기름을 붓는 것도 허용하셨고, 자기를 부인했던 베드로에게도 자기 양을 먹이도록 허용하셨습니다.

그렇습니다. 그리고 주님께서는 그 날 당장 구원에 대한 전적인 확신을 주심으로써 죄인인 삭개오에게 은혜를 베풀어 주셨습니다. 주님께서 삭개오를 부른 바로 그 날에 주님께서는 그 은혜로 말미암아 삭개오에게 전적인 확신을 주셨습니다. 주님께서는 삭개오에게 "오늘 구원이 이 집에 이르렀으니"(눅 19:9)라고 말씀하셨습니다. 이보다 더 분명한 확신의 말씀은 없을 것입니다. 어떤 이유로든지 간에 저도 삭개오가 받았던 이런 확신의 말씀을 받는다면, 저는 더 이상 어떤 다른 것도 바라지 않을 것입니다.

> "오, '너는 내 것이라!'(사 43:1)고 속삭이는
>   당신의 그 하늘 음성을 내가 들을 수 있다면,
> 그 부드러운 말씀은 내 노래를
> 신적인 음표로 승화시킬 것입니다."

우리는 얼마나 자주 주님께서 우리에게 '너는 내 것이라' 말씀해 주시는 이런 소망을 노래했는지 모릅니다. 그런데 삭개오에게 이 소망이 실현되었던 것입니다. 주님께서 "구원이 이 집에 이르렀으니"라고 분명히 말씀해 주셨기 때문입니다. 그래서 삭개오는 이 말씀을 의심할 수가 없었습니다. 그는 얼마나 기뻤을까요? 그는 모든 염려로부터 벗어나 얼마나 자유롭게 되었는지 모릅니다. "나는 구원받은 사람이다. 구원이 일단 이 집에 들어왔고, 이 구원이 어디로 다시 갈 것인지 아무 말도 없었다. 이 구원은 위층에도, 아래층에도, 종들 사이에도, 어린 아이들 사이에도 머무를 것이다. 내 모든 후손들이 이 구원을 기꺼이 받아들일 것이며, 나와 내 집이 구원을 받게 될 것이다." 삭개오는 자신이 그리스도를 믿은 바로 그 첫 날에 선택의 축복을 받았습니다. 불쌍한 죄인인 여러분, 비록 여러분이 지금까지도 예수님을 믿지 않고서 슬픔 가운데 앉아 죄의 짐을 지고 있을지라도, 이 순간 예수님을 믿는다면, 여러분은 이 예배가 채 끝나기도 전에 구원을 받게 될 뿐만 아니라 여러분 자신이 구원받은 것을 알게 될 것이며, 집에 가서도 여러분의 아내와 자녀들에게 "구원이 우리 집에 이르렀으니"라고 말하게 될 것입니다.

예수님의 이름이 찬양을 받으소서. 이 모든 것은 사실입니다. 우리는 이 모든 것을 숨기고 싶지 않습니다. 그분께서 죄인인 사람의 손님이 되려고 들어갔도다.

2. 우리는 그런 비난이 은밀하게 의도하고 있는 비방을 반대합니다.

두 번째로, 우리는 우리 주님에게 가해진 그 비난이 은밀하게 의도하고 있는 비방을 반대하고자 합니다. 예수님은 죄인들의 친구이십니다. 그렇다고 해서 예수님이 죄의 친구라는 말은 아닙니다. 예수님은 죄 용서를 위한 인간의 공로와 상관 없이 모든 죄를 용서해 주십니다. 그렇다고 해서 예수님께서 미덕과 악덕을 아무런 차이가 없다는 식으로 생각하시는 것은 아닙니다. 물론 예수님은 어떤 식으로든 순결하고 의로운 자들을 낙담시키지도 않으십니다. 예수님은 이런 것과는 거리가 먼 분이십니다.

왜냐하면 먼저 그리스도께서는 죄인인 사람의 손님이 되셨지만, 그렇다고 해서 그분이 죄인의 환심을 사려고 하신 것은 결코 아니었습니다. 그분께서 죄악 가운데 있는 죄인을 의롭다고 하신 적이 있거나, 죄를 사소한 것으로 다룬 적이 있거나, 아니면 죄를 죄악이 아니라 그저 한갓 불행 정도로만 보셨다는 말씀이 있다면, 제게 한 구절이라도 말해 주시기 바랍니다. 하늘 아래 있던 종교들 중에서 예수 그리스도의 종교만큼 강하게 죄를 탄핵한 종교는 없습니다. 그분의 말씀은 죄의 행위를 정죄할 뿐만 아니라, 다음과 같은 말씀을 통해 알 수 있듯이, 말과 생각의 죄까지도 정죄하십니다. "사람이 무슨 무익한 말을 하든지 심판 날에 이에 대하여 심문을 받으리니"(마 12:36). "하나님이 예수 그리스도로 말미암아 사람들의 은밀한 것을 심판하시는 그 날이라"(롬 2:16). 구세주의 입술은 신실하고 순결하셔서 사람들의 악을 방조할 수 없으십니다. 그분은 모든 모양과 유형의 죄들을 비판하시고 그 죄들을 영원한 불로 위협하셨습니다. 죄의 결과는 한갓 일시적인 악이며, 죄인들의 영혼은 멸절(annihilated, '영혼멸절설':육신의 죽음 이후 인간의 영혼이 영원토록 고통 받는 것이 아니라, 어느 때가 되면 총체적으로 무화[無化, 라틴어 annihilo는 '없어진다'는 뜻이다]된다는 이론으로, 칭의된 의인의 영혼만이 불멸성을 선물로 받게 되며, 반면에 죄인들의 영혼은 무화되기 이전까지만 지옥의 고통을 받게 된다고 주장하여, 결론적으로 지옥 형벌의 영원성을 부정하게 되는 이론이다. 영국의 존 스토트[Late, John Stott] 또한 이 견해를 지지하였다 ― 역주)된다거나, 죄인들은 장래에 다른 상태가 되어 용서를 받아 구원을 받게 될 것이라고 예수 그리스도께서 주장하셨다는 사실을 여러분은 성경 어디에서도 찾을 수 없습니다. 오히려 "이들은 영존하는 형벌에 들어가되"(마 25:46, KJV)라는 말씀이 그분의 정직한 입술에서 천둥처럼 울려 퍼지고 있습니다. 그분께서는 스스로 확고한 신념을 가진 자들의 그 공허한 확신들을 모두 쓸어 버리시고, 사람이 무엇으로 심든지 그대로 거두리라(갈 6:7)고 하신 것을 그들이 보게 하십니다. 죄 가운데 사는 자는 죄의 종(요 8:34)으로 선포되며, 나쁜 열매를 맺는 나무는 못된 나무(마 7:17)로 판단됩니다. 그리스도께서는 손에 키를 들고서(마 3:12) 쭉정이는 쓸어 버리십니다. 그분께서는 은을 연단하여 깨끗하게 하는 자 같이 앉아(말 3:3) 찌꺼기를 태워 버리십니다. 그리고 이미 도끼를 나무뿌리에 놓으시고는(마 3:10), 마음과 영혼이 하나님 앞에 올바르기를 요구하십니다. 우리 주님께서 율법에 대한 순종을 요구하셨다면, 그분은 모든 면에서 순종해야 한다고 선포하셨을 것입니다. 그렇지 않으면 율법으로는 구원을 받을 수 없기 때문입니다. 그분이 자기를 따르는 자들을 받아들이실 때는, 그들로 하여금 그 비용을 계산하고서(눅 14:28) 그들이 가진 모든 소유를 버리라(눅 14:33)고 명령하셨습니다. 그렇지 않으면 그 사람은 그분의 제자가 될 수 없습니다. 그분의 도덕적 기준은 다음과 같습니다. "하늘에 계신 너희 아버지의 온전하심과 같이 너희도 온전하라"(마 5:48). 혹시라도 하나님의 율법이 요구하는 수준이 너무 높은 것 같아서 여러분이 그리스도에게 나아가서는 안 됩니다. 그리고 혹시라도 죄의 형벌을 감면받기 위한 목적으로 여러분이 그리스도에게 나아가서는 안 됩니다. 왜냐하면 그리스도는 온갖 죄에 대해서 모든 스승들 가운데 가장 가혹한 분이시며, 그 죄의 형벌에 대해서 가장 분명히 미리 말씀하시는 분이기 때문입니다. 죄인들의 친구는 당연히 그들의 친구이지, 그들의 죄악과 친구가 되는 것은 아닙니다. 그분은 죄악을 몹시 싫어하십니다. 그들에게서 죄악을 제거하기까지 그분은 결코 쉬지 않으실 것입니다.

주 예수 그리스도께서는 미덕이 항상 악덕에 대해 제기하는 그 적절하고도 건전한 비난으로부터 죄인들을 두둔하지도 않으셨습니다. 바리새인들은 틀림없이 다음과 같은 말들을 분명히 했을 것입니다. "이 사람 예수는 해악을 끼치고 있다. 우리는 모든 천박한 사람들과의 교제에 거리를 두고 있다. 하지만 우리는 이런 식으로 해서 이 세리들에게 많은 유익한 일들을 하고 있다. 왜냐하면 우리를 통해 세리들은 거룩한 사람과 거룩하지 않은 사람 간의 차이를 볼 수 있기 때문이다. 그들이 우리의 두 눈 사이에 있는 경문(마 23:5)을 보고, 우리 겉옷의 술을 길게 한 것을 보고, 우리가 우리의 손을 어떻게 씻는지를 보고, 또 박하와 회향의 십일조 (마 23:23)를 우리가 어떻게 드리는지 알게 될 때, 이 모든 것들은 그들에게 틀림없이 큰 덕을 끼칠 것이다. 집에 돌아가면 그들은 자신이, 이렇게 축복받아 거룩한 사람들인 우리와는 결코 교제할 수 없을 것이라는 사실에 대해 분명히 큰 부끄러움을 느낄 것이다. 그런데 그 예수라는 인간은 그런 세리들 가운데로 가서 그들과 함께 먹고 마시고 있다. 그래서 우리의 주장은 다소 어그러졌다. 이제 이들은 자신이 다른 사람들과 일정 거리를 유지할 필요가 없는 사람, 즉 어느 정도 괜찮은 사람들이라고 스스로 생각할 것이다. 왜냐하면 그들이 말하는 대로, 선한 사람임에 틀림없는 그 예수가 자신들과 교제를 나눈 것을 보고서, 결국은 자신들이 지금까지 스스로 생각하던 것처럼 그렇게 나쁜 사람이 아니었다고 여길 것이기 때문이다." 이것이 바로 바리새인들이 주장한 내용입니다. 사실 우리 가운데서도, 저속한 자들에게 우리가 행할 수 있는 최선의 행동은 그들을 격리시키는 것이라고 생각하는 사람들이 있을 것입니다. 여러분이 그들에게 등을 돌려 보십시오. 선한 사람의 등을 보는 것이 그들에게 좋은 도덕적 교훈이 되겠습니까? 여러분이 역겨워한다고 그들이 느끼도록 해 보십시오. 그러면 그들이 회개하겠습니까? 분명히 그렇게 되지 않을 것입니다. 이런 방법은 일반적으로 교만한 형식주의자들이나 역겨운 위선자들이 하던 방식이었으며, 그 결과는 더 좋지 않았습니다. 예수님께서는 이런 방식의 개혁을 찬성하지 않으십니다. 그분을 바라보고 그분을 찬양하십시오. 삭개오가 그릇된 방법으로 세금을 토색한 것이나 가난한 자들을 잔인하게 대한 것 등에 대해서 그분께서 한 마디 말이라도 하셨습니까? 그렇지 않습니다. 입도 뻥긋 하지 않으셨습니다. 그리스도의 임재 자체가 인간의 죄에 대한 충분한 책망이었습니다. 인간이 그리스도의 사랑과 그분의 복되신 완전한 인격을 깨닫기만 한다면, 그 즉시 죄악은 사망 선고를 받게 되고, 더 이상 자신의 모습을 드러내기 부끄러워합니다. 그리스도 자신이야말로 죄악에 대한 최고의 책망이십니다. 예수 그리스도의 복음은 죄악 가운데 살고 있는 자들을 보면서 "너희는 그리스도인이 되기에 합당한 자들이다"라고 말하지 않습니다. 반면 이 복음은 경건한 자들을 보면서 "너희는 날마다 너희와 같은 자들과 교제를 나누면서 그 기쁨에 참여하라"고도 말하지 않습니다. 이와는 정반대로 말합니다. 그 복음은 그리스도인들에게 "가서 잃어버린 자들을 찾아 그들의 마음이 더 나은 상태가 되도록 하라"고 말합니다. 우리는 죄 가운데 고통 받고 있는 자들에게로 가야 합니다. 그들의 질병에 같이 걸리기 위해서가 아니라, 그들의 질병을 치료하기 위해서 가야 합니다. 자기 의를 내세우며 냉담하게 격리시키며 책망하는 것보다 그렇게 선한 사람이 함께 가 주는 것이 그들의 죄에 대한 더 큰 책망이 됩니다. 복음은 죄인들을 책망하는 것이 목적이기보다는 오히려 이들을 교정하는 것을 목적으로 삼고 있습니다. 복음이 하는 일은 사람들로 하여금 자신이 범한 죄에 대해 죄책감을 갖게 하는 것이 아니라, 사람들을 죄의 세력으로부터 건져 내는 것입니다.

저는 어떤 사람이 이렇게 말하는 것을 들었습니다. 즉, 복음으로 인해 용서는 아주 쉬운 일이 된 것 같고, 죄악은 그리 중요한 것으로 여겨지지 않게 되었다고 말입니다. 다시 말하지만, 이런 비난은 사실이 아닙니다. 어떤 사람은 또 이렇게 말합니다. "오, 만약 사람들이 믿기만 해서 구원을 받는다면, 죄로부터의 해방을 그렇게 손쉬운 일로 만들어 준 죄에게 당신은 상을 줘야겠네요." 이 트집쟁이들 역시 죄의 용서와 구원에 대해 잘 알고 있어야 합니다. 하지만 이들이 잘 모른다면, 우리가 가르쳐 주도록 합시다. 주 예수 그리스도께서 저를 용서해 주셨을 때, 그분께서는 저의 죄를 용서해 주심과 동시에 죄를 무서워하는 것도 가르쳐 주셨습니다. 저의 죄가 용서함을 받는 그 순간에 저는 악에 대한 끔찍한 죄책감을 가장 크게 느꼈습니다. 여러분은 제가 용서받았다는 사실을 어디에서 읽었을 것으로 생각합니까? 저는 그 사실을 그분의 십자가 위에서 읽었습니다. 그 십자가 위에 진홍색 글씨로 기록되어 있었습니다. 비록 그 용서가 제게는 값없이 주어졌을지라도, 제가 하나님께 나아가도록 하기 위해 그분의 울부짖음과 신음이라는 값이 대가로 지불되었음을 저는 이해하고 있습니다. 한 불쌍한 죄인을 구덩이에서 건져 내기 전에 그분의 영혼이 이루 형용할 수 없을 정도의 고통을 그 값으로 지불하셨습니다. 죄인들에게 복음을 전하는 것을 죄를 사소한 것으로 여기게 한다는 비난은 아주 잘못된 부당한 비난입니다. 그런 비난은 근거 없는 중상모략에 불과합니다. 대속의 피를 모르는 사람, 그리스도의 고난에 대해 전혀 알지 못하는 사람, 이런 사람들이 죄를 가지고 장난칠 수 있는 사람들입니다. 그러나 그리스도의 상처들을 응시하는 자들은 죄에 대해서 두려워 떨지 않을 수 없습니다. 대속적 희생이라는 저 위대한 교리를 전적으로 영혼으로 받아들일 때마다, 죄를 지극히 사악한 것으로 여기게 됩니다. 오, 죄여, 내가 귀로 듣는 것을 통해 너에 대하여 들었으나 이제는 네가 십자가 위에서 성육신하신 하나님을 죽이는 것을 내 눈으로 보았노라(욥 42:5, KJV 참조). 그러므로 내가 내 자신을 티끌과 재 속에서 몹시 싫어한다(욥 42:6). 나는 어떻게 달리 행하고 싶지 않구나.

그리스도가 비록 죄인들의 친구라 해도, 그리스도께서 사람들로 하여금 개인의 인격을 경시하도록 했다는 것도 사실이 아닙니다. 어떤 사람들은 이렇게 말합니다. "오, 이 그리스도인들은 교리를 믿음으로 영혼이 구원을 받는 것이므로, 우리가 어떻게 살아야 하는지는 전혀 중요하지 않다고 가르치고 있다"고 말입니다. 이런 이야기는 오래 전부터 있었던 비방입니다. 저는 윌버포스(William Wilberforce, 1759-1833, 영국의 정치가로 의회개혁과 로마가톨릭교도의 정치적 해방을 지원하였고, '악과 부도덕에 반대하는 협회'[Proclamation Society]를 설립하였다. 노예무역폐지법을 입안하였으며, 복음주의자로서 해외선교운동에도 큰 역할을 하였다 – 역주)와 그의 친구들을 겨냥해 비난의 포문을 연 어떤 책에서 이와 동일한 비난을 한 내용을 읽은 기억이 생생합니다. 그 책의 저자는 이렇게 말했습니다. "그들은 위선적인 말투와 무의미한 허튼 소리들로 살아 있는 믿음에 대해서는 많은 말들을 하지만, 정작 살아 있는 박애에 대해서는 별로 말을 하지 않는다"(영국의 박애주의자인 로버트 펠로우스[Robert Fellowes, 1771-1847]의 비판이다)고 말입니다. 그 저자는 계속해서, 사람들에게 정직하고 청렴하고 친절하고 신실한 것이 더욱 중요한 일이라고 가르칠 것을 주장하였습니다. 자, 이제 그러한 중상모략이 끝이 날 때가 되었습니다. 하지만 거짓말은 끈질긴 생명력을 지니고 있어서, 설령 여러분이 그런 거짓말을 오십 번이나 넘게 죽인다 해도, 그 거짓말은 곧 다시 생명력을 얻어 살아날 것입니다. 이 문제에 대한 사실을 바라보십시오. 예수 그리스도께서는 삭개오의 집으로 가서서 인격이 전혀 중요하지 않다고 그렇게 가르치지 않으셨습니다. 이와는 정반대로, 삭개오는 인격이 제일 중요하다는 사실을 즉시 깨닫고서 분명히 다음과 같이 말했습니다. "주여 보시옵소서 내 소유의 절반을 가난한 자들에게 주겠사오며 만일 누구의 것을 속여 빼앗은 일이 있으면 네 갑절이나 갚겠나이다"(눅 19:8). 그가 이렇게 된 경위는 이러합니다. 즉, 어떤 사람이 예수님을 믿게 될 때 그는 이 세상의 그 누구보다도 고매한 인격을 더욱더 중시하게 됩니다. 그는 고매한 인격을 이론적으로만 중시할 뿐만 아니라, 자신이 스스로 좀 더 고매한 인격을 추구하기 시작합니다. 인격에 대한 이런 논리적인 결과를 부인하고 싶은 사람이 있다면 한번 부인해 보라고 하십시오. 인간의 본성은 믿음으로 인해 다시 새로워집니다. 하지만 어떤 사람들은 바로 이 믿음으로 인해 성결에는 무관심하게 된다고 말하기도 합니다. 그러나 인간의 모든 인생은 예수님을 믿음으로써 변화될 뿐만 아니라 그 인격에도 적절하게 영향을 끼칩니다. 그래서 믿음으로 인해 인격에 무관심해진다는 말은 정직한 사람이라면 할 수 없는 말입니다. 제가 방금 윌버포스에 관해 인용한 말조차도 분명히 틀린 말입니다. 왜냐하면 박애가 얻을 수 있는 가장 고귀한 승리 또한 그와 함께한 자들을 통해서 그의 주변에서 얻은 것이기 때문입니다. 윌버포스 같은 바로 이런 사람들이 없었더라면, 다시 말해 그리스도를 믿는 믿음만이 영혼을 구원할 수 있고, 박애는 기독교의 본질적인 정신이며, 자유는 모든 인간의 타고난 권리라고 여기는 사람들이 없었더라면, 어떻게 서인도에 있는 노예들이 자유를 얻을 수 있었겠습니까?(윌버포스 당시 수십만의 노예들이 노예무역으로 서아프리카에서 서인도로 끌려와 강제노동을 하였다 – 역주). 윌버포스와 그의 친구들은 영국 노예들의 발에 차인 차꼬가 영원히 부서질 때까지, 그 시대의 배금(拜金)주의에 대항해 온 힘을 다해 싸웠습니다.

　　우리가 사람들에게 선행으로는 사람들이 구원받을 수 없으며 오직 예수님만이 자신을 믿는 죄인들을 구원하신다고 말하면, 사람들은 우리가 도덕과 성결을 위한 동기들을 모두 제거해 버리는 것이라고 말합니다. 다시 단도직입적으로 말하겠습니다. 그렇지 않습니다. 절대로 그렇지 않습니다. 우리는 도덕과 성결을 위한 여러 가능성들 가운데 가장 위대한 동기를 제공하는 것이며, 다만 악하고 연약한 동기를 제거할 뿐입니다. 우리는 구원받기 위해 선행을 행해야 한다는 그 생각을 제거하고자 합니다. 왜냐하면 그런 생각은 거짓이기 때문입니다. 선행으로 죄인은 구원받지도 못할 뿐 아니라, 설령 선행으로 죄인들이 구원받을 수 있다 해도, 죄인들은 선행을 행할 수도 없습니다. 왜냐하면 구원을 바라며 행하는 선행은 분명히 이기적인 행동이기 때문에 선한 행동이 아니며, 따라서 하나님께서 받으시지도 않는 선행이기 때문입니다. 이기적인 동기는 행위의 생명을 독살하는 것과 같아서, 그 행위에서 선함을 제거해 버리는 것과 같습니다. 그러나 우리가 사람들에게 "주 예수 그리스도를 믿으라. 그리하면 네가 구원을 받을 것이다"라고 말할 때, 만약 그들이 믿음을 행사한다면, 그들은 구원을 받게 될 것입니다. 그리고 구원을 받게 된 그들의 마음에는 하나님께 대한 감사가 자라날 것이며, 하나님께서 행하신 모든 일 때문에 하나님을 섬기고자 하는 간절한 사랑의 마음이 샘솟게 될 것입니다. 이러한 동기는 아주 강력한 동기일 뿐만 아니라 아주 순수한 동기입니다. 왜냐하면 이 때 그 사람은 자신을 바라보고서 하나님을 섬기는 것이 아니라 사랑에서 우러나온 마음으로 하나님을 섬기는 것입니다. 그리고 하나님에 대한 사랑으로 행한 행동만이 인간에게 가능한 유일한 선행입니다. 선행이 아니라 이신칭의(以信稱義)로 말미암는 구원은 깨끗하고도 청결하며 순결한 동기를 제공해 줄 뿐만 아니라, 더 나아가 구원받은 자들이 평생토록 의의 길을 걸어가게 하기에 충분한 능력으로 입증되는 동기를 제공해 줍니다.

　예수 그리스도의 복음은 사람들에게 동기 그 이상의 어떤 것을 제공해 줍니다. 다시 말해, 복음은 사람들에게 능력과 생명을 제공해 줍니다. 왜냐하면 사람들이 주 예수님을 믿는 곳이면 어디서든 성령님께서는 자신의 놀라운 모든 권능으로써 분명히 역사하시기 때문입니다. 그분은 마음속에 들어오셔서 마음을 변화시키시고, 영혼의 모든 흐름을 바꾸어 놓으시며, 그 사람 속에 하나님 자신의 본체와 같은 새롭고도 살아 있으며 정복하는 힘을 창조하십니다. 그래서 그 사람은 그리스도 예수 안에 있는 새로운 피조물(고후 5:17)이 되고, 그 모습 역시 계속해서 지속됩니다. 이와 같은 내주하시는 성령님은 하나의 이론도 아니고, 하나의 교리도 아닙니다. 그분은 하나의 인격체이십니다. 그분의 사역은 꿈이 아니라 하나의 의식적인 사실로서 모든 신자들이 증거하는 현상입니다. 그렇게 우리는 지금까지 그분을 알아왔고 그분의 능력을 느꼈으며, 그분의 강력하고도 장엄한 영향력 앞에서 고개를 숙였던 것입니다. 아론이 가는 곳마다 아론의 머리에 기름 부음이 있었던 것처럼(레 8:12 참조), 이와 마찬가지로 그리스도를 영접하는 마음들마다, 성령님께서 오셔서 새로운 창조를 시작하시어, 예전에는 타락의 속박 가운데서 살던 생활로부터 구원을 받게 됩니다. 그러므로 우리는 그리스도가 죄를 조장하는 자라거나 죄를 선동하는 자라는 비난에 대해 분개하며 반발하는 것입니다. 오로지 우리는 죄인들을 위한 이 복된 소식들을 약해지지 않은 열심으로써 전할 뿐입니다. 여러분이 어떤 죄를 범했든지 간에, 여러분이 악한 습성으로 얼마나 더러워졌든지 간에, 지금 즉시 바로 여기서 여러분은 용서받게 될 것이며 완전한 구원을 얻게 될 것입니다. 여러분이 이 사실을 믿기만 하고 이 모든 일에 대해 예수님을 신뢰하기만 하면 말입니다. 우리는 우리 자신의 체험으로부터도 이 사실을 여러분에게 확실히 말할 수 있습니다. 여러분의 모든 선행들, 기도들, 눈물들, 헌금들, 이 모든 것들을 설령 여러분이 신뢰한다

해도, 이 모든 것들 또한 아무런 소용이 없을 것이라는 사실도 아울러 우리는 분명히 여러분에게 말할 수 있습니다. 그러나 여러분이 수만 가지의 죄악들로 뒤덮여 있다해도, 여러분이 예수님을 믿기만 한다면, 여러분은 이 모든 죄들로부터 구원을 받게 될 것입니다. 그분은 구세주이고, 위대한 한 분이며, 크나큰 죄인들도 구원할 능력을 가진 분이십니다. 이런 사실들로 인해 여러분은 죄악을 가볍게 생각하지 않게 될 뿐만 아니라, 계속해서 은혜를 더하게 하려고 죄에 거하지도(롬 6:1) 않게 될 것입니다. 오히려 이 사실은 여러분에게 여러분이 원하는 능력을 가져다줄 것입니다. 여러분이 지금까지 행한 모든 노력에도 불구하고 여러분이 결코 찾을 수 없었던 그러한 능력을 여러분에게 제공해 줄 것입니다. 다시 말해, 이 사실로 인해 여러분은 자신이 구원받았다는 사실을 기뻐할 수도 있고, 그러한 확신의 능력 가운데서 예전에는 결코 알지 못했던 죄에 대한 혐오와 성결에 대한 사랑이 여러분의 마음속에 있다는 것을 발견하게 될 것입니다. 여러분은 자신의 마음 문으로 가서 사탄에게 "썩 꺼져라!"고 말할 것이며, 육체의 정욕에게는 "내 뒤로 물러가라"(마 16:23)고 말할 것이며, 옛 친구들로부터 생겨나게 된 모든 유혹들에 대해서도 이와 마찬가지로 그 유혹들이 보는 앞에서 여러분의 마음 문을 닫으며 "여기를 떠나거라"(눅 13:31)고 말하게 될 것입니다.

3. 우리는 주님께서 그런 반대를 당한 그 사실로 인해 기뻐합니다.

세 번째로, 우리는 주님께서 반대를 당한 바로 그 사실로 인해 기뻐합니다. 다시 말해, 예수 그리스도께서 죄인인 사람의 손님이 되려고 들어가신 그 사실을 우리는 기뻐합니다.

먼저, 사랑하는 성도 여러분, 이 사실은 우리에게 소망을 가져다주기 때문에 우리는 이 사실을 기뻐합니다. 가끔 이런 생각이 듭니다. 만약 그분께서 죄인들의 손님이 되어주지 않았더라면, 그분이 우리에게도 와 주실 것이라는 소망을 우리는 갖지 못했을 것입니다. 제게도 그분이 찾아와 주실 것이라는 그 은혜로운 사실은 제가 절망 가운데서 구원받는데 필요한 사실입니다. 오, 제가 가진 소망은 이러한 것들입니다. 즉, 훌륭한 체험과 멋진 성화를 이루어가는 것, 그리고 여러분이 놀라울 정도로 잘 지내면서 강하고 순수하며 진정으로 아주 뛰어난 성도가 되어가는 것을 상상해 보십시오. 이런 것들은 얼마나 쉬운 일인지 모릅니다. 사탄이 여러분을 5분만 다루게 해 보십시오. 그러면 사탄은 여러분에게 이와는 아주 다른 색깔을 가진 무언가를 보여줄 것입니다. 여러분의 타락한 옛 성품이 15분만이라도 끓어오르게 해 보십시오. 그러면 여러분은 자신에게서 극심한 고통 속에서 울부짖을 수밖에 없는 영혼의 상태를 발견하게 될 것입니다. 그때에야 비로소 여러분은 체험에 관한 멋진 말(들)들이 여러분의 입에는 어울리지 않는다는 것을 발견하게 될 것이며, 여러분 자신이 꽤 괜찮은 사람이라는 그 모든 착각 또한 한여름의 태양 빛 아래 이슬처럼 사라지게 될 것입니다. 오, 저 역시 아주 작은 어떤 소망이라도 찾을 수 있었다면, 저는 기어서만 들어갈 수 있는 쥐구멍이라 해도 수천 번씩 찾아봤을 것입니다. 저는 죄인들에게 해당하는 복음을 전하기를 좋아합니다. 왜냐하면 그 사역이 제게 어울리기 때문입니다. 저는 성결을 설교하기 좋아합니다. 그리고 제가 살아 있는 한 저는 성결에 대해 설교하는 것을 목표로 할 것이며, 제가 완전해지기 전까지 저는 결코 성결에 대한 제 설교에 만족하지 못할 것입니다. 그러나 제 영혼에는 여전히 죄인의 구세주가 필요하며 저도 이 죄인의 구세주를 가져야만 합니다. 죄인의 구세주 이외의 다른 것은 제게 아무 소용이 없을 것입니다! 저는 제 주님께 아주 가까이 다가가 그분의 존귀하심을 최고로 느끼고 그분과 친밀한 교제를 즐길 때마다 더욱 그분 앞에 머리를 조아리게 되며, 그분의 발치로 기어들어가 제 눈물로 그분의 두 발을 씻겨드리는 것이 이루 말로 표현할 수 없는 특권으로 여겨집니다. 그 순간에 저는 그분의 자비하심 가운데 있다는 소망 외에 별다른 소망을 갖고 있지 않습니다. 다시 말해, 예수님의 희생을 통해 큰 죄인에게 주어지는 크나큰 자비에 대한 소망만을 갖습니다. 사랑하는 성도 여러분, 죄인의 구세주 외에 의지할 것이 무엇이 있겠습니까? 그분께서는 값없이 풍성한 주권적인 자비로 죄인들을 구원하셨습니다. 죄인들 안에도 없고 죄인에게 속한 것도 아닌, 죄인들에게 있는 것과는 완전히 다른 이 자비로 죄인들을 구원해 주지 않으셨더라면, 도대체 여러분과 저는 어디에 서 있게 되겠습니까? 우리는 자신의 죄에 대해 어떤 변명도 하고 싶지 않습니다. 우리는 자신의 죄를 몹시 싫어하며, 이 죄로 인해 우리는 하나님 앞에서 우리 자신을 증오합니다. 죄와 더러움을 씻는 열려진 샘(슥 13:1)이 지금도 여전히 열려 있습니다. 우리가 예수님을 쳐다보고 살기로(민 21:8) 처음으로 작정한 그 때인 27년 전이나 오늘이나 그 정결하게 하는 샘이 열려 있는 것은 마찬가지입니다. 사랑하는 성도 여러분, 여러분도 그 샘이 열려 있는 것을 발견하지 못했습니까? 여러분이 그리스도를 안지도 반세기가 지나가는데, 여러분에게는 예전이나 지금이나 죄인의 구세주가 필요하다는 사실을 여러분은 발견하지 못했습니까? 여러분에게는 지금 그분이 필요합니다. 이와 마찬가지로 여러분이 죽어갈 때도 여러분에게는 그분이 필요할 것입니다. 영생에 대한 관심이 여러분에게서 시들어질 때도, 그분은 여러분의 힘과 노래가 될 것입니다. 그래서 여러분은 "이 사람이 죄인을 영접하고 음식을 같이 먹는다"(눅 15:2)고 한 말씀을 생각하며 기뻐하게 될 것입니다.

그리고 우리는 이 사실이 또 다른 이유에서 참되기 때문에 기뻐합니다. 다시 말해, 이 사실은 우리의 모든 동료 인간들에 대한 소망을 우리에게 제공해 주기 때문에 우리는 기뻐합니다. 우리 주님께서 만약 선하고 도덕적이며 탁월한 자들 이외의 사람들은 방문하지 않으셨다고 상상해 봅시다. 그렇다면, 아, 런던 뒷골목의 불쌍한 자들과 혼잡한 법정은 어떻게 되겠습니까! 슬픈 일이지만 부랑자 임시 수용실에 있는 자들은 또 어떻게 되겠습니까! 애석한 일이지만 교도소와 구치소에 있는 자들은 또 어떻게 되겠습니까! 가엾은 타락한 여인들과 도둑들은 또 어떻게 되겠습니까! 그러나 이제 이런 자들에게도 소망이 있습니다. 모든 박애주의자들도 이 사실로 인해 주님에 대한 마음 깊은 곳에서 우러나오는 감사의 마음을 영혼으로 느껴야만 합니다. 이 사실이야말로 이 땅에서 가장 밝은 별이며, 이 땅의 소망의 샘이며, 이 땅의 기쁨의 새벽입니다. 예수 그리스도께서 죄인들을 영접해 주시고 사악한 자들을 구원해 주셨기에, 낙담과 절망이 이제부터는 인간의 처소에 자주 나타날 권리가 없어졌습니다. 소망이 모든 자들을 향해 미소 짓고, 최고로 타락한 자들을 향해서 쳐다보고서 살리라(민 21:8, KJV) 한 말씀으로 초대합니다. 맞습니다. 저는 이 자리에 계신 바리새인들 같은 여러분에게 말씀드리겠습니다. 혹시 이 자리에 오늘날의 바리새파에 해당하는 교단의 대표들이 있다면, 그들에게 말하고 싶습니다. 비록 여러분이 죄인들에 대한 은혜라는 생각을 좋아하지도 않고, 또 여러분이 쌓은 그 잠정적인 공로에 대해 여러분이 상을 받는다는 생각을 고수한다 해도, 예수님께서 크나큰 죄인들까지도 영접하신다는 이 사실은 여러분에게도 큰 자비의 말씀이라고 말입니다. 왜냐하면 여러분도 틀림없이 그 큰 죄인들 가운데 속할 것이기 때문입니다. 여러분의 마음은 하나님을 대적할 뿐만 아니라 여러분의 동료인 인간에게도 대적해서 사납게 날뛰는 교만과 증오의 바다가 아니라면, 도대체 무엇이란 말입니까? 여러분은 하나님께서 작정하신 은혜의 계획을 멸시하고, 하나님께서 구원하고자 의도하신 죄인들을 경멸의 눈빛으로 바라봅니다. 여러분이 자신에 대해서 여러분의 동료들보다 훨씬 더 높은 곳에 있다고 생각하도록 만든 것이 바로 마귀의 영이 아닙니까? 복음이 여러분에게 맞추어져 있어서 저 가련한 죄인들에게는 배제되었으면 하고 여러분이 바라도록 만드는 것은 바로 무자비한 잔인함이지 않습니까? 머리를 그토록 높이 쳐든 여러분은 도대체 어떤 사람입니까? 여러분이 비록 노골적으로 죄를 짓지 않았다 해도, 만약 여러분도 그 죄인들이 처한 처지에 있었더라면, 그들보다 더 악한 죄를 범했을 가능성이 아주 많습니다. 다시 말해, 죄인들이 범한 허물들 못지않게 여러분에게도 많은 허물들이 있다는 것입니다. 행여 어떤 사람이 여러분 영혼의 비밀들을 큰 소리로 읽기라도 한다면, 여러분은 크게 수치를 당할 것입니다. 아, 자신들의 미덕을 뽐내는 사람들이 너무나 많습니다. 하지만 이들도 하나님께서 보시기에는 부정하고 불경한 사람들만큼이나 그 속은 썩어 있습니다. 제가 확실히 말씀드릴 수 있는 것은, 감옥 안에보다도 밖에 더 많은 도둑들이 있다는 사실입니다. 겉으로 보기에는 존경스러워 보이지만 실제로는 가증스러운 악에 깊이 물든 죄인들이 우리가 생각하는 것보다 훨씬 더 많습니다. 그렇습니다. 심지어 명목상의 그리스도인들 가운데서도 진홍빛 같은 죄를 범한 죄인들이 너무나 많습니다. 이들은 항상 예배 장소에 있습니다. 외형적인 경건의 모든 행위들에는 아주 규칙적으로 참여하지만 그들은 은밀한 더러움에 빠져 있으며, 흉악범들을 위한 감옥에 있는 죄인들만큼이나 악합니다. 나의 주님께서 과거에 놀라운 어떤 모습으로 나타나신 것처럼 그렇게 오늘 다시 나타나신다면, 지금 이 자리에 있는 사람들 가운데 어떤 자들은 아주 곤란한 자리에 서게 될 것입니다. 간음의 현장에서 붙잡힌 여인이 그분 앞에 끌려 왔습니다. 그분께서는 한순간도 그녀의 죄악을 정당화하지 않으셨습니다. 도리어 그분께서는 큰 능력을 가지고 한 마디로 이렇게 말씀하셨습니다. "너희 중에 죄 없는 자가 먼저 돌로 치라"(요 8:7). 스스로 의로운 척 가장하는 여러분에게 말합니다. 혹시라도 여러분의 양심이 말을 한다면, 여러분에게는 의로움이 없기 때문에 여러분은 죄인이며, 따라서 여러분은 그 추잡한 죄인에게조차 차마 돌을 던질 수 없다는 사실을 인정하게 될 것입니다. 여러분이 스스로 양심의 가책을 받는다면, 여러분은 이 자리를 박차고 나가야 할 것입니다. 하지만 여러분이 이 자리에 계속 머무르고 싶다면 이렇게 말하는 것이 더 나을 것입니다. "맞습니다. 저 역시 마음 깊은 곳에서 죄인임을 고백합니다. 그리스도께서는 죄인의 구세주이시며, 오늘 저도 그분을 쳐다보고서 살고 싶습니다. 저는 지금 그리스도를 찬양합니다."

우리는 이것이 사실이기에 기뻐합니다. 왜냐하면 우리가 주님을 위해 일할 때에, 이 사실로 인해 훌륭한 새신자들에 대한 소망으로 우리가 힘을 얻기 때문입니다. 회심한 이후 얼마 지나지 않은 아주 짧은 시간 안에 예수님을 위한 사역에 있어서 아주 냉담해지고 생기가 사라지며 기계적으로 되어 버리는 사람들이 많습니다. 열정은 사라지고 뜨거운 마음은 식어갑니다. 새로운 회심자들은 이런 타락을 비난합니다. 저는 어떤 뱃사람을 기억합니다. 그는 회심하기 이전에는 욕설을 자주 하곤 했던 것으로 기억합니다. 제가 확실히 여러분에게 말할 수 있는 것은 그는 아무 생각 없이 따발총처럼 욕을 하는 사람이었으며, 항상 욕을 입에 달고 사는 사람이었습니다. 그러던 그가 회심을 하게 되었고 기도할 때도 욕할 때와 아주 비슷한 말투로 기도를 하였습니다. 그 뱃사람이 기도 모임에서 입을 열었을 때, 깊은 잠에 빠져 있던 거기 있던 모든 성도들이 처음으로 잠에서 깨게 되었습니다! 그러더니 그 작은 교회에 확실한 부흥이 일어났습니다. 왜냐하면 그 교회 성도들이 지금까지 해 오던 종래의 굼뜨고 느려터진 방식으로는 회심한 그 새신자의 사랑과 열정으로 가득 찬 방식을 감당할 수 없었기 때문입니다. 그 기도회에서 드려지던 기도들은 아주 정형화되었고, 이와 관련된 그 밖의 모든 것들도 마찬가지였습니다. 다들 똑같이 잠자는 것 같은 사람들, 다들 똑같은 긴 기도들, 다들 똑같은 지루한 설교들만 있었습니다. 그러나 그 뱃사람의 회심은 마치 지진과 같은 것이었습니다. 그래서 모든 사람을 놀라게 하고, 모든 사람의 열정을 다시 살려놓았습니다. 그들은 뱃사람이라도 구원받을 수 있다고 생각하기 시작했고, 부두에서 예배를 드리기 시작했으며, 이외에도 다른 많은 선한 일들을 행하였습니다. 큰 죄인의 회심은 병든 교회를 위한 최선의 치료약입니다. 모든 교회들 안에서 여러분처럼 여러분의 약점을 알고 있는 선한 사람들은 매번 감동을 받아 분발하는 것이 필요합니다. 여러분이 받을 수 있는 여러 감동 중에서 최선의 자극은 교회 문 앞에 서 있던 다소의 사울 같은 자가 교회에 들어오도록 허락하고 교회 문을 열어 주는 것입니다. 교회 문지기는 묻습니다. "여기에 들어오고자 허락을 구하는 이 사람은 누구인가?" 그러자 그는 "새신자입니다"라고 대답합니다. 우리는 그 사람을 쳐다봅니다. 아니 그 사람은 마귀의 가장 유명한 군사들 중의 한 사람이며, 전장(戰場)에서 검은 깃발을 들고 다니던 사람들 중의 한 사람이며, 우리를 가장 비웃던 바로 그 사람이지 않는가! 우리는 그를 다소 의심쩍은 눈으로 바라보기 쉽습니다. 그가 의심스럽기 때문입니다. 그래서 우리는 그 사람을 장로들에게 데리고 가서 장로들이 그를 심문하고 조사하도록 하여, 그가 진정으로 변화된 사람인지 아닌지 알아보게 합니다. 진지한 이 장로들은 분명한 확신이 들지 않아서, 그 사람에 대해 더 많은 것을 알기까지 주저할 것입니다. 물론 그들이 이렇게 하는 것은 아주 합당한 일입니다. 그러나 주님께서 그 죄인을 그분의 은혜로 진정 부르셨다면, 교회가 그 사람을 받아들이자마자, 그와 함께 새로운 불이 임하여서 모든 사역이 새롭게 추진되는 것을 발견하게 될 것입니다. 그러므로 우리 주 예수님께서 죄인인 사람의 손님이 되려고 들어가실 때에는, 교회에 능력이 따로 추가되며, 교회가 가장 필요로 하는 새신자들을 발견하게 됩니다. 그래서 우리는 이 죄인의 구세주를 기뻐하며 찬송하게 될 것입니다.

이 아침에 저는 삭개오가 어디 있는지, 저기 있는 회랑(回廊) 위에 있는지 잘 모르겠습니다! 만약 자신이 죄인이라는 것을 아는 죄인인 사람이 여기에 와 있다면, 그래서 제가 '죄인'이라는 말이 새겨진 팻말을 그의 목에 걸어 준다면, "내가 바로 그 죄인입니다"라고 누가 말하겠습니까? 삭개오 같은 여러분, 여러분은 지금 어디에 있습니까? 예수님께서 당신을 부르고 계십니다. 예수님께서 당신에게 "내가 오늘 네 집에 유하여야 하겠다"(눅 19:5)라고 말씀하십니다. 서둘러 내려와 문을 열고서 이렇게 말하십시오. "나의 주님이시여, 들어오시옵소서. 당신을 모시는 것이 제게는 영광된 일입니다." 누가 망설이고 있습니까? 누가 지체하고 있습니까? 나의 주님께서 오늘 많은 큰 죄인들의 마음을 열어 주시어 예수님을 기쁘게 받아들이도록 해 주시기를 기원합니다. 아멘.

제
76
장

—

잃어버린 자를 위한 복된 소식

—

**"인자가 온 것은 잃어버린 자를
찾아 구원하려 함이니라."** — 눅 19:10

하나님의 약속들은 별과 같습니다. 그 많은 별들 가운데 어느 하나도 폭풍우를 만나 요동치는 영혼들을 그 영혼이 바라던 항구로 향하도록 인도하지 않는 별은 없습니다. 하지만 한밤중에 하늘에 박힌 수많은 별들 가운데서도 유독 다른 별들보다 뱃사람의 시선을 더 끌고 배의 조타수에게 도움이 되는 별자리들이 있습니다. 이와 마찬가지로 성경 말씀 중에서도 소수의 지혜 있는 자들을 예수님에게로 인도할 뿐만 아니라, 단순한 마음을 지닌 수많은 사람들에게도 평화의 항구를 발견하도록 도움을 주는 별들과 같은 말씀들이 있습니다. 저는 이 아침에 그 말씀들을 다 전할 수는 없습니다. 제게는 그런 말씀들이 큰곰자리나 남십자성의 지극성(指極星, pointers, 천구의 북극이나 남극을 지향하는 한 쌍의 별 — 역주)과 비슷하게 여겨집니다. 왜냐하면 그 말씀들은 회개하는 자의 눈을 북극성이신 예수님을 직접 가리키면서 바라보도록 하기 때문입니다. 죄인들은 그분을 바라봄으로써 "길이요 진리요 생명"(요 14:6)을 발견하게 됩니다. 오늘의 본문도 그런 고귀한 별들 가운데 하나와 같은 말씀입니다. 아니 오늘 본문의 한 말씀 한 말씀은 하나님의 사랑, 즉 바로 자비의 플레이아데스 성단(Pleiades, 그리스 신화에 나오는 아틀라스의 일곱 딸로서 하늘에 올라가 칠요성(七曜星)이 되었다고 한다. 성단 전체를 둘러싼 엷은 성간가스가 별빛을 반사하기 때문에 다소 신비스럽게 보인다 — 역주)의 놀라운 별자리를 형성하는 말씀입니다. 그 말씀의 한 음절 한 음절이 제 눈에는 초자연적인 찬란한 빛으로 빛나고 있는 것처럼 보입니다. 오늘 본문의 한 글자 한 글자에 대해서 저는 하나님을 찬송합니다. "인자가 온 것은 잃어버린 자를 찾아 구원하려 함이니라." 그런데 별들도 하늘이 온통 구름으로 가려져 있거나 대기가 안개로 가득할 때에는 별 도움이 되지 않는 것과 마찬가지로, 오늘의 본문에서 밝게 빛나는 복음의 빛도 의심과 두려움이라는 안개로 둘러싸여 흐려진 영혼들에는 아무런 위로도 가져다주지 못합니다. 구름으로 뒤덮인 때에야말로 뱃사람들에게는 좋은 날씨가 몹시 필요합니다. 그래서 다시 별들을 볼 수 있기를 그들은 간절히 원합니다. 이와 마찬가지로 우리도 성령님께서 그분의 거룩한 바람으로 우리 마음에 있는 불신이라는 구름을 쓸어 가시어, 하나님의 빛 가운데서 모든 진지한 눈들이 평화의 빛을 볼 수 있도록 기도합시다. 오, 잠에서 깨어난 많은 마음들이 이 아침에 구세주 안에 있는 용서와 영생을 찾게 되었으면 좋겠습니다. 지금 많은 사람들이 조용하게 묵상으로 드리는 기도에 하나님께서 응답하시어 구원의 축복이 이 집에 임하기를 기원합니다.

1. 잃어버린 자

이 아침에 진리를 찾고 있는 죄인들을 위로하기 위해 제가 설명하고자 하는 것은 네 가지입니다. 첫 번째는 이것입니다. 오늘 본문에서 자비의 대상이 어떻게 묘사되고 있는지를 정말 진지하게 생각해보고자 합니다. "인자가 온 것은 잃어버린 자를 찾아 구원하려 함이니라." 저는 "잃어버린 자!"라는 이 표현에 대해 하나님께 이루 말로 형언할 수 없는 감사를 드립니다. "잃어버린"이라는 말 속에 포함되지 못할 정도로 나쁜 경우는 있을 수 없습니다. 저는 "잃어버린"이라는 이 네 글자의 범위에 들지 못할 정도로 비참하게 태어난 사람이 어떤 경우일지 전혀 상상이 되지를 않습니다. 아마도 그런 사람은 완전히 사악한 방종에 빠진 사람일 것입니다. 다시 말해 그는 몸과 영혼을 스스로 망쳤을 것이며, 지옥의 맨 가장자리에서 구렁텅이로 빠져들고 있다고 느꼈을 것입니다. 그러나 이 "잃어버린"이라는 말은 그가 당할 수 있는 비참함의 가장 깊은 수준에까지 내려간다는 의미입니다. 왜냐하면 그 사람은 "잃어버린 자"이기 때문입니다. 바위가 많은 해안가 여기저기에 피난항들이 있습니다. 하지만 불행하게도 이 항구들 중에 몇몇 항들은 조류가 들고 나는 시점에 따라 오직 큰 배들만 이용할 수 있습니다. 만조(滿

潮)가 되었을 때는 큰 배들이 항구에 들어와 안전하게 정박할 수 있습니다. 하지만 조류가 빠르게 빠져나갈 때는 비록 피난항이 거기에 있다 해도, 부피가 큰 배들이 들어올 수 있는 충분한 물이 없습니다. 그러나 자, 보십시오. 오늘 본문 말씀은 조수 간만에 관계 없이 어느 때나 사용할 수 있는 피난항과 같은 말씀입니다. 그래서 수위가 가장 낮은 간조(干潮) 때라 해도 크기가 가장 큰 배들도 여기로 들어올 수 있습니다. 죄인이라는 배가 뜨기 위해서는 깊이를 알 수 없을 정도의 깊은 자비의 바다가 있어야 한다 해도, 그 죄인을 수용할 만한 충분한 깊이가 바로 여기에 있습니다. 비록 이 아침에 비바람이 무섭게 몰아치고, 폭풍우가 세차게 불어 닥치며, 이 폭풍우와 함께 모든 마귀들이 밀려든다 해도, 사나운 비바람에 갈피를 못 잡는 영혼이 오직 이 거룩한 항구로 항해할 수밖에 없다면, 과연 이 항구에 들어갈 수 있을까 염려할 필요가 전혀 없습니다. 이 항구의 입구에는 모래톱도 없고, 강바닥이 얕지도 않아 물이 많기 때문입니다. 이 항구의 입구는 자비의 깊이가 대단히 깊습니다. 왜냐하면 오늘 본문 말씀이 "잃어버린 자"라고 말하고 있기 때문입니다. 인자(人子)께서는 죄와 어리석음으로 인해 잃어버린 영혼들을 찾아서 구원해 주십니다.

그렇다면, 어떻게 사람들이 잃어버린 자들이 되었는지를 함께 생각해 봅시다. 먼저 우리는 사람들이 **본성적으로** 잃어버린 자들이라는 사실을 알고 있습니다. 본성적으로 잃어버린 자들이라는 이 교리에 대해 사람들이 아무리 반발한다고 해도, 이 교리는 영감된 진리입니다. 다시 말해, 우리는 태어날 때부터 잃어버린 자들입니다. "잃어버린"이라는 말은 추하고도 사악한 죄에 빠진 자들에게만 관련된 말이 아니라, 온 인류까지도 관련된 말입니다. 여러분은 오늘 본문 말씀이 나타나는 다른 복음서를 주의 깊게 본 적이 있습니까? 오늘 말씀은 마태복음 18장 11절에도 나타납니다(KJV에만 기록되어 있다. 한글개역개정에는 11절이 없다 — 역주). 거기에서는 아주 의미심장한 문맥 속에서 이 말씀이 기록되어 있습니다. 제가 여러분에게 그 본문을 읽어 드리겠습니다. 그리스도께서는 지금 어린 아이들에 관해 말씀하고 계십니다. 그분께서는 "너희가 이 작은 자들 중의 하나라도 업신여기지 않도록 조심하라. 내가 너희에게 이르노니, 하늘에서 그들의 천사들이 하늘에 계신 내 아버지의 얼굴을 항상 바라보느니라. 인간의 아들은 잃어버린 것을 구원하려고 왔느니라"(마 18:10-11, KJV). 주님께서는 어린 아이 하나를 불러 제자들 가운데 세우셨습니다. 그리고 그들이 회개하여 어린 아이들과 같이 되어야 한다고 말씀하셨습니다. 주님께서는 오늘의 본문 말씀을 이런 맥락에서 하셨던 것입니다. 그 전후 구절을 살펴볼 때 우리는 다음과 같은 분명한 사실을 알 수 있습니다. 즉, 어린 아이들조차 본성적으로 잃어버린 자들이며, 그 어린 아이들도 구원받기 위해서는 주 예수님의 은혜를 힘입어야 한다는 사실 말입니다. 이것은 하나님께서 기뻐하셔서 어린 아이들을 어린 시절에 하늘나라로 데리고 가는 경우에도 마찬가지입니다. 예수님께서는 본성적으로 잃어버린 자들을 찾아 구원하기 위해 오셨습니다. 이로 인해 다음과 같은 주장이 분명한 사실이 되었습니다. 즉, 이제부터는 아무도 오직 아담의 죄라는 이유만으로 멸망하지도 않고, 본성적인 타락이라는 이유만으로 지옥에 던져지지도 않게 되었으며, 오직 자신의 자범죄와 불신앙으로 인해 지옥에 던져지게 될 뿐이라는 사실입니다.

　　실제적으로 우리에게 있어서 훨씬 더 끔찍한 문제는 바로 이것입니다. 즉, 우리는 거룩한 은혜와는 별도로 우리 자신의 **행동**으로 잃어버린 자가 되었다는 것입니다. 우리의 본성은 우리의 인격으로 스스로 드러났습니다. 우리의 내적인 경향성들은 우리의 행위로 발전되며, 우리는 우리 자신의 행동과 행위로 말미암아 우리 자신을 잃어버렸습니다. 우리는 잃어버린 양과 같이 잘못을 저지르고, 또 고의로 사악하게 하나님의 길에서 벗어나기도 하였습니다. 하지만 지금 이 "잃어버린"이란 단어 속에는 아담의 타락을 통해서 뿐만 아니라, 우리 자신의 노골적인 행동에 의해서도 우리에게 일어난 모든 것들이 다 들어 있습니다.

　　그리고 이에 덧붙여, 우리의 실제적인 죄와 우리의 본성적인 타락이 합작하여, 우리가 타락한 상태에서 우리 스스로 회복할 수 있는 힘을 우리 안에서 무능력하게 만들었기 때문에, 우리는 잃어버린 자가 되었습니다. 우리는 방랑자가 되었을 뿐만 아니라, 우리에게는 집으로 돌아오려는 의지도 없었습니다. 우리는 탕자들이었지만, 우리는 절대로 "내가 일어나 아버지께 가서"(눅 15:18)라고 말하지 않았습니다. 하나님의 은혜가 그렇게 말하도록 우리의 마음속에 임하기 전까지 우리는 그렇게 하지 못했습니다. 우리는 방황하고, 또 방황하고, 언제나 방황하는 양과 같습니다. 영혼의 선한 목자이신 그분께서 우리를 찾지 않으신다면, 우리는 어떤 경우에도 결코 돌아오지 못할 것입니다. 만일 우리가 사는 이 세상이 갑자기 스스로 사라져 버려서, 태양과 함께 세상을 붙들어 주던 그 구심력마저 잃어버린 상황이 되어, 까마득한 우주 저 멀리의 어둠 속으로 두려운 여행을 시작한다면, 다시 말해 더 이상 태양으로부터는 단 한 줄기의 빛도 받을 수 없을 만큼 멀리 떨어져 있어서 완전히 어둠뿐인 그런 곳으로 여행을 떠난다면, 그 여행에서 이 세상이 태양을 다시 찾지 못하게 될 것은 아주 분명한 사실입니다. 왜냐하면 우리가 태양을 찾을 수 있도록, 도대체 어느 누가 초를 켜서 이 우주를 비출 수 있겠습니까? 태양은 오직 그 자체의 빛으로 비추고 있습니다. 그렇다면 우리를 다시 태양으로 이끌어 줄 어떤 끈이나 줄은 이 땅 어디에서 찾을 수 있을까요? 이 세상은 태양 그 자체의 영향력으로 끌어당겨질 뿐입니다. 이와 마찬가지로, 한 영혼이 하나님을 떠나 방황할 때, 그에게는 하나님을 볼 수 있는 빛도 없을 뿐 아니라, 스스로 하나님에게 다가갈 만한 어떠한 힘도 없습니다. 하나님께서 불을 켜 주시고 그 영혼을 그분께로 인도해 주셔야만 합니다. 그러므로 우리는 이 세 가지 의미에서, 즉 본성적으로, 실제적으로, 그리고 우리의 하나님을 찾아 그분께 다시 돌아갈 힘이 없는 완전한 무능력으로 인해, 우리는 잃어버린 자들입니다. 비록 이렇게 잃어버린 자들의 상태가 끔찍하다 해도, 우리에게는 소망이 있습니다. "인자가 온 것은 잃어버린 자를 찾아 구원하려 함이니라."

　이 외에도 우리의 죄악이 우리에게 가져다 준 유죄 판결로 말미암아 우리는 모두 잃어버린 자들이 되었습니다. 우리는 집행유예의 상태에 있다는 정확하지 않은 말들을 종종 듣습니다. 사랑하는 성도 여러분, 이런 말보다 더 비성경적인 말은 없을 것입니다. 우리는 이미 오래 전에 우리의 혐의가 입증되었고, 우리의 부족한 점이 발각되었습니다. 우리의 집행유예 기간은 끝이 났습니다. 만약 우리가 갱신되지 않는다면, 우리는 지금 유죄 판결 받은 상태 그대로 있게 될 것입니다. 지금은 재판의 심리(審理) 기간이 아닙니다. 심리는 끝이 났고, 우리는 이미 우리 죄에 대해 유죄 판결을 받았습니다. 주 예수님을 믿지 않는 여기 있는 모든 자들에게 유죄 판결이라는 두려운 선고가 내려집니다. 죄인은 이런 의미에서 잃어버린 자들입니다. 이것은 단지 시간의 문제일 뿐입니다. 그 시간은 하나님의 손에 있으며, 유죄 판결 받은 인간은 형 집행을 위해 끌려 나갈 것이며, 거룩한 진노의 징벌이 그의 죄 많은 머리에 내려질 것입니다. 우리는 법적 판결 아래에 있으며 이 판결로부터 벗어날 수 있는 능력이 없기 때문에, 우리는 잃어버린 자들입니다. 우리는 우리가 범한 잘못에 대해 하나님께 보상을 할 수도 없을 뿐만 아니라, 그분의 의로우신 재판권을 피할 수도 없습니다. 그 어떤 육체의 고행이나 그 어떤 영혼의 애통함으로도, 우리는 단 하나의 죄악도 씻어낼 수가 없습니다.

"내 눈물이 영원히 흘러도,
　내 열심이 그칠 줄 몰라도,
　이 모든 것들이 죄를 속할 수는 없네.
　그리스도께서 구원하셔야 하네,
　오직 그리스도만 하실 수 있네."

이처럼 하나님의 법정 앞에서 유죄 판결을 받은 범죄자로 간주되었기 때문에, 중생하지 않은 사람들은 참으로 잃어버린 자가 되었습니다.

이 외에도, 이 세상에는 또 다른 잃어버린 자들이 있습니다. 이들은 다른 사람들보다 더욱 분명한 의미에서 잃어버린 자들입니다. 제가 말씀드리는 의미는 이들은 사회에서, 존경에서, 그리고 아마도 품위에서도 잃어버린 자들이라는 뜻입니다. 이 경우는 오늘 우리의 본문 앞부분에서 언급하고 있는 내용인 삭개오의 경우입니다. 저는 삭개오의 가문이 어떠했는지 잘 알지 못합니다. 아마도 그는 가장 좋은 평판을 받는 집안에서 태어났을 것입니다. 그럼에도 그는 사악한 마음을 보여주었고, 선한 옛 길에서 벗어나버렸습니다. 그는 상스러운 교제를 즐겼으며, 자기 아버지의 진지함을 경멸하였습니다. 그의 가정에는 그 때문에 큰 슬픔이 있었습니다. 삭개오는 그의 부모에게 있어서 잃어버린 자였습니다. 삭개오의 부모는 삭개오가 자신들의 이름을 명예롭게 해주기를 소망했습니다. 그러나 그는 부모들의 바람과는 반대로 부모를 수치스럽게 하는 자였습니다. 부모는 그가 자신의 노년에 지팡이가 되어 줄 것으로 믿었지만, 지금 그는 부모에게 천덕꾸러기 같은 존재가 되었습니다. 부모는 어떤 모임에서도 감히 그 아들의 이름을 작게라도 언급할 수 없었습니다. 왜냐하면 그는 벨리알의 사람들(왕상 21:13, KJV)과 연합하였고 그 성에서 가장 불량한 자들과 섞여 살았기 때문입니다. 악한 일에서 더 악한 일로 사람들이 빠져들듯이, 삭개오 또한 서서히 비천하고도 악명 높은 일인 세리의 일을 맡게 되었습니다. 그는 자신의 모질고도 완악한 마음으로 자신이 맡은 이 일을 강하게 밀어붙였습니다. 그래서 그는 백성들을 착취하고 억압하는 추악한 무리들의 두목이 되었습니다. 당연히 바리새인들도 그를 절대로 쳐다보지 않았습니다. 바리새인들은 마치 부정한 개를 피하듯 그를 못 본 체하고 지나가 버렸습니다. 반면에 여리고의 백성들은 그가 듣지 않는 곳에서 그를 저주하기도 하였습니다. 삭개오가 이 사람에게는 학대를 일삼고, 저 사람에게는 부당한 것을 요구했기 때문입니다. 그의 이름을 말하는 것 자체가 일종의 사회적인 추방 선고와 다름없었습니다. 그는 사회에서 잃어버린 자였습니다. 그러나 인자(人子)께서는 잃어버린 자였던 그를 찾아서 구원해 주셨습니다. 오늘날에도 사회에는 사회의 규칙이 있고, 그 규칙을 범하는 자들은 버림을 받게 됩니다. 이 규칙들 가운데 어떤 것들은 훌륭하기도 하지만, 또 어떤 것들은 독단적이고 일방적이며 잔인하고 위선적이기도 합니다. 우리는 세상 사람들이 교회의 위선을 언급하면서 유쾌하게 비웃는 것을 종종 듣기도 합니다. 우리는 이에 대해 세상 사람들의 위선만큼 지독한 위선은 이 지구상에 없다는 말을 하지 않을 수 없습니다. 얼마 전에도 수치스러운 자라고 낙인이 찍힌 자에게 세상이 가하는 가혹한 잔인성을 보여주는 한 사건이 있었습니다. 젊은 시절에 죄에 빠졌던 한 여인이 있었는데, 그녀가 사회에서 존경받는 위치로 다시 돌아가게 되었습니다. 즉, 그녀는 가장 고상한 자들이 교제하는 사회에 들어갔던 것입니다. 그런데 갑자기 어떤 비열한 입술들이 그녀의 과거 비밀을 폭로하였습니다. 이미 오래 전에 범했던 죄를 들추어냈던 것입니다. 그 날 이후로 세상은 그녀를 떠나 버렸습니다. 세상은 그녀가 회개를 했는지 묻지도 않았을 뿐 아니라, 그녀의 추후 행동에 대해서도 전혀 고려하지 않았습니다. 세상은 너무나 순결하고 정숙하고 무흠해서, 잘못을 범한 사람인 그녀를 마치 나병환자 대하듯 추방해 버렸습니다. 그 사회 자체가 가장 더럽고 역겨운 냄새를 풍기는 데도, 정작 자신은 백합처럼 순결하고 눈처럼 정숙하며 고결한 체합니다. 세상은 어떤 부류의 범죄자들에게는 냉정하고 가혹하고 잔인하게 대합니다. 그러면서도 세상은 정결하지 못한 자라는 것을 속속들이 알면서도 그런 사람들을 아무렇지도 않게 받아들입니다. 하지만 세상은 배신당하고 사기당하고 상한 마음을 지닌 여인을 마치 뱀을 떨쳐버리듯 세상에서 털어내 버립니다. 이것이 바로 자신의 화려함을 자랑하는 이 사회입니다! 이것이 바로 정의롭고 공정한 거래를 하는 이 세상입니다! 세상은 고귀한 방탕자들은 껴안지만, 배신당한 자들 가운데서 철저히 회개한 자는 내던져 버립니다. 아, 위선적이고, 가식적인 세상이여! 아, 네가 알지도 못하면서 덕스러운 체하는 공허한 거짓의 세상이여! 너 자신도 그렇게 어처구니없으면서, 신앙인들의 일관성 없음에 대해 욕하지 말라! 잔인한 폭군은 주의 종들을 재판하는 재판장이 되기 전에, 먼저 자비를 배우고 정의를 행하십시오. 지금, 인자께서 세상이 그 울타리 밖으로 내버린 자들을 찾아 구원하러 오셨습니다. 세상은 "그렇지 않다", "그녀는 수치를 당해야 한다", "우리는 그녀와 말도 하지 않을 것이다"라고 말합니다. 하지만 예수 그리스도는 이렇게 말씀하십니다. "나는 그녀를 용서하고 그녀를 회복시키기 위해 왔다. 그녀는 자신의 많은 죄가 사하여졌으므로 나를 더 많이 사랑할 것이다!" 또 이런 경우도 있습니다. 즉, 자신의 죄로 인해 아주 정의롭게 사회의 울타리 밖으로 추방된 자들 말입니다. 왜냐하면 사회 질서 유지를 위해 이들은 정직한 사람들이 사는 사회로부터 격리되어야 하기 때문입니다. 이제는 심지어 이러한 사람들에게도 다시 그 정직한 사람들에게로 돌아갈 소망의 문과 길이 열려야만 합니다. 너무나 자주 세상은 "그를 끌어내려라. 그를 끌어내려라. 그는 인간들에게 죄를 지었다. 그를 제쳐놓아라. 그가 어떻게 되든 우리가 알 바 아니다"라고 하면서 소리만 쳤습니다. 그러나 무한히 순결하고 거룩하며 진정으로 죄악을 두려워하는 분이신 인자(人子)께서는, 참으로 죄악을 미워하고 역겨워하지만 죄인은 역겨워하지 않으시며, 그런 죄인들을 찾아 구원하러 오셨습니다. 불쌍히 여기는 그 거룩한 마음의 범위는 인간의 관습으로 제한되지 않습니다. 다시 말하면, 예수님의 사랑이 미치는 범위는 바리새적인 자기 의로 고정되지 않는다는 것입니다. "인자가 온 것은 잃어버린 자를 찾아 구원하려 함이니라."

우리가 지금까지 말씀드린 모든 것을 한두 마디로 정리하면 이렇게 말할 수 있습니다. 저는 지금 이 자리에서 하나님의 법을 어겼다고 생각하는 사람들, 아마도 공개적으로 죄를 짓거나 어떤 큰 죄를 결코 범하지는 않았다 해도 어쨌든 하나님의 법을 어긴 자들에게 말씀을 드리고 있습니다. 이들은 자신이 죄를 범했다고 느끼고 있으며, 그 죄로 인해 슬퍼하고 있습니다. 이들은 또한 용서받을 수 없는 죄를 짓지는 않았을까 하며 내심 불안해합니다. 그러면서도 동시에 그들은 자신들의 마음이 완악하다는 사실 때문에 놀랍니다. 그들은 자신이 전적으로 악하며, 자기 속에는 선한 것이 전혀 없다고 느낍니다. 그래서 결국 구원받기를 단념합니다. 사랑하는 성도 여러분, "인자가 온 것은 잃어버린 자를 찾아 구원하려 함입니다." 잃어버린 자라는 표현이 여러분에게 적절하지 않습니까? 여러분은 그 잃어버린 자들 가운데 있지 않습니까? 여러분이 그 가운데 있다면, 당연히 여러분은 예수 그리스도께서 구원하러 온 자들 가운데 있는 것입니다. 어쩌면 이 자리에는 큰 죄에 빠진 사람이 있을지도 모릅니다. 또는 자신의 이름을 더럽히고 스스로 가장 저급한 수준에까지 떨어진 어떤 자들이 있을지도 모릅니다.

저는 오늘 본문 말씀의 범위를 제한해서는 안 된다고 생각하며, 그렇게 하고 싶지도 않습니다. "인자가 온 것은 잃어버린 자를 찾아 구원하려 함이니라." 오, 잃어버린 자들인 여러분이여! 오, 파멸하고 멸망한 자들인 여러분이여! 인자께서 여러분을 찾아 구원하러 오셨습니다. 오늘 본문에서 '잃어버린'이라는 뜻으로 사용된 헬라어는 어떤 현대의 발견자들이 '멸절된'(annihilated)으로 번역한 단어입니다. 이들은 이 단어를 사악한 자들의 영혼멸절설이라는 비성경적인 이론의 증빙(證憑) 구절로 보았습니다. 이런 번역은 이렇게 번역한 사람들 자신부터 분명히 알아야 할 터무니없이 잘못된 번역의 사례들 중 하나입니다. 인자는 멸절된 자들을 찾아 구원하러 오지 않으셨습니다. 멸절된 자들을 위해 오셨다는 것은 말도 안 되는 주장입니다. 이 '잃어버린'이라는 단어는 아주 강력한 말이며, 아주 극심한 멸망과 가장 엄중한 방식의 파멸을 뜻합니다. 잃어버림을 당한다는 것은 전적으로 타락하여 모든 선한 것이 파괴되고 완전히 망가진다는 뜻입니다. 그럼에도 주 예수 그리스도께서는 이렇게 비참한 곤경에 빠진 자들을 찾아 구원하기 위해 오셨습니다. 참으로 이 말씀은 제게, 가끔 뱃사람들이 바다 위에서 들었던 안식일의 기쁜 종소리처럼 울려 퍼집니다. 가끔 선원들은 배가 육지 가까이에 있는지 아니면 넓은 바다 한가운데 있는지 잘 알지 못할 때가 있습니다. 그들은 바람 한 점 없이 고요한 바다 한가운데 배를 멈춥니다. 그 배는 움직일 힘도 없고 또 어디로 가야 할지도 모른 채, 마치 실종된(잃어버린) 배처럼 그렇게 바다에 떠 있습니다. 그때 갑자기 선원들이 복된 안식일에 울리는 종소리를 듣게 됩니다. 은은히 울려 퍼지는 그 종소리가 그 음침한 안개를 뚫고 들려오자, 선원들은 현재 자신들이 옛 영국의 어느 아름다운 해변 가까이에 있다는 것을 알게 된 것입니다. 이와 마찬가지로 오늘 본문 말씀 또한 아주 감미로운 소리가 되어, 여러분 영혼의 그 절망과 의심의 안개 사이로 울려 퍼지고 있습니다. 저는 이 기쁨의 메시지가 여러분에게 이르게 되리라 믿고 있습니다. "인자가 온 것은 잃어버린 자를 찾아 구원하려 함이니라."

2. 인자

이제 또 다른 점에 눈을 돌려 봅시다. 두 번째로 오늘 본문 말씀 안에는 죄인들은 위한 아주 큰 위로가 있습니다. 구세주께서 오늘 본문 말씀에서 어떻게 묘사되어 있는지를 죄인들이 알아차린다면, 그들에게 큰 위로가 될 것입니다. "인자가 온 것은 잃어버린 자를 찾아 구원하려 함이니라." 그분께서는 인자로 오셨습니다. 이제 여기서 무엇보다도 먼저 그분의 신성을 주목해 보겠습니다. 여러분은 이렇게 말씀하실 것입니다. "신성이라니 그게 무슨 말입니까? 본문 말씀은 '인자'(人子)라고 말하고 있습니다." 맞습니다. 이것이 바로 제가 말씀드리고자 하는 근거의 핵심입니다. 그 어떤 선지자나 사도도 자신을 인자(人子), 즉 인간의 아들로 구별해서 부를 필요가 없었습니다. 우리 가운데 어떤 사람이 자신을 가리켜 말하면서 인간의 아들이라고 강조해 말한다면 그것은 아마도 우스운 일이 될 것입니다. 다시 말해 그런 말은 극도로 터무니없이 겸손한 척하는 허세로 보일 것입니다. 그러므로 우리 주님께서 자신을 다른 사람과 구별하여 특별하게 이런 호칭으로 자신을 칭하셨을 때, 우리는 이 호칭을 그분의 고귀한 본성과 대조하여 생각하지 않을 수 없습니다. 그리고 그분께서는 하나님의 아들이라고 불릴 수도 있었지만, 인간의 아들, 즉 인자(人子)로 불리기로 결심하신 그분의 선택에서 우리는 그분의 심오한 낮아지심을 보게 됩니다. 오, 나의 영혼이여, 너를 구원하기 위해 오신 그분이 하나님이라는 것은 너무나 분명한 사실이다. 그분은 하나님이면서 또한 인간의 아들이라는 사실을 네가 의심하지 않도록 너를 일깨워 줄 필요가 있다는 것을 그분께서는 알고 계셨다. 팔을 뻗어 너를 도우려고 한 천사는 아무도 없었지만, 온 세상을 창조하신 하나님께서는 친히 팔을 뻗어 너를 도우셨다.

　　우리 주님께서는 자신을 인간의 아들, 즉 인자로 말씀하시면서, **낮아지신** 인격으로 우리에게 오셨다는 사실을 보여주고 계십니다. 예수님께서는 불타는 화염 가운데서 하늘로부터 내려오지 않으셨습니다. 여호와이신 예수님께서는 복수의 칼을 차고 분노의 병거를 이끌고 그렇게 인간들에게 오지 않으셨습니다. 그분은 연약함과 고난과 결핍을 익히 알고 있는 한 여인의 품에 안긴 한 사람으로서, 자비의 사명을 가지고 오셨습니다. 그분은 또한 개인적인 체험을 통해 여러분의 비천한 상태를 아는 분으로 오셨습니다. 오, 죄인이여, 하나님의 아들이 인간의 아들이 되어 여러분을 구원하기 위해 오셨다는 사실을 안다는 것은 기쁜 일이지 않습니까? "인간의 아들", 즉 인자(人子)라는 표현은 또한 그분의 인격이 지닌 **온유함**을 말해 줍니다. 인간은 인간에 대해 불쌍히 여길 수 있습니다. 다시 말해, 온유한 마음을 가지신 예수님은 불쌍히 여기는 마음으로 가득 차 있었습니다. 그 관대한 사랑으로 그분은 죄인들을 구원하기 위해 오셨습니다. 그분은 무서운 얼굴의 재판관인 엄격한 라다만토스(Rhadamanthus, 그리스 신화에 나오는 제우스와 에우로페 사이의 아들로서, 정의의 귀감이며 죽은 뒤 지옥의 세 재판관 중 하나가 되었다고 한다 — 역주)도 아니며, 피의 법을 만든 드라코(Draco, 기원전 7세기 경 고대 아테네의 초기 입법자로서, 그의 법은 엄벌주의로, 범죄의 경중에 관계없이 죄인을 사형에 처하도록 하여 '잉크로 쓰인 법이 아니라 피로 쓰인 법'이라는 평을 얻을 정도였다. 이 법은 후에 솔론에 의해 좀 더 인간적인 법으로 개혁되었다 — 역주)도 아니십니다. 반면에 예수님은 슬픔의 사람(사 53:3)이며 질고를 아는 분이십니다. 예수님은 여러분이 가진 연약함의 감정을 느끼시는(히 4:15) 여러분의 형제와 같은 분으로서 여러분에게 오셨습니다. 그분은 또한 중보하는 인격을 가지고 오셨습니다. "하나님과 사람 사이에 중보자도 한 분이시니 곧 사람이신 그리스도 예수라"(딤전 2:5). 그분은 자신의 손을 여러분 위에 얹으시고 동시에 하나님에게도 자신의 손을 내밀 수 있는 분이십니다. 타락한 인간의 비참함과 무흠하신 하나님의 영원한 위엄 사이의 그 간극에 다리를 놓으신 그분이 잃어버린 자를 구원하러 오셨습니다. 이 얼마나 기쁜 소식입니까!

우리 주님께서는 대표하는 인격을 지니고 오셨습니다. 왜냐하면 그분은 자신을 인간의 아들(人子)로 부르시면서, 마치 그분은 인간을 위한 인간, 인간을 대표하는 인간의 아들(人子)이심을 강조하는 것 같았기 때문입니다. 그분은 인간을 대표하는 언약의 대리인으로 오셨습니다. 그분은 우리 대신 고난을 받으시고, 우리 대신 죽으시고, 우리 대신 우리의 죗값을 받으시고, 우리 대신 부활하시어, 천국으로 우리 앞서 달려가셨습니다(히 6:20). 모든 일에 있어서 인간을 위해 행하신 분이 바로 이 인간의 아들, 즉 인자(人子)이십니다. "인자가 온 것은 잃어버린 자를 찾아 구원하려 함이니라."

자, 사랑하는 성도 여러분, 성령 하나님께서 불쌍하게 고생하는 여러분의 마음을 도와주기만 하신다면, 오늘 본문 말씀이 비록 아주 간단한 말씀이긴 해도, 이 말씀 한 글자 한 글자 속에는 최고로 풍성한 위로가 가득 차 있다는 사실을 여러분이 깨닫게 될 것이라 저는 생각합니다. 영혼이여, 네가 관계 맺고 있는 그 구세주가 얼마나 매력적인 분인지를 너는 알고 있느냐! 하나님은 소멸하는 불(히 12:29)이시로다. 오, 죄인인 여러분이여, 여러분은 그분에게 나아갈 수 없습니다. 하지만 예수님은 여러분의 형제이며, 여러분의 친구이며, 죄인들의 친구이십니다. 그분은 죄인들을 받아들이시고, 죄인들과 함께 식사하셨습니다. 그렇게 위대하신 분이 바로 그분이십니다. "인자가 온 것은 잃어버린 자를 찾아 구원하려 함이니라." 이 말씀에 의지해서 여러분이 했으면 하고 바라는 것을 제가 말씀드리겠습니다. 두려워하거나 떨지 말고 그분에게로 나아가십시오. 저기 있는 태양이 저물면서 자비의 이 날이 끝나기 전에, 그분에게로 가서 이렇게 말하십시오. 여러분이 아버지의 법을 어겼으며, 여러분이 바로 잃어버린 자들이며, 여러분은 구원 받아야 할 필요가 있는 자이며, 그분 또한 이 땅에서 인간이셨다고 말하면서, 그분의 인간적인 마음과 형제애적인 불쌍히 여기는 마음에 호소하십시오. 그분의 발치로 나아가 여러분의 상한 마음을 쏟아 놓으십시오. 그렇게 해서 여러분의 영혼이 그분의 임재 가운데 흘러넘치게 하십시오. 여러분에게 말씀드립니다. 그분께서는 결코 여러분을 내칠 수 없을 것입니다. 비록 여러분의 기도가 꺼져가는 심지(사 42:3)의 불꽃처럼 연약할지라도, 그분께서는 그 심지를 끄지 않으실 것입니다. 그리고 여러분의 마음이 갈대처럼 상했다 해도, 그분께서는 꺾지 않으실 것입니다. 예수 그리스도는 유순하고 낮은 마음과 온순하고 온유하며 불쌍히 여기는 마음으로 가득한 분이라는 사실을 성령님께서 여러분에게 보여주시고, 또한 예수 그리스도로 말미암아 하나님께 나아가고자 하는 소망을 품은 여러분을 축복하시어, 여러분이 그 소망대로 행하도록 도우시기를 기원합니다.

3. 인자가 온 것

　이제 저는 세 번째 대지로 넘어가겠습니다. 이 세 번째 대지 또한 제가 살짝 건드리기만 해도, 가득한 위로가 흘러넘칠 것입니다. 구원을 구하고 있는 여러분은 우리 주님께서 행하신 과거의 행동이 어떻게 묘사되어 있는지를 기쁜 마음으로 살펴보게 될 것입니다. 본문 말씀은 "인자가 온 것은"이라고 기록되어 있습니다. "인자가 올 것은"(shall come)이 아니라, "인자가 온 것은"(is come)이라고 기록된 점에 주목하십시오. 그분의 오심은 이미 완결된 기정사실입니다. 베들레헴의 그 기적적인 탄생의 날이 있기 전에는 우리가 그렇게 말할 수 없었습니다. 예수님이 탄생하기 이전에는 인자가 "올 것은"이라고 말해야 했을 것입니다. 만일 여러분이 그런 상황에 있었다면, 하나님의 아들이 여러분을 구원할 인간의 아들, 즉 인자가 되실 것이라는 사실을 믿기 위해서, 여러분에게는 평범하지 않은 특별한 믿음이 필요했을 것입니다. 그런데 오늘 본문 말씀에는 인자가 "온 것은"(is come)이라고 되어 있습니다. 아직 죄인이 완전히 구원받지는 못했지만 그럼에도 죄인이 구원받는다는 것을 믿기는 힘든 일이 아닙니다. 이미 주님께서 죄인의 구원을 성취하셨다는 것을 믿는 것만큼이나 그리 어렵지 않습니다. 예수 그리스도께서는 성육신 이후에, 그리고 죄 때문에 고난 받으신 후에, 자신이 대신하여 죽은 그 죄인들을 용서하셨습니다. 이것은 제게 그리 특별한 일로 여겨지지 않습니다. 제게는 다음과 같은 사실이 정말 특별하게 여겨집니다. 즉, 그분은 하늘에서 내려오셔야만 했고, 베들레헴에서 태어나셔야만 했으며, 여기 이 땅에 머무르셔야 했고, 십자가에 오르셨다가 무덤으로 내려가서 죄인들을 대신해 고통을 감수해야만 했다는 것입니다. 이 모든 것을 우리 주님께서 행하셨습니다. 그 사역의 가장 큰 부분을 그분께서 친히 성취하셨던 것입니다. 그에 비해 여러분의 구원은 상대적으로 쉬운 문제입니다. 여러분이 예수님을 믿기만 하면 되니 말입니다. 다시 말해, 그분께서 이미 자신이 준비해 두신 것을 여러분에게 적용하시고, 그분께서 예비해 두신 것을 여러분의 믿음에 넘겨 주기만 하면 그만이기 때문입니다.

예수님께서 오신 이후의 상황은 다음과 같은 예로 설명될 수 있을 것 같습니다. 우리의 동포이자 동료들 가운데 누군가가 아비시니아에 있는 테오도르 황제에 의해 감금되었고, 저 또한 그곳에 감금되었다고 가정해 봅시다(스펄전 당시에 일어난 '1868년 아비시니아 원정'[1868 Expedition to Abyssinia] 사건을 말한다. 영국에 군사 원조를 요청한 에티오피아 황제 테오도르[Theodore II, c. 1818-1868]는 자신의 요청이 거절당하자 영국 정부의 관심을 끌기 위해서 몇 명의 영국 선교사와 두 명의 영국 정부 대표자들을 투옥하였다. 그러자 영국 의회는 로버트 네이피어 경[Sir Robert Napier, 1810-1890]을 총사령관으로 한 군대를 보내 테오도르를 멸하고 감금된 이들을 구출하도록 하였다. 하지만 이 원정은 황제의 요새인 막달라[Magdala]에 이르기까지 영국군과 인도 용병 등 총 4만 명의 군사들이 거의 1년간의 원정을 감행한, 전형적인 소모전으로 평가된다 — 역주). 감옥에 갇힌 채로 저는 영국 의회가 저의 구출을 위해 원정 계획을 발표한 분주한 소리들을 듣습니다. 그것으로 저는 어느 정도의 위로를 받습니다. 하지만 저는 여전히 심한 불안감에 사로잡힙니다. 왜냐하면 영국의 정당들이 하원에서 서로 싸우는 동안, 좋은 방책들이 많이 사장된다는 것을 저는 알고 있기 때문입니다. 수많은 날과 달들이 지루하게 지나갑니다. 그러다 마침내 로버트 네이피어 경이 구출작전을 감행할 군대를 이끌고 상륙했다는 소식을 듣습니다. 이제 제 가슴은 기쁨으로 벅차오릅니다. 저는 막달라의 성벽에 감금된 상태이지만, 지금 갇혀 있는 이 지하 감옥에서 영국 군대의 나팔 소리를 듣고는 저를 구출해줄 자가 온다는 것을 알았습니다. 이제 저의 마음은 자신만만해집니다. 제가 풀려날 것을 확신하게 된 것입니다. 만약 그 장군이 이미 와 있다면, 저의 구조는 확실합니다. 그러므로 오, 소망을 가진 포로들인 여러분이여, 주목해서 잘 들으십시오. 예수님께서 오셨습니다. 여러분에게는 그 소리가 들리지 않습니까? 복음의 나팔소리가 지금 울려 퍼지고 있습니다. 그 기쁨의 소리를 아는 자들은 복된 자들입니다! 우리를 구원해 줄 장군이 오셨습니다. 그분이 지금 우리의 지하 감옥 문 앞에 바로 와 계십니다! 우리를 구출하기 위해 그분께서 오셨습니다! 그분이 오셨습니다! 그분이 오셨습니다!

　　예수님께서 오셨습니다. 그분의 성령님을 통해 그분께서는 지금 이 자리에 계십니다. 우리는 다음의 사실을 신뢰할 수 있습니다. 즉, 그분께서 우리를 구원하는 사역을 위해 실제로 오셨다면, 그분은 그 사역을 기필코 완수해 내실 것입니다. 왜냐하면 그분은 절대로 착수한 일에서 손을 떼지 않기 때문입니다. 그분께서 인간들을 구원하기 원한다고 말씀하셨다면, 분명히 그렇게 하실 것입니다. 바로 지금 그분께서 이 일을 행하기 위해 오셨습니다. 이것보다 더 확실한 사실은 없습니다. 보십시오. 영광의 주님께서 이 일을 위해 친히 겉옷을 벗으셨습니다. 그 영광스러운 옷을 벗어 걸어두시고는 일꾼의 옷인 인간의 수고로움이라는 옷을 입으셨습니다. 그분은 일을 하고자 하십니다. 고되고 힘든 일을 하고자 하십니다. 그분은 자신의 푸른 망토를 하늘에 던져 놓으시고, 이음새 없는 옷(예수님께서 십자가에서 입으신 옷을 말한다. 요 19:23, KJV ― 역주)을 입기 위해 죽을 수밖에 없는 진흙 옷을 입으시고 이곳 다윗 성으로 내려 오셨습니다. 오, 사랑하는 성도 여러분, 그분께서는 친히 그 아버지의 일을 행하고자 하셨습니다. 그분께서는 참으로 진지하셨으며, 자신은 이 일을 하기 위해 왔고, 이 일을 통해 자신이 계획한 사랑이 성취될 것임을 확신하고 계셨습니다. 그뿐 아니라, 그분은 일을 하러 오면서 연장을 두고 오는 그런 어리석은 일꾼이 아니셨습니다. 다시 말해, 예수님은 아무런 준비도 없이 오신 그런 분이 아니었다는 것입니다. 인자는 무한히 지혜로운 구세주이십니다. 여러분은 이 사실을 믿어도 됩니다. 그분은 아버지의 허락을 받고 성령님의 기름 부음을 받고서 오셨습니다. 또한 그분은 자신이 하고자 하는 일을 성취하기 위해 필요한 모든 것을 가지고 오셨습니다. 그분은 자신이 할 수 있고 또한 하고 싶어하는 그 일을 하기 위해 오셨습니다. 이 땅의 모든 세력들과 지옥 권세가 그분과 더불어 다툰다 해도, 그분이 하고자 하는 이 사역은 절대로 좌절되지 않을 것입니다. "인자가 온 것은 잃어버린 자를 찾아 구원하려 함이니라." 잃어버린 자들이 구원을 얻게 된다는 사실을 제가 굳게 확신하게 될 때, 제 마음은 기쁨으로 가득합니다. 만약 우리가 "하나님께서 태초의 흑암을 흩어버리고 혼돈으로부터 질서를 가져오고 형태도 없고 공허한 땅에서 생명을 창조하기 위해 친히 오셨다"는 장엄한 교향곡으로 울려 퍼지는 아침의 노래를 듣게 된다면, 우리는 이 사역의 결과를 확실히 느끼게 될 것입니다. 만약 하나님께서 창조하기 위해 오셨다면, 그분은 창조하셨을 것입니다. 다시 말해, 아침 햇빛을 받아 불타오르고, 새로 피어난 초목으로 푸릇푸릇해지며, 각종 생명들로 빼곡한 이 둥근 지구를 보는 것은 우리에게 놀라운 일이 아니었을 것입니다. 하나님께서는 하고자 하시는 일을 친히 행하실 것이라는 사실을 우리는 확신합니다. 애굽인들이 이스라엘 백성들을 추격해 와서 홍해 바다에서 맞닥뜨린 그 밤에 주님께서 자기 백성들을 구원하기 위해 오셨다는 그 사실이 바로 승리의 징조였습니다. 구름 기둥이 뒤로 움직이자, 그 어두운 부분이 원수들을 향하고, 그 밝은 부분은 택한 백성들을 향했습니다. 하나님께서 바로를 치러 오셨습니다. 그 교만한 폭군을 책망하러 오셨던 것입니다. 오, 그렇다면 하나님께서 반드시 그렇게 하실 것이라 여러분은 확신할 것입니다. 실패는 있을 수 없습니다. 다음 날 아침, 잔잔한 깊은 물이 그 성난 군사들을 휩쓸어갔고, 바로와 그의 군대들이 그렇게 격분하여 미친 듯 날뛰던 그 모든 곳에 평화가 깃들었습니다. 무장한 사람들이 외치는 소리 대신, "너희는 주께 노래하라. 그분께서 영화롭게 승리하셨도다"(출 15:21) 하며 노래하는 어린 소녀들의 감미로운 목소리가 들려왔습니다. 이렇게 되는 것은 아주 자연스러운 일이었습니다. 하나님께서 이스라엘을 위해 복수하러 오셨다면, 도대체 누가 과연 그분 앞에 설 수 있겠습니까? 인자가 온 것은 여러분을 구원하려 함입니다. 너희 하늘들은 기뻐하고, 땅은 즐거워하라!(시 96:11) 그분께서는 자기의 기뻐하는 바를(사 48:14) 행하실 것입니다. 땅이나 지옥도 그분을 대적하여 설 수 없습니다. 그분께서는 찾아서 구원하실 것입니다. 그렇습니다. 그분은 잃어버린 자를 찾아서 구원하실 것입니다. 여호와의 이름에 합당한 영광을 그에게 돌릴지어다(시 96:8).

4. 찾아 구원하러 오심

마지막 대지는 다음과 같습니다. 오늘 본문 말씀에서 우리 주님의 사역으로 언급되어 묘사된 말씀 안에는 엄청난 깊이의 위로가 들어 있는데, 바로 그분께서 "찾아 구원하러" 오셨다는 것입니다. 그 사역이 하고자 하는 취지는 하나이지만, 그 취지에서 파생된 두 가지 사실이 있습니다. 우선, 저는 우리 주님께서 다음과 같은 일들을 하러 오신 것이 아니라는 사실에 주목해서 여러분에게 말씀드리고자 합니다. 자신이 보기에는 자신이 할 수 있는 한 최고로 선하기 때문에 더 나아질 필요도 없고, 그런 자신의 노력으로 얼마든지 천국에 들어갈 수 있다고 하는 사람들을 위해 그분께서 오신 것이 아니었습니다. 이런 행태들이 일반적인 인간들이 확신하고 있는 바라고 저는 믿습니다. 만약 이들이 가진 자신의 신념들을 일상적인 말로 표현하면 제가 방금 말씀드린 것과 거의 같을 것입니다. 그들의 신념에 따르면, 자신들은 정기적으로 예배 장소에 출석했고, 기도했고, 가난한 자들을 위해 헌금했으며, 자신이 할 수 있는 한 최대로 선하려고 하였습니다. 그래서 자신에게는 부족한 것이 아주 조금밖에 없을 것이기 때문에, 그들은 예수 그리스도께서 그 나머지를 채워 주실 것이라 믿어야 한다고 말합니다. 자, 이제 제가 드리는 말씀을 귀담아 들어주십시오. 이런 생각은 터무니없는 생각이며 치명적인 망상입니다. 이런 식으로 믿는 사람들의 기대에 흡족할 만한 말씀은 여기 있는 이 성경책의 앞표지와 뒤표지 사이에 단 한 말씀도 없습니다. 아니, 그리스도께서는 이와 같은 부류의 사람들을 구원하기 위해서 오신 것이 절대로 아니라는 이 엄중한 언급만 있을 따름입니다. 왜냐하면 성경에는 이렇게 기록되어 있기 때문입니다. "건강한 자에게는 의사가 쓸 데 없고 병든 자에게라야 쓸 데 있느니라 나는 의인을 부르러 온 것이 아니요 죄인을 부르러 왔노라 하시니라"(막 2:17). 율법의 행위에 속한 자들은 다 저주 아래 있습니다(갈 3:10). 혹시라도 여러분 가운데 어떤 사람이 아주 선한 사람이어서 죄나 어떤 잘못도 전혀 행하지 않았으며, 사람으로서 할 수 있는 한 최고로 선하여서, 그리스도의 피에 대해서는 거의 말할 필요가 없을 정도로 대단한 사람이 있다면, 그리스도께서는 그와 같은 자들을 구원하기 위해 오신 것이 아닙니다. 그분께서 "온 것은 잃어버린 자를 찾아 구원하려 함입니다." 만약 여러분이 잃어버린 자가 아니라면, 여러분은 예수님이 오신 것과는 아무런 관계가 없는 사람입니다.

또한, 주 예수님께서는 자신을 구원하기 위해 스스로 만족하며 노력하는 그런 자들을 돕기 위해 오신 것이 아닙니다. 저는 그리스도인들이 어떻게 다음과 같은 찬송을 부를 수 있을지 의아하게 생각하고 있습니다.

> "내가 행할 본분은
> 하나님께 영광 돌리고
> 결코 죽지 않는 영혼을 구원하여
> 그 영혼이 하늘에 합당한 삶을
> 살아가도록 하는 것이다."

스스로 만족할 정도의 노력은 시내 산 기슭의 유대인에게나 어울리는 것입니다. 그리스도인은 이런 것과 아무런 상관이 없습니다. 만약 우리가 우리 자신의 영혼을 구원해야만 한다면, 그런 일은 이미 우리의 능력을 훨씬 벗어난 일입니다. 그렇다면 도대체 우리의 영혼이 하늘에 합당한 삶을 살아가도록 한다는 것은 무슨 말씀입니까! 우리가 우리의 영혼을 구원한다는 말입니까! 참으로 이런 생각은 예수 그리스도의 복음과 정반대되는 것입니다. 어떤 사람들은 다음과 같은 이론을 주장합니다. 즉, 인간에게는 선천적으로 많은 선이 있기 때문에 이 선을 잘 개발하기만 하면, 점진적으로 스스로 개선되어 은혜의 상태에 이를 수 있다고 말입니다. 사랑하는 성도 여러분, 전혀 그렇지 않습니다. 여러분은 잘못된 사고방식을 가지고 있습니다. 기독교 신앙에 있어서 가장 첫 번째 예식이 무엇인지 여러분은 알고 있습니까? 여러분은 "그야, 당연히 세례지요"라고 말할 것입니다. 맞습니다. 그렇다면 세례가 무엇입니까? "세례로 그리스도와 함께 장사"(골 2:12)되는 것입니다. 그렇다면 누가 장사됩니까? 살아 있는 사람이 장사됩니까? 아닙니다! 오직 죽은 사람만 장사됩니다. 그리스도를 믿고 난 이후에 복음이 제시하는 가장 첫 번째 교훈은 여러분이 율법 앞에서 그리스도와 함께 십자가에 못 박혀(갈 2:20) 죽었다는 사실입니다. 그래서 여러분은 장사되어야만 합니다. 여러분의 옛 성품은 개선이 불가능합니다. 다시 새롭게 고칠 수도 없고 완전히 아름답게 꾸밀 수도 없습니다. 여러분의 옛 성품은 어떻게 해볼 수가 없습니다. 옛 성품은 죽어 장사되어야만 합니다. 성경은 "너희가 반드시 개선되어야 하리라"라고 말하지 않고, "너희가 반드시 거듭나야 하리라"(요 3:7)라고 말씀합니다. 개선되는 것과 거듭나는 것은 전혀 다른 것입니다. 여러분은 예수 그리스도 안에서 새로운 피조물로 지음 받아야만 합니다. "이전 것은 지나갔으니 보라 새 것이 되었도다"(고후 5:17). 새로운 피조물이 필요하지, 옛 피조물의 개선이 필요한 게 아닙니다. 바울 사도는 이에 대해 어떻게 말했습니까? "육신의 생각은 하나님과 원수가 되나니 이는 하나님의 법에 굴복하지 아니할 뿐 아니라 할 수도 없음이라"(롬 8:7). 이 말씀에서 바울 사도는 이렇게 말씀을 맺고 있습니다. "참으로 그리할 수도 없음이라"(롬 8:7). 육신으로는 모든 것이 끝나 버렸습니다. 왜냐하면 부패가 육신을 사로잡아 버렸기 때문입니다. 신자들은 이것을 사실로 받아들입니다. 사도 바울은 이렇게 말합니다. "한 사람이 모든 사람을 대신하여 죽었은즉 모든 사람이 죽은 것이라"(고후 5:14). 죄에 대한 형벌로 예수님의 죽음은 우리의 죽음이었습니다. 그래서 우리는 그분 안에서 죽었습니다. 하지만 지금 우리는 새 사람으로 살아갑니다. 우리는 다시 일어난 사람으로 살아갑니다. 옛 생명이 좀 더 나은 어떤 것으로 개선된 것이 결코 아닙니다. 옛 성품은 사망의 자리로 들어가고, 그 이후에 인간은 그리스도 안에 있는 생명을 받게 됩니다. 이것이 바로 우리가 구원받게 되는 방식입니다. 여러분이 어떤 더 나은 것으로 개선되는 것이 아니라, 성령의 거룩한 능력으로 말미암아 새롭게 창조됨으로써 구원을 받는 것입니다. 이런 말을 들으면 어떤 사람은 "아주 절망스럽군요"라고 말할 것입니다. 맞습니다! 사실 오늘날에는 이러한 절망감이 많이 필요합니다. 만약 어떤 사람이 전혀 지나다닐 수도 없고 또 위험천만한 그런 작은 오솔길을 통해 산꼭대기로 올라가려고 애쓰는 것을 보고서, 제가 그 사람에게 절망감을 주는 말을 함으로써, 그 사람의 위풍당당한 패기를 산산조각 나게 한다면, 그렇게 절망감을 주는 제가 그 사람의 참된 친구일 것입니다. 천국으로 가는 길은 우리 자신의 행위로는 갈 수 없습니다. 시내 산 길을 통해 천국에 오를 수 있다고 생각하는 사람은 모세가 보았던 가시나무 떨기 불꽃들을 보고서 주저앉아 두려워 떨며 절망하게 될 것입니다. 시내 산 길을 통해 하나님께 나아가는 길은 없습니다. 구세주의 피로 모두 진홍빛으로 붉게 물든 골고다에 그 길이 있습니다. 구원은 그분의 대속하는 희생으로 말미암아 우리의 것이 됩니다. "인자가 온 것은 잃어버린 자를 찾아 구원하려 함이니라."

이제 모든 쓰레기들을 깨끗이 치워 버리고 진리를 향해 나아갑시다. 예수님께서 잃어버린 자를 찾으러 오셨습니다. 그분께서는 개인적으로 찾는 일을 하셨습니다. 사마리아에 잃어버린 한 여자가 있었습니다. 그러자 예수님께서는 자신이 반드시 사마리아를 통과해야(요 4:4) 하겠다고 말씀하셨습니다. 여리고에 잃어버린 한 남자가 있었습니다. 그러자 예수님은 자신이 반드시 네 집에 머물러야 하겠노라(눅 19:5)고 말씀하셨습니다. 과거에 개인적으로 이 모든 일들을 하셨던 그분께서는 지금도 자신의 섭리 가운데 성령님의 경륜 아래에서 이 일을 행하고 계십니다. 때때로 섭리로 어린 아이를 잃기도 하고, 어떤 사람은 병상에 눕기도 하며, 재물을 잃기도 합니다. 이 모든 시험들은 사람을 예수님에게 인도하기 위한 의도로 일어나는 일들입니다. 이 일들은 예수님께서 그 사람을 찾으시는 행위입니다. 사랑하는 성도 여러분, 여러분이 이 아침에 이 자리에 있는 것은 놀라운 일입니다. 여러분의 여러 계산으로 인해 여러분이 이 자리에 있게 된 것이 아닙니다. 놀라운 상황들에 의해서 여러분이 이 자리에 있게 된 것입니다. 이 아침에 주님께서 여러분을 구원하고자 한다고 생각하십니까? 그렇게 생각한다면, 여러분을 이곳에 오게 한 그 섭리를 통해 예수님께서는 지금 여러분을 찾고 계신 것입니다.

우리 주님께서 그분의 섭리를 통해 여러 영혼들을 찾으시듯이, 그분께서는 또한 **말씀**을 통해서도 그 영혼들을 찾고 계십니다. 하나님의 말씀이 사람들의 마음에 새겨지는 방식은 아주 놀랍습니다. 이런 일은 하나님께서 보내신 모든 설교자들이 해야 할 일 중의 하나입니다. 그래서 회중들에게 전해지는 말씀을 통해서 여러분은 하나님께서 자신에게 말씀하신다는 사실을 깨닫게 됩니다. 우리의 사역과 하나님께서 보내신 모든 자들의 사역 가운데서 얼마나 엄청난 일들이 일어났는지 모릅니다. 그 이유는 이러합니다. 말씀을 전하는 사역자들은 성도들에 대해서 마치 알고 있었던 것처럼 그렇게 성도들에게 말을 합니다. 예전에 그들을 본 적이 없는 데도, 사역자들은 이 성도들이 처한 상황과 그들의 현재 상태에 대해 생생하게 말합니다. 하나님께서는 그의 종들이 성도들에게 말해야 할 그 순간에, 그 종들을 인도하시어 이전에는 결코 생각지도 못했던 말씀들을 그의 종들에게 주십니다. 그래서 하나님의 종들은 성도들을 보자마자 마치 이들을 어릴 때부터 알고 지냈던 것처럼 즉각적으로 그 성도들의 성격을 파악해 냅니다. 이런 식으로 예수님께서는 죄인들을 찾으십니다. 사랑하는 성도 여러분, 제가 말씀드리는 이 설교 가운데서 여러분의 경우에 적합한 어떤 말씀이 있다면, 그 말씀이 다른 사람들과 관련될 수 있는 어떤 관련성에 대해 말하지 말고, 다만 예수님께서 지금 여러분을 찾고 계신다는 사실만 확신하십시오. 여러분은 잃어버린 자입니다. 여러분은 여러분 자신이 잃어버린 상태에 있다는 것을 부인할 수 없는 마음으로 이 자리에 왔습니다. 예수님께서 지금 여러분을 찾고 계십니다. 주님께서 삭개오를 어떻게 대접했는지 보십시오. 주님께서 나무 아래 계시면서 위를 쳐다보고는 "삭개오야 속히 내려오라"(눅 19:5)고 말씀하신 것은 이상한 일처럼 보입니다. 하지만 예수님께서는 지금도 여전히 복음을 전하는 가운데 이와 똑같은 일을 행하고 계십니다. 그분은 말씀을 개인의 양심에 능력 있게 적용하십니다. 그리고 그분께서 지금 그 양심에 말하고 있다는 사실을 사람들이 깨닫도록 하십니다. 하나님께서는 그들의 영혼에 대해 사랑의 메시지를 가지고 계십니다. 그래서 그들은 그 사랑의 메시지를 듣지 않을 수 없습니다. 그들은 그 메시지에 귀를 닫을 수 없습니다. 그들은 그 사랑의 메시지를 틀림없이 받아들일 수밖에 없습니다. 왜냐하면 성령 하나님께서 그 메시지와 함께 오시어 그 메시지를 그들의 영혼 속에 능력 있게 새겨 주시기 때문입니다. 이것이 바로 죄인들을 찾고 계시는 예수님의 모습입니다.

　또한 예수님께서는 자신이 찾은 자를 구원해 주십니다. 오늘 본문 말씀의 두 번째 부분에 나타나 있습니다. "찾아 구원하려 함이니라." 그렇다면 구원은 어떻게 일어납니까? 구원은 무엇보다도 먼저 죄인들이 지은 모든 죄의 완전한 용서에 의해서 주어집니다. 사람이 온 마음을 다해 그리스도를 믿는 바로 그 순간에, 과거는 마치 존재하지도 않았던 것처럼 사라져 버립니다. 다시 말해, 그가 생각으로나 말로나 행위로 지금까지 범했던 모든 죄들이 비록 주홍같이 붉을지라도 즉시 지워지는 것입니다. 그 모든 죄들은 깊은 바닷속에 가라앉은 것처럼 절대로 다시 발견되지 않습니다. 그리고 구원은 유일한 이 한 가지 조건으로 이루어집니다. 즉, 사람이 예수님을 믿는다는 그 조건으로 말입니다. 하지만 사실 이것은 조건이 아닙니다. 왜냐하면 사람에게 믿을 것을 명하시는 그분께서 그에게 그분을 믿을 수 있게 하시고, 자기 영혼을 구원하는 믿음도 주시기 때문입니다.

　이제, 죄인의 구원은 다른 식으로도 설명될 수 있습니다. 사람이 예수님을 믿는 바로 그 순간부터 그의 본성은 예전의 본성과는 다른 본성이 됩니다. 그는 새로운 마음을 받게 되고, 다른 힘이 그를 사로잡고, 다른 사랑이 그의 마음을 빼앗게 됩니다. 사람이 어떤 강한 열정에 빠지게 될 때 그 사람은 얼마나 다른 사람이 되어 버리는지 모릅니다. 재물에 대한 열정은 아주 놀라운 일을 해낼 것입니다. 즉, 게으른 사람이 아주 부지런해지고, 주색잡기에 빠진 자가 재물을 얻으려는 야망으로 자신을 부인하고 자신의 육욕을 제어하게 될 것입니다. 지금 하나님께서는 우리에게 또 다른 열정을 주십니다. 그리스도에 대한 감사의 열정과 우리를 구원해 주신 하나님에 대한 사랑이 그것입니다. 그래서 이것들이 인생의 주요 원칙이 되고, 전인적으로 사람을 다스리게 됩니다. 자신을 사랑하던 사람이 이제는 하나님을 사랑하고 그분을 위해 살아갑니다. 그런데 가장 비천한 사람에게도 이러한 변화가 가능할까요? 물론 가능합니다. 하나님과 함께라면 가능합니다. 어떤 사람이 악행의 전체 목록 가운데 있는 모든 죄들을 범하고, 그 마음은 맷돌의 아래짝 같이 단단(욥 41:24)하며, 또 그 기질은 전적으로 천하고 비열하고 비굴하고 색욕적이고 극악무도하다고 해도, 성령 하나님께서는 단 한순간에 그 사람을 참된 것과 바른 것과 의로운 것을 사랑하는 자로 변화시키시어, 그가 과거와 관련된 자신의 마음을 깨뜨리고 지금까지 살면서 행했던 것들로 인해 스스로 분노하게 하여, 온전해지고자 하는 거룩한 열망으로 불타오르게 할 수 있으십니다. 그리고 이 사람 속에 있는 이 열망으로 인해 그는 자기 동료들까지도 자신처럼 사랑하게 되며 이들을 위해 크게 희생하게 됩니다. 이 모든 일들이 "잃어버린 자를 찾아 구원하러" 오신 복되신 그분, 즉 십자가에 못 박히신 인자(人子) 예수님으로 말미암아 이루어집니다. 그리스도께서 사람들을 용서해주고는 이들이 예전처럼 살도록 내버려 두신다고 그렇게 우리는 말씀을 전하지 않습니다. 오히려 그리스도께서 죄를 용서해 주시는 그 순간에, 그분께서는 새로운 본성까지 주신다고 우리는 말합니다. 복음의 병원은 나병환자들이 단순히 머무르는 장소가 아니라, 치유를 받는 곳입니다. "인자가 온 것은 잃어버린 자를 찾아 구원하려 함이니라."

사랑하는 성도 여러분, 이 아침에 우리를 구원해 달라고 예수님께 부르짖읍시다. 저 자신도 본성과 실제에 있어서 잃어버린 자들 가운데 속할 것입니다. 이 자리에 본성적으로 잃어버린 자가 단 한 사람도 없다 해도, 저는 분명히 잃어버린 자입니다. 저는 제 주님을 찬양합니다. 그분은 저 같은 잃어버린 자를 "찾아 구원하러 온" 분이십니다. 사랑하는 성도 여러분, 여러분 가운데는 수년 동안 그분의 사랑에 대해 알고 있는 이들이 있습니다. 그런 여러분도 처음에는 잃어버린 자들로서 그분에게 나아오지 않았습니까? 그분의 무한한 자비가 아니었더라면, 여러분은 지금까지도 잃어버린 자로 있었을 것이라고 여러분은 이 아침에 고백하지 않으렵니까? 우리가 잃어버린 자들이라는 사실을 아는 것과, 잃어버린 자를 구원해 주시는 그리스도를 믿는다는 것이 얼마나 큰 자비인지 모릅니다. 그리스도 안에서 죽어 그분 안에서 새로운 생명을 얻게 된 자들 가운데 있다는 것이 얼마나 큰 축복인지 모릅니다. "이는 너희가 죽었고 너희 생명이 그리스도와 함께 하나님 안에 감추어졌음이라"(골 3:3). 마르틴 루터는 갈라디아서에 관한 자신의 책에서 자신의 칼로 마귀의 머리를 베었다고 말하고 있습니다. 루터는 마귀에게 이렇게 말합니다. "거기서 너는 내가 큰 죄인이라고 말했다. 그렇게 네가 말해주니 고맙구나. 왜냐하면 예수 그리스도께서는 죄인들을 구원하러 이 땅에 오셨기 때문이다. 그래서 나는 그분이 나를 구원하러 오셨다고 생각한다"(루터의 갈라디아서 주석[갈 5:8] — 역주). 혹시라도 이 아침에 마귀가 여러분 가운데 누군가에게 "너는 완전히 잃어버린 자이다"라고 말한다면, 사랑하는 성도 여러분, 여러분의 칼로 마귀의 머리를 베어 버리십시오. 그러고 나서 바로 이 날에 기뻐하십시오. "인자가 온 것은 잃어버린 자를 찾아 구원하려 함이니라."

　여기에 잃어버린 자가 아니거나, 구원이 필요치 않은 사람이 있습니까? 글쎄요. 그렇다면 저는 여러분에게 하나님의 이름으로 단 한 마디의 위로의 말씀도 드릴 수 없습니다. 왜냐하면 여러분은, "나는 부자라, 내가 재산을 불렸으니 아무것도 부족한 것이 없다"(계 3:17)고 말하고 있기 때문입니다. 그러나 주님께서는 여러분에게 이렇게 말씀하십니다. "권세 있는 자를 그 위에서 내리치셨으며 비천한 자를 높이셨고 주리는 자를 좋은 것으로 배불리셨으며 부자는 빈 손으로 보내셨도다"(눅 1:52-53). 이 말씀이 여러분에게 해당되는 유일한 복음입니다. 그러나 무거운 짐으로 고생하는 모든 불쌍한 마음들과 스스로 본성적으로 잃어버린 자라고 여기는 모든 영혼들은 다음과 같은 은혜로운 말씀을 갖게 됩니다. "인자가 온 것은 잃어버린 자를 찾아 구원하려 함이니라."

　제가 드릴 마지막 말씀은 이것입니다. 구원받은 우리도 잃어버린 자들을 찾읍시다. 예수님께서도 그렇게 하셨으니 말입니다. 오, 예수님을 따르는 자들이여, 이와 같이 행합시다! 가장 악한 자들에게 가서 여러분이 시작해야 할 일은 무엇이겠습니까? 그 일을 맡아서 행하십시오. 그리스도로 인해, 여러분이 가난한 자들 중에서도 가장 가난한 자들이나 또는 악한 자들 중에서도 가장 악한 자들과 관련되는 것을 절대로 부끄럽게 여기지 마십시오. 저는 우리 교회의 올스만 형제(Brother Orsman, 스펄전이 발행한 잡지인 '검과 모종삽'[Sword and Trowel]에 따르면,

이들은 최극빈 지역인 '골든 래인'[Golden Lane] 출신으로, 스펄전 교회에서 세례를 받은 후 행상(行商)을 하면서도 이 지역을 위해 사역한 모범적 인물이다 — 역주)처럼 우리 교회에 유익한 성도들을 생각할 때마다 항상 큰 만족을 느낍니다. 그 형제는 런던의 가장 낙후된 지역인 골든 래인에서 날마다 일하면서도 잃어버린 자들을 찾고 있습니다. 제 소망은 여기 있는 많은 이들이 그 형제를 닮는 것입니다. 그런 이들이 몇 명 있다는 것을 저도 알고 있습니다. 하지만 그 지역에는 잃어버린 자들이 아주 많습니다. 다시 말하면, 그 지역에서 눈에 띌 정도로 분명한 잃어버린 자들을 찾기 위해서는 더 많은 일꾼들이 필요하다는 것입니다. 그렇다고 해서 여러분이 꼭 골든 래인이나 세븐 다이얼즈(Seven Dials, 런던의 교차로 지역으로서, 통행인들이 많은 지역이다 — 역주) 같은 지역으로 갈 필요는 없습니다. 여러분 주위에도 잃어버린 자들이 많이 있기 때문입니다. 우리 교회에 나오는 잃어버린 자들, 교회에 가기는 하는 잃어버린 자들, 주일에는 아무 곳에도 가지 않는 잃어버린 자들이 많습니다. 가서 그들을 찾으십시오. 만약 여러분이 구원받은 자들이라면, 여러분에게 부탁합니다. 여러분을 산 보혈과, 과거에도 여러분을 사랑하셨고 지금도 여러분을 사랑하시는 그리스도로 말미암아 저는 여러분에게 간청합니다. 바로 오늘 밖으로 나가서 잃어버린 자들을 찾아 구원하십시오. 아멘. 아멘.

제
77
장

—

종들과 열 므나

—

"이르시되 어떤 귀인이 왕위를 받아가지고 오려고 먼 나라
로 갈 때에 그 종 열을 불러 은화 열 므나를 주며 이르되 내
가 돌아올 때까지 장사하라 하니라." — 눅 19:12-13

우리는 이 비유를 통하여 구주께서 구원하시는 이유를 듣고 있습니다. 구주
께서는 예루살렘으로 올라가고 계셨습니다. 무지하고 광신적인 군중들은 예수
께서 세상에 속한 왕권을 세우기를 희망하였습니다. "그들은 하나님의 나라가
당장에 나타날 줄로 생각함이더라"(눅 19:11). 그들의 마음은 잘못된 생각으로
가득하였습니다. 그래서 구주께서는 이 문제에 관해 그들의 생각을 바르게 잡아
주려 하셨습니다. 우리 주님은, 모든 히브리인마다 왕자처럼 대접을 받는 유대
의 제국에 대한 이상을 그들의 마음에서 불식시키기 위해 이 이야기를 들려주신
것입니다. 저도 일부러 그 말씀을 사용합니다. 주님의 비유는 또한 사실이기도
하였기 때문입니다. 주님께서는 사람들에게 보여주셨습니다. 그들에게 어떤 한
나라의 백성이 되기 위해서는 나라를 받아 돌아오기 위해서 주인이 떠나고 없는
상태에서 계속 그 주인이 돌아오기를 기다려야 한다는 것을 말입니다. 제자들은
주님께서 계시지 않을 때 종의 위치를 지키면서 주인이 그 나라를 가지고 다시
돌아오는 동안 자기들에게 맡긴 재산들을 잘 관리해야 했습니다. 현재 주인은
귀족과 같은 사람이었습니다. 많은 시민들 가운데 하나일 수 있습니다. 그러나
그는 왕의 권위를 받아 오기 위해서 궁정으로 떠났습니다. 그리고 왕이 되어 다

시 돌아왔습니다. 주인이 돌아오기까지 그들은 자기들에게 맡긴 것을 신실하게 감당하고 있어야 했습니다.

저는 솔직히 어떤 탁월한 해석자가 요세푸스의 사기(史記) 속에 나오는 한 대목을 알려주기 전까지는 이 비유의 의미를 제대로 알지 못했었습니다. 물론 그 대목은 이 비유를 해석하는 열쇠가 되지 못한다 하더라도 우리 주님의 시대에 로마 제국에서 흔히 있었던 어떤 불의의 사실들을 놀랍게 잘 보여주는 한 예이었습니다. 여러분도 알다시피 헤롯은 유대를 다스리는 왕이었습니다. 그러나 그는 로마 황제 밑에 복속되어 있는 왕에 불과하였습니다. 로마에 있는 카이사르(가이사)가 원하는 대로 왕들을 세우기도 하고 폐하기도 하였습니다. 헤롯이 죽었을 때 그의 아들 아켈라오가 뒤를 이었습니다. 그 왕에 대한 이야기는 우리 주님께서 어리실 때에 관한 마태복음의 기록에 나와 있습니다. 요셉은 아켈라오가 그 아버지 헤롯 대신 유대에서 왕이 되었다는 소식을 듣고 유대로 가기를 꺼렸습니다. 이 아켈라오는 카이사르의 재가를 받기까지는 보좌에서 왕 노릇 할 권한이 없었습니다. 그러므로 그는 여러 시종들과 더불어 배를 타고 로마에 갔습니다. 로마는 당시에 대단히 먼 곳이었습니다. 그는 나라를 받아 돌아오기 위해서 그렇게 하였던 것입니다. 한편 아켈라오가 그 길을 계속 진행하고 있는 동안에 그를 미워하던 시민들이 그 뒤에 사신들을 보내었습니다. 개정역(Revised Version)은 그것을 잘 번역하였습니다. 이 사자는 카이사르에게 메시지를 가지고 갔습니다. "우리는 이 사람이 우리의 왕됨을 원치 아니하나이다." 그 사신은 카이사르에게 아켈라오는 유대인들의 왕이 되기에 적합지 않다는 것을 아뢰었습니다. 요세푸스의 사기에 그 사신들이 황제에게 상소한 내용들이 기록되었는데, 상소의 내용을 보면 1900여 년 전의 그 백성을 대표하는 대리자들이 오늘날 그들의 형제들과 같은 문체로 탄원한 것을 볼 수 있습니다. 백성들은 헤롯 왕가에 지쳐 있었고, 그 왕가의 잔인한 통치만 벗어났으면 하고 바랐습니다. 그들은 심지어 유대가 로마의 한 지방이 되어 수리아에 연합되는 것이 이두매의 폭군들의 혐오스러운 멍에 아래 그냥 있는 것보다 낫다고 밝혔습니다. 아켈라오의 경우를 보면, 그가 다스린 시민들은 그를 미워했습니다. 그 점이 분명하게 드러납니다. 그래서 "우리는 이 사람이 우리를 다스리는 왕이 되기를 원치 아니하나이다"라고 말했던 것입니다. 그 나라를 양분하는 것이 카이사르에게는 좋았습니다. 그래서 아켈라오를 지방 행정 장관, 또는 왕보다는 권력이 좀 낮은 통치자로 세우고 싶어하였습니다. 아켈라오는 돌아와서 자기를 반대했던 사람들에게 맹렬한 복수를 가하였고, 충성스러운 추종자들에게는 아주 후한 상급을 내렸습니다.

　　30년 전에 있었던 일에 대한 이 이야기는 의심할 여지 없이 예수님께서 말씀하실 때에 그 사람들의 기억 속에서 되살아났을 것입니다. 아켈라오는 여리고 매우 가까운 지역에 자기를 위해서 궁전을 지었습니다. 그리고 구주께서는 그 궁전의 성벽 아래서 그 사건을 이 비유의 기초로 사용하셨을 수도 있습니다. 우리 주님의 시대에 살았던 사람들은 주님께서 당시 최근에 있었던 사실들을 암시하는 것을, 19세기가 지난 후에 살고 있는 우리들보다 훨씬 더 잘 이해했음에 틀림없습니다. 하나님의 섭리는 그 사실을 잘 주목하는 유대인 요세푸스를 세워 우리를 위해서 가치 있는 정보를 기록해 두도록 하셨습니다. 그의 사기에 있는 그 대목을 읽어 보십시오. 그러면 그 사건에 대한 상세한 부분들이 우리 주님의 이 비유와 얼마나 잘 병행을 이루는지를 발견할 것입니다. 그렇게 해서 이 이야기가 나왔습니다.

　　구주께서는 아켈라오를 비난하거나 칭찬하는 일은 조금도 하지 않고 다만 로마에 그가 간 것을 한 예로 사용하고 계십니다. 자, 왕이 될 귀인이 여기 있습니다. 그는 왕위(王位)를 얻기 위해서 길을 떠났고, 그의 시민들은 그를 너무 미워한 나머지 사신들을 보내어 그가 왕권을 받는 것을 반대하였습니다. 그들은 그가 자기들의 왕이 되는 것을 전혀 원치 않았기 때문입니다. 그러나 그가 왕위를 받아 가지고 돌아와 나라를 다스리게 되었습니다. 그때 그는 자기에게 신실했던 자들에게는 상을 내리고, 자기가 왕이 되는 것을 막으려고 애를 썼던 자들을 무섭게 멸하는 형벌을 가하였습니다. 자, 이야기는 이런 것입니다. 저는 그것을 좀 더 해석해 보겠습니다.

　　구주께서는 자신을 귀인에 비유하셨습니다. 그가 지상에 계셨을 때 사람들 중에 있었던 한 사람이었고, 동료 시민들 중에서는 귀인이 틀림없었습니다. 그분은 왕이 되기에 합당하신 분이었습니다. 온 땅의 임금이 되기에 정말 합당한 분이었습니다. 진실로 주님께서는 성품으로 보나 권한으로 보나 그러하신 분이십니다. 그러나 주님께서는 죽으심과 부활하심과 승천하심을 통해서 가장 높은 궁정에 먼저 올라가셨습니다. 그리고 위대하신 만유의 주 하나님으로부터 나라를 받으셔야 했습니다. "내게 구하라 내가 이방 나라를 네 유업으로 주리니 네 소유가 땅 끝까지 이르리로다"(시 2:8). 그래서 예수님께서는 왕이신 하나님 앞에서 자기의 권리를 아뢰며 탄원하셨고 응답을 얻어내셨습니다. 영광과 명예를 입고 큰 권세와 왕의 권위를 취하시고 돌아오실 날이 오고 있습니다. 모든 원수를 발 아래 복종시키기까지 예수님께서 왕 노릇 하셔야 하기 때문입니다. 예수님께서 오실 때 그 원수들은 멸망할 것이며, 그의 신실한 종들은 풍성한 상을 받을 것입니다.

이제 우리는 이 하나님의 교훈의 잔치에 가까이 나아가 봅시다. 하나님의 성령께서 이 비유를 통해서 실제적인 교훈을 살피도록 우리를 도우시기를 바랍니다!

1. 두 종류의 사람들

저는 여러분이 "두 종류의 사람이 있다"는 사실에 주목하시기 바랍니다. 이 귀인이 자기들을 다스리기를 원치 않았던 원수들이 있었고, 그 귀인이 맡긴 돈을 가지고 장사해야 했던 종들이 있었습니다. 사람들은 여러 족속과 여러 계층과 여러 직책과 여러 특성으로 다양하게 구분되어 있습니다. 그러나 결국 크게 둘로 나눠지게 마련입니다. 예수 그리스도의 원수들과 예수 그리스도의 종들로 말입니다. 여러분은 종들이 아니면 원수들입니다. 원수들이 아니면 종들임을 명심해야 할 것입니다. 이 비유에는 두 종류의 사람들 외에 어떠한 사람도 언급되지 않고 있습니다. 저는 이 땅에 다른 어떤 종류의 사람들이 존재한다고 생각하지 않습니다. 여러분은 모두 예수님의 원수이든지 아니면 종이든지, 둘 중 하나입니다.

원수들을 생각해 보십시다! 미움을 받았던 당사자는 귀인이었습니다. 그는 한 사람이었으나 귀족이었습니다. 주 예수님은 얼마나 놀라운 귀인이십니까! 잠깐 그의 신성을 잊고 예수 그리스도를 한 사람으로서만 생각해 보십시다. 그런다 할지라도 얼마나 놀라운 사람입니까! 저는 그의 출생의 고귀성에 대해서 생각하거나, 다윗의 후손이라는데 대해서 깊이 생각할 필요가 없습니다. 다만 예수님의 성품의 고귀성을 여러분에게 상기시켜 드리려 할 뿐입니다. 정말 그 성품은 참된 고귀함이 머무는 영역이었습니다. 이 방면에서 예수님과 비교될 만한 고귀함을 지닌 자가 누구입니까? 형제들이여, 사람이신 그리스도를 측량할 수 있는 거리까지 따라간 사람들을 발견하는 것은 정말 어려운 일입니다. 심지어 예수님을 닮았다고 하는 자들도 많은 방면에서 그의 영광에 훨씬 미치지 못한다고 솔직히 한탄스럽게 고백하지 않을 수 없습니다. 나사렛 예수님께는 가련하고 천하거나 또는 이기적인 어떤 것이 하나도 없습니다. 예수님은 정말 귀인이셨습니다.

예수님께서는 황송하옵게도 은혜로운 목적을 가지고 사람들 가운데서 한 시민이 되셨습니다. 예수님께서 동료 사람들보다 높게 기름 부음을 받았다는 사실을 우리는 알고 있습니다. 그 사실은 주님처럼 기름 부음을 받은 동료들이 있다는 점을 함축하고 있습니다. 주님은 사람들 중에 하나였습니다. 목수 조합에 속한 사람이었습니다. 그는 또한 순회 설교자들의 부류에 자유롭게 들기도 하셨습니다. 바다에서 일하는 사람들과 사귀기도 하셨고, 그물과 노를 손질하는 사람들과 교제하기도 하셨습니다. 또는 영세한 농부들과 함께 하기도 하셨고, 복장과 의복에 있어서 다른 시민들과 구별되는 점이 하나도 없었습니다. 참으로 예수님께서는 사람들보다 더 거룩한 성품을 지님으로써 그들과 구별되셨습니다. 그러나 그 구별은 그들에게까지 낮아지기를 원치 않아서 된 것이 아니고 그들이 예수님에게까지 이를 능력이 없어서 된 일입니다.

시민들은 그를 미워했습니다. 그러나 까닭 없이 그를 미워하였습니다. 우리 안에는 다른 사람들이 불쾌히 여길 만한 어떤 요인들을 항상 가지고 있기 마련입니다. 그러나 예수님께서는 그러한 요인이 하나도 없었습니다. 가장 선한 사람이라 할지라도 그 어조나 품행이나 정신에 있어서 흠잡을 데가 있기 마련입니다. 예수님께서는 그들의 미움을 살 만한 것이 하나도 없었습니다. 예수님을 미워한 것은 왕 노릇 하기에 가장 합당한 분을 쓸데없이 배척하는 일이었습니다.

예수님께서 유대인의 왕이라고 스스로 주장하셨기 때문에 그들은 특별히 예수님에 대해서 "우리는 이 사람이 우리의 왕 됨을 원하지 아니하나이다"라고 말하였습니다. 다시 "우리는 가이사 외에 왕이 없나이다"라고 말하였습니다. "그가 자기 땅에 오매 자기 백성이 영접하지 아니하였고"(요 1:11). 그러나 형제 여러분, 예수님을 단순히 한 사람으로서 간주한다고 해 봅시다. 우리가 왕을 원한다면 예수님은 마땅히 보편적인 인류의 천거를 받아 왕으로 선출되어야 마땅합니다. 예수님을 왕으로 추대하며 손을 높이 들어 만세를 부르며 기쁨의 환호성을 질러야 할 것입니다. '만세! 능하신 정복자여 영원토록 왕 노릇 할지어다! 땅의 임금들의 임금이 되시고, 사람들의 아들들을 사랑하시는 분이시여, 당신은

보배로운 피를 우리를 위해서 흘리셨으니 모든 자들의 왕이 되시기에 합당하시
나이다! 사람들 중에서 가장 왕다운 자가 사람들을 다스리는 임금이 되어야 합
니다. 그럼에도 그들은 예수님께서 왕이시라고 스스로 주장하시자 그것을 미워
하였고, 이 또한 까닭 없이 행한 일이었습니다. 예수님께서 그들 중 누구를 압박
하셨습니까? 예수님께서 백성들로부터 어떤 원한을 사셨습니까? 예수님의 법이
완고하거나 잔인한 적이 있었습니까? 예수님이 어떤 경우에 불의하게 판단하셨
습니까? 그런데도 시민들은 예수님을 미워하였습니다. 오늘날 세상에서 사람들
은 여전히 그리스도를 미워하고 있습니다. 여러분 중에 어떤 이가 그리스도를
미워합니까? 그러면 어떤 분은 이렇게 말하겠죠. "아닙니다." 그러나 여러분들
가운데는 예수님을 반대하지 않지만 반대할 경우보다 더 심하게 예수님을 멸시
하는 자들이 있지 않습니까? 여러분은 예수님을 보고도 그냥 힐끔 지나쳐 버립
니다. 생각 속에 예수님이 전혀 없습니다. 예수님을 반대할 가치조차 없는 분으
로 행동하고 있습니다. 예수님을 아무것도 아닌 것으로 치부하고 있습니다. 예
수님을 여러분 인생의 목적이 될 만한 가치가 없는 분으로 간주하고 있습니다.
때로 예수님의 성품의 어떤 부분을 칭찬하는 말을 할 수도 있습니다. 그러나 아
주 진지한 칭찬도 결국은 흉내 내려는 것에 지나지 않습니다.

　　만일 예수님께서 구주시라면 예수님으로 말미암아 구원을 받기를 거절하는
것만큼 큰 악을 행할 것이 무엇입니까? 저는 예수님께 대해서 냉담한 여러분들
이야말로 마음의 중심에서 예수님을 가장 악하게 대적하는 원수라고 말씀드리
는 바입니다. 여러분이 이 점을 뉘우치고 예수님께 돌아오면 얼마나 좋겠습니
까. 예수님은 다시 오실 것입니다. 예수님이 오실 때 "저 원수들을 이리로 끌어
다가 내 앞에 죽이라" 하고 말씀하실 것입니다. 그 표현은 무시무시합니다. 상처
를 입은 연인의 눈 앞에서 죽임당하는 것은 두 번 죽는 것이나 마찬가지입니다.
주님께서 그의 은혜로 그처럼 두려운 처지에서 우리를 건져 주시기를 바랍니다!

　　또 다른 종류의 사람들은 **그의 종들**이었습니다. 원어에 보면 '노예'들이었습
니다. 귀인의 원수들이 아닌 그들은 신실한 종들이었습니다. 귀인이 그들을 돈
으로 샀거나, 아니면 그 노예들이 귀인의 집에서 태어났거나, 그런 경우가 아니
면 귀인과 계약을 맺어 스스로 종이 된 자들일 것입니다. 이 사람들은 귀인의 노
예에 불과하였다고 말씀드리는 걸 듣고 여러분들 가운데 어떤 이는 속으로 이렇
게 생각했을 것입니다. 그러면 '예수님을 믿는 자들은 예수님의 노예들이다.'

'노예'라는 과격한 말을 아끼지 말아야 합니다. 우리가 예수님께 노예가 되기까지는 진정한 자유를 누릴 수 없었습니다. 예수님께 복종함에 따라서 그에 비례하여 더 자유로워집니다. 바울은 "내 몸에 주 예수의 흔적을 가졌노라"고 말하였습니다. 마치 환난의 불 인두로 그리스도의 이름을 그에게 낙인을 찍은 것처럼 말입니다. 그렇습니다. 우리는 우리 자신의 것이 아니라 주 예수 그리스도의 소유입니다. 우리가 예수님께 속해 있다는 것을 충만하게 나타낼 만한 말을 찾을 수가 없습니다. 우리는 예수 그리스도 속으로 스며들어 예수님을 위해서 아무것도 아닌 존재가 되고 싶습니다. 진실로 그는 우리를 친구로 부르셨습니다. 그러나 우리는 자신들을 그리스도의 종으로 부릅니다. 우리는 주님을 우리의 상전으로 모시는 것을 큰 기쁨으로 여깁니다. 다윗이 "나는 주의 종이니이다"라고 말한 것처럼 말입니다. 그리고 다시 그는 "나는 주의 종이니이다"라고 거듭 말하였습니다. 또 "나는 진실로 주의 종이요 주의 여종의 아들 곧 주의 종"이라고 말하였습니다(시 116:16). 그는 종으로 태어났습니다. 여종의 아들로 태어났던 것입니다. 그는 이에 덧붙여서 "주께서 나의 결박을 푸셨나이다"라고 말하였습니다. 그리스노께 종 노릇 한다는 것은 완전한 자유를 뜻하는 것입니다. 모든 방면에서 우리는 그것이 사실임을 발견하였습니다. 우리는 모든 생각과 마음의 궁리와 상상과 소원을 온전히 예수님께 드려 사로잡히기 전에는 완전한 자유를 알기를 기대하지 말아야 합니다. 우리는 거듭남으로 말미암아 주님의 집에서 태어났습니다. 그리고 우리가 그 계약 문서에 기꺼이 서명하고 인침으로써 주님께 속하게 되었으며, 지금도 기꺼이 그 문서에 서명하고 다시 인칠 각오가 되어 있습니다.

> "그 엄숙한 선서를 듣는 높은 하늘이여
> 그 선서를 매일 새롭게 들으리라
> 내 인생의 마지막 순간에도 머리 숙여
> 주의 사랑하는 종으로서 죽을 때도 찬미하리이다."

우리는 진실로 주님을 대적하는 원수 정반대편에 서 있습니다. 왜냐하면 우리는 자진해서 주님의 종이 된 사람들이기 때문입니다.

이렇게 해서 저는 두 종류의 사람들에 대해서 말씀드렸습니다. 우리가 더 나아가기 전에 하나님의 성령께서 우리에게 역사하셔서 우리가 그 두 종류의 사람들 중 어느 부류에 속해 있는지 확인하게 하시기를 바랍니다! 만일 우리가 주님의 대적이라면 이 시간 이후부터 주님의 종이 될 수 있게 하옵소서!

2. 이 종들이 할 일들

우리는 이제 한 단계 더 나아가서, "이 종들이 담당해야 할 일들"이 무엇인가를 알아보도록 하겠습니다. 그들의 주인이 먼 길을 떠났습니다. 그리고 열 종을 불러서 약간의 자본금을 주고, 돌아올 때까지 그것으로 장사하게 하였습니다. 주인은 떠나면서 자기가 얼마나 오랫동안 집을 비우게 될지에 대해서 말하지 않았습니다. 아마 그 자신도 잘 알지 못했을 것입니다. 저는 이야기 속에 나오는 그 왕도 자신이 왕위를 받고 돌아올 때를 알지 못했을 것이라는 의미로 말한 것입니다. 우리 구주께서도 친히 "때와 시기는 아버지께서 자기의 권한에 두셨으니 너희가 알 바 아니요"(행 1:7)라고 말씀하셨습니다. 그 주인은 말했습니다. "내가 멀리 떠난다. 너희는 나의 종들이다. 나는 내 종들인 너희를 내 원수들 중에 놓고 떠난다. 그러니 나에게 충성을 다해라. 너희의 충성을 계속 입증하기 위해서 내 이름으로 계속 장사하라. 내가 너희에게 약간의 돈을 맡기겠다. 그러나 너희는 그 돈으로 장사하는데 몰두하게 될 것이다. 내가 와서 너희의 장사한 것을 계산할 때가 있을 것이다. 그때에 다른 사람이 어떠하든지 너희가 내게 충성했다는 사실을 그 계산이 밝혀 줄 것이다."

첫째로, 여기서 이것이 영예로운 일이었다는 점에 주목해 봅시다. 그들은 많은 기금을 받은 것이 아닙니다. 그러나 그 액수는 그들의 충성도를 시험하는 시금석으로서는 충분하였습니다. 그런 기금을 받았다는 것이 그들에게는 영예가 되는 일이었습니다. 만일 그들이 주인에게 진실로 충성하고 있으면, 주인이 자기들을 신뢰했다는 사실을 느낄 것입니다. 그들은 주인의 신뢰가 옳았음을 입증해야 합니다. 노예들이 항상 돈을 받아 관리하는 것은 아닙니다. 사실 누구에게 노예로 지내게 되면 신뢰할 만한 자질을 잃어버릴 경향은 언제나 있어 왔습니다. 우리가 그리스도께 매여 있다는 것은 그와 정반대의 효과를 가져 옵니다. 왜냐하면 그것은 전적으로 우리가 노예로 굴종하는 것이 아니기 때문입니다. 이 주인의 종들은 어떤 국면에서 주인과 동반자로 대접을 받고 있는 것입니다. 소유를 주인과 함께 누리게 되어 있었던 것입니다. 그들은 주인의 신뢰를 받고 있었습니다. 주인은 그 종들을 감시하고 있었던 것이 아닙니다. 왜냐하면 그는 먼 나라로 떠났고, 그들이 스스로 책임지고 일할 것으로 믿었기 때문입니다. 그들은 물론 매일 계산할 필요가 없었습니다. 그가 돌아올 때까지 계산을 유보시켰습니다. 자, 구주께서 우리를 바로 그러한 식으로 다루시는 것입니다. 구주께서는 우리에게 복음을 맡기시고, 영광스럽게도 우리를 믿으십니다. 구주께서는 즉시 계산하라고 우리에게 요구하시지 않습니다. 구주께서는 여기 지상에 계시지 않으십니다. 정탐의 방식을 어느 정도 채용하고 있는 교회 정치 체제는 우리 주님의 뜻을 그대로 반영한 것이라고 생각하지 않습니다. 만일 그리스도인들이 마땅히 되어야 할 그런 사람이라면, 그를 믿을 수가 있습니다. 저희가 자신들에게 법이 되는 것입니다. 주님은 어떤 규칙이나 규례를 정해서 여러분에게 십일조를 내도록 명하시지 않습니다. 물론 저는 여러분이 적어도 십일조만큼은 드리기를 바랍니다. 주님께서 "너희는 그러한 때에 그만큼 써야 하고, 그러한 방식으로 일해야 한다"고 말씀하지 않습니다. 여러분은 율법 아래 있는 것이 아니라 은혜 아래 있습니다. 만일 여러분이 구주를 사랑한다면 구주를 위해서 무엇을 할 것인가를 금방 발견할 것이고, 기쁨으로 그 일을 할 것입니다. 주님은 엄격한 규칙을 정해 놓지 않으셨습니다. 또 아침에 일어나서 몇 시에 일을 시작해야 하고, 또는 몇 시간을 일해야 한다는 식의 규례를 정해 놓지 않으셨습니다. 오히려 주님께서는 "내 돈을 가지고 가서 장사하라"고 말씀하십니다. 우리 흠정역 성경에는 "내가 올 때까지 맡으라"고 되어 있습니다. 이것은 "내가 올 때까지 그것으로 장사하라"고 말하는 점잖은 라틴어 어법입니다. 주님은 우리를 신뢰하는 입장에서 우리의 영예와 사랑에 호소하고 계시는 것입니다. 주님께서는 오늘이나 내일 오셔서 우리를 찾지 않으실 것입니다. 물론 주님께서 궁극적으로 우리와 계산하실 것입니다. 그러나 주님께서 떠나 계시는 동안 주님을 대적하는 자들 속에서 남겨 두시고, 주님의 친구들이 있음을 원수들에게 보여주며 주님은 선한 상전이라는 사실을 그들에게 보여주도록 하십니다. 스스로 주님의 노예임을 인정하는 사람들마저도 일생을 주님을 섬기는데 바치기를 기뻐하기 때문입니다. 주님께서는 그 종들에게 영예로운 일을 맡기셨습니다. 그렇지 않습니까?

주인이 자금을 준 것은 일을 하도록 하기 위해서였습니다. 귀인은 종들 각자에게 한 므나씩을 주었습니다. "얼마 되지 않는다"고 말할지 모릅니다. 귀인도 그것이 많다고 생각하지 않았습니다. 종들은 매우 많은 돈을 관리할 수가 없었습니다. 주인은 종들이 "매우 작은 것"에 충성하면 그들에게 더 높은 책임을 감당하도록 일을 맡길 수 있을 것입니다. 그 종들 중 어느 한 사람도 장사하라고 주인이 준 돈에 대해서 불평하였거나, 두 배 이상으로 주었으면 하고 바랐다는 표현을 전혀 하지 않습니다. 형제들이여, 우리는 더 많은 재능을 요구할 필요가 없습니다. 우리는 감당할 수 있을 분량만큼만 가지고 있습니다. 설교자들이 더 넓은 지역을 구할 필요가 없습니다. 지금 설교자들이 담당하고 있는 영역에서 충성을 다해야 합니다. 어떤 형제가 제게 이러한 말을 하였습니다. "나는 설교를 듣는 사람 100명을 가지고는 많은 일을 할 수 없어요." 그래서 저는 이렇게 대답했습니다. "100명을 위해서도 아주 훌륭하게 일 해내는 것이 어렵다는 것을 알게 될 것입니다." 저는 아주 솔직하게 그 점을 인정합니다. 오히려 저는 가끔 아주 작은 교회에서 목회했으면 좋겠다는 생각을 합니다. 그 회중 속에 있는 영혼 한 사람 한 사람을 다 주목할 수 있게 말입니다. 그러나 저는 어쩔 수 없이 제 일에 끝없이 불만족하면서 일을 할 수밖에 없게 되었습니다. 제가 어떻게 해서 이렇게 많은 사람이 모인 교회를 섬기게 되었는지요? 저는 이와 같은 교회에서 해야 할 필요가 있는 일을 백분의 일도 채 시작하지 못했다는 느낌을 늘 가질 수밖에 없습니다.

각 사람이 한 므나씩을 받아 가지고 있었습니다. 주인은 다만 "그것으로 장사하라"고 말했을 뿐입니다. 주인은 그 작은 자본을 가지고 그들이 아주 큰 사업을 하리라고 기대하지 않았습니다. 그러나 그들은 시장이 허락하는 한에서 장사해야 했습니다. 주인은 그들이 그 자본을 공정하게 운용함으로 얻을 수 있는 것보다 더 많은 것을 기대하지 않았습니다. 왜냐하면 어쨌든 귀인은 '구두쇠'가 아니었기 때문입니다. "이 돈을 가지고 가서 최선을 다해라. 나도 때가 악하다는 것을 알고 있다. 너희들이 원수들 가운데서 장사해야 하기 때문이다. 아마 그러한 환경 속에서 스무 므나를 남길 정도의 경영은 할 수 없을 것이다. 그러나 그 한 므나를 최대한으로 활용할 수 있을 것이다." 이렇게 주인은 자기의 목적을 이루기 위해 종들에게 충분한 자본을 준 셈입니다. 친구 여러분, 여러분은 주위의 어느 곳에서 그 므나를 얻을 수 있습니까? 어떤 사람은 말합니다. "슬프게도, 저는 전혀 능력이 없어요." 그것이 어쨌단 말입니까? 여러분의 주님께서는 여러분에게 한 므나를 주셨습니다. 그것을 가지고 무엇을 하라는 말입니까? 여러분은 그의 종일 뿐입니다. 만일 여러분이 아무것도 안 하고 있다면 악한 상황에 처해 있는 것이고, 여러분은 반드시 부끄러움을 당하게 될 것입니다. 주님께서 주신 그 므나를 가지고 무엇을 하였습니까? 다시 호주머니에 손을 넣어 보십시오. 그것이 손수건에 싸여 있습니까? 여러분의 이마에서 흘리는 수고의 땀방울을 닦는 데 써야 할 수건에 싸여 있느냐 말입니다! 여러분은 한 므나를 받았습니까? "많은 것이 아니에요"라고 말할지 모릅니다. 구주께서 그것이 많다고 말씀하시지 않았습니다. 오히려 "매우 적다"고 하셨습니다. 그러나 그 매우 적은 것을 여러분은 활용하였습니까? 이 점을 명심해야 합니다. 주님은 여러분을 믿을 만한 종으로 대우하셨습니다. 그럼에도 불구하고 여러분은 주님에 대해서 진실하지 못했습니다. 이것이 어떻게 된 일입니까?

그들이 받은 므나를 가지고 해야 할 일이 일반적인 용어로 지시되어 있었습니다. 그들은 그것을 가지고 장사해야 했습니다. 그것을 가지고 놀아서는 안 되었습니다. 어쩌면 그들은 다음과 같이 말하고 싶은 생각이 있었을 것입니다. "우리 주인의 이름이 훼손당하고 있다. 가서 주인을 위해서 싸우자." 그러나 주인은 '싸우라'고 하지 않고 장사하라고 하였습니다. 베드로는 칼을 뽑았습니다. 오! 그렇습니다. 우리는 정말 싸우는 데는 열심히 있으면서 장사하는 데는 더딥니다. 걸핏하면 싸우려 드는 사람들이 많이 있습니다. 그들은 시끄럽고 투쟁하는 곳에 있을 때보다 더 만족함을 느낄 수 있는 곳이 없는 것처럼 보입니다. 이 비유에 나오는 종들은 싸우려 하기보다는 장사해야 하는 자들이었습니다. 장사하는 일은 매우 냉철하게 감당해야 할 일이고, 일반적인 평가에 있어서 비천한 일로 여겨집니다. 우리는 주님의 원수들은 주님이 처리하도록 맡겨둘 수 있습니다. 주님께서는 어느 날인가 그들의 패역을 종식시키실 것입니다. 우리는 훨씬 더 비천해 보이는 일들을 감당해야 합니다.

의심할 여지 없이 그 종들 가운데 어떤 자들은 자기들이 받은 므나를 안락한 좋은 가구를 구입하는 데 쓰거나 사치스러운 용품을 사는 데 써도 될 것이라고 생각했을 수도 있습니다. 어떤 사람은 새로운 코트를 사고, 또 어떤 종은 자기 집을 위해 가구를 들여오고, 또 다른 종은 "내게는 부양가족이 있어"라고 말하였을 것입니다. 그러나 그들의 주인은 그렇게 말하지 않았습니다. 그 주인은 "내가 올 때까지 이것을 가지고 장사하라"고 하였습니다. 그들은 그것을 가지고 싸우든지, 그것을 파묻어 놓든지, 아니면 그것을 낭비해서는 안 됩니다. 그것으로 주인을 위해서 장사해야 했습니다.

그 므나를 준 것은 그것을 가지고 자랑하도록 함이 아니었습니다. 그들은 한 푼도 없는 다른 사람들에게 가서 보여주면서 자랑하며 자기 이름을 높이는 일을 하지 않아야 했습니다. 그들에게 주어진 자본이 아무리 적다 할지라도 여전히 그 자본은 주님의 것이었습니다. 재능이 자신의 것인 양 떠벌리고 자랑하는 것은 유감스러운 일입니다. 장사를 잘하고 있는 사람은 자랑할 많은 돈을 갖고 있는 일이 별로 없습니다. 항상 사업을 하는 데 돈이 필요합니다. 때로는 손에 몇 푼짜리 어음밖에 없기도 합니다. 왜냐하면 사업에 돈이 다 들어가야만 하기 때문입니다. 그의 황금 씨앗은 모두 그의 장사라는 밭에 뿌려집니다. 제 자신에 대해서 말한다 할지라도, 제 자신을 자랑할 여지를 전혀 발견할 수 없습니다. 왜냐하면 제게 어떤 미덕이나 장점이 있다고 할지라도, 여분으로 남겨 둘 것이 하나도 없기 때문입니다. 저는 금방 해야 할 일들을 위해서 가까스로 필요한 만큼의 자원만 가지고 있습니다. 앞으로 할 일에 대한 충분한 것을 가지고 있지 않습니다. 우리가 받은 므나는 우리를 과시하기 위해서 걸어 놓아야 할 것이 아니라 장사해야 할 것입니다.

장사한다는 것은 하잘것없다고 말할 수 있는 생활을 나타냅니다. 그러나 장사는 무엇보다도 실천적인 일입니다. 장사는 그 일에 종사하는 사람에게 지극히 실제적인 효과를 가져다줍니다. 그 사실은 본능적으로 판단해야 할 영역이 많은 직업이라는 사실에서 기인되는 것입니다. 그 종들은 어떤 특별한 장사만을 해야 되지 않았습니다. 자기가 받은 므나를 가지고 열 배로 남긴 사람은 장사해서 최고로 많은 이윤을 남길 사업을 선택하였습니다. 그는 자기에게 가장 유쾌한 일이 무엇인가를 추구하지 않았습니다. 오히려 가장 이윤을 남길 수 있는 일을 택하였습니다. 사랑하는 친구 여러분, 여러분도 여러분의 구주를 위해 어떤 유의 봉사를 해야 하는지 스스로 선택해야 합니다. 여러분은 주님을 위해서 장사해야 합니다. 모든 일을 주님을 위해서 잘 해야 합니다. 현재 콩고에 선교하는 일이나 인도의 산악부족들에게 선교하는 일만큼 많은 이익을 남길 장사가 없습니다. 빈민가에서 살고 있는 찢어지게 가난한 사람들을 상대하는 일에서 거액의 배당금이 나오고, 지극히 가난한 과부와 고아들을 상대하는 데서도 그만큼의 수익이 나옵니다. 사람들이 열병으로 그 생명이 쇠잔해진 후에 주 예수를 위해서 목숨을 버려야 할 때, 그들에게 돌아오는 보답은 놀라운 것들입니다. 궁핍이 가장 클 때 우리 주님께서 가장 큰 영광을 받으십니다. 여러분이 무엇을 할 수 있느냐를 판단하는 것은 여러분에게 맡겨진 일입니다. 여러분이 어떻게 그 일을 하며, 어디서 할 것인가를 판단하는 것도 마찬가지입니다. 영혼들을 확실하게 그리스도 께 인도하고, 주님의 나라를 가장 잘 세울 일을 행하십시오. 여러분이 아주 잘 판 단하여, 영광스러운 주님에게 가장 큰 이익이 돌아갈 수 있게 하는 거룩한 일을 시작하도록 하십시오.

주인이 제정해 준 일은 그들이 어떤 사람인지 드러나게 하는 일이었습니다. 여 러분은 장사에 결코 성공하지 못하는 사람을 알고 있습니까? 저는 알고 있습니 다. 그 사람은 자기가 지능이 부족하다고 불평합니다. 보통 그런 불평은 사실에 기초하고 있습니다. 그는 쉽게 생계를 유지할 수 있는 직업을 찾을 필요가 있습 니다. 그 사람은 아주 쉽게 할 수 있는 일이 아니면 안 됩니다. 그런 일조차도 제 대로 해낼 수가 없습니다. 요즘 같은 시대에 장사에 성공하는 사람은 확신을 가 져야 하고, 늘 깨어 있으면서 항상 눈을 크게 뜨고 총력을 기울여야 합니다. 우리 시대는 매우 어렵습니다. 그러나 자기 주인에게 반역하는 자들이 우글거리는 곳 에서 그 신실한 종들이 장사하고 있었음을 보여주는 그 비유의 상황만큼 어렵지 는 않습니다. 그들은 정말 민첩한 지혜가 필요했습니다. 장사는 사람의 인내와 견인과 용기를 발전시킵니다. 또한 사람의 정직성과 신실함과 견실함을 시험합 니다. 장사는 성품을 형성하는데 아주 탁월한 훈련을 제공합니다. 이 비유에 나 오는 귀인이 자기 종에게 한 므나를 주었을 때, 그것은 그 종이 어떤 사람인지 알 아보기 위함이었습니다. 적은 자본을 가지고 장사하는 것은 혼자서 하는 일이고 또 지루한 일이기도 합니다. 또 시간이 많이 걸리고 쉬는 일이 별로 없는 일입니 다. 또 실망할 거리는 많고 소득은 적은 일이죠. 그 일은 전력을 다해서 해야 하 고, 온 마음을 기울여야 할 일입니다. 우리는 그리스도를 그런 식으로 섬겨야 합 니다. "장사하라"는 말은 그 말을 통해서 나타내고자 하는 세계가 있습니다. 저 는 오늘 아침 그 요점을 제시할 수 없습니다. 또 그럴 필요도 없죠. 여러분 거의 가 저보다 장사하는 것이 무엇인지를 더 잘 알고 있기 때문입니다. 여러분이 주 예수 그리스도를 위해서 장사하되, 여러분 자신을 위해서 장사하는 경우보다 더 고귀하고 명확한 의미에서 장사해야 합니다. 여러분의 육체의 힘, 정신적인 여 러 기능들, 여러분의 자질, 여러분의 가족, 여러분의 모든 것을 다 가지고 하나님 께 영광을 돌려야 하며, 예수님의 이름을 높여야 합니다. 예수님을 위해서, 그리 고 예수님과 함께 일하는 것이야말로 여러분의 필생의 일이 되어야 합니다.

성공적으로 수행할 경우에 장사는 온 마음을 기울이는 일이고, 사람 전체를 요구하는 일입니다. 장사는 계속적인 노고를 기울여야 하고, 다양한 시련을 겪어야 하고, 또 훌륭한 시험 방법이며, 귀중한 훈련입니다. 그 귀인이 자기 종들에게 장사를 하도록 시킨 것은 바로, 그가 후에 종들을 훨씬 더 고귀한 일에 사용하기 위함이었습니다. 형제 여러분, 장사한다는 것이 무엇을 뜻하는지 배우시고 여러분의 온 마음을 다해서 신령한 장사를 수행하시기 바랍니다.

동시에 우리는 장사가 그들의 능력에 적합한 일이었다는 것을 주목해야 합니다. 그 자본금이 아무리 적었다 할지라도 그들에게는 충분하였습니다. 그들은 종일 뿐이었고, 높은 지위나 교육을 받은 사람들이 아니었습니다. 그들의 주인은 각자에게 한 므나씩을 주었습니다. 그것은 우리 돈으로 400파운드 조금 더 되는 액수였습니다(한 므나는 약 20데나리온이고, 1데나리온은 인부 1일 임금이니 20일분의 삯에 해당함 − 역주). 그것으로 큰 가게를 얻을 수도 없었고, 그 적은 액수로 수익성이 좋은 채권을 살 수도 없었습니다. 그들은 자기에게 맡겨진 일이 감당하기 너무 무겁다고 불평하지 않았습니다. 그들은 각자 그 적은 돈을 가지고 몇 가지 물건을 사서 팔아 버리고 끝낼 수도 있었습니다. 주 예수 그리스도께서는 여러분이 할 수 있는 것보다 더 많은 것을 요구하지 않으십니다. 주님께서는 여러분이 감당하지 못할 염려로 여러분을 좌절하도록 만드시지 않습니다. 우리는 아직까지 우리 능력을 최대한으로 발휘하지는 못했습니다. 더 많이 할 수 있습니다. 예수님께서는 완고한 주인이 아니십니다. 예수님을 보고 "심지 않은 데서 거두는 엄한 사람"이라고 하는 자가 있다면 그는 거짓되고 게으른 종입니다. 그런 유의 일은 전혀 생각하지 말아야 합니다. 주님께서는 우리에게 가벼운 일을 맡기셨습니다. 주님을 위해서 우리가 하는 일은 우리 능력의 한계에 딱 맞는 일입니다. 주님께서는 그분의 성령으로 말미암아 언제든지 우리를 도울 준비를 하고 계십니다. 우리는 적어도 받은 한 므나를 잘 이용하도록 해야 합니다. 그것으로 적어도 열 므나를 남길 야심을 가져야 합니다. 주께서 은혜를 베푸시어 우리의 노력이 성공하여 주님께 많은 이익을 내보일 수 있게 해주시기를 바랍니다!

여러분은 이 종들이 어떻게 부양을 받는지에 대해서 물었습니까? 그들의 주인은 그들더러 그 므나로 생활해 나가라고 말하지 않았습니다. 그렇게 할 필요가 없습니다. 그들은 그 주인의 종들이었습니다. 주인의 지붕 아래에서 살고 있었고, 주인이 그 종들이 필요로 하는 모든 것을 공급하였습니다. 주인이 먼 여행을 떠났지만, 그의 가정을 포기한 것이 아니었습니다. 식탁이 여전히 배설되었고, 주인의 자녀들과 종들이 먹고 남을 충분한 양식이 있었습니다. 어떤 사람은 이렇게 말합니다. "오! 그러면 상황이 달라집니다." 그렇습니다. 그러나 그렇다고 해서 그 경우가 여러분의 경우와 달라지는 것은 아닙니다. 만일 그 점 때문에 달라진다면, 저는 여러분을 안되었다고 생각합니다. 여러분은 스스로 여러분에게 필요한 것을 공급합니까? "내가 무엇을 먹을까? 무엇을 마실까?' 하고 부르짖습니까? 이 모든 것들이 세상의 여러 이방인들이 추구하는 것임을 알지 못하십니까? 예수님께서 말씀하십니다. "너희 하늘 아버지께서 이 모든 것이 너희에게 있어야 할 줄을 아시느니라"(마 6:32). 내 삶을 이해하듯이, 주님의 일을 해야 합니다. 주님이 저를 위해 필요한 것을 공급하실 것입니다. 주님께서는 제 자신의 노동을 통해서 이 일을 하실 수 있습니다. 그렇지만 여전히 그 일을 하는 것은 제 소관이 아니라 주님의 소관입니다. 만일 하나님의 섭리가 우리를 위해 필요한 모든 것을 공급하기에 충분하지 못하다면, 우리가 스스로 자신을 위해서 그 모든 것을 공급할 수 없는 것이 확실합니다. 만일 하나님의 섭리가 충분히 공급한다면, 우리의 모든 염려를 주께 맡기고 온전히 주님을 찬미하기 위해서 살아가는 것이 현명한 일입니다. "먼저 그의 나라와 그의 의를 구하라 그리하면 이 모든 것을 너희에게 더하시리라"(마 6:33)는 말씀을 기억하십시오. 여러분은 종으로서 자신의 이익에 관하여 염려하는 일에 얽매이지 않아야 합니다. 그보다는 여러분의 생각과 모든 삶 전체를 주님을 섬기는데 드려야 합니다. 그러면 주님께서 여러분을 돌보실 것이고, 주께서 오실 때에 여러분에게 상을 주실 것입니다.

3. 기대

셋째로, 이 비유를 이해하려면, 우리는 "그들에게 언제나 영향을 주었을 기대"를 기억해야 합니다. 주인이 돌아올 때까지 그 종들은 일을 위탁받은 종들로 있었습니다. 그러나 주인이 다시 돌아온다는 사실이 이 문제에서 중요한 사항이었습니다.

그들은 주인이 다시 돌아올 것이다, 주인이 왕이 되어 돌아올 것이라는 사실을 믿어야 했습니다. 시민들은 그것을 믿지 않았습니다. 그들은 카이사르가 그에게 왕위를 주지 않기를 바랐습니다. 그러나 우리의 고귀한 주께서는 그 나라를 받아 오시리라는 것을 확실히 알아야 합니다. 이 패역한 세대는 예수님께서 언제까지 왕으로 계실 것을 믿지 않습니다. 일전에 저는 "기독교의 일식"(日蝕)에 대해서 읽었습니다. 끊임없이 우리는 주님의 통치가 공격을 당하는 것을 봅니다. 사람들은 그리스도의 왕권이 여러 사실들에 의해서 실제적으로 의심받고 있다고 말합니다. 그렇습니까? 여러분, 죄송한 말씀이지만 저는 지독하게 편견을 가지고 있습니다. 왜냐하면 저는 주님의 종이기 때문입니다. 저의 목숨과 저의 모든 것은 다 주님의 것입니다. 주님이 지금 왕 중의 왕이시고, 왕 중의 왕이심에 틀림없다고 확신합니다. 저는 주님을 너무나 잘 알기 때문에 주님께서 가셨던 그 황제의 궁정에서 응답을 받으실 것을 확신합니다. 그분은 거기에서 크게 존귀함을 얻을 것입니다. 저는 최근에 위대하신 임금님의 얼굴을 뵈었을 때, 그 이름을 부름으로써 은총을 얻었습니다. 저는 그 이름을 언급할 때마다 제가 구하는 것은 무엇이든지 받습니다. 그래서 그분이 정말 하늘에서 놀라운 명성을 지니고 계심이 틀림없다고 확신합니다. 주님의 아버지는 군주이십니다! 그 군주께서 당신의 독생자에게 나라를 허락하지 않으실 리가 없습니다. 예수님께서는 나라를 가지고 다시 오실 것입니다. 저는 그 점을 확신합니다. 지금은 눈에 보이지 않는 주님께서 머리에 영광스러운 왕관을 쓰시고 곧 다시 이 지상에 돌아오실 것을 확신하면서 일해야 합니다. 주님께서 떠나실 때 잔인한 죽음을 맞으신 흔적을 가지고 떠나셨습니다. 다시 오실 때도 그 흔적을 갖고 계실 것입니다. 그러나 못 박히신 흔적은 그분의 수치를 전혀 기억나게 하지 않을 것입니다. 오히려 그 손에 보석처럼 빛나게 될 것입니다.

그의 종들은 먼 여행을 떠난 주인을 이미 임금이 된 분으로 여겨야 했습니다. 그들은 그런 마음으로 원수들 가운데서 장사할 때 그들의 충성심이 결코 변하지 않을 것입니다. 그들은 왕의 편에 서 있었습니다. 왕을 대적하는 원수들 가운데서 장사한다는 것은 정말 겁이 나는 일입니다. 그러한 경우에는 뱀처럼 지혜롭고 비둘기처럼 순결해야 합니다. 이것이 바로 우리가 처한 매우 두려운 상황입니다. 우리는 하나님을 미워하는 사람들 중에서 하나님께 영광을 돌려야 합니다. 할 수만 있으면 예수님을 다시 십자가에 못 박으려 하는 사람들 중에서 우리 주님을 찬미해야 합니다. 우리는 그들 중에 출입하면서, 그 반역자들이 자기들 편에 우리가 서 있다고 말하거나, 그들의 불충성에 우리가 추파를 던지고 있다고 말하지 못하도록 해야 합니다. 우리는 우리 임금 예수님께서 왕관을 쓸 권리가 있음을 사실상 모독하는 삶을 사는 자들에게 "오! 오랜만이야 친구, 잘 만났네!"라고 말하는 자가 될 수 없습니다. 우리는 무엇보다 주님이 안 보이는 경우에도 우리가 그분께 충성한다는 사실을 보여주어야 합니다. 그래야 그 주님께서 주님을 대적하는 원수들 속에서도 우리가 지조를 굽히지 않고 주님을 위해 끝까지 충성한 자라고 칭찬해 주시는 것입니다.

원문을 보면 누구든지 본문을 종들이 주인이 이미 돌아온 것으로 종들이 여겨야 했다는 식으로 읽어야 할 것으로 보입니다. 이것이 주님의 재림에 대한 우리의 관점이 되어야 합니다. 주님은 지금도 여기로 오고 계십니다. 무덤에서 다시 살아나시자마자 주님은 사실상 우리에게 돌아오고 계셨던 것입니다. 참 기이한 역설입니다. 그러나 주님께서 하늘로 올라가심은 어떤 의미에서 우리에게 돌아오심의 한 부분입니다. 왜냐하면 지상의 십자가로부터 온 땅의 왕으로 등극하시기까지 주님의 경로는 새 예루살렘을 거쳐 가는 것이었기 때문입니다. 지금 주님은 그의 지혜로운 판단에 따라 옳다고 여기는 한 빨리 오고 계십니다. 저는 확신합니다. 우리 주님께서 절대적으로 필요한 만큼 더 이상 일순간도 지체하지 않으실 것임을 말입니다. 주님께서는 당신의 신부 된 교회를 사랑하십니다. 교회의 신랑 되신 주님께서 그 교회를 만날 시간을 오래 끌지 않으실 것입니다. 또는 다시 교회와 떨어져 계시려 하지 않으실 것입니다. 주님께서는 항상 준비하고 계십니다. 성도도 준비하고 있어야 합니다. 주 예수님은 다시 오고 싶어하십니다. 주님의 마음은 우리가 "어서 오시옵소서"라고 울부짖는 기도를 항상 예민하게 듣고 계십니다. 주님께서는 우리가 생각하는 것보다 빨리 오실 것입니다. 주님께서 지금 이 순간 오고 계시다고 느껴야 합니다. 우리는 마치 주님이 어느 순간에라도 당도하실 수 있는 것처럼 살아야 합니다.

우리는 주님이 오시기까지 장사해야 합니다. 비록 우리 자신이 하는 일에서는 물러선다 할지라도 주님을 위해서 일하는 일에서는 결코 은퇴란 있을 수 없습니다. 우리가 충분히 모든 일을 다 해냈다고 생각하며 일을 멈추어서는 안 됩니다. 주님께서 오실 때에 우리는 쉬게 될 것입니다. 그때까지 우리는 계속 장사해야 합니다.

우리는 실제로 주님이 계시는 가운데서 일하는 것처럼 수고해야 합니다. 여러분은 주님께서 바로 여러분 곁에 계시면 어떻게 일을 하시겠습니까? 바로 그렇게 일하십시오. 주님께서는 몸으로 우리 가운데 함께 계신 것처럼 분명히 우리를 보고 계십니다. 구속주의 눈이 항상 우리를 지켜보신다는 생각으로 힘을 얻으시고 영감을 얻으시기 바랍니다. 그렇게 할 때, 이 시련 가운데서도 최선을 다해 생활할 수 있을 것입니다.

4. 주님의 은밀한 계획

자, 이제 이 주제의 달콤한 부분을 만나게 되었습니다. 우리는 "주님의 은밀한 계획"을 잘 주목해 보아야 하겠습니다. 이 귀인이 종들에 대해 매우 자비로운 계획을 갖고 있었다는 것이 여러분에게 큰 힘을 주지 않습니까? 이 귀인이 각 사람에게 한 므나씩을 준 것은 오로지 그 종들이 자기를 위해서 돈을 벌도록 할 목적만 위해서였겠습니까? 그렇게 생각하는 것은 터무니없는 일입니다. 왕이 될 사람에게 있어서 몇 므나 쯤은 수에 칠 가치도 없습니다. 정말 그렇지요! 브루스 목사가 "각 종은 돈을 벌고 있었던 것이 아니라 성품을 만들고 있었다"고 말했었는데 맞는 말입니다. 주인의 의도는 그들을 통해서 돈을 얻고자 함이 아니었습니다. 그들을 교육시키고자 함이었습니다.

첫째, 그들 각자에 한 므나씩 맡긴 것은 하나의 시금석이었습니다. 이 귀인은 자신에게 말하였습니다. "내가 왕이 되면 주위에 능력 있는 충성스러운 종들이 있어야 한다"고 말하였던 것입니다. 그리고 더 나아가 "내가 집을 떠나 있는 동안 그 기회를 통해 내 종들이 어떻게 하는가 보아야겠다. 나는 그 종들의 능력과 부지런함을 시험할 것이고, 그들의 정직성과 열심을 시험할 것이다. 만일 그들이 적은 일에 충성스러운 모습을 보이면 더 큰 문제들을 그들에게 맡겨도 될 것이다." 자, 그 한 므나는 시금석에 지나지 않았습니다. 그들은 그것을 가지고 많은 해악을 끼칠 수는 없었습니다. 그러나 그들의 능력과 신빙성을 시험하기에는 아주 충분한 액수였습니다. 가장 적은 일에 충성된 사람은 역시 많은 것에도 충성될 것이기 때문입니다. 그들은 아직 그 시금석을 통해서 그들의 정체를 드러낸 상태가 아니었습니다. 그러나 주인은 그것을 방편으로 해서 그들의 성품을 드러내었던 것입니다.

또한 그 일은 장래의 섬김을 위하여 그들을 준비시킨 일이었습니다. 주인은 그들을 종의 신분에서 관원의 신분으로 높이 세우려 하였던 것입니다. 그러므로 그들은 이제 말할 수 없이 큰 책임을 맡은 자들이 될 예정이었습니다. 그러니 그 시험을 통해서 그에 부합한 사람들이 되어야 했습니다. 그들은 매우 작은 일을 관리하는 관원들이 먼저 되어야 했습니다. 다시 말하면, 한 므나를 관리하는 관원들이 되어야 했던 것입니다. 그 일을 통해서 그들이 교육을 받게 한 것입니다.

장사하는 일을 통해서 다스리는 자로서 훈련을 받고 있었던 것입니다. 남을 다 스리는 상전이 되기 위해서 배우는 가장 훌륭한 방식은 먼저 종이 되는 것입니다. 어떤 상전들이 완고하고 폭군적인 이유는 경험적으로 종의 마음을 전혀 알지 못하기 때문입니다. 그는 섬김에 대해서 전혀 알지 못합니다. 그래서 그들은 지혜나 관용이나 부드러움을 가지고 있지 못합니다. 상전이 종들을 향하여 그러한 것을 보여주어야 하는데도 말입니다. 그래서 이 귀인은 매우 지혜로운 사람이었습니다. 그는 그들을 시험도 하고 또한 훈련도 시키는 일을 한꺼번에 하고 있었습니다.

이 외에도 그 귀인은 그들로 하여금 그들의 장래 영예를 미리 조금 예상하도록 하였던 것입니다. 그 귀인은 종들을 훈련시켜 여러 성들을 주관하는 자로 삼으려 하였습니다. 그래서 먼저 그들로 하여금 므나를 관리하는 자들이 되게 하였던 것입니다. 그들은 종들이었으며 매일 아침 귀인으로부터 명령을 받았습니다. 그러나 이제 그들은 자기들에게 명령을 내리는 사람이 없이 스스로의 판단력을 사용해야 합니다. 그들은 사실 어떤 작은 영역에서 작은 왕이 되었습니다. 그 나라 전체의 시민들은 반역하였습니다. 그러나 그 귀인의 종들의 나라는 작았습니다. 그들은 자기들의 작은 방도를 통해서 귀인의 영예를 유지하려고 최선을 다하였습니다. 그들은 이미 자유함을 얻었습니다. 어느 정도 권위의 자리에 들어가 있었고, 각자 맡은 책임의 달콤함과 막중함을 알게 되었습니다. 오! 하나님을 위해서 일하는 여러분이여, 여러분이 하나님을 위해서 다른 사람들을 감독하게 되거나 하나님을 위해서 영혼들을 얻고 하나님의 이름으로 원수들을 이길 때에 이미 여러분의 영원한 상급을 예감하고 있는 셈입니다. 우리는 살아가면서 장래의 위치를 형성하고 있는 것입니다. 왜냐하면 하늘이 주 예수께서 우리를 위해서 예비하신 상태와 장소라 할지라도, 그것은 주로 성품에 놓여 있기 때문입니다. 사람 자체는 그 사람이 걷고 있는 황금 길보다도 더 큰 기쁨의 원천이 되는 것입니다. 만일 여러분이 가지고 있는 므나를 숨기고 여기 지상에서 주님을 섬기는 일을 게을리한다면, 주님께서 통치하시는 그 천년 왕국 속에서 희미하고 안개 낀 미래를 스스로 만들고 있는 셈입니다. 거룩한 장사를 위해서 자신을 투자하며 주님께 자신을 온전히 헌신하고 있는 사람들은, 주님께서 영광스럽게 그 백성들 중에 통치하러 오실 때에 큰 명예를 얻게 될 것입니다.

그 귀인은 돌아왔을 때에 열 므나를 벌었던 사람에게 열 고을을 차지하라고 하였습니다. 그것을 생각해 보십시오! 섬김은 형편없이 하고 상은 풍성하게 받는 일은 전혀 균형이 맞지 않습니다. 한 므나에 한 성읍을 상으로 준 것입니다. 천년 왕국 때에 받을 상급도 분명히 은혜에 속한 것입니다. 그 상급은 종들이 번 것에 비하면 너무나 엄청난 것이기 때문입니다. 그들의 주인은 사실대로 하면 그들에게 어떤 것도 지불할 의무가 없었던 사람이었습니다. 종들은 그 주인의 몸종들이었습니다. 그러나 그 귀인이 종들에게 준 것은 주인의 흘러넘치는 은혜에 속한 것이었습니다. 다섯 므나를 남긴 사람이 조금도 수치를 당한 것이 아니라고 저는 생각합니다. 그는 다른 사람처럼 부지런히 열심히 일했을 수 있습니다. 그러나 능력이 그것밖에 되지 않았습니다. 그러나 상전이 자기에게 "다섯 고을"을 주었을 때 그는 정말 깜짝 놀랐을 것입니다. 아마 첫 번째 경우의 사람보다도 훨씬 더 많이 놀랐을 것입니다. 한번 이렇게 생각해 보십시오. 우리 중 어떤 사람이 한 므나를 받아 그것으로 장사하라는 사명을 받았는데, 그 사명을 감당한 다음에 상급으로 다섯 고을을 받았다고 해 봅시다. 장사하도록 받은 돈으로는 아주 작은 것도 살 만한 액수가 아니었습니다. 그런데도 그 돈이 다섯 성읍을 일꾼에게 가져다준 것입니다! 그러한 풍성한 것을 받은 사람의 마음은 얼마나 놀랐을까요! 또한 열 고을을 받은 형제에 대한 시기심이 그 마음에 전혀 들어오지 않았을 것입니다. 왜냐하면 다섯 고을도 충분히 광대한 상급이었기 때문입니다. 그는 자기 앞에 주어진 미래를 바라보고서 환희에 차서 어쩔 줄을 몰랐을 것입니다. 영광의 정도에는 차이가 있지만, 그 차이는 그 복을 받은 사람이 감당할 만한 분량에 합당한 것이 될 것입니다. 모든 그릇마다 다 채워질 것입니다. 그러나 그 크기는 다 같지 않을 것입니다. 열 므나를 받은 사람은 더 큰 그릇으로, 그 아귀까지 채운 사람입니다. 다섯 고을을 받은 사람은 그 역량이 그 사람보다는 덜합니다. 그러나 여전히 그 사람도 가득 채움을 받고 기뻐 어쩔 줄 몰라 하였습니다. 어쨌든 우리는 할 수 있으면 열 므나를 얻으려고 애를 써야 합니다. 우리는 주님을 위해서 모든 마음을 기울여 영적인 일들에서 장사해야 합니다.

어떤 이는 이렇게 말합니다. "그러나 이 고을들이 어디 있으며 무엇을 의미하는가?" 이 모든 것은 문자 그대로 천년 왕국 시대 동안에 일어날 수도 있습니다. 그러나 나는 잘 모르겠습니다. 그리스도께서 오실 때에 그리스도 안에서 죽은 자들은 먼저 일어날 것입니다. "그 나머지 죽은 자들은 그 천 년이 차기까지 살지 못하더라"(계 20:5)는 말씀을 우리는 계시록에서 읽습니다. 복음의 경륜에

따라 특별한 상급을 받는 시대가 오는 일이 시간적인 간격을 두고 일어날지도
모릅니다. 그럴지도 모르죠. 그러나 저는 잘 모르겠습니다. 우리가 장래 시대 속
에서 천사들이 우리에게 채워 준 똑같은 직무를 다른 세계에서도 감당하게 될
것인지를 말할 수 없습니다. 예수님은 우리를 왕과 제사장들로 세우셨습니다.
우리는 우리의 보좌를 위해서 훈련을 받고 있습니다. 이 회중을 통해서 내가 구
주의 영광을 온 세상에 전파하는 법을 배우고 있기만 하다면 얼마나 좋겠습니
까! 지상에서 신실한 설교자는 수많은 별자리들을 향하여 주님의 영광을 말하게
될 수도 있습니다. 어떤 사람이 중앙의 별에 서서, 이 예배당과 이 지역 사람들에
게 그리스도를 전하기보다, 여러 세계에 그리스도를 전파한다면 얼마나 좋겠습
니까! 그렇게 하지 않아야 할 이유가 있습니까? 어쨌든 수백 마일 떨어진 사람들
에게도 들릴 수 있을 정도의 큰 목소리를 낼 수만 있다면 저는 주 하나님께서 예
수 그리스도 안에서 계시하신 그 영광스러운 진리들을 말할 것입니다. 만일 우
리가 이 지상에서 충성스럽다면, 우리 구주께서 이후로 더 높은 자리에서 섬기
도록 우리에게 책임을 맡기실 것을 기대할 수 있습니다. 우리가 그 시금석을 견
뎌 낼 수 있도록 해야 하며, 우리가 그 훈련을 통해서 유익을 받는다는 것을 명심
해야 합니다. 우리의 계산이 매우 적게 나옴에 따라, 영원의 거대한 저울에 달려
질 때도 그와 같이 나올 것입니다. 이 사실은 이 낮은 영역에서 일하는 것을 전혀
다르게 보게 만듭니다. 열 고을을 다스리는 관원들이 될 것입니다! 또는 다섯 고
을을 다스리는 관원이 될 것입니다!

　　형제 여러분, 우리가 이 세상에 있을 때에 주님께서 우리에게 맡기신 적은
것을 가지고 주님을 섬길 수가 없다면, 그 사람은 그러한 존귀를 받을 만한 자격
이 없습니다. 열 고을을 다스리는 관원들이여! 다섯 고을을 다스리는 관원들이
여! 형제 여러분, 만일 여러분이 이 세상에서 주님께서 맡기신 것으로 주님을 잘
섬길 수 없다면 그러한 존엄을 얻기에 너무나 합당하지 못합니다. 만일 이 지상
에 있을 때에 여러분이 전적으로 주님을 위해서 산다면, 모든 헌신된 영혼들을
기다리는 그 말로 다할 수 없는 영광을 받을 준비를 하고 있는 셈입니다. 그러니
즉시 경건한 삶을 시작합시다! 시간은 정말 짧습니다. 우리가 다루는 사물들도
비교적 작은 것들입니다. 우리는 곧 시간이라는 껍질 밖으로 벗어나게 될 것입
니다. 그래서 우리가 그것을 깨뜨리고 영원으로 미끄러져 들어가서 하나님의 광
대한 목적을 보게 될 때에, 우리에게 부여되는 직분에 깜짝 놀라게 될 것입니다.

그것은 이 세상에서 섬긴 일에 대한 보상일 것입니다. 오 주여, 우리를 충성되게 하옵소서! 아멘.

제
78
장

—

예수님의 탄식

—

"가까이 오사 성을 보시고 우시며" — 눅 19:41

　　예수님께서는 세 번 눈물을 흘리셨다고 우리는 알고 있습니다. 여러분은 예수님이 세 번 우신 내용들을 잘 알고 있습니다. 그래도 여러분의 기억을 새롭게 하는 것도 가치 있는 일일 것입니다. 우리 주님께서 첫 번째로 눈물을 흘리신 때는 나사로를 죽은 자 가운데서 일으키고자 할 때였습니다. 주님께서는 그 누이들의 슬픔을 보시고는 육신의 죽음과 파멸 가운데 있는 죄의 열매에 대해 생각하셨고, 영적으로 신음하며 슬퍼하셨습니다. 그리고는 "예수께서 눈물을 흘리시더라"(요 11:35)고 성경에 기록되어 있습니다. 성경의 장들을 구분한 사람들이 이 간단한 문장('예수께서 눈물을 흘리시더라'[Jesus wept] 요 11:35— 역주)을 한 개의 독립된 절로 구분한 것은 아주 잘한 일입니다. 이 말씀은 독자적으로 기록되었습니다. 비록 성경에서 가장 짧은 절이기는 하지만 어떤 측면에서 보면 성경 전체에서 가장 위대한 절이기도 합니다. 이 말씀은 최상급 다이아몬드처럼 빛나고 있습니다. 이 말씀 안에는 치유하는 아로마의 세계가 한 방울로 응축되어 있습니다. 이렇게 작은 것 안에서 우리는 많은 것을 얻습니다. 다시 말해, 두 단어로 이루어진 이 구절에서 우리는 의미의 보고(寶庫)를 얻게 되는 것입니다.

　　두 번째로 예수님이 우신 경우는 지금 우리 앞에 놓인 본문에 나타나는데, 이 경우를 우리가 오늘의 설교 주제로 삼고자 합니다. 즉, 예수님께서 사랑하신 성이었지만 반역하는 그 성을 보고서 우신 경우입니다. 세 번째 경우는 사도 바울이 히브리서 5장에서 언급한 내용입니다. 그 곳에서 바울은 다른 본문에서는 우리가 전혀 알 수 없었던 말을 합니다. 즉, 구세주께서는 "육체에 계실 때에 자기를 죽음에서 능히 구원하실 이에게 심한 통곡과 눈물로 간구와 소원을 올렸고 그의 경건하심으로 말미암아 들으심을 얻었느니라"(히 5:7)고 하는 말입니다. 사도 바울의 이 말은 겟세마네의 고통과 관련됩니다. 그곳에서 극심한 눈물이 피땀으로 뒤범벅이 되어 흘러내렸습니다. 그분이 가지신 사랑의 능력이 그분이 영혼으로 감당할 수밖에 없었던 고뇌와 다투셨고, 그 갈등의 과정에서 그분의 눈에서는 거룩한 눈물들이 쏟아졌던 것입니다.

이처럼 우리 구세주께서는 가정의 슬픔에 동감하여 우셨고, 또한 사별한 자들의 눈물을 거룩하게 하셨습니다. 우리도 예수님과 마찬가지로 형제들이나 친구들이 죽었을 때 울 수 있습니다. 우리가 애통해한다고 해서 비난받을 필요는 없습니다. 왜냐하면 예수님께서도 하나님의 뜻에 전적으로 순종하면서도 우셨기 때문입니다. 우리는 우리가 사랑하는 자들의 무덤에서 울 수도 있습니다. 그렇다고 해서 우리가 그들의 부활을 믿지 못하는 죄를 짓는 것은 아닙니다. 왜냐하면 예수님께서도 나사로가 다시 살아날 것을 알면서도 우셨기 때문입니다. 예루살렘을 보고서 우신 우리 주님을 통해, 우리는 국가적 재난을 불쌍히 여기신 그분의 공감과, 자기 동족들에게 예상되는 악에 대한 그분의 괴로움을 볼 수 있습니다. 어떤 사람이 신자가 되었다고 해서 애국자가 되기를 포기해서는 안 됩니다. 다시 말해, 성도들은 악한 자들에게 닥칠 재난에 대해서 슬퍼해야 하는 것입니다. 만약 성도들에게 닥칠 재난이라면 더욱더 슬퍼해야만 합니다. 우리 주님께서 흘리신 세 번째 눈물은 그분을 심적으로 압박하던 인간의 큰 죄 짐 때문이었습니다. 주님의 이런 모습은 우리 또한 인간들이 짓는 죄들을 보고서 하나님 앞에서 그 죄에 대해 슬퍼해야 한다는 사실을 보여주고 있습니다. 그런데 이렇게 특별하게 우실 때 예수님은 홀로 계셨습니다. 겟세마네의 눈물에는 우리가 감히 이해할 수 없는 무언가가 있었습니다. 왜냐하면 눈물을 흘리시던 바로 그때가 그분께서 우리를 대신하여 고통 받기 시작하신 때였기 때문입니다. 우리를 대신하여 흘리는 눈물이기에 그분은 홀로 포도즙 틀을 밟으셨고(사 63:3), 또 분명히 그럴 필요가 있었으며, 그 누구도 그분과 함께 있어서는 안 되었습니다. 감람나무 아래에서 외롭게 홀로 울고 계시는 그분을 바라보십시오. 그분의 이름을 찬송할지어다. 그분께서는 우리가 도저히 감당할 수 없는 그런 슬픔을 감당하셨고, 대속을 위해 울부짖으셨던 그 허물들을 제거하셨습니다.

　　이제 우리는 우리 구세주께서 눈물을 흘리신 두 번째 경우를 살펴보고자 합니다. 그런데 오늘의 본문을, 지금 우리가 가진 이 칭송할 만한 영어 번역본(KJV)에서 사용된 단어와 헬라어 원문의 단어를 비교해 보면, 그 뜻이 정확하게 표현된 것이 아닙니다. 우리 번역본에는 "성을 보시고 우시며"라고 되어 있지만, 헬라어 원문은 단순한 눈물을 훨씬 넘어선 흐느낌과 울부짖음을 내포하고 있습니다. 아마도 "성을 보시고 탄식하시며"라는 번역이 가장 좋은 번역일 것입니다. 그분은 깊은 내면적인 고뇌로 고통을 받으셨습니다. 그래서 그분은 그 심정을 비애라는 상징과 자신의 슬픔이 얼마나 극심한지를 보여주는 말들로 표현하셨습니다. 우리의 주제는 예레미야의 탄식이 아니라, 예수님의 탄식입니다. "여호와의 분노의 매로 말미암아 고난당한 자는 나로다(애 3:1), 딸 내 백성의 파멸로 말미암아 내 눈에는 눈물이 시내처럼 흐르도다(애 3:48), 지나가는 모든 사람들이여 너희에게는 관계가 없는가 나의 고통과 같은 고통이 있는가 볼지어다(애 1:12)"라고 말한 그 눈물의 선지자보다 더 진실하게 말하셨던 그분의 탄식이 바로 오늘 우리의 주제가 될 것입니다. 예수님은 모든 사람에게 환호를 받는 왕이셨지만, 오늘 본문에서는 개인적으로 탄식하는 슬픔의 왕이셨습니다. 그분은 자기를 따르는 자들 가운데서 승리의 말을 타고 가시면서도 우시는 슬픔의 주권자이십니다. 그분께서 자신에게 반역한 백성들을 향해 온유한 마음을 보여주신 때보다 더 왕다운 모습을 보여주신 때가 언제였습니까? 대대로 다윗 집안의 중심지였던 예루살렘 성은 이전까지 이토록 왕다운 사람을 참으로 보지 못했습니다. 왜냐하면, 그분이야말로 쉽게 공감하는 분으로서 그 성을 다스리기에 가장 적합한 분이었기 때문입니다.

　　이 아침에 하나님께서 우리를 도와주신다면, 우리는 첫 번째로, 우리 주님의 내면적인 슬픔에 대해 생각해 보겠습니다. 그 다음 두 번째로, 우리는 말로 표현된 그분의 탄식에 대해 생각해 보고자 합니다. 오, 성령님의 능력으로 이 묵상을 축복하시어 우리의 모든 마음들이 녹아지기를 원하나이다. 오, 주님, 반석에게 명하시어 물이 흐르게 하옵소서. 주님이 더욱 원하신다면 당신의 막대기로 반석을 치시어, 솟구쳐 나오는 강물이 되게 하옵소서. 어떤 방법으로든 이 아침에 우리 주님에게 대답하는 우리가 되게 하옵소서.

“그리스도께서는 죄인들을 보고서 우셨는데,
　우리의 뺨이 메말라서야 되겠는가?
　회개의 슬픔으로 인한 눈물이
　모든 이의 눈에서 터져 나오게 하옵소서.”

1. 우리 주님의 내면적인 슬픔

첫 번째로, 우리 주님의 내면적인 슬픔에 대해 생각해 봅시다. 우리 주님의 슬픔은 너무나 내면적인 것이어서 어떤 외형적인 행사를 통해서도 그 슬픔이 억제될 수 없었다는 사실에 우리는 주목하고자 합니다. 그 행사는 전적으로 독보적인 그런 행사였습니다. 다시 말해, 흐린 날 가운데 잠깐 비치는 한 줄기 햇빛과도 같고, 또 몹시 추운 한겨울에 살짝 느껴지는 여름과 같은 행사였습니다. 그분의 제자들은 나귀새끼를 데리고 와서는 나귀 위에 그분을 태웠습니다. 그리고는 그분의 오심으로 인해 큰 소동이 일어났던 그 성으로 그분은 나귀를 타고 가셨습니다. 무리들은 나뭇가지를 흔들고 큰 소리로 호산나를 외치면서 그분에게 간절히 경의를 표하고자 하였습니다. 그분의 측근에서 둘러 서 있던 제자들은, 그분께서 탄생하실 때 천사들이 노래하던 “지극히 높은 곳에서는 하나님께 영광이요 땅에서는 하나님이 기뻐하신 사람들 중에 평화로다”(눅 2:14)의 합창소리에 못하게 않게, “찬송하리로다 주의 이름으로 오시는 왕이여 하늘에는 평화요 가장 높은 곳에는 영광이로다”(눅 19:38) 하는 찬송을 크게 외쳤으며, 이 찬송 소리는 메아리가 되어 울려 퍼졌습니다. 무리들 또한 호산나를 외치며 손에는 종려나무 가지를 들고 서 있는 가운데, 구세주께서는 거기에 멈추어 서서 우셨습니다. 바로 그 장소는 수 세기 전에 다윗이 울었던 곳이었습니다. 그 곳을 다윗의 아들로 오신 분께서 오셔서 잠시 그 성을 둘러보시고는 통곡하며 탄식하셨던 것입니다. 이런 탄식은 그때에 요구되던 모든 것과 정반대되는 것이었습니다. 다시 말해, 이 탄식은 틀림없이 그 행사의 모든 격식을 위반한 것으로서, 축제를 통곡으로, 승리를 탄식으로 뒤바꾼 깊은 슬픔이었습니다. 아! 그분께서는 그분의 귓가에 울려 퍼지는 모든 찬양들 속에 있는 공허함을 알고 계셨습니다. 지금은 호산나를 소리 높여 외치는 자들이 몇 날이 못 되어 “그를 십자가에 못 박게 하소서 십자가에 못 박게 하소서”(눅 23:21)라고 외칠 것을 그분은 알고 계셨습니다. 그분의 흥겨운 예루살렘 입성 이후에 그 입성으로 인해 사람들이 자신을 죽이려고 십자가로 끌고 가는 그 슬픈 행렬이 뒤따를 것도 그분은 알고 계셨습니다. 그분께서는 그 흥분된 순간 속에서도 그 속에 있던 진실의 작은 앙금을 보시고, 그것을 받아들이셨습니다. 그분은 외형적으로만 가득한 흥분상태를 탄식하셨습니다. 그런 흥분은 바다의 안개처럼 사라질 것이기 때문입니다. 그래서 그분은 그렇게 서서 우셨던 것입니다. 틀림없이 그 슬픔은 희망으로 가득 찬 그 날을 고통의 나날로 뒤바꾼 엄청난 슬픔이었습니다. 그 날 동안 구세주께서는 금식하셨다는 생각이 번득 제게 떠오릅니다. 그분께서 금식을 하셨다면, 다른 사람들은 자신으로 인해 축제를 벌이는 반면, 그분은 의도적으로 스스로 금식을 행하셨던 것입니다. 이런 일은 유례가 없는 일입니다. 그분께서 왜 이렇게 행하셨는지 그 이유를 저는 이렇게 생각합니다. 마가는 다음과 같이 말하고 있습니다. "때가 이미 저물매 열두 제자를 데리시고 베다니에 나가시니라. 이튿날 그들이 베다니에서 나왔을 때에 예수께서 시장하신지라. 멀리서 잎사귀 있는 한 무화과나무를 보시고 혹 그 나무에 무엇이 있을까 하여 가셨더니 가서 보신즉 잎사귀 외에 아무것도 없더라 이는 무화과의 때가 아님이라"(막 11:11-13). 만약 그 전날에 주님께서 금식히지 않으셨다면, 그와 같은 시장기는 느끼지 않으셨을 것입니다. 그러므로 흥분으로 일렁이는 바다 한가운데 찬양의 파도가 넘실대는 와중에서도, 즉 그분을 둘러싼 주위의 모든 동요 속에서도 전혀 흔들림 없이 마치 외로운 바위처럼 꿋꿋이 서 계신 그분, 그런 여러분의 주님을 바라보십시오. 그 슬픔이 너무나 깊었기 때문에 자기 제자들이 진지하게 축하하고, 어린 아이들이 행복한 노래를 부르고, 무리들이 큰 소리로 호산나를 외치며 모든 곳에서 그분을 환영하는 그런 날에도, 그분의 슬픔은 숨겨지거나 억제되지 못했습니다.

그리고 그분이 가진 가장 큰 슬픔은 다음과 같은 사실에서도 찾아볼 수 있습니다. 즉, 이 축하 행사로 인해, 아마도, 아니 확실히 아주 자연스러운 감정들이 그분에게 생기기도 했겠지만, 그분의 슬픔이 이 아주 자연스러운 감정들을 압도해 버렸다는 사실입니다. 우리 주님께서는 언덕 마루 위에 서서 그분 앞에 펼쳐진 그 예루살렘 성의 모든 아름다움을 볼 수 있으셨습니다. 이런 광경들이 그분에게 어떤 생각을 불러일으켰겠습니까! 그분의 기억은 우리의 것보다 더욱 강력하고 생생합니다. 왜냐하면 그분의 정신력은 죄로 손상되지 않았으므로, 하나님의 성 곧 시온에 대해 언급된 위대하고도 영광스러운 일들을 모두 기억할 수 있기 때문입니다. 이 모든 것들이 기억났습니다. 하지만 그분의 영혼은 다윗의 승리나 솔로몬의 부귀영화로 인해서는 그 어떤 기쁨도 느낄 수 없었습니다. 성전이나 망대들도 그분의 마음을 전혀 사로잡지 못했습니다. 모든 "세상 사람들의 기쁨"(애 2:15)이라 일컫던 성이 그분에게는 전혀 기쁨을 가져다주지 못했습니다. 오히려 그 유서 깊은 성과 그 거룩하고도 아름다운 집을 보고서 그분께서는 우셨습니다. 현대에 그곳을 방문하는 여행자는 그가 어떤 영혼을 가졌든 간에 감람산에서 시온을 바라보는 그 장엄한 광경을 보고서 항상 감동을 받습니다. 스탠리 학장(Arthur Penrhyn Stanley, 1815-1881, 영국 성직자로서 웨스트민스터 학장이었다 – 역주)은 "로마나 멤피스나 테베나 콘스탄티노플이나 아테네의 그 어떤 곳도 아름다움이나 관심에 있어서 예루살렘과 견줄 수 없다"고 썼습니다. 현대의 예루살렘은 우리 구세주 당시의 예루살렘과는 결코 비교할 수 없을 정도로 초라하고 보잘것이 없습니다. 그러나 주 예수님은 이 도시가 "아름답게 위치하여"(시 48:2) 있는 것에 대해서는 전혀 말씀하지 않으시고, 그저 이를 보고 탄식하기만 하셨습니다. 비록 그분께서 그 성의 망대들을 중시하고 그 성채들을 눈여겨보셨다 해도, 그것들이 완전히 파괴될 때를 생각하면 더욱 슬퍼질 뿐이었습니다. 앞으로 전개될 그 성의 전망으로 인해, 과거의 모든 기억들은 오직 그분의 고뇌를 더욱 가중시킬 뿐이었습니다.

어쩌면 가슴 뭉클한 감탄이 구세주의 그 거룩한 가슴에 전해졌을지도 모릅니다. 왜냐하면 그분은 그 아버지의 집 앞에 서 있었기 때문입니다. 그분은 아버지의 집에 대해서 여전히 많은 생각을 하셨습니다. 그 성전이 황폐해지리라는 것을 알고 계셨지만, 그럼에도 불구하고 그분은 성전을 더럽히며 물건을 사고팔던 장사꾼들을 끌어내는 수고를 한 번 더 감내하셨습니다. 그 성전은 흰 대리석으로 지어졌습니다. 성전의 많은 부분들 가운데서도 특히 성전의 지붕은 금판으로 덮여 있었습니다. 그분 앞에서 그 금판으로 덮인 지붕이 태양빛에 반짝일 때면, 그 광경은 인간의 눈으로 볼 수 있는 것 중에서 틀림없이 가장 아름다운 것이었을 것입니다. 그 육중하고도 귀한 돌들은 또한 어떠했겠습니까? 그 신기한 조각들은 그분에게 어떻게 보였겠습니까? 그분은 마음속으로 이렇게 말씀하고 계셨습니다. "돌 하나도 돌 위에 남지 않고 다 무너뜨려지리라"(막 13:2). 그 성이 폐허가 될 것을 미리 내다보셨기에, 그분의 슬픔은 그 성의 현재 영광된 모습을 보고서 자연스럽게 생긴 감탄의 마음을 압도해 버렸습니다. 그분의 슬픔은 그 성의 현재나 과거 역사로 인해 전혀 줄어들지 않았습니다. 그 성의 끔찍한 미래로 인해 모든 것들이 신물이 날 정도였습니다.

그분께서는 자기 주위에 있던 자들을 항상 불쌍히 여기셨습니다. 그런데 이 미래의 전망은 그 불쌍히 여기는 마음까지 압도해 버렸습니다. 바리새인들은 그분에게 제자들이 너무 기뻐하지 말도록 제지해 달라고 했을지 모르지만, 그분은 제자들이 기뻐하는 것을 제지하지 않으셨습니다. 그럼에도 그분은 그 기쁨에 결코 동참하지 않으셨습니다. 항상 그분은 자기 주위에 있는 모든 자들에게 아주 민감하셔서, 즐거워하는 자들과 함께 즐거워하고 우는 자들과 함께(롬 12:15) 우셨습니다. 그러나 이 경우에는 사람들이 종려나무 가지를 흔들고 나뭇가지를 잘라서 길에 뿌리며 어린 아이들은 호산나를 소리 높이 외쳤어도, 이 모든 일의 중심에 있으신 그분께서는 그런 주변 감정에 결코 공감하지 않으셨습니다. 다시 말해, 사람들은 환호했지만, 그분은 우셨던 것입니다.

더욱 놀라운 사실은 그분께서 다른 사람들에 대한 슬픔 때문에 정작 자신에 대한 염려는 전혀 하지 못했다는 사실입니다. 일주일 안에 성문 밖에서 죽게 되리라는 것을 알고 계신 그분이 그 성을 보셨을 때는, 당연히 자신이 받아야 할 고통의 그림자를 느끼기 시작해야만 했습니다. 그러나 그분에게서 그러한 감정의 흔적은 전혀 찾아볼 수가 없습니다. 만약 여러분이나 제가 우리 앞에 신속히 다가오는 수치스러운 죽음을 확실히 예상할 수 있는 상황에 처하게 된다면, 우리의 마음은 그것 때문에 무거워질 것입니다. 그러나 예수님은 그렇지 않았습니다. 터져 나오는 그 많은 눈물들 가운데 자신의 죽음을 위한 눈물은 단 한 방울도 흘리지 않으셨습니다. 그분께서 흘리신 눈물들은 모두 예루살렘의 운명을 위한 눈물이었습니다. 나중에 그분은 다음과 같이 말할 정도였습니다. "예루살렘의 딸들아 나를 위하여 울지 말고 너희와 너희 자녀를 위하여 울라"(눅 23:28). 또한 그분께서는 "내게 화로다, 이 거룩한 성이 아겔다마, 즉 나의 살육자가 저지른 피밭(행 1:19)이 되리로다"라고 말씀하지 않으시고, "오, 적어도 이 날 즉 네 날에만이라도 너 곧 네가 알았더라면 얼마나 좋았으리요!"(눅 19:42, KJV)라고 말씀하셨습니다. 그분께서는 다른 사람들을 위하여 슬퍼하셨지, 절대로 자기 자신을 위해 슬퍼하지 않으셨습니다. 급류처럼 다른 모든 감정을 이렇게 휩쓸어 버린 것은 아주 강력한 감정임에 틀림없습니다. 그래서 그분은 기쁨을 기쁨으로, 슬픔을 슬픔으로 느끼지 못했습니다. 그럼에도 그분이 느끼는 모든 감정의 힘은 하나의 수문에서 세차게 흘러나와서, 그분을 거부하고 또 자신을 죽음으로 몰고 간 그 경건한 성을 향해 하나의 수로를 만들어 흘러갔습니다.

그분의 이와 같은 큰 슬픔은 우리 주님의 본성을 우리에게 계시해 주십니다. 그리스도의 인격은 얼마나 복합적인지 모릅니다! 그분께서는 그 성이 멸망할 것을 미리 아셨습니다. 그리고 비록 그분이 하나님이셨다 해도, 그분은 우셨습니다. 그분은 그 끔찍한 비극적인 사건의 모든 자세한 내막을 알고 계셨습니다. 그래서 그분은 그 성에 대해 특별한 역사적인 정확성을 지닌 말들을 사용하셨습니다. 이 말들은 그분의 예언자적 특성을 드러내 주고 있었습니다. 비록 그분의 눈은 눈물로 거의 앞이 가려져 있었지만, 미래를 내다보는데 있어서는 아주 분명하게 보셨습니다. 그분은 자신이 죄인들을 자신의 날개 아래로 모아 이 성의 운명을 바꿀 마음도 있고 또한 그렇게 바꿀 능력도 있는 분으로 말씀하셨습니다. 이렇게 해서 그분은 자신의 신성을 암시하셨습니다. 그분이 가지신 본성 중 한 측면은 이 운명의 확실성을 보았고, 그 본성의 또 다른 측면은 이 끔찍한 필연성을 탄식하였습니다. 저는 그분의 신성이 미래를 내다보셨고, 그분의 인성은 탄식하였다고 그렇게 말하고 싶지 않습니다. 왜냐하면 신성과 인성은 매우 신비스럽게 결합되어서 오직 한 인격을 이루고 있기에, 그리스도의 전체 본성이 예루살렘을 보고서 탄식했다고 하는 것이 더 적절해 보이기 때문입니다. 저는 무감각한 하나님은 결코 믿을 수가 없습니다. 물론 많은 신학자들은 하나님께서 고통 받을 수 없다는 사실을 하나의 공리(公理)로 단정지어 말합니다. 그러나 저는 다음과 같이 생각합니다. 만약 하나님께서 어떤 일을 행하시거나 어떤 것을 감내하고자 하신다면, 그분은 반드시 그 일을 행하시고 감내하실 수 있다고 말입니다. 그리고 하나님이라 해도 어떤 방향으로는 못하는 일이 있다는 생각이 과연 하나님께 어떤 특별한 영광을 돌려드리는 일인지에 대해서도 저는 부정적으로 생각합니다. 우리는 사람들에게 말하는 방식으로 그분에 대해서도 말할 수 있을 뿐입니다. 또한 그분께서도 인간이 말하는 방식으로 자신에 대해 말씀하십니다. 그러므로 하나님께서도 인간처럼 고통을 받으실 수 있다는 생각이 그렇게 잘못된 생각은 결코 아닌 것입니다. 그분의 자녀가 방황하는 것을 그분께서 탄식하시고, 그 자녀가 회개하고 돌아오자 기뻐하시는 그분의 모습을 볼 때, 그 위대하신 아버지가 우리에게는 더욱더 가깝게 느껴집니다. 만일 하나님께서 고통을 느낄 수 없다고 한다면, 성경에서 다음과 같이 표현된 슬픔들은 도대체 어떤 취지에서 비롯된 것입니까? "에브라임이여 내가 어찌 너를 놓겠느냐 이스라엘이여 내가 어찌 너를 버리겠느냐 내가 어찌 너를 아드마 같이 놓겠느냐 어찌 너를 스보임 같이 두겠느냐 내 마음이 내 속에서 돌이키어 나의 긍휼이 온전히 불붙듯 하도다"(호 11:8), "하늘이여 들으라 땅이여 귀를 기울이라 여호와께서 말씀하시기를 내가 자식을 양육하였거늘 그들이 나를 거역하였도다. 소는 그 임자를 알고 나귀는 그 주인의 구유를 알건마는 이스라엘은 알지 못하고 나의 백성은 깨닫지 못하는도다 하셨도다"(사 1:1-2). 이러한 표현들이 무감각한 하나님께서 하신 말씀들입니까? 예루살렘의 운명을 미리 내다보기도 하시고 또한 그 예루살렘을 보고 탄식하기도 하신 분이 그리스도, 즉 (신성과 인성이 하나이신 — 역주) 온전하신 그리스도라고 저는 믿습니다. 어떤 사람들은 예수님께서 우셨다는 이야기에 마음이 흔들리기도 했습니다. 그래서 이런 말씀을 드려 죄송하지만, 초대교회의 어떤 성도들은 이 충격적인 말씀을 복음서에서 빼버리려고도 했습니다. 왜냐하면 주님께서 우셨다는 것은 그들이 믿는 주님의 이름을 욕되게 하는 것이라 생각했기 때문입니다. 그들은 영감된 말씀을 더욱더 존중하면서, 그들의 선생님에 대한 좀 더 참된 지식을 가지고, 인간을 구속해 주신 분에게 최고의 영광을 돌려드리는 그 기록을 삭제하고자 하는 마음을 절대로 가지지 말았어야 했습니다. 우리 주님의 탄식은 그분의 위대하신 온유한 성품에 대한 통찰력을 우리에게 제공해 줍니다. 그분은 너무나 온유하셔서 울어봤자 소용이 없을 일에도 우실 뿐만 아니라, 탄식해봤자 별 성과가 없을 때에도 탄식하십니다. 그분의 이런 모습은 지금까지 친구로 지내고 있는 제 친구가 생각납니다. 그 친구는 판사로 일하고 있는데, 죄인에게 경고하고 설득하고 호소하다가, 최종적으로 선고를 하면서 말할 수 없는 고통을 느꼈습니다. 그 친구는 검정 우단 모자(black cap, 영국 재판정에서 사형 선고를 내릴 때 판사가 쓰던 모자다 — 역주)를 쓰고서 많은 한숨과 눈물을 흘리며 사형 선고를 내렸습니다. 그때 그 판사 친구는 본성적으로 법정에 서 있는 그 죄인보다 더 끔찍한 마음이 들었습니다. 그 선고받은 죄인이 법정으로 들어왔던 곳으로 다시 끌려 나가 죽도록 선고한 그 판사는 마음이 울컥하였습니다. 오, 온유하신 그리스도의 마음 또한 "너희 집이 황폐하여 버린 바 되리라"(눅 13:35)는 불가피한 선고를 선포하게 되었을 때, 탄식 없이는 그 의로운 말씀을 할 수가 없으셨습니다.

　이런 모습에서 우리 주님은 바로 하나님의 마음을 계시해 주십니다. 그분께서 "나를 본 자는 아버지를 보았거늘"(요 14:9)이라고 말씀하지 않았습니까? 그러므로 오늘 본문 말씀을 통해 예수님을 본 여러분은 아버지를 친히 보고 계신 것입니다. 그 아버지께서는 옛적에 이런 말씀도 하셨습니다. "주 여호와의 말씀이니라 … 나는 악인이 죽는 것을 기뻐하지 아니하고 악인이 그의 길에서 돌이켜 떠나 사는 것을 기뻐하노라"(겔 33:11). 악인의 운명은 반드시 선포되어야만 합니다. 왜냐하면 무한한 공의가 이것을 요구하기 때문입니다. 그러나 자비는 자신이 그 운명을 미리 막아내지 못한 것에 대해 탄식합니다. 회개하지 않는 고집으로 인해 운명이 봉인되어 결정되었다 해도, 그 청천벽력 같은 선고 가운데 눈물이 떨어집니다. 이런 재판도 인내하는 판사에게는 분명히 낯선 일입니다. 이런 판결이 얼마나 끔찍한 것인지를 이 고통이 말해 줍니다. 죄인들의 그 운명이 작은 일이라면, 구세주께서 왜 그렇게 마음을 졸이셨겠습니까? 죄인들의 운명이 어떤 사람들이 생각하듯이 그렇게 사소한 것이라면, 왜 이 눈물들을 흘려야 했는지 도저히 저는 이해할 수 없습니다. 먼저 예루살렘이 밭처럼 갈아엎어지고, 그 자녀들이 흘린 피가 홍건한 피바다가 될 때까지 살육당할 것을 그분께서 생각하실 때, 다음으로 그분의 임재와 그분의 능력의 영광으로부터 쫓겨나 하나님의 공의와 악에 대하여 하나님이 증오하는 끔찍한 증인들이 되고야 말 경건하지 않은 자들의 운명을 그분께서 보실 때, 그리스도의 전체 본성은 몸부림칠 수밖에 없었습니다. 감람산 언덕에 서서 울고 계시는 인자(人子)께서는 이렇게 하나님의 마음을 우리에게 계시해 주고 계십니다. 즉, 하나님은 노하기를 더디 하시며 인자하심이 크시며(시 145:8), 항상 은혜로우시며, 그분의 진노를 마지못해 발하시는 그런 분이십니다.

구세주의 이러한 눈물이 사람들로 하여금 그분을 믿도록 많이 격려해 줄 것이라는 실제적인 교훈을 우리는 말할 수 있습니다. 그분의 구원을 갈망하는 자들은 지체하지 않고 그분에게 가까이 나아갈 수 있습니다. 왜냐하면 그분의 눈물은 우리의 유익을 위한 그분의 진심어린 바람이라는 것을 입증해 주기 때문입니다. 감정적으로 눈물을 흘리지 않던 사람이 눈물을 흘리는 모습을 보게 되면, 우리는 그 사람의 진실성을 확신하게 됩니다. 어떤 완고한 사람이 머리끝에서 발끝까지 온 몸이 감정에 사로잡혀 탄식을 쏟아놓을 때, 여러분은 그 사람의 솔직한 진정성을 느끼게 됩니다. 그리고 만약 그 진정성이 여러분을 위한 것이라면, 비로소 여러분은 자신을 그 사람에게 내어 맡길 수 있습니다. 오, 눈물을 흘리는 죄인이여, 눈물을 흘리는 구세주에게 나아오기를 두려워하지 마십시오! 만약 여러분이 예수님에게 나아오지 않는다면, 여러분의 그런 행동이 그분을 슬프게 할 것입니다. 오래 전에 여러분이 그분에게 나아가지 않은 것이 그분의 마음을 아프게 했습니다. 지금도 여러분이 그분을 멀리 떠나 있는 사실이 그분을 날마다 슬프게 합니다. 그러므로 지체하지 말고 그분께 나아오십시오. 그분의 눈물이 여러분의 두려움을 없애 줄 것입니다. 그렇습니다. 눈물의 격려보다 그분의 격려가 여러분에게 더 힘을 줄 것입니다. 왜냐하면 그분께서는 죄인들을 위해 눈물을 흘리시되, 그분의 눈에서 눈물을 흘리는 것이 아니라, 그분의 가슴에서 눈물을 흘리시기 때문입니다. 그분은 자신을 믿는 죄인들을 살리기 위해 죽으셨습니다. 그분께서 여러분을 위해 고뇌할 때, 그분의 온 몸은 피땀으로 뒤범벅이 되셨습니다. 그런데도 여러분은 그분께서 여러분을 기꺼이 받으셨다는 사실을 어떻게 의심할 수 있습니까? 하늘에 오르사 아버지의 우편에 앉아 계신 그분의 복되신 몸에는 여전히 다섯 개의 상처들이 남아 있습니다. 이 상처들이 여러분을 초대합니다. 그분에게 가까이 나아가십시오. 말 못하는 이 다섯 상처에 있는 입들이, 하나님께서 죄를 위한 화목제물로 세우신(롬 3:25) 그분에게 나아와 그분을 믿으라고 여러분에게 간청하고 있습니다. 죄인들을 위해 우시고 피 흘리시고 죽으신 그분께서 어떻게 자신의 명령에 따라 자신에게 나아온 죄인을 물리치시겠습니까? 오, 나아오십시오. 나아오십시오. 저는 여러분을 위해 기도합니다. 지금 당장 그 울고 계시는 죄인들의 친구에게로 나아오십시오.

　　예수님의 탄식은 또한 기독교 사역자들에 대한 일종의 훈계라고 저는 생각합니다. 우리 가운데 어떤 이들은 오래 전에 예수님에게로 나아왔습니다. 그리고 지금 우리는 다른 사람들을 그분에게로 인도하려고 노력하는 위치에 있습니다. 우리 주님께서는 이 복된 사역을 위해 몸소 그분의 모범을 통해 우리에게 가르쳐 주고 계십니다. 사랑하는 남녀 성도 여러분, 우리가 다른 사람들을 예수님에게 인도하고자 한다면, 우리는 예수님처럼 온유해야만 합니다. 다시 말해, 우리는 유순하고 겸손하고 점잖고 불쌍히 여기는 마음을 가져야 합니다. 그리고 어떤 사람이 멸망하게 될지도 모른다는 생각으로 깊은 정서적 교감을 나누어야 합니다. 사악한 자들의 운명에 대해 거칠거나 경솔하거나 거룩한 슬픔 없이는 절대로 말하지 맙시다. 천국을 상실하고 지옥의 고통을 견뎌야 한다는 것이 항상 눈물의 주제가 되어야 합니다. 이들이 그리스도 없이 살아가야 한다는 것만으로도 충분히 슬픈 일이지만, 그리스도 없이 죽어야 한다는 것은 너무나 무서운 일입니다. 그 일은 하나님 앞에서 우리의 마음을 가루로 만들고 우리의 얼굴을 숙이게 하고서 "오, 하나님이시여, 이들에게 자비를 베푸소서. 당신의 은혜와 당신의 사랑으로 이들을 구원하소서"라고 부르짖게 합니다. 우리 가운데 어떤 이들은 가장 심오한 이 온유한 마음을 배워야 할 것입니다. 혹시 우리는 이 온유한 마음을 가르치는 학교를 지금 다니고 있는지도 모릅니다. 만약 우리가 이 온유함을 배우기만 한다면, 그 학습에 요구되는 교육이 아무리 가혹하다 해도, 우리는 전혀 걱정할 필요가 없습니다. 우리는 런던이라는 이 도시를 눈물 없이 바라봐서는 안 됩니다. 단 한 사람의 죄인도 슬픔 없이 바라봐서도 안 됩니다. 우리가 그 영혼들을 얻고자 한다면, 우리는 온유하게 말씀을 전하고, 온유하게 가르쳐야 합니다. 그렇다고 해서 우리가 계속 울기만 해서도 안 됩니다. 왜냐하면 예수님도 그렇게 하지 않으셨기 때문입니다. 그래도 우리는 사람들을 대하면서 항상 따뜻한 사랑이 느껴지도록 해야 합니다. 장차 다가오는 진노로부터 그들을 구원하여 구세주의 안식이 있는 피난처로 그들을 인도하기 위해서라면, 우리는 이들을 위해 기꺼이 죽고자 하는 마음까지 가져야 합니다.

이와 함께 한 말씀 더 드리겠습니다. 예수님의 탄식은 지금 그분께 나아가고자 하는 모든 자들이 어떻게 그분께 나가야 할지 그 방법까지도 그들에게 가르쳐 준다고 저는 생각합니다. 제가 바로 지금 여러분에게 호소하는 동안, 혹시 "나는 예수님에게 나아가고 싶습니다. 그런데 내가 어떤 방법으로 나아갈 수 있을까요?"라고 말한 사람이 있습니까? 그 답은, 슬퍼하며 기도로 나아오는 것입니다. 다음과 같이 기록된 말씀대로 말입니다. "그들이 슬피 울며 올 것이요, 내가 그들의 간구를 듣고 그들을 인도하여"(렘 31:9, KJV). 예수님께서 여러분을 만나신 것과 똑같이, 여러분도 그분을 그렇게 만나십시오. 예수님께서는 여러분이 구세주에게 어떤 모습으로 돌아갈지, 어떤 차림으로 더 가까이 나아갈지를 여러분에게 보여주셨습니다. 왜냐하면 그분은 어떤 다른 옷이 아니라 슬픔의 옷을 입으시고, 다른 보석이 아닌 그분의 눈물이라는 진주로 장식을 하고서 여러분에게 다가오셨기 때문입니다. 겸손의 옷을 입고 여러분의 죄를 슬퍼하면서 그분에게로 나아가십시오. "애통하는 자는 복이 있나니 그들이 위로를 받을 것임이요"(마 5:4). 회개하는 슬픔은 사람에게 생명을 불러일으킵니다. 오직 예수님에게 나아와, 여러분은 죄를 지은 자들이고, 그 죄를 부끄럽게 여기며, 그 악한 행동을 멈추고, 선한 일 하기를 배우고 싶다고 그분에게 말하십시오. 여러분의 비참함과 타락과, 여러분은 지옥에 떨어져야 마땅한 자들이라는 사실을 전적으로 인식하고서 나아오십시오. 지금까지도 여러분을 만나기 위해 길에 서 계신 그 슬픔의 사람(사 53:3)에게 슬픔 가운데 나아가십시오. 그분께서 이렇게 말씀하셨습니다. "내게 오는 자는 내가 결코 내쫓지 아니하리라"(요 6:37). 그분은 자신이 하신 말씀을 절대로 번복하지 않으실 것입니다.

내 주님의 내적 감정에 관한 이 연약한 말씀들을 하나님께서 축복해 주시고, 우리가 다른 영역에서 이 주제를 계속해서 추구할 때에도 성령님께서 다시 우리와 함께 해 주시기를 기원합니다.

2. 말로 표현된 우리 주님의 탄식

두 번째로, 우리는 말로 표현된 우리 주님의 탄식에 대해 생각해 보겠습니다. 주님의 탄식은 다음과 같은 말씀으로 기록되어 있습니다. "적어도 이 날 즉 네 날에만이라도 너 곧 네가 네 화평에 속한 일들을 알았더라면 얼마나 좋았으리요! 그러나 지금 그 일들이 네 눈에 숨겨졌도다"(눅 19:42, KJV).

첫째로, 그분께서는 그들이 멸망하게 된 잘못에 대해 탄식했다는 사실을 주목하십시오. "네가 알았더라면 얼마나 좋았으리요!" 무지, 의도적인 무지로 그들은 멸망하였습니다. "네가 알았더라면 얼마나 좋았으리요!" 그들은 자신이 알 수 있었던 것, 자신이 반드시 알아야만 했던 것을 알지 못했습니다. 즉, 그들은 그들의 하나님을 알지 못했습니다. "소는 그 임자를 알고 나귀는 그 주인의 구유를 알건마는 이스라엘은 알지 못하고 나의 백성은 깨닫지 못하는도다"(사 1:3). 그들은 하나님을 알지 못했습니다. 그들은 하나님의 독생자를 알지 못했습니다. 그들은 입술에 사랑만을 머금고서 자신들에게 자비로 다가오신 그분을 알지 못했습니다. 오, 이것이 바로 슬픈 일입니다. 빛이 세상에 왔으되 사람들이 빛보다 어둠을 더 사랑한 것(요 3:19)이었습니다. 슬픈 일이지만 제가 우려하는 것은 제 설교를 듣는 여러분 중에도 빛 가운데 살면서 그 빛을 보지 않으려는 자가 있을까 걱정입니다. 듣지 않으려는 자처럼 귀먹은 사람도 없으며, 보지 않으려는 자처럼 눈먼 사람도 없습니다. 그런데 알지도 못하고 또 알려고도 하지 않는 그런 자들이 모든 기독교 회중들 가운데 있습니다. 하나님께서 이렇게 말씀하셨습니다. "네가 나의 명령들에 주의하였더라면 네 평강이 강 같았겠고 네 공의가 바다 물결 같았으리라"(사 48:18). 우리 주님께서는 예루살렘 거민들을 보고 탄식하셨습니다. 왜냐하면 이들이 지식을 미워하며 여호와 경외하기를 택하지 아니하였기(잠 1:29) 때문입니다. 그들은 그분의 교훈을 받지 아니하고 그분의 모든 책망을 업신여겼기(잠 1:30) 때문입니다. 고의적인 무지가 완고한 불신앙으로 발전한 것입니다. 그들은 하나님의 아들이라는 빛을 받아들이기보다는 어둠 가운데서 죽기를 택하였습니다.

주님께서는 그들이 잃어버린 축복과 그들의 것이 될 수 없었던 평화 때문에 탄식하셨습니다. "오, 네가 네 화평에 속한 일들을 알았더라면 얼마나 좋았으리요!" 이 성의 이름은 우리가 알고 있는 대로 예루살렘이었습니다. 이 말은 화평의 환상을 가리키는 것으로 해석되고 있습니다. 예루살렘을 바라본 사람들은 자신들 앞에 있는 화평의 환상을 보았습니다. 하지만 슬프게도 예루살렘은 자신의 화평인 "살렘"을 잃어버리고, 오직 환상만 갖게 되었습니다. 왜냐하면 예루살렘은 자신의 하나님을 알지도 못했고 또 알려고도 하지 않았기 때문입니다. 오, 하나님을 알지 못하는 여러분이여, 여러분은 화평을 잃어버렸습니다. 지금 여러분은 진흙과 오물이 계속해서 밀려오는 안식할 수 없는 흉흉한 바다와 같은 자들입니다. "여호와께서 말씀하시되 악인에게는 평강이 없다 하셨느니라"(사 48:22). 여러분이 가질 수 있는 기쁨이 얼마나 많은지 모릅니다! 죄를 용서받는 즐거움, 안전하다고 느끼는 축복, 하나님과 교통하는 기쁨, 예수 그리스도와 교제하는 환희, 무한한 영광에 대한 천상의 기대 등, 이 모든 기쁨들이 여러분의 것이 되었을 것입니다. 하지만 여러분은 이 모든 것을 스스로 포기했습니다. 주님께서는 옛 이스라엘에게 말씀하신 것과 같이 여러분에게도 말씀하십니다. "오 내 백성이 내 말에 귀를 기울이고 이스라엘이 내 길들로 걸었더라면 얼마나 좋았을까! 그리하였더라면 내가 곧 그들의 원수들을 정복하고 내 손을 돌려 그들의 대적들을 쳤을 것이요"(시 81:13-14, KJV). 하나님께서는 여러분이 지금까지 눈으로 보지 못했던 더 밝은 것과 귀로 듣지 못했던 감미로운 기쁨들을 그분의 성령으로 말미암아 여러분에게 계시해 주셨을 것입니다. 다시 말해, 여러분이 기꺼이 순종했더라면, 그분께서 약속하신 나라의 기름진 것(창 45:18)을 먹었을 것입니다. 여러분은 잃어버린 자들입니다. 여러분은 하나님과 화목하지 않음으로써 끔찍하게 잃어버린 자들이 되었고, 여러분은 앞으로 더 나쁜 잃어버린 자들이 될 것입니다. 참된 화평 대신에 지금 여러분 앞에 서서 여러분을 기만하고 미혹하는 거짓 화평은 사막의 신기루처럼 사라질 것이며, 여러분을 절망의 바짝 마른 모래 가운데 내버려 두어, 여러분이 안식을 찾아도 찾지 못하게 할 것입니다. 여러분의 귀에는 곧 하나님의 보응이 다가오는 그 끔찍한 소리가 들릴 것이고, 여러분에게는 그 어떤 피난처도 없게 될 것입니다.

그들이 잃어버린 자들이 된 것에 대해 주님께서는 "오, 네가 네 화평에 속한 일들을 알았더라면 얼마나 좋았으리요!"라고 부르짖으셨습니다. 주님이 하신 말씀을 제가 거듭 말씀드릴려니 부끄러운 마음이 듭니다. 왜냐하면, 저는 그분께서 하신 그 음조로 그 말씀을 말할 수 없기 때문입니다. 오, 예수님께서 하신 이 말씀을 직접 들을 수 있다면 얼마나 좋겠습니까! 제 생각에 주님의 이 말씀은 돌 같은 마음도 녹일 수 있을 것입니다! 그러나 그렇지 않았습니다. 제가 실수한 것 같습니다. 주님의 이 말씀조차도 돌 같은 마음은 녹일 수가 없었습니다. 왜냐하면, 그분의 이 말씀을 들은 사람들의 마음은 여전히 단단했으며 아무것도 나아지지 않았기 때문입니다. 그들은 예전에 행하던 대로 그들이 받을 심판을 향해 자기들의 길을 계속해서 갔습니다. 구세주의 눈물까지도 짓밟을 수 있던 그 사람들의 마음은 얼마나 완고했겠습니까! 그러니 그런 자들이 지옥에 가서 자신의 타는 혀를 서늘하게 할 물 한 방울 얻지 못한 채로, 불꽃 가운데서 괴로워하게(눅 16:24) 되는 것이 무엇이 이상하겠습니까! 사람들이 저주받기를 결심한다면, 어떤 탁월한 눈물이나 어떤 가장 완전한 사람도 이 사람들이 가는 길을 막을 수는 없습니다. "내게 화로다"(사 6:5, KJV). 다른 어떤 것들보다도 눈물을 흘려야 할 좀 더 심오한 이유는 이것입니다. 즉, 사람들은 너무나 절망적으로 화를 당할 것이며, 오직 전능하신 분만이 이들의 영적인 자멸을 막을 수 있기 때문입니다.

그리고 우리 주님은 화평을 잃어버린 사람들을 위해서도 탄식하셨습니다. 그분께서 하신 말씀을 눈여겨보십시오. "너 곧 네가 알았더라면 좋았을 텐데. 너는 은혜 받은 성인 예루살렘이다. 애굽도 알지 못했고, 두로와 시돈도 알지 못했다. 그런데 너도 알지 못하다니." 아, 사랑하는 성도 여러분, 이 아침에 예수님께서 여기 계신다면, 그분께서는 여러분 중에 어떤 이들을 보고 우시며 이렇게 말씀하셨을 것입니다. "너 곧 네가 알았더라면 얼마나 좋았으리요." 여러분은 사랑스러운 자녀들이었습니다! 여러분은 아주 어린 시절부터 선한 것과 은혜로운 것은 무엇이든 좋아했습니다. 여러분의 어머니는 여러분을 예배처소로 데리고 가서 무릎에 앉혔습니다. 여러분은 그곳에 있기를 좋아하였습니다. 어릴 때 혀 짧은 소리로 즐겨 말하곤 했던 목회자의 이름과 여러분이 암송하던 성경구절과 여러분이 부르던 찬송가들을 여러분은 기억하십니까? 여러분은 장래가 촉망되는 젊은이로 자랐으며 모든 사람들은 여러분이 그리스도인이 될 것으로 확신했습니다. 지금은 천국에 있는 여러분의 아버지가 여러분에게 간곡히 권유했던 말이 무엇이었습니까? 그리고 여러분을 낳아주고 죽을 때까지 여러분을 사랑한 그 어머니는 여러분을 위해 얼마나 많이 기도하고 간구하였습니까? 여러분은 지금까지 여기 앉아 있었을 수도 있고, 아니면 그리스도가 전해지는 다른 곳에서 아주 오랫동안 머물기도 했을 것입니다. 여러분은 가끔 하나님 나라에 아주 가까이 가기도 하였습니다. 하지만 그 나라에 들어간 것은 아니었습니다. 여러분은 경계가 있는 접경지대까지 가기는 했지만, 여러분이 그 경계선을 넘어서지는 않았습니다. 여러분은 하나님의 나라에서 멀리 떨어져 있지는 않습니다. 하지만 여러분에게는 한 가지가 부족합니다. 즉, 그리스도를 위한 결단이라는 본질적인 한 가지가 부족합니다. "오, 너 곧 네가 알았더라면 얼마나 좋았으리요!" 여러분은 언제라도 여러분의 지갑을 열어 하나님의 일을 도울 채비를 하고 있습니다. 여러분은 선한 일이라면 모든 일에 관심을 가지고 있으며, 하나님을 모독하는 것이나 불신앙을 참지 못합니다. 하지만 그래도 여러분은 구원받지 못했습니다. 여러분과 관련해서 장래가 기대되는 것은 수천 가지가 넘지만, 우리의 그런 기대를 위축시키는 단 한 가지가 있습니다. 그것은 항상 여러분이 그리스도를 위한 결단을 미룬다는 것과 결단할 수 있는 현재의 기회를 어떻게 사용해야 할지 모른다는 것입니다. 예수님께서는 여러분이 더 이상 질질 끌거나 지체하지 말고, "이 날 즉 네 날에"(눅 19:42, KJV) 그 기회를 사용하도록 명하십니다. 오늘이 바로 하나님께서 받으시는 시간입니다. 결단의 시간을 더 이상 미루지 마십시오. 여러분이 멸망하게 되다니, 정말 슬픈 일입니다! 그렇게 기도한 어머니의 자녀가 잃어버린 자가 되어도 되겠습니까? 그렇게 당부한 아버지의 아들이 지옥으로 떨어져도 되겠습니까? 저는 이런 것들을 참을 수가 없습니다. 하나님께서 여러분과, 그리스도인 부모를 둔 아들과 딸들에게 자비를 베푸시기를 기원합니다! 여러분은 지금까지 그리스도인이라는 특권을 풍성히 누리며 지내왔습니다. 그런데 여러분은 왜 죽으려고 하는 것입니까? 장래가 촉망되지만 지금까지 결단하지 못한 젊은이들이여, 너 곧 네가 너희에게 화평을 가져다 줄 것들에 대해 알기를 여전히 거부하기에 구세주께서 친히 우시는 것입니다.

우리 주님께서는 그들이 방치한 기회 때문에 우셨습니다. 그분께서 "적어도 이 날 즉 네 날에"라고 말씀하셨습니다. 이 날은 그렇게 은혜를 입은 날이었습니다. 이전에도 그들은 거룩한 자들에 의해 경고를 받았습니다. 하지만 그 경고를 받아들이지 않았기에 이제는 하나님의 아들이 친히 와서 그들에게 말씀하셔야만 했습니다. 이 날은 자비로운 기적들이 일어나는 날이며, 복음의 은혜가 드러나는 날이었습니다. 그런데 이처럼 그리스도께서 그들에게 가까이 다가오셨고, 다른 민족들이 알지 못했던 그리스도께서 인간을 은혜롭게 찾아오셨지만, 그들은 그리스도를 모시려고 하지 않았습니다. 우리 역시 "적어도 이 날 즉 네 날에너 곧 네가 알았더라면 얼마나 좋았으리요"라고 탄식해야만 할 것입니다. 이 안식일에, 이 능력의 날에, 이 성령의 날에 말입니다. 오, 지금 여러분은 울고 계십니다. 제가 느끼기로 성령님께서 여러분을 부드럽게 어루만지고 계십니다. 그분을 거역하면서 아무것도 나아지지 않은 채로 이 날 역시 그냥 보내지 마십시오. "수확할 때가 지나고 여름이 끝났으나 우리는 구원을 받지 못하였도다"(렘 8:20, KJV)는 말씀을 들으십시오. 가을도 끝이 나고 겨울도 왔다가 지나갈 것입니다. 성령님께서 인간을 찾아오신 이 날 또한 모두 지나갈 것입니다. 그래서 마침내 성령님께서 항상 인간의 육체와 씨름하는 것이 그분의 품위에 걸맞지 않은 일이라고 하나님께서 선포하시고는, 그분의 구원 사역을 중단하시고 인간들이 제 멋대로 하도록 내버려 두실 것입니다. 오, 영혼들이여, 저는 여러분을 위해 기도드립니다. 부흥의 날들과 안식의 날들을 여러분이 허비해 버렸기 때문에 그리스도께서 울고 계신다는 사실을 생각하십시오. 하나님의 복음을 여전히 거부함으로써 이 좋은 날에 가장 악한 죄를 범하지 않도록 하십시오.

주 예수님께서는 그들도 모르는 사이에 그들의 눈이 멀게 된 것을 보시고 그것으로 인해 다시 슬퍼하셨습니다. 그들은 자신의 눈을 너무 빨리 감아 버렸기 때문에 지금은 볼 수 없게 되었고, 귀 또한 닫아 버려서 그들의 귀는 멍하고 우둔하게 되었습니다. 그들이 완고하게 한 마음은 더욱 거칠어졌습니다. 그래서 그들은 눈으로 볼 수도 없고, 귀로 들을 수도 없고, 마음으로 느낄 수도 없으며, 스스로 자기 몸을 고칠 수 없게 변해 버렸습니다. 도대체 왜 이렇게 된 것입니까? 하늘의 태양처럼 분명한 진리이지만, 그들은 그 진리를 볼 수 없었습니다. 이 시간 여러분에게 전해지는 복음 또한 분명하지만, 여러분은 이 복음을 깨닫지 못하고 있습니다. 예수님을 바라봄으로써 얻게 되는 구원의 계획처럼 분명한 것은 없습니다. 그런데도 많은 사람들은 그렇게 오랫동안 성령 하나님이 주시는 감미로움과 빛을 거절해 버렸습니다. 그래서 그들은 하늘의 태양처럼 분명하신 주 예수님을 지금 볼 수 없는 것입니다. 가장 친절한 친구들이 그들 앞에 복음을 제시했습니다. 다른 사람들을 깨우쳤던 그 방식으로 제시했지만, 그 복음조차도 그들에게는 아무런 영향을 주지 못했습니다. 그들은 여전히 "나는 그것을 볼 수 없다!"라고 말합니다. 오, 눈먼 자들이 된 여러분이여, 이런 일이 여러분에게 일어나지 않도록 주의하십시오. "보라 멸시하는 사람들아 너희는 놀라고 멸망하라"(행 13:41)는 말씀을 들으십시오. 보기를 거절하는 자들에 대한 형벌이 그들의 눈에는 가려져 있습니다. 이와 마찬가지로 예루살렘의 화평에 속한 일들이 그들의 눈에는 가려져 있었던 것입니다. 그렇기 때문에 그리스도께서는 신음하며 괴로워하셨습니다.

마지막으로, 그리스도께서 그 멸망을 미리 보셨기 때문에, 그분의 슬픔이 수문(水門)처럼 열렸다는 것을 우리는 알고 있습니다. 요세푸스가 기록한 예루살렘의 멸망에 대한 이야기는 누구나 읽어 볼 만한 가치가 있는 내용입니다. 이것은 인간의 글로 표현된 기록들 중에서 가장 비참한 기록이고, 비극들 중의 비극으로 남아 있으며, 이에 비교될 만한 기록은 과거에도 없었고, 앞으로도 결코 없을 것입니다. 그 백성들은 기근과 역병으로 죽었고, 자기 동족의 칼 아래에 수천 명이 넘어졌습니다. 여인들은 자기 자식의 고기를 먹었으며, 남자들은 짐승 같은 분노로 서로에게 으르렁거렸습니다. 그 비참한 성 안에는 악한 모든 것들이 함께 뒤엉켜 잔혹한 행위들로 가득 찼고, 성 밖에는 공포로 둘러싸여 있었습니다. 하늘에는 불길한 징조들이 밤낮으로 나타나 사람들을 놀라게 했습니다. 사람들은 피할 길이 없었으며, 사납고 난폭한 자들에게는 피도 눈물도 없었습니다. 그 성 자체가 죽음의 연회장이었습니다. 요세푸스는 다음과 같이 말하고 있습니다. "이제 유대인들은 출구가 봉쇄되어 구출될 모든 희망이 사라졌다. 기근은 더욱더 심해져 백성의 모든 가족들은 굶주려 죽어갔다. 지붕 위는 탈진한 여자와 아이들로 가득 찼고, 길에는 죽은 노인들이 가득했다. 어린이들과 젊은이들은 흉하게 튀어나온 얼굴로 유령처럼 거리를 배회하다가, 고통 속에 탈진하여 여기저기에 쓰러져 죽었다. … 처음에는 그 시체들을 국가가 나서서 매장하였다. 왜냐하면 그 시체들에서 나는 악취를 견딜 수 없었기 때문이다. 그러나 아직 매장하지 못한 시체들의 악취를 도저히 참을 수 없게 되자, 그들은 시신을 성벽에서 계곡으로 던져 버렸다. 순찰을 하며 계곡에 가득 찬 시체와, 거기서 흘러나오는 물에서 악취가 나는 것을 보고는, 티투스[Titus, 39-81, 예루살렘 성전을 함락시킨 로마 장군이자 황제 — 역주]는 손을 하늘로 올리고 탄식하였다. 그리고 신을 부르며 이것은 자기가 한 것이 아니라고 외쳤다"(Josephus, *Wars of the Jews*).

　　역사상 이러한 공포를 능가한 것은 아무것도 없었습니다. 그러나 이 예루살렘의 멸망도 영혼의 멸망과 비교하면 아무것도 아닙니다. 육신 안에는 영혼이 있고, 이 영혼은 지극한 복락 가운데서 영원히 살며, 육신도 그와 같은 기쁨을 누리도록 다시 살게 한다는 것을 사람이 알게 된다면, 그 사람은 죽어가는 육신도 평안한 가운데 바라볼 수 있을 것입니다. 그러나 영혼이 죽는다는 것은 너무나 끔찍한 대재앙이어서, 하늘까지도 그 영혼의 장례를 위해 베옷을 입을 것입니다. 절대로 끝나지 않는 죽음이 있습니다. 그것은 하나님으로부터 영혼이 분리되는 것으로서, 모든 죽음들 가운데서 가장 철저한 죽음입니다. 육체에서 영혼이 분리되는 것은 하나님으로부터 영혼이 분리되는 훨씬 더 끔찍한 죽음에 대한 전주곡 내지는 모형에 불과합니다. 소망으로부터 추방되어, 존재하긴 하지만 생명이 없는 채로 그렇게 영원히 지속됩니다. 이런 상태는 도대체 어떤 상태이겠습니까! 저는 도저히 묘사할 수 없을 것 같습니다. 말문이 막힐 지경입니다. 그런데, 오, 제 설교를 듣고 계신 성도들이여, 여러분 가운데 어떤 사람이 "이들은 영존하는 형벌에 들어가되"(마 25:46, KJV)라고 하신 구세주의 말씀의 의미를 알게 되고, 여러분이 이 날에 제게서 듣게 된 말씀, 즉 그분께서 "저주를 받은 자들아 나를 떠나 마귀와 그 사자들을 위하여 예비된 영원한 불에 들어가라"(마 25:41)라고 하신 말씀을 자신의 운명으로 듣는 자들은 어떻게 되겠습니까? 만약 우리가 이 자리에서 이런 운명에 처하게 될 자들을 표시할 수만 있다면, 우리는 그 표시된 자들 주변에 둘러서 그들의 마음을 진정시키면서, 우리의 겉옷을 찢고 머리카락을 쥐어뜯을 것입니다. 왜냐하면, 우리가 알기로, 이들이 낯선 땅에서 칼이나 기근으로 죽는 것보다 하나님의 영벌을 받는 것이 더 큰 엄청난 슬픔이 될 것이기 때문입니다. 모든 나쁜 일들도 영혼이 죽는 이 두 번째 죽음에 비교하면 사소한 일들에 지나지 않습니다.

　　제가 우리 구세주의 슬픔에 대해 결론적으로 말씀을 드리면서, 잠깐이지만 저는 이 슬픔을 다른 말로 표현하고자 합니다. 다르게 표현된 이 말들이 우리에게 참신한 빛들을 제공하는데 도움이 될 것입니다. 여러분은 마태복음 23장에 나오는 다음의 말씀을 기억할 것입니다. 여러분이 들을 수 있도록 제가 봉독하겠습니다. 주님은 이렇게 말씀하셨습니다. "오 예루살렘아, 예루살렘아, 선지자들을 죽이고 네게 파송된 자들을 돌로 치는 자여, 암탉이 그 새끼를 날개 아래에 모음 같이 내가 얼마나 자주 네 자녀들을 모으려 하였더냐! 그러나 너희는 원하지 아니하였도다"(마 23:37, KJV). 여러분은 그분의 은혜와 슬픔을 보고 계십니까? 이 사람들은 선지자들을 죽였습니다. 그러나 선지자들의 주님은 그들을 품으로 모으려 하셨습니다. 그분의 사랑은 선지자들을 죽인 자들까지 품으로 모으려 하셨던 것입니다. 그리스도께서는 간음한 자들과 도둑들과 거짓말쟁이들을 품으로 모으고 이들을 용서하고 변화시킬 만큼 은혜가 풍성하셨습니다. 그런데도 그들은 그리스도의 품에 안기려 하지 않았습니다. 이것은 놀라운 일이지 않습니까? 그분은 이처럼 비천한 자들을 모아 구원의 자리에 이르게 하려고 하셨습니다. 그런데 거절당하셨습니다. 이 말씀의 요지는 바로 이것입니다. "암탉이 그 새끼를 날개 아래에 모음 같이 내가 얼마나 자주 네 자녀들을 모으려 하였더냐! 그러나 너희는 원하지 아니하였도다." 여기를 보십시오. 이런 경우는 바로 다음과 같은 경우일 것입니다. "나는 원했지만, 너희들이 원하지 아니하였도다." 이것이 사랑의 슬픔입니다. 만일 그리스도께서 원하지 않으신 것이라면, 저는 그분의 눈물을 이해하지 못했을 것입니다. 그러나 "나는 원했지만, 너희들이 원하지 아니하였도다"라고 하신 그분의 말씀을 들을 때, 비로소 저는 그분께서 고뇌하신 그 심오한 이유를 알게 되었습니다. 그분께서 원하셨지만 원한 대로 되지 못한 것은 멸망하는 여러분에게 그 책임이 있지, "나는 원했지만, 너희들이 원하지 아니하였도다"라고 부르짖는 그리스도에게 그 책임이 있지 않습니다. 그렇습니다. 그분은 "내가 얼마나 자주"라고 덧붙여 말씀하십니다. 그분께서는 그때 한 번만 자비로운 방식으로 죄인들에게 긍휼을 베푸신 것이 아니었습니다. 오히려 그분은 "내가 얼마나 자주 네 자녀들을 모으려 하였더냐!"라고 부르짖고 계십니다. 그들을 찾아왔던 모든 선지자들은 그들이 그분의 품으로 모여들 수 있는 기회를 제시했으며, 친히 예수님께서 오셔서 말씀을 전하실 때도 그들을 위한 구원의 문은 열려 있었습니다. 그런데도 그들은 그 품으로 모이려 하지 않았습니다. 그래서 그분은 다음과 같은 말로 그들의 운명을 예언하셨습니다. "너희 집이 황폐하여 버려진 바 되리라"(마 23:38)고 말입니다. 이것이 바로 고통스러운 판결입니다. 여기서 두 단어를 대조해 보십시오. "모으려 하다"와 "황폐하여"라는 말입니다. 여러분은 "모으려 하다"라는 이 말의 대상이 될 수 있었으나, "황폐하여”라는 말의 대상이 되고 말 것입니다. 예수님께서는 이 때문에 우셨습니다. “모으려 하다”라는 말은 아름다운 모습이 연상되는 단어입니다. 여러분은 어미 닭이 외치는 소리를 듣고서 작은 병아리들이 위험에서 벗어나는 것을 보았을 것입니다. 그때 새끼들은 함께 모여서 그 어미의 날개 아래로 들어갑니다. 여러분은 그 작은 새끼들이 함께 모여서 깃털로 머리를 파묻고서 외치는 작고도 아름다운 소리를 들어본 적이 있습니까? 그 새끼들은 얼마나 따뜻하고 안락한지 모릅니다! 여러분도 그 새끼들처럼 영원한 하나님의 따뜻한 품에 모여서 그의 다른 백성들과 함께 그분의 사랑을 느끼고, 전적으로 안전한 가운데 교제를 나누고 기뻐하며 즐거워하는 이런 상태에 이를 뻔하였습니다. 그러나 여러분은 모이는 것을 원하지 않았기 때문에, 친구도 없고 도와주는 사람도 없이 그저 “황폐하여”질 것입니다. 여러분이 장차 될 이 모습을 한번 보십시오. 그때가 되어서야 비로소 여러분은 다른 성도들을 부르겠지만, 성도들은 여러분을 도와줄 수 없을 것입니다. 여러분이 그 성도들에게 “우리 등불이 꺼져가니 너희 기름을 좀 나눠 달라”(마 25:8)고 말해 보아도, 그들은 틀림없이 여러분에게 거절할 것입니다. 도대체 어떤 천사가 여러분에게 동정을 베풀겠습니까? 모든 그룹(cherub)들은 여러분이 낙원의 문에 들어오지 못하도록 그들의 불 칼(창 3:24)을 휘두르고 있습니다. 일단 여러분이 하나님 없이 죽는다면, 하나님도 여러분을 전혀 돕지 않습니다. 그 어디에도 여러분을 도울 자는 없습니다. 여러분은 단지 황폐해질 것입니다! 황폐해질 것입니다! 황폐해질 것입니다! 여러분이 모이려고 하지 않았기 때문입니다! 사람들이 완악하게 이러한 운명을 택했기 때문에, 온유한 구세주께서 그들을 보고 우시는 것은 당연합니다.

저는 여러분이 이렇게 우울한 가운데서 삶을 마감할 것으로 생각하지 않습니다. 지금 우리에게 인생의 단 몇 분만이 남아 있다 해도, 저는 여러분 앞에 좀 더 밝은 빛을 비춰야만 하겠습니다. 그리스도께서 두 번째로 오실 그 날이 가까워지고 있습니다. 그리고 그때가 되면 그분께서는 거룩한 손으로 지은 새 예루살렘, 영적 예루살렘을 보게 될 것입니다. 그 새로운 성의 기초는 보석들이며 그 성 문은 진주입니다. 그분께서 그 성을 보고 얼마나 기뻐하시겠습니까! 그분은 그 사랑 가운데 안식하실 것이며, 찬양과 함께 그 성을 기뻐하실 것입니다. 그 때가 되면 그분은 더 이상 눈물을 흘리지 않으실 것입니다. 그분은 천상의 예루살렘에서 자기 영혼이 수고한 것을 보고는 만족하실 것입니다. 시온이 세워질 때,

주님께서는 자신의 영광 가운데 나타나시고, 어린 양의 혼인 잔치가 열릴 것입니다. 그때에라도 여러분 가운데 구원받지 못한 자가 예수님께 나아온다면, 그분은 그들로 인해 기뻐하실 것입니다. 왜냐하면 그분은 시온의 돌들도 기뻐하시고, 시온의 먼지까지 은혜를 베푸시기 때문입니다. 그리고 설령 여러분이 시온의 먼지처럼 작고, 시온의 쓰레기처럼 비천하다 해도, 그분은 여러분으로 인해 기뻐하실 것입니다. "죄인 한 사람이 회개하면 하나님의 사자들 앞에 기쁨이 되느니라"(눅 15:10)라고 기록된 말씀처럼 말입니다. 자, 천사들이 주 예수님 앞에 서 있습니다. 그리고 회개한 단 한 사람으로 인해 그분의 마음은 기뻐하십니다. 이 설교로 인해 혹시 죄인 한 사람이라도 회개한다면, 나의 주님은 그로 인해 기뻐하실 것입니다. 한 영혼이 회개할 때, 그분의 종인 저 또한 제 위치에서 열렬히 기뻐할 것입니다. 그래도 그분께서 가장 크게 기뻐하실 것입니다. 왜냐하면 그분의 사랑이야말로 가장 큰 사랑이기 때문입니다. 이제 누가 예수님에게로 나아오겠습니까? 경건한 어머니의 사랑받는 아들이 다들 되었으면 좋겠는데 말입니다! 오랫동안 듣기만 하고 머뭇거리는 성도들이여, 수년 동안 말씀을 듣기만 하고 전혀 행하지 않는 여러분이 바로 그런 좋은 아들이 되기를 바랍니다. 바로 이 순간에 성령님께서 도우셔서 여러분이 결단하게 되기를 기원합니다.

제
79
장

—

죽었으나 살아 있는 성도들

—

"죽은 자가 살아난다는 것은 모세도 가시나무 떨기에 관한 글에서 주를 아브라함의 하나님이요 이삭의 하나님이요 야곱의 하나님이시라 칭하였나니, 하나님은 죽은 자의 하나님이 아니요 살아 있는 자의 하나님이시라. 하나님에게는 모든 사람이 살았느니라 하시니" — 눅 20:37-38

　　지난주에 하나님의 교회와 전 세계는 아주 심각한 손실을 입었습니다. 우리의 은혜로운 주님께서는 샤프츠버리 백작 7세(the Seventh Earl of Shaftesbury, 1801-1885, 영국 산업혁명기에 노동자계급을 대변하여, 노동자의 처우개선에 노력하였으며, 영국 국교회에서 일어난 복음주의 운동을 이끈 지도자이다. 스펄전의 사역을 긴밀히 후원하였으며, 스펄전의 50세 생일 축하연에서 사회를 보기도 했다. 그는 1885년 10월 1일에 하나님의 부르심을 받았고, 본 설교는 그해 10월 4일 주일 아침에 행해졌다 — 역주)를 하나님 곁으로 데리고 가셨습니다. 이로써 우리는 이 시대의 가장 훌륭한 사람을 잃게 되었다고 판단합니다. 그 사람 다음으로 훌륭한 사람을 꼽는다면 누구를 꼽아야 할지 저는 잘 모르겠지만, 어쨌든 저는 그를 첫 번째로 분명히 꼽고 싶습니다. 제가 아는 한에서 그는 모든 다른 하나님의 종들보다 훨씬 뛰어난 사람입니다. 그는 우리에게 유익했으면 그 영향력 또한 대단하였습니다. 그는 자신의 개인적인 경건에 있어서도 아주 진실한 사람이었습니다. 제가 그와 나눈 개인적인 교제를 통해서 알게 된 대로, 그는 우리 주 예수 그리스도의 복음에 대해서 개인적으로 아주 굳건한 믿음을 가진 사람이었으며, 하나님과 진리를 위해 열심히 활동한 사람이었습니다. 그는 어느 면으로 보나 칭송받을 만했습니다. 모든 가정 일에서도 하나님께 신실했으며, 또 하나님을 뜨겁게 사랑하고 사람을 진심으로 사랑함으로써, 예수님이 말씀하신 두 계명(마 22:40)을 지켰습니다. 그는 한 목표와 변함 없는 확신으로 자신의 고귀한 지위를 지켰습니다. 우리가 어디에서 그와 같은 사람을 찾아볼 수 있겠습니까? 그가 절대적으로 완벽한 사람이 아니라 해도, 저는 그에 대한 단 하나의 허물도 언급할 수 없습니다. 왜냐하면 저는 그에게서 그 어떤 허물도 발견하지 못했기 때문입니다. 그는 신실하고 참되며 헌신적이었고, 성경적으로도 완벽한 모습을 보였습니다. 이 시대의 엉성한 사상가들이 그의 허물이라고 지적하는 것들도 제게는 뛰어난 미덕으로 보입니다. 그 사상가들은 그를 외골수라고 불렀지만, 그를 그렇게 칭함으로써 그들은 진리에 대한 그의 충성을 무의식적으로 증거하고 있는 것입니다. 계시는 의심받고, 복음은 회피되며, 인간의 사상이 시대의 우상으로 세워진 이 때, 저는 그의 순수함과 대담함과 원칙에 대한 고수 등을 크게 기뻐하였습니다. 그는 진리와 오류 사이에는 치명적이고도 영원한 차이가 있다고 느꼈습니다. 그래서 결론적으로 진리든 오류든 다 각자 할 말이 많기 때문에 어느 쪽이든 장담할 수 없다는 식으로 말하거나 행동하지 않았습니다. 그를 떠나보내면서 우리는 앞으로 수년 동안 얼마나 그를 그리워하게 되는지 알 수 없습니다. 그는 표류하는 이 세대에 크나큰 닻이었으며, 매순간 가난한 자들의 유익을 위한 큰 자극제였습니다. 사람들은 물론 짐승들까지도 하나가 되어 그의 죽음을 애도할 것입니다. 그는 살아 있는 모든 것들의 친구였습니다. 그는 억압받는 자들을 위해 살았습니다. 그는 런던을 위해 살았습니다. 그는 이 나라를 위해 살았습니다. 더군다나 그는 하나님을 위해 살았습니다. 그는 자신의 달려갈 길을 다 마쳤습니다. 비록 우리가 소망 없는 다른 이와 같이 슬퍼(살전 4:13)하며 그를 무덤 속에 잠들게 하지는 않는다 해도, 우리는 오늘 이스라엘의 지도자요 큰 인물이 죽은 것(삼하 3:38)에 대해 슬퍼하지 않을 수 없습니다. 틀림없이 의로운 자는 다가올 재앙을 피하여 끌려(사 57:1)가지만, 우리는 이 땅에 남아서 점증하는 어려움들 가운데 고투(苦鬪)해야만 합니다.

틀림없이 항상 그렇게 될 것입니다. 경건한 자들도 다른 자들과 마찬가지로 죽기 마련입니다. 비록 우리의 삶이 완벽하게 헌신적이라 해도, 우리의 생명은 이 땅에서 영원히 지속될 수 없습니다. 한번 죽는 것은 사람에게 정해진 것이요

(히 9:27), 그렇게 정해진 것은 지금도 유효합니다. 장차 마지막 원수(고전 15:26)를 멸망시킬 그분께서 오실 때까지, 현재의 법이 지속될 것으로 우리는 예상하고 있습니다. 우리는 부활을 의심하는 사두개인들의 의심에 개의치 않습니다. 우리는 그리스도께서 죽은 자들 가운데서 부활하신 것을 알고 있습니다. 그러므로 그분을 따르는 모든 자들도 반드시 부활할 것입니다. 또한 우리는 예수님께서 영원히 살아 계신다는 것을 알고 있습니다. 그러므로 분명히 모든 성도들도 살아나게 될 것입니다. 왜냐하면 그분께서 "이는 내가 살아 있고 너희도 살아 있겠음이라"(요 14:19)고 말씀하셨기 때문입니다. 비록 우리의 뇌 속에 불신앙이 들어와 우리의 믿음을 혼란시키지 못하도록 한다 해도, 그 불신앙은 우리의 마음을 뚫고 들어와서 우리가 크게 슬퍼하도록 합니다. 예수님을 믿는 우리는 무덤의 공기보다 더욱 청명하고 따뜻한 대기(大氣)로 부활할 것입니다. 왜냐하면 주 예수님께서 다음과 같이 행하셨다고 기록되어 있기 때문입니다. "그는 사망을 폐하시고 복음으로써 생명과 썩지 아니할 것을 드러내신지라"(딤후 1:10). 우리는 지금 사망의 그늘에 앉아 있지 않습니다. 왜냐하면 영원한 빛이 솟아(마 4:16)올랐기 때문입니다. 사랑하는 하나님의 자녀들이여, 여러분의 아버지께서 모든 것에 대해 생각하듯이 그렇게 여러분이 생각하는 것이 여러분에게 최고로 적절합니다. 그분께서 이렇게 말씀하셨습니다. "하나님에게는 모든 사람이 살았느니라"(눅 20:38). 우리의 말투를 성경의 어법으로 교정합시다. 영감 받은 성경 말씀이 죽은 성도들에게 말하듯이, 우리도 그렇게 죽은 성도들에 대해 말합시다. 그렇다면 우리는 워즈워스(William Wordsworth, 1770-1850, 대표적인 영국의 낭만파 시인이다 – 역주)가 그렇게도 감미로운 리듬으로 바꿔 노래한 순진한 어린 아이의 어법으로 되돌아갈 것입니다. 다시 말해, "아저씨! 우리는 일곱이에요" (순수함이 바라보는 죽음과 공존하는 삶을 노래한 워즈워스의 시 '우리는 일곱이에요'[We are seven]에 나오는 시구로서, 한 순진한 소녀에게 형제가 몇 명이냐고 묻는 화자[Master, 아저씨]의 물음에, 일곱 형제 중 두 명이 죽었지만, 소녀는 여전히 일곱 형제가 살아 있다고 대답한다는 시다 – 역주)라는 시처럼, 우리는 교회 묘지에 육신이 묻힌 형제와 자매와 친구들까지도 우리의 가족으로 헤아릴 것입니다. 그리고 경계를 넘어 장막 안으로 들어간 자들까지도 여전히 우리에게 속한 자들로 말할 것입니다. 예수님께서 말씀하신 것처럼 우리도 "우리 친구 나사로가 잠들었도다"(요 11:11)라고 말하게 될 것입니다. 사도 바울이 말한 것처럼 우리도 죽은 자들에 대해 몸을 떠나 주와 함께

있는(고후 5:8) 자들이며, 곧 하늘과 땅에 있는 온 가족의 일원이라고 말하게 될 것입니다.

오늘의 본문 말씀은 죽음과 매장과 부활이 지배적인 분위기인 곳에 자리 잡고 있습니다. 한 음성이 광야에 있는 모세에게 임했습니다. 광야는 모세에게 낯선 곳이었습니다. 모세가 지닌 생동적이고 활동적이며 잘 교육을 받은 지성과 애굽의 모든 지혜를 통달한 능력과 살아 계신 하나님에 관한 생각들로 가득 찬 숭고한 정신 등은 바로 이 광야에서 매장되었습니다. 광야의 가장 외딴 곳에서 양들 가운데 숨어 지내던, 그 시대 최고의 지성을 본다는 것은 특별한 일입니다. 왕으로 태어난 그가 여기서 양 떼를 치고 있습니다. 그런 상황이 모세에게는 죽음이었습니다. 모세가 이 살아 있는 무덤에 계속 머무를 수 없었다는 것은 분명한 사실입니다. 그는 생명과 지도력을 다시 찾아야만 했습니다. 하나님이 존재하시고, 섭리가 있는 한, 모세는 그렇게 세상에 알려지지 않은 상태로 계속 머무를 수 없었습니다. 절대로 좌절할 수 없는 어떤 확실한 것들이 그의 안에 감추어져 있었습니다. 어떤 사람이 선지자가 되어서, 모세가 광야에서 나타나 자신의 부활로 이스라엘을 뒤흔들어 놓을 것이라고, 호렙 산에 서서 예언할 필요도 없었습니다.

모세가 광야에 있는 동안 그는 또 다른 상황의 죽음과 매장과 부활인 애굽에 있는 이스라엘에 대해 생각하고 있었습니다. 하나님의 백성, 여호와로부터 은혜를 입은 민족에게 하나님께서는 "그들은 내 백성이 되겠고 나는 그들의 하나님이 될 것이며"(렘 32:38)라고 말씀하며 그들과 언약을 맺으셨습니다. 하나님의 백성들인 이들은 애굽에서 가혹한 억압으로 쓰러지고, 흙벽돌에서 나는 먼지로 지저분해지고, 감독관의 매질로 검푸르게 멍이 들었습니다. 급기야 인종말살 정책의 일환으로, 이 민족의 남자 어린 아이는 강제로 강물에 던져져야 했으며, 남은 아이들도 노예가 되어야 했습니다. 그래도 그들은 하나님의 택한 백성이었고, 하나님의 은혜를 입은 가족이었습니다. 따라서 애굽에서의 이러한 죽음이 계속 지속될 수 없다는 사실을 따로 선포할 선지자가 필요하지 않았습니다. 택한 민족은 반드시 살고 부활하여 자유롭게 되어 주님을 섬기기 때문입니다. 이스라엘이여, 너는 결코 멸망할 수 없도다! 그들에게는 다음과 같은 음성이 분명히 들렸습니다. "여호와께서 말씀하시기를 내 백성을 보내라 그들이 나를 섬길 것이니라"(출 9:1).

　　모세는 광야에서 애굽에 있는 이스라엘을 생각하며 떨기나무를 보았습니다. 그것도 활활 타오르는 떨기나무를 보았습니다. 광야에 있는 일반적인 떨기나무는 불을 갖다 대면 대자마자 한순간에 불이 붙어서 순식간에 다 타버립니다. 그래서 재의 흔적 외에는 아무것도 남지 않습니다. 하지만 이 떨기나무에서는 특별한 일이 벌어졌습니다. 떨기나무가 계속 불이 붙어 있으면서 다 불타 없어지지 않았던 것입니다. 이것이 바로 죽음 가운데 있는 생명이고, 멸망 가운데 있는 지속입니다. 이것은 백성들과 함께 거하면서 고통 받는 그들을 살리시는 하나님의 상징입니다. 다시 말해, 하나님의 택한 자들에게는 아무런 해도 끼치지 않는 고난의 불에 대한 상징이었던 것입니다. 그때 모세에게 말씀하신 그분은 생명의 하나님이셨습니다. 즉, 멸망 가운데서도 유지하게 하시는 하나님, 떨기나무를 삼킬 듯이 활활 타오르는 격렬한 불 가운데서도 떨기나무마저 지켜 주시는 하나님이셨습니다. 모세 주변에 있던 것들과 전적으로 은혜를 입은 떨기나무는, 진정 죽음 가운데 있는 생명과 죽음으로부터의 부활을 보여주고 있습니다.

　　자, 이제 우리는 핵심 사안에 이르게 되었습니다. 그 떨기나무 가운데서 한 음성이 들려 왔습니다. 신비롭고도 거룩하게 "나는 네 조상의 하나님이니 아브라함의 하나님, 이삭의 하나님, 야곱의 하나님이니라"(출 3:6)는 음성이 들려왔습니다. 거룩한 우리 주님은 이 음성을 통해 우리가 다음과 같은 사실을 깨닫도록 가르쳐 주십니다. 즉, 하나님의 백성들은 오랫동안 죽어 있는 것처럼 보일 때에도, 여전히 살아 있다는 것입니다. 왜냐하면 하나님께서 죽은 자나 존재하지 않는 자의 하나님이 아니라고 한다면, 그분은 오랫동안 매장된 여러 족장들에게는 하나님이 될 수 없다는 사실을 스스로 인정하는 셈이기 때문입니다. 앞서 인용한 떨기나무 사건에서 하신 말씀으로, 우리 주님께서는 주의 택한 자들의 지속적인 생명과 또한 이들의 부활을 증명해 주셨습니다. 그분께서는 어떻게 그리 하셨습니까?

1. 영광스러운 관계가 선포되었다.

　　우리는 직접적으로 이 질문에 대답하지는 않을 것입니다. 그러나 우리는 이 떨기나무를 조금 더 찾아볼 것입니다. 그래서 그 이유들이 좀 더 자연스럽게 우리 지성에 다가오도록 할 것입니다. 먼저, 우리는 이 말씀 속에서 영광스러운 관계가 선포되었다는 사실을 보게 된다는 점을 말씀드리고 싶습니다. 모세도 가시나무 떨기에 관한 글에서 주를 "아브라함의 하나님이요 이삭의 하나님이요 야곱의 하나님이시라" 칭하였습니다.

떨기나무 사건에 대해 영광스러운 주님께서는 "이 세 사람이 나를 자기들의 하나님으로 선택했다"는 좋은 뜻으로 말씀하셨습니다. 정말 이 세 사람은 하나님을 자기들의 하나님으로 선택했습니다. 다시 말해, 이들은 하나님의 은혜로 말미암아 택함을 받아 갈대아 지방의 자기 친족들과 의도적인 작별을 하고서, 장래의 유업으로 받을 땅(히 11:8)으로 하나님께서 약속하신 것이라는 사실 외에는 아무것도 알지 못하는 땅으로 여행을 하였습니다. 아브라함, 이삭, 야곱, 이 세 사람은 각기 서로 다른 성격의 소유자들이었습니다. 하지만 이 세 사람에게는 이런 공통점이 있었습니다. 즉, 이들은 하나님을 믿었으며, 그분을 유일한 자기들의 하나님으로 삼았다는 것입니다. 다른 세상 사람들이 자기들의 우상에게로 달려가는 반면, 이들은 여호와의 품속에 안겼습니다. 그들이 만나는 모든 어려움 속에서 그들은 여호와에게로 피했습니다. 왜냐하면 그 모든 필요를 채우기 위해서 그들은 오직 그분만을 의지하였기 때문입니다. 그들은 전 생애 동안 거룩한 은혜로 말미암아 지극히 높으신 여호와를 의존했던 자들이었습니다. 아브라함이 하나님을 신뢰했던 것처럼 그렇게 하나님을 신뢰하는 사람을 본다는 것은 최고의 광경입니다. 이삭의 번제 사건에서 아브라함이 했던 것처럼 그렇게 전적으로 주님을 순종하는 사람을 보는 것도 최고의 광경입니다. 그는 하나님께서 이삭을 죽은 자 가운데서도 다시 살릴 수 있는 능력을 가진 분으로 여겼습니다. 이와 같이 여호와를 신뢰할 수 있는 사람에게는 틀림없이 영생이 있습니다. 저는 족장들에게 다음과 같은 고귀한 위치를 주기 위해서 그들을 부르신 하나님을 찬양하라고 여러분에게 권면하고자 합니다. 즉, 족장들은 주님을 전적으로 따랐으며 확고하고도 변치 않는 선택을 한 고귀한 위치를 얻게 되었습니다. 그들은 우리와 성정이 같은 사람이로되(약 5:17), 그럼에도 불구하고 자신의 운명을 주님께 맡겼습니다. 그래서 그들은 그분의 뜻을 위하여, 갈대아 우르에서의 정착된 삶이 주는 안락함과 가나안에서의 죄악된 즐거움보다도 나그네요 순례자(히 11:13)로서의 생활을 더 좋아하였습니다. 우리도 이 하나님, 즉 아브라함의 하나님, 이삭의 하나님, 야곱의 하나님을 우리의 하나님으로 삼읍시다. 자신을 멸절(滅絶, 본 설교는 영혼의 불멸을 부정하는 '멸절설'을 염두에 두고 이를 반박하는 내용으로 전개되고 있다 ― 역주)로부터 확실히 구원해 주실 참된 하나님을 선택한 자들에게는 고귀함이 있습니다.

　　다음으로 이 세 사람들은 하나님과 교통하는 법을 배웠습니다. 아브라함이 하나님과 대화를 나눴다는 것은 얼마나 대단한 일인지 모릅니다! 수많은 장소들이 "여호와 앞에 서 있던 곳"(창 19:27)으로 거룩하게 되었습니다. 이삭도 저물 때에 들에 나가(창 24:63) 거닐었습니다. 분명히 그곳에서 이삭은 하나님과 은밀한 교제를 나누었을 것입니다. 주님께서는 밤에 그에게도 나타나셨습니다. 그리하여 그로 하여금 제단을 쌓고 여호와의 이름을 부르도록 하셨습니다. 나이가 들은 그 선한 사람은 자신이 눈멀었을 때에도 전능하신 주 하나님과 교제함으로써 위안을 찾았습니다. 야곱도 천상의 방문을 통해 은혜를 입었습니다. 우리는 벧엘에서의 신비로운 꿈과 얍복 강가에서의 씨름과 그가 자기 할아버지 아브라함의 하나님과 자기 아버지 이삭의 하나님께로 돌아왔을 때, 하나님께서는 사람이 자기의 친구와 이야기함 같이(출 33:11) 그와 여러 번 말씀하신 사건을 결코 잊을 수 없습니다. 이처럼 주님께서 인간과 교통하신 것은 놀라운 일입니다. 그분은 멸망하는 짐승들에게는 자신을 그렇게 보여주지 않으셨습니다. 그분은 들판에 있는 생명 없는 돌들에게는 이렇게 자신을 계시하지 않으셨습니다. 그분께서 이 세 사람들과 나눈 것같이 하나님과의 친밀한 교제 속으로 들어간 자들은 특별한 영광을 입은 자들입니다. 이로써 저는 이러한 존재들은 한 줌의 먼지로 해체되어 사라질 수 없다고 주장합니다. 주님을 본 이 눈들이 더 이상 주님을 보지 못할 수 있겠습니까? 영원하신 분과 대화를 나눈 그 영혼들이 멸망할 수 있겠습니까? 전혀 그렇지 않다고 생각합니다. 바로 지금 저는 여러분에게 족장들이 하나님의 친구가 되도록 허락받았을 때, 이들이 영광스러운 존재로 드높여졌다는 사실만을 생각해 주십사 부탁드리는 것입니다.

　　우리가 더욱 주목할 만한 사실은, 주님께서 그들과 언약을 맺으셨다는 것입니다. 그분께서는 아브라함과 이삭과 야곱과 더불어 언약을 맺으셨습니다. 그분께서는 이 언약을 기억하시고 "이르시되 내가 반드시 너에게 복 주고 복 주며 너를 번성하게 하고 번성하게 하리라"(히 6:14)고 하셨습니다. 여러분은 주님께서 아브라함의 씨에게 좋은 유산(시 16:6)과 젖과 꿀이 흐르는 땅(출 33:3)을 주시겠다고 어떻게 약속하셨는지 알고 계실 것입니다. 자 보십시오. 하나님께서 인간과 계약을 체결했다는 사실 자체가 놀라운 일입니다. 그분께서는 한갓 한 철 미물

(微物)에 불과한 존재를 상대로 영원한 언약을 세우사 만사에 구비하고 견고하게(삼후 23:5) 하신 것입니까? 특히, 잠깐 보이다가 없어지는(약 4:14) 한갓 그림자에 불과한 존재와 더불어 그 가슴의 피로 말미암아 영원한 언약으로 인치시기 위해 그의 아들 예수의 생명을 내어주려고 하신 것입니까? 전혀 그렇지 않다고 저는 확신합니다. 하나님께서 인간들로 하여금 하나님 자신과 영원한 언약을 맺도록 하셨다면, 여기에는 다음과 같은 분명한 암시가 있습니다. 즉, 그분께서는 인간들에게 오늘과 내일뿐만 아니라 영원히 계속되는 지속성을 부여하신 것입니다. 계속해서 저의 바람은 하나님께서 인간과 더불어 은혜로운 언약을 맺으셨을 때, 인간성은 영광스러운 모습으로 드높여졌다는 사실을 여러분이 염두에 두었으면 하는 것입니다.

그리고 더 나아가, 이들은 하나님과 언약을 맺었을 뿐만 아니라, 그 언약과 일치해서 살았습니다. 그렇다고 해서 제가 그들이 이 언약에 완벽하게 일치하는 삶을 살았다고 말하는 것은 아닙니다. 그러나 그들의 삶의 주된 흐름은 그들이 하나님과 맺은 언약에 적합하게 살아가는 것이었습니다. 이 언약 때문에 아브라함은 갈대아 우르를 떠나 더 이상 하란 땅에 거하지도 않았으며 가나안 땅에서 하나님과 함께 살아가는 거류자가 되었습니다. 이 언약 때문에 그는 육체를 따라 난(갈 4:29) 장자를 떠나보내야 했습니다. 이에 대해서는 "네 자손이라 칭할 자는 이삭으로 말미암으리라"(히 11:18), "믿음으로 그가 이방의 땅에 있는 것 같이 약속의 땅에 거류하여 동일한 약속을 유업으로 함께 받은 이삭 및 야곱과 더불어 장막에 거하였으니, 이는 그가 하나님이 계획하시고 지으실 터가 있는 성을 바랐음이라"(히 11:9)고 하셨습니다. 이 신실한 자들은 자신들의 삶에 보상하는 상을 중시했습니다. 그래서 이들은 자기들이 떠나온 땅에 대해 개의치 않았으며, 다시 돌아갈 큰 기회를 구하지도 않았습니다. 세 사람 중에 가장 허물이 많았던 야곱도 그의 형 에서에게 가장 큰 잘못을 범했지만, 그 행동은 분명히 언약적인 장자권에 대한 강렬한 믿음에 의한 행동이었습니다. 그래서 그는 그 장자권을 획득하기 위해 그 모든 일들을 감행했던 것입니다. 그가 나이 들어 죽게 되었을 때 그는 애굽 사람들과 함께 섞이려고 하지도 않았고, 또 택함 받은 가족에게서 떨어져 있고 싶지도 않았습니다. 그래서 그는 요셉에게 "내가 조상들과 함께 눕거든 너는 나를 애굽에서 메어다가 조상의 묘지에 장사하라"(창 47:30)고 말했습니다. 그는 요셉에게 이 일을 맹세하도록 했습니다. 왜냐하면 그는 확실히 그렇게 되기를 원했기 때문입니다. 그가 범한 허물에도 불구하고, 그는 그 언약을 지향하고 있었습니다. 자, 하나님께서는 인간들과 언약을 맺으시고, 이들이 그 언약에 일치해서 살아가도록 도우십니다. 그런데도 그들이 결국에는 그 축복을 잃을 수 있겠습니까? 이 모든 일들이 결국에는 허사로 끝날 수 있겠습니까? 그들이 하나님의 날개 그늘 아래 숨어 있는데도, 그들이 결국에는 멸망하겠습니까? 절대로 그럴 수 없습니다. 그들은 하나님의 참된 기대에 부응해 살아가야만 했습니다.

그 언약이 바로 이런 것이었기 때문에, 그들은 하나님을 자신들의 하나님으로 삼아야만 했고, 그들은 하나님의 백성이 되어야만 했습니다. 오, 사랑하는 성도 여러분, 하나님이 나의 하나님이 되고, 나는 하나님의 백성이 되는 이런 기쁨을 저는 날마다 누리지만, 저는 이와 같은 축복을 어떻게 표현해야 할지 잘 모르겠습니다. 이 하나님이 바로 우리의 하나님이십니다. 존재하시는 주님의 모든 것과 그분이 하실 수 있는 모든 것을 그분께서는 우리를 위해 사용되도록 우리에게 주셨습니다. 다시 말해, 충만하신 그분의 은혜와 진리, 무한하신 그분의 사랑, 전능하신 그분의 능력, 무오(無誤)하신 그분의 지혜 등, 이 모든 것들이 우리를 위해 사용되도록 하셨습니다. 주님께서는 자신이 그들의 기업이 되게 하시려고 자신을 자기 백성들에게 주셨습니다. 반면에 비록 우리가 불쌍하고 연약한 피조물일지라도, 우리는 살아 계신 하나님의 특별한 보화로 여김을 받습니다. "만군의 주가 말하노라. 내가 나의 보석들을 만드는 그 날에 그들을 나의 소유로 삼을 것이요"(말 3:17, KJV). "여호와의 분깃은 자기 백성이라 야곱은 그가 택하신 기업이로다"(신 32:9). 우리는 하나님의 기업입니다. 우리는 하나님의 보석입니다. 우리는 하나님의 자녀입니다. 우리는 그분 눈의 눈동자처럼 그분에게 귀한 자들입니다. 우리는 그분에게 손에 들려진 옥새와 머리에 쓰인 면류관 같은 자들입니다. 그분께서는 그분의 분깃으로 썩은 것 한 덩이와 한 줌의 갈색 먼지를 택할 수 없었습니다. 그런 것들은 육신이 죽음에 이르게 되었을 때나 생기는 것들입니다. 그분은 다시 대지로 녹아들어가 다시는 찾아볼 수 없는 그런 것을 그분의 기업으로 택할 수 없었습니다. 이런 일은 있을 수도 없습니다. 언약은 그 속에 영생에 대한 확실한 보장을 가지고 있습니다. 오, 하나님께서 여러분과 저에게 이렇게까지 말씀해 주시니 얼마나 영광스러운지 모르겠습니다. "너희는 내 백성이 되겠고 나는 너희들의 하나님이 되리라(렘 30:22). 천사들보다도, 하늘보다도, 내가 지은 다른 모든 피조물들보다도 나는 너를 더욱 귀히 여기노라. 나는 영원한 사랑으로 너를 사랑하였노라(렘 31:3). 너에 대한 나의 사랑 가운데 나는 거할 것이며, 나는 너로 인해 노래를 부르고 기뻐하리라." 이런 말씀으로 주님께서는 자신과 언약을 맺은 백성들을 크게 높여 주시며, 그들을 자신과 가장 가까운 자리로 올려주시어 영광과 존귀에 이르게 하셨습니다. 하나님께서 도대체 어떤 일을 행하셨습니까! 이처럼 하나님께서 돌보시고, 이처럼 하나님께서 찾아주시는 이 인간의 아들은 도대체 누구입니까! 천사들은 그 어디서도 인간과 비교될 수 없으며, 빛나는 지복(至福)과 헌신적인 열정을 지닌 그룹들(cherubims)도 이처럼 하나님과 언약을 맺은 자들과는 비교될 수 없습니다. 여호와를 자기 하나님으로 삼은 자들과 스스로 주님의 택하심과 관심과 기쁨을 입은 자들은 다른 어떤 피조물들보다도 더 큰 복을 받은 자들입니다. 이런 것들을 곰곰이 생각해 본다면, 이 말씀 가운데 한 말씀 한 말씀이 우리의 믿음을 강하게 해 줄 것입니다. 그러므로 성도들은 지금 이 순간에도 하나님을 위해 살아갈 뿐만 아니라, 앞으로도 영원히 하나님을 위해 살아야만 합니다.

2. 영원한 생명이 암시되었다.

이제 우리는 두 번째 주제 가운데서 이 문제를 더욱 분명히 살펴보고자 합니다. 여기에는 영원한 생명이 암시되어 있습니다. "하나님은 죽은 자의 하나님이 아니요 살아 있는 자의 하나님이시라."

먼저 영원한 생명은 은혜의 언약이라는 바로 이 사실에 암시되어 있습니다. 제가 앞에서 여러분에게 질문한 것과 같이, 영원한 하나님께서 단지 연수가 칠십(시 90:10)뿐이며 그 이후에는 촛불처럼 꺼져 버릴 그런 피조물들과 언약을 맺으시겠습니까? 어떻게 그런 분이 인간들에게 하나님이 되실 수 있습니까? 그분께서 잠시 동안 인간을 도와주고 인간의 친구가 되어 주실 수 있다는 것은 이해가 됩니다. 그러나 어떻게 그런 분이 하나님이 되실 수 있는지는 잘 모르겠습니다. "나는 너희들의 하나님이 되리라"(렘 30:22)고 하신 말씀이 참된 말씀이라면, 인간들도 그분의 영원성에 반드시 동참해야 하는 것 아닙니까? 주님께서 어떻게 끝이 있는 존재에게 영원한 복이 되실 수 있습니까? 그분은 능력을 가지고 계시며, 나에게 충분한 힘을 주실 것입니다. 그분은 지혜를 가지고 계시며, 내가 받을 수 있을 만큼 나에게 그분의 지혜를 많이 주실 것입니다. 그렇다면, 그분께서는 나 또한 반드시 그분의 불멸성에 동참하도록 하지 않겠습니까? 만약 그분께서 나의 존재를 없애 버리신다면, 어떻게 그분이 나에게 하나님이 되실 수 있겠습니까? 다윗이 죽음을 앞두고서 "하나님이 나와 더불어 영원한 언약을 세우사"(삼하 23:5)라고 말했을 때, 그는 영원한 세대에 들어가 그 언약의 열매를 누리며 살 것이라는 자신의 믿음이 위로가 되었습니다. 그러니 그 존재가 중단되는 피조물과 어떻게 영원한 언약이 가능할 수 있겠습니까?

다음으로, 이 언약은 아주 독특한 세계에 대한 약속들로 이루어져 있었습니다. 왜냐하면 하나님께서 아브라함과 맺으신 바로 그 언약은 아주 전적으로 이 세상에 속한 것이 아니었기 때문입니다. 주님께서 아브라함에게 말씀하신 땅은 가나안 땅만이 아니었습니다. 족장들도 자신들이 사모하는 것은 "더 나은 본향 … 곧 하늘에 있는 것이라"(히 11:16)고 분명하게 선포하였습니다. 그들이 가나안 땅에 있을 때조차, 그들은 여전히 한 나라를 찾고 있었습니다. 그런데 그들에게 약속된 도성은 예루살렘이 아니었습니다. 왜냐하면 사도 바울에 따르면, 히브리서 11장에서 이들은 "하나님께서 지으시고 만드실 기초가 있는 한 성"(히 11:10)을 찾고 있었다고 말하기 때문입니다. 그들은 이 땅에서 살 동안 그 언약이 완전히 성취되는 것을 보지 못했습니다. 비록 그들은 온전한 약속을 받지는 못했지만 멀리서나마 그 약속들을 보면서 그것을 확신했습니다. 하나님께서 그들에게 주셨던 이 땅에서의 축복들은 그들이 기대했던 분깃이 아니었습니다. 그럼에도 그들은 눈에 보이지 않는 실재를 붙잡고서 그 실재들을 기대하면서 살았습니다. 그들은 영적인 어떤 것, 영원한 어떤 것에 대한 믿음으로 분명히 행동하였습니다. 그리고 하나님께서 자신들과 맺은 그 언약이 바로 이런 것들과 관련된 것으로 믿었습니다. 저는 이 주제에 대해 더 말씀드릴 시간이 없습니다. 여러분은 히브리서에서 더욱 충분한 설명을 얻을 수 있을 것입니다. 어쨌든, 다음의 사실들은 분명합니다. 즉, 언약의 축복은 죽어야 하는 현재의 이 삶의 공간 안에는 결코 들어올 수 없는 세계에 속하는 것이며, 언약의 약속들은 무한한 영원의 바다를 향하고 있다는 사실입니다. 자, 주님께서 그들과 영원한 축복에 관한 언약을 맺으셨다면, 그 성도들은 그 축복들을 누리며 반드시 살아야만 합니다. 하나님께서는 하루살이 피조물에게는 무한한 축복들을 약속하지 않으셨습니다.

사랑하는 성도 여러분, 특히 그 족장들은 이 영원한 것들을 위해서 일시적인 즐거움들을 포기했다는 사실을 기억해야 합니다. 아브라함은 자신의 땅에서 안락한 삶을 누리면서 고요한 군주로서 살아갈 수 있었습니다. 그러나 그는 영적인 축복을 위해서 갈대아를 떠나 가나안의 원수들 가운데서 방랑하며 불편한 장막에서 거하였습니다. 이삭과 야곱도 "동일한 약속을 유업으로 함께 받은"(히 11:9) 자들이었습니다. 그래서 그들은 그 땅 백성들이 추구하는 것을 구하지 않았으며, 그들과 따로 거하면서 그 민족들 가운데 계수되지 않았습니다. 하나님께서 모세에게 하신 말씀과 같이, 그들도 "그리스도를 위하여 받는 수모를 애굽의 모든 보화보다 더 큰 재물로 여겼"(히 11:26)습니다. 그들은 일가친척들과 정착된 문명 생활의 모든 이점들을 버리고, 광야의 방랑자가 되기 위해 조국을 떠났습니다. 그들은 이 땅의 도성에 머물지 않은 사람들의 참된 유형이자 모델이었습니다. 그러므로 비록 그들이 그 약속들을 받지 못하고서 소망 가운데 죽었다 해도, 우리는 하나님께서 그들을 속였다고 생각할 수 없습니다. 그들의 하나님은 그들을 조롱할 분이 아니셨습니다. 그러므로 그들은 반드시 죽음 이후에도 살아야 하는 것입니다. 그들은 아직까지 보이지 않은 어떤 것을 위해서 이 불쌍한 인생을 살았습니다. 그런데 만약 그러한 것이 없다면, 즉 미래의 생명이 없다면, 그들은 속은 것이며 스스로 잘못 판단하여 기만을 당한 것입니다. 만약 장차 올 생명이 없다면, "내일 죽을 터이니 먹고 마시자"(고전 15:32)라는 생각이 최고의 철학일 것입니다. 이 사람들은 내세를 위해 이 땅에서의 삶을 저당잡힌 것이기 때문에, 만약 미래의 생명이 없다면, 이들은 슬프게도 실수를 한 것입니다. 여러분은 설득력 있는 우리 구세주의 말씀을 이해하지 못했습니까? 자기 백성으로 하여금 미래를 위해 현재를 포기하게 하신 하나님은 틀림없이 그들의 선택을 정당한 선택으로 만들어 주실 것입니다.

이외에도, 주님께서는 이 사람의 삶에 자신의 명예와 명성을 거셨습니다. 그분께서는 이렇게 말씀하십니다. "너희는 내가 누구인지를 알기 원하느냐? 나는 아브라함과 이삭과 야곱의 하나님이다. 내가 나의 종들을 어떻게 대하는지를 너희가 알기 원한다면, 가서 아브라함과 이삭과 야곱의 삶을 살펴보아라." 사랑하는 성도 여러분, 이 땅에서 보낸 그 족장들의 삶이 인간의 기록으로 남겨진다면, 그 기록은 분명히 하나님의 인자한 사랑으로 가득 찰 것입니다. 하지만 타고난 본성적인 차원에서 볼 때 주님께서 그들을 기이할 정도로 특별하게 대하셨다고 볼 만한 두드러지게 기쁘고도 장엄한 그런 것은 그들에게 전혀 없었습니다. 하나님을 두려워하지 않는 다른 사람들도 그들만큼이나 부유하고 능력 있고 존귀했습니다. 특히 야곱의 생애는 고난과 시련으로 점철되어 있었습니다. 그가 자신의 생애를 다음과 같은 말로 정리했을 때, 그는 진리를 말하였습니다. "내 삶의 햇수의 날이 얼마 안 되고 험악하였으며"(창 47:9). 그러나 주님께서 야곱의 생애에 대한 기록을 가지고 그분의 종들에 대한 선하심을 우리가 판단하도록 하셨습니까? 또는 그분의 종들 중 다른 어떤 사람의 이력을 가지고 판단하도록 하셨습니까? 판단을 하려면 반드시 무한한 축복의 세대까지 포함해서 판단해야 합니다. 이 땅에서의 삶은 단지 우리의 역사를 기록한 책의 머리말에 불과합니다. 이생에서의 삶은 거친 테두리이며, 우리의 존재라는 값비싼 옷감의 자투리 천에 불과합니다. 잔물결이 이는 이생에서의 이 시내는 그것으로 끝나지 않고, 끝없이 무한한 축복의 대양으로 흘러갑니다. 아브라함과 이삭과 야곱은 지금까지 오랫동안 지극한 복락을 누렸으며, 앞으로도 영원히 그 복을 누리게 될 것입니다. 그래서 여러분이 그들의 인생 전체를 판단한다고 해도, 하나님은 그들의 하나님으로 불리기에 전혀 손색이 없는 분이 될 것입니다. 다시 말해, 눈에 보이는 것이 전부이고, 죽어야 하는 이 땅에서 겪는 고난을 보상해 줄 미래가 없었다면, 그분은 그렇게 말씀히지도 않았을 것입니다. 하나님은 그렇게 빨리 죽어 버리는 하나님이 아닙니다. 오히려 그분은 죽지 않는 인류인 성도들의 살아 계신 하나님입니다. 그분과 함께 하는 현재는 절대로 끝날 수 없는 밝은 미래로 들어가는 어두운 통로일 뿐입니다.

　　오늘 본문 말씀의 의미를 좀 더 분명히 살펴보자면, 하나님은 존재하지 않는 자의 하나님이 될 수 없다는 뜻입니다. 존재하지 않는 자의 하나님도 될 수 있다는 전제는 말도 안 되는 소리입니다. 우리 구세주께서는 그렇게 주장하지 않으셨습니다. 그분은 아주 단호하게 말씀하셨습니다! 하나님은 죽은 자의 하나님이 아니요, 죽은 자의 하나님은 절대로 있을 수 없는 일입니다! 만약 아브라함과 이삭과 야곱이 한 줌의 재로 변한다면, 그들이 재로 변하는 그 순간에 하나님은 이들의 하나님이 될 수 없습니다. 우리는 죽은 대상을 우리의 하나님으로 취할 수 없습니다. 이와 마찬가지로, 여호와께서도 생명 없는 진흙을 대상으로 하나님이 될 수 없습니다. 하나님은 부패와 멸절의 하나님이 아닙니다. 하나님은 사라지는 자의 하나님이 아닙니다. 우리는 이런 생각을 말로 표현해서라도, 이런 생각을 이성이 보는 앞에서 없애야 합니다. 살아 계신 하나님은 살아 있는 자들의 하나님입니다. 아브라함과 이삭과 야곱은 여전히 살아 있습니다.

이런 말씀은 이 성도들의 육신이 아직까지도 살아 있다는 사실까지 말해 줍니다. 하나님께서는 자신과 언약을 맺은 자들을 살아 있는 것으로 여기십니다. 그분은 "죽은 자가 살아난다"(눅 20:37)고 말씀하십니다. 그분은 죽은 자들이 살아난 것으로 여기십니다. 이렇게 말씀하신 그분에게는 아무것도 잘못된 것이 없습니다. 앞으로 일어날 일을 예상하면서 하신 말씀이기 때문입니다. "주의 죽은 자들은 살겠고"(사 26:19, KJV). 이렇게 선택된 자들의 분깃이 여전히 이 땅에 있는 한, 없는 것을 있는 것으로 부르시는 이(롬 4:17)인 하나님께서는 이들의 육신이 생명을 가진 것처럼 보십니다. 왜냐하면 그들은 이제 곧 생명을 가지게 될 것이기 때문입니다. 하나님은 아브라함 영혼의 하나님일 뿐만 아니라, 그의 몸과 영혼과 혼까지 포함한 전체적인 아브라함의 하나님이기도 합니다. 하나님은 아브라함 육신의 하나님이십니다. 언약의 인(印)이 아브라함의 육신에 찍혔기 때문에, 우리는 이를 확신합니다. 의심이 일어날 만한 그곳에, 다시 말해 죽어야 할 그의 몸에 확증의 인이 쳐집니다. 그의 영혼에는 인이 찍혀 있지 않습니다. 왜냐하면 영혼은 생명을 지녔으며, 죽음을 볼 수 없기 때문입니다. 그러나 그의 육신에는 인이 찍혀 있습니다. 그의 육신은 죽을 것이기 때문에 그의 육신마저도 살게 될 것이라는 확신을 주기 위해 인이 찍혀진 것입니다. 오늘날에도 육신에 대한 인(印)으로서 우리는 세례와 성찬식을 합니다. 저는 때때로 물세례가 없었으면 더 낫지 않았을까 저 혼자서 생각해 봅니다. 왜냐하면 물세례가 너무나 많은 미신의 온상이 되었기 때문입니다. 그리고 성찬식도 그 복된 용도에도 불구하고 너무나 오용되어서, 더욱 영적인 종교가 되기 위해서는 외적인 의식이 반드시 있어야만 한다는 식으로 여겨지고 있습니다. 그러나 주님은 인간과 피조물이 가진 물질적인 성질을 높이려고 작정하셨습니다. 그래서 육신은 썩지 아니할 것으로 다시 살아나게(고전 15:52) 됩니다. 그러므로 그분께서는 그 외적이며 물질적인 것에 찍을 인(印)을 주셨던 것입니다. 세례의 물을 통해 육신이 씻기고, 성찬의 빵과 포도주를 통해 육신이 양분을 얻습니다. 이것들은 영적이며 눈에 보이지 않는 축복의 상징으로서 우리에게 주어진 것일 뿐만 아니라, 죽을 수밖에 없는 우리 육신을 구원하고 정화시키는 용도로도 우리에게 주어진 것입니다. 무덤은 언약 맺은 자들의 어떤 분깃도 가지고 있을 수 없습니다. 영원한 생명은 전체적인 인간의 분깃입니다. 하나님은 우리의 온전한 인성인 영과 혼과 육의 하나님이십니다. 다시 말해, 모든 것이 온전히 하나님에 대해 살아 있습니다. 언약의 전체가 그 언약을 맺은 자들의 전체에 대해 성취될 것입니다.

지금까지 말씀드린 것이 단순한 이성을 넘어서서 믿음의 영역으로까지 올라간 자들에게 좋은 추론이 될 것입니다. 성령님께서 우리를 도우시어 우리 또한 하나님과 언약을 맺은 자들 가운데 있기를 기원합니다!

3. 영광스러운 생명은 무엇인가?

세 번째 대지는 아주 간략하게 말씀드리겠습니다. 사랑하는 성도 여러분, 오늘 본문 말씀은 영광스러운 관계를 선포하고 영원한 생명을 암시해 줄 뿐만 아니라, 그 영광스러운 생명이 반드시 어떤 것이어야 하는지에 대해서 다소 부족한 것 같지만 아주 충분히 계시해 주고 있습니다. 그러므로 그 계시된 영광스러운 생명을 자세히 살펴보도록 하겠습니다.

이들은 개별적으로 살아 있는 것이 분명합니다. "나는 한 무리를 이룬 성도들의 전체 육신의 하나님이다"라고 기록되어 있지 않고, "나는 아브라함과 이삭과 야곱의 하나님이다"라고 기록되어 있습니다. 하나님께서는 자기 백성들이 개별적으로 살도록 하실 것입니다. 나의 어머니, 나의 아버지, 나의 자녀들은 모두 각각 개별적으로 존재합니다. 하나님은 살아 있는 개별적인 생명을 가진 성도들의 하나님이십니다. 즉, 아브라함은 아브라함이고, 이삭은 이삭이고, 야곱은 야곱입니다. 이 세 명의 족장들이 모두 한 사람의 공통적인 아브라함이 되지도 않고, 이삭이 한 사람의 상상의 이삭이 되지도 않습니다. 그리고 그들 중 한 사람이 변하여 자신이 아닌 다른 사람으로 변하지도 않습니다. 아브라함, 이삭, 야곱은 모두 글자 그대로 살아 있는 생명체로서 실제적인 사람들이며, 그들은 과거의 자신과 동일한 사람들입니다. 야곱은 야곱이지, 아브라함의 반향(反響)이 아닙니다. 이삭은 이삭이지, 야곱의 시연(試演)이 아닙니다. 모든 성도들은 자신의 인격으로, 정체성으로, 개별적으로, 개성으로 존재하고 있습니다.

한 발 더 나아가, 이 족장들은 그들의 이름까지 언급되었습니다. 그래서 이들은 분명히 알려졌습니다. 이들은 세 명의 익명의 육신들이 아니라, 아브라함, 이삭, 야곱이었습니다. 많은 사람들이 묻습니다. "우리는 천국에서도 우리의 친구들을 알 수 있을까요?" 왜 우리가 알지 못하겠습니까? 성경에 따르면, 천국에 있는 성도들은 절대로 익명으로 돌아다닌다고 말하고 있지 않습니다. 그들의 이름이 생명책에 기록되어 있다고 말하고 있습니다. 왜 그렇습니까? 사도들은 비록 예전에 모세와 엘리야를 한 번도 본 적이 없었지만, 이들을 변화산 위에서 보고 바로 알 수 있었습니다. 저는 나이든 존 라일란드(Ryland, John Colleit, 1723-1792. 영국 침례교 성직자이자 학자다. 엘리자베스[Elizabeth Frith of Warwick, d. 1779]와 결혼하였다 — 역주)가 자기 아내에게 한 대답을 잊을 수 없습니다. 그녀가 말했습니다. "존, 당신은 천국에서 나를 알아보겠어요?" 그러자 그가 대답했습니다. "여보, 나는 이 땅에서도 당신을 잘 알아보고 있소. 그런데 천국에 가면 분명히 지금보다 더 큰 바보가 되지는 않을 것이오. 그러니 천국에서도 분명히 당신을 알아볼 것이오." 이것으로 충분한 대답이 될 것 같습니다. 우리는 신약성경에서 "많은 사람이 이르러 아브라함과 이삭과 야곱과 함께 천국에 앉으려니와"(마 8:11)라고 하신 말씀을 읽을 수 있습니다. 철가면을 쓴 알지 못하는 세 명의 개인들이나, 큰 냄비를 구성하는 세 개의 비인격체들이나, 공장에서 만들어진 못과 똑같이 생긴 세 영들과 함께 앉는 것이 아닙니다. 아브라함과 이삭과 야곱과 함께 천국에 앉게 됩니다. 이것이 오늘 본문 말씀에 분명히 나타나 있습니다.

그 영광스러운 생명은 개별적이고도 널리 알려진 생명이면서도, 또한 모든 슬픔이 없고 비참함과 이 땅의 추잡한 것들이 없는 그런 생명입니다. 이런 생명을 가진 자들은 장가도 아니 가고 시집도 아니 가고(마 22:30), 더 이상 죽지도 않을 것이며, 하나님의 천사들과 같은 자들이 될 것입니다. 이것이 바로 온전히 복된 생명이며, 거룩한 예배의 생명이며, 분리되지 않은 영광의 생명입니다. 오, 우리가 그런 생명 가운데 있게 된다면 얼마나 좋겠습니까! 오, 우리는 곧 이런 생명에 이르게 될 것입니다! 지금도 이 생명을 누리고 있는 많은 이들과 또한 지난 며칠 동안에도 이 생명을 얻게 된 이들을 우리는 생각해 봅시다. 제가 확신하기로는 그들은 모두 황금 길에 있는 자기 집에서 온 힘을 다해 그들의 주님을 찬양하고 경배하고 있습니다. 최근에 도착한 성도들이라고 해서, 지금까지 수천 년 동안 축복 가운데 있는 성도들보다 더 적은 축복을 받지 않습니다. 아주 짧은 시간 내에 여러분과 제가 그 빛나는 성도들 가운데 있게 될 것입니다. 우리 가운데 어떤 이는 다음 주일을 천사들과 함께 보내게 될지도 모릅니다. 우리는 그런 생각 자체를 기뻐하고 즐거워합시다. 또 어떤 이들은 다음 겨울을 이곳에서 보내지 못할 운명일 수도 있습니다. 우리는 다음 성탄절 시기가 오기 전에 이 가을 안개를 넘어 영원한 여름의 그 황금빛 속으로 들어가게 될 것입니다. 오, 이렇게 놀라운 축복에 대한 생각만으로도 우리 영혼에 분명하게 전달되는 그 설레는 기쁨은 얼마나 대단한지 모릅니다!

　　이제 저는 전체 주제를 함께 살펴보면서, 이 모든 것들이 우리에게 반드시 끼칠 영향력에 대한 것으로서, 몇 가지 우리에게 잘 알려진 것들을 말씀드리고자 합니다.

　　먼저 우리보다 앞서 간 이들에 대해서 말씀드리겠습니다. 오늘 본문 말씀 전체를 통해서 우리가 알 수 있는 것은, 그들은 잃어버린 자들이 아니라는 사실입니다. 우리는 그들이 있는 곳을 알고 있습니다. 그들은 아무것도 잃은 것이 없습니다. 왜냐하면 그들은 예전의 모습을 그대로 간직하고 있을 뿐 아니라, 그 이상의 모습으로 있기 때문입니다. 아브라함은 아브라함에게 속한 모든 것을 여전히 자기 주위에 가지고 있습니다. 그는 여전히 아브라함입니다. 그리고 이삭도 이삭에게 고유하게 속한 모든 것들을 자기 주위에 가지고 있습니다. 그리고 야곱 역시 자신을 하나님의 이스라엘로 만들어 준 모든 것을 자기 주위에 가지고 있습니다. 이 훌륭한 사람들은 자신의 개성에 참으로 속하는 것과 하나님 보시기에 자신을 귀하게 한 것은 아무것도 잃어버리지 않았습니다. 그들은 무한히 얻었습니다. 그들은 영광스럽게 발전하였습니다. 그들은 지금 최고의 상태에 있는 아브라함과 이삭과 야곱입니다. 오히려 그들은 자신의 육신이 자신의 영혼과 다시 연합되어, 아브라함과 이삭과 야곱이 끝없는 세상까지 완전한 아브라함과 이삭과 야곱이 될 때를, 즉 부활의 나팔이 울려 퍼질 때를 기다리고 있습니다. 우리가 사랑하는 자들의 죽음으로 인해 우리는 결코 그들을 잃는 것이 아닙니다. 그들은 지금도 존재하고 있습니다. 그들 자신으로 존재하고 있습니다. 그들은 여전히 우리에게 속해 있습니다. 아브라함이 이삭에 대해서나 야곱에 대해서나 하나님에 대해서나 자기 자신에 대해서나 잃어버린 것이 아니듯이, 우리가 사랑하는 자들도 절대로 우리에게서 잃어버린 것이 아닙니다. 우리는 마치 이들을 잃은 것처럼 그렇게 절대로 생각하지 맙시다. 죽은 자가 무덤으로 내려가는 것을 볼 때 갖게 되는 그 슬픔을 저도 알고 있습니다. 여러분은 관 뚜껑을 열고서 그 수의를 벗기고 싶을 것입니다. 오, 그러나 그래서는 안 됩니다. 절대로 그래서는 안 됩니다! 그 사람은 거기에 없습니다. 진정한 그 사람은 이미 가 버렸습니다. 그는 여러분에게 잠시 죽었을지는 몰라도, 하나님에게는 살아 있습니다. 그렇습니다. 죽은 자가 살아 있습니다. 그는 하나님에게는 살아 있습니다. 그 짧은 시간이 지나가기를 기다리십시오. 얼마나 짧은 시간인지 제가 말하는 사이에 그 시간이 지나가 버릴 것입니다. 그때가 되면 여러분의 구세주를 섬기는 천사들이 그들의 황금 나팔을 불 것이며, 그 환영하는 나팔 소리에 무덤 문이 열리고 그 포로된 자들을 풀어줄 것입니다. "네 오라비가 다시 살아나리라"(요 11:23). 그러므로 이 말씀으로 서로를 위로하십시오. 샤프츠버리 백작은 어느 때와 마찬가지로 샤프츠버리 백작으로 있을 뿐 아니라, 예전의 모습보다 더 나은 모습으로 있습니다. 우리는 그 백작과 이별하였지만, 그 성도는 살아 있습니다. 그는 저 장막 너머에 있는 다른 방으로 가서, 거기서 만군의 주님 앞에 있습니다. 그는 이 어두침침하고 음침하고 흐린 방에서 하나님과 및 어린 양의 보좌로부터(계 22:1) 나오는 진주 빛처럼 밝은 빛으로 들어갔습니다. 우리는 그와 관련하여, 혹은 그가 지금 있는 곳에 대해 슬퍼할 이유가 전혀 없습니다. 여러분의 귀한 부모님과 사랑하는 자녀들과 좋은 친구들에 대해서도 역시 마찬가지입니다. 그들은 여전히 여러분에게 속해 있습니다. 이것이 바로 크게 감사할 제목입니다. 여러분의 베옷을 벗어버리고, 소망의 옷을 입으십시오. 색벗(sackbut, 트롬본 족에 속하는 저음나팔이다 — 역주)을 내려놓고, 트럼펫을 드십시오. 사랑하는 자들의 육신을 음산한 분위기와 검은 말이 끄는 묘지로 인도하지 말고, 그 관을 아름다운 꽃들로 장식하고 소망의 문장(紋章)들로 장식하십시오. 이 날은 성도의 더 좋은 생일입니다. 그렇습니다. 이 날은 성도의 참된 결혼식이 행해지는 날입니다. 슬픔을 끝내는 것이 슬픕니까? 애통과 이별하는 것이 애통합니까? 전혀 그렇지 않습니다. 우리의 친구들에게 기쁨이 시작될 때, 영광이 임마누엘의 땅에 거하는 곳에서, 우리는 공감의 노래, 즉 새로운 노래를 부르고 우리의 하프를 영광의 멜로디에 맞춰 켤 것입니다.

저는 또한, 죽은 자들은 다른 인류의 한 사람이 된 것이 아니라는 사실을 여러분이 기억했으면 좋겠습니다. 고인이 된 자들은 다른 가족으로 전입된 것이 아닙니다. 그들은 여전히 남자이고 여전히 여자이며 여전히 우리가 사랑하는 일가친척들입니다. 그들의 이름도 이 땅의 가족 명부에 기록된 것과 마찬가지로 동일한 하늘의 가족 명부에 기록되어 있습니다. 오, 이들이 분리되었거나 추방되었다고 생각하지 마십시오. 그렇게 생각하지 마십시오. 절대로 그렇게 생각하지 마십시오! 그들은 본향으로 간 것입니다. 오히려 우리가 추방된 자들입니다. 본향에 있는 사람들은 바로 그들입니다. 우리는 아버지의 땅을 향해 가는 **도중**(途中, en route)에 있습니다. 그들은 우리가 생각하고 있는 것처럼 그렇게 멀리 떨어져 있지 않습니다. 이 땅에서 우리가 그들과 함께 있을 때, 죄악은 그들로부터 우리를, 우리로부터 그들을 떼어 놓으려고 힘을 썼습니다. 그러나 이제 죄악이 그들에게서 제거되었기 때문에, 그들과 우리를 떼어 놓으려던 요소 역시 사라져 버렸습니다. 죄가 우리에게서도 제거되었을 때, 우리는 양자가 죄인이었을 때 가까웠던 것보다도 서로 간에 더욱더 가까워지게 될 것입니다. 그러므로 그들이 우리에게서 멀리 떨어져 있다고 생각하지 맙시다. 우리는 그리스도 안에서 하나이기 때문입니다.

그리고 그들은 싸움에서 상대편으로 넘어가지도 않았습니다. 오, 그들이 전쟁터에서 죽어서 누워 있다고 말하지 마십시오. 그들은 살아 있습니다. 그들은 우리의 거룩한 전투에 공감하면서 살아 있습니다. 그들은 원수의 나라를 뚫고 행진해 나아갔습니다. 그들은 자신의 싸움을 싸우고서 그 기업을 차지하였습니다. 비록 우리가 매일 선한 싸움을 할 때마다 그들을 그리워한다 해도, 그들은 여전히 우리 편에 있습니다. 여러분이 하나님의 군대를 계수할 때, 여러분은 선한 싸움을 싸우고 달려갈 것을 마치고 믿음을 지킨(딤후 4:7) 거룩한 부대들을 절대로 잊어서는 안 됩니다. 비록 그들이 지금 이 순간에 피 흘리며 대항하지(히 12:4) 않는다 해도, 그들은 주님의 군대들입니다. 주님의 인침을 받은 자들이 십사만 사천이니(계 7:4), 여기에는 이 땅에 있거나 하늘에 있거나 상관 없이 하나님과 함께 하는 자라면 각계각층의 모든 자들이 포함됩니다.

> "우리는 그분 안에 거하는 한 가족,
> 위에 있으나 아래에 있으나 한 교회,
> 사망이라는 좁은 개울로
> 지금은 비록 떨어져 있어도."

우리의 거룩한 군대는 새 예루살렘을 향해 진군합니다. 어떤 군단은 이미 분단의 강을 건넜습니다. 저는 군대들이 다른 편으로 올라가는 것을 보고 있습니다! 강의 이쪽 둑은 둑을 오르고 있는 흰 옷 입은 무리들로 인해 하얗게 되었습니다. 보십시오! 각계각층의 이들이 우리 앞에서 싸늘한 강물을 꾸준히 건널 때 찰랑이는 물소리를 저는 듣고 있습니다. 깊은 침묵 가운데서 우리는 그들이 그 물결을 엄숙하게 건너는 것을 보고 있습니다. 그 군대는 계속해서 행진하고, 또 행진하고 있습니다. 아주 끔찍한 물결이 바로 우리 앞에 흐르고 있습니다. 영국 해협처럼 좁은 강일뿐입니다. 우리는 강의 가장자리에 도달하였습니다. 우리는 앞을 내다보면서 두려워하지 않습니다. 우리 주님과 그분께서 구원하신 복되신 발자취를 따라 갑니다. 우리는 모두 여전히 한 군대입니다. 우리는 우리의 사람들을 잃고 있는 것이 아닙니다. 그들은 주님의 오른편에서 주어지는 그들의 무한한 상을 받기 위해 먼 행진을 하며 그저 올라가고 있을 뿐입니다.

그 다음에 어떤 일이 있습니까? 그 이후에는, 그들이 하던 일을 우리가 떠맡게 될 것입니다. 그들이 휴식을 취하기 위해 다락방으로 갔다면, 그들의 빈 자리로 인한 일들을 우리가 아래층에서 감당하게 될 것입니다. 그들이 했던 일들이 너무나 인간적인 일들이어서 우리는 하나도 빠트리지 않고, 그들이 떠난 자리를 메우면서 열심히 그 일을 계속할 것입니다. 그들은 지금 영광 중에 있습니다. 하지만 그들이 이 땅에 있을 때에는 결코 영광을 받지 못했습니다. 그들이 행한 일들은 우리처럼 병약한 사람에 의해 수행되었습니다. 그러므로 그들이 떠난 곳에 가기를 두려워하지 말고, 그들이 기뻐하며 행하던 그 일을 계속 합시다. 쟁기는 여전히 고랑에 있고, 소들도 여전히 서 있고, 투사(鬪士) 삼갈(Shamgar, 소 모는 막대기로 블레셋 사람 육백 명을 죽이고 이스라엘 구원한 사사이다. 삿 3:31 참조 – 역주)만 가 버렸습니다. 아무도 쟁기의 손잡이를 잡지 않을 작정입니까? 아무도 소 모는 막대기로 일을 추진하지 않을 작정입니까? 젊은이들이여, 여러분은 게으른 자들입니까? 여기에 여러분이 해야 할 일이 있습니다. 여러분은 지금 일을 피해서 자신을 숨기고 있습니까? 앞으로 나아오십시오. 제가 위대한 남편 되신 그분의 이름으로 여러분을 위해 기도하겠습니다. 들판을 갈아엎고 좋은 씨앗을 뿌리십시오. 죽음으로 인한 그 틈을 누가 채워야 하겠습니까? 죽은 자들을 위하여 세례를(고전 15:29) 누가 받아야 하겠습니까? 지금 기수(旗手)가 넘어졌는데, 누가 그 깃발을 들어야 하겠습니까? 저는 어떤 헌신된 사람이 다음과 같이 대답하기를 소망합니다. "내가 여기 있나이다 나를 보내소서"(사 6:8).

이제 마지막 말씀을 드리겠습니다. 사랑하는 성도 여러분, 우리도 앞서 간 자들이 받았던 것과 똑같은 도움을 기대할 수 있습니다. 여호와께서는 자신은 아브라함의 하나님이요 이삭의 하나님이요 야곱의 하나님이라고 말씀하셨습니다. 그리고 그분은 또한 "나는 네 조상의 하나님이니"(출 3:6)라고 말씀하셨습니다. 모세의 아버지도 주님을 자신의 하나님으로 삼았습니다. 하나님은 내 아버지의 하나님이기도 하십니다. 그분의 이름을 송축합니다. 저는 어제 칠십육세 된 한 노인의 손을 잡아주었습니다. 그와 그 집안에 행하신 주님의 그 모든 신실하심에 대해 저는 기뻐하지 않을 수 없었습니다. 그 노인이 섬기는 하나님이 바로 내 아버지의 아버지도 섬기는 바로 그 하나님이셨습니다. 그 경건한 노인이 자기 손자에게 손을 얹고서 축복해 주었습니다. 저는 그 모습을 결코 잊을 수가 없습니다. 할아버지의 축복이 여전히 그 손자와 함께 할 것입니다. 그렇습니다. 그 노인이 믿는 하나님이 내 자녀의 하나님이시며, 그 하나님은 또한 내 자녀의 자녀의 하나님이 될 것입니다. 왜냐하면 그 하나님은 그를 사랑하는 자에게는 천 대까지 그의 언약을 이행하는(신 7:9) 분이시기 때문입니다. 그러므로 남녀 성도 여러분, 용기를 내십시오! 이런 하나님이 바로 여러분의 하나님이십니다. 그분이 여러분의 하나님이시며, 여러분은 그분의 백성입니다. 그분의 참된 종으로서 행하십시오. 택함 받은 자답게 살아가십시오. 만약 여러분이 그분의 택함 받은 자라면, 택함 받은 성품을 지니십시오. 택함 받은 자라면 최고의 사람이 되어야 합니다. 그래야 되지 않겠습니까? 택함 받은 자들은 대화에 있어서나, 자신들을 택해 주신 그분에 대한 뜨거운 열정에 있어서나 다른 사람들과는 특별히 구별되어야만 합니다. 주 예수님께서 여러분을 다른 사람들 가운데서 구원해 주셨기 때문에, 여러분은 또한 죽은 자들 가운데서 다시 살아나게 될 것입니다. 그러므로 여러분도 이 세상의 부패하고 죽은 무리들 가운데서 일어나, 여러분의 주님이신 예수 그리스도로 말미암아 하나님에 대해 살아 있도록 하십시오. 살아 계신 하나님을 섬겨야 할 여러분은 마땅히 어떤 사람이 되어야겠습니까? 살아 계신 하나님께서 자신을 그토록 놀랍게 여러분에게 드러내 주셨으므로, 여러분은 마땅히 최선을 다해 그분을 위해 살아가야 하지 않겠습니까? 예수님을 통해 하나님께서 여러분을 축복하시기를 기원합니다. 아멘.

제
80
장

—

재림에 대한 즐거운 기대

—

"이런 일들이 되기 시작하거든 너희 머리를 들라. 너희의 속
량이 가까이 이르렀느니라 하시더라. 이에 비유로 이르시되
무화과나무와 모든 나무를 보라. 싹이 나면 너희가 보고 여
름이 가까운 줄을 자연히 아나니, 이와 같이 너희가 이런 일
들이 일어나는 것을 보거든 하나님의 나라가 가까이 온 줄
을 알라." — 눅 21:28-31

우리 주 예수 그리스도께서는 예루살렘의 멸망을 "종말의 시작"으로 여기
셨다는 저의 생각을 예전에 말씀드린 적이 있습니다. 그 끔찍한 사건이 일어난
지 거의 천 팔백년이 지났음에도 불구하고, 우리는 예수님과 더불어 그 시간적
간격을 그리 크게 여기지 않고, 그 기간 전체를 지나가 버린 한 세대로 간주합니
다. 그 아름다운 도성은 온 세상의 참된 면류관이었습니다. 왜냐하면 하나님께
서 그곳에 거하셨기 때문입니다. 예루살렘은 반지의 보석, 즉 온 세상 위에 얹힌
보석에 비유될 수 있습니다. 따라서 그 보석이 파괴된다고 하는 것은, 다시 말해
하나님께서 그 보석을 빻아 작은 가루로 만드신다고 하는 것은, 그 반지 자체도
장차 부서져 전소(全燒)될 것이라는 경고였습니다. "그 날에는 하늘이 큰 소리
로 떠나가고 물질이 뜨거운 불에 풀어지고 땅과 그 중에 있는 모든 일이 드러나
리로다"(벧후 3:10)는 말씀대로 말입니다. 말하자면 예루살렘의 멸망은 세상의
운명이라는 위대한 드라마의 커튼을 들어올리는 것과 같습니다. 그 커튼은 우리

가 지금 보고 있는 모든 것들이 사라지고, 우리가 볼 수 없는 것들과 결코 흔들릴 수 없는 것들만이, 즉 하나님과 영원한 것들만이 남게 되기까지, 절대로 다시 내려오지 않을 것입니다.

　게다가 저는 오늘 본문 말씀인 누가복음 21장을 보면서 이런 생각도 합니다. 사실 이 장 전체를 이해하고 또 그것을 파악하기란 솔직히 말해 아주 어려운 일입니다. 그래도 우리는 예루살렘의 포위와 성전 파괴를 장차 이루어질 일들에 대한 일종의 예행연습으로 간주해야만 합니다. 하나님께서는 수세기 동안 이스라엘에 대한 그분의 오래 참으심을 보여주셨습니다. 그 반역한 족속들은 회개할 기회가 아주 많았습니다. 그들은 심지어 포로로도 잡혀갔지만, 그래도 주님의 은혜로운 자비로 말미암아 다시 돌아오고자 몸부림쳤습니다. 그러나 그들은 배도(背道)의 형식만 바꾸었을 뿐, 계속해서 하나님을 떠나 방황하였습니다. 그들의 우상이 모두 파괴되고, 아브라함의 자손들이 모든 종류의 상징과 형상들을 미워하게 될 때조차도, 그들은 여호와로부터 벗어나 타락을 일삼았습니다. 그때에도 그들은 조상들의 전통과 서기관들의 고안에 따라 다른 종류의 우상들을 세우기 시작했습니다. 그리하여 그들은 거룩한 가르침의 문자에만 얽매여 그 거룩한 가르침의 정신을 잃어버렸으며, 그들이 우상 숭배를 중단하게 되었을 때는 단지 형식주의자들로 전락하고 말았습니다. 왜냐하면 진리가 죽어 버린다면, 그 죽어 버린 진리는 거짓만도 못하기 때문입니다. 여러분은 이 사실을 염두에 두십시오. 성령 하나님께서 본질적인 의(義)로부터 나아오셨을 때에, 그 의조차도 수천 개의 악들을 자체적으로 숨기는 하나의 덮개가 되기도 하였습니다. 그래서 마침내 하나님의 오래 참으심이 끝을 보게 되었습니다. 현대에 전해지는 전승에 따르면, 예루살렘 성전의 성소 안에는 날개들이 움직이는 것 같은 소리가 들렸다고 합니다. 그리고 제단에서 서서 섬기던 한 제사장은, 하나님께서 자신의 성전을 이제 막 떠나시면서 "우리가 여기를 떠나자"라고 하시는 엄숙한 말씀을 들었다고 기록되어 있습니다. 그 성전은 주님이신 그리스도에게 일어난 모든 일들에 대해 크게 부끄러워했기 때문에, 위에서부터 아래로 그 휘장이 이미 찢어져 있었습니다. 이제는 그 휘장의 천 조각마저도 불에 전소될 수밖에 없었습니다. 로마 황제의 명령에도 불구하고 말입니다. 그의 모든 능력에도 불구하고, 예루살렘 성의 멸망은 막을 수 없었으며, 그 도성은 아주 철저하게 파괴되어져 시온은 밭고랑처럼 갈아엎어졌고, 그 성전이 있던 정확한 장소는 수많은 세월 동안 논란거리가 되었습니다.

오, 사랑하는 성도 여러분, 이것은 주 예수 그리스도께서 다시 오실 때에 어떤 일들이 벌어질지에 대한 희미한 한 장의 그림이었습니다! 그때에는 모든 외형적인 종교들이, 다시 말해 외형적이기만 한 종교들이 불 가운데 멸망할 것이며, 오직 영적이며 참된 것만이 살게 될 것입니다. "보라 용광로 불 같은 날이 이르리니 교만한 자와 악을 행하는 자는 다 지푸라기 같을 것이라 그 이르는 날에 그들을 살라"(말 4:1) 예루살렘 성전 휘장의 천 조각과 마찬가지로 불에 탈 것입니다. 장차 오는 그날에는 불이 아무런 힘을 미치지 못하는 것만이 지속될 것이며, 하나님 자신의 영원한 진리만이 서게 될 것입니다. 그러므로 저는 예루살렘과 그 성전의 멸망을 종말의 시작과 또한 장차 될 모든 일들의 예행연습으로 간주하는 것입니다.

예루살렘이 멸망하기 직전의 시대는 극도로 비참한 시기였습니다. 만약 여러분이 요세푸스의 글을 읽어 본다면, 그 불쌍한 유대인들 때문에 여러분의 마음에 피눈물이 나는 것 같은 인상을 받을 수밖에 없을 것입니다. 그들은 완전히 정신이 나가버렸습니다. 그들의 도성이 포위된 이후, 그들은 영웅적인 광기에 휩싸여, 온 힘을 다해 필사적으로 로마 군대와 대항해 싸웠습니다. 그 성벽 안에 갇혔던 사람들보다 더 용감하고 더 열광적인 정신을 가졌던 사람들은 이 땅 위에 지금까지 결코 없었습니다. 로마 군대와 싸우면서 지치게 되자, 그들은 극도의 분노를 품은 적개심으로 서로를 증오하면서, 여러 파벌과 무리로 나뉘어, 자신의 칼과 단검을 서로를 향해 겨누었습니다. 예루살렘은 큰 가마솥이었고 끓는 항아리였으며, 그 속에서 온갖 악과 해악과 비참함 등이 가득 들끓고 있었습니다. 그 땅은 로마 군인들 앞에서 함락되었고, 모든 사람들은 그 땅에서 쫓겨나거나, 아니면 시체가 되어 성벽 주위에 널브러져 있었습니다. 로마 군인들은 유대인들을 십자가에 못 박아 처형하였습니다. 유대인들을 십자가에 못 박을 나무가 부족해 십자가 처형이 중단될 정도로, 그렇게 많은 수의 사람들이 죽어나갔습니다. 포로로 잡혀간 사람들은 노예로 팔렸습니다. 이런 포로 행위는 노예의 몸값이 1페니도 되지 않을 때까지 계속되었습니다. 로마 군인들은 유대인들을 말 그대로 신발 한 켤레 값으로 팔아넘겼습니다. 선지자들이 말한 바와 같이 정금에 비유될 정도로 그렇게 귀한 하나님의 자녀들이, 금이 가거나 부서진 토기 정도로, 또는 거름더미에나 던질 만한 자들로 여겨졌습니다. 그러나 어떤 다른 나라도 전혀 겪어 보지 못했을 가장 끔찍한 그 모든 시간 속에서도, 주 예수 그리스도의 제자들은 전혀 해를 입지 않았습니다. 기록에 따르면, 그들은 주님의 명령에 따라 조용히 펠라(Pella, "예루살렘 교회에 속한 자들은 그 지역에 승인된 자들에게 계시된 신탁의 명령에 따라, 전쟁이 발발하기 이전에 그 성을 빠져나와서 펠라라고 불리는 마을에 거하였다." 「유세비우스 교회사」, EH Ⅲ:5,3 – 역주)라는 작은 성으로 도피했고, 그래서 머리털 하나도 상하지 않았다고 합니다. 참으로 그 시간은 그리스도의 제자들에게 있어서 구원의 시간이었습니다. 왜냐하면 유대인들은 기독교인들을 엄청나게 박해해 왔었는데, 그때만큼은 그 박해를 중단했기 때문입니다. 유대인들이 처한 상황이 너무나 비참했기 때문에, 그 불쌍한 기독교인들에 대해서 더 이상 간섭할 여력이 없었던 것입니다. 최소한 기독교인들은 안전했습니다. 그들은 위를 쳐다보았습니다. 그들은 그들의 머리를 들었습니다. 왜냐하면 그들의 주님께서 하신 예언이 입증되었기 때문입니다. "그 피를 우리와 우리 자손에게 돌릴지어다"(마 27:25)라고 빌라도에게 외친 사람들에게 그 저주가 막강한 힘을 떨쳤으니 말입니다.

자, 사랑하는 성도 여러분, 종말에도 이와 똑같은 일이 일어날 것입니다. 장차 어떻게 될지 저는 어떠한 예언도 하지 않을 것입니다. 여기에 주님께서 친히 하신 말씀만 있을 뿐입니다. "일월 성신에는 징조가 있겠고 땅에서는 민족들이 바다와 파도의 성난 소리로 인하여 혼란한 중에 곤고하리라. 이런 일이 되기를 시작하거든 일어나 너희 머리를 들라 너희 속량이 가까웠느니라 하시더라"(눅 21:25, 28).

사랑하는 성도 여러분, 이것이 바로 오늘 제가 말씀드릴 주제입니다. 첫 번째로, 이러한 가르침이 실행될 그 끔찍한 시기에 대해서 우리는 생각해 볼 것입니다. "일어나 너희 머리를 들라." 두 번째로, 주목할 만한 가르침 그 자체를 생각해 보겠습니다. "일어나 너희 머리를 들라." 그리고 세 번째로, 우리로 하여금 일어나 우리 머리를 들도록 주어진 격려의 비유를 생각해 보겠습니다. "무화과나무와 모든 나무를 보라. 싹이 나면 너희가 보고 여름이 가까이 온 줄을 너희 스스로 아나니, 이와 같이 너희가 이런 일들이 일어나는 것을 보거든 하나님의 나라가 가까이 온 줄을 알라."

1. 이 가르침이 실행될 끔찍한 시기

첫 번째로, 우리에게 일어나 우리 머리를 들라고 말씀하시는 그 **끔찍한** 시기가 바로 여기에 있습니다.

그 시기는 분명히 **두려운** 국가적인 환난의 시간입니다. 그러한 시기가 우리 시대에 이르게 된다면, 다시 말해 예루살렘의 멸망에 비교될 만한 시기가 도래한다면, 그때를 대비해 우리에게 주시는 주님의 말씀이 여기에 있습니다. "난리와 소요의 소문을 들을 때에 두려워하지 말라 이 일이 먼저 있어야 하되 끝은 곧 되지 아니하리라"(눅 21:9). 그러한 전쟁은 분명히 일어날 것입니다. 그러나 전쟁들이 크게 일어난다 해도, 그 전쟁 가운데서 그리스도인들을 무섭게 하는 것은 아무것도 없습니다. 그러한 전쟁들이 바로 여러분의 문 앞에서 벌어진다 해도, 그리스도를 믿는 자들은 절대로 겁에 질린 희생자들이 되지 않을 것입니다. 어떤 일이 일어난다 해도, 그리스도인들이 두려워할 게 뭐가 있겠습니까? 그리스도인들이 그분을 믿는 믿음으로도 그 가르침을 행하지 못할 때를 대비해서, 구세주께서는 그들에게 다음과 같은 가르침을 주셨습니다. "일어나, 너희 머리를 들라." 어떠한 환난이 여러 나라들에게 닥친다 해도, 여러분의 주님께서 여러분에게 명하신 평화의 원리들을 전적으로 따른다면, 여러분은 안전할 것입니다.

더 나아가, 이 가르침은 두려운 국가적 환난의 시기뿐만 아니라, 세계적으로 무서운 실제적인 표적들과 놀라운 일들이 일어날 시기에 대비해서도 우리에게 주어진 것입니다. "일월성신에는 징조가 있겠고." 이때는 초자연적인 어둠의 시기가 되거나 태양계가 교란되어서, 수세기 동안 고정되어 있던 하늘의 별들이 덜 익은 열매가 나무에서 떨어지듯, 가을의 마른 잎들이 강풍에 흩어지듯 그렇게 떨어질 것입니다. 여러분도 알다시피, 자신들도 지금까지 보지 못했고 또한 자기 조상들도 결코 보지 못했던 그런 현상들이 일어날 때, 사람들은 얼마나 놀라겠습니까! 지금까지 예전에 보지 못했던 분명한 현상들이 하늘에서 보일 때, 바로 그 때에 하나님의 자녀들은 위를 보고 그들의 머리를 들어야 합니다. 별들이 더이상 하늘에 있지 않고, 땅도 흔들리고 떨리며, 가장 안정한 것마저도 가장 불안정한 것이 된다 해도, 바로 그때에도 우리는 위를 보고 우리의 머리를 들어야만 합니다. 그리고 바다와 바다의 물결들이 전혀 이상한 방식으로 흉흉하여 멀리 떨어져 있는 선원들의 귓가에까지 들린다 해도, 혹은 우리가 바다에 항해 중일 때 파도가 높은 산까지 치솟아 오르고, 배는 바다 밑바닥으로 가라앉으려고 위협해 온다 해도, 다음의 가르침은 여전히 우리가 상상해 볼 수 있는 최악의 시기들을 위한 가르침입니다. "이런 일들이 일어나기 시작하거든 일어나(위를 보고 — KJV) 너희 머리를 들라." 이와 같은 시련의 시기에 임해서도, 여러분은 시편 46편의 말씀을 받아들고서 이렇게 말하십시오. "하나님은 우리의 피난처시요 힘이시니 환난 중에 만날 큰 도움이시라. 그러므로 땅이 변하든지 산이 흔들려 바다 가운데에 빠지든지, 바닷물이 솟아나고 뛰놀든지 그것이 넘침으로 산이 흔들릴지라도 우리는 두려워하지 아니하리로다"(시 46:1-3).

어떤 사람은 "자연은 그 높이로 올라갈 수 없다"라고 말합니다. 맞습니다. 자연적으로 그렇게 높이 올라갈 수 없다는 것을 저도 알고 있습니다. 그러나 은혜는 올라갈 수 있습니다. "나는 그 높이로 올라갈 수 없습니다"라고 말하는 이도 있습니다. 아마도 여러분은 그렇게 올라갈 수 없을 것입니다. 그러나 여러분을 그 높이로 올려주실 한 분이 계십니다. 여러분에게 그렇게 올라가라고 명하는 분이 바로 그분이십니다. 예수님께서 말씀하십니다. "그때", "이런 일들이 일어나기 시작하거든 그때, 위를 보고, 너희 머리를 들라."

우리 주님께서 묘사하고 계신 이 끔찍한 시기는 **우주적인 공포의 시기**이기도 합니다. "사람들이 세상에 임할 일을 생각하고 무서워하므로 기절하리니 이는 하늘의 권능들이 흔들리겠음이라"(눅 21:26). 두려움은 전염된다는 것을 여러분은 알고 있습니다. 한 사람이 두려워 떨 때, 많은 사람들도 동일하게 두려움을 느끼기 시작합니다. 우리가 국내나 국외 어디로 가든 상관 없이 모든 사람들은 고통 가운데 있게 될 것이며, 모든 곳에서 사람들의 마음은 이미 죽은 것처럼 보이거나, 마치 돌같이 변한 것처럼 보일 것입니다. 그래서 그들은 부활하신 그리스도를 보았을 때 마치 죽은 사람처럼 되어 움직이거나 행동할 수 없을 것입니다. 그리스도의 무덤을 지키던 자들이 부활한 그리스도를 보고 그랬던 것처럼 말입니다. 이런 일들이 일어나게 된다면, 반드시 보편적인 공포가 있게 될 것입니다. 그때 여러분은, 즉 그리스도를 주님으로 삼고, 하나님을 아버지로 삼고, 영원을 유산으로 삼고, 천국을 집으로 삼은 여러분은 "위를 보고, 너희 머리를 들라" 하신 말씀 그대로 될 것입니다.

아마도 여러분은 "우리가 어떻게 그런 행동을 할 수 있을까요?"라고 물을 것입니다. 주님이 없이는 여러분은 그렇게 할 수 없습니다. 하나님과 더불어 모든 것이 가능합니다. 그리스도 안에서 여러분은 모든 것을 할 수 있습니다. 그분 없이는 여러분은 아무것도 할 수 없습니다. 장차 올 두려운 날에 만약 여러분이 여러분의 주님이자 스승이신 분을 떠나 산다면, 여러분의 마음은 두려움으로 기가 죽을 것이며, 여러분은 다른 사람들과 같은 처지가 될 것입니다. 만약 여러분이 그들과 함께 달려간다면, 여러분도 그들과 함께 두려워하게 될 것입니다. 만약 여러분의 힘이 그들의 힘이 있는 곳에 있다면, 여러분은 그들과 마찬가지로 연약하게 될 것입니다. 그러나 만약 여러분이 폭풍우가 치는 시기에도 위를 보는 법을 배웠다면, 여러분은 위를 보는 습관을 계속해서 유지하게 될 것입니다. 그리고 만약 여러분의 머리를 세상 위로 드는 법을 배웠다면, 여러분은 여러분의 머리를 드는 습관을 계속해서 유지하게 될 것입니다. 만약 여러분의 분깃이 하늘에 있다면, 땅이 흔들려 그 기초까지 요동하게 될 때에도 여러분의 그 분깃은 흔들리지 않을 것입니다. 만약 여러분의 보물이 하늘에 있다면, 여러분은 그 보물을 잃지 않을 것입니다.

만약 하나님이 여러분과 함께 하신다면, 여러분은 사망의 아가리나 지옥의 한복판에서도 아무런 두려움 없이 설 수 있을 것입니다. 그리스도께서 여러분 곁에 계시다면, 물질들이 파괴되고 온 세상이 부서지는 가운데서도 여러분은 마치 여러분의 주님께서 친히 자신의 영광 중에 계시는 것처럼 그렇게 고요히 있을 수 있습니다. 여러분이 자신을 그분에게 맡기고 온전히 그분을 위해 살아간다면, 그분께서는 이런 일을 여러분 안에서 행하실 것입니다.

다시 말씀드립니다. 이처럼 우리가 고요하고도 조용히 위를 보고 또 우리 머리를 들어야 할 시기는 다가오는 심판 때에 임할 것입니다. 사랑하는 남녀 성도 여러분, 장차 이 땅에 임할 재난에 대해 제가 아무리 여러분에게 말씀드려도, 그리고 전쟁과 지진과 폭풍에 대해 제가 아무리 묘사해도, 다시 말해서 밤과 같이 음침한 모든 단어들로 사람을 죽이는 예리한 칼날 같은 모든 문장들을 제가 구사한다 해도, 주님께서 친히 최후의 그 끔찍한 법정에 아주 장엄하고도 위엄 있게 입장하시는 그 최후의 장면을 저는 충분히 묘사할 수 없습니다. 그 엄청난 날의 공포, 특히 한때 십자가에 못 박히셨던 왕께서 그분의 크고 흰 보좌(계 20:11) 위에 앉으신 채로 나타나시고 다음과 같은 소환명령이 울려 퍼지는 그런 광경을 그 어떤 인간의 혀로도 말할 수 없으며, 그 어떤 인간의 마음도 결코 상상할 수 없을 것입니다.

"심판대로 나아오라!

심판대로 나아오라, 어서 나아오라!'

모든 자들이 그분 앞으로 모여들어, 수도 없이 죽은 자들을 무덤이 더 이상 감추지 못하고, 깊은 대양(大洋)도 보좌 위에 앉으신 그분으로부터 숨을 수 있는 충분한 장소가 되지 못할 때, 그때 그분을 찌른 자들까지 포함된 모든 눈들이 그분을 볼 것입니다. 사랑하는 성도 여러분, 여러분도 거기에 있을 것입니다. 여러분이 지금 이곳에 있는 것처럼, 분명히 거기에도 있을 것입니다. 오, 그리스도 밖에 있는(엡 2:12) 여러분이여, 여러분이 지금까지 이생에서 겪은 온갖 공포와 두려움도 그 날의 공포와 두려움과는 전혀 비교가 되지 않을 것입니다! 여러분이 열병으로 쓰러져 죽음의 문턱에까지 이르렀을 때 느끼는 두려움은 장차 임할 그 무시무시한 날에 느끼게 될 두려움에 비하면, 한갓 어린 아이의 장난에 불과할 것입니다. 그런데 그리스도께서는 그 공포의 시간과 관련해서도, "위를 보고 너희 머리를 들라"고 자기 백성들에게 말씀하십니다. 그분을 신뢰하는 여러분에게는 두려워할 것이 전혀 없습니다. 오고 계시는 분이 바로 여러분의 재판장이십니다. 그분은 여러분을 석방시키고, 여러분이 이미 입고 있는 그분의 의의 옷을 그 자리에 모인 온 우주에 보여주기 위해 오십니다. 오고 계시는 그분은 여러분의 주님이고 친구이며 신랑이십니다. 여러분을 구원하겠다고 맹세하신 그분께서는 여러분의 육신을 무덤에서 불러내어 그분과 함께 영원히 거하도록 여러분을 일으키기 위해 지금 오고 계십니다. 그리스도께서 나타나실 그 날은 여러분에게 하프가 울려 퍼지는 아침이 될 것이며, 기뻐 외치며 축복의 노래를 부르는 시간이 될 것입니다.

> "그리스도의 심판대 앞에서
> 슬피 울리라, 슬피 울리라."

그러나 그분 안에 있는 여러분은 그렇게 되지 않을 것입니다. 그 날은 여러분에게 기쁜 날이 될 것입니다. 그 날은 여러분이 결혼하는 날로, 여러분의 전 생애에 있어서 가장 밝은 날이 될 것입니다. "이런 일들이 일어나기 시작하거든 그때, 위를 보고 너희 머리를 들라."

저는 다음과 같은 사실만을 말씀드림으로써, 이 가르침이 실행될 그 끔찍한 시기에 관한 첫 번째 요점을 마치고자 합니다. 즉, 주 예수 그리스도께서 오실 때에 하늘이 우리에게 그때를 말해 줄 것이라는 사실입니다. "일월성신에는 징조가 있겠고"(눅 21:25). 그리고 땅도 우리에게 말해 줄 것입니다. 왜냐하면 "땅에는 민족들의 고난과 혼란이 있기"(눅 21:25, KJV) 때문입니다. 바다도 우리에게 말해줄 것입니다. "바다와 파도가 울부짖으리로다"라고 말씀하기 때문입니다. 사람들도 우리에게 말해 줄 것입니다. "사람들이 세상에 임할 일을 생각하고 무서워하므로 기절하리니"(눅 21:26)라고 말씀하기 때문입니다. 그리고 그때, 이 모든 음성들이 그분의 오심을 선포할 때, 우리 자신의 눈도 우리에게 말해 줄 것입니다. 왜냐하면 우리의 눈도 "그때에 사람들이 인자가 구름을 타고 능력과 큰 영광으로 오는 것을 보리라"(눅 21:27), "그때에 의인들은 자기 아버지 나라에서 해와 같이 빛나리라"(마 13:43) 하신 광경을 보게 될 것이기 때문입니다. 모든 신자들은 그 영광스러운 날을 기대하면서, 족장 욥과 함께 다음과 같이 말하게 될 것입니다. "내 구속자께서 살아 계시는 것을 내가 아노니 마지막 날에 그분께서 땅 위에 서시리라. 내 살갗의 벌레들이 이 몸을 멸할지라도 내가 여전히 내 육체 안에서 하나님을 보리라. … 내가 직접 그분을 보리니 다른 것이 아니요, 내 눈이 바라보리로다"(욥 19:25-27, KJV).

2. 이 가르침의 의미

이제 저는 주목할 만한 가르침 그 자체를 생각해 보겠습니다. "그때, 위를 보고 너희 머리를 들라."

제가 사랑하는 성도 여러분, 몇몇 그리스도인들은 위를 보고 자신의 머리를 드는 것을 거의 악한 일로 여기는 것 같습니다. 이들은 하나님 앞에 나아와서, "주여, 불쌍한 죄인들인 우리를 불쌍히 여기소서"라고 울부짖습니다. 그런데 하나님의 참된 자녀는 분명히 이런 상태보다는 더 위에 있습니다. 그는 한 사람의 죄인입니다. 이것은 참된 사실입니다. 그리고 그가 죄인인 한, 그 사람은 행복하지 않습니다. 그러나 그는 성령님으로 말미암아 중생하였습니다. 그는 어린 양의 피로 씻음을 받았습니다. 그는 하나님의 가족으로 입양되었습니다. 이제는 슬픔의 장송곡보다는 더욱 멋진 어떤 곡조가 틀림없이 그의 마음을 움직이고 있습니다. 재앙과 역병의 한가운데서, 혹은 지진과 폭풍과 전쟁의 한가운데서도, 우리는 위를 보고 머리를 들어야 합니다. 이것이 우리의 일상적인 태도이어야 합니다.

> "겸손한 너희 영혼들아,
> 너희 얼굴은 왜,
> 슬픈 기색을 띠고 있는가?
> 너희의 믿음을 낭비하고,
> 너희의 절망을 배불리는
> 이 의심들은 도대체 무엇인가?"

"위를 보고, 너희 머리를 들라"고 하신 주님의 은혜로운 이 명령에 여러분은 귀를 기울이십시오. 이 가르침은 무엇을 의미하고 있습니까? 첫째, 이 가르침은 두려움의 부재(不在)를 뜻합니다. "온전한 사랑이 두려움을 내쫓나니, 두려움에는 형벌이 있음이라"(요일 4:18). 두려워하는 자는 사랑 안에서 온전히 이루지 못합니다. 무엇이 그리스도인을 두려워하게 합니까? 하나님께서 사랑하는 자에게 해를 끼칠 수 있는 것이 도대체 무엇입니까? 하나님께서 그의 자녀를 짓밟으시겠습니까? 아니면 어떤 누군가가 그분의 자녀를 상하게 하도록 그분께서 허락하시겠습니까? 절대 그렇지 않습니다. "하나님을 사랑하는 자 곧 그의 뜻대로 부르심을 입은 자들에게는 모든 것이 합력하여 선을 이루느니라"(롬 8:28). 해와 달과 별들과 땅과 바다들과 전쟁과 역병, 이 모든 것들이 하나님의 사랑하는 자녀들에게는 합력하여 선을 이룹니다. 그러므로 우리는 모든 두려움을 던져 버리도록 합시다.

틀림없이 이 가르침은 모든 슬픔의 제거를 의미하기도 합니다. 그리스도인들이 이 땅에서 살아가는 동안, 사람으로서 감당하기 힘들 정도로 슬픈 일들은 항상 지천으로 널려 있을 것입니다. 그러나 그리스도 안에는 매일 눈물을 닦아주는 은혜도 항상 있을 것입니다. 우리는 슬픔을 위해 태어났습니다. 하지만 그때 우리는 또한 다시 태어나게 됩니다. 그러므로 우리는 합당하지 못할 정도로 슬퍼할 필요가 없습니다. 우리는 술 취한 사람처럼 되어서는 안 됩니다. 고난의 쓴 잔을 들고서 취하는 것은 악한 쾌락의 달콤한 잔을 들고서 취하는 것만큼이나 악한 일입니다. 우리는 우리의 슬픔과 비통함과 비참함을 벗어 버리고서, 하박국 선지자와 함께 다음과 같이 말합시다. "비록 무화과나무가 무성하지 못하며 포도나무에 열매가 없으며 감람나무에 소출이 없으며 밭에 먹을 것이 없으며 우리에 양이 없으며 외양간에 소가 없을지라도, 나는 여호와로 말미암아 즐거워하며 나의 구원의 하나님으로 말미암아 기뻐하리로다"(합 3:17-18).

"위를 보고, 너희 머리를 들라." 우리 주님의 이 가르침은 제게 아주 대단한 가르침으로 보입니다. 왜냐하면 이 가르침은 신자들에게는 두려움이나 슬픔이 없다는 것을 의미할 뿐만 아니라, 최악의 때에도 우리는 기쁨의 징조들을 보여야만 한다는 사실을 의미하고 있기 때문입니다. "위를 보고 너희 머리를 들라." 이 표현은 제게 일종의 외적인 징조와 표징을 암시하고 있습니다. 우리 주님께서는 우리에게 다음과 같이 말씀하시는 듯합니다. "지금 네 깃발을 날리고, 네 종을 울려라. 네 마음으로 크게 기뻐하고 즐거워하여서 너를 보는 자들이 네 행복을 보지 않을 수 없게 하라. 위를 보고 너희 머리를 들라." 아래를 보지 않도록 하십시오. 왜냐하면 땅이 흔들리고 요동하기 때문입니다. 오직 위를 바라보도록 하십시오. 왜냐하면 여러분은 지금 땅에서 올라가고 있는 중이기 때문입니다. 아래를 보지 마십시오. 무덤들이 지금 열리고 있기 때문입니다. 도대체 여러분은 왜 아래를 보려고 합니까? 여러분은 무덤에서 해방되어, 절대로 더 이상 죽지 않을 것입니다. "너희 머리를 들라." 갈대처럼 여러분의 머리를 숙여야 할 시간은 여러분에게서 이미 지나갔습니다. 주님께서 오시고 여러분의 구속이 가까울 때는 그 시간이 확실히 끝나게 될 것입니다. 그러므로 "위를 보고 여러분의 머리를 드십시오."

예수님께서 다시 오실 때에는 놀라운 광경이 벌어질 것입니다. 예루살렘이 멸망했을 때 그 모습은 틀림없이 놀라운 광경이었을 것입니다. 그러나 참된 그리스도인은 일어나게 될 일들을 모두 알고 있었습니다. 일어난 모든 일들이 비록 끔찍하기는 했지만, 그 일들은 참된 그리스도인의 믿음을 확증해 주는 일이었으며, 주님께서 하신 예언의 성취였습니다. 그 엄청난 마지막 날에 우리가 사람의 아들들 사이에서 고요하고 평온하게 걸어다닐 때에도, 이와 똑같은 일들이 일어나게 될 것입니다. 사람들은 우리를 보고 놀랄 것입니다. 그들은 우리에게 "어떻게 해서 여러분은 그토록 즐거워합니까? 우리는 너무나 불안하고, 우리의 마음은 두려움으로 기절할 것만 같습니다"라고 말할 것입니다. 그러나 우리는 우리의 혼인 찬양과 노래를 계속해서 부를 것입니다. "주님이 오셨다! 주님이 오셨다! 할렐루야!'라고 말입니다. 불타는 이 땅이 밝은 횃불이 되어 결혼 행진을 밝게 비추어 줄 것입니다. 그리고 흔들리는 하늘도 마치 그 영광스러운 축제에서 춤추는 천사들의 발짓과 같을 것이며, 물질들이 요란하게 부서지는 것은 어떻게 보면, 우리에게는 최고의 기쁨이시며 공의롭고 두려운 분이기도 하신 그 하나님에 대한 찬양의 폭발을 증폭시켜 주는 것 같기도 할 것입니다.

이런 영광스러운 주제에 대해서 저는 다 말로 표현하지 못할 것 같습니다. 그러나 우리 주님께서 "그때, 위를 보고 너희 머리를 들라"고 말씀하셨을 때, 그분께서 하신 말씀의 뜻은 제가 어느 정도 파악하고 있다고 생각합니다. 그 뜻은 그리스도인들이라면 그때나 지금이나 항상 내적인 평화와 그 평화와 결합된 거룩한 기대로 충만해야만 한다고 말씀하신 것이 아니겠습니까? 무슨 일이 일어나든지 간에, 의인들에게는 모두 평안한 일입니다. 저는 무슨 일이 일어날지 알지 못합니다. 또 알고 싶지도 않습니다. 그러나 저는 일어나는 모든 일들에 대해 평안할 것이며, 그 일들에 대해 영원토록 평안할 것이라는 사실을 알고 있습니다. 사랑하는 성도 여러분, "위를 보고 여러분의 머리를 드십시오." 왜냐하면 이렇게 하는 것이 예전보다 더 나은 일이기 때문입니다. 우리가 지금까지 알고 있던 것보다 더 밝고 기쁜 어떤 것이 오고 있습니다. 이 땅에서 우리가 누리는 모든 축복은 우리가 누릴 영원한 기쁨에 비하면 그 입구에 불과할 뿐입니다. 주님의 나라는 외관상 작고 연약합니다. 하지만 그 나라는 전 세계적이며, 그분께서 친히 영광 가운데 나타나실 것입니다. 그러므로 우리는 위를 보고 머리를 들도록 합시다. 지금 오고 계시는 그분을 쳐다보십시오. 이미 오신 그분을 쳐다보십시오. 산들을 향하여 눈을 드십시오. 여러분의 도움이 거기서 나옵니다(시 121:1). "위를 보고 여러분의 머리를 드십시오." 오늘 본문 말씀은 여러분으로 하여금 군악대처럼 열을 맞추어 승리를 향해 똑바로 나아가도록 하는데 전혀 부족하지 않은 것 같습니다. 나아오십시오. 전적으로 우리 주님을 신뢰하고서 이제부터는 의심과 두려움에게 작별을 고하는 사람들의 무리에 우리가 들어가도록 합시다. "위를 보고 여러분의 머리를 드십시오."

3. 이 가르침에 순종하라는 격려의 비유

오늘 본문 말씀은 우리로 하여금 이 가르침에 순종하라는 격려의 비유로 끝을 맺고 있습니다. "무화과나무와 모든 나무를 보라. 싹이 나면 너희가 보고 여름이 가까이 온 줄을 너희 스스로 아나니."

먼저 이 비유에서 언급된 징조들에 주목해 봅시다. 여름은 꽃봉오리가 벌어지고, 꽃들이 만개하며, 열매가 맺히고 익는 시기입니다. 봄에도 많은 소나기가 내릴 수 있지만, 그래도 여름이 오는 것을 막지는 못합니다. 오히려 봄의 잦은 소나기는 여름을 재촉할 것입니다. 잠시 동안 우리 위를 덮고 있는 검은 구름 때문에 춥고 서늘하기도 할 것입니다. 그러나 그렇다 해서 여름이 오는 것을 막을 수는 없습니다. "4월에 내리는 소나기가 5월의 꽃을 피게 합니다"(April Showers Bring May Flowers. '고생 끝에 낙이 온다'는 우리말 속담에 해당하는 서양 속담이다 — 역주). 이 모든 것들이 여름이 오는 징조들입니다. 그러므로 사랑하는 성도 여러분, 여러분이 고난 받을 때는 여러분이 앞으로 축복받게 될 것을 기대하십시오. 여러분이 큰 시련을 겪고 있을 때는 밖을 바라보십시오. 왜냐하면 여름이 지금 오고 있다는 또 다른 징조가 있기 때문입니다. 위를 보고 여러분의 머리를 드는 것을 두려워하지 마십시오.

> "네가 그렇게도 두려워하던 그 구름은
>
> 긍휼을 가득 지닌 구름으로,
>
> 네 머리 위에서 걷힐 것이다."

"위를 보고 너희 머리를 들라." 모든 궁핍한 시간과 모든 고통의 시간과 모든 억압의 시간들은 단지 축복이 임하는 시간의 시작에 불과하다고 믿는 습관을 우리가 가졌으면 좋겠습니다. "비록 지금은 필요가 있어 너희가 이제 여러 가지 시험으로 말미암아 잠깐 근심하게 되지 않을 수 없으나 오히려 크게 기뻐하는도다"(벧전 1:6)라는 말씀대로 말입니다. 이런 경험에 있어서 주님의 목적은 다음과 같은 것이라는 사실을 기억하십시오. "너희 믿음의 확실함은 불로 연단하여도 없어질 금보다 더 귀하여 예수 그리스도께서 나타나실 때에 칭찬과 영광과 존귀를 얻게 할 것이니라"(벧전 1:7). 그러므로 여러분이 인생의 나무에서 검은 싹을 볼 때는 여러분 자신에게 이렇게 말하십시오. "거기에서도 밝은 꽃이 나오다니 내가 봐도 놀랍구나!" 검은 구근(球根, 지하에 있는 식물체의 일부인 뿌리나 줄기 또는 잎 따위가 달걀 모양으로 비대하여 양분을 저장한 것으로 '알뿌리'라고도 부른다 — 역주)을 보십시오. 그 안에는 아름다운 것이 전혀 없습니다. 우리는 이 구근을 땅에 심지만, 이것으로부터 매우 매력적이고 향기를 내뿜는 꽃들이 피어납니다. 그러므로 하나님께서 여러분의 영혼이라는 정원에 몇 개의 검은 구근들을 심으실 때, 여러분은 그것들이 보기에 흉하다고 소리치지 마십시오. 적절한 때가 되면 나타날 꽃들을 바라보면서, 하나님께서 심으신 것으로부터 아름다운 어떤 것을 기대하십시오. 그렇습니다. 또다시 하늘이 어두워지고, 땅이 흔들리고, 바다가 울부짖고, 나라들이 해체되고, 역병으로 수많은 사람들이 죽는다 해도, 그때에도 여러분은 "위를 보고 너희 머리를 들라"하신 말씀대로 행하십시오. 주님께서 그렇게 하라고 여러분에게 명하십니다. 그분, 십자가에 못 박히신 그분께서는 가시면류관으로 아름다운 화관을 만드셨습니다. 오늘 보석으로 화려하게 꾸미신 그분의 장신구들은 바로 그분께서 친히 고통 받으신 흔적들입니다. 그분의 참된 영광은 그분께서 예전에 죽으셨다는 데에 있습니다. 현재의 모든 시련 가운데서도 여러분으로 하여금 장차 올 축복의 징조들을 보게 하는 분도 바로 그분이십니다. 그러므로 "위를 보고, 여러분의 머리를 드십시오."

　　더 나아가, 이 비유에서 언급된 징조들은 확실성을 말하고 있습니다. 나무들에서 꽃이 피고 서둘러 그 잎사귀들이 나올 때에, 서리가 올 수도 있고 추운 날들이 여러 날 계속될 수도 있습니다. 틀림없이 강한 바람과 구름이 일기도 할 것입니다. 그러나 여름은 적절한 때가 되면 반드시 찾아올 것입니다. 매일매일 여름에 더욱더 가까워질 것입니다. 지옥에 있는 모든 마귀들이라 해도 봄이 지나고 여름이 오는 것을 막을 수 없습니다. 그것은 불가능한 일입니다. 왜냐하면 하나님께서 자연의 힘으로 그렇게 정하셨기 때문에, 모든 나무들은 한 해의 최고의 시기에 틀림없이 완벽한 모습을 갖추게 될 것입니다. 이와 마찬가지로, 하나님께서 자기 백성들에게 주신 징조들 역시 항상 유망해 보이지는 않는다 해도, 아주 확실한 것들입니다. 여러분은 지금까지 그리스도를 믿고 있었습니까? 그렇다면 그분께서는 지금까지 여러분에게 평화와 기쁨을 주셨습니다. 여러분은 지금도 그분을 신뢰하고, 앞으로도 계속 그분만을 의지하며 온전히 신뢰하겠습니까? 그렇다면 여러분의 의는 광채같이, 여러분의 구원은 타는 등불같이 비쳐질(사 62:1) 것이며, 주님께서 여러분의 초에 불을 붙여 주실 것입니다. 밤은 대단히 길지도 모릅니다. 그러나 의의 태양이 자기 날개들 안에 병 고치는 능력을 가지고 떠오를 때(말 4:2), 아침은 틀림없이 찾아올 것입니다. 그러면 여러분은 "나아가서 외양간의 송아지같이 자라날"(말 4:2) 것입니다. 우리의 거룩하신 주님께서 오심으로, 바르고 참된 모든 것들이 승리하고, 그분의 언약이 성취되며, 그분의 영원하신 뜻들이 완전해질 것입니다. 그분께서 택한 자들과 구속한 자들이 구원을 받음으로, 하늘과 땅은 사라지겠지만 그분의 말씀은 일점일획까지 다 성취되기 전에는 절대로 없어지지 않을 것입니다. 하나님께서는 여러분과 함께 계시고, 하나님은 여러분 안에 계십니다. 그런데 도대체 누가 그분을 대적할 수 있겠습니까? 여러분은 주님을 신뢰하십시오. 진정으로 야곱의 전능하신 하나님을 신뢰하십시오. 그러면 여러분은 끝없는 세상까지 부끄러움을 당하거나 당황하지 아니할 것입니다(사 45:17). 여러분의 갈 길을 가십시오. 그리고 이렇게 말하십시오. "모든 것이 평안하다. 왜냐하면 모든 일이 내 아버지의 손 안에 있기 때문이다. 그러므로 나는 위를 보고 내 머리를 들 것이다."

그리고 그분의 백성이 아닌 여러분에게 말씀드리겠습니다. 여러분이 숨을 곳을 찾기 시작하십시오. 왜냐하면 그리스도께서 지금 오고 계시기 때문입니다. 오, 벌레 같은 여러분이여, 여러분이 기어들어가서 숨고자 하는 구멍들을 찾기 시작하십시오! 여러분이 숨을 곳을 찾다가, 자기를 신뢰하는 모든 죄인들에게 가장 좋은 피난처가 되시는 그분 안에서 여러분이 피할 곳을 찾기를 바랍니다. 하나님께서 여러분을 인도하시어 여러분 모두가 그리스도 안에서 피난처를 찾기를 기원합니다! 아멘.

제
81
장

—

종들 중의 종

—

"나는 섬기는 자로 너희 중에 있노라."— 눅 22:27

사랑하는 성도 여러분, 우리 주님께서는 위대한 실제적인 진리를 열두 사도들에게 각인시키기 위해서 그들에게 그분 자신을 참조하도록 하셨습니다. 그분께서는 친히 그분께서 하신 일들을 그 종들이 따라야 할 하나의 본보기로 인용하면서 종종 그렇게 하셨습니다. 이 사실은 이 자리에 있는 우리 사람들보다 위대한 어떤 분이 계시다는 것을 우리에게 암시해 주고 있지 않습니까? 왜냐하면 아무리 겸손하고 참되고 올바른 마음을 지닌 사람이라 해도, 그 사람이 한갓 사람이라면 자신을 본받아야 할 대상으로 계속해서 삼을 수 없기 때문입니다. 만약 아브라함이나 모세나 다윗 등의 인물들이 자신을 한 모범으로 계속해서 가리킨다면, 우리는 이런 일을 합당한 것으로 여기지 않을 것입니다. 어떤 특별한 경우에 어떤 사람들을 모범으로 제시하는 것은 그야말로 아주 특별한 경우입니다. 예를 들어, 사도 바울은 자신의 회심에 대해 언급하면서 자신을 하나의 모범으로 제시하는 것 같은 암시, 즉 나를 본받으라(빌 3:17)는 말을 하였습니다. 그것도 아주 드물게, 그리고 극도로 망설이면서 말하였습니다. 그러나 우리 주님께서는 이런 일들을 아주 자주, 그것도 아주 자연스럽게 말씀하셨습니다. 그렇다고 해서 누군가에게 행하신 그분의 이런 행동에 어떤 무례함이 있었다고 암시하는 대목은 전혀 찾아볼 수 없었습니다. 우리도 그런 생각은 전혀 들지 않습니다. 왜냐하면 그분은 그렇게 말씀하실 자격이 있으며, 또한 그렇게 말씀하시는 것이 아주 합당하다고 여기게 하는 그 어떤 것이 그분 안에 있다는 것을 우리는 언제나 인식하고 있기 때문입니다. 그분은 스승이며 주님이십니다. 그분은 참 하나님에게서 나신 참 하나님(very God of very God, 니케아-콘스탄티노플 신경에 나오는 내용이다 - 역주)이시요, 완전한 분이시며, 평범한 사람들의 목록에 들지 않는 분이십니다. 그분은 우리 모두 위에 있는 외로운 알프스 산처럼 높이 있는 분이십니다. 그리고 그분께서 말씀하실 때는 우리 앞에서 우리가 하는 말로 말씀하십니다. 그리고 그분께서 말씀하시는 것에 대해 우리가 전혀 반감을 갖지 않도록 말씀하신다는 사실은, 바로 그분의 인격에 전적으로 유일한 어떤 것이 있다는 것을 입증하는 것이며, 그 어떤 것이야말로 그분이 완전하신 존재라는 것과, 그분의 인성과 결합된 그분의 신성에 대한 증거라고 저는 믿습니다.

사랑하는 성도 여러분, 어쨌든 그리스도인이 배워야 할 최고의 교훈은 그리스도 자신에게서 배우는 것이라는 이 사실이야말로, 우리의 거룩한 믿음에 있어서 매우 중요한 사실입니다. 오늘날 몇몇 설교자들은 한 쪽으로 치우친 방식으로 말씀을 전하고 있는데, 그 점에 대해 저는 우려하고 있습니다. 수년 전에는 그리스도가 거의 독점적인 모범으로 제시되었습니다. "그리스도를 본받는 것에 대하여"라는 주제가 대중 강연의 큰 주제였으며, 많은 책들이 이 중요한 주제를 가지고 저술되었습니다. 그러나 이 시대에 와서는 설교자들이 그리스도의 희생을 망각하고, 그 가치를 과소평가하며, 그분의 보혈을 믿음으로 말미암는 칭의를 설교하지 않기 때문에, 그들의 설교는 모호하기만 할 뿐 별 효과가 없습니다. 그리고 사람들은 그리스도를 본받으라는 명령을 받더라도, 결국에는 일반적으로 그리스도를 본받지 않고 있습니다. 이제 우리는 그분의 희생에 대해 설교하고자 합니다. 우리처럼 예배를 드리는 많은 곳에서 그리스도의 대속이 아주 분명하게 선포되고, 그분의 보혈로 말미암는 구원 계획이 대체로 분명하게 널리 선포되고 있습니다. 이에 대해 저는 하나님께 감사드리고 있습니다. 그러나 우리가 반드시 유의해야 할 것이 있습니다. 다시 말해, 우리는 그리스도께서 우리의 대속자일 뿐만 아니라, 우리가 본받아야 할 분이라는 사실도 잊지 말아야 합니다. 그리고 그분의 죽으심으로 말미암아 우리가 살고 있는 한, 우리가 살아가는 생명은 우리를 사랑하사 우리를 위하여 자기 자신을 버리신 하나님의 아들(갈 2:20)의 생명을 따라야 한다는 사실도 잊지 말아야 합니다. 그분은, 죄책(guilt of sin)에서 우리를 구원하기 위해 오셨을 뿐만 아니라, 우리를 죄의 세력에서도 구원하기 위해 오셨습니다. 그분은 우리를 용서해 주실 뿐만 아니라, 우리를 거룩하게도 해주십니다. 그분은 우리를 그분과 같이 만들기 위해 오셨습니다. 우리가 인간들 가운데서 그분의 형상에까지 자라, 그리스도의 참된 **복사본**이 되는 것, 다시 말해 그리스도를 재현하는 것이야말로 참으로 그분의 삶과 죽음이 목표로 한 것이었습니다.

그러므로 저는 그리스도의 백성인 여러분에게 말씀드리고자 합니다. 그분께서 여러분을 구원해 주셨으니, 여러분은 그분을 따르십시오. 만약 여러분이 그분의 피로 씻음을 받았다면, 그분처럼 되십시오. 진정으로 그분이 여러분의 스승이자 주님이라면, 그분에게 순종하십시오. 여러분이 행하는 모든 일에 여러분은 이렇게 질문하십시오. "이런 상황에서 그리스도라면 어떻게 행하셨을까?" 그리고 나서 하나님의 말씀과 여러분의 양심이 여러분에게 말하는 대답에 따라 행동하십시오. "주께서 그러하심과 같이 우리도 이 세상에서 그러하니라"(요일 4:17)는 말씀대로 말입니다. 그리고 우리가 하나님의 영광과 우리 구세주의 명예를 위해 우리에게 맡겨진 바를 완수하려 한다면, 그리스도께서 이 땅에 계셨을 때 보여주신 모습, 즉 "거룩하고 악이 없고 더러움이 없고 죄인에게서 떠나 계신"(히 7:26) 모습을 사람들이 우리의 인격을 통해 보도록 해야 합니다. 그리스도께서는 항상 자신을 우리에게 가리키셨습니다. 그분께서 우리에게 자신을 믿으라고 명하신다면, 그 말씀은 또한 그분을 따르라고 우리에게 명하는 말씀이기도 합니다. 그분께서 자신에게 소망을 두라고 우리에게 명하신다면, 그 말씀은 또한 그분에게 순종하고 그분처럼 되라는 명령이기도 합니다. 그분의 거룩함을 가지지 못한 자들은 그분의 대속함도 얻지 못할 것입니다. 만약 우리가 그분처럼 되는데 신경을 쓰지 않는다면, 우리는 그분으로 말미암아 구원을 받지도 못할 것입니다.

우리 주님께서 오늘 본문 말씀을 하셨을 때, 염두에 두신 특별한 악은 교회 내에서 흔히 볼 수 있는 그런 악이었습니다. 그것은 오늘날에도 여전히 이어지고 있는 악으로서, 모든 성도들 각자가 대단한 사람이 되고자 하는 것입니다. 우리는 모두 첫 번째 태어날 때는 큰 자로 태어났습니다. 우리가 작은 자가 된 것은 두 번째 태어났을 때, 즉 위로부터 났을 바로 그 때입니다. 우리가 첫 번째 태어났을 때, 우리는 너무나 큰 자여서, 우리는 참으로 아무것도 아니었습니다. 그러나 우리가 두 번째 태어났을 때, 우리는 너무나 작은 자여서, 우리는 그리스도 안에서 모든 것이 되었습니다. 처음에 자아(自我)는 지배권을 쥐려고 합니다. 자아는 머리에는 꼭 면류관을 써야만 하고, 발에는 꼭 은으로 만든 신발을 신어야만 합니다. 자아는 삼베 옷을 입으려 하지 않습니다. 최소한 실크로 만든 옷을 입어야만 합니다. 자아는 모든 동료들보다 자신을 더욱 높입니다. 자아는 하나님의 보좌까지도 얻고자 갈망합니다. 왜냐하면 자아는 루시퍼(Lucifer)의 야망을 가지고 있어서, 아무리 높이 올라가도 만족할 줄 모르기 때문입니다. 지금 우리 구세주께서는 제자들의 자아가 깨어지고, 큰 자가 되려는 모든 욕망들이 사라져서, 우리 모두가 주인이 되기보다는 오히려 종이 되는 것을 보고 싶어하십니다. 만약 우리가 그리스도와 같이 된다면, 우리는 그분으로 하여금 "나는 섬기는 자로 너희 중에 있노라"고 말하게 하신 그 영을 우리도 갖게 될 것입니다.

1. 우리 주님의 위치

바로 지금 저는 이 점에 대해서 제가 가진 모든 힘을 쏟고 있습니다. 첫 번째로 저는 그분을 따르는 자들 중에 계신 우리 주님의 위치에 대해서 잠시 말씀드리고자 합니다. "나는 섬기는 자로 너희 중에 있노라."

주님의 열두 제자들은 최후의 만찬을 하기 위해 함께 모였습니다. 방 안에는 손님들의 발을 씻어 줄 종이나 노예가 항상 있었습니다. 그런데 그 순간에는 그 일을 할 사람이 아마도 없었던 것 같습니다. 베드로도 이 일에 나서지 않았고, 요한은 아예 이 일에 대해 생각도 하지 못했습니다. 도마는 분명히 누가 이 일을 해야 하는지 생각하고 있었을 것입니다. 사도들 가운데 수학자였던 빌립(오병이어 사건시 오천 명을 먹일 떡의 비용을 계산했고[요 6:7], 또 하나님을 자신의 눈으로 봐야 자신이 만족하겠다고 말하면서[요 14:8], 예수님에게 하나님의 증명을 요구한 것으로 인해 빌립은 전통적으로 수학자라는 별명을 얻게 되었다 — 역주)은 발을 씻는데 얼마만큼의 물이 필요한지를 계산하고 있었을 것입니다. 그러나 어쨌든 아무도 이 일을 하려고 나서지는 않았습니다. 여러분도 알다시피, 모든 사람의 일은 누구의 일도 아닌 것입니다(Everybody's business is nobody's business). 그래서 그 누구도 다른 사람의 발을 씻어 주지 않았습니다. 제자들은 이미 자기 자리를 잡고서 식탁에 비스듬히 기대어 앉았습니다. 그때 주님께서 친히 다른 사람의 제안을 받은 것도 아닌데, 제자들 가운데서 일어나셨습니다. 그리고는 겉옷을 옆에 두시고, 수건을 허리에 동여매신 후, 물을 대야에 붓고는 제자들 한 사람 한 사람의 발을 씻어 주셨습니다. 제자들의 발을 다 씻어 주신 후에 그분께서는 다시 그들과 함께 식탁에 기대어 앉으시고 제자들에게 이런 요지로 말씀하셨습니다. "나는 너희 중에 노예로 있다. 가장 천한 일을 하는 하인으로 나는 있다. 내가 누구인지 너희는 보았다." 제자들은 그분의 말씀을 반박할 수 없었습니다. 왜냐하면 그분은 그들 중에 실제로 말 그대로 그러한 위치에 있었기 때문입니다.

그러나 사랑하는 성도 여러분, 우리 주님의 이러한 행동은 색다른 행동이 아니었습니다. 제자들이 무리를 이룬 이후에도 그분께서 늘 하셨던 일을 그날 저녁에도 실제로 하셨던 것뿐입니다. 그분은 항상 그들 모두의 종이셨습니다. 그분은 끊임없이 제자들의 유익을 추구하셨고, 그들에게 유익을 끼치기 위해 최선을 다하셨습니다. 제자들은 그분에게 무언가를 드리기 위해 나오지 않았습니다. 그들은 그분으로부터 받기 위해 나왔습니다. 그들은 그분에게 무언가를 가르쳐드리기 위해서, 또는 그들과의 교제를 통해 그분을 위로해드리기 위해서 나온 것이 아니었습니다. 그들은 모두 그분으로부터 얻을 수 있는 무언가를 위해 나왔습니다. 다시 말해, 그들은 그분의 입에서 나오는 진리를 배우기 위해 나왔습니다. 그들 가운데 몇몇은 자신들이 어렴풋하게나마 이해하고 있던 하나님 나라로 그분께서 자신들을 인도해 주기를 바라고 나왔습니다. 그들은 모두 말 그대로 그분과 함께 한 식탁에 항상 둘러앉아서 하늘의 신령한 음식을 먹었습니다. 그분은 언제나 그들의 종이셨습니다. 그분은 그들의 발을 씻고, 그들의 나쁜 태도를 참고, 그들의 실수를 기꺼이 고쳐 주었고, 그들이 더디 배우는 데도 불구하고, 그들을 항상 인내하며 참아 주셨습니다. 그분은 그날 저녁 식사 때뿐 아니라, 자기 삶 전체에 있어서도 "나는 섬기는 자로 너희 중에 있노라"고 진정으로 말할 수 있었습니다.

그리스도께서 이렇게 말씀하셨을 때, 그분은 자신을 그저 어떤 종, 즉 한 사람의 종으로 칭하지 않으시고, 특별히 그 종이라고 칭하셨습니다. 다시 말해, 여기서 종의 참 뜻은 집사, 또는 시종입니다. "나는 시종(侍從)으로 너희 중에 있노라. 너희는 식탁에 앉아 있는 신사들이고, 나는 너희들을 시중드는 종이다." 우리 주님께서는 이 행동을 통해서 자신이 항상 제자들 중에 가장 낮은 위치에 있다는 사실을 그들에게 일깨워 주고자 하셨습니다. 그분은 그들에게 어떤 형태로든지 지배적인 권위를 절대로 행사하지 않으셨습니다. 그분은 그들에게 자신의 요구를 절대로 관철시키려고도 하지 않으셨습니다. 그분은 절대로 그들의 희생을 강요하여 자신의 안락을 추구하지도 않으셨습니다. 오히려 그분은 항상 온유하고 겸손한 마음을 지니셨고, 자신의 행복보다는 그들의 행복을 추구하셨습니다. 그들 가운데 이것이 사실이라는 것을 모르는 사람은 한 명도 없었습니다. 비록 그분이 모든 그들 가운데 가장 큰 분이라 해도, 그분은 그들 중에서 가장 작은 자보다 더 작은 자였습니다. 옛 작가들이 말하듯이, 그분은 세르부스 세르보룸(servus servorum), 즉 종들 중의 종이셨습니다.

여러분도 알다시피, 종은 다른 사람들을 위해 신경을 써야하는 사람입니다. 여종은 아침에 일어나서 자신의 안락을 살피는 것이 자기가 할 일이 아닙니다. 가정에 있는 참된 종은 조용히 다니면서 모든 가족들의 안락을 위해 할 수 있는 일이 뭐가 있을까 살펴봅니다. 그런 참된 종은 남종이든 여종이든 다른 사람을 생각하면서 자신은 잊습니다. 이것이 바로 우리 주 예수님께서 행하신 것입니다. 그분은 절대로 자신에 대해서는 생각하지 않으신 듯합니다. 그분은 오로지 자기 주변에 모여든 불쌍한 무리들과, 자신이 치료해 주어야 할 아픈 자들과, 자신을 좀 더 친밀히 알게 되어 자신을 주님이요 선생으로 부르게 된 소수의 겸손한 자들만을 생각하셨습니다. 그분은 놀랄 정도로 이타적이셨기 때문에, 전적으로 다른 사람들을 염려하셨고 자기 제자들에게 진정으로 "나는 섬기는 자로 너희 중에 있노라"고 말씀하실 수 있었습니다.

참된 종은 자신의 뜻은 무시합니다. 그는 자기가 하고 싶은 것을 하지 않습니다. 그는 주인이 자기에게 하라고 말한 것을 합니다. 그는 종으로서 바삐 움직이며 살아갑니다. 그리고 자기를 고용한 사람의 뜻에 순종합니다. 우리 주님도 전 생애에 있어서 바로 그 참된 종과 같지 않으셨습니까? 그분께서는 "나는 나의 뜻대로 하려 하지 않고 나를 보내신 이의 뜻대로 하려 하므로"(요 5:30)라고 말씀하셨습니다. 그분은 어릴 때부터 아버지의 일을 해야만 했습니다. 그리고 그 아버지에게 "다 이루었다"(요 19:30)라고 말씀하신 그 마지막 시간까지, 그분은 결코 다른 일을 생각하지 않으셨습니다. 그분의 유일한 한 가지 관심사는 친히 종의 형체를 가지사(빌 2:7), 자기를 낮추시고 죽기까지 복종하셨으니 곧 십자가에 죽으심(빌 2:8)이었습니다. 사랑하는 성도 여러분, 그분의 종 된 모습이야말로 그분의 전체 모습을 다 보여줄 수 있는 전신 초상화라고 생각합니다. 저는 참으로 만유의 주(행 10:36) 되신 그분의 모습을 이보다 더 훌륭하게 보여줄 수 있는 그림을 상상할 수 없습니다. "만왕의 왕"(계 17:14)은 전적으로 위엄으로 가득한 이름이지만, "종들 중의 종"은 우리 주님께서 이 땅에 계셨을 때 더욱 선호한 이름입니다.

종은 온갖 종류의 어려운 일들을 묵묵히 참는 사람입니다. 많은 종들이 힘든 일들을 견뎌내야 했으며 때로는 오해와 가혹한 일들도 참아내야만 했습니다. 그러나 아버지의 이 복되신 종은 추위와 헐벗음과 굶주림은 물론 심지어 종의 모습으로 죽기까지 인내하셨습니다. 비록 그분은 자신이 찾아다니던 바로 그 사람들로부터 멸시를 받고 거절을 당했지만, 그들의 학대와 비난과 중상모략을 받으면서도, 여전히 그분은 변명조차 하지 않으셨으며, 이 모든 것을 피하지 않으셨습니다. 그분은 모든 사람을 위한 종으로서 자신의 거룩하고도 신성한 길을 계속 가셨습니다. 저는 이 진리를 제가 원하는 만큼 어떻게 표현해야 할지 잘 모르겠습니다. 하지만 저는 여러분이 다음과 같은 사실만은 인정했으면 좋겠습니다. 즉, 오늘날 가장 높은 보좌 위에서 모든 천사들 가운데 영광 중에 앉으셔서 피로 구속받은 영혼들의 찬양을 받고 계시는 그분께서는, 여기 이 땅에 우리 가운데 계셨을 때 친히 종들 중의 종으로 계셨다는 사실입니다. 복되신 여러분의 주님, 그분의 얼굴은 정오의 해처럼 밝게 빛나고, 그분의 두 눈은 불꽃같으며, 오늘날 그분의 교회에 속한 모든 것들의 머리가 되십니다. 허다한 성도들과 천사들과 함께 곧 오시어 세상을 공의로 심판하실 여러분의 주님은 여기 이 땅에 계실 때 바로 이런 분, 즉 "섬기는 자"이셨습니다. 이것이 바로 그분의 위치였습니다.

2. 이 위치의 놀라움

본 설교의 두 번째 주제로 제가 다루고자 한 내용은 이 위치의 놀라움에 대한 것인데, 이에 대해서 제가 이미 말씀드리고 있는 것 같습니다. 왜냐하면 만유의 주이신 예수님께서 모든 자의 종이 되셨다는 이 사실은 모든 놀라운 일들 가운데서도 가장 놀라운 일이기 때문입니다.

그분은 본성적으로나 본질적으로나 만유의 주이셨기 때문에, 그런 분이 모든 자의 종이 되셨다는 놀라움은 다른 어떤 놀라움보다 가장 큰 놀라움이라는 사실을 저는 여러분의 마음에 아주 간략하게 말씀드리고자 합니다. 우리 주 예수님은 신적인 거룩한 분이셨습니다. 그분은 "만물 위에 계셔서 세세에 찬양을 받으실 하나님"(롬 9:5)이셨으며, "지극히 높으신 이의 아들"(눅 1:32)이셨으며, 영원한 말씀으로서, 지은 것이 하나도 그가 없이는 된 것이(요 1:3) 없었습니다. 그럼에도 그분은 자기 제자들에게 "나는 섬기는 자로 너희 중에 있노라"고 말씀하셨습니다. "태초에 말씀이 계시니라 이 말씀이 하나님과 함께 계셨으니 이 말씀은 곧 하나님이시니라"(요 1:1), "말씀이 육신이 되어 우리 가운데 거하시매 우리가 그의 영광을 보니 아버지의 독생자의 영광이요 은혜와 진리가 충만하더라"(요 1:14). 진실로 우리 주님의 편에서 볼 때 그분께서 섬기는 자로 제자들 중에 있다고 하신 그 말씀은 놀라운 겸손이었습니다.

또한 그분은 무한히 지혜로우셨다는 사실도 기억하십시오. 지금까지 그리스도와 같은 선생님은 없었습니다. 왜냐하면 그분은 모든 질문에 대답하실 수 있었으며, 모든 어려운 문제를 푸실 수 있었기 때문입니다. 그분은 예리한 두 눈으로 모든 은밀한 곳들을 꿰뚫어 보시어 인생의 가장 어두운 비밀들도 밝히 드러내셨습니다. 그러므로 사람들은 그분을 그 당시 교회에서 가장 높은 곳에 모셔 교수로 삼고서, 그분에게 모든 영예를 돌려드려야만 했습니다. 틀림없이 그렇게 해야만 했습니다. 그런데 사람들이 그렇게 했습니까? 아닙니다. 그분은 이렇게 말씀하셨습니다. "내가 비록 랍오니(요 20:16), 즉 큰 선생이지만, 나는 섬기는 자로 너희 중에 있노라"고 말입니다. 오, 은혜를 입은 자들인 여러분이여, 여러분 가운데 있는 지혜로운 선생들을 여러분은 어떻게 대우해야 하겠습니까? 그 지혜로운 선생들이 제자들의 발을 씻게 해서야 되겠습니까?

그리고 그분은 흠 없이 순결하시고 비교할 수 없을 정도로 선하셨다는 사실도 기억하십시오. 모든 사람의 아들들 중에서 그와 같은 사람은 없었습니다. 그분처럼 그렇게 매력적인 인품을 가진 사람은 결코 없었습니다. 그분 안에 있는 모든 완전하심이 하나의 완성된 완전함을 충족하였습니다. 최고의 도덕과 영적인 것이 줄 수 있는 모든 기쁨들이 그분 안에서 하나의 완전하고도 본질적인 기쁨으로 한데 어우러졌습니다. 그런데도 그분은 섬기는 자로 우리 중에 계셨습니다. 어떤 설교자는 설교를 하다가 다음과 같이 외친 적이 있었습니다. "오, 덕(德)이여, 만약 네가 한 번이라도 육체를 입고서 인간들 가운데 내려온다면, 모든 사람들은 너를 경배할 것이다!' 그런데, 보십시오. 여기에 완전한 덕이 성육신하여서 우리 가운데 종으로 섬기기 위해 내려왔습니다. 이렇게 인식하는 것이 바로 완전하신 분을 제대로 대우하는 것입니다. 이처럼 그분의 낮아지심은 대단히 놀라운 일입니다.

이외에도, 주님은 우리에게 최상의 축복을 베푸는 분이셨습니다. 그분은 오로지 우리를 축복해 주시기 위해 여기 이 땅에 계셨습니다. 그분의 눈과 입술과 손과 발, 이 모든 것들을 통해 그분은 축복을 베풀어 주셨습니다. 그분은 인간의 어둠 한가운데 있는 태양이었으며, 그분의 모든 생각은 인류의 한 줄기 빛이자 위로였습니다. 그럼에도 그분은 "나는 섬기는 자로 너희 중에 있노라"고 말씀하셨습니다. 그분은 우리에게 축복을 베풀기 위해, 가장 낮은 자리를 취하셨습니다. 그러나 사람들은 그분이 그런 자리에 있는 것으로 만족하고는 그분으로 하여금 자신들의 발을 씻도록 하였습니다. 오, 이 얼마나 이상한 일입니까. 이것은 굉장히 이상한 일이며 놀라운 일입니다. 하지만 그것은 사실입니다!

그분께서 불쌍한 피조물들과 같이 되시어 그들 가운데 종이 되셨다는 것 역시 놀라운 사실입니다. 저는 거룩한 사람들의 발을 씻어 주고자 원했던 사람들의 이야기는 들어본 적이 있습니다. 그러나 이 제자들은 불쌍한 죄인들의 무리였습니다. 저는 위대한 철학자들이나 아주 고귀한 사람들을 위해서 스스로 비천한 일들을 수행하고자 하는 사람들의 이야기도 들어본 적이 있습니다. 그러나 이 제자들은 주로 최근에 자신의 배와 그물을 버린 갈릴리 어부들이었으며, 자신의 경작지를 방금 나온 농부들이었습니다. 이런 부류의 사람들이 자연스럽게 가지고 있는 허물과 연약함 등을 이들도 전부 가지고 있었습니다. 그런데도 복되신 우리 주님께서는 그들에게 다음과 같이 말씀하셨습니다. "나는 너희 중에, 즉 어부와 농부와 가난에 찌든 너희 가운데, 섬기는 자로 있노라"고 말입니다. 오, 은혜로우신 주님, 당신은 진정으로 겸손하셨습니다. 또한 그 모습은 당신에게 아주 잘 어울렸습니다! 말로 다할 수 없는 당신의 영광에도 불구하고, 당신께서 베드로와 야고보와 요한에게 종처럼 행하시며 그들의 흙 묻은 발을 당신의 순결한 손으로 잡고 씻어 주셨을 때도, 당신은 아주 평안해 보이셨습니다.

3. 주님이 이 위치에 서신 이유

이제 세 번째로 이 놀라운 일을 어떻게 설명해야 할지 우리는 묻고자 합니다. 우리 주 예수 그리스도께서 열두 제자들 중에 계실 때, 그분께서 섬기는 자의 위치에 서신 이유가 무엇이었습니까? 만유의 주이셨던 그분께서 모든 사람의 종이 되신 그 이유가 무엇이었냐는 것입니다.

첫째, 그분은 진정으로 너무나 큰 자였기 때문입니다. 작은 자는 자신이 작은 자로 대우받지 않기 위해서 항상 시기하고 질투합니다. 다시 말해, 작고 이기적인 자는 어떻게든 주목받기 위해서 몸부림을 칩니다. 그런 사람은 다른 사람에게 관심받기를 원합니다. 그래서 그는 감사의 말을 받을 수 있는 무언가를 하기를 원하고, 또 아주 특별한 조건으로 자신의 선행이 드러나기를 원합니다. 여러분은 그런 사람이 다른 사람의 발을 씻어 줄 것이라 기대하십니까? 글쎄요, 그런 사람은 황금 대야와 크리스탈 물병과 장미 향수와 실크 수건으로 신사들의 발은 씻어 줄 것입니다. 오, 정말 그럴 것입니다. 나의 주님께서도 이처럼 아주 아름다운 방식으로 발을 씻어 주실 수도 있었고, 그렇게 해도 그분의 겸손에 대해 많은 생각을 할 수 있었을 것입니다! 그러나 실제로 그분께서는 가난한 자들의 발을 친히 손으로 잡고 씻어 주셨습니다. 그분은 섬김이 필요한 자들에게 그 일을 실제로 행하셨습니다. 그런데 작은 자는 그렇게 섬길 수 없습니다. 왜냐하면 작은 자는 자신의 인품이 너무나 작아서 그렇게 위엄 있는 위치에까지 올라갈 수 없기 때문입니다. 사랑하는 성도 여러분, 우리 주님께서 이렇게 작은 일들을 하실 수 있었던 것은 그분이 매우 크신 분이었기 때문입니다. 그래서 그분은 허리를 숙이고 낮아지실 수 있었습니다. 사랑하는 자들에게 필요한 일이라면 어떤 일이든 행하고자 하시는 그분의 의지는 본질적으로 그런 큰 마음 때문에 생겨난 것이었습니다.

그리고 그분께서 모든 사람의 종이 되신 이유에 대한 두 번째 대답은 이것입니다. 즉, 우리 주님께서는 그렇게 측량할 수 없는 사랑을 가지고 계셨기 때문에, 섬기는 자로 사람들 중에 계셨던 것입니다. 사랑은 그 사랑의 대상을 위해 무언가를 할 수 있을 때, 그때가 항상 제일 행복한 순간입니다. 사랑이 사랑하는 것을 위해 수고하는 것은 힘든 일이 아닙니다. 매우 기쁜 수고를 억제하는 것이 오히려 더 큰 고역일 수 있습니다. 자신의 어린 아이를 안고 있는 어머니를 한번 보십시오. 수많은 어려움 속에서도 그 어머니는 아기와 늘 함께 있습니다. 그 아기가 매우 사랑스럽기 때문에, 어머니는 사랑스러운 자녀를 돌보는 것을 힘든 노동으로 여기기보다는 기쁜 일로 여길 것입니다. 그리고 남편을 사랑하여, 병든 남편의 병상 옆에서 밤새 간호하는 아내에 대해서도 여러분은 알고 있지 않습니까? 그 밤은 길고 지루하지만, 그녀는 사랑하는 남편의 생명이 스러져가는 것을 차마 내버려 둘 수 없습니다. 촛불이 희미해지고, 햇빛이 창문 블라인드 사이로 비쳐 들어옵니다. 그래도 그녀는 여전히 거기에 앉아 있습니다. 그녀가 기진맥진해서 쓰러지지 않는 한, 여러분은 그녀를 병실에서 끌어낼 수 없을 것입니다. 왜 냐하면 사랑이 그녀를 거기에 붙잡고 두고, 그 무거운 눈꺼풀이 내려오는 것을 막아주어, 그녀가 사랑하는 남편 가까이에 있는 것이 슬픈 기쁨이 되도록, 즉 슬 프지만 즐거운 일이 되도록 해 주었기 때문입니다. 이와 마찬가지로, 복되신 우 리의 주님께서도 우리에 대한 사랑으로 가득하셨기 때문에, 그 어떤 것도 그분 을 막을 수 없었던 것 같습니다. 그분은 "그 앞에 있는 기쁨을 위하여"(히 12:2), 즉 그분의 백성을 축복해 주시는 기쁨을 위하여, "십자가를 참으사 부끄러움을 개의치 아니하셨습니다"(히 12:2). "내가 그들의 발을 씻어 줄까?"라고 하신 그분 은 다음과 같이 말씀하시는 것 같습니다. "그런 일은 아주 작은 일이다. 나는 그 들 전체를 내 가슴의 피로 씻어 줄 것이다. 나는 십자가 위에서 그들의 죄악들을 친히 내 몸에 짊어질 것이다. 그래서 지금까지도 볼 수 없었고, 앞으로도 결코 볼 수 없을 거룩한 섬김으로 충만한 그런 섬기는 자로서 나는 참으로 그들 중에 있 을 것이다." 그것은 사랑이었습니다. 그것은 놀랍고 지극한 사랑이었습니다. 이 사랑으로 인해 그분은 천국에서 그 찬란한 왕권 가운데 머물러 있을 수 없었습 니다. 이 사랑으로 인해 그분은 이 땅에 오셔서 궁핍함과 슬픔으로 둘러싸인 고 통 가운데서 우리를 구원하셨습니다.

4. 우리 주님의 겸손을 본받아야 함

이제 저는 마지막으로 제가 지금까지 항상 염두에 둔 바를 말씀드리고자 합 니다. 그것은 우리 주님의 겸손을 본받는 것입니다. 저는 여러분이 주님을 본받을 수 있는 방법을 즉시 여러분에게 제시하고자 합니다. 만약 여러분이 그분의 사 랑을 여러분의 마음에 간직한다면, 여러분도 그분의 위치에 서기를 간절히 바라 고 원하게 되어, 여러분은 섬기는 자로서 동료 그리스도인들 가운데 자리하게 될 것입니다.

사랑하는 성도 여러분, 만약 우리가 그리스도를 본받게 된다면, 그분으로 말미암아 구원을 받게 된 우리는 가장 비천한 섬김까지도 반드시 기쁘게 행해야 할 것입니다. 만약 지켜야 할 문이 있다면, 만약 쓸어야 할 길이 있다면, 그 일을 위 엄 있게 감당하겠다고 우리는 열망해야 합니다. 만약 다른 사람들보다도 더욱 비천한 사람들이 있다면, 우리는 그들에게 갈 수 있기를 바라야 합니다. 만약 다 른 여인들보다도 더욱 타락한 여인들이 있다면, 우리는 그들을 위해서 기도하고 그들을 위해 특별히 수고해야 합니다. 만약 교회의 성도들 중에 다른 사람들보다 더욱 무시와 멸시를 당하는 지체가 있다면, 우리는 그들에게 최고의 관심을 기울여야 합니다. 만약 누군가 정말 큰 걱정을 하고 있다면, 우리는 그를 방문해야 합니다. 만약 정말 극도로 가난하고 너무 지저분한 사람이 있다면, 게다가 그 대상이 병든 여인이어서 그녀에게 다가가 옆에 앉기까지 엄청난 자기부정이 필요한 그런 상황이라 해도, 우리는 그녀에게 다가가야 합니다. 만약 우리가 그리스도처럼 되려고 한다면, 우리는 모두 가장 비천한 일도 하고자 할 것입니다. 그리고 우리는 모두 가장 비천한 방을 차지하고자 할 것입니다. 사랑하는 성도 여러분, 만약 여러분이 이 강단을 원한다면, 여러분은 이 강단을 차지할 수도 있습니다. 여러분이 저보다 더 훌륭하게 이 자리를 지킬 수만 있다면 말입니다. 하지만 아마도 여러분은 그렇게 하지 못할 것입니다. 그런데 가장 비천한 자리를 차지하기 위해서는 그렇게 많이 경쟁하지 않아도 될 것입니다. 여러분이 그런 자리에 지원하기만 한다면, 여러분은 그 자리를 얻게 될 것입니다. 그런 자리를 위한 지원자들이 너무 적은 것 같고, 그나마 지원한 사람들도 한 사람씩 한 사람씩 빠져나갈 것입니다. 그래서 저는 여러분에게 권면합니다. 그리스도께서 이 땅에 계실 때 차지했던 그 자리, 다시 말해 하나님의 교회에서 가장 비천한 자리를 만약 여러분이 진정으로 원한다면, 그 자리를 노리십시오. 그러면 여러분은 그 자리를 얻게 될 것입니다. 여러분은 미국 인디언들에게 복음을 전한 위대한 선교사인 데이비드 브레이너드(David Brainerd, 1718-1747, 뉴잉글랜드의 청교도 후손으로 미국 인디언들을 위한 최고의 선교사라는 평을 받는다)에 대해서 모두 들어봤을 것입니다. 하루는 그가 오두막에 누워서 한 어린 인디언 아이에게 "a, b, c"를 가르쳐 주고 있었습니다(29세의 젊은 나이에 결핵으로 숨을 거둔 브레이너드는 오랫동안 누운 채로 일상생활을 하였으며, 인디언들에게 영어를 가르치기도 하였다 - 역주). 이 모습을 본 어떤 사람이 "저 바보 같은 어린 아이에게 글씨를 가르치다니, 데이비드는 도대체 왜 그런 일을 하고 있는 거야?"라고 말했습니다. 그러자 그가 이렇게 말했습니다. "그렇습니다. 지금까지 저는 제가 살아 있는 한 유용한 사람이 되게 해 달라고 하나님께 기도했습니다. 그런데 지금은 제가 너무나 연약해져서 이런 어린 아이에게 알파벳을 가르치는 것 외에는 달리 어떤 다른 일을 할 수가 없습니다. 그래서 저는 제가 죽을 때까지 계속해서 내 주님을 위해 어떤 것이라도 할 것입니다"(「데이비드 브레이너드의 생애와 일기」, 1745년 4월 30일자 일기 참조 - 역주). 사랑하는 성도 여러분, 이와 같이 여러분이 수천 명을 가르칠 수는 없다 해도, 두세 명 정도는 가르치십시오. 만약 여러분이 두세 명도 가르칠 수 없다면, 여러분의 자녀를 가르치거나, 또는 다른 사람의 자녀들이나 형편이 어려운 아이들이나 거리의 몇몇 부랑인들을 돌보십시오. 주님의 교회에서 가장 비천한 직분을 감당하려고 노력함으로써, 여러분의 주님께서 원하시는 대로, 여러분은 "섬기는 자로" 살아가십시오.

또한 여러분은 자신을 평가할 때도 항상 겸손함으로써, 이와 동일한 마음을 나타내 보이십시오. 여러분은 항상 모욕 받고 있는 한 신사를 알고 있습니다. 저도 그를 정말 잘 알고 있습니다. 여러분이 그 사람에게 윙크만 해도, 그는 여러분이 자신을 모욕했다고 여깁니다. 그는 아주 상처를 잘 받는 민감한 사람입니다. 그래서 그 사람 옆에 가까이 있을 때는 늘 그에 대해 신경을 쓰고 그를 배려해야 합니다. 그는 항상 사람들로부터 존경받지 못하는 대우를 받습니다. 지금까지 어느 누구도 그가 받아야 할 정도의 대우를 그에게 해 주지 않은 것 같습니다. 다시 말해서, 그가 현재 처한 그 지위에 합당한 대우를 해 주지 않은 듯합니다. 만약 그 사람이 대단한 지각과 좀 더 나은 교육을 받은 사람들 가운데 있었더라면, 그런 사람들 가운데서는 자신이 존경을 받았을 것이라고 그는 말합니다. 하마터면 저는 그가 어디론가 가버리면 좋겠다고 바랄 뻔 했습니다. 그러나 저는 그렇게 말해서는 안 됩니다. 만약 그가 자신에 대한 그런 생각을 중단하도록 할 수만 있다면, 즉 우리 모두가 그에게 그런 유익을 끼치고자 한다면, 아마도 우리는 그 사람을 고칠 수 있을 것이기 때문입니다. 그러므로 사랑하는 성도 여러분, 여러분 가운데 어느 누구도 그와 같은 인격을 갖지 않도록 조심하십시오. 여러분은 존경할 만한 사람으로 대우를 받아서, 어떤 존경받지 못할 일로 언급되지 않을 만한 지각 있는 사람이 되십시오. 얼마 전에 어떤 사람이 저에 대해서 아주 불쾌하면서도 사실이 아닌 이야기를 하였습니다. 그러나 한편으로 저는 아주 기쁜 마음이 들었습니다. 만약 그 사람이 저에 대해 정말 잘 알고 있었더라면, 더 나쁜 이야기를 했을 것이라고 생각했기 때문입니다. 오히려 저는 아주 흡족하게 그 나쁜 일을 그대로 받아들였습니다. 저는 그 일에 대해서 누구에게도 결코 말하지 않았습니다. 저는 다른 사람에게 말하고 싶은 마음도 없었습니다. 왜냐하면 그 일이 정말 제게는 전혀 문제가 되지 않았기 때문입니다. 제 기억으로는 그 일이 있은 밤에도 저는 예전과 마찬가지로 잠을 푹 잤습니다. 여러분은 자기가 너무 중요한 사람이기 때문에 자기에게는 바람도 불지 않을 것이라고 믿을지도 모릅니다. 그러나 그것은 정말 쓸데없는 생각입니다. 왜냐하면 바람은 여러분에게도 불기 마련이며, 일반적으로 세상은 가장된 위엄에도 전혀 아랑곳하지 않기 때문입니다. 세상이 그런 줄 여러분은 알지 못했습니까? 우리에게는 아무 위엄도 없다고 그렇게 생각하십시오. 우리는 서로에게 다음과 같이 말하고 있다고 생각하십시오. "나는 섬기는 자로 너희 중에 있는 것이니, 너희가 원하는 대로 나의 많은 허물들을 찾아내라." 비가 오는 날에 집에서 가장 유용한 도구 중의 하나가 바로 현관 바닥에 있는 매트입니다. 그 매트 위에다 신발에 묻은 흙을 턴다고 해서, 그 매트가 사람들에게 불평하겠습니까? 절대 그렇지 않습니다. 왜냐하면 매트는 바로 그 목적으로 거기에 놓인 것이기 때문입니다. 만약 여러분도 기꺼이 다른 사람들의 더러운 신발을 여러분 위에서 털게 하려고 한다면, 여러분은 다음과 같이 느끼게 될 것입니다. '나는 얼마나 중요한 매트인지 몰라! 지금 방금 내 위에서 신발을 깨끗하게 닦은 저 사람이 얼마나 멋지게 보이는지! 그 사람은 내게 크게 불평을 했지만, 바로 그 때문에 그는 다른 사람에게 불평을 하지 않았어. 나는 그 일로 상처 받지 않았지만, 다른 사람에게 그랬다면 아마 상처를 받았을지도 모르지. 지금 그 일에 대해 다시 생각해 봐도 결국 내 마음이 크게 상하지 않으니, 나는 그렇게 참음으로써 선한 봉사를 하고 있는 거야.' 그러므로 여러분은 자신에 대해 겸손하게 평가하십시오. 그래야만 여러분은 "나는 섬기는 자로 너희 중에 있노라"라고 말씀하신 그리스도와 같이 될 것입니다.

더 나아가, 사랑하는 성도 여러분, 우리는 항상 다른 사람들에게 유익을 끼치고자 해야 한다는 사실을 여러 그리스도인들에게 거듭해서 말씀드리고자 합니다. 왜냐하면 이렇게 하는 것이야말로 그리스도께서 말씀하고자 하신 바이기 때문입니다. 그리스도께서는 자기 제자들로 하여금 식탁에 기대어 앉게 하셨습니다. 그러고는 그분께서 친히 그들의 시중을 드셨습니다. 제자들 가운데서 가장 낮아지는 것이 그분의 고귀한 직책이었습니다. 자, 사랑하는 성도 여러분, 다른 사람들에게 유익을 끼칠 기회를 찾으십시오. 어떤 사람은 "제가 교회에서 얼마나 유익을 얻을 수 있을지 잘 모르겠어요"라고 말합니다. 하지만 그게 핵심이 아닙니다. 여러분이 물어야 할 질문은 바로 "내가 지금까지 교회에 얼마나 많은 유익을 끼쳤는가?" 하는 것입니다. 왜냐하면 결국 우리가 이곳에 존재하는 것은 교회로부터 많은 것을 얻으려는 것이 아니라, 교회에 많은 것을 제공하기 위함이라는 시각이 필요합니다. 그리스도인의 생활 방식은 주는 것입니다. 왜냐하면 그분께서도 "주는 것이 받는 것보다 복이 있다"(행 20:35)고 알고 계셨기 때문입니다.

　　만약 여러분이 진정으로 어떤 사람을 섬기기 원한다면, 여러분에게는 그 사람을 섬길 수 있는 길이 많이 열려져 있습니다. 여러분이 누군가를 돕기 위해서 아프리카로 갈 필요는 없습니다. 여러분은 집안에 있으면서도 거기에서 누군가를 도울 수 있습니다. 그리스도인이라면 아침부터 밤까지 다른 사람들의 유익을 위해서 그들을 축복할 수 있는 일들만 하려고 해야 한다는 것이 제 생각입니다. 자녀들을 행복하게 하고, 또 그들을 그리스도를 위해 훈육하는 것이 어머니의 야망이 되어야 합니다. 또한 아버지의 바람은 그 아버지가 돌봐야 하는 집안의 모든 식구들이 가정에 있기를 즐겨하고, 그가 가꾸는 가정만한 집은 없다고 자녀들이 생각하게끔 하는 것입니다. 또한 소녀들의 바람은 그 소녀가 집안을 밝게 비추어 다른 형제자매들이 그녀가 집에 있다는 생각만으로도 기뻐하는 것입니다. 그리고 형제들은 어머니와 자매의 안락을 위해 모든 일을 하는 것을 자신의 기쁨으로 삼아야 합니다. 사실, 그리스도인들이 서로서로 다른 사람의 유익을 추구한다면, 이것이 바로 그리스도인들이 기독교에 큰 승리를 끼칠 일입니다. 그러나 어떤 사람들은 너무나 까다롭고 서두르는 바람에, 선한 일을 행할 때도 오히려 나쁜 일이 되고 맙니다. 그들이 여러분에게 호의를 베풀어도, 여러분은 그들이 여러분의 마음을 상하게 했다고 느낍니다. 사랑하는 성도 여러분, 우리는 그렇게 하지 맙시다. 우리는 친절하고 은혜롭고 사랑스러운 마음을 남들에게 보여주려고 합시다. 이런 마음을 가진 척 가장하지 말고, 실제로 다른 사람을 사랑하고 그들의 현재와 미래는 물론 그들의 영원한 복락을 바라는 마음으로 그렇게 합시다. 이것이 바로 예수님께서 "나는 섬기는 자로 너희 중에 있노라"고 말씀하며 행하신 것입니다. 우리도 힘이 미치는 한 그와 같이 하도록 합시다. 사랑하는 성도 여러분, 한 마디로 말해 기꺼이 끝까지 인내하면서 우리의 주 예수 그리스도를 본받도록 합시다. 참된 그리스도인은 욕을 먹었을 때에도 되받아 욕하지 아니하며, 부당하게 비난받을 때에도 이에 대한 대답을 별 가치 없는 것으로 생각합니다. 때로는 자신의 권리를 포기하고, 그것도 기꺼이 그렇게 하는 사람이며, 자신을 위하지 않고, 심지어는 자신을 정당화하지도 않으며, 어떤 손해에 대해 반발하기보다는 오히려 그 손해를 기꺼이 참고 견디는 사람입니다.

　　아마도 어떤 사람은 제가 여러분에게 힘든 교훈을 가르치고 있다고 말할 것입니다. 맞습니다. 그러나 만약 여러분이 주 예수 그리스도의 자녀들이라면, 이것이 바로 여러분이 실천하기를 좋아하고 실천하고자 하는 교훈이 될 것입니다. 그리고 여러분이 이런 일에 익숙해진다면, 어떤 특별한 기쁨이 여러분의 영혼을 감싸게 될 것입니다. 저는 우리가 그리스도의 마음을 가져, "흠이 없고 순전하여 어그러지고 거스르는 세대 가운데서 하나님의 흠 없는 자녀"(빌 2:15)가 되기를 하나님께 기도하고 있습니다. 어떤 사람들이 여러분을 악하게 대한다면, 그들을 더욱더 사랑하십시오. 만약 그들이 여러분을 화내게 한다면, 가능한 한 서둘러 그 화를 극복하도록 노력하십시오. "해가 지도록 분을 품지 마십시오"(엡 4:26). 그들이 여러분을 악하게 대하지 않았다면 여러분이 행하지 않았을 어떤 친절한 태도로, 바로 그들에게 되갚아 주십시오. 여러분이 할 수 있는 한 모든 사람에게 좋은 말을 하고자 항상 노력하십시오. 여러분이 그들을 비난하는 말을 듣게 될 때는 그 말의 반만 들으십시오. 다시 말해서, 마치 여러분이 그 말을 전혀 듣지 못한 것처럼, 각 내용을 대강 흘려들으십시오. 세상에는 몇몇 선한 사람이 있다는 전적인 확신을 가지고서 세상을 뚫고 나아가십시오. 그리고 혹시라도 그런 사람이 없다면, 여러분이 그런 사람의 한 사람이 되어야 하며, 여러분 스스로 거룩하고 겸손하고 온유하고 은혜로운 마음을 보여줌으로써 그런 사람의 숫자가 늘어나는데 도움이 되도록 하십시오. 만약 여러분이 이런 마음을 지닌다면, 여러분의 주님께서 영광을 받게 될 것이며, 사람들은 "이런 사람이 그리스도인인가? 그렇다면, 나도 그리스도인이 되겠다"라고 말할 것입니다. 그리스도로 말미암아 하나님께서 여러분이 그리 될 수 있도록 도와주시기를 기원합니다! 아멘.

제
82
장

—

회복된 후의 베드로

—

**"너는 돌이킨 뒤에 네 형제들을
굳게 하라." — 눅 22:32**

　　사탄이 베드로를 밀 까부르듯 하려고(눅 22:31) 하였습니다. 그래서 우리 주님께서는 베드로에게 경고하셨습니다. 다시 말해 사탄은 체로 체질을 하려고 했습니다. 사탄은 베드로가 파멸되기를 강렬히 원했습니다. 사탄은 진정으로 하나님이 택한 모든 자들을 파멸시키고자 원합니다. 그래서 사탄은 마치 껍데기와 쭉정이가 바람에 날아가 버리듯, 베드로도 그렇게 사라져 버리기를 기대하면서, 베드로를 밀 까부르듯 하고자 하였습니다. 하나님의 자녀가 멸망하는 것을 보면 악한 영은 악의적인 기쁨을 갖게 됩니다. 왜냐하면 그 악한 영은 하나님의 마음을 아프게 하고 싶기 때문입니다. 그 타락한 영은 행복해지기 위해서, 항상 하나님의 은혜를 무효로 하여 행복을 획득하려 하고, 주님께서 자신의 피로 사신 자들을 주 예수님으로부터 빼앗으려고 합니다. "사탄이 … 너희를 갖기 원하였으나"(눅 22:31, KJV). 다시 말해서, 사탄은 신자들을 자신의 수중에 넣어야만 만족해합니다. 사탄은 베드로를 사로잡으려고 혈안이 되어, 자신이 할 수 있는 것을 총동원해 베드로를 무섭게 흔들어 보려고 하였습니다.

　　만약 사탄이 어떤 신자 한 사람이라도 완전히 멸망시킬 수 없다는 것을 안다면, 사실 사탄은 이것에 대해 분명히 알고 있기는 하지만, 그럼에도 사탄은 그 신자로 하여금 특별히 걱정하게 하려고 안달할 것입니다. 또한 하나님의 택함 받은 자를 삼킬 수 없는 상황이라면, 사탄은 적어도 그 택함 받은 자들을 더럽히려고 할 것입니다. 그리고 그 영혼들을 멸망시킬 수 없다고 한다면, 그 영혼들의 고요함을 깨뜨리려고 할 것입니다. 개정판 성경(RV. Revised Version, KJV에 대한 최초의 공식적인 개정판으로 1879년에 착수하여 외경이 나온 1895년까지 간행되었다 — 역주)에서는 이 구절을 사탄이 그들을 밀 까부르듯 하려고 하나님께 심지어 요구까지 한 것으로 표현하고 있습니다(한글 개역개정도 이와 같다. "밀 까부르듯 하려고 요구하였으나"[눅 22:31] — 역주). 이 구절은 궁금증을 불러일으키는 말씀입니다. 왜냐하면 이 구절에 비추어 보자면 마귀도 기도할 수 있고, 그래서 마귀의 간구가 하나님께 응답받은 것처럼 보이기 때문입니다. 그리고 개정판 성경(RV)의 난외주에도 "사탄은 간구함으로써 너희를 얻었다"(obtained you by asking)라고 되어 있습니다. 주님은 마귀의 요구를 들어주실 수도 있습니다. 하지만 그렇다고 해서 주님께서 마귀에 대한 어떤 사랑을 입증해 주신 것은 아닙니다. 주님은 자신의 지혜로 사탄의 바람을 들어주실 수 있습니다. 그러나 바로 그 들어주시는 행동으로써 사탄의 악한 능력을 뒤엎어 버리십니다. 그러므로 우리는 우리가 소망하는 것에 대해 정확하게 응답하시는 주님의 사랑만을 우리의 믿음의 대상으로 주장하지 말아야 합니다. 왜냐하면 하나님께서 그렇게 사탄의 요구에 응답하신 것은, 그분이 그 사랑하는 자들을 그렇게 모른 체하는 게 더 적합하다고 보신 것일 수도 있고, 그들을 사랑하셔서 그렇게 하신 것일 수도 있기 때문입니다.

악한 영이 하나님의 귀한 보석 같은 자들을 시험하도록 허락받았다는 것은 사실입니다. 욥기의 이야기는 허구나 가상적인 단편이 아닙니다. 사탄은 하나님이 택한 자들을 자신의 수중에 넣어서 이들을 시험하기를 원합니다. 그래서 그들을 괴롭히고, 할 수만 있다면 그들을 멸망시키려고 합니다. 주님께서는 이 일을 허락하셨습니다. 주님께서는 욥의 경우와 마찬가지로, 사도들의 경우에도, 특히 베드로에게 그 일을 허락하셨습니다. 주님께서는 유혹자의 요구를 허락하시고, 그 유혹자가 우리의 뼈와 살을 건드리는 것을 허용하시어, 우리가 생사가 달린 고통 가운데서도 우리 하나님을 붙잡는지 아닌지를 보고자 하십니다.

하나님께서 그렇게 하시거나 그렇게 하도록 허용하시는 이유에 대해 우리는 분명히 알 수 없습니다. 때로 그와 같은 이유를 묻는 것은 죄가 되기도 합니다. 주님께서 행하시는 모든 일은 옳은 일들이기 때문입니다. 이것으로 주님의 자녀들인 우리는 만족해합시다. 그러나 성도들을 밀 까부르듯 해야 하는 이유를 때로는 알 것 같기도 합니다. 왜냐하면 성도들은 밀과 같고, 그 밀은 당연히 키질을 해야 하기 때문입니다. 키질은 밀에게도 바람직한 결과를 가져다줍니다. 성도들이 시련을 받는 것은 성도들의 유익을 위한 것입니다. 틀림없이 사탄은 키질을 하다가 좋은 씨가 땅에 떨어져 멸망하기를 원할 것입니다. 그러나 하나님께서는 그 사탄의 바람을 무산시키시고, 키질을 통해 밀과 가라지를 구별하여 불순물이 없는 밀 낱알을 얻으십니다. 그리고 그렇게 얻은 낱알은 왕의 곡물창고에 보관되기에 적합한 상태가 되는 것입니다. 사탄은 우리에게 악한 일을 하려고 하다가, 도리어 좋은 일을 해 주는 경우가 종종 있습니다. 결국, 사탄은 하나님의 부엌에서 하나님의 그릇들을 설거지 하는 접시 닦는 사람에 불과합니다. 하나님의 성도들을 그릇으로 표현한다면, 어떤 그릇들은 사탄의 가혹한 시험으로 인해 특별히 아주 세차게 문질러졌던 것입니다. 또한 하나님의 성도들이 사탄에게서 시험을 받도록 하나님께서 허락하시는 다른 이유가 있습니다. 이 이유는 성도 자신보다는 다른 사람들과 관계가 있습니다. 성도들은 다른 사람들의 유익을 위해서 시험을 받아야만 했을 것입니다. 그들이 받은 믿음의 시험은 "불로 연단하여도 없어질 금보다 더 귀한"(벧전 1:7) 것이며, 이 시험이 귀한 이유는 그것이 주는 유익 때문입니다. 시험을 받는 하나님의 자녀가 스스로 당당하게 처신한다면, 그의 주변에 있는 사람들에게 생생한 모범이 될 것입니다. "너희가 욥의 인내를 들었고"(약 5:11)라는 말씀대로 말입니다. 그런데 사탄이 욥을 밀 까부르듯 하지 않았다면, 여러분은 절대로 욥의 인내에 대해 듣지 못했을 것입니다. 이 위대한 가르침의 보고(寶庫)인 욥기와 욥의 모범을 통해 우리가 배우게 된 이 모든 진리들은, 사탄이 자기 손을 들어 이 족장을 그렇게 가혹하게 압박하도록 허락하신 하나님을 통해서 얻게 된 것이었습니다. 우리도 우리 자신을 위해서가 아니라, 다른 사람들을 위해서 고난을 받을 수 있습니다. 이 고난은 하나님께서 여러분의 친구관계를 두텁게 해 주시는 주목할 만한 계기가 될 수도 있습니다. 여러분은 다른 사람들을 위해 살아가고, 그러므로 다른 사람들을 위해 고난을 받습니다. 여러분의 전 생애는 여러분 자신에 의해서 설명되는 것이 아니라, 여러분의 주변 사람들에 의해서 설명될 것입니다. 목회자인 저 또한 시험을 받아야만 할 것입니다. 왜냐하면 시험이야말로 목회자의 서재에 꽂힌 책들 중에 가장 훌륭한 책이기 때문입니다. 부모인 여러분에게도 고난이 필요할 것입니다. 왜냐하면 시험을 받아보지 못한 아버지는 시험받는 자녀에게 아무런 조언도 해 줄 수 없기 때문입니다. 공적인 일을 하는 자들은 개인적으로 한 그리스도인이라면 전혀 받을 필요가 없는 그런 시련을 반드시 받게 될 것입니다. 어떤 시련을 통해 우리가 특별한 섬김을 베풀 자질을 얻게 된다면, 그 특별한 훈련을 받아들입시다. 우리가 훈련받은 거친 길을 통해서, 주님의 양들을 험난한 길을 따라 영광의 산꼭대기에 있는 초원으로 인도할 수만 있다면, 그 길에서 맞게 될 그 모든 어려움들도 우리는 기뻐합시다. 사도들과 베드로 같은 자들이 평생의 사역을 감당하기 위한 훈련을 받기 위해서, 사탄의 키질 속에 놓여 있었다면, 우리도 그 시련을 피하기를 바랄 수 없을 것입니다.

사랑하는 성도 여러분, 키질 이전과 키질 이후에 무엇이 있다가 없어졌는지를 살펴보십시오. 복되신 말씀인 "그러나"를 눈여겨보기 바랍니다. "그러나, 내가 너를 위하여 … 기도하였노니"(눅 22:32). "너희 형제들이 너를 위해 기도하였노니"가 아닙니다. "네가 네 자신을 위해 기도하였노니"도 아닙니다. 바로 "내가 너를 위하여 기도하였노니"입니다. 기도하는 비법의 대가이시며, 하늘에 있는 우리의 대언자이자 강력한 중보자이신 예수님께서, 이미 우리를 위해 기도하셨다는 사실을 우리에게 보증해 주셨습니다. "내가 너를 위하여 기도하였노니"라고 하신 말씀은 우리가 시험받기 전에 그분이 우리를 위하여 기도하였다는 뜻입니다. 우리가 처하게 될 모든 위험을 그분이 미리 아셨고, 대제사장과 중보자인 그분께서 능력을 나타내야 할 그 위험에 대해서도 미리 알고 계셨다는 뜻입니다. "내가 너를 위하여 기도하였노니." 이 말씀은 깊은 바다를 건너가고 있는 사람에게 얼마나 거룩한 위로가 되겠습니까! 여러분은 예수님께서 앞서 가신 그 곳을 그분의 중재 속에서 그냥 따라가기만 하면 됩니다. 예수님께서 이미 드린 기도를 통해, 예수님은 여러분이 미래에 필요한 모든 것을 예비해 놓으셨습니다. "내가 너를 위하여 기도하였노니." 여러분은 목회자의 기도나 혹은 하나님으로부터 능력을 입은 어떤 그리스도인들의 기도를 통해 많은 위로를 받기도 합니다. 그러나 여러분의 주님이 하신 기도와 비교해 본다면, 이들의 모든 기도는 도대체 어떤 기도이겠습니까? 노아, 사무엘, 모세가 여러분을 위해 기도해 주는 것도 좋은 일일 것입니다. 그러나 예수님께서 "내가 너를 위하여 기도하였노니"라고 하신 말씀은 훨씬 더 좋은 일입니다. 하나님을 찬송하리로다(시 66:20). 사탄이 자신의 키를 가지고 있기는 하지만, 예수님께서 자신의 흉배를 입고 있는 한, 우리는 사탄의 키질에 결코 멸망하지 않을 것입니다.

　　우리 주님께서 하신 기도의 주된 내용인 "네 **믿음이 떨어지지 않기를**"이라는 말씀에 주목하십시오. 그분은 주된 핵심이 어디에 있는지를 아시고, 그 중요 자리에서 방패를 들고 계십니다. 기독교인의 믿음이 안전한 한, 그리스도인 자신도 안전합니다. 저는 믿음을 전사의 머리에 비유하겠습니다. 오, 주님, 당신은 전쟁의 날에 나의 머리를 덮으셨습니다. 왜냐하면 당신께서 제 믿음이 떨어지지 않도록 저를 위해 기도하셨기 때문입니다. 저는 믿음을 심장에 비교하겠습니다. 주님께서는 우리가 치명적인 상처를 입지 않도록 하려고 그분의 방패로 우리의 심장을 막아 주십니다. "그러나 내가 너를 위하여 네 믿음이 떨어지지 않기를 기도하였노니"(눅 22:32). 믿음은 모든 영적 전투에 있어서 깃발을 든 기수입니다. 만약 기수가 떨어진다면, 그 날은 암울한 날입니다. 그러므로 주님께서는 우리의 영적 전투가 일어나고 있을 때 그 깃발을 붙잡고 있는 우리의 손이 절대로 떨어지지 않도록 기도하셨습니다. "내가 너를 위하여 네 믿음이 떨어지지 않기를 기도하였노니." 만약 믿음이 떨어진다면, 모든 것이 떨어질 것입니다. 용기도 떨어지고, 인내도 떨어지고, 소망도 떨어지고, 사랑도 떨어지고, 기쁨도 떨어질 것입니다. 믿음은 뿌리와 같은 은혜입니다. 만약 이 믿음이 제대로 뿌리를 내리지 못한다면, 다양한 은혜의 모습으로 자신을 보여주어야 할 영혼의 잎사귀들은 그 모습을 보여주지 못한 채, 곧 시들기 시작할 것입니다. "내가 너를 위하여 네 믿음이 떨어지지 않기를 기도하였노니."

　　사랑하는 성도 여러분, 이로부터 교훈을 받으십시오. 여러분은 여러분의 믿음을 진지하게 하나님께 맡기십시오. 여러분이 시험을 받는다고 해서 의심하기 시작해서는 안 됩니다. 여러분이 공격을 받았다고 해서 의심하지 마십시오. 의심하면 여러분은 맥이 빠질 것입니다. 그러니 계속해서 믿으십시오. 다윗은 "내가 … 믿지 아니하였으면 기진하였으리이다"(시 27:13, KJV)라고 말했습니다. 믿는 것과 기진하는 것, 우리는 분명히 이 둘 중에서 하나를 선택해야만 합니다. 과연 우리는 이 둘 중에 어떤 것을 선택해야 하겠습니까? "모든 것 위에 믿음의 방패를 가지십시오"(엡 6:16). 여러분은 믿음을 받아들여서, 이 믿음이 모든 것을 포괄할 뿐만 아니라 거룩한 신중함의 핵심이 되도록 하십시오. 여러분은 모든 일에 신중하되(딤후 4:5), 특히 여러분의 믿음을 지키는 일에 신중하십시오. 여러분이 다른 어떤 것보다도 더욱 신경 써야 할 한 가지가 있다면, 무엇보다도 여러분의 믿음에 주의하십시오. "내가 너를 위하여 네 믿음이 떨어지지 않기를 기도하였노니.” 우리 구세주의 간구가 바로 이것입니다. 이 주님의 기도는 우리의 바람과 기도가 어디로 인도되어야 하는지를 우리에게 가르쳐 주고 있습니다. 지금까지 우리는 우리 자신을 위해 간구하라고 배웠습니다. 그런데 그분께서는 우리가 하는 기도보다 더욱 지혜롭게 우리를 위해 간구하고 계십니다. 그러므로 우리도 그분의 간구를 본받아야 합니다.

이러한 그분의 간구로 인해서, 베드로가 아주 나쁜 지경에 빠질지라도, 그는 곧 회복될 것입니다. 왜냐하면 그리스도께서 베드로의 회복을 기정사실로 말씀하고 있기 때문입니다. “너는 돌이킨 뒤에.” 이 말씀은 다음과 같은 뜻으로 하신 말씀입니다. 즉, 너는 너의 옛 생활과 믿음으로 다시 돌아온 뒤에 주님을 위해 사용되도록 네 자신을 훈련하라는 것입니다. 그분은 베드로의 회복을 아주 확실한 것으로 말씀하십니다. 정말로 베드로의 회복은 아주 확실하지 않았습니까? 아버지께서 사랑하시는 자인 예수님께서 자기 백성을 위해 기도하신다면, 하나님께서 그 아들의 간청을 들어주지 않으시겠습니까? 하나님께서는 그 간청을 들어주실 것입니다! 주님은 사탄이 키질하는 가운데서 베드로를 건져 주실 것입니다. 주님께서 그를 건져 주시리라 우리는 확신합니다. 왜냐하면 주님은 베드로를 건지신 후에, 그에게 적절하고도 사랑스러운 사명을 맡길 계획을 가지고 계시기 때문입니다. “너는 돌이킨 뒤에 네 형제들을 굳게 하라”(눅 22:32). 다른 모든 것들의 수립과 확증은 세 번씩이나 주님을 부인한 가련한 베드로의 처지 위에서 세워졌던 것입니다.

사랑하는 성도 여러분, 지금 저는 베드로와 같이 주 예수 그리스도를 믿다가 악한 상태로 떨어져 새로운 회심이 필요한 수많은 이들을 대상으로 말씀드리고자 합니다. 오늘 설교의 대상이 아닌 여러분에게는 아주 죄송한 말씀이지만, 그렇다고 해서 여러분을 생각해서 제 설교의 대상이 절대로 변하지도 않을 것입니다. 왜냐하면 여러분 중에도 다양한 사람들이 있기 때문입니다. 제가 구도자들을 만나서 대화를 하다보면, 예전에는 배교자였으나 지금은 아주 진지하고 진실하게 다시 돌아와 그리스도인의 고향을 찾은 것에 대해 대단히 기뻐하는 모습을 계속해서 보게 됩니다. 그리고 저는 세상 밖에 있었던 자들도 많이 만나게 됩니다. 그들 가운데 몇몇은 수년 간 하나님의 집에 불규칙하게 출석하면서, 하나님의 은혜를 거의 누리지 못하거나 아예 누리지 못한 자들입니다. 그들은 너무나 방황했기 때문에 그들이 과연 주님의 백성인지 아닌지는 오직 주님만이 아실 뿐, 다른 사람은 아무도 알지 못합니다. 주님은 항상 그들이 자기 백성인 줄을 알고 계십니다. 주님께서 그들을 친 백성으로 다시 삼으신다는 사실을 저는 기쁘게 증언합니다. 비록 주님의 양들이 길을 잃더라도, 선한 목자(요 10:11)께서는 그 양들을 찾으십니다. 비록 주님의 자녀들이 먼 나라로 갈지라도, 그들은 각각 때가 되면 "내가 일어나 아버지께 가서"(눅 15:18)라고 말하게 될 것입니다. 그렇다고 해서 모든 탕자가 돌아오는 것은 아닙니다. 오직 아들인 탕자만 돌아옵니다. 때가 되면, 아들은 아버지의 집으로 돌아옵니다. 땅에 떨어진 물건들이 모두 다시 발견되는 것은 아닙니다. 오직 여인의 돈(눅 15:8 참조)만이 틀림없이 발견됩니다. 그녀는 그 돈을 절대로 잃지 않을 것입니다. 그 돈은 그녀의 것입니다. 그래서 그녀는 그 돈을 귀중히 여깁니다. 그녀는 집을 쓸니다. 그 돈을 찾아내기까지 아무리 많은 먼지가 흩날려도 그녀에게는 아무 상관이 없습니다. 비록 사탄이 그 은혜로운 발견을 막으려고 해도, 주님은 자신의 백성을 반드시 찾아내실 것입니다.

여러분 중에도 아마 잘못된 곳으로 나가 방황하고 있는 사람이 있을지도 모르겠습니다. 그런 사람이 있다면, 아주 신속히 다시 돌아오기를 기원합니다. 그리고 혹시라도 여러분이 다시 돌아온다면, 우리는 이 밤에 여러분에게 이렇게 말하고자 합니다. "네 형제들을 굳게 하라." 어쩌면 여러분의 영혼 안에는 주님의 은혜가 사라졌을 수도 있습니다. 그렇다면 여러분은 여러분의 기쁨과 평화와 사랑과 열정을 잃어버린 것입니다. 이것은 슬픈 일입니다. 여러분을 구원해주신 그분의 기도에 대한 응답으로 주님께서 여러분을 회복시켜 주시기를 기원합니다. 따라서 여러분이 회심한 이후에는 여러분의 형제들을 회복시키려고 노력하십시오. 그 형제들도 자신에게 주어진 은혜가 사라져 상처를 입었습니다. 여러분이 회심을 했다 하더라도, 아마 여러분이 처음에 했던 그 회심과 동일하지는 않을 것입니다. 그럼에도 여러분은 여러분의 옛 생활과 소망으로 다시 돌아가, 그 형제들의 처음 사랑과 열정을 회복할 것을 목적으로 삼고서 그들을 강하게 해야 합니다. 아마도 여러분은 지금까지 이 일을 소홀히 했을 것입니다. 제가 알기로 많은 사람들이 시골에 살 때는 선한 그리스도인으로서 항상 기도하는 집에 거하며 하나님과 가까이 행하였지만, 이곳 사악한 런던에 살기 위해 올라와서는 극심한 변화를 겪게 되었고, 그 변화가 자신들에게도 상처가 되었습니다. 그들은 기독교 사회를 잃게 되었으며, 점차 소돔과 같은 이 현대의 불경건으로 인해 더욱 나쁜 상태에 빠지게 되었습니다. 그들이 살고 있는 거리의 사람들 중에는 예배처소로 가는 사람이 아무도 없으며, 그들은 교회에서 아는 사람을 하나도 만날 수 없습니다. 그래서 그들은 예배에 참석하는 것을 포기하고서, 경건하지 않은 세상의 방식과 습성에 떨어지고 맙니다. 그들은 행복하지 않습니다. 하나님의 자녀들은 자기 아버지를 떠나서는 결코 행복하지 않습니다. 만약 여러분이 천국의 흰 빵을 먹어 본 적이 있다면, 이 땅의 검은 재로는 결코 만족하지 못할 것입니다. 만약 그리스도의 사랑이 풍기는 그 맛을 한 번이라도 여러분의 입으로 맛봤다면, 여러분은 세상 것에 맛을 잃게 될 것입니다. 이제 여러분은 노련한 죄인이 되지는 못할 것입니다. 왜냐하면 여러분의 손은 이미 세상으로부터 벗어나 있기 때문입니다. 일단 여러분이 회심했다면, 여러분은 틀림없이 하나님의 자녀입니다. 그렇지 않으면 여러분은 아무것도 아닙니다. 여러분은 이 세상에서 파산했습니다. 그런데 다가오는 세상이 여러분의 것이 아니라면, 도대체 여러분은 지금 어디에 있는 것입니까? 여러분은 스스로 그렇게 오랫동안 마귀처럼 있지 못할 것입니다. 여러분은 그런 부류가 아닙니다. 여러분에게는 마귀와 맞을 만한 어떤 것이 하나도 없습니다. 마치 요나가 큰 물고기(욘 1:17)와 맞지 않았던 것처럼 말입니다. 큰 물고기는 요나와 함께 있는 것이 아주 즐거웠지만, 요나는 그 큰 물고기로부터 벗어나야만 했습니다. 저는 여러분이 다시 집으로 돌아올 것을 미리 알고 있습니다. 주님께서는 그분을 멀리 떠난 자들이 결코 멸망하지 않을 수단들을 마련해 두셨습니다. 다시 말해 불안의 징표들, 여러분이 잠자리에서 깜짝 놀라게 되는 것들, 그 불길한 조짐들, 그 내적인 갈망들 말입니다. 이 모든 것들이 여러분을 집으로 다시 끌어가고 있습니다. 지금까지 여러분은 뱀을 위한 먹이로 정해진 흙을 먹고 살려고 했으며, 만약 주님께서 여러분을 사랑하지 않았다면, 여러분은 아마 그렇게 했을 것입니다. 미혹된 마음으로 인해 여러분은 옆으로 벗어났지만(사 44:20, KJV), 여러분의 영혼을 향한 주님의 사랑으로 여러분은 이 사실을 깨닫게 되었으며, 그리하여 여러분은 "내가 본 남편에게로 돌아가리니 그 때의 내 형편이 지금보다 나았음이라"(호 2:7)고 외치게 됩니다. 이러한 것들이 주님께서 자기 백성들로 하여금 되돌아가게 하시는 징조들이라고 저는 확신합니다. 그분께서는 그들을 돌아오게 하실 것이며, 그들이 다시 돌아오게 될 것으로 저는 확신하고 있습니다. 그래서 저는 타락한 자들이 다시 돌아왔을 때, 그들이 무슨 일을 해야 하는지에 대해서 지금 말씀드리고자 합니다.

우리는 그들이 당연히 되돌아올 것으로 여기며, 그러한 은혜로운 상황에서 어떤 일이든 시도하는 것이 그들의 특권이라는 것에 대해 말하고자 합니다. "너는 돌이킨 뒤에 네 형제들을 굳게 하라"는 말씀대로 말입니다. 첫 번째로, 이 말씀은 회복된 사람의 의무입니다. 두 번째로, 그 사람은 이 말씀을 이행할 특별한 자질을 가지고 있습니다. 세 번째로, 이 말씀을 따라 시작하는 것은 그에게 큰 축복이 될 것입니다.

1. 이 말씀은 회복된 사람의 의무이다.

첫 번째로, 이 말씀은 그 사람의 의무입니다. 그는 길을 잃었다가 다시 돌아왔습니다. 그러니 그가 자기 형제들을 굳게 하는 것보다 더 잘할 수 있는 일이 무엇이겠습니까?

이렇게 해서 그는 자신이 행한 해악을 원상회복할 수 있을 것입니다. 베드로는 틀림없이 그 형제들을 동요하게 했을 것입니다. 그들 가운데 몇몇은 그를 보고서 아주 놀랐을 것입니다. 요한은 곧 그를 돌보아 주었지만, 다른 형제들이 모두 요한과 같지는 않았습니다. 사랑의 마음으로 가득한 요한은 곧 베드로를 찾았지만, 분명히 다른 형제들은 베드로가 그저 바람에 흔들리는 갈대(눅 7:24) 같다고 느꼈을 것입니다. 그들 가운데 가장 뛰어난 지도자였지만, 그들 가운데 주님을 가장 먼저 부인한 사람인 베드로를 본다는 것은 믿음이 연약한 자들로 하여금 틀림없이 동요하게 했을 것입니다. 그러므로 베드로여, 당신은 당신이 넘어뜨린 것을 세우고, 당신이 찢은 것을 다시 묶어야만 합니다! 이 백성에게 다시 가서 말하십시오. 당신이 얼마나 어리석고 연약했었는지를 말입니다. 당신의 경우를 본받지 말라고 그들에게 경고하십시오. 지금부터 당신은 그 누구보다도 더욱 담대해야 합니다. 그래야 당신은 당신이 끼친 그 해악을 어느 정도 원상회복할 수 있게 됩니다.

여러분 중에는 주님에 대해 냉담했던 사람들이 있을 것입니다. 지금 그것에 대해 생각해 보십시오. 여러분이 그렇게 타락하느라, 여러분은 수 개월 아니 심지어 수 년이라는 시간을 허비하였습니다. 그러니 그 잃어버린 부분을 회복하려고 노력하십시오. 여러분이 그것을 회복하기란 거의 불가능할 것입니다. 하지만 적어도 그렇게 해 보려고 진지하게 시도는 해 보십시오. 만약 어떤 사람이 여러분의 타락으로 인해 동요했다면, 그를 돌보아 주고, 그가 다시 돌아올 수 있도록 노력하며, 그를 강하게 하십시오. 그에게 용서를 구하고, 여러분이 그에게서 빼앗아간 힘을 그가 다시 얻을 수 있도록 간절히 간구하십시오. 이것이 바로 여러분이 할 수 있는 최소한의 일입니다. 슬픈 방황 후에 하나님의 전능하신 사랑으로 인해 여러분이 다시 돌아왔다면, 애석하게도 여러분이 옆으로 벗어난 일 때문에 상처를 받았을지도 모르는 사람들에게 여러분은 온 마음을 다해 선을 행하십시오. 제가 지금 여러분에게 단순한 정의가 요구하는 그 이상의 것을 요구하고 있는 것입니까?

그리고 여러분이 강해졌을 때, 여러분은 여러분의 연약한 형제들을 강하게 하려고 노력하는 것 외에 더 훌륭하게 하나님께 그 감사를 표현할 수 있는 방법이 무엇이겠습니까? 우리가 처음 회심하고 난 뒤에, 여러분과 저는 우리와 같은 죄인들을 열심히 찾아 나섰습니다. 우리는 새롭게 속박의 집에서 벗어났기 때문에, 다른 노예들도 자유롭게 하고자 갈망했습니다. 이 자유는 그리스도께서 사람들을 해방시켜 주시는 자유였습니다. 제가 드리고자 하는 말씀은 이것입니다. 즉, 우리가 처음 예수님의 발치로 인도되었을 때, 우리가 해야 했던 일이 바로 이 일이었습니다. 부끄럽게도 우리가 옆으로 벗어나 다시 타락했지만, 하나님의 무한하신 영광으로 그분께서 우리의 영혼을 회복하게 해주시고 우리를 다시 강하게 해주셨다면, 우리는 다른 사람들의 구원을 위해 우리의 열정을 다시 새롭게 해야 하며, 우리처럼 타락한 자들을 특별히 눈여겨보아야 합니다. 우리는 다음과 같이 말해야 합니다. "주님, 주님께서 저를 회복시켜 주신 것에 대해 제가 얼마나 감사하고 있는지 당신께 보여드리고자 합니다. 그래서 저는 허물 가운데 허덕이는 사람이면 모두 찾아서 온유한 마음으로 그들을 회복시키고자 합니다. 저 자신도 시험을 받았고, 그 시험에 대항하지 못했던 제 자신을 생각하면서 말입니다." 선한 목자께서 회복시켜 주신 여러분 같은 자들은 양 떼 중에서 병든 양들을 재빨리 찾아내어 불쌍히 여기는 마음으로 잘 돌봐 주어야 합니다. 여러분은 또한 다음과 같이 말해야 합니다. "이곳이 바로 제가 경작하기 위해 노력해야 할 밭입니다. 왜냐하면 제가 영적으로 병이 들었을 때, 주님께서는 저에게 너무나 큰 은혜를 베풀어 주셨기 때문입니다. 그래서 저는 영혼이 병든 다른 사람들을 소중히 여기는 일에 제 자신을 헌신하고자 합니다."

또한 이것은 우리의 의무가 되어야 합니다. 왜냐하면 이 일이 하나님의 계획의 일부라는 것은 의심의 여지가 없는 사실이기 때문입니다. 하나님의 은혜는 오직 그 한 사람만을 위해 주어졌다고 착각하는 실수를 우리는 절대로 저지르지 말아야 합니다. 은혜는 어떤 한 사람으로 인해 시작하는 것도 아니고, 어떤 한 개인에게 국한된 목적으로 끝이 나는 것도 아닙니다. 하나님께서 자신의 옛 백성인 이스라엘을 선택하셨을 때는, 오직 이스라엘만 그 빛을 누리도록 하신 것이 아니라, 이스라엘이 다른 민족들을 위해 그 빛을 보존하도록 하셨습니다. 하나님께서 여러분을 구원하셨을 때는, 그분께서 여러분 자신만을 위해 여러분을 구원하신 것이 아니라, 그분의 이름을 위해 여러분을 구원하신 것입니다. 그분께서는 여러분을 통해 그분의 은혜가 다른 사람들에게 분명히 드러나도록 하셨습니다. 여러분은 하늘의 지식이라는 빛이 수많은 사람들의 눈에 비치게 하는 창문들입니다. 빛은 창문 자체를 위한 것이 아니라, 그 창문들을 통해 빛을 보게 되는 사람들을 위한 것입니다. 여러분은 지금까지 이런 사실에 대해 충분히 생각해 본 적이 있습니까? 주님께서 여러분 가운데 어떤 사람을 타락한 상태에서 돌아서게 하셨을 때는 분명히 다음과 같은 기대가 있었기 때문입니다. 즉, 여러분이 다른 사람을 불쌍히 여기는 자질을 가지고서 그들이 다시 돌아갈 수 있도록 그들을 지혜롭게 인도하기 위함입니다. 만약 여러분이 여러분의 모든 역사를 바르게 읽게 된다면, 여러분이 동료들에게 얼마나 유익한 일을 했는지 볼 수 있을 것입니다. 비록 연약한 한 때라 해도 여러분이 냉담해지거나 옆으로 벗어나도록 허용되었다면, 그러다가 주님께서 말할 수 없는 사랑으로 여러분을 그분의 길로 회복시켜 주셨다면, 그분께서 이렇게 하신 것은 틀림없이 그분의 뜻이 있는 것이 분명합니다. 즉, 앞으로 여러분은 그 형제들을 굳게 해야 하는 것입니다.

　그런데 오늘 본문 말씀 자체도 이 의무를 제시하고 있습니다. 우리는 우리의 "형제들"을 강하게 해야 합니다. 형제에 대한 사랑을 드러냄으로써 우리가 하나님의 자녀임을 증명하기 위해서라도 우리는 그렇게 해야만 합니다. 오, 우리가 하나님께로 다시 돌아와 여전히 그 가족인 것을 느낄 때, 그것은 얼마나 복된 일인지 모릅니다! 이 점이 바로 우리가 숙고하고 있던 것, 다시 말해 우리가 주님의 소유가 아닐까봐 두려워했던 것입니다.

　　　"이것이 바로
　　　　내가 간절히 알기 원하는 것,
　　　　자주 나로 하여금

불안한 생각이 들도록 하는 것."

다소 우울한 음색으로 이 찬송을 종종 불러보지 않은 사람이라면 저는 그를 대단하게 여기지 않을 것입니다. 이 찬송을 항상 불러야만 한다면 그것은 서글 픈 일이겠지만, 주님 앞에서 깨어 신중하게 행하는 사람이 부르는 것이라면, 서 글픈 일이 아닐 것입니다. 그러나 그렇게 살아야 하는 것이 마땅한 것처럼, 마냥 천진난만한 어린 아이의 삶을 살면서, 자신에 대해 의심해 보지 않는 사람이라 면, 우리는 그에 대해 반드시 의심해 볼 필요가 있습니다. 그 사람은 어떻게 다음 의 가사처럼 스스로에게 물어보지 않을 수 있단 말입니까?

"나는 주님을 사랑하는가, 그렇지 않은가?
나는 그분의 소유인가, 그렇지 않은가?"

저는 훌륭한 체험을 한 어떤 작가와 더불어 다음과 같이 말씀드리고 싶습니 다.

"자신의 상태에 대해
결코 의심해 보지 않은 자,
그 사람은
아마도 너무 늦었는지 모른다."

여러분 자신을 시험해 보고, 여러분의 믿음이 정금인지 아니면 찌꺼기인지 를 살펴보는 것은 나쁜 일이 아닙니다. 천국의 가족들 가운데서 여러분의 위치 에 관해 물어본다는 것은 대단히 고통스러운 일입니다. 그리고 만약 우리의 능 력으로 이런 의심이 해결될 수 있다면, 이런 의심은 한순간도 지속될 수 없을 것 입니다. 그러나 만약 주님께서 여러분을 다시 그분의 자녀가 되게 하셨다면, 여 러분은 이제 자신이 그 가족에 속했다는 것을 알게 되고, 그 형제들을 위해 무언 가를 해야 한다는 명령이 즉시 여러분에게 제시될 것입니다. 그래서 당연히 여 러분은 여러분의 아버지로 인해 여러분이 호의를 베풀 수 있는 하나님의 자녀가 있는지 없는지를 알아보기 위해 주위를 둘러볼 것입니다. 여러분은 자신의 타락으로 인해 모두에게 상처를 주었습니다. 그러므로 여러분이 그 가족으로 다시 회복되었을 때는 특별한 헌신과 두 배의 열정으로 가족 모두에게 유익을 끼치는 것이 여러분의 사명인 것입니다. 여러분의 형제들을 강하게 하는 것을 여러분의 사명으로 삼을 뿐만 아니라, 여러분의 기쁨으로도 여기십시오. 형제로서 해야 할 일을 감당함으로써 여러분이 한 형제라는 것을 입증하십시오. 자녀로서 여러분이 지닌 특권을 주장하고, 곤궁에 처한 다른 자녀들을 도움으로서 그 특권을 행사하십시오. 오늘 본문 말씀 속에 이런 주장이 포함되어 있다고 저는 생각합니다.

사랑하는 성도 여러분, 다음의 사실도 우리가 유의하도록 합시다. 즉, 우리가 회복되었다면, 우리는 우리의 연약한 형제들을 보살피고자 노력해야 한다는 사실입니다. 다시 말해, 우리는 우리 주님의 영예와 영광을 위한 열심을 나타내 보여야 합니다. 우리가 갈 길에서 벗어났을 때, 우리는 그리스도의 이름을 더럽혔습니다. 만약 다른 사람들도 길에서 벗어났다면, 그들 역시 우리와 똑같이 그리스도의 이름을 더럽히게 될 것입니다. 그러므로 그들도 우리가 행한 것처럼 그렇게 어리석은 자가 되지 않도록, 우리는 깨어 있도록 합시다. 우리 자신의 경험을 통해 온유함을 배우고, 우리 형제들에 대한 깊은 관심을 갖도록 합시다. 혹시라도 이 교회에 속한 어떤 지체가 죄를 짓는다면, 우리 모두가 고통 받게 될 것입니다. 어찌됐든 우리 모두의 평판이 되기 때문입니다. 그리고 특별히 우리 가운데서 훌륭하다고 가장 널리 알려진 사람들은, 같은 공동체에 속해 자신과 동일한 모습을 보이지 못한 이 죄 지은 사람으로 인해 더욱더 인내해야만 할 것입니다. 여러분은 우리가 여러분으로 인해 상처받기를 원하십니까? 사랑하는 성도 여러분, 저는 여러분 가운데 어느 누구도 여러분의 목회자에게 욕을 퍼붓고 싶어하는 사람이 없으리라 생각합니다. 아! 그러나 슬프게도, 그리스도께서 고통을 받고 계십니다. 그분이 받으신 최악의 상처들은 그분의 친구들의 집에서 받은 상처들입니다. 여러분이 한 번이라도 주님을 부인했다면, 베드로를 생각하십시오. 여러분이 예전에 큰 죄를 짓기 전에 그랬던 것처럼, 점점 더 뻔뻔스러워져 가는 다른 사람들을 잘 돌보아 주십시오. "내가 주와 함께 옥에도, 죽는 데에도 가기를 각오하였나이다"(눅 22:33)라고 막 말하기 시작하는 어떤 사람을 여러분이 만난다면, 그 사람을 살짝 치면서 다음과 같이 말하십시오. "형제여, 당신은 지금 내가 한때 빠졌던 그 더러운 구멍 가까이로 가고 있습니다. 주의하십시오. 저는 당신이 나를 거울로 삼아 경계(警戒)하기를 기도하고 있습니다." 만약 여러분이 경험으로 말한다면, 여러분은 자랑할 이유가 전혀 없을 것입니다. 단지 여러분은 그 형제들이 여러분이 지었던 죄를 지어 생명 그 자체보다도 더욱 귀한 그 사랑스러운 이름을 더럽히지 않도록 하기 위해, 반드시 그들을 부드럽게 인도해야 할 이유를 발견하게 될 것입니다. 이것이 저의 바람이기도 합니다. "너는 돌이킨 뒤에 네 형제들을 굳게 하라." 이것이 바로 여러분의 사명입니다.

2. 회복된 사람은 이 말씀을 이행할 수 있는 자질이 있다.

이제 두 번째로, 그는 이 말씀을 이행할 자질을 가지고 있습니다. 베드로는 자신이 다시 돌이켰을 때, 자기 형제들을 굳게 할 수 있는 그런 사람이었습니다. 그는 그들에게 자기 주님을 부인한 비통한 경험을 말해줌으로써 그들을 강하게 할 수 있었습니다. 그는 밖에 나가서 비통하게 통곡했습니다(마 26:75). 통곡하는 것과 비통하게 통곡하는 것은 다릅니다. 슬퍼서 우는 피눈물도 있고, 기뻐서 우는 기쁨의 눈물도 있습니다. 그러나 하나님의 자녀는 어느 정도로 통곡해야 죄에 대한 대가를 치를 수 있겠습니까! 저는 아주 적절하지 않게 말한 한 목회자를 기억하고 있습니다. 그는 하나님의 자녀가 죄를 지으면 그 죄로 인해 하나님의 위로를 받지 못하는 것 외에는 아무것도 잃은 것이 없다고 말했습니다. 이에 대해 저는 '오, 그럴리가! 그것이 아무것도 아닌가? 정말 그것이 아무것도 아닌 일인가?'라고 생각했습니다. 그렇게 위로를 받지 못한다는 것, 정말 그렇다면, 그것은 세상에서 가장 끔찍한 일일 것입니다. 하나님께서 여러분을 사랑하면 할수록, 또한 여러분이 하나님을 사랑하면 할수록, 여러분은 죄에 대한 대가가 더욱더 값비싼 것이라는 사실을 알게 될 것입니다. 평범한 죄인은 값싸게 죄를 범합니다. 하지만 하나님의 자녀는 아주 비싸게 죄를 범합니다. 만약 여러분이 왕의 은총을 입은 자라면, 여러분은 여러분의 태도에 주의해야만 합니다. 왜냐하면 왕은 원수에게서 취할 것을 여러분에게서 취하지 않을 것이기 때문입니다. 여러분의 하나님 여호와는 질투하시는 하나님(신 6:15)이십니다. 왜냐하면 그분은 사랑의 하나님이기도 하시기 때문입니다. 그분은 자신이 택한 자들을 지극히 사랑하십니다. 그리하여 이들이 옆길로 벗어나게 되면, 그분의 질투는 로뎀 나무 숯불(시 120:4)처럼 불타오릅니다. 우리가 언제든 어떤 죄를 짓고 방황함으로써 그분의 거룩한 질투를 불러일으키지 않도록 하나님께서 우리를 지켜 주시기를 기원합니다. 베드로는 이제 타락의 비통함에 대해 말할 수 있었기 때문에, 이제 막 타락의 길로 들어선 어떤 사람에게라도 다가가서, "나의 형제여, 그렇게 하지 마시오. 왜냐하면 그것으로 인해 당신은 값비싼 대가를 치러야 할 거요"라고 말해 줄 수 있는 사람이 되었습니다.

그리고 베드로는 다른 사람들에게 **육체의 연약함**을 말해 줄 수 있는 사람이 되었습니다. 왜냐하면 그는 다른 사람들에게 다음과 같이 말할 수 있었기 때문입니다. "당신 자신을 믿지 마십시오. 당신은 결코 옆길로 벗어나지 않을 것이라고 말하지 마십시오. 내가 이에 대해 어떻게 말했는지를 기억하십시오. 나는 예전에 내 말과 감정에 있어서 아주 고상한 척을 했었습니다. 그러나 그 자부심은 추락할 수밖에 없었습니다. 나는 내 주님이자 선생님이신 그분을 사랑한다고 확실히 느꼈고, 그래서 내 자신을 크게 확신했으며, 내가 그분을 떠나 방황하리라고는 전혀 상상도 할 수 없었습니다. 그러나 이제 보십시오. 내가 얼마나 타락했는지를 말입니다. 나는 새벽닭이 울기 전에 그분을 세 번씩이나 부인했습니다." 여러분도 알다시피 이처럼 베드로는 죄의 비통함을 알고, 자기 육체의 연약함을 몸소 느낌으로써, 이 중요한 문제들에 있어서 다른 사람들에게 가서 그들을 굳게 할 수 있는 놀라운 자질을 가지게 되었습니다.

또한 그는 주님께서 하신 기도의 능력에 대해서도 개인적으로 증언할 수 있는 자질을 가지고 있었습니다. 베드로는 예수님께서 자기에게 "내가 너를 위하여 … 기도하였노니"(눅 22:32)라고 하신 말씀을 결코 잊을 수 없었습니다. 그는 냉담해졌거나 건방진 어떤 형제에게라도 "주 예수님께서 나를 위해 기도해 주셨습니다. 내가 더 이상 어긋난 길로 가지 않고 다시 돌아와, 악한 자의 체질(까부르는 일) 가운데서 벗어나게 된 것은 모두 그분의 기도 때문이었습니다"라고 말할 수 있었습니다. 베드로가 이런 말을 했을 때, 이 말로 인해 두려워 떨던 사람들이 강하게 되었을 것이라고 여러분은 생각하지 않습니까? 남자든 여자든 자신과 유사한 경험을 했던 사람들로부터 얼마나 놀랄 정도로 많은 도움을 받는지 모릅니다. 이론도 전적으로 아주 좋습니다. 하지만 경험에 비추어 말하는 것도 이와 관련해서 독특한 능력을 가지고 있습니다. 만약 어떤 사람이 사별(死別)의 경험을 했다면, 그 사람은 사별을 경험한 다른 사람을 얼마나 더 잘 위로할 수 있겠습니까! 반면에 젊고 경험이 없는 사람은 큰 시련을 당한 자들을 간절히 위로해 주려고 해도, 도저히 그들을 위로해 줄 수 없을 것입니다! 그러므로 사랑하는 성도 여러분, 만약 주님께서 여러분을 축복해 주셨고, 그분의 큰 은혜 가운데서 여러분을 기억하시어, 여러분이 위대한 중보자가 지닌 기도의 능력을 알게 되었다면, 여러분은 여러분의 형제들에게 구세주의 인내하는 사랑을 일깨워줌으로써, 그들을 강하게 할 수 있을 것입니다.

그리고 베드로는 불쌍하게 방황하는 자들을 향한 예수님의 사랑에 대해서도 말할 수 있지 않았을까요? 주께서 돌이켜 베드로를 보시니(눅 22:61), 그 눈길이 베드로의 마음을 찢어 놓았습니다. 그 후에 주님께서는 바닷가에서 베드로에게 이렇게 말했습니다. "내 어린 양을 먹이라(요 21:15), 내 양을 치라(요 21:16)"고 말입니다. 오, 사랑하는 성도 여러분, 베드로는 항상 이 말씀을 기억했으며, 슬프고 지친 상태에 있는 사람을 보면 누구에게나 이 말씀을 전하고 싶어했습니다. 그는 다음과 같이 말했을 것입니다. "내 주님은 나를 아주 선하게 대해 주셨으며, 기꺼이 다시 받아주셨습니다. 아니, 그분께서는 내가 다시 돌아오기까지 기다리지 않으시고, 오히려 나를 따라 오셨습니다. 그분께서는 가서 나의 제자들과 베드로에게도 말하리라는 생각으로 나를 뒤쫓아 오셨던 것입니다. 내가 회개한 것을 보셨을 때, 그분은 결코 나를 책망하지 않으셨습니다. 아주 온화하게 대해 주셔서, 나는 그분의 말씀으로 책망을 받았다기보다는 오히려 위로를 받았습니다." 오, 방황하고 있는 여러분이여, 그리스도께서 여러분을 회복시켜 주셨습니다. 그러므로 이제 여러분이 방황하는 자들의 눈물을 볼 때 그들을 위로해 주십시오! 여러분이 그들로부터 어떤 의심의 말이나 절망의 말을 듣게 될 때, 여러분은 사탄의 속삭임, 즉 그리스도께서는 용서하고 싶어하지 않으신다는 말이 결코 진리가 아니라는 사실을 그들에게 말해 주십시오. 그들이 그분의 귀한 사랑의 마음을 중상모략하지 않도록 하십시오. 회개하려는 자가 스스로 자기 마음을 누그러뜨리는 것보다는 오히려 그 귀한 사랑의 마음이 그 회개하려는 자의 마음을 더욱 무한히 누그러뜨리고자 합니다. 여러분도 이 귀한 사랑의 마음을 알고 있습니다. 여러분은 성경에서 읽은 내용뿐 아니라, 여러분의 마음으로 직접 느낀 것까지도 말할 수 있기 때문입니다. 그러므로 여러분은 여러분의 형제들을 강하게 할 수 있는 자질을 가지고 있습니다.

그리고 베드로는 회복의 기쁨을 완전히 묘사할 수 있지 않았을까요? 그는 이렇게 말했을 것입니다. "오, 방황하지 마십시오. 거기에는 선한 것이 없습니다. 예수님에게서 떠나지 마십시오. 예수님을 떠나서는 아무런 유익도 발견할 수 없습니다. 그분에게 다시 돌아오십시오. 그분에게는 큰 평화와 큰 안식이 있습니다. 절대로 다시는 떠나지 마십시오.” 우리가 확신하기로, 베드로는 구두(口頭) 사역에서도 분명히 그러했지만, 나중에 그가 쓴 서신들에서도 그리스도의 사랑과 선하심을 증언하며, 성도들로 하여금 믿음 안에서 굳게 설 것을 권면하였습니다. 저는 여기 있는 하나님의 자녀들에게 묻고 싶습니다. 여러분이 그리스도를 떠나서 지금까지 무엇이라도 얻은 것이 있는지 말입니다. 여러분은 하나도 얻은 것이 없습니다. 사랑하는 성도 여러분, 정직이 최상의 정책이다(Honesty is the best policy)라는 옛 말이 있지만, 저는 이 말을 좀 더 고귀하게 바꿔서 다음과 같이 사용하고자 합니다. 즉, “거룩함이 최상의 정책이다”(Holiness is the best policy)라고 말입니다. 그리스도와 교통하는 것이 인생에서 가장 기쁜 일입니다. 만일 여러분이 온 천하를 얻고서도 자기 목숨을 잃지는 않았다고 해도, 그리스도의 얼굴에서 비치는 빛을 며칠 동안이라도 잃게 된다면, 여러분은 결국 손해 보는 흥정을 한 것입니다. 그분이 쳐다보는 모든 눈길에 천국이 있습니다. 그분께서 자기 종들에게 위로의 말씀을 하실 때, 그분의 입에서 나오는 모든 말씀들 안에는 무한한 기쁨이 들어 있습니다. 그분에게서 떠나지 마십시오. 태양 안에 살았던 밀턴(John Milton)의 천사처럼 되십시오. (“또 내가 보니 한 천사가 태양 안에 서서”[계 19:17]라는 이 성경 말씀을 토대로, 밀턴은 「실낙원」[Paradise Lost, iii. l. 648]에서 천사 우리엘[Uriel]을 태양의 천사로 묘사하고 있다 ─ 역주). 그리스도 안에 거하고, 그분의 말씀이 여러분 안에 거하도록 하십시오. 더 가까이, 더 가까이, 더 가까이 나아가십시오. 이것이 바로 영적인 부요함으로 나아가는 길입니다. 그리스도를 멀리 떨어져 따라간다면, 또 그리스도에게서 멀리 떨어져 살아간다면, 비록 이렇게 산다고 해서 여러분의 영혼이 멸망하지는 않겠지만, 여러분의 기쁨은 시들어 버릴 것이며, 여러분은 불행한 사람처럼 느낄 것입니다. 그러므로 이렇게 살아 본 모든 사람들은 스스로 그 경험을 증언해야 하며, 그 경험을 그 목적에 맞게 사용하여, 그들의 형제를 강하게 해야만 합니다.

3. 이 말씀을 따르는 것이 그 회복된 신자에게 축복이 된다.

그리고 이제 마지막으로, 회복된 신자는 자기 형제를 강하게 해야 합니다. 왜냐하면 이렇게 하는 것이 신자 자신에게도 아주 유익하기 때문입니다. 그는 하나님의 가족 중에서 연약한 자들을 소중히 여기고 도와주려고 노력함으로써 개인적으로도 큰 유익을 얻게 될 것입니다.

사랑하는 성도 여러분, 여러분의 형제를 강하게 하는 이 일을 지속적으로 진심을 다해 행하십시오. 왜냐하면 이렇게 함으로써 여러분도 여러분의 연약함을 보게 될 것이기 때문입니다. 그들이 어떻게 의심하고 냉담해지고 미지근해지는지를 보면서, 여러분은 스스로 이렇게 말하게 될 것입니다. "이 사람들도 나와 같은 성정을 가진 사람이구나(행 14:15). 하나님의 은혜가 나를 붙잡지 않았다면, 내가 얼마나 방황하고 다녔을지 알 것 같다." 다른 형제들이 얼마나 세파에 쉽게 떠내려가는지를 보면서, 여러분은 다른 닻을 던져서 그들이 굳게 붙잡도록 해야 합니다. 이렇게 해서 여러분은 여러분의 형제들을 강하게 할 수 있습니다. 이 사람이든 저 사람이든 사람은 모두 놀랄 정도로 똑같습니다. 한 사람이 다른 사람보다 낫다고 해도 그것은 아주 작은 차이일 뿐입니다. 그러므로 우리가 이들을 강하게 하려고 노력한다고 해서, 우리를 그들보다 우월한 존재로 여겨서는 안 됩니다. 오히려 우리를 열등한 존재로 여기면서 이렇게 말해야 합니다. "그의 믿음은 어제 떨어졌고, 어쩌면 내 믿음도 오늘 떨어질지 모른다. 그리고 내 믿음이 오늘 떨어지지 않았다 해도, 내일 떨어질 수도 있다." 여러분이 다른 사람들 속에 있는 모든 연약함과 어리석음들을 볼 때, 여러분 안에도 그러한 것들이 있다는 사실을 믿으십시오. 이런 믿음으로 인해 여러분은 겸손하게 될 것입니다. 참된 목회자라면 종종 자기 성도들의 연약함을 보고서 더욱 힘을 내서 더 나은 사역을 할 것이라 저는 생각합니다. 왜냐하면 그 목회자는 자신에게 늘 "나는 이 양들을 잘 먹이고 있는가?"라고 질문할 것이기 때문입니다. 아마도 그는 스스로 '만약 내가 이들을 바르게 보살폈다면, 이들이 이렇게 연약해지지 않았을 텐데'라고 생각할 것입니다. 그리고 나서 그는 자신의 사역을 책임지려는 생각으로 자신의 마음을 돌아보기 시작할 것입니다. 이것이 바로 우리 모두를 위해 좋은 일입니다. 제 생각에 우리는 좀처럼 웬만해서는 스스로 그렇게 많은 책임을 지려고 하지 않습니다. 그러므로 다른 사람들을 통해서 우리의 결점들을 보는 것이 우리에게 유익합니다.

그리고 베드로에게 그러한 사명이 맡겨졌다는 것이 그에게 얼마나 큰 위로가 되었겠습니까! 주님께서 그에게 "네가 나를 사랑하느냐?"(요 21:16)고 물으시고는 다시 그에게 "내 어린 양을 먹이라(요 21:15), 내 양을 치라(요 21:16)"고 말씀하셨을 때, 예수님께서 자신을 용서해 주시고, 자신을 다시 신뢰할 만한 사람으로 회복시켜 주신 것에 대해 베드로는 얼마나 강한 확신을 얻게 되었는지 모릅니다. 베드로는 다시 정상으로 회복되었던 것이 틀림없습니다. 그렇지 않았더라면 예수님께서 그에게 양들을 돌보라고 하지도 않으셨을 것입니다. 주님께서 우리에게 자기의 귀한 자녀들을 돌보는 일을 맡기셨다면, 그것은 우리가 거룩한 마음을 전적으로 회복하였다는 큰 증거입니다. 만약 여러분과 제가 우리의 형제들을 강하게 하는 도구가 된다면, 이것이 우리 마음에 얼마나 큰 위로가 되겠습니까! 물론 이것이 위로의 가장 고상한 형태가 아니라는 것을 저도 알고 있습니다. 예수님께서 "(이 일로) 기뻐하지 말고 너희 이름이 하늘에 기록된 것으로 기뻐하라"(눅 10:20)고 말씀하셨기 때문입니다. 이처럼 하나님이 사랑하는 자녀에게는, 하나님께서 자신을 사용하고 계신다는 사실을 발견하는 것이 결코 작은 위로가 아닙니다. 목회자인 제 입장에서도 하나님께서 저를 사용하신다는 사실이 제게 큰 위로가 되기 때문입니다. 임종이 가까운 우리 교우들을 제가 보러갈 때면, 그들은 예외 없이 항상 얼마나 평온한 가운데 있는지, 그런 모습을 보는 것이 제게는 얼마나 큰 위로가 되는지 모릅니다. 그렇습니다. 보통 그들이 얼마나 기뻐하는지, 심지어 이 땅을 떠나는 시간에도 얼마나 승리에 차 있는지 모릅니다! 그때 저는 제 자신에게 다음과 같이 말하게 됩니다. "그래, 내 주님께서 내 사역을 인정해 주셨어"라고 말입니다. 새로운 회심에 대한 인치심은 대단히 귀합니다. 하지만 가장 확실한 인치심은 우리가 전한 복음으로 양육 받은 성도들이 이렇게 죽어가며 받는 인치심입니다. 그들은 우리가 전한 복음의 진리를 입증한 것입니다. 왜냐하면 그들이 영원을 바라보고 서 있을 때 뒤로 물러서지 않고 오히려 그들의 주님을 만날 것을 기대하면서 즐거워하기까지 한다면, 우리가 전한 모든 것은 참된 것이고, 우리 주님께서는 아무런 증거도 없이 그냥 우리를 내버려 두지 않으셨다는 것을 그들이 입증하고 있기 때문입니다. 지금까지 여러분이 본 것과 같이, 자기 형제들을 굳게 하는 사람은 그 자신에게 큰 유익이 됩니다. 왜냐하면 그 일은 바로 자신의 영혼에 위로가 되기 때문입니다.

그리고 사랑하는 성도 여러분, 여러분 가운데 누구나가 연약한 성도들을 강하게 하기 위해 여러분 자신을 헌신할 때마다, 제가 여러분을 위해 기도하는 제 목대로, 여러분은 그 거룩한 노력을 하는 중에 여러분이 행한 모든 것으로부터 유익을 얻게 될 것입니다. 여러분이 그들과 함께 기도한다고 생각해 보십시오. 자, 그때 여러분은 오로지 자신만을 위해 기도할 때보다는 조금 더 많이 기도할 수 있을 것입니다. 그리고 여러분의 기도에 어떤 기도제목이 추가되든 간에, 여러분에게 분명히 이득이 될 것입니다. 제 바람은 여러분의 집에 찾아오는 모든 사람들과 함께 "이제 우리는 우리의 작은 일을 다 마쳤습니다. 한두 마디라도 짧게나마 우리가 기도를 드립시다"라고 말하며, 여러분이 기도하는 습관을 가지는 것입니다. 하나님의 백성들 중에서도 여러분을 바라보는 사람들이 있을 것입니다. 여러분을 바라보는 것만으로도 그들에게는 유익이 될 것이며, 그들은 여러분으로부터 그 복된 습관을 배우게 될 것입니다. 거룩한 일들에 대해서는 낯선 자들에게도, 여러분이 그들에게 어떤 은혜를 베풀었거나 혹은 그들의 어려운 사정에 대해 여러분의 도움을 요청하러 오는 기회가 있을 때마다, 여러분은 담대하게 "우리가 기도한 후에 헤어졌으면 좋겠습니다"라고 말할 수 있을 것입니다. 우리가 알기로 이 교회에는 옛 성도들 중에 아주 특별한 상황에서 기도를 했던 사람이 있었습니다. 두 여인이 서로 싸움을 하자, 그 성도는 두 여인 사이에서 무릎을 꿇고 앉아 기도를 하였습니다. 그러자 그 여인들은 즉시 싸움을 중단하였습니다. 그 집에서 큰 소리가 나면 그는 대문 앞에서도 기도하기 시작했습니다. 그는 경찰관보다 더 나은 사람이었습니다. 왜냐하면 그의 기도는 가장 완고한 사람도 감탄하게 했기 때문입니다. 그들은 이것을 이해할 수 없었습니다. 그들은 이것을 이상한 일이라고 생각했습니다. 그들은 그 하나님의 사람에게 대놓고 거부하지도 않았습니다. 기도에는 다른 사람들을 축복할 뿐만 아니라, 우리 자신까지도 축복하는 놀라운 능력이 있습니다. 연약한 자들과 함께 기도하십시오. 그러면 여러분은 연약한 자가 되지 않을 것입니다.

자, 그러면 여러분이 보여야 할 모범에 대해 생각해 보고자 합니다. 만약 여러분이 몸소 연약한 자들을 강하게 하는 모범을 보인다면, 다시 말해 만약 여러분이 스스로 삼가면서 "아닙니다. 저는 그렇게 하지 않겠습니다. 제가 그렇게 할 수 있다 해도, 연약한 자들에게 상처를 줄 수 있기에 그렇게 하지 않겠습니다"라고 말한다면, 이런 언행은 여러분에게 유익을 끼칠 것입니다. 그리고 만약 여러분이 멈춰 서서, 여러분의 권리에서 한 발 물러나 "아닙니다. 결코 그렇게 할 수 없습니다. 저는 지금 연약한 자들을 생각하고 있습니다"라고 말한다면, 여러분은 자기를 부인하는 그 마음으로 유익을 얻을 것입니다. 그리고 만약 여러분이 가련하고 두려워 떨며 방황하는 어떤 타락한 자에 대해 많은 마음을 쓴다면, 여러분은 무슨 행동을 하든지 간에 매우 온유한 사람이 되어 있을 것입니다. 여러분은 혹시라도 어떤 다른 사람을 밟게 되지는 않을까 두려워하면서, 여러분의 발걸음을 내딛는 것까지도 조심하며 살피게 될 것입니다. 이렇게 행함으로써 여러분은 거룩하게 삼가는 언행으로 큰 유익을 얻게 되어 다른 사람의 마음을 얻는 사람이 될 것입니다. 이것은 여러분에게 있어서 결코 작은 유익이 아닌 것입니다.

그리고 이 연약한 자들을 강하게 하고자 노력하면서, 여러분은 그들에게 성경 말씀을 인용하기 시작할 것입니다. 여러분은 그들에게 약속의 말씀을 인용하게 될 것이며, 이것은 여러분에게도 복된 말씀이 될 것입니다. 여러분 중에는 도대체 어떤 약속의 말씀을 인용해야 할지 모르는 사람들이 있습니다. 설령 그 말씀을 안다고 해도, 그것이 성경 어디에 나오는 말씀인지 몰라서 찾지 못하는 사람들도 있습니다. 그러나 만약 여러분이 연약한 자들을 강하게 할 목적으로 성경을 연구하는 습관을 가진다면, 여러분은 그 약속의 말씀을 가장 잘 이해하게 될 것입니다. 왜냐하면 여러분은 그 약속의 말씀을 실제적인 형태와 맥락 가운데서 이해하게 될 것이기 때문입니다. 여러분은 말씀을 여러분의 손 끝에서 즉시 이용할 수 있게 될 것입니다. 더구나 여러분이 노년의 마리아에게 해당되는 것으로 찾은 말씀은 머지않아 여러분에게도 적합한 그런 말씀이 될 것입니다. 우리는 얼마나 자주 베드로에게 주어진 약속의 말씀을 바울에게 맞는 약속의 말씀으로 생각했는지요! 우리는 어린 아기를 위해 준비한 우유를 우리 자신이 먹기도 하였습니다. 다른 사람을 위해 예비해 둔 말씀이 우리 자신에게 도움이 된 적이 얼마나 많은지 모릅니다. "물을 주는 자는 자기 자신도 물을 받게 되리라"(잠 11:25, KJV)고 하신 말씀을 따라, 우리가 남을 먹이면서 우리 자신도 먹게 된다는 놀라운 사실을 우리는 발견하게 됩니다.

지금까지 저는 방황하다 다시 돌아온 여러분에게 이 모든 말씀을 드렸습니다. 이 모든 말씀이 여러분의 마음에 깊이 새겨졌으면 하는 바람입니다. 성령님께서 여러분의 가장 깊은 영혼 속에 말씀해 주시기를 기원합니다. 여러분은 여러분이 누구인지, 그리고 이 모든 말씀들이 여러분에게 어떻게 적용될지 알고 있습니다. 주님께서 여러분을 축복해 주시기를 기원합니다.

사랑하는 성도 여러분, 그러나 만약 여러분이 지금까지 방황하지도 않았고, 주님께서도 여러분을 근 이십여 년 동안 그분의 가까이에 있도록 붙잡아 주시고, 항상 그분의 얼굴빛을 여러분에게 비쳐 주셨다면, 여러분과 저를 포함해 이런 모든 자들은 우리의 형제들을 더 한층 강하게 해야만 합니다. 오, 우리는 그 주권적인 은혜에 얼마나 빚을 지고 있는지 모릅니다! 방황하지 않도록 우리를 붙잡아 주시는 은혜, 이 얼마나 큰 축복인지 모릅니다! 우리에게 갚아야 할 작은 빚이 있다고 느끼는 대신, 우리는 더 큰 빚을 지고 있다는 사실을 인정하도록 합시다. 우리는 깨어 우리의 형제들을 강하게 합시다. 교회의 성도 여러분, 저는 여러분에게 이것을 요구하는 바입니다. 이렇게 큰 교회에서 이런 식으로 서로 간에 돌보아 주는 일을 할 수 없다면, 도대체 우리가 무슨 일을 할 수 있겠습니까? 회심한 여러분이여, 저는 여러분에게 간청합니다. 여러분의 형제들을 굳게 하십시오.

그리고 더 나아가, 형제를 굳게 하는 이 모든 일들이 가족들에게 반드시 해야 할 일이라면, 가족이 아닌 사람들, 즉 그리스도도 없고 구원도 없는 그런 사람들을 위해서 우리가 못할 이유가 무엇이겠습니까? 만약 여러분이 회심했다면, 여러분은 자녀들과 친 형제자매와 집안의 모든 식구들의 구원을 위해 노력하십시오. 그리고 여러분의 이웃들도 하나님의 말씀을 들을 수 있게 하십시오. 여러분이 할 수만 있다면, 그들이 복음의 음성을 들을 수 있게 하십시오. 목요일 밤에도 우리가 이 예배당 꼭대기까지 사람들을 가득 채우지 못할 이유가 어디 있겠습니까? 오늘 밤에는 몇몇 성도들만 거기에 있습니다. 그곳에 있는 성도들을 보니 제 마음이 기쁩니다. 하나님께서 이들을 축복해 주시기를 기원합니다. 그곳까지 모든 회중석이 가득 차게 되는 날이 오기를 저는 소망합니다. 그래서 우리가 복음을 전할 때 그 복음을 널리 뿌려서, 아래층 위층 상관 없이 모든 곳이 복음의 씨가 떨어진 밭이 되기를 저는 기대합니다. 오, 축복해 주옵소서! 우리가 천국에서 만나 우리 주 하나님을 찬양하게 되기를 기원합니다. 아멘.

제
83
장

—

겟세마네의 고뇌

—

"예수께서 힘쓰고 애써 더욱 간절히 기도하시니
땀이 땅에 떨어지는 핏방울 같이 되더라."
— 눅 22:44

　　우리 주님께서는 그의 제자들과 함께 유월절 만찬을 드시고 그 식탁을 축복하신 후, 그들과 함께 감람산으로 가시어, 겟세마네 동산으로 들어가셨습니다. 무엇이 그분으로 하여금 그곳을 극심한 고뇌의 장소로 선택하게 했을까요? 도대체 왜 다른 곳도 아닌 그곳에서 그분께서는 자기 원수들에게 체포되었던 것일까요? 에덴 동산에서 아담의 방종은 우리를 파멸시켰지만, 다른 동산인 이 겟세마네에서 둘째 아담의 고뇌가 우리를 회복시켰다고 그렇게 생각할 수 없을까요? 겟세마네는 에덴에서 벌어진 금단의 열매로 생긴 질병의 약을 제공해 주었습니다. 네 개의 강(에덴 동산을 발원지로 하는 비손 강, 기혼 강, 힛데겔 강[티그리스 강], 유브라데 강을 말한다[창 2:11-14] — 역주)이 굽어 흐르는 그 강둑에 핀 어떤 꽃들보다도, 기드론(Kedron, '기드론'이라는 히브리어는 시냇물의 색깔이 검은 흙빛이어서 붙여진 이름이다 — 역주)의 검고도 음침한 시냇물에 의해 강하게 자란 쓴 약초가 우리 인류에게는 더욱 귀합니다.

　　우리 주님께서는 다윗에 대해서도 생각하지 않으셨을까요? 그 중요한 때에 "왕도 기드론 시내를 건너가니"(삼하 15:23)라고 기록된 말씀대로, 다윗은 자신을 반역한 아들에게 쫓겨 도성에서 나와 도망갔습니다. 다윗과 그의 사람들은 맨발로 자기의 머리를 가리고 울며(삼하 15:30) 올라갔습니다. 자, 보십시오. 다윗보다 더 크신 분께서도 성전이 황폐해지도록 내버려 두시고, 자신의 훈계를 듣지 않은 그 성을 버리시고는, 외로움 속에서 자신의 비통함을 위로받기 위해 그 더러운 시내를 슬픈 마음으로 건너셨습니다(요 18:1). 더 나아가 우리 주 예수님께서는 우리의 죄악으로 인해 그분에 관한 모든 것이 슬픔으로 바뀌었다는 사실을 우리가 알도록 하셨습니다. 다시 말해, 우리의 죄악이 그분의 부요함을 가난함으로, 그분의 평화를 수고로, 그분의 영광을 수치로 바꾸어 놓았던 것입니다. 그래서 그분께서 거룩한 경건함으로 하나님과 교제를 나누시던 곳, 천국에서 제일 가까운 그곳, 평화롭게 그분께서 물러나 계시던 바로 그 장소를, 우리의 죄악은 그분의 슬픔이 집중된 곳으로, 그분이 겪으신 비통함의 중심지로 바꾸어 버렸습니다. 그분께서 가장 즐거워하신 그곳에서 그분은 가장 극심한 고통을 겪어야만 했습니다. 우리 주님도 갈등 속에서 자신을 지탱해 줄 만한 모든 기억이 필요했기 때문에, 이 동산을 택하셨을 것입니다. 그분은 그토록 조용하게 보냈던 예전 시간들을 기억하면서 새로운 힘을 얻었습니다. 그분은 거기서 기도하심으로 능력과 위로를 받았습니다. 구불구불 뒤틀려진 감람나무들도 그분을 잘 알고 있었습니다. 그 동산에는 그분께서 무릎을 꿇어보지 않았던 풀은 단 한 포기도 없었습니다. 하나님과 교제를 나누던 그 장소를 그분께서는 거룩하게 하셨습니다. 그러니 이런 곳을 그분이 좋아하신 것이 뭐가 그리 이상하겠습니까? 아픈 사람이 자기가 눕고 싶은 곳에 누우려고 하는 것과 마찬가지로, 그분은 예전에 아버지 앞에서 친히 하나님 아버지와 교제를 나누던 기억이 생생한 그곳을 택하여, 친히 기도하면서 자신의 고뇌를 견뎌내고자 하셨던 것입니다.

그리고 그분께서 겟세마네로 가신 주된 이유는, 예전에 그곳에 자주 들르셨고 그래서 그곳을 잘 알고 계셨기 때문입니다. 요한은 우리에게 "유다도 그 곳을 알더라"(요 18:2)고 말하고 있습니다. 우리 주님께서는 자신을 숨기고자 하지 않으셨습니다. 그분을 찾으려면 도둑처럼 추적하거나 간첩처럼 수색해야 할 필요가 있는 그런 분이 아니셨습니다. 그분의 적들도 그분이 자주 기도하러 갔던 곳으로 알고 있던 그곳을 그분은 담대하게 가셨습니다. 왜냐하면 그분께서는 기꺼이 고난과 죽음을 받아들이고자 하셨기 때문입니다. 그 적들은 또한 그분의 의지에 반해서 억지로 그분을 빌라도의 관정(요 18:28)으로 끌고 가지 않았습니다. 오히려 그분은 자발적으로 그들과 함께 가셨습니다. 그분이 배신당할 시간이 다가오자, 그분께서는 그 배신자가 자신을 쉽게 알아볼 수 있는 장소에 계셨습니다. 그래서 그분을 배신하려는 유다의 입맞춤에 그분의 뺨은 그 배신의 인사를 기꺼이 받아들였습니다. 복되신 구세주께서는 주님의 뜻을 행하기를 기뻐하셨습니다. 비록 그 뜻에는 죽기까지 순종하는 것이 포함되어 있었지만 말입니다.

이렇게 해서 우리는 겟세마네 동산의 입구에 이르렀습니다. 이제는 우리가 그 동산 안으로 들어가 보겠습니다. 그런데 우리가 그보다 먼저 우리의 발에서 신을 벗었으면 합니다. 예전에 모세가 불이 붙었으나 그 떨기나무가 사라지지 아니하는(출 3:2) 것을 보았을 때처럼 말입니다. 틀림없이 우리는 야곱처럼 "두렵도다 이 곳이여"(창 28:17)라고 말하게 될 것입니다. 저는 제 앞에 놓인 이 크신 일에 두렵고 떨립니다. 저의 우둔한 혀로 어떻게 그 고통을 묘사할 수 있겠으며, 그 강력한 울부짖음과 눈물을 어떻게 충분히 표현할 수 있겠습니까? 저는 여러분과 함께 우리 구세주의 고통들을 함께 살펴보고자 합니다. 그러나 오 성령 하나님께서 우리를 붙드시어, 우리의 마음이 허탄한 것을 생각하지 말게 하시고, 그분의 무흠한 인성이나 그분의 영광스러운 신성 중 그 어느 것 하나에 대해서라도 그분의 품위를 떨어뜨리는 말은 단 한 마디도 하지 않도록 우리의 혀를 지켜 주시기를 기원합니다. 하나님이시며 또한 인간이신 그분에 대해 말할 때, 바르게 말할 수 있는 그 정확한 선을 지키기란 쉬운 일이 아닙니다. 그러나 인성을 해치면서 거룩한 면을 서술하거나, 신성을 희생하여 인성을 묘사하기는 참으로 쉽습니다. 이 일에서 제가 한 마디라도 오류를 범하는 죄를 짓지 않도록 인도해 주옵소서. 사람이 저 위대한 "경건의 비밀"(딤전 3:16)에 대해 바르게 말하고자 한다면, 항상 그 자신이 영감을 받거나 아니면 영감된 말씀에 자신을 제한할 필요가 있습니다. 그분은 육신으로 나타난 바(딤전 3:16) 되셨습니다. 그래서 인성의 가장 연약한 특성들이 가장 잘 두드러지는 고통 받는 육신 가운데서 자신을 드러내신 하나님에 대해 깊이 묵상하고자 하는 자라면, 특별히 더욱 그렇게 해야 합니다.

1. 겟세마네에서 특별히 슬펐던 이유는 무엇이었는가?

겟세마네에서 고뇌하시던 장면을 우리가 묵상할 때면, 우리 구세주께서는 그분의 생애 가운데서 이전까지 전혀 알지 못했던 슬픔을 거기서 감당하셨다는 사실을 우리는 깨닫지 않을 수 없습니다. 그러므로 첫 번째, 우리는, 무엇 때문에 겟세마네에서 특별한 슬픔을 느꼈는가? 하는 질문을 제기함으로써 이 설교를 시작하고자 합니다. 우리 주님께서는 그분의 전 생애 동안 "슬픔의 사람이요 질고에 익숙한 사람"(사 53:3, KJV)이셨습니다. 그런데 이런 말씀이 역설적으로 들릴지는 모르겠지만, 이 땅 위의 사람들 가운데 나사렛 예수님보다 더 행복했던 사람은 없었다고 저는 생각합니다. 왜냐하면 그분께서 당하신 슬픔은 순결한 평안, 하나님과의 고요한 교제, 그리고 축복의 기쁨 등으로 상쇄(相殺)되었기 때문입니다. 모든 다른 선한 사람들과 마찬가지로 그분께서도 아주 아름다운 삶이 무엇인지를 알고 계셨습니다. 하지만 가장 아름다운 삶은 고통과 비례하는 삶이었기에, 이런 삶의 목적을 이행하기 위해서 그분은 자발적으로 고통을 감당하셨습니다. 어떤 희생이 따른다 해도, 선을 행하는 것은 항상 즐거운 일이었습니다. 더구나 예수님께서는 항상 하나님과의 완전한 교제 가운데 거하셨습니다. 그분께서 실제로 그러하셨다는 것을 우리는 알고 있습니다. 왜냐하면 그분은 돌아가시기 전에 제자들에게 "평안을 너희에게 끼치노니 곧 나의 평안을 너희에게 주노라"(요 14:27)고 말씀하시면서, 그 제자들에게 남길 수 있는 유산으로 바로 이 평안을 선택하셨기 때문입니다. 그분은 마음이 온유하고 겸손(마 11:29)하셨습니다. 그래서 그분의 영혼은 늘 안식을 누리셨습니다. 그분은 땅을 기업으로(마 5:5) 받은 온유한 분이었으며, 또한 화평하게 하는 자(마 5:9)로서 복이 있었고, 복을 받을 수밖에 없는 분이었습니다. 우리 주님께서 결코 불행한 사람이 아니었다고 한 제 말은 틀린 말이 아니라고 생각합니다. 그러나 겟세마네에서 그 모든 것이 변했던 것 같습니다. 그분의 화평은 사라졌고, 그분의 고요함은 폭풍으로 변했습니다. 저녁 식사 후에 그분은 찬송을 불렀지만, 겟세마네에서는 찬송도 들리지 않았습니다. 예루살렘에서 기드론으로 내려가는 가파른 강둑에서도 그분은 아주 즐겁게 말씀하시면서, "나는 포도나무요 너희는 가지라"(요 15:5)고 하셨습니다. 그리고 이 말씀 이후에 제자들과 함께 드린 그 놀라운 기도는 대단히 장엄했습니다. "아버지여 내게 주신 자도 나 있는 곳에 나와 함께 있어"(요 17:24). 하지만 이 기도는 그분이 겟세마네 동산에서 "만일 할 만하시거든 이 잔을 내게서 지나가게 하시옵소서"(마 26:39)라고 울부짖으며 기도하신 것과는 전혀 다른 기도였습니다. 그분은 일생 동안 슬픔을 표현하며 언급한 적이 거의 없으셨습니다. 하지만 여기에서 그분은 탄식과 땀이 땅에 떨어지는 핏방울 같이(눅 22:44) 되었을 뿐만 아니라, "내 마음이 매우 고민하여 죽게 되었으니"(마

26:38)와 같은 말씀들도 하셨습니다. 겟세마네 동산에서 고난 받으신 그분은 자신의 슬픔을 숨길 수가 없으셨습니다. 또 숨기기를 원하지도 않으신 것 같습니다. 그분은 제자들에게 세 번씩이나 왔다 갔다 하셨습니다. 그분은 제자들이 자신의 슬픔을 알고 공감해 주기를 요청하셨습니다. 그분의 울부짖음은 아주 경건하였으며, 그분의 탄식과 신음소리는 듣기에도 아주 끔찍하였으리라 저는 의심치 않습니다. 그러한 슬픔은 땀이 땅에 떨어지는 핏방울처럼 되는 것으로 나타났습니다. 이런 현상은 아주 드문 현상이었습니다. 물론 이와 비슷한 사례들을 기록한 저자들의 주장을 우리가 들어봐야 한다고 생각하지만 말입니다. 고대의 의사였던 갈레노스(Claudius Galenus, 129-199. 고대 로마 시대의 의사이자 해부학자 — 역주)는 극도의 공포로 흘리는 땀이 거의 진홍색으로 변하여 피처럼 보였던 사람의 사례를 제시하고 있습니다. 의학적으로 권위 있는 다른 사례들에서도 이런 경우가 제시되고 있습니다. 그러나 우리 주님의 생애에서 있었던 이와 같은 경우는 우리가 예전에 전혀 볼 수 없었던 경우였습니다. 이런 일은 감람나무들 사이에서, 죄를 대적해 고뇌하시면서, 피 흘리기까지 대항(히 12:4)하신 우리의 승리자께서 벌이시는 피 튀기는 최후의 투쟁 가운데서만 일어난 일이었습니다. 오, 주님, 바로 그때 그렇게 극심한 고통을 받으시다니, 당신은 얼마나 괴로우셨습니까?

　분명한 것은 그분의 깊은 슬픔과 고통은 단지 어떤 육체적 고통 때문에 생긴 것이 아니라는 사실입니다. 의심할 여지 없이 우리 구세주께서는 우리의 병을 짊어(마 8:17)지셨기 때문에 육체의 연약함과 고통에 익숙하셨습니다. 하지만 그분은 그런 육체적 고통에 대해서 결코 불평한 적이 없으셨습니다. 겟세마네 동산에 오르기 시작한 그때만 해도 그분은 자신의 죽음에 대해 결코 슬퍼하지 않으셨습니다. 우리는 "예수께서 눈물을 흘리시더라"(요 11:35)고 기록된 이유에 대해 알고 있습니다. 그것은 그분의 친구 나사로가 죽었기 때문입니다. 그러나 이 겟세마네 동산에는 장례식도 없고 병상도 없었으며, 그런 부정적인 방향으로 슬퍼할 만한 특별한 이유가 없었습니다. 그렇다고 해서 그분의 마음속에 잠자고 있던 과거에 받았던 어떤 비난들에 대한 기억이 되살아난 것도 아니었습니다. 이미 오래 전에 "비방은 그분의 마음을 상하게"(시 69:20) 하였습니다. 그리고 모욕과 경멸이 얼마나 괴로운 것인지를 그분은 이미 충분히 알고 계셨습니다. 사람들은 그분을 "먹기를 탐하고 포도주를 즐기는 사람"(마 11:19)으로 불렀습니다. 사람들은 그분이 귀신의 왕을 의지하여 귀신을 쫓아낸다(마 9:34)고 하면서 비난하였습니다. 만약 그분께서 이 모든 말들에 대해 과감하게 맞서셨다면, 그들은 더 이상 아무 말도 하지 못했을 것이며, 이와 같은 이유로 인해 지금처럼 죽음에 이르는 슬픔을 겪지도 않았을 것입니다. 그분에게는 고통보다 더 날카로운 어떤 것, 비난보다 더 예리한 어떤 것, 죽음보다 더 끔찍한 어떤 것이 틀림없이 있었을 것입니다. 그것이 지금 이 순간 구세주를 사로잡고, 그분을 "심히 슬퍼(막 14:34)하고, 몹시 괴로워(마 26:37)"하도록 하였던 것입니다.

여러분은 그것이 다가올 비웃음에 대한 두려움이나 십자가 처형에 대한 불안이었다고 생각합니까? 아니면, 그것은 죽음에 대한 두려움이었다고 생각합니까? 이러한 추측들이 꼭 불가능한 것은 아니지 않습니까? 모든 사람들이 죽음을 두려워합니다. 인간이신 예수님도 그 두려움에서 벗어날 수 없었습니다. 본래적으로 우리는 불멸의 존재로 창조되었기 때문에, 죽는다는 것은 우리에게 이상하고 적절하지 않은 것입니다. 그래서 자기 보존이라는 본능은 우리로 하여금 이 죽음에서 돌아서게 합니다. 하지만 우리와는 달리 주님의 경우에 있어서는 그 본성적인 원인이 그렇게 특별한 고통의 결과를 낳을 수 없었습니다. 우리 같은 불쌍한 겁쟁이들조차도 그러한 본성적인 원인으로 인해 피 같은 땀방울은 흘리지 않습니다. 그런데 그런 본성이 어떻게 그분에게 그러한 두려움을 불러일으킬 수 있겠습니까? 우리 주님이 자신의 제자들보다 덜 용감하다고 생각하는 것은 그분에 대한 모욕입니다. 그리고 우리는 성도들 가운데 가장 연약한 성도들도 죽음을 눈앞에 두고서 승리의 태도를 취하는 것을 보았습니다. 순교자들의 이야기를 읽어 보십시오. 그러면 그들이 가장 극심한 고통에 도달했을 때에도 기뻐했다는 사실을 여러분은 자주 발견하게 될 것입니다. 주님의 기쁨으로 인해 그들은 그러한 능력을 얻게 되었고, 단 한순간도 비겁한 생각으로 두려워하지 않았습니다. 오히려 그들은 그 입술로 승리의 시편을 부르면서 화형주(火刑柱)나 단두대(斷頭臺)로 나아갔습니다. 우리 주님이 그 담대한 종들보다 열등하다고 생각해서는 안 됩니다. 제자들은 용감했지만, 주님께서 두려워했다는 것은 있을 수 없는 일입니다. 오, 주님은 결코 두려워하지 않으십니다. 저기 있는 순교자 무리 가운데서 가장 고귀한 영혼은 그 인도자 자신입니다. 그분은 고난과 영웅적인 용기에 있어서 그들 모두를 넘어서 계십니다. 그 누구도 주 예수님께서 겪으신 죽음의 고통을 무시할 수 없습니다. 왜냐하면 그분은 그 앞에 있는 기쁨을 위하여 십자가를 참으사 부끄러움을 개의치 아니(히 12:2)한 분이시기 때문입니다.

저는 겟세마네의 고통이 사탄의 어떤 특별한 공격에서 비롯되었다고 생각하지 않습니다. 사탄이 거기에 있었을 수도 있고, 또 사탄으로 인해 그 어두운 시간이 칠흑 같은 시간이 되었을 가능성은 있습니다. 그러나 그 시간이 흑암의 시간이 된 가장 큰 원인은 사탄 때문이 아니었습니다. 사실, 우리 주님께서 사역 초기부터 흑암의 세력들과 아주 격렬한 투쟁을 하신 것은 아주 분명합니다. 그럼에도 불구하고 광야에서 받으신 그 시험과 관련해서, 그분의 마음이 "심히 고민"(막 14:34)했다는 말씀이나, 그분께서 "심히 놀라시며 슬퍼"(막 14:33)하셨다는 말씀은 단 한 마디도 우리가 읽을 수 없으며, 또한 핏방울 같은 땀과 비슷한 그 어떤 것에 대한 단 하나의 암시도 우리는 전혀 찾을 수 없습니다. 천사들의 주님이신 그분께서 내려오시어 공중의 권세 잡은 통치자(엡 2:2)와 마주 섰을 때도, 그분이 사탄을 아주 두려워해서, 크게 울부짖고 눈물을 흘리며, 얼굴을 땅에 대시고 엎드려(마 26:39), 위대하신 아버지에게 세 번째 같은 말씀으로 기도(마 26:44)하실 정도는 아니었습니다. 비교해서 말하자면, 옛 뱀(계 12:9)을 그분의 발로 밟는 것은 단지 자신의 발꿈치를 상하게 할(창 3:15) 정도로 아주 쉬운 일이었으나, 이 겟세마네의 고뇌는 죽기까지 그분의 영혼에 상처를 입혔던 일이었습니다.

그렇다면 이제 한번 생각해 보십시오. 도대체 무엇이 겟세마네의 슬픔을 그토록 특별하게 만들었던 것일까요? 우리는 성부 하나님께서 우리를 위해 그분을 그런 슬픔에 처하게 하셨다고 믿고 있습니다. 우리 주님께서 아버지의 손으로부터 어떤 잔을 받아야 할 때가 바로 그때였던 것입니다. 그 잔은 유대인들로부터, 배반자 가룟 유다로부터, 자고 있던 제자들로부터, 지금 예수님을 시험하고 있는 마귀로부터 받아야 하는 것이 아니었습니다. 그 잔은 주님께서 자신의 아버지로 알고 계시던 그 하나님으로부터 받은 것이었습니다. 주님이 알고 있는 바와 같이 그 하나님은 비록 아들이라 해도, 그 아들에게 아주 쓴 잔을 마시도록 하셨습니다. 즉, 그분의 몸으로만 마시고 그분의 육체로만 그 쓴 것이 흡수되는 그런 잔이 아니라, 특별히 그분의 영혼을 놀라게 하고, 그분의 내적인 마음까지 불안하게 하는 그런 잔을 그 아들이 마시도록 하셨던 것입니다. 그분은 그 잔을 피하지 않으셨습니다. 이제 여러분도 분명히 알아야 합니다. 그 잔은 육체적 고통보다 더욱 끔찍한 잔이었지만, 그분은 이 잔을 피하지 않으셨습니다. 그 잔은 비난보다 더욱 끔찍한 잔이었지만, 그분은 이 잔을 피하지 않으셨습니다. 그 잔은 사탄의 유혹보다 더욱 끔찍한 잔이었지만, 그분은 이 모든 것을 이기셨습니다. 그 잔은 상상할 수 없을 정도로 무서운 어떤 것이었습니다. 놀람과 두려움으로 가득 찬 어떤 것이었습니다. 바로 이런 것이 아버지의 손으로부터 왔던 것입니다. 다음과 같은 말씀으로 인해, 이 모든 것과 관련된 아버지에 대한 모든 의심은 사라지게 됩니다. "여호와께서 그에게 상함을 받게 하시기를 원하사 질고를 당하게 하셨은즉 그의 영혼을 속건제물로 드리기에 이르면"(사 53:10), "여호와께서는 우리 모두의 죄악을 그에게 담당시키셨도다"(사 53:6). 그분이 비록 죄를 알지 못한다 해도, 하나님께서는 우리를 위하여 그분에게 죄를 담당시키셨습니다. 이것이 바로 구세주께서 그토록 특별한 낙담에 처하게 된 이유입니다. 그분은 이제 "모든 사람을 위하여 죽음을 맛보려"(히 2:9) 하셨습니다. 그분은 죄인의 자리에 서서 죄인을 대신하여 고난을 받아야 했기 때문에, 죄인들이 받아야 할 저주를 자신이 감당하려 하셨습니다. 바로 여기에 그 고뇌의 비밀이 있습니다. 제가 이 고뇌를 여러분 앞에서 설명한다는 것은 불가능한 일입니다. 그러므로 다음의 찬송이야말로 아주 참된 말씀이라 생각합니다.

> "하나님만이,
> 오직 하나님만이
> 그분의 슬픔을 충분히 아신다."

그래도 저는 여러분이 잠시라도 이 슬픔에 대해 생각해 보기를 권면합니다. 잠시라도 생각해 본다면, 여러분은 고난 받으신 그분을 사랑하게 될 것입니다. 아마도 그분은 죄를 짊어진다는 것이 어떤 것인지를 처음으로 알게 되었을 것입니다. 하나님으로서 그분은 완전히 거룩하시고 죄를 지을 수 없는 분이셨습니다. 그분은 또한 인간이지만 원죄도 없으시고 흠도 없이 순결하셨습니다. 그럼에도 불구하고 그분은 죄를 짊어져야만 했습니다. 그분은 마치 이스라엘의 죄악을 자기 머리에 지고서 끌려 나가는 속죄 제물, 즉 한 마디로 혐오스러운 것이 된 속죄 염소(레 16:10)와 같았습니다. 사실, 속죄 제물이 되는 것보다 더 혐오스러운 것은 없었습니다. 그 속죄 제물은 영문 밖(히 13:11)으로 끌려나와 거룩한 진노의 불에 완전히 불살라졌기 때문입니다. 이런 이야기를 들으니 그분의 무한하신 순결에 흠이라도 난 것처럼 이상하게 들리시나요? 하나님 앞에 한 사람의 죄인으로 서는 것이 그분에게 그리 장엄한 일이 아니었는데도, 그분은 그렇게 하셨던 것일까요? 예, 그분은 그렇게 하셨습니다. 이미 루터(Martin Luther)가 말한 바대로, 하나님께서는 마치 그분이 세상의 모든 죄인들인 것처럼 그렇게 그분을 여기시고, 자기 백성들이 지금까지 행한 모든 죄악을 마치 그분이 범한 것처럼 그렇게 간주하셨습니다. 왜냐하면 이 모든 죄악들이 그분에게 지워졌고, 그 죄에 대한 마땅한 보응이 그분에게 쏟아 부어져야만 했기 때문입니다. 그분이 모든 보응의 중심이 되고, 죄인인 인류에게 마땅히 떨어져야 할 모든 것이 그분에게 임해야 했기 때문입니다. 죄인의 위치가 어떤지를 알고서도 그렇게 죄인의 위치에 선다는 것은 틀림없이 구세주의 거룩한 영혼에 아주 끔찍한 일이었을 것입니다. 그리고 또한 구세주의 마음은 온통 그 끔찍한 죄의 본성에 집중되어 있었습니다. 그분에게 있어 죄는 항상 역겨운 것이었습니다. 하지만 지금 그분의 생각은 온통 죄로 가득 차 있었으며, 그분은 죄의 치명적인 본성에서 나올 수 있는 최악의 것들, 즉 죄의 가증스러운 성격과 그 끔찍한 목적 등을 보고 계셨습니다. 인간으로서 그분은, 예전의 어느 때보다도 죄악의 광범위한 영향력과 음흉한 죄악의 흑암과 그 죄악이 하나님의 보좌를, 즉 하나님의 존재 그 자체를 필사적으로 직접 공격하는 것을 아마도 그때 느끼셨을 것입니다. 그분은 자신의 인성 속에서 죄인들이 어떻게 하는지를 보셨습니다. 즉, 죄인들이 가룟 유다처럼 그들의 주님을 어떻게 팔게 되는지, 또한 죄인들이 유대인들처럼 주님을 어떻게 죽이려고 하는지, 그분은 모두 보셨습니다. 그분이 몸소 받은 그 잔인하고도 비열한 대우를 통해서 하나님에 대한 인간의 증오가 드러났으며, 그리고 이미 그분께서 알고 있는 바와 같이, 자신이 그와 같은 죄악을 짊어지고, 그러한 범죄자 중의 하나로 헤아림을(사 53:12) 받으며, 그들의 범죄로 인해 고통 받고, 그들의 부정으로 인해 상처받아야 할 것을 생각하자, 공포가 그분을 엄습하였고, 그분의 영혼은 괴로워졌습니다. 그 어떤 고통이나 상처도 죄악 그 자체만큼이나 그분을 괴롭게 하지 못했습니다. 죄악이 그분의 영혼을 완전히 내리눌렀던 것입니다.

그리고 틀림없이 그분은 겟세마네 동산에서 죄의 형벌에 대해 인식하기 시작하셨습니다. 먼저, 고난 받는 대속자의 위치에서 자신이 짊어진 죄악을 인식하셨고, 다음으로 자신이 대속자 위치로 감당해야 하는 형벌에 대해 인식하셨습니다. 저는 우리 주 예수 그리스도의 고난을 평가절하하려거나 과소평가하려는 오늘날의 일반적인 신학들을 극도로 혐오합니다. 사랑하는 성도 여러분, 인간의 죄악에 대해 하나님의 공의에 배상하는 고통은 그렇게 사소한 고통이 아니었습니다. 나의 주님께서 당하셨던 그 모든 고통에 대해 말할 때마다, 저는 혹시라도 과장해서 말하지는 않았을까 하고 우려한 적이 한 번도 없었습니다. 우리의 하나님이자 구세주이신 예수 그리스도께서 마셔야만 했던 그 잔 속에는 모든 지옥이 다 증류되어 들어 있었습니다. 그 잔은 영원히 지속되는 고통은 아니었습니다. 그분이 하나님이셨기 때문에, 그분은 하나님의 공의에 대한 해명을 짧은 시간 안에 할 수 있었던 것입니다. 만약 죄인들이 자신의 몸으로 영원토록 지옥에 머물러 있어야 했다면, 그들은 그분이 하신 것과 같은 해명을 지옥에서 결코 할 수 없었을 것입니다. 구세주께서 돌아가실 때, 그분의 영혼에 많은 것들이 엄습하였습니다. 구세주의 영혼을 산산조각 냈던 비통함과 이루 형언할 수 없는 고통들이 크고도 깊이를 알 수 없는 대양처럼 몰려 왔습니다. 이것들은 이루 상상조차 할 수 없는 것이기에 저는 더 이상 말씀드릴 엄두조차 나지 않습니다. 또한 말할 수 없는 것을 말하려는 헛된 시도를 한다고 비난받고 싶지도 않습니다. 그럼에도 불구하고 저는 이 말씀은 드리고자 합니다. 그 큰 폭풍우가 몰아치는 깊은 바다의 물보라가 그리스도에게 떨어졌을 때, 그분은 핏방울과 같은 땀으로 세례를 받으셨던 것입니다. 그분은 아직까지 형벌 그 자체의 격렬한 파도 속에는 이르지 않았고, 다만 그 해변에 서 있을 뿐이었습니다. 그러나 그분의 발 밑에서부터 무섭게 밀려오는 그 끔찍한 파도소리를 들었을 때, 그분의 영혼은 심히 놀랐고 아주 괴로웠습니다. 그것은 다가올 폭풍우의 그림자였습니다. 그것은 자신이 감당해야만 하는 끔찍한 버림받음의 전조(前兆)였습니다. 우리가 마땅히 서야 할 곳에 그분이 서셨고, 우리가 마땅히 갚아야 할 빚을 그 아버지의 공의대로 그분께서 갚으셨습니다. 이것이 바로 그분을 넘어뜨린 것이었습니다. 그분에게는 죄가 없으시지만(요일 3:5), 그분은 죄인처럼 대우받고, 죄인처럼 매를 맞았습니다. 이것이 바로 오늘 본문이 전하는 그분의 고뇌입니다.

2. 겟세마네 슬픔의 특징은 무엇이었는가?

지금까지 저는 그분의 특별한 슬픔의 원인에 대해서 말씀드렸기 때문에, 여러분이 우리의 인도를 받아 계속해서 생각한다면, 그 슬픔 자체의 특징이 무엇이었는가? 하는 주제에 대한 우리의 관점을 견지(堅持)할 수 있으리라 저는 생각합니다. 저는 복음서 기자들이 사용한 헬라어 단어들을 언급하면서 가능하면 여러분을 조금 괴롭게 할 생각입니다. 그 의미의 미묘한 차이를 찾아보고자 저는 그 단어들을 하나하나 연구하였습니다. 제가 면밀히 연구한 그 결과들을 말씀드리는 것만으로도 여러분에게 충분할 것입니다. 그렇다면 도대체 그 슬픔은 무엇이었을까요? 그 슬픔은 어떻게 표현되었습니까? 우리 주님께서 고통 받기 거의 나흘 전부터 그 큰 슬픔이 그분을 공격하였습니다. 만약 여러분이 요한복음 12장 27절을 읽어본다면, 여러분은 주목할 만한 말씀을 보게 될 것입니다. "지금 내 마음이 괴로우니." 우리가 알기로, 주님께서는 예전에 이렇게 말씀하신 적이 한 번도 없었습니다. 이 말씀은 이제 곧 그분의 영혼을 겟세마네에서 넘어뜨리려고 하는 대공황의 맛보기였습니다. "지금 내 마음이 괴로우니 무슨 말을 하리요 아버지여 나를 구원하여 이 때를 면하게 하여 주옵소서 그러나 내가 이를 위하여 이 때에 왔나이다"(요 12:27). 또한 마태복음 26장 37절에서도 우리는 그분에 대해 알 수 있습니다. "비로소 슬퍼하시며 몹시 괴로워하기 시작하시더라"(KJV). 공황상태가 그분에게 다시 엄습하였습니다. 그것은 단순한 고통, 즉 가슴이 두근거리고, 머리가 쑤시는 차원의 고통이 아니었습니다. 그것은 이런 것들보다 더 최악의 상태에서 겪는 고통이었습니다. 마음의 괴로움은 육체의 고통보다 더 좋지 않습니다. 고통은 괴로움을 불러일으키고, 슬픔의 부차적인 원인이 되기도 합니다. 그러나 만약 마음에 전혀 괴로움이 없다면, 사람은 그 고통을 아주 잘 견뎌낼 수 있습니다. 다시 말해, 영혼이 활기차고 내적인 기쁨이 고양된 상태라면, 육체의 고통은 거의 사라지면서 영혼이 육체를 극복하게 됩니다. 그러나 반대로 영혼의 슬픔은 육체의 고통을 가중시킵니다. 즉, 하급 본성에 고급 본성이 공감하게 됩니다. 우리 주님의 주된 고통은 그분의 영혼에 있었습니다. 그 영혼의 고통이 그분이 당하는 고통의 핵심이었습니다. "심령이 상하면 그것을 누가 일으키겠느냐?"(잠 18:14)는 말씀대로, 영혼의 고통은 고통들 가운데서 최악의 고통입니다. 마음의 슬픔도 여러 슬픔들 가운데 가장 극심한 슬픔입니다. 무기력한 영혼, 낙담, 정신적인 우울함 등을 알고 있는 사람들을 통해서 제가 지금까지 한 모든 말들이 사실이라는 것이 입증될 것입니다!

이러한 마음의 슬픔이 우리 주님의 영혼을 아주 깊은 공황상태로 이끈 것

같습니다. 마태복음 26장 37절에서 그분께서는 "몹시 괴로워"(KJV, "고민하고 슬퍼하사")하셨다고 기록된 것을 보게 됩니다. 이 표현은 의미심장한 것으로서, 사실 쉽게 설명할 수 없는 아주 많은 의미들을 담고 있습니다. 원문에 나타난 이 단어는 번역하기가 아주 어려운 단어입니다. 이 단어는 정신이 나간 듯 슬픔에 완전히 잠식되어, 고민을 덜 수 있는 모든 생각들이 배제된 상태를 뜻합니다. 하나의 불타오르는 생각으로 그분의 전 영혼은 불살라졌으며, 위로를 줄 수 있는 모든 것들이 불에 타 없어졌습니다. 얼마 동안은 자신의 죽음의 결과로 주어지는 것, 즉 그 앞에 있는 기쁨(히 12:2)에 대해 마음으로 생각하기를 거부하였습니다. 죄를 짊어지게 된 자신의 위치와 그 위치로 인해 필연적으로 뒤따라오는 아버지로부터의 버림받음 등이 그분을 사로잡았으며, 그 이외의 생각들은 모두 그분의 영혼에서 한순간에 사라져 버렸습니다. 어떤 사람들은 이 단어 속에서 그분의 혼미해진 마음을 보았습니다. 이런 방향으로 제가 더 이상 말씀드리지 않아도, 우리 구세주의 마음은 그분의 일상적인 고요하고도 침착한 마음상태와는 전적으로 다른 혼란과 격변을 겪은 것처럼 보입니다. 그분은 괴로움이라는 강력한 바다 위에서 이리저리 마음이 흔들렸습니다. 이 바다에 폭풍우가 내리쳤으며 그 소용돌이 속으로 그분은 빨려 들어가게 되었습니다. "우리는 생각하기를 그는 징벌을 받아 하나님께 맞으며 고난을 당한다 하였노라"(사 53:4). 또한 시편 기자가 말한 바와 같이, 수많은 재앙이 그분을 둘러싸고, 그래서 그분은 낙심하게 되었습니다(시 40:12). 그분의 마음은 밀랍같이 되어 내장 한가운데서 녹았습니다(시 22:14). 그분은 "몹시 괴로워"하셨습니다. 어떤 사람들은 이 단어의 어근(語根)을 분석하여 이 단어가 "사람들로부터 분리되었다"는 것을 의미한다고 말합니다. 즉, 어떤 갑작스러운 충격이나 엄청난 재난 등으로 스트레스를 받아 마음이 붕괴되어 더 이상 보통 사람이 아닌, 전혀 다른 사람이 되어 버린 것 같은 상태 말입니다. 단순한 구경꾼들은 우리 주님께서 정신이 혼미한 상태에서 일반 사람들이 감당하지 못할 무거운 짐을 지고, 다른 사람들이 겪는 슬픔과는 비교될 수 없는 극심한 슬픔에 압도된 사람이었다고 생각합니다. 학자인 토머스 굿윈(Thomas Goodwin, 1600-1680, 청교도의 신학적 토대를 놓은 영국 청교도 신학자이자 설교자 – 역주)은 "이 단어는 병이 들거나 기절한 사람들에게 일어나는 증세로, 마음의 쇠약과 결핍과 무기력한 상태를 가리키는 단어이다"라고 말했습니다. 또한 이런 증세로 거의 죽게 되었던 에바브로디도의 병을 가리킬 때도 이 단어가 사용되었습니다(빌 2:26). 이것을 통해 우리는 그리스도의 영혼도 그렇게 병들고 쇠약해졌다는 사실을 알 수 있습니다. 그분의 땀은 기진맥진한 상태에서 흘리신 것이 아니었습니까? 죽어가는 사람이 흘리는 차갑고 축축한 땀은 육체가 쇠약해서 나오는 것입니다. 그러나 예수님의 핏방울 같은 땀은 영혼의 철저한 쇠약과 피로에서 나온 것이었습니다. 그분의 영혼은 끔찍할 정도로 거의 기절 상태에서 내적인 죽음의 고통을 겪고 계셨습니다. 이런 상태에 동반되는 것은 눈에서 흘러내리는 물로 된 눈물이 아니라, 몸 전체에서 흘러내리는 피눈물이었습니다. 어쨌든 여러분은 제가 많은 말로 설명하지 않더라도, 몹시 괴로워한다는 것이 어떤 것인지 여러분 나름대로 알고 있을 것입니다. 물론 여러분의 개인적인 경험으로 이 괴로움에 대해 알지 못한다면, 그 모든 설명들은 틀림없이 허사일 것입니다. 깊은 절망이 찾아오고, 여러분을 지탱해 주던 모든 것을 여러분이 잊어버리고 여러분의 영혼이 아래로 더 아래로 깊숙이 가라앉을 때, 바로 그때 여러분은 여러분의 주님과 공감할 수 있습니다. 다른 사람들은 여러분을 어리석게 생각하면서 여러분의 증세를 신경과민이라 부르며, 제발 정신을 차리라고 말합니다. 왜냐하면 그들은 여러분의 사정을 알지 못하기 때문입니다. 만약 그들이 여러분의 사정을 이해했다면, 그런 훈계로 여러분을 비웃지 않을 것입니다. 내적인 비통으로 한없이 무기력해지고 있는 사람들에게 그렇게 말할 수는 없기 때문입니다. 우리 주님은 "몹시 괴로워"하셨습니다. 그분은 심히 무기력한 상태에서 극도로 낙심하여 슬픔에 압도되어 있었습니다.

다음으로 마가는 그의 복음서 14장 33절에서, 우리 주님께서 "심히 놀라시며"라고 우리에게 말하고 있습니다. 여기에 해당하는 헬라어는 그분이 단순히 놀라거나 당황했음을 의미하는 것이 아니라, 일반적으로 사람이 놀라기 시작하면 머리카락이 쭈뼛쭈뼛 서게 되고 살이 부들부들 떨리는 것과 마찬가지로, 그분의 놀람이 극단적인 공포로까지 이어졌다는 것을 뜻합니다. 모세가 율법을 받았을 때, 극도로 두려워 떨었듯이, 그리고 다윗도 "내 육체가 주를 두려워함으로 떨며 내가 또 주의 심판을 두려워하나이다"(시 119:120)라고 말하였듯이, 우리 주님께서도 자신이 짊어진 죄악과 그 죄악으로 인한 마땅한 보응을 보고서 겁에 질렸던 것입니다. 구세주께서는 처음에는 "심히 슬퍼(막 14:34)하셨고, 그 다음에는 의기소침해서 괴로워(마 26:37)"하시다가, 마침내는 심히 놀라시어 대경실색(大驚失色)하셨습니다. 왜냐하면 그분 또한 인간이셨기에, 이제 자신이 짊어져야 할 것이 어느 정도인지를 완전히 알 수 없었기 때문입니다. 주님께서는 자신이 짊어져야 할 것을 고요히 조용하게 바라보셨습니다. 그리고 그것이 어떤 것이든 우리를 위해 짊어져야 한다고 느끼셨습니다. 그러나 실제로 죄를 짊어지게 되자 아주 놀랐습니다. 특히, 하나님 앞에서 죄인의 위치에 서야 한다는 것과, 그 거룩한 아버지께서 자신을 죄인의 대표로 간주한다는 것과, 영원 전부터 기쁨의 교제를 나누며 지내던 그 아버지로부터 버림을 받아야 한다는 것에 그분은 놀라지 않을 수 없었던 것입니다. 이로 인해 그분의 거룩하고 온유하고 사랑 많으신 본성은 흔들렸습니다. 그래서 그분은 "심히 놀라시며", 아주 "몹시 괴로워"(마 26:37)하셨습니다.

더 나아가 우리는 슬픔의 대양(大洋)이 그분을 둘러싸고 그분을 덮쳤다는 것을 알고 있습니다. 왜냐하면 마태복음 26장 38절에는 페리루포스(περίλυπος, 매우 고민하여 – 역주)라는 단어가 포함되어 있는데, 이 말은 슬픔으로 둘러싸여 포위된 것을 뜻합니다. 모든 일반적인 불행들에는 보통 빠져나갈 수 있는 피할 길이나 소망을 가져볼 어떤 피난처들이 있기 마련입니다. 우리는 보통 고난 중에 있는 친구들에게 사정이 더 악화될 수도 있다고 일러주기도 합니다. 그러나 우리 주님이 당한 슬픔의 경우는 더 이상 나빠진다는 것을 상상조차 할 수 없는 최악의 경우였습니다. 왜냐하면 그분도 다윗과 함께 "지옥의 아픔이 나를 붙들었으므로"(시 116:3, KJV)라고 말할 수 있었기 때문입니다. 하나님의 모든 파도와 물결이 그분을 덮쳤습니다. 그분의 위, 그분의 아래, 그분의 주위, 그분의 밖, 그분의 안 등 모든 곳이 고뇌였습니다. 그 고뇌를 완화시켜 주거나 위로해 줄 만한 원천은 단 하나도 없었습니다. 제자들도 그분을 도와줄 수 없었습니다. 그들은 모두 자고 있었으며, 그나마 깨어 있던 제자는 그분을 배신하기 위해 길에 서 있었습니다. 자신을 짓누르는 짐과 견디기 힘든 그 불행의 짐으로 인해 그분의 영은 전능하신 하나님 앞에서 울부짖었습니다. 그 어떤 슬픔도 그리스도의 슬픔보다 더 클 수 없었습니다. 그래서 그분은 "내 마음이 심히 고민하여"(막 14:34), 혹은 "죽게 되었으니"(마 26:38)라고 말씀하셨던 것입니다. 그분은 겟세마네 동산에서 죽지 않으셨습니다. 하지만 그곳에서 그분은 마치 죽을 것 같은 고통을 받으셨습니다. 그분은 죽음을 광범위하게는 아니어도 집중적으로 견뎌내셨습니다. 그분의 육신은 실제로 죽는 데까지 이르지는 않았지만, 그럼에도 그렇게 된 것 같은 고통에까지 이르렀습니다. 그분의 아픔과 고통은 죽을 지경의 고뇌로까지 이어졌으며, 잠시 죽음의 문턱에서 정지했을 뿐입니다.

그래서 결국 누가는 오늘의 본문에서 우리 주님이 "고뇌에 차서"(눅 22:44, KJV, "힘쓰고 애써")라고 말한 것입니다. "고뇌"라는 표현은 갈등, 투쟁, 씨름을 뜻합니다. 그렇다면 그 고뇌는 누구를 상대로 한 것입니까? 그분은 누구와 씨름하셨던 것입니까? 자기 자신과의 씨름이었다고 저는 믿고 있습니다. 여기에서 의도하고 있는 투쟁은 하나님을 상대로 한 것이 아니었습니다. 결코 아니었습니다. "내 원대로 마시옵고 아버지의 원대로 되기를 원하나이다"(눅 22:42)라고 하신 것으로 보아 그분은 하나님을 상대로 씨름했다고 볼 수 없습니다. 이것은 사탄과의 갈등도 아니었습니다. 왜냐하면 우리가 지금까지 살펴본 대로, 만약 사탄과의 갈등이었다면, 그분은 그렇게 심히 놀라지 않으셨을 것입니다. 그러니 이것은 자신의 내부에서 벌어진 끔찍한 싸움이었다고 할 수 있습니다. 다시 말해, 그분 자신의 영혼 안에서 일어나는 고뇌였던 것입니다. 기억하십시오. 만약 그분이 자신의 뜻을 결심으로써 한 번만 비추셨다면, 그분은 이 모든 슬픔으로부터 벗어날 수 있었을 것입니다. 그리하여 그분 안에 있는 인성은 자연스럽게 "그것을 참지 마라!"고 말했을 것이며, 그분의 순수한 마음도 "오, 그것을 참지 마라. 죄인의 위치에 서지 마라"고 말했을 것입니다. 그분의 신비로운 본성이 지닌 예민한 감각은 어떤 형태로든 죄와 관련되는 것을 전적으로 피했을 것입니다. 그러나 무한한 사랑은 "그것을 참아라, 허리를 굽혀 그 짐을 짊어져라"고 말했습니다. 그렇게 그분의 본성이 지닌 두 속성들 사이에 고뇌가 일어났습니다. 다시 말해, 그분 영혼의 투기장(arena) 안에서 엄청난 규모의 전투가 벌어졌던 것입니다. 죄와 도저히 접촉할 수 없는 그 순수함이 그리스도 안에서 아주 강력한 힘으로 작용했고, 그 반면에 자기 백성들이 멸망하지 않도록 하려는 사랑의 힘도 아주 강력했기 때문입니다. 그것은 대규모의 전투였습니다. 마치 헤라클레스가 또 다른 헤라클레스를 만난 듯했습니다. 이 거대한 두 세력이 예수님의 피 흘리는 심장 안에서 겨루고, 싸우고, 고뇌했던 것입니다. 사람이 갈등하는 감정으로 이리저리 끌려 다니는 것보다 더 괴로운 고문은 없을 것입니다. 내전(內戰)이 괴로운 전쟁이고, 또 전쟁 중에서 가장 잔인한 전쟁이듯이, 인간의 영혼 안에서 벌어지는 전쟁에서, 즉 자신 안에 있는 두 개의 큰 열정들이 서로 주도권을 쟁취하기 위한 싸움에서, 두 개의 열정들이 모두 고귀한 것이라고 할 때, 이러한 싸움으로 인한 고민과 괴로움은 이런 것을 직접 느껴보지 못한 사람이라면 누구도 이해할 수 없는 것입니다. 이러한 내적 압박으로 인해 그분은 마치 포도즙 틀에 짓밟힌(계 14:20, KJV) 포도송이같이 되셨으므로, 우리 주님께서 흘리는 땀이 소위 큰 핏방울같이 된 것에 대해 저는 놀라지 않습니다. 저는 감히 주제넘게 하나님의 궤 안을 들여다본다거나 지성소의 가려진 곳 안을 넘겨다보고 싶지는 않습니다. 주님께서 장막을 쳐 놓은 곳 안을 제가 호기심이나 교만으로 들어가는 것을 하나님께서는 금하셨습니다. 저는 제가 갈 수 있는 곳까지 여러분을 인도하고는 조금 전에 드린 다음과 같은 말씀으로써 그 커튼을 다시 내려야만 합니다.

> "하나님만이,
> 오직 하나님만이
> 그분의 슬픔을 충분히 아신다."

3. 그 슬픔 속에서 우리 주님의 위로는 무엇이었는가?

우리의 세 번째 질문은 "이 모든 것 가운데서 우리 주님의 위로는 무엇이었나?" 하는 것입니다. 그분은 인간적인 사귐으로부터 도움을 얻고자 하였습니다. 이것은 아주 자연스러운 것이었고, 그분도 그렇게 하셨습니다. 하나님께서는 우리의 인간 본성을, 공감을 갈망하는 것으로 창조하셨습니다. 우리가 고난 받을 때 우리 형제들이 우리를 돌보아 주기를 기대하는 것은 잘못이 아닙니다. 그런데 우리 주님은 인간이 그분을 도와줄 수 없다는 것을 아셨습니다. 사람의 영혼이 아무리 마음으로 그분을 도우려고 해도, 사람의 육신이 연약하기 때문입니다. 그래서 그분은 어떻게 하셨습니까? 그분은 기도에 의지하셨습니다. 특별히 아버지의 성품을 지닌 하나님께 기도하셨습니다. 우리가 아주 극심한 고뇌 가운데 있어 보지 않고서는 하나님께서 우리의 아버지 되시는 그 사랑을 우리가 결코 알지 못한다는 것을 저는 경험으로 이미 알고 있습니다. 구세주께서 "아빠, 아버지"(롬 8:15)라고 부르신 그 이유를 저는 이해할 수 있습니다. 마치 그분이 벌 받는 어린 아이처럼 아버지의 사랑을 구슬프게 애걸하는 것이 바로 고뇌였습니다. 저도 제 영혼의 극심한 고통 가운데서 "진정으로 당신이 나의 아버지라면, 당신이 지닌 아버지의 마음으로 당신의 자녀를 불쌍히 여겨 주옵소서"라고 부르짖었습니다. 이와 마찬가지로 예수님 또한 우리가 하는 것과 똑같이 그 아버지에게 이 겟세마네 동산에서 간구하고서 그 간구를 통해 위로를 얻으셨습니다. 기도는 구세주께서 받는 위로의 통로였습니다. 그분은 진지하고 열심히 경외하는 마음으로 반복해서 기도를 하였습니다. 그분은 이런 기도를 드린 후에 마음이 고요해졌으며, 어느 정도 마음의 평화를 되찾은 후에 제자들에게 가신 것 같습니다. 제자들이 자고 있는 것을 보시자 그분의 슬픔이 다시 밀려왔습니다. 그래서 그분은 기도하러 다시 돌아오셨습니다. 그렇게 기도할 때마다 그분은 위로를 받았습니다. 그래서 그분은 세 번째 기도하신 후에, 가룟 유다와 군병들을 맞이할 준비를 하시고, 재판과 죽음을 향해 묵묵히 인내하며 나아가셨습니다. 기도와 하나님의 뜻에 순종하심으로 그분은 큰 위로를 얻었습니다. 그분이 자신의 뜻을 그 아버지의 발 아래에 내려놓았을 때, 그 연약한 육신은 더 이상 불평하지 않았고, 오히려 털 깎는 자 앞에서 잠잠한 양 같이(사 53:7) 사랑스러운 침묵 가운데 그분의 영혼이 인내와 안식을 누렸기 때문입니다. 사랑하는 남녀 성도 여러분, 혹시라도 여러분 중에 여러분의 갯세마네와 심한 슬픔을 가지고 있는 이가 있다면, 기도에 의지하여 여러분의 아버지에게 울부짖고 그분의 뜻에 순종하기를 배움으로써 여러분의 주님을 본받으시기 바랍니다.

저는 이 전체 주제로부터 두세 가지를 결론적으로 말씀드리고자 합니다. 성령님께서 우리를 가르쳐 주시기를 원합니다.

첫째는 이것입니다. 사랑하는 성도 여러분, 우리 주 예수 그리스도의 참된 인간성을 배우십시오. 물론 그분은 확실한 신성을 가지고 계셨지만, 그렇다고 해서 그분을 하나님으로만 생각하지는 마십시오. 그분을 여러분과 거의 같다고 여기십시오. 그분도 여러분과 같은 뼈와 살을 가지고 계셨습니다. 따라서 그분은 얼마나 완전하게 여러분을 공감할 수 있는 분인지 모릅니다! 그분은 여러분의 모든 짐을 짊어지셨고, 여러분의 모든 슬픔들에 대해 슬퍼하셨습니다. 여러분이 지금 건너고 있는 물이 너무 깊습니까? 하지만 여러분의 그 물은 그분께서 고투(苦鬪)하신 급류와 비교하면 전혀 깊은 것이 아닙니다. 여러분과 맺은 언약의 머리 되신 그분께서 알지 못하는 고통은 여러분의 영혼을 절대로 뚫고 들어올 수 없습니다. 예수님은 여러분이 당하는 모든 슬픔에 대해 여러분과 동감할 수 있으십니다. 왜냐하면 그분은 여러분이 당할 수 있는 고통보다 훨씬 더 많은 고통을 당하셨기 때문입니다. 그분은 시험당하고 있는 여러분을 구해 줄 수 있으니, 그런 예수님을 여러분의 친밀한 친구로, 역경을 위해 태어난 여러분의 형제로 굳게 붙잡으십시오. 그러면 아무리 깊은 물을 건너고 있다 하더라도 여러분은 여러분을 붙잡아 줄 위로를 얻게 될 것입니다.

　다음으로, 여러분은 여기서 죄악의 참을 수 없는 사악함을 봐야 합니다. 여러분은 죄인입니다. 그러나 예수님은 죄인이 아니셨습니다. 죄인이 아닌데도 불구하고 죄인의 위치에 선다는 것은 그분에게 있어서 너무나 끔찍한 일이었기 때문에, 그분은 심히 슬퍼 죽을 지경이 되셨던 것입니다. 만약 여러분이 마지막 때에 죄인으로 드러난다면, 그날에 어떤 죄가 여러분에게 남아 있을까요? 오, 우리가 죄의 공포에 대해 충분히 말할 수 있다면, 단 한순간도 죄악에 만족해 머물러 있을 사람은 우리 가운데 한 사람도 없을 것입니다. 지금도 여전히 죄악 가운데 살고 있는 여기 있는 성도들이 죄가 도대체 무엇인지, 그리고 그 죄악들에 따르는 하나님의 진노가 어떤 것인지, 그리고 그 죄악들에 따르는 하나님의 심판이 얼마나 순식간에 그들을 에워싸 멸망시킬 것인지를 진정으로 알았더라면, 오늘 아침 이 예배처소에서는 저 밖의 길거리에서도 들을 수 있을 정도의 큰 눈물과 울부짖음이 터져 나왔을 것이라고 저는 믿습니다. 오, 영혼들이여, 죄악이 우리 주님을 그렇게 망가뜨렸다면, 죄악은 틀림없이 끔찍한 것이 분명합니다. 예수님에게 전가된 바로 그 죄악으로 인해 그 순결하고 거룩한 구세주께서 피 같은 땀을 흘리셨다면, 도대체 죄 그 자체는 어떤 것이겠습니까? 죄를 피하십시오. 그 죄의 길을 피하고 지나가지 말며 돌이켜 떠나가십시오(잠 4:15). 악은 어떤 모양이라도 버리십시오(살전 5:22). 죄악이 여러분을 상하게 하지 못하도록, 주의해서 겸손하게 여러분의 하나님과 함께 행하십시오(미 6:8). 왜냐하면 죄악은 최악의 전염병이며, 전멸되지 않는 해충이기 때문입니다.

　다음으로 배울 것을 말씀드려야 하는데, 제가 말씀드릴 교훈인 비할 데 없는 예수님의 사랑을 설명하기에는 시간이 몇 분밖에 남지 않은 것 같습니다. 그분은 여러분과 저를 위해 육신의 고통을 받으셨을 뿐만 아니라, 죄인으로 여김을 받고 우리의 죄 때문에 하나님의 진노 아래 서게 되는 공포를 감당하기까지 동의하셨습니다. 이를 위해 비록 죽을 지경이 되기까지 고통 받고 심히 놀라셨지만, 우리가 멸망 받게 하기보다는 차라리 주님께서 우리의 보증(히 7:22)이 되어 고통을 받으셨습니다. 그렇다면 우리도 그분을 위해서 기꺼이 박해를 참을 수는 없겠습니까? 우리도 그분을 위해서 열심히 수고할 수는 없겠습니까? 우리에게는 그분의 백성들이 당하는 궁핍함을 도울 만한 도구들이 있는데도 불구하고, 우리가 돕지 않아서 그 백성이 궁핍하게 될 정도로, 그렇게 인색하지는 않습니까? 우리에게는 그분의 사역을 수행할 능력이 있는데도 불구하고, 우리가 감당하지 않아서 그분의 사역이 축 늘어져 깃발만 나부끼게 할 정도로, 그렇게 비열하지는 않습니까? 사랑하는 성도 여러분, 겟세마네 동산 옆에서 저는 여러분에게 강력히 권합니다. 만약 여러분이 여러분의 구세주인 그분이 받으신 고난에 아주 일부분이라도 관련되어 있다면, 여러분을 그토록 측량할 수 없을 정도로 많이 사랑하신 그분을 사랑하십시오. 그리고 그분을 위해 재물뿐 아니라 몸으로도 헌신하십시오.

그리고 우리는 겟세마네 동산에 계신 예수님을 바라보면서, 대속의 탁월함과 완전함을 배우게 됩니다. 하나님이 보시기에 제 마음은 얼마나 검고 더러우며 넌더리가 나겠습니까! 저는 제 스스로도 지옥 제일 밑바닥에 던져져야 마땅하다고 생각하며, 하나님께서 왜 저를 오래 전에 거기에 던져 넣지 않으셨는지 이상하게 여길 따름입니다. 그러나 저는 겟세마네 동산으로 갑니다. 거기에 구불구불 뒤틀려진 감람나무들 아래를 바라보다가, 저는 구세주를 보게 되었습니다. 그렇습니다. 그분이 고뇌하는 가운데 고투하며 몸부림치는 것을 저는 보게 되었습니다. 그리고 이전까지 그 어떤 인간의 가슴에서도 나온 적이 없는 엄청난 신음소리를 그분에게서 들었습니다. 그분이 계신 땅을 보니, 그 땅은 그분의 피로 붉게 물들었으며, 그분의 얼굴도 피로 뒤범벅이 된 땀으로 붉게 물들어 있었습니다. 저는 속으로, "나의 하나님, 나의 구세주여, 무엇 때문에 당신은 고통을 받고 있나이까?"라고 말했습니다. 그러자 그분의 대답이 들렸습니다. "나는 너의 죄 때문에 지금 고난 받고 있다." 그러자 저는 위로를 받았습니다. 왜냐하면 저는 저의 주님이 그러한 고통을 받지 않기를 간절히 원했었는데, 이제 그 고통이 끝이 났기 때문입니다. 그제야 비로소 저는 여호와 하나님께서 저를 어떻게 살려 주시는지 이해할 수 있게 됩니다. 그것은 그분께서 그분의 아들을 제 대신 치셨기 때문입니다. 이제 저는 의롭다 하심을 받을 소망을 갖게 됩니다. 왜냐하면 저는 하나님의 공의와 제 자신의 양심 앞에서 피 흘리신 나의 주님을 기억하기 때문입니다. 저는 말합니다. "당신은 두 번씩이나 죗값을 요구할 수 있으십니까? 첫번째는 고뇌하신 당신 아들의 손으로 죗값이 치러졌는데도, 이제 다시 제가 죗값을 치르기를 원하십니까? 저는 죄인으로서 엄하신 하나님의 불타는 보좌 앞에 섭니다. 하지만 저는 전혀 두렵지 않습니다. 오, 이글이글 타오르는 불이여, 나를 대신한 그분을 그을렸을 뿐 아니라 완전히 불태우고 나서도, 또한 나를 불태울 수 있겠느냐?" 결코 그렇게 할 수 없습니다. 내 영혼은, 믿음으로 공의가 충족되고, 율법이 명예롭게 되고, 하나님의 도덕적 통치가 확립되고, 그래서 예전에 지은 죄에 대해 내 영혼이 용서를 받고 자유롭게 되는 것을 봅니다. 보응하는 공의의 불길은 다 타버리고, 율법은 우리를 위해 저주가 되신(갈 3:13) 그분의 인성에 가장 엄격한 요구를 다하였습니다. 이것은 우리로 하여금 그 안에서 하나님의 의가 되게 하려 하심입니다(고후 5:21). 오, 대속의 보혈에서 흘러내리는 위로는 얼마나 달콤한지 모릅니다! 사랑하는 성도 여러분, 그 위로를 취하십시오. 절대로 그 위로를 떠나지 마십시오. 여러분의 주님이신 그분의 피 흘리는 가슴을 붙잡고, 거기서 위로의 잔을 풍성히 마시기 바랍니다.

이제 마지막으로, 이 대속의 보혈을 거부한 사람들에게 틀림없이 임할 두려운 심판은 어떤 것이며, 자신들이 지은 죄로 인해 자신이 직접 고통을 받기 위해서 반드시 하나님 앞에 서게 될 사람들이 누구인지 살펴보겠습니다. 사랑하는 성도 여러분, 여러분 가운데 나의 주님을 거부하는 이들에게 과연 어떤 일이 벌어질지, 저는 마음의 아픔을 느끼면서 여러분에게 말씀드리고자 합니다. 나의 주님이며 스승이신 예수 그리스도는 여러분에게 일어날 모든 일들에 대한 하나의 징조와 예언으로서 여러분에게 오셨습니다. 여러분은 겟세마네 같은 동산에서가 아니라, 여러분이 그토록 자주 새 힘을 얻던 여러분의 침상에서, 그 일이 여러분을 당황스럽게 덮치고, 죽음의 고통이 여러분을 사로잡을 것입니다. 잘못 살아온 여러분의 삶과 구세주를 거부한 것에 대해 여러분은 극심한 슬픔으로 후회하게 될 것이며, 이로 인해 여러분은 몹시 괴로워하게 될 것입니다. 그리고 나서는 여러분이 사랑하던 죄악과 마음에 즐기던 정욕이 마치 또 다른 가룟 유다처럼 여러분에게 입 맞추며 여러분을 배신할 것입니다. 여러분의 영혼이 여러분의 입술 위에서 우물쭈물 하는 사이에 여러분은 결박을 당하고는 악한 자들의 무리에 의해 하나님의 재판정으로 끌려가게 될 것입니다. 마치 예수님께서 가야바의 재판정으로 끌려가신 것(마 26:57)처럼 말입니다. 신속하고 개인적이며 다소 사적인 재판이 이뤄질 것이며, 이 재판에서 여러분은 투옥될 것입니다. 그곳에서 여러분은 심판 날 아침 최후의 심판대 앞에 설 때까지, 바깥 어두운 데에 거기서 슬피 울고 이를 갈며(마 22:13), 그 온 밤을 지새우게 될 것입니다. 이후에 날이 밝고 부활의 아침이 올 것입니다. 그때, 마치 우리 주님께서 빌라도 앞에 서신 것처럼 그렇게 우리는 최고의 법정 앞에 서게 될 것입니다. 이 법정은 빌라도의 법정이 아니라, 여러분이 경멸하고 거부했던 하나님의 아들이 주관하는 무서운 재판정입니다. 이제 증인들이 등장할 것입니다. 이 증인들은 거짓 증인들이 아니라, 참된 증인들입니다. 마치 예수님께서 자신을 고발하는 자들 앞에서 한 마디도 대답하지 아니하신(마 27:14) 것처럼, 여러분도 아무 말 없이 그저 서 있게 될 것입니다. 그때 양심과 절망이 여러분을 내리칠 것입니다. 그래서 여러분은 비참함의 기념물이 될 것입니다. 즉, 여러분은 비웃음을 받는 구경거리가 되고, 또 다른 에케 호모(Ecce Homo, "이 사람을 보라." 가시 면류관을 쓴 예수를 가리켜 빌라도가 한 말로[요 19:5], 불가타[Vulgate]역으로 번역되면서 널리 사용되는 라틴어이다. 미술과 문학에서 '가시 면류관을 쓴 예수의 상'을 가리키기도 한다 — 역주)로서 더러운 악명을 떨치게 되어, 사람들은 여러분을 쳐다보면서, "이 사람을 보라. 그리고 그가 하나님을 경멸하고 죄악 가운데 즐거움을 찾았기에 그에게 임한 그 고난을 보라"고 말할 것입니다. 이제 여러분은 유죄를 선고 받고, "저주를 받은 자들아 나를 떠나라"(마 25:41)고 하는 최종 판결을 받게 될 것입니다. 이것은 "십자가에 못 박혀야 하겠나이다"(마 27:22)라고 하는 예수님의 최후 재판 결과와 같은 것입니다. 여러분은 공의를 행하는 집행자들에 의해 여러분이 받은 재판 결과가 집행되도록 끌려갈 것입니다. 그러면 여러분은 죄인의 대속자이신 그분처럼, "내가 목마르다"(요 19:28)라고 소리치겠지만, 여러분에게는 단 한 방울의 물도 주어지지 않을 것입니다. 여러분은 오직 쓸개 탄(마 27:34) 쓴 것만을 맛보게 될 것입니다. 여러분이 정당하게 유죄 선고를 받은 사실을 모든 사람들이 읽고 이해할 수 있도록 여러분의 범죄 사실이 여러분의 머리 위에 기록된 채로, 여러분은 공개 처형될 것입니다. 그래서 여러분이 예수님을 비웃은 것처럼, 여러분도 사람들로부터 비웃음을 받게 될 것입니다. 특히 신앙 고백까지 한 거짓 신자라면, 더욱더 비웃음을 받게 될 것입니다. 길로 지나가는 자들도 "그가 사람들에게 전한 것과는 달리, 그가 남은 구원하였으되 자기는 구원할 수 없도다"(마 27:42)라고 말할 것입니다. 하나님께서도 친히 여러분을 비웃으실 것입니다. 아니, 제가 지금 꿈을 꾸고 있는 것입니까? 그분께서 다음과 같이 말씀하지 않으셨습니까? "너희가 재앙을 만날 때에 내가 웃을 것이며 너희에게 두려움이 임할 때에 내가 비웃으리라"(잠 1:26). 여러분이 예전에 의지하던 여러분의 우상들에게 한번 부르짖어 보십시오! 여러분이 예전에 기쁨으로 여기던 그 정욕에서 위로를 구해 보십시오. 오, 그렇게 한다면 여러분은 영원히 버림받게 될 것입니다! 구세주를 멸시함으로 인해,

여러분은 수치를 당하게 되고, 여러분의 벌거벗음으로 인해 당황스럽게 될 것이며, 여러분은 영원히 하나님의 공의의 구경거리가 될 것입니다. 이렇게 되는 것이 올바른 것이며, 또 이렇게 되어야만 합니다. 공의가 이것을 정당하게 요구하고 있습니다. 죄로 인해 구세주는 고뇌하는 고통을 겪으셨습니다. 이 죄가 여러분도 고통스럽게 하지 않겠습니까? 더구나 여러분에게는 여러분이 지은 죄와 함께 구세주를 거부한 죄까지 있습니다. 여러분은 "나는 그분을 신뢰하지도 않고 믿지도 않겠다"라고 말했습니다. 여러분은 자발적으로, 뻔뻔스럽게 그리고 여러분 자신의 양심에도 반하게 영생을 거부하였습니다. 이렇게 여러분이 그분의 긍휼을 거부한 채로 죽는다면, 첫째는 여러분이 지은 죄로 인해, 그리고 둘째는 여러분의 불신앙으로 인해 여러분은 정죄를 받고, 한계나 끝이 없는 비참함 속에 있게 되는 것 외에 어떤 결과가 생길 수 있겠습니까? 겟세마네가 여러분을 경고하게 하십시오. 겟세마네의 탄식과 눈물과 피 같은 땀이 여러분에게 훈계하도록 하십시오. 죄를 회개하고, 예수님을 믿으십시오. 예수 그리스도를 통해 그분의 성령님께서 여러분을 도와주시기를 기원합니다. 아멘.

제
84
장
—

배반자

—

"말씀하실 때에 한 무리가 오는데 열둘 중의 하나인 유다라
하는 자가 그들을 앞장서 와서, 예수께 입을 맞추려고 가까
이 하는지라 예수께서 이르시되 유다야 네가 입맞춤으로 인
자를 파느냐 하시니" — 눅 22:47-48

에덴 동산에서 벌어졌던 사탄과 그리스도의 싸움에서 사탄이 완전히 패했
을 때, 인간 마귀인 유다가 그 현장에 등장하게 되었습니다. 파르티아인
(Parthian)들이 도망가면서 뒤돌아서서 치명적인 화살을 쏜 것처럼(기원전 3세기에
중앙아시아에 있었던 이란 계통의 파르티아 기병들이 후퇴 때 뒤를 돌아보고 활을 쏘았다는 고
사에서 유래된 것으로, '퇴각할 때 쏘는 마지막 화살'이란 뜻이다 — 역주), 그 대적(大敵)은
한 반역자 속에 들어감으로써, 구세주를 또 다른 화살로 겨냥했습니다. 유다는
마귀의 대리자가 되었고, 그는 가장 신뢰할 만하고 유용한 도구가 되었습니다.
악한 자는 그 사도의 마음을 완전히 사로잡았습니다. 그래서 그는 마치 귀신 들
린 돼지(막 5:13)처럼 멸망을 향해 격렬하게 내리 달렸습니다. 당연한 일이지만,
극악무도한 그 악한(惡漢)은 구세주께서 신임하던 친구를 그분을 배신하는 배반
자로 선택하였습니다. 이렇게 해서 사탄은 상하여 피 흘리는 그분 심장의 바로
한가운데를 찔렀습니다. 그러나 사랑하는 성도 여러분, 모든 일에 있어서 하나
님이 사탄보다 훨씬 지혜로우시며, 선한 주님이 악한 권세자보다 한 수 위이시
기 때문에, 이처럼 비열하게 그리스도를 배반하는 일을 통해서도, 주님은 예언

이 성취되도록 하셨습니다. 다시 말해, 그리스도가 약속된 메시아라는 사실이 더욱더 확실히 선포되게 하셨던 것입니다. 요셉은 그리스도의 모형이지 않습니까? 자, 보십시오! 질투를 받은 그 젊은이처럼 예수님도 자기의 형제들에 의해 팔렸습니다. 그분은 또한 또 다른 삼손이지 않습니까? 그분의 힘으로 지옥문들이 그 기둥에서부터 갈라졌으니 말입니다. 자, 보십시오! 그분은 삼손처럼 자기 동족에 의해 결박당하여 원수에게 넘겨졌습니다. 그분은 또한 다윗에 견줄 수 있는 분이지 않습니까? 다윗도 자기의 친한 친구요 모사였던 아히도벨(삼하 15:31)로부터 모반(謀反)을 당했으니 말입니다. 아, 사랑하는 성도 여러분, 시편 기자의 말이 우리 주님의 배반당하심에서 문자 그대로 성취된 것으로 받아들여야 하지 않겠습니까? 시편 41편과 55편의 말씀보다 더 정확하게 실현된 말씀이 어디 있습니까? 먼저 우리는 시편 41편을 읽어 보겠습니다. "내가 신뢰하여 내 떡을 나눠 먹던 나의 가까운 친구도 나를 대적하여 그의 발꿈치를 들었나이다"(시 41:9). 그리고 시편 55편 말씀은 이보다 더욱 분명합니다. "나를 책망하는 자는 원수가 아니라 원수일진대 내가 참았으리라 나를 대하여 자기를 높이는 자는 나를 미워하는 자가 아니라 미워하는 자일진대 내가 그를 피하여 숨었으리라. 그는 곧 너로다 나의 동료, 나의 친구요 나의 가까운 친우로다. 우리가 같이 재미있게 의논하며 무리와 함께 하여 하나님의 집 안에서 다녔도다"(시 55:12-14). "그는 손을 들어 자기와 화목한 자를 치고 그의 언약을 배반하였도다. 그의 입은 우유 기름보다 미끄러우나 그의 마음은 전쟁이요 그의 말은 기름보다 유하나 실상은 뽑힌 칼이로다"(시 55:20-21). 소선지자들 가운데 한 명이 말한 다소 불명료한 성경 구절도 문자 그대로 성취된 것으로 보아야만 합니다. 곧 남종이나 여종의 값인(출 21:32) 은 삼십 개(슥 11:12)에 구세주는 자신이 택한 친구에 의해 배반당해야만 했기 때문입니다. 아! 너 더러운 악마야, 너는 마지막 날에 네 지혜가 악랄한 어리석음에 지나지 않는다는 것을 알게 될 것이다. 너의 그 은밀하고도 교활한 음모와 계략을 주님께서 비웃고 조롱하실 것이다. 결국 너는 너도 모르는 가운데 네가 그토록 증오하는 그분을 위해 꾸준히 일을 한 셈이다. 네가 그토록 탐욕스럽게 한 그 모든 음성적인 일에 있어서, 너는 만왕의 왕(계 17:14)이 계신 왕궁 부엌에서 허드렛일을 하는 비천한 일꾼에 지나지 않는다.

이제 더 이상의 서론은 필요 없을 것 같습니다. 우리 주님의 배반이라는 주제로 곧장 나아가겠습니다. 첫 번째로, 여러분의 생각을 배반당한 분이신 예수님

에게 집중하십시오. 잠시 이 예수님에 대한 생각을 하다가, 배반자인 유다의 극악
무도한 얼굴을 진지하게 쳐다보십시오. 유다는 우리에게 배교를 낳는 죄에 대한
경고의 횃불로 드러나게 될 것입니다.

1. 배반을 당하신 우리 주님을 바라봅시다.

　첫 번째로, 잠시 동안 배은망덕(背恩忘德)하게 배반을 당하신 우리 주님을 바라봅
시다. 그분은 반드시 죽어야 할 분으로 정해져 있었습니다. 그런데 어떻게 그분
이 그 원수들의 손에 넘겨져야 했을까요? 그들이 그분과 싸워서 그분을 체포해
야 했을까요? 그래서는 안 되었습니다. 그분은 적대감이 없는 희생 제물로 나타
나야 했기 때문입니다. 그렇다면, 원수들을 피해서 더 이상 숨을 곳이 없을 정도
로 그분께서 도망을 다니다가 잡히셔야 했을까요? 희생제물이 추격을 받다가 죽
는 것도 합당하지 않았을 것 같습니다. 아니면 그분께서 친히 자신을 원수들에
게 내어주어야 했을까요? 이것도 그분을 죽이려는 자들에게 변명거리가 되거나
그들의 범죄에 공모하는 격이 되었을 것입니다. 그렇다면 그분께서 우연히 혹은
부지불식(不知不識)간에 잡히는 것은 어땠을까요? 그렇다면 그것은 그분께서
반드시 마셔야 할 잔에서, 쑥과 담즙(애 3:19)이 혼합된 쓴 것을 제거하는 꼴이
되었을 것입니다. 그래서는 안 되었습니다. 그분은 자신의 친구로부터 배반을
당해야만 했습니다. 그리하여 인간의 가장 깊은 곳에 있는 고통을 감당해야 했
으며, 각기 다른 모든 상황에서도 슬픔의 샘이 항상 자신 안에 있도록 해야 했습
니다. 그분께서 배반을 당해 죽도록 정해진 한 가지 이유는 다음의 사실에 있었
습니다. 즉, 인간의 죄는 그분의 죽음에서 최고의 정점(頂點)에 이르도록 정해져 있었다
는 사실 말입니다. 포도원의 위대한 주인이신 하나님께서는 자기의 많은 종들을
포도원에 보내셨습니다. 그러자 그 농부들은 주인이 보낸 종들을 한 사람 한 사
람씩 돌로 쳐서 내쫓았습니다. 마지막으로 주인은 내가 내 아들을 보내리니, "그
들이 내 아들은 존대하리라"(마 21:37)고 생각했습니다. 농부들이 유산을 이어받
을 그 상속자를 죽였을 때, 그들의 반역은 가장 극에 달했습니다. 복되신 우리 주
님을 죽인 것은 인간이 저지를 수 있는 극단적인 죄악이었습니다. 그것은 인간
의 마음속에 잠재되어 있던 하나님에 대한 치명적인 증오의 결과였습니다. 인간
이 살인자가 되었을 때, 죄는 가장 무르익었습니다. 그래서 주님을 배반한 그 인
간의 음울한 행동도 무르익어 만 천하에 드러나게 되었습니다. 만약 유다가 없

었더라면, 인간의 본성이 얼마나 음침하고 더러운지 우리는 전혀 알지 못했을 것입니다. 저는 멸망의 아들(살후 2:3)이자, 더러운 배교자이며, 인간의 탈을 쓴 이 마귀의 배반을 옹호하려는 자들을 경멸합니다. 혹시라도 제가 그를 두둔하려고 한다면, 저 또한 악한(惡漢)이라고 생각할 것입니다. 저는 유다의 죄를 감히 과소평가하려는 자들을 보면 몸서리가 쳐집니다. 사랑하는 성도 여러분, 우리는 이런 파렴치한 죄의 원흉에 대해 마음 깊은 곳으로부터 증오해야만 합니다. 유다는 제 곳으로(행 1:25) 갔으며, 베드로가 부분적으로 인용한(행 1:20) 그 다윗의 저주가 유다에게 임했습니다. "그가 심판을 받을 때에 죄인이 되어 나오게 하시며 그의 기도가 죄로 변하게 하시며, 그의 연수를 짧게 하시며 그의 직분을 타인이 빼앗게 하시며"(시 109:7-8). 흔하지 않은 일이지만 마귀는 인간의 몸을 괴롭히도록 허락을 받기도 합니다. 그렇다고는 해도 마귀가 다른 사람들보다 유다를 사로잡아서 마음대로 할 수 있도록 허락된 것은, 인간의 마음이 얼마나 더럽고 철저하게 악한지를 우리가 알도록 하기 위한 것이 틀림없습니다. 물론 이렇게 허락된 주된 이유는 그리스도께서 죄에 대한 완전한 속죄를 하기 위한 것이라는 사실에는 의심의 여지가 없습니다. 우리는 항상 죄에 대한 형벌 속에서야 비로소 죄를 읽을 수 있습니다. 인간은 하나님을 배반했습니다. 인간은 왕의 정원을 관리하고, 그 대로의 푸른 가로수들을 하나님과의 교제를 위해서 거룩하게 지켜야만 했습니다. 그러나 그는 그 신뢰를 배반했습니다. 지킨다는 것은 거짓이었고, 오히려 악을 그 마음에 받아들였을 뿐만 아니라, 하나님의 낙원에도 끌어 들였습니다. 그는 경멸하면서 내쫓아야 할 악을 넌지시 관용함으로써, 창조주라는 선한 이름을 배반하였습니다. 그래서 예수님은 인간이 그분의 반역자라는 사실을 알 수밖에 없었습니다. 그분께서 당하신 고난 가운데는 그러한 죄에 대한 보응이 있었던 것이 틀림없습니다. 여러분과 저는 자주 그리스도를 배반했습니다. 우리는 유혹을 받을 때마다, 악을 선택하고 선을 버렸습니다. 우리는 지옥의 뇌물들을 받았으며, 예수님을 가까이 따르지 않았습니다. 그러므로 죄의 형벌을 받으신 그분께서 그러한 고통을 받을 때 인간의 그 배은망덕한 것과 배신을 생각하셨다면, 그분의 그런 생각은 어쩌면 아주 합당한 것처럼 보이기도 합니다. 사랑하는 성도 여러분, 이 외에도 그 잔은 하나님의 진노에 상응할 만큼 극도로 쓴 잔이어야만 했습니다. 그 잔 안에는 위로가 될 만한 것이 하나도 없어야만 했습니다. 하나님의 지혜로도 차마 생각해 내지 못한 그 끔찍하고도 익히 들어보지 못한 모든 재앙을 그 잔 속에 붓는다는 것 자체가 틀림없이 고통이었을 것입니다. 이 것이 바로 핵심입니다. "내가 신뢰하여 내 떡을 나눠 먹던 나의 가까운 친구도 나를 대적하여 그의 발꿈치를 들었나이다"(시 41:9). 이것이야말로 그 쓴 것을 더 쓰게 만드는데 절대적으로 필요한 말씀이었습니다. 더구나 우리는 주님께서 이 렇게 반역자의 손에서 고통을 받으심으로써 주님께서는 신실한 대제사장이 되시어, 우리가 그와 같은 고난을 당할 때에도, 우리를 동정하지 못하실 이가 아니(히 4:15)라는 것을 확신하게 됩니다. 중상모략과 배은망덕은 흔히 있는 불행한 일이 기 때문에, 우리는 믿음의 충분한 확신을 가지고 예수님에게 나아갈 수 있습니 다. 그분은 이 쓰라린 시험들을 알고 계십니다. 왜냐하면 그분도 이러한 시험들 을 아주 지독하게 당하셨기 때문입니다. 우리는 이 모든 걱정과 슬픔들을 그분 에게 던져 버릴 수 있습니다. 왜냐하면 그분이 우리와 함께 고통을 받으시면서 우리를 돌봐 주시기 때문입니다. 그러므로 우리 주님께서 이러한 배반을 당하심 으로써, 성경의 말씀이 성취되었고, 죄악은 무르익었으며, 대속이 완성되었고, 모든 고난을 받으신 위대한 대제사장은 모든 면에서 우리를 동정할 수 있는 분 이 되셨습니다.

　　이제는 반역 그 자체에 대해 살펴보겠습니다. 여러분은 반역이 얼마나 음성적 인 것인지 알아차렸을 것입니다. 유다는 그리스도의 종이었습니다. 그는 그분께 서 신임하던 종이라고 말해도 될 것 같습니다. 유다는 사도의 사역과 기적적인 은사의 영광에 참여한 자였습니다. 그는 가장 융숭하고도 관대한 대접을 받았습 니다. 그는 자기 주님이 가진 모든 선한 것들을 공유하고 있었습니다. 사실, 그는 주님보다 훨씬 더 잘 지내고 있었습니다. 왜냐하면 그 슬픔의 사람(사 53:3)은 가 난의 고통과 중상모략 하는 자들의 비방을 모두 감당해야 하는 가장 큰 몫을 맡 고 계셨기 때문입니다. 유다는 공동 물품 가운데서 음식과 의복을 맡고 있었으 며, 주님은 그에게 아주 많이 베풀어 주셨던 것으로 보입니다. 옛 전승에 따르면, 유다는 베드로 사도 다음으로 구세주께서 아주 거리낌 없이 대하던 제자였다고 합니다. 우리는 그 전승에 틀림없이 오류가 있다고 생각합니다. 왜냐하면 분명 히 요한이 구세주의 가장 가까운 친구였기 때문입니다. 그럼에도 불구하고 어쨌 든 유다는 한 사람의 종으로서 가장 신임을 받던 제자였습니다. 사랑하는 성도 여러분, 우리가 무한히 신뢰하던 종으로부터 그렇게 뒤통수를 맞는다는 것이 얼 마나 쓰라린 일인지 여러분도 알 것입니다. 그런데 유다는 신임을 받던 자 그 이상이었습니다. 그는 친구였습니다. 그것도 신뢰하던 친구였습니다. 관대한 여인들이 낸 적은 헌금들이 들어 있는 작은 궤를 그의 손에 맡긴 것도 아주 현명한 일이었습니다. 왜냐하면 그는 재정적인 것에 일가견이 있었기 때문입니다. 그에게는 경제적인 재능이 있었으며, 회계를 맡은 자에게는 아주 필수적인 자질이었습니다. 그는 그 작은 공동체를 위해 신중하게 전망하고, 지출 역시 꼼꼼하게 살폈습니다. 그래서 사람들은 그에 대해서 적재적소(適材適所)에 배치된 사람이라고 판단하였습니다. 그는 철저하게 신임을 받았습니다. 저는 그의 회계 업무에 대해 감사가 있었다는 내용을 성경에서 읽어본 적이 없습니다. 또한 주님께서 그에게 자신의 내탕금(privy purse, 영국에서 국왕이 개인적인 용도로 쓸 수 있도록 정부에서 주는 돈 – 역주)을 지출하도록 하셨다는 내용을 저는 발견하지 못했습니다. 재정적인 모든 것이 그에게 일임되었고, 그는 주님의 지시대로 가난한 자들에게 돈을 나누어 주었지만, 그 어떠한 회계 감사도 요구받지 않았습니다. 그런 자리에 선택되어, 만왕의 왕의 회계 담당자로 임명받아, 하나님의 국고를 담당하는 재정장관이 되고서도, 구세주를 배반하고 그분을 팔아 넘겼다는 것은 참으로 야비한 일이며, 이것은 배반 중에서도 최악의 배반이라 할 수 있습니다. 세상은 유다를 우리 주님의 **동료**이자 파트너로 보았다는 사실을 기억하십시오. 유다라는 이름은 상당한 정도로 그리스도라는 이름과 관련되어 있었습니다. 베드로나 야고보나 요한이 어떤 잘못을 저질렀을 때, 비난하는 혀들은 모두 우리 주님을 향해 있었습니다. 그 열두 명은 나사렛 예수님의 본질적인 한 부분이었습니다. 옛날의 어떤 주석가는 유다에 대해서 "그는 그리스도의 또 다른 자아(自我)이다"라고 말했습니다. 대부분의 사람들에게 각각의 사도는 그들의 지도자와 동일시되었습니다. 오, 이러한 연합이 이루어졌는데도, 그는 배반을 하였습니다. 이것은 마치 우리의 팔이 머리를 배반한 것과 같으며, 우리의 발이 그 몸을 버린 것과 같습니다. 이것은 정말 칼로 살을 도려내는 것 같은 일이었습니다! 사랑하는 성도 여러분, 아마도 우리 주님께서는 유다라는 한 인간에게서 **전형적인 인간의 모습**, 즉 후대에 유다의 범죄를 모방하는 수많은 사람들의 모습을 보셨을 것입니다. 예수님께서 가룟인(눅 22:3)에게서 진리와 덕과 십자가를 배반하는 모든 유다들을 보신 것은 아니었을까요? 말하자면 영적으로 유다의 허리에 들어 있던 수많은 무리들을 그때 그분께서 감지하신 것은 아니었을까요? 그분께서 그 유다를 보셨을 때, 즉 그분을 닮은 자였고 그분과 친밀한 자였지만 그분을 은 삼십에

팔아넘기는 그를 보셨을 때, 그분 앞에는 후메내오와 알렉산더(사탄에게 내준 자들
[딤전 1:20] — 역주)와 허모게네(바울을 버린 자[딤후 1:15] — 역주)와 빌레도(악성 종양과 같
은 말을 퍼뜨리는 자[딤후 2:17] — 역주)와 데마(이 세상을 사랑하여 바울을 버린 자[딤
후 4:10] — 역주)와 그와 같은 족속의 모든 자들이 서 있는 것 같았습니다.

사랑하는 성도 여러분, 틀림없이 유다의 위치가 그의 반역을 더욱더 부추겼
을 것입니다. 이방인들도 배은망덕은 가장 나쁜 악덕이라고 우리에게 가르쳐 주
었습니다. 카이사르(Caesar)가 그의 친구 브루투스(Brutus)의 칼에 찔렸을 때, 세
상의 시인은 다음과 같이 기록했습니다.

> "이것이야말로 잔인무도한 살상이었소.
> 대 카이사르도 브루투스가 찌르는 것을 보고는,
> 배반자들의 무기보다도 무서운 배은망덕에 맥이 풀려,
> 그만 그의 위대한 가슴은 터지고 말았소.
> 그리고 그의 얼굴을 외투에 감싸고,
> 줄곧 피를 흘리며,
> 폼페이 상의 발 밑에서
> 위대한 카이사르는 쓰러지고 말았소."

이방인들조차 배은망덕과 반역에 대해 증오심을 가지고 있었습니다. 우리
는 그러한 증오심을 보여주기 위해 그리스와 로마의 많은 옛 이야기들을 인용할
수도 있습니다. 예를 들어, 그리스와 로마의 시인들 가운데 소포클레스
(Sophocles, BC 496-406, 고대 그리스의 3대 비극시인의 한 사람으로서 정치가로도 탁월한
식견을 지니고 국가에 공헌하였다 — 역주) 같은 사람은 거짓 친구에 대해서 열렬한 말
들을 많이 쏟아내었습니다(소포클레스, '오이디푸스 왕'[Oedipus the King] 702행 이하 —
역주). 그러나 가슴에 품을 정도로 절친한 친구에 의해 팔려서 파멸하는 것보다
더 잔인하고 고통스런 상황은 없을 것입니다. 우리는 이 사실을 여러분이 완전
히 수긍하도록 입증할 시간이 없습니다. 적이 가까이 다가오면 올수록, 그 찌르
는 칼날은 더욱더 깊어질 것입니다. 만약 우리가 그 원수를 우리 마음에 받아들
이고, 그를 가장 친밀하게 대한다면, 그 원수는 우리의 가장 치명적인 부분에 상
처를 입힐 것입니다.

사랑하는 성도 여러분, 우리의 구세주께서 고통 받으시던 그 터질 것 같은 가슴을 우리가 바라보면서, 그분께서 이 고통을 어떤 방식으로 직면하셨는지를 주목해 봅시다. 그분은 많은 시간을 기도하며 보내셨습니다. 그분은 기도로 인해 끔찍한 마음의 동요를 이겨내셨습니다. 그분은 아주 평온하셨습니다. 그래서 우리도 친구로부터 버림받았을 때에 아주 평온해져야 할 필요가 있습니다. 그분의 온유하심도 살펴보십시오. 그 배반자가 입맞춤으로써 그분의 뺨을 더럽혔을 때, 그분께서 유다에게 하신 첫 말씀은 바로 이것이었습니다. "친구여!" 친구여!! 이 말씀에 주목하십시오. "너 가증스러운 사악한 자야"가 아니라, "친구여 네가 무엇을 하려고 왔는지 행하라"(마 26:50)고 그분은 말씀하셨습니다. 그분은 "비열한 놈, 네가 무엇을 하려고 왔느냐, 너의 그 추한 거짓 입술로 감히 내 뺨을 더럽히다니"라고 하지도 않았고, "친구여 네가 무엇을 하려고 왔느냐?"라고도 하지 않았습니다. 아! 만약 유다에게 어떤 선한 것이 조금이라도 남아 있었다면, 그분의 이 말로 인해 그는 자신의 실체를 드러냈을 것입니다. 다시 말해, 그가 영락없는 사기꾼, 즉 구제할 수 없는 최악의 악질 배반자가 아니었다면, 그분께서 이 말씀을 하시는 순간, 그는 자신의 탐욕을 내려놓고 다음과 같이 부르짖었을 것입니다. "나의 주님이시여! 나는 당신을 배반하러 왔나이다. 그러나 당신의 그 너그러우신 말씀이 내 영혼을 사로잡았나이다. 여기서 만약 당신이 결박당하셔야 한다면, 저 또한 당신과 함께 결박당하겠나이다. 나는 나의 이 파렴치한 행위를 진심으로 고백하나이다!"라고 말입니다. 친구라고 부른 다음에 우리 주님께서는 이 말씀을 덧붙이셨습니다. 그 말씀에는 책망하는 내용이 들어있기는 했지만, 그래도 그렇게 비겁한 자에게 하는 것치고는 매우 친절하고 선한 말씀이었습니다. "유다야 네가 입맞춤으로 인자를 파느냐?"(눅 22:48). 그분께서 그토록 친밀하게 알고 지내던 친구에게 이런 말씀을 하셨을 때, 그분의 두 눈에서는 눈물이 쏟아져 나오고, 그분의 음성은 떨렸을 것이라고 저는 생각합니다. 나의 유다, 나의 회계를 맡아 보던 "네가 배반하느냐?" 너도 보다시피 벌거벗고 가난하고 머리 둘 곳도 없이(마 8:20) 고통 받고 슬퍼하던 네 친구인 "인자를 배반하느냐?" 네가 인자를 배반하느냐? 애정을 표현하는 수단인 입맞춤으로써 너는 네가 가장 사랑하던 자에게 행음을 하려고 하느냐? 왕에 대한 충성의 상징이어야 하고, 또 사랑을 표하는 최고의 상징으로 간직해야 할 그 **입맞춤**을 너는 배반의 표시로 사용하였다. 너는 나를 파멸로 이끌 도구로 이 입맞춤을 사용하지 않았느냐? "네가 입맞춤으로 인자를 배반하느냐?" 오! 혹시라도 그 마음이 완악하지만 않았더라면, 그리고 성령님께서 그를 완전히 버리시지만 않았더라면, 틀림없이 이 멸망의 아들(살후 2:3)은 다시 엎드려 그 영혼으로 울면서 다음과 같이 부르짖었을 것입니다. "그럴 수 없습니다. 저는 당신을 배반할 수 없나이다. 고난 받으신 하나님의 아들이시여, 용서하소서. 용서하소서. 당신의 생명을 살피소서. 피에 굶주린 이 무리들로부터 피하소서. 당신을 배반하려고 했던 이 제자를 용서하소서!'라고 말입니다. 그러나 그는 절대 이런 말을 하지 않았습니다. 양심의 가책조차 전혀 없었습니다. 은돈이 걸려 있는 문제였기 때문입니다! 그 후에는 유다의 원형(原形)이었던 아히도벨("아히도벨이 자기 계략이 시행되지 못함을 보고 나귀에 안장을 지우고 일어나 고향으로 돌아가 자기 집에 이르러 집을 정리하고 스스로 목매어 죽으매 그의 조상의 묘에 장사되니라"[삼하17:23] − 역주)처럼, 그 양심의 가책을 피하기 위해 자신의 목을 달도록 이끈 사망이 역사하는 슬픔이 그에게 찾아왔습니다. 주님께서는 끝까지 회개치 않는 이 배반자를 보시고, 자신이 예전에 그에 대해 하신 말씀대로, 즉 그 사람은 차라리 나지 아니하였더라면 자기에게 좋을 뻔하였느니라(막 14:21)고 하신 그 말씀대로, 그의 끔찍한 운명을 미리 읽으셨을 때, 이 또한 우리가 사랑하는 주님의 마음을 틀림없이 더욱더 아프게 했을 것입니다.

　사랑하는 성도 여러분, 저는 여러분이 두 눈을 여러분의 주님에게 고정하고서, 이렇게 사람들에게서 멸시받고 거부되었으며, 슬픔의 사람이요 고통에 익숙한 사람(사 53:3)을 고요히 묵상했으면 좋겠습니다. 여러분의 마음의 허리를 동이고(벧전 1:13), 여러분을 연단하려고 오는 불 시험을 이상한 일 당하는 것 같이 이상히 여기지 마십시오(벧전 4:12). 비록 여러분의 주님이 가장 뛰어난 그분의 제자들로부터 배반을 당했다 해도, 여러분은 그분의 은혜를 힘입어 수치와 고난 가운데서도 그분을 의지하며, 필요하다면 죽기까지 그분을 따르겠다는 결심을 했으면 좋겠습니다. 하나님께서는 우리에게 못 박히신 그분의 손과 발을 볼 수 있는 은혜를 주십니다. 이 모든 것이 한 친구의 배신으로부터 비롯되었다는 것을 기억하면서, 우리도 주님을 새롭게 십자가에 못 박지 않도록, 다시 말해 우리의 말과 행동과 생각으로 그분을 배반함으로써, 또다시 그분이 공개적으로 수치를 당하지 않도록 우리 스스로 경계하도록 합시다.

2. 배반자인 유다를 살펴봅시다.

인자를 배반한 사람인 배반자 유다에 대해 평가하는 동안, 여러분은 저를 주목해 주시기 바랍니다. 사랑하는 성도 여러분, 저는 여러분이 유다의 지위와 그의 공적인 인품에 대해 주목하기를 원합니다. 유다는 설교자였습니다. 아니, 그는 뛰어난 설교자였습니다. 사도 베드로는 유다에 대해서 "이 사람은 본래 우리 수 가운데 참여하여 이 직무의 한 부분을 맡았던 자라"(행 1:17)고 말했습니다. 유다는 단순히 칠십 인 중의 한 사람이 아니었습니다. 그는 주님으로부터 친히 열두 제자 중의 한 사람으로 택함을 입어서, 명예로운 사도들의 한 지체가 되었습니다. 틀림없이 그도 복음을 전했을 것입니다. 그래서 많은 사람들이 그의 음성을 듣고서 기뻐했으며, 그에게도 기적적인 능력이 허락되었습니다. 그의 말 한 마디에 병든 자들이 나았고, 못 듣는 자들의 귀가 열리며, 보지 못하는 자들이 보게 되었습니다. 아니, 틀림없이 자기 자신 안에 있는 귀신은 내쫓지 못하면서, 다른 사람들 안에 있는 귀신은 내쫓았을 것입니다. 그러나 오 아침의 아들 루시퍼야, 네가 어찌 하늘에서 떨어졌는가(사 14:12)! 유다는 사람들 가운데서 예언자와 같았습니다. 그는 유식한 언변으로 말했습니다. 그의 말과 이적들로 인해 그가 예수님과 함께 있는 자이며, 그분으로부터 배운 자라는 것이 입증되었습니다. 하지만 그는 자기 주님을 배반했습니다. 사랑하는 성도 여러분, 그 어떤 은사도 은혜를 보증해 줄 수 없으며, 교회 내에서 우리가 그 어떤 명예로운 지위를 갖거나 그 어떤 유익한 자가 된다 해도, 그것으로써 우리 자신이 주님에게 진실하다는 것을 증명할 수 없다는 사실을 이해하십시오. 지옥에는 틀림없이 주교(bishop)들도 있을 것입니다. 한때는 강단에서 말씀을 전했던 수많은 자들이 지금은 자신들의 위선으로 영원히 정죄를 받아 통곡하고 있습니다. 교회의 직분자인 여러분이여, 여러분은 교회 내에서 신임을 받고 있으며, 그 지위를 누리고 있기 때문에, 여러분 안에 있는 하나님의 은혜도 절대적으로 확실할 것이라고 결론짓지 마십시오. 어떤 사람은 누구나 아는 유명인사가 되고 또 널리 존경 받는 지위를 가질 수도 있습니다. 그러나 다른 어떤 곳보다도 종교계에서 그런 지위를 갖는 것이 가장 위험할 것입니다. 왜냐하면 그 속은 썩어 있을 수 있기 때문입니다. 다른 사람들이 우리의 허물을 볼 수 있는 자리에 있다는 것은 비록 고통스럽기는 하지만 건전한 것입니다. 우리는 잘못을 행할 가능성이 있습니다. 그런데도 이런 우리의 가능성을 전혀 믿지 않을 정도로 우리를 사랑하는 친구들과 함께 살아가는 곳, 다시 말해 우리의 잘못을 보고도 우리를 대신해서 변명하는 자들과 함께 살아가는 곳, 바로 이런 곳이야말로 우리의 마음이 하나님 앞에서 올바르지 못하다면, 우리가 항상 깨어 있기가 거의 불가능한 그런 자리일 것입니다. 좋은 평판과 거짓된 마음을 함께 갖는 것은 지옥의 가장자리에 서는 것입니다.

유다는 공식적으로 아주 높은 자리를 차지하였습니다. 그는 주님의 재정적인 일을 위임받는 뛰어난 명예를 얻게 되었습니다. 이것은 결코 작은 것이 아니었습니다. 모든 종류의 은사들을 어떻게 사용해야 하는지를 알고 계시는 주님께서는 그 사람이 지닌 은사도 알고 계셨습니다. 생각이 없고 충동적인 베드로는 곧장 그 궤를 비게 해서 그 무리들을 큰 곤경에 빠뜨리게 할 것임을 그분은 아셨습니다. 그리고 이 일을 만약 요한에게 맡긴다면, 사랑의 마음을 지닌 요한은 구걸하는 자들이 말로 하는 사탕발림에 넘어가서 현명하지 못한 자선을 베풀 것이며, 또한 주님의 머리에 부어드릴 귀한 향유 옥합을 사기 위해 그 작은 돈마저 다 허비할 것임도 그분은 아셨습니다. 그래서 주님은 그 궤를 유다에게 맡기셨고, 그 궤는 사려 깊고 분별력 있게 적절하게 사용되었습니다. 유다야말로 가장 판단력이 있고 그 일을 맡기에 적합한 사람이라는 것은 의심의 여지가 없는 분명한 사실이었습니다. 오! 사랑하는 성도 여러분, 만약 주님께서 우리 가운데 어떤 자를 목회자나 교회의 직분자로 택하시어 우리에게 아주 특별한 자리를 주셨다고 생각해 보십시오. 다시 말해서, 우리가 맡게 된 자리가 명령하는 직분의 자리여서 다른 목회자들도 우리를 존경의 눈빛으로 우러러 보고, 동료인 장로들이나 집사들도 우리를 이스라엘의 족장들과 같이 여긴다고 생각해 보십시오. 오! 그런데도 만약 우리가 주님에게서 돌아선다면, 즉 우리가 거짓된 사람이라는 것이 드러난다면, 마지막 날에 우리에게 임할 종말은 얼마나 끔찍한 것이겠습니까! 우리가 교회의 심장부에 엄청난 타격을 입힌 것처럼, 지옥에서 우리를 향한 조롱 또한 엄청날 것입니다!

여러분은 유다의 인품이 공적으로는 훌륭한 인품을 지녔다는 사실을 보게 될 것입니다. 유다가 어떤 식으로든 잘못을 저지른 것을 저는 발견하지 못했습니다. 다른 사람들이 보기에 자신의 도덕적인 인품에 해가 될 만한 아주 작은 흠도 그에게는 없었습니다. 그는 베드로처럼 떠벌리기를 좋아하는 사람도 아니었습니다. 베드로는 급한 성격에 다음과 같은 말을 아무렇지도 않게 내뱉는 사람이었습니다. "내가 주와 함께 죽을지언정 주를 부인하지 않겠나이다"(마 26:35). 유다는 보좌의 오른편에 자리를 마련해 달라는 부탁도 하지 않았습니다. 그의 야망은 남다른 것이었습니다. 그는 어리석은 질문도 하지 않았습니다. 질문을 했던 유다는 "가룟인 아닌"(요 14:22) 유다였습니다. 도마와 빌립이 자주 심오한 문제들로 꼬치꼬치 캐물었지, 유다는 그러지 않았습니다("도마가 이르되 주여 주께서 어디로 가시는지 우리가 알지 못하거늘 그 길을 어찌 알겠사옵나이까"[요 14:5], "빌립이 이르되 주여 아버지를 우리에게 보여 주옵소서 그리하면 족하겠나이다"[요 14:8] ─ 역주). 유다는 자신이 배운 대로 진리를 받아들였으며, 다른 사람들이 죄를 범하고 더 이상 예수님과 동행하지 않을 때에도, 그는 신실하게 예수님을 좇았습니다. 물론 그가 그렇게 행동한 것에는 묘한 이유들이 있었습니다. 그는 육신의 정욕과 이생의 자랑(요일 2:16)에도 빠지지 않았습니다. 제자들 가운데 유다를 위선자로 의심하는 사람은 한 명도 없었습니다. 제자들은 식탁에서도 "주여, 그가 내니이까?"(마 26:22)라고 말했지, 결코 "주여, 그가 유다이니이까?"라고 말하지 않았습니다. 하지만 그가 수 개월 동안 도둑질을 해온 것은 사실이었습니다. 그는 아주 조금씩 훔쳤고, 재무 조작을 통해 자신의 범죄를 교묘하게 숨겼습니다. 그래서 자신이 관계하던 순진하고도 사람을 잘 믿는 어부들에게 발각될 위험이 없었던 것입니다. 우리가 예전에 들은 어떤 상인이나 무역업자들처럼, 즉 투기하는 회사의 회장이나 착복하는 은행 감독자 같은 아주 귀한 신사들이 하던 것처럼, 유다는 상당한 비율의 공금을 횡령하고서도 수지 결산을 정확하게 맞춰놓을 수 있었습니다. 유다에게서 배운 그 신사들은 주주들을 위하여 재정 장부를 아주 훌륭하게 요리해 냅니다. 그것은 자기들의 식탁에 풍성한 음식을 올리기 위해서 그러는 것이며, 틀림없이 그들은 그 식탁 위에도 하나님의 축복이 임하기를 간구할 것입니다. 유다는 자신이 살아 있는 동안에는 아주 훌륭한 사람이었습니다. 그는 머지않아 틀림없이 시의원이 되었을 것입니다. 그에게는 아주 경건하고 풍성한 은사가 있었기 때문에, 그가 교회나 예배당에 나타나기만 해도 많은 사람들이 강렬한 만족감을 얻었습니다. 집사들은 "이 얼마나 생각이 깊고 영향력 있는 분이신가"라고 말했으며, 목회자들도 "예, 그렇지요. 그분께서 우리 위원회에 들어오신다면 얼마나 좋겠습니까. 우리가 그분을 선출하여 어떤 직분을 맡긴다면, 그분은 교회에 아주 특별한 봉사를 하실 것입니다"라고 말하기도 했습니다. 주님께서는 그를 다음과 같은 의도에서 사도로 택하셨다고 저는 믿습니다. 즉, 그렇게 대단한 사람이 강단에 서는 목회자로 혹은 목회자의 동료로 그리스도의 교회 내에서 직분을 받아 일하는 것을 보더라도, 우리가 전혀 놀라지 않도록 하기 위해서라고 말입니다. 사랑하는 성도 여러분, 이 말은 엄숙한 말입니다. 이 말을 마음에 간직하십시오. 혹시라도 우리 가운데 어느 누가 사람들 가운데서 훌륭한 인품과 높은 직책을 가지고 있다면, 우리는 다음과 같은 질문을 늘 가까이 해야 합니다. "주여, 내가 이 일을 감당할 자격이 있나이까? 주여, 내가 이 일을 감당할 자격이 있나이까?" 아마도 이 질문을 제일 늦게 하는 사람이, 제일 먼저 이 질문을 해야만 했던 사람일 것입니다.

이제 둘째로, 여러분은 그의 실제 본성과 죄악에 대해 주목하기 바랍니다. 유다는 양심을 가지고 있는 사람이었습니다. 그는 양심 없이는 살아갈 수 없는 사람이었습니다. 그는 신앙을 저 밖으로 내버릴 만한 사두개인이 아니었습니다. 그는 강력한 신앙의 영향 아래 있었습니다. 그는 방탕한 사람이 아니었습니다. 그는 인생에 있어서 부도덕한 일에는 단 한 푼도 결코 허비하지 않았습니다. 그렇다고 해서 그가 부도덕한 것을 덜 사랑한 것은 아니었습니다. 단지 그 한 푼의 돈을 더 사랑했던 것입니다. 가끔 그가 관대할 때도 있었는데, 그때는 다른 사람의 돈으로 관대하게 행동했습니다. 그는 자신이 사랑하던 임무, 즉 그 궤를 맡은 일을 잘 돌보았습니다. 제가 말씀드렸듯이 그는 양심을 가진 사람이었습니다. 그런데 그 양심의 사슬이 부서지자, 그 양심은 잔인한 양심이 되어 버렸습니다. 스스로 자기 목을 매달게 한 것이 바로 그 양심이었기 때문입니다. 그러나 목을 매달게 한 그 양심은 자기 보좌를 정상적으로 지키지 못하는 양심이었습니다. 그 양심은 정상적으로 작동하다가도, 오락가락하는 충동의 지배를 받았기 때문입니다. 따라서 양심이 주도적으로 지배했던 것이 아니라, 탐욕이 양심을 지배하였습니다. 그가 정직하게 행해서 돈을 벌 수 있었다면, 그는 그렇게 행하는 것을 최고로 좋아했을 것입니다. 그러나 그렇게 양심적으로는 돈을 벌 수 없었기에, 그는 세상적인 방법을 취했던 것입니다. 그는 소액 거래자에 지나지 않았습니다. 그는 예수님을 팔아서 그리 큰 이익을 얻을 생각이 없었습니다. 혹시라도 많은 이익을 얻고자 했다면, 그렇게 적은 액수의 돈에 그리스도를 팔지는 않았을 것입니다. 현재 우리 돈의 가치로 환산하자면 기껏해야 십 파운드 정도이고, 예수님 당시에도 고작 삼사 파운드 정도에 불과한 아주 적은 액수였습니다. 이것은 주님을 파는 대가로는 너무 보잘것없는 가격이었습니다. 그러나 그에게는 그렇게 작은 돈도 아주 큰 돈이었습니다. 그는 지금까지 가난했었습니다. 사실 그가 그리스도와 함께 했던 이유는 이제 곧 그리스도께서 만왕의 왕으로 선포되시기만 하면, 유다 자신도 귀족이 되어 부자가 될 것이라는 생각이 들었기 때문입니다. 그러나 그리스도가 왕이 되는 나라가 이 땅에 임하기까지는 꽤 오랜 시간이 걸린다는 것을 알고부터, 그는 돈을 조금씩 모아 비축해 두었습니다. 그러다 지금, 자신이 가진 모든 꿈들이 좌절될지도 모른다는 두려움이 생겼습니다. 이 모든 일에도 그리스도를 위한 염려는 조금도 없었고, 단지 자신만을 염려했습니다. 그리하여 그가 보기에는 자신이 할 수 있는 최선의 선택이지만, 우리가 보기에는 최대 실수라고 생각하는 그 일을 감행하고자 했습니다. 즉, 주님을 배반함으로써 돈을 벌어보자는 생각을 하였던 것입니다. 사랑하는 성도 여러분, 모든 위선자들 가운데서 돈을 하나님처럼 섬기는 자들에게는 소망이 별로 없습니다. 저는 이 사실을 진지하게 믿고 있습니다. 여러분이 주정뱅이는 교화할 수 있습니다. 우리는 그렇게 교화된 경우들을 지금까지 많이 보았습니다. 하나님께 감사드릴 뿐입니다. 악에 굴복한 타락한 그리스도인도 자신의 정욕을 혐오하고서 그 정욕에서 돌이킬 수 있습니다. 그러나 이런 말을 하기가 두렵기는 하지만, 탐욕이라는 몹쓸 병에 걸린 사람이 구원받는 경우는 거의 없어서, 구원 받는 숫자가 손에 꼽힐 정도입니다. 탐욕이라는 죄는 세상이 비난하지 않는 죄입니다. 가장 신실한 목회자라 해도 탐욕의 이마를 과감하게 치지 못합니다. 이 세상을 전부로 여기면서도 그리스도를 따르는 척하는 사람들에게 제가 우레 같은 음성으로 얼마나 그들을 비판했는지 하나님은 아실 것입니다. 제가 그렇게 엄하게 말을 해도, 그들은 항상 "그 말씀은 내게 해당되는 말씀이 아니야"라고 말합니다. 제가 완전히 노골적이고 적나라한 탐욕이라고 부르는 것을 그들은 신중함, 자유재량, 근검절약 등으로 부르고 있습니다. 그들은 제가 침이라도 뱉어 주고 싶은 그런 행동들을 합니다. 그런 행동들을 한 후에도 자신들의 손은 깨끗하다고 생각합니다. 그러고는 여전히 하나님의 백성들이 앉는 자리에 앉아서 그들이 듣는 것을 들으며, 비록 자기들이 얼마 안 되는 이익 때문에 그리스도를 팔았다 해도, 자신들은 천국에 가게 될 것이라고 생각합니다. 오, 영혼들이여, 영혼들이여, 탐욕은 그 어떤 것이라도 모두 살피고 주의하고 조심하십시오! 일만 악의 뿌리(딤전 6:10)가 되는 것은 돈도 아니고, 돈이 부족한 것도 아닙니다. 그것은 돈을 사랑함입니다. 일만 악의 뿌리는 돈을 버는 것도 아니고, 심지어 돈을 지키는 것도 아닙니다. 일만 악의 뿌리는 돈을 사랑하는 것입니다. 그것은 돈을 여러분의 하나님으로 만드는 것입니다. 그것은 돈을 절호의 기회로 바라보면서, 그리스도의 뜻이나 그리스도의 진리나 그리스도의 거룩한 삶 등을 생각하지 않는 것입니다. 오히려 이익을 위해서라면 언제든 모든 것을 희생할 준비를 하는 것입니다. 오! 그런 자들이야말로 큰 죄인들입니다. 그들은 영원히 지옥의 비웃음의 대상이 될 것이며, 그들이 받을 저주는 확실하고 합당한 것이 될 것입니다.

셋째 요점은 유다가 받은 경고와 계속해서 굴하지 않은 그의 태도입니다. 한번 생각해 보십시오. 유다가 자신의 주님을 팔기 전날 밤에, 주님께서는 무엇을 하셨다고 생각합니까? 대단하게도 그분은 유다의 발을 씻어 주셨습니다! 그런데도 유다는 주님을 팔아 버렸습니다! 엄청난 겸손입니다! 엄청난 사랑입니다! 엄청난 친밀함입니다! 주님은 수건을 가져다가 허리에 두르시고(요 13:4) 유다의 발을 씻어 주셨습니다! 그런데 바로 그 발이 유다로 하여금 예수님을 사람들이 잡도록 하는 인도자가 되게 했습니다! 예수님께서 유다의 발을 씻어 주면서 하신 말씀을 여러분은 기억하십시오. "너희가 깨끗하나 다는 아니니라"(요 13:10). 이 말씀을 하신 후에 그분께서는 눈물을 흘리면서 유다를 바라보셨습니다. 그를 향한 이 얼마나 분명한 경고입니까! 이보다 더 확실한 경고가 있을 수 있습니까! 그러고 나서 만찬이 준비되고, 그들은 함께 먹고 마시기 시작했습니다. 주님께서 말씀하셨습니다. "너희 중 하나가 나를 팔리라"(요 13:21). 이것은 아주 분명한 말씀이셨습니다. 시간이 좀 지나서 그분은 더욱 확실히 말씀하셨습니다. "나와 함께 그릇에 손을 넣는 그가 나를 팔리라"(마 26:23). 회개할 수 있는 기회가 얼마나 많았는지 모릅니다! 유다는 자신이 신실하지 않은 설교자(예수님 — 역주)를 두었다고 말할 수 없었습니다. 한 개인에 대한 회개의 경고를 이보다 더 어떻게 할 수 있겠습니까? 만약 그가 지금 회개하지 않는다면, 도대체 그에게 어떤 일이 벌어지겠습니까? 게다가 유다는 아무리 금강석 같은 마음(슥 7:12)이라도 눈물을 흘리기에 충분한 상황을 보았습니다. 즉, 그리스도께서 "지금 내 마음이 괴로우니"(요 12:27)라고 말씀하신 직후에 그분의 얼굴에 고뇌가 가득한 모습을 보던 것입니다. 유다는 그 식탁을 떠나서 주님을 팔기 위해 나갔습니다. 혹시라도 그가 계획을 포기하고 혼자 떠나지 않았더라면, 다시 말해 자기 영혼을 자신이 계획한 음모에 넘겨주지 않았더라면, 그렇게 슬픔으로 가득한 그 얼굴을 보고서 유다는 마음을 바꿀 수도 있었을 것입니다. 아니, 틀림없이 그 마음을 바꿀 수밖에 없었을 것입니다. 예수 그리스도께서는 "인자를 파는 그 사람에게는 화가 있으리로다 그 사람은 차라리 태어나지 아니하였더라면 제게 좋을 뻔하였느니라"

(마 26:24)고 말씀하셨습니다. 그분께서 하신 이 말씀보다 더 청천벽력 같은 말씀이 어디 있겠습니까? 그분은 "내가 너희 열둘을 택하지 아니하였느냐 그러나 너희 중의 한 사람은 마귀니라"(요 6:70)고 말씀하셨습니다. 자, 보십시오. 이러한 천둥 같은 소리가 그의 머리 위에서 울리고, 번갯불 같은 섬광이 자신을 비추는 데도, 이 사람이 깨닫지 못했다면, 틀림없이 그의 영혼 안에는 끔찍한 지옥의 완고함과 죄악이 들어 있었을 것입니다! 오! 만약 여러분 가운데 누가 그리스도를 팔아서라도 주일에 상점 문을 열려고 한다면, 그리고 만약 그리스도를 팔아서라도 여러분이 거짓된 방법으로 부수입을 얻고자 한다면, 오! 만약 그리스도를 팔아서라도 여러분이 아주 비열한 계약을 통해 수백 파운드를 손에 넣고자 한다면, 만약 여러분이 정말 그렇게 한다면, 여러분은 반드시 경고 없이는 멸망하지 않을 것입니다. 저는 여러분 가운데 어떤 사람들을 기쁘게 하기 위해서 이 강단에 선 것이 아닙니다. 여러분의 어리석음에 대해서 제가 조금 더 알았더라면, 여러분의 어리석음들을 조금 더 노골적으로 지적했을 것입니다. 그리고 제가 사업의 속임수들을 조금 더 알았더라면, 저는 그 속임수들을 언급하는데 조금도 주저하지 않았을 것입니다! 이에 대해서는 하나님도 알고 계십니다. 그러므로 사랑하는 성도 여러분, 결국 스스로 목을 맨 유다의 피로 말미암아, 저는 여러분에게 간청합니다. 여러분, 돌아서십시오. 혹시라도 그런 죄악이 있다면, 그 죄악으로부터 돌아서십시오. 여러분의 죄가 도말될 가망이 있다면 말입니다!

이제 우리는 일 분 동안, 유다의 행동 그 자체를 주목해 보겠습니다. 그는 스스로 유혹을 찾아 나섰습니다. 그는 마귀가 자신에게 오는 것을 기다리지 않았습니다. 그는 마귀를 찾아 나섰습니다. 그는 대제사장들에게 가서 말하되, "내게 얼마나 주려느냐?"(마 26:15)라고 하였습니다. 옛날의 한 청교도 신학자는 "이것은 통상적으로 사람들이 거래를 하는 방식이 아닙니다. 사람들은 먼저 자신이 생각하는 가격을 말합니다"라고 언급했습니다. 그런데 유다는 "내게 얼마나 주겠소? 당신이 원하는 대로 어떤 가격이라도 좋소. 살려는 당신이 원하는 가격으로 생명과 영광의 주님을 팔겠소. 내게 얼마나 주겠소?"라고 말했던 것입니다. 또 다른 청교도 신학자는 이 구절을 다음과 같이 아주 아름답게 설명하고 있습니다. "그들이 유다에게 무엇을 줄 수 있었습니까? 그는 무엇을 원했습니까? 그는 음식이나 의복을 원하지 않았습니다. 그는 주님이나 다른 제자들처럼 잘 지내고 있었습니다. 그는 풍족했습니다. 그는 자신이 필요하여 갈망하는 모든 것을 가졌습니다. 그런데도 그는 내게 얼마나 주려느냐? 내게 얼마나 주려느냐? 내게 얼마나 주려느냐? 하고 말했습니다." 진정 슬픈 일입니다! 어떤 사람들의 신앙도 이와 마찬가지로 "내게 얼마나 주려느냐?" 하는 이 한 가지 질문 위에 토대를 두고 있습니다. 그렇습니다. 그들은 교회에서 어떤 구제가 베풀어져야 교회에 가려고 합니다. 교회에 가지 않고서도 더 많은 것을 얻을 수 있다면, 그들은 교회에 오지 않을 것입니다. "내게 얼마나 주려느냐?" 이런 사람들은 유다만큼도 지혜롭지 못하면서 그렇게 말합니다. 아! 저기에 유다가 행한 것처럼 그런 면류관을 얻기 위해, 더군다나 그 십 파운드 정도를 얻기 위해, 주님을 팔려고 하는 사람이 있습니다. 도대체 우리 돈으로 가장 작은 은전 한 푼 때문에 그리스도를 팔려고 하는 사람들이 있다니요. 일 년만 지나면 돈의 가치가 떨어져서 몇 푼 되지도 않을 그 이익을 위하여, 자기들의 주님을 부인하려고 하며 거룩하지 않은 방식으로 행동하려고 합니다. 만약 우리가 이것에 대해 진정으로 세심하게 살펴본다면, 이런 생각보다 더 끔찍한 생각은 없을 것입니다. 이러한 유혹은 우리 한 사람 한 사람 모두에게 생깁니다. 그런 생각 자체를 부인하지는 마십시오. 우리 모두는 이익 얻는 것을 좋아합니다. 그것은 우리가 마땅히 생각해 볼 수 있는 아주 자연스러운 것입니다. 이익을 추구하는 경향성은 우리 모두의 마음속에 있습니다. 그리고 합법적인 틀 속에서 이익을 추구한다면 정당하지 않은 경향성도 아닙니다. 그러나 그러한 이익 추구로 인해 우리 주님에 대한 충성심과 갈등을 일으킨다면, 즉 이익을 추구하는 이 세상에서 자주 갈등을 일으킨다면, 우리는 그런 이익 추구를 극복하든지 아니면 떨쳐 버려야만 합니다. 여러분 가운데 어떤 이들에게는 일주일에 수도 없이 "하나님이냐 아니면 이익이냐"하는 문제가 제기되기도 합니다. 다시 말해, "그리스도냐 아니면 은 삼십이냐" 하는 문제가 일어나는 것입니다. 그래서 저는 이 문제를 아주 긴급하게 여러분의 마음에 제기하려고 합니다. 비록 이 세상이 이익 추구를 최고의 가치로 삼는다 해도, 그리고 세상이 말하기를 세상의 안락함 위에 다른 안락함을 쌓아올리고, 여기에 명성과 명예와 존경을 더해야 한다고 해도, 여러분은 절대로 여러분의 주님을 버리지 마십시오. 저는 여러분을 위해 기도하겠습니다. 지금까지 다음과 같은 경우들이 많았습니다. 여태껏 이곳에 예배를 드리러 나오다가 주일이 일주일 중에 장사하기 제일 좋은 날이기 때문에, 더 이상 오지 않는 사람들이 있습니다. 그들은 한 때 신앙에 대해서 좋은 감정들을 가졌었고, 좋은 인상들을 갖기도 했습니다. 그러나 지금은 이 모든 것들을 잃어버렸습니다. 우리는 다음과 같이 말하는 다른 사람들도 알고 있습니다. "여러분도 알다시피, 저도 한때는 주님을 사랑한 다고 생각했습니다. 그런데 제가 하나님의 집에 올라와도, 제 사업은 그렇게 잘 되지 않았어요. 그래서 저는 신앙을 떠나게 되었고, 제 신앙을 포기했습니다." 아, 유다여! 아, 유다여! 아, 유다여! 당신이 유다와 같은 사람이기 때문에, 나는 당신을 유다라고 부르는 것입니다! 이것은 되풀이되는 배교의 죄악입니다. 하나 님께서 여러분을 도우서서 그 죄를 회개하기를 기원합니다. 만약 여러분이 구원 을 받고자 한다면, 어느 다른 제사장에게 가지 말고, 그리스도에게 나아가 그분 께 죄를 고백하십시오. 여러분은 유다가 그리스도를 파는 행동을 하면서도 자기 주인에게 충성했다는 사실을 알고 있을 것입니다. 여러분은 "그가 자기 주인에 게 충성을 했다고요?"라고 말할 수도 있습니다. 그렇습니다. 유다의 주인은 마귀 였습니다. 마귀와 유다가 한 마음이 되어서 그 일을 정직하게 완수했던 것입니 다. 어떤 사람들은 항상 마귀에게 아주 정직합니다. 만약 그들이 나쁜 일을 하겠 다고 말하기라도 했다면, 그들은 그 일을 꼭 해야 한다고 주장합니다. 왜냐하면 그렇게 하겠다고 자신이 말했기 때문이라고 합니다. 비록 나쁜 일을 하겠다는 맹 세라 해도, 그 맹세가 한 사람을 옭아매는 것처럼 말입니다. 그렇지 않습니까? 어떤 사람이 "이제 나는 그 하나님의 집에 다시는 가지 않겠다"라고 말했습니다. 그리고는 나중에 "내가 그렇게 말하지 않았어야 했었는데"라고 말합니다. 그런 데 나중에라도 그렇게 후회하는 것이 잘못된 것입니까? 그렇다면 처음에 한 여 러분의 그 맹세는 도대체 무엇입니까? 그것은 마귀에게 한 맹세였습니다. 그런 맹세는 사탄에게 한 어리석은 약속일 뿐입니다. 그런데도 여러분은 사탄에게 한 약속을 신실하게 지키려고 하는 것입니까? 아! 하나님께서는 여러분이 그리스도 에게 신실하기를 원하십니다! 사탄의 종들이 그 주인의 약속을 어기지 않는 것 처럼, 우리 가운데 어느 누구도 그리스도의 약속을 어기지 않기를 하나님께서는 원하십니다!

유다는 그 주님의 입을 맞추면서, 주님을 배반했습니다. 이런 행동은 대부 분의 배교자들이 하는 방법입니다. 배교에는 항상 입맞춤이 함께 합니다. 여러 분은 지금까지 살아오면서 진리에 대한 심오한 존경으로 시작하지 않는 불신앙 의 책들을 읽어 본 적이 있습니까? 저는 지금까지 읽어 본 적이 없습니다. 심지 어 오늘날의 주교(bishop)들이 쓰는 책들도 항상 진리에 대한 존경으로 시작하는 글을 씁니다. 이들은 인자를 입맞춤으로써 배신합니다. 여러분은 일종의 병적인 겸양으로 시작하는 책들, 다시 말해 설탕이나 버터나 시럽 등 달콤하고 부드러운 모든 것들로 시작하는 책이 아닌, 쓴 맛이 나는 논쟁이 들어 있는 책을 읽어 본 적이 있습니까? 쓴 맛이 나는 책들을 보면 분명히 여러분은 다음과 같이 말할 것입니다. "아! 이 책에는 틀림없이 나쁜 내용이 들어 있을 거야. 사람들은 책의 내용이 아주 부드럽고 다정하고 겸손하고 평온한 내용으로 시작해야 그 책을 신뢰하는데, 이 책은 사람들의 마음에 증오심만 불러일으키고 있잖아." 가장 경건하게 보이는 사람들이 종종 세상에서 가장 위선적인 사람들일 수 있습니다.

우리는 유다의 회개로 이 말씀을 맺고자 합니다. 유다는 회개를 했습니다. 그는 회개를 했지만, 유다가 한 회개는 죽음을 초래한 회개였습니다. 그는 자신의 죄를 고백했지만, 그 사실 자체는 전혀 고려할 것이 못됩니다. 오직 그 결과만이 중요합니다. 그는 그리스도가 처형당한 것에 때문에 너무 마음이 아팠습니다. 주님께서 처형당하는 것을 보았을 때, 그에게는 친절하신 주님에 대해 자신이 예전에 가졌던 어떤 잠재된 사랑이 불쑥 일어났을지도 모릅니다. 주님을 팔아넘긴 자신의 행동으로 인해 그런 결과가 일어나리라고는 전혀 생각하지 못했을 수도 있습니다. 그는 주님께서는 그 사람들의 손에서 벗어나 도망을 가고, 자신은 그냥 은 삼십만 얻게 되면 좋겠다는 소망을 가졌을지도 모릅니다. 그래서 어쩌면 주님을 다시 팔아볼 생각도 했을지 모릅니다. 유다는 주님께서 어떤 기적적인 능력을 베푸시어 그들의 손에서 벗어나 하나님 나라를 선포하심으로써, 어쩌면 자신의 배반이 그 복된 하나님 나라의 완성을 앞당기게 하지는 않을까 하고 생각했을 수도 있습니다. 사랑하는 성도 여러분, 결과를 보고서 뉘우치는 사람은 참으로 뉘우치는 사람이 아닙니다. 악당들은 교수대를 보고서 뉘우치지, 살인행위를 보고서 뉘우치지 않습니다. 그들은 살인 행위에 대해서는 전혀 양심의 가책이 없습니다. 물론 인간의 법은 그가 행한 범죄의 결과로 판단할 수밖에 없습니다. 그러나 하나님의 법은 그렇지 않습니다. 열차의 맨 앞에서 교통 신호를 통제하는 사람이 있다고 합시다. 그런데 그가 자신의 임무를 게을리 했다가, 열차가 서로 충돌하는 사고가 일어났고 사람들이 죽었습니다. 비록 그가 부주의한 탓이라 해도, 이 사람의 죄는 업무상 과실치사입니다. 아마 이 사람은 예전에도 여러 번 자신의 임무를 소홀히 했을 것입니다. 하지만 그런 임무 소홀에도 불구하고 지금까지 사고가 일어나지 않았던 것입니다. 그러고 나서 그는 집에 걸어가면서 다음과 같이 말했습니다. "괜찮아, 나는 아무런 잘못도 행하지 않았어." 자, 여러분은 이 사실을 기억하십시오. 잘못은 절대로 그 결과인 사고에 의해 판단되어서는 안 된다는 사실 말입니다. 잘못은 잘못을 행했다는 바로 그 사실로부터 반드시 판단되어야 합니다. 여러분이 어떤 범죄를 저지르고 나서 그 자리에서 도망가 아무에게도 들키지 않았다 해도, 하나님 보시기에 여러분은 그저 사악한 사람일 뿐입니다. 여러분이 어떤 악한 일을 저질렀는데, 그 악행으로 초래될 자연적인 결과가 하나님의 섭리로 일어나지 않았다면, 그 결과로 인한 영광은 하나님이 받으셔야 하고, 여러분에게는 마치 그 악행이 온 세상을 불타오르게 한 것 같은 엄청난 결과를 초래한 것처럼 죄가 있는 것입니다. 여러분은 그 정도로 영락없는 죄인입니다. 죄는 절대로 그 결과로 판단하지 마십시오. 오히려 죄 그 자체로 인해 회개하십시오.

이 사람 유다는 그 결과에 대해서 애석하게 생각했지만, 그 결과를 되돌려 놓을 방법이 없었습니다. 그래서 그는 후회하게 되었습니다. 그는 나무를 찾아 밧줄을 걸고서 목을 매달았습니다. 그런데 너무 급하게 목을 매달았기 때문에, 줄이 끊어져 버렸습니다. 그래서 몸이 곤두박질하여 배가 터져 창자가 다 흘러나왔다고 기록되어 있습니다(행 1:18). 그의 몸은 산산조각이 난 채로 낭떠러지 바닥에 널브러져 있었습니다. 지나가던 사람들은 모두 두려워하였습니다. 자, 신앙으로 뭔가 이익을 얻으려고 하는 여러분이여, 혹시 이 자리에 그런 사람이 있다면, 여러분은 자살로 생을 마감하지는 마십시오. 하지만 이 교훈만은 가슴에 새기십시오.

제가 존경하는 우리 교회 초대 목회자였던 키치(Benjamin Keach, 1640-1704, 열여덟 살 때부터 설교를 했던 재봉사 출신의 침례교 설교자로, 스펄전이 시무하던 메트로폴리탄 태버너클[Metropolitan Tabernacle] 교회의 전신인 뉴 파크 스트릿[New Park Street] 교회의 담임목사로 36년간[1668-1704] 섬겼다 ― 역주) 목사는 자신의 설교집 끝부분에서 존 차일드(Mr. John Child) 목사의 죽음에 대해 말하고 있습니다. 존 차일드는 영국 비국교파 목회자였습니다. 하지만 생계유지라는 이익을 얻고자 자신의 양심에 반하지만 회중교회에 가입하였습니다. 그는 유아세례를 베풀었고, 자신의 양심에 반하는 교회의 다른 모든 자질구레한 예식들을 행했습니다. 그러다가 마침내 그는 자신이 행한 일들로 인해 큰 두려움에 휩싸였습니다. 그래서 결국 자기 삶을 포기하게 되었고 병상에 눕게 되었습니다. 그가 임종하면서 내뱉은 욕설과 신성모독적인 표현과 저주들은 아주 엄청난 것들이었습니다. 그의 임종은 그 시대에 하나의 기이한 사건이었습니다. 키치 목사가 자신의 책에 쓴 자세한 설명을 따르면, 많은 사람들이 그분을 위로할만한 어떤 일을 하려고 했지만, 그분은 "여기서 나가시오, 여기서 나가시오, 아무 소용이 없소. 나는 그리스도를 판 사람이요"라고 말했다고 합니다.

여러분은 또한 프란체스코 스피라(Francesco Spiera, 1502-1548, 개신교도였다가 배교한 이탈리아 법률가로서, 그의 임종 모습은 많은 종교적인 글의 주제가 되었다 — 역주)의 기이한 죽음에 대해서도 알고 있을 것입니다. 모든 문학 작품 중에서도 스피라의 죽음처럼 끔찍한 것은 없을 것입니다. 그는 진리를 알았습니다. 그래서 종교 개혁자들 가운데 굳건히 서기도 했습니다. 그는 존경을 받았으며, 외형적으로 보기에도 신실한 사람이었습니다. 그런데 그런 그가 로마 교회로 돌아가 버렸던 것입니다. 그는 배교를 하였습니다. 후에 양심의 가책을 받을 때도, 그는 그리스도에게로 다시 돌아오지 않았습니다. 그는 죄를 바라보는 대신 죄의 결과만을 바라보았습니다. 그래서 그 결과는 이제 되돌릴 수 없는 것이라 여기면서, 죄는 용서받을 수 있다는 사실조차 잊은 채, 극심한 고뇌 가운데 죽어갔습니다.

우리 각자는 이러한 죽음의 침상에 눕지 말아야 합니다. 이런 불행한 운명을 맞게 되는 자들이 우리 가운데는 없기를 바랍니다. 지금 주님께서는 우리에게 은혜를 베푸시어, 우리로 하여금 우리의 마음을 살피게 하십니다. 혹시라도 여러분 가운데 "우리에게는 이런 설교가 필요치 않아"라고 말하는 사람이 있습니까? 그 사람이 바로 이 설교가 가장 필요한 사람일 것입니다. 또한 "우리 가운데는 그런 유다가 없어요"라고 말하는 그 사람이 분명 유다 자신일 것입니다. 오! 여러분의 마음을 살피십시오. 여러분의 마음 구석구석을 샅샅이 뒤져 보십시오. 여러분의 신앙이 그리스도를 위한 것인지, 진리를 위한 것인지, 하나님을 위한 것인지, 아니면 여러분의 모양새를 좋아 보이게 하는 일이기에 또는 여러분을 좀 더 높아 보이게 하는 일이기에 여러분이 취하는 가식적인 고백인지 알아보기 위해서, 여러분의 영혼을 구석구석 들여다보십시오. 주님은 우리를 살피시고 우리를 시험하사(시 139:23), 우리가 우리의 길을 알도록 인도하십니다.

이제 결론적으로 말씀드리겠습니다. 구세주께서 살아 계십니다. 그리고 구세주께서는 지금 우리를 기꺼이 영접하고자 하십니다. 만약 내가 성도가 아니라면, 나는 죄인일 것입니다. 그렇다면 우리 모두 그 샘에 다시 나아가 씻어 깨끗하게 되는 것이 최선의 일이지 않겠습니까? 우리 각자가 다시 새롭게 나아가서 다음과 같이 말하도록 합시다. "주님, 제가 어떤 사람인지 당신은 아십니다. 저도 제 자신을 모르겠나이다. 하지만 제가 잘못된 길을 가고 있다면, 저를 바르게 하옵소서. 제가 바른 길을 가고 있다면, 제가 계속해서 그 길을 가게 하옵소서. 제가 신뢰하는 분은 당신이나이다. 지금 저를 지켜 주옵소서. 예수님, 당신을 통하여 기도하나이다." 아멘.

제
85
장

—

베드로의 회복

—

"베드로가 이르되 이 사람아 나는 네가 하는 말을 알지 못하
노라고 아직 말하고 있을 때에 닭이 곧 울더라. 주께서 돌이
켜 베드로를 보시니 베드로가 주의 말씀 곧 오늘 닭 울기 전
에 네가 세 번 나를 부인하리라 하심이 생각나서 밖에 나가
서 심히 통곡하니라." — 눅 22:60-62

　　베드로는 끔찍하게 넘어졌습니다. 그는 자기 스승을 부인하였습니다. 그것
도 거듭해서 부인하였습니다. 맹세하면서까지 부인하였습니다. 자기 스승이 매
맞고 거짓 고발을 당하는 중에 그분이 계신 곳에서 그분을 부인하였습니다. 베
드로는 사도였지만 그분을 부인하였습니다. 모두 주를 버릴지라도 나는 결코 버
리지 않겠다(마 26:33)고 장담한 베드로였지만, 그는 그분을 부인하고 말았습니
다. 이것은 슬프고도 슬픈 죄였습니다. 어떻게 해서 베드로가 이런 죄를 범하게
되었는지를 기억하십시오. 첫째 이유는 베드로의 건방짐과 자기 확신 때문이었
습니다. 자신은 결코 넘어질 수 없다고 베드로는 생각했습니다. 그런데 바로 그
이유 때문에 그는 순식간에 넘어졌습니다. 넘어지기 전에는 거만한 마음이 들기
마련입니다. 오, 우리는 독을 내뿜는 그 꽃들의 뿌리를 찾아, 그것들을 뽑아내 버
립시다! 만약 건방진 마음이 오늘 우리 마음의 토양 속에 무성하게 자라고 있다
면, 거기서부터 나오게 될 악한 열매들을 우리는 곧 보게 될 것입니다. 우리의 확
고한 인격, 깊이 있는 체험, 분명한 통찰력, 원숙한 은혜 등을 우리가 의지한다

면, 결국에 우리는 수치스런 실패를 맞게 될 것입니다. 우리는 우리 자신을 부인해야만 합니다. 그렇지 않으면, 우리는 우리 주님을 부인하게 될 것입니다. 만약 우리가 자기 확신을 붙든다면, 우리는 그분을 붙들지 못할 것입니다.

베드로의 부인은 직접적으로 그의 비겁함에서 비롯된 것이었습니다. 그 용감한 베드로가 여종의 면전에서 수치를 당했습니다. 그리고 그는 자신이 갈릴리 사람을 따르는 무리로 지목당하는 것을 참을 수 없었습니다. 베드로는 이 일 후에 어떤 일이 벌어질지 몰랐습니다. 베드로는 주님에게 한 명의 친구도 남아 있지 않은 것을 보고는, 이제 모든 것이 실패했다고 여기고서, 이에 대해 상관하고 싶지 않았습니다. 우리는 베드로가 일시적으로 낙심하여 비겁한 짓을 했다고밖에 생각할 수 없습니다. 비겁함은 교만의 발뒤꿈치를 좇아 바짝 뒤따라가는 법입니다. 그래서 세상을 상대로 싸울 수 있다고 생각한 그가 결국 제일 먼저 도망친 사람이 되었던 것입니다.

그의 죄는 또한 그가 완전히 깨어 있지 못해서 생겨난 것이었습니다. 주님께서는 그에게 "너희가 나와 함께 한 시간도 이렇게 깨어 있을 수 없더냐?"(마 26:40)라고 말씀하셨습니다. 틀림없이 이 말씀 안에는 표면적으로 드러난 것보다 더 많은 의미가 들어 있었습니다. 주님께서는 여러 번 그에게 "시험에 들지 않게 깨어 기도하라"(마 26:41)고 말씀하셨습니다. 이 감명 깊은 말씀은 반복되었습니다. 왜냐하면 제자들에게 이 말씀이 아주 필요했기 때문입니다. 그런데도 베드로는 깨어 있지 못했습니다. 베드로는 불빛을 향하여 앉아(눅 22:55) 자기의 양손을 불에 쬐고 있었습니다. 베드로는 기도하지 않았습니다. 그는 특별한 기도를 드리기에는 스스로 아주 강하다고 여겼습니다. 그래서 시험이라는 돌풍이 불어 닥치자, 베드로의 배는 그 폭풍을 대비하지 못하고 암초에 부딪혔던 것입니다.

베드로가 처음으로 주님을 부인했을 때, 닭이 울었습니다. 베드로는 그 닭 우는 소리를 들었던 것이 분명합니다. 그렇지 않았더라면, 베드로는 이것을 기록한 복음서 기자에게 이 사실을 전해주지 못했을 것입니다. 그러나 베드로가 이 닭 우는 소리를 듣지 못했다 해도, 그는 귀가 있어도 듣지 못하는(시 115:6) 사람의 한 사례가 되었을 것입니다. 어떤 사람들은 이 경고의 소리가 그의 양심에 가책을 주었던 것으로 생각하고 있습니다. 그러나 그렇지 않습니다. 그가 세 번째로 부인하는 죄를 범한 뒤 두 번째로 닭이 울었을 때도, 베드로는 자신의 끔찍한 잠에서 깨어나지 못했습니다. 만약 그보다 더 고귀한 수단이 사용되지 않았더라면, 다시 말해 주 예수님께서 직접 돌이켜 보시지(눅 22:61) 않았더라면, 아마도 그는 그 끔찍한 잠에서 깨어나지 못했을 것입니다.

하나님께서는 이처럼 잠자고 있는 우리 영혼들을 지켜 주십니다. 왜냐하면 이렇게 잠자고 있는 것은 아주 위험한 일이기 때문입니다! 베드로는 사탄의 직접적인 영향 아래 있었습니다. 베드로가 주님을 배신한 그때는 어둠의 권세가 가장 활발히 활동하던 밤이었기 때문입니다. 예수님께서도 "이제는 너희 때요 어둠의 권세로다"(눅 22:53)라고 말씀하셨습니다. "이 세상의 임금이 오겠음이라 그러나 그는 내게 관계할 것이 없으니"(요 14:30)라고 하신 말씀과 같이, 구세주를 성공적으로 공격하지 못했던 그 동일한 세력이 베드로를 공격해서 슬픈 결과가 생겼습니다. 악한 영은 베드로 안에 무언가를 가지고 있었고, 이것을 곧 찾아냈습니다. 사탄의 부싯돌과 쇠에서 일어난 스파크는 마치 물 위에 떨어지듯이 우리 주님에게 떨어졌지만, 베드로의 마음은 불이 붙기 쉬운 것으로 가득한 불쏘시개 통과 같아서, 그 스파크가 떨어지자, 곧 불이 붙게 되었습니다. 오, 사탄의 공격에서 우리가 보호받기를 원합니다! 따라서 "우리를 시험에 들게 하지 마시옵고"(마 6:13)라는 기도는 필수적인 기도입니다. 그러나 그 다음에 나오는 "다만 악한 자에게서도[한글개역개정 난외주 참조 ― 역주] 구하옵소서"(마 6:13)라는 간구도 특별히 주목할 만한 기도입니다. 비록 사람이 악한 자를 이긴다 해도, 사람은 악으로부터 어떤 것을 얻을 수 없습니다. 여러분은 악한 자와의 전투에서 다음과 같은 사실을 발견하게 될 것입니다. 여러분이 그 싸움에서 승리를 얻는다 해도, 여러분은 깊은 상처들과 함께 싸움을 끝내게 된다는 사실 말입니다. 그리고 여러분은 그 싸움의 흔적들을 여러분의 무덤에까지 가지고 가게 될 것입니다. 번연(Bunyan)은 크리스천이 아볼루온(Apollyon)과 싸우는 장면을 묘사하면서 다음과 같이 썼습니다. "나는 그[크리스천]가 아볼루온을 양쪽에 날이 선 칼로 찌를 때까지 그의 얼굴에서 내내 기쁜 표정을 볼 수 없었다. 마침내 아볼루온이 달아나자, 비로소 크리스천은 웃으면서 하늘을 바라보는 것이었다"(「천로역정」 1부에 나오는 겸손의 계곡에서 벌어진 싸움 부분으로서, 마귀와의 싸움을 앞 둔 성도는 늘 깨어 근신해야 한다는 내용이다 ― 역주). 오, 절대로 웃을 수가 없습니다! 큰 원수가 우리를 대적하고 있을 때 우리에게는 웃을 일이 전혀 없습니다. 그 원수는 영혼에 상처를 입히는 잔인한 기술을 가진 전문가입니다. 따라서 그가 치는 모든 타격은 명중합니다. 그는 현재 우리의 약점들을 잘 알고 있습니다. 그는 우리가 과거에 지은 잘못들을 기억나게 하고, 가장 검은 색으로 미래에 닥칠 재난들에 색칠을 합니다. 그렇게 해서 우리의 믿음을 파괴하려고 합니다. 그의 모든 단창(短槍)은 불타오르는 창들입니다. 그의 교활하고도 잔인한 칼날을 무찌르기 위해서는 사람이 가진 모든 힘과 그 이상의 힘을 써야만 가능합니다. 그가 취하는 공격 중에 최악의 공격은 베드로의 경우에서 볼 수 있는 바와 같이, 사람들을 유혹하는 것입니다. 그래서 사람들은 전혀 싸워 보지도 못하고 스스로 순순히 그의 먹잇감이 되어 버립니다. 우리 구세주께서는 베드로에게 "시몬아, 시몬아, 보라 사탄이 너희를 밀 까부르듯 하려고 요구하였으나 그러나 내가 너를 위하여 네 믿음이 떨어지지 않기를 기도하였노니"(눅 22:31-32)라고 말씀하셨습니다. 곡식이 체질하는 사람의 손 안에 있는 것과 마찬가지로, 베드로는 전적으로 사탄의 권세 아래 있었습니다. 베드로는 마치 스스로는 어떻게 할 수 없는 무기력한 물건처럼 그 체 안에서 올라갔다 내려갔다 하다가, 단순한 거짓말로부터 저주하며 맹세(마 26:74)까지 하면서 자신의 주님을 부인하기에 이르렀습니다.

저는 오늘 설교를 통해서 주로 베드로의 회복에 대해 전하려고 합니다. 베드로는 넘어졌습니다. 그러나 그는 곧 다시 일어섰습니다. 어떤 작가는 베드로가 주님을 부인한 이 이야기를 베드로의 넘어짐이라기보다는 베드로의 회복이라고 불러야 한다고 말하기도 합니다. 베드로의 넘어짐은 곧 끝이 났습니다. 그는 마치 걸음마를 배우는 어린 아이처럼, 어머니 앞에서 넘어졌으나 바로 일으켜 세워 놓은 아이 같았습니다. 베드로의 경우는 회개하지 않고 몇 달간 있었던 다윗의 경우처럼 죄악이 지속된 것이 아니었습니다. 오히려 베드로는 갑작스러운 시험으로 인해 불쑥 말이 튀어나왔고, 게다가 뒤이어 신속하게 회개가 뒤따른 경우였습니다. 이제 우리는 베드로의 회복에 대해 생각해 보겠습니다.

베드로는 두 가지의 외적인 수단에 의해 회복되었습니다. 저는 이 두 가지 수단의 독특한 결합, 즉 닭 우는 소리와 주님의 돌이켜 보심에 대해 생각해 보려고 합니다. 제가 여러분에게 말씀을 전하러 오면서, 하나님께서 저를 통해 한 영혼이라도 구원하신다는 생각을 하니 제 입가에는 절로 미소가 흘렀습니다. 저는 보잘것없는 한 마리의 닭에 불과하다는 것이 적절한 표현일 것 같습니다. 그리고 저의 설교는 그 보잘것없는 닭의 우는 소리일 뿐입니다. 그러나 그 닭 우는 소리에 주님의 돌이켜 보심이 더해졌던 것처럼, 연약한 제 설교에도 주님의 돌이

커 보심이 더해지리라 저는 믿습니다. 여러분도 다음에 예수님을 위해 한 영혼이라도 얻기 위해 나갈 때는 여러분 자신에게 이렇게 말하십시오. "나는 이 일을 감당할 수 없어. 나는 사람들의 완악하고 반항하는 마음을 누그러뜨릴 수 없어. 그러나 주님께서 나를 들어 사용하신다. 내가 하는 연약한 말에 내 주님의 능력 있는 돌이켜 보심이 멋지게 결합된다면, 그 때 그 완악한 마음들이 녹아 회개의 시내를 이루게 될 것이다." 보잘것없는 닭이지만, 크게 우십시오. 닭과 같은 여러분이 소리 내어 우는 동안 예수님께서 돌이켜 보신다면, 여러분은 헛되이 운 것이 아닐 것입니다. 베드로의 마음도 비통하게 만들 수 있을 것입니다. 이렇듯 이 두 가지는 서로 결합되어 있습니다. 아무도 이 두 가지를, 즉 평범한 도구와 역사하시는 하나님을 갈라놓지 못하게 하십시오. 그리스도께서 모든 영광을 가지고 계십니다. 또한 그분께서는 비천한 수단들을 통해 역사하시기 때문에, 더 큰 영광을 받으셔야 합니다. 오늘 아침에 연약한 설교자와 성령님의 능력이 결합되어, 돌 같은 마음들이 깨어지고 하나님께서 영광을 받으실 것이라 저는 믿습니다.

첫 번째로, 베드로를 바라보신 주님을 우리는 비리봅시다. 그리고 두 번째로, 주님께서 바라보신 그 눈길을 우리는 바라봅시다. 이제 세 번째로, 주님께서 바라보신 베드로를 우리는 바라봅시다. 우리가 이렇게 바라보는 동안에 우리 주님께서 우리를 바라보시기를 기원합니다. 또한 성령님께서 그분의 거룩한 말씀과 더불어 역사해 주시기를 기원합니다!

1. 베드로를 바라보신 주님을 바라봅시다.

첫 번째로 우리는 베드로를 바라보신 주님을 바라봅시다. 여러분은 대제사장과 공회 앞 장내에서 저쪽 계단 위에 서 계신 그분을 상상해 보기 바랍니다. 베드로는 그 집 아래 마당에서 두 손을 불에 쬐고 있었습니다. 여러분은 주 예수님께서 옆으로 돌이켜 잘못을 저지른 그 제자에게 의도적으로 시선을 고정하는 모습을 볼 수 있습니까? 여러분은 주님의 바라보시는 이 모습에서 무엇을 보고 있습니까?

첫째로, 저는 이 바라보심에서 제가 환호성을 지를 수밖에 없는 어떤 것을 보게 됩니다. 이 얼마나 사려깊은 사랑입니까! 예수님은 결박을 당했고 고소를 당했으며 지금 얼굴에 주먹질당하셨습니다. 그런데도 그분은 방황하는 베드로를 생각하고 계셨습니다. 만약 여러분이 잔인한 재판관들 앞에 선다면, 여러분은 자기가 가진 모든 지혜를 짜내어 그 거짓 고발에 대응하고자 할 것입니다. 아무도 여러분 편에 서지 않고 아무도 여러분을 위해 증언해 주지 않는다면, 여러분은 더욱더 애쓸 것입니다. 그런 상황에서 여러분의 모든 생각이 여러분이 처한 그 걱정거리와 슬픔에 집중할 수밖에 없다는 것은 자연스러운 일입니다. 또한 우리 주님의 생각이 그분의 개인적인 고통에 집중되어 있었다 해도, 그것은 결코 비난받을 일이 아닐 것입니다. 더욱이 그분의 고통이 다른 사람들을 위한 것이기에 더더욱 비난할 수 없을 것입니다. 그런데 복되신 우리 주님께서는 지금 베드로를 생각하고 계셨습니다. 그분의 마음은 제자로서 자격이 부족한 그 제자를 향해 있었습니다. 그분의 심장에 저장되어 있던 피를 뿜어내어 그 육체의 모든 땀구멍을 통해 피 같은 땀이 흘러내리도록 영향을 끼친 그 동일한 힘이, 이제는 그분의 영혼에 작용하게 되었습니다. 그래서 그분의 신비적인 몸의 한 지체가 최고의 위험에 처하게 되자 그분의 생각은 온통 그 한 지체를 향하게 되었습니다. 구세주께서 조롱받고 욕을 듣고 계실 때에도, 그분은 그 지체를 생각하고 계셨습니다. 그분의 귀한 이름이 찬양을 받으옵소서. 그분은 수치 가운데 계시든 아니면 영광 가운데 계시든 상관 없이, 항상 백성들을 지켜보고 계십니다. 예수님의 눈은 항상 자신이 피를 흘린 그 백성들을 향하고 계십니다. 지금 그분은 영광 중에 다스리고 계시지만, 그분은 지금도 여전히 자기 백성들을 바라보고 계십니다. 그분은 그들로 인해 기뻐하시며 그들을 돌보십니다. 우리 구세주는 털 끝만큼의 이기심도 없으셨습니다. "그가 남은 구원하였으되 자기는 구원할 수 없도다"(마 27:42)라는 말씀대로, 그분은 다른 사람은 돌아보셨지만, 정작 자기 자신은 결코 돌아보지 않으셨습니다. 그러므로 베드로를 향한 우리 주님의 바라보심에서 저는 놀라운 사려깊은 사랑을 보게 됩니다.

둘째로, 저는 이 얼마나 무한한 겸손인가! 하고 환호성을 지르게 됩니다. 만약 우리 주님께서 대제사장을 아는 "그 다른 제자"(요 18:16)에게 눈길을 돌렸다거나 그 집의 어떤 종들을 바라보셨더라면, 우리는 그렇게 당황하지 않았을 것입니다. 그런데 예수님께서 몸을 돌이키신 것은, 베드로를 바라보기 위해서였습니다. 일반적으로 우리는 그렇게 비열한 행동을 한 베드로와 같은 사람들을 보면, 우리의 얼굴을 돌리고 외면하려 할 것입니다. 베드로는 가장 수치스럽고 잔인한 행동을 했습니다. 그럼에도 주님은 무한한 사랑의 눈빛으로 그를 찾으셨습니다!

혹시 이 자리에 자신이 생각하기에도 마귀와 아주 가깝게 있다고 느끼는 사람이 있다면, 저는 주님께서 그 사람을 제일 먼저 바라봐 주시도록 기도하겠습니다. 비록 여러분이 모든 선한 일들을 내팽개치고, 또 여러분이 여러분을 피로 사신 주님을 부인함으로써 인간의 한계를 벗어나는 큰 죄를 범했다고 여긴다 해도, 그럼에도 여러분은 주님의 놀라운 자비를 생각하십시오. 만약 여러분이 그분의 백성 중 하나라면, 그분의 자비하신 눈길이 여러분을 찾아낼 것입니다. 하갈이 "나를 살피시는 하나님"(창 16:13)이라고 부르짖었을 때, 주님의 그 눈길이 하갈을 뒤따른 것과 마찬가지로, 바로 지금도 그 눈길이 여러분을 따르고 있습니다. 오, 그분께서 얼마나 측은히 여기는 마음으로 바라보시는지 모릅니다! 제가 죄 가운데 있을 때도 주님께서 사랑으로 저를 바라보셨다는 사실을 처음 알았을 때, 그것은 제게 놀라움 그 자체였습니다! 하늘이 온통 그분을 찬양하고, 그분의 눈 앞에 온 세계가 한 장의 지도처럼 펼쳐져 있지만, 이 모든 하늘의 영광들을 뒤로 하고서, 그분은 방황하는 한 마리 양에게 그 온유한 시선을 고정하여, 그 큰 사랑으로 인해 그 양이 다시 우리로 돌아오게 하십니다. 그분을 부인한 한 제자를 바라보신 영광의 주님은 무한히 겸손하신 분이기 때문입니다!

　셋째로, 저는 "주께서 돌이켜 베드로를 보시니"라는 이 말씀에서 너무나 온유한 지혜를 보게 됩니다! 그분은 자신이 무슨 말을 해야 하는지 잘 알고 계셨습니다. 그러나 그분은 베드로에게 한 말씀도 하지 않으셨습니다. 그냥 베드로를 바라보기만 하셨습니다. 그분은 예전에 베드로에게 말씀하셨습니다. 바로 그 음성으로 인해 베드로는 사람을 낚는 어부(마 4:19)로 부르심을 받았습니다. 그분은 예전에 베드로에게 손을 내밀어 물에 빠져 죽을 뻔도 한 위험으로부터 구해주셨습니다. 그러나 이번에는 그분의 음성이나 손을 베드로에게 건네지 않으셨습니다. 그래도 동일한 효력이 있었으며, 아주 적절하였습니다. 즉, 그분은 눈길을 주셨던 것입니다. "주께서 돌이켜 베드로를 보시니." 그리스도께서 자신의 사랑을 표현하고 우리에게 선한 일 행하시는 방식을 선택할 때, 그분은 항상 얼마나 지혜롭게 행하시는지 모릅니다! 그 때 만약 주님께서 베드로에게 말씀하셨더라면, 군중들이 베드로를 괴롭히거나 아니면 적어도 그 야비한 무리들이 주님의 슬픔과 제자의 배신에 대해서 어떤 말들을 했을 것입니다. 은혜로우신 우리 주님께서는 자신이 택한 자들의 허물을 결코 쓸데없이 드러내려고 하지 않으십니다. 측은히 여기는 그 바라보심 속에 드리워진 마음은 아마도 그 어떤 말로도 다 표현할 수 없을 것입니다. 사랑하는 성도 여러분, 진실로 성경만큼이나 두꺼운 책의 내용이 예수님의 그 바라보심 속에 다 들어 있는 것입니다. 거룩하신 우리 주님께서 그 바라보심으로 의도하신 것은 세상에 있는 모든 혀와 모든 펜으로도 다 전할 수 없다고 저는 생각합니다. 우리 구세주께서는 잘못을 범한 제자의 마음에 그 뜻을 전하기 위해 가장 신중하고 포괄적이며 유용한 방식을 택하셨습니다. 그분의 바라보심이 뜻하는 바는 여러 권의 책이 될 만한 분량이었습니다. 그분의 눈길은 말로 표현할 수 없는 의미들로 가득한 문자, 즉 판독하기 힘든 거룩한 문자였습니다. 이 문자를 통해 말이 전달할 수 있는 것보다 더욱 분명하고도 생생한 방식으로 그 뜻이 전해졌던 것입니다.

넷째로, 그 바라보심을 다시 생각하면서, 저는 여기에 정말 거룩한 능력이 있구나! 소리치지 않을 수 없습니다. 사랑하는 성도 여러분, 이 바라보심이 기적을 일으켰습니다. 제 주위에는 베드로 같은 성도가 있습니다. 그래서 저는 온 마음을 다해 그 성도에게 말씀을 전했습니다. 그러나 통탄할 일입니다! 그는 제 설교를 좋아하긴 하지만, 곧 잊어버리고 맙니다. 그 성도는 아주 강력한 호소로 가득한 좋은 책들을 읽기도 합니다. 하지만 그 책들을 다 읽고 나서는 책장을 덮고 그냥 잠을 자러 갑니다. 저는 그 베드로 같은 성도가 자기 아내를 잃었을 때를 기억하고 있습니다. 사람들은 이 일로 인해 그 성도의 마음이 움직일 것이라고 생각했습니다. 본성적인 감정을 생각할 때 그럴 가능성이 있었습니다. 하지만 그는 자신이 버린 그 주님에게로 되돌아가지 않았습니다. 오히려 그는 계속해서 타락의 길로 나아갔습니다. 자, 보십시오. 바로 그때 우리 주님께서는 바라보심으로 행할 수 있으십니다. 다시 말해, 우리가 설교로 할 수 없는 것, 가장 능력 있는 작가가 수백 쪽의 글로도 할 수 없는 것, 가장 극심한 타격을 입히는 고통으로도 할 수 없는 그 일을 우리 주님은 바라보심으로 행할 수 있으십니다. 주님께서 바라보시자, 베드로는 심히 통곡하였습니다. 아이작 윌리엄스(Isaac Williams, 1802-1865, 영국 옥스퍼드 운동의 주역, 많은 수의 찬송시를 작사한 시인이자 성직자 — 역주)의 여러 시처럼, "주께서 돌이켜 베드로를 보시니, 베드로가 … 밖에 나가서 심히 통곡하니라" 하는 이 말씀에서 사용된 표현에는 장엄한 단순함이 있다고 저는 생각하지 않을 수 없습니다. 이 말씀은 우리로 하여금 창세기의 첫 구절을 생각나게 합니다. "하나님이 이르시되 빛이 있으라 하시니 빛이 있었고"(창 1:3). 주님께서 애굽 군대를 보시고 애굽 군대를 어지럽게(출 14:24) 하신 것처럼, 지금 주님께서 베드로의 마음을 보시자, 베드로의 생각이 자신을 어지럽게 하였습니다. 오, 주님이신 그리스도의 능력이여! 자신을 고발하는 자들 앞에서 결박되어 있을 때에도 그분 주위에 이런 능력이 있었는데, 지금 그분의 능력은 얼마나 더 대단하겠습니까? 주님으로 인하여 하나님께로 나아오는 자들을 중보하기 위해서 주님은 지금도 살아계신다는 것을 아는 이들을 주님의 능력으로 구원하는 그분의 능력은 정말 대단하십니다. 이 바라보심 안에는 신성이 깃들어 있었습니다. 하나님의 아들이 베드로를 바라보셨습니다. 오늘 본문에 예수님이라는 이름이 사용되지는 않았지만, 분명하게 말씀하고 있습니다. "주께서 돌이켜 베드로를 보시니." 이 행동은 신적인 바라보심이었습니다.

다섯째로, 저는 여러분에게 여기에 얼마나 거룩한 가르침이 있는지 주목하라고 간청하는 바입니다. 이 가르침은 실제적으로 가치가 있으며, 예수님을 따르는 자들이라면 즉시 행해야 할 것입니다. 사랑하는 성도 여러분, 여러분은 그리스도를 따르는 남자이거나 여자입니다. 여러분은 거룩한 은혜로 수치스러운 죄로부터 지금까지 보호를 받고 있습니다. 그렇게 보호해 주신 하나님께 감사를 드리십시오. 세가 감히 말씀드리겠습니다. 만약 여러분이 여러분의 속을 바라본다면, 여러분은 수치스러운 것을 많이 보게 될 것입니다. 그럼에도 불구하고, 여러분은 건방지고 노골적인 죄악들로부터 보호를 받아왔습니다. 여러분에게 다음과 같은 일이 일어났다고 가정해 봅시다. 참으로 안타깝게도, 한때 여러분의 친구였던 사람이 수치스러운 일을 저지른 것입니다. 그는 조금 전만 해도 교회의 한 지체였습니다. 그러나 그는 수치스럽게 돌아서고 말았습니다. 여러분은 도저히 그가 지은 죄에 대해 변명해 줄 수 없었습니다. 오히려 반대로 여러분은 그의 어리석음, 진실하지 못함, 사악함 때문에 크게 분노하지 않을 수 없었습니다. 그는 주님의 원수들로 하여금 주님을 욕되게 하였으며, 의로운 대의(大義)에 끔찍한 해악을 저질렀기 때문입니다. 그렇다면 이제 여러분에게는 어떤 생각이 떠오르겠습니까? 아마 여러분은 그 사람과의 친분관계를 정리하고서 그와 완전히 정을 끊고는, 혹시 길거리에서 마주친다 해도 쳐다보지도 않으려고 할 것입니다. 이것이 바로 사람들의 인지상정입니다. 그런데 예수님의 방식은 그렇지 않았습니다. 저는 여러분에게 강권합니다. 그렇게 비기독교적인 방식으로 행동하지 마십시오. 주님은 돌이켜 베드로를 바라보셨습니다. 주님을 따르는 그분의 종들이 그분을 바라보지 않을 작정입니까? 게다가 여러분은 여러분의 주님만큼 완전한 사람도 아닙니다. 여러분도 그 타락한 형제처럼 불쌍한 죄 많은 피조물일 뿐입니다. 무슨 말인지 알겠습니까! 타락한 사람을 바라보기 힘들 정도로 여러분은 교만합니까? 여러분은 그에게 도움의 손길을 내밀지 않으려고 합니까? 여러분은 그가 다시 돌아오도록 수고하지 않으려고 합니까? 여러분이 타락한 자들에게 할 수 있는 최악의 행동은 그 사람이 계속해서 타락하도록 내버려 두는 것입니다. 여러분의 의무가 여러분의 기쁨이 되어야 합니다. 여러분의 의무는 "온유한 심령으로 그러한 자를 바로잡고 너 자신을 살펴보아 너도 시험을 받을까 두려워"(갈 6:1)하는 것입니다. 오, 사랑하는 남녀 성도 여러분, 아주 작은 일로도 우리 가운데 어떤 사람이 어리석음에 빠지지 못하도록 막을 수 있습니다. 저울은 곡식 한 알만 더 올려놓아도 한 쪽으로 확 기울어집니다. 우리의 발걸음은 거의 미끄러지기 일보 직전입니다. 우리가 확고히 서 있음을 자랑할 때, 주님은 우리의 자만심으로 인해 틀림없이 진노하실 것입니다. 그리고 그분께서는 다음과 같은 지당한 말씀을 하실 것입니다. "내가 어떻게 이러한 교만을 참을 수 있겠느냐? 나는 그를 세심히 돌봐 주었고, 또 그가 죄를 짓지 않도록 보호해 주었다. 그런데 지금 그는 이 모든 것을 자기가 한 줄 알고 마치 자기가 대단한 사람인양 거들먹거리며, 자기가 방황하는 나의 불쌍한 자녀들과 어울리기라도 하면, 자기마저 더러워질 것처럼 착각하고 있다." 여러분, 한번 생각해 보십시오. 하나님이 보시기에, 갑자기 죄에 빠지는 것과, 주님 앞에서 자신을 자랑하고 잘못을 범한 자들을 경멸하듯 바라보면서 계속 교만하게 구는 것 중에, 어느 것이 더 악한 것입니까? 여러 죄들의 경중(輕重)을 가리는 것은 제가 할 일이 아닙니다. 그래도 저는 이 분명한 의무를 진심으로 여러분에게 강권하는 바입니다. 우리의 주님이자 선생이신 그분께서도 타락한 베드로를 바라보셨으니, 우리도 방황하고 있는 우리의 형제들을 찾도록 합시다.

여섯째로, 한 가지 교훈이 더 있습니다. "주께서 돌이켜 베드로를 보시니"라는 이 말씀에 어떤 천국의 위로가 있는지 살펴보고자 합니다. 그렇습니다. 예수님께서는 지금도 여전히 죄인들을 바라보고 계십니다. 하나님의 전지(全知)하심에 대한 교리는 즐거운 측면보다는 오히려 엄중한 측면으로 더 자주 설명되었습니다. "나를 살피시는 하나님이라"(창 16:13)는 말씀을 본문으로 한 설교들 중에서, 그런 하나님을 두려워하고 무서워하라는 교훈을 주요 골자로 한 설교들을 여러분은 들어본 적이 있지 않습니까? 이런 교훈은 그 본문에 전혀 적절치 않은 것입니다. 왜냐하면 하갈이 "나를 살피시는 하나님이라"고 외친 것은, 그녀가 주인에게서 도망쳤을 때 주님이 개입하시어 그녀를 도와주신 상황이었기 때문입니다. 자신을 바라보시는 그분을 그녀도 바라본 것이 그녀에게 위로가 되었던 것입니다. "나를 살피시는 하나님이라"는 말씀에는 물론 두려운 측면도 있습니다. 그러나 설령 하나님께서 우리를 보지 않으신다고 해도, 그런 두려움이 없어지는 것은 아닙니다. 오, 죄인들이여, 하나님께서는 여러분의 죄악을 보고 계실 뿐만 아니라, 그 죄악이 악화되는 것도 모두 보고 계십니다. 이것은 사실입니다. 그러나 하나님께서는 여러분의 파멸과 불행과 슬픔을 보시고서, 여러분에 대해 측은한 마음을 가지시는 것도 사실입니다. 하나님께서는 여러분이 지은 죄를 제거하여, 그분이 보시기에 여러분이 깨끗한 사람이 되게 하려고, 여러분의 죄를 보고 계십니다. 주님께서 베드로를 바라보셨듯이, 그분께서는 여러분도 바라보고 계십니다. 그분께서는 여러분에게 등을 돌리지 않으셨습니다. 그분은 불쌍히 여기는 그 눈길을 여러분에게서 돌리지 않으셨습니다. 그분은 여러분 마음의 깊은 곳까지 보시며 여러분의 모든 생각들을 읽고 계십니다. 여러분은 하나님을 찾기 위해 여기저기 돌아다닐 필요가 없습니다. 그분께서 지금 여러분을 바라보고 계시기 때문입니다. "그는 우리 각 사람에게서 멀리 계시지 아니하도다"(행 17:27)는 말씀대로 말입니다. 그분은 우리의 눈길이 닿는 곳에 계십니다. 여러분은 그분을 바라보아야만 합니다. 만약 여러분이 그분을 바라본다면, 여러분의 눈과 그분의 눈이 서로 마주치게 될 것입니다. 이미 그분께서는 여러분을 바라보고 계시기 때문입니다.

베드로를 바라보신 주님을 이렇게 간단히 바라보는 것만으로도 우리는 아주 많은 것을 얻었다고 생각합니다. 만약 우리에게 더 많은 시간과 더 많은 통찰력이 있었다면, 이보다 더 큰 것들을 볼 수 있었을 것이라고 저는 믿어 의심치 않습니다.

2. 주님께서 바라보신 눈길을 바라봅시다

이제 우리는 두 번째 논점으로 나아가 우리가 더 많은 교훈을 얻을 수 있을지 살펴보려고 합니다. 주님께서 베드로를 바라보셨던 그 눈길을 자세히 바라보도록 합시다. 가장 은혜로우신 성령님, 다시 우리를 도와주옵소서!

첫째로, 그 눈길은 베드로의 기억을 놀랍도록 새롭게 하는 것이었습니다. "주께서 돌이켜 베드로를 보시니.” 이 눈길은 굉장히 놀라운 눈길이었던 것이 분명합니다! 우리가 사랑하는 주님의 얼굴은 그 날 밤 피 같은 땀으로 인해 온통 붉어졌습니다. 그분의 육체는 틀림없이 수척해 보였을 것입니다. 그분의 두 눈은 수면 부족으로 피곤해 보였고, 슬픈 기색이 그분의 온 얼굴에 역력했습니다. 만약 슬픔의 사람(사 53:3)을 그리려고 한다면, 주님께서 돌이켜 베드로를 보신 바로 그 때의 모습을 그려야 할 것입니다. 등과 횃불을 들고서 가야바의 관정에(마 26:3) 모인 무리들 곁에서 베드로는 자기 마음에서 결코 사라지지 않을 한 광경을 보았습니다. 베드로는 그분을 사랑했지만, 예전에는 결코 보지 못했던 모습을 그분에게서 보았습니다. 베드로가 고기를 잡고 있을 때 그를 부르서서 사람을 낚는 어부가 되게 하신 분이 바로 이분이었습니다. 베드로에게 그물을 던지라고 명하시고, 배가 가라앉기 시작할 정도로 믿지 못할 만큼 많은 물고기를 잡게 하서서, 베드로로 하여금 “주여 나를 떠나소서 나는 죄인이로소이다”(눅 5:8)라고 외치게 했던 분도 바로 이분이었습니다. 또한 베드로로 하여금 물 위를 걷게 하시고, 또 어떤 때는 바람을 꾸짖고 죽은 자를 일으키기도 했던 분도 바로 이분이었습니다. 그리고 변화산에서 베드로와 함께 있던 분도 바로 이분이었습니다! 빛나는 순백색의 얼굴을 변화산에서 보이시다가, 그렇게 슬픈 시간에 섬뜩한 얼굴색으로 바뀌시다니, 정말 얼마나 놀라운 변화였는지 모릅니다! 그 거룩한 얼굴 생김새가 피로 얼룩져 있었지만, 그분이 바로 자신이 삼 년 동안 친밀한 교제와 허물없이 온화하게 지내던 바로 그 주님이라는 사실을 베드로는 알 수 있었습니다. 바로 그 순간에 가련한 베드로의 마음에 이 모든 생각들이 스쳐 지나갔던 것이 분명합니다. 이 모든 것들이 기억나면서 그는 밖에 나가서 심히 통곡하였습니다. 저는 이것을 이상하게 생각하지 않습니다. 베드로는 주님을 사랑했습니다. 베드로의 부인은 마음에서 나온 것이 아니라, 혀에서 나온 것이었습니다. 그래서 자신이 가진 믿음의 모든 기반들이 자기 마음에 새롭게 떠오르자, 자기가 그러한 친구에게 몹쓸 짓을 하였다는 슬픔으로 베드로의 마음은 갈기갈기 찢어졌습니다. 그렇습니다. 그분의 눈길은 잠자고 있는 수많은 성도들의 기억을 일깨워 주었으며, 이 모든 것들로 인해 베드로는 진지한 마음으로 자신이 저지른 비열하고 연약한 행동들을 회개하게 되었습니다.

둘째로, 주님께서 몸을 돌이키신 것은 베드로에게 하신 경고의 말씀을 특별히 기억나게 하셨습니다. 베드로에게 하신 경고의 말씀을 베드로가 기억하도록, 예수님은 말을 하신 것이 아니었습니다. 단지 바라보심으로 그분은 말보다 더 많은 것을 행하셨습니다. "아, 베드로야! 그렇게 될 것이라고 내가 너에게 말하지 않았느냐? 그런데도 너는 '모두 주를 버릴지라도 나는 결코 버리지 않겠나이다' (마 26:33)라고 말했었다. 나는 네게 오늘 밤 닭 울기 전에 네가 세 번 나를 부인하리라(마 26:34)고 말하지 않았느냐?'고 하는 이런 책망은 단 한 말씀도 하지 않으셨습니다. 그러나 주님의 그 부드러운 눈길이 자신이 행한 극도의 어리석은 짓을 베드로에게 드러내 보여주었고, 그 주님의 탁월한 지혜도 드러내 주었습니다. 이제 베드로는 자신의 성품을 알게 되었고, 또 주님의 식견(識見)을 깨닫게 되었습니다. 그것은 일종의 예언이었습니다. 다른 모든 예언들과 마찬가지로, 주님의 이 말씀도 그것이 성취된 후에야 이해될 수 있었습니다. "베드로가 주의 말씀 곧 오늘 닭 울기 전에 네가 세 번 나를 부인하리라 하심이 생각나서"라는 말씀을 우리는 읽습니다. 이제 분명해졌습니다. 우리 주님께서 바라보심으로 그 분께서 예전에 하신 말씀이 특별히 기억났던 것입니다. 다시 말해, 주님의 바라보심으로 인해 베드로는 주님이 하신 말씀이 기억나 그 마음이 움직였고, 그래서 그는 자신이 얼마나 어리석었는지, 그리고 변명의 여지가 없는 얼마나 큰 허물을 범했는지를 보게 되었습니다.

　셋째로, 틀림없이 이 말씀은 베드로의 마음을 향한 감동적인 호소였습니다. 저는 오늘 본문을 읽으면서, 여러분에게 이 베드로의 이야기가 우리 구세주의 수난 이야기와 독특하게 서로 얽혀 있다는 사실에 주의할 것을 조금 전에 말씀드렸습니다. 두 이야기가 그렇게 서로 얽혀 있는 것은, 오늘 본문이 구세주 수난의 핵심적인 부분을 이루고 있기 때문입니다. 우리는 베드로의 이 사건을 하나의 우연한 사건으로 간주해서는 절대로 안 됩니다. 이 사건은 그분께서 우리를 대신해 짊어져야만 하는 그 슬픔의 본질적인 부분입니다. "목자를 치면 양이 흩어지려니와"(슥 13:7)라고 기록된 구약의 말씀이 있습니다. 이처럼 양들이 흩어지는 것, 즉 베드로가 이에 대한 분명한 예가 되는 이런 일이야말로 우리 구세주께서 정신적으로 겪으신 고통 가운데 아주 쓰라린 부분이었습니다. "주는 내게서 사랑하는 자와 친구를 멀리 떠나게 하시며"(시 88:18)라는 말씀이 시편에 기록된 그분의 불평이었습니다. 구세주께서 그 얼굴에 슬픈 기색이 역력한 채로 베드로에게 자신을 보여주셨을 때, 그분은 베드로에게 다음과 같이 말씀하는 것처럼 보였을 것입니다. "너는 지금도 나를 부인할 수 있느냐? 나는 너를 위해 결박당했는데, 너는 나를 부인하느냐? 나는 너를 위해 사형판결 받은 후 여기 서 있는데, 너는 나를 부인하느냐? 지금은 나의 고뇌가 시작되는 시간인데, 너는 나를 부인하느냐?" 베드로는 아주 슬픈 곤경에 처해 있었습니다. 그런데 주님께서 매번 베드로를 바라보실 때마다, 그 연약한 제자의 가슴에는 강력한 감정이 일어났습니다. 그 눈길은 아주 부드럽게 그의 마음을 감동시켰습니다. 그래서 단 한마디의 호소도 필요하지 않았습니다. 그 눈길은 베드로의 깊은 본성을 움직이기에 충분했기 때문입니다.

넷째로, 여러분은 주님의 바라보심이 베드로에게 주로 무엇을 전했으리라 생각합니까? 이에 대해 제가 곰곰이 생각해 본 결과는 다음과 같습니다. 즉, 주님께서 베드로를 바라보시자 베드로의 기억이 다시 새로워지고 그 양심에 가책이 일어났다고 해도, 한층 더 분명해진 것은 바로 그 사랑의 영광스러운 표현이었다는 것입니다. 만약 제가 주님의 얼굴에 쓰인 것을 겸손하고 경건하게 읽는 것이 허락된다면, 아마도 다음과 같은 글씨가 쓰여 있을 것이라 생각합니다. "베드로야, 그래도 나는 너를 사랑한다. 나는 여전히 너를 사랑한다! 너는 나를 부인했지만, 나는 여전히 너를 나의 것으로 여기고 바라보고 있다. 나는 너를 포기할 수 없다. 나는 영원한 사랑으로 너를 사랑했다. 네가 나에게 행한 모든 비행(非行)에도 불구하고, 나는 지금도 너를 찾고 있으며, 너를 받아들이기를 기대하고 있다. 나는 네게서 내 등을 돌리지 않았다. 보라, 네가 나를 섬기고 나를 향한 너의 헌신의 진실성을 입증하리라 생각하고서, 나는 부드러운 시선으로 너를 바라보고 있다. 오, 베드로야, 절대로 절망하지 마라. 나는 너를 다시 받아들일 것이며 너는 나를 영화롭게 할 것이다." 만약 제가 베드로처럼 나의 주님을 부인했다면, 어떤 말이 제일 먼저 제 가슴을 벅차게 할까요? 아마도 "너의 죄에도 불구하고, 나는 너를 여전히 사랑한다" 라고 그분께서 하시는 말씀일 것입니다. 사랑한다는 말이야말로 가장 가슴 벅차게 하는 말입니다. 변함 없는 사랑은 바위도 산산조각으로 부수는 거룩한 망치입니다. 사람이 아주 완악한 마음을 지니고 스스로 죄를 범한다 해도, 전능한 사랑은 그 사람의 완악한 마음을 누그러뜨릴 수 있습니다. 그 누가 감히 변함 없는 은혜의 마력에 저항할 수 있겠습니까? 칼보다 더 날카로운 것이 바로 사랑의 눈길입니다. 로뎀나무 숯불(시 120:4)보다 더 격렬한 것이 사랑의 불꽃입니다. 하나님의 말씀을 전하는 설교자였다가 후에 끔찍스러울 정도로 길을 잃은 어떤 사람에 대해서 예전에 누가 이런 말을 했습니다. "만약 제가 변함 없는 사랑의 교리를 믿지 않았더라면, 저는 그 사람을 위해 감히 기도할 생각조차 못했을 것입니다. 그러나 하나님께서는 그가 다시 돌아오게 하실 것이라 믿기 때문에, 저는 그의 회복을 위해서 겸손한 마음으로 확신을 가지고 기도하고 있습니다." 다른 사람을 위한 기도를 장려하는 것은 우리가 길을 잃었을 때 우리가 돌아오는 데도 도움이 될 것입니다. 제 주님께서는 방황하는 자들을 다시 돌아오게 하실 것으로 저는 간절히 믿고 있습니다. 오, 그분에게로 돌아가기를 갈망하는 여러분이여, 여러분은 이 말씀으로 기뻐하십시오. "하나님은 … 방책을 베푸사 내쫓긴 자가 하나님께 버린 자가 되지 아니하게 하시나이다"(삼하 14:14). 이 교리(칼빈주의의 5대 교리 중 '성도의 견인'을 가리킨다 ─ 역주)가 사람들을 돌아오게 합니다. 이 교리를 왜곡해서, 하나님이 택한 자들은 결국 하나님께서 구원해 주실 것이므로 계속해서 죄를 지어도 된다고 주장하는 사악한 자들도 있습니다. 그러나 그런 자들은 저주를 받는 것이 합당합니다. 진실한 사람이라면 그리스도의 측량할 수 없고 변함 없는 사랑을 보고 빨리 돌아가야 할 이유를 알게 될 것입니다. 즉, 그들이 길을 잃어 그분에게 다시 급히 놀아갈 때, 그들의 빌에 날개를 달아야 할 이유를 알게 될 것입니다.

다섯째로, 이 눈길은 베드로의 마음속 가장 깊은 곳을 꿰뚫어 보았습니다. 우리를 바라보는 눈길들이 다 아주 깊은 곳을 꿰뚫어 보는 것은 아닙니다. 저는 이 강단에서 깊은 사랑의 눈길로 성도들을 바라보고 있습니다. 그리고 성도들 또한 제 뜻을 알고 있다는 것을 저도 느끼고 있습니다. 그러나 그들은 저의 그 뜻에서 곧 벗어나고 맙니다. 하지만 우리 구세주께서는 관절과 골수(히 4:12)를 볼 수 있는 눈을 가지고 계십니다. 그분은 영혼의 은밀한 방들을 들여다보십니다. 왜냐하면 그분은 태양 광선처럼 바라보시고, 그 바라보심 안에 자체적으로 빛을 가지고 계셔서, 그 빛으로 우리 본성의 어두운 부분들을 환히 비추어 보시기 때문입니다. 그리스도께서 바라보시는 그 눈빛의 화살이 베드로의 가슴을 꿰뚫었으므로, 베드로는 이를 느끼지 않을 수 없었습니다. 사람들은 기독교의 영향력을 단지 머리로만 받아들입니다. 그런 사람들이 얼마나 많은지 모릅니다! 기독교는 그들의 가슴과 생활에 전혀 영향을 끼치지 못하는 것 같습니다. 여러분 가운데도 정기적으로 말씀을 듣고 제가 하는 설교에서 기쁨을 누리는 사람들이 있습니다. 하지만 이런 생활을 수 년씩 지속했음에도 불구하고 조금도 나아지지 않은 사람들이 있다는 말을 들을 때마다 저는 슬퍼집니다. 여러분은 한때 충동적으로 개선의 여지를 보였지만, 그 개선의 여지 또한 아무것도 아닌 것으로 끝나 버렸습니다. 여러분은 씻고 난 후에 다시 더러운 구덩이로 돌아갔습니다. 여러분은 복음을 들었지만, 여전히 주정뱅이로 살고 있습니다. 여러분의 음성은 찬양 속에서도 들리지만, 저주 속에서도 들립니다. 이런 일은 정말 충격적인 것입니다. 그래도 저는 제가 할 수 있는 한 최선을 다하였습니다. 저는 여러분의 귀에다 설교는 할 수 있지만, 여러분의 마음을 들여다볼 수는 없습니다. 오, 이 아침에 마치 빛이 여러분을 비추듯이 그렇게 나의 주님께서 여러분을 바라보셔서, 여러분이 여러분 자신과 그분을 보게 되어, 여러분의 두 눈에 눈물이 가득하게 되기를 기원합니다!

여섯째로, 우리는 한 가지 사실을 더 주목해서 보지 않을 수 없습니다. 즉, 우리 주님께서 베드로를 바라보심으로, 예수님을 향한 베드로의 시선이 전적으로 회복되었다는 것입니다. 베드로가 그때 주님을 바라보고 있었기 때문에, 베드로를 향한 주님의 바라보심이 효력이 있었습니다. 여러분은 이 말이 무슨 말인지 이해하겠습니까? 만약 주님께서 돌이켜 베드로를 보셨다 해도, 베드로가 주님을 향해 등을 돌리고 있었다면, 주님의 바라보심은 베드로에게 전해지지도 않았을 것이고, 아무 영향을 끼치지도 못했을 것입니다. 바람직한 결과가 생기기 위해서는 두 눈이 마주쳐야 합니다. 비록 베드로가 방황하고 있었다 해도, 그는 주님을 걱정하고 있었습니다. 그래서 주님에게 무슨 일이 일어났는지를 알아보려고 주님을 바라보았던 것입니다. 심지어 베드로는 불빛을 향하여 앉아(눅 22:55) 자기의 양 손을 불에 쬐고 있을 때에도 계속해서 그 안 뜰을 바라보고 있었습니다. 그의 두 눈은 주 예수님이 계신 방향을 계속해서 바라보고 있었습니다. 베드로는 여종과 시중드는 사람들 사이를 왔다 갔다 하며 그들과 어리석은 대화를 하면서도, 여전히 자신이 사랑했던 그분에게 어떤 일이 일어나는지를 알아보기 위해 그분이 계신 쪽을 계속해서 훔쳐 보았습니다. 베드로는 주님을 바라보는 습관만은 여전히 버리지 않았던 것입니다. 그가 미흡하게나마 주님을 바라보지 않았더라면, 예수님께서 자신을 보고 계시는 모습을 어떻게 볼 수 있었겠습니까? 그분의 눈빛이 여러분의 마음에 도달하기 위해서는 여러분의 눈으로 그분의 눈빛을 보아야만 합니다. 믿음의 잔재들이 경건의 재 가운데서 불꽃을 일으킬 때, 주님은 불을 지피기 위해 이 불꽃 위에 바람을 불어넣으십니다. 만약 이 자리에 "나는 지금도 예수님을 믿고 있다. 그래도 내가 멸망한다면, 나는 나의 타락으로 인해 멸망하게 될 것이다"라고 느끼면서 자신의 타락으로 인해 고민하는 불쌍한 영혼이 있다면, 그 영혼에게는 소망이 있습니다. 만약 여러분이 경건의 외적인 형식들을 포기했다면, 이것은 안타까운 허물입니다. 하지만 그럼에도 불구하고 여러분이 여전히 십자가에 달리신 그분을 내적으로 바라보고 있다면, 여러분에게는 여러분 안에서 역사하는 무언가가 남아 있다고 볼 수 있습니다. 즉, 여러분에게는 예수님의 바라보심을 받아들일 수 있는 눈이 있는 것입니다. 예수님께서 우리를 바라보시고 우리 영혼에 새로운 빛과 소망을 불어넣어 주시는 통로는 바로 우리가 예수님을 바라보는 그 눈입니다. 오, 주님을 이렇게 어정쩡하게 믿고 있는 여러분이여, 지금 그분의 바라보심을 받아들이기를 기원합니다. 그분의 바라보심으로 인해 비통하지만 유익한 구원의 회개가 여러분 안에서 일어날 것입니다. 이런 회개가 없이는 여러분은 결코 회복될 수 없습니다!

　일곱째로, 이 바라보심은 전적으로 주님과 베드로 간에 이루어졌습니다. 베드로가 주님을 바라보았다는 사실은 베드로와 주님 외에는 아무도 알지 못했습니다. 영혼을 구원하는 그 은혜는 결코 소란한 것이 아닙니다. 다시 말해, 이 바라보심은 받아들인 자 외에는 아무에게도 보이지 않습니다. 설령 이 아침에 하나님의 은혜가 여러분 중 어떤 사람들에게 강한 능력으로 임한다 해도, 여러분 맞은편의 회중석에 앉아 있는 성도들은 그것을 깨닫지 못할 것입니다. 즉, 같은 말을 듣기는 들어도, 그 말씀에 동반되는 하나님의 역사에 대해서는 아무것도 알지 못할 것입니다. 주님의 눈길이 깨어 있는 자에게만 말씀하시듯, 그렇게 아무것도 모르는 자들에게는 그 눈빛으로 어떤 말씀도 하지 않으실 것입니다. 여러분은 주 예수님의 은밀한 사랑의 눈빛에 대해 무엇을 알고 있습니까?

　이 모든 과정이 시간적으로는 일초도 걸리지 않았을 것입니다. "주께서 돌이켜 베드로를 보시니"라고 말하는 시간보다 더 짧았을 것입니다. 하지만 이렇게 짧은 시간에 무한한 역사가 이루어졌습니다. 어떻게 해서 예수님은 그렇게 빨리 사람의 마음을 바꾸실 수 있는 것일까요! "그가 말씀하시매 이루어졌으며"(시 33:9)라는 이 말씀을 저는 감히 다음과 같이 바꾸어보고자 합니다. "그가 보시매 이루어졌으며." 주님, 죄 많은 베드로를 봐 주십시오! 당신의 눈으로 기적을 행하옵소서! 지금 이 자리에서도 당신께서 죄인들을 바라보셨으므로, 몇몇 죄인들도 당신을 바라보게 하옵소서.

3. 주님께서 바라보신 베드로를 바라봅시다.

이제 저는 세 번째 논점을 다루어야 하겠습니다. 주님께서 베드로를 보신 이후의 베드로에 대해서 살펴보고자 합니다. 베드로는 지금 무엇을 하고 있습니까? 주님께서 베드로를 보셨을 때, 베드로가 첫째로 한 일은 자신이 깨어났음을 느낀 것이었습니다. 베드로의 마음은 지금까지 잠자고 있었습니다. 베드로가 쬐던 그 숯불은 그에게 아주 유익한 불이 아니었습니다. 그 숯불에서 나오는 연기는 악한 것이었습니다. 사탄이 체질하던 그 티끌이 베드로의 눈으로 들어가자, 그가 진정으로 사랑하던 분, 즉 자신이 그토록 귀하게 여기던 주님으로 인한 극심한 슬픔 때문에 베드로의 마음은 혼란스러웠습니다. 그날 밤의 베드로는 베드로가 아니었습니다. 아니, 너무나 베드로다웠다고 말하는 것이 더 낫다는 생각도 듭니다. 왜냐하면 베드로의 마음속에는 그리스도의 육신보다도 베드로라는 이름대로 돌이 더 많이 있었기 때문입니다. 베드로는 자신이 사도라는 사실을 잊어버렸습니다. 그는 주님께서 자신에게 "바요나 시몬아 네가 복이 있도다 이를 네게 알게 한 이는 혈육이 아니요"(마 16:17)라고 말씀하셨을 때, 자신이 고백한 것("주는 그리스도시요 살아 계신 하나님의 아들이시니이다"[마 16:16] — 역주)을 잊어버렸습니다. 오늘의 본문이 얼마나 의미심장하게 기록된 것인지를 전하기 위해 한 번 더 그 말씀을 읽어보겠습니다. "주께서 돌이켜 베드로를 보시니." 이 말씀은 지금 베드로가 주님의 겸손과 고뇌라는 베일을 통해 그분의 신성을 보았다는 사실을 암시하고 있습니다. 베드로는 주님의 신성을 잊어버렸습니다. 그래서 그는 생각으로 자기 주님을 부인했습니다. 그는 그렇게 탈선하여 잠든 상태에 빠져 버렸습니다. 바울의 표현대로라면, 베드로는 "홀린 상태"(행 8:9, 11)로서 영적으로 최면이 걸린 상태로 사탄의 영향과 지배를 받고 있었던 것입니다. 그러나 주님의 바라보심으로 인해 베드로는 좀 더 나은 자아를 갖게 되었고, 베드로 안에 잠자고 있던 모든 영적 생명들이 깨어나게 되었습니다. "베드로가 … 생각나서"(눅 22:61). 이런 것들이 생각나서 베드로는 회복되었던 것입니다.

둘째 결과는 다음과 같았습니다. 즉, 이 바라보심으로 인해 베드로의 모든 무모함이 제거되었습니다. 베드로는 대제사장의 뜰로 들어갔었지만, 이제는 거기에서 나오게 되었습니다. 그가 대제사장의 뜰로 들어갔을 때, 그는 가장 악한 무리들 가운데 있었지만, 그 어떤 위험도 느끼지 못했었습니다. 그가 그 문을 지키던 여종을 무서워했겠습니까? 틀림없이 그는 그 여종의 말을 신경 쓰기에는 자신을 너무 대단한 사람으로 여겼을 것입니다. 불 주위에 있던 사람들이라고 해서 그가 무서워했을까요? 그 뜰에 있던 사람들은 거친 사람들이었고, 그는 그냥 어부였음에도 불구하고, 그는 스스로 그 제사장의 하수인들을 충분히 당해낼 수 있다고 생각했었습니다. 그러나 이제 그런 허풍은 그에게서 사라졌습니다. 예수님께서 베드로를 보시자마자, 베드로는 그 모든 위험들을 거부했습니다.

　지금 그는 무모함과는 다른 진정한 용기 있는 모습을 보여주고 있습니다. 그는 대제사장의 집과 관련된 위험한 사회를 떠나야겠다고 위대한 결정을 내렸습니다. 마음속에 있는 은혜가 다시 살아나려면 허세(虛勢)가 죽어야만 합니다. 자기 영혼을 위험에 처하게 하는 사람은 올바른 정신 상태를 지닌 사람이 아닙니다. 아마도 구세주께서 바라보심으로 인해, 베드로는 지금 자신이 서 있는 곳이 자신과는 전혀 어울리지 않는 곳이라는 암시를 받았을 것입니다. 그것은 마치 "너는 이 환경에서 떠나는 것이 좋겠다"라고 그에게 말하는 것 같았습니다. 어쨌든 이것이 바로 주님의 바라보심으로 인한 결과였습니다. 주님께서 그토록 가혹한 대접을 받은 그곳은 제자가 있을 만한 곳이 아니었습니다. 예수님께서 원수들로부터 조롱을 받고 계시는데, 제자인 베드로가 불가에서 몸을 녹이고 있는 것은 너무 적절하지 않은 일이었습니다. 주 예수님의 시선이 없었다면 매우 올바르게 보였을 많은 것들이, 그분의 시선으로 인해 전혀 어울리지 않는 것으로 보이게 되었습니다. 베드로의 그 모든 대담함은 이내 사라져 버렸습니다. 그는 여종들과 사람들에게서 등을 돌리고 밤의 어둠 속으로 떠났습니다. 우리는 그가 십자가 가까이에 갔다는 말을 듣지 못했습니다. 실제로 우리는 부활의 아침까지 베드로에 대한 어떠한 말도 듣지 못합니다. 왜냐하면 베드로는 자기가 더 이상 믿을 만한 사람이 못 된다는 것을 자각할 만큼 충분한 지각이 생겨났기 때문입니다. 그래서 그는 주님이 전면으로 부르실 때까지 스스로 뒤에 물러나 있었던 것입니다. 제 바람은, 신앙 고백까지 한 사람이지만 여전히 의심스러운 생활을 하고 있는 몇몇 성도들도 이처럼 스스로 뒤에 물러나 있을 수 있는 은혜를 충분히 받았으면 하는 것입니다. 안타깝게도 죄를 범한 사람들이 서둘러 전면에 나서려고 하는 것을 볼 때마다, 저는 그 사람이 과연 자신이 저지른 악에 대해서, 그리고 자신이 그런 위험한 자리에 적합하지 않다는 사실에 대해서 제대로 의식하고 있는 것인지, 도저히 믿을 수가 없습니다.

　무엇보다도 여러분은 여러분이 넘어졌던 그 장소를 피하십시오. 잠시라도 그곳에 머무르지 마십시오. 여러분 뒤에 손을 녹일 만한 불가가 있다고 해도 그것을 떨치고 밖으로 나가십시오. 여러분의 영혼이 위험한 곳에 머무르기보다는 오히려 추운 곳에 있는 것이 더 낫습니다. 친히 주님께서 입을 열어 세 번씩이나 양을 먹이라(요 21:17)고 말씀하시면서, 주님은 베드로가 감당해야 할 직무를 다시 회복시켜 주셨습니다. 이러한 충분한 확신을 갖기까지 베드로는 다시 전면에 나서지 않았다는 사실을 우리는 알 수 있습니다.

셋째, 그리스도의 그 바라보심으로 인해 베드로는 군중들과 단절되었습니다. 그는 더 이상 불가 주위의 사람들과 함께 하지 않았습니다. 그는 그들에게 말 한 마디도 하지 않았습니다. 그는 급히 그 무리를 떠났습니다. 신자들 자신이 세상에 속하지 아니하였다(요 17:16)고 느끼는 것은 신자들에게 좋은 일입니다! 신자들은 소돔으로부터 도망쳐야 합니다. 주님은 거룩하게 선택하시어 우리를 그런 무리들로부터 단절시키셨습니다. 그러므로 우리는 그러한 구별을 우리의 선택으로 여겨야 합니다.

오, 마치 사냥꾼이 사슴을 쏘아 상처를 입히듯이, 이 아침에 위대하신 주님께서 쏜 화살이 몇몇 영혼들을 관통하기를 기원합니다! 오, 베드로처럼 상처 입은 영혼들은 고독을 추구하려고 할 것입니다. 사슴은 피를 흘리며 혼자 죽으려고 수풀을 찾습니다. 그러나 주님은 그 상처 입은 마음에 은밀하게 다가가셔서 그 화살을 뽑아내 주실 것입니다. 혼자 있는 고독은 회개를 위한 장소입니다. 그리스도께서 조롱받으시는 그 곳에서 조잡한 농담이나 주고받는 것보다는 차라리 어두운 밖에 나가 있는 것이 훨씬 낫습니다. 거기서 죄를 고백하고 혼자 통곡해야 합니다. 만약 그리스도께서 여러분을 바라보셨다면, 여러분은 세상 사람들, 즉 다른 모든 사람들에게서 진정으로 떠나야 합니다. 고독이라는 여러분의 방이 여러분에게 제일 적합한 곳이 될 것입니다.

넷째, 그리스도의 그 바라보심은 베드로의 마음의 빗장을 열어 주었습니다. 그는 밖에 나가서 심히 통곡하였습니다. 그가 통곡하며 흘린 눈물에는 쓴 담즙이 들어 있었습니다. 왜냐하면 베드로의 극심한 슬픔을 그 눈물이 씻어 주었기 때문입니다. 사랑하는 성도 여러분, 만약 우리가 베드로와 같은 죄를 지었다면, 하나님께서 우리에게도 베드로처럼 통곡할 수 있는 은혜를 주시기를 원합니다. 많은 사람들이 베드로의 통곡은 잊고, 베드로의 방황만 생각하는 경향이 있습니다. 비록 죄가 잊힌다 해도, 그 죄는 쓰라린 것입니다. 그리스도께서는 여러분의 절망은 못 본 체하셔도, 여러분의 회개는 결코 못 본 체하지 않으실 것입니다. "밖에 나가서 심히 통곡하니라." 오, 그가 얼마나 자신을 괴롭혔겠습니까! "내가 어떻게 그런 짓을 할 수 있었을까!" 하고, 얼마나 자기 가슴을 치면서 후회했는지 모릅니다. "내가 어떻게 고개를 들어 그분을 쳐다볼 수 있겠는가? 하지만 그분은 아주 고귀한 분이시다. 그분의 바라보심으로 나는 용서를 받았다. 그러나 나는 내 자신을 절대로 용서할 수 없다." 베드로는 이 일을 평생토록 기억하였고, 닭 우는 소리를 들을 때마다 두 눈에 눈물을 흘리며 감격하지 않을 수 없었습니다.

다섯째, 저는 그리스도의 바라보심이 그의 마음을 편안하게 해 주었다는 사실을 여러분이 주목해 주었으면 합니다. 통곡할 수 있다는 것은 좋은 일입니다. 통곡할 수 없는 사람들이 가장 고통 받는 사람들입니다. 억눌린 슬픔이야말로 끔찍한 슬픔입니다. 주님은 은밀한 샘에 손을 대시어 베드로의 슬픔이 홍수처럼 터져 나오게 하셨습니다. 이로 인해 그의 마음이 크게 가벼워진 것이 틀림없습니다. 저는 사람들이 "나는 실컷 울었어. 울고 나니 이제야 비로소 진정이 되는 것 같아"라고 말하는 것을 종종 들었습니다. 아무리 울어도 마음이 편해지지 않을 때, 사람들은 심장이 터져 죽을 것처럼 느낍니다. 저는 하나님께 감사드립니다. 왜냐하면 베드로는 심히 통곡할 수 있었으며, 그로 인해 성령님이 그에게 다가와 위로해 주셨기 때문입니다. 오, 주님이시어, 여기 있는 메마른 마음을 지닌 몇몇 불쌍한 성도들을 바라봐 주옵소서. 이 가련한 마음들은 죄악을 느낄 수도 없고 느끼고 싶어하지도 않습니다. 이 메마른 마음들이 느낄 수 있도록 하여 주옵소서! "저는 원하지만 회개의 마음을 전혀 느낄 수 없습니다"라고 부르짖으며 회개하지 못하는 그 마음들을 바라봐 주옵소서. 주님, 당신은 지팡이로 반석을 치심으로 물이 솟아나오게(민 20:11) 하셨나이다. 이 아침에 당신의 불쌍한 종을 지팡이로 사용하시어, 반석과 같은 마음들을 내려쳐 회개의 물이 솟아나게 하옵소서.

이제 말씀을 맺고자 합니다. 주님의 바라보심은 베드로로 하여금 그의 평생에 수치를 수치로 여기지 않도록 하였습니다. 베드로는 이 일을 결코 수치로 여기지 않았습니다. 오순절에 사람들 앞에 서서 말씀을 전한 사람이 누구였습니까? 바로 베드로이지 않았습니까? 그는 항상 맨 앞자리에 서서 자기 주님이요 선생님인 그분을 증언하지 않았습니까? 우리 가운데 누구라도 넘어져 주춤거렸다 해도, 특별히 우리가 죄악 가운데 방황했다 해도, 우리는 주님으로 인해 이렇게 회복될 수 있으며, 이후로는 더욱 훌륭한 그리스도인이 될 수 있다고 저는 믿습니다. 저는 여러분의 뼈가 부러지지 않기를 바랍니다. 여러분에게 그런 일이 일어나지 않기를 저는 하나님께 기도드리고 있습니다. 그러나 혹시라도 여러분의 뼈가 부러진다면, 하늘에 계신 외과의사께서 그 뼈를 고쳐 주시어 예전보다 더욱 강하고 튼튼한 뼈가 되게 하실 것입니다. 베드로에게 부러진 뼈는 담대함이었습니다. 하지만 그 뼈를 다시 고쳤을 때, 그것은 아주 강한 뼈가 되어 다시는 부러지지 않게 되었습니다. 베드로는 그 뼈와 같은 담대함을 얻게 되었습니다. 주님께서 그 백성들의 뼈를 고쳐 주시면, 그 뼈들은 더 이상 부러지지 않습니다. 그리하여 그분은 그분의 사역을 더욱 효과적으로 행하십니다. 분노로 잘못을 범한 사람은 온유하고 유순해집니다. 술로 잘못을 범한 사람은 그 치명적인 술잔을 엎어 버리고 술 자체를 싫어하게 됩니다. 수치스러운 죄를 범한 자는 그 무리들 가운데서 가장 담대한 사람이 됩니다.

오, 주 예수님, 저는 이 아침에 당신을 전하려고 노력했나이다. 하지만 저는 베드로를 바라보신 당신의 눈빛과 같이 그렇게 바라볼 수 없습니다. 당신께서 친히 잘못을 범한 자들을 바라봐 주셔야만 합니다. 구세주여, 바라봐 주옵소서! 죄인들이여, 바라보라! "십자가에 달리신 분을 바라보는 데 생명이 있습니다"(홀[Miss A.M. Hull]이 지은 찬송가 제목 — 역주). 십자가에 달리신 분께서 바라보아야 생명이 있기 때문입니다. 예수님께서도 바라보시고, 죄인들도 바라보기를 기원합니다! 아멘.

제
86
장

—

헤롯 앞에 서신 우리 주님

—

"헤롯이 예수를 보고 매우 기뻐하니 이는 그의 소문을 들었
으므로 보고자 한 지 오래였고 또한 무엇이나 이적 행하심
을 볼까 바랐던 연고러라 여러 말로 물으나 아무 말도 대답
하지 아니하시니"— 눅 23:8-9

　　빌라도가 대제사장들과 서기관들에게 자신은 예수에게서 아무런 허물도 발
견하지 못했다고 선언하자(눅 23:4), 이들은 자기들의 희생자가 처벌을 면하게
되지는 않을까 우려했습니다. 그래서 그들의 분노는 극에 달하였고, 그들은 예
수님을 향해 더욱 맹렬히 소리질렀습니다. 그들은 소리치는 가운데 "갈릴리"라
는 말을 했습니다. 제가 보기에 그들은 소리를 지르다가 그들의 의도와는 좀 다
르게 쓸데없이 그 지명을 말한 것 같습니다. "그가 온 유대에서 가르치고 갈릴리
에서부터 시작하여 여기까지 와서 백성을 소동하게 하나이다"(눅 23:5). 갈릴리
는 아주 크게 멸시를 받던 지역이었습니다. 그들은 우리 주님을 비방하기 위해
서 그 지명을 언급하였습니다. 그분이 한갓 갈릴리 촌뜨기에 불과하다고 말입니
다. 그들은 이 지명을 언급하는 것이 빌라도에게는 아마도 흥분한 황소 앞에 붉
은 깃발을 흔든다는 속담처럼 작용할 것이라 생각했습니다. 왜냐하면 빌라도가
그 지역 출신의 반란자들로 인해 곤란을 겪고 있는 것처럼 보였기 때문입니다.
빌라도가 그들의 제물에 섞은 것이 바로 이 갈릴리 사람들의 피(눅 13:1)였다는
사실을 우리 모두는 기억하고 있습니다. 갈릴리 사람들은 무식한 사람들로 평판

이 나 있었습니다. 이들은 사기꾼들에게 쉽게 미혹되었으며, 너무 정열적이어서 목숨을 바쳐 로마에 감히 저항하였습니다. 제사장들도 예수님을 갈릴리 사람이라고 부르면서 경멸했을 뿐만 아니라, 빌라도의 편견을 자극하여 그로 하여금 예수님을 반역자의 무리 중 하나로 사형을 선고하도록 했습니다.

그러나 그들의 이런 계획에는 결과적으로 실수가 있었습니다. 왜냐하면 빌라도가 "갈릴리"라는 말을 액면 그대로 받아들였기 때문입니다. 갈릴리 지역은 직접적으로 그의 통치하에 있지 않았습니다. 그 지역은 고대 로마의 분봉왕인 헤롯 안티파스(Herod Antipas[20BC-39AD], AD 1세기 갈릴리와 베뢰아의 통치자로 세례 요한의 참수형을 지시한 인물로 알려져 있다 – 역주)의 지배하에 있었습니다. 그래서 빌라도는 속으로 다음과 같이 생각했습니다. '내게 일석이조(一石二鳥)의 기회가 왔구나. 이 죄인을 헤롯에게 이송해 버리면 이 성가신 일도 해결될 수 있을 것이고, 또 내가 이렇게 헤롯에게 배려한 것을 알면, 왕도 아주 크게 기뻐할 테니 말이다.' 빌라도는 예전에 헤롯과 말다툼을 한 적이 있었습니다. 그러나 지금 빌라도는 자신의 목적을 이루기 위해, 자신에게 재판을 받기 위해 잡혀온 자기 신민(臣民) 중의 한 사람을 헤롯에게 이송하여, 헤롯에게 큰 경의를 표하는 것처럼 해서 그들 간의 친선을 도모하고자 결심하였습니다. 그래서 빌라도는 "그가 갈릴리 사람이냐?"(눅 23:6)라고 물었던 것입니다. 그러자 사람들은 빌라도에게 예수님이 갈릴리 사람이라고 말해 주었습니다. 예수님은 원래 베들레헴 태생이었지만, 이 사실은 의도적으로 무시되었고, 그분이 갈릴리 출신이라는 소문만 듣고 다들 그렇게 말했습니다. 빌라도는 그 대답을 들은 즉시 명을 내려 예수님을 헤롯에게로 이송했습니다. 당시 헤롯은 유월절 잔치에 참석하기 위해 예루살렘에 있는 자기 궁정에 있었습니다.

자, 사랑하는 성도 여러분, 거룩한 우리 주님께서 예루살렘을 통과하면서 겪은 그 슬픔의 세 번째 행진이 어떻게 진행되었는지를 한번 보십시오. 먼저, 그분은 겟세마네 동산에서 안나스(요 18:13)의 집으로 끌려갔습니다. 그 후에 그분은 거리를 통해 가야바의 관정(요 18:28)에서 빌라도의 재판정으로 끌려갔습니다. 그리고 지금은 빌라도의 명령에 의해 분노한 제사장의 무리들에게 이끌려 세 번째로 거리를 통해 헤롯의 궁정에 이르렀습니다. 여기서 네 번째 심문이 기다리고 있었습니다. 예전의 어떤 저자들은 네 명의 복음서 저자들이 우리 주님을 영광스럽게 한 것과 마찬가지로, 이 네 명의 재판관들은 주님에게 수치를 안겨 주었다는 말을 즐겨 했었습니다. 이 네 명의 재판관들은 안나스, 가야바, 빌라도, 헤롯이었습니다. 우리가 초대교회를 통해 이방인들과 유대인들의 연합을 주시하게 될 때, 우리는 이에 대한 좀 더 확실한 이유를 알게 됩니다. "과연 헤롯과 본디오 빌라도는 이방인과 이스라엘 백성과 합세하여 하나님께서 기름 부으신 거룩한 종(주의 거룩한 소자) 예수를 거슬러 하나님의 권능과 뜻대로 이루려고 예정하신 그것을 행하려고 이 성에 모였나이다"(행 4:27-28).

이 아침에 저는 두 개의 주제로 이 슬픈 이야기 중의 한 부분을 설명해보고자 노력할 것입니다. 이 두 주제는 바로, 예수님 앞에 선 헤롯과 헤롯 앞에 서신 예수님입니다.

1. 예수님 앞에 선 헤롯

저는 먼저 여러분이 예수님 앞에 선 헤롯을 주목해 주기를 원합니다. 왜냐하면 사람들이 우리의 주님이자 선생님이신 예수님에게 끼친 그 슬픔을 여러분이 바르게 이해하기 위해서는, 헤롯의 성격과 그가 예수님에게 한 질문에 대해 어느 정도 알고 있어야 하기 때문입니다.

이 헤롯 안티파스는 옛 헤롯 대왕(47-4 BC. 예수님이 태어날 당시 유대의 왕이었다 — 역주)의 아들이었습니다. 헤롯 대왕은 유대인의 왕(요 19:3)을 죽이려는 생각을 갖고서 베들레헴에서 태어난 모든 아기들을 죽이도록 명령한 왕이었습니다. 그 아버지에 그 아들이라는 말도 있지만, 어떤 면에서는 아버지보다 아들이 한 층 더 비열하였습니다. 아들에게는 아버지와 같은 위엄이 전혀 없었습니다. 용기와 결단력은 하나도 없이 악한 기질만은 아버지를 닮았던 것입니다. 어떤 일들에서든 아들 안티파스의 포악함은 아버지 헤롯 왕을 능가하지는 못했습니다. 그럼에도 그 아들은 어떤 점에서 보면 더욱 비열한 사람이기도 하였습니다. 헤롯 대왕이 사자라고 불린다면, 우리 주님께서는 이 작은 헤롯을 여우라고 아주 특징적으로 표현하셨습니다. "가서 저 여우에게 이르되"(눅 13:32)라고 하신 말씀이 바로 그것입니다. 안티파스는 방탕한 습관과 천박한 마음을 지닌 사람이었습니다. 그는 사악한 여인의 치마폭에 완전히 둘러싸여 있었습니다. 이 여인은 안티파스에게 있을지도 모르는 작은 선한 기질마저도 파괴해 버렸습니다. 안티파스는 쾌락을 사랑하며(딤후 3:4), 자기를 사랑하며(딤후 3:2), 사악하며, 우유부단하며, 극도로 경박한 사람이었습니다. 그런 사람을 사람으로 부르는 것이 썩 내키지는 않지만, 그래도 저는 분봉왕이라고 부르겠습니다.

이렇게 비열한 분봉왕이지만 예전에는 종교적인 감명을 받기도 한 사람이었습니다. 이 헤롯 가문의 사람들은 모두 종교로부터 어떠한 유익도 얻지 못했지만, 그래도 가끔씩 어느 정도는 종교로부터 어떤 영향을 느끼기도 하였습니다. 세례 요한이 헤롯에게 심어준 인상은 그리 오래가지 않았습니다. 그 인상은 처음에는 강력하고 실제적이었습니다. "헤롯이 요한을 의롭고 거룩한 사람으로 알고 두려워하여 보호하며 또 그의 말을 들을 때에 크게 번민을 하면서도 달갑게 들음이러라"(막 6:20)고 하신 말씀을 통해 우리는 이것을 알 수 있습니다. 저는 그가 나라의 많은 것들을 개혁했을 것이라고 생각합니다. 아마도 그가 지은 큰 죄악들 중의 어떤 것들은 끊어 버렸을 것입니다. 그러나 여전히 형이 살아 있음에도 불구하고 자기 형의 아내를 정부(情婦)로 삼은 것을 세례 요한이 비난하기 시작하자, 그는 그렇게 책망하는 세례 요한을 감옥에 처넣어 버렸습니다. 그러고는 어떻게 되었는지 여러분도 별로 생각하고 싶지 않은 기억으로 남아 있겠지만, 헤롯은 자기 정부를 기쁘게 해주려고 감옥에 있는 요한의 목을 베었습니다. 여러분은 이 점에 주목하기 바랍니다. 즉, 한때 종교적인 영향력을 받아 실제로 그 영향력 아래에 있다가, 어느 순간 그 영향력에서 떨어져 나와 하나님에 대한 모든 두려움을 던져 버린 사람보다 더 위험한 사람은 아무도 없을 것입니다. 그는 양심의 소리에도 불구하고, 아주 난폭하게 행동했기 때문에, 그 후로는 어떤 양심의 거리낌도 느끼지 못하는 사람이 되었습니다. 그와 같은 사람에게는 우리 주님의 다음과 같은 말씀이 성취된 것입니다. "더러운 귀신이 사람에게서 나갔을 때에 물 없는 곳으로 다니며 쉬기를 구하되 쉴 곳을 얻지 못하고, 이에 이르되 내가 나온 내 집으로 돌아가리라 하고 와 보니 그 집이 비고 청소되고 수리되었거늘, 이에 가서 저보다 더 악한 귀신 일곱을 데리고 들어가서 거하니 그 사람의 나중 형편이 전보다 더욱 심하게 되느니라"(마 12:43-45). 헤롯 안티파스의 마음은 청소되고 수리된 방 같은 상태였습니다. 왜냐하면 그의 삶이 어느 정도 개선되기는 하였지만, 곧 더러운 영이 끔찍스러운 일곱을 데리고 그의 옛 소굴로 돌아오는 바람에, 이제 그는 예전보다 훨씬 더 악한 사람이 되었기 때문입니다. 개가 그 토하였던 것에 돌아가고 돼지가 씻었다가 더러운 구덩이에 도로 누웠다(벧후 2:22)는 말처럼 말입니다. 이 헤롯은 이두매아(Idumea, '에돔'에 해당하는 헬라어로 역사적으로 셈족의 거주 지역인 유대와 서해 남쪽을 가리킨다 — 역주) 사람이었습니다. 즉, 에서의 후손들 중 하나인 에돔 사람이었습니다. 비록 그가 유대인이라고 공언한다 해도, 그에게는 옛 조상의 피가 흐르고 있었습니다. 이것은 에돔에 관해 기록된 다음의 말씀과 같았습니다. "에돔의 서너 가지 죄로 말미암아 내가 그 벌을 돌이키지 아니하리니 이는 그가 칼로 그의 형제를 쫓아가며 긍휼을 버리며"(암 1:11). 분봉왕이며, 그의 선조처럼 불경스럽고 세속적이며, 전혀 긍휼을 받지 못한 에서의 후손 앞에 참된 야곱이 섰습니다. 에서는 육체를 따른 아브라함의 자손이었지만, 야곱은 성령을 따른 언약의 자손이었습니다. 잠시라도 썩어질 씨앗의 능력 아래 있다는 것은 성령의 씨앗에게는 좋은 조짐이 아니었습니다. 우리는 약속에 따른 자녀들이 인내하도록 부르심을 받는 동안, 육신의 자녀들이 얼마나 조롱하는지를 알고 있습니다.

　헤롯의 마음 상태가 보여주는 특징은 여러분 모두에게 교훈과 훈계로 삼기에 좋은 전형적인 모습이라 생각합니다. 그는 우리 교회에 자주 나오다가도, 때로는 다른 예배 처소로 가곤 하는 유형의 사람입니다. 이들은 과거에 종교적인 감동을 받고서 그것을 결코 잊지 못하지만, 그렇다고 해서 어떤 종교적 감동을 다시 받고 싶어하지는 않는 사람들입니다. 지금 그들은 마음이 완악해져서 헛된 호기심에 빠져 있습니다. 그들은 교회와 그리스도의 나라에 대한 모든 것들에 관해 알고 싶어하지만, 자신이 그 일에 중심인물이 되기는 절대로 원하지 않습니다. 이들은 법궤의 황금 뚜껑을 열어보거나 휘장 뒤로 들어가고 싶은 쓸데없는 호기심에 사로잡혀 있습니다. 그들은 목회자들에 관한 터무니없는 이야기들을 주워듣기를 좋아하고, 또 수 세기 동안 설교자들이 말한 모든 기이한 언급들을 퍼뜨리고 싶어합니다. 교회들에 떠도는 모든 소문들도 그들은 분명히 알고 있습니다. 왜냐하면 그들은 마치 빵을 먹듯이 하나님 백성의 죄악들을 열중해서 먹어치우기 때문입니다. 종교적인 것에 관해 그들이 알고 있는 지식은 그들에게 아무 소용이 없는 것 같습니다. 그런데도 그들은 여전히 종교적인 것들을 갈망하고 있습니다. 즉, 하나님의 교회는 그들의 사교장이며, 거룩한 예배는 그들의 연극이며, 목회자들은 그들에게 배우이며, 복음 자체는 극장의 재산쯤으로 여깁니다. 그들은 어떤 새로운 것을 듣는 것 외에는 달리 시간을 쓰지 않는 사람, 즉 종교적으로 아덴 사람(행 17:21)과 같은 부류의 사람들입니다. 아마도 그들은 설교를 듣는 도중에 어떤 독특하고도 예기치 못한 이야기들이 전해지고, 자신들이 들은 그 이야기를 다른 모임에 가서 전하여 거기 모인 사람들이 박장대소하기를 기대합니다. 그들에게 설교는 전적으로 광대극에 지나지 않습니다. 그들의 어떤 어리석음과 맞물려서 설교는 그들에게 아주 웃기는 것이 되며, 그들은 그 설교를 아주 즐거워하는 사람들로 여겨집니다. 그들로 하여금 헤롯을 보게 합시다. 헤롯 안에서 그들의 지도자를 보게 하고, 그들의 참된 모습 혹은 곧 다가올 미래의 모습을 보게 합시다.

첫째, 잘해봐야 쓸데없는 호기심에 불과한 것을 살펴보도록 합시다. 사랑하는 성도 여러분, 여기를 바라보십시오. 이 거울을 들여다보면서 서로 비슷한 점을 찾아보십시오.

처음부터 헤롯의 호기심은 그가 예수님에 관해 이미 많은 것을 들은 것에서 생겨났음을 알 수 있습니다. 그가 어떻게 해서 그분에 관해 듣게 되었을까요? 그분의 위대한 행적들은 사람들을 통해서 알려져 있었습니다. 그분이 행하신 기적과 기이한 말씀들에 관한 소식은 온 예루살렘에 널리 퍼졌습니다. 유대교 신앙으로 개종한 헤롯(헤롯 안티파스는 공식적으로 야곱 자손의 유대교로 개종하였다 ― 역주)은 유대교 개종자로서 유대인들 사이에 일어나는 모든 일에 관심이 있었습니다. 특히 그 일들이 나라에 영향을 미치게 되는 일이라면, 더욱더 관심을 갖게 되었습니다. 왜냐하면 그의 아버지도 격분케 한 그 질투심(유대인의 왕이 태어났다는 동방박사의 말을 듣고서, 어린 아기들을 모조리 다 죽이라는 명령을 내린 것을 가리킨다 ― 역주)이 그의 아들에게도 전혀 없지는 않았기 때문입니다. 틀림없이 아들 헤롯도 세례 요한으로부터 그리스도에 대한 소문을 들었을 것입니다. 세례 요한은 헤롯에게 설교할 때마다 매번 자신의 위엄 있는 문구인 "보라 세상 죄를 지고 가는 하나님의 어린 양이로다"(요 1:29) 하는 말씀을 사용했을 것입니다. 세례 요한이 하나님의 의를 전하는 설교자이기는 했으나, 그는 뒤에 오시는 구세주의 사자 역할도 게을리하지 않았다고 저는 확신합니다. 그래서 헤롯은 위대한 세례 요한의 단호한 입술로부터 유대인의 왕과 그의 나라에 대한 것들을 들었을 것입니다. 세례 요한이 죽었을 때도 헤롯은 그리스도에 관한 더 많은 것들을 들었을 것입니다. 그래서 그는 이루어지는 모든 것을 보고 놀라서, "그는 내가 목 벤 요한이라. 그가 살아났다"(막 6:16)라고 말했습니다. 예수님은 헤롯의 양심에 악몽 같은 존재가 되었습니다. 그래서 헤롯은 나사렛에서 나온 선지자 예수(마 21:11)가 행한 모든 일을 들을 때마다 당황하고 놀랐습니다. 이외에도, 헤롯의 궁정 사람들 중에서 구세주에 관해 많은 것을 알고 있던 한 사람이 있었습니다. 헤롯의 궁정에는 자신의 물질로 주님에게 봉사한 여인의 남편이 있었기 때문입니다. 그 여인의 이름은 요안나였고, 그 남편은 헤롯의 청지기 구사(눅 8:3)였습니다. 아마도 구사는 헤롯의 집사(執事)이자 궁정살림의 지배인이었을 것입니다. 헤롯은 아마도 구사로부터 예수님에 관한 소식을 쉽게 들을 수 있었을 것이고, 헤롯에게는 큰 선지자(눅 7:16)에 대한 두려움이 있었기 때문에 틀림없이 예수님에 관해 물어보기도 했을 것이라 확신할 수 있습니다. 이런 가운데 헤롯에게는 상당 기간 동안 우리 주 예수 그리스도에 대한 호기심이 발동되었을 것입니다. 그래서 그는 주님을 보기를 갈망했습니다. 주님을 직접 만나 보는 이런 소망이 지금 제 설교를 듣고 있는 여러분에게 실현되지 않더라도 저는 유감스럽게 생각하지 않을 것입니다. 저는 여러분이 주님에 관한 것을 주님을 믿는 친구나 주님께 봉사하는 목회자들에게서 듣게 되어도 아주 기뻐할 것입니다. 또한 주님의 신발 끈을 풀기도 감당하지 못하지만(눅 3:16), 이 땅에서 "보라 … 어린 양이로다" (요 1:29)라고 외치는 일을 자신이 전적으로 해야 할 일이자 최고의 영광으로 아는 사람으로부터 주님에 관한 것을 듣게 되어도 저는 아주 기뻐할 것입니다. 이런저런 소문, 이야기, 교훈들로 인해 헤롯의 마음에는 우연하게라도 자신의 두 눈으로 예수님을 봤으면 하는 바람이 생기기 시작했습니다. 여기까지는 아주 좋습니다. 오늘날에도 종종 성도들은 설교자의 설교를 듣기 위해 기도의 집으로 올라갑니다. 그들은 회개하기 위해서도 아니고, 예수님을 따르는 자가 되기 위해서도 아닙니다. 그들은 그들의 호기심을 자극하는 참된 종교에 관한 어떤 것을 듣고서 그것이 과연 무엇인지 속속들이 알고 싶어서 올라옵니다. 그들에게는 문학적인 호기심이 있어서, 종교와 진기한 말들과 신학적으로 주목할 만한 것들에 호기심을 가지고 공부하고 싶어합니다.

　헤롯은 이러한 호기심의 결과로 예수님을 보고 매우 기뻐하였습니다. 본문 말씀에 헤롯이 "매우 기뻐하니"라고 기록되어 있으니 말입니다. 이 얼마나 기대에 부푼 모습인지 모릅니다! 어떤 사람이 예수님을 보고 매우 기뻐할 때, 우리는 어떤 큰 일들을 기대하지 않습니까? 저는 이 말씀을 혼자서 읽으면서, 이런 감정 표현이야말로 하나님 자녀의 모습을 잘 묘사하고 있다고 생각했습니다. 이 본문 말씀은 우리에게도 적용될 수 있는 말씀입니다. 저는 이 말씀을 한 줄 한 줄 읽으면서 이에 대해 설명하려고 합니다. "헤롯이 예수를 보고 매우 기뻐하니." 사실 사도들도 예수님께서 그들에게 나타나셨을 때, 이와 같았습니다. 성경에 보면 "제자들이 주를 보고 기뻐하더라"(요 20:20)고 기록되어 있으니까요. 참된 신자라면 주님 이외에 도대체 무엇을 보고서 이렇게 큰 기쁨을 가질 수 있겠습니까? "그분을 보기를 원하였고"(눅 23:8, KJV). 우리도 그렇지 않습니까? 그분의 모든 백성들이 그들에게 영원한 천국을 주실 그분에 대한 복된 환상을 원하고 있지 않습니까? "보고자 한 지 오래였고." 우리도 이와 마찬가지입니다. 깨어 기다리다 우리의 마음도 지쳤고, 우리의 두 눈도 그분의 얼굴 보기를 원하다 쇠약해졌습니다. "도대체 왜 그분은 지체하십니까?"라고 하며 우리는 부르짖습니다. "내 사랑하는 자야 너는 빨리 달리라. 향기로운 산 위에 있는 노루와도 같고 어린 사슴과도 같아라"(아 8:14). 그리고 "헤롯이 예수를 보고 매우 기뻐하니 이는 그의 소문을 들었으므로 보고자 한 지 오래였고 또한 무엇이나 이적 행하심을 볼까 바랐던 연고러라"(눅 23:8)라는 이 말씀 또한 우리의 소망입니다. 우리는 어떤 은혜로운 이적을 볼 뿐만 아니라 느끼기도 원합니다. 다시 말해서, 우리는 그 이적이 우리의 두 눈에 임하여, 우리 눈이 뜨이기를 원하며, 우리의 두 손에 그 이적이 임하여, 우리가 주님께서 행하신 역사의 더 큰 능력을 갖기를 원합니다. 그리고 그 이적이 우리 발에 임하여, 우리가 순종의 길을 달려가기를 원합니다. 특히 그 이적이 우리의 마음에 임하여, 우리가 항상 부드럽고 온유하며 순결하고 은혜롭게 되어 하나님의 마음을 느끼기를 원합니다. 그렇습니다. "매우 기뻐하니"라는 이 말씀은 참으로 아주 귀한 말씀입니다. 그러나 여러분도 알다시피 이 말 속에 들어 있는 의미는 우리가 이 말에서 생각할 수 있는 그런 고귀하고 영적인 뜻이 아니었습니다. 오히려 저급하고 비굴한 의미였습니다. 이것이 바로 헤롯이 의도한 모든 것이었습니다. 그는 "매우 기뻐하였지만", 이 기쁨은 천박한 기쁨이었습니다. 왜냐하면 헤롯은 지금 자신의 호기심을 충족시키기를 기대하고 있었기 때문입니다. 그는 예수님을 자기의 권한 아래 두고서, "그 사람이 말하는 것처럼 말한 사람은 이때까지 없었나이다"(요 7:46)라고 말할 정도의 어떤 말을 그 선지자로부터 듣고자 기대했습니다. 또한 헤롯은 주님께서 "그가 모든 것을 잘하였도다"(막 7:37)라고 기록될 정도로 어떤 대단한 이적을 보게 되지는 않을까 기대했습니다. 그 위대한 선지자가 빵과 물고기를 만들어 내도록 할 수도 있지 않습니까? 헤롯이 그분을 잘 설득해서 맹인 거지가 나음을 입거나 걷지 못하는 자가 사슴처럼 뛰게 할지도 모르지 않습니까? 헤롯의 궁정에 보기 드문 소동이 일어나서 시들해진 난봉꾼들의 기분을 확 바꿔 버릴 만한 이적이 일어나게 할 수도 있지 않습니까? 예를 들어, 땅에 묻힌 시체를 파내어 거기에 예수님께서 다시 생명을 넣어 주신다면, 나중에 혜롯이 헤로디아(동생 빌립의 아내였다가 혜롯의 처가 된 여자[막 6:17] — 역주)나 다른 사람들과 같이 앉아서 술을 마실 때 떠들 수 있는 이야깃거리가 될 테니까요. 저마다 다른 사람들에게 더 신기한 이야기들을 하려고 할 때, 혜롯은 다른 사람들보다 더 신기한 이야기를 하고 싶었습니다! 바로 이와 같은 생각으로 많은 사람들이 복음을 들으러 나아옵니다. 그들은 나쁜 쪽으로 소문이 자자한 설교자들에 관해 자기가 겪은 기이한 이야깃거리들을 원하며, 만약 그 설교자들에 관해 웃기는 것이나 충격적인 것을 듣지 못했다면, 그들은 그런 이야깃거리들을 기꺼이 만들어 내기도 합니다. 그 거짓말이 자신의 숨통을 죄어온다 해도, 그들은 자신이 그것을 직접 보고 들었다고 맹세까지 할 것입니다. 그들은 오직 자신의 호기심 채우기 위해서 교회에 나오기 때문에 이런 행동들을 하게 됩니다. 예전에 말씀의 능력을 조금 맛보기는 했으나 곧 그 말씀을 떨쳐내 버린 그런 극단적인 사람들이 아니라면, 아무도 그렇게 행동하지 않을 것입니다. 그들은 아주 결속력이 강한 조롱꾼들입니다. 그들은 주님의 증언조차 환락을 위한 제물로 전락시킨 쓸모 없는 사람들입니다. 그래도 언뜻 보면, 그들에게는 아주 기대할 만한 어떤 것들이 있는 것처럼 보입니다. 그래서 그리스도께서 그들 앞에 나타나셨을 때, 그들이 그렇게 기뻐한 것처럼 보인 것에 대해 우리는 기뻐했던 것입니다.

　혜롯에게 일어난 한 가지 나쁜 징조는 그의 양심이 잠시 그를 괴롭힌 이후에 다시 잠들어 버렸다는 사실입니다. 잠시 동안 그는 예수님을 두려워했고, 세례 요한이 죽은 자들 가운데서 일어나지는 않았을까 하며 마음을 졸였습니다. 그러나 곧 그러한 두려움은 사그라졌고, 죽은 사람이 과연 다시 살아날 수 있을까 하는 사두개인적인 회의가 생기면서, 미신적인 생각이 고개를 들었습니다. 그는 자신이 보는 앞에서 예수님이 어떤 놀라운 일들을 보여주기를 기대했습니다. 그러면서 그는 거룩하고 의로운 이(행 3:14)에 대한 모든 두려움을 잃어버렸습니다. 그는 경솔한 마음을 지닌 사람이었습니다. 왜냐하면 전날에 자신이 두려워하던 그 사람을 그 다음 날에 죽이고, 기쁨으로 환영하던 사람을 조롱하며 황급히 내친 사람이었기 때문입니다. 예수님에 대해서 뭔가 새로운 것을 갈망하고, 놀라운 어떤 것을 욕구하고, 그것을 즐기고자 하는 바람 이외의 어떤 감정도 혜롯에게는 남아 있지 않았습니다. 지금 제 눈에는 빈둥거리는 사람처럼 그의 보좌에 앉아서 이적을 기대하는 헤롯이 보이는 듯합니다. 그는 말합니다. "이제 우리는 보게 될 거야. 지금 곧 보게 될 거야. 조금만 기다리면 우리는 보게 될 거야! 아마도 그는 완전한 능력으로 자신을 드러낼 거야. 그가 바다 위를 걷는다면, 분명히 그는 공중으로도 날아갈 거야. 아마도 그는 자신을 안 보이게 해서, 대제 사장들 한가운데로 지나갈 거야. 사람들이 그에게 돌을 던지려 하거나 언덕에서 아래로 밀치려고 할 때도 그는 그들 사이를 미끄러지듯이 빠져 나갔다는 이야기를 나는 여러 번 들었다. 아마도 그는 이 같은 일을 오늘 아침에도 행할 거야." 그 교활한 왕은 거룩한 능력이 드러나는 것조차 한갓 약장수의 속임수나 마술사의 눈속임 정도로 여기고서, 도대체 어떤 이적이 일어날 것인지를 기대하며 앉아 있었습니다.

예수님께서 그의 앞에 섰을 때, 헤롯은 예수님에게 질문하기 시작했습니다. "여러 말로 물으나." 그가 한 여러 질문들이 기록되지 않은 것에 대해 저는 기쁘게 생각합니다. 왜냐하면 그의 질문들은 우리에게 전혀 유익하지 않을 것이며, 현대의 헤롯과 같은 우리는 그런 질문에 관한 한 아주 대단한 대가(大家)들이어서, 다른 사람에게서 더 이상 배울 필요가 없기 때문입니다. 우리에게는 고루하고 부질없는 주장이나 질문들이 제공될 필요가 없습니다. 이런 것들은 우리에게 필요할 만큼 충분히 제공되어 있기 때문입니다. 바보들은 현명한 자들이 오십 년에 걸쳐서 대답할 수 있었던 것보다 더 많은 질문을 십분 안에 해댈 수 있습니다. 우리에게는 옛 질문들이 필요하지 않다고 저는 다시 한 번 말씀드립니다. 하지만 사람들은 아마도 이런 식으로 계속해서 질문하지 않았을까, 감히 생각해 봅니다. "당신이 정말 나의 아버지가 그토록 죽이려고 했던 유대인의 왕(요 19:3)인가? 당신은 어떻게 해서 나사렛 사람(마 2:23)이 되었는가? 당신은 이적을 일으키는 자인가 아니면 그 모든 것이 손재간이나 악마의 힘을 빌려 하는 흑마술인가? 세례 요한은 내게 당신에 관해 말한 적이 있다. 당신은 그를 속였는가, 아니면 그가 한 말이 모두 사실인가? 당신은 죽은 자를 살렸는가? 당신은 병자들을 낫게 할 수 있는가?" 헤롯은 한편으로는 주님이 이적을 행하시도록 부추기면서, 많은 말로 억지이론을 늘어놓으며 의구심을 제기했습니다. 본문에 "여러 말로"라고 기록된 것이 바로 이런 것들을 암시적으로 언급하고 있습니다. 일반적으로 신앙에 대한 호기심으로 질문을 하는 것은 매우 쉬운 일입니다. 이런 질문을 하는 자들은 그리스도를 원하지도 않고, 천국을 원하지도 않으며, 죄의 용서를 원하지도 않고, 어떤 선한 것을 원하지도 않습니다. 단지 신학적으로 알기 어렵고 신비로운 것들을 알고 싶어할 뿐입니다. 이들은 믿음의 난제(難題) 목록이나 영적 체험에 대한 호기심 편람을 갖고 싶어합니다. 사람들 중에는 고사리를 수집하는 사람도 있고, 딱정벌레에 대해서 배우고 싶은 사람도 있습니다. 이런 사람들과 마찬가지로, 교회 생활과 교회 교리와 실천과 목표와 약점 등에 대해 꼬치꼬치 캐묻는 사람들도 있습니다. 특히 이런 사람들은 교회의 약점에 많은 관심이 있습니다. 이들은 정통적인 영국과 비정통적인 영국에 관해 책을 쓸 수도 있고, 엉뚱한 생각에 빠져 살아갈 수도 있습니다. 이런 일을 통해서 그들에게는 무언가 새로운 것이 제공되기도 하고, 풍부한 정보가 더해지기도 합니다. 그래서 그들은 꼬치꼬치 캐묻는 질문을 하기에 여념이 없습니다. 그들은 하늘에서 내려온 만나를 분석하고, 그리스도의 눈물을 증류합니다. 그들에게 거룩한 것은 아무것도 없습니다. 그들은 성경을 고문(拷問)하고, 성령님의 말씀에 트집을 잡습니다.

지금까지 저는 좀 더 발전된 형태의 쓸데없는 호기심에 대해 설명했습니다. 그럼 이제 둘째로, 우리는 좀 더 나아가 예수님께서 이런 호기심을 어떻게 대하셨는지를 살펴보려고 합니다. 저는 이 주제를 좌절된 쓸데없는 호기심이라는 제목으로 살펴보고자 합니다. "여러 말로 물으나 아무 말도 대답하지 아니하시니!" 헤롯이 만약 믿기를 원했더라면, 예수님은 기꺼이 충분하게 가르쳐 주셨을 것입니다. 헤롯이 만약 상한 심령(시 51:17)을 가지고 있었더라면, 예수님께서는 급히 온화한 말씀으로 그 마음을 싸매 주셨을 것입니다. 헤롯이 솔직하게 질문했더라면, 그리고 그의 의심이 진지하고 진실했더라면, 충성되고 참된 증인(계 3:14)이시며 땅의 임금들의 머리(계 1:5)이신 그분께서는 그와 말씀하시기를 기뻐하셨을 것입니다. 그러나 예수님은 헤롯이 예수님을 믿지 않고 자기 십자가를 지고 주님을 따르지 않으리라는 것을 미리 아셨습니다. 그래서 주님은 이 무정하고 마음 없는 방탕자에게 쓸데없이 한 말씀도 하지 않으셨습니다. 주님께서는 그의 제자들에게 "거룩한 것을 개에게 주지 말며 너희 진주를 돼지 앞에 던지지 말라"(마 7:6)고 하셨습니다. 주님은 이 헤롯에게서 아주 비열하고 교활하고 무정한 마음을 보셨습니다. 그래서 그분은 헤롯을 찾아야 할 잃어버린 양이 아니라 그저 내버려 두어야 할 여우로 여기셨던 것입니다. 헤롯은 두 번이나 죽어 뿌리째 뽑힌 나무와 같았습니다. 주님께서 하신 모든 일은 그의 앞에서 절대적인 침묵을 유지하는 것이었습니다. 그래서 헤롯이 주님에게 질문을 하여도, 주님은 한 말씀도 하지 않으셨습니다. "아무 말도 대답하지 아니하시니."

사랑하는 성도 여러분, 우리 주 예수 그리스도께서는 이 땅에 공연하는 사람이 되기 위해 오지 않으셨습니다. 그분은 대단한 인기를 얻기 위해서 자신의 영광을 버린 것이 아니었습니다. 따라서 헤롯이 주님을 한갓 이적을 행하는 자로 여기고서 그 궁정을 예수님이 주인공이 되는 일종의 극장으로 만들었을 때, 우리 주님은 매우 현명하게 침묵을 유지하시고는 한 말씀도 하지 않으셨습니다. 이처럼 주님의 사역자들도 침묵하는 것이 현명할 때가 종종 있습니다. 사람들에게서 배우고자 하는 마음과 영적 바람이나 열망이 없다는 것을 사역자들이 알게 되었다면, 사역자들은 자기 입을 완전히 다무는 것이 현명하다고 생각합니다. 저는 때때로 조지 폭스(George Fox, 1624-1691, 영국 태생의 퀘이커파 창시자. 침묵을 통해 '내면의 빛'[Lux Internal]에 이른다고 주장한다 — 역주)를 존경합니다. 그가 한번은 주위에 모여든 군중들이 뭔가 불 같은 연설을 해 줄 것을 기대하고 있을 때, 그는 두 시간 동안이나 고요히 서 있었습니다. 그러자 무리들은 그에게 말해 달라고 아우성을 쳤습니다. 하지만 그 무리들은 그로부터 단 한 마디의 말도 듣지 못했습니다. 폭스는 그들이 말에 굶주리기를 원한다고 말했습니다. 왜냐하면 그들이 전적으로 원한 것은 성령의 능력이 아니라 말이었기 때문입니다. 아마도 사람들은 폭스가 하는 아주 열정적인 이야기를 기억하기보다는 오히려 폭스의 침묵을 더 잘 기억했을 것입니다. 때때로 침묵은 사람들이 전적으로 해볼 만한 가치가 있는 것입니다. 침묵은 사람들에게 분명한 인상을 남길 수 있는 유일한 것인지도 모릅니다. 주 예수님은 공연하는 사람이 아니었기 때문에, 헤롯을 기쁘게 하지 않으셨습니다. 그분은 단 한 마디도 대답하지 않으셨습니다.

더 나아가, 우리는 다음의 사실들을 기억해야 합니다. 즉, 헤롯은 이미 그 음성이 들리지 않도록 묵살시켜 버린 사람이었습니다. 따라서 그런 자가 그 말씀을 들을 수 없었던 것은 전혀 이상한 일이 아니었습니다. 세례 요한은 어떤 자였습니까? 세례 요한은 "나는 … 광야에서 외치는 자의 소리로라"(요 1:23)고 말했습니다. 만약 예수님이 그 말씀이 아니라면 도대체 무엇이겠습니까? 그 소리를 묵살시킨 사람이 그 말씀을 거부하는 것은 당연한 일입니다. 헤롯의 깊이 없는 영혼은 감동을 받지 못하지 않았습니까? 저는 헤롯이 지닌 영혼의 깊이는 다른 사람들과 마찬가지로 얕았다고 말할 수밖에 없습니다. 헤롯은 사람들 가운데서 가장 큰 자 중의 한 사람으로부터 훈계를 받지 않았습니까? 여자가 낳은 자 중에 요한보다 큰 자가 없었습니다(눅 7:28). 켜서 비추이는 등불(요 5:35)인 세례 요한이 헤롯의 바로 그 두 눈을 꿰뚫어 보지 않았습니까? 여자가 낳은 자 중에 가장 큰 자의 말을 듣기를 거부하고 하나님께서 밝혀 주신 그 가장 빛나는 등불을 보기를 거부한 자라면, 구세주께서도 그런 자에게 한 줄기 빛조차 비추기를 거부하시고 친히 만들어 놓은 어둠 가운데서 멸망하도록 하시는 것이 바른 일일 것입니다. 아, 사랑하는 성도 여러분, 여러분은 신앙으로 말미암는 감동을 사소한 것으로 치부해서는 안 됩니다. 그렇게 해서는 결코 무사할 수 없습니다. 하나님께서는 그것을 절대로 사소하게 여기지 않으십니다. 일단 영혼에 감동을 받았으나 그분에게서 나오는 천국의 말씀을 저버린 자들은 다음의 말씀으로 인해 두려워해야 할 것입니다. "나의 영이 영원히 사람과 함께 하지 아니하리라(창 6:3). 에브라임이 우상과 연합하였으니 버려두라(호 4:17)." 예전에 복음을 거부했고, 자주 성령을 소멸했으며, 거듭해서 예수님의 보혈을 짓밟은 기억으로 인해 당황하는 사람이 이 자리에 있지는 않습니까? 물론 그의 양심 안에 작은 생명이라도 있어야 그런 기억으로 인해 당황하기라도 하겠지요. 설령 하나님께서 은혜로운 방식으로 여러분에게 다시 말씀하지 않으신다 해도, 여러분에게는 하나님께서 그렇게 은혜를 베풀어 주실 것을 기대할 권리조차 없습니다. 오늘부터 심판의 날까지 주님께서 여러분에게 다른 은혜의 말씀을 하지 않는다 해도, 도대체 누가 감히 자신이 가혹한 처분을 받았다고 말할 수 있겠습니까? 헤롯이 받은 대우와 같이, 여러분도 그분의 손에서 그런 대접을 받는 것이 마땅하지 않겠습니까?

그리고 헤롯이 그런 대접을 받도록 선택되었다 해도, 그렇게 되기 전까지 헤롯은 그리스도에 관해 수백 번도 더 들었을 것이라는 사실을 여러분은 기억하십시오. 예수님의 말씀을 듣고자 갈망하는 자들은 언제든지 예수님을 찾을 수 있습니다. 예수님은 아무도 모르게 갈릴리 주변으로 가신 것도 아니었고, 구석진 곳에서 은밀하게 비밀 집회를 가지신 것도 아니었습니다. 그분은 회당에서 말씀하셨으며, 헤롯도 거기에 갈 수 있었습니다. 그분은 길거리나 해변이나 산기슭에서 말씀하셨으며, 헤롯도 그런 곳에 갈 수 있었습니다. 예수님은 담대하게 사람들 앞에 서셨으며, 그분의 가르침은 공개적이고 제한이 없었습니다. 만약 헤롯이 그분의 말씀을 듣기를 원했더라면, 그는 수도 없이 그분의 말씀을 들을 수 있었을 것입니다. 이렇게 생각해 보니 헤롯은 이 모든 기회들을 무시했던 것입니다. 그래서 구세주께서는 그에게 별다른 말씀을 하고 싶지 않으셨습니다. 이것은 헤롯이 주님을 대접한 방식과 똑같은 방식이었습니다. 예수님은 헤롯에게 아무런 대답도 하지 않으셨습니다. 이렇게 함으로써 그분은 헤롯에게 끔찍한 답변을 하셨던 것입니다. 여러분은 여러 기회들을 어떻게 허비하고 있는지 살펴보십시오. 사랑하는 성도 여러분, 여러분에게 주어진 안식일을 여러분은 어떻게 허비하고 있습니까? 또 다른 안식일을 위해 여러분이 온 세상을 내놓는다 해도, 이제는 더 이상 여러분이 안식일을 지킬 수 없는 그 날이 다가오고 있습니다. 그리스도께서 초대하시는 또 다른 기회를 갖기 위해 여러분이 가진 모든 재산을 다 내놓는다 해도, 이제는 더 이상 여러분이 그 기회를 잡을 수 없는 그 날이 다가오고 있습니다. 왜냐하면 여러분도 틀림없이 죽게 될 것이며, 은혜의 음성 역시 여러분의 귓가에 다시는 들리지 않게 될 것이기 때문입니다. 할 수 있을 때 하지 않는다면, 하고 싶을 때 할 수 없게 될 것입니다. 집 주인이 일어나 문을 닫은 후에야, 많은 사람들이 문을 두드리게 될 것입니다. 그러나 주인이 문을 닫은 후에는 그 누구도 문을 열지 못할 것입니다. 헤롯에게 그 문은 이미 닫혀 버렸습니다.

제가 이미 여러 번 말씀드렸지만, 우리 주님에게는 헤롯에게 말하기를 거부할 만한 충분한 이유가 있었다는 사실에 주목해야 합니다. 다시 말해, 주님께서는 사람들의 허세와 위엄에 굴복한다는 인상을 남기고 싶지 않았던 것입니다. 예수님은 거지가 하는 질문에도 대답해 주었던 분이셨습니다. 그러나 왕의 호기심을 충족시켜 주는 대답은 결코 하지 않으셨습니다. 헤롯은 자신이 엄선하여 고안해 낸 질문이라면 어떤 무례한 질문이라도 예수님께 물을 수 있는 권리가 있다고 착각했습니다. 그러나 예수님은 그런 유의 인간의 권리에 대해서는 전혀 아는 것이 없으셨습니다. 그분은 은혜로 충만한 분이셨기 때문에, 그분에게는 보좌 위에 앉아 있는 왕이나, 오두막에 사는 농부나 털끝만큼도 차이가 없었습니다. 그러나 헤롯은 교만과 허영심으로 가득차서 그리스도도 자신에게 경의를 표할 것이며, 어쩌면 자신의 환심을 사기위해 자신의 비위를 맞출 것이라고 생각했을지도 모릅니다. 하지만 예수님은 그를 무시해 버렸습니다. 예수님은 세례 요한을 죽인 자에게 아무것도 원하지 않으셨습니다. 만약 헤롯이 온 유대 땅에서 가장 불쌍하고 가장 흉측한 나병환자였다면, 즉 그가 다리를 못 쓰거나 눈이 보이지 않아 거리에서 살아가는 가장 비천한 거지였다면, 주님께서는 은혜를 베 푸시어, 그분의 음성을 즉시 들려주었을 것입니다. 그러나 그의 손에 경의를 표 하기를 원하는 왕의 질문에 그분께서는 일체 대답하지 않으시고, 교활한 망나니 의 쓸데없는 바람에도 전혀 대꾸하지 않으셨습니다. 도대체 그분이 헤롯의 손에 서 무슨 호의를 얻으려고 했겠습니까? 그분은 풀려나기 위해 오신 것이 아니라 죽기 위해 오셨습니다. 따라서 그분의 얼굴은 부싯돌 같이 굳게(사 50:7) 되셨으 며, 담대한 마음을 가지고 헤롯에게 아무 말도 하지 않으셨던 것입니다.

자, 지금까지 여러분은 최고의 천박한 호기심을 보았습니다. 그리고 그 질 문이 좌절되는 것도 보았습니다. 이런 상황은 오늘날에도 일반적으로 동일하게 일어나고 있습니다. 만약 사람들이 이러한 천박한 호기심에서 복음을 들으러 나 온다면, 그런 사람들은 항상 "정말 나는 그 복음 속에서 아무것도 보지 못했어 요. 무슨 감동적인 것이든 심오한 것이든 이상한 것이든 간에 아무것도 듣지 못 했습니다"라고 말하면서 물러갑니다. 바로 이것입니다. 복음 속에는 가난한 자 들을 축복해 줄 모든 것은 들어 있지만, 부유한 자들을 기쁘게 해줄 것은 하나도 들어 있지 않습니다. 예수님은 헤롯에게 아무 말도 하지 않으셨습니다. 혹시라 도 여러분이 헤롯과 같은 부류의 사람이라면, 예수님은 여러분에게도 아무 말 하지 않으실 것입니다. 복음으로부터 아무런 대답을 듣지 못하는 것이 이 모든 것을 사소하게 여기는 자들의 운명입니다. 이런 자들에게는 성경도, 목회자도, 성령 하나님도, 주 예수님도 결코 아무 말 하지 않을 것입니다.

셋째로, 헤롯의 질문이 이렇게 좌절되고 난 결과는 무엇이었습니까? 쓸데없 는 호기심은 조롱으로 변질됩니다. 헤롯은 그분이 백치가 아니면 바보라고 생각했 습니다. 그래서 헤롯은 그분을 그렇게 부르고는 비웃기 시작했습니다. 헤롯은 군인들과 함께 "예수를 업신여기며"(눅 23:11) 그분을 무시할 작정이었습니다. 헤롯은 군인들을 불러서 이렇게 말했습니다. "이 놈을 보아라. 이 놈은 내가 물 은 말에 한 마디도 대답하려고 하지 않는다. 이 놈이 정신이 나간 것이 아니냐? 어디 한번 정신 좀 차리게 해주어라." 그러자 사람들은 그분을 조롱하고 비웃고 멸시하고 희롱했습니다. 헤롯은 "여기에, 자신을 왕이라고 부르는 놈이 있다! 내 가 입는 빛나는 흰색의 화려한 옷을 가져다가 이 놈에게 입혀라. 우리가 이 놈을 왕으로 만들어 보자"고 말했습니다. 사람들은 복되신 그분의 몸에다 옷을 입히 고서, 다시 그분을 처참하게 모욕하였습니다. 그런데 이렇게 화려하게 빛나는 흰색의 옷을 그분에게 입힌 것이 이상하지 않습니까? 중세의 저술가들은 헤롯이 주님에게 흰 옷을 입혀드렸고, 이후에 빌라도가 자색 옷(막 15:17)을 입힌 사실에 대해 기쁜 마음으로 묵상하였습니다. 그분은 샤론의 수선화요 골짜기의 백합화(아 2:1)이지 않습니까? 그분의 순결함은 어디에도 비할 데 없는 흰색이고, 그분이 흘린 대속의 피는 영광스러운 붉은 색이지 않습니까? 그래서 그들은 자신들의 바로 그 조롱을 통해서, 그분의 흠 없는 거룩함과 위엄 있는 왕권을 무의식적으로 우리에게 설명해 주었습니다. 그들은 주님을 마음껏 모욕한 후에 빌라도에게로 다시 돌려 보냈습니다. 마치 서로 주고받으며 노는 축구공처럼 그들은 그분을 자기들의 기분이 내키는 대로 발길질을 하였습니다. 그리고 나서 우리 주님은 자신이 그것을 위해 눈물을 흘리셨던 바로 그 도성의 거리로 네 번째 슬픔의 행진을 하셨습니다.

이것이 바로 쓸데없는 자들이 결국에 그리스도에게 행한 일이었습니다. 그들은 좌절한 나머지 그분과 그분의 복음에 대해 싫증을 느끼고는 다음과 같이 말했을 것입니다. "그를 데리고 나가라. 그에게는 아무것도 없다. 우리가 찾던 것도 없고, 호기심을 충족시켜 줄 만한 것도 없고, 세상을 놀라게 할 만한 것도 없다. 그러니 그를 없애 버려라." 예수님은 떠나셨고, 다시는 돌아오지 않으셨습니다. 이것이 헤롯의 최후이며, 아주 많은 대다수 사람들의 최후입니다.

2. 헤롯 앞에 서신 예수님

제게 주어진 시간이 거의 다 지나가 버렸습니다. 몇 분만 더 참아 주십시오. 헤롯 앞에 서신 예수님에 대해 제가 자세히 말씀드리겠습니다. 거룩하신 우리 주님께서 얼마나 두들겨 맞았는지에 대한 기록이 남아 있지는 않지만, 다른 어느 곳보다도 헤롯의 궁정에서 많은 고통을 받지 않았을까 하는 생각이 제게는 더 크게 다가옵니다. 아마도 여러분과 저는 사람들이 그분을 채찍으로 때리고 가시면류관을 엮어 그분의 머리에 씌울 때가 그분에게 가장 고통스러운 순간이었다고 쉽게 생각할 것입니다. 그러나 우리 주님은 민감하고도 예민한 마음을 지니고 계시기 때문에, 가혹한 신체적 고문보다도 헤롯의 궁정에서 받으신 이 정신적 고통으로 인해 아마도 더 큰 마음의 상처를 받으셨을 것입니다. 왜냐하면 여기 헤롯 궁정에서도 주님은 우리의 영혼을 구원하고 싶은 진지한 마음으로 그런 슬픈 수난을 받고 계셨는데, 그런 자신이 협잡꾼이나 한갓 공연자처럼 여겨져 경건하지 않은 궁정의 오락을 위해 이적을 행할 것으로 기대되는 인물로 전락해 버렸기 때문입니다. 사람들은 그분이 하고 싶은 대로 하게 하고 나서는, 그분께 진심으로 공감하지도 않고, 그분의 스타일을 냉소적으로 비평하며, 그분의 특징을 흉내 내면서, 그분의 표현을 하나의 문학적인 취향의 문제로 여기고 감탄한다는 사실을 그분이 알게 되었을 때, 그 진지하신 분의 마음이 얼마나 깊은 상처를 입게 되었는지 모릅니다. 여러분은 거의 자신을 잃어버릴 정도로 열정을 내지만 다른 사람들은 그것을 사소한 것으로 치부할 때, 또는 여러분의 그런 노력을 다른 사람들은 일종의 보여주기 위한 과시 정도로 여길 때, 여러분의 마음은 찢어질 것입니다. 그리스도께서는 아버지 품을 떠나 자신을 죽기까지 내어주셨지만, 이것이 다른 사람을 즐겁게 하거나 놀라게 하려는 하나의 공연처럼 취급되었을 때, 그분의 영혼은 틀림없이 상처를 받았을 것입니다. 주님의 종들이 사람들을 회개시키기 위해 온 마음을 다해 말씀을 전한 후에 듣게 되는 결과가 "그의 주장들은 아주 설득력이 있었고, 인용된 그 감동적인 구절은 아주 훌륭했어"라는 투의 말이라면, 그 종들의 마음이 얼마나 슬플지, 저는 잘 알고 있습니다. 그와 같은 냉랭한 말에는 가시 면류관이 찌르는 것보다 더 깊이 찌르는 가시가 들어 있습니다. 끔찍한 무관심이야말로 로마 병정의 채찍처럼 그 종들의 마음을 내리칩니다.

그리고 우리 주님이 헤롯 같은 작자에게서 질문을 받았다는 점도 생각해 봐야 합니다! 진지하고 열정적인 영혼을 가지신 분, 오직 한 가지 일만을 위해 사신 분, 다시 말해 인류의 구원만을 위해 사신 분께서 여기서 세상 사람들이 하는 어리석은 질문들로 인해 고초를 당하고 계십니다. 어떤 하찮은 사람이 여러분을 찾아와서는 가장 공허하고 말도 안 되는 내용으로 여러분을 괴롭히기 시작합니다. 여러분은 지금까지 이런 일로 직접 고통을 겪어 본 적이 있습니까? 그런 자들의 수다가 육신의 고통보다 더 괴롭다는 것을 여러분은 느껴 본 적이 있습니까? 예수님의 경우가 틀림없이 이런 경우였을 것입니다. 웃기는 자들이 숭고한 자에게 질문해야 한다면, 그 결과는 비참한 것입니다. 피 같은 땀이 그분의 이마를 적시고, 그분의 복된 얼굴이 저주의 침 뱉음으로 더러워지면서, 슬픔의 사람(사 53:3)이신 그분은 쓸모 없는 무정한 사람들의 헛소리에 틀림없이 고통 받으셨을 것입니다. 죄인들을 위한 위대한 대속자께서는 온 마음으로 끔찍한 죄의 형벌을 절감하셨습니다. 그래서 가장 비열한 인간들이 해대는 시시껄렁한 잡담과 상스러운 조롱으로 괴로움을 당하신 것이 분명합니다. 영원한 문제들을 해결하고 살아 계신 하나님에게 이르는 영원한 성전을 짓기 위해서, 그분은 허영심이 가득한 분봉왕에게 비웃음을 당하고, 사기꾼에게나 물어볼 만한 바보 같은 질문들로 고문을 받고 고통을 받으셨습니다. 이 타락한 군주의 거만한 혀야말로 십자가 자체의 고문보다 더 악한 고문의 도구였다고 우리는 생각합니다.

그리고 모든 사람들이 상스러운 언행으로 우리 주님을 괴롭혔던 것이 틀림없습니다. 그들은 모두 거친 비웃음과 천박한 조롱을 하면서 그분 주위에 모여들었습니다. 그분은 그들에게 속담과 비방거리(신 28:37)가 되었습니다. 여러분이 즐거울 때는 모든 것을 즐겁게 받아들일 수 있습니다. 그러나 마음이 슬플 때는 웃음소리도 비참하고 시끄럽게 들려서, 그 슬픈 마음을 더 심난하게 만듭니다. 이제 이 사람은 비웃고, 저 사람은 조롱합니다. 그리고 세 번째 사람이 혀를 내밀자, 그들은 떠들썩하게 즐거워합니다. 그들은 모두 한마음이 되어 그분을 무시합니다. 그래도 그분은 지금도 무서우리 만치 진지하게 세상을 절망의 구렁텅이에서 끌어올려 그 영광의 별들 가운데로 제자리에 다시 걸어놓고 계십니다. 예수님은 헤라클레스가 수고한 것보다 더 많은 일들을 행하셨습니다. 그런데 수많은 모기와 파리 같은 이 아무것도 아닌 것들이 그분을 쏘아대고 있습니다. 작은 일들에 큰 고통이 따르듯, 이 가치 없는 존재들이 온 힘을 다해 우리 주님을 괴롭혔고, 주님은 영적으로 얼마나 괴로웠는지 모릅니다!

우리 주님께서 침묵을 해야 했다는 것이 결코 작은 슬픔이 아니었다는 사실을 기억하십시오. 그분의 침묵으로 인해 그분이 위엄 있게 보인다고 말할 수도 있을 것입니다. 그럴 수도 있습니다. 그러나 침묵해야 하는 고통은 모진 고통이었습니다. 여러분은 그런 고통을 제대로 말할 수 있습니까? 여러분은 여러분의 동료에 대해서 좋은 말을 하고 싶어합니까? 그리고 여러분이 가끔씩 그렇게 충심으로 한 말들이 그 말을 듣는 사람들에게 영적으로 생명을 주고 있다는 것을 알고 있습니까? 사람들에게 좋은 말을 억지로 참고, 하지 않는 것은 아주 힘든 일일 것입니다. 헤롯이 주님을 무시했다고 해서, 주님 또한 헤롯을 무시했다고 생각하지 마십시오. 아, 절대로 그렇게 생각해서는 안 됩니다! 이 불쌍한 피조물들은 구세주의 고난을 조롱하였습니다. 그들은 지극히 높으신 이의 아들(눅 1:32)이 마치 자신들 앞에서 연극을 해야만 하는 궁중 광대인 것처럼 대우할 수밖에 없었습니다. 그래서 그분은 영적으로 그들이 불쌍하게 여겨져서, 그들에게 마음이 쓰였습니다. 구세주의 무한한 사랑으로 인해 그분의 마음은 찢어졌습니다. 왜냐하면 그분은 자신을 핍박하는 자를 축복해 주고 싶었지만, 그분은 말을 할 수 없을 뿐 아니라, 경고의 말씀도 할 수 없었기 때문입니다. 진실로 아무 말씀도 할 필요가 없었습니다. 왜냐하면 그분께서 바로 그 자리에 계시는 것 자체가 돌 같은 마음을 녹이는 필요적절한 설교였기 때문입니다. 그분께서 거룩하게 말씀만 하시면, 그들을 위한 사랑의 애원이 복된 급류처럼 흘러내렸을 것입니다. 하지만 그 복된 급류의 수문을 닫고서 가두어 두기란 구세주에게는 큰 수고가 필요한 일이었습니다. 그분은 침묵을 해야만 하셨습니다. 저는 그 침묵의 고통을 다 표현할 수 없습니다. 때로는 한 마디라도 말할 수 있도록 허용된다는 것이 우리에게 얼마나 큰 위로가 되는지 모릅니다. 크게 소리를 지르기만 해도 마음이 시원해질 것 같은 경우가 여러분에게도 있지 않았습니까? 억지로 벙어리가 되어야 한다는 것이 얼마나 큰 고통이겠습니까! 주위에 있는 이 모든 조롱하는 자들에게 침묵하도록 강요받으면서도, 그들 모두를 불쌍히 여겨야 한다는 것은 또 얼마나 큰 고통이겠습니까! 우리가 아무리 구해 주려고 해도 양초의 불길 속으로 날아 들어가는 불쌍한 나방들이 있습니다. 이와 마찬가지로 우리 주님도 그런 피조물들을 불쌍히 여기셨습니다. 그들은 자신이 받을 저주로 주님을 조롱하고, 하나님의 구원을 땅으로 내팽개치면서, 그 구원을 마치 돼지가 쥐엄 열매를 짓밟듯이 짓밟습니다. 이 얼마나 슬픈 일인지요. 오, 이런 행동들이 주님의 마음을 슬프게 하였습니다. 이런 행동들로 인해 그분의 영혼은 속속들이 괴로우셨습니다.

　주님에게 쏟아졌던 완전한 경멸에 대해 생각해 봅시다. 저는 이 경멸이 그분이 받은 재앙 중에서 가장 쓰라린 것은 아니었다고 생각합니다. 왜냐하면 그들의 경멸은 그분에게 명예로운 것이 되었기 때문입니다. 그래도 그 경멸은 쑥과 담즙(애 3:19)이 섞인 그분이 마셔야 할 잔의 한 성분이었습니다. 그들은 그분에게 흰 옷을 입힐 정도로 그분을 멸시하고 그분의 왕권을 조롱하였습니다. 그들의 유일한 소망이 바로 그 왕권에 있는 데도 불구하고 말입니다. 그들은 "예수를 업신여기며"(눅 23:11), 즉 그들은 그분을 아무것도 아닌 것처럼 대하며, 그분을 조롱하고 비웃었습니다. 그분의 인성에는 그들이 존경할 만한 것이 아무것도 없는 것처럼, 그들은 그분에게 조롱을 퍼부을 수 있는 여러 방법들을 생각해냈습니다. 누가복음은 인자의 복음입니다. 그러므로 여러분이 예수님의 인성에 대해 읽고자 한다면, 누가복음을 읽으십시오. 이 비인간적인 피조물들은 자신의 기쁨을 그분을 멸시하는 데서 찾았습니다. 누가복음에서 여러분은 그분의 인성이 이 비인간적인 자들로부터 진흙탕에서 어떻게 짓밟혔는지를 보게 될 것입니다.

그러므로 여러분은 여러분의 주님이자 스승이신 그분을 바라보십시오. 제가 여러분에게 두세 가지 질문을 해 보겠습니다. 여러분은 예수님의 이 특별한 침묵이 여러분의 혀로 지은 죄들로 인해 형벌을 받으신 그분의 고뇌의 한 부분이라고 생각하지 않으십니까? 오, 나 때문입니다. 오, 나 때문입니다! 주님으로부터 구원을 받은 자들이여, 여러분은 얼마나 자주 음란한 말로 쓸데없는 대화를 나누었는지 모릅니다! 얼마나 자주 우리는 불평하는 말, 교만한 말, 거짓말, 거룩한 것들을 무시하는 말들을 했는지 모릅니다. 이제 우리가 혀로 지은 죄들은 모두 예수님께로 떠넘겨지고, 그분은 침묵하신 채로 서서 우리가 받아야 할 형벌을 담당하셔야만 합니다.

다음과 같은 생각도 가능하지 않겠습니까? 사람들이 그분에게 화려한 옷(눅 23:11)을 입혔을 때, 그분은 여러분이 지은 허영의 죄를 짊어지셨다고 하는 생각 말입니다. 여러분이 멋지게 차려 입고 화려한 옷과 빛나는 장신구로 치장할 때, 그것은 바로 여러분이 옷과 교만으로 지은 죄이지 않습니까? 이러한 것들이 여러분의 수치라는 사실을 여러분은 알지 못합니까? 만약 여러분에게 죄가 없다면, 이런 불쌍한 누더기 옷들은 여러분에게 전혀 필요하지 않을 것입니다. 여러분의 어리석은 죄들을 담당하면서 그리스도는 희고 붉은 옷을 입고 계시지 않았습니까? 사람들이 그분을 업신여기고 멸시할 때, 즉 우리가 그분을 아무것도 아닌 것으로 여기며 아마도 우리가 신앙이 없던 시절에 멸시와 조롱의 말로써 거룩한 것들을 희롱하고 하나님의 말씀을 비웃었을 때, 그때 그분께서 우리의 죄악들을 담당하셨다는 사실을 여러분은 생각하지 않습니까? 아, 제가 바로 그 사람입니다. 그렇게 행동한 사람이 바로 저라고 생각합니다. 그러므로 저는 여러분에게 권면합니다. 그분을 바라보십시오. 그리고 거기 계신 그분을 보고 이렇게 말하십시오. "그것은 결국 헤롯 때문이 아닙니다. 그것은 나의 혀, 나의 허영, 거룩한 것들을 하찮게 여긴 나의 죄로 인해, 당신께서 이 참혹한 고문을 당하셨습니다. 주 예수님, 나를 대속해 주옵소서. 나의 이 모든 허물들을 당신께서 고난 받으신 그 공로로 단번에 제하여 주옵소서."

마지막으로, 우리는 헤롯과 빌라도가 당일에 서로 친구가 되었다(눅 23:12)는 말씀을 읽을 수 있습니다. 제 바람은 다음과 같은 것입니다. 즉, 이 자리에 참된 마음을 지닌 그리스도인이 있다면, 다시 말해 서로 간에 나쁜 감정을 가진 두 성도가 있다면, 헤롯과 빌라도도 친구가 되는 마당에, 예수님을 따르는 두 사람이 주님의 이 고통을 보고서도 친구가 되지 못한다면, 그것이 얼마나 큰 수치인지를 그들이 알았으면 하는 것입니다. 우리의 위대한 삼손이신 그분께서는 그날에 두 마리의 여우들인 빌라도와 헤롯의 꼬리와 꼬리를(삿 15:4) 서로 묶어 버렸습니다. 우리 주님께서는 종종 자신이 의도하고 목적한 것이 아니었는데도 불구하고, 사악한 자들을 서로 묶는 연결점이 되셨습니다. 왜냐하면 그 사악한 자들이 그분을 반대하는 일에 함께 연합했기 때문입니다. 미신과 회의주의가 복음을 반대하기 위해 함께 보조를 맞추는 것을 보고서 저는 마음속으로 미소를 지었습니다. 예수님 당시에도 사두개인들은 "친애하는 바리새인들이여, 우리 함께 손을 잡읍시다. 우리에게는 공통의 관심사가 있습니다. 이 사람이 우리 모두를 전복시키려고 하고 있기 때문입니다"라고 말했습니다. 복음은 회의적인 사두개이과 미신적인 바리새인 모두에게 치명적인 원수입니다. 그래서 이 둘은 복음을 공격하기 위해 상호간의 차이점들을 일시 유보하였습니다. 자, 이렇게 사악한 자들도 흰 옷을 입으신 우리 주 예수님 앞에서 연합하였다면, "새 계명을 너희에게 주노니 서로 사랑하라"(요 13:34)고 하신 그분의 명령을 특별히 기억하는 그분의 백성들은 더욱더 연합해야 하지 않겠습니까? 저는 여러분이 스승이자 주님으로 부르는 그분에 대한 여러분의 충성심을 걸고서 여러분에게 간곡히 부탁드립니다. 만약 여러분이 다른 그리스도인 형제와 어떤 종류의 일에서든 불화가 있다면, 저 해가 지기까지 예수님을 위한 진정한 사랑으로써 불화를 해결하도록 하십시오. 그리스도는 그분 안에 있는 모든 자들을 하나 되게 하는 위대한 분이라는 사실을 생각하십시오. 그분께서 우리를 사랑하신 것과 마찬가지로, 그분께서는 우리가 서로 사랑하기를 원하십니다. 그리고 그분께서는 우리가 하나가 되도록(요 17:11) 기도하고 계십니다. 하나님께서 그 기도를 들으시어, 예수 그리스도 안에서 우리가 하나 되게 하옵소서. 아멘.

제
87
장

—

왜 내가 울어야만 하나?

—

"또 백성과 및 그를 위하여 가슴을 치며 슬피 우는 여자의
큰 무리가 따라오는지라 예수께서 돌이켜 그들을 향하여 이
르시되 예루살렘의 딸들아 나를 위하여 울지 말고 너희와
너희 자녀를 위하여 울라 보라 날이 이르면 사람이 말하기
를 잉태하지 못하는 이와 해산하지 못한 배와 먹이지 못한
젖이 복이 있다 하리라 그 때에 사람이 산들을 대하여 우리
위에 무너지라 하며 작은 산들을 대하여 우리를 덮으라 하
리라 푸른 나무에도 이같이 하거든 마른 나무에는 어떻게
되리요 하시니라." — 눅 23:27-31

여러분은 이 장면을 마음에 그려볼 수 있습니까? 예수님은 빌라도에 의해
유대인들에게 넘겨졌습니다. 그래서 유대인들은 그분을 마음대로 대했으며, 몇
몇 군병들은 그분을 끌고 가서 대로에서 그분의 어깨에 십자가를 지웠습니다.
그들은 그분이 밤새도록 잠을 한숨도 못 잤고, 채찍으로 맞은 고통 때문에 기력
이 다하였을 것이라 판단했습니다. 그래서 혹시라도 그분이 길거리에서 죽지는
않을까 걱정하였습니다. 이런 이유로 그들은 일종의 잔인한 자비를 베풀었습니
다. 즉, 무리들 가운데 그분에 대한 안타까운 마음을 큰 소리로 표하는 사람을 붙
잡아, 그를 군사 업무에 강제로 징용하여, 그에게 그 처형 도구를 억지로 운반하
게 하였습니다. 여러분은 지금 거만한 서기관들과 야비한 군중들을 보고 있습니

다. 그러나 이 장면의 중심, 즉 이 모든 것의 원인은 유대인의 왕(마 2:2)이며 우리 주님인 나사렛 예수(마 26:71) 그분이셨습니다. 우리는 그분의 모습을 그릴 수 없습니다. 지금까지 그분을 그려보고자 했던 모든 사람들은 대체적으로 성공하지 못했습니다. 왜냐하면 그분의 얼굴에는 위엄과 온유함, 사랑과 겸손, 거룩함과 슬픔이 함께 어우러져 있어서, 화폭에 그린다거나 말로 표현하는 것이 불가능하기 때문입니다. 그분의 몸에는 잔인한 흔적들이 많이 있었습니다. 그분은 채찍을 맞았습니다. 그래서 누구나 그 흔적들을 볼 수 있었습니다. 사람들이 그분에게 입혀드린 옷으로도 로마 병정들이 때린 그 채찍의 자국들은 숨겨질 수 없었습니다. 그분의 이마에는 가시 면류관의 흔적이 있었습니다. 병사들이 거칠게 다룬 흔적 또한 상처로 남아 있었습니다. 그래서 그분의 인상은 그 어느 사람보다도 더욱 험악했고, 그분의 형체 역시 어느 사람들보다도 처참했습니다. 그리고 지금 그분은 수치스러운 십자가의 죽음을 맞기 위해 끌려가고 있습니다. 거기에는 기뻐하는 눈빛들도 보였습니다. 드디어 자기들의 희생제물을 자기 수하에 두게 되었으며, 자기들의 외식을 폭로하던 그 유창한 혀가 이제는 죽음으로 잠잠해지게 되어 기뻐하는 눈빛이었습니다. 또한 거기에는 아무런 느낌도 없는 로마 군인들도 있었습니다. 그들에게 인간의 생명은 하찮은 것이었습니다. 그 둘레에 빽빽하게 모여든 잔인한 군중들은 뇌물로 매수되어 그들의 최고의 친구였던 그분을 향해 소리쳤습니다. 그러나 거기에 있던 모든 사람들이 이런 사나운 분위기에 휩싸여 있던 것은 아니었습니다. 목 놓아 울부짖고 탄식함으로써 자신들의 항의를 표시한 사람들이 있었습니다. 이들이 여인들이었다고 성경에 기록되어 있는데, 이렇게 성별이 기록된 것은 여성들에게 크게 영광된 일입니다. 그들은 슬펐기 때문에 조용하게 울지 않았습니다. 오히려 그들은 마치 자신이 사랑하던 친구의 장례식에 참석한 것처럼, 또는 자기 친척 중의 하나가 임종을 앞둔 것처럼 그렇게 소리 내어 탄식하며 그 소리가 다 들릴 정도로 대성통곡하기 시작했습니다. 대다수의 사람들은 여인이 우는 소리에 크게 마음이 흔들립니다. 그러나 그마저도 로마 병정들의 돌 같은 마음은 움직이지 못했습니다. 그 병정들에게 여인들의 울부짖는 소리는 숲속의 바람 소리와 별반 다르지 않았습니다. 비록 병정들의 마음을 움직일 수는 없었지만, 그래도 그 병정들보다는 덜 완고하고 좀 더 부드러운 마음을 지녔으며 어느 정도 따뜻한 마음을 가진 영혼의 소유자들에게는 그 여인들의 울음소리가 감동을 주었던 것이 분명합니다. 그 여인들의 울음소리는 전적으로 한 분의 마음을 움직였습니다. 즉, 그 모든 사람들 가운데 가장 온유한 마음을 지니신 분, 모든 슬픔의 소리에 극도로 민감하신 그분의 마음에 감동을 주었던 것입니다. 비록 그분은 헤롯의 질문에는 아무 말도 대답하지 아니(눅 23:9)하셨고, 빌라도에게는 "네 말이 옳도다"(눅 23:3)라는 짧은 말로 대답하셨으며, 조롱하고 채찍질하는 모든 사람들 앞에서는 마치 도수장으로 끌려가는 어린 양 같이 잠잠(사 53:7)하셨지만, 그분은 그 가던 길을 멈추시고, 울고 있던 무리들을 둘러보시며, 애처롭지만 그럼에도 장엄하게 그 침묵을 깨시고는 다음과 같이 말씀하셨습니다. "나를 위하여 울지 말고 너희와 너희 자녀를 위하여 울라"(눅 23:28). 지금까지 우리가 본 것이 바로 이런 장면들이었습니다.

오늘 본문에 나타난 말들은 특별히 주목할 만한 것들입니다. 왜냐하면 이 말들은 구세주께서 돌아가시기 전에 마지막으로 하신 말씀과 관련이 있기 때문입니다. 이 말씀 이후에 하신 모든 말씀은 주로 단편적이거나 기도의 성격을 띠는 것들이었습니다. 그분은 요한과 자신의 어머니에게(요 19:26), 그리고 죽어가는 강도에게(눅 23:43) 한 문장으로 된 짧은 말씀을 하셨고, 또한 고개를 숙여 아래를 바라보시며 한두 말씀을 더 하셨을 뿐입니다. 그러나 이 말씀들도 거의 불완전한 문장이었으며, 그마저도 강한 소망의 날개를 타고 하늘 위로 사라져 버리고 말았습니다. 오늘 본문 말씀은 그분께서 하신 마지막 연설, 즉 한 편의 짧은 이별 설교와 같은 말씀입니다. 가장 슬프고 장엄한 상황 속에서 그분 자신은 눈물을 참아가며 하신 말씀이었지만, 이 말씀을 듣는 사람들에게는 눈물을 자아내게 하는 말씀이었습니다. 우리는 그 특별한 상황 때문에 이 말씀을 더욱 비중 있고 장엄하게 여기기도 하지만, 이 모든 것을 떠나서, 이 말씀 속에 담긴 진리 자체가 가장 중요하고 장엄한 진리이기도 합니다. 우리 주님께서 돌아가시기 전에 하신 이 최후의 말씀은 그분을 거부한 세상에 대한 끔찍한 예언이었습니다. 그분이 사랑했던 자들이었지만 그분의 중재를 거절하고 그분이 주는 긍휼하심을 거부한 자들이 있었습니다. 그분은 이들에게 내려질 화를 막으려고 했지만 그렇게 할 수 없었습니다. 이 말씀은 그들에게 임할 수천 가지 재앙에 대한 일종의 징조의 말씀이기도 하였습니다. 그분은 말씀하셨습니다. "예루살렘의 딸들아 나를 위하여 울지 말고 너희와 너희 자녀를 위하여 울라." 바로 몇 시간 전에 그분께서는 그 파멸의 도성을 향해 눈물 흘리며 다음과 같이 말씀하심으로써 친히 모범을 보여주셨습니다. "예루살렘아 예루살렘아 선지자들을 죽이고 네게 파송된 자들을 돌로 치는 자여 암탉이 제 새끼를 날개 아래에 모음 같이 내가 너희의 자녀를 모으려 한 일이 몇 번이냐 그러나 너희가 원하지 아니하였도다!"(눅 13:34).

겉으로 드러난 이 말씀의 내용만 생각해 보아도, 이 말씀은 그분께서 생생하게 보고 하신 말씀이며, 누구를 대상으로 하신 말씀인지 여러분은 분명히 알 수 있습니다. 그분 외에 도대체 누가 이런 말씀을 할 수 있겠습니까? 여러분은 이 말씀이 참으로 주님의 말씀이라는 것을 확신할 것입니다. 왜냐하면 이 말씀은 어느 면으로 보나 아무도 따라할 수 없는 그리스도다우신 말씀이기 때문입니다. 그분은 자신에 대해서는 조금도 생각하지 않는 분이십니다. 한 번 보십시오. 그분은 자신을 위해서는 조금도 동정의 눈물을 요구하지 않으셨습니다. 사실 그분을 위해서도 슬퍼할 이유가 있지 않았습니까? 그렇습니다. 그분을 위해서도 충분히 울 만한 이유가 있었습니다. 그럼에도 불구하고 그분은 "나를 위하여 울지 말고 너희와 너희 자녀를 위하여 울라"고 말씀하셨습니다. 마치 그분의 생각은 온통 자신의 슬픔보다는 오히려 다른 사람들의 슬픔에 전적으로 사로잡혀 있는 것처럼, 그분은 자신을 위해 다른 사람들이 눈물을 흘리기를 원하지 않으셨습니다. 그분은 자신이 당한 고통에 대해 눈물 흘리기보다는 오히려 그분을 슬프게 했던 재앙들에 대해 눈물을 흘리셨습니다. 너무 비참한 상황 속에 빠져 있으면서도 그분이 얼마나 장엄한 말씀을 하셨는지 살펴보십시오. 여러분도 알다시피, 그분의 상황은 울고도 남을 만큼 충분히 슬픈 상황이었습니다. 그렇지만 그분은 슬픔에 압도당하지 않으셨습니다. 오히려 그분의 영혼은 미래에 통치하실 왕의 영으로서 그분이 받을 홀(笏)과 그분의 심판석을 미리 내다보면서, 지금 그분을 모욕하고 있는 자들의 운명을 미리 말씀해 주셨습니다. 이 말씀에는 비겁한 마음도 없었고, 패배의 자인(自認)도 없었고, 연민어린 간구도 없었고, 작은 분노의 그림자도 없었습니다. 그와는 반대로 오히려 위엄 있는 능력의 자각만이 있었을 뿐입니다. 그분은 고요하고 예언적인 눈으로 앞으로 다가올 시대를 내다보시며, 예루살렘이 포위되어 점령될 것을 바라보셨습니다. 그분은 로마 군인들이 그 도성에 침입하여 젊은이와 늙은이, 여인과 아이들을 치는 끔찍한 비명 소리가 들리는 것처럼 말씀하셨습니다. 아니, 그분의 통찰력 있는 눈은 그 이상의 것들을 보고 계셨다는 사실에 주목하십시오. 그분은 자신이 심판 보좌에 앉아서 모든 사람들을 법정에 소환할 그 날을 미리 내다보시며 말씀하셨기 때문입니다. 그때가 되면, 그의 원수들 앞에서 그렇게 지쳐 있었던 그분이 자신의 참된 모습을 드러내며 나타나시어 그 경건하지 않은 자들을 놀라게 하실 것입니다. 그래서 그들은 산들과 바위에게 말하되 우리 위에 떨어져 보좌에 앉으신 이의 얼굴에서와 그 어린 양의 진노에서 우리를 가리라(계 6:15-16)고 할 것입니다. 그분은 그 무서운 날에 자신에게 주어질 그 위엄을 자각하고 있는 것처럼 말씀하셨습니다. 그러면서도 동시에 그 죄로 인해 그런 끔찍한 운명에 처하게 될 자들을 불쌍히 여기셨습니다. 실제로 그분은 다음과 같은 취지로 말씀하셨던 것입니다. "그 사람은 차라리 태어나지 아니하였더라면 제게 좋을 뻔(마 26:24)한 그런 자들과, 죽음이야말로 우리가 열렬히 바라는 삶의 완성(셰익스피어의 희곡인 「햄릿」의 제3막 1장에 나오는 햄릿의 말 ─ 역주)인 자들을 위해 울라." 그분은 자신을 위해 흘리는 여인들의 눈물은 마르게 하시고, 그분이 재림하실 때 이루 말할 수 없을 정도로 당황하게 될 아직 회개하지 않은 죄인들을 위해서는, 그 여인들의 영혼의 눈물이 나오는 수문을 들어올리시어, 그 슬픔의 물길이 폭포수처럼 흐르도록 하셨습니다.

제가 이 무서운 주제를 전하는 동안, 성령님께서 저를 도와주시기를 기원합니다. 오늘 본문은 두 부분으로 쉽게 나눌 수 있습니다. 한 부분은 "울지 말라"라는 제목을 붙일 수 있고, 또 다른 부분은 "울라"는 제목을 붙일 수 있습니다. 첫 번째 "울지 말라"는 부분은 구세주께서 금하신 것이고, 두 번째 "울라"는 부분은 구세주께서 명하신 것입니다.

1. "울지 말라"

그분은 울고 있는 여인들에게 "울지 말라"고 말씀하셨습니다. 냉정하고 계산적인 주석가들은 이 여인들이 운 것에 대해 우리 주님께서 책망하셨으며, 그들이 그렇게 운 것은 잘못된 일로서, 비록 완전히 잘못했다고 말할 수는 없어도, 그리 칭찬할 만한 것은 아니라고 설명하였습니다. 이 주석가들은 이 여인들이 운 것을 친절한 영혼들의 "감상적인 동정심"이라고 칭했던 것으로 기억합니다. 이들은 성경을 해석하는데 있어서 절대로 상식을 사용하지 않고, 심지어 자기 마음에 감동을 주는 해석조차도 용인하지 않으며, 오로지 사전만 가지고 모든 문자들을 분석하면서, 음절 하나하나에 담긴 문법적인 의미들을 파헤치는 냉혈적인 주석가들입니다. 이런 자들이 하는 주석보다 더 부자연스러운 주석은 세상에 없을 것입니다. 이 여인들을 비난하지 마십시오! 절대로 비난하지 마십시오. 이 여인들을 거듭거듭 **축복해 주십시오.** 그 슬픔의 길(비아 돌로로사[Via Dolorosa], 그리스도가 십자가를 지고 처형지인 골고다까지 걸어가신 길 ― 역주)을 거치는 두려운 행진은 구원의 특징을 드러내 주었습니다. 예수님을 위해 운 여인들을 그분께서 비난했다고는 결코 꿈에도 생각하지 마십시오. 아닙니다. 그럴 리가 없습니다. 절대 그렇지 않습니다. 천만 번이라도 그렇지 않습니다! 이 온화한 여인들은 잔인한 악의를 가졌던 대제사장들과 비교해 볼 때, 그리고 "그를 십자가에 못 박게 하소서 십자가에 못 박게 하소서"(눅 23:21)라고 외쳤던 생각 없는 무리들과 비교해 볼 때, 복된 대조를 이루는 것으로 보입니다. 제가 보기에 이 여인들은 아주 고귀한 용기를 보여준 사람입니다. 왜냐하면 자기들을 제외한 모든 사람들이 그분을 그렇게 잔인하게 죽이려고 혈안이 되어 있었는데도 불구하고, 그 속에서 감히 그분을 동정하였기 때문입니다. "그를 십자가에 못 박게 하소서 십자가에 못 박게 하소서"라고 거칠게 외치는 사람들 속에서도, 자신들의 뜻을 굽히지 않았던 그 여인들은 남자들보다도 더 큰 용기를 가진 자들이었습니다. 이들은 노획물을 덮치는 자들보다 더 용감한 여장부들이었습니다. 죽임을 당하기 위해 끌려가는 그분을 동정하며 탄식하는 그 여인들이야말로 우리의 칭송을 받기에 합당한 자들이지, 결코 우리가 비난할 자들이 아닌 것입니다. 우리 주님께서는 그 여인들이 분명히 보여준 그 동정심을 받아들이셨습니다. 그분께서 친히 "다른 슬픔을 위해서 너희 슬픔을 아껴두어라"고 말씀하신 것은 순전히 그분의 위대한 공평무사(公平無私)한 이타심 때문이었습니다. 그분께서 이렇게 슬픔을 아껴두라고 하신 이유는 그 여인들의 행동이 잘못된 것이어서가 아니라, 그분을 위해 우는 것보다 더 긴급히 해야 할 어떤 것이 있었기 때문입니다. 우리가 바로 지금 다음과 같은 찬양을 부른다고 해서, 우리가 잘못을 저질렀다고는 생각하지 않습니다.

> "한순간만이라도
> 슬픈 감정에 자신을 맡겨
> 감사하는 슬픔에 북받쳐 오르게 하라.
> 너희 눈에서 억수처럼 흘러내리는

피 눈물로 얼룩진 것들을
씻어 내어라."

다음과 같은 슬픈 노래를 한 목소리로 부르는 것이 은혜로운 행위로 여겨지
지 않는다면,

"오, 나아와서 나와 함께 잠시라도 슬퍼하자,
 오, 너희는 구세주의 곁으로 나오라,
 오, 나아오라, 우리 함께 슬퍼하자,
 우리 주 예수님께서 십자가에 못 박히셨다.

 병정들은 조롱하고, 유대인들은 비웃는데,
 우리는 그분을 위해 흘릴 눈물이 없는가?
 아! 그분이 얼마나 끈기 있게 매달려 있는지 보아라!
 우리 주 예수님께서 십자가에 못 박히셨다."

와츠 박사와 다른 이들이 다음과 같은 말로 찬양할 때, 우리 가운데 누가 감
히 이들을 비난할 수 있겠습니까.

"그분의 귀한 십자가가 나타날 때,
 나는 붉어진 내 얼굴을 숨기네.
 내 마음은 감사가 넘치고,
 내 두 눈에서는 눈물이 흘러내리네."

이 여인들이 운 것에 대해서는 잘못된 것이 아무것도 없습니다. 그러므로
이에 대해 좀 더 말씀드리고자 합니다. 첫째, 그들의 슬픔은 정당하였으며, 충분한
근거가 있었습니다. 그들은 이유가 있어서 울었던 것입니다. 그들은 그분이 고
통을 받으시고, 친구도 없이 고독한 가운데 죽음으로 내몰리는 모습을 다 보았
습니다. 그런 그분을 보고서 그들은 통곡하지 않을 수 없었습니다. 만약 제가 그
곳에 있어서 전적으로 홀로 되신 그분을 지켜보던 잔인한 눈들을 보고, 그분을

공격하던 악의에 찬 음성들을 들었더라면, 저도 틀림없이 울었을 것입니다. 적어도 제 소망은 주님의 그런 모습을 주체할 수 없을 정도의 슬픔도 없이 그저 그렇게 바라보지 않는 것입니다. 피가 흐르는 어깨와 찢어진 관자놀이를 보십시오. 무엇보다도 고요한 얼굴, 누구와도 비할 수 없이 하나님을 닮으신 그 얼굴이 거룩한 슬픔으로 상하셨습니다. 누구라도 자기 몸 속 어딘가에 심장이 있는 사람이라면, 그는 틀림없이 울었을 것입니다. 그렇게 고통을 받으신 분, 그리고 그런 고통을 받으면서도 그렇게 온유하게 반항 한 번 하지 않으신 분이라는 것을 생각한다면, 이런 그분의 모습으로 인해 우리에게는 더욱더 강렬한 동정심이 생기지 않습니까? 그분은 마음이 온유하고 겸손하셨습니다. 그래서 그분은 사납게 보이는 자들에게는 대꾸도 하지 않으셨고, 포악한 말을 하는 자들에게는 대답도 하지 않으셨습니다. 그분은 여우들 가운데 있는 한 마리의 어린 양과 같았으며, 수많은 매들 가운데 둘러싸인 한 마리의 비둘기 같거나, 혹은 짖어대는 사냥개 가운데 있는 한 마리의 유순한 흰 토끼 같았습니다. 아무도 그분을 동정하지 않았으며, 아무도 그분을 도와주지 않았습니다. 그렇다고 해서, 우리도 그분을 측은히 여기지 말아야 합니까? 그래서는 안 됩니다. 너희 여인들이여, 당신들의 두 눈으로 운 것은 잘한 일이었습니다. 당신들은 자녀를 둔 어머니들이기에 사랑하는 마음을 가지고 있는데, 어떻게 울음을 억제할 수 있었겠습니까? 그렇게 겸손하고 온유하고 이기심이 없으며, 사람들이 자신에게 부과한 모든 것에 그렇게 순종하신 그분을 보고서 어떻게 이 여인들이 울지 않을 수 있었겠습니까? 일생토록 슬픔의 사람(사 53:3)보다 더한 삶을 사셨던 그분을 죽음으로 내몰았던 것은 아무리 봐도 지나친 적대감이었습니다. 게다가 그분은 매우 순결하고 순수하셨습니다. 도대체 그분이 무슨 잘못을 저질렀습니까? 사람들은 "도대체 그가 무슨 악한 일을 행하였느냐?"(마 27:23)라고 말한 빌라도의 의심에 대답할 수 없었습니다. 그분에게는 허물이 없었습니다. 그래서 그들은 아무것도 찾을 수 없었던 것입니다. 여러분이 그분의 참 모습을 보기만 한다면, 그분은 모든 인간들 가운데 가장 순수한 분이며, 그분의 주위에 있는 것은 모두 죄와 허영이었지만, 그분에게는 오로지 거룩함과 진리만이 있었음을 알 수 있을 것입니다. 그런데도 사람들은 그분을 강도들 사이로 끌고 가서, 그 복된 손과 발에 못을 박아 십자가에 매달았으니, 어떻게 그럴 수가 있습니까? 그분이 허물로부터 순결한 분이셨다는 점 이외에도, 그분은 다정함이 충만한 분이셨습니다. 그분은 다정함을 넘어서 모든 인간에 대한 무한한 사랑을 가진 분이셨습니다. 그래서 가장 깊은 슬픔 속에서도 그분의 얼굴에서는 한없는 자비가 해같이 빛나고 있었습니다. 그분은 자기 원수들을 바라보셨습니다. 그러나 그분의 눈빛은 왕의 눈빛이면서도 온화한 눈빛이셨습니다. "아버지 저들을 사하여 주옵소서 자기들이 하는 것을 알지 못함이니이다"(눅 23:34)라고 그분은 떨리는 입술로 말씀하셨습니다. 그분은 그 원수들에게 해를 끼치고 싶지 않으셨습니다. 물론 그분은 실제로 해를 끼치지도 않으셨습니다. 만약 그분께서 그들을 저주하신다면, 그들은 말라비틀어지겠지만, 그분은 그렇게 그들을 저주하지 않으셨습니다. 만약 그분께서 그들을 보고 눈살만 찌푸리셔도, 그 모든 속박으로부터 분명히 벗어날 수 있었겠지만, 그분은 그들을 향해 눈살을 찌푸리지 않으셨습니다. 그분은 악을 악으로(벧전 3:9) 갚기에는 매우 선한 분이셨습니다. 이 여인들은 그분이 어떤 삶을 살아오셨는지를 회상했습니다. 배고픈 자들을 그분께서 어떻게 먹이셨는지를 기억했습니다. 아마도 그들 가운데는 오병이어의 빵과 물고기를 먹었던 사람들도 있었을 것입니다. 그리고 그 여인들의 아픈 자녀를 그분께서 어떻게 고치셨는지, 죽은 자를 살리시고 그 친구들의 몸에서 더러운 귀신들을 어떻게 내쫓아 주셨는지도 회상했습니다. 그분은 그 여인들이 사는 거리에서 공개적으로 말씀을 전하셨습니다. 그분은 절대로 나쁜 적대감을 가르치지 않으셨습니다. 오히려 항상 온유함과 사랑을 가르치셨습니다. 그분은 인기가 있으셨습니다. 그래서 한때는 수많은 무리들이 그분의 뒤를 따르기도 하였습니다. 그러나 그분은 자신의 능력을 절대로 이기적인 목적으로 사용하지 않으셨습니다. 그분은 그 여인들이 살던 거리를 행진하기도 하셨습니다. 그러나 그 행진은 단순하고 수수한 것이었습니다. 울려 퍼지는 전쟁의 나팔 소리가 아니라, 오직 "호산나 다윗의 자손이여 찬송하리로다 주의 이름으로 오시는 이여"(마 21:9)라고 하는 어린 아이들의 외치는 소리와 함께, 그분은 그 아이들을 자신의 신하로 거느리고서 나귀 새끼를 타셨습니다. 그런데 왜 그들은 그분을 십자가에 못 박으려고 하는 것입니까? 그분은 오로지 선한 일만 하셨습니다. 고귀한 그분께서 계시는 것만으로도 그 여인들에게는 마음에 위로가 되었습니다. 그래서 그 여인들은 "도대체 그분께서 어떤 일을 하셨기에, 그분을 죽이려고 하는가? 도대체 그분께서 어떤 행동을 하셨기에, 그분을 사형에 처하려고 하는가?"라고 서로에게 물었습니다. 친구가 없는 자들의 친구이신 그분께서 왜 죽으셔야만 하는 것입니까? 다시 한 번 말씀드리지만, 저는 이 여인들의 눈물을 칭찬하지 않을 수 없습니다. 흠 없으신 분이 죽게 된 것을 보았을 때, 그 여인들이 눈물을 흘리며 통곡하는 것은 전혀 이상한 일이 아닙니다.

이 여인들의 입장에서는 이렇게 우는 것이 아주 바람직한 감정의 표현이었다고 저는 생각합니다. 여인들의 이 감정은 허다한 무리들이 보여준 잔인함이나 무감각보다는 분명히 훨씬 나은 것이었습니다. 이 감정은 그들의 온유한 마음을 잘 보여주었습니다. 비록 이런 온유한 마음이 여인들의 본성적인 특성이라 해도, 그럼에도 불구하고 이 온유한 마음은 더 좋고 더 거룩하고 더 영적인 감정이 자리 잡을 수 있는 토대가 됩니다. 사람들은 예수님의 이런 슬픈 이야기가 아닌 다른 슬픈 이야기를 듣고서도 우는 사람들에 대해 반감을 갖는 경향이 있습니다. 하지만 저는 그들의 그런 감정을 좋게 생각합니다. 우는 자들과 함께 울라(롬 12:15)고 하는 말씀도 있지 않습니까? 이 자연스러운 동정심은 많은 경우에 있어서 마치 오라토리오(oratorio, 성경에 나오는 이야기를 극화하여 교회나 연주회장에서 공연하는 대규모 악곡 － 역주) 음악을 들으면 반드시 생기게 되는 감정처럼, 말하는 사람인 변사(辯士)의 기술에 따른 결과로 받아들입니다. 그래서 사람들은 이런 동정심에 대해 반감을 갖기도 합니다. 저도 동정심이 그렇다는 것을 알고 있습니다. 그러나 단지 그런 감정적인 동정심만이 우리에게 요구되는 전부가 아니라는 사실, 다시 말해 그 절반도 아니고, 십분의 일도 아니라는 사실을 저는 여러분에게 보여주고자 합니다. 다른 사람들의 슬픈 이야기에는 마음이 울컥하면서도, 예수님이 당하신 슬픔에 대해 아무 감정도 없이 회상할 수 있는 능력이 제게 있다면, 저는 분명히 죄송한 마음이 들었을 것입니다. 특별히 여기 있는 여인들을 비롯해 여러분 모두가 마음이 너무나 완고해서 피 흘리며 죽어가는 나사렛 예수님을 생각하면서도, 여러분의 마음이 녹아내리지 않는다면, 만약 그것이 참으로 사실이라면, 저는 그런 사실로 인해 크게 개탄할 것입니다. 어쨌든 주님의 슬픈 모습을 보고 울 수 있는 감정은 매우 좋은 것입니다. 만약 이런 감정이 없다면, 여러분은 목석(木石)처럼 아무런 인간미가 없는 사람일 것입니다. 이러한 감정은 바람직한 감정입니다. 왜냐하면 이 감정은 더 나은 어떤 것으로 들어갈 수 있는 문을 열어 주기 때문입니다. 이 온유한 마음은 좀 더 더 고귀한 어떤 것을 접목하기에 적합하도록 타고난 나무줄기와 같습니다. 그리스도가 받은 슬픔 때문에 울 수 있는 사람은 길거리에서라도 슬프게 만드는 죄를 보게 되면 즉시 울 수 있습니다. 그런 사람은 자신이 큰 길에 있다 해도 그리스도께서 애통하라고 명하셨다면, 자기 자신과 그 자녀에게 죄가 끼친 슬픔과 불행에 대해 애통할 수 있습니다. 저는 너무 과도하게 감정적으로 그리스도에게 접근하지 않겠습니다. 저는 사람들에게 예수님의 죽음을 오직 슬픔의 샘으로만 여기라고 말하지도 않겠습니다. 왜냐하면 그 슬픔의 샘은 기쁨의 원천이기도 하기 때문입니다. 저는 무서운 상(像) 앞에서 울거나 감동적인 그림을 보고 슬퍼하는 그런 맹목적인 감정을 개탄합니다. 하지만 저는 사람들이 죽어가는 예수님에 대해 생각할 때 마치 목석처럼 행동하는 것도 원하지 않습니다. 저는 그들이 자기들이 찌른 그분을 위해 슬퍼하고 있다는 사실을 드러냈으면 좋겠습니다.

슬픔 감정을 드러내는 것과 관련해서는 많은 말씀을 드렸습니다. 이제는 우리 주님의 입장에서는 그런 슬픔이 억제되어 있었다는 사실을 덧붙이고자 합니다. 비록 슬픔의 감정이 본성적으로는 선한 것이라 해도, 결국 그런 감정은 자연스러운 감정일 뿐이지, 영적으로 탁월한 것은 아니기 때문입니다. 여러분이 그리스도의 죽음에 대한 이야기를 듣고 눈물을 흘린다고 해서, 그것이 성령님께서 역사하신 증거라고는 말할 수 없습니다. 여러분은 나무에 달린 어떤 살인자를 보고서도 매우 마음 아파할 것이 분명하기 때문입니다. 여러분은 십자가 처형에 대한 자세한 이야기를 들을 때마다 매우 우울한 감정에 휩싸이기 때문에, 그런 감정이 여러분이 구원받은 확실한 증거라고 볼 수는 없습니다. 왜냐하면 여러분은 불가리아인들의 잔학 행위(불가리아에서 터키에 의한 반란이 일어나자, 불가리아인들은 이에 대해 유혈 진압을 감행했고, 그 결과 1876년 4월 30일 거의 이만 명이 넘는 사람들의 목이 잘려 대량학살 당하는 일이 일어났다. 본 설교는 1876년 10월 22일에 행해졌다 — 역주)를 보고서도 그리스도의 십자가 처형만큼이나 동일하게 흥분했을 것이기 때문입니다. 제가 앞에서도 말씀드린 바와 같이, 여러분이 이런 일에 대해 감정을 느끼는 것은 유익한 일이라고 생각합니다. 그러나 그것은 단지 본성적으로 유익할 뿐이지, 영적으로 유익한 것은 아닙니다. 틀림없이 많은 사람들은 우리의 영혼을 사랑하는 그분의 이야기보다는 오히려, 시시한 소설에 등장하는 상사병(相思病)에 걸린 어떤 처녀에 대한 어리석은 이야기에 더 많은 눈물을 흘리고 있을 것입니다. 물론 그들은 고난 받는 임마누엘에 대해 상상할 때도, 어떤 감정을 느끼겠지만 말입니다. 그들은 자신들을 유혹하는 어떤 허구의 펜이 모종의 가상적인 재앙을 상상해서 그랬을 때도, 더 큰 감정을 느꼈을 것입니다. 그래서는 안 됩니다.

결코 안 됩니다. 이런 본성적인 동정심은 권장되어서는 안 됩니다. 우리는 여러분이 계속해서 이런 본성적인 동정심을 발휘하는 것을 원하지 않습니다. 그래서 우리 주님께서는 이러한 동정심을 아주 건전하게 억제하신 것입니다.

더구나 그와 같은 감정들은 일반적으로 아주 덧없는 것들입니다. 그리스도께서 받으신 외적인 고난에 대한 단순한 감정으로 생긴 눈물은 곧 사라져 버리고 잊게 됩니다. 우리는 이 여인들 가운데 우리 주님에게로 회심한 사람이 있다는 이야기를 듣지 못했습니다. 다락방(막 14:15)에서 만났던 사람들 가운데 이 눈물을 흘리던 무리 중 어떤 사람이 동참했다는 이야기도 우리는 듣지 못했습니다. 오늘 본문에 나타난 딸들은 예루살렘의 여인들이었지만, 그리스도께서 돌아가실 때까지 그분을 따르며 섬긴 자들은 대체로 갈릴리에서 온 여인들이었습니다. 이에 대해서는 마태복음 27장 54-56절을 참조하십시오("백부장과 및 함께 예수를 지키던 자들이 지진과 그 일어난 일들을 보고 심히 두려워하여 이르되 이는 진실로 하나님의 아들이었도다 하더라. 예수를 섬기며 갈릴리에서부터 따라온 많은 여자가 거기 있어 멀리서 바라보고 있으니, 그 중에는 막달라 마리아와 또 야고보와 요셉의 어머니 마리아와 또 세베대의 아들들의 어머니도 있더라[마 27:54-56]   역주). 저는 예수님께서 동정심을 표한 이 예루살렘의 딸들이 혹시라도 오늘 자기들이 울었다는 사실을 내일 잊어버리지는 않을까 두렵습니다. 제가 쓸데없는 걱정을 하고 있는지도 모르겠습니다. 그러나 그들이 구세주의 운명에 대해서 탄식했다는 이 단순한 사실로부터 그들이 그분을 따르는 중생한 자들이 되었다는 것을 증명해 줄 만한 것은 아무것도 없었습니다. 아침 구름 같으며 쉬 사라지는 이슬(호 13:3)이 그러한 덧없는 감정에 어울리는 적절한 상징입니다.

그와 같이 눈물을 흘리는 것은 도덕적으로도 아무런 힘이 없습니다. 그런 눈물은 마음에 아무런 영향을 끼치지도 못하고, 성품을 변화시키지도 못합니다. 그것은 죄를 제거해 주지도 못하고, 예수 그리스도를 믿는 참된 구원의 신앙을 만들어 내지도 못합니다. 능력 있는 설교를 듣고서 흘린 많은 눈물들은 단지 어떤 액체를 허비한 것에 지나지 않습니다. 설교가 끝이 나자, 슬픔도 끝이 납니다. 그 내적인 마음에 아무런 은혜의 역사가 없습니다. 그것은 전적으로 피상적인 역사일 뿐, 그 이상은 아닙니다.

그러한 감정이 가장 나쁜 이유는 그것이 종종 기만적이기 때문입니다. 사람들은 쉽게 다음과 같이 생각합니다. '내 안에는 어떤 선한 것이 있는 것이 틀림없다. 나는 설교를 들을 때면 눈물이 나기도 하고, 또 십자가에 달리신 그리스도에 대한 이야기를 들을 때면, 마음이 정말 뜨거워지니 말이다!' 그렇습니다. 이렇게 해서 여러분은 성령님의 능력 아래에 있다는 믿음으로 자신을 포장하고 있는 것입니다. 결국 이러한 감정은 인간의 일반적인 감정에 불구한 데도 말입니다. 그런 감정은 돌 같은 마음에 맺힌 약간의 물방울일 뿐인 데도, 여러분은 "틀림없이 이 물방울들은 살 같은 마음(heart of flesh)에서 흘러나온 것이다"("내가 또 너희에게 새 마음을 주고 너희 안에 새 영을 두어, 내가 너희 육체에서 돌 같은 마음을 제거하고 '살 같은 마음'을 주리라"[겔 36:26, KJV]. 스펄전은 1873년 8월 31일에 '살 같은 마음'이라는 제목의 설교를 하기도 했다 — 역주)라고 결론을 내립니다.

또한 이런 감정은 더욱 훌륭한 어떤 것을 방해하기도 합니다. 예수님께서도 이 여인들이 한 가지만 생각하고서 울지 말기를 바라셨습니다. 왜냐하면 그들에게는 훨씬 더 진지한 마음으로 울어야만 하는 다른 어떤 것이 있었고, 그래서 예수님은 그것을 위해 울기를 바라셨기 때문입니다. 여러분은 그리스도께서 돌아가신 것에 대해 울 필요가 없습니다. 설령 울더라도, 여러분이 범한 죄로 인해 그분께서 반드시 돌아가셔야만 했다는 슬픔 때문에 울고, 그 슬픔의 십분의 일 정도만 그리스도의 죽음 때문에 우십시오. 여러분은 십자가 처형에 대해서도 울 필요가 없습니다. 오히려 여러분이 행한 허물 때문에 우십시오. 왜냐하면 여러분이 범한 죄악이 구세주를 그 저주받은 십자가에 못 박았기 때문입니다. 죽어가는 구세주 때문에 우는 것은 치료할 수 있는 치료약을 두고서 애통해 하는 것과 같습니다. 다시 말해, 치료약이 아니라, 질병 때문에 통곡하는 것이 더 현명한 일일 것입니다. 죽어가는 구세주 때문에 우는 것은 수술할 의사가 가진 수술용 칼을 눈물로 적시는 꼴입니다. 그러기보다는 차라리 그 칼로 반드시 제거해야만 하는 종양 덩어리를 보고서 통곡하는 것이 더 나을 것입니다. 십자가로 나아가는 주 예수님 때문에 우는 것은, 이미 하늘과 땅도 알고 있는 최고의 기쁨의 대상을 보고 우는 것입니다. 거기에는 여러분의 눈물이 거의 필요하지 않습니다. 물론 여러분이 눈물을 흘리는 것은 자연스러운 일이지만, 좀 더 심오한 지혜로 바라본다면, 여러분은 그 흘린 눈물들을 모두 닦고서, 사망과 무덤에 대해 승리하신 그분으로 인해 기쁨의 찬양을 불러야 할 것입니다. 혹시라도 우리가 계속해서 슬픈 감정을 유지해야 하는 일이 있다면, 우리는 그분께서 그토록 고통스럽게 그 요구를 들어주신 율법을 우리가 범했다는 사실 때문에 애통해야 합니다.

그분께서 죽기까지 감당해야 했던 그 징벌을 우리가 초래했다는 사실 때문에 우리는 슬퍼해야 합니다. 예수님께서는 그 여인들이 자신의 외적 고통에 집중하기보다는 오히려, 그런 외적 고통을 일으킨 은밀한 내적 원인에 집중하기를 원하셨습니다. 다시 말해, 그분은 자신의 어깨에 십자가를 지게 하였고, 원수들이 자신을 에워싸게 만들었던 백성들의 허물과 죄악들을 그 여인들이 보기를 원하셨습니다. 저는 조금 전에 우리로 하여금 우리 주님에 대해 슬퍼하게 했던 찬송시들을 인용했습니다. 이제 저는 여러분에게 와츠(Watts)가 지은 찬송시 중에 앞서 인용한 것보다 더 훌륭한 몇 편의 시들을 소개해드리고자 합니다.

> "그분을 가장 고통스럽게 한 것은
> 바로 당신,
> 나의 죄들, 나의 잔인한 죄들이네.
> 내가 지은 죄 하나하나가
> 못이 되고,
> 불신앙은 창이 되었네.
>
> 죄 없으신 그분의 머리에
> 보복을 한 것은
> 바로 당신,
> 내 심장아 부서져라, 부서져라,
> 오, 내 두 눈들아 터져 버려라.
> 내 슬픔 또한 피처럼 흘러내려라.
>
> 강력한 은혜로
> 부싯돌처럼 완고한 내 영혼을 치소서.
> 완고한 그 영혼이 녹아 물이 되어 흐르기까지,
> 깊은 회개가 내 두 눈을
> 슬픔과 비참함에 빠뜨리기까지."

2. "울라"

이제 우리는 "울지 말라"에서 "울라"로 가고자 합니다. 성령 하나님께서 우리를 도우시어, 우리가 잠시 이 말씀에 대해 생각할 때에 우리 영혼에 유익한 시간이 되기를 기원합니다. 비록 예수님께서는 눈물이 흘러내리는 하나의 눈물길을 막으셨지만, 더 넓은 다른 눈물길을 열어 주셨습니다. 이제 우리는 그 길을 살펴보도록 합시다.

첫째로, 그분께서 "너희를 위하여 울라"고 말씀하셨을 때, 그것은 그들이 그분을 그 지경까지 만든 죄악을 슬퍼하고 통곡해야 한다는 뜻이었습니다. 그리고 그 죄악 때문에 그분이 고난을 받아야 한다는 사실을 알라는 뜻이기도 했습니다. 그 죄악이 그들과 그 자녀들을 그분이 당한 고난보다 더 비참한 상황으로 끌고 갈 것이기 때문에, 그분은 그들이 울기를 바라셨습니다. 여러분도 알다시피, 그분께서 이런 주목할 만한 말씀을 하기 바로 직전에, 이 여인들의 남편과 아버지와 자녀들은 큰 소리로 "그를 십자가에 못 박게 하소서"(눅 23:21)라고 외쳤습니다. 그리고 빌라도는 물을 가져다가 무리 앞에서 손을 씻으며 이 사람의 피에 대하여 나는 무죄하다(마 27:24)는 뜻을 내비쳤습니다. 그때 백성들은 자기 민족과 아직 태어나지 않은 자기 자손들에게 그 행동에 뒤따르는 저주가 임하기를 간구하면서 "그 피를 우리와 우리 자손에게 돌릴지어다"(마 27:25)라고 외쳤습니다. 비록 이 여인들이 눈물을 흘리며 슬퍼했다고 해도, 그 민족을 걸고서 말한 자들의 머리 위에는 하나님의 진노의 천둥 구름이 임하고 있었습니다. 예수님은 그것을 지적하시면서 "민족의 죄를 위해 울라. 너희 위에 틀림없이 임할 민족의 저주를 위해 울라. 너희들이 의로우신 분을 죽게 했기 때문이다"라고 말씀하셨습니다. 그렇습니다. 그분께서 하신 말씀은 이처럼 더 깊은 뜻이 있었습니다. 왜냐하면 그분 주위에 있던 모든 사람들은 어떤 의미에서 그분을 죽게 한 죄에 대해 책임이 있었기 때문입니다. 우리가 보기에, 여러분과 저, 그리고 그 외의 모든 인류들이 바로 구세주의 십자가 처형의 원인 제공자였습니다. 오, 사랑하는 성도 여러분, 우리가 울어야 할 이유가 바로 여기에 있습니다. 우리가 하나님의 율법을 어겼고, 그로 인해 예수 그리스도의 죽음이 아니고서는 우리의 구원이 불가능했기 때문입니다. 만약 우리가 예수 그리스도를 믿지 않았다면, 지금 이 순간에도 우리의 죄악이 우리에게 남아 있을 것이므로, 바로 이 이유로 인해 우리는 슬퍼해야만 합니다. 구세주께서 "엘리 엘리 라마 사박다니"(마 27:46)라고 말씀하시기까지 그분을 짓밟았던 그 저주가 오늘 아침 이곳에서도 어떤 이들에게 드리워져 있습니다. 오, 영혼들이여, 여러분은 죽어가는 그리스도를 불쌍히 여길 필요가 없습니다. 오히려 여러분 자신을 불쌍히 여기십시오. 여러분이 지은 죄는 여러분 위에 머물러 있고, 여러분의 자녀들은 회개하지 않은 채 자라고 있으며, 여러분을 본받아 하나님을 대적하며 완악해지고 있습니다. 그 자녀들의 죄 역시 그들 위에 머물러 있습니다. 이것이 바로 여러분이 울어야 할 마땅한 이유입니다. 신자인 여러분이여, 죄악에서 벗어난 여러분이여, 여러분은 그분의 이름으로 죄 용서를 받은 자들입니다. 하지만 여러분은 죄를 지을 수밖에 없는 존재라는 사실에 대해 슬퍼하십시오. 그리고 한편으로는 죄를 용서받은 기쁨을 누리면서도, 다른 한편으로는 그리스도께서 여러분이 쌓아올린 죄 짐들을 지시고 여러분이 마땅히 받아야 할 형벌을 받으셨다는 그 사실에 대해 애통해하십시오. 사랑하는 성도 여러분, 죄로 인해 여러분이 슬퍼해야 할 이유는 주위에 너무나 많습니다. 그런 슬픔에는 주의 백성으로서 감당해야 하는 감미로운 슬픔도 있고, 그리스도께서 받으신 고난의 결과와는 아무 관련도 없이 하나님의 아들을 죽인 죄악에 동참하는 자로서 감당해야 하는 비통한 슬픔도 있습니다.

　　우리 주님께서 그 여인들에게 울라고 명하신 그 이유를, 저는 지금 여러분에게 다시 한 번 살펴보라고 부탁하는 바입니다. 그 이유는 첫째로 그들의 죄 때문이었습니다. 그 다음 둘째 이유는, 그들이 지은 죄에 대한 임박한 형벌 때문이었습니다. 유대인들이 지은 죄에 대한 민족적인 형벌은 그 민족을 흩어 버려서 그 거룩한 도성이 완전히 멸망하는 것이었습니다. 우리 구세주께서는 무서운 말로 그에 대해 잘 말씀해 주셨습니다. 모든 하늘 아래, 그리고 역사상 예루살렘의 포위와 함락만큼 비참한 장면은 결코 없었습니다. 제가 여러분에게 그에 대한 대략적인 개요를 전할 필요는 없을 것 같습니다. 왜냐하면 여러분은 모든 공포가 하나로 결집되어 최고로 과장된 것처럼 보이는 그 고통스러운 주제에 대해 틀림없이 잘 알고 있을 것이기 때문입니다. 이보다 더 심한 것은 지금까지 없었습니다. 과연 이와 유사한 일이라도 있었을까, 의심스러울 따름입니다. 그러나 우리 주님께서는 제가 이미 암시한 바와 같이 로마 군인들의 칼날과 유대인들의 대량학살 그 너머를 내다보셨습니다. 여러분은 종종 그분께서 전하신 말씀들 가운데 그것이 예루살렘의 포위에 대한 말씀인지, 아니면 심판의 날에 대한 말씀인지 잘 모를 때가 있습니다. 왜냐하면 그분의 마음에 예루살렘 포위는 심판 날에 대한 하나의 징조요 예행연습이며 모형이어서, 그분은 종종 이 두 가지를 하나로 묶어 말씀하는 경향이 보이기 때문입니다. 그분께서는 오늘 아침에 여러분과 저에게 포위된 예루살렘이 아니라, 진노의 그 날, 두려운 그 날에 대해 말씀하려고 하십니다. 우리 가운데 누가 감히 그 날에 살아 남을 수 있겠습니까? 우리는 이 날과 관련해 울어야 할 충분한 이유가 있습니다. 그 날이 임했을 때, 어떤 사람들은 차라리 태어나지 아니하였더라면 제게 좋을 뻔(마 26:24)하였는지도 모릅니다. 재판장이 "저주를 받은 자들아 나를 떠나 마귀와 그 사자들을 위하여 예비된 영원한 불에 들어가라"(마 25:41)는 선고(宣告)를 할 때, 그들은 잉태하지 못하는 이와 해산하지 못한 배와 먹이지 못한 젖이 복이 있다(눅 23:29)고 할 것입니다. 그때 회개하지 않은 죄인들은 다음과 같이 비통하게 울부짖을 것입니다. "내 생일이 저주를 받았더면, 나의 어머니가 나를 낳던 날이 복이 없었더면, 나의 아버지에게 소식을 전하여 이르기를 당신이 득남하였다 하여 아버지를 즐겁게 하던 자가 저주를 받았더면"(렘 20:14-15). 그들은 고통 가운데 자기 손을 비틀면서 자기들이 존재하고 있음을 저주하며 자기들이 빛을 보지 않았으면 하고 바랄 것입니다. 사악한 자들의 운명은 이렇게 끔찍할 것입니다. 그래서 자녀들의 출산을 최고의 기쁨으로 여기던 산모들은 아이를 배지 못하는 태와 젖 없는 유방을(호 9:14) 바랄 것입니다. 아마도 과거에 그들은 마음속으로 자식 없는 자들을 경멸했을 것입니다. 그러나 이제는 그런 자들을 행복한 사람으로 여길 것입니다. 존재 그 자체가 축복인데도, 존재하는 게 너무 비참해서 더 이상 숨을 쉬지 말았으면 좋겠다 하고 바라는 사람들의 심정은 도대체 어떤 것이겠습니까? 그럼에도 통탄할 일은, 이런 말씀을 드리는 이 순간에도 이런 상황에 처해 있는 이들이 많이 있으며, 지금 제 얼굴을 보고 있지만 아직도 회개하지 않은 사람들에게 그런 상황이 곧 임하게 된다는 것입니다! 슬픈 일입니다! 안타까운 일입니다! 그러니 여러분과 여러분의 자녀를 위하여 우십시오!

더 나아가, 우리 주님께서는 흘러넘치는 슬픔에 겨워 마음을 녹이는 그분의 음성으로, 머지않아 죽기를 원하지만 허사인 그런 자들을 위해 여러분의 눈물을 남겨 두는 것이 좋을 것이라고 말씀하십니다. "그 때에 사람이 산들을 대하여 우리 위에 무너지라 하며 작은 산들을 대하여 우리를 덮으라 하리라." 산들이 무너지면, 그들은 산산조각이 나서 가루가 될 것입니다. 그런데도 그들은 그것을 원하고 있습니다. 작은 산들도 그들을 덮치게 되면, 그들은 깊은 심연 가운데 매장될 것입니다. 그런데도 그들은 위대한 재판장의 얼굴을 바라보는 것보다는 차라리 땅 속 깊은 곳에 영원토록 감금되기를 원하고 있습니다. 그들은 자신이 지은 죄에 대한 형벌을 받기보다는 차라리 자신의 몸이 완전히 으깨지거나 산 채로 매장당하는 것을 원할 것입니다. 그때 주님께서 그의 종 요한을 통해 하신 말씀이 성취될 것입니다. "그 날에는 사람들이 죽기를 구하여도 죽지 못하고 죽고 싶으나 죽음이 그들을 피하리로다"(계 9:6). 아, 사랑하는 성도 여러분, 그때는 죽는 것도 큰 은혜여서, 경건하지 않은 자들에게는 허락되지 않을 것입니다. 주님을 거부하고 땅을 더럽힌 그런 자들에 대해 땅도 동정의 마음을 베풀지 않을 것입니다. 산들도 "그 원수들의 간구로 무너지는 것이 아니라, 하나님의 명령으로 무너진다"라고 대답할 것이며, 작은 산들도 완강한 침묵 속에서 "너희들은 고의적으로 의로우신 그분을 노엽게 하였다. 그러므로 우리는 너희를 숨겨 줄 수 없다. 설령 우리가 너희를 숨겨 줄 수 있다 해도, 우리는 그렇게 하지 않을 것이다"라고 대답할 것입니다. 그들에게는 아무것도 없습니다. 그들에게는 피난처도 없을 것이고, 그들이 피할 수 있는 죽음도 없을 것입니다. 저주받은 자들이 최고로 소망하는 것은 죽어서 천국에 가는 일일 것입니다. 오, 그러나 그들은 그런 기대조차 할 수 없습니다. 그들에게는 그런 기대가 이루어져서도 안 되고, 또 이루어질 수도 없습니다. 죽고자 하는 그들의 울부짖음은 허사로 끝날 것입니다. 자, 죽어가는 예수님을 위해 흘릴 눈물이 여러분에게 있다면, 죽음마저도 재앙의 시작에 불과한 그런 자들을 위해 그 눈물을 남겨 두십시오! 사람들은 그분을 보고서 "당신을 밴 태와 당신을 먹인 젖이 복이 있나이다"(눅 11:27)라고 말했습니다. 만약 여러분이 이런 칭송을 받은 그분을 위해 슬퍼할 여력이 있다면, 자기들이 잉태된 시간마저 저주하게 될 사람들을 위해 좀 더 많이 눈물을 흘리십시오. 눈물을 흘려야 할 참된 대상이 바로 여기에 있습니다. 즉, 민족들을 위한 눈물, 시대를 위한 눈물이 요구됩니다. 다시 말해, 이루 말할 수 없는 고통 가운데서 멸망 그 자체를 하나의 축복으로 여기고 멸망을 추구하면서, 절대로 끝나지도 않고 결코 소용도 없을 탄원을 시작해 보지만, 그 모든 대책들이 소용없었던 잃어버린 영혼들을 위한 눈물이 요구되는 것입니다.

그러고 나서, 우리 주님께서는 계속해서 자신의 고난과 애통해야 할 사람들 간의 놀라운 비슷한 점과 상반되는 점들을 말씀하십니다. "푸른 나무에도 이같이 하거든 마른 나무에는 어떻게 되리요?" 저는 이 말씀을 그분께서 다음과 같은 뜻으로 말씀하신 것이라 생각합니다. "가이사에게 반항하지 않은 내가 이렇게 고난을 받는다면, 로마 병사들이 예루살렘을 포위할 때 그 병사들에게 실제로 반항한 자들은 얼마나 더 큰 고난을 받겠는가?" 사실, 그분께서 하신 말씀은 거의 다음과 같은 뜻이었습니다. "완전히 죄가 없는 나도 이와 같은 죽음을 당해야 했다면, 죄인은 어떻게 되겠는가?" 숲에 격렬한 불이 나게 되면, 수액과 수분이 가득한 푸른 나무들도 그 불길에 마치 그루터기처럼 탁탁 소리를 내며 잘 타들어갑니다. 하물며 이미 나무의 고갱이까지 썩어 불쏘시개처럼 변하여, 화로의 땔감용으로 마련된 것 같은 늙고 마른 나무들은 얼마나 더 잘 타겠습니까? 아무런 죄도 없고 순결한 생명과 거룩한 수액으로 충만하신 예수님도 그렇게 고난을 받으셨다면, 하물며 오랫동안 죄악 가운데 죽어 지내면서 허물로 썩은 그들은 얼마나 더 큰 고난을 받겠습니까? 베드로 사도도 다른 성경 본문에서 이것을 말하고 있습니다. "하나님의 집에서 심판을 시작할 때가 되었나니 만일 우리에게 먼저 하면 하나님의 복음을 순종하지 아니하는 자들의 그 마지막은 어떠하며, 또 의인이 겨우 구원을 받으면 경건하지 아니한 자와 죄인은 어디에 서리요?"(벧전 4:17).

우리 주님의 고난은 어떤 면에서 우리가 상상할 수 있는 모든 재앙을 훨씬 뛰어넘는 고난이었습니다. 그래서 이 고난은 잃어버린 영혼들이 겪는 비참함과는 다른 면이 있습니다. 하지만 또 다른 면에서 보자면, 주님의 고난은 이 영혼들의 고난보다 좀 더 유리한 점이 있습니다. 여러분은 이 사실을 잘 주목하기 바랍니다. 첫째, 우리 주님께서는 자신이 순결하다는 사실을 아셨고, 그래서 그 의가 자신을 유지시켜 주었습니다. 그분이 어떤 고난을 받든지 간에, 그분은 자신이 그런 고난을 받아야 할 마땅한 이유가 전혀 없다는 것을 알고 계셨습니다. 그분에게는 양심을 찌르는 가시도 없었으며, 후회의 고뇌도 없었습니다. 그러나 자, 보십시오. 죄인이 받을 미래의 형벌은 그 형벌을 받아 마땅하다는 명백한 확신 가운데 죄인의 양심을 찌르는 가시가 될 것입니다. 혹시라도 잃어버린 영혼이 마땅히 받아야 할 그 이상의 재앙이 지옥에 있다면, 그 재앙은 그 영혼이 마땅히 받아야 할 고통에 일종의 마취제 역할을 하여, 자신이 받아야 할 고통의 진가를 다 맛보지 못하게 할 것입니다. 그러나 모든 형벌은 마치 벌레의 이빨과 양날 선 칼처럼 공의롭게 시행될 것입니다. 심판의 날에는 어떤 유형의 순결한 망상이라도 살아 남지 못하며, 자기 의(義)에서 비롯되는 자들도 결코 살아 남지 못할 것입니다. 오직 양심만이 깨어서 그 심판의 일을 감당하기 위해 무장할 것입니다. 사악한 자들은 자신의 죄를 깨닫고 그 죄악에 집착하게 되겠지만, 이것으로 인해 그들의 형벌은 더욱더 가혹해질 것입니다.

마지막까지 회개하지 않는 자들은 자신의 정욕으로 인해 고통을 받을 것입니다. 그들의 정욕은 자기 속에서 내적인 지옥을 이룬 것처럼 격렬하게 타오를 것입니다. 그러나 우리 주님은 이런 것들을 하나도 갖고 있지 않으셨습니다. 그분에게는 악도 없었고, 악을 추구하는 갈망도 없었고, 이기적인 마음도 없었고, 반역하는 마음도 없었고, 분노도 없었고, 불만족도 없었습니다. 내면을 휘젓는 악한 열정이 자기 속에 없는 사람은 격렬한 죄악이 영혼을 찢어발기는 그 맹렬한 고통과 난폭한 격통(激痛)을 알 수 없습니다. 교만, 야망, 탐욕, 악의, 복수 등, 이와 같은 것들은 지옥불의 연료들입니다. 마귀들이 아니라, 인간들 자신이 자신을 괴롭게 합니다. 그들 안에는 정욕이 들어 있습니다. 이 정욕 안에서는 구더기도 죽지 않고 불도 꺼지지(막 9:48) 않습니다. 그러나 거룩한 우리 주님에게는 이런 것들이 하나도 있을 수 없습니다. 다시 한 번 말씀드리겠습니다. 잃어버린 영혼들은 하나님을 싫어하고 죄악을 사랑했습니다. 그러나 그리스도께서는 항상 하나님을 사랑하고 죄악을 미워하셨습니다. 자, 보십시오. 악을 사랑하는 것이 불행입니다. 단도직입적으로 바르게 죄를 이해하지면, 죄는 지옥입니다. 죄는 영혼이 계속해서 악을 사랑하는 것입니다. 그래서 잃어버린 인간의 상태를 영원히 계속되게 합니다. 그러나 거룩한 예수님께서는 비록 우리의 모든 상상을 넘어서는 고통을 받으셨지만, 선을 미워하고 악을 사랑하는데서 오는 그런 고통은 전혀 느낄 수가 없으셨습니다. 그분은 푸른 나무였고, 경건하지 않은 자들은 마른 나무였습니다. 순결하신 그분께서 그런 고난을 받으셨다면, 죄지은 영혼들은 자신을 보복하는 그 양심으로 인해 얼마나 더 큰 고통을 받겠습니까?

우리 주 예수님께서는 자신이 당한 모든 고통이 다른 사람들의 유익을 위한 것이라는 사실을 알고 계셨습니다. 그래서 그 고통을 기쁨으로 참으셨습니다. 그분은 아무도 셀 수 없을 정도로 허다한 사람들이 무저갱으로 내려가고 있는 것을 자신이 구원하고 있다는 사실을 알고 계셨던 것입니다. 그러나 잃어버린 자들이 겪는 고통에 대해서는 구원의 힘이 미치지 못합니다. 그들은 어느 누구도 도와줄 수가 없습니다. 선한 의도라 해도 그들에게는 이행되지 못합니다. 위대한 하나님께서는 그들이 받을 형벌을 대신 받으시는 선한 의도를 가지고 계셨습니다. 그런데도 그들은 그와 같은 의도에 대해서 낯선 자들이었습니다.

우리 주님에게는 장차 받을 상이 그 앞에 있었습니다. 그분께서는 그 상 때문에 십자가를 참으셨고 어떤 수치도 달게 받으셨습니다. 그러나 최종적으로 저 주받은 자들은 상을 받을 전망도 없고, 또 자기들의 운명에서 벗어날 소망도 없습니다. 그들이 어떻게 이런 것들을 기대할 수 있겠습니까? 그분은 소망으로 가득 차 있었으나, 그들은 절망으로 가득 차 있었습니다. "다 이루었다"(요 19:30)는 말씀은 그분의 말씀이지, 그들에게 해당되는 말씀이 아니었습니다.

더구나 그들이 받는 고난은 그들이 자초한 것이었고, 그들의 죄악도 그들이 범한 것이었습니다. 그러나 그분은 다른 사람들의 범죄로 자신이 고난을 겪으셨고, 그것으로 다른 사람들을 구원하고자 하셨습니다. 그들의 고난은 자신들이 택한 것이었습니다. 그들은 죄를 버리라는 말씀을 듣지 않았기 때문입니다. 그러나 그분은 필연적인 사랑 때문에 피를 흘려야만 하셨습니다. 혹시라도 자기 백성들이 구원을 받을 수만 있다면, 그 잔은 그분에게서 옮겨질 수 없었습니다. 잃어버린 자들이 받는 고통은 그들이 자신들에게 가한 고통이었습니다. 그들은 자기 영혼을 죽였습니다. 그들의 핏줄 속에 있는 악독이 죄악과 결합되어 있었습니다. 그러나 아들을 상하게 하는 것이 아버지의 기쁘신 뜻이었습니다. 그럼에도 그 아들이 상해야만 했던 필연성은 그분 때문이 아니라, 다른 사람들 때문이었습니다.

자, 사랑하는 성도 여러분, 저는 지금까지 이 고통스러운 주제에 대해서 충분히 말씀드렸다고 생각합니다. 제가 이렇게 말씀드린 이유는, 회개하지 않은 자들에게 제시할 수 있는 이 세상에서 가장 무서운 경고가 그리스도의 죽음이라는 사실을 여러분에게 확신시켜드리기 위해서였습니다. 다시 말해서, 하나님께서는 죄를 전가 받았을 뿐인 자신의 친 아들도 아끼지 않으셨는데, 하물며 실제적인 죄를 범했고 게다가 스스로 죄를 범한 그 죄인들을 과연 아껴 두시겠습니까? 그분께서는 단지 죄인의 자리에 대신 서셨을 뿐인 그분을 죽음으로 내치셨는데, 하물며 회개하지 않은 죄인들을 그냥 살려 두시겠습니까? 항상 아버지의 뜻을 행하고 죽기까지 순종하셨던 예수님께서도 하나님으로부터 버림을 받았다면, 그리스도를 거부하고 지극히 높으신 분의 원수로 살다가 죽은 자들은 도대체 어떻게 되겠습니까? 바로 여기에 울어야 할 이유가 있습니다. 이제 저는 아주 엄숙하게 그 이유에 대해 말씀드리고자 합니다. 하나님께서 저를 도와주시어, 여러분이 그 이유를 느낄 수 있도록 제가 말씀을 전했으면 좋겠습니다. 가장 두려운 생각은, 우리 자신이 하나님 앞에 죄인인 상태에 있고, 그리스도께서 앞서 예언하신 심판을 서두르고 있다는 사실입니다. 오, 다가오는 육 개월 내에, 아니, 여러분이 원하는 대로 시간을 연장해서, 만약 다가오는 오십 년 내에, 우리 가운데 어떤 이들이 작은 산들에게 우리를 덮으라고 요구하고, 또 우리가 차라리 태어나지 아니하였더라면 좋았을 것이라고 말하게 된다면, 그때 우리가 어떻게 될지 한번 생각해 보십시오. 이 얼마나 끔찍한 전망입니까! 그러나 우리가 마음이 새로워지지 않고 예수 그리스도를 믿지 않는다면, 우리의 운명도 틀림없이 그렇게 될 것입니다. 지금 여러분의 가까이에서 자라고 있는 여러분의 자녀들도 생각해 보십시오. 그들은 자신의 행동을 이해할 능력이 있고 그 행동에 책임질 수 있는 사람으로 자라고 있습니다. 오, 만약 이들이 지금 살고 있는 그대로 살아가다가, 지금 모습 그대로 죽는다면, 여러분은 그 자녀들이 여러분에게 오지 않았더라면, 그리고 그들이 여러분의 이름을 따라 태어나지 않았더라면 하고 바랄 수도 있을 것입니다. 이런 것을 생각하면서 우십시오. 사랑하는 성도 여러분, 만약 주님께서 여러분에게 바른 마음 상태가 되도록 하신다면, 여러분은 회개하지 않은 사람들의 상태를 깊은 동정심 없이는 결코 생각할 수 없을 것입니다. 그리고 여러분이 길거리에서 욕설을 들을 때마다, 여러분의 눈에서는 눈물이 흐르기 시작할 것입니다.

　　제가 지금까지 여러분에게 묘사한 것은 무서운 장면이었습니다. 우리 주님께서 십자가를 지셨고, 그 여인들은 울었던 그 장면 말입니다. 하지만 우리 앞에 그보다 얼마나 더 무서운 장면들이 펼쳐지고 있습니까! 저는 자신을 파멸시킬 도구를 가지고 다니면서, 그 파멸의 운명을 향해 계속 나아가는 영혼을 보고 있습니다! 죄악은 영혼이 묶여질 십자가이며, 습관과 타락은 그 십자가의 못들입니다. 영혼은 그 죄악을 가지고 다닙니다. 그 죄악을 지니고 다니는 것을 좋아합니다. 보십시오. 그 영혼은 지금 처형을 받으러 나아가고 있습니다. 그런데도 그 영혼은 한 발씩 걸을 때마다 웃으며 나아갑니다. 영혼이 죄악을 지니고 다니는 모든 발걸음들은 지옥을 향한 발걸음입니다. 그런데도 그 영혼은 너무나 기뻐하고 있습니다! 보십시오. 얼빠진 사람들은 자신에게 경고를 하는 음성을 비웃습니다. 그리고 그의 그런 비웃음들은 그의 죄악을 가중시키고 있습니다. 그의 종말을 내다보십시오. 아니, 결코 끝나지 않을 그의 종말을 한번 보십시오. 고요하고 눈물어린 시선으로 그 종말을 찬찬히 내다보십시오. 끔찍한 광경이 아닙니까? 혹시라도 여러분이 환상 가운데서 여러분 자신을 보게 된다거나, 예언의 거울로 여러분의 자녀들을 보게 된다면, 어떻게 되겠습니까! 만약 여러분의 모습을 보게 된다면, 저는 여러분에게 여러분의 죄를 회개하고, 여러분의 현 상황에 대해 애통해하며, 속히 그리스도를 안식처로 삼으라고 촉구하겠습니다. 그리고 만약 여러분의 자녀들을 보게 된다면, 여러분은 하나님께서 쉬지 못하실 정도로 하나님께 매달리십시오. 여러분이 하나님으로부터 받은 축복이 여러분의 자녀들에게도 임하기까지, 은혜의 보좌에서 지속적으로 간구하십시오. 여러분의 아들과 딸들이 만세 반석 위에 안전하게 정착하여, 그리스도께서 오시는 날에 그들을 숨겨 줄 다른 반석이 자신들에게 필요치 않다는 확신이 들 때까지, 여러분은 쉬지 말고 기도하십시오. 우리의 친구이신 사랑하는 성도 여러분, 저는 여러분에게 간청합니다. 죄인들을 향해서, 아니 모든 죄인들을 향해서 온유한 마음을 가질 수 있도록 간구하십시오. 그래서 그 방황하는 자들을 향한 여러분의 그 온유함이 열렬한 기도와, 쉬지 않는 수고와, 거룩한 동정심으로 드러나게 하십시오.

아쉽게도, 저는 제가 말하고자 기대했던 것과는 달리 어물어물 더듬거리며 이 말씀을 전한 것 같습니다. 제 생각을 여러분에게 전하는데 있어서 제가 실패했을지도 모르겠습니다. 그러나 하나님께서는 그럼에도 불구하고 그런 부족한 말들을 축복해 주실 수 있습니다. 이 주제는 천사의 혀로 말해야 할 정도로 가치가 있는 주제입니다. 이 주제를 완벽하게 설명하기 위해서는 그리스도 자신께서 필요합니다. 이 오후 한가한 시간에, 하나님께서 친히 성령님을 통해 이 주제를 여러분의 마음에 설명해 주시기를 기원합니다. 아멘.

제

88

장

—

무지한 죄인들을 위한 그리스도의 간구

—

> "이에 예수께서 이르시되 아버지 저들을 사하여 주옵소서
> 자기들이 하는 것을 알지 못함이니이다 하시더라."
>
> — 눅 23:34

오늘 본문 말씀에서 우리는 얼마나 다정한 마음을 보게 되는지 모릅니다. 이 마음은 자신을 완전히 잊어버린 엄청나게 강력한 사랑의 마음입니다! 예수님은 자신을 십자가에 못 박는 사람들에게 "썩 꺼져라!"고 말씀하지 않으셨습니다. 겟세마네 동산에 계신 그분을 사람들이 잡으려고 왔을 때, 그분께서 이런 엄한 말씀을 한 마디만 하셨어도 사람들은 되돌아가거나 땅에 고꾸라졌을 것입니다. 그분께서 십자가에 달리신 그 순간이라도 단 한 마디만 하신다면, 그 모든 무리들은 땅에 고꾸라지거나 놀라 도망갔을 것입니다.

그러나 예수님께서는 자신을 방어하기 위해서는 단 한 마디도 말씀하지 않으셨습니다. 그분께서 아버지에게 기도하실 때도, "아버지, 사람들이 당신의 사랑하는 아들에게 행하는 모든 일들을 보옵소서. 그들을 사랑하고 그들을 위해 자기가 할 수 있는 모든 것을 행한 자에게 그들이 행한 잘못을 보시고 그들을 판단하옵소서"라고 기도하는 것이 정당했을 것입니다. 그러나 예수님께서 하신 말씀 가운데는 그 사람들을 대적하는 기도가 전혀 없었습니다. 구약의 이사야 선

지자의 기록대로 "그는 범죄자들을 위해 중보하였느니라"(사 53:12, KJV) 하신 말씀이 바로 오늘의 본문 말씀에서 성취되었습니다. 그분은 자신을 죽이려는 자들을 위해서 "아버지 저들을 사하여 주옵소서"라고 간구하셨습니다.

그분은 책망하는 말씀을 단 한 마디도 하지 않으셨습니다. "너희들이 왜 이런 짓을 하느냐? 너희들에게 먹을 것을 준 두 손을 왜 찌르느냐? 너희에게 자비를 베풀며 다니던 발을 왜 못 박느냐? 너희를 축복하기를 좋아했던 인자를 왜 조롱하느냐?"라고 그분은 말씀하지 않으셨습니다. 절대로 하지 않으셨습니다. 저주와 같은 말씀은 물론이고, 부드럽게 나무라는 말씀조차 단 한 마디 하지 않으셨습니다. 그분은 "아버지 저들을 사하여 주옵소서"라고만 말씀하셨습니다. 여기서 여러분, 주목해 주십시오. 예수님은 "내가 저들을 용서한다"라고 말씀하지 않으셨습니다. 그렇다 해도 우리는 주님의 그 용서하는 마음을 행간 사이에서 읽을 수 있습니다. 하지만 그분께서는 자신의 그 마음을 그렇게 말씀하지 않으심으로써 훨씬 더 많은 것을 말씀하셨습니다. 그분은 자신의 위엄을 내려놓고서 십자가에 매달리셨습니다. 그리하여 그분은 다른 사람을 용서할 능력을 지닌 좀 더 숭고한 자의 위치보다는 오히려 한 사람의 간구자라는 겸손한 위치에 서셨습니다. 종종 사람들이 "내가 너를 용서한다"라고 말할 때, 이 말 속에는 얼마나 이기심 비슷한 마음이 들어 있는지 모릅니다! 어쨌든, 용서하는 행동 그 자체에는 자아가 겉으로 드러나기 마련입니다. 그러나 예수님은 한 사람의 간구자의 위치에 서셨습니다. 다시 말해서, 자신을 죽이려는 살인자들을 위한 한 사람의 간구자가 되셨던 것입니다. 그분의 이름을 찬송할지어다!

이 밤에 우리는 십자가 위에서 하신 이 말씀을 가지고 우리가 교훈으로 삼을 것이 무엇인지 살펴볼 것입니다. 비록 우리가 그 자리에 있었던 것도 아니고, 또 우리가 실제적으로 예수님을 죽게 한 것이 아니라고 해도, 우리 역시 참으로 그분을 죽게 했으며, 우리 역시 영광의 주님을 십자가에 못 박은 자들이기 때문입니다. "아버지 저들을 사하여 주옵소서. 자기들이 하는 것을 알지 못함이니이다"라고 간구하신 그분의 기도는 바로 우리를 위한 기도였습니다.

저는 오늘의 본문 말씀을 주석하는 방식이 아니라, 체험적인 방식으로 살펴보고자 합니다. 이 자리에도 이 말씀을 자신의 말씀으로 분명히 받아들여야 할 많은 이들이 있을 것이라 저는 믿고 있습니다. 우리가 생각해 보아야 할 주제는 다음과 같습니다. 첫 번째, 우리는 어느 정도 무지했습니다. 두 번째, 이 무지에 대해서 변명의 여지가 없음을 우리는 고백합니다. 세 번째, 우리는 우리를 위해 간구해 주신 우리 주님을 찬양합니다. 그리고 네 번째, 우리는 지금 우리가 받은 용서를 기뻐합니다. 이러한 사실들을 묵상하는 우리를 성령님께서 은혜롭게 도와주시기를 기원합니다!

1. 우리는 무지했다.

첫 번째로 우리가 지금까지 겪은 과거의 경험을 되돌아볼 때, 우리는 어느 정도 무지했었다고 말할 수 있습니다. 죄 용서를 받은 우리, 즉 어린 양의 피로 죄 씻음을 받은 우리는 예전에 무지로 인해 많은 죄들을 지었습니다. 예수님께서는 "자기들이 하는 것을 알지 못함이니이다"라고 말씀하십니다. 자, 사랑하는 성도 여러분, 저는 여러분에게 묻겠습니다. 여러분이 사탄의 지배 아래에서 여러분 자신과 죄악을 섬기며 살아갈 때, 여러분은 어느 정도 무지하지 않았습니까? 방금 우리가 부른 찬송가 가사가 바로 여러분이 말할 수 있는 진심일 것입니다.

> "슬프도다!
> 나는 내가 행한 일들을 알지 못하였도다."

첫째로, 우리는 죄의 끔찍한 의미에 대해서 무지했습니다. 우리는 어린 아이 때부터 죄를 짓기 시작했습니다. 우리는 그것이 잘못이라는 것을 알고 있었지만, 그 죄가 의미하는 바는 모두 알지 못했습니다. 우리는 청년이 되어서도 계속해서 죄를 지었습니다. 아마도 우리는 더 사악한 죄들에 빠져 들어갔을 것입니다. 우리는 그것이 잘못이라는 것을 알고 있었지만, 우리는 죄악의 시작과 끝을 전부 보지 못했습니다. 우리에게는 죄악이 하나님을 대적하는 반역으로 보이지 않았던 것입니다. 우리는 죄를 짓는 것이 주제넘게 하나님을 무시한다거나, 그분의 지혜를 업신여긴다거나, 그분의 능력을 무시하거나, 그분의 사랑을 조롱하거나, 그분의 거룩함을 경멸한다고는 전혀 생각하지 않았습니다. 그리하여 우리는 그와 같은 모든 일들을 했습니다. 죄악의 깊이는 헤아릴 수 없을 정도로 깊습니다. 여러분은 죄악의 그 깊은 바닥을 볼 수 없습니다. 우리는 달콤한 그 죄악을 한 입 깨물어 우리의 혀 밑에 넣고 굴리면서도, 달콤한 맛 속에 배합되어 있는 그 치명적인 성분들을 다 알지 못했습니다. 우리는 감히 하나님을 대적하는 삶을 살면서도, 우리가 저지른 그 무시무시한 죄악에 대해서 우리는 어느 정도 무지했습니다. 지금까지 여러분도 저와 마찬가지로 이런 길을 가고 있다고 생각합니다.

그 당시에 우리는 우리를 향한 하나님의 그 크신 사랑을 알지 못했습니다. 하나님께서는 세상의 기초를 놓으시기 이전에(엡 1:4) 나를 택하셨다는 사실을 저는 알지 못했습니다. 저는 이런 사실을 꿈에도 생각하지 못했습니다. 그리스도께서 나의 대속자로서 나를 대신하시어 다른 사람들 가운데서 나를 구원하셨다는 사실도 저는 알지 못했습니다. 그리스도께서는 나와 혼인하여 영원히 살되 공의와 진실함으로(호 2:19-20) 나와 하나가 되었다는 사실도 저는 알지 못했습니다. 사랑하는 성도 여러분, 여러분은 지금은 그리스도의 사랑을 알고 있습니다. 그러나 그 당시에는 이것을 이해하지 못했습니다. 여러분은 과거에 영원한 사랑을 대적하고, 무한한 긍휼하심을 대적하고, 영원 전부터 여러분을 정하신 것과 같은 구별된 사랑을 대적했다는 사실을 알지 못했습니다. 지금까지 우리는 우리가 행한 일이 어떤 것인지 알지 못했습니다.

우리가 그리스도를 거부하고 그분을 슬프게 하는 행동을 했으면서도 우리는 이 모든 것을 알지 못했습니다. 그분께서는 우리가 젊었을 때 우리에게 오셨습니다. 우리는 설교를 통해 감동받아 두려워 떨면서 그분의 얼굴을 찾기 시작했습니다. 그러나 우리는 다시 세상에 미혹되어 그리스도를 거절하였습니다. 우리 어머니의 눈물과 우리 아버지의 기도와 우리 선생님의 훈계가 종종 우리를 감동시키기도 하였습니다. 그래도 우리는 아주 완고하였습니다. 그래서 우리는 그리스도를 거부하였습니다. 우리가 그렇게 거부하는 것이 실제적으로 그분을 멀리하고 십자가에 못 박는 것이라는 사실을 우리는 알지 못했습니다. 우리는 그분의 신성을 부인하였습니다. 그렇지 않았더라면 우리는 그분을 경배했을 것입니다. 우리는 그분의 사랑을 부인하였습니다. 그렇지 않았더라면, 우리는 그분에게 순종했을 것입니다. 우리는 그 모든 죄악의 행위 속에서 실제적으로 망치와 못을 들고 그리스도를 십자가에 결박하였습니다. 그래도 우리는 그것을 알지 못했습니다. 아마도 우리가 그것을 알았더라면, 우리는 영광의 주님을 십자가에 못 박지 않았을 것입니다. 우리가 잘못을 행하고 있다는 것을 알기는 했지만, 우리가 행하는 모든 잘못을 알고 있었던 것은 아니었습니다.

우리는 우리가 지체하고 있다는 의미도 충분히 알지 못했습니다. 우리는 주저하였습니다. 우리는 회심하기 바로 직전에 있었습니다. 그러다가 되돌아가서는, 다시 옛날의 어리석은 모습이 되어 버렸습니다. 우리는 더욱 완악해졌고, 그리스도도 찾지 않고 기도도 하지 않았습니다. 그리고 우리 각자는 이렇게 말했습니다. "오, 나는 지금 하고 있는 일이 끝날 때까지, 내가 좀 더 나이가 들 때까지, 내가 세상 재미를 좀 더 볼 때까지 그저 조금 미루고 있을 뿐이다." 사실 우리는 그리스도를 거부하고, 그분 대신에 죄악의 즐거움을 선택하였습니다. 우리가 지체한 모든 시간은 그리스도를 못 박은 시간이며, 그분의 성령을 슬프게 한 시간이며, 사랑스럽고 영원히 복되신 그리스도 대신에 이 창기 같은 세상을 선택한 시간이었습니다. 우리는 이런 사실을 알지 못했습니다.

　　우리는 여기에 한 가지를 더 추가할 수 있다고 생각합니다. 우리는 우리 자신의 자기 의(自己義)라는 의미를 알지 못했습니다. 우리 가운데 어떤 사람들은 자신이 스스로 의롭다는 생각을 했습니다. 우리는 지금까지 교회에 정기적으로 출석하거나 기도 모임이 열릴 때마다 참석하였습니다. 우리는 세례를 받았습니다. 그리고 견신례도 받았습니다. 혹 세례와 견신례를 받지 않았다면, 그런 것들을 받지 않은 것에 대해 기뻐하기도 하였을 것입니다. 그래서 우리는 성례에 중점을 두기도 하고 또는 성례에 비중을 두지 않기도 합니다(성례에 대해 다소 자유로운 침례교 안에는 성례에 대한 다양한 생각을 가진 성도들이 있다 – 역주). 우리는 기도하고, 밤낮으로 성경을 읽었습니다. 우리가 그렇게 했습니다. 오, 그런데 저는 우리가 행하지 않은 것이 무엇인지 알지 못했습니다! 우리는 거기에 안주해 있었습니다. 우리는 우리의 기준으로 스스로를 의롭다고 평하였습니다. 우리에게는 고백해야 할 어떤 특별한 죄도 없었고, 하나님의 장엄한 보좌 앞에서 흙 속에 누울(욥 21:26) 어떤 이유도 없었습니다. 우리는 우리가 할 수 있는 한 최고의 훌륭한 사람들이었습니다. 그래서 우리는 그때에도 우리가 그리스도를 최고로 모욕하고 있다는 사실을 알지 못했습니다. 그런데 만약 우리가 죄인이 아니었더라면, 그리스도께서 왜 죽으셨겠습니까? 그리고 만약 우리가 우리 자신의 의를 가지고 있었더라면, 그것도 아주 충분히 가지고 있었더라면, 왜 그리스도께서 여기 오셔서 우리를 위해 의를 행하셨겠습니까? 우리는 그분의 대속적인 희생을 의지하지 않고서도 우리가 충분히 선하다고 생각함으로써, 그리스도를 필요 없는 분으로 만들어 버렸습니다. 아, 우리가 그러한 짓을 하고 있었다고는 전혀 생각하지도 못했습니다! 우리는 우리의 경건과 외적인 행위와 바람직한 교회생활 등으로 하나님을 기쁘시게 하고 있는 줄로 생각했습니다. 그런데 알고 보니 그 모든 와중에 우리는 그리스도 대신에 적그리스도를 세우고 있었습니다. 그리스도가 우리에게 필요 없게 된 셈이었습니다. 우리는 그리스도에게서 그분의 직무와 영광을 제거해 버렸던 것입니다! 슬픈 일입니다! 그리스도께서는 이 모든 일에 관하여 "자기들이 하는 것을 알지 못함이니이다"라고 말씀하실 것입니다. 저는 여러분이 죄를 섬기던 그 지난 시간을 조용히 돌아보시고, 혹시라도 여러분의 마음에 어둠이나 여러분의 영혼에 흑암이 있지는 않은지 그래서 여러분이 과거에 행한 일들을 여러분이 알지 못했던 것은 아닌지 살펴보기를 바랍니다.

2. 우리의 무지에 대해서는 변명의 여지가 없다.

자, 이제는 두 번째로, 이 무지에 대해서 변명의 여지가 없음을 우리는 고백합니다. 우리 주님께서 만약 무지하시다면, 그에 대해 변명하실 수 있겠지만, 우리는 우리의 무지에 대해 변명할 수 없습니다. 우리는 우리가 행한 일이 무엇인지 알지 못했습니다. 그래서 우리는 우리가 행한 일에 대해 내려질 수 있는 최고 한도의 죄책(罪責)을 받지는 않습니다. 그럼에도 우리는 충분한 죄책을 받았습니다. 그러므로 우리는 우리의 무지함을 인정하도록 합시다.

첫째로, 율법은 이 무지를 변명의 구실로 결코 허용하지 않는다는 사실을 기억하십시오. 우리가 지키는 영국법에서도 인간은 법이 무엇인지를 이미 아는 것으로 전제되어 있습니다. 만약 어떤 사람이 법을 어긴다면, 자신이 그 법을 몰랐다고 주장하며 변명할 수 없습니다. 물론 판사가 어느 정도 정상참작을 해줄 수는 있을 것입니다. 그러나 법은 그런 것을 전혀 허용하지 않습니다. 하나님은 우리에게 율법을 주셨으며, 우리는 그 법을 지켜야할 의무가 있습니다. 만약 내가 그 율법을 알지 못해서 범했다면, 그래도 그 범한 것은 죄가 됩니다. 모세의 율법에서는 무지로 인한 죄들도 있었고, 이를 위한 특별한 제사들도 있었습니다. 무지했다는 이유로 그 죄가 도말되지 않았던 것입니다. 이런 사실은 오늘 본문 말씀에도 분명하게 나타나 있습니다. 만약 무지로 인한 행동이 더 이상 죄가 되지 않는다면, 왜 그리스도께서 "아버지 저들을 사하여 주옵소서"라고 말씀하셨겠습니까? 분명히 그분은 저들을 사하여 달라고 말씀하셨습니다. 비록 무지로 인해 그 죄악이 어느 정도는 감안이 된다고 해도, 그분께서는 죄악 그 자체에 대한 자비를 간구하셨습니다.

　그러나 사랑하는 성도 여러분, 우리는 미리 알 수도 있었습니다. 만약 우리가 알지 못했다면, 그것은 우리가 알려고 하지 않았기 때문입니다. 말씀을 전하는 설교도 있었습니다. 그러나 우리는 설교를 듣는 것에 관심을 갖지 않았습니다. 복된 이 성경책도 있었습니다. 그러나 우리는 그 책 읽는 것에 관심을 갖지 않았습니다. 만약 여러분과 제가 함께 앉아서, 거룩한 말씀의 빛으로 우리의 행동들을 비추어 보았더라면, 우리는 죄의 사악함에 대해서도 더 많이 알게 되었을 뿐만 아니라, 그리스도의 사랑에 대해서도 더 많이 알게 되었을 것이고, 그리스도에게로 나아오지 않아서 그리스도를 거부하는 자에게나 있을 수 있는 배은망덕(背恩忘德)에 대해 더 많이 알게 되었을 것입니다.

　게다가 우리는 생각하지도 않았습니다. 여러분은 "오, 그런데 요즘 젊은이들은 절대로 생각하려고 하지 않아요!"라고 말합니다. 하지만 젊은이들도 반드시 생각해야만 합니다. 만약 생각할 필요가 없는 사람이 있다면, 그 사람은 살아갈 날이 거의 끝나가는 늙은 사람일 것입니다. 설령 그 늙은이가 생각을 한다 해도, 그에게는 자신의 삶을 개선할 시간이 아주 짧습니다. 그러나 젊은이들에게는 그 앞에 펼쳐진 아주 창창한 시간들이 있습니다. 만약 내가 목수이고 그래서 나무 상자를 만들어야 한다면, 나무 상자를 만들기 이전에, 나무 상자를 어떻게 만들지에 대해 생각해야 할 것입니다. 통나무를 자르려고 하기 전에, 나는 어떤 종류의 상자를 만들지 생각해야만 합니다. 모든 행동도 이와 마찬가지입니다. 행동을 시작하기 전에 사람은 생각해야 합니다. 그렇지 않으면 그 사람은 바보입니다. 젊은이는 다른 사람들보다 더 많이 생각해야만 합니다. 왜냐하면 젊은이는 지금 자신의 상자를 만들고 있는 중이기 때문입니다. 그는 자신의 인생을 시작하면서 계획을 세우고 있는 중입니다. 지금 우리는 이미 그리스도의 백성들이 되었습니다. 우리 가운데 많은 이들이 좀 더 젊은 시절에 그분에 대해 더 주의 깊게 생각했더라면, 우리 주님에 관해 훨씬 더 많이 알게 되었을 것입니다. 젊은 남자들은 아내를 맞는 일에 대해 생각할 것이며, 사업에 대해서도 생각할 것입니다. 그러나 그는 그리스도께서 요구하는 것과 가장 높으신 하나님께서 요구하는 것에 대해서는 생각하려고 하지 않습니다. 이로써 그의 무지는 의도적인 것이 되고 이에 대해 변명의 여지가 없게 됩니다.

　사랑하는 성도 여러분, 이것뿐만이 아닙니다. 우리는 무지하다고 고백했지만, 사실은 많은 죄악들에 대해서 너무나 잘 알고 있었습니다. 자 보십시오. 제가 여러분의 기억을 생생하게 해드리겠습니다. 여러분은 이런저런 행동이 잘못된 것인 줄을 알고서, 그 죄에 대해 주춤한 적이 있었습니다. 그러나 여러분은 그 죄가 여러분에게 가져다 줄 이익을 보게 되었고, 여러분의 영혼을 그 이익의 대가로 지불하였습니다. 너무나 분명히 잘못인 줄 알면서도 여러분은 고의적으로 그 죄를 범했습니다. 그리스도로 말미암아 구원을 받았지만 때로는 거세게 자기 양심을 거역했던 사실을 고백할 수밖에 없는 이들이 여기에도 있지 않습니까? 그들은 성령을 욕되게 하는 자(히 10:29)이며, 하늘의 등불을 끈 자이며, 성령님을 자신에게서 쫓아낸 자이며, 자기들이 어떤 일을 행하고 있는지를 분명히 알고 있는 자들입니다. 우리는 마음으로 침묵하며 하나님 앞에서 고개를 숙이고 이 모든 것을 인정하도록 합시다. 우리는 주님께서 "아버지 저들을 사하여 주옵소서 자기들이 하는 것을 알지 못함이니이다"라고 하신 말씀을 듣습니다. 우리도 다음과 같이 말하면서 거기에 우리의 눈물을 더하도록 합시다. "우리도 용서해 주옵소서. 어떤 죄들은 우리가 알고도 저질렀으며, 모든 죄에 대해서도 우리는 알 수 있었습니다. 그러나 우리는 생각이 부족해서 무지했습니다. 생각이야말로 우리가 마땅히 하나님께 드려야 할 엄숙한 의무였습니다."

저는 이 주제로 한 가지만 더 말씀드리겠습니다. 만약 어떤 사람이 무지해서 어떤 일을 해야 할지 모른다면, 그는 무슨 일을 해야 하겠습니까? 그렇습니다. 그는 자기가 무슨 일을 해야 할지를 알 때까지 아무 일도 해서는 안 됩니다. 그런데 여기서 다음과 같은 문제가 생깁니다. 즉, 우리가 무슨 일을 해야 할지 알지 못할 때에도, 우리는 나쁜 일을 하려고 선택했다는 사실입니다. 우리는 알지 못하는 상황에 있으면서도, 왜 바른 일을 선택하지 않았던 것일까요? 우리는 어둠 가운데 있으면서도 바른 곳으로 결코 돌이키지 않았습니다. 오히려 급진적으로 죄에 죄를 범하는 큰 실수를 저질렀습니다. 이런 모습을 통해 우리는 우리의 마음이 얼마나 타락했는지를 볼 수 있지 않습니까? 비록 우리가 바른 것을 추구하고 있다 해도, 우리가 혼자 있게 되는 상황이 되면, 우리는 저절로 잘못된 길로 나아가게 됩니다. 어린 아이를 혼자 있게 해 보십시오. 성인도 혼자 있게 해 보십시오. 한 민족도 아무런 가르침이나 교육 없이 혼자 있게 해 보십시오. 도대체 어떤 일이 벌어지겠습니까? 여러분이 가꿔야 할 밭을 그냥 내버려 두는 것과 똑같은 일이 일어날 것입니다. 방치된 밭에서는 어떤 일이 있어도 절대 밀이나 보리가 나오지 않습니다. 그 밭을 그냥 내버려 둬 보십시오. 그 밭에는 잡초와 가시와 찔레가 우거질 것이며, 자연 상태로 방치된 땅에서는 결과적으로 쓸데없는 것들만 생겨날 것입니다. 오, 사랑하는 성도 여러분, 여러분은 생활하면서 짓게 되는 악뿐만 아니라 여러분의 마음속에 있는 타고난 악까지도 고백하십시오. 여러분은 자기 안에 비뚤어진 본능이 있는 줄 알지 못해서 악을 선택하고 선을 거부하였던 것입니다. 여러분은 그리스도에 대해서 충분히 알지 못하고, 또한 여러분이 그분을 마땅히 믿어야 할지 말아야 할지를 알아보려고 그분에 대해서 충분히 생각해 보지 않았기 때문에, 여러분은 여러분에게 생명을 주실 그분에게 나오려하지 않았습니다. 여러분에게는 빛이 필요합니다. 그러나 여러분은 태양 빛을 향해 눈을 감아 버렸습니다. 여러분은 목이 말랐습니다. 그러나 여러분은 생수가 솟는 샘물을 마시려고 하지 않았습니다. 그러므로 여러분이 가진 그 무지는 주님 앞에 고백해야만 하는 죄악의 무지였습니다. 오, 예전에 십자가로 나왔던 여러분이여, 다시 십자가로 나아와 여러분의 짐을 십자가 앞에 내려놓으십시오! 십자가 앞에 나아와, 다시 한 번 여러분의 죄를 고백하십시오. 새롭게 십자가를 붙들고서 십자가에 달려 피 흘리신 그분을 바라보고, 여러분을 위해 예전에 기도하셨던 그 귀한 분의 이름을 찬양하십시오. "아버지 저들을 사하여 주옵소서 자기들이 하는 것을 알지 못함이니이다."

자, 이제 저는 한 걸음 더 나아가려고 합니다. 우리는 어느 정도 무지했습니다. 그러나 이 무지에 대해서 변명의 여지가 없음을 우리는 고백합니다.

3. 우리는 우리를 위해 간구하신 주님을 찬양한다.

이제 세 번째로, 우리는 우리를 위해 간구해 주신 우리 주님을 찬양합니다.

첫째, 예수님께서 간구하신 때가 언제였는지 여러분은 눈여겨보셨습니까? 그때는 사람들이 그분을 십자가에 못 박은 때였습니다. 사람들은 이제 막 그분을 십자가에 못 박은 일을 끝내고서, 십자가를 들어올려 미리 파놓은 오목한 구멍에 십자가를 세웠습니다. 그러자 그분의 모든 뼈들이 으스러졌습니다. 그래서 그분은 "나는 물 같이 쏟아졌으며 내 모든 뼈는 어그러졌으며"(시 22:14)라고 말씀하실 수 있었습니다. 아, 사랑하는 성도 여러분, 이 귀한 인자(人子)께서 울부짖거나 신음하지 않으시고, "아버지 저들을 사하여 주옵소서. 자기들이 하는 것을 알지 못함이니이다"라고 말씀하신 때가 바로 이 때였습니다. 그들은 자기들을 용서해 달라고 간구하지 않았습니다. 그래도 예수님께서는 그들의 용서를 위해 간구하셨습니다. 그들의 손은 그분의 피로 얼룩졌습니다. 그분께서 그들을 위해 기도하신 때는 다른 때가 아닌 바로 이 때였습니다. 우리가 과거에 죄인으로서 허랑방탕하게 지내면서 마치 소가 물을 마시듯 우리가 죄악을 먹고 마실 때, 그럴 때 그분께서는 우리를 사랑하셨습니다. 우리는 그 큰 사랑을 생각해 보도록 합시다. 그때에도 그분은 우리를 위해 기도하셨습니다. "우리가 아직 연약할 때에 기약대로 그리스도께서 경건하지 않은 자를 위하여 죽으셨도다"(롬 5:6). 그분의 이름을 찬송할지어다! 여러분이 자신을 위해 기도하지 않을 때에도, 그분은 여러분을 위해 기도하셨습니다. 여러분이 그분을 십자가에 못 박고 있을 때에도, 그분은 여러분을 위해 기도하셨습니다.

그 다음 둘째로, 그분의 간구에 대해 생각해 볼 것은 이것입니다. 즉, 그분은 아들의 신분으로서 간구하셨습니다. 그분은 "아버지 저들을 사하여 주옵소서"라고 말씀하셨습니다. 그분은 하나님의 아들이셨기에, 우리를 위해 자신의 거룩한 아들 신분을 거셨습니다. 그분은 다음처럼 말씀하신 듯합니다. "아버지, 저는 당신의 아들로서 이렇게 나서서 요청합니다. 이 반역자들을 관대히 봐 주옵소서. 이들을 사하여 주옵소서"라고 말입니다. 그리스도께서 가지신 그 아들로서의 권리는 아주 대단하였습니다. 그분은 우리처럼 양자인 분이 아니라, 나실 때부터 하나님의 아들이셨습니다. 다시 말해, 그분은 가장 높은 분의 아들이시고, 그 하나님과 아들의 관계는 영원한 아버지와 아들의 관계이며, "빛에서 나신 빛, 참 하나님에게서 나신 참 하나님"(Light of Light, very God of very God, 니케아-콘스탄티노플 신조에 나오는 고백이다 - 역주)으로서, 거룩한 삼위일체의 두 번째 위격이십니다. 그래서 그분은 그 아들의 신분을 하나님 앞에 걸고서 "아버지, 아버지, 저들을 사하여 주옵소서"라고 말씀하셨습니다. 오, 그분이 상처받을 때, 그분이 고뇌하실 때, 그분이 돌아가실 때, 그 아들의 입술에서는 능력의 말씀이 나왔습니다! 그분이 말씀하셨습니다. "아버지, 아버지, 제가 청하는 한 가지를 들어 주옵소서. 오, 아버지, 저들을 사하여 주옵소서. 자기들이 하는 것을 알지 못함이니이다." 그래서 위대한 아버지께서는 그 청을 들어주는 표로 장엄하게 고개를 끄덕여 주셨습니다.

셋째로 주목할 것은 이것입니다. 예수님께서는 여기서도 침묵하신 채 간절하게 그분의 고통을 통해 기도하셨습니다. 그리스도께서 이 기도를 하실 때 보여주신 태도는 아주 주목할 만합니다. 그분의 두 손은 십자가의 가로 막대 위에 잡아

당겨져 있었고, 그분의 발은 곧추선 나무에 묶여져 있었습니다. 그런 상태에서 그분은 간구하셨습니다. 침묵 가운데서 그러한 두 손과 발로 그분은 기도하셨습니다. 힘줄과 근육 하나하나가 고통 받는 그 육체로 그분은 하나님께 간구하셨습니다. 그분의 몸으로 드리는 희생제사가 거기에서 하나님의 얼굴 앞에 드려졌던 것입니다. 그분의 희생제사는 완벽하게 드려졌고, "아버지 저들을 사하여 주옵소서"라고 하신 그 간구를 아버지께로 올려드린 것이 바로 그분의 십자가였습니다. 오, 복되신 그리스도여! 이렇게 해서 우리는 용서받았습니다. 왜냐하면 그 아들의 신분과 십자가가 하나님께 간구하여서, 우리를 위하여 아버지를 설득했기 때문입니다.

넷째로, "아버지 저들을 사하여 주옵소서"라고 하신 이 기도는 불특정한 사람에 대한 용서였기 때문에, 저는 이 기도를 사랑합니다. 그분은 "아버지 여기서 나를 못 박고 있는 저 군사들을 사하여 주옵소서"라고 말하지 않으셨습니다. 물론 그분의 기도에는 그들도 포함되어 있었습니다. 또한 그분은 "아버지, 지금 나를 쳐다보고 있는 자들을 사하여 주옵소서"라고도 말씀하지 않으셨습니다. 물론 그분은 이들도 염두에 두고 계셨습니다. 그분은 "아버지, 나를 대적하여 앞으로 죄를 지을 미래의 다가오는 세대의 죄인들을 사하여 주옵소서"라고도 말씀하지 않으셨습니다. 그래도 그분은 그들도 염두에 두고 계셨습니다. 예수님은 어떤 이름을 구체적으로 비난하며 언급하지 않으셨습니다. "아버지, 나의 원수들을 사하여 주옵소서. 아버지, 나를 죽이려는 자들을 사하여 주옵소서"라고도 절대 말씀하지 않으셨습니다. 그분은 그 귀한 입술로 어떤 비난도 하지 않으셨습니다. 그분은 "아버지, 저들을 사하여 주옵소서"라고만 말씀하셨습니다. 이제 저는 "저들"이라는 대명사 속에 들어갈 수 있을 것처럼 느껴집니다. 여러분도 그리로 들어갈 수 있습니까? 오, 겸손한 믿음과 그분을 신뢰함으로써, 그리스도의 십자가를 내 것으로 삼으십시오. 몇 글자 안 되지만 큰 단어인 "저들"이란 단어 속으로 들어가십시오! 이 단어는 이 땅에 내려온 은혜의 병거와 같습니다. 그 병거에 발을 내디딘 자는 하늘로 올라가게 될 것입니다. "아버지 저들을 사하여 주옵소서."

다섯째로, 예수님께서 요구한 것이 무엇이었는지를 눈여겨보십시오. 이 점을 보지 못한다면, 그분이 하신 기도의 핵심 그 자체를 놓치는 꼴이 될 것입니다. 그분은 그분의 원수들이 전적으로 사면되는 것을 요구하셨습니다. "아버지 저들을 사하여 주옵소서. 저들을 벌하지 마옵소서. 저들을 사하여 주옵소서. 저들의 죄를 기억하지 마옵소서. 저들의 죄를 사하시고 도말하여 주옵소서. 그 죄를 바다 깊은 곳에 던지시옵소서. 나의 아버지, 그 죄를 기억하지 마옵소서. 영원토록 그 죄는 더 이상 언급하지 마옵소서. 아버지, 저들을 사하여 주옵소서.” 오, 이 얼마나 복된 기도입니까! 하나님의 사하심은 넓고도 깊습니다! 사람이 용서할 때는 그 잘못을 기억하면서 뒤끝이 흐립니다. 그러나 하나님께서 용서하실 때는 “내가 그들의 악행을 사하고 다시는 그 죄를 기억하지 아니하리라”(렘 31:34)고 말씀하십니다. 우리가 믿음을 갖거나 회개를 하기 오래 전부터 그리스도께서 여러분과 저를 위해 간구하신 것이 바로 이 말씀입니다. 이 기도의 응답으로 우리는 우리의 죄악을 인식하고 그분을 믿게 되었습니다. 그래서 지금 우리는 그분의 이름에 영광을 돌립니다. 그분께서 우리를 위해 간구하심으로 우리의 모든 죄악들이 용서받았습니다. 그러므로 우리는 그분을 찬양할 수 있습니다.

4. 우리는 우리가 받은 용서를 기뻐한다.

이제 저는 마지막 말씀을 드려야 할 것 같습니다. 우리는 지금 우리가 받은 용서를 기뻐합니다.

여러분은 용서를 받았습니까? 다음의 찬송이 여러분의 찬송입니까?

> “이제야 얻게 된, 오, 이 기쁨!
> 내 죄가 용서받았다.
> 이제야 나는 믿을 수 있게 되었고,
> 그래서 나는 믿는다.”

지금 제 주머니에는 학식과 명성을 갖춘 한 불가지론자(不可知論, agnostic, 신이 없다고 하는 무신론자와는 달리, 불가지론자는 신의 존재 유무를 알 수 없다고 믿는다 — 역주)로부터 받은 한 통의 편지가 있습니다. 그는 말하기를, 과거에 자신은 신랄한 불가지론자였지만, 지금은 하나님을 찬양하는 글을 쓰고 있고, 또 제가 앞장서서 그를 구세주의 발치로 인도해 준 것에 대해 깊은 감사의 마음을 가지고 있다고 했습니다. 그는 또한 “내게는 이생에서의 행복도 없었고, 내세에서도 아무런 소망이 없었다”고 말했습니다. 저는 이것이야말로 수많은 불신자들의 솔직한 마음이라고 믿고 있습니다. 그리스도의 십자가 없이 내세에 무슨 소망이 있겠습니까? 그와 같은 자가 갖는 최고의 소망은 개처럼 죽어서 그렇게 끝나는 것일 것입니다. 로마 가톨릭 신자가 죽게 되었을 때 갖게 되는 소망은 무엇입니까? 그 수많은 경건하고 진지한 친구들에 대해서 저는 아주 유감으로 생각합니다. 왜냐하면 그들의 소망이 무엇인지 저는 알지 못하기 때문입니다. 그들은 어쨌든 천국에 가는 것을 소망으로 여기지 않고 있습니다. 다시 말해, 그들은 천국으로 들어가기 위해서는 먼저 연옥에서 어떤 고통들을 겪어야만 한다고 말합니다. 여러분의 생각을 끝까지 괴롭힐 이런 소망을 가지고 죽다니, 너무나 가엾고 불쌍한 믿음입니다. 우리에게 죄 용서를, 즉 절대적인 죄 사함을 선포하는 종교는 예수 그리스도의 종교 외에는 아는 것이 없습니다. 자, 들어보십시오. 우리가 가르치는 것은 여러분에게 죽음이 다가왔을 때에야 비로소 이것이 모두 옳았다고 알게 되는 가르침이 아닙니다. 우리의 가르침은 다음의 말씀과 같은 것입니다. "사랑하는 자들아 우리가 지금은 하나님의 자녀라"(요일 3:2), "아들을 믿는 자에게는 영생이 있고"(요 3:36). 이 가르침을 가진 자는 그것을 지금 알고, 그 안에서 기쁨을 누립니다. 그래서 저는 제 설교의 마지막 주제로 다시 돌아가 말씀드리고자 합니다. 즉, 우리는 지금 그리스도께서 우리에게 행하신 그 용서를 기뻐합니다. 우리는 용서받았습니다. 제 바람은 지금 제 설교를 듣고 있는 사람들 가운데 대다수가 "하나님의 은혜로, 우리는 어린 양의 피로 죄 씻음을 받은 줄 안다"라고 말하게 되는 것입니다.

　　용서는 그리스도의 간구를 통해 우리에게 일어났습니다. 우리의 소망은 그리스도의 간구, 특별히 그분의 죽음에 있습니다. 예수님께서는 내가 진 빚을 갚아주셨습니다. 그런데 내가 그분을 믿게 된다면, 예수님의 그 업적이 나를 위한 일이 됩니다. 예수님은 나의 죄 때문에 형벌을 받으셨습니다. 그런데 내가 그 사실을 믿는다면, 예수님의 그 업적이 나를 위한 일이 됩니다. 그리하여 내가 갚아야 할 형벌이 없어지게 됩니다. 이제 우리는 그분에게 다음과 같이 말할 수 있습니다.

　　　　"당신의 백성이 갚아야 할 것은 무엇이든
　　　　　　단 한 푼까지도,
　　　　　　당신은 완전히 대속해 주셨나이다.
　　　　　　당신의 의가 피난처가 되고,

당신의 피가 뿌려진다면,

그분의 진노는 이제 내게 임할 수 없나이다.

그리스도께서 나를 사면해 주시기 위해,

하나님의 모든 진노를

나 대신 값없이 담당하셨다면,

하나님은 이중 지불을 요구할 수 없으니,

먼저 내 보증인이 피 흘리는 손으로 지불한 것을,

다시 내게서 요구할 수 없나이다.”

그리스도께서 내가 받아야 할 형벌을 담당하셨다면, 나는 이제 그 형벌을 받지 않게 될 것입니다. 오, 이 복된 확신 안에 얼마나 큰 기쁨이 있는지 모릅니다! 여러분이 용서를 받았다는 소망은 예수님께서 죽으셨다는 바로 이 사실에 있습니다. 그분께서 생명을 주기까지 피 흘리신 그 귀한 상처는 여러분을 위한 것입니다.

우리를 용서해 주신 그분을 우리는 찬양하였습니다. 왜냐하면 우리가 과거에 어떤 일을 했는지 이제야 알게 되었기 때문입니다. 오, 사랑하는 성도 여러분, 우리가 그리스도를 얼마나 사랑해야 하는지 저는 잘 모르겠습니다. 왜냐하면 슬픈 일이지만 우리는 그분을 대적하는 죄를 범했기 때문입니다! 그 죄가 우리에게 “심히 죄 되게”(롬 7:13) 하는 죄인 줄 우리는 이제야 알게 되었습니다. 이 죄 때문에 그리스도께서 십자가에 못 박히셨다는 것을 이제야 우리는 알게 되었습니다. 하늘에 계시어 우리를 사랑하는 그분의 가슴을 찌른 사람이 바로 우리 자신이라는 것을 이제야 우리는 알게 되었습니다. 우리에게 최고의 친구이자 가장 귀한 친구이며 은인(눅 22:25)이신 분을 우리가 수치스럽게 죽였습니다. 우리는 이제야 이런 것들을 알게 되었습니다. 그래서 우리는 우리가 그분을 그렇게 대접했다는 생각에 거의 피눈물을 흘리게 되었습니다. 그러나 이 모든 죄는 용서받았습니다. 모든 죄들은 사라졌습니다. 오, 우리가 지은 죄까지도 모두 제거해 주신 귀하신 하나님의 아들을 찬양합시다! 우리는 예전의 그 어느 때보다도 이제야 더욱 그 죄들에 대해 실감하게 되었습니다. 이 죄들이 용서받았다는 것과, 우리의 죄를 용서하기 위해 구세주께서 치르신 그 고통 때문에 우리가 슬퍼하게 된다는 것도 알게 되었습니다. 우리는 우리 죄가 용서받았다는 사면장을 받았습니다.

그분의 귀한 보혈의 진홍빛 글씨로 적힌 그 사면장을 읽기 전까지 우리는 우리 죄가 진홍 같이 붉은(사 1:18) 것인 줄 알지 못했습니다. 이제 우리는 그 죄를 보게 되었습니다. 하지만 지금 우리는 그 죄를 보지 못합니다. 왜냐하면 하나님께서 그 죄를 용서하고 도말하셔서 그분의 등 뒤로 영원히 던져 버리셨기 때문입니다.

그러므로 우리가 지금까지 설명한 무지는 우리에게 가증스러운 것이 될 것입니다. 즉, 그리스도에 대한 무지와 영원한 것들에 대한 무지 말입니다. 만약 우리가 무지로 인해 죄를 지었다면, 우리는 그런 무지에서 벗어나야만 할 것입니다. 우리는 그분의 말씀을 공부하는 학생이 되어, 모든 학문 중에서 최고로 고상한 학문인 십자가에 못 박히신 그리스도를 아는 지식(빌 3:8)을 공부해야 할 것입니다. 죄를 낳게 하는 그 무지를 우리에게서 몰아내 달라고 우리는 성령님께 간구해야 할 것입니다. 하나님께서 우리를 도우신다면, 우리는 무지의 죄에 더 이상 빠지지 않고 다음과 같이 말할 수 있게 될 것입니다. "내가 믿는 자를 내가 알고(딤후 1:12), 이제부터 나는 능히 모든 성도와 함께 지식에 넘치는 그리스도의 사랑을 알고 그 너비와 길이와 높이와 깊이가 어떠함을 깨달아(엡 3:18-19) 알기까지, 나는 더욱 지식을 추구할 것이다!'

저는 이 자리에서 실천적인 말씀을 좀 드리고자 합니다. 여러분이 용서받은 것에 대해 기뻐한다면, 여러분이 그리스도를 본받음으로써 여러분의 감사를 보여주십시오. "아버지, 저들을 사하여 주옵소서 자기들이 하는 것을 알지 못함이니이다"와 같은 간구는 이전에는 절대로 없던 간구였습니다. 다른 사람들을 위해 이렇게 간구하십시오. 어떤 사람이 여러분의 마음에 상처를 주었습니까? 여러분을 중상모략 하는 사람들이 있습니까? 이 밤에 기도하십시오. "아버지, 저들을 사하여 주옵소서 자기들이 하는 것을 알지 못함이니이다." 우리는 항상 악을 선으로 갚고, 저주하는 자를 위해 복을 빌어 주도록 합시다. 그리고 다른 사람들의 악행으로 인해 고통 받게 될 때는, 그들이 무지하지 않았더라면 이렇게 행동하지 않았을 것이라고 생각합시다. 우리는 그들을 위해 기도하고, 바로 그 무지로 인해 그들이 용서받을 수 있도록 간구합시다. "아버지, 저들을 사하여 주옵소서 자기들이 하는 것을 알지 못함이니이다."

또한 저는 여러분이 지금 당장 런던에 있는 수백만의 사람들을 생각해 보기를 원합니다. 이 밤에도 길거리마다 쏟아져 나오는 자녀들을 한번 보십시오. 무리지어 출입하는 술집들도 한번 보십시오. 달빛이 비치는 이 밤에 길거리로 한 번 나가 보십시오. 제가 입에 담기조차 부끄러운 것들을 한번 보십시오. 거리에 있는 남자나 여자의 집에 따라가면서, 여러분은 이렇게 기도하십시오. "아버지, 저들을 사하여 주옵소서. 자기들이 하는 것을 알지 못함이니이다." 그 은방울이 항상 울리도록 해야 합니다. 제가 방금 뭐라고 말했습니까? 그 은방울이라고 말 했지요? 아닙니다. 사실은 제사장들이 입는 옷에 다는 순금 방울을 말한 것입니 다(제사장이 입는 옷인 에봇에는 순금으로 만들어진 방울을 달도록 하였다[출 39:25] — 역주). 하나님의 제사장인 여러분은 그 순금 방울을 여러분의 옷에 달고서, 항상 그 방 울이 다음과 같은 황금 곡조를 울리도록 하십시오. "아버지, 저들을 사하여 주옵 소서. 자기들이 하는 것을 알지 못함이니이다." 이와 같은 기도로써 하나님의 성 도들로 하여금 그리스도를 본받도록 할 수만 있다면, 제가 한 이야기들은 헛되 이 한 말이 아닐 것입니다.

사랑하는 성도 여러분, 저는 우리 주변에 있는 바로 그 무지로부터 소망의 근거 를 보고 있습니다. 저는 이 불쌍한 도시를 위한 소망, 이 불쌍한 나라를 위한 소 망, 아프리카와 중국과 인도를 위한 소망을 보고 있습니다. "자기들이 하는 것을 알지 못함이니이다." 그들에게 내려질 은혜에 대한 강력한 근거가 바로 여기에 있습니다. 그들은 과거의 우리보다도 더욱 무지하기 때문입니다. 그들은 죄악에 대해서, 영생의 소망에 대해서 우리가 아는 것보다 더욱 알지 못하고 있습니다. 하나님의 백성인 여러분이여, 이 간구를 올려드리십시오! 여러분의 기도를 함께 모아, 이 기도의 불화살을 하나님의 가슴을 향해 곧추 쏘아 올려 보냅시다. 그 사 이에 예수님께서도 그분의 보좌에서 다음과 같은 강력한 중재기도를 더해 주실 것입니다. "아버지, 저들을 사하여 주옵소서. 자기들이 하는 것을 알지 못함이니 이다."

만약 이 자리에 회개하지 않은 이들이 있다면, 사실 여기에 그런 사람이 몇 있다는 것을 알고 있습니다만, 우리는 그들을 공적 모임에서 뿐만 아니라 우리 의 사적인 기도 모임에서도 언급할 것입니다. 그래서 우리는 그들을 위해 다음 과 같이 기도할 것입니다. "아버지, 저들을 사하여 주옵소서. 자기들이 하는 것 을 알지 못함이니이다." 예수 그리스도로 말미암아 하나님께서 여러분 모두를 축복해 주시기를 기원합니다! 아멘.

제
89
장

—

새 빛 가운데서 죽어 가던 강도

—

"하나는 그 사람을 꾸짖어 이르되 네가 동일한 정죄를 받고
서도 하나님을 두려워하지 아니하느냐 우리는 우리가 행한
일에 상당한 보응을 받는 것이니 이에 당연하거니와 이 사
람이 행한 것은 옳지 않은 것이 없느니라 하고 이르되 예수
여 당신의 나라에 임하실 때에 나를 기억하소서 하니"

— 눅 23:40-42

수많은 사람들은 죽어 가던 강도의 회개에 대한 설교를 들을 때마다, 그 강도가 죽는 바로 그 순간에 구원을 받았다는 사실을 떠올립니다. 사람들은 그 사실, 즉 오직 그 사실만을 기억합니다. 그래서 그 강도는 제 십일시에(마 20:6) 부름을 받은 포도원 품꾼처럼, 그렇게 구원을 얻은 경우로 항상 인용되어 왔습니다. 사실 그 강도는 그렇게 구원을 받았습니다. 그의 경우를 통해서, 어떤 사람이든 회개할 능력만 있다면, 그는 죄 용서를 받을 수 있다는 사실이 입증되었습니다. 교수대에 달려 거의 마지막 시간을 맞은 사람이라 해도 그리스도의 십자가는 그에게 유효합니다. 구원할 능력이 있는 그분의 힘은 막강하시기 때문에, 그분 자신도 죽어 가는 순간에 있고, 구원해야 할 대상마저 숨을 거두려고 하는 상황이라 해도, 그분은 그 파괴자의 손아귀에서 그들을 건져 내십니다.

그러나 이것이 오늘의 본문 말씀이 우리에게 가르쳐 주고 있는 모든 것이 아닙니다. 단지 하나만 보고서, 나머지 다른 것들은 놓쳐 버리는 것은 항상 안타

까운 일입니다. 만약 더욱 중요한 것을 놓치게 된다면 더더욱 안타까운 일일 것입니다. 이런 일은 흔히 있는 경우여서, 어떤 사람들은 이런 일에 대해 극한 반감을 일으키기도 합니다. 그래서 자기들이 그렇게 일반적인 오류라고 여기는 것을 반박하려고 하다가 오히려 잘못된 방향으로 빠지기도 합니다. 저는 예전에 이 죽어 가던 강도의 이야기를 임종의 침상에서 회개를 장려하는 것으로 취급해서는 안 된다는 글을 읽은 적이 있습니다. 사랑하는 성도 여러분, 저는 그 저자가 정말 그런 의도로 글을 썼다고는 생각하지 않지만, 어쨌든 이 강도의 이야기가 사람들로 하여금 자신의 회개를 임종 시까지 연기할 수 있는 구실로 사용하게 해서는 안 된다는 것을 그 저자가 의도했다면, 그는 바르게 말한 것입니다. 그 어떤 그리스도인도 이 강도의 이야기를 그렇게 부당하게 사용할 수 없으며, 그렇게 사용하기를 원해서도 안 됩니다. 하나님의 오래 참으심 때문에 계속해서 죄를 지어도 괜찮다는 식으로 주장하는 자는 소망이 없을 정도로 나쁜 사람인 것이 분명합니다. 그러나 저는 가장 악한 사람들조차도 이 이야기를 그렇게 사용하지 않았다고 믿고 있습니다. 또한 저는 여러분 가운데 어느 누구도 이 이야기를 그런 식으로 사용하지 않을 것이라고 확신합니다. 이 이야기는 그런 나쁜 의도로 적절히 변경될 수 없습니다. 이 이야기가 회개를 연기하기 위한 근거로 사용되는 것은 도둑질을 장려하기 위한 근거로 사용되는 것과 똑같습니다. 가령 제가 "이 강도도 죽기 바로 직전에 구원받았기 때문에, 나도 회개하는 것을 미룰 수 있어"라고 말하는 것은, "이 강도도 구원받았기 때문에 나도 강도가 되고 싶어"라고 하는 말과 이성적으로 같은 추론일 것입니다. 사실 사람들이 악한 마음을 가진다면, 악으로 왜곡되지 않을 그런 선한 것이 어디 있겠습니까? 다시 말해, 하나님의 공의도 절망의 동기가 되어 버리고, 그분의 자비도 죄를 지을 근거가 되어 버릴 것입니다. 사악한 자들은 오류의 늪에서 쉽게 빠져 죽듯이, 진리의 강에서도 쉽게 빠져 죽을 수 있습니다. 자신을 파멸시키고자 하는 마음을 가진 자는 생명의 떡(요 6:48)으로도 자기 영혼을 질식시킬 수 있으며, 만세반석에라도 자기 몸을 던져 산산조각 낼 수 있습니다. 은혜를 받지 못한 염치없는 사람들이 방종해도 될 만큼 그렇게 은혜로운 하나님의 은혜에 대한 교리는 없습니다.

그래도 저는 감히 여러분에게 말씀드리고자 합니다. 만약 제가 오늘 밤에 죽어 가는 어떤 사람의 침상 옆에 서서 그가 자기 영혼에 대해 걱정하는 모습을 보게 된다면, 다시 말해 회개할 시기를 너무 늦게까지 연기하는 바람에 과연 그리스도께서 자신을 구원해 주실지 두려워하는 모습을 제가 보게 된다면, 저는 이 죽어 가던 강도의 이야기를 그에게 분명히 인용할 것입니다. 저는 조금도 망설임 없이 선한 양심으로 그 일을 행할 것입니다. 저는 그에게 말할 것입니다. 비록 당신은 십자가 위에 달린 강도처럼 지금 거의 죽게 된 상태이지만, 그래도 만약 당신이 죄를 회개하고 믿음으로써 당신의 얼굴을 그리스도에게로 돌린다면, 당신은 영생을 얻게 될 것이라고 말입니다. 저는 영원의 문턱에 이른 자에게도 이렇게 전할 수 있는 이야기가 있다는 사실에 기뻐하면서, 온 마음을 다해 이 일을 행할 것입니다. 성령님께서 친히 기록하신 이 이야기를 제가 이렇게 사용하는 것에 대해서, 성령님께서 저를 책망하시리라 생각하지 않습니다. 왜냐하면 성령님께서는 이 이야기가 그렇게 사용될 것을 미리 내다보고서 이 내용을 기록하셨기 때문입니다. 적어도 저는 이 주제를 마땅히 다루어야 하는 방식대로 다루었다는 기분 좋은 확신을 가지게 될 것입니다. 다시 말해서, 저는 이 말씀이 임종이라는 극단적인 상황(in extremis)에서 자기 마음을 살아 계신 하나님께로 돌리려는 사람을 위해 사용될 의도로 기록되었다는 확신이 있습니다. 오, 그렇습니다. 불쌍한 영혼들이여, 여러분의 나이가 얼마든지 간에, 또 지금까지 달려온 여러분의 인생이 어느 시점에 있든지 간에, 여러분은 지금도 그리스도를 믿는 믿음으로 영생을 얻을 수 있습니다!

> "그 죽어 가던 강도는 그 날에
> 기쁜 마음으로 그 샘을 보았네.
> 그 강도만큼이나 간악한 나도 거기서
> 내 모든 죄를 씻어 깨끗하게 되었네."

　　선한 많은 사람들은 자신들이 복음을 지켜야만 한다고 생각합니다. 그러나 복음이 그 위엄을 충분히 드러내며 서 있을 때, 그때만큼 복음이 안전한 순간은 없습니다. 복음은 인간의 보호를 필요로 하지 않습니다. 우리가 복음을 어떤 조건들로써 보호하고, 어떤 예외조항들로써 호위하며, 어떤 감시항목들로써 제한한다면, 그것은 마치 사울의 갑옷을 입은 다윗의 모습과 같을 것입니다. 즉, 그런 것들로 인해 복음은 오히려 난처해지고 방해를 받게 되어, "나는 이런 조건들과 함께 할 수 없다"고 하는 복음의 외침을 듣게 될 것입니다. 복음을 그냥 놔두십시오. 그러면 복음이 구원할 것입니다. 만약 복음을 제한하려 한다면, 복음이라는 소금은 그 맛을 잃게 될 것입니다. 그래서 저는 감히 여러분에게 말씀드리고자 합니다. 지금까지 노년기에 회심한 자들의 수는 소수라는 말을 저는 들은 적이 있습니다. 이것은 젊은이들에게는 매우 인상적이고 그들을 고무시키는 이야기라고 생각합니다. 그러나 똑같은 말이라 해도, 이 사실은 나이 든 사람들에게는 아주 실망스러운 말이기도 합니다. 그래서 저는 그런 말을 자주 사용하는 것을 반대합니다. 왜냐하면 우리 주님과 사도들의 가르침 가운데 그에 해당되는 말을 제가 아직 찾지 못했기 때문입니다. 분명한 것은 우리 주님께서는 포도원의 품꾼들을 부르는 그 날의 제 십일시에도(마 20:6) 그 포도원에 들어간 사람에 대해 말씀하고 계십니다. 그리고 그분께서 행하신 기적들 가운데는, 죽어 가는 자들을 구원하는 기적뿐만 아니라, 이미 죽은 자들을 다시 살리는 기적도 있습니다. 주님께서는 어떤 시간이나 어떤 나이에 처한 사람들의 구원에 대해서 아무런 말씀도 하지 않으셨다고 결론을 내릴 수 있습니다. 따라서 제가 여러분에게 전하고 싶은 말은, 예수 그리스도를 믿는 믿음으로 말미암아 여러분이 하나님을 영접하는 문제에 있어서는 지금 여러분의 나이가 몇인지가 전혀 문제되지 않는다는 것입니다. 여러분 모두에게 동일한 약속이 주어졌습니다. "오늘 너희가 그의 음성을 듣거든 격노하시게 하던 것 같이 너희 마음을 완고하게 하지 말라 하였으니"(히 3:15). 여러분이 지금 인생의 가장 이른 시기에 있든지, 아니면 영원으로 들어가기 몇 시간 전에 있든지, 지금 여러분이 복음 안에서 여러분 앞에 놓인 그 소망의 피난처로 달려가기만 한다면, 여러분은 구원을 받게 될 것입니다. 제가 여러분에게 전하는 복음은 나이나 성품 등을 이유로 아무도 배제하지 않는 그런 복음입니다. 여러분이 어떤 사람이든지 간에 "주 예수를 믿으라 그리하면 너와 네 집이 구원을 받으리라"(행 16:31)는 말씀이 바로 우리가 여러분에게 전해야만 하는 메시지입니다. 만약 우리가 여러분에게 좀 더 긴 형태의 복음을 전한다면, "믿고 세례를 받는 사람은 구원을 얻을 것이요"(막 16:16)라고 말씀하신 복음일 것입니다. 이 복음은 그 나이가 얼마든 상관 없이, 살아 있는 모든 자들에게 적용되는 복음입니다. 저는 십자가에서 곧장 면류관으로 나아간, 죽어 가던 강도의 회개 이야기가 여러분에 의해 오용(誤用)될 것을 두려워하지 않습니다. 그러나 이 이야기를 그렇게 오용할 정도로 여러분이 사악하다면, 저로서는 어쩔 수 없을 것 같습니다. 이 이야기가 제대로 사용될지의 여부는 복음이 이 사람에게는 사망으로부터 사망에 이르는 냄새요, 저 사람에게는 생명으로부터 생명에 이르는 냄새(고후 2:16)가 되리라 하신 그 엄숙한 성경 말씀대로 이루어질 것입니다.

그러나 사랑하는 성도 여러분, 그 강도의 특별한 점은 그의 회개가 늦었다는 사실에만 있는 것은 아니라고 생각합니다. 그의 회개가 늦었다는 사실은 우리의 관심을 끄는 유일한 것도 아니고 중요한 것도 아닙니다. 또 다른 사람들에게는 다른 사실들이 더 중요할 수 있기 때문입니다. 저는 여러분에게 이 강도의 경우에 있어서는 첫 번째로, 그의 회개의 수단이 특별하였다는 사실을 아주 간략히 말씀드리고자 합니다. 두 번째로는, 그의 믿음이 보여주는 특별함, 세 번째로는, 그가 이 땅에 있을 동안에 그의 믿음의 결과가 보여주는 특별함, 네 번째로는, 그의 믿음으로 말미암아 얻은 약속의 특별함, 즉 낙원에서 그에게 성취된 약속이 보여주는 특별함 등에 대해 말씀드리겠습니다.

1. 강도가 회개한 수단의 특별함

첫 번째로, 저는 여러분이 다음과 같은 사실을 아주 주의 깊게 살펴보아야 한다고 생각합니다. 즉, 그 강도가 회개하게 된 수단들이 지닌 그 독특함과 특별함입니다.

여러분은 그 독특하고도 특별한 수단이 무엇이라고 생각합니까? 글쎄요, 우리는 그것을 알 수도 없고, 그것에 대해 말할 수도 없습니다. 사람들이 그 강도를 십자가에 못 박았을 때는, 그는 전혀 뉘우치거나 회개하지 않은 강도로밖에 보이지 않았습니다. 왜냐하면 다른 복음서의 저자도 "함께 십자가에 못 박힌 강도들도 이와 같이 욕하더라"(마 27:44)라고 말하고 있기 때문입니다. 사실, 복수(複數)로 지칭하는 이런 표현은 일반적인 표현이며, 또한 성경을 비판하는 자들이 흔히 사용하는 성경 비평 방식에 따라, 오직 한 명의 강도만이 욕을 했을 수도 있다는 점을 저도 알고 있습니다. 설령 그 비평가들이 우호적으로 말했다 해도, 저는 그들에 대한 경계심을 늦추지 않을 것입니다. 저는 계시에 대한 존경심을 가지고 있기 때문에, 성경에 어떤 모순이 있다거나 실수가 있다는 식의 생각에는 제 마음이 동의하지 못합니다. 따라서 저는 복음서 기자가 "그들"이라고 복수로 말했다면, 그 기자는 "그들"을 뜻한 것으로 저는 믿습니다. 즉, 이 두 강도들은 처음에 십자가에 못 박혔을 때, 자기들과 함께 십자가에 못 박힌 그리스도를 욕했고, 그러다가 이러저러한 계기들이 수단이 되어 이 강도는 십자가에 달려 있는 동안에 틀림없이 회개했을 것입니다. 그 강도에게 아무도 설교하지 않았고, 주님의 십자가 아래에서 그 어떤 복음의 말씀도 전해지지 않았으며, 그 강도를 위한 어떤 특별 기도모임도 없었습니다. 이것은 틀림없는 사실입니다. 그 강도는 어떤 가르침이나 초대나 훈계 등을 받지 못했던 것으로 보입니다. 그럼에도 이 사람은 진지한 사람이 되어 주 예수 그리스도를 믿고 그분을 영접하게 되었던 것입니다.

사랑하는 성도 여러분, 제발 이 사실에 대해 곰곰이 생각해 보십시오. 그리고 우리 주위에 있는 많은 경우들에 대한 그 실제적인 의미에 주목하기 바랍니다. 지금 제 설교를 듣고 있는 이들 가운데 많은 사람들이 어릴 때부터 가르침을 받았고, 훈계와 경고와 권면과 초대를 받았습니다. 그럼에도 불구하고 그들은 아직도 그리스도에게로 나아오지 않았습니다. 반면에 이 강도는 이러한 혜택을 전혀 받지 못했지만, 그럼에도 주 예수 그리스도를 믿어 영생을 찾았습니다. 오, 어릴 때부터 복음의 음성 아래 살던 여러분이여, 이 강도는 여러분에게 위로가 되는 것이 아니라, 오히려 여러분을 저주하고 있습니다! 여러분은 그렇게 오랫동안 불신 가운데 거하면서 도대체 무엇을 하고 있는 것입니까? 여러분은 하나님의 거룩한 사랑의 증거를 절대로 믿지 않을 작정입니까? 제가 여러분에게 무슨 말을 더 할 수 있겠습니까? 어느 누가 여러분에게 무슨 말을 더 할 수 있겠습니까?

여러분은 도대체 무엇이 이 불쌍한 강도를 확실하게 회개하도록 했다고 생각합니까? 저는 그것이 위대한 우리 주님이요 구세주이신 그분의 눈길이었음에 틀림없다고 생각했습니다. 십자가에 이르는 길에서 우리 구세주께서는 처음부터 이적을 행하셨습니다. 아마도 이 강도는 모든 부류의 사람들과 함께 어울렸을 것입니다. 그래도 그는 이런 분을 한 번도 보지 못했을 것입니다. 그분과 같은 표정과 모습으로 십자가를 지고 가는 사람은 지금까지 한 사람도 없었습니다. 이 강도는 누가 과연 이처럼 온유하고 위엄 있는 인격을 지닐 수 있을지 곰곰이 생각했습니다. 그는 여인들이 우는 소리를 들으면서, 자기를 위해서도 울어줄 사람이 있을지 속으로 곰곰이 생각했습니다. 그는 사람들이 그분 주위에 서서 눈물 흘리는 것을 보면서, 이 사람은 틀림없이 아주 대단한 어떤 분이라고 생각했을 것입니다. 그렇게 신비롭게 고난 받던 분이 아주 엄숙하게 "예루살렘의 딸들아 나를 위하여 울지 말고 너희와 너희 자녀를 위하여 울라"(눅 23:28)고 말씀하시는 것을 들었을 때, 그 강도는 놀라움으로 충격을 받았던 것이 분명합니다. 예수님은 그 죽음의 고통 가운데서도 여인들을 동정하는 특별한 모습을 보이셨으며, 그분의 두 눈에서는 자신의 이익을 초월한 무사무욕(無私無欲)의 눈빛이 번득였습니다. 그 강도가 이런 생각을 하고 있을 때, 이상하게도 그의 마음이 한 대 얻어맞은 것처럼 누그러지게 되었습니다. 그것은 마치 천사가 자기의 길을 벗어나, 예전에는 한 번도 보지 못한 새로운 세상의 모습, 즉 새로운 인간의 모습에 눈을 뜨게 된 것과 같았습니다. 이 강도뿐 아니라, 함께 십자가에 달린 그의 친구도 거칠고 난폭했습니다. 하지만 그분은 섬세한 모습과 외형을 갖춘 존재로 그 강도보다 탁월한 분이셨습니다. 그렇습니다. 그 어떤 인간보다도 탁월한 분이셨습니다. 도대체 누가 감히 그분과 같을 수 있겠습니까? 도대체 어떤 존재가 감히 그분과 같아야 하겠습니까? 그분이 십자가를 지고 나아가면서 고통 받고 쓰러지는 그분의 모습을 그 강도도 보았습니다. 하지만 그분은 자신에게 퍼붓는 욕설에 저주로 대꾸하지 않으셨고, 한 마디도 불평하지 않으셨습니다. 그 강도는 이것을 눈여겨보았습니다. 그분의 두 눈은 자신을 불타는 증오심으로 바라보는 사람들을 사랑으로 바라보셨습니다. 슬픔의 길(비아 돌로로사[Via Dolorosa], 그리스도가 십자가를 지고 처형지인 골고다까지 걸어가신 길 ─ 역주)을 따라가는 행진은 하나님께서 그 악한 자의 마음에 말씀을 전하신 설교의 첫 부분이었던 것이 틀림없습니다. 이 말씀은 많은 이들에게 전해진 것이었지만, 그들은 이 가르침에 주목하지 않았습니다. 하지만 이 강도가 그 말씀에 대해 거듭 생각하면서 그 말씀에 주의를 기울였을 때, 하나님의 특별한 은혜가 그에게 임하여, 그의 마음이 누그러지는 역사가 일어났습니다. 이것이야말로 가능성 있는 확실한 은혜의 수단이지 않습니까?

　　그 강도는 구세주와 관련된 많은 것들을 보았습니다. 구세주께서 로마 병정들에 의해 둘러싸여 있던 모습, 사형집행인들이 망치와 못을 가져다가 그분의 등이 땅에 닿도록 그분을 반듯이 눕히고는 그분의 손과 발에 못을 박는 모습 등을 모두 보았습니다. 십자가에 달린 이 강도는 그 와중에도 그분께서 "아버지 저들을 사하여 주옵소서 자기들이 하는 것을 알지 못함이니이다"(눅 23:34)라고 말하는 것을 듣고는 크게 놀랐습니다. 아마도 그는 자신에게 온 사형집행인들을 저주하며 맞이했을 것입니다. 그런데 그분께서 위대한 아버지에게 숨을 쉬듯 기도하는 소리를 그가 들었던 것입니다. 아마도 유대인이었을 그 강도는 그 기도가 무슨 뜻인지 이해했을 것입니다. 예수님께서는 자신을 죽이려는 자들을 위해 기도하셨습니다. 그 강도는 그 기도소리를 듣고서 당황했습니다. 그 기도는 그가 지금까지 들어본 적도 없고, 또 그렇게 기도하는 것은 꿈에도 생각하지 못한 간구였습니다. 그분과 같은 거룩한 존재의 입술이 아니라면, 감히 누구의 입술에서 그런 기도가 나올 수 있겠습니까? 그와 같은 기도, 즉 사랑이 있고 용서가 있고 하나님을 닮은 그런 기도야말로 그분이 메시아라는 사실을 증명해 주었습니다. 그분이 아닌 어느 누가 그렇게 기도한 적이 있었습니까? 다윗도 그렇게 기도하지 못했고, 다른 이스라엘 왕들도 그렇게 기도하지 못했습니다. 오히려 그들은 그분과는 반대로 하나님의 진노가 자기 원수들에게 임하기를 아주 정직하고도 솔직하게 간구했었습니다. 엘리야도 그런 식으로는 기도하지 않았을 것입니다. 오히려 엘리야는 갈멜 산에서 했던 것처럼 하늘에서 불이 내려와 백부장들과 그 무리들에게 임하도록 했을 것입니다. 이 기도는 그 강도에게 신기하고도 낯선 기도였습니다. 저는 그가 이 기도를 충분히 이해했을 것으로는 생각하지 않습니다. 그러나 그분의 기도는 적어도 그에게 깊은 인상을 주었으며, 자기와 함께 고난을 받는 그분이 지극히 신비롭고 선하신 존재임을 느꼈으리라고 저는 확신합니다.

이제 십자가가 세워지고, 그 강도도 자기 십자가에 달려서 주위를 둘러보았습니다. 제 생각에 그 강도도 세 가지 말로 적힌 "나사렛 예수 유대인의 왕이라"(요 19:19)고 기록된 패(牌)를 볼 수 있었을 것입니다. 만약 그가 그 패를 보았다면, 그 패에 적힌 것이 그에게는 작은 성경책, 즉 신약성경이었을 것입니다. 그래서 그는 구약성경에 대해 자기가 알고 있던 것을 가지고 그 신약성경을 해석하였습니다. 그는 이런저런 낱낱의 것들을 모두 종합해 보면서, 즉 그분의 낯선 인품, 성육신하신 사랑, 모든 인내와 모든 위엄, 그 낯선 기도, 그리고 지금 이 독특한 패 등을 모두 종합해 보면서, 제가 보기에는 분명히 구약을 알고 있었을 그 강도는 혼자 속으로 다음과 같이 말했을 것입니다. "이 사람이 그분일까? 이분이 참으로 유대인의 왕일까? 이분은 이적을 행하고 죽은 자를 살리고, 자신이 하나님의 아들이라고 말씀하셨다. 이것은 모두 사실이다. 그렇다면 그분은 진정으로 우리의 메시아이지 않은가?" 그리고 그 강도는 다음과 같은 이사야 선지자의 말도 기억했을 것입니다. "그는 사람들에게 멸시를 당하고 거부되었으며 슬픔의 사람이요, 고통을 잘 아는 자라. … 참으로 그는 우리의 고통을 짊어지고 우리의 슬픔을 담당하였거늘"(사 53:3-4, KJV). 그 강도는 혼잣말로 또 이렇게 말했을 것입니다. "그런데 나는 예전에 이 이사야 선지자의 말씀을 이해하지 못했다. 그런데 알고 보니 이 말씀은 그분을 가리키는 것이 분명하다. 그가 징계를 받으므로 우리는 평화를(사 53:5) 누린다. 시편 기자가 '그들이 내 손과 내 발을 찔렀나이다'(시 22:16)라고 부르짖은 그분이 바로 이분이 아닌가?' 그 강도가 그분을 다시 쳐다보았을 때, 그의 영혼은 "그분이 틀림없지 않은가? 그분과 같은 또 다른 사람이 있을 수 있는가?"라고 느꼈습니다. 그는 그런 확신이 자기 영혼에 스며드는 것 같았습니다. 그러고 나서 그는 다시 그분을 바라보았습니다. 그는 십자가 아래에 있는 모든 사람들이 그분을 얼마나 거부하고 멸시하고 조롱하는지를 보았습니다. 사람들이 그분에게 큰 소리를 지르는 것도 눈여겨보았습니다. 이 모든 것으로 인해 다음과 같은 성경 말씀이 그에게는 더욱 분명해졌을 것입니다. "나를 보는 자는 다 나를 비웃으며 입술을 비쭉거리고 머리를 흔들며 말하되, 그가 여호와께 의탁하니 구원하실 걸, 그를 기뻐하시니 건지실 걸 하나이다"(시 22:7-8).

　　이 죽어가던 강도는 아마도 그리스도의 원수들의 입술에서 복음을 읽었을 것입니다. 원수들은 "그가 남은 구원하였으되"(마 27:42)라고 말했습니다. 그러자, 그 강도는 "아! 그분께서 남을 구원하셨다고? 그렇다면 그분께서 나도 구원해 주시지 않겠는가?"라고 생각했습니다. "그가 남은 구원하였으되"라는 이 말씀은 죽어 가던 강도에게는 얼마나 장엄한 복음의 말씀이었는지 모릅니다! "그가 남은 구원하였으되"라고 한 이 널빤지를 타고서 저도 천국으로 헤엄쳐 갔으면 좋겠다는 생각이 듭니다. 왜냐하면 그분께서 남을 구원해 주셨다면, 나의 구원에서도 보증이 되실 수 있기 때문입니다.

　　이와 같이 원수들이 경멸적으로 그리스도에게 던진 바로 이 말이 불쌍하게 죽어 가던 이 강도에게는 복음이 되었습니다. 우리를 모욕하는 내용의 야비한 유인물들을 저는 읽어 본 적이 있습니다. 그런 비참한 경험을 하게 한 그 유인물에는 우리 주님을 경멸하는 내용이 적혀 있었습니다. 그때 저는 "아마 이 역겨운 신성모독적인 글을 읽는 사람들 중에도, 이 글로부터 복음을 배우게 되는 사람들이 있을 것이다!"라고 생각했습니다. 여러분은 쓰레기더미에서도 보석을 골라 그 반짝이는 빛이 손상되지 않도록 할 수 있습니다. 이와 마찬가지로, 신성모독적인 말을 하는 그 입에서도 우리는 복음을 얻을 수 있습니다. 설령 신성모독으로부터 얻어진 복음이라 해도, 그것은 구원의 복음이 될 것입니다. 아마도 이 강도는 우리 주님께서 죽어갈 때 그분을 조롱한 사람들로부터 복음을 배웠을 것입니다. 따라서 마귀의 종들은 자기도 모르는 사이에 그리스도의 종들이 되었습니다.

그러나 결국 그 강도가 구원받게 된 것은, 그가 예수님을 다시 한 번 더 바라봤기 때문입니다. 다시 말해, 그는 틀림없이 그 잔인한 나무에 달려 있는 예수님의 모습을 바라봤을 것입니다. 그리스도의 인간적인 외모는 그 강도에게 전혀 매력적으로 보이지 않았을 것입니다. 그분의 얼굴은 어느 다른 사람의 얼굴보다 더욱 상해 있었기 때문입니다. 그러나 그럼에도 불구하고, 그 복된 얼굴에는 어떤 특별한 매력이 있었던 것이 틀림없습니다. 참으로 그분의 얼굴은 완벽한 모습이지 않았을까요? 제가 생각하는 그리스도의 얼굴은 지금까지 화가들이 자기 캔버스 위에 그렸던 모습과는 전혀 다른 얼굴입니다. 그 얼굴은 전적으로 선하며, 친절하며, 이기적이지 않은 얼굴이었습니다. 그럼에도 그분의 얼굴에는 왕의 품위가 깃들어 있었습니다. 그 얼굴은 최고로 공의롭고, 비할 데 없이 온유했습니다. 그분의 이마에는 의로움과 정직함이 있었으나, 거기에는 사람들에 대한 무한한 동정심과 호의도 담겨 있었습니다. 그 얼굴은 가만히 있기만 해도 즉시 여러분에게 충격을 주어, 절대로 잊히지도 않고 결코 완전하게 이해되지도 않는 그런 얼굴이었습니다. 그 얼굴은 전적으로 슬픈 얼굴이었지만 그럼에도 거기에는 사랑이 담겨 있었습니다. 전적으로 온화한 얼굴이지만, 또한 전적으로 단호한 얼굴이기도 했습니다. 전적으로 지혜로운 얼굴이지만, 또한 전적으로 꾸밈없는 얼굴이기도 했습니다. 어린 아이나 천사의 얼굴이기도 하지만, 특이하게도 사람의 얼굴이기도 했습니다. 이상하게도 그 얼굴 안에는 위엄과 비참함과 고난과 성스러움이 다 함께 어우러져 있었습니다. 그분은 분명히 하나님의 어린 양이며, 인자(人子)였습니다. 그 강도는 그런 그분의 얼굴을 쳐다보고서, 그분을 믿었습니다. 주님을 단지 바라보는 것만으로도 그가 구원을 얻었다는 것이 독특하지 않습니까? 고뇌와 수치와 죽음을 앞두고 있는 주님을 바라보는 것만으로 말입니다! 단 한 마디의 말도 없었습니다. 분명한 설교도 없었습니다. 안식일의 예배 참석도 없었습니다! 은혜로운 책 읽기도 없었습니다! 어머니나 스승이나 친구들의 간구도 없었습니다. 그러나 예수님을 바라보는 것으로 그는 구원을 받았습니다. 저는 이것을 아주 독특한 것이라고 생각합니다. 다시 말해, 이것은 여러분과 제가 기억해야 할 것으로서, 이 강도의 회개가 너무 늦었다고 생각하는 것만큼이나, 그의 독특한 구원 방식도 우리가 아주 생생하게 생각해 보아야 할 문제라는 것입니다.

오, 자비로운 하나님께서 은혜를 베푸시어, 이 교회에 있는 모든 성도들이 회개하게 되기를 기원합니다! 오, 저는 말씀을 전함으로써, 그 회개에 동참하기를 원합니다! 여러분이 어떻게 해서든 천국에 이르기만 한다면, 저 역시 기뻐할 것입니다. 아니, 주님께서 그 어떤 외적인 사역 없이도 여러분을 그리로 데려가신다면, 즉 예수님께서 이 강도에게 채택한 방식처럼 어떤 간단한 방법으로 여러분을 천국으로 인도하신다면, 저는 더욱 기뻐할 것입니다. 만약 여러분이 천국에 이르기만 한다면, 그분은 그것으로 영광을 받으실 것이며, 그분의 불쌍한 종들은 크게 기뻐할 것입니다! 오, 바로 지금 여러분이 예수님을 바라보고서 생명을 얻게 되기를 기원합니다! 여러분의 눈 앞에 그분이 서 계십니다. 여러분 가운데서 분명히 십자가에 달리신 그분 말입니다. 바로 지금 이 시간에 그분을 바라보고 구원을 받으십시오.

2. 강도가 가진 믿음의 특별함

이제는 여러분이 저와 함께 이 강도가 가진 믿음의 특별함에 대해 짧은 시간이나마 생각해 보았으면 합니다. 이 사람이 우리 주 예수 그리스도에 대해 가진 믿음은 아주 독특한 믿음이었다고 저는 생각하기 때문입니다.

이 죽어 가던 강도의 믿음과 비슷하거나 이에 견줄 만한 믿음을 성경 밖에서 찾을 수 있을지, 아니면 성경 안에서라도 쉽게 찾을 수 있을지 저는 심히 의심스럽습니다.

그리스도께서는 개인적으로 가장 큰 수치스런 상황에서, 중죄인으로 죽어 가고 있었습니다. 이 강도가 그리스도의 바로 이런 모습을 있는 그대로 보았을 때, 그리스도를 믿게 되었다는 사실에 여러분은 주목하십시오. 여러분은 십자가에 못 박힌다는 것이 어떤 것인지 결코 알 수 없습니다. 여러분 중에 이것을 알 수 있는 사람은 한 사람도 없습니다. 왜냐하면 이런 광경은 현대 영국에서는 결코 볼 수 없는 것이기 때문입니다. 이 자리에 있는 남녀 성도들 가운데 그리스도의 실제적인 죽음을 자기 마음으로 인식할 수 있는 사람은 한 사람도 없습니다. 그것은 우리의 능력을 벗어나 있습니다. 그러나 이 강도는 그 광경을 자신의 눈으로 보았습니다. 처형대에 달린 그분을 "주님"(눅 23:42, KJV)이라고 그가 부른 것은 절대로 작은 믿음의 승리가 아니었습니다. 이 강도는 예수님께서 피를 흘리며 기력이 다하여 죽어 가는 것을 보았습니다. 그럼에도 불구하고 그는 예수님에게 당신의 나라에 임하실 때에 나를 기억해 달라고 간청하였습니다. 이것은 그분을 의지하는 훌륭한 행동이었습니다. 이 강도는 자기 생명도 유지할 수 없을 정도로 나약하게만 보이는 그분의 손에 자기의 영원한 운명을 맡겼습니다. 이 얼마나 고귀한 믿음의 성취인지 모릅니다. 저는 이 죽어 가던 강도야말로 믿음의 문제에 있어서는 선두에 선 자라고 말할 수 있을 것 같습니다. 왜냐하면 그가 본 구세주의 상황은 그분이 구세주라는 자신의 확신에 도움을 주기는커녕 그 확신에 모순되는 것처럼 여겨졌기 때문입니다. 그가 본 것은 자신에게 도움이 된 것이 아니라 오히려 방해가 되었습니다. 그가 본 것은 우리 주님이 고뇌와 죽음이라는 아주 극단적인 상황에 처해 있는 모습이었기 때문입니다. 그럼에도 불구하고, 그 강도는 그분을 곧 임할 그분 나라의 왕으로 믿었습니다.

이 강도가 그리스도를 믿은 바로 그때, 모든 제자들이 그분을 버리고 도망갔다는 사실도 여러분은 기억하십시오. 요한은 조금 떨어진 거리에서 머뭇거렸을 것이고, 거룩한 여인들은 조금 더 떨어진 곳에 서 있었을 것입니다. 그 죽어 가던 그리스도를 위해 용감하게 나서서 싸운 사람은 아무도 없었습니다. 유다는 그분을 팔았고, 베드로는 그분을 부인했으며, 나머지 제자들은 그분을 버렸습니다. 바로 그때, 그 죽어가던 강도는 그분을 "주님"이라고 부르면서 "당신의 나라에 임하실 때에 나를 기억하소서"라고 말했습니다. 저는 이것을 훌륭한 믿음이라고 부르겠습니다. 여러분은 그리스도인 친구들로 둘러싸여 있습니다. 여러분이 사랑으로 대하는 사람들이 제시하는 증거로 여러분은 많은 권면을 받고 있습니다. 그럼에도 여러분 중에는 그리스도를 믿지 않는 사람들이 있습니다. 그런데 강도인 이 한 사람만이 나서서 예수님을 자기의 주님이라고 불렀습니다! 그 순간 강도 외의 그 누구도 그리스도를 고백하지 않았습니다. 열광적인 무리들이 그분을 에워싸고 있었지만, 그 어떤 부흥도 일어나지 않았습니다. 오직 그 강도만 홀로 주님을 고백하였습니다. 우리 주님께서 십자가에 못 박히신 이후로, 그분을 증언한 첫 번째 증거자는 바로 이 강도였습니다. 나중에 우리 주님께서 숨을 거두실 때 백부장도 그분을 증언하였습니다. 아무도 그리스도께서 하신 말씀에 "아멘"이라고 말하지 않을 때도, 이 강도는 그리스도께 매달리면서, 홀로 자신의 믿음을 고백하였습니다. 십자가에 함께 달린 그의 친구마저도 십자가에 못 박힌 구세주를 조롱하였습니다. 그렇기에 이 강도는 칠흑같이 어두운 한밤중에 빛나는 외로운 별과 같았습니다. 오, 사랑하는 성도 여러분, 여러분은 감히 다니엘과 같은 사람이 될 수 있겠습니까? 여러분은 감히 혼자 설 수 있겠습니까? 여러분은 감히 그 야비한 무리들 가운데서 서서 "예수님은 나의 왕이십니다. 나는 단지 그분에게, 당신의 나라에 임하실 때 나를 기억해 달라고 간청했을 뿐입니다"라고 말할 수 있겠습니까? 제사장들과 서기관들과 왕들과 백성들이 모두 그리스도를 조롱하고 비웃을 때, 여러분은 그와 같은 믿음을 선포할 수 있겠습니까? 사랑하는 성도 여러분, 그 죽어 가던 강도는 놀라운 믿음을 보여주었던 것입니다. 여러분이 다음에 이 강도에 대해서 말할 때는 꼭 이 사실을 염두에 두기를 부탁합니다.

제가 보기에 또 다른 점이 그 믿음에 탁월함을 더해 주는 것 같습니다. 즉, 그 강도 자신도 극도로 고통을 당하고 있었다는 사실입니다. 그도 십자가에 못 박혀 있었다는 사실을 여러분은 기어하십시오. 십자가에 못 박힌 사람이 마찬가지로 십자가에 못 박힌 그리스도를 믿었다는 사실입니다. 오, 우리의 몸이 심한 고통으로 괴로움을 당할 때, 가장 연약한 신경마저 고통 받고 있을 때, 우리의 육신이 매달려 죽게 되어 우리가 얼마나 더 이런 고통을 받아야 할지 알지 못할 때, 그 순간 현재를 잊고서 미래 속에 살아간다는 것은 얼마나 대단한 믿음의 성취인지 모릅니다! 자신이 죽어가고 있으면서도, 자기 옆에 있는 또 다른 죽어가는 사람들에게 눈을 돌릴 뿐만 아니라, 자기 영혼을 그분에게 맡긴다는 것은 아주 놀라운 믿음입니다. 이 강도는 복된 자입니다. 왜냐하면 사람들이 그를 밑바닥에 내려놓았기 때문입니다. 다시 말해서, 사람들은 그 강도를 성도들 가운데서 가장 작은 자로 여겼기 때문입니다. 그래서 저는 그 강도에게 다음과 같이 명해야만 합니다. 좀 더 높은 곳으로 올라가서, 하나님이신 그리스도께 믿음으로 영광을 돌린 자들 가운데 가장 높은 자리 하나를 차지하라고 말입니다! 이것이 제 생각입니다.

자, 사랑하는 성도 여러분, 이 사람이 가진 믿음의 특별한 점은, 비록 그의 눈이 그렇게 짧은 시간 동안만 열려 있었다 해도, 그가 너무나 많은 것을 보았다는 것입니다! 그는 미래의 세상을 보았습니다. 그는 멸절론(annihilation[영혼멸절설], 죄인들에게 내려지는 지옥형벌이 영원하지 않다는 이론 — 역주)도 믿지 않았고, 인간 영혼이 불멸할 가능성을 거부하는 이론도 믿지 않았습니다. 그는 다른 세상에 자신이 있게 되기를, 다시 말해 그 죽어 가던 주님께서 그의 나라와 함께 임하실 때, 자기도 함께 그 나라에 있게 되기를 확실히 기대했습니다. 그는 이 모든 것을 믿었습니다. 그리고 그의 믿음은 오늘날 어떤 사람들이 믿고 있는 믿음보다 더 큰 믿음이었습니다. 그리고 그는 예수님은 그의 나라를 가지고 계시며, 그 나라는 그분이 돌아가신 후에 임하는 나라이며, 그분이 십자가에 못 박히심으로 임하는 나라라는 것도 믿고 있었습니다. 그는 그분의 못 박힌 손과 발을 통해 그 나라를 얻게 될 것이라 믿었습니다. 이것은 지혜로운 믿음이었습니다. 그렇지 않습니까? 그는 다른 사람들도 참여할 그런 나라를 예수님께서 가지고 계신다는 것을 믿었습니다. 그리하여 그도 그분의 나라에서 자신의 몫을 갖고자 열망했습니다. 그래도 그는 자신에 대해 적절히 평가하고 있었습니다. 그는 "주여, 나로 하여금 주의 우편에 앉게 명하소서"(마 20:21)라고 말하거나, "당신의 궁정의 맛난 것들을 나도 먹게 하소서"라고 말하지 않았기 때문입니다. 그는 다만, "나를 기억하소서. 나를 생각하소서. 내 가는 길을 보옵소서. 당신의 우편 십자가에서 불쌍하게 죽어가던 당신의 친구를 생각해 주옵소서. 주여, 나를 기억하소서. 나를 기억하소서"라고 말했을 뿐입니다. 저는 이 기도에서 깊은 겸손을 봅니다. 그리고 이 기도를 통해서 그리스도께서 가장 심한 수치를 당하고 계실 때, 바로 그 때 그리스도께서 높아지실 것이라는 기쁘고도 멋진 확신을 갖게 됩니다.

오, 사랑하는 성도 여러분, 만약 여러분 중에 어떤 사람이 이 죽어 가던 강도에 대해, 죽기 전까지 회개를 연기한 사람으로만 생각하고 있다면, 지금부터 여러분은 그 사람에게 그 강도가 그리스도를 놀랍고 대단하게 믿었던 사람으로 생각하도록 전하십시오. 그리고 여러분도 그 강도에 대해 그렇게 생각하십시오! 오, 여러분도 위대하신 나의 주님을 그와 같이 크게 신뢰하기를 원합니다! 불쌍한 죄인 가운데 그렇게 그리스도를 크게 신뢰한 사람은 없었습니다. 예수님께서 자신을 용서해 주실 것으로 믿었던 죄인이 나중에 용서를 받지 못하는 경우는 결코 없었습니다. 예수님께서 즉시 자신을 구원해 주실 것으로 믿었던 죄인이 깨어보니 망상(妄想)이었던 경우도 결코 없었습니다. 절대로 그런 일은 없습니다. 그러니 그리스도에 대한 신뢰의 강에 뛰어드십시오. 그 강은 빠져 죽는 물이 아니라, 헤엄칠 수 있는 물입니다. 그리스도를 사랑하면서 그분을 위해 살아 가는 믿음으로 그분을 영화롭게 하는 영혼은 절대로 멸망하지 않습니다. 그러므로 여러분이 지은 죄가 어떤 죄든지, 여러분은 전적으로 마음에 깊은 후회와 양심의 고뇌로 그분 앞에 나아오십시오. 여러분은 이리로 나아와서 여러분이 가진 믿음의 두 손으로 나의 주님을 붙잡으십시오. 그러면 그분은 여러분의 것이 되고, 여러분은 그분의 것이 될 것입니다.

> "여러분이 가진 간절한 눈을
> 그리스도에게 돌려
> 그 피 묻은
> 희생 제물을 바라보세요,
> 그분 안에서
> 여러분의 죄가 용서받은 것을
> 바라보세요.
> 그분 안에서
> 용서와 거룩힘과 천국을
> 바라보세요.
> 만왕의 왕께 영광 돌려드리고,
> 복음이 가져다주는
> 평화를 붙잡으세요."

저는 지금까지 이 강도가 회개한 방법의 특별함과 죽어 가는 우리 주님을 믿은 이 강도의 믿음이 가진 특별함에 대해 보여드렸다고 생각합니다.

3. 그 믿음의 결과가 보여주는 특별함

하나님께서 저를 도와주신다면, 저는 이제 세 번째의 또 다른 특별함, 즉 그의 믿음의 결과가 보여주는 특별함을 여러분에게 보여드리고 싶습니다.

오, 저는 사람들이 다음과 같이 말하는 것을 들었습니다. "당신도 알다시피, 그 죽어 가던 강도는 회개하였습니다. 그런데 그 강도는 세례를 받지도 않았고, 성만찬에 참여하지도 않았고, 교회 예배에 참석하지도 않았습니다!" 그 강도는 이것들 가운데 어느 것도 할 수 없었습니다. 하나님께서는 하나님이 보시기에 우리에게 무리인 것을 요구하지 않으십니다. 그 강도는 십자가에 못 박혀 있었습니다. 그런데 어떻게 그가 세례를 받을 수 있겠습니까? 비록 그가 이 모든 것을 하지는 못했지만, 그는 이보다 훨씬 더 많은 일을 하였습니다. 비록 그가 외적으로 상징적인 의식들을 행할 수는 없었지만, 그래도 그는 그 의식들이 상징하는 바를 가장 분명하게 보여주었습니다. 왜냐하면, 그가 처한 상황에서는 그의 행동들이 그 의식들보다 훨씬 더 나은 것이었기 때문입니다.

이 죽어 가던 강도는 무엇보다도 먼저 주 예수 그리스도를 고백하였습니다. 이것이 바로 세례의 핵심입니다. 그는 그리스도를 고백하였습니다. 그는 십자가에 달린 동료 강도에게 그리스도를 선포하지 않았습니까? 이것은 그가 할 수 있었던 공개적인 신앙 고백이었습니다. 그는 자기 말이 들릴 만한 거리에 있던 십자가 주변의 모든 사람들 앞에서 그리스도를 선포하지 않았습니까? 이것이 바로 그가 처한 상황에서 그에게 가능했던 공개적인 신앙 고백이었습니다. 이 강도는 이처럼 공개적으로 신앙 고백을 했습니다. 그런데 스스로 그리스도인이라 자처하면서도, 지금까지 한 번도 그리스도를 단 한 사람 앞에서도 고백해 보지 않은 소심한 친구들이 있습니다. 그러면서도 그들은 이 불쌍한 강도의 경우를 하나의 변명거리로 삼습니다. 도대체 그들이 십자가에 못 박히기라도 했습니까? 아니면 지금 고통 가운데 죽어 가기라도 합니까? 그들은 그 강도의 상황과는 전혀 다른데도 불구하고, 마치 자신들은 이 강도가 받은 고통을 받지 않아도 되는 예외적인 경우인 것처럼 주장하고 있습니다. 그들의 이러한 행동은 얼마나 정직하지 못한 행태인지 모릅니다!

사실, 우리 주님께서는 은밀한 믿음뿐만 아니라 공개적인 신앙 고백도 요구하십니다. 만약 여러분이 공개적인 고백을 하지 않는다면, 여러분에게는 구원의 약속이 없고, 단지 최후에 주님을 부인할 우려만 있을 뿐입니다. 바울 사도는 이것을 다음과 같이 표현했습니다. "네가 만일 네 입으로 예수를 주로 시인하며 또 하나님께서 그를 죽은 자 가운데서 살리신 것을 네 마음에 믿으면 구원을 받으리라"(롬 10:9. 다른 곳에서는 또 다른 식으로 언급되어 있습니다. "믿고 세례를 받는 사람은 구원을 얻을 것이요"(막 16:16). 이것이 바로 그리스도를 고백하게 하는 그분의 방식입니다. 만약 참된 믿음이 있다면, 그 믿음은 반드시 선포되어야만 합니다. 만약 여러분이 양초라면, 하나님께서는 여러분에게 불을 붙였을 것입니다. 그러면 여러분이 해야 할 일은 다음과 같은 일입니다. "이같이 너희

빛이 사람 앞에 비치게 하여 그들로 너희 착한 행실을 보고 하늘에 계신 너희 아버지께 영광을 돌리게 하라"(마 5:16). 그리스도의 군사들은 위엄 있는 그분의 군사답게 자신들만의 군복을 입어야만 합니다. 만약 그들이 그 군복을 부끄럽게 여긴다면, 그들은 그 군대에서 추방되어야만 합니다. 그들은 그들의 동료들과 줄을 맞춰 행군하기를 거부하는 정직하지 않은 군사들입니다. 주 예수 그리스도께서 우리에게 요구하시는 가장 최소한의 것은 우리가 온 힘을 다해 그분을 고백하는 것입니다. 만약 여러분이 십자가에 못 박혔다면, 저는 여러분에게 세례를 받으라고 권하지 않을 것입니다. 만약 여러분이 나무에 묶여 죽게 되었다면, 저는 여러분에게 이 강단으로 나아와 여러분의 믿음을 고백하라고 청하지도 않을 것입니다. 왜냐하면 여러분은 그렇게 할 수 없기 때문입니다. 여러분은 여러분이 할 수 있는 일에 대해서만 그것을 하도록 요구 받고 있습니다. 다시 말해서 여러분에게 요구되는 것은, 현재 여러분이 처한 상황에 맞게 주 예수 그리스도를 분명하고도 공개적으로 고백하는 것입니다.

많은 그리스도인들이 자신의 확신에 대해 정직하지 않기 때문에 많은 어려움에 처하게 된다고 저는 믿습니다. 예를 들어, 어떤 사람이 일터에 가서, 또는 어떤 군사가 자기 막사에 가서 처음부터 그리스도인이라는 자신의 깃발을 매달지 않는다면, 그가 나중에 그 깃발을 달기는 더 어려울 것입니다. 그러나 만약 그가 즉시 담대하게 다른 사람들이 모두 다 알도록 "나는 그리스도인입니다. 그래서 여러분을 기쁘게 하지 못할 일들을 제가 할 수도 있고, 여러분이 기뻐하지 않는 일이지만, 제가 할 수밖에 없는 일들도 있을 것입니다"라고 말한다면, 이 말이 사람들에게 분명히 이해된 순간부터는, 그 사람을 유별나게 본 편견들이 사라져서, 그를 건드리거나 그가 하는 일에 간섭하는 사람들이 없어질 것입니다. 그러나 만약 그가 약간 비열해서 하나님도 기쁘시게 하고 세상도 기쁘게 하려고 생각한다면, 그는 쓰라린 시간을 보내게 될 것입니다. 그가 그렇게 살도록 내버려 두십시오. 만약 그가 이런 식으로 세상과 타협을 하려고 한다면, 그의 삶은 써레 밑에 있는 두꺼비처럼, 또 개구멍 속에 있는 여우처럼 항상 괴로운 신세가 될 것입니다. 절대로 그렇게 세상과 타협하려고 해서는 안 됩니다. 여러분의 색깔을 분명하게 보여주십시오. 여러분이 누구이고 어떤 사람인지를 알려 주십시오. 비록 여러분이 가는 길이 평탄치 않다 해도, 그것은 마치 토끼만 있을 때는 토끼와 함께 뛰어놀다가도, 사냥개가 있을 때는 그 토끼를 사냥하려고 달려드는 격으로, 하나님과 세상 사이에서 엉거주춤하게 양다리를 걸치는 그 어려운 일에 비하면, 틀림없이 절반도 힘든 일이 아닐 것입니다.

이 강도는 그때 거기서 벗어나서 가능한 한 공개적으로 그리스도에 대한 자신의 믿음을 선포하였습니다.

그가 다음으로 행한 일은 동료 죄인을 책망한 일이었습니다. 그는 그의 동료 죄인이 우리 주님을 공격한 그 상스러운 말에 대해 대답했습니다. 저는 회개하지 않은 그 죄인이 어떤 신성모독적인 말을 했는지 모릅니다. 그러나 회개한 그 죄인은 아주 정직하게 그에게 말했습니다. "우리는 우리가 행한 일에 상당한 보응을 받는 것이니 이에 당연하거니와 이 사람이 행한 것은 옳지 않은 것이 없느니라." 그리스도를 믿는 신자들이 죄를 허용하지 않고 책망해야 하는 것은 오늘날 더욱 절실하게 필요합니다. 그러나 많은 신자들이 그렇게 하고 있지 않습니다. 누군가 잘못된 것을 행하거나 말할 때, 거기에 대해 아무 말도 하지 않고 침묵하면 그 죄에 동조하는 것이라는 사실을 여러분은 알지 못합니까? 물론 여기서 제가 죄를 책망한다는 말은 전적으로 적절한 때에 올바른 정신으로 하는 것을 의미합니다. 만약 여러분이 그렇게 죄를 책망하지 않는다면, 죄 앞에서 침묵하는 여러분은 그 죄에 찬동하는 것이며, 더 나아가 그 죄에 일조하고 그 죄를 교사(敎唆)하는 자가 될 것입니다. 어떤 사람이 도둑질하는 것을 보고서도 "도둑놈아, 그만두어라!"고 소리치지 않는다면, 그 사람은 도둑과 한 패로 여겨질 것입니다. 욕하는 것을 듣거나 불순한 것을 보고서도 그것에 대해 이의를 제기하는 말을 한 마디도 하지 않는 사람은, 자신이 과연 올바른 사람인지 냉정하게 자문(自問)해 보아야 할 것입니다. 만약 우리가 어떤 방식으로든 다른 사람의 죄를 책망하지 않는다면, 우리가 지은 개인별 죄악의 목록 중에는 우리가 직접 짓지 않은 "다른 사람들이 지은 죄악들"이 큰 비중을 차지하게 될 것입니다. 죄악을 책망하는 것, 이것이 바로 우리 주님께서 우리가 행하기를 기대하는 것입니다. 그 죽어 가던 강도는 바로 이 일을 했습니다. 그것도 자신의 온 마음을 다해서 했습니다. 그런데 교회 안에는 그 강도처럼 하지도 못하면서 고개를 빳빳이 들고 다니는 사람들이 얼마나 많이 있는지 모릅니다.

다음으로, 그 죽어가던 강도는 자신의 죄를 남김없이 고백하였습니다. 그는 자기와 함께 십자가에 달린 다른 강도에게 "네가 동일한 정죄를 받고서도 하나님을 두려워하지 아니하느냐 우리는 우리가 행한 일에 상당한 보응을 받는 것이니 이에 당연하거니와"라고 말했습니다. "이에 당연하거니와." 비록 긴 말은 아니지만, 이 말 속에는 얼마나 많은 의미가 들어 있는지 모릅니다. 그는 말했습니다. "너와 나는 우리가 행한 일로 지금 죽어 가고 있다. 우리는 죽어 마땅하다." 자신은 하나님의 진노를 받아 마땅하다고, 즉 자신은 자기가 지은 죄로 인해 그런 고통을 받아 마땅하다고 기꺼이 고백할 때, 그 고백은 그 사람의 진정성을 드러내 주는 증거가 됩니다. 이 강도의 경우에 있어서 그의 회개는 마치 그의 믿음의 눈에 맺힌 거룩한 눈물처럼 반짝였습니다. 그리하여 그의 믿음은 그 참회의 눈물방울로 인해 보석처럼 아름답게 장식되었습니다. 제가 자주 여러분에게 말씀드린 바와 같이, 회개와 쌍둥이로 태어나지 않은 믿음은 의심스러운 믿음입니다. 그러나 이 회개한 고백자의 경우에는 전혀 의심할 여지가 없었습니다. 믿음의 결과로 말미암아, 여러분과 저를 포함한 우리 모두의 마음속에도 이와 같은 철저한 역사가 일어나기를 저는 하나님께 기도하고 있습니다.

다음으로, 이 죽어 가던 강도가 남자답게 자신의 주님을 바르게 옹호하고 있는 모습을 보십시오. 그는 "우리는 우리가 행한 일에 상당한 보응을 받는 것이니 이에 당연하거니와 이 사람이 행한 것은 옳지 않은 것이 없느니라"고 말했습니다. 이것은 아름다운 말이지 않습니까? 그는 "이 사람은 죽을 만한 일을 하지 않았다"라고 말한 것이 아니라, "이 사람이 행한 것은 옳지 않은 것이 없느니라"고 말했습니다. 이 말은 그가 그분께서 완벽하게 순결하시다는 의미로 했던 것입니다. 그는 "그분은 사악한 일은 전혀 행하지 않으셨다"라고도 말하지 않았습니다. 도리어 그분은 지혜롭지 않은 일이나 무분별한 일은 전혀 행하지 않았다고 주장했습니다. 그 주장을 그는 "이 사람이 행한 것은 옳지 않은 것이 없느니라"는 말로 표현했습니다. 이것은 한 죽어 가던 사람이 그분을 향해 증언한 영광스러운 증거입니다. 사실, 그분은 그의 원수들이 허위로 고발하여, 범죄자들 가운데 한 사람으로 계수(計數)되어 사형에 처해지게 된 분이셨습니다. 사랑하는 성도 여러분, 여러분과 저도 이 강도가 행한 것처럼, 우리 주님에 대해 훌륭한 증언을 할 수 있었으면 하고 기도할 뿐입니다. 이 강도는 모든 면에서 우리보다 나았습니다. 우리는 그의 회개가 인생에서 늦은 회개였다고 꼭 그렇게 생각할 필요가 없습니다. 그 강도가 주님을 위해 했던 증언이야말로 가장 필요할 순간에 행해진 그 얼마나 복된 증언인지를 우리는 더 깊이 생각해 볼 필요가 있습니다. 다른 모든 사람들이 입 다물고 침묵하고 있을 때, 고난 중에 있던 한 회개한 자는 다음과 같이 분명하게 말했습니다. "이 사람이 행한 것은 옳지 않은 것이 없느니라."

그리고 이 사람이 가진 믿음의 또 다른 흔적도 보십시오. 그는 기도하였습니다. 그의 기도는 예수님께 드려진 기도였습니다. "예수여 당신의 나라에 임하실 때에 나를 기억하소서." 참된 믿음은 항상 기도하는 믿음입니다. "보라, 그가 기도는 중이니라"(행 9:11)는 말씀대로 기도는 새로운 중생을 했다는 가장 확실한 증거들 중 하나입니다. 오, 사랑하는 성도 여러분, 풍성한 기도를 하는 우리가 됩시다. 그래서 예수 그리스도를 믿는 우리의 믿음이 바람직한 믿음이라는 것을 드러내 보여줍시다! 이 회개한 강도는 자기 입을 크게 열어 기도했습니다. 그는 장차 올 하나님 나라에 대해서 큰 확신을 가지고 기도했습니다. 그는 다른 모든 것들을 뒤로 한 채, 제일 먼저 하나님 나라를 간구하였습니다. 그는 생명을 구할 수도 있었고, 고통에서 해방시켜 달라고 구할 수도 있었습니다. 그러나 그는 하나님의 나라를 더 좋아했습니다. 이것이 바로 은혜 받은 자의 최고의 징표입니다.

그는 이렇게 기도했을 뿐만 아니라, 예수님을 찬양하고 경배했습니다. 그는 "예수여 당신의 나라에 임하실 때에 나를 기억하소서"라고 말했습니다. 이 간구는 그가 다음과 같은 심정에서 말한 것처럼 보입니다. "오직 그리스도께서 나를 생각해 주신다면, 그것으로 충분하다. 그분이 나를 기억해 주시기만 한다면, 그분께서 마음으로 생각만 해주셔도 장차 임할 세상에서 내가 필요로 하는 모든 것이 완전히 충족될 것이다." 이런 생각은 그리스도에게 신성을 돌리는 것입니다. 만약 어떤 사람이 자신의 모든 것을 자신이 존경하는 상대방만이 기억해 주기를 바라고, 그의 기억에만 전적으로 의존한다면, 그는 상대방을 아주 지극히 높게 존중하고 있는 것이 틀림없습니다. 이 강도가 간구하고 갈망한 모든 것이 주 예수님께서 자신을 기억해 주시는 것이라면, 그는 주님에게 큰 영광을 돌려드린 것입니다. 그의 기도에는 그룹과 스랍들의 영원한 할렐루야 찬송에 비길 만한 경배가 있었다고 저는 생각합니다. 그 기도에는 주님을 영광스럽게 하는 것이 들어 있었으며, 그것은 주님의 보좌를 둘러 서 있는 천사들이 부르는 무한한 교향곡마저 능가하는 그런 것이었습니다. 강도여, 네가 잘 하였도다!

오, 회개하는 영혼이라면 누구나 이렇게 믿고, 이렇게 고백하고, 이렇게 자신의 주님을 옹호하고, 이렇게 찬양하고, 이렇게 경배하기를 기원합니다. 그렇게 될 때, 그 회개한 자의 나이는 생각해 볼 수 있는 여러 결과들 가운데서 가장 중요하지 않은 문제가 될 것입니다.

4. 그 믿음으로 얻은 약속

이제, 마지막 말씀을 드려야 할 것 같습니다. 우리 주님께서는 그분이 임할 세상에 관해 그 강도에게 말씀해 주셨습니다. 그런데 그 말씀에는 그 죽어 가던 강도에 관한 아주 특별한 것이 들어 있었습니다. 그분께서는 그에게 "오늘 네가 나와 함께 낙원에 있으리라"(눅 23:43)고 말씀하셨습니다. 그 강도는 주님에게 단지 자신을 기억해 달라고만 간청하였습니다. 그런데 그는 이처럼 놀라운 대답을 얻었던 것입니다. "오늘 네가 나와 함께 낙원에 있으리라."

저는 어떤 면에서는 이 죽어 가던 강도가 부럽습니다. 왜냐하면 주님께서는 저의 죄를 용서해 주셨고, 이 자리에 있는 여러분 대다수의 죄도 용서해 주셨지만, 그분께서 우리의 죄를 용서해 주신 바로 그 날에 우리가 낙원에서 머무를 어떤 한 곳을 주지는 않으셨기 때문입니다. 우리는 아직까지도 우리에게 약속되어 있는 안식에 들어가지 못했습니다. 그렇습니다. 우리는 지금도 이곳에서 그때를 기다리고 있는 중입니다. 여러분 가운데 어떤 이들은 아주 오랫동안 그때를 기다려왔습니다. 우리 가운데는 삼십 년을 기다려 온 이들도 있습니다. 또 다른 이들은 주님께서 자신의 죄를 하나도 남김없이 제하여 버린 지 사십 년, 오십 년이 다 되어 가는 데도, 아직도 그분과 함께 낙원에 있지 못합니다. 우리 교회에는 귀한 성도가 한 명이 있습니다. 제가 알기로 그 성도는 주님을 안지 칠십오 년이나 되었습니다. 이미 오래 전에 그녀의 나이는 구십 세를 넘겼지만, 여전히 그녀는 우리와 함께 있습니다. 주님께서는 그 성도가 회개한 바로 그 날에 그녀를 낙원으로 받아들여 주지 않으셨습니다. 그분은 우리 가운데 어느 누구도 하루 만에 자연에서 은혜로, 은혜에서 영광으로 데리고 가지 않으십니다. 우리는 꽤 오랫동안 기다려야만 합니다. 우리는 이 광야에서 해야 할 일들이 있습니다. 그래서 우리는 하늘나라의 정원에 아직 들어가지 못하는 것입니다.

저는 백스터(Mr. Baxter, 1615-1691, 영국 청교도 지도자 — 역주)가 한 말을 기억합니다. 백스터는 서둘러서 하늘나라에 가지 않을 것이라고 말했습니다. 어떤 한 친구가 그리스도의 영광(the Glory of Christ, 존 오웬의 저작들 중 가장 마지막으로 쓰인 책이다 — 역주)에 관해 책을 쓰고 있는 존 오웬 박사(Dr. John Owen, 1616-1683, 영국 청교도 지도자 — 역주)를 방문해서는, 그에게 하늘나라에 가는 것에 대해 어떻게 생각하는지를 물었습니다. 그러자 그 위대한 신학자는 "나는 지금 하늘나라로 가고 있는 중이오"라고 말했습니다. 그러자 그 친구는 "도대체 무슨 말씀이오? 나는 방금 경건한 백스터와 대화를 나누고 오는 중이오. 그는 이 땅이 더 좋다고 말했소. 왜냐하면, 그가 생각하기에는 자기가 이 땅에 있는 것이 더욱 유익할 것 같기 때문이라오"라고 말하자, 오웬은 "오! 내 형제 백스터는 항상 실제적인 경건으로 충만한 사람이구려. 모든 일에 있어서 말이오. 그러나 이 모든 것에도 불구하고, 나는 죽어야 할 이 운명의 상태로 더 이상 머물고 싶다고는 말할 수 없을 것 같소. 나는 차라리 떠나기를 더 바란다오"라고 말했습니다.

제가 보기에 이 두 사람은 모두 사도 바울의 경지에 절반은 도달한 것처럼 보입니다. 사도 바울의 바람은 떠나는 것과 머무르는 것 사이에서, 반반이었습니다. 왜냐하면 그는 떠나기를 원했지만, 자신이 있는 것이 사람들에게 필요하였기에 더 머무르고자 하였습니다("그러나 만일 육신으로 사는 이것이 내 일의 열매일진대 무엇을 택해야 할는지 나는 알지 못하노라. 내가 그 둘 사이에 끼었으니 차라리 세상을 떠나서 그리스도와 함께 있는 것이 훨씬 더 좋은 일이라. 그렇게 하고 싶으나, 내가 육신으로 있는 것이 너희를 위하여 더 유익하리라"[빌 1:22-24] 참조 ─ 역주) 우리도 이 두 가지 바람을 함께 가지고 있어야 합니다. 우리는 사도 바울과 마찬가지로, 이 땅을 떠나서 그리스도와 함께 하고자 하는 강한 바람과 함께, 우리가 우리 주님과 그분의 교회를 섬길 수만 있다면, 기꺼이 여기서 기다리고자 하는 마음도 함께 가져야만 합니다. 그럼에도 여전히 저는 회개한 자가 누릴 수 있는 것 중에 가장 좋은 것을 그 강도가 얻었다고 생각합니다. 즉, 그 강도는 자신이 회개한 그 날 밤에 하나님 나라에 들어갔기 때문입니다. 이 강도는 아침 식사는 마귀와 함께 먹고, 점심 식사는 이 땅에서 그리스도와 함께 먹고, 저녁 식사는 낙원에서 그분과 함께 먹었습니다. 이것은 시간적으로 보면 짧은 시간에 일어난 사역이지만, 매우 복된 사역이었습니다. 그 짧은 시간으로 인하여 얼마나 많은 수고들을 피할 수 있었는지 모릅니다! 그 얼마나 많은 세상의 유혹을 모면할 수 있었는지 모릅니다! 또한 얼마나 많은 세상의 악에서 벗어날 수 있었는지 모릅니다! 그는 방금 태어나 들판에 떨어진 한 마리의 어린 양과 같았는데, 곧장 목자의 품에 안기게 되었던 것입니다. 주님께서 그에게 한 이런 말씀을 다른 사람에게도 하신 경우가 있는지 잘 기억이 나지 않습니다. 회개한 영혼이 즉시 본향으로 가는 그런 일이 일어날 수도 있다고 저는 감히 말해 봅니다. 그러나 지금까지 저는 이 강도의 경우처럼, 그리스도로부터 그런 확실한 보증을 받은 사람에 대해서는 들어보지 못했습니다. "내가 진실로 네게 이르노니"(눅 23:43)라는 말씀은 주님의 개인적인 보증이었습니다. "내가 진실로 네게 이르노니 오늘 네가 나와 함께 낙원에 있으리라." 죽어 가던 강도여, 당신은 "그리스도와 함께 있는 것이 훨씬 더 좋은 일이라"(빌 1:23)고 하신 말씀대로, 그분과 곧 함께 있게 되는 매우 많은 은혜를 입은 자로다!

　　그러면 왜 우리 주님께서는 우리 모두를 즉시 낙원으로 데리고 가지 않는 것일까요? 그것은 우리가 이 땅에서 해야 할 어떤 일들이 있기 때문입니다. 사랑하는 성도 여러분, 여러분은 지금 그 일들을 하고 있습니까? 여러분은 지금 그 일을 하고 있습니까? 어떤 선한 사람들은 지금도 여전히 이 땅에 있습니다. 도대체 왜 그렇습니까? 도대체 그 이유가 무엇입니까? 그들에게 이 땅은 무슨 유익이 있는 것입니까? 저는 그 이유를 분명히 알 수 없습니다. 만약 그들이 참으로 주님의 백성이라면, 그들은 이 땅에 무엇을 위해 있는 것입니까? 그들은 아침에 일어나서 아침 식사를 합니다. 그리고 때가 되면, 점심 식사를 하고, 또한 저녁 식사를 합니다. 그리고 나서는 잠자리에 누워 잠을 잡니다. 또한 때가 되면, 그 다음 날 아침에도 일어나서, 어제 했던 것과 동일한 일을 반복합니다. 이것이 예수님을 위해 살아가는 것입니까? 이것이 사는 것입니까? 그것은 대단한 일이 아닙니다. 이것이 사람 안에 있는 하나님의 생명일 수 있습니까? 오, 그리스도를 따르는 사랑하는 성도 여러분, 여러분으로 하여금 이 땅에서 기다리게 하신 여러분의 주님이 옳다는 것을 드러내 보이십시오! 여러분이 가진 온 힘을 다해 최고로 그분을 섬기는 것 외에 달리 어떻게 여러분은 그분이 옳다는 것을 드러내 보일 수 있겠습니까? 주님께서 여러분이 그렇게 할 수 있도록 도와주실 것입니다! 여러분은 그 죽어 가던 강도만큼이나 그분에게 빚을 지고 있다는 것을 알고나 있습니까! 저는 그 강도보다 더 많은 빚을 지고 있다는 것을 알고 있습니다. 여러분이 소년이었을 때 회개할 수 있었고, 또 여러분이 소녀였을 때, 구세주에게로 인도되었다는 것은 얼마나 큰 자비인지 모릅니다! 젊은 그리스도인들은 주님에게 얼마나 큰 의무의 빚을 지고 있는지 모릅니다! 이 불쌍한 강도도 비록 몇 분 간의 짧은 생애였지만, 주님을 증언하는 시간으로 가득한 삶을 보냈습니다. 그렇다면, 회개한 후에도 수 년의 시간을 받은 여러분과 저는 우리 주님을 위해 선한 봉사를 해야 하지 않겠습니까? 나아오십시오. 혹시라도 여러분이 지금까지 잠들어 있었다면, 지금 깨어나도록 합시다! 우리가 지금까지 거의 죽은 상태로 있었다면, 지금 살아나도록 합시다. 성령 하나님께서 우리에게 어떤 일을 행하시기를 기원합니다. 그리하여 우리가 부지런한 종들이 되어, 포도원에서 일하는 수고로부터 낙원의 즐거움으로 나아가게 되기를 기원합니다! 단번에 십자가에 못 박히신 우리 주님께 영원무궁토록 영광을 돌려드립니다! 아멘.

제

90

장

—

믿음을 갖게 된 강도

—

"이르되 예수여 당신의 나라에 임하실 때에 나를 기억하소
서 하니 예수께서 이르시되 내가 진실로 네게 이르노니 오
늘 네가 나와 함께 낙원에 있으리라 하시니라."
— 눅 23:42-43

　　예전에 저는 죽어 가던 강도에 대한 전체 이야기를 설교한 적이 있습니다(스
펄전은 1886년 1월 31일에 눅 23:40-42을 본문으로 '새 빛 가운데서 죽어 가던 강도'라는 설교를
하였다. 이 설교 바로 앞에 실린 89장 설교이다 — 역주). 저는 오늘 그때 전한 말씀과 동
일한 이야기를 하려는 것이 아닙니다. 오늘은 단 하나의 특별한 관점에서만 그
이야기를 살펴보려고 합니다. 구원받게 된 죽어가던 강도의 이야기는 어떤 곤경
에 처한 자라도 그분에게 나아오는 자는 모두 영접하고자 하시는 그분의 충만한
의지, 즉 그리스도의 구원 능력을 분명하게 보여주는 하나의 사례입니다. 저는
이 은혜로운 행위를 하나의 독자적인 사례로, 즉 삭개오의 구원이나 베드로의
회복이나 박해자였던 사울의 부르심 등의 경우보다 더 특별한 것으로 보지 않습
니다. 어떤 의미에서 볼 때 모든 회개는 각각 다 특별합니다. 두 명의 회개가 정
확하게 똑같을 수는 없습니다. 그럼에도 불구하고 어떤 회개나 그 유형적인 상
징에 있어서는 비슷합니다. 죽어 가던 강도의 회개는 우리의 회개와 다른 점보
다는 같은 점이 더 많습니다. 사실 그 강도의 경우는 평범하지 않은 하나의 사건
이라기보다는 하나의 상징적인 유형으로 볼 수 있습니다. 그래서 저는 오늘 설

교에서 강도의 회개를 이런 식으로 보고자 합니다. 이 설교를 통해 성령님께서 절망해 버릴 것 같은 사람들에게 힘을 주는 말씀을 전해 주시기를 기원합니다.

사랑하는 성도 여러분, 우리 주 예수님께서 이 악한 죄인을 구원해 주신 순간은 그분께서 가장 비천한 위치에 있을 바로 그때였다는 사실을 기억하십시오. 겟세마네 동산에서 그리고 가야바와 헤롯과 빌라도 앞에서 그분의 영광은 썰물처럼 쇠하여져서, 급기야 지금은 가장 낮은 수위에 이르게 되었습니다. 우리 주님의 옷은 벗겨지고, 그분은 십자가에 달려 야비한 군중들에게 조롱을 받으면서 고통 가운데 죽어 가고 있었기 때문입니다. 그때 그분은 "범죄자 중 하나로 헤아림을"(사 53:12) 받았으며, 만물의 찌꺼기 같이(고전 4:13) 되었습니다. 그러나 그분은 이러한 상황 가운데서도 이처럼 은혜를 끼치는 놀라운 일을 수행하셨습니다. 그분의 모든 영광이 공허하게 되고, 십자가에 달려 죽음의 문턱에서 수치를 당하는 구경거리가 되었을 때, 구세주께서 행하신 이 놀라운 일을 보십시오! 이제 그분은 그분의 영광된 자리로 다시 돌아가 빛의 보좌 위에 앉아 계십니다. 이 사실을 생각한다면, 지금 그분께서 그때보다 더 위대한 은혜의 기적을 행하실 수 있다는 것은 매우 확실한 사실입니다! "그러므로 자기를 힘입어 하나님께 나아가는 자들을 온전히 구원하실 수 있으니 이는 그가 항상 살아 계셔서 그들을 위하여 간구하심이라"(히 7:25). 죽어 가던 구세주께서 강도를 구원하셨다면, 살아서 다스리시는 그분께서 지금은 더욱더 많은 일을 하실 수 있다는 것이 제가 말씀드리려는 바입니다. 하늘과 땅의 모든 권세를(마 28:18) 받으신 그분에게, 지금 이 시간 그분이 가지신 은혜의 능력을 넘어서는 그 어떤 것이 있을 수 있겠습니까?

회개한 강도의 구원을 기억할 만한 사건으로 만든 것은, 그 일을 하실 때 우리 주님께서 연약한 상황에 계셨다는 사실에만 있는 것이 아닙니다. 그 죽어 가던 악인도 바로 그 두 눈으로 주님의 연약함을 보았다는 사실에 있습니다. 여러분도 그 강도의 위치에서 고통 가운데 십자가에 달려 있는 그분을 바라보고 있다고 한번 상상해 보십시오. 여러분은 그분이 영광의 주님으로서 곧 하나님 나라에 임하게 될 분이라고 쉽게 믿을 수 있겠습니까? 그런 순간에 예수님을 주님이며 왕으로 믿을 수 있는 믿음은 결코 작은 믿음이 아니었습니다. 신약성경 히브리서 11장의 저자인 사도 바울이 만약 그 현장에서 믿음의 내용을 더하고자 했더라면, 바울은 분명히 십자가에 달려 조롱받고 죽어가던 그리스도를 믿었을 뿐만 아니라, 그분의 나라가 확실히 임할 것으로 믿고 그분에게 부르짖었던 이 강도의 주목할 만한 믿음의 사례를 가지고 분명히 그 믿음장(章)을 시작했을 것입니다. 이 강도의 믿음은 확실히 주목할 만한 것이었습니다. 왜냐하면 그 강도 자신도 큰 고통 속에서 곧 죽게 될 처지였기 때문입니다. 여러분도 극심한 고통 속에서 괴로움을 당하게 된다면, 그 순간에 여러분의 믿음을 발휘한다는 것이 결코 쉬운 일은 아닐 것입니다. 마음의 안식은 때로 육체의 고통으로 인해 크게 방해를 받기도 합니다. 우리가 격심한 고통을 당하고 있을 때는 평상시에 가지고 있다고 생각하던 그 믿음대로 행하기가 결코 쉬운 일이 아닙니다. 그런데 이 강도는 자신이 고통을 받으면서도, 그리고 구세주께서 그렇게 비참한 상태에 있는 것을 보고서도, 영생을 믿었던 것입니다. 좀처럼 보기 드문 그런 믿음이 바로 거기에 있었습니다.

또한 그 강도는 조롱하는 자들에게 둘러싸여 있었다는 사실도 기억하십시오. 물결을 따라서 헤엄치기는 쉽습니다. 하지만 그 흐름을 거슬러 가기란 매우 어려운 일입니다. 이 강도는 제사장들이 교만하게 주님을 조롱하는 소리와 수많은 평범한 사람들이 한마음이 되어 한 목소리로 주님을 조롱하는 소리를 들었습니다. 함께 십자가에 매달린 저편 강도마저도 그런 분위기에 휩쓸려 역시 주님을 조롱하였습니다. 회개한 그 강도도 아마 처음에는 잠시나마 함께 그분을 조롱했을 것입니다. 그러나 하나님의 은혜로 그는 변화되었고, 그 모든 조롱하는 입술들 가운데서 주 예수님을 믿게 되었습니다. 그의 믿음은 주변 사람들에 의해 영향을 받지 않았습니다. 비록 자신은 죽어 가던 강도였지만, 그래도 그는 자신의 믿음을 확신했습니다. 마치 급류 한가운데 우뚝 솟아 있는 바위처럼 그는 다른 사람들이 그리스도를 모독하는 가운데서도 그분의 순결함을 선포하였던 것입니다. 그가 보여준 신앙의 열매는 우리가 본받을 만한 것입니다. 그의 지체 중에서 자기의 혀를 제외하고는 자유로운 지체가 하나도 없었습니다. 그래서 그는 그 혀를 지혜롭게 사용하여 자기 친구인 강도를 책망하고 주님을 옹호하였습니다. 그의 믿음으로 인해 그는 용감하게 증언하였고 담대하게 고백하였습니다. 저는 지금 그 강도를 두둔하거나 그의 믿음을 칭송하려는 것이 아닙니다. 오히려 저는 그 강도에게 믿음을 주시고 그 믿음이라는 수단을 통해 그를 값없이 구원해 주신 그 거룩한 은혜의 영광을 찬양하려는 것입니다. 저는 구세주께서 얼마나 영광스러운 분인지를 여러분에게 보여드리고자 합니다. 그분은 그와 같이 극도로 어려운 순간에도 강도 같은 자들을 구원하시고 그에게 그처럼 위대한 믿음을 주시어 영원한 복락을 받을 수 있도록 완벽하고도 신속하게 준비시킨 그런 분이십니다. 그런 믿음이 결코 생기지 않았을 것 같던 땅과, 그토록 적절해 보이지 않던 기후 속에서도 이와 같은 믿음을 생산하게 했던 그 거룩한 성령님의 능력을 한번 보십시오.

이제 빨리 우리 설교의 중심으로 들어가 보도록 합시다. 첫 번째, 이 땅에서 우리 주님의 마지막 친구였던 그 사람에 대해 주목해 봅시다. 두 번째, 이 사람이 천국 문에서는 우리 주님의 첫 번째 친구였다는 사실을 주목해 봅시다. 세 번째, 우리 주님께서 이 은혜로운 행위로 우리에게 전하고 계신 그 설교에 주목해 봅시다. 오, 성령님께서 이 설교에 모든 복을 내려 주시기를 기원합니다!

1. 이 땅에서 만난 우리 주님의 마지막 친구

첫 번째로, 십자가에 달린 강도는 이 땅에서 우리 주님의 마지막 친구였다는 사실에 대해 주목합시다. 그것도 자세하게 살펴봅시다. 우리 주님께서 이 땅에 계셨을 때 선택했던 친구들은 얼마나 섭섭하기 짝이 없는 친구들이었습니까! 주님은 종교적인 바리새인이나 철학적인 사두개인들과 사귀지 않으셨습니다. 오히려 그분은 "세리와 죄인의 친구"(마 11:19)로 알려졌습니다. 제게는 이 사실이 얼마나 기쁜 소식인지 모르겠습니다! 이 사실로 인해 저는 그분께서 나와의 교제를 결코 거부하지 않으실 것이라는 확신을 얻게 되었습니다. 주 예수님께서 나를 친구로 삼으셨을 때, 그분은 어떤 명성을 얻을 생각으로 우리를 선택한 것이 분명히 아니었습니다. 그분이 여러분을 친구로 삼으셨을 때 그분께서 어떤 명예를 얻었다고 여러분은 생각합니까? 그분은 지금까지 우리에게서 어떤 유익을 얻은 적이 있었습니까? 사랑하는 성도 여러분, 절대 그런 적은 없었습니다. 예수님께서 아주 낮게 자신을 낮추지 않으셨다면, 그분은 나에게 결코 오지 않으셨을 것입니다. 그리고 그분께서 가장 가치 없는 자를 찾지 않으셨다면, 아마도 그분은 여러분에게 다가오지 않으셨을 것입니다. 여러분도 그렇게 느끼고 있습니다. 그래서 여러분은 그분께서 "내가 의인을 부르러 온 것이 아니요 죄인을 불러 회개시키러 왔노라"(눅 5:32)고 하신 말씀에 감사하고 있습니다. 우리 주님께서는 위대한 의사로서 병든 자와 아주 긴밀히 함께 하셨습니다. 그분은 자신이 가진 치유의 능력이 발휘될 만한 그런 사람들에게 다가가셨습니다. 건강한 자에게는 의사가 쓸 데 없습니다(마 9:12). 이들은 그분에게 감사하지도 않으며, 그런 이들에게는 그분의 능력이 발휘되지도 않습니다. 그래서 그분께서는 그런 자들이 머무는 곳에는 자주 가지 않으셨습니다. 그렇습니다. 결국 우리 주님께서 여러분과 저를 구원하셨을 때 그분은 훌륭한 선택을 하신 것입니다. 왜냐하면 그분께서는 우리 안에 그분의 자비와 은혜를 베푸실 만한 충분한 여지가 있다는 것을 발견하셨기 때문입니다. 우리의 궁핍과 죄악으로 인해 끔찍하리 만치 텅 빈 우리의 마음에는 그분의 사랑이 자유롭게 역사할 수 있는 여지가 있었습니다. 그래서 그분은 그 마음 안에서 우리를 위한 위대한 일들을 행하셨습니다. 그 위대한 일들을 우리는 기뻐하고 있습니다.

혹시라도 이 자리에 있는 어떤 이가 "그분은 절대로 나를 보살피지 않으실 것이다"라고 말하면서 절망하지 않도록, 저는 여러분이 다음과 같은 사실에 주목하기를 바랍니다. 즉, 그리스도께서 이 땅에 계실 때 마지막 친구는 죄인이었으며, 그것도 절대로 평범하지 않은 죄인이었다는 사실입니다. 그 죄인은 인간의 법마저 범한 사람이었습니다. 그는 강도(마 27:38)였기 때문입니다. 어떤 사람은 그를 "산적"이라고 부르기도 합니다. 제 생각에도 그 강도는 산적이었을 것으로 추정합니다. 그 당시의 산적들은 도둑질을 하면서 사람을 죽이기도 하였습니다. 그는 아마도 로마 정부에 대항하여 무장한 약탈자였을 것입니다. 약탈할 기회를 얻을 때는 로마 정부에 대항한다는 명분을 내세우기도 하면서 말입니다. 그렇게 활약하다가 그 강도는 마침내 붙잡혀, 로마 재판정에서 유죄 선고를 받았습니다. 대체적으로 그에 대한 재판은 공정하였습니다. 특별히 이 경우에 있어서는 확실히 공정한 재판이었습니다. 왜냐하면 그 스스로도 그의 유죄가 정당하다고 고백했기 때문입니다. 십자가를 믿은 그 악한 죄인은 기결수로서 사형수의 감방에 갇혀 있다가 자기가 저지른 죄의 대가로 그렇게 처형을 당하게 됩니다. 우리 주님께서 이 땅에 계실 때에 마지막으로 교제하신 사람이 바로 중한 죄를 저지른 이 기결수였습니다. 범죄를 저지른 영혼까지도 사랑하시는 그분의 사랑이 얼마나 대단한지요! 인간 중에 가장 비천한 자에게까지 그분은 몸을 구부리셨습니다! 영광의 주님께서는 그 생명이 다하기까지 이렇게 가치 없는 자들에게도 비할 데 없는 은혜로운 말씀을 해주셨습니다. 그분은 그 강도에게 아주 놀라운 말씀을 하셨습니다. 여러분이 성경 전체를 다 훑어봐도 이보다 더 좋은 말씀을 결코 찾을 수 없을 그런 말씀을 하셨습니다. "오늘 네가 나와 함께 낙원에 있으리라." 저는 범법 행위로 유죄 선고를 받은 자들이나, 일반적인 수준의 정직성을 위반한 위법 행위로 책임을 져야 할 자들이 이 교회 안 어딘가에 있다고 생각하지는 않습니다. 그러나 혹시라도 그런 자들이 지금 제 설교를 듣고 있다면, 저는 우리 주 예수 그리스도를 통한 마음의 변화와 용서를 그가 찾을 수 있도록 초대하고자 합니다. 여러분이 어떤 사람이든 여러분은 그분에게로 나아올 수 있습니다. 왜냐하면 이 강도도 그분에게 나아왔기 때문입니다. 극단적인 죄까지 지었던 자로서, 자기의 죄를 인정하며 아무것도 변명하지 않고 어떤 것도 숨기려 하지 않으며, 자기를 공의의 손길에 내어 맡긴 채 죽을 운명에 처해 있었지만, 그래도 예수님을 믿고서 겸손한 기도로 그분과 호흡함으로 바로 그 자리에서 구원을 받게 된 사람이 바로 여기에 하나의 사례로 있습니다. 견본이 그렇다면, 전체도 그러합니다. 예수님께서는 그와 같은 부류의 다른 사람들도 그렇게 구원해 주신다는 것입니다. 이제 저는 아주 분명하게 말씀드리고자 합니다. 저를 오해하는 사람이 하나도 없기를 바랍니다. 여러분 가운데 어느 누구도 그리스도의 무한한 은혜로부터 제외되는 사람은 하나도 없습니다. 여러분이 아무리 큰 죄를 지었다 해도 여러분이 예수님을 믿기만 한다면, 그분께서는 여러분을 구원해 주실 것입니다.

이 강도는 그저 단순한 죄인이 아니었습니다. 그는 새롭게 각성한 죄인이었습니다. 제 생각에 그는 예전에 주 예수님에 관해 진지하게 생각해 본 적이 있었던 것 같지는 않습니다. 다른 복음서 기자에 따르면, 그는 예수님을 조롱하는 일에 친구 강도와 동참했던 것처럼 보입니다. 그가 실제로 상스러운 말을 하지는 않았다고 해도, 그는 그 일에 동조하였습니다. 복음서 기자도 이에 대해 정당하게 말하였습니다. "함께 십자가에 못 박힌 강도들도 이와 같이 욕하더라"(마 27:44). 그런데 지금 그는 갑자기 다음과 같은 확신이 들도록 각성하게 되었습니다. 즉, 자기 옆에서 지금 죽어가고 있는 이 분은 보통 사람과는 무언가 다르다는 확신이 들었던 것입니다. 그는 그분의 머리위에 붙인 죄 패를 읽고서, 거기에 적혀 있는 그 말이 사실이라고 믿었습니다. "이는 유대인의 왕 예수라"(마 27:37). 그는 이 사실을 믿고서, 자신이 새롭게 발견한 이 메시아에게 간청하며 자신을 그분의 손에 맡겼습니다. 지금 제 설교를 듣고 있는 사랑하는 성도 여러분, 여러분은 이 진리를 알고 있습니까? 예수님을 하나님의 그리스도로 알게 된 순간, 그 사람은 즉시 그분을 신뢰하게 되고 구원을 받게 된다는 진리 말입니다. 아주 의심스러운 복음을 전하는 어떤 설교자는 다음과 같이 말했습니다. "오십 년 동안 이나 죄 가운데 살았던 여러분이 예수님의 피로 한순간에 깨끗해질 수 있다고 여러분은 믿고 있습니까?' 그 질문에 대해 제가 대답하겠습니다. "예, 가장 검고 사악한 죄를 지은 영혼이라 해도 예수님의 보혈로 한순간에 희게 될 수 있다고 우리는 믿습니다. 우리는 육칠십 년 동안 지은 죄들이 단 한순간에 완전히 용서받을 수 있으며, 더욱더 악해져만 가던 옛 본성도 한순간에 치명적인 상처를 입을 수 있고, 그 옛 영혼이 상처 입은 그 순간, 그 영혼에 영생이 즉시 심겨질 수 있다고 우리는 믿습니다." 이 강도가 그런 경우였습니다. 그는 생사의 마지막 갈림길에 다다라 있었지만, 갑자기 각성하게 되어, 메시아가 자기 곁에 계신다는 분명한 확신을 하고는 그분을 믿었습니다. 그는 그분을 바라보고 살게 되었습니다.

　사랑하는 성도 여러분, 지금까지 여러분이 여러분의 생애에서 예전에는 한 번도 어떤 종교적인 확신을 가져보지 못했다고 해도, 즉 여러분이 지금까지 전혀 경건하지 않은 삶을 살아왔다고 해도, 지금 하나님의 귀한 아들이 인간들을 죄에서 구원하기 위에 이 땅에 오셨다는 사실을 믿고서 여러분의 죄를 진심으로 회개하고 그분을 믿는다면, 여러분은 즉시 구원받게 될 것입니다. 그렇습니다. 제가 지금 이 말씀을 드리는 중에도, 전능한 구원의 능력을 가지고 하늘로 올라가신 거룩한 그분께서는 여러분의 회개와 믿음을 통해 그 은혜로운 사역을 이루실 수 있습니다.

　저는 이 경우를 아주 분명하게 말씀드리고자 합니다. 즉, 그리스도께서 이 땅에 계실 때 옆에 있던 마지막 친구는 비참한 상태에 있던 죄인이었다고 말입니다. 그가 지은 죄들은 발각이 되었고, 이제는 자기가 저지른 죄에 대한 대가를 치르고 있었습니다. 저는 이런 상태에 있는 많은 사람들을 계속해서 만나고 있습니다. 이들은 평생토록 부정하고, 무절제하고, 경솔한 삶을 살다가 비로소 사나운 폭풍 같은 진노의 불똥들이 자기 육신 위에 떨어지는 것을 느끼기 시작했습니다. 그들은 이 땅 위에 있는 지옥에 살고 있으며, 이것은 영원한 재앙의 전주곡에 불과합니다. 깊은 후회는 독사처럼 그들을 쏘았으며, 그들의 피에 불을 놓았습니다. 그들은 안식할 수 없었으며, 밤낮으로 괴로워하였습니다. "너희 죄가 반드시 너희를 찾아낼 줄 알라"(민 32:23)는 말씀대로 죄는 그들을 찾아내서 사로잡았습니다. 그래서 그들은 유죄 판결 받을 것이라는 예감을 강하게 느꼈습니다. 십자가에 달린 이 강도도 이런 두려운 상황에 있었습니다. 설상가상으로 그는 **극단적인** 상황에 내몰렸습니다. 그는 더 이상 살 수도 없었기 때문입니다. 십자가 처형은 분명히 치명적이었습니다. 조금 있으면 그의 두 다리는 부러지고, 그의 처참한 존재는 끝날 판이었습니다. 그 불쌍한 영혼은 살 수 있는 시간이 너무 짧았으며, 고작해야 정오와 해질 무렵까지의 시간만이 남아 있었습니다. 그러나 이 시간은 전능한 구원의 능력을 가진 구세주에게는 충분히 긴 시간이었습니다. 아무리 짧은 시간이라도 구세주에게는 우리를 구원하기에 충분히 긴 시간이라고 말하게 되면, 안 믿는 사람들이 그리스도에게 나아오는 것을 연기하게 될 것이라고 아주 심하게 걱정하는 사람들이 있습니다. 사악한 자들이 진리에 대해 어떻게 생각하든 저는 전혀 개의치 않습니다. 저는 단지 이 사실을 항상 말할 뿐입니다. 만약 지금 여러분이 죽음의 순간에 있지만 주 예수 그리스도를 믿기만 한다면, 여러분은 구원받게 될 것이라고 말입니다. 혹시라도 지금 여러분이 집으로 돌아가지 못하고 길에서 객사를 한다 해도, 여러분이 지금 주 예수님을 믿는다면, 여러분은 구원받게 될 것입니다. 예수님을 믿는 지금 그 자리에서 여러분은 구원받게 될 것입니다. 여러분이 예수님을 바라보고 믿는다면, 그분은 여러분에게 새로운 마음과 바른 정신을 주실 것입니다. 그리고 여러분이 지은 죄도 도말해 주실 것입니다. 이것이 바로 그리스도께서 주시는 은혜의 영광입니다. 제가 그 영광을 적절한 말로써 찬양할 수 있기를 간절히 바랄 뿐입니다! 그분께서 이 땅에 계시면서 돌아가시기 전에 보여주신 마지막 모습은 기결수인 중죄인과 함께 하신 모습이었습니다. 그분은 그에게 가장 사랑스러운 말씀을 해주셨습니다. 오, 죄인인 여러분이여, 나아오십시오. 그분께서 여러분에게 은혜를 베푸시어 여러분을 맞아주실 것입니다.

그리고 또한 그리스도께서 마지막 순간에 구원해 주신 이 사람은 아무런 선행도 할 수 없는 사람이었습니다. 만약 선행으로 구원을 받는다면, 그는 구원받지 못했을 것입니다. 왜냐하면 그때 그의 손발은 운명적인 나무에 묶여 있었기 때문입니다. 어떤 의로운 행동이나 행위를 할 시간이 그에게는 끝이 났습니다. 그는 한두 마디 선한 말만 할 수 있었습니다. 그게 다였습니다. 그는 전혀 아무 행동도 할 수 없었습니다. 만약 그의 구원이 어떤 유익을 끼치는 실제적인 삶에 달려 있었다면, 분명히 그는 구원받지 못했을 것입니다. 그는 또한 살 수 있는 시간마저도 얼마 남아 있지 않았기 때문에, 자신이 지은 죄에 대해 회개하는 모습도 오래 보여줄 수 없는 죄인이었습니다. 그에게 남은 시간이란 초시계로만 잴 수 있을 정도의 짧은 시간으로 그는 무덤에 들어가기 일보 직전에 있었기 때문에, 그는 몇 달이나 수 년씩 계속되는 극심한 양심의 가책도 경험할 수 없었습니다. 그의 끝은 너무 가까이에 와 있었습니다. 그럼에도 불구하고 구세주께서는 그를 구원할 수 있으셨습니다. 게다가 아주 완벽하게 구원해 주셔서, 해가 지기도 전에 그는 그리스도와 함께 낙원에 있게 되었습니다.

　　너무 암담하지 않은 색으로 제가 색칠해 여러분에게 설명한 이 죄인은 예수님을 믿고 자신의 신앙을 고백한 죄인이었습니다. 이 죄인은 주님을 믿었습니다. 예수님은 한 인간이셨기 때문에 그는 그분을 인간으로 불렀습니다. 그러나 이 죄인은 또한 그분이 주님이심을 알았기 때문에 그분을 주님으로 부르기도 하였습니다. 그래서 그는 "주여, 나를 기억하소서"(눅 23:42, KJV)라고 말했습니다. 주님께서 자기를 생각해 주시기만 한다면, 다시 말해 그분께서 그의 나라에 임하실 때 자기를 기억해 주시기만 한다면, 자기는 그 외에 더 바랄 것이 없다는 확신을 갖고 있었습니다. 슬픈 일입니다. 제 설교를 듣고 있는 사랑하는 성도 여러분, 여러분 가운데 어떤 이들은 주님에 대한 모든 것을 알고 있으면서도, 그분을 믿지 않고 있습니다. 이것이 문제입니다. 믿음이라는 행동을 통해 구원이 주어집니다. 수 년 전에 여러분은 실제로 예수님을 믿을 뻔했습니다. 그러나 지금 여러분의 마음은 예수님을 믿는 그 일에 있어서 과거의 그 어느 때보다도 더 예수님과 멀어져 있습니다. 그러나 강도였던 이 사람은 주저하지 않았습니다. 그는 자신을 위한 유일한 소망을 붙잡았습니다. 우리 주님이 메시아라는 확신을 자기 마음속에 말라빠져 죽은 신념으로만 간직하고 있지 않았습니다. 오히려 그는 그 신념을 믿음과 기도로 승화시켰습니다. "주여, 당신의 나라에 임하실 때에 나를 기억하소서." 오, 그분의 무한한 은혜 가운데서 여러분 가운데 많은 이들이 이 아침에 주님을 믿게 되기를 기원합니다! 여러분은 구원을 받게 될 것입니다. 여러분이 그렇게 되리라 저는 확신합니다. 만약 여러분이 믿었는데도 구원을 받지 못한다면, 저 역시 모든 소망을 포기해야만 할 것입니다. 우리가 한 것은 다음과 같은 행동이 전부입니다. 즉, 우리는 바라보았습니다. 그리고 살게 되었습니다. 이제 우리는 살아 계신 구세주를 바라보고 있기 때문에, 계속해서 살아 있습니다. 오, 이 아침에 여러분은 자신의 죄악을 느끼고, 그분을 믿고 그 믿음을 고백하면서 예수님을 바라보십시오! 그분이 하나님 아버지께서 보여주신 영광의 주님이라는 사실을 여러분이 믿음으로 고백한다면, 여러분은 반드시 구원을 받게 될 것입니다.

자신을 구원한 믿음을 가진 결과 이 불쌍한 강도는 비록 초라하여도 적절한 기도로 영혼의 호흡을 할 수 있었습니다. "주여, 나를 기억하소서"(눅 23:42, KJV)라고 말입니다. 이 기도는 많은 것을 요구하는 것 같지 않습니다. 그러나 그 사람이 이해한 바와 같이, 이 기도에는 간절한 마음으로 바랄 수 있는 모든 것이 다 들어 있습니다. 그는 하나님의 나라를 생각하면서 구세주의 영광에 대해 아주 분명한 생각을 하고 있었습니다. 다시 말해, 그는 주님께서 자신을 생각해 주시기만 한다면, 자신의 상태가 영원히 안전할 것이라고 느꼈던 것입니다. 요셉은 감옥에서 술 맡은 관원장에게 전직을 회복하면, 자신을 기억(remember, 창 40:14)하여 줄 것을 청하였습니다. 그러나 그 관원장은 요셉을 잊었습니다. 우리에게 요셉과 같으신 그분은 지하 굴에서 그분에게 부르짖는 죄인들을 절대로 잊지 않으십니다. 그의 나라에서 그분은 무거운 죄책감에 시달리는 불쌍한 죄인들의 신음소리와 그 울부짖음을 기억하고 계십니다. 이 아침에 여러분은 기도함으로써 주 예수님의 기억 속에 한 자리를 얻어 보지 않겠습니까?

지금까지 저는 강도인 그 사람에 대해 설명해 보고자 했습니다. 제가 최선을 다해 설명했지만, 여기서 이 강도가 과연 누구인지를 여러분에게 보여드리지 않는다면, 제가 한 일은 실패로 끝날 것입니다. 이 강도는 바로 여러분의 모습입니다. 특별히 여러분이 큰 죄를 범한 죄인이었다면, 다시 말해 영원한 것들에 대해 오랫동안 전혀 신경 쓰지 않고 살아온 사람이었다면, 여러분은 그 강도와 다 똑같은 사람입니다. 하지만 그렇게 살아온 여러분도 이 강도가 한 것처럼 할 수 있습니다. 여러분도 예수께서 그리스도이심을(요 20:31) 믿을 수 있으며, 여러분의 영혼을 그분의 손에 의탁할 수 있습니다. 여러분이 이렇게만 한다면, 그분께서는 그 사형판결을 받은 강도를 구원하신 것처럼 틀림없이 여러분도 구원해 주실 것입니다. 예수님께서는 "내게 오는 자는 내가 결코 내쫓지 아니하리라"(요 6:37)는 은혜로운 말씀을 하십니다. 이 말씀은 만약 여러분이 그분에게 나아와 믿기만 한다면, 여러분이 어떤 사람이든 상관 없이, 그분께서는 여러분을 내쫓지 아니하신다는 뜻입니다. 그 어떤 이유나 근거나 상황에 관계 없이 말입니다. 여러분은 이 말씀의 의미를 알고 있습니까? 이 말씀은 여러분에게도 해당된다는 것을 느끼고 있습니까? 여러분이 그분에게 나아온다면, 여러분도 영생을 얻게 될 것입니다.

저만큼 낙담하고 절망한 영혼들과 많은 관계를 가지는 사람도 드물 것입니다. 주님으로부터 내쫓긴 불쌍한 자들이 제게 지속적으로 편지를 보냅니다. 그들이 그러는 이유를 저는 잘 모르겠습니다. 제게는 그들을 위로해 줄 만한 특별한 은사가 없습니다. 그러나 저는 곤궁에 처한 그들을 위로하기 위해 애쓰기를 좋아합니다. 그들도 저의 이런 노력을 아는 것 같습니다. 그 절망한 영혼들이 평안을 찾는 것을 볼 때 저는 얼마나 기쁜지 모르겠습니다! 바로 지난 주에도 저는 몇 번씩이나 이런 기쁨을 맛보았습니다. 여러분 가운데 누구든지 용서를 받지 못해 그 마음이 찢어질 정도로 아파하는 자가 있다면 그가 나의 주님께 나아와 그분을 믿고 안식하게 되기를 저는 얼마나 바라고 있는지 모릅니다! 그분께서 "수고하고 무거운 짐 진 자들아 다 내게로 오라 내가 너희를 쉬게 하리라"(마 11:28)고 말씀하지 않으셨습니까? 그분께 나아와 짐을 내어 맡기십시오. 그러면 여러분도 안식을 얻게 될 것입니다.

2. 천국 문에서 만난 우리 주님의 첫 번째 친구

두 번째로, 이 사람은 낙원의 문에서 우리 주님의 친구로 있었다는 사실에 주목하십시오. 우리 주님께서 십자가에 달린 육체를 떠난 이후에 어디로 가셨는지에 대해서 저는 어떤 추론도 하지 않으려고 합니다. 몇몇 성경 말씀에 따르면 그분은 만물을 충만하게 하려 하시기(엡 4:10) 위해 이 땅의 낮은 곳으로 내려가신 것으로 보입니다. 그런데 그분께서는 아주 신속하게 죽은 자들의 영역을 지나가셨습니다. 그분께서 강도보다 한두 시간 빨리 죽으셨다는 사실을 기억하십시오. 그 시간 동안 영원한 영광의 불길이 지하 세계에서 일어났으며, 그 용서받은 강도가 영원한 세계에 들어오자마자 그 낙원의 문에서 불꽃이 일었습니다. 영광의 왕이 들어오는 바로 그 순간에 진주 문으로 들어온 이 사람은 누구였습니까? 이런 은혜를 입은 구세주의 친구는 누구였습니까? 그는 영광스러운 순교자였습니까? 아니면 신실한 사도였습니까? 아브라함 같은 족장이었습니까? 아니면 다윗 같은 왕이었습니까? 그는 전혀 이런 사람들이 아니었습니다. 보십시오. 그리고 그 주권적인 은혜에 놀라십시오. 영광의 왕과 함께 그 낙원 문에 들어온 사람은 죽음의 문턱에서 구원받은 강도였습니다. 그 강도는 열등한 방법으로 구원받은 것도 아니었고, 그리 대단하지 않은 축복을 받은 것도 아니었습니다. 진실로, 나중 된 자로서 먼저 될 자도(눅 13:30) 있는 것입니다.

여기서 저는 여러분이 우리 주님께서 선택하신 겸손에 주목했으면 합니다. 영광의 주님에게는 친구가 있었습니다. 그룹(cherub)이 가졌던 불 칼마저 비켜갔던 그 친구는 대단한 인물이 아니라, 방금 회개한 악한 죄인이었습니다. 왜 그래야 했을까요? 저는 구세주께서 자신이 하려는 일의 한 사례로서 그 강도와 함께하신 것이라고 생각합니다. 그분은 하늘에 있는 모든 권세들에게 다음과 같이 말씀하시는 듯합니다. "나는 죄인을 내 옆에 데리고 왔다. 이 죄인은 나머지 다른 사람들의 한 견본이다." 여러분은 다음과 같은 꿈을 꾸었다고 하는 사람의 이야기를 들어본 적이 없습니까? 꿈에서 그 사람은 천국 문 밖에 서 있었는데, 그때 영광의 길을 걸어가는 거룩한 무리들이 부르는 아름다운 음악소리가 들렸다고 합니다. 그들은 천국 문으로 들어갔고, 거기에는 큰 기쁨의 소리들이 있었습니다. 그래서 그가 "이 소리들은 모두 무엇입니까?"라고 묻자 그들은 이것이 선지자들과 아름다운 교제를 나누는 소리라고 했습니다. 그는 한숨을 쉬며 다음과 같이 말했습니다. "슬프다! 나는 이들 중에 없구나." 그가 잠시 기다리자, 할렐루야 찬송을 부르며 역시 천국으로 들어가는 빛나는 옷을 입은 또 다른 무리들이 다가왔습니다. 그래서 그가 "이들은 또 누구이며, 어디서 온 자들입니까?"라고 묻자, 그는 "이들도 사도들과 영광스러운 교제를 나누고 있는 자들이다"라는 대답을 들었습니다. 다시 그는 한숨을 쉬며 말했습니다. "슬프다! 나는 이들과 함께 들어갈 수 없구나." 그때 흰옷을 입은 다른 무리들이 손에 종려나무 가지를 들고서 크게 환호성을 지르며 황금성으로 행진하고 있었습니다. 그는 이들이 순교자들로 이뤄진 고귀한 군대라는 것을 알았습니다. 그래서 그는 다시 울면서 말했습니다. "나는 이들과도 함께 들어갈 수 없구나." 마지막으로, 그는 많은 사람들의 목소리를 들었습니다. 허다한 무리들이 나아오는 것을 보았습니다. 그 무리들 가운데서 그는 라합과 막달라 마리아와 다윗과 베드로와 므낫세와 다소의 사울을 알아볼 수 있었습니다. 특별히 그는 예수님의 오른편에서 죽은 강도를 발견했습니다. 다양한 사람들로 구성된 이들 무리는 모두 천국으로 들어갔습니다. 그래서 그는 간절하게 물었습니다. "이들은 누구입니까?" 그러자 그는 "이들은 은혜로 구원받은 죄인의 무리들이다"라는 대답을 들었습니다. 그때서야 그는 크게 기뻐하며 "나는 이들과 함께 들어갈 수 있겠구나"라고 말했습니다. 하지만 그는 이들 무리가 천국에 가까이 올 때는 아무런 환호성도 들리지 않을 것이고, 이들 역시 아무런 찬양도 하지 않고 천국으로 들어올 것이라 생각했습니다. 그런데 그와는 달리 일곱 배나 되는 할렐루야 찬양이 사랑의 주님에게 울려 퍼지는 것 같았습니다. 왜냐하면 죄인들이 회개한 것이 하나님의 사자들 앞에서 기쁨이(눅 15:10) 되었기 때문입니다.

저는 이 자리에 있는 불쌍한 영혼들을 모두 초대하고자 합니다. 그리스도를 섬기고픈 열망도 없고 그분을 위해 고난 받을 열망도 없지만, 그럼에도 불구하고 지금 우리 앞에 천국 문을 열어 놓으신 예수님과 교제하면서, 믿음을 가진 다른 죄인들과 함께 천국에 들어가려는 열망을 가진 모두를 초대하고자 합니다.

우리는 오늘 본문 말씀을 살펴보면서, 주님께서 이 회개한 자를 부르신 그 복된 자리에 대해 충분히 주목하고자 합니다. 예수님께서는 "오늘 네가 나와 함께 낙원에 있으리라"고 말씀하셨습니다. 낙원은 동산을 뜻합니다. 기쁨으로 가득한 동산을 의미합니다. 에덴 동산은 천국의 상징입니다. 우리는 낙원이 천국을 의미한다고 알고 있습니다. 왜냐하면 사도가 낙원에 이끌려(고후 12:4) 간 사람에 대해 말할 때, 그 낙원을 셋째 하늘(고후 12:2)이라고 불렀기 때문입니다. 우리 구세주께서는 이 죽어 가는 강도를 무한한 기쁨의 낙원으로 데리고 가셨습니다. 이곳이 바로 그분께서 자신을 믿는 우리 같은 죄인들 모두를 데리고 가실 곳입니다. 만약 우리가 주님을 믿는다면, 우리도 최후에 그분과 함께 낙원에 있게 될 것입니다.

그 다음 말은 더욱더 좋은 말입니다. 이 죄인이 소개될 그 영광스러운 모임에 대해 주목하십시오. "오늘 네가 나와 함께 낙원에 있으리라." 주님께서 "오늘 네가 나와 함께 … 있으리라"고 말씀하셨다면, 그분께서 우리에게 더 다른 말씀을 추가할 필요가 없으실 것입니다. 왜냐하면 그분께서 계신 곳이 우리에게 천국이기 때문입니다. 그런데도 그분은 "낙원에"라는 말씀을 덧붙이셨습니다. 왜냐하면 그 누구도 그분께서 가시는 곳을 짐작할 수 없을 것이기 때문입니다. 아름답지 못한 영혼을 가진 여러분이여, 이에 대해 생각해 보십시오. 여러분은 전적으로 아름다운 영혼을 가진 분과 영원토록 함께 거하게 될 것입니다. 불쌍하고도 궁핍한 영혼을 가진 여러분이여, 여러분은 그분의 영광과 축복과 온전하심 가운데서 그분과 함께 있게 될 것입니다. 그분께서 계신 곳에서 여러분은 그분의 모습과 같게 될 것입니다. 주님께서는 이 아침에 눈물 흘리는 여러분의 두 눈을 들여다보며 이렇게 말씀하십니다. "불쌍한 죄인이여, 너희는 언젠가 나와 함께 있게 될 것이다." 그 순간 여러분이 다음과 같이 말하는 소리가 제게 들리는 듯합니다. "주여, 이것은 나와 같은 죄인이 받기에는 너무나 큰 축복이나이다." 그분께서 대답하십니다. "나는 영원한 사랑으로 너를 사랑하였다. 그러므로 네가 나 있는 곳에서 나와 함께 있을 때까지, 나는 친절한 사랑으로 너를 이끌 것이다."

오늘 본문 말씀의 강조점은 이 모든 말씀의 신속성에 있습니다. "진실로 네게 이르노니 오늘 네가 나와 함께 낙원에 있으리라." "오늘." 여러분은 몇 세대 동안 연옥에 있거나, 아주 많은 해 동안 림보(limbo. 기독교를 믿을 기회를 얻지 못했던 착한 사람이나 세례 받지 못한 어린 아이들의 영혼이 머무는 곳으로 천국과 지옥의 경계에 있다는 고대 가톨릭의 교리 — 역주)에서 잠을 자지 않을 것입니다. 여러분은 즉시 축복 받을 준비가 되어, 곧장 그 축복을 누리게 될 것입니다. 그 죄인은 지옥문에 아주 가까이 있었습니다. 그러나 주님께서는 전능하신 은혜로 그를 들어올리며 이렇게 말씀하셨습니다. "오늘 네가 나와 함께 낙원에 있으리라." 십자가에서 면류관으로, 골고다의 고난에서 새 예루살렘의 영광으로, 이 얼마나 큰 변화입니까! 그렇게 짧은 시간에 그 거지는 거름더미에서 건져져 왕자들 가운데 앉게 되었습니다. "오늘 네가 나와 함께 낙원에 있으리라." 동일한 사람이 정오에 해가 높이 떠 있을 때는 역겨운 부정을 저지른 죄인이었다가, 해가 질 무렵에는 순결한 흰 옷을 입고서 하나님의 낙원에서 사랑받는 자로 영접 받는 죄인으로 변화되는 것을 여러분은 가늠이나 할 수 있겠습니까? 오, 영광스러운 구세주여, 당신은 얼마나 더 놀라운 일들을 행하실 수 있나이까! 그리고 당신은 그 놀라운 일들을 얼마나 신속히 행하실 수 있나이까!

또한 오늘 본문 말씀 가운데 있는 주님께서 베풀어 주신 은혜의 장엄함에 대해서도 주목해 주십시오. 구세주께서는 그 강도에게 "내가 진실로 네게 이르노니, 오늘 네가 나와 함께 낙원에 있으리라"(눅 23:43)고 말씀하셨습니다. 우리 주님께서는 이 사람을 구원하는 이유를 자신의 뜻이라고 말씀하십니다. "내가 이르노니." 그렇게 말할 권리를 주장할 수 있는 그분께서 그렇게 말씀하십니다. 긍휼히 여길 자를 긍휼히 여기고 불쌍히 여길 자를 불쌍히 여기리라(롬 9:15)고 하신 분이 바로 그분이십니다. 그분은 위엄 있게 "진실로 내가 네게 이르노니"라고 말씀하십니다. 이런 말은 임금의 어투이지 않습니까? 주님은 자신의 말에 능력이 있는 왕이십니다. 그분께서 말씀하신 것에 대해서는 아무도 반박할 수 없습니다. 사망과 음부의 열쇠(계 1:18)를 가지신 그분께서 "내가 네게 이르노니, 오늘 네가 나와 함께 낙원에 있으리라"(눅 23:43)고 말씀하셨습니다. 그분의 말씀이 성취되는 것을 누가 감히 막을 수 있겠습니까?

이 말씀의 확실성에 대해서도 주목해 주십시오. 그분은 "진실로"라고 말씀하셨습니다. 복되신 우리의 주님께서는 십자가 위에서 고통 가운데 머리를 돌려 회개한 그 강도를 바라보시며, 예전의 위엄 있는 어투로 다시 말씀하셨습니다. 그분은 말씀을 전할 때면 항상 "내가 진실로 진실로 너희에게 이르노니"(요 5:24)라는 말씀으로 시작하곤 하셨습니다. 그래서 그분께서는 지금 죽어 가는 이 시간에도 자신이 즐겨 사용하던 어투대로 "진실로"라고 말씀하셨습니다. 우리 주님께서는 맹세를 하지 않으셨습니다. 그분께서 하시는 가장 강력한 확언은 "진실로, 진실로"입니다. 그 회개한 자에게 가장 분명한 보증을 하기 위해서, 그분은 "내가 진실로 네게 이르노니 오늘 네가 나와 함께 낙원에 있으리라"는 말씀을 하셨습니다. 비록 그 강도는 죽어야 하지만, 이제 다시 살아서 주님과 함께 낙원에 있는 강도 자신을 발견하리라는 것을 그분은 이 말씀으로써 절대적으로 논란의 여지가 없게 확증해 주셨습니다.

이렇게 해서 저는 지금까지 우리 주님께서는 자신이 보장해 주신 그 강도와 함께 진주 문으로 들어가셨다는 사실을 여러분에게 보여드렸습니다. 여러분과 저도 때가 되면 그분의 공로로 옷을 입고, 그분의 보혈로 씻음을 받고, 그분의 능력에 의지하여 그 진주 문으로 들어가지 못할 이유가 무엇이 있겠습니까? 조만간 천사들은 여러분과 저에 대해 이렇게 말할 것입니다. "그의 사랑하는 자를 의지하고 거친 들에서 올라오는(아 8:5) 이 사람이 누구인가?" 그 빛나는 존재들은 우리 가운데 몇몇이 올라오는 것을 보고서 놀랄 것입니다. 여러분이 지금까지는 악한 삶을 살았다 해도, 회개만 한다면 천국에 들어가게 될 것입니다. 여러분이 천국에 간다는 생각만 해도 그 황금 거리 곳곳은 대단한 놀라움으로 가득하게 될 것입니다! 초대 교회의 마르쿠스 가이우스 빅토리누스(Marcus Caius Victorinus, 4세기경에 활동한 아프리카 태생의 로마 철학자로서, 아리스토텔레스의 책들을 라틴어로 번역하였다. 아우구스티누스에 따르면 그는 355년경 '고령의 노년기에' 이교도에서 기독교인으로 회개하였다고 한다 — 역주)가 회개를 하였습니다. 하지만 그는 너무나 나이가 많고, 또한 너무 큰 죄인이었기 때문에, 성직자들과 교회마저 그의 회개를 의심하였습니다. 그러나 그는 자신이 거룩한 변화를 체험했다는 분명한 증거를 제시하였습니다. 그러자 큰 환호성이 있었고, 많은 사람들은 "빅토리누스가 그리스도인이 되었다"라고 소리쳤습니다. 오, 여러분 가운데 있는 큰 죄인들도 구원받을 수 있습니다! 그렇게 구원받는 자들로 인해 우리가 얼마나 크게 기뻐하겠습니까! 기뻐하지 못할 이유가 어디 있겠습니까? 그것은 하나님께 영광을 돌려드리는 일이지 않겠습니까? 이렇게 유죄선고를 받은 노상강도가 구원을 받음으로써, 우리 주님의 은혜로우심이 지금까지 빛나게 되었습니다. 여러분의 경우도 이와 같지 않습니까? 여러분 가운데 어떤 이들이 어둠에서 놀랄 만한 빛으로 돌아섰다는 소식을 성도들이 듣는다면, 그들은 "할렐루야! 할렐루야!"를 외치지 않겠습니까? 그렇게 못할 이유가 무엇이겠습니까? 예수님을 믿으십시오. 그러면 그렇게 될 것입니다.

3. 우리 주님의 이 은혜로운 행위가 우리에게 주는 교훈

이제 저는 세 번째 주제이자 가장 실제적인 문제를 말씀드려야 하겠습니다. 즉, 이 모든 것을 통해 주님께서 우리에게 하시는 말씀에 주목하십시오.

마귀도 이 아침에 조금이나마 설교하려고 합니다. 그렇습니다. 사탄도 앞으로 나와서 여러분에게 설교하기를 요청합니다. 그러나 사탄에게 설교하도록 허용할 순 없습니다. 기만하는 자, 너는 곧 물러 가거라! 하지만 사탄은 설교가 끝났을 때, 여러분 가운데 어떤 자들의 마음에 다가가서 다음과 같이 속삭일 것입니다. "네가 맨 마지막으로 구원받을 사람이라는 것을 너도 알고 있다. 그러니 회개하고 믿는 것을 연기하여라. 너는 임종할 때 용서받을 수도 있다." 이런 사탄의 속삭임에 대해 저는 조금도 이상하게 생각하지 않을 것입니다. 사랑하는 성도 여러분, 이러한 부추김으로 여러분을 파멸하도록 하는 자가 누구인지를 여러분도 알고 있습니다. 이 자의 기만적인 가르침을 증오하십시오. 하나님께서 다정하시다 하여, 여러분은 그분에게 배은망덕하지 마십시오. 주님께서 오래 참으신다 하여, 여러분은 그분을 격노케 하지 마십시오. 이러한 여러분의 행동들은 쓸모 없고 배은망덕한 짓이 될 것입니다. 어떤 사람이 무시무시한 시험을 모면했다고 해서, 여러분도 그런 끔찍한 모험을 감행해 보겠다고 나서지 마십시오. 주님께서는 회개하는 모든 자들을 받아주실 것입니다. 그런데 여러분이 회개할 자인지 아닌지를 어떻게 알 수 있겠습니까? 한 강도는 구원받았지만, 다른 강도는 멸망했습니다. 이것이 사실입니다. 한 사람이 구원을 받았기에, 우리는 절망할 수 없습니다. 다른 한 사람은 멸망했기에, 우리는 주제넘게 생각할 수 없습니다. 사랑하는 성도 여러분, 여러분은 하나님의 자비하심으로 인해 계속해서 죄를 짓겠다고 생각할 수도 있습니다. 하지만 저는 여러분 속에 그 정도로 악마적인 성향이 있다고는 믿고 있지 않습니다. 만약 여러분 속에 그런 악마적인 성향이 있다면, 여러분이 저주받는 것은 정당하다고 밖에 말할 수 없을 것입니다. 여러분이 그렇게 된 것은 자업자득(自業自得)인 것입니다.

이제 우리 주님께서 가르쳐 주신 것, 즉 그분의 구원 사역에서 드러나는 그리스도의 영광에 대해 살펴봅시다. 그분은 최후의 순간까지 구원해 주실 채비가 되어 있습니다. 그분은 이제 막 떠나시려고 했고, 그분의 발은 이미 아버지의 집 문턱에 다다라 있었습니다. 이 불쌍한 죄인은 밤늦게, 즉 막판에 그분께 나아왔습니다. 그러자 구세주께서는 미소를 지으시며 늦게 온 이 방랑자와 함께 하지 않는다면 결코 아버지 집에 들어가지 않겠다고 선포하셨습니다. 아버지 집 바로 문 앞에서 그분은 진리를 찾고 있는 이 영혼과 함께 친히 들어갈 것이라고 말씀하신 것입니다. 그가 나아올 시간은 예전에도 많이 있었습니다. 여러분도 알다시피 우리는 쉽게 다음과 같은 밀들을 합니다. "너는 끝까지 기다려야 한다. 나는 지금 막 떠나려던 참이기 때문에, 지금은 너를 돌봐줄 수 없다"고 말입니다. 우리 주님께서는 죽음의 극심한 고통을 겪고 계셨습니다. 하지만 그분은 멸망해 가는 죄인에게 관심을 가지시고, 그가 자신과 함께 천국 문에 들어가도록 허락해 주셨습니다. 예수님께서는 죄인들을 위해 고통스럽게 돌아가셨습니다. 따라서 그분은 죄인들을 쉽게 구원하실 수 있습니다. 예수님은 음부로 내려가는 죄인들을 건져 내기를 좋아하십니다. 여러분이 구원을 받는다면, 여러분은 아주 기뻐하게 될 것입니다. 그러나 그분께서 여러분을 구원하셨을 때, 그분이 갖게 될 기쁨에 티하면 여러분의 기쁨은 그 반도 되지 않을 것입니다. 그분께서 얼마나 자상하신지를 보십시오!

> "그분은 우레를 손에 잡지 않으시고,
>
> 　화난 얼굴도 하지 않으시며,
>
> 　우리 같이 죄지은 영혼들이
>
> 　저 아래 극심한 불길로 빠지도록
>
> 　천국 문의 빗장을 지르지도 않으신다."

그분은 전적으로 온유하게, 그 두 눈에는 눈물을 머금고, 그 손으로는 자비를 베풀며, 그 마음에는 사랑을 담고 우리에게 다가오십니다. 큰 죄인들을 위한 크고도 위대한 구세주가 바로 그분이라는 사실을 믿으십시오. 저는 예전에 어떤 사람이 큰 은혜를 받고서 여기저기 돌아다니며 "그분은 크게 용서해 주는 분이시다"라고 말하는 것을 들은 적이 있습니다. 저는 여러분도 그와 같이 말하게 되기를 원합니다. 여러분이 지금 그분을 믿기만 한다면, 여러분이 지은 죄악들이 제거되는 것을 여러분도 발견하게 될 것이며, 여러분의 죄악들은 단번에 용서받을 것입니다.

이 놀라운 이야기에서 그리스도께서 가르치신 두 번째 가르침은 허락 받은 애정에 대한 믿음입니다. 이 강도는 예수님이 그리스도였다는 사실을 믿었습니다. 그리고 나서 그가 한 두 번째 일은 그 그리스도를 자신의 것으로 삼은 것이었습니다. 그는 "주여, 나를 기억하소서"(눅 23:42, KJV)라고 말했습니다. 예수님은 "내가 너와 무슨 상관이 있으며, 너는 또한 나와 무슨 상관이 있느냐? 강도가 완전한 자와 무슨 상관이 있느냐?"라고 말씀하실 수도 있었습니다. 자신이 선하다고 생각하는 대다수의 여러분은, 잘못을 범하고 타락한 자들로부터는 가능하면 멀리 떨어져 있으려고 합니다. 이들로부터 여러분의 순결함이 훼손되지 않을까 하는 생각 때문입니다! 사회도 법을 어긴 범죄자들과 함께 우리가 어울리지 않기를 요구하고 있습니다. 우리도 그런 자들과 사귀는 것을 남들에게 보여줘서는 안 됩니다. 왜냐하면 이런 행동으로 우리의 신용이 떨어질지도 모르기 때문입니다. 이 무슨 말도 안 되는 짓거리입니까! 본성적으로나 실제적으로나 우리 같은 죄인들의 신용을 떨어지게 할 것이 도대체 뭐가 더 있겠습니까? 하나님 앞에서 우리가 어떤 자들인지를 안다면, 우리 안에 있는 것이나 우리에게서 나오는 것이나 모두 충분히 비천할 뿐이지 않겠습니까? 우리 자신을 신실한 말씀의 거울에 비추어 본다면, 도대체 이 세상에서 우리보다 더 악한 사람이 있기나 하겠습니까? 누구든 예수께서 그리스도이심을(요 20:31) 믿는다면, 그는 지금 당장 갈고리로 자신을 그분에게 매달아야 합니다. 예수님이 구세주라는 사실을 여러분이 믿는 그 순간, 여러분은 그분을 여러분의 구세주로 확 붙잡으십시오. 제 기억이 옳다면, 아우구스티누스(Augustine)는 이 사람을 "칭찬받을 만하고 놀라운 강도"(Latro laudabilis et mirabilis)라고 불렀습니다. 왜냐하면 그 강도는 감히 구세주를 자신의 것으로 붙잡은 사람이라고 말할 수 있기 때문입니다. 이 점에 있어서 그 강도는 본받을 만한 사람입니다. 주님을 여러분의 것으로 취하십시오. 그러면 여러분은 그분을 소유하게 될 것입니다. 예수님은 담대하게 그분을 붙잡는 모든 죄인들에게 공동의 자산입니다. 그렇게 하려는 의지를 가진 모든 죄인들은 주님을 자기 곁에 모실 수 있을 것입니다. 그분은 죄인을 구원하기 위해 이 땅에 오셨습니다. 마치 강도들이 사람들을 약탈하듯이, 그렇게 힘껏 그분을 붙잡으십시오. 왜냐하면 천국은 담대한 믿음의 폭력으로 차지하는(마 11:12) 것이기 때문입니다. 그분을 취하십시오. 그러면 그분은 결코 여러분 곁을 떠나지 않을 것입니다. 여러분이 그분을 믿는다면, 그분은 틀림없이 여러분을 구원해 주실 것입니다.

다음으로, 그 믿음의 즉각적인 능력에 대한 가르침에 주목하십시오.

> "십자가에 못 박히신 그 하나님을
> 죄인이 믿고 의지하는 순간,
> 그는 그분의 용서를 즉시 받고,
> ㄱ 보혈을 통해 완전한 구원을 얻네."

"오늘 네가 나와 함께 낙원에 있으리라"는 말씀을 그 강도가 믿자마자, 그리스도께서는 그에게 자기와 함께 그의 영광 중에 영원히 함께 있게 될 것이라는 전적인 확신에 인(印)을 쳐 주셨습니다. 오, 사랑하는 성도 여러분, 여러분이 만약 이 아침에 그분을 믿는다면, 여러분은 이 아침에 구원을 받게 될 것입니다! 하나님의 은혜의 풍성함을 따라(엡 1:7) 여러분이 바로 여기 이 자리에서 즉시 구원받게 되기를 기원합니다.

다음으로 살펴볼 것은 영원한 것들이 가까이 있다는 사실입니다. 이에 대해 잠시 생각해 보겠습니다. 천국과 지옥은 멀리 떨어져 있는 곳이 아닙니다. 여러분은 똑딱거리는 시계 초침이 다시 들리기 전에 천국에 있을 수도 있습니다. 그처럼 천국은 아주 가까이에 있습니다. 보이지 않는 것으로부터 우리를 갈라놓은 그 장막을 우리가 찢을 수 있을 정도입니다! 천국은 바로 거기 아주 가까이에 있습니다. 주님께서는 "오늘"이라고 말씀하셨습니다. 이 말씀은 아주 길어야 서너 시간 안에 "네가 나와 함께 낙원에 있으리라"는 말입니다. 천국은 이처럼 가까운 곳에 있습니다. 어떤 정치가는 "측량할 수 있는 거리 안"의 상태라는 표현을 사용하기도 합니다(within measurable distance, 스펄전과도 친분이 있으며, 영국의 총리를 역임한 자유당 정치가인 글래드스턴[W.E.Gladstone, 1809-1898]이 '아일랜드 자치 정책'을 제시하자, 신문에서는 그를 비판하며, 글래드스턴의 '아일랜드 자치 정책'은 '계속되는 동요의 지지대'가 될 것이며, '우리에게 측량할 수 있는 거리 안에 아일랜드의 내전을 가져오게' 할 것이라고 기사를 썼다[The Times, 1886년 5월 8일자 기사] – 역주). 우리 모두는 천국이나 지옥으로부터 측량할 수 있는 거리 안에 있습니다. 만약 그 거리를 측량하는데 어떤 어려움이 있다면, 그것은 그 거리가 너무 멀기 때문이 아니라, 너무 가깝기 때문에 생기는 것입니다.

> "한 번 고요히 탄식하자,
> 족쇄는 부서지네.
> '그분께서 돌아가셨다'고
> 우리는 차마 말할 수 없네.
> 그 구속받은 영혼이 그 보좌 곁에서
> 살 집을 얻기 전까지는."

오, 영원한 것들이 멀리 떨어져 있는 것처럼 보인다고 해서 이러한 것들을 사소하게 여기는 대신, 우리는 이것들을 엄숙하게 인식해야 합니다. 왜냐하면 이 영원한 것들은 아주 가까이에 있기 때문입니다! 바로 이 날 해가 지기 전에, 지금 이 곳에 앉아서 제 설교를 듣는 여러분 중에도 자신의 영으로 천국이나 지옥의 실재를 볼 사람이 있을 수 있습니다. 이 많은 회중 가운데 어떤 이들은 다음 안식일이 돌아오기 전에 죽게 되는 일들이 지금까지 자주 있었습니다. 아마 이번 주에도 일어날 것입니다. 이 점을 생각하고서, 영원한 것들이 여러분에게 더욱 강하게 영향을 끼쳤으면 좋겠습니다. 왜냐하면 이 영원한 것들은 너무나 가까이 있기 때문입니다.

더 나아가, 여러분이 예수님을 믿는다면, 여러분은 천국을 위해 준비되고 있다는 사실도 알고 계십시오. 여러분은 앞으로 이십 년이나 삼십 년이나 혹은 사십 년 동안 이 땅에 살면서 그리스도를 영화롭게 해야 할지도 모릅니다. 만약 그렇다면, 여러분은 그런 특권을 받은 것에 대해 감사하십시오. 그러나 여러분이 앞으로 한 시간밖에 더 살지 못한다고 해도, 여러분의 그런 갑작스러운 죽음으로 인해 하나님의 아들을 믿는 자가 천국에 합당한 자라는 그 사실은 변경되지 않을 것입니다. 우리가 낙원에 들어가기에 합당한 자가 되는 것에 믿음 이외의 어떤 것이 더 필요하다면, 그 강도도 이 땅에 좀 더 머물러야 했을 것입니다. 그러나 그럴 필요가 없었습니다. 그 강도는 아침에는 본래의 상태에 있다가, 정오에는 은혜의 상태에 들어가서, 저녁 해질 무렵에는 영광의 상태에 있었습니다. 임종을 맞는 침상에서의 회개라 해도 그 회개가 진실하기만 하다면, 그 회개가 과연 받아들여질 것인가 하는 것은 전혀 문제가 되지 않습니다. 문제는 그 회개가 과연 진실한 회개인가 하는데 있습니다. 그 회개가 진실하다면, 다시 말해 어떤 사람이 생애 처음으로 신앙의 행위를 하고 나서 그 후 오 분만에 죽는다 해도, 그 사람은 마치 주님을 오십 년 동안 섬긴 것만큼이나 안심할 수 있습니다. 여러분의 믿음이 참되다면, 비록 여러분이 그리스도를 믿는 바로 그 순간에 죽는다 해도, 여러분은 낙원에 들어가도록 허락받을 것입니다. 선행을 행하고 다른 은혜의 증거들을 보여줄 시간이 여러분에게 없었다 해도 말입니다. 마음을 읽는 그분께서는 육신의 마음판에 새겨진 여러분의 믿음을 읽으실 것입니다. 그래서 비록 인간의 눈으로는 은혜로운 행동을 찾아볼 수 없다 해도, 그분께서는 예수 그리스도를 통해 여러분을 받아주실 것입니다.

이 강도의 경우가 예외적인 경우가 아니라는 사실을 다시 언급하면서 저는 말씀을 마치고자 합니다. 저는 이 말씀으로 설교를 시작했고, 또 이 말씀으로 설교를 마치기를 원합니다. 왜냐하면 값없는 은혜를 실제로 온전히 전하기를 끔찍이 두려워하는 많은 설교자들이 있기 때문입니다. 이들은 복음을 반의 반도 모르는 자들입니다. 제가 어디에서인가 읽은 내용인데, 어떤 목회자들은 복음을 전할 때 당나귀가 엉겅퀴를 먹듯, 다시 말해 아주 조심스럽게 복음을 전한다고 합니다. 저는 이것이 사실이라고 생각합니다. 그런데 저는 이와 반대로 복음을 담대하게 전하고자 합니다. 저는 이 문제에 있어서는 조금도 개의치 않습니다. 혹시라도 여러분 가운데 누가 이 값없는 복음의 가르침을 악용하려고 한다면, 이에 대해서 저는 어쩔 도리가 없는 것 같습니다. 저주 받을 사람은 복음을 어떤 식으로든 왜곡해서 멸망할 수밖에 없을 것입니다. 비열한 사람들이 고안해 내는 것들에 대해서도 저는 어떻게 할 방법이 없는 것 같습니다. 단지 제가 할 일은 복음을 그 충만한 은혜(요 1:14) 가운데서 전하는 것입니다. 저는 그렇게 할 것입니다. 이 강도의 경우가 예외적인 경우라면, 다시 말해 우리 주님께서 항상 이런 방식으로 행하시는 것이 아니라면, 이렇게 중요한 사안에 대해서는 분명히 어떤 암시가 있었을 것입니다. 즉, 모든 규칙에서 벗어나는 이런 예외적인 상황에 대해 어떤 방지책이 제시되어야만 했을 것입니다. 말하자면, 구세주께서는 그 죽어 가는 강도에게 "너는 내가 이런 식으로 대우하고자 하는 유일한 사람이다"라고 귓속말로 조용히 말씀해야 하지 않았을까요? 그리고 저도 어떤 사람에게 특별한 호의를 베풀게 된다면, 그때마다 저는 "이것을 다른 사람들에게는 말하지 마십시오. 이 사실이 알려지면 저는 많은 곤란한 일을 겪게 될 것입니다"라고 말해야만 할 것입니다. 만약 구세주께서 이 경우를 하나의 특별한 경우로 생각하셨다면, 그분은 그 강도에게 "이 일을 아무도 알게 해서는 안 된다. 오늘 네가 나와 함께 낙원에 있으리라"고 나지막이 말했어야 합니다. 그런데 우리 주님께서는 그것을 드러내 놓고 말씀하셨습니다. 그분 주위에 있던 사람들이 그분께서 하신 모든 말씀을 들었습니다. 더구나 펜을 든 영감 받은 성경 저자들은 그 내용을 기록하기까지 하였습니다. 만약 그 일이 예외적인 경우였다면, 그것은 하나님의 말씀 안에 기록되지 못했을 것입니다. 어떤 신문의 기사를 쓴 기자가 보기에, 그 기사로 인해서 독자들이 기대해서는 안 될 것을 기대하게 될지도 모른다는 생각이 든다면, 기자는 그런 기사를 신문에 싣지 않을 것입니다. 구세주께서는 이 은혜의 이적을 복음이라는 일간지에 기록하도록 했습니다. 왜냐하면 그분께서는 그 이적이 매일 반복될 것을 염두에 두셨기 때문입니다. 전체는 견본과 동등한 법입니다. 그러므로 그분은 그 견본을 여러분 모두 앞에 제시하셨던 것입니다. 그분은 극도로 구원하기 힘든 자들이라도 구원하실 수 있습니다. 왜냐하면 그분은 죽어 가는 강도까지도 구원해 주셨기 때문입니다. 그분께서는 성취할 수 없는 그런 소망들을 부추기기 위해 복음서에 이 경우가 기록되게 하신 것이 아닙니다. 무엇이든지 전에 기록된 바는 우리의 교훈을 위하여 기록된 것이지(롬 15:4), 우리에게 실망을 주기 위해 기록된 것이 아닙니다. 그러므로 저는 여러분을 위해 기도합니다. 여러분 가운데 아직까지 주 예수님을 믿지 않는 사람이 있다면 누구든지 지금 나아와서 그분을 믿으십시오. 그분을 완전히 믿으십시오. 그분만을 믿으십시오. 그분을 즉시 믿으십시오. 그러면 여러분은 저와 함께 다음과 같은 찬양을 하게 될 것입니다.

"그 죽어가던 강도는 그 날에

기쁜 마음으로 그 샘을 보았다.
그 강도만큼이나 간악한 나도 거기서
 내 모든 죄를 씻어 깨끗하게 되었다.”

제
91
장

—

십자가에서 외치신
우리 주님의 마지막 부르짖음

—

"예수께서 큰 소리로 불러 이르시되 아버지 내 영혼을 아버
지 손에 부탁하나이다 하고 이 말씀을 하신 후 숨지시니라."
— 눅 23:46

"아버지 내 영혼을 아버지 손에 부탁하나이다"라고 하신 이 말씀은 우리 주 예수님께서 돌아가시며 하신 말씀입니다. 그리스도께서 십자가에서 하신 말씀이 일곱 말씀이었다는 사실을 말씀드리는 것이 여러분에게 유익할 것 같습니다. 그분께서 외치신 부르짖음이나 말씀들을 한 단어씩 제목으로 삼아 각각 말씀드린 후에, 주 예수 그리스도께서 하신 일곱 번째 마지막 말씀에 대해 전하고자 합니다. 저는 여러분이 알아듣기 쉽도록 한 말씀 한 말씀을 자세히 언급하겠습니다. 첫 번째는 사람들이 그분을 십자가에 못 박을 때 하신 것으로, "아버지 저들을 사하여 주옵소서 자기들이 하는 것을 알지 못함이니이다"(눅 23:34)라고 하신 말씀입니다. 누가가 이 말씀을 보존해서 기록하였습니다. 이 후에 하신 두 번째 말씀은 두 강도 중의 하나가 예수님에게 "예수여 당신의 나라에 임하실 때에 나를 기억하소서"(눅 23:42)라고 말했을 때, 그분께서 그 강도에게 "내가 진실로 네게 이르노니 오늘 네가 나와 함께 낙원에 있으리라"(눅 23:43) 하신 말씀입니다. 이 말씀 또한 누가가 조심스럽게 보존하여 기록하였습니다. 계속해서 세 번

째 말씀은 우리 주님께서 극심한 고통 가운데 계실 때, 그분의 어머니께서 찢어지는 마음으로 십자가 옆에 서서 말할 수 없는 사랑과 슬픔으로 아들을 바라보실 때, 그분께서 하신 말씀입니다. 즉, "여자여 보소서 아들이니이다"라고 하시고, 또 그 제자에게 이르시되 "보라 네 어머니라"(요 19:26-27)고 하신 것입니다. 이렇게 말씀하심으로써 그분은 자신이 떠나고 난 이후에 집에 홀로 남게 될 어머니를 위하셨습니다. 이 말씀은 오직 요한이 보존하여 기록하였습니다.

일곱 말씀 중에서 네 번째이자 중심적인 말씀은 "엘리 엘리 라마 사박다니" 하시니 이는 곧 "나의 하나님, 나의 하나님, 어찌하여 나를 버리셨나이까"(마 27:46)라고 번역될 수 있는 말씀입니다. 이 말씀은 그분께서 당하신 슬픔의 절정이자, 그분께서 겪은 모든 고통의 중심점이었습니다. 극심한 고통의 정수를 표현한 말로서, 인간의 입술에서 지금까지 나올 수 있는 말 가운데 가장 끔찍한 말들이 이 네 번째 말씀에서 잘 표현되어 있습니다. 마치 일곱 말씀 중에 가운데 있는 이 핵심적인 말씀을 호위하기 위해서 앞의 세 말씀과 뒤의 세 말씀을 하신 것처럼 말입니다. 이 말씀은 선하신 분이며, 하나님의 아들, 즉 유일한 하나님의 아들이신 그분께서 하나님에게 버림받은 것을 말하고 있습니다. 일곱 말씀 가운데서 중심적인 이 말씀은 마태복음과 마가복음에서는 발견되지만, 누가복음과 요한복음에서는 발견되지 않습니다.

다섯 번째 말씀인 "내가 목마르다"(요 19:28)는 말씀은 요한에 의해 보존되고 기록되었습니다. 이 짧은 말씀은 예수님께서 하신 말씀들 가운데 가장 갈급한 말씀은 아니라 해도, 육신의 측면에서 보자면 아마도 일곱 말씀 가운데서 가장 갈급한 말씀일 것입니다. 요한은 또한 예수 그리스도께서 십자가에서 하신 또 다른 아주 귀한 말씀을 잘 간직하였습니다. 즉, "다 이루었다"(요 19:30)고 하신 기적 같은 말씀입니다. 거의 마지막으로 하신 "다 이루었다"는 이 말씀은 그분의 필생의 사역을 모두 총괄하는 말씀이었습니다. 왜냐하면 그분에게 남겨진 일은 하나도 없었고, 얽힌 채 풀지 않고 내버려 둔 실은 한 올도 없었으며, 마치 그분께서 입고 계신 옷처럼 위에서부터 통으로 짠 것(요 19:23) 같이 구원의 모든 천들이 완벽하게 다 완성되었기 때문입니다. 그분께서는 "다 이루었다"는 말씀을 하신 후에, 최후의 말씀을 하셨습니다. "아버지 내 영혼을 아버지 손에 부탁하나이다." 저는 이 말씀을 이 밤에 전하고자 합니다. 그러나 저는 바로 이 말씀으로 들어가지는 않으려고 합니다.

십자가에서 하신 이 일곱 말씀에 대해서 지금까지 다양한 저자들은 아주 많은 말을 하였습니다. 비록 제가 그들이 기록한 것들을 많이 읽었다고는 해도, 그들이 말한 것에 제가 어떤 것을 추가할 수는 없습니다. 왜냐하면 이들은 이 일곱 말씀에 대해 묵상하는 것을 낙으로 삼았기 때문입니다. 그리고 이 문제에 대해서 가장 오래된 저자들인 로마가톨릭 학파라고 불리는 자들도 우리 주님께서 돌아가시며 하신 말씀을 단어 하나하나까지 열심히 연구했지만 개신교인들과 비교해 그리 뛰어난 성과를 보여주지는 못했습니다. 그래도 그들은 현대 비평가들이 아주 냉정하게 생각해 낸 것들보다는 좀 더 풍성하고 보기 드문 새로운 의미들을 생각해 내기도 하였습니다. 현대 비평가들은 대체로 두더지의 눈을 갖게 되는 큰 축복을 받은 것 같습니다. 그래서 그들은 정작 봐야 할 것이 아무것도 없는 곳에서는 볼 수 있고, 봐야 할 가치가 있는 것은 전혀 보지 못하는 능력을 가지고 있습니다. 현대 비평학은 현대 신학과 마찬가지로 에덴 동산에 가서도 꽃을 보지 못할 것입니다. 이런 학문은 볕에 태워 말라 죽게 하는 강한 열풍과도 같습니다. 여기에는 이슬도 없고 기름도 없습니다. 사실, 이런 학문은 그 귀한 것들과는 정반대되는 것으로서, 그 자체로 하나님의 복을 받지 못하고 사람들에게도 아무런 복을 끼칠 수 없는 것으로 입증되었습니다.

십자가에서 하신 이 일곱 말씀에 대해서 지금까지 많은 저자들은 이 말씀들에서 일곱 가지 의무에 관한 교훈을 이끌어 내었습니다. 들어보십시오. 우리 주님께서 "아버지 저들을 사하여 주옵소서"(눅 23:34)라고 말씀하셨을 때, 결과적으로 그분은 우리에게 "네 원수를 용서하라"고 말씀하신 것입니다. 비록 그들이 악의적으로 여러분을 이용하고 여러분에게 극심한 고통을 끼친다 해도, 기꺼이 그들을 용서하십시오. 자신을 찍는 도끼에 향기를 더해 주는 백단목 같은 사람이 되십시오(sandalwood, 백단목[왕상 10:11], '백단향'이라고도 불리는 이 나무에 관한 그런 옛 이야기가 있다고 스펄전은 말한다 – 역주). 전적으로 온유하고 친절하며 사랑을 베푸는 사람이 되십시오. 그리고 "아버지 저들을 사하여 주옵소서"라고 하는 기도를 여러분의 기도 제목으로 삼으십시오.

두 번째 부르짖음에서 나온 의무는 한 마디로 말해, 회개와 그리스도를 믿는 신앙의 의무입니다. 왜냐하면 그분께서는 그 죽어 가는 강도에게 "오늘 네가 나와 함께 낙원에 있으리라"고 말씀하셨기 때문입니다. 여러분도 그 강도처럼 여러분의 죄를 고백하였습니까? 여러분도 그 강도가 가졌던 믿음을 가지고 있으며, 그 강도처럼 간절하게 기도하고 있습니까? 여러분이 그렇게 한다면, 여러분도 그 강도처럼 영접 받게 될 것입니다. 그러므로 두 번째 부르짖음에서 여러분은 회개와 신앙의 의무를 배우십시오.

또 우리 주님이 세 번째로 부르짖으며 자신의 어머니에게 "여자여 보소서 아들이니이다"라고 말씀하셨을 때, 그분은 우리에게 자식된 자로서 부모에 대한 사랑의 의무를 가르쳐 주셨습니다. 하나님께서는 부모와 자식 간의 관계를 우리에게 설정해 주셨습니다. 그 어떤 그리스도인도 자기 아버지나 어머니 혹은 자신을 지금까지 사랑해 준 어떤 사람들에 대해 결코 사랑이 부족해서는 안 됩니다. 오, 죽어 가면서까지 자기 어머니를 사랑하신 그리스도의 사랑을 기억함으로써, 자기 어머니를 잊어버리는 비인간적인 사람이 한 사람도 없기를 바랍니다! 어머니는 여러분을 낳았습니다. 노년기의 어머니를 보살피십시오. 그리고 마지막까지 어머니를 사랑으로 소중히 여기십시오.

예수 그리스도의 네 번째 부르짖음은 하나님께 매달리고 하나님을 신뢰해야 할 의무를 우리에게 가르쳐 주고 있습니다. "나의 하나님, 나의 하나님." 그분께서 두 손으로 하나님을 붙잡고 있는 모습을 보십시오. "나의 하나님, 나의 하나님, 어찌하여 나를 버리셨나이까." 그분은 하나님으로부터 버림받는 것을 견딜 수가 없었습니다. 하나님으로부터 버림받는 고통과 비교한다면, 다른 모든 고통들은 그분에게 그저 작은 고통일 뿐입니다. 그렇게 하나님께 매달리고 두 손으로 붙잡는 그 믿음을 배우십시오. 혹시라도 그분께서 여러분을 버리셨다는 생각이 든다면, 그분을 따라서 다음과 같이 말하며 부르짖으십시오. "무슨 까닭으로 나와 더불어 변론하시는지 내게 알게 하옵소서(욥 10:2), 당신 없이는 나는 도저히 견딜 수 없나이다."

"내가 목마르다" 하신 다섯 번째 부르짖음은 하나님의 말씀이 성취되는 것에 높은 가치를 부여할 것을 우리에게 가르쳐 주고 있습니다. "그 후에 예수께서 모든 일이 이미 이루어진 줄 아시고 성경을 응하게 하려 하사 이르시되 내가 목마르다 하시니"(요 19:28). 여러분이 가진 모든 슬픔과 연약함 가운데서도 여전히 여러분의 하나님께서 하신 말씀을 지키고, 그 교훈에 순종하고, 그 가르침을 배우고, 그 약속을 기뻐하도록 여러분은 크게 주의하십시오. 여러분의 주님께서도 그 극심한 고통 속에서 그렇게 말하도록 기록되어 있었기 때문에 "내가 목마르다"라고 말씀하셨습니다. 이와 마찬가지로 여러분도 아무리 작은 것이라도 주님의 말씀이라면 존중하십시오.

"다 이루었다"고 하신 여섯 번째 부르짖음은 완전한 순종을 우리에게 가르쳐 줍니다. 여러분은 계속해서 하나님의 계명을 준행하십시오. 한 계명도 빠뜨리지 말고, 여러분이 "다 이루었다"라고 말할 수 있을 때까지 계속해서 순종하십시오. 여러분의 평생 동안 행하고, 여러분의 주님께 순종하며, 그분의 뜻이라면 고난을 받거나 섬기십시오. 여러분의 주님이 하신 말씀과 같이 "다 이루었다"라고 여러분이 말할 수 있기까지는 쉬지 마십시오. "아버지께서 내게 하라고 주신 일을 내가 이루어"(요 17:4).

그리고 "아버지 내 영혼을 아버지 손에 부탁하나이다"라고 하신 최후의 말씀은 우리에게 우리의 생각을 단념할 것을 가르쳐 줍니다. 모든 것을 내려놓으십시오. 여러분의 영혼까지 그분의 뜻대로 하나님께 내어맡기십시오. 가만히 서서, 주님께 전적으로 항복하십시오. 이 말씀을 처음부터 끝까지 여러분의 표어로 삼으십시오. "아버지 내 영혼을 아버지 손에 부탁하나이다."

그리스도께서 하신 최후의 말씀에 대한 이러한 연구들이 여러분에게 흥미로울 것이라는 생각이 듭니다. 그래서 저는 이에 대해 좀 더 말씀드리고자 합니다. 십자가에서 말씀하신 이 일곱 가지 부르짖음은 우리 주님의 성품과 직무에 대한 것도 가르쳐 줍니다. 주님의 이 성품과 직무는 마노로 만든 일곱 개의 창문이며, 홍옥으로 만든 성문(사 54:12, KJV)입니다. 이것을 통해 여러분은 그분을 보고 그분에게 다가갈 수 있습니다.

먼저, 여러분은 그분을 중재자로 보기를 원합니까? 그렇다면 그분께서는 "아버지 저들을 사하여 주옵소서 자기들이 하는 것을 알지 못함이니이다"(눅 23:34)라고 부르짖으실 것입니다. 여러분은 그분을 왕으로 보기를 원합니까? 그렇다면 여러분은 그분께서 하신 두 번째 말씀인 "내가 진실로 네게 이르노니 오늘 네가 나와 함께 낙원에 있으리라"(눅 23:43)는 말씀을 들으시길 바랍니다. 여러분은 그분을 온유한 보호자로 보기를 원합니까? 그분께서 마리아에게 "여자여 보소서 아들이니이다"(요 19:26)라고 하신 말씀을 들으십시오. 여러분은 그분의 영혼으로 겪으신 그 고통의 어두운 밑바닥을 들여다보길 원합니까? 그렇다면 그분께서 "나의 하나님, 나의 하나님, 어찌하여 나를 버리셨나이까"(마 27:46)라고 하신 그 부르짖음을 들으십시오. 여러분은 그분께서 육체적으로 겪으신 고통의 실재와 그 강도를 이해하기를 원합니까? 그렇다면 그분께서 "내가 목마르다"

(요 19:28)고 하신 말씀을 들으십시오. 왜냐하면 그분께서는 피 흘리는 상처의 열기로 생긴 갈증이라는 고문을 잠재울 어떤 것이 필요했기 때문입니다. 전쟁터에서 많은 피를 흘린 사람들은 극심한 갈증을 호소하며, 그것이야말로 모든 고통 중에서 최악의 고통이라고 말할 수 있습니다. 예수님께서 "내가 목마르다"라고 말씀하십니다. 육신의 고난을 받으신 그분을 바라보십시오. 그리고 그런 그분께서 고난 받는 여러분을 얼마나 잘 공감해 주실 수 있는지 생각해 보십시오. 왜냐하면 그분 또한 십자가에서 많은 고난을 겪으셨기 때문입니다. 여러분은 그분을 여러분의 구원을 이루신 분으로 보기를 원합니까? 그렇다면, "콘수마툼 에스트"(Consummatum est, '다 이루었다'[요 19:30]에 해당하는 라틴어 ― 역주)라고 부르짖는 그분의 음성을 들으십시오. 오, 이 얼마나 영광스러운 선율입니까! 여기서 여러분은 여러분의 믿음을 다 이루신 복되신 분을 보고 있습니다. 그러면 이제 여러분은 한 번 더 그분을 바라보면서, 그분께서 고통 받으신 것이 얼마나 자발적이었는지를 이해하고 싶습니까? 그렇다면 그분께서 "아버지 내 영혼을 아버지 손에 부탁하나이다"라고 하신 말씀을 들으십시오. 이 말씀은 생명을 빼앗기는 사로서가 아니리, 다른 사람을 지키기 위해서 자기 영혼을 넘겨주는 사람으로서 하신 말씀입니다.

　　십자가에서 하신 이 부르짖음으로부터 우리가 배울게 참으로 많지 않습니까? 우리가 이 말씀들을 듣는 방법을 알기만 한다면, 이 일곱 가지 선율은 틀림없이 놀라운 음계를 만들어 낼 것입니다. 저는 이 음계가 다시 울려 퍼지도록 하고자 합니다. 첫 번째로, 여기서 여러분은 사람들과 교제하는 그리스도를 보게 됩니다. "아버지, 저들을 사하여 주옵소서"(눅 23:34). 그분은 죄인들과 나란히 서서 그들을 변호해 주려고 하십니다. "자기들이 하는 것을 알지 못함이니이다." 두 번째로 여기에는 그분의 왕권이 있습니다. 그분은 천국 문을 그 죽어 가던 강도에게 열어 주고 그에게 들어가도록 명하셨습니다. "오늘 네가 나와 함께 낙원에 있으리라"(눅 23:43). 세 번째로 그분의 인간 관계를 보십시오. 그분께서는 우리와 얼마나 가까운 친족 관계인지 모릅니다! "여자여 보소서 아들이니이다"(요 19:26). 친족에 대해서 그분은 자신이 어떻게 말씀하셨는지를 기억하십시오. "누구든지 하늘에 계신 내 아버지의 뜻대로 하는 자가 내 형제요 자매요 어머니이니라"(마 12:50). 그분은 우리 뼈 중의 뼈요, 살 중의 살(창 2:23)입니다. 그분은 인간의 가족에 속하십니다. 그분은 어떤 다른 인간보다도 더욱 인간적이십니다.

그분은 참 하나님에게서 나신 참 하나님(very God of very God)이신 것이 분명하듯이, 그분은 또한 참 인간에게서 나신 참 인간이십니다. 그분 안에는 유대인의 본성뿐만 아니라, 이방인의 본성도 함께 있습니다. 그분은 그 자신의 민족에 속하셨을 뿐만 아니라, 그 모든 것을 넘어서서 부활하시어, 인간 가운데 인간이신 인자(人子)이십니다.

다음으로, 그분께서 지신 우리의 죄를 보십시오. 여러분은 "어느 선율이 우리의 죄입니까?"라고 말합니다. 사실 일곱 말씀 모두가 다 그 영향 아래 있지만, 다음의 말씀이 그런 선율을 주로 드러냅니다. "나의 하나님, 나의 하나님, 어찌하여 나를 버리셨나이까"(마 27:46). 그분께서 하나님으로부터 버림받으신 것은 친히 나무에 달려 그 몸으로 우리 죄를 담당하셨기(벧전 2:24) 때문입니다. 하나님이 죄를 알지도 못하신 이를 우리를 대신하여 죄로 삼으신 것(고후 5:21)으로 인해, "엘리 엘리 라마 사박다니"(마 27:46)라고 하는 극심한 부르짖음이 있었습니다. "내가 목마르다"(요 19:28)라고 하신 다섯 번째 부르짖음 속에서 그분을 바라보십시오. 그분은 우리의 죄뿐만 아니라, 우리의 연약함과 우리 육신의 본성이 가진 모든 고통까지도 짊어지셨습니다. 이제 여러분이 그분의 연약함뿐만 아니라 그분의 충만하심을 보기 원한다면, 다시 말해 그분의 슬픔뿐만 아니라 그분의 전적인 충족하심까지도 보기를 원한다면, "다 이루었다"(요 19:30)고 하신 그분의 부르짖음을 들으십시오. 이 선율 속에는 얼마나 놀라운 충만하심이 들어 있는지 모릅니다! 구속은 전적으로 성취되었습니다. 구속은 전적으로 완성되었습니다. 구속은 전적으로 완벽해졌습니다. 쓸개가 담긴 쓴 잔에는 이제 쓴 물이 한 방울도 남아 있지 않습니다. 예수님께서 마지막 한 방울까지 다 마셔 버리셨기 때문입니다. 속전으로 더 보태야 할 금액도 전혀 없습니다. 예수님께서 모두 지불하셨기 때문입니다. "다 이루었다"고 하신 부르짖음 속에 있는 그분의 완전하심을 보십시오. 다음으로, 이제 그분께서 우리와 그분 자신을 어떻게 화해하도록 하셨는지를 여러분이 보기 원한다면, 우리를 위하여 저주를 받은 바 되사(갈 3:13), 최후의 귀한 말씀인 "아버지 내 영혼을 아버지 손에 부탁하나이다"라고 하신 말씀으로, 우리 모두를 이끌어 우리가 저주에서 돌이켜 그 아버지께 축복을 받도록 하신 그분을 바라보십시오.

"이제 보증인과 죄인

둘 다 자유롭게 되었다.”

“다 이루셨다”라는 말씀으로 인해, 그리스도께서는 아버지에게로 돌아가셨으며, 여러분과 저도 그분의 완전한 사역을 통해 아버지께로 가게 됩니다.

저는 이 하프로 연주할 수 있는 두세 가지의 곡만 연주했을 뿐입니다. 그런데도 이 악기 연주가 얼마나 놀라운지요. 비록 이것이 열 개의 줄을 가진 하프가 아니라 일곱 개의 줄을 가진 악기에 불과하다 해도, 여기에서 나오는 그 모든 음악들은 시간이나 영원 그 어느 것으로도 결코 빼앗기지 않을 음악입니다. 영원히 살아 계신 그리스도께서 돌아가시며 하신 이 일곱 말씀은 영원한 모든 세대의 영광 가운데서 우리를 위한 멜로디가 될 것입니다.

여러분은 우리 주님을 보고 있습니까? 그분은 지금 죽어 가고 있습니다. 그래도 그분의 얼굴은 사람을 향하고 있습니다. 사람을 향한 그분의 최후 말씀은 “다 이루었다”라고 하신 부르짖음이었습니다. 너희 모든 인류들이여, 그분께서 여러분에게 하신 “다 이루었다”는 말씀을 들을지어다. 그분께서 돌아가시면서 여러분에게 “안녕”이라고 말씀하셨다면 더 좋게 들렸을까요? 그분께서는 그분의 사역이 불완전하거나 불충분하지는 않을까 염려하는 여러분에게 두려워 떨지 말라는 뜻으로 그렇게 말씀하신 것입니다. “다 이루었다”는 이 말씀은 그분께서 여러분에게 하신 말씀이며, 그분께서 돌아가시면서 유언으로 선언하신 말씀입니다. 자, 이제 그분께서는 여러분을 위해 해야 할 일을 다 하시고, 그 얼굴을 다른 쪽으로 떨어뜨리셨습니다. 그분이 감당해야 할 그날의 일은 다 끝이 났고, 헤라클레스보다 더 많은 일을 한 그분의 수고는 성취되었으며, 그 위대한 승리자는 자기 아버지의 보좌로 되돌아가고 있는 중이었습니다. 그때 그분께서 이 말씀을 하신 것입니다. 이 말씀은 여러분에게 하신 말씀이 아니었습니다. 그분께서 하신 최후의 말씀은 자기 아버지에게 하신 말씀이었습니다. “아버지 내 영혼을 아버지 손에 부탁하나이다.” “다 이루었다”(요 19:30)고 하신 말씀은 짧은 시간이지만 그분께서 우리와 나눈 교제를 끝내는 최후의 말씀이었다고 한다면, “아버지 내 영혼을 아버지 손에 부탁하나이다”라고 하신 이 말씀은 그분께서 아버지 집으로 돌아가며 하신 최초의 말씀이었습니다. 여러분도 이 말씀들을 생각해 보십시오. 그리고 여러분이 아버지에게로 되돌아갈 때에도 이 말씀이 여러분의 최초의 말씀이 되기를 기원합니다! 여러분도 임종 시에 여러분의 거룩하신 아버지에게 이와 같이 말하게 되기를 기원합니다! 로마 가톨릭이 득세하던 때는 이 말씀이 아주 흔하게 사용되었습니다. 그러나 그렇게 남용되었다고 해서 그 뜻마저 훼손된 것은 아닙니다. 사람들은 죽어갈 때 보통 이 말씀을 라틴어로 말하곤 했습니다. "인 마누스 투아스, 도미네, 코멘도 스피리툼 메움"(In manus tuas, Domine, commendo spiritum meum, "아버지 내 영혼을 아버지 손에 부탁하나이다"에 해당하는 라틴어 ─ 역주). 죽어 가는 모든 사람들은 라틴어로 이 말을 하려고 애썼습니다. 만약 죽어 가는 사람이 이 말을 못한다면, 다른 사람이라도 그를 대신해서 이 말을 해주려고 하였습니다. 그러다가 이 말은 마력을 지닌 일종의 주문(呪文)이 되어 버리고 말았습니다. 그리하여 이 라틴어 문구로는 그 말씀의 아름다움이 우리 귀에 전해지지 않게 되었던 것입니다. 그러나 영어로는 이 말씀이 죽어 가는 성도들에게 음악 그 자체로 항상 들려 올 것입니다. "아버지 내 영혼을 아버지 손에 부탁하나이다."

우리 주님께서 말씀하신 이 최후의 말씀이 성경에서 인용되었다고 하는 사실은 아주 주목할 만합니다. 여러분 대다수가 알고 있지만, 그럼에도 제가 감히 말씀드리자면, 이것은 시편 31편 5절에서 취한 말씀입니다. 이 시편 말씀을 여러분에게 읽어드리겠습니다. 이 사실은 그리스도께서 얼마나 성경에 정통하셨는지에 대한 증거입니다! 그분은 하나님의 말씀을 거의 생각하지 않는 그런 분이 아니셨습니다. 그분은 성경에 빠져 살던 분이셨습니다. 마치 기드온의 양털이 이슬에 흠뻑 젖어 있었던 것처럼, 그분도 성경에 전적으로 젖어 계셨습니다. 그분은 심지어 돌아가실 때에도 성경 말씀을 하지 않고서는 한 말씀도 하실 수 없었습니다. 다음은 다윗의 표현입니다. "내가 나의 영을 주의 손에 부탁하나이다. 진리의 하나님 여호와여 나를 속량하셨나이다"(시 31:5). 자, 보십시오. 사랑하는 성도 여러분, 구세주께서는 이 구절을 변경하셨습니다. 그렇게 하지 않으면, 이 구절이 그분에게 전혀 어울리지 않았을 것이기 때문입니다. 먼저, 그분께서는 이 구절을 자신의 경우에 어울리도록 하기 위해서 여기에 어떤 말을 추가해야만 했는지, 여러분은 보고 있습니까? 그분께서 이 구절에 어떤 말을 추가하셨습니까? 바로 "아버지"라는 단어입니다. 다윗은 "내가 나의 영을 주의 손에 부탁하나이다"라고 말했지만, 예수님께서는 "아버지 내 영혼을 아버지 손에 부탁하나이다"라고 말하셨습니다. 이 얼마나 복된 발전입니까! 그분께서는 다윗이 알고 있던 것보다 더 많은 것을 알고 계셨습니다. 왜냐하면 그분은 다윗이 하나님의 아들일 수 있었던 것("너는 내 아들이라 오늘 내가 너를 낳았도다"[시 2:7 참조 — 역주) 그 이상으로 하나님의 아들이셨기 때문입니다. 그분은 영원한 부자관계라는 아주 고귀하고도 특별한 의미에서 유일한 하나님의 아들이셨습니다. 그래서 그분은 기도를 "아버지"라는 호칭으로 시작하셨던 것입니다. 그러나 그분께서는 이 다윗의 표현에서 어떤 것을 바꾸셔야만 했습니다. 왜냐하면 다윗은 "내가 나의 영을 주의 손에 부탁하나이다. … 하나님 여호와여 나를 속량하셨나이다"라고 말했기 때문입니다. 복되신 우리 주님은 속량 받으신 분이 아니라, 속량해 주신 분이었습니다. 그분은 속량자였기 때문에, "내가 나의 영을 주의 손에 부탁하나이다. 내가 내 백성을 속량하였나이다"라고 말할 수도 있었습니다. 그러나 그분은 그 말을 선택하지 않으셨습니다. 그분은 자신에게 어울리는 부분을 간단히 취해서 사용하셨습니다. "아버지 내 영혼을 아버지 손에 부탁하나이다."

오, 사랑하는 성도 여러분, 결론적으로 여러분이 성경을 인용하는 것보다 더 유익한 것은 없을 것입니다. 특히 기도할 때는 더더욱 그러할 것입니다. 하나님의 말씀으로 가득한 기도보다 더 훌륭한 기도는 없습니다. 우리가 하는 모든 말들이 성경 말씀과 더불어 향기로워지기를 기원합니다! 저도 그렇게 되기를 바라고 있습니다. 사람들은 우리의 청교도 선조들을 비웃었습니다. 왜냐하면 그들이 자녀들의 이름을 바로 성경 구절에서 따왔기 때문입니다. 그리고 제 경우에도 쓰레기 같은 소설 이야기를 많이 하기보다는 성경 이야기를 많이 한다고 많은 비웃음을 받았습니다. 제가 이런 말씀을 드려 부끄럽지만, 오늘날의 많은 설교들은 소설로 각색되고 있습니다. 그마저도 점잖은 사람들이 읽기에는 적합하지 않을 뿐 아니라, 그것이 지금 어떤 역사적 사건을 말하고 있는 것인지 아니면 그저 하나의 허구를 말하고 있는 것인지 거의 분간하기도 어려운 이야기들을 우리는 설교로 듣고 있습니다. 선하신 주님이시여, 이 역겨운 것들로부터 우리를 구해 주옵소서!

이렇게 해서 여러분은 지금까지 구세주께서 얼마나 성경을 잘 사용하셨는지, 그리고 광야에서 마귀와 치르신 그분의 최초 싸움에서부터 십자가 죽음과의 최후 투쟁에 이르기까지 그분의 무기는 항상 "기록된 바"라는 말씀이었음을 여러분은 보았습니다.

이제 저는 오늘의 본문 말씀으로 돌아가서 아주 짧은 시간 동안만 말씀을 전하고자 합니다. 본문을 대하면서, 첫 번째로, 십자가에서의 이 최후 부르짖음이 가르쳐 주는 교리의 의무를 우리는 배워야 합니다. 두 번째로, 우리는 그 의무를 실천해야 합니다. 세 번째로, 우리는 그 특권을 누려야 합니다.

1. 우리는 십자가 위에서 주님의 최후 부르짖음이 가르쳐 주는 교리를 배워야 한다.

첫 번째로, 우리는 주님께서 십자가 위에서 말씀하신 최후의 부르짖음이 가르쳐 주는 교리를 배워야 합니다.

우리 주 예수 그리스도께서 행하신 이 최후의 부르짖음이 가르쳐 주는 교리는 무엇입니까? 하나님은 그분의 아버지이시며, 하나님은 우리 아버지라는 교리입니다. 친히 "아버지"라고 말씀하신 그분께서는 "우리 아버지"라고 말씀하지 않으셨습니다. 왜냐하면 하나님은 우리의 아버지라는 의미보다 더 고귀한 의미에서 그리스도의 아버지이시기 때문입니다. 물론 우리가 예수님을 믿는다면 하나님은 우리의 아버지이기도 하시지만, 하나님은 참으로 그리스도의 아버지이기도 하십니다. "너희가 다 믿음으로 말미암아 그리스도 예수 안에서 하나님의 아들이 되었으니"(갈 3:26)라는 말씀대로 말입니다. 예수님은 막달라 마리아에게 "내가 내 아버지 곧 너희 아버지, 내 하나님 곧 너희 하나님께로 올라간다 하라"(요 20:17)고 말씀하셨습니다. 그리고 하나님은 그 백성들의 아버지가 되신다는 교리를 믿으십시오. 제가 예전에 여러분에게 경계하였듯이, 하나님은 모든 사람들의 아버지가 된다는 교리를 증오하십시오. 왜냐하면 이것은 거짓말이며 심각한 사기이기 때문입니다. 첫째로, 이 교리는 성경에서 가르치고 있는 양자(養子) 교리의 핵심을 난도(亂刀)질하고 있습니다. 만약 사람들이 모두 이미 그분의 자녀들이라면, 하나님께서는 어떻게 사람들을 하나님의 양자로 삼을 수 있겠습니까? 둘째로, 이 교리는 하나님의 말씀으로 분명하게 가르쳐지고 있는 중생(重生, 거듭남)의 교리의 핵심을 난도질하고 있습니다. 지금 우리는 중생과 믿음을 통해 하나님의 자녀가 되는데, 우리가 이미 하나님의 자녀라면, 어떻게 이런 중생과 믿음이 생겨날 수 있겠습니까? "영접하는 자 곧 그 이름을 믿는 자들에게는 하나님의 자녀가 되는 권세를 주셨으니 이는 혈통으로나 육정으로나 사람의 뜻으로 나지 아니하고 오직 하나님께로부터 난 자들이니라"(요 1:12-13)는 말씀이 있는데, 만약 사람들이 이미 하나님의 자녀가 되는 권세를 가지고 있다면, 하나님께서는 어떻게 그 권세를 사람들에게 주실 수 있겠습니까? 이런 마귀의 거짓말을 믿지 마십시오. 그리스도와 또한 그리스도에 대한 살아 있는 믿음으로 말미암아 하나님의 자녀가 된 모든 자들만이 하나님 아버지 안에서 기뻐할 수 있다는 하나님의 진리를 믿으십시오.

　　다음으로, 이 사실 속에 우리에게 임하는 큰 위로가 있다는 교리를 배우십시오. 우리가 고난을 받을 때나 갈등 중에 있을 때, 우리는 "아버지"라고 말합시다. 예수님께서 십자가에서 외치신 최초의 부르짖음이 최후의 부르짖음과 비슷하다는 사실을 여러분은 알고 있을 것입니다. 다시 말해, 가장 높은 음조가 가장 낮은 음조와 비슷합니다. 예수님은 "아버지 저들을 사하여 주옵소서"(눅 23:34)라는 말씀으로 시작하시고, "아버지 내 영혼을 아버지 손에 부탁하나이다"라는 말씀으로 부르짖음을 마치셨습니다. 용서와 같은 가혹한 의무에서 여러분이 도움을 받고자 한다면, "아버지"라고 부르짖으십시오. 극심한 고통과 죽음 가운데서 여러분이 도움을 받고자 한다면, "아버지"라고 부르짖으십시오. 여러분의 큰 힘은 여러분이 진정으로 하나님의 자녀가 되는데 있습니다.

　　다음으로, 죽는 것은 우리 아버지의 본향으로 가는 것이라는 교리를 배우십시오. 얼마 전에 저는 옛 친구에게 "나이든 아무개 씨가 본향으로 갔다"고 말했습니다. 제가 말한 것은 그가 죽었다는 뜻이었습니다. 그러자 제 친구는 "그리게 말일세. 그가 달리 어디로 가겠는가?"라고 말했습니다. 저는 그 말이 현명한 대답이라고 생각했습니다. 우리가 달리 어디로 가겠습니까? 우리의 머리가 백발이 되고, 우리의 인생 여정이 다 끝났을 때, 우리가 본향이 아니면 달리 어느 곳으로 갈 수 있겠습니까? 그래서 그리스도께서는 "다 이루었다"라고 말씀하시고는 그 다음에 당연히 "아버지"라고 말씀하셨습니다. 그분은 이 땅에서의 노정을 다 이루시고, 지금은 하늘에 있는 본향으로 가셨습니다. 마치 어린 아이가 피곤해지면, 어머니의 품으로 달려가 잠들기를 원하듯이, 그리스도께서도 죽음 가운데 잠들기 전에 "아버지"라고 말씀하셨던 것입니다.

　　또 다른 교리도 배우십시오. 하나님이 우리의 아버지라면, 그리고 우리가 죽으면 그분에게로 가기 때문에, 우리의 죽음을 본향으로 돌아가는 것으로 그렇게 생각한다면, 그렇다면 하나님께서 우리를 영접해 주실 것이라는 교리 말입니다. 우리가 우리 영혼을 아버지 손에 부탁한다고 해도, 하나님께서는 우리를 결코 받아주지 않을 것이라는 암시는 전혀 없습니다. 스데반 집사가 소나기처럼 쏟아지는 돌들을 맞으면서도 "주 예수여 내 영혼을 받으시옵소서"(행 7:59)라고 부르짖었던 것을 기억하십시오. 우리가 죽는다 해도, 우리가 최후에 "아버지, 내 영혼을 받으시옵소서"라고 표현하지 못한다 해도, 이것이 우리의 최후 감정이 되도록 합시다. 하늘에 계신 우리 아버지께서 자기 자녀들을 받아주지 않으시겠습니까? 여러분은 여러분의 자녀가 악할지라도 해가 질 때 들어오는 여러분의 자녀를 받아들입니다. 그렇다면 여러분이 인생의 여정을 다 마쳤을 때, 하늘에 계신 여러분의 아버지께서 여러분을 받아들이지 않으시겠습니까? 하나님께서 우리 아버지가 되신다는 것과, 이 사실로부터 모든 성도들에게 주어지는 다양한 것들이야말로 우리가 십자가의 이 최후 부르짖음에서 배워야 할 교리입니다.

2. 우리는 그 교리의 의무를 실천해야 한다.

두 번째로, 우리는 그 의무를 실천해야 합니다.

그 의무는 제가 보기에 첫째로, 단념(斷念)인 것 같습니다. 어떤 것으로 인해 여러분이 괴로움을 당하고 놀라게 될 때마다, 여러분은 자기 생각을 하나님 앞에서 단념하십시오. 그리고 "아버지 내 영혼을 아버지 손에 부탁하나이다"라고 말하십시오. 파버(Frederick William Faber, 1814-1863, 영국 성공회 성직자 ─ 역주)와 함께 다음과 같은 찬양을 하십시오.

> "오, 하나님,
> 당신의 뜻에 고개를 숙이나이다.
> 그리고 당신의 모든 길을 찬양하나이다.
> 내가 살아가는 날마다
> 당신을 더욱더 기쁘게 하고자 하나이다."

둘째로, 기도의 의무를 배우십시오. 여러분이 아주 큰 고통 가운데 있을 때, 다시 말해 여러분이 육체적인 슬픔뿐 아니라 정신적으로 극심한 슬픔에 처해 있을 때, 그때도 여전히 기도하십시오. "우리 아버지"라는 말을 빠뜨리지 마십시오. 허공에다 말하는 것(고전 14:9)처럼 부르짖지 마십시오. 여러분의 의사나 간호사에게 가서 신음하지 마십시오. 오직 "아버지"께 울부짖으십시오. 어린 아이가 길을 잃어버리면, 아이는 크게 울지 않습니까? 어린 아이가 밤에 어두운 곳에 있다면, 또 혼자 있는 방에서 감짝 놀라 깨어난다면, 아이는 "아버지"를 부르며 울지 않습니까? 그리고 그 울음소리로 인해 아버지의 마음도 울적해지지 않습니까? 이 자리에 아직 한 번도 하나님께 울어보지 못한 사람이 있습니까? 아직 한 번도 "아버지"라고 말해 본 적이 없는 사람이 단 한 명이라도 이 자리에 있습니까? 그렇다면 나의 아버지께서 이들의 마음에 아버지의 사랑을 부어 주시어, 이들이 이 밤에 "내가 일어나 아버지께 가서"(눅 15:18)라고 말하게 되기를 기원합니다. 이런 울부짖음이 여러분의 마음과 입술에 있다면, 여러분은 진실로 하나님의 자녀들이라고 알려지게 될 것입니다.

그 다음 셋째 의무는, 믿음으로 하나님께 우리 자신을 헌신하는 것입니다. 여러분 자신을 하나님께 내어맡기십시오. 스스로 하나님을 신뢰하십시오. 매일 아침 여러분이 잠자리에서 일어날 때, 여러분은 자신을 내어놓고 하나님의 보호 아래 두십시오. 말하자면, 하나님의 보호라는 상자 속에 여러분을 넣고 잠그십시오. 그리고 매일 밤 여러분이 잠들기 전에 그 상자의 자물쇠를 열고서 다시 여러분을 넣고 잠그십시오. 그리고 그 열쇠는 하나님께, 즉 죽음의 그림자가 여러분의 얼굴에 드리워질 때도 여러분을 지켜 주실 수 있는 그분의 손에 열쇠를 건네십시오. 여러분은 잠들기 전에, 여러분을 하나님께 내어맡기십시오. 제가 드리는 이 말씀은, 여러분을 놀라게 하는 것이 아무것도 없을 때, 모든 것이 순조롭게 되어갈 때, 남쪽에서 순풍이 불어오고 배는 바라던 항구를 향해 제 속도로 나아갈 때, 그때에도 이렇게 하라는 것입니다. 여러분의 모든 일들이 조용하게 이루어진다고 해서 여러분도 조용하게 가만히 있어서는 안 됩니다. 자신을 위해 제멋대로 칼을 쓰는 사람은 자기 손가락만 베이고 빈 접시만 갖게 될 것입니다. 반면에 하나님께서 자신을 위해 칼을 쓰시도록 하나님께 자신을 내어맡기는 사람은 자기 앞에 차려진 골수가 가득한 기름진 것(사 25:6)들을 종종 먹게 될 것입니다. 여러분이 믿기만 한다면, 하나님께서는 여러분이 믿은 것에 대해 지금까지 여러분이 알지 못한 방식으로 보상해 주실 것입니다.

넷째로 또 다른 의무를 하나 실천하십시오. 그것은 하나님의 임재를 개인적으로 그리고 지속적으로 인식하는 의무입니다. "아버지 내 영혼을 아버지 손에 부탁하나이다." "당신은 여기에 있나이다. 나는 당신이 계심을 알고 있나이다. 슬플 때나 위험할 때도 여기에 당신이 계심을 나는 인식하고 있나이다. 당신의 손에 내 자신을 맡기나이다. 어느 누가 나를 해코지한다면, 경찰이나 군인에게 보호를 청하듯이, 나는 당신에게 내 자신을 부탁하나이다. 당신은 밤을 지키시는 보이지 않는 보호자시며, 또한 낮을 지키시는 불굴의 파수꾼이십니다. 당신은 싸움의 날에 내 머리를 덮어 주실 것입니다. 마치 병아리가 암탉의 날개 아래 숨듯이, 나는 당신의 날개 아래로 피하나이다."

그러므로 이제 여러분의 의무를 보십시오. 그 의무는 여러분의 생각을 하나님 앞에서 단념하고, 하나님께 기도하고, 여러분 자신을 하나님께 내어맡기고, 하나님의 임재에 대한 인식 가운데서 안식하는 것입니다. 성령 하나님께서 도와주시어, 여러분이 이렇게 더할 나위 없이 귀한 의무들을 실천하게 되기를 기원합니다!

3. 우리는 그 의무에 따른 특권을 누려야 한다.

이제 세 번째로, 우리는 그 특권을 누려야 합니다.

첫째, 우리는 위험하고 고통스러운 모든 시간에 하나님을 의지하는 수준 높은 특권을 누려야 합니다. 의사가 방금 여러분에게 수술을 받아야 할 것 같다고 말하면, 여러분은 "아버지 내 영혼을 아버지 손에 부탁하나이다"라고 말하십시오. 여러분의 연약함과 질병이 더욱 악화되어 급기야 여러분이 침상에서 여러 날을 누워 있어야 할 가능성이 아주 높아질 때, 그때 여러분은 "아버지 내 영혼을 아버지 손에 부탁하나이다"라고 말하십시오. 초조해하지 마십시오. 초조해한다고 해서 여러분에게 유익이 되지 않기 때문입니다. 미래에 대해 두려워하지 마십시오. 이것도 여러분에게 도움이 되지 않을 것이기 때문입니다. 여러분을 위해 못 박힌 그 귀한 보호의 손길에, 그리고 여러분을 구속하기 위해 값을 치르느라 창에 찔려 구멍이 뚫린 그 귀한 사랑의 가슴에 여러분을 내어맡기십시오. 이렇게 하는 것이 여러분의 특권입니다. 하나님께서 가장 악한 상태에 있는 사람의 마음에도 안식을 주신다는 것이 놀라울 따름입니다. 오, 어떤 순교자들은 화형주(火刑柱)에서도 기뻐하며 찬양을 불렀습니다! 그들은 고문대 위에서도 얼마나 기뻐했는지 모릅니다! 보너 주교(Edmund Bonner, 1500-1569, 영국 런던의 주교로서, 그는 메리 1세의 친가톨릭 정권을 등에 업고 개신교도들을 박해하였다. 피의 보너[Bloody Bonner]로 불리다가 개신교 정권인 엘리자베스 여왕 치하에서 투옥되어 생을 마감하였다 – 역주)는 풀럼(Fulham, 영국 런던 남서쪽의 지명 – 역주)의 저수지 맞은편에 있는 자신의 석탄 창고에 순교자들을 감금하였습니다. 이곳은 추운 겨울 밤에는 누워 있기가 아주 힘든 처참한 곳이었습니다. 그런데도 그곳에 갇힌 순교자들의 모습은 다음과 같았다고 합니다. "이들은 석탄 창고에 감금되어 있었다. 그러다가 짚단 속에서 일어나서는 천국의 가장 아름다운 노래를 불렀다. 보너는 '저런 소란을 피우다니 이게 무슨 일이냐!'라고 말했다. 그러자 그들은 보너에게, 그도 자기들처럼 기쁘다면, 그렇게 소란을 피우지 않을 수 없었을 것이라고 말했다"(존 폭스 [John Foxe, 1517-1587, 영국 개신교 순교자들의 역사를 특별히 다룬 영국 역사학자가 쓴 「폭스의 순교자 열전」[Foxe's Book of Martyrs] 중 존 필풋[Mr. John Philpot]의 일화에 나오는 내용이다). 여러분이 여러분의 영혼을 하나님께 맡겼을 때, 여러분은 고통스럽고 위험한 순간에도 달콤한 안식을 누리게 될 것입니다.

둘째는, 죽음의 시간이나 죽음이 두려운 때에도 담대한 확신을 갖게 되는 특권입니다. 저는 지난 목요일 밤에도 이 특권을 가지고 이 본문 말씀을 아주 여러 번 묵상하였습니다. 여러분 가운데 지난 목요일 밤을 기억하지 못하는 사람은 아마 단 한 명도 없을 것입니다. 제 생각에, 그 날 밤에 있었던 일은 제가 므두셀라만큼 오래 산다고 해도 결코 잊을 수 없을 것입니다. 이곳에서 제가 집에 도착할 때까지 하나의 연속된 불바다가 펼쳐진 것 같았습니다. 제가 걸음을 걸을 때마다, 그 번갯불 같은 섬광들은 더욱더 분명해졌습니다. 그러다가 급기야 제가 레이엄 코트 거리로 들어서자 하늘에서 가느다랗게 번개가 치는 것 같았습니다. 마침내 제가 언덕 꼭대기에 다다르자 아주 깜짝 놀랄 만한 큰 소리가 나면서 우박이 억수같이 쏟아졌습니다. 이 우박에 대해서는 제가 더 말씀드리지 않겠습니다. 제가 과장하고 있다고 여러분이 생각할지도 모르기 때문입니다. 그때 저는 제 친구와 함께 있었습니다. 저는 우리가 살아서 집에 도착하리라 기대할 수 없었습니다. 우리는 폭풍의 바로 중심에, 그것도 절정기에 있었기 때문입니다. 우리의 모든 주변과 사방과 우리 안에는 전기 유체(流體)만이 있는 것 같았습니다. 하나님께서 전쟁을 위해 그 의로운 팔을 걷어 부치신 것 같았습니다. 그때 저는 '이제 나는 본향으로 곧 가겠구나'라고 생각하면서 제 영혼을 하나님께 맡겼습니다. 그러자 그 순간부터 저는 비록 그 큰 우레 소리와 번개의 섬광들이 그리 썩 내키지는 않았지만, 그럼에도 불구하고 지금 제가 여기서 느끼는 만큼의 평안을 그때도 강하게 느낄 수 있었습니다. 아마도 지금 수많은 사람들과 함께 있을 때 느낀 것보다 조금 더 큰 평안을 느낀 것 같습니다. 비록 한순간이었지만 그 생각만 해도 저는 즐겁고, 제가 이 땅에서 배울 수 있는 모든 것을 넘어서는 그 이상의 것을 이해할 수 있었고, 또한 제가 여기서 한 세기 동안 살면서 보기를 소망한 것을 넘어서는 그 이상의 것을 그 순간에 볼 수 있었습니다. 제가 할 수 있는 것은 제 친구에게 다음과 같이 말하는 것뿐이었습니다. "우리는 우리 자신을 하나님께 내어맡기자. 우리도 알다시피, 우리가 걸어가고 있는 중에도 우리는 우리의 의무를 계속 행할 수 있으며, 우리에게는 모든 것이 형통할 것이다." 그래서 우리는 하나님이 우리와 함께 할 것이라는 기대 속에서 그 즉시 서로 오롯이 기뻐할 수 있었습니다. 우리는 불수레(왕하 2:11)를 타고 본향으로 가지는 않았습니다. 우리는 조금 더 이 땅에 남아서 인생의 남은 일들을 여전히 계속해서 행할 것입니다. 그러나 저는 이 인생의 남은 일들을 다 행한 후에 더 이상 아무런 바람이나 의지나 말이나 심지어 기도조차 거의 하지 못하는 상황이 온다 해도, 그저 제 마음을 들어 위대한 보호자에게 건네면서, "아버지, 나를 보살펴 주옵소서. 아버지 원대로 나를 살리시든지 죽이시든지 하옵소서. 이제부터 제게는 아무런 소망이 없나이다. 당신이 기뻐하시는 뜻대로 이루어지이다. 내 영혼을 아버지 손에 부탁하나이다"라고 말할 수 있는 달콤함을 깨닫게 되었습니다.

이 특권은 위험 가운데서도 안식을 누리고 죽음 앞에서도 확신을 가질 수 있는 그런 특권입니다. 다시 말해, 이 특권은 **최고의 기쁨**으로 충만한 특권이기도 합니다. 사랑하는 성도 여러분, 우리가 우리 자신을 하나님의 손에 맡기는 방법을 안다면, 우리가 있게 될 곳은 도대체 어디이겠습니까! 우리가 있게 될 곳은 바로, 하나님의 손입니다! 수많은 별들이 있습니다. 우주 그 자체도 있습니다. 하나님의 손이 이 영원한 기둥들을 떠받치고 있습니다. 그래서 이 천체들은 떨어지지 않습니다. 만약 우리가 하나님의 손으로 들어간다면, 우리는 만물들이 안식하고 있는 그곳으로 들어가게 될 것입니다. 거기서 우리는 본향의 평안과 기쁨을 누리게 될 것입니다. 우리는 무(無)와 같은 피조물에서 벗어나서 창조주의 자기 충만함으로 들어가게 될 것입니다. 오, 여러분도 그곳에 들어가십시오. 사랑하는 성도 여러분, 여러분도 그곳에 들어가도록 서두르십시오. 이제부터는 하나님의 손 안에서 살아가시기를 기원합니다!

"다 이루었다." 여러분은 아직 다 이루지 못했습니다. 그러나 그리스도께서는 다 이루셨습니다. 모든 것이 다 이루어졌습니다. 여러분이 해야 할 일은 그분께서 여러분을 위해 이미 다 이루어 놓으신 것들을 행하고, 여러분이 행한 그 일을 여러분의 생애 동안 여러 사람들에게 보여주기만 하면 됩니다. 모든 것이 이루어졌습니다. 그러므로 이렇게 말하십시오. "아버지, 이제 내가 당신에게로 돌아갑니다. 이제부터 내 생명은 당신 안에 있사옵니다. 내 기쁨은 만유의 주로서 만유 안에 계시는(고전 15:28) 당신의 임재 앞에서 아무것도 아닌 자로 작아지고, 죽어서 영원한 생명으로 들어가, 내 자아가 여호와 앞에 낮아지고 내 인성과 나의 피조성이 오직 그 창조자만을 위해 살아가고, 오로지 창조주의 영광만을 드러내는 것이옵니다." 오, 사랑하는 성도 여러분, "아버지 내 영혼을 아버지 손에 부탁하나이다"라고 하는 말로 내일 아침을 시작하고, 이 밤을 마무리하도록 하십시오. 주님께서 여러분 모두와 함께 하시기를 기원합니다! 오, 비록 여러분이 지금까지 한 번도 기도해 본 적이 없다 해도, 예수님을 통해 하나님께서 여러분을 도와주시어, 여러분이 지금 기도를 시작하게 해 주시기를 기원합니다! 아멘.

제
92
장

—

십자가에 달린 그분을 구경한 슬픔

—

**"이를 구경하러 모인 무리도 그 된 일을 보고
다 가슴을 치며 돌아가고" — 눅 23:48**

무리들 가운데 많은 수가 아주 맹렬한 적의(敵意)를 가지고 예수님의 십자가 처형을 보기 위해 함께 모여들었습니다. 그들은 마치 개들이 수사슴을 쫓듯 구세주를 박해하다가, 급기야 모두 미친 듯이 격분하여 예수님을 죽이려고 에워쌌습니다. 다른 사람들은 하릴없이 시간을 때워 볼 요량으로 이 선정적인 장면을 구경하였습니다. 세 개의 십자가가 세워진 작은 언덕 주위에 거대한 무리들이 모여들 때까지 군중들은 점점 더 불어났습니다. 적의를 가진 사람이든 아무 생각이 없는 사람이든 상관 없이 그들 모두는 한 마음 한 뜻이 되어 십자가에 달린 그 희생자를 조롱하였습니다. 어떤 사람은 혀를 내밀기도 하였고, 어떤 사람은 그들의 머리를 흔들기도 하였으며, 또 다른 사람은 조롱하고 비웃기도 하였습니다. 말로 주님을 희롱하거나 손짓으로 희롱하는 사람들도 있었습니다. 그들 모두는 한가지로 구경꾼들의 이빨에 찢겨 죽을 희생 제물로 주어진 무방비 상태의 그 인간을 바라보며 미친 듯이 날뛰었습니다. 한 사람을 두고서 그렇게 한 마음 한 뜻이 되어, 그것도 그토록 오랫동안 무차별적인 조롱과 명백한 경멸이 퍼부어진 장면은 이 땅에서 지금까지 볼 수 없었습니다. 이를 드러내며 비웃는 얼굴과 조롱하는 눈들을 그렇게 많이 보고, 또 그렇게 많은 잔인한 말들과 조롱하는 소리들을 듣는다는 것은 틀림없이 극도로 끔찍한 일이었을 것입니다. 이 광경은 너무나 진저리나는 것이어서 하늘도 오래 참을 수가 없었습니다. 그래서 그 장면에 충격을 받은 해는 갑자기 그 얼굴을 가렸고, 그로 인해 세 시간이라는 긴 시간 동안 그 야비한 무리들은 대낮에 임한 한밤중의 상황에 몸을 떨며 앉아 있었습니다. 그러는 사이에 그들의 발 밑에서는 땅이 흔들리고 바위들이 갈라졌습니다. 사람들은 성전에서 성전의 영속성을 미신적으로 지키기 위해 그 의인을 죽였습니다. 그러자 그 성전의 거룩한 휘장이 마치 보이지 않는 강한 손에 의해 찢긴 것처럼 갈라졌습니다. 성전 휘장이 찢어졌다는 소식과 어둠과 지진으로 야기된 공포감으로 사람들의 감정에는 급격한 변화가 생겼습니다. 더 이상의 희롱과 비웃음은 없었고, 더 이상 혀를 내미는 일과 잔인한 조롱도 없었습니다. 사람들은 혼자서 쓸쓸히 자기 집으로 가거나, 조용하게 작은 무리를 지어 집으로 돌아갔습니다. 돌아가면서 그들은 갑작스러운 경외감에 압도될 때 그 당시 동양인들이 하던 습관에 따라 자신들의 가슴을 쳤습니다. 예루살렘 문을 나올 때의 그 광기어린 행렬은 예루살렘 문을 향해 들어가는 행진과는 너무나 달랐습니다. 하나님께서 인간의 마음에 역사하신 그 능력을 보십시오! 가장 포악한 자들을 그분께서 어떻게 길들이시는지, 그리고 자연의 이적 가운데서 그분께서 자신을 드러내실 때, 가장 악하고 교만한 자들이 어떻게 그분의 발 아래 조아리게 되는지를 보십시오! 그분께서 팔을 걷어 부치시고 그들의 행위를 따라 그들을 심판하기 위해 진노의 심판석으로 나아오실 때, 그들은 얼마나 더 겁을 먹고 두려워하겠습니까!

그렇게 많은 무리들이 보인 이 갑작스럽고도 기억할 만한 변화는 두 가지 다른 인상적인 정신적 변화를 대표적으로 잘 보여줍니다. 때로는 십자가를 바라보는 것만으로도 사람들의 마음에 가장 복된 일이 일어납니다. 이 얼마나 은혜로운 변화인지 모릅니다! 많은 사람들은 복음의 소리를 듣고서 복음을 조롱할 작정으로 나아왔으나, 집으로 돌아갈 때는 기도하려는 마음을 갖게 되었습니다. 가장 게으른 동기와 심지어 가장 비열한 동기를 가지고 사람들은 설교를 들으러 왔지만, 예수님께서 높이 들려졌을 때, 그들은 구원을 얻기 위해 그분에게로 인도되었습니다. 그 결과 그들은 회개하며 자신의 가슴을 쳤으며, 예전에 자신들이 모독하던 그 구세주를 섬기기 위해 길을 나섰습니다. 오, 능력이여, 그 귀하신 그리스도의 십자가가 행하시는, 사람을 녹이고 이기고 변화시키는 그 능력이여! 사랑하는 성도 여러분, 우리는 오직 이 십자가가 전해 주는 것을 따라 행해야 합니다. 우리는 비교할 수 없는 이 이야기만을 널리 끊임없이 말해야 합니다. 그러면 우리는 가장 주목할 만한 영적 결과들이 드러날 것임을 기대할 수 있습니다. 지금 우리는 어떤 사람에 대해서도 절망할 필요가 없습니다. 예수님께서 죄인들을 위해 죽으셨기 때문입니다. 십자가의 교리는 망치와 같아서 부싯돌처럼 가장 단단한 마음도 이 망치로 깨어질 것입니다. 또한 그리스도의 다정한 사랑은 불과 같아서 아주 꽁꽁 언 빙산이라도 녹일 것입니다. 우리는 이교적이고 미신적인 사람들에 대해 결코 절망할 필요가 없습니다. 십자가에 달린 그리스도의 교리가 그들의 본성에 접촉할 기회를 제공하기만 한다면, 그 교리가 그들을 변화시킬 것이며 그리스도는 그들의 왕이 될 것입니다.

두 번째 가장 무서운 변화도 오늘 본문의 사건을 통해 미리 이야기되었습니다. 즉, 이생에서 그리스도를 반역한 교만하고도 완악한 사람들이 보좌에 앉은 그리스도를 구경하고 난 이후의 결과가 바로 그것입니다. 여기서 그들은 겁도 없이 그분에 관해 조롱을 하고, 모욕적으로 "여호와가 누구이기에 내가 그의 목소리를"(출 5:2) 듣겠느냐면서 다그쳤습니다. 여기서 그들은 담대하게 연합하여 그분을 따르던 무리들이 해산하도록 공모하였으며, 그 무리들에게 있던 그분과의 유대의 끈을 끊어 버렸습니다. 그러나 이렇게 악한 일을 한 사람들이 나팔 소리에 깨어나 자신들이 한 행동들을 거울처럼 비쳐 줄 크고 흰 보좌(계 20:11)를 보게 되었을 때, 그들의 마음에 얼마나 큰 변화가 일어나겠습니까! 이제 여러분의 억지와 조롱은 어디에 있습니까? 여러분이 내뱉던 악의에 찬 말들과 박해하던 말들은 이제 어디에 있습니까? 뭐라고요? 그 나사렛 사람을 면전에서 감히 조롱할 수 있는 사람이 여러분 가운데 하나도 없다는 말입니까? 절대 한 사람도 없습니다! 비겁한 개들처럼 그들은 살금살금 도망칩니다! 불경스럽게 허풍 떨던 혀도 잠잠합니다! 무신론자의 그 교만하던 영혼도 깨어졌습니다. 거드름피우며 트집이나 잡던 소리들도 영원히 사라졌습니다! 당황스러운 비명과 공포로 가득한 울음소리와 함께 그들은 언덕에게 명하여 자신을 덮으라 하고, 또한 산들에게 명하여 예전에 자신들이 조롱하던 십자가에 달린 바로 그분의 얼굴로부터 자신들을 가리라(계 6:16)고 할 것입니다. 오, 주의하십시오. 죄인인 여러분이여, 주의하십시오. 저는 여러분을 위해 기도합니다. 이 날에 은혜로 여러분은 변화를 받으십시오. 가까운 미래에 여러분이 공포에 휩싸이지 않도록 하십시오. 그리스도의 사랑으로도 굽히지 않는 마음은 그분의 이름으로 인한 공포로 부서질 것이기 때문입니다. 십자가에 달린 예수님이 여러분을 구원해 주지 않으시면, 보좌 위에 계신 그리스도께서 여러분을 저주하실 것입니다. 죽어 가던 그리스도가 여러분의 생명이 되지 않는다면, 살아 계신 그리스도가 여러분의 죽음이 될 것입니다. 이 땅에 계신 그리스도가 하늘에 있는 여러분의 천국이 되지 않는다면, 하늘의 천국에서 오실 그리스도가 여러분의 지옥이 될 것입니다. 오, 하나님께서 은혜를 베푸시어 은혜로운 복된 변화가 우리 각자의 마음에 일어, 그 두려운 정산(精算)의 날에 우리가 지옥에 빠지지 않기를 기원합니다.

　　이제 우리는 본문 말씀에 좀 더 가까이 가고자 합니다. 첫 번째로, 십자가 주변의 일반적인 슬픔을 분석하고, 두 번째로, 하나님께서 우리를 도와주신다면 우리도 그 슬픈 합창에 동참하고자 노력할 것입니다. 그 후에 세 번째로, 우리가 말씀을 마치기 전에, 십자가 밑에서 우리의 슬픔과 기쁨이 하나로 합쳐져야만 한다는 사실을 여러분에게 일깨워 드리고자 합니다.

1. 십자가 주변의 일반적인 슬픔

　　첫 번째로, 우리는 오늘 본문 말씀이 묘사하고 있는 일반적인 슬픔에 대해 분석해 보겠습니다. "이를 구경하러 모인 무리도 그 된 일을 보고 다 가슴을 치며 돌아가고." 그들은 모두 다 자기 가슴을 쳤습니다. 그러나 모두 동일한 이유로 그랬던 것은 아니었습니다. 그들은 모두 두려워하였지만, 다 똑같은 이유로 두려워한 것은 아니었습니다. 밖으로 드러난 모습은 무리들 모두가 비슷했지만, 그 감정의 정도 차이는 그 감정이 다스리던 마음들의 숫자만큼이나 아주 다양했습니다. 의심할 바 없이, 단순히 일시적인 감정에 동요된 사람들이 많았습니다. 이들은 주목을 받던 한 사람이 죽음에 이르는 고통을 보았으며, 그와 함께 일어났던 이적들로 인해, 그분이 평범한 존재가 아닌 뭔가 특별한 분이라는 사실을 스스로 확신하게 되었습니다. 그래서 그들은 두려워했던 것입니다. 진정으로 합리적인 추론에 근거하지 않은 일종의 막연한 두려움으로 그들은 놀랐습니다. 하나님께서 진노하시어, 그들에게 낮의 눈을 닫으시고, 바위들이 부서지게 하셨습니다. 그래서 그들은 이런 모호한 두려움을 떠안은 채, 떨리고 조심하는 마음으로 각기 자기 집으로 돌아갔습니다. 그러나 아마 그 다음 날 아침이 채 밝아오기도 전에 그들은 이 모든 것을 잊어버렸을 것입니다. 바로 다음 날에도 그들은 또 다른 피 구경을 탐욕스럽게 찾았고, 십자가에 못 박을 또 다른 경우가 있기라도 하면, 즉시 또 다른 그리스도를 십자가에 못 박으려고 했을 것입니다. 그들이 가슴을 친 것은 깨어진 마음에서 비롯된 것이 아니었습니다. 그것은 잠깐 오다가 금세 그치는 4월의 소나기요, 아침의 이슬방울이며, 해가 떴을 때 녹아 사라지는 서리였습니다. 그림자처럼 그 감정은 그들의 마음을 스치더니, 그림자처럼 뒤에 아무런 흔적도 남기지 않고 사라졌습니다. 십자가의 설교를 들은 수만 명의 사람들이 보이는 유일한 결과도 자주 이러하였습니다! 이 집에서도, 지금까지 수많은 영혼들이 회개하고, 더 많은 영혼들이 눈물을 흘렸고, 그 흐르는 눈물을 닦기도 하였습니다. 그러고는 그들이 눈물을 흘린 이유를 잊어버렸습니다. 손수건이 그들의 감정을 메마르게 하였기 때문입니다. 아쉬운 일입니다! 슬픈 일입니다! 통탄할 노릇입니다! 십자가의 이야기로 사람들이 눈물 흘리게 할 만큼 그들을 감동시키기도 어렵겠지만, 그 감정을 지속하게 하기란 더욱더 어렵습니다. 한 신실하고 열정적인 설교자의 설교를 들은 한 사람이 "저는 이 아침에 놀라운 것을 보았어요"라고 말했습니다. 그가 "온 성도들이 눈물 흘리는 것을 봤어요"라고 말하자, 설교자는 다음과 같이 말했습니다. "슬픈 일이지만! 그보다 더욱 놀랄 만한 일이 있습니다. 그것은 그들이 대부분 집으로 돌아가서는 자신이 눈물을 흘렸다는 사실을 잊어버린다는 것입니다." 아, 제 설교를 듣고 있는 사랑하는 성도 여러분, 항상 그래야만 하는 것입니까? 늘 그렇게 해야만 하는 것입니까? 오, 회개하지 않은 여러분이여, 이제 여러분의 눈에서 영원토록 눈물이 흐를 그때가 올 것입니다. 그 어떤 자비로도 닦여지지 않을 그런 뜨거운 눈물이 흐를 때가 올 것입니다. 결코 채워지지 않을 갈증과 결코 죽지 않을 벌레와 결코 꺼지지 않는 불을 만나게 될 것입니다. 여러분은 그 사랑으로 여러분의 영혼을 지켜 나가십시오. 저는 여러분이 다가오는 진노로부터 피할 수 있도록 기도하겠습니다.

그 큰 무리들 가운데서 어떤 사람들은 다소 사려 깊은 반성에 근거한 감정을 보여주었습니다. 그들은 자신들이 무죄한 사람을 죽이는데 동참했다는 것을 알게 되었습니다. 그들은 "아뿔싸! 이제 이 모든 것을 통해 보게 되었구나. 그 사람은 죄인이 아니었어. 우리가 그분에 대해 지금까지 듣고 본 것은 모두 그분이 선한 일을 행하신 분, 오직 선한 일만 행하신 분이라는 사실이야. 그분은 항상 아폰 자들을 고치셨고, 주린 자들을 먹이셨고, 죽은 자들을 일으키셨어. 그분이 가르치신 모든 것 중에 실제로 하나님의 율법에 반하는 것은 한 말씀도 없었어. 그분은 순결하고 거룩한 분이셨어. 우리 모두는 속았어. 그렇게 하지 말았어야 했는데, 제사장들이 우리를 꼬드겨서 우리가 그분을 죽게 했어. 우리가 크나큰 긍휼하심을 입어, 그분의 생명을 즉시 다시 살릴 수만 있다면 좋으련만. 우리 민족에게 은인(눅 22:25)이신 그분을 우리 민족이 죽이고 말았어"라고 말했습니다. 또 어떤 사람은 "맞아, 나도 혀를 내밀었어. 나를 제외한 모든 사람들이 그분이 고통 받는 것을 보고 비웃고 조롱할 때 내가 나 자신을 억제하기란 거의 불가능했었어. 그래도 내가 그 죄 없으신 분을 조롱했다는 사실이 두려워. 하나님께서 보내신 그 어둠이 혹시 죄 없으신 그분을 억압한 나의 사악함에 대한 하나님의 책망은 아닐까 싶어서 나는 떨려"라고 말했습니다. 이러한 감정은 잠시만 지속되었을 것입니다. 그런 감정으로 인해 사람들이 진실한 회개를 했을 것이라고 저는 생각할 수 없습니다. 그들은 죄 없는 분을 억압한 것에 대해서 유감의 정도로만 생각했을 것입니다. 그들이 예수님에게서 본 것은 단지 도덕이 학대받고 인간성이 고통 받는 정도였기 때문에, 그런 자연적인 감정들은 곧 사라지고, 도덕적이고 영적인 결과는 전혀 큰 가치로 여겨지지 않았을 것입니다. 설교를 듣고 있는 사람들 중에서도 이와 동일한 감정을 지닌 자를 우리가 지금까지 얼마나 자주 보았는지 모릅니다! 그들은 그리스도께서 죽게 된 것을 유감으로 생각했습니다. 그들은 다음과 같이 말한 프랑스의 옛 왕처럼 느꼈을 것입니다. "내가 바라는 것이기도 하지만, 만약 내가 나의 군사 일만 명과 함께 그곳에 있었더라면, 나는 그들이 그분에게 손만 갖다 대어도 즉시 그들의 목에 칼을 내리쳤을 것이다." 그런데 바로 이런 감정들은 그들이 마땅히 느껴야 할 죄책감을 전혀 공감하지 못했다는 증거이며, 그들에게는 예수님의 십자가가 구원의 광경이 아니라 단지 어떤 평범한 순교자의 죽음으로 여겨진다는 증거였습니다. 지금 설교를 듣고 있는 사랑하는 성도 여러분, 십자가는 평범한 것이 아닙니다. 여러분은 이 사실을 알아야 합니다. 죄 없는 인간이신 예수님께서 받으신 고난의 그 너머를 바라보십시오. 십자가에서 행해진 그리스도의 대속적 희생을 보십시오. 그러지 않으면 여러분은 십자가를 헛되이 바라보는 것입니다.

   의심할 바 없이, 그 무리들 가운데는 다음과 같이 느끼면서 자신의 가슴을 친 사람도 있었을 것입니다. "우리가 하나님의 선지자를 죽게 했다. 옛날에 우리 민족이 이사야 선지자를 죽이고 다른 주의 종들을 죽게 했듯이, 오늘도 사람들은 마지막 선지자 중의 하나인 그분을 십자가에 못 박았다. 이제 그분의 피가 우리와 우리 자손들에게 돌아갈 것이다." 아마도 그들 중에 다른 사람은 또 이렇게 말했을 것입니다. "이 사람은 자신이 메시아라고 주장했다. 그분의 죽음과 동반된 여러 이적들이 그분이 메시아였다는 사실을 증명한다. 그분의 삶이 이것을 예시(豫示)하며, 그분의 죽음이 이것을 선포한다. 만약 우리가 평강의 왕(사 9:6)을 죽였다면, 앞으로 우리 민족은 어떻게 될까! 만약 우리가 하나님의 선지자를 죽게 했다면, 앞으로 하나님께서는 우리를 어떻게 하실까!' 이러한 슬픔이 있다는 것은 다른 형태의 발전을 뜻합니다. 다시 말해, 이 슬픔은 좀 더 깊은 생각과 분명한 인식을 보여주고 있으며, 추후에 복음을 듣기 위한 바람직한 준비과정일 수도 있습니다. 그러나 이 슬픔 자체로는 은혜의 증거로 삼기에 충분하지 못할 것입니다. 만약 오늘 이 집에서 제 설교를 듣고 있는 사람들이 그리스도의 성품을 통해 그분은 틀림없이 하나님께서 보내신 선지자이며, 또한 옛날부터 약속된 메시아라는 사실을 확신한다면, 비록 배교한 민족이 그분에게 가한 그 수치스러운 잔인함에 대해서 그들이 감정적으로 슬퍼한다 해도, 저는 만족할 것입니다. 이와 같은 양심의 가책과 애석하게 여기는 감정은 아주 칭찬할 만한 것이며, 하나님의 축복 가운데 이 감정은 복음이 뿌리를 내릴 수 있는 마음 밭의 고랑으로 입증될 것입니다. 그토록 잔인하게 죽임을 당하신 그분이 영원히 복되신 만유의 하나님이며, 세상의 구속자이시며, 사람들이 믿는 그 구세주였습니다. 오늘 여러분이 그분을 여러분의 구원자로 영접하여 구원받게 되기를 기원합니다. 만약 여러분이 그분을 믿지 못한다면, 여러분이 그분의 죽음에 관해 아무리 최고의 도덕적인 후회를 하고 그로 인해 여러분의 계몽된 모습을 보여준다 해도, 여러분의 참된 회개는 분명히 보여주지 못할 것입니다.

자기 가슴을 치며 집으로 돌아간 그 모든 허다한 무리들 가운데는, 자신들의 허물로 그분께서 고통을 받으셨다고 생각하고 슬퍼하면서, 자신들이 지은 죄악들로 인해 애통해하며, "이는 진실로 하나님의 아들이었도다"(마 27:54)라고 말한 그런 사람도 있었을 것이라고 우리 함께 기대해 봅시다. 이 정도 수준에 이른 자들이 구원을 받았습니다. 그와 같은 식으로 죽임을 당한 어린 양(계 13:8)을 본 두 눈은 복 있는 눈이며, 자신들을 위해 그분께서 상하시고 슬픔에 빠지셨다는 사실로 인해 그때 그 자리에서 마음이 상했던 그 마음은 행복한 마음이었습니다. 사랑하는 성도 여러분, 이 마음을 열망하십시오. 하나님께서 은혜를 베푸시어, 여러분이 예수 그리스도만을 보게 되기를 기원합니다. 예수 그리스도 그분은 우리를 구원하기 위해 의인으로서 불의한 자를 대신(벧전 3:18)하여 고통 속에서 십자가에 달려 죽기 위해 육신으로 오신 하나님이십니다. 오, 여러분은 나아와서 그분을 신뢰하고 믿으십시오. 그리고 여러분의 구속을 위해 그러한 희생이 필요했었다는 생각을 하며 여러분의 가슴을 치십시오. 그러고 나서 가슴 치는 일을 멈추고는 아주 기쁜 마음으로 박수를 치기 시작하십시오. 왜냐하면 구세주에 대해 그렇게 슬퍼한 사람은 그분 안에서 기뻐할 것이며, 이제 그분은 그들의 것이고, 그들은 그분의 것이기 때문입니다.

2. 우리도 그 십자가 슬픔에 동참해야 한다.

이제 우리는 여러분에게 그 슬픔에 동참하기를 요구할 것입니다. 여러분 각자는 그 마음의 진실함을 따라 십자가를 바라보고, 자신의 가슴을 치기 바랍니다. 우리는 믿음으로 골고다의 작은 언덕 아래에 서고자 합니다. 거기서 우리는 두 강도 사이의 중앙에 육신으로 오신 하나님의 아들이 양 손과 발에 못이 박힌 채, 말로 형용할 수 없는 고통 속에서 죽어 가고 있는 것을 봅니다. 여러분은 이 모습을 자세히 보시기 바랍니다. 저는 여러분을 위해 기도하겠습니다. 여러분이 흘리는 눈물을 통해 주시하면서, 확실하고도 경건하게 바라보십시오. 천사들에게 경배를 받으시다가 지금은 인간들을 위해 죽어 가고 있는 분이 바로 이분이십니다. 여러분은 앉아서 죽음을 멸망케 하는 그 죽음을 지켜 보십시오. 먼저 저는 여러분에게 요구합니다. 여러분은 그분 안에서 여러분 자신의 죄악들을 보고 있다는 사실을 기억하면서, 여러분의 가슴을 치십시오. 그분은 얼마나 위대한 분이십니까! 지금은 머리에 가시 면류관을 쓰고 계시지만, 예전에는 하늘과 땅의 모든 왕권을 나타내는 면류관을 머리에 쓰고 계셨던 분이십니다. 거기 십자가에서 돌아가신 그분은 평범한 사람이 아니십니다. 저기 십자가에 달린 그분은 만왕의 왕이시며, 만주의 주(딤전 6:15)이십니다. 이제는 그처럼 큰 희생을 요구하는 여러분의 크나큰 죄악들을 보십시오. 여러분이 지은 죄악들을 제거하기 위해서 무한한 분이신 그분께서 생명을 내어놓아야만 했습니다. 그 정도로 여러분의 죄는 무한한 죄악임에 틀림없습니다. 여러분은 주님의 본질적인 성품과 위엄에 있어서 그분의 위대함을 결코 가늠해 보거나 파악할 수 없습니다. 또한 여러분은 죄의 속량을 위해서 그분의 생명을 요구하는 죄악의 음흉함과 극악무도함을 결코 이해할 수도 없습니다. 사랑하는 성도 여러분, 여러분은 여러분의 가슴을 치며, "하나님이여 불쌍히 여기소서(눅 18:13), 죄인 중에 내가 괴수(딤전 1:15)입니다"라고 말하십시오. 예수님의 얼굴을 자세히 들여다보고, 그들이 그분을 얼마나 볼품없이 만들었는지를 살펴보십시오! 그들은 그분의 뺨에 침을 뱉으며 더럽혔고, 중죄인을 때리는 채찍으로 그분의 어깨를 내리쳤습니다. 그들은 가장 비열한 로마의 노예에게만 허용되는 방식으로 그분을 죽게 하였습니다. 그들은 그분이 마치 하늘과 땅 어디에도 어울리지 않는 것처럼, 하늘과 땅 사이에 그분을 매달았습니다. 그들은 그분을 발가벗겨서 실오라기 하나라도 그분을 가리게 하지 않고 그냥 방치하였습니다! 오, 사랑하는 성도 여러분, 이제 여기서 여러분이 지은 죄악의 수치를 보십시오. 여러분이 지은 죄는 얼마나 수치스러운 것인지 모릅니다! 그리스도께서 여러분을 위해 그런 수치를 당해야만 했으니, 여러분의 죄가 얼마나 수치스러운 것이었겠습니까! 오, 주님께서 여러분을 위해 이렇게 조롱받고 아무것도 아닌 자같이 된 것을 생각하면서, 여러분은 여러분 자신을 수치스럽게 여기십시오! 그들이 얼마나 그분을 더욱더 슬프게 했는지를 보십시오! 그들은 그분을 십자가에 못 박는 것으로 만족하지 못했습니다. 그래서 그분을 모욕하였습니다. 그래도 그들은 그것으로 만족하지 못했습니다. 그리하여 그들은 그분의 기도를 조롱하고, 그분께서 죽어가며 울부짖자, 그분에게 신포도주를 주어 마시게 하면서, 그 부르짖음을 희롱하였습니다.

사랑하는 성도 여러분, 여러분과 제가 지은 죄악들로 인해 얼마나 상황이 악화되었는지를 한번 보십시오! 사랑하는 성도 여러분, 나아오십시오. 우리는 우리의 가슴을 치면서, "오, 우리의 죄로 인해 그들이 얼마나 더 죄를 짓게 되었는지 모릅니다! 우리는 죄를 범했을 뿐만 아니라, 빛과 지식과 책망과 경고도 범하였나이다. 우리의 죄악이 더욱 심해지면서, 그분의 슬픔도 더욱 심해졌나이다!"라고 말합시다. 귀하신 그분의 얼굴을 가만히 바라보면서, 단순한 육체적인 아픔과 고통을 훨씬 넘어서서 한층 깊은 내적인 슬픔을 나타내는 그 고뇌의 얼굴을 살펴봅시다. 그분의 아버지이신 하나님께서는 그분을 버리셨습니다. 하나님께서는 그리스도가 우리를 위하여 저주를 받은 바(갈 3:13) 되도록 하셨습니다. 그렇다면 도대체 우리에게는 어떤 저주가 임해야 하겠습니까? 도대체 우리가 지은 죄는 어떤 대우를 받아야 하겠습니까? 죄가 오직 그리스도에게만 전가 되고 잠시 동안 그분에게 지워졌을 때, 그 아버지마저 얼굴을 돌리시고, 그 아들로 하여금 "라마 사박다니!"(마 27:46)라고 소리를 지르게 하였다면, 오, 우리의 죄는 더 큰 저주를 받아야 마땅한 것이었으며, 우리에게는 더 큰 저주가 임하게 되었을 것입니다! 예수님께서 개입하지 않으셨더라면, 지존자가 우렛소리를 내시고(삼하 22:14), 그분께서 숯불을 내리시며, 그분의 진노와 화가 우리의 몫이 되지 않았겠습니까! 여호와께서는 그 아들마저도 아끼지 않으셨는데, 하물며 죄악을 지은 우리를 거들떠나 보시겠습니까. 그분께서는 우리를 죄악에 따라 대하시며, 우리의 허물에 따라 보응하시는데, 아무 가치도 없는 사람들은 도대체 어떻게 되겠습니까!

　　우리가 가만히 앉아서 예수님을 바라볼 때, 우리는 그분의 죽음이 자발적이었다는 사실을 기억하게 됩니다. 사실 그분께서 그런 죽음을 원치 않으셨다면, 그분은 그렇게 죽을 필요가 없었습니다. 여기서 그분의 죽음과 우리의 죄에 대한 특징이 또 하나 발견됩니다. 그것은 우리의 죄도 자발적이라는 사실입니다. 우리는 강요에 의해 죄를 지었던 것이 아닙니다. 우리는 고의적으로 악한 길을 선택했던 것입니다. 오, 죄인인 여러분이여, 우리 모두는 함께 앉아서 주님께 다음과 같이 말합시다. 우리는 우리의 죄에 대해서 어떤 정당화나 정상참작과 같은 방식으로 변명할 수 없습니다. 우리는 자신의 뜻에 따라 자발적으로 빛과 지식을 거역하였으며, 사랑과 긍휼을 거스르고 죄를 지었기 때문입니다. 따라서 예수님께서 자발적으로 고난 받으신 것을 우리가 보게 될 때, 우리는 우리 자신의 가슴을 칩시다. 그리고 가장 선하고 은혜로우신 하나님의 의롭고 옳은 법을 우리가 고의적으로 범했다는 사실을 고백하도록 합시다. 저는 여러분이 다섯 군데의 상처를 계속해서 자세히 들여다보고, 그 흉해진 얼굴을 살펴보며, 양 손과 발과 옆구리에서 흘러나온 붉은 핏방울들을 한 방울 한 방울 헤아리도록 얼마든지 설명해 줄 수 있지만, 우리에게는 시간이 부족합니다. 단 한 군데 상처만이라도 여러분과 함께 하도록 하십시오. 그로 인해 그리스도 안에 있는 여러분의 죄악을 보게 되었다면, 여러분의 가슴을 치십시오.

　　우리의 관점을 바꾸어 다시 살펴보도록 하겠습니다. 말하자면, 십자가에 달리신 그 동일한 분에게 우리의 시선을 계속 고정한 채로, 우리가 지은 죄에 대한 구제책이 무시당하고 멸시당하는 것을 그분에게서 보도록 합시다. 만약 우리가 죄악 자체에 대해, 즉 우리가 반역한 그 첫 번째 상태에 대해 눈물을 흘리지 않는다면,

그것은 틀림없이 죄악의 두 번째 상태인 배은망덕한 모습으로 드러날 것입니다. 반역의 죄는 사악한 죄입니다. 그러나 구세주를 가볍게 여기는 죄는 더욱 사악한 죄입니다. 그분은 십자가에 달려 이루 형언할 수 없는 슬픔을 당하고 신음한 분이십니다. 그런데도 여러분 중에 어떤 이들은 그분을 전혀 생각하지도 않고, 사랑하지도 않고, 그분에게 전혀 기도하지도 않고, 그분을 신뢰하지도 않고 섬기지도 않습니다. 저는 지금 여러분을 책망하려는 것이 아닙니다. 저는 그 귀한 상처들이 여러분을 다정하고 부드럽게 책망하도록 간구할 것입니다. 저는 오히려 제 자신을 책망하려고 합니다. 왜냐하면, 정말 슬프고도 애석한 일이지만, 저도 예전에 그분에 관한 이야기를 들을 때, 마치 들을 수 없는 귀를 가진 사람처럼 들은 때가 있었습니다. 제가 그분에 대해 들었을 때, 저는 그분께서 죄인들에게 베풀어 주신 사랑을 이해하기는 했었지만, 제 마음은 돌처럼 단단해서 전혀 움직이려고 하지 않았습니다. 저는 귀를 막아 버렸기 때문에, 예수님께서 보여주신 그 사심(私心) 없는 사랑이라는 그 큰 매력에도 전혀 마음이 동하지 않습니다. 제가 삼십 년이나 사십 년이나 오십 년 동안 경건하지 않은 사람으로 살아오다가 마지막에 회개를 한 사람이라면, 그 긴 시절 동안 예수님을 거부했다고 해서 그렇게 책망할 일은 아니라고 생각합니다. 그런데 우리들 대다수는 청년 시절부터 아니, 거의 어릴 때부터 회심한 자들입니다. 그런 자들이 우리를 위해 많은 일을 행하신 그 귀하신 친구를 그토록 오랫동안 가볍게 여긴 것에 대해, 우리는 우리 자신을 비난하지 않을 수 없습니다. 그분께서는 우리의 죄 때문에 자신을 내어주셨습니다. 도대체 누가 우리를 위해 그분보다 더 큰 일을 행할 수 있단 말입니까? 아, 우리의 마음이 그분을 떠나 있을 때, 우리는 얼마나 그분께 큰 잘못을 하고 있는 것인지 모릅니다! 오, 죄인인 여러분이여, 여러분은 죄인의 친구(마 11:19)인 그분에 대해 어떻게 여러분의 마음 문을 닫고 있을 수 있습니까? "나의 완전한 자야, 문을 열어 다오. 내 머리에는 이슬이, 내 머리털에는 밤이슬이 가득하였다"(아 5:2)라고 소리치는 그분에게 어떻게 우리는 문을 닫아 놓을 수 있단 말입니까? 제가 확신하는 바는, 지금 이 자리에도 그분께서 선택하신 자들이 있다는 사실입니다. 여러분은 창세 전에 그리스도(엡 1:4)께서 택하신 자로서, 언젠가는 그분과 함께 천국에서 그분을 찬양하는 노래를 부르게 될 것입니다. 하지만 지금 이 순간에 여러분은 그분의 이름을 들어도 그분을 사랑하지 않습니다. 그분이 행하신 것을 들어도, 여러분은 그분을 신뢰하지 않습니다. 도대체 이게 무슨 말입니까! 그 빗장쇠를 항상 여러분의 마음 문에 굳게 채워 놓을 것입니까? 그 문도 항상 그렇게 닫아 놓을 것입니까? 오, 살아 계신 하나님의 성령이시어, 복되신 그리스도를 위해 이 아침에 그들의 마음에 들어가 주옵소서! 성령님께서 능력을 베푸신다면, 틀림없이 십자가에 달린 그리스도를 보게 될 것입니다. 비할 데 없는 그 광경으로 인해 예수님의 사랑에 제압되어 돌 같은 마음은 누그러지고 점차 사라지게 될 것입니다. 오, 성령님께서 이 누그러뜨리는 은혜로운 사역을 행하시어, 그 모든 영광을 그분께서 받으시기를 기원합니다.

사랑하는 성도 여러분, 계속해서 여러분의 시선을 십자가 아래에 고정해 주십시오. 이 자리에 있는 모든 신자들이 십자가 위에서 그렇게 고통을 받은 분이 과연 누구였는지를 생각한다면, 틀림없이 이 아침에 자기 가슴을 치게 될 것입니다. 그분은 과연 누구였습니까? 그분은 우리를 사랑한 분이셨습니다. 다시 말해, 창세 전부터 우리를 사랑한 분이셨습니다. 오늘 우리 영혼의 신랑이시며, 우리의 최고의 사랑을 받으신 바로 그분이셨습니다. 그분은 우리를 연회장으로 데리고 가서, 우리에게 사랑의 깃발을 흔드는 분이셨습니다. 그분은 우리를 자기 자신과 하나가 되게 하신 분이며, 우리를 자기 아버지에게 흠 없이 드리고자 맹세한 분이셨습니다. 자기 영혼으로 우리를 기뻐하시므로 우리를 그분의 헵시바(사 62:4, "나의 기쁨이 그에게 있다")라 부르신 우리의 남편(호 2:16)인 바로 그분이셨습니다. 우리를 위해 그와 같은 고통을 받으신 분도 바로 그분이셨습니다. 고통이 항상 동일한 수준의 연민을 불러일으키지는 않습니다. 우리 영혼의 가장 깊은 곳이 움직이려면, 여러분은 개인적으로 그 고통에 관한 어떤 것을 알고 있어야만 합니다. 그래서 그 고통의 성격이 고귀하면 할수록, 우리는 그 고통에 대해 더욱더 감사할 수 있고, 그 고통과의 관계가 친밀하면 할수록, 우리는 그 고통에 대해 더욱더 다정하게 보답하게 되며, 그 고통은 더욱더 깊이 우리 영혼에 감동을 줍니다. 이것이 우리에게 일어나는 일들입니다. 여러분은 계속해서 그분의 성찬 식탁에 나아오고 있습니다. 여러분은 오늘도 빵을 떼는 일에 참여할 것입니다. 그 빵은 골고다에서 극심한 고통에 떨고 있는 살을 상징하고 있습니다. 저는 여러분이 이 사실을 기억하도록 여러분을 위해 기도하겠습니다. 여러분은 또한 잔도 마실 것입니다. 그렇다면 그 잔은 여러분의 어머니나 남편이나 친구가 여러분을 사랑하는 것보다 더욱 여러분을 사랑하시는 그분의 피를 나타내고 있다는 사실을 반드시 기억하십시오. 오, 그분께서는 슬퍼해야 했고, 하늘의 해는 사라져야 했고, 하늘의 백합꽃은 피로 얼룩져야 했고, 하늘의 장미꽃은 치명적인 창백함으로 희어져야 했습니다. 여러분은 앉아서 여러분의 가슴을 치십시오. 온전함이 비난을 받고, 순결함이 매를 맞고, 사랑이 죽임을 당했습니다. 여러분은 이것을 슬퍼하십시오. 기쁨과 거룩 그 자체이신 분, 영원히 복되신 분, 영원히 천사들의 기쁨이셨던 그리스도께서 지금 슬퍼하는 자, 슬픔을 아는 자, 피 흘려 죽어 가는 자가 되어야만 했습니다. 여러분은 이것을 슬퍼하십시오. 신자이신 여러분, 여러분의 가슴을 치면서 여러분의 길을 가십시오.

주님 안에서 사랑받고 있는 성도 여러분, 이와 같은 슬픔이 여러분 속에서 불타오른다면, 이 주제를 계속 연구해서, 우리가 그분을 알게 된 날 이후로 우리가 예수님을 얼마나 불신했으며, 또한 얼마나 그분에게 잔인하게 행했는지를 반성해 보는 것이 좋을 것입니다. 그분께서는 나를 위해 피 흘리셨는데, 나는 그분을 믿지 않았으니, 도대체 어떻게 된 것입니까? 그분은 하나님의 아들이신데도, 나는 그분의 신실하심을 의심하고 있지 않습니까? 나는 십자가 밑에서 냉정하게 서 있지 않습니까? 나는 죽어 가는 나의 주님에 대해 냉정하고도 무관심한 마음으로 말하고 있지 않습니까? 나는 십자가에 못 박힌 그리스도를 지금까지 메마른 눈과 냉정한 마음으로 전하고 있지 않습니까? 내가 무릎을 꿇고 개인적으로 기도할 때, 내 생각들은 귀한 피를 흘리시는 그분의 손과 발에 집중해야 함에도 불구하고, 내 생각들은 방황하고 있지 않습니까? 내가 주님의 놀라운 희생을 기록한 복음서의 책장을 넘길 때마다 나는 그 페이지들을 눈물로 얼룩지게 한 적이 없지 않습니까? 기적 중의 기적이며, 이적 중의 이적인 이 십자가 사건을 기록한 거룩한 문장들에서 나는 지금까지 넋을 잃고 가만히 있어 본 적이 없지 않습니까? 오, 완악한 마음을 가진 여러분이여, 부끄럽게 여기십시오! 제가 이렇게 여러분을 치는 것은 당연한 일입니다. 하나님께서 그 성령의 망치로 여러분을 치셔서 여러분이 산산조각나기를 기원합니다. 오, 돌 같은 마음을 지닌 여러분이여, 화강암 같은 정신을 지닌 여러분이여, 부싯돌 같은 영혼을 지닌 여러분이여, 그토록 놀랍고 거룩한 사랑 앞에서 제가 그렇게 우둔했던 것을 생각하니, 저는 당연히 여러분을 감싸고 있는 그 가슴을 치지 않을 수 없습니다.

사랑하는 성도 여러분, 여러분이 십자가를 바라볼 때, 여러분은 자기 가슴을 치게 되고, 여러분이 주님을 위해 한 일이 없다는 사실 때문에 슬퍼하게 될 것입니다. 제 생각에 만약 어떤 사람이 제가 회심한 날에 나의 미래 인생을 대략 그려볼 수 있다고 하면서, "당신은 영적인 것에 둔하고 냉담하게 될 것이며, 열정과 감사하는 마음을 거의 보여주지 못할 것이요!"라고 말했다면, 저는 하사엘처럼 "당신의 개 같은 종이 무엇이기에 그런 큰 일을 행하오리이까?"(왕하 8:13)라고 말했을 것입니다. 여러분은 자신에 대해서 너무 허황된 예언들을 가지고 있습니다. 제가 여러분의 실제 행동과 여러분이 자신에 대해 믿고 있는 그 허황된 예언들을 비교해서 말한다면, 여러분은 대다수 실망하고 말 것입니다! 제 생각에는 제가 여러분의 마음을 제대로 읽은 것 같습니다. 도대체 어찌 된 일인가? 나는 진정으로 용서받지 않은 사람이지 않은가? 예수님의 찢어진 옆구리에서 쏟아져 나오는 그 뜨거운 피로 참으로 죄 씻음을 받았는데도, 나는 온전히 그리스도에게 헌신하지 못하고 있지 않은가? 도대체 어찌 된 일인가? 내 몸에는 주 예수님의 흔적이 있지만, 나는 그분에 대해 거의 생각하지 않고도 살아갈 수 있지 않은가? 나는 불에서 꺼낸 그슬린 나무(슥 3:2)와 같은 사람이면서도, 장차 올 진노에서 다른 사람을 얻는 일에 별 관심이 없지 않은가? 예수님께서는 낮아지셔서 나를 얻으셨는 데도, 나는 그분을 위해 다른 사람을 얻기 위한 노력을 못하고 있지 않은가? 그분은 온 힘을 다해 나에게 열심을 내셨건만, 나는 그분에게 그 반만큼도 열심을 못 내고 있지 않은가? 나는 일 분은 물론 한 시간도 사소하게 여기고 있지 않은가? 나는 헛된 농담과 무익하고 하찮은 일로 오후 시간을 낭비하고 있지 않은가?

　　오, 내 가슴아, 내 영혼이 귀하게 여기고 사랑하는 그분의 죽음을 보고서도, 나는 최고의 열정으로 불타오르지 못하고, 본성적으로 내가 가진 모든 능력과 영적으로 내가 가진 모든 애정과 전인격적인 나의 모든 자질로 완전한 헌신을 위해 가장 뜨거운 사랑도 가지지 못했으니, 내가 너를 치는 것이 마땅하지 않겠느냐? 이런 슬픈 선율은 더 길게 계속될 수도 있습니다. 우리는 계속 가슴을 치면서, 계속 책망하면서, 계속 후회하면서, 계속 울부짖으면서, 우리의 고백을 계속할 수 있습니다. 우리가 가장 음울하고 슬픈 고백을 한층 더 지속한다 해도, 그 복된 친구를 대한 우리의 부끄러운 태도에 대해 충분한 후회를 표할 수 없을 것입니다. 우리는 찬송가 작사가들 중의 한 사람처럼 다음과 같이 말할 수 있을 뿐입니다.

　　"주님, 나로 하여금

오직 죄 때문에 울게 하옵소서.
그리고 당신만 따르게 하옵소서.
그 후에야 비로소,
오, 내가 할 수만 있다면,
끊임없이 우는 자가 되게 하옵소서!"

우리는 니오베(Niobe, 그리스 신화에 나오는 여성으로, 한꺼번에 모든 자식을 잃고 비탄에 빠져 울며 세월을 보냈다. 자신의 고향인 리디아의 시필로스 산 위에서 밤낮을 울며 탄식하다가 돌이 되고 말았다. 그녀는 돌이 되어서도 계속 눈물을 흘렸다고 한다 — 역주)처럼 되기를 갈망하여, "오 내 머리는 물이 되고 내 눈은 눈물 근원이 되어 내가 내 백성의 딸의 죽임당한 자들을 위하여 밤낮으로 울 수 있다면 얼마나 좋을까?"(렘 9:1, KJV)라고 말한 예레미야 선지자의 갈망을 깨달을 수도 있습니다. 조지 허버트(George Herbert, 1593-1633. 영국 성직자이자 형이상학파 시인 — 역주)의 거룩한 낭비마저도 우리에게는 놀랍지 않게 됩니다. 왜냐하면 우리도 그와 함께 슬픔(GRIEF)의 노래까지 부르게 될 것이기 때문입니다.

"오, 누가 내게 눈물을 주는가?
너희 모든 샘들아 나아오라,
내 머리와 눈에 머물러라.
구름과 비도 나아오라!
내 슬픔에는 자연이 만들어 낸
모든 물기 있는 것들이 필요하니,
모든 혈관이 내 눈에 눈물을 가져다주도록
강물을 빨아들여라.
울다 지친 내 눈은
너무나 메말랐도다.
내 눈을 지탱시켜 주며
지금 내 형편에 어울리는
새로운 물길과 새로운 수분이 없다면,
그런 물기 없는 세상에서

두 개의 여울과 두 개의 작은 분출구들은
도대체 어떤 것들인가?
더 큰 세상도
내 슬픔과 의심에 비하면 좁은 찬장처럼
단지 작은 세상일 뿐,
만물 가운데서 공급 받기를 원하는 내 슬픔.
운율들이여, 너희들도 나의 거친 슬픔에 비하면,
너무나 세련되고 너무나 교활하다.
그만두어라! 입을 닫고 벙어리가 되어라.
네 발을 포기하고, 내 눈에 흐르는 것을 단념하여라.
네 가락은 어느 연인의 류트에 맞추어라.
그 연인의 슬픔은 음악과 리듬을 허용하겠지만,
나의 슬픔은 가락과 음조와 시간 모두를 거부하노라.
아, 슬픕니다. 나의 하나님!"
(조지 허버트, 「성전」(Temple) 제2부, '슬픔'(Grief) ― 역주).

3. 십자가 밑에서 우리의 슬픔과 기쁨이 하나가 되어야 한다.

　주님의 슬픔에 우리도 동참해야 한다는 이 문제에 대해서는 지금까지 충분히 말씀드린 것 같습니다. 하나님께서 이 문제에 대해 축복해 주셨다면, 충분한 논의가 되었을 것이고, 그분의 축복이 없었다면, 지나친 논의가 되었을 것입니다. 이제 저는 여러분을 세 번째 주제로 초대하고자 합니다. 즉, 골고다에서는 슬픈 음율만이 적합한 음악은 아니라는 사실을 기억하는 것입니다.

　우리가 방금 부른 찬송 가운데서, 시인은 어느 곡조가 골고다에 가장 적합한지를 묻는 것처럼 보입니다. 그래서 우리는 그 시인을 칭송하였습니다.

　　"'다 이루었다.'
　　우리는 슬픔의 노래를 불러야 하는가,
　　아니면 기쁨의 노래를 불러야 하는가?
　　구세주께서 죽는 것을 보고서 슬퍼해야 하는가,
　　아니면 그분의 승리를 선포해야 하는가?

우리가 골고다에 대해 말할 때,
어떻게 승리의 노래가 울려 퍼지겠는가?
우리가 재앙에서 구원받은 자에 대해 말할 때,
어떻게 슬픈 곡조가 흘러나오겠는가?"

우리의 죄가 예수님의 옆구리를 찔렀기 때문에 우리가 한없이 슬퍼해야 할 이유가 있지만, 그 상처에서 흘러나온 피가 우리의 죄악을 씻어주었기 때문에 우리가 무한히 감사해야 할 이유가 있다는 사실을 이 시인은 보여주고 있습니다. 그러므로 이 시인은 이 문제를 몇 가지 연으로 나눠 운율을 조절한 후, 다음과 같이 결론짓고 있습니다.

"'다 이루었다.'
우리는 감사와 찬양의 노래를
부릅시다."

결국, 여러분과 저는 골고다를 에워쌌던 무리들과 같은 상황에 있지 않습니다. 왜냐하면 그 당시 우리 주님은 죽은 상태였지만, 지금 그분은 진실로 부활하셨기 때문입니다. 그 목요일 저녁부터 삼일 간의 시간이 있었습니다(우리 주님께서는 금요일에 십자가에 못 박히지 않았다고 믿을 만한 많은 이유들이 있습니다). 이 목요일 저녁에 예수님은 틀림없이 죽은 자들이 있는 곳에 머무르셨을 것입니다. 따라서 인간의 눈으로 그분을 보는 한, 그분은 감사의 대상이 아니라, 연민과 슬픔의 대상이었습니다.

그러나 사랑하는 성도 여러분, 그분은 지금 살아나셔서 영광 중에 다스리고 계십니다. 그 어떤 무덤도 그 복되신 육체를 가둬 놓을 수 없었습니다. 그분은 부패를 보지 못했습니다. 왜냐하면 셋째 날이 밝아오는 순간, 그분은 더 이상 사망의 결박에 묶여 있을 수 없었기 때문입니다. 그분은 제자들에게 자신이 살아났음을 드러내 보여주셨습니다. 그분은 이 세상에 사십일 동안 머물러 계셨습니다. 그분은 육신적으로 자신을 알고 지낸 사람들과 얼마간의 시간을 보내셨습니다. 부활 이후의 많은 시간은 아마도 그분이 부활하신 후 무덤에서 나온 성도들과 보내셨을 것입니다. 그러나 분명히 그분께서는 잠자는 자들의 첫 열매(고전

15:20)가 되시어 하늘로 올라가셨습니다. 그분께서는 하나님의 오른편에, 즉 아버지와 똑같은 자리로 올라가셨습니다. 그분이 이 땅에서 받은 상처 때문에 슬퍼하지 마십시오. 그 상처들은 하늘의 광채로 빛나고 있습니다. 그분의 죽음을 슬퍼하지 마십시오. 그분은 더 이상 죽은 분이 아니라 살아 계신 분이십니다. 수치와 침 뱉음을 당한 것 때문에 슬퍼하지 마십시오.

> "과거에 가시 면류관을 쓰셨던
> 　그분의 머리에는
> 　지금 영광의 면류관이 씌워져 있다."

　　위를 바라보면서, 사망이 더 이상 그분을 지배하지 않는 것에 대해 하나님께 감사드리십시오. 그분은 살아서 우리를 위해 중보해 주고 계십니다. 그리고 그분은 곧 천사들의 무리에 둘러싸여 오셔서 살아 있는 자와 죽은 자를 심판하실(딤후 4:1) 것입니다. 슬퍼할 이유는 기쁨의 근거 앞에서 무색해집니다. 여자가 해산하게 되면 그때가 이르렀으므로 근심하나 아기를 낳으면 세상에 사람 난 기쁨으로 말미암아 그 고통을 다시 기억하지 아니(요 16:21)하는 것과 마찬가지로, 그 가시 면류관을 쓰신 후에 부활하신 구세주를 생각할 때, 우리도 십자가의 슬픔과 골고다의 상한 마음으로 인한 슬픔을 잊어야 할 것입니다.

　　그리고 여러분은 높은 소리 나는 제금(시 150:5)의 높고 날카로운 소리를 들으십시오. 또 여러분은 마음속으로 기뻐하십시오. 왜냐하면 우리 구세주께서는 자신의 죽음으로 지옥의 모든 권세들을 무찌르셨기 때문입니다. 그 권세자들은 그분에게 격렬하게 달려들었습니다. 그렇습니다. 그들은 그분의 육신을 뜯어 먹으려고 그분에게 달려들었습니다. 그러나 그들은 넘어지고 고꾸라졌습니다. 그들은 그분의 주위를 에워쌌습니다. 그렇습니다. 그들은 벌처럼 그분의 주위를 에워쌌습니다. 그러나 승리자께서는 주님이라는 이름으로 그들을 무찌르셨습니다. 허다한 죄악의 무리와 무저갱의 모든 군대들에 맞서서 구세주께서는 당당히 서셨습니다. 마치 무수한 군대들을 대적하는 한 명의 독립군처럼 말입니다. 그래도 그분은 그들 모두를 죽이셨습니다. "네[뱀의] 머리를 상하게 할 것이요"(창 3:15)라는 말씀대로, 예수님께서는 사로잡혔던 자들을 사로잡으시고(엡 4:8), 자신이 넘어지심으로 그들을 이기셨습니다. 그러므로 승리의 노래로 슬픔의 울부짖음이 영원히 사라지도록 합시다.

더 나아가, 사랑하는 성도 여러분, 사람들이 구원받았다는 사실을 기억하도록 합시다. 택함을 받은 무수한 사람들이 이 아침에 기뻐하는 여러분의 눈 앞에 줄지어 나아오도록 하십시오. 그들은 흰 옷을 입고서 긴 행렬을 이루고 나아옵니다. 그들은 서로 다른 먼 땅에서 나아옵니다. 과거에는 죄의 붉은 옷과 부정의 검은 옷을 입었지만, 지금은 모두 희고 순결한 옷을 입고 있어서 그 영원한 보좌 앞에서 한 점의 흠도 발견할 수 없습니다. 그들은 시험을 이겨내고 아름답게 되어 예수님처럼 되었습니다. 어떻게 그렇게 되었습니까? 이 모든 것이 골고다를 통해 그렇게 되었습니다. 거기서 그들의 죄가 제거되었고, 거기서 그들에게 영원한 의가 주어졌으며 완성되었습니다. 보좌 앞의 무리들이 종려나무를 흔들고 황금 비파를 켤 때에, 여러분도 그들처럼 온 힘을 다해 기뻐하십시오. 그리하여 그 천상의 음악으로 인해 슬픈 탄식의 음성들이 진정되도록 하십시오.

> "아! 내 구세주께서 왜 피 흘리셨나?
> 왜 내 구세주께서 죽으셨나?
> 벌레 같은 나를 위해
> 그분께서 그 거룩한 머리를 바치셨나?"

이것으로 모든 것이 끝난 것이 아닙니다. 여러분 자신도 구원을 받았습니다. 오, 사랑하는 성도 여러분, 이 사실이 항상 여러분의 가장 큰 기쁨 중 하나가 될 것입니다. 여러분이 도구가 되어 다른 사람들이 회심하게 되었다는 사실도 많이 감사할 일입니다. 그러나 여러분의 구세주께서 여러분에게 하시는 충고는 다음과 같습니다. "그러나 귀신들이 너희에게 항복하는 것으로 기뻐하지 말고 너희 이름이 하늘에 기록된 것으로 기뻐하라"(눅 10:20). 쫓겨나야 할 운명에 처한 영혼을 가진 여러분, 마귀와 함께 분깃을 소유한 여러분, 바로 그런 여러분이 이 날에 용서를 받고, 양자가 되고, 구원을 받아 천국으로 가는 도상에 있습니다. 오! 여러분이 지옥에서 구원을 받았고, 영광 가운데 들림을 받았다는 사실을 생각할 때, 여러분은 기뻐하지 않을 수 없습니다. 여러분은 주님이신 예수 그리스도의 죽음을 통해 여러분의 죄가 제거된 것에 대해서 기뻐하지 않을 수 없습니다.

마지막으로, 우리가 그리스도의 죽음을 항상 기뻐하며 기억해야 하는 한 가지 이유가 더 있습니다. 그것은 다음과 같은 이유입니다. 세상은 우리 하나님의 명예와 영광에 어떤 타격을 가할 의도로 예수님을 십자가에 못 박았습니다. 그리고 그리스도의 죽음을 통해서 마치 하나님 자신을 죽이는 것이 가능한 것처럼 그렇게 세상은 행세했습니다. 그리하여 세상은 스스로 "신을 죽인 세상"이라는 끔찍한 이름을 얻고자 열망했습니다. 그러나 이 모든 것에도 불구하고, 하나님은 예수님의 고난을 통해 큰 명예와 영광을 얻으셨습니다. 오, 그들은 하나님을 경멸한 줄로 생각했으나, 결국에는 그분의 이름을 드높인 셈이 되었습니다! 하나님께서 가장 큰 영광을 받으실 때에도, 그들은 하나님께서 수치를 당하고 있다고 생각했습니다. 하나님의 형상은 보이지 않는 데도, 그들은 그 형상을 훼손했다고 하지 않았습니까? 하나님 아버지의 인격적 이미지가 분명하게 드러나는 데도, 그들은 그 이미지를 모독했다고 하지 않았습니까? 아, 그들은 그렇게 말했습니다!

그러나 하늘 보좌에 앉아 계시는 그분은 당연히 웃으시며, 그들이 한 일로 인헤 스스로 조롱받게 하지 않으시겠습니까? 그들은 단지 옥합(마 26:7)을 깨뜨렸을 뿐인데, 그 일로 인해 무한한 은혜의 복된 모든 향기가 뿜어져 나와 온 세상을 향기로 가득 채우게 되었습니다. 그들은 단지 휘장(마 27:51)이 찢어지게 했을 뿐인데, 그 일로 인해 그룹들 사이에 숨어 있던 영광이 온 땅을 비추게 되었습니다. 오, 자연이여, 하나님을 찬양하라. 옛날부터 제사장 같았던 산들아, 하나님을 찬양하라. 나무들아, 너희의 그 손으로 하나님을 찬양하여라. 바다야, 넘실대며 노호(怒號)하는 파도로 여호와를 찬양하며 그분을 경배하여라. 모든 폭풍과 격렬한 불길과 용들과 대양들과 눈과 우박들아, 너희 모두도 죽기까지 복종하신(빌 2:8) 예수님만큼 하나님께 영광을 돌릴 수는 없을 것이다.

오, 하늘이여, 기뻐하는 천사들과 영원히 찬송하는 그룹과 스랍과 여러 삼위일체 송(thrice holy hymn, Trisagion, 고대교회 특히 동방교회에서 유래된 표준 찬양으로, '거룩한 하나님이시여, 거룩하고 전능하신 이여, 거룩하고 영원하신 이여, 우리를 불쌍히 여기소서'라고 하는 기도문에 곡을 붙여 사용한다. 개신교에서는 '세 번 아멘' 찬양으로 적용되기도 한다 ― 역주)들과 황금 길과 끝없는 화음으로도, 예수 그리스도께서 십자가에서 보여주신 그 거룩함을 너는 드러내 보여줄 수 없다. 오, 지옥이여, 그 무한한 공포와 꺼지지 않는 불길과 고통과 슬픔과 고통당하는 영혼들의 비명소리조차도, 그리스도께서 피 묻은 십자가 위에서 찢어진 가슴으로 보여주신 그 하나님의 공의를 너는 드러내 보여줄 수 없다. 오, 땅과 하늘과 지옥이여! 오, 시간과 영원과 현재의 것과 장차 올 것과 보이는 것과 보이지 않는 것들이여, 피 흘리는 어린 양과 비교하자면, 너희들도 신성을 비추는 희미한 거울에 지나지 않는다.

오, 하나님의 가슴이여, 저는 골고다 이외에서는 어디에서도 당신의 가슴을 볼 수 없나이다. 골고다에서 성육신하신 말씀은 불타오르는 영광 가운데서 하나님의 공의와 사랑과 거룩함과 온유하심을 드러내 보여주셨나이다. 어떤 피조물이라도 하나님의 영광을 보려는 갈망이 그 마음에 있다면, 그는 별이 있는 하늘을 바라보거나 하늘의 하늘(신 10:14)로 올라갈 필요가 없을 것입니다. 그는 단지 십자가 아래로 고개를 숙여 임마누엘(마 1:23)이신 그분의 상처에서 쏟아져 나오는 진홍색 피를 보면 될 것입니다. 만약 여러분이 하나님의 영광을 보려고 한다면, 진주 문 사이를 쳐다볼 필요가 없을 것입니다. 여러분은 다만 예루살렘 문 밖(렘 22:19)을 바라보며, 숨을 거두시는 평강의 왕(사 9:6)을 쳐다보면 될 것입니다. 만약 여러분이 사랑과 관대함과 연민의 마음과 함께 하나님의 공의와 엄격함과 진노의 마음이 항상 함께 어우러진 인간의 마음이라는 가장 존귀한 개념을 얻고자 한다면, 여러분은 눈을 들어 위를 볼 필요도 없으며, 고개를 숙여 아래를 볼 필요도 없을 것입니다. 여러분은 천국을 바라볼 필요도 없으며, 도벳(Tophet, 힌놈의 골짜기[왕하 23:10]에 해당되는 '지옥'을 뜻한다 — 역주)을 바라볼 필요도 없을 것입니다. 여러분은 다만 완전히 부서지고 깨지고 상처 입은 그리스도의 가슴만 보면 될 것입니다. 여러분은 이미 그 가슴을 모두 보았습니다.

오, 하나님께서 최후 승리하셨다는 이 사실로부터 솟아나는 기쁨이여! 사망은 결코 승리자가 아닙니다. 악이 주인이 아닙니다. 두 개의 경쟁하는 나라가 있을 수 없습니다. 한 나라는 선한 신에 의해 다스려지고, 다른 하나는 악한 신에 의해 다스려지는 그런 두 나라는 없습니다. 결코 없습니다. 악은 결박되고 쇠사슬에 묶여 사로잡혔습니다. 그 악의 힘줄은 끊어지고 그 머리는 깨어졌습니다. 그 악의 왕은 여호와이신 예수님의 무서운 병거에 결박당했습니다. 승리의 흰 말들이 이긴 자를 태우고 찬란한 영광 중에 그 영원한 언덕으로 올라갈 때, 무저갱의 괴물들은 그 병거 바퀴 옆에서 굽실거릴 것입니다. 사랑하는 성도 여러분, 이제 우리는 다음과 같이, 겸손하지만 기쁜 경배의 문장으로 이 설교를 마치고자 합니다. "영광이 성부와 성자와 성령께, 태초와 같이 지금과 항상 끝없이 영원히. 아멘"(기도문이자 찬송가인 '영광송'[Gloria Patri]이다. 「21세기 찬송가」 4장[성부 성자
성령]에는 '성부 성자와 성령, 영원히 영광 받으옵소서. 태초로 지금까지 또 길이 영원무궁, 성
삼위께 영광 아멘'으로 되어 있다 — 역주).

제
93
장

—

주님은 진실로 살아나셨느니라

—

"어찌하여 살아 있는 자를 죽은 자 가운데서 찾느냐 여기 계시지 않고 살아나셨느니라 갈릴리에 계실 때에 너희에게 어떻게 말씀하셨는지를 기억하라." — 눅 24:5-6

한 주의 첫째 날은 그리스도의 부활을 기념하는 날입니다. 그리고 우리는 사도들의 모범을 따라 한 주의 첫째 날을 우리의 안식일로 삼고 있습니다. 우리 영혼의 안식은 구세주의 부활사건에서 찾을 수 있다는 것은 우리에게 친숙한 사실이지 않습니까? 성령님의 능력으로 말미암아 우리 주님께서 살아났다는 분명한 이해는 우리의 마음에 평화를 가져다주는 가장 확실한 수단이라는 것도 사실이지 않습니까? 그리스도의 부활에 동참하는 것은 하나님의 백성들을 위해 없어지지 않고 있는 안식일을 누리는 것입니다. 살아나신 주님을 믿는 우리는 안식에 들어갑니다. 그분께서 친히 아버지 우편에서 안식하고 계신 것과 똑같이 말입니다. 그분 안에서 우리는 안식합니다. 왜냐하면 그분의 사역은 끝이 났기 때문입니다. 그분의 부활은 자기 백성들의 구원을 위해 필요한 모든 것을 그분께서 완성하셨다는 보증입니다. 그래서 우리도 그분 안에서 완전하게 되었습니다. 제가 이 아침에 기대하고 있는 바는 다음과 같습니다. 즉, 우리가 아리마대 사람 요셉의 새 무덤을 순례하면서 주님께서 누우셨던 그 곳을 둘러보는 동안, 마음에 안식을 주는 어떤 생각들이 씨앗처럼 신자들의 마음 밭에 뿌려지기를 원합니다.

1. 무덤 주변에 있었던 부활에 관한 기억들

첫 번째로, 오늘 아침에 저는 "죽어서는 부자와 함께 있었으니"(사 53:9)라고 하신 말씀대로, 예수님께서 잠드신 그곳 주변에 흩어졌던 교훈적인 기억들을 여러분에게 말씀드리고자 합니다. 그분은 비록 지금 거기에 계시지 않지만, 그분은 한때 분명히 거기에 계셨습니다. 왜냐하면 그분은 "십자가에 못 박혀 죽으시고 장사"(사도신경)된 분으로 고백되기 때문입니다. 그분은 죽은 사람과 마찬가지로 죽으셨습니다. 비록 그분은 부패를 볼 수도 없었고, 예정된 시간을 넘어서 죽음에 매여 있을 수도 없었지만, 그럼에도 불구하고 참으로 죽은 것이 확실했습니다. 그분의 눈에는 아무런 빛도 남아 있지 않았고, 그분의 가슴에는 어떤 생명도 없었습니다. 그분의 머리에 씌워진 가시 면류관으로 생각은 사라졌고, 황금과 같은 그분의 입에서 나오는 말도 사라져 버렸습니다. 그분은 단순히 외형적으로 죽은 것이 아니라, 실제적으로 죽으셨습니다. 다시 말해서, 창으로 찔렀다는 사실이 이 논의를 단번에 종결짓게 합니다. 그래서 사람들은 시체가 된 그분을 무덤에 옮겨 놓았습니다. 그분은 고요한 무덤에 들어가기에 합당한 사람이었습니다. 그러니 지금 그분은 거기에 계시지 않습니다. 그분은 살아나셨기 때문에, 그분께서 무덤에 계셨다는 사실을 기억하기 위해 이렇게 우리가 탐색을 하는 것입니다. 우리는 "성묘"(holy sepulcher, 그리스도가 부활할 때까지 누워 있었던 무덤 ─ 역주) 문제로 미신적인 종파들과 다투지 않을 것입니다. 하지만 우리는 살아나신 구세주의 귀한 유물들을 영적으로 모을 것입니다.

첫째로, 그분께서는 은혜 가운데 **향료**를 남겨 놓으셨습니다. 그분께서는 살아나시면서 자신의 몸을 감쌌던 향기 나는 값비싼 향료들을 가지고 나오지 않으시고, 거기에 그것들을 남겨 놓으셨습니다. 요셉이 약 백 파운드 무게의 몰약과 침향 섞은 것을 가지고 왔고(요 19:39에 따르면, 요셉이 아니라 니고데모다 ─ 역주), 그 향기는 그대로 남아 있었습니다. 가장 달콤한 영적인 의미에서 말씀드리자면, 우리 주 예수님께서는 무덤을 향기로 가득 채우셨던 것입니다. 무덤은 더 이상 썩고 부패하는 악취가 나는 곳이 아닙니다. 그래서 우리는 교회의 시인과 함께 다음과 같이 찬양할 수 있습니다.

　　"왜 우리는 이 육신들을 무덤에 옮기며
　　　두려워 떠는가?

> 예수님의 귀한 육신도 거기에 누웠고,
> 향기도 오랫동안 남아 있는데."

땅 속에 있는 저 지하의 침대는 이제 향기로운 꽃들로 장식되고 값비싼 향로들로 향기를 내고 있습니다. 왜냐하면 가장 진실한 우리의 친구가 한때 그 침대 베개에 거룩한 머리를 대고 누웠기 때문입니다. 우리는 두려움으로 그 죽은 자의 방에서 물러서지 않을 것입니다. 주님께서 친히 그 방을 가로질러 가셨으며, 그분께서 가신 그곳에는 더 이상의 두려움이 남아 있지 않기 때문입니다.

둘째로, 주님께서는 세마포 수의(壽衣)를 뒤에 남겨 놓으셨습니다. 그분은 수의의 끈에 묶인 채 무덤에서 나오지 않으셨습니다. 그분은 생명의 의복으로 무덤의 수의를 입지 않으셨습니다. 그래서 베드로가 무덤 안에 들어갔을 때, 그분의 수의가 고이 개켜져 있는 것을 보았던 것입니다. 그분께서 성도들이 잠들어 있는 왕의 침실에 달아놓은 커튼의 용도로 그 세마포를 남겨 놓으셨다고 말씀드린다면 어떨까요? 그분께서 우리의 마지막 침대를 위해 커튼을 쳐 놓으신 모습을 한번 보십시오! 우리가 함께 쓸 공동침실은 더 이상 감옥처럼 황량하거나 적막하지 않습니다. 흰색의 아름다운 세마포와 어여쁜 장식용 비단이 주위에 드리워져 있어서, 피의 왕자들이 쉬기에 안성맞춤인 그런 방입니다! 우리는 평안히 우리의 마지막 침실로 들어갈 것입니다. 왜냐하면 그리스도께서 우리를 위해 그 방을 마련해 주셨기 때문입니다. 이 은유를 달리 말한다면 우리는 다음과 같이 말할 수 있을 것입니다. 우리 주님께서 자신의 수의를 남겨 놓으신 것은 비록 우리가 비천한 처지에 처해 있다 해도 그분께서 우리와 교제하신다는 보증으로서 그렇게 하신 것이며, 그리고 그분께서 수의를 벗어 버렸듯이 우리도 죽음의 수의를 벗어 버리게 될 것이라는 사실을 우리가 기억하도록 하기 위한 것입니다. 그분은 침상에서 일어나서, 잠옷을 뒤에 남겨 놓으셨습니다. 이 사실은 그분과 마찬가지로 우리도 잠에서 깨어났을 때 우리가 입게 될 다른 옷이 준비되어 있다는 것을 상징합니다. 이 은유를 제가 바꾼다면, 다음과 같이 말할 수 있을 것입니다. 우리가 적을 물리치고 승리하게 되면 그것을 기념하기 위해 대성당이나 관공서에 다 해어진 옛 깃발을 걸어놓는 것을 우리는 보아왔습니다. 이와 마찬가지로, 예수님께서 죽음을 물리친 지하 무덤에는 죽음을 정복하신 그분의 승리의 트로피 격으로 그분의 수의가 걸려 있습니다. 또한 그분의 백성은, 그들을 사랑하신 그분을 통해 이 땅의 정복자들을 능가할 것이라는 사실을 보증해 주는 것으로서 이 수의가 걸려 있는 것입니다. "사망아 너의 승리가 어디 있느냐? 사망아 네가 쏘는 것이 어디 있느냐?"(고전 15:55).

그 다음 셋째로, 우리 주님께서는 자신의 머리를 쌌던 수건도 그대로 고이 남겨 놓으셨습니다. 그 수건은 지금도 저쪽에 놓여 있습니다. 주님께서 생명으로 나타나셨을 때, 그분에게는 그 수건이 필요 없었습니다. 애통하는 여러분에게나 수건이 필요할 것입니다. 그 수건은 여러분의 눈물을 닦는데 사용될 것입니다. 과부들과 아버지 없는 자녀들, 애통하는 형제들과 울고 있는 자매들, 그리고 자식이 없어져서 위로 받기를 거절하는(렘 31:15) 라헬과 같은 여러분이여, 여러분은 구세주를 감쌌던 이 수건을 붙들고서 여러분의 눈물을 영원히 닦아 내십시오. 주님은 진실로 살아나셨습니다. 그러므로 주님께서 다음과 같이 말씀하셨습니다. "네 울음소리와 네 눈물을 멈추어라 네 일에 삯을 받을 것인즉 그들이 그의 대적의 땅에서 돌아오리라"(렘 31:16), 그리고 "주의 죽은 자들은 살아나고"(사 26:19)라고 말입니다. 오, 애통하는 자들이여, 죽은 자들은 주님의 죽은 몸과 함께 살아날 것입니다. 그러므로 소망 없는 다른 이와 같이 슬퍼하지(살전 4:13) 마십시오. 우리가 예수께서 죽으셨다가 다시 살아나심을 믿을진대 이와 같이 예수 안에서 자는 자들도 하나님이 그와 함께 데리고 오실 것이기(살전 4:14) 때문입니다.

부활하신 구세주께서 이 밖에 또 무엇을 뒤에 남겨 놓으셨습니까? 우리의 믿음은 우리 주님께서 고요하게 잠자던 그 침상으로부터 달콤한 기억들을 모으는 법을 배웠습니다. 자, 사랑하는 성도 여러분, 그분께서는 그분 뒤에 천사들을 남겨 놓으셨습니다. 그래서 무덤을 다음과 같이 만드셨습니다.

> "천국의 소식을 가지고
> 　왔다 갔다 하던
> 　천사들이 사용하던 방."

예전에는 무덤 안에 천사들이 없었습니다. 그러나 그분께서 부활하셨을 때, 천사들이 내려왔습니다. 한 천사는 돌을 굴려 옮겼고, 또 다른 천사들은 예수님의 몸이 누우셨던 그곳에 앉았습니다. 그 천사들은 위대한 왕의 경호원이자 개인적인 수행원들이었습니다. 그래서 그들은 그분께서 부활하실 때에도, 무덤 문을 지키고, 그분의 친구들이 던진 질문에 대답하기도 하면서 그분과 함께 하였습니다. 천사들은 생명력과 활기로 충만하지만, 그렇다고 해서 그들이 무덤에서 모이기를 주저하지는 않았습니다. 이들은 마치 꽃들이 봄을 아름답게 장식하듯이, 부활을 우아하게 해주었습니다. 저는 지금까지 우리 주님께서 그 성도들의 무덤에 있는 천사들을 다시 불러들였다는 말씀을 본 적이 없습니다. 따라서 지금도 신자들이 나사로처럼 그렇게 가난하고 멸시받으면서 병들어 죽는다면, 천사들은 그 영혼들을 주님의 품으로 인도할 것이며, 그 육신들도 미가엘이 모세의 육신을 지키고 그 시체에 관하여 마귀와 다투어 변론(유 1:9)을 확실히 한 것처럼, 호위하는 영들에 의해 확실히 보호받게 될 것입니다. 천사들은 살아 있는 성도들의 종이기도 하며, 흙으로 돌아간 성도들의 관리자이기도 합니다.

우리가 사랑하는 자인 그분께서 이외에 또 무엇을 뒤에 남겨 놓으셨습니까? 그분은 무덤의 **통로**를 열어 놓으셨습니다. 무덤에서 돌이 굴려 옮겨져서(눅 24:2), 그 죽음의 집 문이 없어지게 되었습니다. 주님께서 서둘러 오시지 않는다면, 우리도 때가 되면 무덤이라는 그 감옥으로 내려가게 될 것입니다. 제가 예전에 어떻게 말씀드렸습니까? 저는 무덤을 "감옥"이라고 말했습니다. 그런데 어떻게 감옥에 자물쇠나 빗장이 없습니까? 죄수들을 가둬놓는 그곳에 어떻게 문이 없을 수 있겠습니까? 우리의 삼손 되신 그분께서는 무덤의 빗장으로 무덤의 말뚝을 뽑고, 무덤의 문들을 제거해 버렸습니다. 사망의 허리춤에서 취한 열쇠는 지금 생명의 왕이신 그분의 손에 쥐어져 있습니다. 부서진 신호기와 낙담한 파수꾼들은 그 사망의 소굴에 더 이상 포로들을 가둬둘 수 없다는 표징입니다. 베드로가 천사의 방문을 받았을 때, 그는 쇠사슬이 그 손에서 벗어지고(행 12:7), 쇠문에 이르니 문이 저절로 열리는(행 12:10) 것을 목격하였습니다. 이처럼 성도들도 부활의 아침에 쉽게 도망칠 수 있을 것입니다. 성도들은 각자 자신의 안식처에서 잠깐 잠을 자게 될 것입니다. 그러나 그들은 쉽게 다시 일어나게 될 것입니다. 왜냐하면 돌이 무덤에서 굴려 옮겨졌기 때문입니다. 그 돌문은 너무나 컸기 때문에, 강한 천사가 그 돌문을 굴려 옮겼고, 그 큰 돌을 옮기고 나서는 그 돌 위에 앉아 있었습니다. 그 천사의 옷은 눈처럼 흰색이었으며, 그의 얼굴은 번개와 같았습니다. 그는 돌 문 위에 앉으면서, 지옥과 사망에게 "네가 할 수 있으면, 이 돌을 다시 굴려보아라"라고 말하는 것 같았습니다.

"도대체 누가 그 폭군을 위해

그의 감옥을 다시 지을까!

홀(笏)은 그의 손에 떨어져 부서졌고,

그의 통치는 끝이 났다.

주님이 다시 살아나셨다.

힘없는 자들은 곧 그 감옥에서

풀려나게 될 것이다."

나의 주님께서 무덤을 버리실 때 남겨 놓으신 또 다른 한 가지에 대해 저는 감히 말씀드리고자 합니다. 저는 수개월 전에 로마의 성문 밖에 있는 큰 납골당(columbarium, 고대 로마의 초기 기독교 시대에 지하 카타콤에 만든 지하 유골 안치소로, 벽면에 유골 항아리를 넣을 수 있도록 벽면을 오목하게 파서 만든 공간인 벽감(壁龕)들이 많이 만들어져 있다. 비둘기를 뜻하는 라틴어인 '콜룸바'에서 그 이름이 유래되어 일명 '비둘기 구멍들'이라고도 불린다 — 역주)을 가 보았습니다(스펄전은 1872년 12월 런던에서 19년 간의 사역을 마친 후 안식년 개념으로, 약 40일 간 이탈리아의 프랑스를 여행하였다 — 역주). 땅 속 지하에 있는 큰 정사각형 건물에 들어가면, 많은 계단을 내려가면서 그 큰 공간의 사면에 수많은 작은 비둘기 구멍들을 보게 됩니다. 그곳에 수만 명의 죽은 사람들의 유골이 안치되어 있습니다. 유골을 안치하기 위해 마련된 각각의 벽감(壁龕) 앞에는 보통 등불이 있습니다. 저는 수천 개는 아니어도 이러한 등을 수백 개는 보았습니다. 그런데 그 등은 모두 꺼져 있었습니다. 사실 한 번도 등불이 켜지 않았던 것처럼 보였습니다. 이 등은 죽음의 흑암에 빛을 비추지 못했습니다. 그러나 지금 우리 주님께서는 그 무덤에 가서서 그곳을 자신의 존재로 환히 밝혀 주셨습니다. "그분께서 비쳐 주시는 사랑의 등은 어둠 속에서 우리를 인도해 줍니다"(윌리엄 콜드웰[William Caldwell,1801-1857], '당신은 무덤으로 가셨지만, 우리는 당신을 애통해하지 않을 것입니다' 1절 — 역주). 예수님께서는 복음으로 말미암아 생명과 불멸이라는 빛을 가지고 오셨습니다. 그래서 지금 그리스도인들이 안식하고 있는 그 비둘기 집에는 빛이 있습니다. 그렇습니다. 모든 무덤 안에는 빛이 있습니다. 그 빛은 날이 밝고 어둠이 물러가기까지 이 땅을 지켜 주는 파수꾼으로서 불타오를 것입니다. 이제 부활의 아침이 밝아올 것입니다.

구세주께서 계셨던 그 텅 빈 무덤에는 이처럼 생각해 볼 만한 아름다운 것들이 많이 남아 있었습니다. 우리는 그것들을 우리의 교훈으로 삼아 소중히 간직할 것입니다.

2. 헛된 찾음

두 번째로, 오늘 본문 말씀은 헛된 찾음에 대해 말씀하고 있습니다. "어찌하여 살아 있는 자를 죽은 자 가운데서 찾느냐 여기 계시지 않고 살아나셨느니라." 예수님을 찾는 자들이 아주 성실하게 그것도 아주 간절하게 찾지만, 도저히 그분을 찾을 것이라고 기대할 수 없는 그런 곳들이 있습니다. 여러분도 어떤 사람을 찾을 때, 그 사람이 없는 곳에서는 그를 찾을 수 없는 것과 마찬가지로, 그리스도를 절대로 발견할 수 없는 그런 장소들이 있습니다. 지금 이 순간에도 제 눈에는 많은 사람들이 그리스도를 형식주의(의식주의)의 기념물들 가운데서, 다시 말해 사도 바울이 "약하고 천박한 초등학문"이라고 부른 것들 가운데서 찾고 있는 것이 보입니다. 왜냐하면 그들은 "날과 달과 절기와 해를 삼가 지키"(갈 4:9)고 있기 때문입니다. 우리 주님께서 다시 살아나셨기 때문에, 유대교와 형식을 중시하는 모든 상징적인 형식주의는 무덤 같은 것이 되어 버렸습니다. 사실 그런 유형(type)들도 하나님께서 친히 정해 주신 것들이었습니다. 그러나 실체가 오자, 그 유형들은 공허한 무덤이 되어 버렸고, 그 이상은 아무것도 아닌 것이 되었습니다. 그 이후로 사람들은 또 다른 상징들을 고안해 내었습니다. 하지만 그것들은 하나님의 권위 있는 재가를 받지 못했고, 그 또한 죽은 사람의 무덤처럼 되어 버렸습니다. 지금 이 순간에도 세상은 세상의 우상을 좇아 미친 듯이 달려가고 있습니다. 즉, 세상은, 하나님께 열심이 있으나 올바른 지식을 따르지 않는 자들에게 미혹되어 속고 있습니다. 분명히 말씀드리지만, 오늘날처럼 사람들이 여러 형식들을 마치 업적인 것처럼 자신에게 쌓아올리는 그런 때는 결코 없었습니다. 로마 가톨릭이 가장 지배적으로 주도할 때에도 이 정도는 아니었습니다. 현대인들은 기독교를 유대교보다 더 큰 속박의 멍에로 만들어 버렸습니다. 그러므로 아무리 진실하고 깨어 있는 영혼이라 하더라도, 이런 헛된 종교 행위 가운데서 예수님을 발견하리라 기대하는 것은 헛된 일일 것입니다. 여러분은 이런저런 거룩한 날 때문에, 이런저런 거룩한 장소 때문에, 이런저런 간교한 말장난 때문에 실족하게 될 것입니다. 여러분은 그런 어떠한 것들 속에서도 구세주를 발견하지 못할 것입니다. 왜냐하면 구세주께서 친히 다음과 같이 선포하셨기 때문입니다. "이 산에서도 말고 예루살렘에서도 말고 너희가 아버지께 예배할 때가 이르리라. … 아버지께 참되게 예배하는 자들은 영과 진리로 예배할 때가 오나니 곧 이 때라 아버지께서는 자기에게 이렇게 예배하는 자들을 찾으시느니라"(요 4:21, 23). 예수님은 휘장을 찢으시고 형식적인 예배를 폐지하셨습니다. 그러나 사람들은 그런 형식적인 예배를 되살리려고 하면서, 주님께서 부서뜨린 그 무덤을 세우려고 합니다. 이 날에 예수님께서는 다음과 같은 경고의 말씀을 우리의 귓가에 다시 말씀하십니다. "너희는 깊이 삼가라. 그리하여 스스로 부패하여 자기를 위해 어떤 형상대로든지 우상을 새겨 만들지 말라 남자의 형상이든지, 여자의 형상이든지"(신 4:15-16). 이런 말씀에도 불구하고 우리 가운데 어떤 사람들은 우리의 경건한 선조들이 부수어 버린 제단들을 세우려고 돌아다니고 있습니다. 그래서 종교개혁자들과 개신교도들이 한 일들이 지금 다시 한 번 더 일어나야 할 판입니다. 하나님께서는 바알을 섬기는 제사장들이 세운 우상들을 산산조각 내버리기 위해 강력한 망치를 가진 녹스(J. Knox)와 루터(M. Luther) 같은 이들을 우리에게 보내 주셨던 것입니다! 그런데도 사람들은 죽은 자 가운데서 살아 있는 자를 찾고 있습니다. 예수님은 가톨릭의 미사나 성체 행렬 (procession, 가톨릭에서 신자들의 신심을 북돋우기 위해 하는 행사로서, 성체에 대한 존경을 유지하고, 시가지와 마을을 성체가 통과함으로써 성체의 신비를 공적으로 선포한다는 의미로 행해졌다. 이 맥락에서 오늘날에도 '세계 성체 대회' 가 열리고 있다 ― 역주) 가운데 계시지 않습니다. 그분은 그러한 육적인 예배를 뛰어넘어 다시 살아났습니다. 만약 예수님께서 죽은 그리스도였더라면, 아마도 그러한 예배는 그분의 무덤가에서 행진하는 것이 적절했을 것입니다. 하지만 지금도 살아 계시는 그분에게 그러한 물질적인 예배를 드린다는 것은 틀림없이 그분에게 모욕적인 일일 것입니다.

　　슬픈 일입니다! 구세주를 도덕 개혁이라는 여러 무덤 가운데서 추구하면서, 그들의 그리스도를 찾고 있는 많은 사람들도 있습니다. 우리 주님께서는 바리새인들을 회칠한 무덤(마 23:27)과 관련지으셨습니다. 즉, 속에는 죽은 사람의 뼈들로 가득 차 있으면서도 밖에는 아름답게 장식되어 있는 무덤 같은 사람들이 그들이었습니다. 오, 사람들은 보통 자기 영혼에 대해 불안해질 때, 스스로 회칠을 하고자 애쓰는 법입니다. 어떤 사람은 큰 죄에서 벗어나겠다고 하지만 마음으로가 아니라 외형적으로만 벗어납니다. 또 어떤 덕을 영혼에서 세우는 것이 아니라 외형적인 행위로만 세웁니다. 그러면서도 그들은 구원받기를 소망하고 있습니다. 그들은 여전히 하나님과 원수(약 4:4)된 채로, 죄를 사랑하며, 불의의 값으로(벧후 2:14) 탐욕을 추구합니다. 그들은 잔과 대접의 겉은 깨끗이(마 23:25) 해서 지극히 높으신 분의 마음을 흡족하게 하고자 하지만, 그분께서 그 안을, 즉 그들의 마음을 들여다보실 정도로는 그렇게 엄격하지 않기를 바라고 있습니다. 오, 사랑하는 성도 여러분, 여러분은 어찌하여 살아 있는 자를 죽은 자 가운데서 찾는 것입니까? 많은 사람들이 지금까지 자신들의 도덕적인 개혁을 통해서 자기 양심의 평화를 찾았습니다. 그러나 성령님께서 진정으로 그들의 죄를 깨닫게 해 주신다면, 그들은 지금까지 무덤 가운데서 살아 있는 그리스도를 찾고 있었다는 사실을 즉시 알게 될 것입니다. 그분은 무덤에 계시지 않고 살아나셨습니다. 만약 그리스도께서 죽은 자라면, 우리는 여러분에게 다음과 같이 말하는 것이 합당합니다. "가서 최선을 다해 여러분은 자신의 구세주가 되십시오." 그러나 그리스도께서 살아 계시기에, 그분에게는 더 이상 여러분의 도움이 필요하지 않습니다. 그분께서는 여러분을 머리끝부터 발끝까지 구원하실 것입니다. 그렇게 하지 않으신다면, 그분은 여러분을 전혀 구원하지 않으실 것입니다. 그분은 여러분에게 알파와 오메가가 되실 것입니다. 그런데도 여러분이 여러분의 손을 그분의 사역에 갖다 대고서, 어떤 식으로든 여러분이 그분에게 도움이 될 수 있으리라 생각한다면, 여러분은 그분의 거룩한 이름을 수치스럽게 하는 것이며, 그분을 여러분과 아무런 관계가 없는 분으로 만드는 셈이 될 것입니다. 외형적인 형식이라는 무덤 속에서 살아 있는 구원을 찾지 마십시오.

또한 너무나 많은 사람들이 시내 산 기슭에 빼곡히 들어선 무덤들 가운데서 살아 있는 그리스도를 지금도 찾아다니고 있습니다. 그들은 죽음을 섬기는 **율법**에서 생명을 찾고 있습니다. 그들은 하나님의 계명을 지킴으로써 구원을 받을 수 있다고 생각합니다. 그래서 할 수 있는 한 최선을 다하며, 그런 진지한 열심이 열납되어 자신이 구원을 받게 되리라 생각합니다. 자기 의를 내세우는 이런 생각은 복음이 제시하는 전체 생각과 정반대입니다. 복음은 자신이 자신을 구원할 수 있다고 생각하는 사람들을 위한 것이 아닙니다. 복음은 잃어버린 자들을 위한 것입니다. 만약 여러분이 자신을 구원할 수 있다면, 가서 한 번 해 보십시오. 대신 여러분의 위선적인 기도로 구세주를 업신여기지는 마십시오. 그렇게 가서 고대 이스라엘의 무덤들 가운데서 비틀거리다가 광야에서 이스라엘 백성들이 그랬던 것처럼 여러분도 멸망당하십시오. 모세와 율법도 결코 여러분을 안식으로 인도할 수 없기 때문입니다. 복음은 스스로 율법을 지킬 수가 없어서 율법을 범하고 그 죄를 짊어진 죄인들을 위한 것입니다. 복음은 스스로 죄를 범했다는 사실을 알고서 그 죄를 회개하는 죄인들을 위한 것입니다. 이런 자들을 위해, 즉 그들의 허물을 도말해 주시기 위해 살아 계신 구세주께서 오셨습니다. 율법의 행위로 구원 얻으려고 하지 마십시오. 율법의 행위로 의롭다 하심을 얻을 육체가 없나니, 율법으로는 죄를 깨달을(롬 3:20) 뿐입니다. 율법은 그 이상 아무것도 아닙니다. 그러나 살아 계신 주 예수 그리스도를 믿는 믿음으로 말미암아 모든 믿는 자에게(롬 3:22) 의와 화평과 생명과 구원이 주어집니다. 다른 수단은 없습니다. "주 예수를 믿으라 그리하면 너와 네 집이 구원을 받게"(행 16:31) 됩니다. 그러나 만약 여러분이 자신의 의를 내세우려고 한다면, 여러분은 틀림없이 멸망하게 될 것입니다. 왜냐하면 여러분이 그리스도의 의를 거절했기 때문입니다.

또 다른 사람들은 인간 본성 안에서, 다시 말해 인간의 자연적인 본성과 기질 가운데서 어떤 선한 것을 추구함으로써, 그 무덤들 가운데서 살아 있는 예수를 찾으려고 합니다. 저는 지금도 여러분의 마음을 볼 수 있습니다. 왜냐하면 저는 오랫동안 여러분을 알아 왔기 때문입니다. 이런 생각이 항상 여러분의 어리석음이었습니다. 여러분은 자신의 본성이라는 시체 보관소로 들어가서, "여기 예수님이 계십니까?"라고 말할 것입니다. 사랑하는 성도 여러분, 그래봤자 여러분은 슬퍼하고 낙담할 것입니다. 그래도 저는 전혀 놀라지 않습니다. 저기 있는 마른 뼈들과 백골이 다 된 해골들을 보십시오. 무더기로 쌓아 올린 저 썩고 부패한 죽음의 육신들을 보십시오. 여러분은 이것들을 참을 수 있겠습니까? 여러분은 말합니다. "오호라 나는 곤고한 사람이로다(롬 7:24). 나는 이 육신의 몸에서 어떤 선한 것을 발견하기를 원하노라." 오, 사랑하는 성도 여러분, 여러분은 헛수고를 하고 있습니다. 여러분은 자신의 육체의 본성에서 위로를 찾으려고 합니다. 하지만 이것은 여러분이 자신의 본성 안에서 천국을 찾으려고 하다가 결국 지옥을 파헤치게 되는 것과 똑같습니다. 하나님께서는 여러분의 옛 본성에 대해 포기하시고 그 옛 본성을 사망에게 넘겨 주셨습니다. 여러분은 이 사실을 알아야 합니다. 이 옛 율법 아래에서 할례는 육신의 더러움을 제거해 주는 것이었습니다. 마치 할례를 받으면 피부에 있던 더러운 이물질이 제거되어 아마도 좀 더 나은 사람이 되는 것처럼 말입니다. 그러나 지금 새 언약 아래에서 우리는 좀 더 심오한 상징을 가지고 있습니다. "무릇 그리스도 예수와 합하여 세례를 받은 우리는 그의 죽으심과 합하여 세례를 받은 줄을 알지 못하느냐? 그러므로 우리가 그의 죽으심과 합하여 세례를 받음으로 그와 함께 장사되었나니 이는 아버지의 영광으로 말미암아 그리스도를 죽은 자 가운데서 살리심과 같이 우리로 또한 새 생명 가운데서 행하게 하려 함이라"(롬 6:3-4). 옛 사람은 장사되었습니다. 죽은 것에서는 그 어떤 선한 것도 나올 수 없기 때문입니다. "우리가 알거니와 우리의 옛 사람이 예수와 함께 십자가에 못 박힌 것은 죄의 몸이 죽어 다시는 우리가 죄에게 종 노릇 하지 아니하려 함이니"(롬 6:6)라는 말씀대로, 하나님께서는 육적인 옛 마음을 다시 새롭게 하지 않으시고, 우리를 예수 그리스도 안에 있는 새로운 피조물(고후 5:17)로 만들고자 하십니다. 어떤 사람이 위로를 얻고자 기대하면서 계속해서 자기 내면을 성찰한다면, 그것은 어떤 도시를 불로 전소(全燒)하겠다고 기대하면서 웬햄의 얼음덩이(Wenham ice, 미국 매사추세츠 주에 있는 웬햄 호수는 결빙상태에서 빙질이 좋아 일찍부터 얼음 교역으로 유명하였다. 이 비유는 말이 안 되는 짓을 한다는 뜻이다 – 역주)를 높이 쌓아올리는 것과 똑같습니다. 만약 여러분이 위로를 발견하기 위해서 여러분의 체질과 감정과 생각과 심상(心象)을 바꾸려고 한다면, 차라리 길거리를 빗자루로 쓸면서 귀한 다이아몬드를 발견하기를 기대하는 것이 훨씬 더 나을 것입니다. 우리의 옛 본성은 모두 "그분이 여기 계시지 않다"라고 말합니다. 그분은 여기 계시지 않습니다. 그분은 살아나셨습니다. 위로를 얻기 위해서 여러분은 오직 하늘 위 보좌에 앉아 계시는 그분만을 바라보아야 합니다.

그리고 또 지금까지 너무나 많은 사람들은 세상 철학이라는 음울한 카타콤 가운데서 그리스도를 찾으려고 노력하였습니다. 예를 들어, 안식일에 사람들은 사상(思想)으로 가득 찬 설교를 듣고자 원합니다. 여기서 사상이라는 것은, 성경에서 말하는 단순한 가르침과 반대되지는 않는다 해도 그 성경의 단순한 의미를 넘어서서 생각하는 현대적으로 함축된 어떤 의미를 말합니다. 만약 어떤 사람이 성경에서 발견한 것을 다른 사람들에게 말한다면, 그는 "진부한 얘기"를 하는 사람이라는 소리를 들을 것입니다. 그러나 어떤 사람이 자신의 망상(妄想)으로 다른 사람들을 즐겁게 해준다면, 그가 말하는 망상들이 아무리 하나님의 생각과 반대된다 해도, 그 사람은 "사색하는 사람", 즉 "고상한 지적인 설교자"라는 이야기를 들을 것입니다. 특히 그 중에서도 꿈 같은 이야기나 회의론자들의 말도 안 되는 이야기들을 떠들어대기 좋아하는 사람들이 있습니다. 그들은 믿음 없는 어떤 선생이 성경의 영감에 반대해서 말하는 것을 듣게 되거나, 최신의 신성모독적인 내용에 빠져들게 되면, 자신들이 오늘날의 추세에 극도로 칭송 받고 있는 고상한 차원의 교양을 가지고 앞서나간다고 여깁니다. 그러나 박쥐가 자주 출몰하는 동굴인 이 거짓 철학과, 학문인 척하는 이런 사상을 거듭해서 연구해 본 결과, 그 안에는 구원이 깃들어 있지 않았습니다. 제 말을 믿으십시오. 사도 바울 시대에도 헛된 영광을 탐하는 앎으로 인해 곡해된 모든 길을 끊임없이 달리던 영지주의자들이 있었습니다. 하지만 그들은 "복음 외에 다른 복음"(갈 1:8)을 발견했을 뿐입니다. 이 세상이 자기 지혜로 하나님을 알지 못하므로(고전 1:21), 결국 우리는 철학이라는 황량한 카타콤 가운데서 배회한 후에, 다시 돌아와서 살아 계신 말씀이라는 신선한 공기를 들이마시게 됩니다. 그리고 학문이라는 미로에 대해서도 우리는 "그분은 여기 계시지 않다"라는 문장을 숨을 헐떡이며 말하게 됩니다. 그분이 아무리 우리 각 사람에게서 멀리 계시지 아니(행 17:27)한다 해도, 이성으로는 그 이성의 가장 깊은 지하 보고(寶庫)에서도, 그리고 이성의 가장 높은 비상(飛上)의 사색 가운데서도 그분을 찾지 못하였습니다. 아덴 사람들은 자신들이 알지 못하는 신(행 17:23)을 가지고 있었습니다. 그러나 단순한 복음 안에서는 하나님께서 예수님의 인성 안에서 드러나십니다. 소크라테스와 플라톤은 자신들의 촛불을 들고 있었지만, 예수님은 태양이십니다. 우리 현대인들의 부질없는 비판과 논란에도 불구하고, 살아 계신 그리스도께서는 우리 가운데서 지금도 죄인들을 회개시키시고, 성도들에게 기쁨을 주시며, 하나님께 영광 돌리고 계십니다. 만약 주님의 존재 여부가 논쟁할 수 있는 어떤 죽은 질문이라면, 철학은 우리에게 도움이 될 것입니다. 그러나 그분은 살아 있는 능력이시기 때문에, 그분을 믿는 한 알만큼(마 17:20)의 믿음이라도 여러 산들과 같은 철학보다 뛰어납니다. 오, 내적 생명과 살려 주는 영(고전 15:45)을 알지 못하는 여러분이여, 여러분은 살아나신 주님과 도대체 무슨 상관이 있습니까? 여러분이 우리 주 예수님에 관한 진리의 심판자들이 되기보다는 차라리 썩은 벌레가 그룹들(cherubim)의 심판자가 되는 것이 더 나을 것입니다.

　제가 간절히 바라는 것은, 여러분이 소망 없는 방향에서 구원을 찾는 이런 일을 그만두고서, 그리스도께서 여러분의 가까이에 계신다는 사실을 여러분이 이해하는 것입니다. 그리고 여러분이 그분을 마음으로 믿어 입으로 시인한다면, 여러분은 구원에 이르게(롬 10:10) 될 것입니다. "땅의 모든 끝이여 내게로 돌이

커 구원을 받으라 나는 하나님이라 다른 이가 없느니라"(사 45:22). 이 말씀이 바로 여러분을 향한 그분의 부르짖음입니다. "믿음은 들음에서 나며 들음은 그리스도의 말씀으로 말미암았느니라"(롬 10:17). "주 예수를 믿으라 그리하면 네가 구원을 받으리라"(행 16:31). 예수님은 지금도 살아 계십니다. 그리고 가장 먼 곳에 있는 성도까지도 구원할 능력이 있으십니다. 그러므로 여러분이 해야 할 모든 일은 그저 믿음으로 여러분의 눈길을 그분에게로 향하는 것입니다. 그 믿음으로 그분은 여러분의 것이 되고, 여러분은 구원을 받게 됩니다. 그러므로 오, 살아 있는 자를 죽은 자 가운데서 찾지 말라. 그분은 여기 계시지 않고 살아나셨느니라.

3. 적절하지 않은 거처들

이제 다시 우리는 분위기를 바꾸어서, 세 번째로 적절하지 않은 거처(居處)들에 대해 생각해 보고자 합니다. 천사는 여인들에게 "그분은 여기 계시지 않고 살아나셨느니라"(눅 24:6)라고 말했습니다. 이 말은 곧 그분이 살아나셨기 때문에 여기에 거하지 않으신다는 뜻입니다. 살아나신 그리스도께서는 무덤에 앉아 계실 수도 있었습니다. 그분은 무덤을 자신이 거하는 장소로 삼을 수도 있었지만, 그곳은 그분께 적절하지 않은 곳이었습니다. 따라서 그분께서는 이 사실을 통해 오늘날 우리에게, 그리스도인들은 자신에게 적절한 곳에 머물러야 한다는 사실을 가르쳐 주고 계십니다. 여러분은 그리스도 안에서 살아났기 때문에, 더 이상 무덤 속에 거해서는 안 됩니다. 제가 지금 말하는 하는 대상은, 죽은 자 가운데서 살아났지만 어떤 의도와 목적으로 여전히 무덤 속에 살고 있는 자들입니다.

이들 가운데 어떤 이들은 매우 탁월한 자들입니다. 그러나 그들은 그 기질적인 이유로, 그리고 자신들의 잘못된 의무감으로 인해 지속적으로 우울하고 낙담한 사람이 되어 버렸습니다. 그들은 지금까지 그리스도를 믿어 왔다고 인정하고는 싶지만, 확신이 없습니다. 그들은 자신들이 구원받았다는 사실을 믿고는 있지만, 정말 그렇다고 아주 당당하게 말할 정도는 못됩니다. 그로 인해 그 사랑하는 자(아 8:14)께서 그들을 받아주셨다는 확신 속에서 그들은 기쁘게 살아가지 못합니다. 그들은 비파의 서글픈 가락을 좋아하고, 하나님께서 자신들에게 신경 쓰지 않고 그냥 내버려 두신 것처럼 여기며 서글퍼합니다. 그들은 하나님의 약속들이 성취되기를 소망합니다. 요 근래에는 빛으로 나아와 주님께서 보여

주신 밝은 사랑을 조금이라도 보고 싶어합니다. 그러나 그마저도 이제 그만둘 채비를 하고서 사망의 음침한 골짜기(시 23:4)에 거하고 있습니다. 그런 그들의 영혼은 아주 무거운 짐을 지고 있습니다.

　사랑하는 성도 여러분, 여러분은 이런 상태가 그리스도인에게 적절한 상태라고 생각합니까? 저는 잠깐 동안이라도 여러분이 믿고 있는 기독교를 부인하고자 하지 않습니다. 왜냐하면 여러분이 믿고 있는 그 기독교에 대해 저는 조금도 의심하지 않기 때문입니다. 그러나 저는 여러분이 여러분 자신에 대해 생각하는 것보다 더 좋은 견해를 가지고 있습니다. 아주 두려워하면서 예수님을 믿는 신자도 구원을 받습니다. 여러분이 가진 작은 믿음으로도 여러분은 구원을 받게 됩니다. 하지만 그리스도께서 여러분을 지금처럼 티끌과 재 가운데, 싸늘하고 조용한 무덤 속에 머물러 있도록 하셨다고, 여러분은 진정 그렇게 생각합니까? 왜 계속해서 땅 밑에 있으려는 것입니까? 왜 꽃들이 향기를 내뿜는 주님의 정원으로 나아오지 않습니까? 왜 전적인 확신이라는 신선한 빛과 성령님이 주시는 위로의 힘이라는 그 달콤한 공기를 누리지 않는 것입니까? 무덤 가운데 거하는 자는 미친 사람이었습니다. 그런 자를 따라하지 마십시오. 나는 전적으로 이런 것을 누릴 만한 자격이 전혀 없는 죄인이었다고 말하지 마십시오. 왜냐하면 만약 여러분이 자격에 대해 말한다면, 여러분은 이미 복음을 완전히 저버린 사람이기 때문입니다. 여러분은 예수님을 믿고 있으며, 세상 모든 것을 위해 여러분의 소망을 저버리지 않을 것이며, 그분은 여러분에게도 귀한 그리스도라는 사실을 여러분이 결국에는 느끼게 될 것이라는 이 모든 사실을 저는 알고 있습니다. 그러므로 나아오십시오. 비록 여러분이 여러분 자신으로 인해 기뻐할 수 없다 해도, 그분으로 인해 기뻐하십시오. 사랑하는 성도 여러분, 나아오십시오. 이 음침한 지하 무덤에서 나아오십시오. 즉시 그곳을 떠나십시오! 지금까지 여러분이 납골함에 들어가 있었다 해도, 이제 여러분은 은빛 몸통과 노란 황금으로 장식된 깃털을 가진 비둘기처럼 될 것입니다. 주님은 여러분에게 다가오셔서, "오, 바위 틈 낭떠러지 은밀한 곳에 있는 나의 비둘기야 내가 네 얼굴을 보게 하라 네 소리를 듣게 하라 네 소리는 부드럽고 네 얼굴은 아름답구나"(아 2:14)라고 말씀하실 것입니다. 살아나신 구세주를 몸으로 삼는 그 지체된 여러분이여, 여러분은 왜 여전히 그 무덤 속에 있으려고 합니까? 일어나 무덤에서 나오십시오! 더 이상 의심하지 마십시오. 오, 신자이신 여러분, 도대체 여러분은 무슨 이유로 하나님을 의심하는 것입니까? 그분께서 여러분에게 거짓말이라도 하셨습니까? 더 이상 보혈의 능력에 대해 묻지 마십시오. 왜 여러분은 그것에 대해 의심합니까? 여러분이 구원을 받았는지 혹은 여러분이 구원을 받을 수 있을지, 이런 것들에 대해 더 이상 묻지 마십시오. 여러분이 믿는다면, 그리스도께서 확실한 것처럼 여러분의 구원도 확실합니다. 여러분이 그분을 믿는다면, 그리스도께서 멸망하실 수 없는 것처럼 여러분도 결코 멸망할 수 없습니다. 그분의 말씀이 이 사실의 보증이시며, 이 사실에 그분의 명예가 걸려 있습니다. 그분은 틀림없이 여러분을 약속된 안식으로 인도해 주실 것입니다. 그러므로 기뻐하십시오. 하지만 저는 카타콤과 지하 무덤에서 아주 오랫동안 살고 있는 한 형제를 알고 있습니다. 그는 자기 형제들이 햇빛 아래 사는 것을 정죄하면서 이렇게 말했습니다. "나는 그렇게 확신 있게 말하는 사람을 이해할 수가 없다. 도저히 이해할 수 없다." 사랑하는 성도 여러분, 여러분이 그것을 이해할 수 없다고 해서, 그것이 잘못된 것은 아닙니다. 밤에 나다니는 올빼미들이 낮에 주로 활동하는 독수리에 관해 이해하지 못하는 일은 비일비재합니다. 이런 식으로 항상 초조해하며 걱정하는 여러분은 하나님을 대적하는 죄를 범하고 있는 것이고, 그의 성령을 근심하게(엡 4:30) 하는 것이며, 여러분이 고백한 신앙 고백과도 맞지 않는 행동을 하는 것입니다. 그럼에도 불구하고 여러분은, 하나님을 진실하신 분으로 믿고 그분의 말씀에서 그분을 받아들여 기쁨을 얻으며 그분의 약속으로부터 위로를 얻는 다른 사람들을 비판하고 있습니다. 절대로 그렇게 하지 마십시오. 이런 행동은 참으로 사악한 일입니다. 여러분이 비판하는 그 비판으로 여러분이 비판을 받을 것입니다(마 7:2 참고). 여러분은 그 대신에, 주께서는 주의 얼굴빛을 드사 우리에게 비추소서(시 4:6)라고 기도하십시오. 왜냐하면 그분은 다음과 같이 말씀하셨기 때문입니다. "너희 의인들아 여호와를 기뻐하며 즐거워할지어다 마음이 정직한 너희들아 다 즐거이 외칠지어다"(시 32:11). 사랑하는 남녀 성도 여러분, 무덤에서 나오십시오. 예수님은 거기에 계시지 않습니다. 예수님께서 거기에 계시지도 않는데, 여러분은 도대체 왜 거기 있으려고 합니까? 그분은 살아나셨습니다. 오, 여러분도 성령님의 능력 가운데서 그 위로 속으로 들어가 살아나십시오.

　　또 다른 부류의 사람들도 무덤들 속에 거하고 있는 것 같습니다. 제가 염두에 두고 있는 사람은 대단히 세속적인 그리스도인들입니다. 물론 저는 그들이 실제로 그리스도인이라 믿고 있습니다. 사람이 사업상 근면한 것은 죄가 아닙니다. 그러나 사업상 근면한 것으로 인해 영적인 열심이 사라지고 일상에서 하나님을 섬기지 않게 된다면, 그것은 통탄할 만한 잘못입니다. 그리스도인은 모든 사람이 보기에도 정직해야 합니다. 그러기 위해서는 근면해야 합니다. 그러나 여기에 만족하지 않는 사람들이 있습니다. 그들은 충분히 가졌는 데도 불구하고 더욱더 욕심을 냅니다. 그래서 전보다 더 많이 가지게 되었을 때도, 그들은 마치 모든 해변을 사로잡으려는 바다처럼 그 두 팔을 계속해서 펼칩니다. 그들의 생각은 주로 하나님에 관한 것이 아니라 황금에 관한 것이며, 그리스도에 관한 것이 아니라 부(富)에 관한 것입니다. 오, 사랑하는 형제자매 여러분, 저는 진지하게 여러분을 책망하고자 합니다. 여러분의 영혼에 대한 섭리 가운데서 여러분이 신랄한 책망을 받지 않으려면, 그렇게 하지 마십시오. 그리스도께서는 그곳에 계시지 않습니다! 그분은 여러분이 쌓아올린 돈 더미 가운데 거하지 않으십니다. 여러분은 큰 부자일 수도 있습니다. 그러나 그 모든 것 안에서 여러분은 그리스도를 발견하지 못할 것입니다. 여러분은 아주 가난할 수도 있습니다. 그러나 그리스도께서 여러분과 함께 하신다면, 여러분은 천사들만큼이나 행복할 것입니다. 그분은 무덤에 계시지 않습니다. 그분은 살아나셨습니다! 대리석 무덤도 그분을 잡아 놓을 수 없으며, 황금 무덤도 그분을 수용할 수 없습니다. 무덤이 여러분을 가둬 놓지 못하게 하십시오. 여러분이 마음으로 입고 있는 수의(壽衣)를 벗으십시오. 하나님께서 여러분을 돌보고 계십니다. 하나님에 대한 여러분의 모든 염려를 던져 버리십시오. 하늘에 있는 것으로 여러분은 대화를 나누십시오. 위에 있는 것들에 여러분의 애착을 두고, 땅에 있는 것들에 두지 마십시오(골 3:2). 그 하늘 위에 그리스도께서 하나님 우편에 앉아 계십니다.

　　이 점에 대해 한 번 더 말씀드리겠습니다. 이것은 더욱더 통탄할 만한 주제입니다. 즉, 어떤 신앙 고백자들은 죄악이라는 사망의 집에 살고 있다는 것입니다. 그런데도 그들은 자신들이 그리스도의 백성이라고 말하고 있습니다. 아니, 저는 그들이 단순히 죄 가운데 살고 있다고 말하는 것이 아닙니다. 왜냐하면 그들은 더 악한 것들을 행하고 있기 때문입니다. 그들은 쾌락을 좇기 위해 죄를 짓습니다. 저는 어떤 사람을 판단할 때, 그 사람이 대체로 자신의 즐거움을 어디에서 찾는지에 따라 그를 더 잘 판단할 수 있다고 생각합니다. 어떤 사람은 다음과 같이 말할 것입니다. "저는 습관적으로 세상의 쾌락을 좇고 있지 않습니다. 제가 항상 죄와 환락이 뒤섞여 있는 곳, 지옥의 가장자리에서 세상과 춤을 출 수 있는 곳을 찾는 것은 아닙니다. 어떤 특별한 일이 있을 때만 가끔 갈 뿐이지요." 저는 로울랜드 힐(Rowland Hill) 목사의 이야기를 하지 않을 수 없습니다. 힐 목사는 극장에 간 교회의 교인이자 신앙고백자인 한 성도를 만났습니다. 만나서 그에게 힐이 말했습니다. "저는 당신이 극장에 간 것을 이해합니다." 그러자 그 성도는 "아닙니다. 저는 가끔씩 일이 있을 때만 가는 거예요"라고 말했습니다. 힐은 "아, 그렇군요. 그렇다면 그게 더 악한 일입니다. 한번 생각해 보십시오. 어떤 사람이 '힐 목사님은 참 이상한 사람이야. 썩은 고기를 드신대'라고 말해서, 제가 '힐 목사님, 정말 당신은 썩은 고기를 먹습니까?'라는 질문을 받았다고 합시다. 그런데 제가, '아니요. 저는 습관적으로 썩은 고기를 먹는 게 아닙니다. 정말 그럴 일이 있을 때만 가끔씩 한 접시 먹곤 하지요'라고 말했다면, 여러분은 제가 평상시에 먹고 있다고 대답할 때보다 더 역겹다는 인상을 받게 될 것입니다." 이 대답 속에는 아주 많은 의미가 내포되어 있습니다. 여러분이 불결하고 음란한 것으로 여러분의 영혼을 먹인다면 당연히 여러분의 마음은 불결해지는 것이고, 여러분은 죽은 것들 가운데서 즐거움과 위로를 찾고 있는 것입니다. 오늘날의 사람들이 쾌락으로 삼는 것은 오직 바보들만이 보고 웃을 만한 것으로서, 천사들이 보기에는 눈물을 흘리고도 남을 만한 것들입니다. 그리스도를 따르는 남녀 성도 여러분, 여러분의 친구를 잘 선택하십시오. 여러분은 그리스도의 형제들입니다. 여러분은 벨리알(고후 6:15)의 자녀들과 잘 지내보고 싶은 것입니까? 여러분은 그리스도 안에서 완전한 상속자로서, 지금도 흠 없는 세마포 옷을 차려 입고 있는, 하나님 보시기에 아름답고 사랑스러운 자들입니다. 또한 여러분은 택하신 족속이요, 왕 같은 제사장들(벧전 2:9)입니다. 그런데도 여러분은 여러분의 의복을 진흙탕에 질질 끌면서, 스스로 블레셋 사람들의 노리개(삿 16:27 참조)가 되려고 하는 것입니까? 여러분은 비천한 세상 자녀들과 사귀고 싶은 것입니까? 절대로 그렇게 해서는 안 됩니다. 여러분의 혈통과 중생한 본성에 따라서 행동하십시오. 그리고 절대로 살아 있는 자를 죽은 자 가운데서 찾지 마십시오. 예수님께서는 거기 계시지 않습니다. 여러분도 그곳에 가지 마십시오. 그분은 세상의 즐거움이 주는 소음과 소란을 좋아하지 않으십니다. 그분에게는 여러분이 알지 못하는 먹을 양식이(요 4:32) 있습니다. 하나님께서 여러분을 도우시어, 여러분의 영혼 안에서 강렬한 생명의 부활을 느끼게 되기를 기원합니다.

4. 합당하지 않은 섬김

이제 저는 다른 말씀을 드리려고 합니다. 네 번째로, 저는 **합당하지 않은 섬김**에 대해 여러분에게 경고의 말씀을 드리고자 합니다. 천사들로부터 "그분은 여기 계시지 않고 살아나셨느니라"(눅 24:6)는 말을 들었던 그 선한 사람들은 무엇을 가지고 왔습니까? 요안나는 무엇을 가지고 왔습니까? 그리고 그녀의 종들과 마리아는 또 무엇을 가지고 왔습니까? 그들은 흰 세마포를 가지고 왔습니다. 그리고 또 무엇을 가지고 왔습니까? 그들은 자신이 살 수 있는 가장 귀한 향료를 몇 파운드 가지고 왔습니다. 그래서 이제 그들은 그것을 가지고 무엇을 하려고 했습니까? 아, 만약 천사가 웃을 수 있었다면, 제 생각에 천사는 그리스도의 몸에 향료를 바르려고 하던 그들을 보고서 틀림없이 얼굴에 미소를 지으며 이렇게 말했을 것입니다. "그런데 그분은 여기 계시지 않습니다. 더군다나 그분은 죽지 않으셨습니다. 그러니 그분에게 향료를 바를 필요가 없습니다. 그분은 살아나셨습니다." 여러분은 성 금요일과 오늘과 같은 부활절 주일(본 설교는 1873년 4월 13일인 그 해의 부활절 아침에 행해졌다 – 역주)에 영국 전역에서 모여든 수많은 사람들을 보았을 것입니다. 저는 그리스도에게 향료를 바르기 위해 나아오는 아주 진지한 그 사람들을 전혀 의심하지 않습니다. 그리스도께서 돌아가셨기 때문에 그들은 조종(弔鐘)을 울립니다. 그리고 그들이 소위 제단이라고 부르는 곳에 상장(喪章)을 내건 것도 그분께서 돌아가셨기 때문입니다. 그들은 돌아가신 구세주로 인해 금식하고 슬픈 찬송을 부릅니다. 하지만 저는 나의 구세주이신 주님께서 죽지 않으셨기 때문에, 그분을 송축하며, 그분을 위해서 조종을 울리지도 않습니다. 그분은 살아나셨습니다. 그분은 여기 계시지 않습니다! 그런데, 여기에 많은 무리들이 나아옵니다. 죽은 그리스도를 감싸기 위해 손에 흰 세마포와 귀한 향료를 가지고서 말입니다. 정신 나간 짓이지 않습니까? 그들은 이렇게 말합니다. "우리는 반복해서 그 일을 재연할 뿐입니다." 오, 그 말은 또 무슨 말입니까? 그러면 그런 행동은 실제로 하는 제스처 놀이(한 사람이 손짓 몸짓 혹은 발짓으로 사물을 표현하면 나머지 사람들이 그 사물이 무엇인지 맞추는 게임을 말한다 – 역주)라는 말입니까? 골고다의 그 영광스러운 대속의 행위를 가지고 한낱 연극을 한다니!(가톨릭 중세 유럽의 전후기를 통해 교회와 성도들 사이에서 새로운 형식의 연극으로 나타난 '신비극'[mystery plays]은 부활절이나 성탄절에 예배의식의 하나로 공연되었다. 특히 영국에서는 구교 정권과 신교 정권의 갈등 가운데 금지되기도 하였다 – 역주). 그렇다면 저는 그 연기자들을 내 말을 들으시는 영원한 하나님의 보좌 앞에 신성모독죄로 고발하고자 합니다. 저는 단 한 번 영원히 행해졌고, 절대로 되풀이 될 수 없는 그 일을 흉내 내어, 감히 시연(試演)하는 그 불경(不敬)을 저지른 자들을 책망하고자 합니다. 절대로 그래서는 안 됩니다. 저는 위대한 희생을 묘사하려고 한다는 그들의 의도를 전혀 이해할 수 없습니다. 저는 그들이 사람들을 향해서 구세주를 죽은 분으로 생각하고 "그분을 위해 조종을 울려라! 무릎 꿇고 십자가에 달린 그분의 형상 앞에서 울어라"라고 말하는 것밖에는 안 된다는 결론을 내리고자 합니다. 예수 그리스도께서 성 금요일에 돌아가셨다고 제가 믿는다면, 저는 그 날 하루 온 종일 축제를 벌일 것입니다. 왜냐하면 그분의 죽음이 끝이 났기 때문입니다. 자신을 기념하기 위해서 주님의 만찬이라는 최고의 축제를 제정하신 그분의 뜻을 받들어, 저는 그 명령을 따를 것입니다. 그래서 저는 절대로 금식하지 않을 것입니다. 죽었던 친구가 살아나서 능력 가운데 높임을 받았다는 것을 안다면, 도대체 누가 그 친구를 위해 앉아서 슬피 울겠습니까? 도대체 어떤 이유로 살아 있는 친구를 위해 조종을 울리겠습니까? 그 천사들은 그 거룩한 여인들을 정죄하지 않았습니다. 그 여인들은 예수님이 살아나셨으므로, 그분에게는 자신들이 준비했던 그 흰 세마포와 향료들이 필요하지 않았기에 그것들을 가지고 집으로 돌아갔습니다. 저도 그와 마찬가지로, 연극을 하던 그 선한 사람들을 정죄하지 않겠습니다.

야단법석 떠는 수많은 사람들이 이와는 다른 방식으로 이와 똑같은 일들을 행하고 있습니다. 이들이 복음을 변호하기 위해 어떻게 나서고 있는지를 한번 보십시오. 지질학과 연대 계산학을 통해 모세가 사실과 다르다는 것이 발견되었습니다. 즉시 많은 사람들이 예수 그리스도를 변호하기 위해 나섰습니다. 이들은 복음을 위해 논증하고 복음을 변증하였습니다. 마치 복음은 이제 다소 시대에 뒤떨어진 것이 되기 때문에, 현대에 발견된 사실들과 현 시대의 철학자들의 마음에 들도록 우리가 노력해야만 하는 것처럼 말입니다. 제게는 이런 일들이 예수님을 감싸기 위해서 여러분이 가진 귀한 향료와 세마포를 가지고 나오는 것과 똑같아 보입니다. 이런 것들을 집어치우십시오. 저는 버틀러(Joseph Butler, 1692-1752, 신학과 철학에 중요한 공헌을 한 영국 성공회 주교다. 특히 이신론에 대하여 정통 기독교를 변증한 것으로 유명하다 — 역주)와 페일리(William Paley, 1743-1805, 영국 성공회 부주교로서, 신의 존재에 대한 목적론적 논증[시계와 시계공의 관계로부터 우주와 조물주의 관계를 유취의 창시자로 유명하며, 현대 '지적 설계론'의 아버지이기도 하다 — 역주), 이 두 사람이 기독교에 대해 해결한 것보다는 오히려 더 많은 불신자들을 만들어 낸 것은 아닌지, 그리고 그들이 행한 복음에 대한 강력한 변증이 그저 주제넘은 짓은 아니었는지 의심스럽습니다. 복음은 변명을 필요로 하지 않습니다. 만약 예수 그리스도께서 살아나지 않았더라면, 다시 말해 예수 그리스도께서 자신의 전투를 치를 수 없었다면, 기독교는 아주 최악의 경우에 내몰렸을 것입니다. 그러나 그분은 살아나셨습니다. 그래서 우리는 그분의 복음을 있는 모습 그대로 아주 간단하게 전하기만 하면 됩니다. 그러면 그 복음에 수반되는 능력이 복음의 신성에 대한 증거로 나타날 것입니다. 이것 이외의 어떤 다른 증거로는 인류를 설득시키지 못할 것입니다. 물론, 변증과 변호는 좋은 의도에서 비롯된 것이고, 거기에 대해서는 의심의 여지가 없습니다. 이것은 마치 그 선한 여인들이 향료를 예수님의 몸에 바르려고 했던 선한 의도와 같습니다. 그러나 그 여인들의 향료는 아주 작은 가치만 지닐 뿐입니다. 그리스도께서 역사하실 수 있는 공간을 드리십시오. 그분의 설교자들이 복음을 설교할 공간과 여건을 제공하십시오. 그리고 진리가 간단한 언어로 그 뜻이 분명히 드러나도록 하십시오. 그러면 여러분은 주님께서 "향료를 치워라. 세마포를 치워라! 나는 살아났다. 나는 이것들이 필요하지 않다"라고 하는 말씀을 즉시 듣게 될 것입니다.

　　우리는 이와 똑같은 현상을 또 다른 선한 자들에게서 보게 됩니다. 이들은 옛 것을 정형화된 방식으로 여기고 이것에 까다롭게 집착하는 자들로서, 모든 것들이 일이백 년 이전에 행해졌던 그대로 정확하게 행해져야 직성이 풀리는 사람들입니다. 청교도적 질서가 유지되어야만 하며, 조금이라도 그 질서에서 벗어나서는 안 됩니다. 복음을 제시하는 방식도 선한 아무개 박사가 제시한 방식과 정확하게 똑같이 제시되어야만 합니다. 그리고 강단은 가능한 한 최고로 엄숙한 분위기를 유지해야만 하고, 설교자도 경건함이 묻어나는 무덤덤한 품성이어야 하며, 모든 예배는 고요한 가운데 정확하게 드려져야만 합니다. 이 모든 것은 죽은 그리스도를 감싸기 위한 많은 향료와 세마포입니다. 저는 틀에 박힌 예절들을 타파하기를 좋아합니다. 한낱 인간적인 규정들을 확고히 지키려고 하는 것은 대단한 일입니다. 그러나 생명은 그 규정들에 매일 수 없습니다. 그 규정들은 죽은 자들에게나 해당되는 것입니다. 죽음은 박물관에 있는 미라처럼 그렇게 감싸여 있습니다. 죽음은 항상 정해진 일만 하고, 그 외의 다른 일은 전혀 하려고 하지 않을 것입니다. 그러나 생명은, 참된 생명은 예상치 못한 방식으로 자신을 드러낼 것입니다. 생명은 죽음이 말할 수 없었던 것을 말하고, 예상하지 못했던 곳에서 터져 나와, 여러분의 법과 규정들을 수천 조각으로 산산조각 내 버릴 것입니다. 그러나 저는 여전히 선한 사람들이 손을 들고서 두려워하며 다음과 같이 부르짖는 것을 봅니다. "아라비아 고무와 몰약과 침향을 이리로 가져오라. 세마포를 이리로 가져오라. 우리가 귀히 여기는 죽은 주님을 우리가 돌봐드려야만 한다"고 말입니다. 그분을 홀로 있게 하십시오. 주님을 홀로 있게 하십시오. 사람들이여, 그분은 살아나셨습니다. 여러분이 감싸주는 것을 그분은 원치 않으십니다. 저는 주저하지 않고 말씀드리겠습니다. 비국교도들과 영국 성공회 회원들과 장로교 교인들과 모든 교단들 가운데 있는 많은 교회법과 또한 많은 수의 예의범절과 예법과 규정들, 그리고 "태초와 같이 지금과 항상 끝없이 영원히"('영광송'[Gloria Patri]의 일부분이다 — 역주)의 문구를 그대로 사용하자는 주장 등은 죽은 그리스도를 위한 향료와 세마포일 뿐입니다. 그리스도는 살아나셨습니다. 그러므로 그분에게 필요한 것이 있습니다. 우리는 그분께서 역사하실 수 있는 공간을 드리도록 합시다! 저는 제 자신을 위해서 이런 말씀을 드리는 것이 아닙니다. 제가 특정한 입장을 대변해서 말하려고 하는 것은 아니지만, 저는 진지한 복음 전도자 형제들을 위해서 이 말씀을 드리고 싶습니다. 이들은 가난한 자들에게 복음을 전할 때 과장된 말과 행동을 하기도 합니다. 그들이 그렇게 한다고 해도 그냥 내버려 두십시오. 조롱하는 자들은 그들이 연극처럼 일부러 꾸민 것 같다고 말합니다. 이전에 어느 누가 에스겔 선지자의 반만큼이라도 연극배우처럼 한 적이 있었습니까? 모든 선지자들은 사람들의 시선을 끌기 위해서 이상한 일들을 하지 않았습니까? 도대체 왜 이와 똑같은 비난을 휫필드(George Whitefield)와 웨슬리(John Wesley)에게도 하는 것입니까? "이 사람들은 모든 규칙들을 깨뜨리고 있다"는 식의 말들을 하면서 말입니다. 그들이 그런 일을 할 수 있다는 것이 얼마나 복된 일인지 모릅니다! 힐(Rowland Hill)은 복음을 전하기 위해 스코틀랜드로 갔습니다. 그 곳 사람들은 그가 모든 질서와 예법을 올라타고서(무시하고) 왔다고 말했습니다. 그러자 그는 "그렇다면 그 이름을 가진 제 두 마리 말들을 불러서 실제로 보여드리겠습니다"라고 말했습니다. 그것은 사실이었습니다(1799년 6월에 두 번째로 스코틀랜드 총회를 방문한 후 런던으로 돌아온 힐은, 왜 자기 마차를 끄는 두 마리 말의 이름을 그렇게 지었느냐는 질문에, 스코틀랜드 사람들이 자기를 보고, '모든 질서와 예법의 등에 올라타고 온 사람'이라고 비난했기 때문이라고 대답했다 — 역주). 그는 분명히 질서와 예법이라는 이름을 가진 말들을 타고 왔습니다. 그렇지만 그는 많은 영혼들을 이 두 낯선 말들을 통해서 그리스도에게로 인도했습니다. 그리고 그는 여러 규정들을 돌파함으로써 지금까지 어떤 방식으로도 접해보지 못했던 사람들을 만날 수 있었습니다. 그리스도께서 역사하실 수 있는 자유를 그분께 기꺼이 드리십시오. 그리고 그의 종들에게도 그분을 섬길 수 있는 자유를 드리십시오. 그렇게 해야 성령 하나님께서 그 종들을 인도해 주실 것입니다.

5. 놀라운 소식

마지막으로, 저는 이 선한 여인들이 받게 된 그 놀라운 소식에 대해 말씀드리고 싶습니다. 즉 이 여인들은 "그분은 여기 계시지 않고 살아나셨느니라"(눅 24:6)고 하는 소식을 들었습니다. 이 소식은 원수들에게도 놀라운 소식이었습니다. 그 원수들은 "우리가 그를 죽였다. 우리는 그를 무덤에 집어넣었다. 이제 그와 관련된 모든 것이 끝이 났다"라고 말했습니다. 아! 서기관, 바리새인, 제사장, 당신들은 무엇을 했습니까? 여러분이 한 모든 일들은 무위(無爲)로 끝이 났습니다. 그분이 살아나셨기 때문입니다!

이것은 사탄에게도 놀라운 소식이었습니다. 의심할 바 없이, 사탄은 구세주를 멸망시켰다고 착각했습니다. 그러나 그분은 살아났습니다! 그 소식은 지옥 전역을 관통하는 소름끼치는 소식이었습니다! 그 소식은 무덤에도 놀라운 소식이었습니다! 이제 무덤은 완전히 멸망했고, 사망 또한 그의 쏘는 것(고전 15:55)을 잃었습니다! 그것은 두려운 떠는 성도들에게 얼마나 놀라운 소식이었겠습니까! "그분은 진실로 살아나셨느니라." 성도들은 용기를 내었습니다. 그리고 다음과 같이 말했습니다. "그 선하신 뜻은 여전히 옳은 뜻이다. 그 뜻이 이길 것이다. 우리 그리스도께서 그 뜻의 머리로서 여전히 살아 계시기 때문이다." 그 소식은 죄인들에게도 좋은 소식이었습니다. 아니, 이 소식은 지금 이 자리에 있는 모든 죄인들에게도 좋은 소식입니다. 그리스도께서 살아 나셨습니다. 만약 여러분이 그분을 찾는다면, 그분께서 여러분을 만나 주실 것입니다. 제가 오늘 여러분에게 가리키고 있는 분은 죽은 그리스도가 아닙니다. 그분은 살아나셨습니다. 그분은 자신을 통해 하나님에게로 나아오는 자는 누구든 구원해 주실 능력이 있는 분이십니다. 슬픈 사람들에게, 고난 중에 절망하고 낙담한 사람들에게 이보다 더 좋은 소식은 없을 것입니다. 구세주께서는 살아 계셔서 지금도 여러분을 구원하시고 기꺼이 그분의 따뜻한 가슴으로 받아주실 능력이 있는 분이십니다. 사랑하는 성도 여러분, 이것은 기쁜 소식입니다. 하늘에 있는 모든 천사들과 모든 영들에게도 진실로 기쁜 소식이었습니다. 그리고 이것은 오늘날 우리에게도 기쁜 소식이 될 것입니다. 그래서 우리는 성령님의 도우심으로 그 기쁜 소식의 능력 안에 살게 되고, 우리의 형제들에게도 이 소식을 말해주어, 그들도 우리와 함께 기쁘게 살게 될 것입니다. 우리는 더 이상 절망하지 않게 될 것입니다. 우리는 더 이상 의심하거나 두려워하지 않을 것입니다. 오히려 우리는 서로에게 "그분은 진실로 살아나셨다. 그러므로 우리는 마음으로 기뻐하자"라고 말할 것입니다. 주님께서 여러분을 축복해 주시기를 기원합니다. 그분의 백성이라면 모두 그분의 식탁으로 나아올 것이라 저는 믿고 있습니다. 여러분이 이 식탁에 나아올 때에, 살아나신 우리 주님을 만나게 되기를 기원합니다. 아멘.

제
94
장

—

가까이 계시지만
인식되지 않는 예수님

—

"그들의 눈이 가리어져서
그인 줄 알아보지 못하거늘" — 눅 24:16

　　주님께서는 백성들과 함께 계시지만, 그 백성들은 이 사실을 깨닫지 못합니다. 그들은 주님이 자신들과 함께 하심으로 인해 생기는 결과는 깨닫지만, 주님이 자신들과 함께 하신다는 그 사실 자체는 깨닫지 못합니다. 여호와께서 마므레 평지의 장막 안에 있던 아브라함을 찾아오셨을 때(창 18:1), 아브라함은 처음에는 여행 중인 사람을 영접한 것으로 생각했습니다. 그러나 그는 부지중에 천사들을 대접(히 13:2)하였습니다. 여호와께서 야곱에게 나타나셨을 때도, 야곱은 환상 가운데 깨어 이르되 "여호와께서 과연 여기 계시거늘 내가 알지 못하였도다"(창 28:16)라고 말하였습니다. 후에 얍복 강가에서 언약의 천사와 더불어 씨름을 할 때도, 그 신비로운 인물이 누구인지 정확히 알지 못했습니다. 그래서 그는 "당신의 이름을 알려주소서"(창 32:29)라고 말했습니다. 야곱은 누구와 더불어 자신이 울면서 간구하고 이기려고 했는지를 이해하지 못했습니다. 여호수아의 경우도 마찬가지였습니다. 여호수아는 한 사람이 칼을 빼어 손에 들고 서 있는 모습을 보았습니다. 그래서 그는 그 사람을 전사(戰士)라고 오해하고서 그에게 도전했습니다. 여호수아는 그 사람이 "아니라 나는 여호와의 군대 대장으로 지금 왔느니라"(수 5:14)고 말할 때까지, 그가 여호와의 사람인 줄을 인식하지 못했습니다. 그러므로 주님께서 함께 하시는 아주 특별한 은혜를 입은 성도라 해도, 이런저런 이유로 인해 주님께서 특별히 자기 가까이에 계신다는 사실을 알지 못할 수도 있습니다. 우리 앞에 놓인 경우도 그와 같았습니다. 우리는 이에 대해 생각해 보려고 합니다.

1. 주님이 가까이 계시는데도 그 사실을 인식하지 못하는 이유

첫 번째로, 우리는 주님께서 가까이 계시는데도 불구하고, 그분이 가까이 계신다는 사실을 알지 못하는 이유들에 대해 주목하고자 합니다.

이 경우에 있어서 이유는 두 가지였습니다. 첫째는, 그들의 눈이 가리어졌기 때문이고, 둘째는, 마가가 우리에게 말한 바와 같이, 그분께서는 다른 모양으로 그들에게 나타나셨기(막 16:12) 때문입니다. 우리는 이 두 가지 이유 가운데서 어느 것 하나도 사실이 아닌 것으로 생각해서는 안 됩니다. 오히려 이 두 가지 다 사실로, 즉 두 명의 복음서 저자들이 우리에게 온전한 진리를 전해 주었다고 생각해야 합니다. 한 저자는 진리의 이 부분에 주목했고, 다른 저자는 진리의 저 부분에 주목했다는 식으로 말입니다. 이제 살펴볼 첫째 이유는, 즉 이 선한 사람들이 주님이신 그분의 존재를 느끼지 못한 이유는 "그들의 눈이 가리어졌기" 때문이었습니다. 그들에게는 눈이 멀게 된 이유가 있었습니다. 그 이유는 무엇이었을까요? 우리는 감히 그 이유에 대해 말할 수 없습니다. 성경이 정확하게 알려주지 않는 것을 우리가 독단적으로 주장해서는 안 되기 때문입니다. 다른 사물들은 볼 수 있었던 그들의 눈이 어떤 신비로운 작용에 의해 주님의 존재는 감지할 수 없었습니다. 그들은 주님을 평범한 여행자로 생각했습니다. 물론 그들의 경우는 대다수 제자들의 많은 경우와 마찬가지로, 그들의 눈이 슬픔으로 인해 가리어졌다고 말해도 될 것 같습니다. 그들은 주님을 잃어버렸기 때문에 매우 큰 슬픔 속에 있었습니다. 그분은 그들이 알지 못하는 곳으로 가셨습니다. 그들이 그분의 시신이라도 찾을 수 있었다면, 그들은 기뻐했을 것입니다. 그래서 시신이라도 찾으려고 여인들이 무덤으로 갔었던 것입니다. 이 여인들은 천사들이 나타난 놀라운 이야기를 제자들에게 말해 주었지만, 그 제자들의 귀에는 "그의 시체는 보지 못하고"(눅 24:23)라는 말만 구슬프게 들려왔습니다. 아, 그리스도인에게 있어서 주님이 자신과 함께 계시지 않는다는 사실보다 더 큰 슬픔은 없습니다. 여러분이나 저도 이 사실에 대해 결코 마음의 평정을 유지하면서 참아낼 수는 없을 것입니다. "신랑을 빼앗길 날이 이르리니 그때에는 금식할 것이니라"(마 9:15)라는 말씀대로, 그때에는 진정으로 금식하게 될 것입니다! 한 번이라도 멋진 신랑을 보고, 포도주보다 더 감미로운 사랑을 맛본 사람은 "오, 어디에서 그분을 만날지 내가 알 수 있다면 얼마나 좋을까!"(욥 23:3, KJV)라고 하면서 울부짖게 됩니다. 이때 하는 금식이야말로 참된 금식입니다. 잠을 자느라 사랑하는 자에게 즉시 문을 열어주지 못한 무심한 신부도, 그 마음이 신랑으로 인해 감동을 받고 애간장이 타들어갈 때는, 일어나서 성 안의 모든 거리들을 돌아다니면서 사랑하는 자를 찾습니다. 신랑을 찾기까지 신부의 마음은 안식을 취할 수 없기에, 그녀는 성 안을 순찰하는 모든 자들을 만나 그들에게 묻습니다. "내 마음으로 사랑하는 자를 너희가 보았느냐?"(아 3:3)고 말입니다. 슬픔은 판단력을 흐리게 하는 법입니다. 죄에 대한 거룩한 슬픔과 주님이 계시지 않음으로 인한 슬픔마저도 때로는 눈에 티끌이 들어간 것처럼 선명한 시력을 해칩니다. 회개의 눈물도 사람으로 하여금 자기 마음을 기쁘게 했던 진리들을 보지 못하게 합니다.

　그들의 경우에 있어서 눈이 가리어졌던 것은 어떤 신비로운 작용 때문이었습니다. 이에 대해서는 더 이상 설명하지 않으려고 합니다. 이 신비로운 작용 외에도 그들의 눈은 불신으로 인해 가리어졌다는 사실도 우리는 전혀 의심하지 않습니다. 만약 그들이 예수님을 보기를 기대했더라면, 제 생각에 그들은 그분을 인식했을 것입니다. 만약 그들이 그분은 이 땅 어딘가에 살아 계신다는 사실을 전적으로 확신하고서 엠마오로 갔었다면, 그들은 그분께서 다가오는 것을 보자마자 즉시 적어도 다음과 같이 말했을 것입니다. "아마도 이 분이 주님이신 것 같다. 바로 지금 그분이 우리에게 다가오고 계시는 것 같다"고 말입니다. 그분의 기쁨은 사람들과 함께 하는 것이기에, 그분께서 이 땅에 계시는 한, 그분은 결코 오랫동안 자신을 그 사랑하는 자들에게 숨기지 않을 것이라는 사실을 그들은 알고 있었습니다. 그들은 또한 그분은 자기 사람들을 사랑하시되 끝까지 사랑(요 13:1)하시고 여전히 사랑하실 것이라는 사실을 알고 있었습니다. 그러므로 그들이 자기들을 만나러 오실 그분에 대해 확신하고 있었다면, 즉 그들이 이 사실을 믿고 기대했다면, 그들은 분명히 그분을 즉시 발견했을 것입니다. 사랑하는 성도 여러분, 상황이 어찌 되었든 간에, 우리의 불신으로 인해 주님이 우리의 두 눈에 가리어진 것이 확실하다고 저는 생각합니다. 우리에게 불신만 없었다면, 우리는 이번에 우리 주님을 얼마나 확실히 알아보았겠습니까? 또한 이번에 얼마나 그분의 사랑을 느끼고 깊이 교제했겠습니까? 그러면 그분은 우리에게 "내가 이렇게 오래 너희와 함께 있으되 네가 나를 알지 못하느냐?"(요 14:9)라고 말씀하셨을 것입니다. 우리의 불신이라는 이유 때문에, 우리는 그분의 마음에 있는 그 신비 속으로 빠져들지 못했고, 그분이 베푸시는 사랑의 충만함을 이해하지도 못했습니다. 오, 믿음을 더하여 주옵소서! 믿음은 독수리의 눈을 가지고 있어서, 다른 눈으로 볼 수 없는 곳에서도 꿰뚫어 볼 수 있는 힘이 있습니다. 오, 사랑의 눈을 주옵소서! 사랑의 눈은 물 많은 강가에 사는 비둘기의 눈 같아서 우유로 씻은 것 같고 아름답게 박혀(아 5:12) 있습니다. 믿음과 사랑은 함께 어우러져, 구름과 어둠이 주님의 주위를 에워쌀 때에도 그분을 볼 수 있는 복된 한 쌍의 눈을 만들어 줍니다.

제자들의 눈을 가린 신비로운 것이 무엇이었든지 간에, 그들은 무지(無知)에 의해서도 어느 정도 눈이 가려져 있었습니다. 제자들은 성경에 아주 분명하게 기록된 사실, 즉 메시아가 고난 받고 피 흘려 죽어야만 한다는 것을 보지 못했습니다. 그들은 거룩한 책을 가지고 있지만, 그 책의 참된 의미를 잘 알고 있지 못했습니다. 그리스도가 구약의 모든 곳에 들어 있어도, 그들은 그 속에서 그분을 알아보지 못했습니다. 그래서 그들은 이 모든 일들이 그렇게 일어나야만 한다는 것을 알지도 못한 채 뭔가 아주 다른 일을 기대하면서, 자기 민족들이 생각하는 전통적인 견해에 더욱 동조하며 주님을 인식하지 못했던 것입니다. 물론 제자들이 모두 그렇지는 않았다 해도, 많은 하나님의 백성들은 분명히 그러하였습니다. 저는 슬픈 마음으로 이 말씀을 드립니다. 신앙 고백까지 했지만 복음에 대해서는 가장 기초적인 교리만 알고 있는 성도들이 있습니다. 그들은 자신이 죄인이며 그리스도는 구세주라는 사실을 아는 것 외에 다른 것은 아무것도 모릅니다. 복음의 완전한 영광 가운데 있는 칭의도 그들의 눈에는 가려져 있습니다. 그들은 성령님의 사역은 생각하지도 않습니다. 하나님의 자녀와 그리스도의 충만한 결합과 그 결합으로부터 비롯되는 영광, 이런 것들은 이미 성도들 주변에 후광으로 비쳐진 것인데도 불구하고 그들은 알지 못합니다. 그들은 말씀의 깊이로 들어갈 정도로 말씀을 연구하지도 않습니다. 그들은 "고(高)칼빈주의"(High Calvinism, 칼빈 사후 정통주의 시대에서 칼빈주의는 예정[선택과 유기]의 시점과 그 대상에 관해서, 두 파로 나누어졌다. 즉, 예정이 타락 전에 일어났다[supralapsarianism, supra=前,

lapsus=타락]고 하는 고[高]칼빈파와, 예정이 타락 후에 일어났다[infralapsarianism, infra=後]고 저[低]칼빈파로 갈라졌다. '고칼빈파'[타락전 예정설]는 예정-창조-타락의 순서를 주장하며, 여기서 예정의 대상은 '앞으로 창조될 그리고 타락될 인간'이다. 반면, '저칼빈파'[타락후 예정설]는 창조-타락-예정 순서를 주장하며, 여기서 예정의 대상인 인간은 예정 이전에 '이미 창조되었고 타락된 인간'이다. 도르트 회의에서는 저칼빈파가 지지를 받았지만, 후에 웨스트민스터 회의에서는 고칼빈파가 지지를 받았다 — 역주)라는 말을 들을까봐 그 쪽 교리들을 두려워합니다. 또 "아르미니우스주의"라는 비난을 받을까봐 그 쪽 교리들을 두려워하기도 합니다. 그들은 하나님께서 계시해 주신 그대로의 진리를 취하는 대신, 지레 겁을 먹고는 어느 한 쪽에 가담하게 됩니다. 그러고는 마치 왕이 상아 보좌 위에 앉아 있는 것처럼, 자신들이 진리 위에 앉아서 예수님을 바라봅니다. 사랑하는 성도 여러분, 무지라는 비늘(행 9:18)은 성도들의 눈을 종종 가려왔습니다. 따라서 성령님께서 우리의 이해력을 열어 주셔서 성경을 받아들이게 해 주실 때에야 비로소 우리는 마치 귀중한 보물이 감춰져 있는 밭처럼 하나님의 말씀이라는 밭 속에 감춰져 있는 참된 예수 그리스도의 모습을 볼 수 있게 됩니다. 이처럼 예수님은 그의 백성들과 함께 계시지만, 그 백성들은 자기 속에 있는 그 어떤 것 때문에 그분을 보지 못할 수 있습니다.

　　어떤 때에는 주님 안에 있는 어떤 것 때문에 그들이 그분을 보지 못했습니다. 제가 여러분에게 이미 말씀드린 바와 같이, 마가는 그분이 "**다른 모양으로**" 그들에게 나타나셨다(막 16:12)고 말합니다. 제 생각에 이 말은, 예전에 그들이 보지 못했던 모습으로 그분이 나타나셨다는 뜻 같습니다. 주 예수 그리스도께서는 구약성경에서도 종종 그의 종들에게 각각의 경우마다 서로 다른 모양으로 나타나셨습니다. 그 거류하는 땅(창 28:4)에서 유숙하는 나그네(렘 14:8)였던 아브라함에게 그분은 한 순례자의 모습으로 나타나셨습니다. 형제와 씨름하던 야곱에게 그분은 한 씨름꾼의 모습으로 나타나셨습니다. 가나안을 정복하기 위해 싸우던 군사였던 여호수아에게 그분은 군사로 나타나셨습니다. 풀무불 속에 있던 거룩한 소년들에게 그분은 풀무불 가운데로 다니는(단 3:25) 분으로 나타나셨습니다. 그분께서는 친히 그의 백성과 교제를 나누십니다. 그래서 오늘 본문 말씀에 나타난 바와 같이, 길을 가던 두 명의 제자 뒤를 따라 길을 가던 세 번째 사람이 바짝 이들을 따라붙었습니다. 그분은 길을 가던 그 두 명의 제자와 다르지 않은 모양으로 그들에게 나타나셨습니다. 그분은 이들을 자신처럼 만들고자 하셨기 때문에, 그분이 먼저 그들을 닮기 시작하셨습니다. "자녀들은 혈과 육에 속하였으매 그도 또한 같은 모양으로 혈과 육을 함께 지니셨다"(히 2:14). 예수님께서는 우리가 처한 상황과 환경으로 내려오십니다. 하나님께서 그분의 섭리로 우리를 몰아넣으신 환경 가운데, 예수님께서 우리와 함께 동감하지 못하실 상황은 없습니다. 주님은 어떤 특정한 모양들로 잘 나타나시며, 그때는 우리 자신도 주님께서 나타나신 그 특정한 모양 가운데 있습니다. 사랑하는 성도 여러분, 아마도 여러분은 은혜에 있어서 초보자일 수 있습니다. 그래서 지금까지 주 예수님께서는 마치 어린 양들을 이끄는 온유한 목자처럼 얼굴에 미소를 머금고 여러분에게 나타나셨습니다. 그러나 그분께서 잠깐 여러분을 떠나실 수도 있습니다. 아니면 "오, 미련하고 … 마음에 더디 믿는 자들이여"(눅 24:25)라고 말씀하시는 그분의 책망을 여러분의 영혼으로 느끼면서, 여러분은 그분이 떠나셨다고 생각할 수도 있습니다. 그래서 여러분은 마음속으로 '이분은 그리스도일리가 없다. 내 생각에 그분은 항상 어린 양들을 먹이는 분이시다' 라고 결론짓습니다. 맞습니다. 그분은 어린 양들을 먹이는 분이십니다. 그러나 때로 그분은 성전에서 사고파는 자들을 내쫓기 위해 작은 줄로 만든 채찍을 가지고 오는 분이시기도 합니다. 그분은 우리가 아는 동일한 그리스도이시지만, 단지 예전에 우리가 그분의 그런 모습을 보지 못했을 뿐입니다. 아마도 지금까지 여러분은 예수님을 여러분의 기쁨이자 여러분을 위로해 주는 분으로만 보았을 것입니다. 여러분은 항상 한쪽 측면에서만 그분을 보았을 수도 있습니다. 그러나 다음의 말씀도 기억하십시오. "그가 은을 연단하여 깨끗하게 하는 자 같이 앉아서 레위 자손을 깨끗하게 하되"(말 3:3). 여러분이 풀무불 속에서 영혼에 고통과 시련과 침체를 겪을 때, 여러분을 연단하는 분은 바로 그리스도이십니다. 이것은 여러분을 사랑하던 그 동일한 그리스도의 새로운 모습입니다. 지금까지 여러분은 여러분에게 생명의 빵을 떼어 주시고 생명수를 마시게 하시는 그리스도를 보아왔습니다. 하지만 여러분이 또 알아야 할 것은, 그분이 손에 키를 들고서 여러분 마음의 타작마당을 정하게 하실(마 3:12) 분이기도 하다는 것입니다. 그렇다고 해서 그분이 다른 그리스도인 것은 아닙니다. 단지 자신의 다른 면을 보여주신 것뿐이고, 자신의 다른 직무를 행하신 것뿐입니다. 불쌍한 죄인들은 자기 죄를 깨끗하게 해주시는 제사장의 모습인 예수님을 보고서 처음에는 만족해합니다. 하지만 그들은 여기서 한 발 더 나아가, 사랑의 거룩한 무기로 자신들을 정복하시는 왕으로 그분을 보아야 합니다. 그리고 그들은 자신들을 하늘나라의 신비로운 것들로 인도하시는 선지자로 그분을 알고 있어야 합니다. 그분에 대해 점점 더 알아가는 동안 그분이 그들에게 다른 모양으로 나타나신다고 해서 이상하게 생각해서는 안 됩니다. 이와 같은 유의 거룩한 철학은 체험에서 비롯됩니다. 이제까지 항상 달콤한 것들만 먹던 하나님의 귀한 어린 자녀들이 지금은 그 달콤한 것을 먹지 못해서 괴로워하는 것을 보게 됩니다. 처음에 우리는 어린 자녀들에게 쉽게 소화될 만한 음식들을 줍니다. 그러다보니 그들이 먹을 만한 것은 우유밖에 없습니다. 그러다가 점차 딱딱한 음식을 주게 됩니다. 그것을 깨물어 먹을 수 있는 지혜로운 이가 생겼기 때문입니다. 우리가 그 어린 아이들에게 우유보다 좀 더 딱딱한 음식을 주었다고 생각해 봅시다. 아이들은 다시 우유를 달라고 소리치며 울지 않겠습니까? 그렇다고 해서 우리가 그들에게 우유를 다시 줘야 하겠습니까? 주님께서는 여러분이 항상 아이 상태로 있기를 원치 않으십니다. 그분은 여러분이 예수 그리스도 안에서 어른으로 성장하기를 원하십니다. 그리스도는 여러분에게 다가오셔서, 항상 우유나 고기처럼 여러분이 먹는 음식이 되십니다. 하지만 그분은 여러분이 어린 아이 상태에 머물러 있지 않도록 하기 위해서 여러분에게 항상 우유가 되지는 않으실 것입니다. 여러분의 감각을 예민하게 해서 여러분이 하나님 나라의 좀 더 강력하고도 심오한 진리들을 이해할 수 있도록, 그분은 여러분에게 고기가 되려고 하실 것입니다. 그러므로 그분께서 여러 모양으로 나타나신다 해도, 여러분은 놀라지 마십시오. 그래도 여러분이 놀란다면, 다음의 말씀으로 여러분은 위로를 받으십시오. "예수 그리스도는 어제나 오늘이나 영원토록 동일하시니라"(히 13:8). 그분께서 친히 나타나실 때 그 모양은 변할 수 있지만, 그렇다 해도 그분은 변함없으신 사랑의 주님이십니다.

　　지금까지 여러분은 성도들이 그리스도와 함께 하면서도 그분을 알아보지 못하는 두 가지 이유를 들으셨습니다. 첫째는, 그들의 눈이 가려진 그들 자신 때문이며, 둘째는 다른 모양으로 나타나신 그분 때문이었습니다.

2. 주님을 인식하지 못할 때 성도들이 취하는 태도

　　두 번째로, 성도들이 오늘 본문과 같은 경우에 처했을 때의 태도에 대해 말해 보겠습니다. 주님께서 그들과 함께 하시는데도 불구하고 그들이 그분을 알아보지 못할 때, 그들은 어떻게 행동했습니까?

첫째, 그들은 슬퍼했습니다. 아무리 많은 교훈을 얻을 수 있다 해도, 그리스도께서 함께 하시는데 그분을 알아보지 못한다는 것은 결코 우리에게 위로가 되지 않습니다. 그들에게 일어난 이런 일은 책망 받을 수도 있는 일입니다. 이런 일이 생기면 틀림없이 위로를 받을 수 없습니다. 왜냐하면 기쁨을 위해서는 우리가 그리스도를 알아야만 하기 때문입니다. 예수님이 함께 하신다는 사실을 모를 때, 성도들은 항상 낙심합니다. 제가 앞에서 말한 바와 같이, 주님께서 우리에게서 숨어 버리신다면, 우리는 곧장 불행해질 따름입니다. 저는 하나님의 자녀들이 "나는 그리스도와 교제하지 못한다"라고 말하는 것은 이해할 수 있습니다. 그러나 눈물도 없이, 깊은 후회나 진지한 회개도 없이, 냉정하게 의도적으로 이렇게 말하는 것은 이해할 수 없습니다. 저는 하늘의 상속자가 흑암 가운데 행하면서 빛을 보지 못하는 것은 이해할 수 있습니다. 그러나 그가 흑암 가운데서도 너무 평안해하는 것은 이해할 수가 없습니다. 낮에 날아다니는 새가 밤에 날아다닌다고 생각해 보십시오. 그 새가 얼마나 불안하게 갈팡질팡하면서 날아다니는지 보십시오. 여러분이 해 보고 싶다면, 많은 새들이 둥지를 틀고 있는 곳에 초를 들고 가 보십시오. 그 새들이 얼마나 놀라고 당황해하는지를 보십시오. 흑암 가운데서도 평안해하는 유일한 새는 올빼미입니다. 올빼미는 밤에 날아다니는 새입니다. 만약 여러분 가운데 어떤 사람이 여러분의 주님 없이도 행복할 수 있다면, 그 사람은 밤의 사람일 것입니다. 만약 여러분이 예수님의 함께 하심이라는 햇빛이 없이도 만족할 수 있다면, 다시 말해서 여러분과 함께 하시는 그분을 의지하지 않고서도 여러분이 만족할 수 있다면, 여러분은 동굴의 박쥐와 같은 사람일 것입니다. 여러분은 낮의 독수리가 아닙니다. 하나님께서 우리를 도우셔서, 이 제자들과 같이 되게 하옵소서. 우리 주님께서 우리와 함께 하시는데도 우리가 이 사실을 알지 못한다면, 슬퍼하게 하옵소서. 두 배로 슬퍼하게 하옵소서.

둘째로, 이 제자들은 주님이 자기들과 함께 계신다는 것을 알지 못했음에도 불구하고 주님과 함께 대화를 나누었습니다. 이것은 모든 그리스도인들에게 좋은 모범이 됩니다. 여러분의 믿음으로 인해 여러분이 충만한 기쁨 가운데 있든지 그렇지 않든지 간에, 서로 간에 자주 대화를 나누십시오. 그러면 강한 자는 약한 형제를 도울 수 있을 것입니다. 두 사람이 함께 길을 걷다가, 한 사람이 발을 헛디디게 되고 다른 사람은 그렇지 않다면, 한 사람이 손을 내밀어 그 친구를 도와줄 수 있을 것입니다. 설령 두 성도가 불행에 빠졌다 해도, 서로 공감하는 가운데 어떤 좋은 결과가 생길 수도 있습니다. 한 사람이 "나는 내 주님을 잃어버렸어"라고 말하자, 다른 사람도 "나도 내 주님을 잃어버렸어"라고 대답합니다. 그러면 그런 경우에 처한 것이 자신만이 아니라는 사실을 이 두 사람은 알게 됩니다. 그러므로 슬픔에 처한 사람에게는 이렇게 서로 대화를 나누는 것이 도움을 줄 수 있습니다. 다른 사람도 나와 동일한 곤경에 처해 있다는 사실로부터 생기는 한 줄기 빛조차도 때로는 유익하기 때문입니다. 그리스도인 성도 여러분, 서로 교제를 나누십시오. 여러분에게도 오늘 본문 말씀에 기록된 것과 같은 그런 소통이 서로 간에 항상 있게 하십시오. 그분을 말하십시오. 그분에 대해 말하십시오. 그분에 대해 여러분이 알고 있는 것, 그분에 관한 여러분의 슬픔들, 그분을 여러분이 무시하고, 그분을 여러분이 악하게 대하고, 그분을 대적해 지은 여러분의 죄악들도 말하십시오. 이러한 이야기들을 서로 나누십시오. 이런 이야기들은 그분과 관련된 것이기 때문에, 여러분의 허물을 서로에게 고백한다 해도 유익할 것입니다. 왜냐하면 이렇게 함으로써 여러분은 서로를 위해 기도해 줄 수 있고, 그 기도에 여러분이 동참하게 될 것이기 때문입니다. 여기에 더 큰 간구의 능력이 임할 것입니다. 여러분 가운데 두 사람이 이런 생각에 동의한다면, 여러분은 그 사랑스러운 일치가 하늘에서 갖는 그 엄청난 능력에 대해 알게 될 것입니다. "그때에 여호와를 경외하는 자들이 피차에 말하매"(말 3:16)라는 말씀대로, 이것은 복된 일이며, 예로부터 내려오던 일이며, 덕을 세우는 일이며, 하나님께 영광 돌리는 일이며, 하나님을 기쁘시게 하는 일입니다. 이 일로 인해 하나님은 옆에서 듣게 될 것입니다. 즉, 그분은 창문 아래에 오셔서 그들이 하는 말들을 들으시고, 공책에 그 들은 것들을 기록하실 것입니다. "기념책에 기록하셨느니라"(말 3:16)는 말씀대로 말입니다. 그리고 그분은 그 기록한 것을 공표하셔서 "여호와를 경외하는 자와 그 이름을 존중히 여기는 자를 위하여"(말 3:16) 복을 내려 주실 것입니다. 사랑하는 성도 여러분, 설령 여러분이 예수님과의 교제 밖에 있다 해도, 하나님의 백성들이 모이는 모임은 버리지 마십시오. 그들과 대화하는 것이 비록 무가치하게 느껴진다 하더라도, 그들 가운데 있으십시오. 그러면 틀림없이 여러분은 주님을 발견하게 될 것입니다.

셋째로, 이 제자들은 서로 간에 의사소통을 했을 뿐만 아니라, 다른 선한 사람들과도 기꺼이 교제를 나누었다는 사실에 주목하십시오. 이 새로운 순례자인 예수님께서 길에서 다가와 그들에게 질문했을 때, 이 두 제자는 스스럼없이 대답해 주었습니다. 그들은 온 마음을 다해 그분을 대했으며, 그분과 대화를 나누다가, 그들은 곧 그분으로부터 가르침을 받을 자세를 갖추게 되었습니다. 그리스도인들이 자기와 친한 사람은 물론이고, 주님을 경외하고 다른 시각에서 사물들을 바라보면서 좀 더 분명한 빛을 받은 다른 사람들로부터도 직접 기꺼이 진리를 받아들이고자 하는 것은 바람직한 일입니다. 이 두 사람은 말이 통하는 속이 넓은 사람이었습니다. 그리스도를 따르는 사람들이 자기 안에 갇혀 지내는 것은 슬픈 일입니다. 이것은 특히 영국 사람들의 결점이기도 합니다. 만약 여러분이 영국 사람과 함께 같은 기차를 타고서 세계 구석구석을 여행한다면, 아마도 그 영국 사람은 여러분에게 단 한 마디도 말을 하지 않을 것입니다. 그리스도인들이라면 그들이 아주 멀리 떨어져 있지 않는 한, 그들은 상호 간에 많은 유익을 얻을 수 있을 것이라 저는 확신합니다. 하지만 귀한 하나님의 자녀들은 대개가 몇 시간이나 함께 옆에 앉아 있으면서도, 과도하게 점잔을 뺍니다. 그들은 이런 행동을 아주 예의바른 것으로 생각하고서 서로 의사소통을 하지 않습니다. 그래서 서로를 부요하게 해 줄 생각과 경험의 거룩한 교류의 기회를 놓치게 됩니다. 기꺼이 서로 대화를 나누십시오. 물론 여기에도 당연히 분별력을 가져야 합니다. 진주를 돼지 앞에 던지는(마 7:6) 경우도 있기 때문입니다. 하늘의 분별력을 사용해서 그리스도에 관해 기꺼이 대화하고자 하는 자들과 자유롭게 말하십시오. 존 번연은 「천로역정」(*Pilgrim's Progress*)에서 순례자들 가운데 동참한 수다쟁이(Mr. Talkative, '천로연정' 1부의 등장인물로서, 성경말씀에 정통하여 많은 말들을 하지만, 행함이 없이 말만 하는 신앙인의 전형이다. 그의 수다에 진절머리가 난 주인공 크리스챤[Christian]과 믿음[Faithful]은 그와의 동행에서 벗어날 방책을 궁리하여 결국 그를 떼놓고 둘만 가게 된다 – 역주)에 관해 아주 익살스럽고 뼈가 있는 이야기를 하고 있습니다. 여러분이 기억할지 모르겠지만, 크리스챤과 믿음이 그를 떼어놓을 멋진 방책을 궁리하지 못했다면, 그는 곧 수다로 이 두 사람을 피곤하게 했을 것입니다. 이 두 사람은 다른 이야기는 말고 오직 하나님의 일과 관련된 자신들의 내적인 체험에 대해 말하기를 원했습니다. 그러자 잠시 후에 수다쟁이는 혼자 가겠다고 말했습니다. 그것은 그가 말하고 싶었던 주제가 아니었기 때문입니다. 만약 여러분이 주님을 사랑하지도 않는 신사와 주님에 관한 위엄 있는 주제에 대해 계속해서 대화한다면, 여러분은 그들로 인해 오랫동안 곤란을 겪지 않아도 될 것입니다. 그런 사람들은 곧 여러분에게 싫증을 내고는, 그들의 쓸데없는 물건들이 팔릴 만한 다른 곳으로 갈 것입니다. 그들은 여러분의 시장에는 절대로 나타나지 않을 것입니다. 왜냐하면 여러분은 손에 더 좋은 물건들을 가지고 있기 때문입니다. 그러나 오늘 본문의 이 두 선한 사람은 자신들과 공감할 수 있는 사람과 대화를 나누었습니다.

넷째로, 이들은 주님이 거기 계신 줄을 알지 못했지만, 그럼에도 그분에 대한 자신들의 소망을 분명하게 말했습니다. 여러분은 이 점에 주목하십시오. 저는 그들이 말한 것이 모두 마음에 들지는 않습니다. 그들의 말 속에 대단한 믿음이 들어 있지는 않았기 때문입니다. 하지만 그들은 자신들이 나사렛 예수를 따르는 자들이라고 고백하였습니다. "우리는 이 사람이 이스라엘을 속량할 자라고 바랐노라 이뿐 아니라 이 일이 일어난 지가 사흘째요"(눅 24:21)라고 그들이 말했기 때문입니다. 그리고 계속해서 그들은 자신들이 그분의 제자들이었다는 비밀을 털어놓았습니다. "우리 중에 어떤 여자들이 우리로 놀라게 하였으니"(눅 24:22)라는 말씀에서 이를 알 수 있습니다. 그들은 수모를 받아 우울하였지만, 자신과 십자가에 달린 분과의 관계를 부인할 정도로 소심한 사람들은 아니었습니다. 그들은 다른 사람들로부터 "당신들은 사기꾼에게 속은 어리석은 바보들이다"라는 말을 듣지 않기 위해서, 일어난 이 모든 일을 부정하거나 숨기려고 할 정도의 우울한 상태까지는 아니었습니다. 그들은 여전히 자신들의 소망에 대해 분명하게 말했습니다. 오, 사랑하는 성도 여러분, 여러분이 가장 위로받기 어려운 상황에 이르렀을 때에도, 여전히 주님께 매달리십시오. 설령 내가 앞으로 살아가면서, 미소짓는 그분의 얼굴을 한 번도 보지 못한다 해도, 나는 그분에 대해 좋게 말해야만 합니다. 비록 내가 다시는 그분을 보지 못한다 해도, 그분은 수많은 사람들 가운데 최고이시며, 전적으로 사랑스러운 분이십니다. 저는 절망한 많은 성도들에게서 강한 믿음을 보고 싶습니다. 심한 우울 증세로 침상에 누워 있기만 하는 불쌍한 여성도와 대화를 나눈 목회자가 기억납니다. 그녀는 "목사님, 제 생각에 저는 그리스도에 대한 믿음이나 사랑을 조금도 가지고 있지 않은 것 같습니다"라고 말했습니다. 사실 그 목사는 그녀의 그런 상황에 대해 더 잘 알고 있었습니다. 왜냐하면 그녀의 삶이 어떠했는지를 그가 잘 알고 있었기 때문입니다. 그래서 그 목사는 창가로 걸어가 종이쪽지 위에 "나는 주 예수 그리스도를 사랑하지 않습니다"라고 쓰고는, 그 쪽지를 펜과 함께 그녀에게 건네 주면서 이렇게 말했습니다. "자, 사라(Sahah), 여기에 서명하세요." 그녀는 이 쪽지를 읽고 나더니,

"오, 그런데 목사님, 제가 서명하기 전에 이 쪽지를 찢었으면 좋겠습니다"라고 말했습니다. 목사가 말했습니다. "하지만 방금 전에 주님을 사랑하지 않는다고 말하지 않았습니까?" 그러자 그녀는 "아, 목사님, 그래도 저는 이 쪽지에 서명할 수 없어요"라고 대답했습니다. "그럼 됐습니다. 제가 그만두지요. 사라, 당신은 지금도 주님을 사랑하고 있습니다"라고 목사가 말하자, 그녀는 "그래요? 목사님, 정말 제가 주님을 사랑하는지는 모르겠지만, 저는 절대로 그분을 포기하지 않을 거예요"라고 대답했습니다.

저는 수년 전에 한 여성도를 심방한 기억이 납니다. 저는 그녀가 죽을 때까지 결코 그녀에게 아무 위로도 줄 수 없었습니다. 그런데 죽음이 다가오자, 그녀는 승리를 만끽하며 죽었습니다. 저는 그녀에게 말했습니다. "당신은 왜 교회에 나옵니까? 당신에게 교회는 아무 의미도 없다고 말하면서, 교회에 나와 봐야 무슨 유익이 있다고 나오는 것입니까?" 그러자 그녀는 "아닙니다. 그래도 저는 교회 가는 것이 좋아요. 제가 어차피 멸망하더라도, 저는 귀한 말씀을 듣다가 멸망할 거예요"라고 대답했습니다. 그래서 제가 "그래요? 당신 말대로 당신은 구원받지 못한 영혼이라면서, 그래도 여전히 교회의 일원으로 남아 있는 이유는 뭔가요?"라고 묻자, 그녀는 "글쎄요. 저는 제가 가치 없는 사람인 줄을 압니다. 그래도 목사님이 저를 내쫓지만 않는다면, 저는 교회를 나가지 않을 거예요. 왜냐하면 저는 하나님의 백성들과 함께 있는 것이 좋기 때문이에요. 저는 그들과 함께 계수되기를 원하거든요. 물론 제게는 소망도 없고 제 자신이 가치 없는 사람인 줄도 알지만 말입니다"라고 말했습니다. 그때 제가 다음과 같은 제안을 했습니다. "좋습니다. 만약 지금 당신이 가진 소망을 완전히 포기한다면, 저는 당신에게 오 파운드(현재 우리나라 화폐시세로 백만 원에 가까운 금액이다 – 역주)를 드리겠습니다." 그러면서 지갑을 꺼내 "여기 오 파운드가 있습니다!"라고 말했습니다. 그러자 그녀는 아주 기겁한 표정으로 저를 바라보면서, "고작 오 파운드에요?"라고 말했습니다. 그녀는 온 세상을 다 준다 해도 그리스도를 포기하지 않을 분위기였습니다. "하지만 당신은 그분과 함께 하지 않겠다고 말하지 않았습니까?"라고 제가 묻자, 그녀는 "목사님, 아니에요. 그분과 함께 하지 않는 것이 두렵기는 하지만, 그래도 저는 그분을 포기하지는 않을래요"라고 말했습니다.

아, 그녀는 참된 진리를 말하고 말았습니다. 이 두 제자들도 그녀와 마찬가지 경우였습니다. 그분께서 혹시라도 죽은 자 가운데서 부활하지 않았으면 어떡

할까 하는 두려움이 그들에게 있었지만, 그래도 그들은 그분을 포기할 수 없는 것처럼 여전히 그분의 제자로 남아 있으면서 다음과 같이 말했던 것입니다. "우리 중에 어떤 여자들이." 최악의 상태로 치닫고 있던 그 절망적인 대의(大義)를 그들은 거의 무의식적으로 붙잡고 있었습니다. 사랑하는 성도 여러분, 우리도 그렇게 될 것입니다. 우리도 욥과 더불어 "그분께서 나를 죽이실지라도 나는 그분을 신뢰할 것이요"(욥 13:15, KJV)

> "우리가 가진
> 　소망의 눈이 희미해질 때에도,
> 　우리는 죽든지 살든지
> 　예수님을 신뢰할 것입니다.
> 　여전히 그분의 발등상에
> 　무릎 꿇어 경배하나이다.
> 　우리의 도움이 되실
> 　이스라엘의 왕이시여."

　　다섯째로, 이 불쌍한 사람들은 아주 슬펐고 주님께서 계시지 않는 것으로 생각했습니다. 그럼에도 불구하고 이들은 책망을 기꺼이 잘 참아냈습니다. 우리 주님께서 하신 말씀이 비록 "바보들"이라는 뜻으로 번역될 수 있는 단어는 아니라 해도, 그들을 경솔하고 생각 없는 사람으로 부르신 것 같아 듣기에 다소 거북할 수도 있었습니다("주께서 그들에게 이르시되, 오, 어리석은 자들아, 선지자들이 말한 모든 것을 마음에 더디 믿는 자들이여"[눅 24:25, KJV ─ 역주]). 하지만 그들이 그런 심한 책망을 받았기 때문에, 그들의 입장에서 분개한 마음을 보였다는 내용을 우리는 발견할 수 없습니다. 진심으로 예수님을 사랑하는 영혼들은 신실한 책망을 들을 때에도 결코 분노하지 않습니다. 사랑하는 성도 여러분, 여러분은 여러분의 가지와 뿌리를 송두리째 절단하는 그런 설교를 받아들이고 있습니까? 여러분은 여러분의 허물을 치는 목회자에 대해 감사하고 있습니까? 여러분은 주님의 말씀이라는 칼 앞에 여러분의 가슴을 드러내 놓고서, 주님께 "나를 살피사, … 나를 시험하사(시 139:23)"라고 말하고 있습니까? 아, 그렇다면 여러분 안에는 세상 사람들 속에 없는 더 나은 어떤 것이 있는 것입니다. 왜냐하면 세상 사람들은 자기 양심이 너무 심하게 공격 받으면, 교만한 마음이 반발하기 때문입니다.

예전에 저는 어떤 대화를 듣게 되었는데, 기억하기로는 대강 이런 내용이었습니다. 어떤 남자와 부인이 우리 교회에 왔습니다. 그 부인은 다른 교회에 가기를 원했지만, 남편이 이곳에 오기를 원했다고 했습니다. 여러분은 이들 두 사람이 각각 다른 교회를 선택한 이유가 무엇이라고 생각합니까? 그 이유에 대해 부인이 "스펄전 목사님은 너무 평범하다"고 말하자, 남편은 "그 점이 바로 내가 그분을 좋아하는 이유요"라고 대답했습니다. "그분은 개인에 관해 너무 직접적으로 말씀하세요. 성도들에게 그런 식으로 말하면 안 된다고 생각해요"라고 부인이 말하자, 남편은 "그게 바로 우리에게 필요한 것이오. 우리가 원하는 것은 우리의 마음을 강하게 때리는 설교 말씀이오, 진정으로 우리에게 해당되는 그런 말씀을 해 주지 않는 교회에 가봤자 우리에게 무슨 소용이 있겠소?"라고 말했습니다. 제가 하려는 말이 바로 이것입니다. 우리는 달나라에 사는 사람에게나 해당되는 그런 복음을 원하지 않습니다. 우리 자신에게 해당되는 복음을 우리는 원합니다. 어떤 사람들은 너무 높게 돌을 던져서 아무것도 맞추지 못하는 설교자들을 칭송합니다. 그러나 우리에게 필요한 설교자는 양심이라는 과녁을 향해 돌을 던져 털끝만큼도 틀리지 않고 정확하게 맞출 수 있는 설교자입니다. 자신에게 어떤 허물이 있든지 간에, 그 허물로 인해 주님으로부터 아무리 거칠게 책망을 받아도 참아낼 수 있는 그런 사람이 근본적으로 올바른 성도입니다.

그리고 이들은 또한 기꺼이 배우고자 하였습니다. 이보다 더 훌륭한 학생들도 없었고, 이보다 더 훌륭한 교사도 없었고, 이보다 더 훌륭한 교과서도 없었고, 이보다 더 훌륭한 설명도 없었습니다. 그들에게는 가르쳐 줄 그리스도도 계셨고, 교과서인 성경도 있었습니다. 그리고 그들은 설명 그 자체이신 그분과 마주하고 있는 제자들이었습니다. 그들은 그분께서 자신에 관한 것들을 창세기로부터 시작해 구약 전체를 관통하여 펼쳐 보이는 것을 귀 기울여 들었습니다. 불쌍한 하나님의 자녀들이여, 여러분은 지금 의심과 고난 가운데 있습니까? 계속해서 예수님에 대해 배우기를 갈망하십시오. 여러분을 깨우쳐 달라고 주님께 기도하십시오. 그의 법을 가르쳐 주시고, 또한 눈을 열어서 주의 율법에서 놀라운 것을 여러분이 볼 수 있도록 그분께 간구하십시오(시 119:18). 왜냐하면 하나님의 자녀라면 누구나 배우기를 좋아하는 사람이기 때문입니다. 자녀들이라면 모두 그분의 발치에 앉아, 그분의 말씀을 받는 법입니다.

사랑하는 성도 여러분, 이 두 사람은 기꺼이 배우려고 했을 뿐 아니라, 그 교사와 그분의 가르침을 잘 간직하고 그분께 친절하게 대접하기를 원했다는 사실에 주목하십시오. 그들은 "우리와 함께 유하사이다. 때가 저물어가고 날이 이미 기울었나이다"(눅 24:29)라고 말했습니다. 그들은 그분으로부터 은혜를 입었고, 그래서 그분에 대한 감사한 마음을 보이기를 원했습니다. 여러분은 기꺼이 더 배우기를 원해서 실제로 많이 배워 본 적이 있습니까? 여러분은 배우기를 좋아하는 마음을 가지고 있습니까? 온유한 마음으로 말씀을 받아들여 여러분의 마음에 그것을 새길 준비가 되어 있습니까? 지금, 저는 제 경우를 말하려고 하는 것이 아닙니다. 제게는 불평할 이유가 없습니다. 하지만 저는 그리스도의 참된 종들을 알고 있습니다. 그들은 성도들의 변덕 때문에, 다시 말해서 성도들이 변화를 원했기 때문에 성도들로부터 쫓겨난 종들입니다. 그들이 쫓겨난 이유는 단지 성도들이 목회자의 변화를 원했기 때문입니다. 이 성도들은 "우리와 함께 유하사이다"라고 말하지 않았을 뿐만 아니라, 이 종들에게 먹을 것도 주지 않았습니다. 그들은 하나님의 귀한 종들임에도 불구하고, 어디로 가야 할 지 모른 채 쫓겨났습니다. 그 성도들이 그 종들의 새로운 사역지에 대해 선혀 신경 *쓰*지 않았기 때문입니다. 하나님께서는 이러한 일들에 대해 격분하시며, 그 종들에게 부당하게 대우한 교회에 심판하실 것이라고 저는 믿습니다. 하나님께서 그의 사역자들에게 메시지를 들려 보낼 때는, 그 종들이 존경과 친절로 대접받을 것을 기대하십니다. 모세가 호밥에게 말한 것처럼, 현명한 신자들은 하나님께서 보내신 사역자들에게 다음과 같이 말합니다. "우리와 동행하자 그리하면 선대하리라 … 당신은 우리가 광야에서 어떻게 진 칠지를 아나니 우리의 눈이 되리이다. 우리와 동행하면 여호와께서 우리에게 복을 내리시는 대로 우리도 당신에게 행하리이다"(민 10:29, 31, 32). 이 두 제자들도 그들의 스승을 환대하였습니다. 그래서 그분이 가시지 않기를 원했습니다.

그리고 또 말씀드리지만, 그들은 주님이 함께 계신다는 것을 알지 못했음에도 불구하고, 예배에 참여할 준비를 잘하고 있었습니다. 어떤 사람들은 그리스도께서 그 날 밤에 떡을 떼신 것을 식사 전에 축복을 비는 일상적인 봉헌 의식이라고 생각하지만, 저는 그렇게 보지 않습니다. 왜냐하면 그리스도께서 그 떡을 취하셔서 축복하셨을 때는, 그들이 이미 먹기 시작한 식사 중간이었기 때문입니다. 그때 거기서 그분은 자신이 받은 고난의 귀한 징표들을 제자들에게 보여주신 것이고, 우리에게 한 주의 첫날을 기념하라고 명령하신 것이라 저는 생각합니다. 이것은 우리가 그분의 죽음을 그분이 오시기까지 보여주기 위한 것입니다. 이 식사가 어떤 식사였든 상관 없이, 즉 제자들의 식사에서 행해진 고유한 봉헌이었든, 아니면 주님의 식탁인 성찬식에서 행해진 고유한 봉헌이었든 간에, 어쨌든 제자들은 그 식사에 참여하였습니다. 자 보십시오. 하나님의 자녀들로 하여금 은혜의 수단인 성찬식에 참여하지 못하게 하려는 것이 바로 강력한 사탄의 유혹입니다. 왜냐하면 하나님의 자녀인 그들은 슬픔으로 가득 차 있었기 때문입니다. 그들이 어둠 가운데 있었기 때문에, 사탄은 빛으로부터 그들이 더욱 멀어지도록 유혹했습니다. 그러나 오, 하나님의 자녀들이여, "모이기를 폐하는 어떤 사람들의 습관과 같이 하지 말고"(히 10:25)라고 하신 말씀을 행하십시오. 하나님께서 여러분을 만나시는 곳을 떠나려는 유혹을 이기고, 그분의 발이 머무는 곳에서 영광을 돌리십시오. 변함없이 주의 백성들과 함께 참여하십시오. 여러분이 가진 믿음으로는 두렵고 떨린다 해도, 겸손하게 주님의 식탁으로 나아오십시오. 그리스도께서 마련하신 식탁은 의심 없는 자들을 위한 식탁이 아닙니다. 의심 없는 자들을 위한 식탁이었다면, 여러분은 나아오지 못했을 것입니다. 그분은 죄 없는 자들을 위한 식탁을 마련하신 것도 아닙니다. 그랬다면, 여러분은 나아오지 못했을 것입니다. 그분께서는 그의 제자들 모두에게 나아오라고 명하셨습니다. 의심하고 죄 있는 자들 가운데 있는 여러분까지 포함해서 모두에게 나아오라고 말씀하셨습니다.

3. 주님을 발견했을 때 성도들이 취하는 행동

세 번째로, 신자들이 주님을 발견했을 때 그들이 취한 행동들에 대해 설명하고자 합니다. "그들의 눈이 밝아져 그인 줄 알아보더니"(눅 24:31). 바로 이 때 그들은 무엇을 발견하였습니까?

첫째로, 그들은 자신들의 마음속에 언제나 그분이 함께 하신다는 증거들이 있었음을 발견하게 되었습니다. "길에서 우리에게 말씀하시고 우리에게 성경을 풀어 주실 때에 우리 속에서 마음이 뜨겁지 아니하더냐?"(눅 24:32)라는 말씀과 같이, 하늘로부터 임하는 불타는 마음은 주 예수님의 임재를 통하지 않고서는 어느 누구에게도 결코 일어나지 않습니다. 그들은 서로 쳐다보기 시작했습니다. 그러고는 "비록 우리가 그분을 보지 못했다 해도, 우리 마음이 그분을 향해 불타올랐다는 바로 그 사실로 인해, 그분이야말로 다름 아닌 우리의 위대한 선생이었다는 사실을 우리가 진작 알았어야 하지 않았을까?'라고 말했습니다. 이제 저는 본문 말씀을 약간 변형해서 설명해 보겠습니다. "오, 구세주를 찾고자 내가 얼마나 간절히 원했던가. 하지만 나는 그분을 찾을 수 없었다"라고 말하는 불쌍한 죄인이 여기에 있습니다. 여러분의 마음이 그분을 향해 그토록 불타오르는 이유가 무엇입니까? 여러분으로 하여금 그토록 간절히 갈망하게 만드는 그분은 도대체 누구입니까? 그분을 그렇게 강력히 바라는 것은 그분의 주권적인 은혜로 인해 일어난 것입니다. 그분은 여러분 가까이에 계십니다. "그러나 나는 내 죄가 얼마나 사악한지 너무 절실하게 느끼고 있다! 오, 그 죄악이 완전히 없어지면 좋으련만. 내 마음은 '내게 그리스도를 달라. 그렇지 않으면 나는 죽겠노라'고 부르짖고 있다." 여러분은 은혜로 말미암아 다시 새롭게 되지 못한 인간성으로 그와 같이 부르짖을 수 있다고 생각하는 것입니까? 분명히 말씀드립니다. 주님은 여러분 가까이에 계십니다. 여러분의 영혼은 비록 여름은 아니라 해도, 이미 봄은 왔습니다. 지금 얼음은 다 녹고 새싹이 돋아나기 시작했으며, 태양은 떠오르고 있습니다. 그리고 여러분은 지금 그분의 열기를 느끼기 시작하고 있습니다. 주님은 여러분에게서 멀리 떨어져 계시지 않습니다. 그래서 머지않아 여러분이 지나온 날들을 되돌아보게 될 때, 여러분은 "나는 주님이 가까이 계신다는 사실을 그때는 알지 못했다. 하지만 그분은 내 곁에 가까이 계셨다"라고 말하게 될 것입니다. 저는 "어디서 나는 그분을 찾을 수 있을까?"라고 말했지만, 이렇게 말할 그 때도 그분은 제 곁에 가까이에 계셨습니다.

　　이제 저는 하나님의 자녀들을 향해 말씀드리겠습니다. 아마도 여러분은 다음과 같이 말했을 것입니다. "나는 예전에 주님과 교제를 나눴었다. 하지만 이제는 그 기뻤던 주님과의 교제를 잃어버렸다. 나는 그분 없이는 절대로 만족할 수 없다. 나는 주저앉아 내 눈이 붓도록 다음과 같은 생각을 하며 울 뿐이다."

　　　　"내가 예전에 누리던 그 시간들은
　　　　　얼마나 평화로웠는지,
　　　　　그 기억은 또한
　　　　　얼마나 달콤했는지!
　　　　　그러나 이 모든 것들은

　　쓰라린 공허만 남긴 채
　　이 세상으로는
　　결코 채워지지 않네."

　　이런 유의 불타는 마음은 어디로부터 오는 것입니까? 마귀로부터 오는 것입니까? 그렇다면 마귀는 새로운 일을 착수한 것입니다. 아니면, 그 마음은 여러분 자신으로부터 오는 것입니까? 그도 아니면, 목자를 부르는 양의 마음입니까? 제가 보기에 그 마음은 양을 찾는 목자의 마음 같습니다. 그래서 여러분은 "오, 내가 다시 돌아가 하나님과 동행할 수만 있다면, 그리스도 안에 거하면서, 큰 기쁨으로 그분의 그늘 아래에 앉아 있기를 내가 얼마나 바라고 있는지!'라고 말하는 것입니다. 여러분은 이 바람을 마치 아침을 기다리는 자들처럼 그렇게 열정적으로 격렬하게 바라고 있습니까? 도대체 누가 여러분으로 하여금 이것을 바라도록 했다고 생각합니까? 그렇게 강한 바람이 있는 곳으로부터 멀리 떨어진 곳에 과연 그분이 계시겠습니까? 그렇지 않다고 저는 알고 있습니다. 여러분은 다음과 같이 말합니다. "아, 제가 그분을 아직도 사랑하고 있다는 것을 제 영혼으로 느끼고 있습니다. 제가 두려워하는 것은 그분과 교제를 나누지 못하면 어떡하나 하는 것입니다. 그분의 이름을 찬양하는 소리를 들었을 때, 저는 마음속으로 '저 소리야말로 하늘 아래에서 가장 아름다운 음악이다'라고 말했습니다. 나의 주님께서 좋은 말씀을 하는 것을 들으면서, 저도 그분에 대해 좋은 말을 할 수 있는 사람의 혀나 천사의 혀를 가졌으면 하고 바라기도 했습니다. 저는 그 어떤 것으로도 그분의 위대하심에 합당하게 찬양할 수 없습니다. 죄인들을 향한 그분의 진실한 사랑에 대해 들을 때면, 제 두 눈에 눈물이 흐릅니다. 때로는 제가 제 자신을 속이고 있는 것은 아닌지, 그리고 제가 그 사랑에 동참하지 못하는 것은 아닌지 두렵기도 합니다. 그럼에도 여전히 그분은 귀하신 그리스도이십니다. 그분의 이름에 영광을 돌려드립니다."

　　그분께서 여러분을 떠나 완전히 가 버리신다고 해도, 여러분의 마음이 그렇게 불타오를 것이라고 생각합니까? 저는 그렇게 생각하지 않습니다. 여러분은 다른 사람들의 변화를 생각할 때면, 마음이 불타오르는 것을 느낍니다! 여러분은 이렇게 말합니다. "오, 모든 곳에서 신앙의 부흥이 일어난다면, 그래서 하나님의 나라가 그리스도에게 임하고, 수천 수억 사람들의 가슴으로부터 면류관이 그분의 머리에 씌워진다면 얼마나 좋을까!" 그리스도께서 사람들 가운데서 영광 받게 되기를 갈망하는 그 바람으로 여러분의 가슴은 터질 것 같습니다. 하지만 여러분은 "그분이 나와 함께 하지 않을까봐 두렵다"라고 말합니다. 머지않아 여러분은 "내 속에서 마음이 뜨겁지 아니하더냐? 그분께서 가까이 계신 것이 틀림 없다"라고 말하게 될 것입니다. 여러분은 눈가리개를 하고 있습니다. 그래서 불을 볼 수 없습니다. 그러나 만약 추운 날인데도 여러분이 아주 뜨거워진다면, 여러분 가까이에 불이 있는 것이 틀림없다고 저는 생각할 것입니다. 비록 여러분이 영혼의 위로가 되는 예수님을 볼 수 없다 해도, 그럼에도 여전히 이와 같이 불타오르는 뜨거움이 있다면, 그분은 여러분 곁에 아주 가까이 계신 것입니다. 가끔 안식일에 말하는 다음과 같은 말이 무슨 뜻인지 여러분은 알지 못합니까? "오, 나의 주님, 내가 당신을 보지 못하는 날들은 힘든 날입니다. 도대체 언제쯤 내가 얼굴과 얼굴을 맞댄 것처럼 당신을 볼 수 있을까요?" 또 여러분은 하늘에 있는 그리스도의 영광에 대해 들었습니다. 그래서 여러분은 천국 문의 열쇠 구멍을 통해서라도 그 영광을 엿보기를 갈망해 왔습니다. 그리고 여러분은 그것이 여러분 인생의 전부인 것처럼, 왕으로서의 멋진 모습 그대로의 그분을 보기를 원하면서, "그의 병거가 어찌하여 더디 오는가?"(삿 5:28)라고 부르짖지 않았습니까? 여러분은 자주 다음과 같이 되기를 원했습니다.

> "네 자신이 앉아서
>   널리 찬양하리라.
>   그 영원한 축복을."

자, 여러분은 쇠로 만든 바늘이 마구 움직인다면, 천연 자석(lodestone, 천연 상태에서 자성을 띤 암석 - 역주)이 그리 멀리 있지 않다는 것을 확신할 것입니다. 여러분의 두 눈이 밝아졌을 때, 여러분은 말할 것입니다. "알고 보니, 그분이 나와 함께 계셨어! 그분이 나와 함께 계셨다고! 길에서 그분이 나에게 말씀하실 때, 속에서 내 마음이 뜨겁지 않았어? 내가 가진 의심과 두려움과 떨리는 마음으로 인해 그 귀한 그리스도께서 내 곁에 계신 것을 이해하지 못했구나."

그들이 행한 둘째 일은, 의견을 교환하는 것이었습니다. 한 사람이 다른 사람에게 "우리 속에서 마음이 뜨겁지 아니하더냐?"라고 말했습니다. 신자들이 자신에게 생긴 기쁨을 서로 이야기하는 것은 항상 좋은 일입니다. 그럼에도 불구하고 어떤 사람들은 기쁨을 말하는 것에 대해 다소 부끄러워합니다. 우리가 그래서야 되겠습니까? 사람들은 자기 형제에게 자기 허물에 대해 말하는 것을 꺼리지 않습니다. 왜냐하면 그런 행동에는 잘난 체하려는 마음이 없기 때문입니다. 하지만 주님께서는 아주 은혜로우신 데도 불구하고, 신자들 중에는 자신을 스스로 높이는 것처럼 보일까봐, 자기 기쁨에 대해서는 차마 말하지 못하는 사람들이 있다는 것을 저는 알고 있습니다. 우리는 온 힘을 다해서 자신을 높이는 모든 것들을 반드시 피해야만 합니다. 하지만 우리는 우리 주님의 영광을 조금이라도 감추어서는 안 됩니다. 만약 우리가 주님을 보았다면, 우리 형제들에게 말하도록 합시다. 서로 서로 "우리 속에서 마음이 뜨겁지 아니하더냐?"라고 말합시다. 만약 여러분이 아주 지루하고 무미건조한 설교를 들었다면, 여러분은 이구동성으로 "오, 이런! 세상에나! 우리가 지금 끔찍한 주일을 보내고 있구나. 우리에게 전혀 도움이 되지 않아. 그 선하신 분은 너무 따분하고 생기가 전혀 없는 분이야"라는 식의 말들을 할 것입니다. 여러분은 분명히 그렇게 말할 것입니다. 그렇지 않습니까? 자, 그럼 이와는 반대로, 말씀으로 주님께서 여러분을 다시 새롭게 해 주셨을 때, 여러분은 서로에게 이렇게 말하십시오. "오늘 아침 그곳의 모임은 아주 유익했어. 우리는 기름진 것들로 잔치를 베풀었어. 주님께서 우리와 함께 계셨어." 착한 어린 아이들처럼, 여러분이 아버지에게 감사할 때까지, 여러분은 영적인 떡이 베풀어지는 그 식탁을 떠나지 마십시오.

그리고 이 제자들이 주님을 보았을 때, 그들은 이에 관한 이야기를 다른 사람들에게 즉시 말했습니다. 제 생각에, 그들이 주님을 봤을 때는 아마도 모두가 죽은 듯이 잠든 한밤중이었을 것입니다. 우리 주 예수님께서는 저녁에 성찬식을 베푸는 것에 반대하는 고교회(High Church, '의식과 전통'을 중시하는 영국 성공회 전통의 한 교파이다 ― 역주) 형제들의 편견을 전혀 가지고 있지 않으셨습니다. 성찬식은 반드시 아침 일찍 행해져야 한다는 그들의 한결같은 주장이, 제게는 항상 그들이 행하는 희한한 일들 중에서 가장 기이한 일로 여겨졌습니다. 그들은 성찬식을 "주님의 만찬"(Lord's Supper, Supper는 '저녁식사'[만찬, 晚餐]라는 뜻이다 ― 역주)이라고 불러서는 안 되고, 아침식사인 조찬(朝餐)의 형태로 행해야 한다고 합니다. 엄청나게 까다로운 사람들인 그런 부류의 그리스도인들을 저는 이해할 수 없습니다. 그들은 항상 성찬식을 아침에 행하고자 하는데, 제가 아는 한, 그런 선례는 성경에도 없습니다. 그런데도 그들은 저녁 식사를 아침 식사로 바꾸려고 하고 있습니다. 언제 시행하든 어느 시간에 하든 중요한 게 아니라고 양보한다 해도, 제가 중요하게 말씀드리고자 하는 단 한 가지는, 성찬식이 이른 시간에 행해져야 한다고 말하는 사람들이 잘못된 시간에 대해서 중요성을 주장한다는 것입니다. 우리는 신자들이 함께 모일 때마다, 우리 주님을 기억하면서 떡을 뗄 수 있다고 말씀드리고 싶습니다. 그러나 첫 번째 성찬식이 거행되었을 개연성이 가장 큰 시간대는 틀림없이 저녁 시간이었을 것입니다. 그 시간은 늦은 시간이었음에도 불구하고, 두 제자들은 자신들이 주님을 보았다는 소식을 다른 사람들에게 말해 주기 위해서, 모두가 죽은 듯이 잠든 그 한밤중에 12Km나 되는("그 날에 그들 중 둘이 예루살렘에서 이십오 리 되는 엠마오라 하는 마을로 가면서"[눅 24:13] — 역주) 여행을 시작하였습니다. 만약 여러분이 그리스도를 발견하여 마음에 기쁨이 생겼다면, 그분의 백성들에게 가서 그분에 대해 말하십시오. 아니 죄인들에게도 가서 말하십시오. 여러분에게는 수고스러운 일이겠지만, 그래도 그렇게 하십시오. 오늘날 우리는 아주 편하게 복음을 전할 수 있을 때에만 기꺼이 증언하려고 합니다. 그러나 저는 안식일에 복음을 전하기 위해서 수 마일을 걸어간다든지, 혹은 이 두 제자처럼, 자신의 안락함과 편안함을 기꺼이 희생하고서 다른 사람들에게 유익을 끼친 선한 형제들의 이야기를 듣기를 좋아합니다. 오, 구세주의 사랑을 전하고 그런 이야기를 듣는 일에 더욱 열심을 냅시다! 우리는 좋은 방석과 편안한 좌석을 원합니다. 오늘날 우리가 그렇지 않습니까? 우리가 처음으로 회심하였을 때는, 구세주의 이름을 들을 수만 있다면 하는 생각으로, 이 많은 무리들 가운데 어느 곳이든 서 있었습니다. 저는 주님의 말씀을 듣기 위해서, 그리고 그분에 관해 말씀을 전하기 위해서 산울타리와 개천을 건너곤 하던 기억이 납니다. 그분을 향한 우리의 진지한 사랑이 결코 식지 않기를, 우리의 열심이 결코 사라지지 않기를 기원합니다. 믿지 않는 형제들에게 우리의 복된 주님에게서 본 것을 전해 줄 수만 있다면, 한밤중에 걷는 것이 우리에게는 아무것도 아닌 일로 여겨지기를 기원합니다. 우리가 예수님을 전하러 가는 것, 그것은 선한 메시지이며, 우리가 행해야 할 선한 사명입니다. 그리고 그 일은 우리의 영혼에도 선한 결과를 가져다줄 것입니다.

　　주님께서 나타나신 것을 말하는 동안에, 그들은 자신들에게 축복을 베풀어 주셨던 그 성찬식에 대해서도 언급했다는 사실에 저는 주목하고자 합니다. 그들은 떡을 뗄 때에 그분께서 자신들에게 알려졌다는 사실을 특별하게 언급했습니다. 저는 그와 같은 말들이 언급되는 것을 듣기를 좋아합니다. 물론 성찬식이라는 의식 그 자체는 아무것도 아니며, 우리가 그런 의식에 의존해서도 안 되겠지만, 그럼에도 불구하고 그런 의식들은 우리를 축복해 주기 때문입니다. 다른 사람들이 의식들을 너무나 중시하기 때문에, 우리 가운데는 오히려 이런 의식들을 너무나 경시하는 경향이 있습니다. 세례나 성찬식이나 성경 봉독이나 성경 말씀 듣기와 같은 의식들을 그저 대수롭게 않게 여기지 마십시오. 만약 이런 의식들로 인해 여러분이 축복을 받았다면, 이런 의식을 주신 하나님을 찬송하십시오. 그리고 만약 하나님께서 이런 의식들을 통해서 여러분에게 말씀하신다면, 이런 의식들이야말로 귀중한 대화의 통로들이었다는 사실을 다른 사람들에게 말하기를 잊지 마십시오.

사랑하는 하나님의 자녀들인 여러분, 이제 저는 여러분과 제 자신을 위해 기도드립니다. 우리 주님께서 항상 우리와 함께 하시고, 그 사실을 우리가 알게 되기를 위해서 기도드립니다. 그러나 설령 우리가 그분의 함께 하심을 인식하지 못한다 해도, 우리는 이 두 제자들이 한 것처럼 행하거나 그보다 더 훌륭히 행하기를 기원합니다. 주님께서 여러분을 능력에서 능력으로(시 84:7, KJV) 인도하시어, 우리 안에서 그분을 영화롭게 하시기를 기원합니다. 혹시라도 이 자리에 예수 그리스도를 원하는 불쌍한 죄인이 있다면, 그리스도를 향한 그의 갈망이 바로 구세주께서 그의 곁에 가까이 계심을 가리킨다는 사실을 기억하게 하십시오. 그리스도는 항상 우리의 눈이 볼 수 있는 범위 안에 계십니다. 그분은 "땅의 모든 끝이여 내게로 돌이켜 구원을 받으라"(사 45:22)고 소리치십니다. 그분은 그분을 찾는 모든 영혼들 아주 가까이에 계십니다. "너희가 만일 그를 찾으면 그가 너희와 만나게 되시려니와"(대하 15:2), "너희는 여호와를 만날 만한 때에 찾으라 가까이 계실 때에 그를 부르라"(사 55:6). 그분을 믿으십시오. 그러면 그분은 여러분의 것이 될 것입니다.

예수님이 여러분과 함께 거하시기를 기원합니다. 아멘.

제
95
장

—

부활하신 주님께서
열한 제자에게 처음으로 나타나심

—

"이 말을 할 때에 예수께서 친히 그들 가운데 서서 이르시되 너희에게 평강이 있을지어다 하시니, 그들이 놀라고 무서워하여 그 보는 것을 영으로 생각하는지라. 예수께서 이르시되 어찌하여 두려워하며 어찌하여 마음에 의심이 일어나느냐? 내 손과 발을 보고 나인 줄 알라 또 나를 만져 보라 영은 살과 뼈가 없으되 너희 보는 바와 같이 나는 있느니라. 이 말씀을 하시고 손과 발을 보이시나, 그들이 너무 기쁘므로 아직도 믿지 못하고 놀랍게 여길 때에 이르시되 여기 무슨 먹을 것이 있느냐 하시니 이에 구운 생선 한 토막을 드리니 받으사 그 앞에서 잡수시더라. 또 이르시되 내가 너희와 함께 있을 때에 너희에게 말한 바 곧 모세의 율법과 선지자의 글과 시편에 나를 가리켜 기록된 모든 것이 이루어져야 하리라 한 말이 이것이라 하시고"— 눅 24:36-44

사랑하는 성도 여러분, 이 말씀은 우리 주님께서 죽은 자 가운데서 부활하신 후 그의 제자들에게 여러 번 나타나셨지만, 그 중에서도 가장 기억할 만한 나타나심에 대한 말씀입니다. 주님께서는 이렇게 나타나실 때마다 각기 그 자체의 고유한 특징들을 나타내 보여주고 계십니다. 저는 오늘 설교 말씀을 통해 부활하신 우리 주님께서 여러 번 나타나실 때마다 각기 다르게 보여주신 그 특별한 느낌들에 대한 개요조차 여러분에게 말씀드릴 수 없을 것 같습니다. 지금 우리 앞에 제시된 경우는 그분께서 나타나신 모든 경우 가운데서 가장 완전하고 사려 깊은 경우이며, "무오(無誤)한 증거들"이라는 측면에서도 다른 모든 경우들을 충분히 넘어서 있는 것으로 생각될 수 있습니다. 이 사건은 우리 주님께서 죽은 자 가운데서 부활하신 바로 그 날에 생긴 일이며, 이것은 오랫동안 지속된 은혜로운 나타나심을 마감하는 사건이었다는 사실을 여러분은 기억하십시오. 이 말씀은 주님의 부활을 증거하는 모든 대화 시리즈를 요약한 말씀입니다. 무덤은 비어 있었고 그 속에 수의(壽衣)가 있었습니다. 주님께서 누우셨던 곳은 주님의 부활을 조사하기 위해 엄선된 사람들은 모두 접근할 수 있는 곳이었습니다. 왜냐하면 무덤을 봉하고 지키던 큰 돌이 옆으로 굴려져 있었기 때문입니다. 굴려진 돌이야말로 그 자체가 가장 인상적인 증거입니다. 더군다나, 거룩한 여인들이 그곳에 있었으며, 예수님이 살아나셨다고 말한 그 천사들의 환상도 보았습니다. 막달라 마리아는 특별한 대화를 하는 기쁨을 누렸습니다. 베드로와 요한도 빈 무덤으로 들어가, 나름대로 그분을 찾아보았습니다. 최종 보고는 우리가 알고 있는 그대로였습니다. 즉, "주님은 진실로 살아나셔서, 시몬에게 나타나셨다"는 것이었습니다. 그분께서 시몬에게 나타나셨다는 것은 특별한 일이었습니다. 왜냐하면 다른 제자들은 시몬이 주님을 어떻게 부인했는지를 매우 고통스런 일로 받아들였기 때문에, 그분께서 시몬에게 나타나신 것은 다른 제자들에게 아주 특별한 충격을 준 것 같습니다. 우리 주님께서 일하시는 방식은 그런 식이셨습니다.

제자들은 그렇게 당황스러운 가운데서 함께 모였습니다. 아마도 열한 제자가 허물 없이 식사 모임으로 모였을 것이라는 생각이 듭니다. 왜냐하면 "열한 제자가 음식 먹을 때에"(막 16:14) 주님께서 그들에게 나타나셨다고 마가가 우리에게 말해주고 있기 때문입니다. 그때는 틀림없이 날이 많이 저물어 있었을 것입니다. 그들은 서로 헤어지기 싫어 밤중까지 함께 있었습니다. 그들이 앉아서 식사를 하는 중에, 두 제자가 그들과 합류하였습니다. 이 제자들은 엠마오에서 해가 떨어지자마자 서둘러 돌아온 제자들이었습니다. 새롭게 합류하게 된 이 두 제자들은 예루살렘을 출발해서 걷고 있을 때, 한 낯선 사람이 어떻게 자신들과 같이 걷게 되었는지, 그리고 그분이 그들과 얘기할 때 자신들의 마음이 어떻게 뜨거워졌는지, 또 여행 끝에 떡을 뗄 때에 어떻게 해서 그분이 자신들에게 알려지게 되었는지 등에 대해 다른 제자들에게 말해 주었습니다. 그리고 두 제자는 자신들에게 나타난 그분이 바로 주님이라고 생각해서, 엠마오에서 밤을 보내려고 했던 당초 계획에도 불구하고, 이 놀라운 소식을 열한 제자들에게 말해주기 위해 서둘러 돌아왔다는 사실을 다른 제자들에게 말하였습니다. 이렇게 해서 증거들은 아주 신속하게 늘어났습니다. 그로 인해 예수님께서 참으로 죽은 자 가운데서 부활하셨다는 사실은 더욱더 분명해졌습니다. 하지만 아직까지도 여전히 의심하는 자들은 확신하지 못하고 있었습니다. 마가가 말한 대로 말입니다. "그 후에 그들 중 두 사람이 걸어서 시골로 갈 때에 예수께서 다른 모양으로 그들에게 나타나시니, 두 사람이 가서 남은 제자들에게 알리었으되 역시 믿지 아니하니라"(막 16:12-13).

　　모든 것들이 하나의 지점에 도달하였습니다. 다시 말해서, 그들 가운데 믿지 못하는 대다수는 궁지로 몰리게 되었던 것입니다. 그들은 막달라 마리아와 다른 거룩한 여인들의 진실성을 의심했던 것이 분명합니다. 그들은 틀림없이 시몬의 정직성에 대해서도 의문을 제기했을 것이며, 뒤늦게 도착한 두 형제들의 얘기도 부인하면서 쓸데없는 소리라고 비난했을 것입니다. 그들이 이렇게까지 의심한 이유는, 그분이 십자가에서 돌아가시는 것을 직접 보았기 때문입니다. 물론 그들의 의심이 이해되지 않는 것은 아니지만, 그럼에도 불구하고 그들에게 이런 의심의 마음만 없었다면, 그들은 예수님께서 살아나셨다는 얘기를 틀림없이 믿었을 것입니다. 바로 그때 그곳에 모인 모두에게 확실한 증거가 되는 핵심 증언이 제시되었습니다. "예수께서 친히 그들 가운데 서서." 문은 닫혀 있었습니다. 그러나 모든 장애물에도 불구하고 주님은 그들이 모인 모임 한가운데에 나타나셨습니다. 사랑의 미소로 그들의 마음을 뜨겁게 만들었던 그분이 나타나자, 그들의 불신은 운명처럼 사라질 수밖에 없었습니다. 예수님은 따뜻한 그분의 생기와 사랑 가운데 친히 자신을 드러내셨습니다. 그리고 지금 제자들이 보고 있는 것이 바로 그분 자신이며, 이렇게 되리라고 성경에서 이미 말하고 있다는 사실도 그들에게 알려 주셨습니다. 그들은 그분에 관해 선지자들이 말한 모든 것을 마음에 더디 믿는 자들(눅 24:25)이었습니다. 하지만 그분은 그들과의 친밀한 교제로 선지자들이 말한 모든 것을 그들이 마음으로 믿도록 해주셨습니다. 오,

이와 같이 그분께서 우리가 가진 모든 의심과 두려움도 끝나도록 해 주시기를 기원합니다!

사랑하는 성도 여러분, 저와 여러분은 비록 그런 대화를 하지 못했다 해도, 우리가 육신으로 나타나신 생명의 말씀을 영적으로 보고 검토하고 대하려는 간절한 바람을 가지고서, 이 말씀을 자세하게 살펴보는 동안, 이 말씀으로부터 많은 유익을 얻을 수 있었으면 좋겠습니다. 오, 우리는 지금 택하심을 받은 자들의 그 한밤중 모임에 영적으로 참여하고 있다고 생각하면서, 예수님께서 우리에게 가르쳐 주시고자 하는 모든 것들을 배우도록 합시다!

우리 주님께서 사도들에게 이와 같이 놀랍게 나타나신 사건에서, 저는 이 아침에 우리가 신중하게 살펴볼 가치가 있는 세 가지 사실에 주목하고자 합니다. 첫 번째로, 이 사건은 우리 주님께서 부활하셨다는 확실성을 가르쳐 주고 있습니다. 그리고 두 번째로, 이 사건은 부활하신 우리 주님의 성품을 우리에게 보여주고 있습니다. 세 번째로, 이 사건은 우리에게도 부활이 허락되었을 때, 우리 자신의 부활 본성에 관한 어떤 암시를 제공해 주고 있습니다. 오, 우리도 죽은 자들 가운데서 부활할 만한 가치 있는 자로 여겨주시기를 기원합니다!

1. 부활의 확실성

그러면 첫 번째로, 우리는 우리 주님께서 부활하셨다는 확실성을 이 말씀에서 살펴보도록 하겠습니다. 역사상 예수 그리스도께서 죽은 자 가운데서 부활하셨다는 사실보다 더욱 확고히 입증된 사실은 없었습니다. 우리는 이 사실을 자주 언급했으며, 다시 한 번 더 이것을 확고히 하고자 합니다. 모든 사람들에게 역사적인 사실로 받아들여진 공동의 사실들은 예수 그리스도의 부활이라는 이 사실의 확실성과 비교하면, 십분의 일 정도의 확실성도 보증 받을 수 없습니다. 예수님을 따르던 자들의 증언을 아주 조금이라도 존중하고자 하는 사람이라면, 틀림없이 십자가 위에서 죽고 아리마대 요셉의 무덤에 장사된 예수님께서 글자 그대로 죽은 자 가운데서 살아나셨다는 사실을 부인할 수 없을 것입니다.

이제 다음의 사실에 주목합시다. 그분이 그 방에 나타나셨을 때, 그분이 바로 예수님이라는 그 첫 번째 증거는 그분의 말씀이었습니다. 다시 말해, 그들은 그분의 음성을 듣는 증거를 갖게 되었던 것입니다. 그분은 예전과 같은 말투를 사용하셨습니다. 그분은 나타나자마자 말씀하셨습니다. 그분은 결코 벙어리가 아니셨습니다. 위대한 선생이며 친구이신 그분께서, 그렇게 고통스럽게 이별했던 그를 따르던 자들에게 문안 인사를 즉시 하셨다는 것은 아주 당연한 일이었습니다. 그분의 첫 번째 억양을 들었을 때 틀림없이 그들의 마음에는 그분께서 최후의 말씀을 하실 때 우리에게 힘을 주신 그 음색이 기억났을 것입니다. 그들은 그 매력적인 음성을 분명히 알아들었을 것입니다. 제 생각에 그분의 음성이 지닌 톤과 리듬은 가장 달콤한 천국의 음악으로 더욱 풍부해졌을 것이고, 당연히 완전한 음성이 완전한 인간에게 주어졌을 것입니다. 그들의 마음이 불신으로 얼어붙지만 않았더라면, 바로 그 음성은 그들의 귀를 통해 그들의 마음에 불타는 기쁨과 함께 매혹적인 확신을 주었을 것입니다. "그 사람이 말하는 것처럼 말한 사람은 이 때까지 없었나이다"(요 7:46). 그들은 그분의 음성만으로도 그분을 알아보았을 것입니다. 나사렛 예수님은 그분만의 독특한 언어 형식은 물론 특유의 음성도 가지고 계셨습니다.

우리 주님께서 말씀하신 내용도 그분이 예전에 하신 말씀과 같았습니다. 그분이 지금 하시는 말씀은 모두 예전에 말씀을 전하실 때 하신 내용의 일부분이었습니다. 그분께서 하신 최후의 말씀 가운데 한 말씀은 여전히 그들의 귓가에 생생했습니다. "평안을 너희에게 끼치노니 곧 나의 평안을 너희에게 주노라 내가 너희에게 주는 것은 세상이 주는 것과 같지 아니하니라"(요 14:27). 그러니 지금 그들에게 힘을 주는 "너희에게 평강이 있을지어다"와 같은 인사로 자신을 소개하는 그분은 틀림없이 예수님과 동일한 분이라는 확신이 들었습니다. 주님 주위에는 늘 평강이 있었고 그 평강을 다른 사람들에게도 전해 주고자 하는 분위기와 기품이 있었습니다. 평강을 말씀하실 때 그분의 음색은 평강을 창조하는 경향이 있었습니다. 그분은 평강을 만드는 분이었으며, 평강을 주는 분이셨습니다. 이런 징표로 그들은 그 지도자를 알아볼 수 있었습니다.

흔히 하는 일반적인 책망보다는 다른 방식으로, 즉 좀 더 온유하게 책망하실 때, 그들은 그분이 예수님이라는 사실을 거의 확신하게 되었다고 여러분은 생각하지 않습니까? 그분께서 "어찌하여 두려워하며 어찌하여 마음에 의심이 일어나느냐?"라고 말씀하셨을 때, 그분의 억양은 얼마나 부드러웠겠습니까? 우리 주님의 책망은 책망으로 가장된 위로였습니다. 그분의 꾸짖음은 특별한 형태의 위로였습니다. 이 사건에서 하신 그분의 꾸짖음으로 인해, 그분께서 갈릴리 바다에서 그들에게 "어찌하여 무서워하느냐 믿음이 작은 자들아?"(마 8:26)라고 꾸짖으신 물음이 그들의 마음에 기억나지 않았겠습니까? 또한 그들은 그분께서 바다 위로 걸어오심을 보고 놀라 유령이라 하며 무서워 소리질렀을 때, 그분께서 그들에게 "안심하라. 나니 두려워하지 말라"(마 14:27)고 하신 그때가 기억나지 않았겠습니까? 그들이 영적으로 슬픔에 잠기지만 않았다면, 그들은 틀림없이 이 모든 것들을 충분히 기억하고서, 이분이 바로 그들의 주님이라는 사실을 확실히 기억했을 것입니다. 우리 주님께서는 그들의 허물에 대해 절대로 어리석게 침묵하지 않으셨습니다. 그분은 결코 그 허물들을 간과하지 않으셨습니다. 거짓 애정으로 그들의 죄를 관용함으로써, 그들의 심적 부담을 덜어주고자 하지 않으셨습니다. 오히려 그분은 그들의 허물을 신실하고도 참된 사랑으로 지적하셨습니다. 그래서 그분은 그들을 훈계하셨던 것입니다. 이로써 그들은 이분이야말로 그분이라는 사실을 인식할 수밖에 없었습니다. 슬픈 일입니다! 불신은 더디게 사라지니 말입니다.

예수님께서 마침내 모세와 선지자와 시편에 대해서 말씀하게 되었을 때, 그분이 주된 화젯거리로 떠올랐습니다. 그러자 열한 제자들은 서로 눈짓하면서 "주님이시라"(요 21:7)고 속삭였습니다. 예수님께서는 십자가에서 돌아가시기 전 그 최후의 시간에도, 자신에게서 성취되어야 할 성경 말씀을 계속해서 알려 주셨습니다. 그런데 이제 이 대화에서도 그분은 예전에 가르쳐 주셨던 내용을 되풀이해 주셨습니다. 이분은 다른 분이 아닌 바로 그분이셨습니다. 그분은 항상 아버지의 마음과 뜻에 대해 말씀하셨으며, 성령님께서 영감을 주신 그 거룩한 책으로 성령님께 끊임없이 영광을 돌린 바로 그분이셨습니다. 이렇게 해서 우리 주님은 그분의 음색과 화제로 그 작은 무리 가운데 갑자기 나타나신 분이 바로 그분이라는 사실을 분명하게 알려 주셨습니다.

저는 이 증거야말로 더욱 훌륭한 증거였다는 사실을 여러분이 주목했으면 좋겠습니다. 왜냐하면 그 자리에 모인 제자들은 바로 예전의 그 제자들이었기 때문입니다. "그들이 놀라고 무서워하여 그 보는 것을 영으로 생각하는지라"는 말씀에서 알 수 있듯이, 그들은 아주 오래 전에 그분께서 물 위로 걸어오셨을 때 그들이 했던 행동을 그대로 정확하게 반복했습니다. 그분의 죽음과 나타남 사이의 시간적 간극에도 불구하고, 그들에게는 전혀 변화가 없었습니다. 아직까지 그들이 소심한 마음에서 벗어날 만한 어떤 일이 그들에게 전혀 일어나지 않았던 것입니다. 아직 그들에게 성령님께서 오신 것이 아니었기에, 그들이 최후의 만찬에서 들은 것과, 겟세마네 동산과 십자가에서 본 모든 것들은 그들에게 충분한 영향력으로 나타나지 않았습니다. 그들은 여전히 어린 아이처럼 유치하고 믿음이 없었습니다. 다시 말해서, 동일한 사람들이 동일한 그분을 바라보고 있었습니다. 그들은 평상시 상태 그대로였습니다. 이런 사실로 인해 그들이 그렇게 사랑하던 주님을 정확하게 알아보았다는 것을 강하게 증명합니다. 그들은 열정적인 분위기에 휩싸이지도 않았고, 열광적인 감정으로 마음이 떠 있지도 않았습니다. 그들은 아직까지 성령님으로 말미암아 특별한 마음 상태로 다시 태어나지도 않았습니다. 그들은 예전 모습 그대로, 마음에는 활기가 없었고 두려웠습니다. 예수님께서 죽은 자 가운데서 살아나셨다는 사실을 그들이 확신하고 그 사실에 의존하기만 했더라도, 그들은 틀림없이 예전의 모습에서 벗어날 수 있었을 것입니다. 그분이 부활하셨다는 소식을 다른 사람들에게 전하기 위해서 그들이 밖으로 나가 자기 목숨이라도 내어 놓았다면, 여러분은 이들이 전하는 증거가 참되다는 것을 확신할 수 있었을 것입니다. 왜냐하면 그들은 남의 말에 속을 만한 부류의 사람들이 아니었기 때문입니다. 오늘날 우리 시대에도 어떤 믿음의 기적들로 인해 소동이 있어 왔습니다. 그러나 그런 말들은 보통 편견이 없는 사람인가 하는 의구심이 드는 사람들로부터 비롯됩니다. 무엇이든 쉽게 잘 믿는 사람들은 자신이 간절히 바라는 것을 보고 싶어하기 때문입니다. 저는 선한 사람들을 알고 있습니다. 이들은 고의적으로 남을 속이려는 사람들이 아닙니다. 그럼에도 불구하고 어떤 점에서 그들은 전혀 신뢰할 만한 사람들이 아니기도 합니다. 왜냐하면 그들의 과도한 열정으로 인해 언제든 남을 속일 수도 있는 사람들이기 때문입니다. 기적을 판매하는 장사꾼이라면 이런 사람들로부터 기적을 살 수 있을 것이라고 예상할 것입니다. 그들은 이적에 대한 어떤 맛을 보았습니다. 그런 사람들이 제시하는 증거는 이 열한 명이 제시하는 증언과는 전혀 비교할 만한 가치도 없는 것들입니다. 이 열한 명의 제자들은 속기 쉬운 사람이나 흥분한 상태의 사람들이 전혀 아니었습니다. 사도들의 경우에는 여러 사실들이 최대한 입증되었으며, 그 진리가 명백한 사실로 인정되고 나서야 비로소 그들은 그 진리를 믿게 되었던 것입니다. 저는 지금 제자들의 불신에 대해서 변명하려는 것이 아닙니다. 저는 그들의 증언이 진리에 대해서 더 큰 비중을 차지하고 있다는 것을 주장할 뿐입니다. 왜냐하면 그들의 증언은 아주 냉정한 조사를 거친 후에 얻은 결과였기 때문입니다. 이 사도들은 특별한 방식으로 부활의 증인이 된 사람들이었습니다. 그렇게 그들이 신중한 여러 단계들을 거쳐서 결론에 이른 것을 볼 때, 우리는 두 배의 확신을 얻게 됩니다. 이들은 우리와 같은 사람들이었고, 단지 우리보다는 속을 가능성이 더 적었을 뿐입니다. 이들은 결정적인 증거로 확신을 가져야 할 필요성이 있었기 때문에, 그런 확신을 얻게 되었습니다. 그 결과 이후에 그들은 십자가에 달리신 주님이 진실로 죽은 자 가운데서 부활했다는 사실을 담대하게 선포할 수 있었습니다.

이렇게 이야기하는 가운데 그들은 자신의 귀로 증거를 받았습니다. 이 증거도 결코 약한 증거는 아니었습니다. 그러나 이제 그들은 눈에 보이는 증거도 가져야만 했습니다. 왜냐하면 구세주께서 그들에게 "내 손과 발을 보고 나인 줄 알라"고 말씀하셨기 때문입니다. "이 말씀을 하시고 손과 발을 보이시나." 특히 요한은 그분의 "옆구리"(요 20:20)까지 보았다고 말합니다. 왜냐하면 그는 그분의 옆구리가 창에 찔려 물과 피가 흘러나오는 것을 보았기 때문에, 특별히 그 옆구리에 주목했던 것입니다. 그들은 고통 받아 죽은 그 복된 육신을 보고서 확인해야만 했습니다. 그들 앞에 펼쳐진 두 손뿐 아니라, 신중하게 응시하고 있는 자들을 위해 일부러 보여주신 그 낮아지신 주님의 발에서도 못자국들이 보였습니다. 그분의 옆구리에는 깊은 상처 자국이 있었습니다. 이것들을 주 예수님께서는 은혜 가운데 그들에게 보여주셨습니다. 나중에 그분께서는 "네 손가락을 이리 내밀어 내 손을 보고 네 손을 내밀어 내 옆구리에 넣어 보라"(요 20:27)고 말씀하시고는 도마에게 더 완전하게 보여주셨습니다. 이러한 것들이야말로 주 예수님의 정체성이 확증될 수 있는 표지들이었습니다. 그리고 이러한 것들을 넘어서서 그분이 가진 외모의 전반적인 윤곽도 있었습니다. 그분의 전체적인 모습으로 인해 그들은 그분을 알아볼 수 있었습니다. 그분의 육신은 지금은 어떤 의미에서 영광을 받으셨지만, 그때만 해도, 그 새로운 모습에 대해서는 감추어져 있었기 때문에, 그분의 육신은 예전의 모습을 그대로 유지하고 있었습니다. 그것으로 인해, 주님은 죽어야 하는 일반적인 인간의 고통과 연약함에 더 이상 종속되지 않는다는 사실을 그들은 깨달았을 것입니다. 고통과 연약함에 매여 있는 우리와 같은 분이었다면, 그분의 상처들은 그렇게 빨리 낫지도 않았을 것입니다. 다 나았지만 그래도 여전히 남아 있는 선명한 상처 자국들로 인해 그분이 바로 다른 분이 아닌 예수님이라는 사실을 그들은 알게 되었습니다. 그분은 일찍이 죽임을 당한 것 같은(계 5:6) 어린 양처럼 보였습니다. 사람의 아들이라는 표지가 그분의 두 손과 두 발과 옆구리에 있었습니다. 주님을 바라보는 그들의 시선은 급하게 힐 끗 쳐다본 것이 아니라, 찬찬히 점검하며 본 것이었습니다. 왜냐하면 요한은 그 의 첫 번째 서신에서 "우리가 … 눈으로 본 바요 자세히 보고"(요일 1:1)라고 쓰 고 있기 때문입니다. 이것은 오랫동안 살펴보았다는 뜻입니다. 그리고 주 예수 님은 그 친구들에게 자신을 만져 보도록 권하셨습니다. 그분의 정체가 확증되는 표지들을 볼 수 있었기에, 그들은 실수할 수 없었습니다. 죽었던 그리스도와 동 일한 분이 죽은 자 가운데서 살아나셨습니다. 십자가에 달리신 동일한 예수님이 지금 그분을 가장 잘 아는 자들 가운데 서 계셨습니다. 십자가에서 끌어 내려진 이후에 틀림없이 엄청난 변화가 그 육신에 가해졌음에도 불구하고, 그분의 육신 은 변함이 없었습니다. 그래서 그들은 그분의 육신을 확인할 수 있었습니다.

더 나아가, 주님께서는 그들이 촉각의 증거, 즉 느낌의 증거를 받도록 하셨기 때문 에, 그들은 더욱 확신할 수 있었습니다. 그분은 그들에게 다른 식으로 조사해 보 도록 권하셨습니다. 하지만 이에 대해 그들 대다수는 주춤했을 것이라 저는 의 심치 않습니다. 그분은 "또 나를 만져 보라 영은 살과 뼈가 없으되 너희 보는 바 와 같이 나는 있느니라"고 말씀하셨습니다. 어떤 저자들은 그분께서 "피"라는 단 어 대신에, "뼈"라는 단어를 사용한 것에 대해 언급하였습니다. 하지만 저는 이 것으로부터 어떤 추론도 확실하게 할 수 없다고 생각합니다. 제자들이 그분을 만져봄으로써 주님이 피를 가졌는지를 알 수 있기는 힘들었을 것 같습니다. 대 신 그분이 뼈를 가지고 있는지는 만져보면 알 수 있었을 것 같습니다. 그러므로 이 말씀은 충분히 자연스러운 표현입니다. 결코 전하고자 의도하지 않은 어떤 의미를 이 말씀에 부여할 필요는 없을 것 같습니다. 틀림없이 사람들이 생각하 는 것과는 다른 어떤 이유가 그분에게 있었을 것입니다. 왜냐하면 "영은 살과 뼈 가 없으되 너희 보는 바와 같이 나는 있느니라" 하신 말씀에서 뼈를 언급하셨기 때문입니다. 구세주는 유령의 몸으로 오지 않으셨습니다. 그 몸 안에는 살뿐만 아니라 뼈도 있었습니다. 그 몸은 완전히 실재적인 몸이었습니다. 그분은 천사 들이 인간들에게 나타날 때 취하는 몸으로 나타나신 것이 아니었습니다. 그것과 는 절대로 달랐습니다. 그분의 몸은 만질 수 있는 딱딱한 실체였습니다. "또 나 를 만져 보라 … 나인 줄 알라." 그분은 그들에게 자신은 영들과 같은 존재들이 가지지 못하는 살과 뼈를 가지고 있다는 것을 보라고 명하셨습니다. 열한 제자 들 가운데 서 계신 그리스도의 몸에는 인간 신체의 실질적인 요소들이 있었습니다. 예수님께서 말씀하셨습니다. "또 나를 만져 보라."

　　이렇게 해서 우리 주님께서는 자신의 정체성뿐만 아니라, 자신의 실질적인 육체적 실존까지도 그 사도들에게 확증해 주셨습니다. 그분은 살과 뼈를 가진 인간이지, 공허하고 실체가 없는 귀신이 아니라는 것을 제자들이 직접 보도록 하셨습니다. 이 사실은 부활의 교훈에 대한 너무나 일반적인 행태를 교정해 주고 있습니다. 저는 몇 년 전에 제가 아주 존경하던 하나님의 사람의 장례식에 참석하였습니다. 장례 예배를 인도한 유명한 신학 박사는 하관하기 전에 우리에게 고인이 된 친구의 상태에 대해서 말해 주었습니다. 고인이 된 그는 관 안에 있지 않다고, 진정 관 안에는 그와 관련된 것이 아무것도 없다고 말입니다. 저는 그 말을 듣고서 마음이 아팠습니다. 만약 그의 말이 옳다면, 저는 고인이 된 제 친구와 아무런 관계도 없는 한 육신에 대해 무식하게 슬퍼하고 있는 것이었기 때문입니다. 그 설교자는 계속해서 하나님의 사람이 죽는 순간에 어떻게 하늘로 올라가는지를 설명했습니다. 고인의 영혼이 공중으로 올라갈 때 저절로 그 영혼은 한 육체를 형성한다고 말했습니다. 저는 고인이 된 친구의 실존이 천국에 있다고 믿습니다. 하지만 육신을 가진 존재로 천국에 있다고는 믿지 않습니다. 제 친구의 육신이 관 안에 있음을 저는 압니다. 그리고 그 육신은 무덤 속에 묻힐 것이라 저는 믿습니다. 또한 그 육신은 주님께서 오실 때에 무덤에서 다시 일어나게 될 것이라 저는 기대합니다. 저는 제 친구가 필름처럼 얇은 막으로 스스로 두 번째 육신을 만들어 낼 것이라 믿지 않습니다. 설령 그럴 것이라는 확신에 찬 말을 듣는다 해도, 저는 여전히 믿지 않을 것입니다. 저는 죽은 자의 부활을 믿습니다. 저는 장사된 바로 그 몸이 다시 부활하는 것을 보기를 기대합니다. 씨가 자라서 꽃이 되는 것과 마찬가지로, 장사된 육신은 그 속에서 영적인 육신이 나오게 되는 배아와 같습니다. 그것은 사실입니다. 그럼에도 불구하고 그 영적인 육신은 두 번째 육신이 아니며, 그 정체성에 있어서 장사된 육신과 동일한 육신일 것입니다. 저는 육신의 원자에 관한 논쟁에 말려들지 않을 것입니다. 우리 몸의 분자들이 부패되는 과정에서 식물에 의해 섭취되고 또 동물의 몸에도 흡수된다는 사실들에 대해 저는 부인하지 않습니다. 또한 원자들의 동일성에 대해서도 저는 조금도 의심하지 않습니다. 같은 물질은 단 하나도 없을 것입니다. 그러나 동일성은 유지될 수 있습니다. 제가 성경을 바르게 읽었다면, 그 동일성은 틀림없이 유지될 것입니다. 지금의 제 몸은 이십 년 전에 제가 거하던 그 몸과 같습니다.

하지만 그 모든 입자들 전체는 다른 것들입니다. 이와 마찬가지로, 무덤 속으로 들어간 몸과 무덤에서 살아난 몸은 두 개의 몸이 아니라, 하나의 몸입니다. 주님께서 오실 때, 성도들은 육신이 없는 영혼으로 남아 있지 않습니다. 그렇다고 해서 새롭게 창조된 몸을 입는 것도 아닙니다. 그들은 인성 전체가 회복되어 지극한 복락을 누리게 될 것입니다. 옛날 어느 족장이 잘 말하였습니다. "내가 여전히 내 육체 안에서 하나님을 보리라"(욥 19:26, KJV). "주 예수를 다시 살리신 이가 예수와 함께 우리도 다시 살리사"(고후 4:14). 만약 그리스도의 교리가 이 육체를 중시하는 교리가 아니라면, 어떻게 해서 이 그리스도의 가르침이 플라톤이나 다른 철학자들의 가르침보다 우월한지 저는 잘 모르겠습니다. 영혼의 불멸성은 그리스도 신앙이 전파되기 이전부터 알려졌고 또 받아들여졌습니다. 왜냐하면 그것은 자연의 빛에 의해서도 희미하게나마 발견될 수 있었기 때문입니다. 그러나 육체의 부활은 기독교 시대에만 특별히 계시되었습니다. 세상의 지혜로운 자들은 아주 자연스럽게 이 가르침을 조롱했으나, 기독교인들은 당연히 이 가르침을 자신의 것으로 삼았습니다. 장사된 육신은 다시 부활할 것입니다. "육신의 타고난 몸으로 심겨서 신령한 몸으로 부활하게 되나니"(고전 15:44, KJV)라는 이 말씀은 사실입니다. 이 몸은 참된 몸이 될 것이며, 심겨졌다가 다시 부활하게 된 그 몸과도 동일할 것입니다. 참으로 이 몸은 연약하게 심겨졌다가 능력으로 부활하게 될 것입니다. 그러나 이렇게 부활한 그 몸도 동일한 몸입니다. 참으로 연약하게 심겨졌다가 능력으로 부활하게 되고, 썩을 육신으로 심겨졌다가 썩지 않을 것으로 부활하게 될 것입니다. 하지만 이 각각의 몸들은 동일한 몸입니다. 아주 영광스러운 변화가 있다 해도 말입니다.

이 몸은 또한 물질적인 실체가 될 것입니다. 왜냐하면 "또 나를 만져 보라 영은 살과 뼈가 없으되 너희 보는 바와 같이 나는 있느니라"고 하신 그분의 말씀대로, 우리 구세주의 몸이 물질적이었기 때문입니다.

그리고 더 나아가, 그분께서는 제자들의 믿음을 확증해 주시고, 자신이 단순히 몸의 형체만을 가진 것이 아니라, 참된 몸을 가지고 계신다는 것을 보여주기 위해서, 제자들의 상식에 호소하는 증거를 주셨습니다. 그분에 대해 오늘 본문 말씀은 다음과 같이 기록하고 있습니다. "여기 무슨 먹을 것이 있느냐 하시니 이에 구운 생선 한 토막을 드리니 받으사 그 앞에서 잡수시더라." 이것은 그분의 부활에 대해 이의를 제기할 수 없는 아주 결정적인 증거입니다. 십자가에서 돌아가신 그분이 환상과 유령이 아니라, 아주 구체적인 행동과 사실로써 그들 가운데서 계셨던 것입니다.

이 사실에 대해 잠시 생각하고 함께 기뻐하도록 합시다. 우리 주 예수님께서 부활하셨다는 이 사실은 확신의 문제입니다. 만약 여러분이 이 사실을 놓친다면, 여러분은 복음을 완전히 버리는 것입니다. 그리스도께서 만일 죽은 자 가운데서 다시 살아나지 못하셨으면 우리가 전파하는 것도 헛것이요 또 여러분의 믿음도 헛것이며(고전 15:14), 여러분은 여전히 죄 가운데 있을 것입니다. 예수 그리스도께서 죽은 자 가운데서 다시 살아나셨다는 사실로부터, 다시 말해 그분께서 유령처럼 나타나신 것이 아니라 사망에서 풀려나 영광스러운 생명으로 부활하셨다는 이 사실로부터 여러분은 의롭다 하시는 인치심을 받는 것입니다. 그분께서 영광스러운 생명으로 부활하셨다는 사실은 위대한 대속의 사역을 하나님께서 받으셨다는 표시이자, 그 대속 사역의 대상이 된 모든 사람들이 의롭게 되었다는 표시이기도 합니다.

이 부활은 또한 잠자고 있는 자들에 관한 우리의 큰 소망이기도 하다는 점을 충분히 주목하시기 바랍니다. 만약 그리스도께서 죽은 자 가운데서 부활하지 못하셨다면, 여러분도 이 잠자고 있는 자들을 영원히 장사했을 것입니다. 이들은 여러분의 시야를 완전히 떠나 있습니다. 따라서 예수님이 죽은 자 가운데서 다시 살아나지 못하셨다면, 이들은 여러분과 다시는 교제할 수 없게 되었을 것입니다. 사도들에 따르면, 그리스도 안에 있는 모든 자들의 부활은 그리스도의 부활에 의존해 있기 때문입니다. 제가 사별(死別)한 유족들을 만나서 이제는 고인이 되어 그리스도 안에서 잠자는 자들과 그 영혼들에 대해 대화할 때마다 느끼는 것이지만, 저는 이렇게 사별한 유족들을 위로해 줄 필요가 전혀 없다고 느낍니다. 고인이 된 이들은 지금 주님과 영원히 함께 하면서, 지극한 복락 가운데 있다는 것을 알고 있기 때문에, 우리에게는 더 이상의 위로가 필요치 않을 것 같습니다. 우리의 위로가 필요한 유일한 대상은 그 불쌍한 육신입니다. 한때 우리가 그렇게도 사랑했지만, 지금은 차디찬 흙 속으로 떠나보내야 하는 그 육신 말입니다. 부활은 사망이 저질러 놓은 그 모든 것들을 최종적으로 원상태로 되돌려 놓습니다. "그들이 그의 대적의 땅에서 돌아오리라"(렘 31:16)는 말씀대로 말입니다. 그리고 예수님께서는 "주의 죽은 자들은 살아나리니, 그들이 나의 죽은 몸과 함께 일어나리이다"(사 26:19, KJV, 이 말씀은 이사야서에 나오는 말씀이다 — 역주)라고 말씀하셨습니다. 만약 우리가 그리스도의 부활에 대해 의문을 제기한다면, 우리의 믿음 전체는 의문시될 것이고, 그리스도 안에서 이미 잠든 자들은 멸망하게 될 것이며, 우리는 그리스도께서 이 거룩한 진리의 빛을 비추기 전에 다른 사람들이 있던 바로 그곳에 남겨질 것입니다. 우리가 예수님의 부활을 확신할 때만, 우리는 "사망아 너의 승리가 어디 있느냐? 사망아 네가 쏘는 것이 어디 있느냐?"(고전 15:55)라고 외칠 수 있습니다.

2. 부활하신 우리 주님의 성품

두 번째로, 죽은 자들 가운데서 부활하신 후, 우리 주님의 성품에 대해 아주 간략하게 전하는 동안, 여러분은 저를 잘 따라오시기 바랍니다. 그분께서 사망과, 그 사망에 속한 모든 것들을 중단시킨 지금, 그분은 어떤 분이십니까? 더 이상의 배고픔이나 목마름이 없게 된 지금, 그분은 어떤 분이십니까? 그분은 과거의 그분과 아주 동일한 분이십니다. 진정으로 그분은 과거의 그분과 완전히 같은 분이십니다. 왜냐하면 그분은 "어제나 오늘이나 영원토록 동일"(히 13:8)하시기 때문입니다.

첫째로, 그리스도께서는 이번에 나타나서서, 그분은 여전히 자기 백성들의 마음에 평강 주시기를 갈망하신다는 사실을 우리에게 가르쳐 주셨습니다. 이 점을 주목하십시오. 그분께서는 자신을 드러내시자마자, "너희에게 평강이 있을지어다"라고 말씀하셨습니다. 사랑하는 성도 여러분, 부활하신 주님은 여러분이 행복해지기를 원하십니다. 그분께서는 여기 이 땅에 계실 때도, "너희는 마음에 근심하지 말라"(요 14:1)고 말씀하셨습니다. 그분께서는 오늘도 이와 똑같이 여러분에게 말씀하십니다. 그분은 자기 백성들이 근심하는 것을 기뻐하지 않으십니다. 그분의 기쁨은 자기 백성들의 기쁨이 충만해지는 데 있습니다. 그분께서는 그분 안에서 항상 기뻐하라고 여러분에게 명하십니다. 여러분이 회중석에 앉아 있는 이 아침에도 그분은 여러분에게 속삭이십니다. "너희에게 평강이 있을지어다." 그분께서는 양 떼 가운데 가장 작은 자까지도 보살펴 주시고, 양 한 마리 한 마리를 푸른 풀밭에 누이시며 쉴 만한 물 가로 인도(시 23:2)하십니다.

둘째로, 그분께서는 불신을 책망하고, 믿음을 장려하던 습관을 버리지 않으셨다는 사실에 주목하십시오. 그분께서는 부활하시자마자, 제자들과 대화를 나누셨습니다. 그리고 그들에게 물었습니까? "어찌하여 두려워하며 어찌하여 마음에 의심이 일어나느냐?" 그분은 여러분이 그분을 믿고 안식하게 되기를 원하십니다. 사랑하는 성도 여러분, 예수님께서 의심을 불러일으키거나 사람들에게 불신하는 일에 거하라고 명하신 경우가 단 한 번이라도 있었는지, 할 수 있다면 여러분이 찾아보십시오. 오늘날 불신하는 사도들이 도처에 있습니다. 이들은 스스로 "정직한 의심"이라고 부르는 것을 유포하면서 하나님을 섬기고 있다고 착각합니다. 이것이야말로 모든 기쁨을 죽이는 것이며, 모든 평강에 독약을 넣는 것입니다! 구세주께서는 그렇게 하지 않으셨습니다. 그분은 제자들의 의심을 없애기 위해 특별한 방법을 강구하셨습니다. 그래서 "또 나를 만져 보라"고 말씀하셨습니다. 이 말씀은 큰 효과가 있었습니다. 그분께서는 자기 백성들이 의심하게 하느니, 차라리 자신을 만져보게 하셨습니다! 보통 이들이 그분을 만지는 것은 합당하지 않은 일이었습니다. 그분은 여인들에게 "나를 만지지 말라"(요 20:17)고 말씀하지 않으셨습니까? 특별히 요구되는 상황이 아니라면, 보통 만지지 못하도록 하는 것이 합당할 수 있습니다. 그러나 주님의 부활과 관련하여 제자들의 의심을 제거하기 위해서는 제자들이 그분을 만져 봐야 했기에, 그분은 제자들에게 만져 보라고 명하셨습니다. 오, 사랑하는 성도 여러분, 여러분은 근심하고 의심하며 불안해하고 있습니다. 그런 불신으로 인해 여러분은 자신의 신앙으로부터 위로를 받지 못하고 있습니다. 주님께서는 여러분이 자기 곁으로 아주 가까이 나아오게 하십니다. 혹시라도 그분의 복음이 여러분에 만족을 주지 못한다면, 그 복음을 어떤 식으로든 시험해 보십시오. 그분은 여러분이 의심하는 것을 참지 못하십니다. 그분은 "오, 믿음이 작은 자여 왜 의심하였느냐?"(마 14:31)라고 말씀하시며 부드럽게 호소하십니다. 또한 지금 이 순간에도 여러분이 주님의 선하심을 맛보아(시 34:8) 알도록 격려하고 계십니다. 그분은 여러분이 신앙의 실질적인 실체를 믿고, 그분을 만져 보고서라도 알기를 원하십니다. 다시 말씀드립니다. 어린 아이가 자기 어머니를 믿고서 두려움을 모르듯이, 여러분도 전폭적으로 단순하게 그분을 믿으십시오.

셋째로, 구세주께서 죽은 자 가운데서 부활하시고 어느 정도 그 영광이 자신에게 임했을 때, 그분이 가장 겸손하게 자기 백성들과 친해지셨다는 사실에 주목하십시오. 그분은 제자들에게 손과 발을 보여주시며 "또 나를 만져 보라"고 말씀하셨습니다. 그분께서 고난 받기 전 이 땅에 계셨을 때, 그분은 제자들과 함께 가장 자유로우셨습니다. 그분에게서 느껴지는 어떤 위엄 때문에 제자들과 멀어진 적도 없었습니다. 그분은 제자들의 선생이자 주님이셨습니다. 그러나 그분은 그들의 발을 씻어 주셨습니다. 그분은 지극히 높으신 분의 아들이었으나, 섬기는 자로 그들 가운데 계셨습니다. 그분은 "어린 아이들이 내게 오는 것을 용납하고 금하지 말라"(눅 18:17)고 말씀하셨습니다. 그분은 오늘도 동일한 분이십니다.

> "그분의 거룩한 이름이
> 이 땅에서 흔한 말로 불리었으나,
> 그분은 그 이름 듣기를 좋아하셨다.
> 사랑이 감히 다가갈 수 없는 위엄,
> 그분에게는 그런 위엄이
> 전혀 없으셨다."

그분은 비록 하늘 가장 높은 곳에서 다스리시지만, 그분의 기쁨은 여전히 사람들과 함께 하십니다. 그분은 여전히 우리가 그분의 발치에 앉거나 우리의 머리를 그분의 가슴에 기대도록 허락해 주십니다. 예수님은 우리가 우리의 슬픔에 대해 토로하는 것을 들어주십니다. 그분은 우리 뼈를 뚫고 들어온 칼날이 아니라, 우리 살에 박힌 작은 가시 때문에 간청하여도, 우리의 울부짖음에 귀 기울이십니다. 예수님은 여전히 위급한 때를 위하여 난 형제(잠 17:17) 같은 분이십니다. 그분은 세상에 대해서는 자신을 드러내 보이지 않으시지만, 우리에게는 자신을 드러내 보이십니다. 우리가 이 대화를 살펴볼 때, 이런 사실들이 분명하게 드러나지 않습니까? 그리고 그것을 안다는 것도 매우 기쁘지 않습니까?

넷째로, 주님은 항상 그러하셨던 것처럼, 부활하신 이후에도 여전히 놀랄 만한 인내심을 가지고 계셨다는 사실입니다. 그분은 제자들의 어리석음과 연약함을 참으셨습니다. 왜냐하면 "그들이 너무 기쁘므로 아직도 믿지 못하고 놀랍게 여길 때에"라고 기록되어 있기 때문입니다. 그분은 그들을 책망하지 않으셨습니다. 그분은 믿지 못하는 것을 두 가지로 구분하셨고, 너무 놀라서 믿지 못하는 것에 대해서는, 믿을 만한 증거를 거부해서 믿지 못하는 것만큼 책망하지 않으셨습니다. 그분은 그렇게 판단하셨습니다. 그분은 책망하는 대신 확증을 보여주셨습니다. 그분은 "여기 무슨 먹을 것이 있느냐?"라고 말씀하시고는 구운 생선 한 토막과 벌집 한 조각(눅 24:42, KJV)을 받아 잡수셨습니다. 그분에게는 음식이 필요한 것이 아니었습니다. 그분의 육신은 음식을 섭취할 수 있었으나, 음식이 요구되지는 않았습니다. 음식을 드신 것은 그분이 원하시기만 하면 그들의 모든 의심을 해결해 줄 수 있다는 사실을 보여주는 그분만의 고유한 멋진 방법이었습니다. 그들의 불신을 해소할 수 있는 일이라면, 그분은 그 크신 인내심으로 어떤 것이라도 행하셨을 것입니다. 사랑하는 성도 여러분, 예수님은 오늘도 그렇게 하십니다. 그분은 여러분을 책망하지 않으십니다. 단지 그분을 믿도록 여러분을 부르실 뿐입니다. 그분께서는 여러분이 그분과 더불어 먹고(계 3:20), 그분의 식탁에서 떡을 떼도록 초대하십니다. 그분은 "자주 경책하지 아니하시며 노를 영원히 품지 아니하실"(시 103:9) 것입니다. 하지만 그 크신 자비로 그분은 다른 음성을 내시며 여러분에게 자신을 믿으라고 격려하실 것입니다. 이래도 여러분은 머뭇거리겠습니까? 오, 그렇게 머뭇거리지 마십시오.

다섯째로, 우리 구세주께서는 죽은 자 가운데서 부활하셔서, 어느 정도 그 영광 중에 계셨지만, 그럼에도 그분의 사람들과 가장 친밀한 교제를 나누셨다는 사실을 살펴보십시오. 베드로는 우리에게 그들이 그분과 함께 음식을 먹고 마셨다고 말하고 있습니다(행 10:41). 저는 오늘 본문 말씀에서 그분이 그들과 더불어 마셨다는 말은 보지 못했습니다. 그래도 그분은 그들이 먹던 음식을 분명히 드셨을 것입니다. 그분께서 그들과 음식을 먹었다는 사실은 그들과의 교제를 분명히 보여주는 표징이었습니다. 모든 시대에 있어서 서로가 함께 먹고 마시는 것은 상호 교제의 가장 명백한 표징이 되어왔습니다. 그래서 구세주께서는 오늘날에도 우리에게 다음과 같이 말씀하시는 듯합니다. "나는 내 백성인 너희와 함께 먹었다. 내가 무덤을 떠난 이후로, 나는 너희를 대표하는 열한 제자를 비롯해 너희와 함께 먹었다. 나는 과거에도 함께 먹었고, 앞으로도 우리가 어린 양의 결혼 만찬에 함께 앉을 때까지, 나는 너희와 함께 여전히 먹을 것이다. 어떤 사람이든지 내게 문을 열면, 내가 그에게로 들어가 나는 그와 더불어 만찬을 먹고 그는 나와 더불어 먹을 것이다." 그렇습니다. 주 예수님은 지금도 여전히 우리와 놀랄 정도로 가까이 계십니다. 그래서 진주 문 저편에서만 알 수 있는 가장 고귀한 형태의 교제를 우리와 나누기를 기다리고 계십니다. 이 사실에 대해 우리 영혼은 고요히 기뻐하도록 합시다.

여섯째로, 저는 여러분이 다음 사실에도 주목하기를 바랍니다. 즉, 예수님께서 죽은 자 가운데서 부활하셨을 때, 그분은 돌아가시기 이전과 마찬가지로 성경을 옳게 대하는 분이셨습니다. 저는 지난 두 주에 걸쳐서(1887년 3월 27일에 설교한 '열두 군단의 청을 거절하신 예수님'[마 26:53-54]과 1887년 4월 3일에 설교한 '죽음 이후 십자가에서'[요 19:31-37]를 일컫는다. 본 설교는 1887년 4월 10일에 했다 — 역주) 주일 아침 설교로 우리 주님께서 항상 성경을 칭송하신 그 놀라운 방법에 대해 곰곰이 생각해 보았습니다. 그런데 오늘 본문에서는 마치 최종적인 칭송처럼, 그분께서 그들에게 다음과 같이 말씀하셨습니다. "모세의 율법과 선지자의 글과 시편에 나를 가리켜 기록된 모든 것이 이루어져야 하리라 한 말이 이것이라 하시고 이에 그들의 마음을 열어 성경을 깨닫게 하시고 또 이르시되 이같이 그리스도가 고난을 받고 제 삼일에 죽은 자 가운데서 살아날 것과"(눅 24:44-46). 여러분은 어디에 있든지 예수님을 찾으십시오. 그분은 성경의 권위를 축소하려는 모든 자들을 대적하는 분이십니다. 사탄을 대적하는 그분의 무기는 바로 "기록되었으되"라는 말씀입니다. 이 말씀은 사악한 자들을 대적하는 그분의 논거입니다. 이 시간에도 유식한 자들은 성경을 조롱하고, 거룩한 말씀을 존중하는 우리를 광신적인 성서 숭배자라고 비난합니다. 그러나 이런 짓거리를 하는 자들은 예수님께서 가르쳐 주신 것이나 모범으로부터 그 이면 지지도 받을 수 없습니다. 예수 그리스도의 입술에서는 성경의 권위를 손상시키는 단 한 마디의 말도 나오지 않았습니다. 그분은 항상 영감된 책에 일점일획에 대해서도 가장 경건한 존중을 표하셨습니다. 우리 구세주께서는 돌아가시기 전 뿐만 아니라 그 후에도, 오늘 본문의 말씀처럼 성경을 생각하며 우리에게 성경을 권하셨습니다. 그러므로 우리도 온 마음 다해 성경을 뒷전으로 밀어내려는 모든 가르침들을 피하도록 합시다. 여전히 성경이, 오직 성경만이 개신교도들의 신앙이 되어야만 하고, 앞으로도 그래야만 합니다. 하나님께서 우리를 도우시는 한, 우리는 이 입장에서 한 발자국도 물러서지 않을 것입니다.

　일곱째로, 우리 구세주께서는 죽은 자 가운데서 부활하신 후, 그분이 인간들의 구원을 갈망하고 있다는 사실을 보여주셨습니다. 그분께서 사도들에게 숨을 불어넣으시고, 그들에게 성령을 받으라고 명하시며, 그들에게 나아가 모든 피조물들에게 복음을 전하라고 말씀하신 것이 바로 이 대화였습니다. 선교의 마음은 그리스도의 마음입니다. 즉, 그것은 사람들을 구원하기 위해 돌아가신 그분의 마음일 뿐만 아니라, 사역을 마치고 안식으로 돌아가신 그분의 마음이기도 합니다. 죽은 자 가운데서 부활하신 예수님을 우리가 닮기 원한다면, 이 마음을 함양하도록 합시다.

3. 부활할 우리의 본성

이제 더 길게 말씀드릴 수 없을 것 같습니다. 세 번째로, 이 사건으로 말미암아 부활할 우리의 본성에 관해서 던져진 그 빛에 주목하기를 바랍니다.

먼저, 저는 오늘 본문 말씀을 통해서 우리의 본성에 대해 헤아려 볼 수 있었습니다. 즉, 우리의 전 인격은 구세주이신 우리 주 예수 그리스도께서 나타나시는 날에 완성될 것이라는 사실 말입니다. 죽은 자들이 썩지 아니할 것으로 다시 살아나는(고전 15:52) 때, 바로 그때 살아나게 될 우리도 변화될 것입니다. 예수님은 우리의 영혼뿐만 아니라 우리의 몸까지도 구속해 주셨습니다. "너희 몸은 너희가 하나님께로부터 받은 바 너희 가운데 계신 성령의 전인 줄을 알지 못하느냐?"(고전 6:19). 주님께서 그 사로잡힌 백성을 원수의 땅에서 구해내실 때, 그분은 자기 백성의 뼈 하나도 원수의 수중에 남겨두지 않으실 것입니다. 사망의 지배는 완전히 파괴될 것입니다. 부활의 날에 우리의 전체 본성은 살아 계신 하나님으로 인해 구속받게 될 것입니다. 죽음 이후부터 그 날이 될 때까지 우리는 몸이 없는 영으로 있게 될 것입니다. 그러나 양자 될 것 곧 우리 몸의 속량(롬 8:23)이 이루어져, 우리는 우리의 완전한 유산을 받게 될 것입니다. 우리는 지금 완전한 회복을 기대하고 있습니다. 지금은 죄 때문에 몸이 죽어가고 있습니다. 그러므로 몸은 고통당하고 부패합니다. 하지만 영혼은 의 때문에 살아 있습니다. 그러다가 부활의 때가 되면, 몸 또한 살아나게 될 것입니다. 그리고 영혼이 중생하듯이, 몸도 부활하게 될 것입니다. 이렇게 해서 우리의 인성은 타락의 결과로부터 완전히 구원받게 될 것입니다. 우리의 완전한 인성은 예수님께서 죄와 무덤으로부터 회복시켜 주신 것입니다. 그분께서 나타나시는 날에 이 모든 것들이 우리의 것이 될 것입니다.

다음으로, 저는 부활할 때 우리의 본성이 평강으로 가득 찰 것이라는 사실을 헤아려 보았습니다. 예수 그리스도 안에 깊은 평강이 없었다면, 그분은 "너희에게 평강이 있을지어다"라고 말씀하지 않으셨을 것입니다. 그분은 고요하고 아무것도 방해받지 않는 상태에 계셨습니다. 그분의 생애 전체를 보아도 그와 같은 큰 평강이 있었습니다. 그러나 부활하신 이후에는 그분의 평강이 더욱 두드러졌습니다. 우리 주님께서 부활하신 이후에는 서기관들과 바리새인들과의 갈등도 없었고, 다른 사람들과의 싸움도 없었습니다. 어떤 프랑스의 저자는 우리 주님께서 부활하신 후, 이 땅에서 사십 일 간 계셨던 것에 대해 「영광 가운데 계신 예수 그리스도의 삶」이란 제목으로 책을 썼습니다(프랑스 예수회 신학자인 자끄 누에 [Jacques Nouet, 1605-1680]가 쓴 부활절 묵상집으로, 1847년에 영어로 번역 출판되었다 — 역주). 처음에는 상당히 오해할 수 있지만, 그래도 그 제목이 그렇게 틀린 것은 아닙니다. 왜냐하면 그분의 사역은 끝이 났고 그분의 싸움은 종결되었으므로, 이 땅에서 우리 주님의 삶은 그분의 영광의 시작이었기 때문입니다. 우리의 삶도 그렇게 될 것입니다. 우리도 영원한 평강에 잠기게 될 것이며, 다시는 고난과 슬픔과 고통과 박해로 요동치지 않게 될 것입니다. 무한한 고요함이 우리의 몸과 혼과 영을 영원히 지켜줄 것입니다.

우리가 다시 부활했을 때, 우리의 본성은 성도들과의 교통 가운데서 안식을 누리게 될 것입니다. 주 예수 그리스도께서 다시 부활하셨을 때, 그분께서 처음으로 가신 곳은 제자들이 모여 있는 방이었습니다. 부활하신 이후의 첫날밤을 그분은 자신이 사랑하던 자들과 함께 보내셨습니다. 그와 같이, 우리가 어디에 있든 우리는 성도들과의 교세를 찾고 추구하게 될 것입니다. 저는 기쁜 마음으로 천국에 있는 여러분 대다수를 만나서 여러분을 알아보고 여러분과 교제 나누기를 기대하고 있습니다. 저는 미지의 알려지지 않은 존재들로 가득한 무리들 가운데서 아무런 개성 없이 미래의 상태에서 이리저리 떠다니고 싶지 않습니다. 그것은 저에게 천국이 될 수 없습니다. 사랑하는 성도 여러분, 천국은 절대로 그렇지 않습니다. 우리는 곧 우리의 동료가 누구인지 알아보고, 그 동료들과 주님 안에서 기뻐할 것입니다. 알지도 못하는 존재들과 여러분은 어떤 교제를 나눌 수 없습니다. 그러므로 우리는 미래의 상태에서 서로 알아보고 교제를 나누게 되며, 천국에서 우리의 육신은 서로를 알아보고 교제를 나누는데 도움이 될 것이라는 사실이 제게는 아주 분명한 것 같습니다. 부활하신 그리스도께서 열한 명의 제자가 있는 다락방으로 가셨듯이, 여러분도 거룩한 중력의 힘으로 하나님의 모든 종들이 종말에 모여 있는 곳으로 가게 될 것입니다. 그때 우리는 진정으로 안식을 누리게 될 것이며, 더 이상의 방황 없이 영원히 안정할 것입니다.

더 나아가, 그 날에는 우리의 육신이 우리의 영혼을 훌륭히 섬길 것을 저는 압니다. 우리 주님의 몸을 한번 보십시오. 죽은 자 가운데서 부활하셨기에 그분은 제자들을 설득시키기 원하셨습니다. 그래서 그분의 몸이 즉시 그분이 주장하는 주장의 수단이 되었습니다. 다시 말해 그분이 하시는 말씀의 증거가 되었던 것입니다. 그분의 살과 뼈는 그분에게 본문과 설교가 되었습니다. 그분은 "또 나를 만져 보라"고도 말씀하셨습니다. 아, 사랑하는 성도 여러분! 우리가 영원 가운데서 무슨 일을 하든지, 지금처럼 우리의 육신으로 인해 우리가 방해받지 않게 될 것입니다. 지금은 혈과 육[살]이 우리에게 방해가 되지만, 그때가 되면 "살과 뼈"가 우리에게 도움이 될 것입니다. 때로 저는 말을 하고는 싶지만, 두통이 생기거나 목이 막히거나 다리가 아플 때가 있습니다. 그러나 죽은 자 가운데서 부활했을 때는 전혀 그런 일이 없을 것입니다. 이 땅에 사는 동안에는 수천 가지 연약함들이 우리 주위를 에워싸고 있지만, 부활한 우리의 몸은 우리의 중생한 본성에 도움이 될 것입니다. 지금은 단지 본성적인 몸이어서 우리의 혼에만 적합합니다. 그러나 이후로는 이 몸이 신령한 몸이 되어 모든 바람과 천국 영혼의 소원들에 적합하게 될 것입니다. 우리는 더 이상 "참으로 마음에는 원이로되 육신이 약하도다"(마 26:41)라고 울부짖지 않을 것입니다. 가장 고귀한 목적으로 사용되기를 원하는 영혼의 능력을 우리는 부활한 육신 안에서 발견하게 될 것입니다. 정말 그렇게 되지 않겠습니까?

사랑하는 성도 여러분, 우리가 죽은 자 가운데서 다시 부활하게 되는 그 날에, 우리는 과거를 기억하게 될 것입니다. 부활하신 구세주께서 다음과 같은 말씀을 어떻게 하셨는지 여러분은 눈여겨보았습니까? "내가 너희와 함께 있을 때에 너희에게 … 한 말이 이것이라." 그분은 자신의 예전 상태를 잊지 않으셨습니다. 와츠 박사(Dr. Watts)는 말하기를, 우리는 "지극한 기쁨으로 우리 발이 수고한 것들을 하나하나 말하게 될 것이다"라고 했는데, 저는 이 말이 옳다고 생각합니다. 오히려 이것은 작은 일에 불과할 것이고, 아마 우리는 우리 구세주의 손과 발이 수고한 것들을 묵상하면서 더욱더 기뻐할 것입니다. 그리고 우리는 우리 주 하나님께서 우리를 인도해 주신 모든 길들을 기억하고서, 이것에 관해 서로서로 얘기를 나누게 될 것입니다. 천국에서도 우리는 이 땅에서 우리가 행복하게 보냈던 안식일들, 즉 예수님께서 친히 가까이 다가오셔서 우리 속에서 마음이 뜨거워졌을 때를 기억하게 될 것입니다. 예수님께서는 부활하신 후에도 제자들과 함께 계실 동안에 예전에 말씀하셨던 것들을 말씀하셨기 때문에, 죽음의 강은 레테(Lethe, 그리스 신화에 나오는 망각의 강 또는 망각의 화신 − 역주)라는 신화에 나오는 강, 즉 그 강에 빠진 사람들은 모두 자신의 과거를 잊게 되는 그런 강은 아니라는 것을 우리는 알 수 있습니다. 우리의 마음을 풍요롭게 하는 허다한 거룩한 기억들과 함께 우리는 부활하게 될 것입니다. 죽음은 우리에게 망각이 아닙니다. 왜냐하면 예수님에게도 죽음은 망각이 아니었기 때문입니다. 오히려 우리는 우리가 체험한 하나님의 긍휼을 묵상할 것입니다. 그리고 그것에 관해 말함으로써 우리는 하늘에 있는 통치자들과 권세들에게 하나님의 각종 지혜를 알게 하려(엡 3:10) 할 것입니다.

우리 주님께서는 죽은 자 가운데서 부활한 후에도 여전히 섬기는 마음으로 충만하셨습니다. 그분은 가서 복음을 전하도록 다른 사람들을 부르시고, 그들을 도울 성령 하나님을 그들에게 보내 주셨다는 사실을 살펴보겠습니다. 여러분과 제가 죽은 자 가운데서 부활할 때도, 우리는 섬기는 마음이 충만한 채로 부활할 것입니다. 우리가 영원한 시간 동안 어떤 일을 하게 될지에 대해서는 우리가 들은 바가 없습니다. 왜냐하면 지금 우리에게 맡겨진 일들을 성취하는 것만 해도 벅찰 것이기 때문입니다. 그러나 확실한 것은, 천국에 있을 우리의 모습에 합당한 자비의 사명과 사랑의 과제들로 우리는 명예를 얻게 될 것입니다. 우리가 가진 완전한 모든 능력으로 그분을 섬길 때, 만족해하실 주님의 얼굴을 보는 것만으로도 우리에게는 가장 큰 기쁨이 될 것이라 저는 믿어 의심치 않습니다. 그분은 그분의 거룩한 영광이 미래에 나타날 것이라는 위대한 경륜 가운데서 우리를 사용하실 것입니다. 천사들이 이 세대에 하던 역할들을 우리가 다른 세대에 행할 가능성도 있습니다(스펄전 당시 영국은 세대주의가 힘을 얻고 있었다 – 역주). 그러면서 우리는 우리를 죽은 자 가운데서 부활시켜 주신 그분을 계속 섬기면서 우리의 지복(至福)과 기쁨을 발견하게 될 것입니다.

제가 좀 더 훌륭하게 이 주제를 다루었으면 하는 바람과 함께 이 주제에 대한 말씀을 이 정도로 마치고자 합니다. 여러분이 집에 조용하게 있을 때, 이에 대해서 한번 곰곰이 생각해 보십시오. 그리고 추가적으로, 다음과 같은 생각도 해 보십시오. 여러분도 부활에 포함되어 있는 이 모든 것들에 참여해야 한다는 생각 말입니다. 이 생명의 진리를 개인적으로 파악할 수 있도록 성령님께서 여러분을 도와주시기를 기원합니다! 여러분도 죽은 자 가운데서 부활할 것입니다. 그러므로 죽는 것을 두려워하지 마십시오.

혹시라도 제 설교를 듣고 있는 자들 가운데 주님의 부활에 참여하지 않는 이들이 있다면, 저는 그들로 인해 참으로 마음이 아플 것입니다. 오, 친구 같은 사랑하는 성도 여러분, 여러분은 지금 얼마나 많은 것을 잃고 있는지 모릅니다! 만약 여러분이 지금 살아 계신 주님의 사역에 참여하지 않는다면, 하나님께서 여러분에게 자비를 베풀어 주시기를 기원합니다! 만약 여러분이 죽은 자 가운데서 부활하신 그리스도의 부활에 참여하지 않는다면, 여러분은 그분의 영광된 몸처럼 부활하지 못할 것입니다. 만약 여러분이 죽은 자 가운데서 부활하신 그 부활에 이르지 못한다면, 여러분은 아무런 전망도 없이 오직 심판과 불 같은 진노만이 기다리고 있는 사망 가운데 머물러야만 합니다. 오, 구세주이신 예수님을 바라보십시오! 여러분이 그분을 바라볼 때만, 여러분에게 행복한 미래가 있을 것입니다. 하나님께서 여러분을 도우시어 즉시 여러분이 그렇게 하기를 기원합니다. 그분의 귀하신 이름으로 기드드립니다. 아멘.

제
96
장

—

예수님의 상처들

—

"그들에게 자기 손과 발을 보이시니라."— 눅 24:40, KJV

저는 이 말씀을 오늘 설교의 본문으로 정했습니다. 그러나 이 본문에만 꼭 매달리지는 않을 것입니다. 그리스도의 손과 발에서 무엇이 보입니까? 못 자국이 보입니다. 그리고 그분의 옆구리에는 창에 찔린 깊은 상처의 흔적이 있음을 우리는 배웠습니다. 그분은 도마에게 다음과 같이 말씀하지 않으셨습니까? "네 손가락을 이리 내밀어 내 손을 보고 네 손을 내밀어 내 옆구리에 넣어 보라 그리하여 믿음 없는 자가 되지 말고 믿는 자가 되라"(요 20:27). 제 바람은 여러분이 다음과 같은 간단한 사실, 즉 우리 주 예수 그리스도께서 죽은 자 가운데서 다시 살아나셨을 때, 그분의 몸에 고통 받으신 흔적이 남아 있었다는 사실을 주목했으면 하는 것입니다. 만약 그분께서 원하기만 하셨다면, 그 흔적들을 쉽게 제거할 수도 있었을 것입니다. 즉, 그분은 죽은 자 가운데서 다시 살아나셔서, 무덤으로 내려가시기 전에, 그분이 고통 받고 인내해야만 했던 것을 가리키는 그 몸에 새겨진 모든 것들을 지워 버릴 수도 있었습니다. 그러나 그분은 그렇게 하지 않으셨습니다! 그러는 대신, 그분은 두 손과 발에 찔린 자국과 옆구리의 상처들을 그냥 놔두셨습니다. 이렇게 하신 이유는 도대체 무엇이었습니까? 그래야 할 절대적인 필요성은 없었습니다. 쉽게 제거할 수도 있었을 텐데, 그 상처들을 그냥 내버려 두신 이유는 무엇이었을까요? 저는 이 주제를 놓고 여러분에게 전하고자 노력해 보겠습니다. 제 소망은 우리가 이 사실로부터 유익한 교훈을 얻게 되는 것입니다.

첫 번째로, 손과 발을 보여주신 것이 제자들에게 어떤 영향을 끼쳤을까요? 두 번째로, 지금은 천국에 계시는 예수 그리스도께서 자신의 몸에 이런 흔적을 가지고 계신 이유는 무엇일까요? 그리고 세 번째로, 예수 그리스도께서 여전히 상처를 지니고 계신다는 이 사실로부터 우리가 받을 교훈은 무엇일까요? 저는 우리가 받을 만한 교훈이 있다고 생각합니다.

1. 주님의 상처들을 보여줌으로써 제자들에게 어떤 영향을 미쳤는가?

그러면 첫 번째로, 제자들에게 그러한 상처들을 보여주심으로 어떤 유익이 있었습니까? 저는 그 상처들이야말로 그분이 동일 인물이라는 무오(無誤)한 증거였다고 즉시 대답하겠습니다. 그분은 "내 손과 발을 보고 나인 줄 알라"(눅 24:39)고 말씀하셨습니다. 이 말씀은 그분의 정체, 즉 그들이 따랐던 분, 마지막에는 그들이 버렸던 분, 십자가에 못 박혀 죽는 모습을 그들이 멀찍이 따라(눅 22:54)가며 보았던 분, 그리고 음산한 저녁에 그들이 무덤으로 운구했던 분, 바로 그 예수님과 그분이 동일인이라는 것을 확증해 주었습니다. 지금 그들 앞에 계신 분이 바로 그 그리스도와 동일인이었던 것입니다. 고통 받은 흔적이 그분에게 인(印)쳐져 있었기 때문에 그들은 이 사실을 알 수 있었습니다. 그분은 동일 인물이었습니다. 그 손과 발이 그 사실의 증거가 될 수 있었습니다. 사랑하는 성도 여러분, 여러분도 알다시피, 우리 구세주에게 그러한 증거들이 보이지 않았다면, 그 제자들은 그분의 정체성을 충분히 의심할 수 있을 정도로 불신앙적인 상태에 있었습니다. 여러분은 지금까지 변화된 사람, 즉 외형적인 모습이 극도로 변화된 사람을 본 적이 없습니까? 저는 한 오륙 년 전에 한 사람을 알게 되었습니다. 그는 세상의 고난과 고통을 다 겪었고, 그러다가 그를 다시 보게 되었을 때, 저는 "당신을 길거리에서 만났더라면, 알아보지 못할 뻔했습니다"라고 소리쳤습니다. 자보십시오. 제자들이 예수님과 헤어졌을 때는 주님과의 만찬 때였습니다. 그 후에 제자들은 그분과 함께 겟세마네 동산으로 걸어갔습니다. 거기서 구세주께서는 "땅에 떨어지는 핏방울"(눅 22:44) 같은 땀을 흘리셨습니다. 그러한 씨름, 그렇게 핏방울처럼 흐르는 땀은 틀림없이 그분의 생김새에 어떤 영향을 끼치지 않았을까요? 이것은 분명히 그분의 예전 모습을 손상시키기에 충분했습니다. 그래서 슬픔의 골은 깊어졌고, 고뇌는 그분에게 깊은 주름을 새겨 놓았습니다. 그분의 이마에는 틀림없이 슬픔의 주름이 있었을 것입니다. 제자들이 예전에 보았던 것보다 더 깊은 주름이 있었을 것입니다. 이러한 큰 변화는 제자들이 그분의 예전 모습을 잊어버리기에 충분하였습니다. 변화는 이것이 다가 아니었습니다. 여러분도 알다시피, 그분은 브라이도리온이라는 뜰(막 15:16)의 기둥에서 채찍 맞고 죽으셔야만 했습니다. 어떤 사람이 구세주께서 겪으신 것과 같은 끔찍한 죽음의 고통을 겪고서도, 눈에 보이는 외형적인 모습에 아무 변화도 없는 경우를 여러분은 상상할 수 있겠습니까? 풀무불과 같은 시련을 겪으면서 그리스도의 얼굴은 보기에도 흉측했을 것입니다. 따라서 이제 제자들이 보고 있는 분이 그리스도와 동일 인물임을 식별할 수 있기 위해서는 그분의 얼굴을 복구해야 할 필요가 있을 정도였습니다.

이 외에도 예수님께서 부활하셨을 때는, 여러분도 알고 있는 것처럼, 지금 하늘에 앉아 계시는 모습으로 부활하셨습니다. 부활하신 그분의 몸은 살과 뼈(눅 24:39)로 이루어져 있었습니다. 그럼에도 불구하고 그분의 몸에는 초자연적인 능력이 있었고, 그 능력으로 통상적인 방법이 아닌 다른 방식으로 방에 들어갈 수 있었습니다. 우리는 구세주께서 제자들 가운데 서셨을 때, 그 방문이 닫혀져 있었다는 것을 알고 있습니다. 예수님께서는 우리가 다음 세상에서나 갖게 될 그런 몸을 가지고 계셨다고 저는 믿습니다. 예수 그리스도는 유령이나 귀신이 아니었습니다. 그분의 몸은 영이 아니었습니다. 그 몸은 실제로 몸이었습니다. 그러므로 천국에서 우리가 영적인 존재가 될 것이라고 생각하지 마십시오. 우리는 그 위대한 부활의 날까지 영적인 존재로 있을 것입니다. 그러나 그때가 되면, 우리의 영은 후에 신령한 몸을 받게 될 것입니다. 그것은 덧입는 몸입니다. 영원히 벗은 자들(고후 5:3)이 되거나 몸 없는 영혼이 되지 않을 것입니다. 이 몸은 그 모든 의도와 목적에 있어서 무덤에 놓일 몸과 동일할 것입니다. 욕된 것으로 심고 영광스러운 것으로 다시 살아나며, 약한 것으로 심고 강한 것으로 다시 살아날(고전 15:43) 것입니다. 예수님께서 부활 후에도 여전히 육신을 가지고 계셨다는 사실에 주목하십시오! 육체는 다 같은 육체가 아니니(고전 15:39), 모든 몸이 다 같은 성질을 가진 것이 아닙니다. 부활하신 우리 구세주의 육신은 고난을 당할 수 없는 육신이었습니다. 이에 대해서는 비범한 능력을 지닌 육체였습니다. 하지만 음식을 먹을 수는 있는 육체였습니다. 물론 필연적으로 꼭 음식을 섭취해야 하는 것은 아니었지만 말입니다. 우리가 처음에 부활해서 우리의 머리되신 그분처럼 될 때, 이와 같은 몸, 즉 영광스러운 그 몸을 우리도 받게 될 것입니다. 그러나 지금 생각해 보십시오! 그리스도께서 이처럼 어디 비할 데 없는 용모의 변화를 겪으셔야만 했다면, 그것은 무엇보다도 그분이 흘리신 피 같은 땀과 틀림없이 연관이 있었을 것입니다. 그 다음으로 그분의 고뇌였을 것이고, 그 다음으로 변화산 사건, 즉 제가 이런 말을 사용해도 될지 모르겠지만, 그분의 몸이 신령한 몸으로 변화된 사건 때문이었을 것입니다. 그분의 외형은 변화되어서 제자들도 좀처럼 그분을 알아보지 못했습니다. 그분을 알아볼 수 있는 깊은 상처자국이 없었다면, 여러분은 제자들이 그분을 알아보지 못했을 것이라는 생각이 들지 않습니까? 제자들은 그분의 얼굴을 자세히 쳐다보았습니다. 그러나 그 순간에도 그들은 그분을 의심하였습니다. 그분에게는 그들 대다수가 보지 못한 어떤 위엄이 있었습니다. 베드로와 야고보와 요한은 그분이 변형된 모습을 본 적이 있었습니다. 그분의 옷은 세상에서 빨래하는 자가 그렇게 희게 할 수 없을 만큼 매우 희어졌었습니다(막 9:3). 하지만 나머지 다른 제자들은 그분을 슬픔의 사람(사 53:3)으로만 보았습니다. 이들은 그분을 영광의 주님으로 보지 못했습니다. 그래서 지금 자기들 앞에 계신 이분이 과연 주님과 동일한 분인지 아닌지 의심하였던 것입니다. 그러나 못 자국과 옆구리에 있는 창 자국은 이들이 이의를 제기할 수 없는 것, 즉 불신앙조차도 의심할 수 없는 그런 표시였습니다. 그래서 그들은 모두 그분이 바로 주님이라는 사실을 확신하고 고백하였습니다. 심지어 믿음 없는 도마까지도 "나의 주님이시요 나의 하나님이시니이다"(요 20:28)라고 외치지 않을 수 없었습니다.

2. 주님께서 천국에서도 이 상처들을 가지고 계시는 이유는 무엇인가?

이제 두 번째 질문으로 넘어가 봅시다. 그리스도께서 천국에서도 이러한 상처들을 가지고 계셔야만 하는 이유는 무엇이며, 또 이 상처들은 어떤 유익이 있는 것일까요? 저는 여러분에게 이 주제에 대해 몇 가지 생각을 말씀드리고자 합니다.

먼저, 저는 천국에서 그리스도의 상처들은 천사들에게도 영원히 기이한 하나의 주제가 될 것이라 생각합니다. 어느 옛 저자는 천사들이 "오, 영광의 주님, 당신의 손에 있는 이러한 상처들이 무엇입니까?"라고 말한 것으로 묘사하고 있습니다("어떤 사람이 그에게 묻기를 네 두 팔 사이에 있는 상처는 어찌 됨이냐?"[슥 13:6] 참조 – 역주). 천사들은 그분이 천국을 떠나는 것을 보았습니다. 그러자 그들은 자기들이 갈 수 있는 먼 곳까지 그분과 함께 가면서 "지극히 높은 곳에서는 하나님께 영광이요 땅에서는 하나님이 기뻐하신 사람들 중에 평화로다"(눅 2:14)라고 노래했습니다. 그들 가운데 어떤 천사들은 그분이 하신 순례의 전 과정을 지켜보기도 했습니다. "천사들에게 보이시고"(딤전 3:16) 하신 말씀대로 말입니다. 그러다가 그분께서 다시 돌아오셨을 때, 천사들은 그분에게 면류관을 씌워 드리고, 그분 앞에서 찬양과 경배를 하면서, "당신의 손에 있는 이러한 상처들이 무엇입니까?"라는 거룩한 질문을 했을 것으로 저는 믿어 의심치 않습니다. 어쨌든 천사들은 고난당한 사람을 천국에서 볼 수 있었습니다. 다시 말해, 그들은 그분이 고통 받아 생긴 몸의 상처들을 보게 되었던 것입니다. 이것으로 인해 천사들은 더욱더 높은 찬송을 하고, 더욱더 오래 승리의 함성을 지르며, 큰 기쁨으로 놀라면서 그분을 찬양하게 되었을 것으로 저는 쉽게 상상할 수 있습니다. 이런 일들은 천사들이 예전에 결코 느껴보지 못했던 것이었습니다. 천사들이 그분의 손을 쳐다보고, 그 아버지 우편 옆에 오르신 십자가에 달리셨던 그분을 바라볼 때마다, 그들은 새로운 놀라움에 휩싸여 다시 그들의 하프를 켤 것입니다. 그분은 이와 같이 전쟁처럼 치열했던 전투에서 생긴 상처를 지니고 계셨습니다. 천사들은 바로 이분이 반드시 고난을 받아야만 했던 생각을 하면서 더욱더 기쁜 손놀림으로 그들의 하프를 켤 것입니다. 틀림없이 그럴 것이라 저는 믿어 의심치 않습니다.

　　그리고 그리스도께서는 자기 몸에 있는 이런 상처들을 천국에서 입는 자기 옷으로 입고 계십니다. 그리스도의 상처들은 그분의 영광입니다. 그 상처들은 그분의 보석이요, 그분의 귀중한 것들입니다. 신자들인 우리는 그분에 대해서 "내 사랑하는 자는 희고도 붉어 많은 사람 가운데에 뛰어나구나"(아 5:10)라고 말할 뿐입니다. 여기서 흰 것은 그분의 순결함이고, 붉은 것은 그분의 보혈입니다. 우리 신자들이 보기에 우리가 그렇게 말할 때보다 그분이 더 영광스럽고 멋질 때는 없습니다. 우리가 그분을 장미와 백합으로 볼 때, 그분은 가장 아름답게 보입니다. 즉, 그분이 비할 데 없이 순수한 백합과 자신의 핏덩이로 붉게 물든 장미로 보일 때, 그분은 가장 아름다우십니다. 우리는 그리스도에 관하여 많은 말들을 할 수 있습니다. 아름다우신 그리스도, 다양한 곳에 계셨던 그리스도, 죽은 자를 살리신 그리스도, 폭풍우를 고요하게 하신 그리스도 등으로 말입니다. 그러나 오! 십자가에 달린 그분의 모습은 그리스도의 어떤 다른 모습과도 비교될 수 없습니다. 거기에서 저는 그분이 가진 모든 아름다움을 봅니다. 거기에서 그분의 모든 성품이 드러나고, 그분의 모든 사랑이 역사하고, 그분의 모든 인격이 너무 읽기 쉬운 글씨로 표현되어 있기 때문에, 저처럼 우둔한 마음을 가진 자라도 그것을 읽고 다시 말할 수 있을 정도입니다. 마치 피 묻은 나무 위에 걸린 붉은 색으로 쓰인 글씨를 읽는 것처럼 말입니다. 사랑하는 성도 여러분, 예수님과 우리는 모두 이 상처들과 관련되어 있습니다. 상처들은 그분의 장식물이고, 왕족들이 달고 다니는 그분의 보석이며, 그분의 아름다운 의복입니다. 그분은 왕들의 화려함과 허세에 대해서는 관심이 없으십니다. 가시 면류관이 그분의 보석 박힌 왕관이었기 때문입니다. 그런 왕관은 지금까지 어떤 군주도 써 보지 못했습니다. 사실 지금은 그분께서 갈대로 만든 홀(笏)을 가지고 계시지 않습니다. 그러나 그 속에는 황금 홀에서는 결코 볼 수 없는 화려한 영광이 있었습니다. 사실 지금은 그분께서 매를 맞거나 침 뱉음을 당하지 않으십니다. 그리고 그분의 얼굴도 예전에는 사람의 얼굴이 슬픔과 근심으로 상할 수 있는 것보다 더 심하게 상한 얼굴을 가지고 계셨지만, 지금은 그렇지 않으십니다. 왜냐하면 지금은 그분께서 영광을 받고 충만한 축복 가운데 계시기 때문입니다. 그러나 그럼에도 불구하고 우리가 보기에는, 그분께서 우리를 위해 매를 맞고, 온갖 종류의 슬픔을 다 견디며, 우리의 허물을 짊어지고, 우리의 슬픔을 대신 지고 가신 그때가 가장 사랑스럽습니다. 예수 그리스도께서는 그 상처 안에서 그와 같은 아름다움을 발견하십니다. 그분은 그런 상처들을 버리지 않으시고, 우리 영혼을 구하기 위한 그 궁정 예복을 입으시며, 그분의 대속을 의미하는 왕들이 입는 붉은 의복을 영원히 입으실 것입니다.

이런 것들은 그리스도의 장식물일 뿐만 아니라, **전리품들**이기도 합니다. 즉, 그분의 사랑이 쟁취한 전리품들인 것입니다. 여러분은 이마나 뺨을 가로지르며 생긴 상처를 가진 군사를 본 적이 있습니까? 아마도 모든 군사들은 전투 시에 입은 그런 상처를 결코 흉한 것이라고 말하지 않을 것입니다. 오히려 그것을 자기 명예로 여긴다고 말할 것입니다. 그는 "만약 내가 후퇴하다가 등에 상처를 입었다면, 그 상처는 내게 수치스러운 것이 될 것이다. 하지만 내가 승리하는 가운데 상처를 입었다면, 그것은 명예로운 상처일 것이다"라고 말할 것입니다. 자, 보십시오. 예수 그리스도는 그분의 몸에 명예로운 상처를 가지고 계시며, 그분의 눈에 영광을 가지고 계십니다. 그분은 또한 다른 전리품도 가지고 계십니다. 그분은 강한 자와 함께 탈취한 것을 나누셨습니다(사 53:12). 그분은 폭군으로부터 사로잡힌 자들을 건져 내셨습니다. 그분은 아무도 능히 셀 수 없을 정도로 많은 무리들을 스스로 구해 내셨습니다. 그분이 구한 자들이 바로 싸움에서 승리하신 그분의 모든 전리품입니다. 이 흔적들도 싸움의 기념물이자 전리품입니다.

　　죽음이 자신의 죽음을 삼킨 것(고후 5:4 참조)이 바로 예수님의 옆구리에서 비롯되었다는 사실을 여러분은 알고 있습니까? 예수님은 십자가에 달리셨고, 죽음이 승리했다는 생각이 들었습니다. 그러나 죽음은 그 승리 속에서 자신을 파멸시켰습니다. 죽음이 예전에는 결코 만나지 못했던 세 가지가 그리스도 안에 있었기 때문입니다. 이 세 가지는 모두 죽음에 치명적인 것이었습니다. 그리스도 안에는 **순결함**이 있었습니다. 자, 보십시오. 어떤 사람이 순결했다면, 그는 죽을 수 없었습니다. 아담은 그가 순결한 동안에는 살아 있었습니다. 그런데 그리스도께서 이제 막 돌아가시려고 하자, 죽음이 그 순결한 피를 삼켜 버렸던 것입니다. 죽음은 그 자신에게 독인 것을 삼켜 죽게 되었습니다. 그리고 찬양을 받는 것 또한 사망의 쏘는 것을 제거해 버렸습니다. 자, 보십시오. 그리스도께서는 돌아가실 때도 "만물 위에 계셔서 세세에 찬양을 받으실 하나님"(롬 9:5)이셨습니다. 죽음이 예전에 죽였던 모든 것들은 저주 아래 있던 것이었습니다. 그러나 그분은 본성상 저주 아래 있지 않으셨습니다. 왜냐하면 우리를 위해서 그분은 이 세상에 저주받은 자로 태어나지 않으셨기 때문입니다. 사실 그분은 여자의 후손(창 3:15)이셨지만, 그럼에도 불구하고 육적인 세대에 속한 분은 아니셨습니다. 그분이 저주 아래 오셔서 우리의 죄를 짊어진 것이지, 그분 자신의 죄를 짊어진 것은 아니셨습니다. 그분은 스스로 찬양을 받으셨습니다. 그런데 죽음이 그 찬양 받는 피를 삼켜 버렸고, 그로 인해 죽음은 저주 아래 있던 다른 모든 예전의 것들처럼 행하지 못했습니다. 오히려 죽음은 죽음 자신을 죽이고 말았습니다. 죽음을 멸망시킨 것은 바로 이 찬양 받는 것과 연합된 순결함이었습니다. 하지만 또 다른 하나가 있었습니다. 죽음은 자신 안에 **생명**을 가진 사람을 예전에는 한 번도 만나보지 못했습니다. 그래서 죽음이 그리스도의 피를 마셨을 때, 죽음은 생명을 마신 꼴이 되었습니다. 왜냐하면 그분의 피는 영혼의 생명이며, 영생의 씨앗이었기 때문입니다. 그 생명은 어디를 가든, 죽은 자들에게 생명을 주지 않습니까? 죽음이 생명을 마시고 나서, 그 죽음의 핏줄 안에 예수님의 피의 형태를 지닌 생명이 있다는 것을 발견한 후, 죽음은 그 영혼을 포기했습니다. 그래서 죽음 그 자체가 죽게 되었던 것입니다. 그리스도께서는 죽음을 멸망시키셨습니다. 그분 자신의 희생으로 말미암아 그분은 죽음을 제거하셨습니다. 그러고 나서 그분은 "사망아 너의 승리가 어디 있느냐? 사망아 네가 쏘는 것이 어디 있느냐?"(고전 15:55)라고 말씀하셨습니다. 그래서 지금, 바로 이 상처들로부터 죽음이 자신의 죽음을 삼키게 되었고, 지옥은 멸망하게 되었습니다. 다시 말하면, 이 상처들이 무기를 가지지 않은 구세주의 유일한 무기였기 때문에, 그분은 천국에서도 이 상처들을 자신의 전리품으로 지니고 계시는 것입니다. 다윗은 골리앗의 칼(삼상 21:9)을 주님 앞에서 영원히 간직하고 있었습니다. 예수님도 자신의 상처들을 하나님 앞에서 간직하고 계십니다. 왜냐하면 그 상처들이야말로 그분의 무기이기 때문입니다. 이것이 바로 그분이 그 상처들을 여전히 가지고 계신 이유입니다.

저는 이곳에 오는 동안 천국에서도 그 상처들을 가지고 계신 예수 그리스도에 대해 생각하다가, 또 다른 생각을 하게 되었습니다. 즉, 예수님께서 그 상처들을 지금도 가지고 계신 또 다른 이유는 그분께서 중보하실 때, 이 상처들을 강력한 대변자로 사용하기 위해서라는 생각이 들었던 것입니다. 그분께서 부활하신 후, 자기 백성들을 위해 기도하실 때, 그분은 말을 하실 필요가 없습니다. 그분은 아버지의 얼굴 앞에서 자기 손을 들어보이고, 자기 옆구리를 걷어 보이며, 자기 발을 가리키기만 하면 되기 때문입니다. 이 상처들이 바로 하나님께 탄원하는 웅변인 셈입니다. 오, 그분께서 틀림없이 이기실 것입니다. 그리스도께서는 이런 상처들이 없어도 천국에서 충분한 능력을 가지고 계신다는 것을 여러분도 알고 있지 않습니까? 물론 그렇다고는 해도, 지금 여러분이 보는 것보다 더 은혜롭고 간단한 중재는 있을 수 없습니다. 그분은 그저 자기 손을 보여주기만 하면 됩니다. 그러면 아버지께서 항상 그 아들의 얘기를 들어주십니다. 그분의 피가 부르짖고 그분의 핏소리가 들립니다. 그분의 상처들이 탄원하고 이깁니다.

다시 한 번 생각해 보겠습니다. 예수 그리스도께서는 천국에서도 상처들을 가지고 계신 분으로 나타나는데, 이는 그분께서 자신의 제사장직을 포기하지 않으셨다는 사실을 보여주고 있습니다. 여러분도 와츠(Watts)가 이런 생각을 얼마나 잘 표현했는지 알고 있습니다. 그는 다음과 같이 말합니다.

"죽임을 당한 어린 양처럼 보여도,

　　　　　자신의 제사장직은 여전히
　　　　　갖고 계시네.”

　　만약 그 상처들이 제거되었더라면, 우리는 희생이 있었다는 사실조차 잊을 것입니다. 그 다음에는 우리에게 제사장이 있었다는 사실도 잊어버리게 될 것입니다. 그런데 그 상처들이 있어서, 희생도 있고, 제사장도 있음을 기억하게 됩니다. 상처받은 그분께서 친히 희생자와 제사장, 이 두 가지 직을 모두 가지고 계시기 때문입니다. 멜기세덱의 제사장직은 영광스러운 주제입니다. 믿음의 눈을 가지고 성령님의 축복을 받으며 말씀을 읽는 자는 그리스도의 제사장직과 아론의 제사장직을 비교해 볼 때, 기뻐할 많은 이유들을 발견하게 됩니다. 아론의 제사장직은 시작되었다가 지금은 끝이 났습니다. 그러나 멜기세덱의 제사장직은 시작도 없고 끝도 없습니다. 그래서 우리는 그가 “시작한 날도 없고 생명의 끝도 없다”(히 7:3)라고 하신 말씀을 듣게 됩니다. 멜기세덱은 아버지도 없었고, 어머니도 없었고, 자손도 없었습니다. 그리스도의 제사장직도 그러합니다. 그리스도의 제사장직도 끝이 없을 것입니다. 그분 자신도 시작이 없으며, 그분의 제사장직도 끝이 없습니다. 맨 마지막으로 구원받은 영혼이 천국에 들어올 때도, 다시 말해 더 이상 기도해야 할 제목이 없을 때도, 그리스도는 여전히 제사장이실 것입니다. 지금 제사장이신 그분께 희생 제물로 바칠 것이 없더라도, 그분은 “단번에”(히 9:26) 자기를 제물로 드리셨기에, 여전히 제사장이 되십니다. 그리고 그 희생의 결과로 모든 백성들이 그분의 영광스러운 보좌 주위에 모일 때도, 그분은 여전히 제사장이실 것입니다. “네가 영원히 멜기세덱의 반차를 따르는 제사장이라”(히 7:17)는 말씀대로 말입니다. 그분께서 천국에서도 그 상처들을 여전히 지니고 계신 또 다른 이유가 바로 이런 이유라고 저는 생각하고 있습니다.

　　그리스도께서 그 상처들을 여전히 갖고 계시는 또 다른 끔찍한 이유가 있습니다. 그것은 다음과 같은 이유입니다. 그리스도께서는 세상을 심판하러 오십니다. 그리스도는 오늘날 자기 원수들을 친히 고발하십니다. 그리스도께서 친히 자기 손을 하늘로 들어올리는 시간마다, 그분을 증오하거나 멸시한 자들이 고발을 당하고 있습니다. 유대 민족은 날마다 유죄 판결을 받고 있습니다. “그 피를 우리와 우리 자손에게 돌릴지어다”(마 27:25)라고 말한 그들의 외치는 소리가 기억납니다. 그리스도를 쫓아내고 거부한 죄악들이 지극히 높으신 분의 판단 앞에 세워집니다. 그리스도께서 두 번째로 오셔서, 크고 흰 보좌(계 20:11)에 앉아 공의로 세계를 심판(시 9:8)하실 때, 그분의 손은 온 우주의 공포가 될 것입니다. "그를 찌른 자들도 볼 것이요"(계 1:7). 그때 그들은 자기들이 지은 죄로 인해 슬퍼하게 될 것입니다. 그들은 때 맞춰 소망이 있는 회개를 하면서 우는 것이 아니라, 영원히 슬픈 양심의 가책을 받으면서 울게 될 것입니다. 허다한 무리들이 함께 모여 여호사밧 골짜기(욜 3:2)에서 만국을 심판할 때, 그분이 따로 고발자들을 소환할 필요가 뭐가 있겠습니까? 그분이 가진 상처들이 바로 그분의 증인이기 때문입니다. 사람들의 죄를 기소해 줄 사람을 그분이 소환할 필요가 있겠습니까? 그들의 소행이 그분의 옆구리에 있기 때문입니다. 너희 살인자들아, 너희가 이런 일을 행하지 않았느냐? 너희 악한 세대의 자손들아, 너희가 구세주를 찌르지 않았느냐? 너희가 그분을 십자가에 못 박지 않았느냐? 내 손에 있는 이 구멍들을 보아라. 그리고 내 옆구리에 있는 찔린 창 자국을 보아라. 이것들이 너희에게 불리한 즉결(卽決) 증거들이 되어 너희를 정죄하고 있다! 이런 질문이 제기될 때 끔찍한 측면이 있는 것입니다. 그분의 상처가 그대로 노출된 채로, 십자가에 달리신 그리스도의 모습은 모여든 모든 무리들에게 끔찍한 광경일 것입니다. 오늘 이 자리에 모인 회중 가운데 한 명이 이렇게 말합니다. "글쎄요, 그것이 우리와 무슨 상관이 있습니까? 우리가 구세주를 십자가에 못 박은 것은 아니지요." 그렇지 않습니다. 저는 여러분에게 확실히 말씀드립니다. 그분의 피가 여러분에게 돌려질 것입니다. 만약 여러분이 불신자로 죽는다면, 그분의 핏값을 여러분의 손에서 찾을 것(겔 3:18)입니다. 그리스도의 죽음은 인간의 손, 즉 모든 전 인류의 손에서 행해졌습니다. 다른 사람들이 여러분을 대신해서 그 일을 행한 것입니다. 물론 여러분이 구두로 그 일에 동의하지 않았다 해도, 여러분은 그 일을 날마다 여러분의 마음으로 동의하고 있는 것입니다. 여러분이 그리스도를 미워하는 한, 여러분은 그분의 죽음에 동의하는 것입니다. 여러분이 그분의 희생을 거부하고, 그분의 사랑을 멸시하는 한, 여러분은 만약 여러분이 그 자리에 있었더라면 영광의 주님을 십자가에 못 박았을 것이라는 사실을 여러분의 마음으로 증거하고 있는 것입니다. 아니, 여러분이 할 수만 있었다면, 여러분은 그분을 새롭게 못 박고, 그분을 공개적인 수치로 몰아넣었을 것입니다. 여러분이 그분의 백성들을 조롱하고, 그분의 말씀을 멸시하며, 그분이 정한 의식(儀式)들을 희롱할 때, 여러분은 그분의 손에 못을 박고, 창으로 그분의 옆구리를 찌르고 있는 것입니다. 그렇게 여러분이 그분을 거부하고 그 사악한 행실로 그리스도의 영원한 원수로 살다가 죽게 된다면, 그 구멍 뚫린 손과 찔린 옆구리는 여러분을 대적하는, 바로 여러분 자신을 대적하는 증거가 될 것입니다.

　　이렇게 해서 저는 여러분에게 몇 가지 대단한 이유들을 말씀드렸다고 생각합니다. 그러나 여러분이 이 사실로부터 배워야 할 교훈을 다루기 전에, 여러분이 생각해 봐야 할 문제를 하나 더 말씀드리고자 합니다. 그리스도께서 죽었다는 사실을 신자인 여러분이 결코 잊지 않도록 하기 위해서, 그분께서는 이러한 흔적들을 자기 손에 가지고 계십니다. 아마도 천국에서는 그리스도께서 죽었다는 우리의 기억을 새롭게 할 일이 없을 것입니다. 그런 일은 전혀 필요하지 않을 것입니다. 그럼에도 불구하고 우리가 그 기억을 새롭게 해야 한다면, 우리는 그것을 이미 여기에서도 가지고 있습니다. 우리가 천국에서 수천 년 동안 있게 될 때, 우리는 계속해서 그리스도의 죽음을 보게 될 것이며, 그분이 다스리는 것을 보게 될 것입니다. 그리고 상처 입은 그리스도께서 함께 하심으로써 천상에 있는 존재들의 거룩한 마음이 감동을 받아 감사 찬송을 새롭게 열정적으로 할 것이라는 생각을 여러분은 해본 적이 없습니까? 그 천상의 존재들은 다음과 같이 시작하는 찬송을 할 것입니다. "세세토록 살아 계시는 이에게"(계 4:9). 예수님은 이들을 바라보시고 그들에게 자신의 손을 보여주실 것입니다. 그러면 그들은 "전에 죽었었지만 … 이제 세세토록 살아 있어 사망과 음부의 열쇠를 [가진 분]"(계 1:18)이라고 덧붙일 것입니다. 그들은 그분이 죽었다는 사실을 잊지 않을 것입니다. 그 찬송 가운데 "죽었었지만"이라고 하는 부분은 확실히 한층 더 감미로운 부분이 될 것입니다. 왜냐하면 그분께서 친히 고통 받은 그 흔적들, 즉 십자가에서 못 박힌 자국들을 가지고 거기에 앉아 계시기 때문입니다. 만약 우리가 천국에서도 지금 이 땅에 있을 때의 이 체질을 가지고 있다면, 우리가 계속해서 그 기억들을 유지할 수 있도록, 우리는 눈에 보이는 표징들이 필요할 것입니다. 여러분이 알다시피 여기에서는 가장 신령한 성도들도 떡과 잔이 필요합니다. 이것은 구세주의 몸을 가리키는 감미로운 상징물입니다. 그러나 거기에서는 그러한 상징물이 우리에게 전혀 필요하지 않을 것입니다. 왜냐하면 우리는 그분을 직접 보게 될 것이기 때문입니다. 그러므로 저는 말합니다. 만약 우리가 천국에서도 지금 이곳에서와 같은 어떤 존재가 된다면, 예수님께서 함께 하신다는 이 사실이 우리에게 크게 유익할 것이라고 생각합니다. 다시 말하자면, 이 사실은 성도들이 감사와 보은(報恩)의 생명수를 다시 밖으로 흘려보내고 새롭게 넘치게 하면서 그들의 사랑을 회복하는데 영광스러운 귀한 것이 될 것입니다. 어쨌든 저는 골고다 십자가에 달렸던 그분을 내가 보게 될 것이고, 거기 달리셨던 그분의 모습을 그대로 내가 보게 될 것이라는 생각을 하면 마음이 아주 기뻐집니다. 저는 그 아버지의 모든 영광 가운데 있는 나의 구세주를 보고 싶습니다. 저는 그분의 지금 모습뿐만 아니라 과거의 모습도 보기를 갈망합니다. 때때로 저는 십자가에 달린 그분의 모습을 본 베드로와 그 밖의 다른 사람들을 부럽게 생각합니다. 그렇습니다. 저는 이렇게 말해야 될 것 같습니다. 저는 영광 받으신 그분을 바라봅니다. 그러나 사도들인 여러분은 가장 놀라운 광경을 보았습니다. 영광스러운 존재들과 함께 계신 하나님은 날마다 볼 수 있습니다. 그러나 그분의 피로 얼룩진 하나님을 본다는 것은 특별한 일입니다. 영광 받으신 그리스도는 우리가 날마다 볼 수 있습니다. 그러나 특별한 경우에 처하신 그분, 즉 죽기까지 복종하셨으니 곧 십자가에 죽으신(빌 2:8) 그분을 보는 것은, 심지어 천사들까지도 단 한 번밖에 볼 수 없었던 특별한 광경이었습니다. 여러분과 저는 그 모습을 볼 수 없습니다. 하지만 그 상처들은 여전히 볼 수 있습니다. 그래서 우리는 영광 가운데 계신 주님께서 그 상처를 지금도 생생하게 지니고 계신 그 황홀한 광경을 보며 기뻐할 것입니다. 주님께서 허락하시어 우리 모두가 거기서 그 광경을 보게 되기를 기원합니다. 그 영광된 모습과 더불어 우리 자신이 새롭게 되기를 기원합니다. 저는 그분의 얼굴을 보는 일이라면, 모든 감각적인 기쁨들마저도 버리고 싶을 정도입니다. 만약 제가 그분의 얼굴을 보고, 그분의 가슴에 안기고, 그 귀한 못에 찔린 손과 넓게 벌어진 옆구리를 볼 수만 있다면, 나는 이 세상의 좋은 모든 것들을 아무런 미련도 없이 조금의 생각이나 주저함 없이 내버릴 수 있을 것 같습니다. 우리는 그분이 주시는 기쁨을 기다려야 합니다. 해가 조금만 더 지나면 그렇게 될 것입니다. 몇 번 더 달이 뜨고 지면서 시간이 지나 그때가 되면,

> "우리는 그분의 얼굴을 보게 될 것이며
> 다시는 다시는 죄를 짓지 않게 될 것이다.
> 그리고 그분의 은혜의 강가에서
> 무한한 기쁨을 마시게 될 것이다."

3. 주님의 상처들을 우리에게 보여주시는 목적은 무엇인가?

이제 저는 세 번째 요점으로 넘어가겠습니다. 그리스도께서 우리에게 자신의 손과 발을 보여주심으로써, 그분은 무엇을 염두에 두셨던 것일까요? 그분은 다음의 사실을 염두에 두셨습니다. 즉, 고난은 절대적으로 필요하다는 사실입니다. 그리스도는 머리요, 그의 백성들은 지체들입니다. 혹시라도 고난이 피할 수 있는 것이라면, 영광스러운 우리 머리 되신 그분께서도 틀림없이 피하셨을 것입니다. 그러나 그분께서 우리에게 자신이 받은 상처들을 보여주신 것은, 우리도 상처를 받아야 한다는 것을 말해 주는 것입니다. 순결한 자는 고난을 피해야만 합니다. 빌라도가 "내가 보니 이 사람에게 죄가 없도다"(눅 23:4)라고 말하면서, 예수를 놓고자(눅 23:20) 한 것도 그런 의미가 아니겠습니까? 그러나 순결한 자는 고난을 피하지 않았습니다. 심지어 우리 구원의 대장께서도 고난을 통해 완전해져야만 했습니다. 그러므로 죄인인 우리, 완전함과는 거리가 먼 우리도 상처를 받아야 한다는 것은 전혀 이상한 일이 아닐 것입니다. 머리에는 가시 면류관을 썼는데, 그 몸의 다른 지체들은 우아하고 편안한 생활을 하면서 기분 좋게 지낼 수 있겠습니까? 예수 그리스도께서는 그 면류관을 얻기 위해 친히 자신이 흘린 피의 바다를 헤엄쳐야만 했는데, 여러분과 저는 은으로 만든 슬리퍼를 신고서 그 피에 발도 적시지 않은 채, 천국으로 걸어가도 되겠습니까? 그래서는 안 됩니다. 그리스도의 상처들은 고난이 반드시 필요하다는 사실을 우리에게 가르쳐 줍니다. 사실, 이 교리는 골고다 산 위에서 가르쳐졌습니다. 지금까지 이 세상에 살았던 사람들은 세 부류로 나눌 수 있을 뿐입니다. 즉, 선인(善人), 악인(惡人), 그리고 신인(神人)입니다. 자, 우리는 골고다 십자가 위에서 세 부류의 사람들을 볼 수 있습니다. 하나는 악한 사람의 대표 격인 강도입니다. 그리고 다른 하나는 의로운 자의 대표 격인 회개한 강도입니다. 그리고 마지막으로 그들 가운데 계신 신인입니다. 이 세 사람은 모두 고난을 받아야만 했습니다. 여러분은 잠시라도 사악한 자들이 고난 없이 이 세상을 살아가고 있다고 착각하지 마십시오. 오, 그렇지 않습니다. 지옥으로 가는 길은 보기에는 아주 평탄해 보여도 실은 아주 거친 길입니다. 사람들이 자신을 저주할 때, 그들은 그 일이 아주 기분 좋은 일이 아니라는 것을 알게 됩니다. 한 영혼의 목을 자르는 것은 그리 유쾌한 일이 아닙니다. 결국 어떤 사람이 저주의 독을 마신다고 해서, 그것이 부러운 일이 될 수는 없습니다. 죄인의 길은 행복하게 보일지 모르지만, 사실은 그렇지 않습니다. 그 길은 속임수로 포장되어 있습니다. 그는 여기 이 땅 위에서도 자신의 창자 안에 쓴 물이 들어 있다는 것을 알고 있습니다. 사실, 사악한 자들은 반드시 고난을 받아야만 합니다. 그러나 다음의 사실에 주목하십시오. 혹시라도 이 세상에 있는 사람들 가운데 고난을 피할 수 있는 사람이 있다면, 그는 바로 신인(神人)일 것입니다. 그런데 그 신인은 고난을 피하지 않으셨습니다. 그분은 우리에게 자신의 상처들을 보여주셨습니다. 그런데도 여러분은 상처받지 않은 채 살아가겠다고 생각하는 것입니까? 여러분이 그분에게 속한 자라 해도, 상처받지 않은 채로 살아갈 수는 없었습니다. 사람들은 이 땅에서의 고난을 피하려고 합니다. 하지만 진정으로 하나님의 자녀로 태어난 자들은 설령 고난을 피할 수 있다 해도, 그렇게 하지 않을 것이며, 그렇게 해서도 안 됩니다. 혹시 그가 고난을 피했다면, 그는 스스로 다음과 같이 말하게 될 것입니다. "나는 그 몸의 지체가 절대 아닙니다. 내가 그 몸의 지체였다면, 머리가 고난을 받았으므로, 나도 반드시 고난을 받았어야 합니다. 나는 살아 계신 그 몸의 지체이니 말입니다." 이것이 바로 그분께서 우리에게 가르쳐 주시는 첫 번째 교훈입니다. 즉, 고난은 반드시 필요하다는 것입니다.

이제 다음으로, 그분께서는 우리가 고통 받을 때, 그 가운데서 우리와 동감하신다는 사실을 가르쳐 주셨습니다. 그분은 다음과 같이 말씀하십니다. "이 손을 보라! 나는 너희의 연약함을 동정하지 못하는 대제사장(히 4:15)이 아니다. 나도 너희와 똑같이 고난을 받았다. 나도 너희와 똑같은 모든 방식으로 시험을 받았다. 여기를 보라! 그 흔적들이 있다. 여기에 그 흔적들이 있다. 이 흔적들은 단순히 내 사랑의 징표만이 아니다. 그것은 그저 나와 너를 영원한 사랑으로 묶는 아름다운 물망초 정도가 아니다. 그것들은 내가 너희와 동감한다는 증거이기도 하다. 나는 너희를 느낄 수 있다. 보아라. 보아라. 나도 고난을 받았다. 너희도 심장에 고통이 있느냐? 아, 이 심장이 찔렸을 때, 그 심장의 고통이 내게 어떠했을지, 너희는 죄와 싸우되 피 흘리기까지 대항(히 12:4)하면서 고난 받고 있느냐? 나도 그렇게 대항하였다. 나는 너희와 동감하고 있다"고 말입니다. 초대 교회의 순교자들을 지탱해 주었던 것도 바로 이 동감이었습니다. 그 순교자들 가운데 한 사람은 자신이 고난 받는 동안 그 두 눈으로 그리스도만 바라보았다고 말했습니다. 박해자들이 자기 살을 으깨고, 뜨거운 써레로 살점을 뜯어내면서, 자신을 극도의 고통으로 몰아갈 때도, 아, 사실 저는 이 자리에서 그런 고통에 대해 감히 더 언급할 수 없을 것 같습니다. 여러분 가운데는 너무 자세하게 이런 이야기를 하면 기절할 사람이 있을지도 모르기 때문입니다. 어쨌든 이런 극심한 고통 가운데서도 순교자들은 "내 영혼만큼은 감각을 잃지 않았다. 내 영혼은 사랑하고 있다"라고 말했습니다. 이 얼마나 영광스러운 말인지 모릅니다! 내 영혼은 사랑하고 있다, 즉 내 영혼은 그리스도를 사랑하고 있다는 것입니다. 영혼은 감각을 잃지 않았습니다. 사랑은 고난을 이겨낼 수 있는 능력을 영혼에게 줍니다. 그것은 고통의 감각을 잃을 정도로 강력한 능력입니다. 그 순교자는 또한 "나를 위해 고난 받으신 그분만을 나는 내 두 눈으로 보고 있기 때문에, 나는 그분을 위해 고난받을 수 있다. 내 영혼이 그분의 몸 안에 있기 때문에, 나는 내 마음을 그분에게 바친다. 그분은 나의 형제시다. 거기에 내 마음이 있다. 내 살을 쟁기질하고 내 뼈를 꺾어라. 너희들의 쇠로 내 살과 뼈를 쳐라. 나는 이 모든 것을 견딜 수 있다. 예수님께서도 고통을 받으셨기 때문이다. 이제 그분께서는 내 속에서 고통을 받으신다. 그분은 나를 동감해 주신다. 이것이 나를 강하게 한다"라고 말했습니다. 옳습니다. 사랑하는 성도 여러분, 여러분이 고통 받을 때, 항상 이것을 붙잡으십시오. 여러분이 땀을 흘릴 때 그분이 흘리신 피 같은 땀을 생각하십시오. 여러분이 상처를 입을 때 그분의 살을 찢은 채찍을 생각하십시오. 여러분이 죽어갈 때 그분의 죽음을 생각하십시오. 그리고 하나님께서 그분의 얼굴을 잠시 여러분에게서 숨기실 때, "나의 하나님, 나의 하나님, 어찌하여 나를 버리셨나이까?"(막 15:34)라고 하신 그분의 말씀을 생각하십시오. 이것이 바로 그분께서 자신의 상처를 가지고 계신 이유입니다. 그분은 여러분과 동감한다는 사실을 보여주기 위해 그 상처를 갖고 계신 것입니다.

여기에 또 다른 이유가 있습니다. 고통은 명예로운 것이라는 사실을 보여주기 위해서, 그리스도는 이 상처들을 가지고 계십니다. 그리스도를 위한 고난은 영광입니다. 사람들은 "다른 사람들이 고난 받게 하는 것이 영광스러운 일이다"라고 말할 것입니다. 알렉산더 대왕이 다른 군주들의 목을 짓밟고서, 여러 나라들을 자기 발 아래 둘 때, 그것은 영광스러운 일이었습니다. 그러나 기독교는 남에게 밟히는 것이 영광스러운 일이고, 부서지는 것이 영광스러운 일이며, 고난당하는 것이 영광스러운 일이라고 가르치고 있습니다. 이것은 배우기 힘든 교훈입니다. 하지만 우리는 영광 받으신 구세주에게서 그것을 봅니다. 그분은 자신의 상처를 자신의 영광으로 삼으셨습니다. 그리고 자신의 고난을 자신이 낙원에서 입는 왕의 의복이 되게 하셨습니다. 자, 그러므로 고난당하는 것은 명예로운 일입니다. 오, 그리스도인들이여, 여러분이 낯선 고난에 압도된다 해도 그것을 두려워하지 마십시오. 하나님이 여러분 곁에 가까이 계십니다. 고난당하는 것이 그리스도의 명예였습니다. 그렇다면 그것은 여러분에게도 마찬가지입니다. 하나님께서 그의 백성에게 주시는 유일한 학위는 "시련의 대가"(Master, 大家)라는 학위입니다. 만약 여러분이 하나님의 귀족의 일원이 된다면, 여러분은 틀림없이 기사 작위도 받게 될 것입니다. 국왕이 칼로 어깨를 가볍게 치는 행위로, 사람들은 기사 작위를 받습니다. 주님께서는 고난의 칼로 우리를 치심으로 우리에게 기사 작위를 주십니다. 우리가 많은 전투에서 열심히 싸울 때, 그분께서는 우리를 하늘나라의 남작으로 삼아 주십니다. 그분은 슬픔의 명예라는 나라에서 우리를 공작과 귀족으로 삼아 주십니다. 이것은 인간의 명예를 통해서가 아니라, 인간의 수치를 통해서 이루어집니다. 그리고 기쁨을 통해서가 아니라, 고난과 슬픔과 고통과 죽음을 통해서 이루어집니다. 하나님께서 자녀들에게 주실 수 있는 최고의 명예는 순교의 붉은 피가 묻은 면류관입니다. 최근에 저는 책을 보다가 로마의 카타콤에 관한 이야기를 읽게 되었습니다. 순교자들의 무덤 위에 새겨진 짧지만 아주 함축적인 의미의 비문들을 읽다가, 종종 저는 그들이 부럽다는 생각이 들었습니다. 제가 부러웠던 것은 그들의 고문대와 뜨거운 인두와 말발굽에 끌려 다닌 일이 아니었습니다. 그들이 순교의 붉은 피가 묻은 옷을 입고 일렬로 서 있는 것을 볼 때 저는 그것이 부러웠습니다. 영원한 보좌에 가장 가까이 서 있는 자들은 누구이겠습니까? 빛 가운데서 가장 맨 앞에 있는 성도들은 누구이겠습니까? 바로 고귀한 순교자 무리들일 것입니다. 하나님께서 우리가 그리스도를 위해 고난 받고, 그리스도와 함께 고난 받고, 그리스도처럼 고난 받을 수 있는 은혜를 주신 것과 같이, 그분께서는 우리에게 명예도 주십니다. 그리스도인의 보석은 자신이 받은 고난입니다. 하나님께서 제정하신 왕권의 표상은 그들의 고난과 슬픔과 비통함입니다. 그러므로 우리가 명예롭게 되는 것을 피하지 맙시다. 높아지는 것도 피하지 맙시다. 슬픔이 우리를 높여 주고, 고난이 우리를 우뚝 세울 것입니다.

마지막으로, 그리스도의 상처와 관련된 한 가지 아름다운 생각이 있습니다. 이 생각은 제 영혼을 매혹시켰으며, 제 마음을 기뻐 뛰게 했습니다. 그것은 다음과 같은 생각이었습니다. 비록 제가 그리스도의 몸의 일부분이라 해도, 저는 그 몸 중에서 그저 가련하게 상처받은 한 부분일 뿐이라는 생각이 종종 들었습니다. 즉, 만물 안에서 만물을 충만하게 하시는 이의 충만함(엡 1:23)인, 온전히 영광스러운 총체인 그 몸 되신 교회에 제가 속해 있다 해도, 저는 마음속으로 "나는 그 몸 중에 가련하고 불구인 한 부분, 즉 상처받고 완전히 곪아터진 종기일 뿐이다"라고 말했습니다. 그러나 그리스도께서는 그 상처들을 버리지 않으셨고, 그 상처들을 지니고 천국으로 가셨습니다. "그 뼈가 하나도 꺾이지 아니하리라"(요 19:36)는 말씀대로, 그분은 상처받은 육신이라도 포기하지 않으시고, 결코 내버리지 않으실 것입니다. 그분은 그 상처받은 육신을 가지고 천국으로 가서, 상처받은 지체까지도 영화롭게 하실 것입니다. 고난 받고 있는 하나님의 자녀에게 이 귀한 말씀은 매우 달콤한 말씀이지 않습니까? 진실로 이런 생각은 누구나 꿀처럼 받아먹을 수 있는 말씀이지 않습니까? 비록 제가 가련하고 연약하며 상처 입은 존재라 해도, 그분께서는 결코 저를 버리지 않으실 것입니다. 그분의 상처들은 치료된 상처들이라는 사실에 주목하십시오! 그 상처들은 지금도 곪고 있는 종기가 아니라는 말입니다. 비록 우리가 그리스도의 상처 입은 한 지체라 해도, 우리는 치료받게 될 것입니다. 다시 말해, 우리가 이 땅의 삶을 되돌아볼 때 우리 자신이 그야말로 상처 입은 자, 상처 입은 그 몸의 한 지체로밖에 보이지 않는다 해도, 그럼에도 불구하고 우리는 기뻐하게 될 것입니다. 그분께서 그 상처들을 치료해 주시고 우리를 결코 내쫓지 않으셨기 때문입니다. 이 얼마나 귀하고 소중한 진리인지 모릅니다! 그분께서는 그 아버지의 면전에서 그 몸 전체를 내놓을 것입니다. 그분이 비록 상처를 입었다 해도, 그 아버지께서 그 아들의 상처들을 버리지 않으실 것입니다. 그러므로 우리는 이런 사실로 인해 위로를 받읍시다. 이 사실로 인해 기뻐합시다. 우리는 마지막에 "티나 주름 잡힌 것이나 이런 것들이 없이"(엡 5:27) 드려질 것입니다. 그리스도의 상처들은 그분에게 티도 아니고 주름 잡힌 것도 아닙니다. 그것은 장식물입니다. 이것을 눈여겨보십시오. 이 땅에서 자신에 대해 절망하면서, 자신을 그 몸의 상처로 생각하는 교회에 속한 모든 자들도, 하늘에 있는 완전한 교회에서는 아무런 티나 주름 잡힌 것이 없게 될 것입니다. 심지어 이들은 하늘에 있는 교회의 장식물이 될 것이며, 그리스도의 영광이 될 것입니다. 이제 우리는 믿음으로써 하늘을 바라봅시다. 그분의 보좌 위에 앉아 계시는 예수님, 그 상처받은 예수님을 바라봅시다. 우리가 허리 띠를 띠고(엡 6:14) 다음의 말씀처럼 행하는데 있어서, 지금까지 제가 전한 말씀이 도움이 되기를 원합니다. "인내로써 우리 앞에 당한 경주를 하며 믿음의 주요 또 온전하게 하시는 이인 예수를 바라보자 그는 그 앞에 있는 기쁨을 위하여 십자가를 참으사 부끄러움을 개의치 아니하시더니 하나님 보좌 우편에 앉으셨느니라"(히 12:2).

저는 이 마지막 말씀을 전하지 않고서는 여러분을 집으로 돌려보내지 못할 것 같습니다. 불쌍한 죄인인 여러분, 여러분은 죄 때문에 고난을 당하고 있습니다. 여기에 여러분을 위한 아름다운 생각이 있습니다. 사람들은 그리스도에게 나아가기를 두려워합니다. 두려워하지는 않는다 해도, 그들은 "나는 지은 죄가 너무 커서 그분께 나아갈 수가 없습니다. 그분은 내게 화를 내실 것입니다"라고 말합니다. 오늘밤 그분께서 여러분에게 손 내밀고 계신 것을 여러분은 보고 있습니까? 그분은 천국에 계시면서, 여전히 다음과 같이 말씀하십니다. "수고하고 무거운 짐 진 자들아 다 내게로 오라 내가 너희를 쉬게 하리라"(마 11:28). 여러분은 아직도 그분에게 나오기가 두렵습니까? 그렇다면 그분의 손을 바라보십시오. 다시 한 번 말씀드립니다. 그분의 손을 바라보십시오. 그 손이 여러분을 부르고 있지 않습니까? 그런데도 여러분은 "오, 그리스도께서 벌레와 같은 나를 그 마음속에 기억하고 계신다니, 도저히 저는 그렇게 생각할 수 없습니다"라고 말합니다. 그분의 옆구리를 보십시오. 거기에 그분의 마음에 쉽게 다가갈 수 있는 길이 있습니다. 그분의 옆구리는 열려 있습니다. 여러분의 가련한 기도도 그 옆구리로 뚫고 들어갈 수 있으며, 그분의 가슴은 거룩한 가슴이라 해도, 그 기도들은 그분의 가슴에 도달할 것입니다. 여러분은 오로지 그분의 상처만 바라보십시오. 그러면 여러분은 예수님의 보혈을 통해 틀림없이 평강을 얻게 될 것입니다.

예전에 수도원에 두 명의 수사(修士)가 각기 다른 방에 있었습니다. 그들은 성경을 읽고 있었습니다. 그들 중 한 수사는 성경을 읽다가 그리스도를 발견하고 참된 복음적인 신앙을 갖게 되었습니다. 반면에 다른 수사는 우둔하여서 그 신앙을 참된 것으로 생각할 수 없었습니다. 즉, 그가 받아들이기에는 구원의 계획이 너무 거대한 것이어서, 그는 그것을 파악할 수 없었습니다. 그러다가 마침내 죽음을 앞두고 그는 친구 수사를 오게 해서는 자기 옆에 앉게 하고 문을 닫았습니다. 혹시라도 그들이 하는 말을 수도원장이 들으면, 그들 모두 징계를 받을 수도 있었기 때문입니다. 친구 수사가 자리에 앉자, 그 병든 수사는 자기가 지은 죄가 얼마나 자신을 짓누르고 있는지 말하기 시작했습니다. 그러자 친구 수사는 그에게 예수님을 기억하게 했습니다. "형제여, 만약 당신이 구원받고자 한다면, 당신은 십자가에 달린 예수님을 바라보아야만 합니다. 그분의 상처가 틀림없이 구원해 줄 것입니다." 그 가련한 수사는 이 말을 듣고 믿게 되었습니다. 이 일이 있은 직후에 수도원장은 다른 형제들과 사제들을 대동하여 들어왔습니다. 그러고는 그 아픈 수사에게 종부성사(extreme unction, 가톨릭에서 행하는 '인생에 종지부를 찍는 성사'라는 뜻으로, 죽기 바로 직전에 단 한 번만 받는 성사로, 근래에는 '병자성사'라는 명칭으로 통용된다 – 역주)를 행하면서 기름을 바르기 시작했습니다. 이 가련한 수사는 그들을 뿌리치고자 애썼습니다. 자신의 신앙은 그 신앙이 아니라고 생각했기에 그는 그 의식을 받을 수 없었습니다. 그러다 마침내 그의 입술이 열렸습니다. 그러자 그는 라틴어로 "뚜 불네라 제수!"(Tu vulnera Jesu)라고 말했습니다. 즉, "오, 예수님, 당신의 상처들, 오, 예수님, 당신의 상처들!"이라고 말하면서, 그는 두 손으로 박수를 치고는 하늘을 향해 손을 번쩍 들었다가 다시 떨어뜨리고 나서 죽었습니다.

오, 많은 개신교인들도 자신의 입술로 이런 말을 하며 죽었으면 좋겠습니다. 그 상처들에는 복음이 충만했습니다. 당신의 상처들, 오 예수님! 당신의 상처들, 당신의 상처들은 나의 환난 날에 나의 피난처심이니이다(시 59:16). 오, 죄인인 여러분, 여러분이 그분의 상처들을 믿어 도움을 받게 되기를 기원합니다! 그 상처들은 실패할 수 없습니다. 그리스도의 상처들은 그분을 믿는 자들을 틀림없이 치료해 주실 것입니다.

제
97
장

—

우리 주님께서 승천하신 모습

—

"예수께서 그들을 데리고 베다니 앞까지 나가사 손을 들어
그들에게 축복하시더니 축복하실 때에 그들을 떠나 하늘로
올려지시니 그들이 그에게 경배하고 큰 기쁨으로 예루살렘
에 돌아가 늘 성전에서 하나님을 찬송하니라."
— 눅 24:50-53

무덤을 이기신 우리 주 예수님께서는 이 땅에 있는 모든 것들에 대한 자신의 능력을 입증해 보이셨습니다. 사십 일 동안이나 인간들 사이에 머무르셨고, 이 땅 자체에 대한 그분의 능력을 선포하셨으며, 그 후에 공중으로 승천하셨습니다. 이렇게 하심으로써 그분은 공중의 권세 잡은 자의 통치가 파멸되었음을 보여주셨습니다. 마지막에 그분은 하늘들의 하늘로 들어가면서 그곳에서도 그분의 주권을 선포하셨습니다. 그래서 그분은 가장 낮은 곳에서부터 가장 높은 곳에 이르기까지 광대한 통치권을 갖게 되셨습니다. 마치 한 정복자가 자신의 힘으로 정복한 지역들을 바라보는 것처럼, 저는 이 끝에서부터 저 끝까지 이르는 그분의 통치에 대해 생각하는 것을 좋아합니다. 우리 주님께서는 서둘러 세상을 떠나지 않으셨습니다. 그분은 부활하신 날 아침에 무덤 문이 열리자마자 곧장 그분의 영광으로 들어가실 수도 있었습니다. 그러나 그분은 그렇게 하지 않으셨습니다. 그분에게는 잠시 이 땅에 머물러야 할 이유가 있었습니다. 저는 오늘 설교의 주제인 우리 주님께서 승천하신 모습에 대한 말씀을 하기 전에, 이

이유들에 대해 간략히 말씀드리고자 합니다.

그분은 죽은 자 가운데서 부활한지 사십 일째 되는 날에 승천하셨습니다. 성경에서는 사십 일이라는 숫자가 항상 의미 있는 기간이라는 점을 여러분은 알고 있을 것입니다. 여러분도 알다시피, 우리 주님은 광야에서 마귀의 시험을 사십 일 동안 받으셨습니다. 그래서 그분께서 치르신 첫 번째의 대 전투에서 승리한 바로 이 땅에서 사십 일 동안 머무르신 것이 그분에게는 합당한 일이었습니다. 이 사십 일이라는 의미 속에 어떤 교훈이 들어 있겠지만, 저는 그 사십 일이라는 의미에 대해서 어떤 공상적인 설명도 하지 않으려고 합니다. 단지 어떤 특별한 목적을 위해서는 그 기간이 충분했다는 사실만은 아주 분명합니다.

사십 일은 그분이 죽은 자 가운데서 유령으로가 아니라, 참된 살과 피를 가진 존재로 진정 살아나셨다는 사실을 모든 인류에게 증명하기에 충분한 기간이었습니다. 그분은 여러 장소에서 각기 다른 방식으로 그의 제자들에게 여러 번 나타나셨습니다. 오백여 형제에게 일시에(고전 15:6) 나타나셨는데, 이것이 속임수일 리는 없습니다. 그리고 설령 이런 일이 가능하다 해도, 그분과 가장 친밀한 교제를 나누었던 두 명 혹은 세 명, 심지어는 각기 다른 개인들이 속았다는 것도 있을 수 없는 일입니다. 그분이 부활하셨다는 사실은 모든 의혹을 넘어서서 한 점의 의혹도 없이 확증되어야 하는 핵심적인 문제였습니다. 물론 지금은 역사상 최고로 확증된 사실이지만 말입니다. 우리는 역사가들이 기록한 수많은 것들을 의심해 볼 수 있습니다. 그러나 그리스도께서 부활하신 후 나타나셨다는 사실만큼은 의심할 수가 없습니다. 왜냐하면 이 일이 어디 한 구석에서 일어난 것도 아니고, 단지 한 번만 일어난 사건도 아니며, 수많은 증인들 앞에서 각기 다른 많은 장소에서 일어난 일이었기 때문입니다. 그 사십 일이라는 기간은 우리 구세주께서 죽은 자 가운데서 참으로 부활하셨다는 이 사실을 친히 그분께서 이 땅에서 모든 세대에게 분명하게 알리기에 충분한 시간이었습니다.

이 외에도, 그분께서 일정 시간 이 땅에 머무신 것은 제자들의 마음에 있었던 모든 의혹들을 제거해 주기 위해서였습니다. 이 또한 제가 믿어 의심치 않는 이유입니다. 도마는 그분이 하시는 말씀을 들어야 했고, 그의 손가락을 못자국에 넣어보고, 그의 손을 주님의 옆구리에 넣어 보라는 명령까지 받았습니다. 도마 외에도 많은 의혹을 가진 다른 이들이 있었습니다. 사실 이런저런 의혹을 하나도 갖지 않은 제자들은 한 명도 없었습니다. 그래서 주님은 자신의 정체성과 부활한 몸의 본성에 관해서 그들 모두가 철저히 확신할 수 있도록 그런 식으로 행동하고 말씀하실 수밖에 없었습니다. 그래서 그분은 그들에게 "내 손과 발을 보고 나인 줄 알라 또 나를 만져 보라 영은 살과 뼈가 없으되 너희 보는 바와 같이 나는 있느니라"(눅 24:39)고 말씀하셨습니다.

이 외에도, 그리스도께서 예전에 제자들에게 말씀하신 교훈들이 있었는데, 그 교훈들이 최종적으로 약간 정리되어야 할 필요가 있었습니다. 그분은 돌아가시기 전에 제자들에게 "내가 아직도 너희에게 이를 것이 많으나 지금은 너희가 감당하지 못하리라"(요 16:12)라고 말씀하셨습니다. 그러나 그분이 죽은 자 가운데서 부활하신 후에 제자들은 더욱더 많은 것들을 감당할 수 있었습니다. 그러므로 제자들의 영혼에 더 밝은 빛이 비치게 할 계시들을 그제야 비로소 그들에게 말씀해 주실 수 있었다고 저는 확신합니다. 어떻게 그분께서 제자들의 이해력을 열어 주시어 그들이 성경 말씀을 받아들이도록 해주셨는지, 그리고 어떻게 그분께서 성경 말씀을 열어 주시어 그들의 이해력으로 그 말씀들을 파악하도록 해주셨는지를 우리는 성경에서 여러 번 읽었습니다.

그러나 무엇보다도, 우리 주님께서 이 땅에 사십 일 동안 더 머무르신 제일 큰 이유는 그의 제자들에게 사명을 주시기 위함이었습니다. 그분은 제자들 중 한 사람에게 "내 양을 치라"(요 21:16), "내 어린 양을 먹이라"(요 21:15)고 말씀하셨습니다. 그리고 그들 모두에게 "너희는 온 천하에 다니며 만민에게 복음을 전파하라. 믿고 세례를 받는 사람은 구원을 얻을 것이요 믿지 않는 사람은 정죄를 받으리라"(막 16:15-16)고도 말씀하셨습니다. 최후 명령을 내리기까지, 즉 전투 대형을 갖춘 군대를 집결시켜, 계급별로 정렬시키고, 그들에게 하부 명령을 전달하며, 앞으로 나아가 전투에서 승리할 것 등을 총지휘하지 않고서는, 그분은 결코 최후 작별을 할 수 없었습니다. 부활과 승천 사이에, 즉 그분께서 지체하신 시간 사이에 무한한 지혜가 드러났습니다. 우리가 그 기간에 대해 생각하면 할수록, 우리는 정말 그러하다는 것을 더욱더 잘 알 수 있습니다. 우리 주님께서 죽은 자 가운데서 부활하신 후 이 땅에 계셨던 기간과 관련해서는 이처럼 많은 의미가 내포되어 있습니다.

더 나아가, 승천하신 그 장소도 대단히 교훈적인 의의가 있습니다. 누가는 우리에게 "예수께서 그들을 데리고 베다니 앞까지 나가사"라고 말하고 있습니다. 그러나 사도행전에서는 이 기념비적인 장면이 "감람원이라 하는 산으로부터 예루살렘에 돌아오니 이 산은 예루살렘에서 가까워 안식일에 가기 알맞은 길"(행 1:12)에서 일어났다고 우리에게 알려 줍니다. 이 두 가지 내용은 서로 모순되는 말이 전혀 아닙니다. 제 생각에 우리 주님께서는 베다니가 내려다보이는 감람산의 한 자락 위에 계셨던 것 같습니다. 이 사건에 대해서는 반 우스터지(Jan Jakob van Oosterzee, 1817-1882, 설교자와 주석가로 유명한 네덜란드 신학자 — 역주)가 언급한 아주 아름다운 말이 제 생각과 잘 맞는 것 같습니다. 그는 우리 주님께서 승천한 장소에 우리가 선다면, 세 가지를 보게 된다고 말합니다. "첫째로, 우리는 위로 열린 하늘을 보게 되는데, 이것은 그리스도께서 황금 문을 통과하는 길입니다. 둘째로, 우리는 아래로 가까이에 있는 한 행복한 가정을 보게 되는데, 이 베다니 지역은 마리아와 마르다와 나사로가 행복하게 살던 곳으로, 아무도 부활하신 그리스도와 함께 한 사람들만큼 행복한 사람은 없습니다. 그리고 셋째로, 우리는 여기에서 한 길을 보게 됩니다. 이 길은 그리스도께서 복된 발걸음으로 걷던 길로서, 이 길을 따라 제자들도 예루살렘으로 되돌아갔습니다. 그리스도께서 자신의 승천을 위해 제자들을 이끌고 나오신 바로 그 예루살렘 말입니다. 이처럼 이곳에서 그분이 승천하심으로 우리는 세 가지 아름다운 것들을 받게 되었습니다. 즉, 열린 하늘, 행복한 가정, 그분의 복된 발걸음으로 거룩해지고 평탄해진 길이 바로 그것입니다."

　　그분이 승천하신 장소에 대한 해석 중 아마도 가장 중요한 설명은 그분께서 종종 그의 제자들과 함께 교제하던 그곳에서 하늘로 다시 돌아가셨다는 점일 것입니다. 그분께서 제자들에게 많은 신비들을 밝혀 주셨던 곳도 바로 그곳이었습니다. 그들이 앉아서 예루살렘을 바라보았고, 그분께서 그들에게 그 죄악의 도시가 궁극적으로 멸망하게 될 것을 말씀해 주시던 곳도 그곳이었습니다. 그곳은 그들에게 아주 귀한 장소였으며, 우리 구세주의 마음에 많은 기억들을 되살리게 하는 곳이었습니다. 거기 언덕 비탈에는 겟세마네의 감람나무들이 있었으며, 그분의 두 눈은 아마도 우리를 위해 사망과 지옥의 모든 세력들과 싸웠던 곳을 바라보고 계셨을 것입니다. 그분께서 고뇌하며 피땀을 흘리던 그곳에서 그분이 영광 가운데 승천하셨다는 것은 생각만 해도 기분이 좋습니다. 그러므로 사랑하는 성도 여러분, 우리도 그 정도까지는 아니어도, 우리에게 맞게, 우리가 임종한 그 침상으로부터 영광 가운데 올라갈 것입니다. 거기서 우리는 변화되어 우리 주님과 같이 될 것입니다. 그래서 주님께서 큰 나팔소리와 함께 오실 때, 우리의 몸은 죽음의 무덤으로부터 기뻐 뛰면서 아름다움과 생명으로 완전히 부활하게 될 것입니다. 그렇습니다. 우리는 우리가 싸우던 곳에서 승리하게 될 것입니다. 우리는 우리가 고난 받던 곳에서 다스리게 될 것입니다. 저는 예수님께서 이 땅에서 머무르신 마지막 장소로 산을 선택하셨다는 사실에 대해 생각하고 싶습니다. 산은 종종 인간이 하나님과 더불어 위대한 거래가 실행되던 장소였습니다. 그리고 산은 그분께서 발로 갈 수 있는 곳 중에 가장 하늘과 맞닿은 곳이기도 했습니다. 물론 기적을 일으켜 더 하늘 가까이에도 갈 수 있었지만 그분은 그렇게 하지 않으셨습니다. 왜냐하면 그분은 일상적인 수단으로 할 수 있는 일을, 절대로 기적을 일으켜 행하지 않으셨기 때문입니다. 그렇게 스스로 산에 도착하신 다음, 그분은 온화하게, 말하자면 땅을 아래로 밀어내며 영광 가운데 올라가서서, 지금 하나님 우편에, 즉 하나님과 같은 높이의 자리에 앉아 계십니다.

이제는 우리 주님께서 승천하신 시간과 장소에 대해 생각해 보겠습니다. 그러면 여러분이 깊이 묵상해 볼 만한 어떤 가치 있는 주제들을 발견할 수 있을 것입니다.

그리스도께서 승천하시던 그 장면을 한번 생각해 봅시다. 그리스도 주위에는 제자들이 모여 있었습니다. 사도들은 분명히 그 자리에 있었으며, 아마도 그분을 따르던 많은 자들도 함께 했을 것입니다. 그들은 예루살렘에서 베다니, 즉 감람산으로 나왔습니다. 그들이 한낮에 거리를 걸어왔는지는 잘 알 수 없습니다. 저는 그렇게 왔을 가능성이 높다고 생각합니다. 만일 그렇게 왔다면, 틀림없이 많은 이들이 그 나사렛 사람을 보고서 아주 놀랐을 것입니다. 왜냐하면 그들이 십자가에 못 박았던 그 사람이 지금은 다시 살아서 길거리를 지나가고 있으니 말입니다. 실제로 이런 일이 벌어졌는지는 잘 모르겠습니다. 그들은 성전의 오물들이 버려지던 그 무시무시한 시내인 기드론을 건너서, 겟세마네와 굽이도는 길을 지나 마침내 감람산 언덕 기슭에 도착했습니다. 예수님께서 예전에 한편으로는 예루살렘을 내려다보시고 또 다른 한편으로는 베다니를 내려다보시던 그곳 말입니다. 거기서 그분은 제자들과 더불어 이야기를 나누기 시작하셨습니다. 그때 그분께서는 임종의 노래를 부르신 것이라고 말한다면 어떨까요? 안 됩니다. 그렇게 말해서는 안 됩니다. 왜냐하면 그분은 다시 죽지 않으셨기 때문입니다. 그분은 임종의 노래가 아니라 이별의 노래를 부르고 작별의 메시지를 남긴 후에 승천하기 시작하셨습니다. 그의 제자들은 얼마나 놀랐는지 모릅니다!

그분에게서 뿜어져 나오는 장엄한 불꽃으로 인해 그들은 까무러칠 정도로 놀라 뒷걸음을 쳤을 것입니다! 그분은 하늘 위로 올라가기 시작했습니다. 천천히 장엄하게 올라가셨고, 제자들은 그분이 그들의 놀란 시야에서 점점 사라질 때까지 바라보았습니다. 급기야 그들의 시야에서 거의 사라질 때가 되자, 떠 있던 구름이 그분과 제자들 사이를 가로막는 것이 보였습니다. 그분은 사라지셨고, 그분의 보좌로 올라가셨습니다. 저는 우리 주님의 승천을 이와 같이 간단하고도 장엄한 방식으로 생각하기를 좋아합니다. 혹시라도 제가 엘리야와 함께 걷던 엘리사라면, 즉 불수레와 불말들이(왕하 2:11) 엘리야를 데려가는 것을 보았더라면, 저는 무척 놀랐을 것입니다. 그런데 그리스도의 이 승천에는 그런 두려움이 없었습니다. 그분은 불의 선지자가 아니었습니다. 그분은 온유하고 유순하며 겸손한 분이셨습니다. 그분께서 하늘로 올라가는 길에는 두려움을 자아낼 만한 것이 하나도 없었습니다. 그분의 승천과 관련해서는 아무런 도구도 사용되지 않았습니다. 그분을 위로 올려줄 천사들의 날개도 없었고, 그분을 땅에서부터 부드럽게 들어 올려주는 전능자의 팔도 보이지 않았으며, 선택받아 택하심을 받은 이분을 몰래 데리고 가는 제우스의 독수리(그리스 신화에서 변신의 귀재인 제우스는 자주 독수리로 변신하여 하늘로 날아갔다고 한다 — 역주)도 없었습니다. 전혀 없었습니다. 그분은 자신의 능력과 위엄으로 올라가셨습니다. 그분에게는 아무런 도움도 필요치 않았습니다. 제게는 이런 모습이 아주 아름다운 모습으로 보입니다. 천사들이 한 번 더 이 땅에 내려왔으면 좋았을지도 모릅니다. 그분이 태어날 때나, 광야에 시험 받으러 가셨을 때나, 그분이 무덤에 계셨을 때, 천사들이 이 땅에 내려와서 기꺼이 그분을 섬겼던 것처럼 말입니다. 그러나 천국 여정을 시작할 때는, 그분에게 천사들의 섬김이 필요하지 않았습니다. 그분은 늘 물질들을 지배하는 법칙을 중지시키시고, 즉 중력의 법칙을 깨뜨리시고, 그분이 원하신 그 시점에 이 세상을 떠나셨습니다. 이렇게 함으로써 그분은 자신의 신성이 지닌 고유한 능력을 입증해 보이셨습니다. "구름이 그를 가리어 보이지 않게 하더라"(행 1:9). 구름이 가렸어도, 천사들은 그들이 보아야 할 모든 것을 그 때 보았다고 생각합니다. 아마도 그 구름 뒤에는 영광스러운 장면들이 있었을 것입니다. 이 장면들 중에는 인간의 눈으로 보기에 불가능한 장면도 있었을 것이고, 인간의 귀로 듣기에 합당치 않은 말들도 있었을 것입니다. 저는 그것에 대해 알지 못합니다. 저는 죽어야 하는 인간의 시야가 구름에 가려 그분을 보지 못하게 된 후, 천사들에 관해 우리의 찬송가 작사가가 생각한 것을 좋아할 뿐입니다.

> "그들은 그분을 보좌로 모실 수레를
>   하늘에서 가지고 와서,
>   승리의 날개를 펼치고는,
> '영광의 사역이 다 이루어졌다'라고 외쳤다."

어디에도 비길 데 없이 멋진 시편 24편도 우리에게 어떤 지침을 주고 있는 것 같습니다. "문들아 너희 머리를 들지어다 영원한 문들아 들릴지어다 영광의 왕이 들어가시리로다"(시 24:7)라고 말입니다. 이 말씀은 마치 문의 꼭대기를 지키는 자들이 "영광의 왕이 누구시냐"(시 24:8)라고 묻자, 거기서 시중들던 천사들이 "강하고 능한 여호와시요 전쟁에 능한 여호와시로다 문들아 너희 머리를 들지어다 영원한 문들아 들릴지어다 영광의 왕이 들어가시리로다"(시 24:8-9)라고 대답하는 것처럼 보입니다. 우리는 이런 것들에 대해서 숨을 죽이고 말할 수밖에 없습니다. 왜냐하면 우리는 그때 일어난 모든 일을 알지 못하기 때문입니다. 단지 우리가 아는 것은 "구름이 그를 가리어 보이지 않게 하더라"(행 1:9)고 하신 말씀뿐입니다.

제가 특별히 길게 말씀드리고자 하는 것은 바로 이것입니다. 즉, 그의 제자들이 마지막으로 본 그리스도의 자세는 어떤 자세였는가 하는 것입니다. 제가 말씀을 읽어 보겠습니다. "손을 들어 그들에게 축복하시더니 축복하실 때에 그들을 떠나 하늘로 올려지시니." 이 말씀처럼 그리스도께서 제자들에게 보이신 마지막 자세는, 제자들을 축복해 주는 행동 속에 손을 든 자세였습니다. 저는 이 한 가지 사실에만 집중하고자 합니다. 즉, 예수 그리스도께서 이 땅을 떠나면서 취한 자세는 사람들을 축복하기 위해 손을 드신 자세였다는 사실 말입니다. 사람들은 종종 그렇게 손을 든 자세를 많이 보게 됩니다. 배우나 웅변가나 설교자들은 모두 무엇을 하든 간에 거기에는 적절한 신체적 움직임이 있어야 한다는 것을 알고 있습니다. 라파엘로(Raffaello Sanzio)가, 아덴에서(행 17:16) 손을 들고 서 있는 사도 바울을 표현했을 때, 그 화가에게는 어떤 선한 의도가 있었습니다(라파엘로가 1515년에 그린 '아덴의 바울'[Paul in Athens]이란 작품이다 — 역주). 그 화가의 기법이 항상 주목받은 것은 아니었지만, 어쨌든 그 그림에서 바울이 손을 들어올렸을 때, 그는 무슨 말을 하고 있었습니까? "우주와 그 가운데 있는 만물을 지으신 하나님께서는 천지의 주재시니 손으로 지은 전에 계시지 아니하시고, 또 무엇이 부족한 것처럼 사람의 손으로 섬김을 받으시는 것이 아니니"(행 17:24-25)라고 말하고서 바울은 즉시 그의 손을 들어올렸습니다. 그리고 바울이 아그립바 왕 앞에서 "당신뿐만 아니라 오늘 내 말을 듣는 모든 사람도 다 이렇게 결박된 것 외에는 나와 같이 되기를 하나님께 원하나이다"(행 26:29)라고 말했을 때도 자기 손을 높이 들었다는 것을 잘 알 수 있습니다. 당시 바울의 손목에는 특별한 소리가 나는 수갑이 채워져 있었습니다.

우리 주 예수 그리스도께서 말씀하실 때에 행하신 제스처들에 관해서는 우리에게 많이 알려져 있지 않습니다. 이와 관련된 그분의 기록이 하나라도 남아 있었다면, 모든 목회자들이 따라할 수 있어서 큰 축복이 되었을 텐데 말입니다. "그분께서 입을 열어 그들을 가르쳐 이르시되"(마 5:2, KJV)라고만 언급되어 있을 뿐입니다. 우리는 그분께서 어떤 자세로 서 계셨는지 알지 못합니다. 그분께서 승천하신 이 경우에도, "손을 들어 그들에게 축복하시더니"라고 하는 모습 외에는, 그분이 어떤 모습이셨는지 우리는 정확하게 잘 알지 못합니다.

1. 주님의 손은 축복하기 위해 들려 있었다.

첫 번째, 그분의 손이 축복해 주기 위해서 들려 있었다는 사실을 살펴봅시다.

이 축복은 어떤 특별한 축복이 아니었습니다. 왜냐하면 그분의 손은 축복받은 손이어서, 그 손에서는 축복만 나왔기 때문입니다. 수많은 사람들이 그분의 그 귀한 손으로부터 얼마나 많은 축복을 받았는지 모릅니다! 그 손으로 떡과 물고기들이 많아져서 굶주린 수천 명이 먹을 수 있었습니다. 그 손이 앞을 못 보는 눈에 닿자, 그 눈이 떠졌습니다. 그 손이 나병환자에게 닿자, 그가 온전해졌습니다. 그 손이 죽은 청년이 누운 관 위에 닿자, 그 청년은 다시 살아났습니다. 이 얼마나 복된 손인지 모릅니다! 예수님은 선한 일들을 계속 행하시며 이리저리 다니셨습니다. 그분의 손으로 주위에 있는 사람들은 항상 축복을 받았습니다. 그분의 양 손은 그분이 가진 사랑의 마음이라는 보고(寶庫)에서 나온 보물들로 가득 차 있었습니다. 그러므로 그분께서 제자들을 떠나시면서 그들을 축복하신 것은, 그분이 제자들을 알고 난 후부터 그들에게 지속적으로 해오던 일을 행하신 것뿐이었습니다. 여러분이 그리스도로부터 받을 수 있는 가장 부요한 축복은 전혀 새로운 것이 아닙니다. 그것은 그분께서 오래 전부터 해오시던 습관처럼, 중단하지 않고 여러분을 축복해 주시는 것뿐입니다. 지금 이 순간에 그분께서 손을 들어 여러분에게 어떤 특별한 축복을 해주신다면, 사실 저도 그분께서 그렇게 해주시기를 기도하고 있습니다만, 그 축복은 세상에 있는 가장 귀한 다이아몬드보다 더 귀한 것이 연결된 긴 사슬에 또 하나의 고리가 늘어나는 것일 뿐입니다. 그분은 항상 제자들을 축복해 주셨기 때문에, 그때에도 제자들을 축복해 주시기 위해 손을 드셨던 것입니다. 사랑하는 성도 여러분, 그분은 계속해서 여러분을 축복해 주실 것입니다. 왜냐하면 그분은 과거에도 우리를 축복해 주셨고, 앞으로도 변치 않으실 것이기 때문입니다.

그러나 그리스도께서는 이번에는 좀 다른 방식으로 제자들을 축복해 주셨습니다. 왜냐하면 그분은 새로운 권위로써 그들을 축복해 주셨기 때문입니다. 여러분도 알다시피, 대제사장은 속죄의 날이 끝나고 모든 희생제물을 드리고 난 후 밖으로 나오면, 공적인 제사장으로서 희생 제사를 드리는 그날 일찍부터 입고 있었던 흰 예복을 벗어 버립니다. 그 예복은 틀림없이 온통 피로 더러워졌을 것입니다. 하루 온종일 그는 피를 붓고 뿌리는 일을 했기 때문입니다. 그 일을 마치고 나서 대제사장은 영광스럽고 아름다운 자신의 옷을 입었습니다. 그 옷은 청색, 자색의 고운 세마포 옷으로, 거기에는 아름다운 소리 나는 방울과 석류가 수놓여져(출 28:33) 있고, 그 가슴에는 반짝이는 흉패를 붙이고, 그 머리에는 관을 썼습니다. 그리고는 밖으로 나와 대속이 완성되었을 때만 해줄 수 있는 축복을 그의 백성들에게 해주었습니다. 이와 마찬가지로, 오늘날도 예수 그리스도께서는 희생 제물을 드리고 있는 제사장으로서가 아니라, 희생 제사를 다 드린 제사장으로서 그의 백성들을 축복해 주십니다. 모든 것은 다 끝이 났습니다. 그래서 지금은 간구하는 자가 아니라 나눠 주는 능력을 가진 분으로서의 권위를 가지고 그의 백성들을 축복해 주십니다. 예전에 그분은 그들을 위해서 축복을 간구하셨지만, 지금은 그들에게 축복을 선포하십니다. 예전에 그분은 하늘을 우러러 축사(눅 9:16)하셨지만, 지금은 하늘에서 아래를 내려다보시며 친히 축복해 주십니다. 왜냐하면 지금은 그분의 손 안에 축복이 있기 때문입니다.

"그의 모든 사역과 전쟁은 끝이 났다."

그분은 지금 천국으로 올라가고 계십니다. 그리고 지금 인간들 가운데서 축복의 다스림을 시작하심으로써 자신의 통치권을 입증하셨습니다. 예배가 끝날 때 설교자가 축도를 하는 것처럼 그분이 제자들을 축복하신 것이라고 말할 수 있다면, 지금 그분은 예전에 결코 한 적이 없었던 축복을 그들에게 하신 것이라고 볼 수 있습니다. 이제부터 "내가 살아 있고 너희도 살아 있겠음이라"(요 14:19)는 본문을 가지고 우리에게 계속해서 설교하실 그분이, 하나님 우편에 있는 저 거룩한 강단에서 그 황금 같은 설교를 시작하신다는 의미에서 말입니다.

이때 우리 주 예수 그리스도께서 해주신 축복은 의심할 여지도 없이 아주 완전한 축복이었습니다. 우리는 그분이 무슨 말씀을 하셨는지 듣지 못했습니다. 그 내용을 모른다 해도, 저는 그것으로 아주 만족합니다. 저는 그분께서 아무 말씀도 하지 않았을 수도 있다고 생각합니다. 그래도 그분은 축복을 보시고는 그 축복된 손으로 그것을 우리에게 우선적으로 베풀어 주셨습니다. 그분께서는 자기 혼자 어떤 것을 다 움켜쥔 듯이 양 손을 오므리지 않으시고, 우리를 위해 양 손에 가지고 있던 그 수많은 축복들을 하나도 남김없이 주시려는 듯, 양 손을 활짝 펴고 하늘로 올라가셨습니다. 그분은 말씀하십니다. "보아라, 내 자녀들아, 보아라. 내가 나 자신을 위해 가지고 있는 것은 아무것도 없다. 내가 가진 모든 것은 너희를 위한 것이다. 들어라, 내 제자들아, 들어라. 나는 내 아버지께 들은 것을 다 너희에게 알게[요 15:15] 하였다. 보아라, 내 자녀들아, 보아라, 내 형제들아, 나는 내가 가진 모든 것, 즉 나의 인성, 나의 신성, 나의 생명, 나의 죽음, 나의 부활 그리고 나의 영광까지 이 모든 것들을 너희에게 주었다. 한번 보아라." 이렇게 그분께서는 그 복된 손을 드신 채로 우리가 생각할 수 있는 가장 완전한 축복들을 우리에게 주신 것 같습니다. 왜냐하면 그분은 우리에게 하나님께서 주실 수 있는 모든 것을 주셨고, 영원히 우리의 것이 될 모든 것들을 주셨기 때문입니다. 이런 일을 행하시는 그분을 여러분은 상상이나 할 수 있겠습니까? 그분은 지금 제 마음의 눈 앞에 계십니다. 제 상상력이 저의 믿음을 도와주는 것 같습니다. 저는 그분의 귀하신 이름을 송축합니다. 제자들이 그분을 마지막으로 보았을 때, 그들에게 남김없이 축복해 주시던 그분의 빈 손을 그들은 보았습니다.

그리고 이 축복은 그의 제자들을 위한 것이었다는 사실에 주목합시다. 제가 이 부분에 대해 강조하지 않았습니까? "손을 들어 그들에게 축복하시더니." 그렇습니다. 그분께서 주시는 축복에는 모든 사람들에게 나눠줄 수 있는 일반 축복이 있습니다. 그러나 그분께서 택한 자들에게 주시는 특별한 축복도 있습니다. 그분은 보편적으로 축복해 주십니다. 그러나 그분은 자신이 친히 택한 자들에게 특별히 더 관대하십니다. 그분은 교회를 사랑하시고, 그 교회를 위해 자신을 주셨습니다. 그분은 모든 친척과 민족과 나라 가운데서도 자기 백성들을 그 피로 구속하셨습니다. 그리스도의 축복과 마찬가지로, 그분의 중보에서도 특별한 점이 있습니다. 그분은 제자들에 대해서 아버지에게 다음과 같이 말씀하셨습니다. "내가 그들을 위하여 비옵나니 내가 비옵는 것은 세상을 위함이 아니요 내게 주신 자들을 위함이니이다"(요 17:9). 지금 죽은 자 가운데서 부활하신 그분은 그들을 축복하신 것입니다. 저도 그들 가운데 한 사람이 되기를 소망합니다. 그 제자들에게 축복이 임함으로써, 그들이 대표하는 그리스도의 모든 교회 위에도 축복이 임하는 것이지 않겠습니까? 사랑하는 성도 여러분, 여러분에게도 그 축복이 임하였습니까? 하나님께서 "곧 창세 전에 그리스도 안에서 우리를 택하사 … 그리스도 안에서 하늘에 속한 모든 신령한 복을 우리에게"(엡 1:3-4) 주지 않으셨습니까? 우리는 용서의 축복, 의롭다 해주시는 축복, 양자되는 축복을 받았습니까? 오늘 우리는 교제의 축복, 죄를 이기는 능력의 축복을 받았습니까? 주님께서는 자신을 아는 사람들에게 이 모든 것들을 주십니다. 다시 말해, 그분의 음성을 듣고 그분을 따르며, 그분이 참으로 선한 목자라는 것을 아는 양들에게 이 모든 것을 주십니다.

이제 저는 여러분의 귀에 나지막한 소리로 말씀드리겠습니다. 만약 그분께서 여러분을 축복해 주셨다면, 여러분은 틀림없이 축복을 받게 될 것입니다. 왜냐하면 그분께서 주시는 축복을 뒤집을 수 있는 권세가 하늘에도 땅에도 지옥에도 없기 때문입니다. 예수님께서 여러분이 받을 축복을 말씀하셨다면, 여러분은 참으로 축복을 받은 것입니다. 그분은 최후의 무서운 날에 이 말씀을 다시 하실 것입니다. "내 아버지께 복 받을 자들이여 나아와 창세로부터 너희를 위하여 예비된 나라를 상속받으라"(마 25:34). 여러분의 모든 시련과 고난과 연약함과 허약함에도 불구하고, 여러분은 축복을 받습니다. "너희는 천지를 지으신 여호와께 복을 받는 자로다"(시 115:15). 여러분은 반드시 영원토록 축복을 받을 것입니다. 하늘 높이 올라가신 그분께서 여러분에게 축복의 유산을 남겨 놓으셨습니다. 여러분은 이 축복을 결코 빼앗기지 않을 것입니다.

주님께서 승천하시면서 제자들에게 주신 이 축복은 **구세주의 생애에 어울리는 마침**이라고 생각합니다. 구세주께서는 제자들에게 다음과 같이 말씀하시는 듯합니다. "이것이 바로 내 인생 전체를 요약한 것이다. 나는 너희들을 축복하기 위해 지금까지 살았다. 이것이 내 가르침의 총체이고, 내 사역의 최종 결과이며, 내 죽음의 분명한 결과이다. 나는 너희를 축복해 주고 싶다"고 말입니다. 그 부활의 축복은 우리 구세주의 인생에 있어서 최고의 절정이었고, 그분의 엄청난 사역의 피라미드 위에 놓인 마지막 돌과 같았습니다. 이 축복은 모든 축복 가운데 최후이자 최고이며 최선의 축복이었습니다. 그러므로 이제 그 축복에 영광을 돌리고 그 축복을 기뻐합시다. 그리스도께서 완성하신 것에 누가 무엇을 더 추가할 수 있겠습니까? 누가는 자신의 복음서를 아주 적절하게 "아멘"(눅 24:53, KJV), 다시 말해 "정말 그러합니다"라고 하는 아멘으로 마치고 있습니다. 진정으로 그렇게 될 것입니다. 하나님의 축복을 따르는데 저주는 없습니다. 사랑의 축복을 따르는데 진노 받을 두려움도 없을 것입니다. 그분께서 그렇게 말씀하셨습니다. 그 말씀은 굳게 서 있습니다. 비록 하늘과 땅은 사라져도, 그분의 백성들은 축복을 받게 될 것입니다.

승천하시는 우리 주님의 자세가 저의 첫 번째 요지였습니다. 그분의 손은 우리를 축복해 주시기 위해 들려 있었습니다.

2. 주님의 손은 못 박힌 손이었다.

이제 두 번째로, 그 손은 못 박힌 손이었습니다.

보십시오! 그분은 지금 감람산에서 하늘로 올라가고 있습니다. 그분께서는 아직까지 시야에서 사라질 정도로 그렇게 높이 올라가지는 않으셨습니다. 제 상상력은 지금 그 장면을 그려보고자 노력하고 있습니다. 저는 상상 가운데 보면서 말합니다. "그렇습니다. 저는 그분을 압니다. 제 눈에는 아직도 못자국이 보입니다." 그분이 손을 든 모습이 보이는 한, 여러분은 주 예수님의 분명한 그 자국, 즉 그분이 십자가에 못 박히신 분이라는 상징이자 표징을 볼 수 있습니다. 여러분은 그분을 착각할 수 없습니다. 그 손은 십자가라는 잔인한 나무에 못 박힌 바로 그 손이기 때문입니다.

우리가 보고 있는 그 못 박힌 손은 유익하고 위로가 되는 손입니다. 왜냐하면, 첫째, 그 손은 참으로 그리스도의 손이라는 사실을 우리로 하여금 알게 해주기 때문입니다. 우리를 축복해 주신 분이 바로 그분이십니다. 우리는 믿음으로 말미암아 그분을 통해 축복을 받지, 다른 누군가를 통해 축복을 받지 않습니다. 그리고 그 손은 우리에게 축복 그 이상의 것을 가르쳐 줍니다. 그 손은 우리에게 그분이 우리에게 주신 축복의 가치를 보여줍니다. 그분은 지금도 우리를 축복해 주고 계십니다. 오, 우리를 축복해 주시기 위해 그분께서 얼마나 큰 희생을 치르셨는지 모릅니다! 이로써 무수한 자비가 우리에게 흘러내립니다.

> "기쁨 또한 그분의 슬픔만큼이나
> 무한하여 알 수 없나이다."

우리의 기쁨을 위해서 그분은 슬픔을 그 값으로 치르셨습니다. 그래서 그분은 우리가 그 슬픔을 잊지 않기를 원하십니다.

> "그분의 손에서 주시는 선물은
> 그 어느 것 하나
> 그분의 가슴의 신음으로
> 값을 치르지 않은 것이 없다."

사랑하는 성도 여러분, 여러분은 주 예수 그리스도로 말미암아 축복을 받았습니다. 하지만 그 축복은 그리스도의 못 박힌 손에 의해 여러분에게 주어졌습니다. 만약 그분께서 고난당하지 않으셨다면, 여러분은 결코 구원을 받을 수 없었을 것입니다. "그가 징계를 받으므로 우리는 평화를 누리고 그가 채찍에 맞으므로 우리는 나음을 받았도다"(사 53:5). 제자들은 그 축복이 주님으로부터 온 것이며, 그 축복의 대가가 못자국인 것을 보았습니다. 그 뿐만 아니라, 그분의 못 박힌 손을 통해 그 축복이 주어진 것도 제자들은 보았습니다. 우리는 그리스도를 통해서, 특별히 그분의 대속적 희생을 통해서 모든 좋은 것을 얻습니다. 우리는 그분의 고난과 별도로 그분의 의를 받을 수 없습니다. 우리는 못 박힌 손과 별도로 죄와 사탄을 이길 수 있는 능력을 얻을 수 없습니다.

> "극심하게 상처 입은 영혼이 시달리며
> 피 흘리고 누워 있지만 간호 받지 못할 때,
> 오직 한 분의 손,

　　　　못 박힌 분의 손만이
　　　　그 죄인의 상처를 치료할 수 있다.”

　　여러분은 세상에 있는 모든 왕들의 손을 시험해 볼 수도 있습니다. 하지만 그 왕들의 손은 진정한 “연주창”(連珠瘡, King's evil, 병리학적으로는 ‘경부 림프선에 생기는 결핵’이지만, 영국의 에드워드 참회왕[Edward the Confessor, 1042-1066]이 꿈에서 세례 요한이 이 병에 걸린 사람들을 만지기만 해도 완치되는 것을 본 이후, 왕이 손으로 만져주기만 하면 악마처럼 괴롭히던 그 만성종기가 낫는다는 전설이 생겨서, 영어권에서는 ‘왕의 악마’ [King's evil]라고도 부른다 ― 역주), 즉 그 끔찍한 죄악을 낫게 할 수 없습니다. 예수님 의 못 박힌 손이 그 불쌍한 죄인에게 닿아야만 비로소 이 절망의 열병은 즉시 사 라지고, 죄악에 대한 절망적인 애정도 빠져나옵니다. 오직 예수님의 상처만이 병든 우리 인간성의 상처를 치료해 주실 수 있습니다. 하나님의 마음으로 나아 가는 길은 그리스도의 상처를 통한 길이라는 사실을 아는 것이 얼마나 큰 축복 인지 모릅니다! 여러분은 그 상처를 통하지 않고서는 하나님으로부터 그 어떤 것도 얻을 수 없습니다. 이것이 바로 야곱이 환상 가운데서 본 사다리입니다. 의 인은 반드시 그 사다리를 통해서 천국 문에 들어가게 됩니다. 이것은 지옥의 우 는 사자(벧전 5:8)로부터 쫓기는 그 불쌍한 영혼들의 피난처입니다. 그들은 놀란 사슴처럼 예수님의 상처로 빨리 피해서 거기서 보호를 받아야만 합니다. 여러분 은 우리의 찬송가가 이것을 어떻게 표현하고 있는지를 알고 있습니다.

　　　　“비로소 죄인들은 그분을 보게 된다.
　　　　나를 위한 예수님의 상처를 통해서.”

　　못 박힌 그 손을 보는 것마저도 축복입니다. 그러나 죽어야 하는 이 육신의 눈으 로 보아서는 안 됩니다. 왜냐하면 그 눈으로는 그 손을 보아도, 우리가 그분을 믿 지 못할 것이기 때문입니다. 그러나 믿음의 눈으로 예수님의 못 박힌 손을 바라 본다면 그것은 큰 축복입니다. 다시 말해, 우리가 찌른 그분을 바라보고서, 그분 을 찌른 죄를 슬퍼하게 되는 것은 큰 축복인 것입니다. 그 죄로 인해 슬퍼하는 상 한 마음을 갖고서 예수 그리스도를 바라보고, 그 귀한 못 박힌 손으로 내 죄를 즉 시 없이해 주셨다는 것을 아는 것도 큰 축복입니다. 여러분 가운데 어떤 이들은 못 박힌 예수님의 손을 볼 수 있게 해 달라고 저는 주님께 기도드리고 있습니다. 예수님을 바라보는 데 생명이 있습니다. 지금 여러분의 시선을 돌리십시오. 비록 온 눈이 절망의 백내장으로 뒤덮였고, 불신앙으로 거의 앞을 보지 못하며 눈물로 침침하게 보인다 해도, 여러분이 할 수 있는 최선을 다해 그분을 바라보십시오.

> "당신이 감당할 수 없는 그것을
> 누가 감히 감당할 수 있으리요.
> 그 아버지의 의로운 분노를."

오직 못 박힌 그 손에서 여러분은 구원을 발견할 수 있습니다. 왜냐하면 하늘과 땅의 모든 권세가 그 손에 주어졌기 때문입니다. 이것이 바로 우리가 여러분에게 전하는 복음입니다. 예수님은 죄인의 괴수라도 만지시는 것만으로도 그에게 구원을 베풀 수 있는 능력이 있으십니다. 이처럼 축복은 못 박힌 그 손으로부터 나옵니다.

저는 이러한 그리스도의 행동이 복음의 요체(要諦), 즉 모든 문제의 핵심이라고 생각합니다. 다시 말해, 못 박힌 손에서 축복이 나오는 것입니다. 여기에 예수님이 계십니다. 예수님은 땅에서부터 하늘로 올라가셨습니다. 죄인들을 위한 대속자로 죽으신 후 장사된 무덤에서 그분은 부활하셨습니다. 무덤이 있는 땅에서 그분은 하늘로 올라가셨습니다. 그분은 지금도 자신의 못 박힌 손으로 사람들에게 축복을 나눠 주고 계십니다. 그러므로 저는 죄인들에게 말하고 싶습니다. "이것이 바로 축복이 임하는 분명한 방식입니다. 즉, 죽은 자 가운데서 부활하신 그리스도의 못 박힌 손에서부터 축복이 임합니다. 그분을 바라보십시오. 그러면 살게 될 것입니다."

3. 주님의 손은 홀을 흔들고 있었다.

이 주제가 아무리 매력적이라도 해도, 더 이상 지체해서는 안 될 것 같습니다. 세 번째 대지로 이 말씀을 마쳐야 할 것 같습니다. 그리스도의 손은 축복해 주기 위해서 들려졌으며, 그 손은 못 박힌 손이었다는 사실을 저는 여러분에게 상기시켰습니다. 이제는 세 번째로, 그 손은 홀(笏)을 흔들고 있었다는 사실을 여러분에게 보여주어야 할 것 같습니다. 우리는 골고다와 감람산을 뒤돌아보면서, 우리를 축복해 주신 그 손은 우리를 위해 피 흘린 손이라는 사실을 기억합니다. 이제는 앞을 바라보면서, 우리를 축복해 주신 손은 세상을 다스리는 손이라는 사실을 보게 됩니다.

바로 이 순간에도, 섭리의 홀은 못 박힌 그 손에 들려 있습니다. 즉, 십자가에 못 박힌 그 사랑의 사람의 손에 들려 있습니다. "만물이 다 그로 말미암고 그를 위하여 창조되었고 또한 그가 만물보다 먼저 계시고 만물이 그 안에 함께 섰느니라"(골 1:16-17)는 말씀대로 말입니다. 그분의 명령을 이행하기를 기뻐하지 않는 하늘의 천사는 하나도 없습니다. 이제 다음과 같은 때가 올 것입니다. "하늘에 있는 자들과 땅에 있는 자들과 땅 아래에 있는 자들로 모든 무릎을 예수의 이름에 꿇게 하시고 모든 입으로 예수 그리스도를 주라 시인하여 하나님 아버지께 영광을 돌리게 하셨느니라"(빌 2:10-11).

더 나아가, 우리를 축복해 주신 그 손은 하나님의 교회를 다스리는 손입니다. 지금 이 순간에도 예수님은 교회에 속한 모든 지교회들에게 나눠 줄 축복들을 가지고서, 모든 곳에서 만물을 다스리며, 금 촛대 사이를 거닐고(계 2:1) 계십니다. 왜냐하면 그분은 "만물 위에 교회의 머리"(엡 1:22)이시기 때문입니다.

그리고, 그 손은 우리가 부활의 아침에 보게 될 손입니다. 그 날에는 나팔소리가 울리고, 모든 사람의 마음속 깊은 곳을 비추게 될 거울 같은 크고 흰 보좌(계 20:1)가 모든 세대와 모든 민족의 모든 사람들이 모인 놀라운 모임 한가운데에 서게 될 것입니다. 심판자의 손이 우리 구세주의 손이 될 것입니다. 아가서의 신부가 그 신랑에 대해 "손은 황옥을 물린 황금 노리개 같고"(아 5:14)라고 말한 것처럼 말입니다. 그 매력적인 비유가 무엇을 의미하든지 간에, 우리를 향한 그리스도의 손이 지닌 그 아름다움을 표현하기에는 정말 충분하지 못할 것입니다. 이에 대해서는 제가 확신하는 바입니다. 왕이 지니고 있는 가장 아름다운 보석일지라도, 단 한순간도 그분이 지닌 그 상처들의 아름다움과는 비교될 수 없을 것입니다.

> "이제 그의 못자국은 빛나고,
> 　모든 눈이 그의 상처를 볼 것이며,
> 　그를 찌른 자들도

그가 나타나실 때에 통곡하리라."

그러나 우리는 통곡하지 않을 것입니다. 왜냐하면 우리는 다음과 같이 말하게 될 것이기 때문입니다. "그 손은 우리를 축복해 주신 바로 그 손입니다. 죽어야 할 인간들이 본 마지막 순간에도 그 손은 제자들을 축복해 주시기 위해 펼쳐져 있었습니다. 그러므로 그 손은 우리를 치기 위한 손이 될 수 없습니다. 왜냐하면 그분은 처음에는 축복하다가 끝에는 저주하실 그런 분이 아니기 때문입니다." 그분에 대해서는 다음과 같은 말이 들릴 수 없습니다. 즉, 자기 백성을 향해 "한 입에서 찬송과 저주가 나오는도다"(약 3:10)라고 말입니다. 결코 그럴 수 없습니다. 오히려 그분은 "내가 너를 내 손바닥에 새겼고"(사 49:16)라고 말씀하십니다. 예수님은 그 못자국들에서 자기 백성 모두의 이름을 읽으십니다. 그분은 그들 모두를 사랑하기 위해서, 즉 그들을 위해서 모든 것을 참으셨습니다. 야곱의 손에도 틀림없이 라헬을 위해 수고한 십사 년의 흔적이 있었을 것입니다. 만약 야곱이 그 흔적들을 라헬에게 보여주었다면, 그 흔적들은 틀림없이 그녀의 눈에 아름답게 보였을 것입니다. 왜냐하면 그 흔적들은 야곱이 오랜 기간 그녀를 위해 노력한 사랑의 징표들이기 때문입니다. 하지만 그리스도의 못자국은 그보다 얼마나 더 복된 사랑의 징표인지 모릅니다! 그 못자국은 우리에게 다음의 사실을 보장해 줍니다. 즉, 그분은 우리를 매우 사랑하시기 때문에 절대로 우리를 저주하지 않으실 것이고, 우리를 자신의 핏값으로 사셨기 때문에 절대로 우리를 내쫓지 않으실 것이라는 사실 말입니다. 이 얼마나 복된 확신인지 모릅니다! "누가 우리를 그리스도의 사랑에서 끊으리요?"(롬 8:35)라는 말씀대로, 여러분은 그 손에서 못자국을 끊을 수 없습니다. 여러분은 예수님의 피로 구속받은 자들을, 구속해 주신 그분의 가슴으로부터 끊을 수도 없습니다. 그분의 몸에는 그분이 우리와 영원히 연합하신 징표들을 가지고 계십니다. 그 못자국은 결혼반지와 같은 것으로서, 그 징표는 그분이야말로 영원히 우리의 뼈 중의 뼈요 살 중의 살이라(창 2:23)는 표시인 것입니다. "우리는 그 몸의 지체임이라(엡 5:30), 우리는 그 살과 그 뼈의 지체임이라." 그래서 사도 바울은 다음과 같이 바르게 기록하였습니다. "이 비밀이 크도다 나는 그리스도와 교회에 대하여 말하노라"(엡 5:32).

이 모든 사실로부터 어떤 결론이 나옵니까? 여러분은 오늘 밤에 어느 정도로 그리스도를 보았습니까? 그림을 그리는 붓처럼, 성령님께서 그렇게 제 혀를 사용하신 것 같습니까? 여러분은 우주를 다스리시는 홀을 흔드는 그 못 박힌 손을 들어올린 채 하늘로 올라가고 있는 그리스도를 믿음으로 보았습니까? 보았다면, 그의 제자들이 행한 그대로 여러분도 행하십시오. 첫째로, "그들이 그에게 경배"했던 것처럼, 지금 우리도 우리의 마음을 모아 진심이 담긴 분명한 행동으로 예수님께 경배를 드립시다. 오늘이 다가기 전에, 우리는 우리가 습관적으로 그분에게 드리던 그 모든 헌신에 추가하여, 그분을 찬송하도록 합시다. 우리와 그분 사이에는 구름이 있습니다. 그것은 한낱 구름에 지나지 않는다는 사실이 위로가 됩니다. 태양이 곧 구름을 뚫고 나올 것입니다. 우리에게 축복의 단비를 내려 주는 것이 구름입니다. 그리스도께서 가시는 것이 우리에게 유익했습니다. 왜냐하면 그분께서 하늘로 올라가신 결과 중의 하나가 성령님께서 오신 것이기 때문입니다. 그리스도는 그 구름을 통해 빛을 비추시며, 또한 그 구름을 통해 영광스럽게 빛날 수 있습니다. 우리는 지금 그분을 찬송합니다. "당신의 이름을 송축하나이다. 오, 영원한 하나님, 임마누엘 당신이시여, 하나님이 우리와 함께 하시도다!" 사랑하는 성도 여러분, 여러분의 고요한 영으로 그분을 찬송하십시오.

　　이제 그 다음으로, 우리도 제자들처럼 기쁨으로 충만해집시나. 오늘 본문에는 "그들이 그에게 경배하고 큰 기쁨으로 예루살렘에 돌아가 늘 성전에서 하나님을 찬송하니라"고 기록되어 있습니다. 맞습니다. 여러분도 여러분의 예루살렘으로 다시 돌아가야 합니다. 여러분은 집으로 돌아가야 합니다. 여러분은 여러분의 주님을 섬기기 위해 경건하지 않은 남자와 여자들 사이로 가야 합니다. 그러나 제자들이 한 것처럼 "큰 기쁨으로" 가야 합니다. 여러분은 여러분의 입술에 다음과 같은 매우 기쁜 선율을 흥얼거리면서 가십시오.

　　　　"우리 주님은 죽은 자 가운데서 살아나셨다.
　　　　우리 예수님은 하늘 높이 올라가셨다.
　　　　지옥 권세들은 포로가 되어
　　　　하늘 문으로 끌려갔다."

　　아주 오래 전에, 큰 불행이 저를 엄습한 이후 제 이성이 요동치던 그 끔찍한 시간에도, 우리 주님은 그 절망의 가장자리에서 저를 높이 들어올려 주셨다는 생각을 하게 되었습니다. "이러므로 하나님이 그를 지극히 높여 모든 이름 위에 뛰어난 이름을 주사"(빌 2:9)라고 하신 말씀을 저는 기억함으로써, 한순간에 제 마음의 균형과 평강을 회복할 수 있었습니다. 서리 가든즈 음악 홀(Surrey Gardens Music Hall)에서의 사고 이후에 저는 마치 치명적인 상처를 입고서 도랑 속에 누워 있는 병사와 같은 심정을 느꼈습니다(1861년에 스펄전이 시무한 메트로폴리탄 태버너클[Metropolitan Tabernacle] 교회는 급성장하여 육천 석 규모의 런던의 엑서터 홀[Exeter Hall]에서 예배를 드리다가, 다시 팔천 석 규모의 서리 가든즈 음악 홀[Surrey Gardens Music Hall]로 이전하게 되었다. 그러나 더욱더 늘어난 인원으로 인해, 1856년 10월 19일 이 음악 홀 건물이 무너져 7명이 사망하는 사고가 일어났다. 이후 오천 석 규모의 자체 건물을 건립하게 되었다 – 역주). 그런데 그때 제 귀에는 "하나님이 그를 지극히 높여"(빌 2:9)라고 외치는 소리가 들리는 것 같았습니다. 그래서 내 주님께서 높아지는 한, 내 자신이 어떻게 되든 저는 전혀 신경 쓰지 않게 되었습니다. 위대한 나폴레옹의 군사에 관한 이야기가 있습니다. 그의 병사 중 하나가 부상을 당해 피를 흘리며 죽어가고 있었습니다. 그때 말을 타고 지나가던 나폴레옹을 그 병사가 보자, 그의 눈에 다시 불꽃이 일어났고, 그는 "황제께서 안전하시다면, 나는 어찌 되든 상관없다"라고 말했습니다. 더욱 고귀한 의미에서 이것이 바로 높아지신 내 주님에 대한 제 심정이었습니다. 그래서 저는 속으로 이렇게 말했습니다. "그분이 살아서 다스리고 계시는 한, 만사가 형통할 것이다. 사람들이 나에 대해 미친 듯이 말을 해대도, 그분이 높아지셨는데 무슨 상관이란 말인가?" 사랑하는 성도 여러분, 승천하신 주님에 대해서 여러분도 이런 마음 갖기를 원합니다. 집으로 돌아가서 그분을 경배하고 큰 기쁨으로 충만해지십시오.

제자들이 한 일은 또 있었습니다. 그들은 "늘 성전에서 하나님을 찬송했습니다." 여러분의 기쁨을 적절하게 표현하십시오. 예수님께서 부활하셨습니다. 그러므로 그분을 찬송하기 시작하십시오. 일단 시작했으면 계속해서 찬송하십시오. 그분을 찬양할 이유가 있는 한 결코 중단하지 마십시오. 그러면 그 찬송은 영원히 계속될 것입니다. 예수님께서는 하늘로 올라가셔서, 우리도 하나님의 보좌로 곧장 올라갈 수 있도록 그 열린 길을 깨끗이 해놓으셨습니다. 그러므로 여러분은 그분에게 찬송을 드리십시오. 여러분의 마음이 이 땅에서 곧장 하나님의 마음으로 올라가도록 하십시오. 저는 여러분에게 그렇게 하라고 권면할 뿐입니다. 오직 성령님만이 여러분이 그렇게 하도록 해 주실 수 있습니다. 성령님께서 지금 주의 모든 백성들이 이렇게 행하도록 하시기를 저는 기도드립니다.

혹시라도 하나님의 백성이 아닌 자들이 "하늘로 올라간 이 예수가 우리와 어떤 관계입니까?"라고 묻는다면, 저는 그분께서 하늘로 올라가신 또다른 목적을 여러분에게 상기시키겠습니다. 베드로는 대제사장에게 "이스라엘에게 회개함과 죄 사함을 주시려고 그를 오른손으로 높이사 임금과 구주로 삼으셨느니라"(행 5:31)고 말했습니다. 다시 말해, 이 말씀은 죄인의 괴수까지도 "회개함과 죄 사함을 주시려고" 그분께서 승천하셨다는 뜻입니다. 그분을 믿음으로 말미암아 이 죄 사함이 여러분에게 주어질 것입니다. 만약 여러분이 죽은 자 가운데서 살아나 그 영광 가운데 들어가신 그분을 믿는다면, 여러분은 구원을 받게 될 것입니다. "그러므로 자기를 힘입어 하나님께 나아가는 자들을 온전히 구원하실 수 있으니 이는 그가 항상 살아 계셔서 그들을 위하여 간구하심이라"(히 7:25). 이것이 바로 그분께서 지금 하고 계시는 일입니다. 그러므로 여러분이 어떤 상황에 처해 있든지 그분을 믿으십시오. 지금 그분을 믿으십시오. 그분의 귀하신 이름으로 기도드립니다. 아멘.

스펄전설교전집
누가복음 II

초판 인쇄 2013년 3월 15일
초판 발행 2013년 3월 25일

발행처 **크리스찬다이제스트찬**
발행인 박명곤
주소 경기도 고양시 일산동구 정발산동 1193-2
전화 031-911-9864, 070-7538-9864
팩스 031-911-9824
등록 제 396-1999-000038호
판권 ⓒ 크리스챤다이제스트 2013
총판 (주) 기독교출판유통
　　　전화 031-906-9191~4
　　　팩스 0505-365-9191